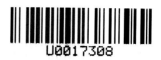

分崩離析的陣營

抗戰中的國民政府 1937-1945

齊錫生

獻給 梁思薇

願她逍遙飄逸的風采永遠翱翔

目次

自序

我童年親歷了抗日戰爭和太平洋戰爭全程，雖然年幼，可是每日都感到心弦激盪。在青少年歲月裡，先父齊振興先生以他本人對中國地方和中央政治的敏銳觀察，經常鼓勵我對抗戰和國民政府之間複雜微妙關係去進行更深入了解。已故的劉博昆伯父也給了我極大啟示。他為人正直，對革命奉獻和對民族熱愛，對政治道德和個人操守堅守原則，都激勵我去研究中國人民所經歷的那場政治軍事災難。因此我早年曾經以英文撰寫一書，取材於當時能夠得到的史料。[1] 原本以為對抗戰研究就此告一段落。1990年代從美國的大學教職（University of North Carolina, Chapel Hill）辦理提前退休，到香港與一群從不相識的華裔學者共同創辦香港科技大學，也為此而擱置了當時一系列研究寫作計劃逾十年之久。退休後重新獲得研究機會，把學習中美外交關係的心得先後出版了三本書。[2] 意想不到的是在閱讀外交史料過程中，無可避免地接觸到大量抗戰時期國民政府內政檔案，因而激發了在這些新史料基礎上的重新思考。其結果是我決定重新設計研究架構，把過去數十年出現的史料從新角度去進行分析。作者希望本書能夠清楚地把新研究的心得呈獻給讀者群。

---

1 CHI Hsi-sheng, *Nationalist China At War: Military Defeat and Political Collapse, 1937-1945* (University of Michigan Press, 1982).

2 劍拔弩張的盟友（台北：中央研究院、聯經出版公司，2012）；從舞臺邊緣走向中央（新北：聯經出版公司，2017）；*The Much-Troubled Alliance* (Singapore, World Scientific Publishing Co., 2016).

毋容置疑地，軍事在20世紀中國政治與社會舞臺中扮演了重要無比的角色。從民國初年開始，軍閥們占據著全國各地政治舞臺的中心，他們不僅壟斷行政統治權力，還影響廣大民眾的經濟生活，激起社會動盪，加速農村蕭條，以及刺激知識分子全面而劇烈的轉向，這些都是導致國民黨和共產黨興起的重要原因。

到了抗戰時期，軍事和政治之間的關係變為愈加密切。幾十年來，對於國民政府和抗日戰爭曾經出版過不少中外文著作，或是敘述戰史，或是剖析內政。但是軍事與政治間微妙複雜關係甚少被深入探討。事實上，戰事和戰局必然影響內政，而內政品質和效率又必然影響戰爭。本書重點即在強調這兩者之間的互動關係，而且試圖把國民政府在抗戰時期後方黨政軍的狀態和前線的戰事納入一個整體性的分析架構之內。

本書第一章將概述北伐前後國民政府的軍事統一策略，並且說明它是如何為此後中央與地方實力派之間敵對及妥協關係埋下了種子。1927-1936年間，國民政府的施政逐漸偏離過去承諾的革命理念。它專注於軍事權力，而其政治軍事化的趨勢也日漸明顯，也引發了長達十年的內戰。但在這個過程中，它抵抗日本的目標也明確化，並且做出相當程度的成績。

第二章介紹八年抗戰的過程，不是個別戰役的細述，而是把其中具有轉捩效果的幾個戰役予以重點標出，同時分析它們在戰場外所產生的後遺症。其中特別強調的是國民政府唯一的重要政權支持來源——嫡系中央軍——如何在日軍強力攻勢下遭受巨創。

第三、四兩章試圖說明前述的幾場大戰役徹底地改變了戰時中國的政治軍事大格局。國民政府軍力的潰敗造成它的政權日益受到來自地方實力派的挑戰。該兩章提供大量史料去描述這個新格局，幫助讀者對當時脆弱的抗日陣營獲得新認識。

史料說明蔣介石早在淞滬戰爭失敗後就設想一個分工制度，由他本人負責軍事，而把政府和黨務工作交由他人管理。本書第五，六兩章分別討論了中國政府戰時在建軍和整軍兩方面的努力和與英美盟邦合作的經驗。它們同時指出這些整建工作在新格局下遭遇的重重困難。

抗戰如何影響國民政府與民眾之間關係？本書第七、八兩章討論新格局對政治的影響。它們指出蔣介石在政治方面最可以被詬病的失誤就是把政府體系托付給不值信賴而又無才無德的人選，完全無法在新格局限制下開闢出一條治國之道。至於蔣介石本人在此時被視為「獨裁者」則更是一個外強中乾的假象。作為原本就不善長群眾動員的政權，這個關係從一開始便非常脆弱。但是國民政府在戰場上的敗績，加上地方政權領袖強硬不合作態度，則進一步擴大了戰爭的殺傷力。國民政府在戰時兩個重要政策上的嚴重失誤——徵糧和徵兵——最終耗盡了僅存的民眾支持。

第九章討論國民黨，並且試圖說明該黨在抗戰時期其實已經淪為一塊點綴性招牌而已。即使在南京時期，國民黨就不曾建成一個嚴密的革命組織，而到了抗戰時期它變為愈形僵化，完全喪失扭轉中國政治格局的歷史功能。本章的分析重點是黨領袖、黨員和黨組織。

本書前九章是在史料基礎上對戰時國民政府提供的分析，而第十章則是作者本人對抗戰史料閱讀後的心得和反思，選擇就衛國、建國和國際生存三方面表達一己之見。

由於退休多年隅居小鎮，本書寫作計劃沒有向任何單位提請研究或出版資助，各階段的思考與稿件也不曾有機會向學者專家出示和請益，因此一切文責自當由作者自負。但是在史料收集過程中，曾經先後得到張力、吳淑鳳、蘇聖雄和李期耀諸位學者的指點和提供實品，謹此致謝。

第一章

抗戰前國民政府特色

本書的中心課題是討論抗戰時期（1937-1945）在國民政府旗幟下的內政，包括黨政軍各方面的發展。由於戰時內政發展和各部門應付抗戰的舉措無疑受到戰前內政遺留下來的影響，因此本章的目的不在於做深度而具有原創性的分析，而是簡略地勾畫出戰前南京時代（1928-1936）中國內政的若干特色，為本書此後各章的論述提供一些「由來有自」的線索。[1]

在一般情況下，革命理論都會強調革命暴力的正當性和必要性，為它反抗當前政權提供道德基礎。某些革命理論甚至會對暴力運作的策略和執行手段提供詳盡指導。但是縱觀國民黨革命理論一個顯著特徵，就是淡化武裝鬥爭的作用。在孫中山一生大量著作中，對軍事事務很少發表意見。其中一部分原因固然是他本人不熟悉軍事，但更深層原因則是他對武力和暴力具有強烈抵觸感，而對西方民主憲政具有高度認同感。因此在1911年中華民國肇建時，他就期望以高速度將國民黨融入議會體制，遵循民主規則去從事政治運作。

相對而言，孫中山革命理論卻對社會經濟發展、心理和政治重建等工作提供了一系列指導原則。孫中山決定組建黨軍，只是由於民國初年軍閥不斷

1　讀者如果對於此時期的眾多歷史事件有興趣，請參閱：楊天石，《蔣介石與南京國民政府》，（北京：中國人民大學出版社，2007）。

地排斥革命才被迫為之。即便如此，他對建軍的關注度並不高。在他生命最後幾年裡，仍將大部分精力投注在完善自己的建國理論，而不是軍務。[2] 而集孫中山理論之大成者很可能是《建國大綱》。在這份包含25個條款的文件裡，他簡潔地說明了對革命有序漸進的理論。如世人所周知，孫中山將革命劃分為三個階段：軍政、訓政、憲政。革命終極目標是在中國實現西方式的多黨民主憲政，而國民黨的歷史使命就是在革命最初兩個階段扮演主導角色，加速政治制度轉型。即使就這兩個前期階段而言，他最著力闡述的不是軍政，而是訓政。在近代其他許多革命理論中，有的強調一個特定階級或團體的長期專政，也有的期望革命可以一蹴而就地實現民主共和體制。但是孫中山革命理論則嵌進了一個緩衝階段，稱之為「訓政時期」。在此時期內，革命黨的任務是去教育和訓練人民群眾，去提升他們治理自己事務的能力。

從《建國大綱》的篇幅可以清楚看出，它對於軍政時期只簡略地論述了兩條（第6至7條），對於憲政時期論述占七條（第19至25條），然而關於訓政時期的討論卻有十一條（第8至18條）之多。依據孫中山理念，革命黨在訓政時期的責任是教化和訓練國民如何去行使自治權，為未來的憲政打下鞏固基礎，這也充分體現出他個人的價值觀。換言之，孫中山所設想的國民黨歷史任務只是在前兩個階段中扮演引導革命轉型的角色，最後「還政於民」，自身成為多黨體制下的一個政黨而已。

更具體地說，孫中山學說賦予國民黨在訓政時期的主要任務是：動員人民投入政治生活並且學習使用選舉，罷免，創制和複決等權力去掌握管理自己事務的能力。與此同時，黨還應該輔導和幫助地方政府機構去獲得財政自主能力，而其手段則包括開展工商業、開發天然資源、發展交通、進行平均地權節制資本等民生經濟的重建工作。革命黨也應協助地方政府促進社會公義與社會福利，其中包括土地徵稅、土地產權改革、推廣教育和醫療、濟貧救災、育幼養老。[3] 因此在孫中山看來，國民黨作為革命政黨角色，猶如是

---

2 孫中山的著作可以參見《國父全集》，全6冊（台北，1961）。

3 《建國大綱》，《國父全集》，第1冊，頁1-15；《地方自治開始實施法》，《國父全集》，

促進憲政的助產士或「催生婆」。儘管孫中山也認可使用革命暴力，但是革命政黨運用暴力的正當性的前提，必須是能夠有效地承擔起訓政時期的諸項責任，維持革命邁步前進的動力，同時要堅定不移地追求革命理想。在這個大架構下，孫中山還明確地指出，國家重建過程首要是改善民生（民生主義），緊接著依次是提升國民政治權利（民權主義），和實現民族平等獨立（民族主義）。上述這些目標的順序及主從關係決定了革命的正軌。

本章今後篇幅將會追蹤國民黨在南京成立政權後十年的發展軌跡，並且指出在此期間內，蔣介石屬下國民黨領袖們把軍事活動當成是主要的，乃至是唯一的關心之事。這個現象與孫中山原本的革命設計顯然大相徑庭。蔣介石全神貫注於軍事建設和鬥爭自然有其當時特定的時空因素，但是卻無可避免地偏離了國民黨之前在社會經濟和政治等領域中所抱持的期許。由於篇幅限制，本章在對北伐過程作一簡單描述後，將把著重點放在敘述南京政府新建現代化軍隊的嘗試，以及這一政策導向如何激發了1930年代南京政府與當時遍布全國各省的軍事力量的競爭模式。

一、北伐後遺症

孫中山一旦選擇以廣州做為革命運動根據地，就註定南方革命勢力終將伺機北伐，打倒軍閥與反革命分子。1925年3月12日孫中山逝世後國內局勢發生一連串變化：舊軍閥勢力在華北開始衰落，吳佩孚出兵侵犯湖南，革命陣營內國民黨與共產黨的合作逐漸破裂，加上在省港（廣州，香港）大罷工時期英國向革命政府不斷施加壓力等事件，都加強國民黨領袖們的信念，認為北伐時機已經成熟。這一倉促行動將使南京政府及其軍隊，在此後數年中

第6冊，頁160-165。關於孫中山革命理論的西方研究，參見：Harold Z. Schiffrin, *Sun Yat-sen and the Origins of the Chinese Revolution* (Berkeley, Calif., 1968); C. Martin Wilbur, *Sun Yat-sen:Frustrated Patriot* (New York, 1976); Robert E. Bedeski, “The Tutelary State and National Revolution in Kuomintang Ideology, 1928-1931” in China Quarterly, no. 46 (April-June, 1971), pp. 309-317.

付出巨大代價。[4]

北洋軍閥作為國民黨的對立面，無論在兵員和武器兩方面都擁有壓倒性優勢，而它們之間的懸殊差距也必然嚴重地限制了國民黨的戰略選擇。結果是：北伐軍幾乎從一開始的整體指導方針就是儘量減少敵人，以便逐個擊破。具體而言，國民黨採取了兩大作戰方針。

第一，國民黨決定採用不同方式對待華南和華北兩個地區的軍閥。對前者予以包容和爭取，對後者加以消滅。因此，北伐伊始，國民黨便派出諸多使節與南方軍閥談判，開出各種條件促其歸順。典型做法是，國民黨承認這些地方軍閥（實力派）的現有地位，保證不侵犯他們的地盤與稅收權，不干涉其內部事務。交換條件則是，軍閥們接受國民黨政府的官職委任，宣布效忠革命政府。從這意義上講，北伐對南方省份原有的軍政權力結構而言，其影響可謂微乎其微。

第二，在北方，國民黨（1926年）成功地與兩個軍事團體——馮玉祥與閻錫山——結盟。馮閻二人在意識形態上原本就和國民黨較為接近。國民黨在安撫了這兩大勢力後，對其他北方軍閥就更能夠採取先孤立而後逐個擊破的策略。其結果是，到1928年底，皖系和直系軍隊大部分被擊潰，而奉系軍隊則敗退回到東北。

概而言之，北伐結束了北洋背景軍人主導中國政治的局面，然而並未能根除軍閥殘餘勢力。不論是在華北或是華南，地方軍隊割據局面依然遍地存在。

北伐過程中另一個發展是，當國共合作關係依舊維持之時，國民黨領袖仍願意借群眾力量去推動革命活動，並將群眾運動和軍事行動視為同等重要。他們也認為地方上的農會能轉變鄉村的社會面貌，而工會則能挑戰各大埠口的帝國主義勢力。因此，他們把群眾運動看成是建立新民主秩序必不可

4　更詳細的論述參見：Donald A. Jordan, *Northern Expedition: China's National Revolution of 1926-1928* (Honolulu, 1976), pp. 3-65.

少的一環，而且將在地方和省級代表大會中扮演關鍵角色。[5]也正是因為這種號召，所以國民黨吸引了一群來自全國各地的有為青年加入國民黨或是參加革命軍。

但是隨著軍事進展，革命軍將領們卻希望減少打硬仗，寧可用拉攏手段去軟化和招納敵人歸順。其結果是：那些新近被招納的舊式軍人與大城市商人，開始感受到群眾運動威脅到他們原有的勢力範圍而提出抗議；甚至國民黨內一些較保守的軍官和文職領袖也開始擔心無法控制如火如荼的群眾運動。這些因素終於導致國民黨明令暫停這類運動。到了1927年，國民黨左派將領鄧演達已經開始抱怨道，北伐過程使得軍隊勢力超越了黨、政與其他一切的發展，因此黨和整個革命未來將面臨嚴重危機。[6]

國民黨為了貪圖儘快獲得軍事成功而在戰略上採取了傳統拉攏手段去進行上層結盟，其代價是放棄了通過社會革命由下層發動群眾，它同時敞開大門讓大量不革命甚至是反革命的部隊（特別是南方省份）混進革命陣營。這種謀略不但沒有解決民族主義與地方主義之間的緊張關係，反而妨礙了國民黨實現民族統一的目標，而軍隊編遣工作所遭遇的困難正成為最有力證明。這個緊張關係，使得革命原本要推動政治與經濟建設的宏圖大略難以啟動，也將使國民黨政權陷於長期內戰，從而嚴重削弱了國家抵禦外侮的能力。

（一）軍隊編遣工作，1928-1929年

國民政府1928年在南京開府立即面臨的難題，就是如何處理散布全國各地的半獨立狀態而又形式各異的軍事實體。它們的規模可以大到霸地數省，也可以小到盤踞數縣，我們可以一律稱之為「地方實力派」。儘管南京中央政府雄心勃勃地想要整編與精簡全國軍隊，而蔣介石在開會致辭時又強調編遣委員會是「**救國唯一之機會**，痛恨中國百年來自相殘殺之歷史，引為中國

5　Patrick Cavendish, "The 'New China' of the Kuomintang" in Jack Gray, ed., *Modern China's Search for a Political Form* (London, 1969), pp. 141-144.

6　Cavendish, pp. 147, 172.

軍人唯一恥辱」，殷切期望該會能夠完成裁遣任務，[7] 但是此項願望在實際操作上卻遭受嚴重阻擾，使北伐在戰略上「急功近利」的缺陷曝露無遺。編遣會議在籌備期間就受到李濟琛反對，迫使蔣介石趕緊轉向爭取李宗仁，閻錫山和馮玉祥支持。[8] 在此期間，蔣介石還苦口婆心地舉出歷史例證，如德國統一、日本維新、蘇聯裁軍和土耳其復興以及中國北洋軍閥覆滅等史例，來反復說明整頓軍隊的必要性。而他揭示的目標就是「**在統一中求民族之獨立**」。[9] 雖然這簡短的幾個字將成為蔣介石畢生追求的政治目標，但是當時卻無法獲得實力派領袖們的認同。雙方立場的難以協調，從編遣方案內容即可看出。

在1929年1月1日召開的軍事編遣會議上，南京政府提出的具體方案是把全國劃分為六個編遣區，將龐雜軍隊縮編為85個師，士兵總數限制為80萬人，把軍事行政管理權與部隊指揮權收歸中央政府。[10] 南京政府的設想是先求軍事財政統一，由中央負擔發放軍餉，然後才進行官兵編遣的實際工作。[11] 至於縮編後剩餘的官兵，則建議把他們改編成為地方警察和保安隊，或轉業參與公路建設、水源保護、植樹造林與邊疆開發等行業。[12]

（二）編遣工作的失敗及其原因

但是這些提議立即遭到與會軍事領袖們一致反對，李宗仁，閻錫山，馮玉祥，李濟琛等人相繼離開南京，使會議陷入癱瘓。雖然南京政府的編遣作業在表面上維持到1929年8月份，但編遣計劃其實早已胎死腹中。[13]。

7 蔣介石日記（手稿本，美國史丹佛大學典藏），1929年1月1日。

8 蔣介石日記，1928年12月各日。

9 蔣介石日記，1928年12月23日；1929年1月，「民國十八年要事表」。

10 《蔣介石向北平記者講話》（1928年7月13日），《國聞週報》，1928年7月22日；國防部，《德國駐華軍事顧問團工作紀要》（以下簡稱《德國顧問團》）（台北，1969），頁28-29。

11 蔣介石日記，1929年1月7日。當時蔣介石以70個陸軍師為上限。

12 H. G. W. Woodhead, ed., *The China Year Book, 1929-30* (Shanghai, 1930), pp. 1181-1183.

13 蔣介石日記，1929年1月份。

編遣計畫的失敗無疑與當時整個國內政治軍事現實狀況有密切相關。問題的癥結，在於國民政府誤將軍事編遣當作是實現國家統一的前期工作，而事實上是，如果不首先改變國內政治生態，則任何軍事整編的努力都難以實現。回顧北京政府在北洋時期也曾經就軍隊遣散問題推出過諸多方案，各大軍事派系也曾進行過談判，但都最終失敗。問題在於，只要軍事力量是保障領導人持續享有政治參與權和資源掌控權的唯一有效手段時，則裁撤自己的軍隊便等於強迫他們進行政治自殺。因此，只要政治權力必須依存於軍事力量時，則強勢的一方如能用武力解決問題，就不會選擇和平談判。而弱勢的一方如果能在戰場上保護權益時，也不會輕易在談判桌上讓步妥協。這個簡單的權力邏輯和國際上列強間進行的裁軍談判極為相似，也導致北洋時期持續不斷的內戰。

如此說來，只有兩種情況可以導致有效的軍隊編遣。一是倡議編遣的一方擁有絕對性武力優勢，從而對編遣方案行使絕對定奪支配權。二是政治遊戲規則改變，把軍事力量排除於政治運作過程之外，甚至使之成為不相干因素。

只要稍作歷史回顧就可以發現： 就上述第一種情況而言，蔣介石統領下的第一軍在參加北伐的八個國民革命軍中訓練最嚴格，革命熱忱最旺盛，紀律最嚴明。從革命開始到北伐完成，革命軍最響亮的口號是「不拉夫，不勒餉，不擾民」，因而獲得廣大人民支持。[14] 但它在北伐過程中並沒有在數量上迅速增長。在編遣會議召開時，蔣介石仍然只能控制三個軍級單位，大約占全國軍隊總數的5%到10%。[15] 相比之下，其他幾個號稱是「國民革命軍」的單位則利用作戰或是避戰，乘機擴充軍隊。[16] 因此到了1929年初，南

14　陳誠著，《陳誠先生日記》（台北：國史館，中央研究院近代史研究所，2015），1931年6月27日。

15　劉紹唐，《民國大事日誌》（以下簡稱《民國大事日誌》）（台北，1973），第1卷，頁375。

16　陶菊隱，《蔣百里先生傳》（上海，1948），頁100-101；許高陽，《國防年鑒（第一次）》，第2編（香港，1969），頁165-170；*The China Year Book, 1929-30*, pp. 740-744; Diana Lary,

京政府顯然勢單力薄，無法將編遣方案強加于全國各地大量的地方部隊。對於其他軍隊紀律的敗壞，更是無法糾正。

就第二種情況而言，假如南京政府試圖改變政治遊戲規則，讓軍事力量在建立新政權秩序中逐漸失去裁決權，那麼它就需要在意識形態和組織架構等領域裡去挑戰、顛覆、瓦解和架空地方實力派軍事力量的獨立性和獨霸性。《建國大綱》就曾經提出（第6條），即使在軍政時期，實現國家統一的任務不能僅靠武力去掃除革命障礙，還必須伴之以政治工作去鞏固政權。國民黨原本自許的革命歷史使命是「為民前鋒」，是運用宣傳主義，激勵民心，提出具體可行的方案去改善民生。它可以試圖將革命幹部滲透到廣大民眾中，直接顛覆地方軍人的傳統權力基礎。同樣重要的是，根據孫中山革命理論，訓政工作在軍事平定與全國統一之前，就可以開始分區實施。《建國大綱》明確指出，只要一個省完成軍事平定，便可以開始該省的訓政工作。這便意味著國民黨在1928-1929年間實際控制的省份中（特別是江蘇、浙江兩省），便可以把精力轉移到社會政治與經濟領域的重建工作上去，通過推行政治改革去和地方軍人進行競爭。這些「革命」方法的綜合運用，可能會贏得廣大民眾的擁護，使地方軍人無法依靠其「槍桿子」來延續政治壽命。更何況，如果這些局部性的革命樣板能夠成立，則它們的感染力可能漫延到鄰近地區。一旦「槍桿子」不再是政治生命存亡的最後仲裁者時，則「中央」和「地方」的矛盾也就可能迎刃而解。

值得一提的是，部分國民黨領袖也的確曾經思考過以民間力量去溶蝕軍事力量的方案。比如說，陳誠就曾經設想過動員民間團體和民意機關以「國困，民窮，兵多，匪多」等口號，在輿論界造成緊張氣氛，由下而上地要求政府改善環境，而政府則可以做出順應民情的姿態，向部隊將領們施壓接受整編或縮編。如果少數部隊堅拒縮編，則「以斷然手段徹底解決」。[17] 換言

Region and Nation; *The Kwangsi Clique in Chinese Politics, 1925-1937* (Cambridge, Mass., 1974), pp. 115-128.

17 林秋敏、葉惠芬、蘇聖雄合編，《陳誠先生日記》（台北：國史館、中央研究院近代史研

之，以暴力解除反對者的武裝。

我們從編遣會議失敗案例中可以看出：雖然中國分崩離析的原因十分複雜，但它反映出這個國家深層的社會經濟現實情況。因此政府長久之計必須致力於處理這些複雜的現實情況。但是蔣介石似乎指望依靠一些簡單行政手段便能一勞永逸地解決難題，而統一全國的巨大工程也可以藉由長官意志予以實現。即便是當他在軍事領域遭遇失敗時，也無法促使他放棄這種形式主義的取向。有趣的是，編遣會議的失敗導致蔣介石和同僚們得出一個完全相反的結論，那就是他們認為只有掌握更強大的軍事力量，才能消除地方實力派的阻擾。這個觀點在1929年3月15日蔣介石為國民黨第三次全國代表大會致開幕詞時，給予了權威闡釋。他說道，「要實施為民眾謀利益的政治，一定要中國完全統一於國民政府之下，一定要地方絕對服從中央……。如果封建割據的實際仍舊潛伏在形式的統一之下，那末中央的一切建設計畫決沒有實施的可能。」[18]

這類觀點使南京國民政府領導層加速偏離了孫中山先前對社會政治改革的原旨。如前文所言，孫中山主張在局部地區軍事平定後立即在該地區展開訓政工作，而南京政府則顯然相信，只有當政府掌握了壓倒性軍事實力後，才能伸張其對全國的統治權威；只有當軍事問題徹底解決之後，才能開始推行訓政。正是這種對軍事優勢的追求，在此後十年光陰中，將會大量消耗南京國民政府的精力。蔣介石和孫中山的差別其實並不難了解，因為孫中山把三民主義的重點放在民生主義，而蔣介石把三民主義的重點放在民族主義，「在統一中求民族之獨立」。事與願違的是，南京政府在十年光景中，始終沒有足夠的時間和財力去建立一支強大的武力去達成統一的成果，更何況國內的地方實力派和國外的日本帝國主義都不允許南京政府的雄心得以實現。本章在後文中對於這一連串的問題將會做進一步探討。

究所，2015），1932年8月13日。陳誠認為此種做法比較緩和，但是也承認對於冥頑不靈的將領們恐怕難以收效。

18　蔣介石，《蔣總統集》，第1冊（台北，1960），頁536-537。

二、國民政府的軍事導向，1928-1936年

1928-1936年間，國民政府在軍事領域裡的建設工作呈現了兩個重點。第一是創建一支現代化的戰鬥部隊和一套符合國防需要的工商業和民政體系。第二是發展一套應付國內軍事對手（包括中共）的策略。兩者相輔相成，不僅成為南京時期軍事政治的特色，同時影響了它此後應付日本侵略的對策。

（一）軍事現代化的努力——德國的影響

德國影響始於1928年。該年蔣介石邀請德國軍官馬克斯・鮑爾（Max Bauer）來華組建顧問團，幫助中國軍隊實現現代化。[19] 鮑爾主張把國防經濟提升到與純粹軍事事務同等重要位置，因為他堅信健全的工業基礎是創建和維持現代軍隊的必要保障。就軍事建設本身而言，鮑爾建議必須優先籌建現代空軍，同時在全國大刀闊斧地裁撤或縮編早已臃腫不堪的軍隊，俾能集中精力訓練出一支短小精幹的部隊。隨後將這個建軍模式推廣到全國，使其他經過初步整編的部隊都能夠達到同樣的裝備和訓練水準。然而在最初幾年，由於德國顧問人數短少而承擔職務繁多，因此造成工作負荷過重，減低了他們在純軍事方面的工作效率。儘管南京政府讓顧問們參與了各項軍事指導工作，但整體效果並不令人滿意。[20]

德國顧問團的工作一直要等到1933-1934年間，馮・塞克特將軍（General Hans von Seeckt）和馮・法爾肯豪森將軍（General Alexander von Falkenhausen，或稱鷹屋將軍）相繼被延聘後，才發展出一套整體性指導原

---

19 傅寶真，〈在華德國軍事顧問史傳〉，《傳記文學》，第23卷第3期，1973年9月，頁5-10；胡頌平，《朱家驊先生年譜》（台北：傳記文學出版社，1969），頁18-19；F. F. Liu, *A Military History of Modern China, 1924-1949* (Princeton, NJ, 1956), pp. 61-63.

20 傅寶真，〈在華德國軍事顧問史傳〉，《傳記文學》，第24卷第1期，1974年1月，頁90-98；另見《傳記文學》，第25卷第1期，1974年7月，頁90-98。

則。塞克特是德軍第一次世界大戰名將，戰功勳彪，曾任德國陸軍總司令（1920-1926年），對於德國戰敗後的軍隊重建做出極重要貢獻。他同時是一位享譽世界的軍事理論家，其著作被廣泛閱讀。[21] 依據塞克特認知，未來戰爭重點將依賴一支訓練精良和行動敏捷的小型軍隊，配之以空軍支援。[22] 軍隊規模要小的理由是因為軍事裝備日新月異，軍隊規模越精簡，現代化轉型也就越容易。[23] 塞克特還建議，為了有效實施訓練計畫，國家必須爭取一段時期的和平，同時致力於發展本國國防工業。[24] 塞克特於1935年3月被法爾肯豪森所接替，後者同樣是第一次世界大戰後德國傑出軍人，並在1927年出任德列斯頓（Dresden）步兵學校校長，退休後被聘請到中國服務。兩位德國將領關於改造中國軍隊的觀點大致相同。[25]

除了協助訓練中央軍校學生和若干精銳部隊之外，德國顧問還幫助南京政府改善軍火生產工業、後勤、運輸、防空設施和部隊機械化等工作。[26] 事實上，德國顧問似乎更重視支撐現代化部隊的基礎設施，而把軍隊訓練與裝備視為是中國政府自己的職責。[27] 儘管德國顧問對南京政府的總體經濟發展政策沒有發揮決定性作用，但在對日抗戰前的關鍵數年中，他們關於提高中國工業生產能力的建議，與政府在長江下游地區建立根基的渴望不謀而合。南京政府有系統地調查了自然資源，起草了重工業建設計畫，並且以驚人速度改善了通訊與交通設施。[28] 與此同時，德製武器成為南京政府精銳部隊的

21　他的著作包括《一個士兵的思考》（*Gedanken eines Soldaten*）（1929）、《國家防衛》（*Landes Verteidigung*）（1930）與《德國國防軍》（*Die Reicheswehr*）（1932）。

22　塞克特，《一個軍人之思想》（南京，1937），頁69。

23　同上，頁70-72。

24　辛達謨，《法爾肯豪森將軍回憶中的蔣委員長與中國，1934-1938》，《傳記文學》，第19卷第5期，1971年11月，頁46-52。

25　法爾肯豪森1938年被迫回國後，被希特勒政府派遣到西線作戰，並且在1940年派任駐比利時占領軍司令官，升為上將，1944年因為涉及謀殺希特勒事件被捕，1945年被美軍逮捕。

26　同上。

27　同上；胡頌平，《朱家驊年譜》，頁30-31。

28　吳相湘，《第二次中日戰爭史》（台北，1973），第一卷，頁294-298。

制式配置，中國還成立了多個特種兵科學校，幾乎涵蓋了現代軍事科學的方方面面。這些學校或是聘用德國顧問為教官，或是採用德國教材授課。南京政府還恢復了公費留學制度，派遣軍校學生出國深造。而德國當然成為這些留學生的首選。[29]

統而言之，到了1936-1937年間，蔣介石建軍輪廓已經初具規模，新軍有一個統一嚴明的指揮系統，部隊指揮官的任免完全服從上級命令，目的在「改變中國舊軍隊之封疆自固，互相傾軋之危險」。違紀部隊官長不但可以被撤職，還可以遭受軍法處罰。軍隊長官被嚴禁干涉地方行政（包括勒借軍餉，強索招待等傳統軍隊的陋習），士兵薪餉直接發到士兵手中免除層層剝削。個別將領如陳誠還對所屬部隊頒布了更嚴厲的軍紀要求，對違反者採取極端嚴厲處分。[30]

除了這些具體成績外，南京政府與德國人的合作嘗試，也使我們得以了解中國軍事政治的一些側面資訊。

首先，在南京政府領袖眼中，德國軍人矜持自律，不像廣東政府時期蘇聯顧問的盛氣凌人。多數德國顧問在中國除執行公務使命外，從無個人野心。在最早期，所有德國顧問的身分都是蔣介石招聘的個人幕僚，很少有機會接觸到南京政府的其他軍政官員。儘管他們的職責範圍從1931年開始逐漸擴大，特別是1933年後塞克特將軍和法爾肯豪森將軍先後擔任總顧問，但是德國顧問依舊被視為客卿，並未被授予實際指揮權。在軍火方面，即便是當德式步兵武器已被大量配置使用，蔣介石仍舊聘用美國和義大利航空專家，來幫助建立繈褓中的中國空軍。[31]

第二，德國顧問對具體操作的軍事事務發揮了重大影響力。1928-1929

---

29 F. F. Liu, *A Military History*, pp. 84-85, 87-88, 102.

30 《陳誠先生日記》，1931年2月5-6日，8月26日。他的軍紀規定是：「一、禁令：洩漏軍情，私圖通敵者，槍決。臨陣退縮，攜械潛逃者，槍決。姦淫婦女，強拉民夫者，槍決。強取民物，擅殺民畜者，槍決。欺詐民眾，強賒民貨者，槍決。賭博遊蕩，貽誤機要者槍決。」

31 傅寶真，〈在華德國軍事顧問史傳〉，《傳記文學》，第25卷第3期，1974年9月，頁94-98。國防部，《法國駐華軍事顧問團工作紀要》（台北，1968）。

年南京政府在軍事編遣會議上的提案基本上採納了德國顧問的建議。1929年以後，南京政府在與國內敵對團體內戰中也高度融納了德國顧問的獻策。特別是在1933-1934年對中共的第四、第五次軍事圍剿行動中，德國顧問的謀劃作出了巨大貢獻。[32]

在雙方合作過程中，德國顧問並不是一味地迎合中方東道主的意旨。比如說，他們傾向於把接受過嚴格訓練的部隊作為示範隊伍（教導團），作為其他等候整訓部隊的楷模，以求提高所有軍隊的效率。但是蔣介石卻難以抑止誘惑，經常將這些優質部隊投入內戰，從而推遲了建軍的整體進度。再者，一旦內戰不可避免時，德國顧問建議務必追剿殘餘以求徹底消滅對手。但是蔣介石卻經常心慈手軟地策動他們投降歸順、或縱容他們脫離戰場而不予窮追猛打，或者與之化敵為友。這些差異所顯示的是，德國人主張從純粹軍事角度去解決問題，而蔣介石卻經常受制於國內政治壓力，人情世故和傳統道德規範，從而違反軍事邏輯。[33]

第三，儘管德國顧問對南京政府軍事建設項目產生過重大影響，但也不能將之過於高估。一方面他們的確幫助南京政府實現軍事組織現代化，制定若干總原則，強調建立基礎國防設施以支持現代化軍隊的重要性。然而另外一方面，他們也無法完全避免東道國與其外國客卿顧問間的摩擦。比如說，有些中國將領認為德國顧問在許多操作性事務上的建議不切實際，因為他們對中國士兵的心理缺乏了解，不熟悉各部隊的歷史沿革，和將領們之間的複雜而微妙的權力關係。許多在西方國家看來合乎理性而又科學的做法搬到中國來實行，就時常與政治現實格格不入。因此，不僅魏采爾（Georg Wetzell）最終遭遇挫折而選擇辭職，就連法爾肯豪森也偶有怨言。[34]

32　F. F. Liu, *A Military History*, pp. 61-63；傅寶真，〈在華德國軍事顧問史傳〉，《傳記文學》，第25卷第1期，1974年7月，頁90-98；辛達謨，〈法爾肯豪森〉，《傳記文學》，第21卷第1期，1972年7月，頁46-52。

33　傅寶真，〈在華德國軍事顧問史傳〉，《傳記文學》，第25卷第3期，1974年9月，頁99-102。

34　Frank Dorn, *The Sino-Japanese War, 1937-41: From Marco Polo Bridge to Pearl Harbor* (New

德國人的貢獻還受到人員編制上的極大限制。整個顧問團最多時僅100人左右（1934年）。[35] 當1938年5月總顧問法爾肯豪森被納粹政府脅迫撤離中國時，顧問團內共有四十名德國顧問在中國服務。[36] 這個規模遠不足以承擔數以百萬計的中國官兵全面性改革的需求。不但德國軍人直接經手訓練的部隊極少，而且直到1936年11月，國民政府才舉行第一次大規模軍事演習去檢驗新軍的戰鬥能力。[37] 而此時離中日大戰只剩下8個月時間。

既然蔣介石本人對德國顧問的訓練計畫如此敞懷信服，何以他未能更積極地去創建一支龐大的現代化軍隊呢？原因至少有兩個。

第一，蔣介石很難與德國軍隊或國防工業領導人物保持穩定而廣泛的接觸。直至1930年代初期，南京政府的中德關係仍舊由北洋時期遺留下來的職業外交官所主導。他們嚴重缺乏交涉軍事與工業事務的能力。[38] 結果導致蔣介石不得不依賴單線私人管道去聯絡那些有意來華服務的德國軍人。直到1934年塞克特第二次來華後，大規模的軍事建設計畫才得以啟動。[39] 而直到1936年，蔣介石才有機會任命自己的親信（程天放）擔任駐德公使，把中德軍事合作事務逐漸納入官方外交軌道。[40]

第二，在1930年代國內政治高度動盪環境下，南京政府的建軍計畫可謂極其敏感。該計畫的詳情不僅不能洩露給日本人得知，也不能讓國民政府其他領導知曉。[41] 這種嚴格的隱密性當然會限制計畫的規模與進展速度。蔣介

York, 1974), pp. 189-190, 200-201; 傅寶真，〈在華德國軍事顧問史傳〉，《傳記文學》，第25卷第1期，1974年7月，頁90-98。

35 吳相湘，《第二次中日戰爭史》，第1卷，頁325。

36 《中國全面抗戰大事記》（台北：華美出版公司，1973），上卷，1938年5月23日條目。

37 辛達謨，〈法爾肯豪森〉，《傳記文學》，第21卷第1期，1972年7月，頁67。

38 駐德國大使館只有10位工作人員，每月經費也僅1430美金。大使館的工作非常混亂無序，與南京也只有間歇性的聯繫。有關中華民國駐德大使館的工作狀態的詳細描述，參閱程天放，《程天放早年回憶錄》（台北：傳記文學出版社，1968），頁104-111、122-131。

39 胡頌平，《朱家驊年譜》，頁18-19、22-23、28-35。

40 程天放，《程天放早年回憶錄》，頁104-108。

41 程天固，《程天固回憶錄》（香港，1978），頁281-282。

石必定明白，假如他以公開和迅猛方式去壯大自己的軍隊，就必然會刺激各方面敵對勢力聯合對己。為了贏得眾多的外省地方實力派和國民黨內部的眾多派系領袖們的合作，蔣介石不惜將行政院重要部會首長的職位讓給競爭對手求取和平共存。然而即便是如此程度的讓步也往往不能安撫政敵。後者不斷地挑戰蔣介石的權威，阻擾他的建軍計畫。

1931年底，蔣介石辭去國民政府主席後，不再能有效地控制南京政府。因此他只能在私底下通過秘密管道，繼續為他的軍隊籌措經費。這當然會阻礙練兵計畫進度。建軍必然需要大量軍費，而籌措經費又必須依靠宋子文，因此引發了一連串饒有趣味的發展。

早在1929年初，南京政府的軍費每個月需要1,260萬元。缺額已經達到300萬元。蔣介石寫道，「為軍費困難**煎熬不堪**。」[42] 由於無論是借外債，糧餉，購械，都需要宋子文合作，而宋子文又需要蔣介石再三催促請求才去尋找出路解決，當然雙方關係漸趨緊張。[43] 1930年7月份曾經發生過一樁充滿戲劇化的事件。宋子文一如既往地不肯籌發軍費，以致他的三妹宋美齡只好提出變賣她名下全部私產換取宋子文高抬貴手。宋子文聞後，只好發款。[44]

無論是出於個性差異或是職責使然，宋子文經常不能滿足蔣介石需求，造成兩人間尖銳衝突。打從1930年開始，蔣介石就不斷在日記中吐苦水，寫道，「子文種種為難，令人難堪，憤激之至」，「子文把持財政，必欲使軍隊乏餉生變，此人之心不可問也」。[45] 1931年蔣介石在日記中繼續抱怨，「子文來談財（政），氣焰萬張，不可一世，可痛也。」[46] 1933年再度寫道，「子

42　蔣介石日記，1928年3月23、28日。

43　蔣介石日記，1933年8月30日。

44　依據蔣介石記載，當宋子文不肯籌發軍費而宋美齡苦求無效之後，宋美齡對宋子文說道，「如果你不發，則先將我房產積蓄盡交你變賣以充軍費。如軍費無著，此事失敗，吾深知介石必殉難前方，決不肯愧立人世，負其素志。如此則我不如盡節同死，有何氣節？故寧先變賣私產以充軍餉，以冀勝利云。」見：蔣介石日記，1930年7月1日。

45　蔣介石日記，1930年9月14日，11月11日。

46　蔣介石日記，1931年5月31日。

文年少氣盛，四年來誤黨誤國之政策，尚不知覺悟，而仍自詡其能，不肯變更謙和……。以余為傀儡，而強從其政策，把持財政，以辭職相要挾。」[47] 過不了幾天又火冒三丈地寫道，「子文對國防經費及舊欠，皆置之不理，其禍國殃民，害公誤私之罪惡，毫不覺悔悟，而猶固執己意，把持財政，為所欲為。」[48] 當我們看到這些尖銳語詞時，很難想象他們二位是郎舅關係，更難以把蔣宋兩家的關係看成是坊間所傳聞的軍權和財權結合的政治買賣婚姻成果。就文字而言，他們更像是仇深似海的政敵。

1933年5月底蔣介石首度與賽克特將軍深談，對於後者的建軍理念深感折服。[49] 這必然更增加他對軍費的需求，導致他與宋子文雙方關係終於在1933年10月份破裂。宋子文辭去行政院副院長和財政部長職務，由孔祥熙接任，才讓蔣介石的建軍計劃鬆了一口氣。[50] 1934年4-6月份，蔣介石和賽克特將軍再度進行密集討論，在整軍建軍工作上獲得巨大進展。[51] 非常明顯地，從此開始，「整軍計劃」、「整軍設計」成為蔣介石每日工作重點，長達一年之久。但是值得注意的是，他又開始抱怨孔祥熙「毫無國防觀念」，只顧財政信譽而不知道國家大事的輕重緩急，顯然是連孔祥熙也拙於應付1934-1936年間建軍需求的大額費用，而招致蔣介石不滿，只是隱忍沒有發作而已。[52]

這種情形一直維持到1935年底蔣介石再度出掌行政院，這是自1931年底以來蔣介石首度較為牢固地掌握了南京政府的行政權（包括外交部，財政部），終於把建軍計畫置於正規行政體系之內。然而此時離中日之間大戰的爆發僅有18個月而已。換言之，日本打從19世紀末期就開始按部就班地部署侵略中國的方案，而中國的抗日主力卻只有18個月左右時間去部署本國的

---

47 蔣介石日記，1933年9月5日。

48 蔣介石日記，1933年9月24日。

49 蔣介石日記，1933年5月28-31日。

50 蔣介石日記，1933年10月15、16、18、21、22、27-29日。

51 蔣介石日記，1934年4月；1935年3月。

52 蔣介石日記，1936年8月7日。

防務。

（二）內戰處理模式

南京政府對軍隊訓練的高度重視，從兩個方面影響了中國的軍事政治環境。一方面，它提高了地方實力派的警覺，要儘早遏制南京政府軍力擴充，促成他們隨時準備密謀顛覆政府。另一方面，南京政府為了爭取更多時間去完成建軍，也極力避免與地方實力派軍人發生衝突。回顧1932年初，蔣介石曾經為自己的長程策略做出一個簡單明確的闡述。他寫道，「今日基本政策：（二）對內以政治建設為目的，不主張內戰，亦不參加，樹立中心勢力（指南京政府），鞏固七省基礎。」[53] 1932年5月份他又計劃以長江五省為基礎，預計在三年時間內推行訓政，作為未來「抗日之基礎」。[54] 1936年底當他談到未來政治重點時，再度寫道，「甲。先整理長江各省，確實掌握，而置北方于緩圖，並加慰藉，以安其心。」[55] 在經過一段時間後，南京政府與地方實力派之間就形成了某種特有的互動模式。

為了便於分析，我們將南京政府在國內的競爭對手分為四類。下文將分別簡述他們之間的關係。

1. 兩廣

第一類是兩廣地區，它們的軍事領袖們在北伐時期原本是蔣介石的盟友。然而到1927年，雙方已貌合神離。1929年初，廣西與兩湖地區因稅收爭執引發戰爭。蔣介石選擇支持兩湖，同時運動桂系部分將領倒戈，迫使李宗仁、白崇禧和黃紹竑逃離廣西。廣西叛亂隨即失敗。[56]

53　蔣介石日記，1932年1月，「今日基本政策」。

54　蔣介石日記，1932年6月3日。

55　蔣介石日記，1936年10月29日。

56　Lary, *Region and Nation*, pp. 138-145; 黃旭初，〈廣西與中央廿年來悲歡離合憶述〉，《春秋》，第117期，1962年5月16日，頁5-7、12。

1929年稍後，李宗仁、白崇禧、黃旭初重新掌控廣西。1931年蔣介石與胡漢民的矛盾激化，將后者軟禁于南京。這個事件導致粵系與桂系領袖再度聯合組成「南方政府」，與南京政府形成對立。直到中日戰爭爆發前不久，該政府才宣告解散。[57]

1936年胡漢民逝世導致南京政府與兩廣地區關係急轉直下。廣東陳濟棠開始策劃對南京採取軍事行動，而廣西領袖們由於受此前簽訂軍事協議的約束，也宣布支持廣東。在該年7月中旬，陳濟棠屬下全部空軍和數位高級將領向南京政府輸誠，導致廣東叛變計畫失敗，陳濟棠倉促出逃。[58] 兩個月後，廣西也停止反抗活動。儘管該省實際上仍舊保持獨立狀態，但在名義上已承認中央政府。[59]

2. 北方諸省

第二個集團主要包括馮玉祥、閻錫山和張學良，都是北洋軍閥時代的倖存者。在三個人之中，馮玉祥首先因軍隊編遣問題和蔣介石決裂，並在1929年4月動員軍隊與蔣正式攤牌，[60] 然而他的挑戰卻因為部下韓復榘和石友三倒戈而失敗。雖然韓復榘立刻便獲得了河南省控制權，[61] 但與南京政府的積怨遠未平息。10月間，馮玉祥舊部又聯合發表聲明，敦請馮玉祥和閻錫山領導對南京政府進行討伐，並在1930年4月正式組成反蔣聯盟。該聯盟還網羅了國民黨內的改組派和西山會議派，積極籌備召開所謂的國民黨「擴大會

57 Lary, *Region and Nation*, pp. 163-193；黃旭初，〈白崇禧口中的「三自政策〉，《春秋》，第294期，1969年10月1日，頁10-14。

58 Lary, *Region and Nation*, pp. 194-199頁；黃旭初，〈廣西與中央〉，《春秋》，第127期，1962年10月16日，頁16-19、23。

59 黃紹竑，《五十回憶》（杭州，1945），頁310-311頁；劉紹唐，《民國史事日誌》第1卷，頁534-537。

60 North China Herald, April 20, May 25, 1929. Reports by J. V. A. MacMurray to the Secretary of State, March 29, 1929, 983.00/10358, and April 16, 1929, 982.00/10389, State Department Records. Li Tsung-jen, *The Memoirs of Li Tsung-jen* (Boulder, Colo., 1978), p. 261.

61 *China Weekly Review*, June 8, 1929, p. 52.

議」。但是當張學良宣布支持蔣介石時，這項運動已註定失敗。到10月份時，中原大戰結束，雙方都承受了巨大的傷亡。[62]

1930年戰爭結果使馮玉祥國民軍分崩離析，閻錫山的山西軍隊亦遭重創。張學良的東北軍成為中國北方唯一留存的龐大軍事力量。雖然馮玉祥個人從此失去軍事資本不再活躍政壇，但是他的西北軍舊部們則仍然繼續霸據華北若干地區，持續反抗南京政府，也與其他毗鄰的地方勢力繼續發生衝突。[63] 相對而言，蔣介石的基本立場則是，無論遭遇何種情況，他最多只是力圖控制事態不要擴大，並且極力安撫反對派。南京政府之所以採取委屈容忍態度，主要原因是蔣介石擔心如果對地方部隊施加管制時，他們就會向日本侵略者投降，而日本歷來計謀也正是唆使地方部隊脫離南京政府，另組偽軍。

1931年9月九一八事變發生，東北三省被日本人占領，大量官兵沒有經過任何抵抗就集體向日軍投降。[64] 1931-1937年間，少部分逃離家鄉的東北部隊（張學良）流亡分據華北各地。南京政府對於這些東北軍隊既沒有指揮權力可以指派他們的駐防區，也無法維持他們與鄰近地區其他實力派軍事領袖的和平共存，因此處境日趨艱難。他們返鄉願望的實現遙遙無期情況下，又遭受附近中共軍事壓迫，最終激發1936年12月西安事變。[65]

---

62 James Sheridan, *Chinese Warlord: The Career of Feng Yu-hsiang* (Stanford, Calif., 1966), pp. 265-267.

63 劉紹唐，《民國史事日誌》，第1卷，頁468-470、489-492。

64 有關東北失陷的慘劇和醜劇，請參閱：黃自進，〈九一八事變始末：從「文裝武備」到「武力掠奪」〉，呂芳上主編，《中國抗日戰爭史新編：和戰抉擇》（台北：國史館，2015），頁27-117。基本上，當時東北人口接近三千萬，土地1,116,953平方公里，約為日本本土的三倍。軍隊約為30萬人。但是在不抵抗政策下，日軍以約10,000士兵，其中戰鬥兵更少，和士兵傷亡率遠不及一千人情況下占據整個東北。東三省地方軍和政府官員幾乎集體投降。另見：劉鳳翰，〈九一八事變前後的東北軍〉，李雲漢主編，《國民政府處理九一八事變之重要文獻》（台北：中國國民黨中央委員會黨史委員會，1992），頁535、548、564。

65 關於西安事變的著作，可以參見：Wu T'ien-wei, *The Sian Incident: A Pivotal Point in Modern Chinese History* (Ann Arbor, Mich., 1976)；錢世澤編，《千鈞重負錢大鈞將軍民國日記摘要》

1933年日本開始進攻熱河及長城一帶，並且脅迫南京政府接受塘沽協定（1933年5月）。該協定規定南京政府和軍隊撤出華北，事實上終止了南京政府對華北政務的干預權。取而代之者是在華北成立了一個容納地方政客和軍事實力派領袖的臨時委員會。在這一遼闊區域內，該委員會成為實質政府。無論在政治上、軍事上以及經濟上，華北都脫離了南京中央政府掌控。[66] 1935年6月之後，國民黨在河北的黨務活動也被日偽政府禁止。[67]

簡言之，這一連串事態發展使得整個華北地區地方實力派軍隊完全脫離南京政府掌控。1933年以後，即便是南京政府曾經試圖與這些地方軍隊保持政治接觸，也只能秘密進行。[68] 日本人「華北特殊化」計劃的最終目的，便是將華北諸省合併成為另外一個傀儡政權，因此許多省份的地方實力派領導人都成為日本爭取的對象。[69] 而這些地方實力派領導人面對日本人的示好時也樂意保持態度曖昧，讓當時國人非常擔心他們的政治動向。

3. 西南諸省

無論在北伐前後若干年中，南京政府和西南諸省實力派的關係一直十分隔閡，南京政府與中央軍勢力也無法進入西南省份。除了偶爾象徵性地宣示中央的管轄權之外，南京方面基本上屈從現實，忍讓地方實力派按照自己方式去管理省內事務。在西南三省中，雲南由龍雲統治，與中央少有往來。貴州在1934-1935年前也對南京政府刻意排斥。

四川的政治情況則比較複雜。1926年底，川軍將領在形式上歸順國民政

（台北：中華出版公司，2015），此後簡稱錢大鈞將軍日記，〈1936年西安事變補記〉。

66 沈亦雲，《亦雲回憶》(台北，1968)，頁501-510。

67 秦德純，《秦德純回憶錄》（台北，1967），頁31-32。

68 劉健群，《銀河憶往》（台北，1966），頁94-96。

69 秦德純，《秦德純回憶錄》，頁167-168。關於日本戰略思考更全面的解釋，參見：Mark R. Peattie, *Ishiwara Kanji and Japan's Confrontation with the West* (Princeton, NJ., 1975), Chapters 2-4. 關於日本人如何向各地領袖示好的更詳細的描述，參見: B. Winston Kahn, *Doihara Kenji and the North China Autonomy Movement, 1935-36* (Temple, Ariz., 1973)。

府，但是省內統治模式仍然延續北洋時期舊規，實力派繼續擁有各自「防區」。軍人領袖們在防區內行使獨立統治權，控制著民政、稅收、交通、經濟和鴉片貿易。[70] 1928-1934年間，四川軍人間每年依舊進行內戰，不定期地重新調整他們之間的權力消長。[71] 但是南京和四川之間缺乏互動，四川既不挑戰南京權威，南京政府也樂得不干涉四川內政。

南京政府要等到中共勢力對長江下游的威脅被解除後，才將注意力轉向四川。1934年下半年，中共軍隊突破第五次圍剿包圍，向四川與貴州方向轉移。四川軍人劉湘向中央乞援，南京政府借此機會首度向四川派遣參謀團，並且組織了兩個軍追擊退卻的中共軍隊，[72] 成為國民政府奠都南京以來首度能夠派遣中央軍進入四川。

中央政府企圖通過重組四川省政府方式，趁機引進中央財政政策，徐圖將權力滲入該省。[73] 也就是在1935年3月，南京政府同樣首度獲得機會任命貴州省主席，但是為此煞費苦心，因為它考慮的重點並不是趁機選派一位忠貞可靠的幹練官員去伸張對貴州的統治權，而是如何做出姿態去消弭西南鄰近省份實力派對南京政府的疑慮。最後被任命者吳鼎昌是一位文人，並非國民黨核心人物，卻反而與廣西領袖關係密切，算是一個折中性質的人選，為的就是羈縻西南地方實力派。[74] 1935年夏，國民政府在四川峨眉開始軍事訓練項目，創辦中央軍官學校分校，推動中央政府訓練專案，並且初步擬定了裁減川軍的計畫，[75] 都屬於以柔性試探方式把勢力伸入四川省。即便如此，

---

70 關於四川軍閥的討論，參見周開慶，《民國四川史實》（台北：臺灣商務印書館，1969）；頁99-106。Robert Kapp, *Szechwan and the Chinese Republic: Provincial Militarism and Central Power, 1911-1938* (New Haven, Conn., 1973).

71 劉紹唐，《民國史事日誌》第1卷，頁385-552；許餞儂，《最近四川財政論》（重慶，1940），頁9-12、111、158-159。

72 賀國光，《八十自述》（台北，1964），頁18-25、36。

73 劉紹唐，《民國史事日誌》第1卷，頁531-533。

74 陳布雷，《陳布雷回憶錄》（香港，1962），頁79。

75 劉紹唐，《民國史事日誌》，第1卷，頁523；賀國光，《八十自述》，頁36。

四川省在1936年依然號稱擁有近30萬本省籍常備軍和60萬民兵，而南京政府得以引進該省的中央軍則僅一個軍外加一個師而已。在這種情況下，南京政府最多只能任由川省軍人繼續自相牽制。[76] 直至1937年，南京政府和四川將領們才達成了一項整編川軍的初步協定。但還未付諸實施，中日戰爭便爆發了，整個計畫隨即被擱置。[77] 換言之，盧溝橋事變發生時，南京政府對於四川的軍事指揮權有名無實，幾近於零。

4. 中共

最後一個對南京政府產生威脅的軍事集團當然是中共。關於中共武裝鬥爭的緣起與總體戰略，歷史著作早已經連篇累牘，無需在此占據篇幅。本節的主要目的只是將中共的武裝活動與南京政府所追求的建軍和國家統一事業聯繫起來予以考慮。

中共在1929-1930年間加快武裝暴動步伐，目標是先奪取華中地區，進而將革命推廣到全國。當這一武裝暴動政策失敗後，中共便退至湖北、江西、安徽與福建各省交界處。1930年12月，南京政府終於決定發動對中共根據地的第一次圍剿運動，但是只動用少量湖南籍地方部隊。這些地方部隊以慣常鬆散方式行動，並且完全不熟悉紅軍戰術，因此在1931年1月就遭受慘敗。

蔣介石事後檢討，認為第一次圍剿失敗主要原因是軍隊實力欠缺，各部隊協同不足，紀律渙散，警惕不夠。為此，他在1931年4月開始第二次剿匪運動時，就集結了更多部隊，包括一些北方軍隊。他特別強調要嚴格執行經濟封鎖。然而儘管南京政府部隊對中共軍隊享有二比一的優勢，而且裝備更為精良，但是缺乏戰鬥精神，而各個背景迥異的部隊將領們又持有保存實力私心，導致部隊間嚴重缺乏協調，給予紅軍可乘之機，將南京政府軍隊逐個

---

76 劉紹唐，《民國史事日誌》，第1卷，頁555；陳道，〈我與陳果夫、戴季陶的舊交道〉，《春秋》，第250期1967年12月，頁17-18；雷岑嘯，〈劉湘與王陵基〉，《中外雜誌》，第5卷第4期，1969年4月，頁22-23。另可參閱：Robert Kapp, *Szechwan and the Chinese Republic*.

77 劉紹唐，《民國史事日誌》第1卷，頁559-560。

擊破。1931年5月，圍剿運動再度敗北。[78]

1931年7月，蔣介石親自前往南昌督戰第三次圍剿運動，並且首度將中央精銳部隊投入戰場。然而正當政府軍步步緊逼蘇區時，廣東突然發生叛變，並將其軍隊指向湖南和江西南部。不久之後東三省又爆發「九一八」事變。面對內亂與外患雙重壓力，蔣介石取消了圍剿運動。[79]

在此後一年半時間裡，南京政府將軍隊轉移至華北地區應對日軍侵略，無暇他顧。中共利用這個時機擴大了江西與湖南蘇區，並且逐步打通湖北、河南、安徽等省份根據地，形成一個土地連續的活動區域。與此同時（1932年），蔣介石為了實現「攘外必先安內」政策，又開始組織下一波圍剿運動。[80] 1933年，第四次圍剿運動開始，由中央軍承擔主攻任務。然而同年4月日軍對熱河的軍事行動和長城作戰，再度迫使南京政府放棄圍剿，將注意力轉移至北方。[81]

南京政府和日方在華北達成暫時妥協後，蔣介石重新開始處理中共問題，並於1933年10月開始第五次圍剿運動。政府為此發展了一套全新戰略。它在「七分政治、三分軍事」總體思想指導下，採取了一系列措施，如控制戶口，加強保甲，建立民團系統，發起新生活運動，改良農村生活。同時嚴格封鎖中共區，不容許任何民生必需品進入。南京軍隊一反過往盲目深入敵區，改採穩紮穩打戰略，大量建造碉堡，打通交通要道，逐步縮小包圍圈，從四方八面向蘇區施壓，企圖最終使其窒息而亡。南京政府還推行了重要的組織改革，增強了基層訓練。然而最關鍵的是，第五次圍剿不僅集中了數量龐大的軍隊，而且南京政府的精英部隊在戰鬥中總是首當其衝。[82]

1934年10月第五次圍剿獲得成功。政府軍擊傷、擊斃和俘虜了超過80%

78　關於軍事作戰行動更詳細的討論，請參見國防部，《剿匪戰史》，第2卷（台北，1962）。

79　同上。

80　劉紹唐，《民國史事日誌》，第1卷，頁485。

81　國防部，《剿匪戰事》，第3卷。

82　歷次圍剿動員的兵力總結如下：

的紅軍。但是毛澤東、朱德和紅軍殘餘得以脫逃，踏上了史無前例的長征之路，並於一年後抵達陝西。

三、南京政府軍事運作的特徵

前文有關南京時期建軍計畫和尋求國家統一過程的討論，可以幫助我們就南京政府與地方實力派（非中共）之間的關係做出一些初步觀察，而這些觀察又可以幫助我們在今後各章去分析抗戰時期的國民政府政權。

第一，1930年代歷史顯示，南京政府的統一策略是首先建立強大軍事力量，依仗軍事優勢去震懾國內反對派以實現國家統一。為使建軍計畫得以順利實施，蔣介石決意在行政上要牢固掌握中央政府機構，在地域上要保障對長江下游省份控制，兩者都是支持他富國強兵雄心的核心結構。

但在長江下游以外地區，南京政府則採取彈性靈活措施。較之早先北洋政府，南京政府對待各省地方實力派的態度其實更為溫和。正由於蔣介石相信，只要中央嫡系軍隊完成現代化裝備和訓練之後就可以順利推行政府政策，因此他優先考慮的是如何暫時安撫地方實力派，爭取更多時間來完成建軍練兵計畫。

基於以上考慮，因此南京政府對於長江下游地區以外所存在的割據狀態並沒有迫切感，甚至安于保持各種曖昧關係。只要地方實力派避免公然挑戰南京中央政府名分，彼此即可相安無事。即便是當南京政府面臨擴大統治範圍機會時，它依然會盡量避免直接用武力奪取，而寧可運用政治手段或物質獎勵去引誘各地實力派「歸順」南京政府。前文曾經提到1935年貴州省的例

歷次圍剿	南京政府軍	非嫡系與嫡系部隊比例	中共部隊
1	44,000	11/1	42,000
2	113,000	10/1	66,000
3	130,000	8/6	53,000
4	153,000	7/5	64,000
5	300,000(?)	21/17	100,000(?)

資料來源：國防部，《剿匪戰史》，第2至5卷。

子。當時在紅軍潰退時，原來舊軍人王家烈因政權崩潰而出走，南京政府本可藉機委派親信幹部接管省政和派遣中央軍隊進駐，但是反復考慮到不要引起廣西雲南等鄰近省份的憂慮反而加重與南京隔閡，最終任命政治色彩淡薄的吳鼎昌接任。[83]

相對而言，地方實力派領袖們也意識到，只要蔣介石有充足時間去鞏固黨和政府，同時順利實現建軍計畫，則最後算總帳日子必將來臨。因此他們必須未雨綢繆，阻止蔣介石實現其計畫。這層心理盤算也可以解釋何以1930年代內戰多半是由地方勢力向南京政府挑釁而觸發，而不是由南京政府盛氣凌人地向地方實力派進行討伐。（圖1）

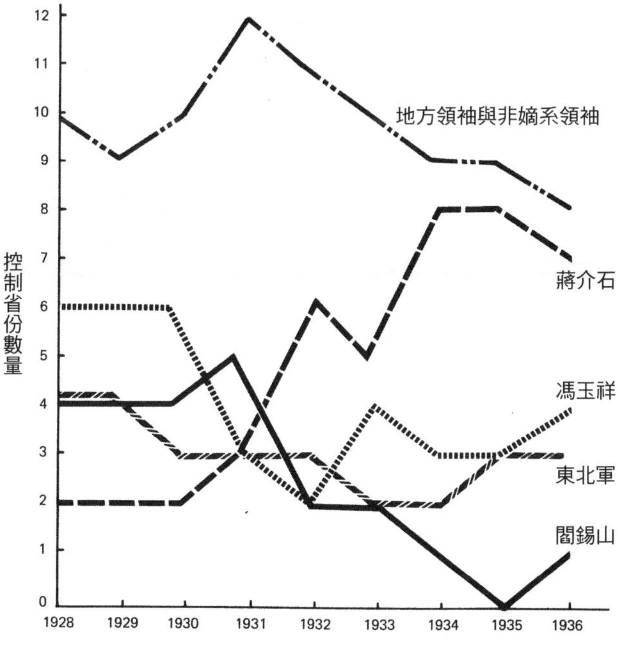

圖1　1928至1936年間各省主席的派系背景的動態圖。從中可以看出各派系地域控制的變化。1928年，蔣介石只控制了7%的省份，而到1936年，該比例已上漲到25%。

83　蔣介石日記，1935年3-5月份。他在3月30日寫道，「對桂決以黔省府主席為緩和條件」。4月22日又寫道，「桂熊以禮卿（吳鼎昌）主黔，知我誠意，或漸諒解乎？」5月4日又寫道，「對桂以禮卿負責運用和緩，黔省不駐重兵以安桂心，但力闢交通，並以黔歸龍（雲）節制。」

第二，每當南京政府和地方實力派發生爭端時，前者經常願意甚至熱衷於派遣調停人，彌合雙方關係，尋求和平解決方案。即使當調解失敗而不得不訴諸武力時，南京政府也很少下最後通牒，或者徹底消滅對手。這一政策背後的原因在於，南京政府認為時間仍對它有利。它如果暫時以溫和手段對待實力派對手，則對手們彼此之間仍會維持四分五裂狀態。但假如它採取強硬高壓姿態，就反倒可能引起對手們拋棄前嫌組成聯合戰線共同反抗中央。所以，南京政府的計謀是使對手們相信，挑戰政府乃無益之舉。如果南京政府此計得售，那麼它幾乎就不需要動用精英部隊進行征戰。

第三，正因為南京政府不願與地方實力派在戰場廝殺，而寧可用金錢和名位來消弭對抗，因此南京政府發展出一系列複雜的非軍事手段去化解緊張局勢。比如說，廣泛利用人際關係去影響政治態度。蔣介石不僅親自與某些位高權重的地方實力派領袖結拜為兄弟，還利用師生關係、鄉親聯繫、同僚關係等等作為籠絡手段。在蔣介石勢力無法到達的地區，他也會派遣密探去搜集情報和進行挑撥離間。[84] 如果金錢能夠換取政治支持時，則蔣介石願意支付可觀的數目。在1929年與廣西衝突中，蔣介石花費巨額金錢收買到李宗仁和白崇禧部屬倒戈。同樣地在1930年中原大戰中，蔣介石使用「銀彈攻勢」籠絡張學良，使其傾力反對閻錫山和馮玉祥。[85] 對於這種做法，蔣介石曾經坦白地表達過自己的想法，「對內既不能用武力貫徹主張，**即應用政治以求得統一。軍閥……所貪者為錢……。有所求，則事無難。**」[86] 如果無法

84 蔣介石打入十九路軍中的特務，使得該軍在戰爭開始前便已有許多部隊倒戈。這是1933年12月福建事變徹底失敗的重要原因。詳見：Li Tsung-jen, *Memoirs*, pp. 300-302。有關國民黨特務在廣西的顛覆活動，參見黃旭初，〈葉琪墮馬逝世的真相〉，《春秋》，第193期，1965年7月16日，頁17-19。

85 有關1929年廣西叛變中賄賂情況的記述，參見張任民，〈我從香港冒險回梧州的經過〉，《春秋》，第309期，1970年5月16日，頁12-15。有關1930年中原大戰中的賄賂情況，參見：Carsun Chang, *The Third Force in China* (New York, 1952), p. 92. Li Tsung-jen, *Memoirs*, pp. 267-274, 308; Donald G. Gillin, *Warlord: Yen His-shan in Shansi Province, 1911-1949* (Princeton, NJ., 1967), p. 115.

86 蔣介石日記，1936年2月17日。

以單純金錢交易達到目的時，則蔣介石便會進一步提供武器、職位和地盤作為誘餌。在幾乎每次地方實力派反蔣事件中，實力派一方的失敗更多是肇因于內部被蔣的離間伎倆所瓦解，而不是其軍隊在戰場上被蔣軍徹底殲滅。

正是上述手段使民間把蔣介石看成是「分而治之」的高手。但這些招數也嚴重影響了蔣介石與地方實力派軍事領袖的關係。因為它們產生了兩個後果。第一是，反蔣派軍事大頭目被顛覆後，他們部下仍然保持原有部隊，甚至可能加官進爵。最明顯例子就是舊國民軍。馮玉祥失去勢力後，取而代之者是宋哲元和韓復榘等一大批將領們，依然各自擁有半獨立部隊，南京政府並沒有在統一事業上獲得進展。第二是，經受過南京政府收買的地方實力派對南京政府只能更加猜疑，因為恐懼自己的部下未來同樣可能被收買。換言之，所謂內戰者，經常只是一群地方實力派被另外一群地方實力派取代而已，換湯而沒有換藥。南京政府在統一事業上並沒有獲得重大實質進展。

即使在民族面對嚴重外侮之際，蔣介石也未能改善與這些軍事領袖的關係。彼此無法真正信賴和尊敬對方，以建立切實有效的合作關係。顯而易見地，蔣介石除了用金錢名位換得短期利益外，他在南京十年並沒能找尋到解決國家分裂的辦法，而只是得到了短暫和平，以及乘機壯大自己軍隊的喘息之機。但是地方實力派心態的特質與權力政治的邏輯交叉發酵的結果，正是使得那些弱小而分裂的對手很快重新組合，再次發起挑戰。這種情況延續不斷地出現，根本原因是中央與地方之間的矛盾並未獲得一勞永逸的解決。然而有趣的是，儘管在整個南京時期那些地方實力派的總體武力遠超過蔣介石，但他們卻未能善用這個優勢打倒蔣介石。這些歷史事件似乎總是重複著一個耐人尋味的衝突模式。那就是，心存怨懟的地方軍事領袖最初多半是單槍匹馬地反蔣，其他領袖們多半選擇保存實力和隔岸觀火態度。只有當反蔣者面臨挫敗時，旁觀者才會產生「兔死狐悲」的恐懼而姍姍來遲地伸出援手。但是他們失去了獲得決定性勝利的先機，只能造成南京政府和反蔣派處於對峙僵局。反蔣派之間缺乏共同利益和具有凝聚力的意識形態，加上疏鬆的組織和互相猜疑等弱點，使那些地方軍事領袖在挑戰蔣介石時，註定了屢戰屢敗命運。

第四，南京政府「安內」謀略的一個附帶結果是：任何團體如果不去挑釁南京政府，則南京政府也不會去招惹他們，彼此裝聾作啞相安無事。四川的個案便是最好證明。該省多年來被各種類型的大小封建軍人把持，行事無法無天，社會經濟毫無進步，常年處於混戰狀態，民不聊生。如果按孫中山革命理論，南京政府在北伐成功後首先就應該對其動刀處理才對。但是事實上，南京政府一直避免觸碰四川問題，要等到1934-1935年才借追剿紅軍時機試圖改變四川現狀，但是仍舊小心翼翼地多方協調，而不是大軍壓境地斷然處置。四川例子同樣適用于雲南與貴州，更不用說廣大的西北省份。

一個相關的問題是：南京時期中央政府和地方實力派的關係究竟如何界定？

宏觀性答案並不複雜。南京政府當然希望在實質上統一中國，成為貨真價實的現代國家政府。在這個課題上，孫中山和蔣介石的立場屬於一致。至於以何種過程去達到此目的？則孫中山並沒有提出過明確方法。他籠統的希望是「訓政」能夠在軍事平定某地區後，利用「開啟民智」手法培養出人民自治能力，按部就班地進入憲政體制。但事實上南京政府在並沒有徹底地用軍事武力平定全國之前，就急不得待地宣告全國統一。這個形式主義做法成為此後沉重歷史包袱，因為在絕大部分中國土地還處於尚未完成軍事平定階段，因此訓政工作根本無法在地方實力派鼻息之下推行。訓政沒有在南京政府有效控制下的長江中下游4-6個省份充分推行，這肯定是國民黨和南京政府不可推卸的歷史責任。但是在其他大部分省份，僅僅是因為南京政府急不得待地宣布結束軍政時期就視為訓政時期開始計算，無論是以6年或者是以10年計算，都只是逞口舌之快而缺乏實質意義。其結果是南京政府在宣布進入訓政時代之後，其實還在耗費大量時間和精力從事軍政時期尚未完成的工作，反而因此而阻礙了訓政工作進展。不幸的是，這個局面一直要等到1950年代初期才得以改善。

南京政府曾經提出一個廣為流行的口號，叫做「安內攘外」。乍聽起來是兩個政策導向，而且它們之間有一個因果關係和先後順序，那就是「攘外」必先「安內」。這個邏輯其實並沒有太多可以爭論之處。無論古今中外的各種鄉村俚語和智者格言，都會強調內部團結是有效抵抗外侮的先決條件，「家和萬事興」和「團結就是力量」是在中國和西方共同流行的老生常談和信奉的真理。蔣介石本人也在邏輯上提出過自己的說明。他在1931年曾經寫道，「蓋攘外必先安內，革命即為救國，亦惟保全民族之元氣，而後方能禦侮，完成國家之統一而後乃能攘外。今日之戰爭乃為救國與賣國之戰，革命與反革命之爭。人之愛國當有同心。鬩墻禦侮，古有明訓。」[87] 蔣介石這段簡潔文字把他內心的邏輯表達得非常清楚：革命的目的是救國，救國必須攘外，而攘外的先決條件是安內造成全國統一。

但是根據本節前文敘述，在南京政府的政策實踐中，「安內」的「安」字卻演變出了一套微妙而複雜的技巧和過程。多年來，南京政府的反對派曾經試圖把「安內」解釋為對內窮兵黷武消滅異己的陰謀論。這個說法其實不符合歷史真相。在打倒北洋軍閥後，蔣介石對內目標立即轉為統一中國，這一點毫無疑問。但是南京政府從來不曾定出一個明確時間表，更沒有擬出一個武力征戰的策略方針。

正好相反地，蔣介石心目中統一的「障礙」既有軍事，也有社會和經濟等多方面。在軍事方面，他的「遐想」是能夠「勸誡」馮玉祥，李宗仁等軍人「幡然醒悟」，放棄擁兵自重。如果能夠達到此目的，則他自己寧可居人之下，「禮讓他人得名」，甚至設想由馮玉祥主持內政使其組織與改良社會，由汪精衛執掌教育，而由他請纓擔任交通部長，致力於在六年內修建六萬里鐵路，則屆時「中華民族或猶可救也」。[88] 直到1935年初，他依然希望「對桂能以誠感動」。[89] 而讓他傷心的是，他不久之後得到情報，桂系居然在他巡視貴州省時，曾經數度密遣刺客圖謀將他狙殺。[90] 即便如此，他仍然希望以吳鼎昌擔任貴州省主席作為橄欖枝，讓桂系體會他的「誠意」而達成「諒

87　蔣介石日記，1931年7月22日。

88　蔣介石日記，1932年1月30日。

89　蔣介石日記，1935年4月17日。

90　蔣介石日記，1935年4月20日，「本週反省錄」；5月7日。

解」。[91] 一個鮮明而又有趣的對比是，蔣介石對於桂系想刺殺他個人的陰謀只是聊聊數字（「可鄙」）予以譴責。但是當他聽說桂系介紹日本特務土肥原密使去會晤和脅迫龍雲附和日本時，他卻義憤填膺地寫道，「嗚呼！桂系之肉不足食矣！」同時嘉許龍雲只派副官代為接見。[92] 由此可見，「安」的內涵屬於和稀泥式「安撫」，遠遠比狂風暴雨式的殲滅和掃蕩更切合南京政府領導人的思路。粗略地說，南京政府希望在長江中下游4-6個省份裡關起門來心無旁騖地謀求生存和壯大，同時與此地區外的地方實力派和平共處，相「安」無事。蔣介石這個心態在1935年與桂系代表葉琪懇談時表達得最清楚。他說，「予其對倭屈服而亡國，何如對內委屈以救國？予其救敵，何如救己？今日對倭尚能隱忍至此，則對內有何不可解？」[93] 1937年初他又希望「對各省落伍軍閥，使之改正， 以天然淘汰之定律示之。」[94]

如果上引的這些文字果真表達了蔣介石的心態，那就和一般坊間歷來流傳的窮兵黷武和大動干戈的「安內」模式有重大認知差距。他心目中理想的選擇大概就是透過「安撫」和「招安」，希望地方實力派能夠認清他們終將被歷史的「自然規律」所淘汰，而能自動提前放棄武力盤踞。說得殘忍一些，蔣介石的政治天真無異是在「與虎謀皮」。還有另外一層考慮也值得附帶一提，那就是批判「安內攘外」所引申出來的邏輯含義。攘外必先安內的反面詞是攘外無需先安內，主張攘外可以優先並且單獨進行。凡是涉獵過國際關係歷史的讀者們必然知道，近代史上不乏例證，當一個國家政府無法處理內亂時，就可能故意製造外患以轉移群眾注意力，甚至把外患當成是達成安內的謀略。而在1930年代中國現實生活中，當許多地方實力派特別抨擊蔣介石提出的邏輯時，他們的謀略卻是讓他們自己可以振振有詞地保持（半獨立）現狀，逼使南京政府把精力導向於攘外，為地方實力派騰出更大生存空間。

91　蔣介石日記，1935年4月22日。

92　蔣介石日記，1935年5月14日。

93　蔣介石日記，1935年6月17日。

94　蔣介石日記，1937年1月，「民國二十六年大事表」，壹，五六。

事後發展也證實，南京政府企圖以攘外而促成安內的反向努力並未達成效果，因為一旦攘外開始，相當數字的實力派就退居一旁，決心保存實力。從中國內部的南京中央政府和地方實力派的鬥智和鬥力而言，本書第三，四章將會對於這兩個說詞的後果做出更多敘述。

如果蔣介石心態果真如上所述的話，那麼南京政府又為何那麼努力地去建立現代化軍隊？

簡單答案是它有兩個目的：1. 中國對內的社會現代化，需要以軍隊作為管理和發展的楷模；2. 中國對外抵抗日本侵略，需要強大軍事力量作為後盾。在當時氣氛下，前者是既可以做又可以說，用以激勵民心，而後者則是只可以做卻不可以說，以免打草驚蛇，激發敵人反制。

（一）南京政府軍事化思想的根源

毫無疑問地，蔣介石對南京政府的影響力遠遠超過當年國民黨其他任何領袖。但要研究他的政治作為並非易事。按照常理而言，蔣介石的政治作為應該是他的價值觀，心態和個性等因素的綜合外在表現，因此一個合理的起點是去了解他的內心精神活動。可惜的是，儘管大量研究蔣介石的論著都談到他人格特徵的線索和暗示，但是把蔣介石當作嚴謹精神分析對象的著作卻尚待問世。[95] 這個現象並不奇怪，因為蔣介石終究是一個極度複雜的人，在不同人們面前呈現出不同面相，甚至相互矛盾的面相。當然，已經公諸於世而篇幅浩大的蔣介石文告，演講，私人談話記錄，個人信函及日記，都將幫助學者對蔣介石作出較為全面性而且有深度的心理分析，但是研究成果尚需讀者們耐心等待。

95　早年一本涉及蔣個性的專著是Pichon P. Y. Loh, *The Early Chiang Kai-shek: A study of His Personality and Politics, 1887-1924* (New York, 1971）, pp. 12-13, 51-52。近年來相關著作顯著增加，請參閱：楊天石，《尋找真實的蔣介石：蔣介石日記解讀》（太原：山西人民出版社，2008）；楊天石，《尋找真實的蔣介石：蔣介石日記解讀（二）》（香港：三聯書店，2010）。

就當前來說，如果想了解蔣介石對中國政治的影響，更務實的途徑是追溯他的思想演變，理清出那些引導他行動的主要信念。在這個探討過程中我們可以發現，蔣介石在其年青時期，曾經接觸了大量傳統思想著作。各類有關蔣介石的傳記文獻一致認為，蔣介石在20歲前的閱讀材料幾乎局限於中國經典，例如《左傳》、《孫子兵法》與其他周秦時代古籍。甚至到壯年時期、他在自修時仍偏好閱讀王陽明、曾國藩、胡林翼等傳統知識分子的著作。蔣介石一生推崇「四維八德」等傳統道德，包括新生活運動中的道德教化傾向，都離不開這些傳統經典的薰陶。至於西方學術著作，蔣介石的閱讀數量也隨著年齡增長而擴大，對西洋史和西方重要人物的事蹟如華盛頓，拿破崙，俾斯麥等都有所涉獵，甚至吸取過深刻啟發。對於他的知識活動，本書將在第六章中做進一步討論。

在他革命事業早期，蔣介石曾經展現出激進的一面。他激烈地排斥滿清政權，認定滿族是異族，而且在與西方帝國主義的顢頇交涉中喪權辱國。相對於他對國家民族的屈辱所感到的極端痛苦，青年時代的蔣介石似乎並沒有對中國社會結構的弱點表達過深度關切，也沒有對宏觀性的意識形態問題產生過興趣。雖然他忠心耿耿地追隨孫中山革命，但是他對於意識形態問題一般很少發表論點，卻對孫中山的勇於革命鬥爭的情操感受到極大激勵。在蔣介石投入革命運動初期，最令他憚心竭慮的工作便是策劃和執行各種起義活動。[96]因而在1920年代前期，當他親身追隨孫中山時，孫中山徵求蔣的建議主要限於軍事領域，而在黨政事務方面則甚少看到孫蔣交換意見的痕跡。

孫中山和蔣介石之間還有一個鮮明對比。兩人在革命事業中都曾經遭遇多次挫折，每當孫中山遭遇厄運被迫退出政壇時，他的選擇是對當代社會問題進行更深度思考和調查，藉此使他的革命理論益趨細膩和豐富。孫中山作為一名革命理想主義者，最大特點便是其思想的活潑性和創造力。相比之下，每當蔣介石被迫下野後，他在上海或奉化家鄉的行蹤撲朔迷離，召見大

96　涉及蔣介石生平諸事的早期著作，可參見黎東方，《蔣公介石序傳》（台北：聯經出版公司，1976）。

批親信幹部，極力布置東山再起，但肯定不是在思考革命理論。說得簡單些，孫中山是思考派，蔣介石是行動派。兩者對中國歷史所產生的影響，截然不同。

因此我們或許可以推測，蔣介石之所以重視軍事，除了中國傳統理學思想之外，還可能來自兩個外部根源。第一是日本，第二是德國。

就日本而言，它曾經是19世紀末期和20世紀初期幾代中國知識分子嚮往和學習的模範。日本作為亞洲最先進國家，不但成功地接納了西方科技文明，化解了西方的武力欺凌，還成為西學傳入中國最重要的傳媒站。無論是科學技術、人文社會、藝術宗教等各方面，中國人學習西方經過直接接觸而引進者少，經過日本轉口引進者多不可數，乃至許多近代中國人習以為常的名詞和觀念，都是直接引用日文。

除了傳統經典薰陶外，蔣介石在中國和日本分別接受了現代化專業軍事教育。蔣介石早年的近距離接觸外來文化的機會，主要來自他在日本留學和多次到日本執行革命任務的期間，甚至他對中國宋明理學的認識也是深受日本影響。而日本政治與社會中令他印象最為深刻的特點則是忠誠、紀律、勤儉，犧牲決心、武士道精神、等級、秩序，以及天皇和政府對臣民的絕對權威。這一切更加強化蔣介石在政治方面的理學觀念。

就德國而言，一個鮮為世人論及的事實是，蔣介石早年曾經立志要去德國留學，並因此勤學過德文。他又仰慕德國建國史，對俾斯麥首相的事蹟，他的「鐵血宰相」做法，普魯士國民的尚武精神和刻苦勤勞守法生活，都留下深刻印象。因此雖然德國在第一次世界大戰後成為戰敗國，但是他仍然選定德國陸軍作為中國建立新軍的楷模。而他對德國文化和軍事科技的認識更是因為在此後長期與德國顧問們密切接觸中益趨充實。他甚至和顧問們產生了深厚感情，以致在1938年為了要保護他們而幾乎與希特勒政府決裂。

上文對蔣介石的思想描繪可以從他青壯年時期演講與文稿中得到佐證。蔣介石最早公開發表的文字見於《軍聲》雜誌。在《軍聲》1912年第一期發刊詞中，他著重論述了兩個主題。第一，俾斯麥的鐵血政治才是挽救中國的指導原則。第二，推翻滿清王朝就已經解決了國內革命問題，從今以後革命目標將集中於抵抗外國侵略者，洗刷國恥，而軍事力量則是實現此目的的主要手段。在此後數十年中，這兩點皆不斷地出現在蔣介石政治理念之中。[97]《軍聲》雜誌還登載過數篇由蔣介石署名的文章。它們清晰地展現了他的思想傾向。比如說，他贊許開明專制，主張軍政集權於中央以達國家統一，認為民族主義的重要性超越民主政治，政治革命的重要性超越社會革命。[98]

細讀蔣介石在1920年代的著述和文告可以發現，他的觀點基本上維持不變。1924-1928年間，當蔣逐漸嶄露頭角致力於成為孫中山接班人時，他最重要的政治資本是他熟悉軍事事務，掌理黃埔軍校。[99] 沒有證據顯示孫中山曾經讚賞蔣介石對政治理論有任何超出常人的理解，也沒有跡象顯示蔣介石當時在孫中山心中留下的印象足以被指定為法定繼承人。

（二）軍事和蔣介石的革命觀

那麼，蔣介石對革命的態度究竟如何？這個問題或許可以從兩個層次加以探討。一個是革命理論，一個是革命實踐。

就革命理論層次而言，儘管蔣介石在不同時期曾經被人指責為法西斯主義者，獨裁者，短暫時期的馬列主義信奉者，但他在主觀意識上始終自視為孫中山的忠實信徒，對於三民主義從未提出質疑，而且顯然在孫中山死後熟讀他的著作，演講，以及別人對孫中山理論的申論，其涵蓋面不僅超過同時代軍事領袖們，而且與汪精衛，胡漢民等老一輩革命家相比，也可能有過之而無不及。

但是無論是就出身背景，個性，或生活歷練而言，孫中山和蔣介石之間都存在重大差異。孫中山自幼在中國沿海地區和西方國家成長，是開明的知

97 蔣介石，《軍聲雜誌發刊詞》，《自反錄》，第1集，頁413-417。

98 蔣介石，《軍聲雜誌發刊詞》，《自反錄》，第1集，頁319-376。

99 例如，1924年至1928年間，蔣介石總共做了68場重要演講。其中50場演講專門討論軍事問題，其餘18場演講內容也帶有濃厚的軍事色彩。蔣介石，《蔣總統集》，第1冊，頁391-560。

識分子，對西方政治社會有親身體驗。而蔣介石出身於江浙鄉間，早年立志習武，卻博覽中國古籍，對於中國文化的熟悉程度遠遠超過孫中山。依照蔣介石本人說法（1929年），孫中山的學識是以西方與中國文化為雙重基礎，而他本人則是側重中國文化。[100]

我們也可以從他們兩人對三民主義的態度上看出差別。蔣介石生平著作和演講，對於民族主義思考甚多，甚至後來親自書寫《中國之命運》（1943年）作為深度發揮。他對於民生主義則在全盤接受孫中山學說之餘還在晚年寫了「育樂」兩篇加以補充。唯獨對於民權主義，他在理論層次上幾乎沒有發表過自己的創見，基本上接受孫中山關於「政權」和「治權」的區分和五權憲法的政府架構。

次就革命實踐而言，蔣介石和孫中山之間並不存在分歧的問題，更不存在蔣介石背離孫中山革命行動綱領的問題。但是孫中山過世太早，沒有機會看到1925年以後中國所面臨的困境而提出他明確主張。相對而言，蔣介石對於三民主義最感到重要的就是這三個主義孰輕孰重或孰先孰後的選擇。對於這個問題，蔣介石個人信念非常明確，那就是，民族主義是三民主義的根本主體，而民權主義和民生主義都必須依靠民族主義才能生存發展。他最簡潔的說法是「國防為一切建設之中心」。[101]

蔣介石在1928年底回顧中國歷史時曾經指出，中國革命有兩大敵人——外國的帝國主義和國內以軍閥為代表的封建主義。由於他認為北伐勝利已經結束了軍閥時代，因此革命預備階段已經完成。往後的唯一革命，他稱之為「正式革命」，就是要推翻列強百年來加諸於中國的帝國主義行徑和不平等條約。[102] 至於如何實現這一革命最高目標，蔣介石在1928年一個演講中曾經做過明確解釋：

「我們現在廢除不平等條約，只有思想統一，意志團結，國裡沒有內

---

100 蔣介石日記，1929年1月20日。

101 蔣介石日記，1932年7月29日，8月26日。

102 蔣介石演講，1928年12月10日，《蔣總統集》，第1冊，頁518。

爭，軍隊不能互相打仗，各團體各階級也不能互相爭鬥，大家為實行主義和廢除不平等條約而奮鬥，沒有政府許可，不能罷工、罷課、遊行。」[103]

由此可見，在蔣介石心目中，推翻西方帝國主義是一個無比重要的革命目標，以致其他任何事務都必須退居次要地位。他要培養順從守紀的民眾，鼓勵他們維護現有社會秩序，並且以全部精力投入生產建設，最終目的全是為了增強國力實現民族主義。反之，如果民眾為了爭取政治與經濟權益而抗爭，他們就會干擾生產建設，激化階級對立。因此，為了反帝革命運動的神聖目標著想，這些群眾鬥爭必須予以壓制。[104] 從這個思維出發，南京政府就把維護國內現有秩序當成是實現其革命事業的先決條件。更何況，既然與帝國主義鬥爭是一場武力鬥爭，因此蔣介石更是堅信只有發揮軍力才能解救中國。依照他的說法，無論古今中外，要組織成一個健全的國家和社會，都必須要全國軍隊化。因此，社會團體軍隊化，民眾有組織和訓練，都是今後救國建國的不二方法。[105]

日本發動九一八事變，不僅使南京政府面臨嚴重的外交危機，而且提供了帝國主義進一步侵略的預兆，這就更強化了蔣介石「軍事本位」觀點。在一次全國會議上，當蔣介石就當前內政情況發表講演時指出，在此緊要關頭，拯救中國最關鍵的辦法，在於「政治軍事化」。也就是說，一切國內政治運動，都必須通過軍事指導來管理。[106]

那麼在這一革命過程中，人民群眾究竟應該扮演何種角色？在這方面，蔣介石本人早年的境遇或許很有參考價值。

依據蔣介石自述，他少年時期父親早歿，剩下「寡母孤兒」（蔣介石15歲）在鄉間遭受「劣紳之壓迫，貪吏之剝削」，甚至被地方強豪指使差役到家中逼債逼稅，又被惡棍訴訟，最後只好賠錢消災。「當時只覺孤寡，備受

103 蔣介石演講，〈中國建設之途徑〉，1928年7月28日，《蔣總統集》，第1冊，頁516。

104 蔣介石演講，1929年4月25日，《蔣總統集》，第1冊，頁541。

105 同上，頁516。

106 蔣介石演講，1932年12月14日，《蔣總統集》，第1冊，頁608。

貪官污吏，土豪劣紳壓迫之苦狀，非改革推翻，不能出頭，且不能雪此奇恥，而不知**吾之革命思想，即基于此改革社會之一點而來也**。」[107]

換言之，蔣介石在幼年和青少年，對於傳統社會中存在的不公、剝削、欺壓和權豪有親身慘痛經驗，因此對於民生主義的平均地權、消滅土豪劣紳高度認同，但是卻沒有表現出改造社會結構或階級革命的思想。在他心目中，農村重要的工作是改良管理，獎勵農產林產，實行二五減租，改善農民佃租和生活。1932年底，他更列舉解放佃農，清丈土地，設立農民銀行和信用合作社，興建水利和集體農場等事業為三民主義實現的初步。[108] 至於民生主義的其他方面則大致依照孫中山的建國藍圖，比如說：公路、鐵路、電氣、通訊、開發礦產、修治黃河淮河、推展外貿，和統一幣制等等，並且訂出了工作完成日期。[109] 但是他提出了一個非常重要的修正。那就是：孫中山把民生主義看成是三個主義中的一個單元，本身就有存在的充分理由。但是在蔣介石認知中，雖然民生主義依然是改善人民生活，但是也同時被賦予一個為民族主義服務的任務。換言之，儘管蔣介石承認國家有滿足民眾需求的責任，但他同時也明確表示這只是實現更高目的的手段，而不是革命的終極目標。只有廢除列強在華特權才是終極目標。依循這個思路，則提升生產力和提高人民經濟生活水準，都只被視作是功能性的必要條件。為創造一支能夠迎戰外國軍隊的強大國軍，一切必須為之服務。而這些必要條件又只能在有秩序有紀律的社會環境下才得以實現。它們也不能妨礙國民革命的更高目標。

這些觀念無可避免地使蔣介石更傾向權威主義國家的思路。他指示地方官員必須徹底地熟悉當地，如此他們才能「用科學方法來組織」地方民眾，如同軍隊中的統帥指揮士兵一般。[110] 在如此政治環境下，民眾的角色便是

---

107 蔣介石日記，1929年8月，「附錄」。

108 蔣介石日記，1929年2月1日；1932年10月25日。

109 蔣介石日記，1929年2月17日。

110 蔣介石演講，〈當前縣政要務〉，1928年11月30日，《蔣總統集》，第1冊，頁517。

無條件地服從國家命令，而不是向國家提出政治訴求。早在1928年初，蔣介石已經主張「以軍事組織為社會組織，則社會得以強固，國家亦能安寧。」[111]

1934年，當蔣介石作了一個關於如何復興中華民族的演講時，他提出地方政府的基本任務有三項：「教」、「養」、「衛」。依據蔣介石解釋，要達到「衛」的目的，必須「嚴守紀律，服從命令」，「教」須注重「禮義廉恥」，「養」須提倡「整齊、清潔、簡單、樸素」的生活方式。[112] 蔣認為這三件事是建設國家和復興民族的根本要務。通過厲行「教」、「養」、「衛」，最終的目標是「全民總動員」，將「一盤散沙」的國民轉變為國家功能性組織成員，來保障革命的成功。他隨後又進一步說明，這種轉變只能通過實施「軍國民教育」–結合俾斯麥「鐵與血」與傳統中國「武德」與「武藝」——才能得以完成。[113] 他明白地指出，「教育則重在軍事化，為尤以民族意識為本也。」[114]

儘管蔣介石在口頭上也承認政府贏取民眾擁戴的重要性，但他似乎並沒有真正關心到民眾的需求。舉例來說，他鼓勵地方官員去教導民眾，「要當作他是三歲小孩看待」。[115] 他又說，「對民眾訓練應重感化與勸導，如父兄之教子弟，應視為家庭集團親愛為主。」[116] 大體而言，蔣介石認為政府官員當然應該以家長態度去對待百姓。與此同時，他們也應該自覺地以高超道德標準來鞭策自己對民眾盡心盡責。為了維持現有秩序，政府應該盡最大努力去改善民生，而民眾則應該順從政府命令。在南京時期十年中，蔣介石在演講時幾乎從未提及憲政民主、政治權利、社會資源重新分配的正義，或者社會制度改造。他專注於在一個統一的中央政府下，維持嚴格而穩定的社

111 蔣介石日記，1928年3月16日。

112 蔣介石演講，〈復興民族之根本要務——教、養、衛〉，1934年2月12日，《蔣總統集》，第1冊，頁729-732。

113 蔣介石演講，〈現代國家的生命力〉，1935年9月8日，《蔣總統集》，第1冊，頁906-911。

114 蔣介石日記，1932年10月25日。

115 蔣介石演講，1935年9月7日，《蔣總統集》，第1冊，頁905。

116 蔣介石日記，1937年4月18日。

會結構，培養出嚴守紀律和訓練有素的國民，推動生產事業，全力以赴地把中國建設成為現代國家。然後，羽翼壯健的中國才能向西方和東方侵略者發動真正的國民革命，洗刷民族恥辱。依據這個思路的進一步推論甚至可以說是，只有在民族主義大業全盤伸展之後，民權主義和民生主義才能在一個獨立自主而安康的環境下蓬勃發展。

或許他這種立場最簡潔的剖釋是在盧溝橋事變前一周，他寫道，「治政即治軍，軍事為政治基點，軍隊生活為一切生活之典型規模。故無論上下大小，人人應以兵士自居，以戰爭即生活，生活即戰爭之道治政，則國乃能救。」[117] 這些話把他政治軍事化和社會軍事化的信念說得淋漓盡致。

四、南京時期黨政地位的邊緣化

本節的目的不是把1928-1936年代國民政府和國民黨的地位做一個通盤性而具有創見的研究，只是想運用一些基本資料來勾畫出它們運作的特色，為本書此後各章論述提供背景。鑒於前述南京時期對軍事化的強調，本節重點是試圖把它對南京時代國民黨黨務工作的影響從三個方面進行了解：一. 孫中山的訓政理論；二. 北伐的歷史包袱；三. 蔣介石對於黨政關係的立場。而這些了解又可以幫助我們對下列幾個問題作出進一步分析：1. 中央級黨和政府的關係；2. 省縣地方級黨部和政府的關係；3. 黨員的素質和社會背景。

（一）孫中山的訓政理論

孫中山革命學說的基本論點當然是「三民主義」，內容包括民族主義，民權主義，和民生主義。但是他其他的著作和演講（包括建國方略，建國大綱）是對他革命理論的補充和更細緻的發揮，也是對他心目中中國革命成功後「理想國」的繪織。簡言之，他對於當時中國所面臨的幾個大問題——中國人怎麼改善生活，在何種政體下去處理政治事務，和如何去營造一個新型

---

117 蔣介石日記，1937年7月2日，「下週預定表」。

國際政治體系以期和世界上「一切以平等待我」的國家民族和平相處——都提供了一系列的理論架構和實際內容。對於急於想從內政腐敗無能和列強鯨吞蠶食下解放出來的新一代中國人而言，它的確提供了一盞希望明燈、和一套行動綱領。

有趣的是，西方某些學者對於孫中山革命學說並不給予高度評價。他們主要的批評是它缺乏完整性和獨創性，不能達到政治學上「學說」應該具有的嚴謹度和全面性。他們也批評他東抄西借，是一個西方政治思想二手貨的大雜燴，遠遠不及民主理論和馬克思主義的深度和高度。這個批判背後或許有一個更隱晦的文化心理因素，那就是西方人內心的優越感，認為政治學說應該是西方人的獨占領域或看家本領，也可能出於個別學者對中國問題的漠視和無知，認為中國人的政治理想無需予以深究。

事實上，孫中山採取了「洋為中用」的途徑，把他所認識的西方體制優點引進中國，成為他「民權主義」基本論述依據，但是他的「民族主義」卻揭露了西方國家假冒偽善的帝國主義嘴臉，而他的「民生主義」又綜合了西方的經濟學說和中國傳統的「民為貴」思想。更不用說他通過「建國方略」，「建國大綱」和實業計畫所編織而成的新中國藍圖。姑不論它們（特別是民權主義）的原創性究竟有多麼深厚，但是作為一個政治行動綱領，它卻是非常具有宏觀性和前瞻性。無怪乎孫中山能夠喚起一代熱血青年成為革命信徒。即便是一個世紀之後的「大國」觀念，仍然可以看到孫中山理論的長遠影響。換言之，南京時期黨務發展過程中，孫中山理論仍然可以成為強壯黨的精神引導。特別當我們看到世界上有許多國家根本沒有「革命理論」而仍然蓬勃生存和發展，同時又有一些國家雖然擁抱貌似深奧的理論，而最後分崩離析，不得不予以放棄或背離。說到底，政治理論必須和現實結合，才能夠顯示功效。

依據孫中山對於「訓政」的論述，黨員是革命先鋒，一切政治改革，社會創新和經濟建設都應該由黨員帶頭發起。尤其是在訓政階段，黨員是導師，先驅者，領頭羊，模範，和執行人。所以爭取全國各階層優秀人才入黨，是黨在訓政時期歷史使命成功的先決條件。孫中山本意正是要強化黨權，以黨領軍，以黨治國，最終進入憲政體制達到長治久安。不幸這個理想在北伐時就遭遇挫折。

（二）北伐的苦果

北伐初期，中國境內軍隊大概可以分成三大板塊： 第一，國民革命軍一共有8個軍，蔣介石統領一個軍（第1軍），湖南籍三個軍（第2，6，8軍）；雲南籍一個軍（第3軍）；廣東籍兩個軍（第4,5軍），廣西籍一個軍（第7軍）。顯而易見地，這個革命陣營本身就已經是一個南方地方實力派的拼湊體。第二，北伐成功後又收編了大量長江以北的地方軍。其中只有少數是戰敗的（直系和皖系的殘餘部隊），大多數是以和平手段招降納叛而收編的（國民軍第一軍和第二軍，東三省奉系部隊）。它們維持部隊原有番號，編制和武器，由原來將領們繼續控制他們各自盤踞的地盤。第三，遠離中國軍政舞臺的還有更廣大地區，它們不但包括整個大西北（甘肅，寧夏，青海，綏遠，西藏，新疆，內蒙古），甚至包括內陸偏遠省份（四川，西康）。這個大雜燴軍事局勢在南京時代（1928-1936年間）一直延續，只有局部鬆動而沒有大幅調整。因此，南京時代的國民政府號稱為全國中央政府，但實際有效控制地區不外乎長江中下游的江蘇，浙江，安徽，江西，和一部分湖南，湖北，和福建。即便是在這些省份裡，其控制程度也參差不齊，黨政軍財和社會基層的控制力度都有大幅度差別。到底控制力度如何，幾十年來學術界並沒有做出一份精確統計表，停留在泛泛而論階段。難怪，國民黨黨務工作在北伐完成後馬上凸顯出兩個重大後遺症： 一個是入黨手續形式化；一個是黨務工作覆蓋面狹窄化。

就入黨手續形式化而言，最明顯例子是普通黨員和軍人黨員在數量上的嚴重差距。依照孫中山在世時所形成的一個現代化政黨的運作方式而言，理想的入黨程式應該首先是人民通過對黨義宣傳的信服，自覺性爭取入黨，而黨務機構經過嚴格挑選，擇優吸納入黨，經過莊嚴宣誓儀式，然後再經過深度理論的薰陶和紀律的規範，才能夠達到「為民前鋒」標準。但是這個模式在北伐初期就被軍隊破壞。約略檢視北伐初期（1926年）國民黨黨員分布資料就可以發現，他們明顯集中在兩廣和江浙地帶。依北伐「成功」的過程可以看出，國內各個省份歸順「中央政府」的順序大致是：1925年廣西，廣東；1926年湖南，甘肅，青海，湖北，江西，陝西，福建；1927年四川，浙江，貴州，安徽，江蘇，河南，山西，寧夏，雲南；1928年山東，河北，新疆，東北三省。[118] 但是這些表面上的「歸順」和實質上的「統治」完全是兩碼事。歸順的內涵無非是地方政府或軍事單位宣稱奉南京政府為正統「中央政府」，接受南京政府職位委派狀，懸掛青天白日滿地紅國旗，但是在實質上依然維持獨立或半獨立狀態。在這種局面下，這些地方性政權和國民黨的關係走向兩個極端。

一個極端是不經過上述任何嚴格遴選考核過程，某些軍隊就硬性規定全體官兵集體宣誓加入國民黨。最明顯例子就是東三省。在張學良宣布東北軍隊易幟的同時，規定全體文武官員和士兵一律宣誓參加國民黨。此例一開，其他地區軍事領袖們群起仿效，造成軍隊黨員急劇膨脹。「軍隊黨員」一項在1929年開始單獨計算，人數立即超過三十萬人（307,568人），到了1937年更超過一百萬人（1,013,019人）。如果排除海外黨員不予計算，則國內軍人黨員數字占全部黨員數字的三分之二，完全流於形式主義。地方實力派軍事領袖們如此作為的心理背景，一方面可能是借此誇顯自己擁抱革命的熱忱，從總司令到伙夫兵都義無反顧地投身黨國旗號之下。另一方面也可能是出於一種模糊的政治盤算，以為自己名下控制的黨員數目越多，就可以增加自己的政治籌碼和發言權。無論出自何種動機，這種集體而強制性入黨的方式，只能讓軍人黨員成為南京時期一個累贅，甚至是一個笑柄。蔣介石在建立黨軍初期引進了蘇聯的軍隊政工制度，原本指望把黨軍發展成一股堅強戰鬥力。但是由於此後歸順中央政府的軍事領袖們對黨務工作的漠視，以致發展黨務和黨組織經常流於形式主義、走過場，在命令官兵們集體宣誓入黨之後，就不聞不問。既然所有官兵都是黨員，則黨員身分失去它特殊意義。[119]

---

118 王奇生，《黨員，黨權與黨爭》，頁196，表7-1。

119 黨員統計數字參閱：王奇生，《黨員，黨權與黨爭》，頁294-298。

另外一個極端是，國民黨黨務工作在大多數省份完全無法展開，或甚至遭受嚴重打擊。即便在北伐進行中，軍權大於黨權的現象已趨明顯。特別是由於投靠北伐軍的單位快速增加，國民黨原有的黨務工作人員根本無法進入這些新夥伴的軍隊中。寧漢分裂是南京的軍權和武漢的黨權公開分裂的表現。雖然後來達成表面彌合，但是地方實力派（如馮玉祥，閻錫山，李宗仁，張作霖，李濟琛）各據一方，國民黨中央組織根本打不進去。在整個南京時期，凡是在地方實力派控制下的省份，國民黨組織和人員都難以進入他們的地盤。既然他們拒絕中央黨部向省黨部和地方黨部派遣幹部，國民黨中央為了息事寧人和粉飾太平，也只好容忍地方實力委派自己信賴的幹部充任黨職位，然後由中央加以追認。簡言之，在許多地方實力派控制區的黨部，並不是南京中央黨部的派駐分部，而是地方實力派自拉自唱的御用傀儡，由南京和地方實力派共同營造而成的黨務統一假像。

基於這些因素，使南京時期各省黨部的成立和黨員的分布數字，並不能說明國民黨在這些省份的實力是否雄厚和黨務工作是否展開。簡言之，黨員數據和政權控制度並不吻合。一個簡單的例子是，依據1935年調查，江蘇、浙江兩省（包括上海市和南京市）占黨員總數的16.8%；但是廣東和廣西兩省卻占31.1%。僅看黨員數字很容易誤導人們以為這些地區都是黨力量最堅強的地區，可是事實上兩廣和南京分屬兩個對立權力集團。[120] 而兩廣黨員數字超過江浙一倍也充滿誤導，因為江浙地區才是國民政府的核心區。黨領袖們在企圖把黨重心從昔日廣東轉移到長江中下游過程中，遭遇到重重阻礙。孫中山去世後，黨領袖們對集體領導模式無法取得共識。胡漢民、汪精衛和蔣介石之間長期爭鬥，使得黨多年不能得到明確指導方向。[121] 清黨後，

---

120 王奇生，《黨員，黨權與黨爭》，頁298-299、305-306。兩廣在1936年以前，是與南京政府對立的集團，在政務上自稱為「西南政務委員會」，在黨務上自稱為「中國國民黨革命同志會」，不受南京政府的統屬和節制。

121 程天固，《程天固回憶錄》（香港，1978），頁212-214。

黨組織和活動依舊混亂不堪。[122] 即使在1930年代，國民黨也從未制定出統一而又具連貫性的黨員吸收政策，變成各地自行其是。

這些現象當然就牽涉到國民黨的覆蓋面問題。依照一項調查，即使在南京政府鼎盛時期和抗戰前夕（1936年），只有幾個被普遍認為是南京政府高度控制的省份設有省黨部組織，[123] 而卻有一倍以上省份沒有正式建立省黨部。[124] 然而即使設有省黨部也並不是國民黨勢力伸張的可靠標誌，因為它們本身就可能虛有其表，缺乏戰鬥力。至於縣單位成立縣黨部的就更少，而農村基層則幾乎沒有黨組織。[125] 如果再從黨員與人民大眾的數目相比的話，則黨和人民的距離就更是遙遠。[126] 國民黨普通（非軍事）黨員與當時全中國人口的比例大約是1:990，而在同年代，義大利法西斯黨的比例是1:25，蘇聯共產黨的比例是1：65。僅就黨員數量就可以看出，國民黨是一個面向精英而不是面向人民群眾的政治組織。國民黨無法像當時威權主義（authoritarian）或全能主義（totalitarian）形態政黨（如蘇聯共產黨或義大利法西斯黨）那般蓬勃發展。

國民黨遠遠不足以控制人民群眾的現象，在個別地區特別突出。比如說，在南京市每59個市民中有一個黨員，這種高度密集的原因顯然是因為南京政府中央的一切機構均聚集於此。相較之下，上海市是全國金融商業航運最繁榮城市，情況立即急劇滑落，每510個市民才有一個黨員。到了漢口，北平和其他城市，這個比例就更加滑落。[127] 城市情況已然如此，鄉村就更難見到黨員蹤影。以如此懸殊的覆蓋率，黨員在人民群眾中孤立無助和無可

122 劉紹唐，《民國史事日誌》，第1卷，頁389，414。

123 江蘇、浙江、江西、湖北、湖南。

124 包括河南、安徽、福建、雲南、貴州、四川、陝西、甘肅、寧夏、青海、新疆。

125 王奇生，《黨員，黨權與黨爭》，頁299-302。

126 依據一項估計，1935年的黨員和人口比例在上海是1:510，南京1:59，漢口1:186，北平1:664，廣東1:417，浙江1:722，江西1:1,005；江蘇、安徽、四川、河北是1:2,000；其他省份則是1:5,000-9,000。

127 黨員統計數字參閱：王奇生，《黨員，黨權與黨爭》，頁294-302。

作為，實在並不令人訝異。訓政工作如何展開，立即成為大問題。

有鑒於以上數據，國民黨這部政治機器的覆蓋面和滲透力在南京時代就遠遠不足以產生「控制」作用。更重要的是，一旦進入抗戰時期，如此薄弱空虛的政治組織如何能夠適應大後方嶄新而又陌生的政治環境，又如何能夠自身脫胎換骨地承擔大任，將會是一個極其嚴峻的考驗。

（三）蔣介石對於黨政關係的認知

國民黨在南京時期呈現一個有趣現象，一方面孫中山突出黨和黨員在訓政時期的關鍵性，而另一方面蔣介石則對黨務和黨員充滿忽視，戒心和不滿。縱觀整個南京時期，蔣介石對於黨務工作少有專文深入地論述黨的組織、紀律、運作、黨員吸收、訓練等等。[128] 當他提到黨務時，負面批評經常超過正面激勵和嘉許。

然則，南京時期國民黨究竟情況如何？這個問題可以從下列幾個方面加以分析：

1. 中央級黨部與政府的關係

首先需要指出的是，依據孫中山構想，訓政時期是以黨治國。他還曾經特別闡明，是以黨主義治國，而不一定需要由黨員治國。事實上，南京政府官員也並不是由國民黨一黨包辦，而是吸納了許多黨外人士進入政府，甚至擔任領導職務。他們包括兩大類人士：第一類人是原本在北洋政府任職的文官，南京政府需要借重他們的行政經驗，讓新政府馬上可以執行「治國」的任務。除了某些「政客」之外，這個現象在外交領域最為明顯。南京時期的外交部長，駐英國，美國和法國大使以及在國際聯盟進行外交衝刺工作的領軍人物，幾乎全是北洋政府培養出來的外交官。第二類則是散布各行各業的專家、知識分子，和在教育界與實業單位擔任主導地位的人士。這些人除了具備專業知識和歷練，可以駕輕就熟地處理國家大事之外，也因為蔣介石對

128 散見，《先總統蔣公全集》。

新近參加革命隊伍的年輕人缺乏信心，擔心他們行事魯莽，不敢委以重任，認為國家大事切不可以輕易交付年輕人當做是實驗園地一般去摸索。依據一項估計，在中央機關被甄別為特任等級和簡任等級的（高階）公務員之中，國民黨員只占一半。如果以中央機關公務員總數計算，則國民黨員在1929年占36%，到1933年（可能是因為南京時期機能性機構的擴張）反而降到22%。而在地方級公務員之中，即便是在南京和上海等國民政府統治核心區，1929-1930年黨員只占10-17%。縣政府機構則更少。[129] 這個現象並不表示南京政府背離了孫中山訓政精神，反而表示它對人才引進的高度包容性。或許更確切地說，南京時期國民政府並不是國民黨以黨治國的工具。事實上，蔣介石個人立場是政府用人應該以才德為主，因此當他看到行政院堅持引用黨外人才而遭到國民黨內部分人士反對時，他仍然予以讚許。[130] 直到1936年5月份的統計，南京政府仍有相當數量部長級官員不是國民黨黨員。[131]

孫中山「組黨」理想原本來自歐美民主國家，期望在代議制體制下由黨扮演「為民喉舌」功能，以合作與競爭並存模式完成國家建設發展。然而基於歷史原因，他推行的「組黨」基本架構卻是取材自蘇聯式的民主集中制，企圖以黨控政，以黨領軍，最後全面性以黨治國。差別是，國民黨又只是在形式上抄襲蘇聯，而沒有在實質運作功能時貫徹蘇聯模式的精神。僅從制度面著眼，南京時期中央政府、省政府、縣政府，甚至區公所每個層次都應該建立對等黨部，形式上層層相扣，方便黨機構監督和指導同級政府政策和運行。但是在實際運作上，南京時期呈現的卻是「政重黨輕」現象。這個關係在幾方面表現得特別突出。

首先在中央一級，國民黨領袖們只把精力投入政府工作，而把黨務視為點綴或累贅。考其原因是因為在政府工作容易表現成績和獲得成就感，有助

---

129 王奇生，《黨員，黨權與黨爭》，頁250-253。

130 蔣介石日記，1935年12月31日，「本月自反錄」。

131 蔣介石日記，1936年5月20日。

於個人事業發展和職位升遷。但是在黨務工作上卻難以看出成績，也難以獲得回報。其結果是，即便是位居中央黨部最重要的組織部部長張厲生也不禁感嘆（1936年），黨沒有實務工作可做。[132]

整個南京時期蔣介石對於國民黨黨務的態度令人產生兩個印象。一方面，黨務在他心目中占據邊沿地位。遍觀蔣介石此時期日記，在他被周遭萬事纏身而巨細靡遺的記載習慣中，竟然對於黨務可以長時期不置一詞，視若無睹。但是另外一方面，他在整個南京時期對軍事組織和尚武精神從不吝嗇給予由衷而坦率的稱讚，但是在對黨務工作或斷或續地提及時，又總是只有尖銳批評，而對於黨員的諸多「缺點」則更是格外地憤怒難抑。

可能是由於蔣介石早期職責僅限於軍事領域，而中央軍又是親手締造，所以鍾愛之情自然流露。相形之下，黨卻是其他領袖早已占據和建立聲望的領域，他作為一位後進者，只能在別人鼻息之下先占一席之地而後圖謀擴充勢力，所以從1926年就開始對黨顯示保留態度。他當時就明確表示，黨控制政府的原則並不表示黨員們可以理所當然地享有特殊政治或行政地位；而他對某些個別黨員居然對政府持反對態度尤其感到憤慨。因此儘管蔣介石在原則上承認黨有權領導政府，他也堅持黨員必須服從政府官員，並與之配合。[133]

即便是當蔣介石後來在黨內逐漸取得主導地位，他依然堅持黨的意識形態應該被用來指導國家，而對那些自認為理應有權在政府中擔任重要位置的黨員們，則一律被他譴責為追逐私利和沒有革命資格的人。[134] 在整個南京時代，他始終把黨視為是妨礙他推行政策的絆腳石。比如說在1928年，蔣介石對國民黨員的批評就更形露骨，「黨亡民病，侵權凌上，矜功自伐，非徹

132 王子壯，《王子壯日記》（台北：中央研究院近代史研究所，2001），1936年5月28日。

133 蔣介石演講，1926年8月14日，〈黨員的責任和地位與組織紀律之重要〉，《蔣總統集》，第1冊（台北，1960），頁475-478。

134 蔣介石演講，1928年7月18日，〈中國建設之途徑〉，《蔣總統集》，第1冊，頁515。

底解決，前途絕望」。而此種憂慮之深甚至讓他夜不能眠。[135] 1930年他又指出和認同人民群眾強烈批評國民黨員的諸多缺失，包括自視為特殊階級，行為有如軍閥和土豪劣紳，表露當權派氣概，脫離群眾，不替人民辦事，貪污納賄，包庇訴訟，爭權奪利等等。[136] 不久之後，他本人也指責黨員紀律性薄弱，沒有吃苦耐勞決心，腐化墮落，裙帶風盛行，一心只想當官，毫無責任心，不服從命令，輕率干涉軍政工作。[137] 他還指出黨的根本弱點就是黨員們不識大體，缺乏團隊精神，導致經常為小事爭吵不休。[138] 蔣介石既不喜歡那些思想落伍黨員，也不喜歡那些思想激進而主張國民黨只應同工人階級聯盟的黨員。[139] 對他來說，唯一正道就是通過同志愛和忠誠心使黨員團結一致同心協力。[140] 最後，蔣介石還指責大多數黨部僅僅「空掛著一塊招牌，沒有做實際工作。」[141]

1930年底國民黨召開一中全會，出席代表們當然是黨內領袖階層人物，但是蔣介石對他們毫不留情地批評為「腐化，惡化，麕集一堂，誠所謂一丘之貉也」，又感歎「黨務之幹部實一無其人」。[142] 他對資深黨員的批評尤其不留情面。他指出，「一般老黨員爭權奪利，捨責避怨，寧使黨國滅亡而不愿新近後起，實足以滅亡而有餘也。」後來又痛責老黨員「腐敗，自私，

135 蔣介石日記，1928年1月21日。

136 王奇生，《黨員，黨權與黨爭》，頁316。

137 蔣介石演講，1926年8月14日，《蔣總統集》，第1冊，頁475-478；1929年2月7日，《蔣總統集》，第1冊，頁536-537。

138 蔣介石在國民黨第三次全國代表大會上的演講，1929年3月5日，《蔣總統集》，第1冊，頁536-537。

139 蔣介石在國民黨第三次全國代表大會上的演講，1929年3月5日，《蔣總統集》，第1冊，頁536-537。

140 蔣介石在國民黨第四次全國代表大會上的演講，1931年11月12日，《蔣總統集》，第1冊，頁558。

141 蔣介石對中央政治學校學生的演講，1929年9月14日，《蔣總統集》，第1冊，頁558。

142 蔣介石日記，1930年12月21、24日。

賣老，害事，**如不更張，則必亡國也**。」[143]

1932年他把矛頭指向黨內派系林立亂象，即使是依照他當時指認，已經包括「國主派，孫（科）陳（立夫）派，馮（玉祥）閻（錫山）派，共產派，官僚派（研究、交通、安福各系）」，當然還有金融界鉅子和各省軍人。[144] 1932年初一次事件讓蔣介石更表達了他深刻的疏離感。1月28日蔣介石被汪精衛以突襲方式強邀出席臨時政治會議，到達會場後「臨席時見各委大半皆被余消滅、或為余仇敵，今竟相聚一堂，不知所懷，回途萬感交集，甚欲辭去」，但是為了顧全大局只好「忍痛駐留」。[145] 幾個月後，他又寫道，「舊黨員多皆腐敗無能，新黨員多惡劣浮囂。」[146] 1933年春天他又諷刺中央委員，稱他們「非老朽即貪污，不知時機急迫，煩瑣延緩，爭權奪利，令人起亡國之懼，」甚至把他們形容有如宋朝、明代末期士大夫的沉淪地步。[147]

1935年，蔣介石為中國的落後找到一個重要解釋，就是「一般黨員辦事不負責任、沒有精神、不能自動努力來研究改善與創造一切以報效黨國。」他甚至預言，「我敢說黨和國家決不能再苟安三四年！眼看人家（指日本）就要來動搖我們黨國的基礎！我們的黨和國家就會要滅亡。」[148] 蔣介石對於一般黨員的失望和不滿，表現也毫不掩飾。1935年底，他痛斥黨員自私與愚昧，自己既不求上進又畏懼嫉妒別人上進。[149] 1936年中期，他又憤怒地指責，「中央黨部辦事人員之腐敗無能，何以革命立國也？」[150]

從以上引述文字之尖刻和語氣之苛嚴令人不免產生一種感覺，蔣介石似

---

143 蔣介石日記，1930年10月10日；1932年12月16日。

144 蔣介石日記，1932年4月8日。

145 蔣介石日記，1932年1月28日。

146 蔣介石日記，1932年9月1日。

147 蔣介石日記，1933年4月3日。

148 蔣介石1935年12月13日演講，秦孝儀主編，《先總統蔣公思想言論總集》（台北：國民黨黨史委員會，1984），第13卷，頁604-605。

149 蔣介石日記，1935年11月17日。

150 蔣介石日記，1936年7月20日。

乎對國民黨並不是出自「愛之深責之切」的諄諄告誡，而是置身事外地把它當做是他人的事物，甚至是敵對政治團體予以口誅筆伐。甚至把黨的缺點看成是可能導致「亡國」的罪魁。

這種心態其實並不難以理解。比如說，西山會議派是當時青年們指責為腐化不足以擔當革命任務的團體。但是在清除共產黨之後，國民黨在理論上又不得不容納西山會議派以資鞏固。改組派和北洋政府遺留官僚也被青年們視為不革命分子，但是他們猬集中樞，造成社會上流傳「軍事北伐，政治南伐」之譏諷。[151] 而其他各省軍人壟斷的黨務也是假借黨名各自為政。蔣介石對這些派系莫可奈何但是肯定充滿敵視。

面對如此局面，蔣介石的第一步策略是部署陳果夫陳立夫兄弟奪取黨部組織部的主導職位，其目的並非致力於黨的改造或「脫胎換骨」，而只是希圖「占位」，掌握黨的上層架構使之不落入政敵之手。但是也或許正是蔣介石這個「占位」策略並無法徹底掌控國民黨機器，又對其他黨領袖、老黨員、和當權派幹部們的深刻不滿，才導致他在1931年初就首度想到「更張」的必要性，而召集賀衷寒等人探討組織「少年黨」事務。而此舉的目的則是「組織政黨，徹底政策」，監督黨員腐化，宣傳領袖主張，強制社會執行，同時認為需要組織一個「偵探隊」去對黨內進行掏腐挖垢手術才能達成以上這些目的。[152] 簡言之，蔣介石希望建立一個意志集中，行動有效的「黨」，去取代一個處處掣肘而殘破老舊的國民黨。不久之後，「力行社」將成為蔣介石在國民黨邊沿另起爐灶的一個秘密組織，並且在1932年春天緊鑼密鼓地發動。[153] 然而在此後幾年中，蔣介石對於力行社幹部的能力和社務發展方向又持續表達高度不滿。在1933-1936年日記中，不斷地表達失望和急躁。雖

151 王子壯日記，1943年8月13日，11月5日。

152 蔣介石日記，1931年2月15、17日，4月21日。

153 蔣介石日記，1932年3-6月日記。力行社最初成員都是黃埔軍校畢業生，包括賀衷寒、康澤、滕杰、鄧文儀、桂永清、酆悌、戴笠、胡宗南、曾擴情、鄭介民。見：張瑞德，《無聲的要角》，頁324。

然創辦力行社的幹部選自黃埔學生，但是顯然蔣介石對於建軍有自己的一套方法，又有外國顧問相助，頗為得心應手，但是對於辦黨事務則是倍感生疏，又所託非人，終致一籌莫展。到了1937年盧溝橋事變前夕，他對黨務的不滿顯然上升到了一個臨界點，以致在日記中透露他的徬徨：「**黨務發展之方鍼：新建乎？改造乎？**」[154]

蔣介石如此嚴厲抱怨南京時期黨務和黨員，究竟只是派系之爭？還是符合客觀事實？我們不妨對黨的最高層次略作分析。

僅就常理而言，國民黨的「中央執行委員會常務委員會」作為黨的最高機構，都應該是高度關注國家大事，日理萬機而又忙碌不已的決策單位。但是事實上它是一個清閒衙門，經常無事可幹，會議議程只是討論一些雞毛蒜皮例行公事。蔣介石因為其他事務繁忙，經常不出席會議，而其他委員多半是「老先生」們，除了開會時間外，很少到黨部過問事務。他們對於黨務高度隔閡，卻喜歡在開會時高談闊論，事後又不去追蹤結果，終致淪為一個無足輕重的單位。中央黨部本身也形同虛設，成為一個空蕩衙門，許多在政府負擔職務的黨部領導，也只是熱衷於政府部門的有權有勢，輕視黨務工作，掛名而已。[155] 這個現象其實並不奇怪，因為連國民黨中常會這麼地位崇高的單位，本身也不過就是一個政治酬庸單位。從中常會委員名單可以看出，在1936年以前，他們屬於幾類人物，包括過氣政客（如胡漢民），敬老尊賢（如譚延闓），黨內反對派（如汪精衛和李濟琛），和他們的家臣僚屬，在政治上都屬於無拳無勇的附庸人物或清談逍遙派。正如張治中曾經指出，國民黨號稱以黨治國，其實是空話。中常會很少討論實質性政策問題，而黨部對於黨員行為又缺乏約束力。黨中央既無組織，又無紀律。其決議被行政院視同廢紙，可以完全不予理睬。[156] 中央級黨務另外一個重要單位當然是中央委員會。但是根據一位中央委員回憶，他當選之後無事可做，除了可以參

---

154 蔣介石日記，1937年1月，「民國二十六年大事表」，壹之四三，四六項。

155 王子壯日記，1935年12月17日；1936年11月27-28日；1937年2月22日。

156 張治中，《張治中回憶錄》（北京：中國文史出版社，1985），頁371-372。

加黨部紀念周和一些不重要會議外，無權過問政府內政外交事務，甚至連重要黨國消息都必須和普通老百姓一樣，靠每天讀報始能得知。[157]

中央級單位還有一個作風嚴重地削弱黨的功能，那就是盛行「兼差」風氣。照理說，中央政府和中央黨部各有許多職位需要派任，但是事實上當時流行的做法是以兼任方式實行「黨政一肩挑」，領導們既是政府高官，也是黨務領導。最明顯例子就是蔣介石本人。根據一項統計，他在南京時期曾經一度兼任24個職位，而其他高官也平均每人兼任13個職位。[158] 其結果是：首先，中央階層黨幹部兼職中央政府，把時間精力放在政務，輕視黨務工作，形成風氣。其次，領導人兼職太多而無法認真領導，造成下屬懶惰，不負責任風氣漫延上下。與此同時，專職黨務工作的人員對於國家事務不能產生絲毫影響力，遑論推動「訓政」使命。第三，南京時期形成的這個風氣，到了抗戰時期因為後方人才缺乏而變本加厲，成為抗戰時期黨務急速衰退的一個重要原因。

2. 省地級黨部和同級政府的關係

南京時期黨政關係似乎呈現兩個相反趨向。在中央層次，黨在理論上和政策上並沒有明確地把黨部降級為政府附屬品。上文所述的「重政輕黨」現象最多乃是形勢造成。事實上，當時的「訓政綱領」還曾經明文規定以黨治國原則，只是沒有遵照實行而已。可是在地方層次，則在理論上和實際運作兩方面都明顯地把黨置於政府之下。在早期，地方黨務工作人員也曾經極力主張實行「以黨治政」原則，但是蔣介石嚴令制止地方黨部越權干涉政府事務。[159] 從1928年宣布實施訓政後，地方級在實質上實行黨政分立，黨部和政府屬於兩個獨立體系，雙軌並行。換言之，中央領導人可以身兼黨政兩方

---

157 賴景瑚，〈辦黨，辦報，辦學〉，《傳記文學》，第23卷第1期（台北：傳記文學出版社），1973年7月。

158 王奇生，《黨員，黨權與黨爭》，頁201-202。

159 王奇生，《黨員，黨權與黨爭》，頁230-233。

面職務以模糊黨政關係，但是地方上則黨政人事分開，各行其是。國民政府之所以採取這個立場，其原因是它自忖沒有能力制服地方上龐大而根深蒂固的舊勢力，又擔心這些舊勢力滲入地方黨部後據以干涉地方政府。[160] 但是這個分家的後遺症則是地方黨部和政府之間經常發生衝突，黨部指責政府腐化，而政府官員則懷疑黨部惡化。面對如此對立局面，中央政府一貫態度是警告地方黨部收斂，不可干預地方行政事務。

在蔣介石本人權勢不斷上升的歲月裡，他所期望的地方基層黨政關係是，黨不可干涉地方政府，要減少在民眾中做宣傳工作（他嗤之為「講空話」），但是必須要以身作則地去說服民眾聽從政府指令。儘管胡漢民曾經堅持必須遵循孫中山所宣導的黨高於軍政的原則，但是當他在1931年4月被軟禁後，他的觀點隨之消聲匿跡。在此之後，蔣介石統治下的政治趨向是：吸收大批北洋有歷練的政治人物擔任南京政府要職，國民黨與國民政府脫鉤，黨權日益下滑，而軍權則在地方上凌駕於黨和政府之上，取得支配地位。[161]

地方黨政分家的必然後果，就是它們所掌握的資源和受到的待遇出現極大差別，最終造成政府強化而黨權弱化。比如說，省級政府屬下有民政、財政、教育、建設四個功能性的「廳」，和其他名目繁多的單位（局，處，所，中心等）統攬政務，人員編制龐大、經費數目浩大。但是省黨部職責則是負責發展和訓練黨員、宣傳黨義、推行黨教育、宣傳引導民眾，管理社會團體等等。在其他許多領域黨務工作都不准進入。更有甚者，地方黨部辦公經費和幹部薪水也必須仰仗政府提供，更讓黨部變成是政府的附庸機構。比如說，當時省政府委員每月收入大約2,000元，而省黨部委員收入只是150元，

---

160 王奇生，《黨員，黨權與黨爭》，頁237。

161 Patrick Cavendish, "The 'New China' of the Kuomintang," in Jack Gray, ed., *Modern China's Search for a Political Form* (London, 1969), pp. 161-163; David Tsai, "Party-Government Relations in Kiangsu Province, 1927-1932," in *Selected Papers from the Center for Far Eastern Studies*, no. 1 (1975-1976) (University of Chicago, Center for Far Eastern Studies, 1976), pp. 85-118.

尚不及省政府科員。縣長收入約250-300元，而縣黨部書記長只有40元。整個縣黨部經費尚不及縣長一人月薪。地方黨部以如此微薄經費和薪酬完全無法吸引社會上優質人才入黨和展開工作，地方黨部和黨員在一般人民心目中身價自然大幅滑落。而黨務工作人員的士氣當然低落，無心做好分內工作，卻盡力鑽營謀求政府機關職位。這個差別也可以從地方政府官員和黨務工作人員的學歷看出端倪。許多縣長是大學畢業生，而地方黨部領導人大多是中學程度或是師範生。學歷高的縣長當然不願意接受學歷低的黨部主管的領導。[162]

總的來說，國民黨作為一個革命政黨，原本上級黨部就應該通過黨組織系統對黨員加以控制和管理，使得下級的從政黨員忠誠遵守黨的命令去監督下級政府，執行黨的政策。但是南京時期的國民黨並沒有發揮此項功能，上級黨部和中央黨部不但沒有把管理黨員當做是自己的責任，反而是任由地方黨部黨員自生自滅，導致整個黨無法發揮它在訓政時期應有的功能。[163]

3. 黨員素質和社會背景

毋庸置疑地，政黨和人民群眾之間最廣泛的接觸面是黨員。接觸面越大和接觸程度越強，黨就越能夠有效地傳達它的意志和推行它的決策。反之，接觸面狹小和接觸管道不良，就會使黨脫離人民群眾。

就常理而言，人們參加政黨的意願受兩大類因素影響。一是受主義感召，認同意識形態和政策而願意獻身促其實現，即使赴湯蹈火在所不惜。二是受現實主義驅使，從個人實際利益進行考量，包括增加就業、入學、和從政從軍機會、提高社會地位、贏取人們羨慕尊重、變成消息靈通人士、參與政策制定和執行機會、改善個人經濟環境、甚至享受特權和進行貪腐（升官發財）。但是這兩種因素並非互相排斥的極端，而是可以互相揉合，並行而不悖。至於如何揉合，揉合的程度如何，則又視時空因素而異。但是兩者的

---

162 王奇生，《黨員，黨權與黨爭》，頁237-239、241。

163 參考：王奇生，《黨員，黨權與黨爭》，頁244-245。

揉合卻可以產生眾多結果，包括黨員人數是否可以有效地覆蓋要控制的對象（對象包括政府，工商界，社會群體，學術界，人民大眾等等）；黨員的學識素養和能力是否優秀到令群眾信服；黨的肌體和組織是否可以統一黨內意志；黨的能量是否能充分發揮；黨的紀律是否嚴明；黨的策略是否有效；黨的訴求是否可以引發黨外群體民眾的共鳴和熱烈支持，等等。本節之所以討論這些特性是因為它們的重要性將會在本書後面提到抗戰時期的黨務中凸顯出來，在此先幫助讀者們得到一個因果可循的了解。[164]

首先需要檢視的是黨員的徵召成績。從北伐到南京時期，國民黨對於吸收黨員的決心就前後經過數度搖擺，以致黨員數字起伏頗大。實際上，國民黨直到1924年決定廣泛吸收各階層人士入黨後，才成為一個具有現代意義的政黨。如果撇除軍隊黨員和海外黨員不予計算，則1924年國內普通黨員為175,875人，1927年急劇升高到600,000人。[165] 這種高速發展的代價是共產黨員得以滲透到國民黨內，同時由於不平衡的擴張而使黨的許多基層組織落入地方勢力手中。[166] 然而從社會學視角觀之，國民黨1927年清黨之後獲得新的政治標識，逐漸成為植根于東南沿岸省份，以城市為基礎的政治運動。吸收黨員的對象主要是教育程度較高的現代階層（公務員、工商界人士及學生），而不是廣大的平民百姓。[167] 到了1929年黨員招攬工作進入低潮，黨員數目減少到266,338人。雖然1932年後重新開始大規模徵求黨員，但是每年只增加幾萬人。到了1937年普通黨員總數是526,977人，依然低於1927年水準，[168] 也持續只有軍人黨員的一半而已。儘管隨著黨勢力進入長江中下

---

164 讀者可以參閱：王奇生著，《黨員，黨權與黨爭》一書。

165 陳希豪，《過去三十五年中之中國國民黨》（上海，1929），頁145-146。

166 陳公博，《陳公博先生文集》（香港，1929），頁89、301。

167 中國國民黨中央執行委員會黨史史料編纂委員會編，《中國國民黨年鑒（1929年）》（南京，1930），各處可見；國民黨中央執行委員會編，《黨員統計（1930年）》（南京，1930）。

168 中國國民黨中央執行委員會黨史史料編纂委員會編，《中國國民黨年鑒（1934年）》，第2編（南京，1935），頁19。黨員統計數字參閱：王奇生，《黨員，黨權與黨爭》，頁294-298；朱家驊，《黨務實施上之問題》（重慶，1940），頁21-24。

游地區而加緊黨員吸收，但是它在政策上對數量的強調仍然讓它在品質上付出代價。[169]

國民黨上層決策搖擺只是黨員數目巨幅增減的原因之一，同樣重要的是黨員身分的負面含義使人裹足不前。國民黨地方上既是雙軌制，又不是平行關係而是主從關係，使黨務工作受到輕視而成為前途黯淡的死胡同。相反地，進入政府做公務員的先決條件並不是黨員身分和歷練，因為即便是非黨員或是在黨務工作上毫無表現的黨員，甚至曾經受到黨紀處分的黨員，也不會妨礙他們在政府系統內的升遷。政府人事權操縱在另外一群人手中，他們並不重視候選人的黨籍或黨務工作成績。[170] 國民黨沒有成為社會上一切資源的掌控者，也沒有成為各行各業謀職和升遷管道的把關者。面對廣大社會大眾，黨員並不具備捷足先登優勢。如果純從功利主義做出發點，黨員身分其實無關緊要。

如果從主義感召為出發點，則孫中山的確早就說過，「以黨治國」的理念不是讓黨員升官發財，而是以黨的主義去治國。但是在南京政府政權建立初期，黨內也的確出現一種主張，要求由黨員壟斷政治資源，排擠黨外人士進入政府，各級政府重要職位應該一律由國民黨員操辦。但是蔣介石在1928年就曾經明確告誡國民黨員不可心存優越感，自認為高人一等，而對人民群眾和政府官員頤指氣使。他又強調黨員只有義務，沒有權利，不是特權人物。他甚至主張黨員應該到基層去埋頭苦幹，不要貪圖做官。[171] 這些來自最高層領袖的警告，讓原本就忽視黨務和黨權的人士益發振振有詞。根據一位長期從事黨務工作者的觀察，只有極少數黨務工作系統的人（如張道藩）可以從黨務工作中脫穎而出做到政府部會次長級職位。在當時南京政府控制省份之中，也只有江蘇省能以純粹黨員身分短期主持省政府（陳果夫）。其他大部分黨員從政機會都非常少，尤其是基層黨員。難怪黨部組織對於黨員

169 陳公博，《陳公博先生文集》，頁301。

170 參考：王奇生，《黨員，黨權與黨爭》，頁257。

171 蔣介石，〈中國建設之途徑〉，《先總統蔣公全集》，第1冊，頁558。

們沒有約束力。省黨部有名無實力，只能夠對縣黨部發號施令，而縣黨部本身就是一塊空招牌。[172] 這樣的黨組織既沒有能力發展新黨員，人民群眾也心知肚明，對這個黨缺乏興致。成為國民黨無法蓬勃擴張的致命傷。

事實上，南京時期加入國民黨的群眾，大多數來自政府公務員和知識分子，包括教師、年輕學生、和自由職業人士。依據1929年一項統計，黨員受過高等教育者占27.1%，中等教育者占19.4%，初等教育（小學程度）者占35.1%，未受過教育者占7.5%。[173] 出身農工行業的黨員只占國民黨普通黨員的10-20%，更何況他們還可能多數是地主富農和工廠小老闆，而不是貨真價實的貧下中農。雖然缺乏確切資料為證，但是黨員們取得黨員身分的因果關係也可以使人做一個合理的推測，那就是：都市型社會大眾首先基於各種因素進入各行各業，或參加政府機關工作，然後才被黨務工作人員鎖定成為招攬入黨對象，甚至以行政手段壓迫入黨。黨員數量其實是黨務人員為了表現工作成績而製造出來的「虛胖」，而不是他們在人民群眾中努力發展黨務工作而精挑細選出來的肌腱。如此說來，當年國民黨已經是一個頭重腳輕的政黨，泰半依靠上層領袖以行政手段揠苗助長而成，而不是一個從廣大人民群眾中發掘出類拔萃的積極分子繼之以磨煉而成的群眾黨。

正因為這個扭曲關係，使得國民黨即使在它有效控制區內，黨員發展工作也做得並不出色。根據一項統計，即便是在國民黨控制比較嚴密的長江中下游省份，每個省也只有黨員1-2萬人。有效控制區之外的省份則只有數千人，乃至幾百人。當人民受到政府或軍隊的虧待而向黨員和黨部申訴卻得不到保護時，黨在人民群眾中就無法建立威信。人民群眾當然更不會爭取加入這個虛弱政黨的行列。[174]

南京時期由於內戰頻繁，造成控制區域高度不穩定性，再加上軍事形勢瞬息萬變，無疑都妨礙黨在組織方面所作的努力，最被忽視者正是基層組

---

172 王子壯日記，1937年3月16日；王奇生，《黨員，黨權與黨爭》，頁239。

173 王奇生，《黨員，黨權與黨爭》，頁307-311。

174 王奇生，《黨員，黨權與黨爭》，頁239-241。

織。同樣重要的是，黨內部連綿不斷的鬥爭分裂事故嚴重地打擊了黨在民眾中的威信。由於許多地方上傳統統治分子在1927年清黨和稍後壓制黨內左翼勢力過程中扮演了重要角色，因此他們在黨內影響力為之大增。迫使黨中央只能與這些地方掌權分子達成妥協，而無法對他們施以有效控制。[175] 如此一來，一些原本指望加入國民黨作為實現革命理想的人們，其入黨意願自然下降。在南京政府控制範圍以外許多地區，黨勢力實際上大幅削弱。比如說，廣西省在1926年號稱有黨員128,394人，然而到1934年只剩下5,671人；在廣西的94個縣中只有29個縣建立了縣黨部。[176] 換言之，在廣西省三分之二地區，黨工作呈現一片空白。

即便黨活動在某種程度上仍然存在，它們依然擺脫不了濃厚的形式主義和官僚主義色彩。正如陳公博早在1928年就已發出的警告，黨的生命正在被兩個孿生惡魔所威脅：一個是腐化，另一個是反動趨勢。前者的表現方式是地方基層紀律敗壞以及黨脫離政府和民眾；後者的表現方式是只圖依靠行政命令和高壓手段來推行政策，而不是靠領導才華和教育開導去激發群眾。[177]

就整體而言，國民黨早在1930年代就已經變成一個龐大官僚機構，黨員官僚化而沉溺于文書工作，對於與民眾福祉息息相關的事務產生嚴重隔閡。國民黨在清除共產黨後，就已不再致力於發展任何群眾運動，蓄意遠離工人和農民。[178] 考其原因，就是國民黨黨員無論在組織，控制、和動員工農協

175 有關國民黨地方機關情況的報告，參見朱家驊，《黨務實施上之問題》，頁13-15。陳公博，《陳公博先生文集》，頁298-299；中國國民黨中央執行委員會黨史史料編纂委員會編，《中國國民黨年鑒（1934年）》，第3編，頁239-241；Tien Hung-mao, *Government and Politics in Kuomintang China* (Stanford, Calif., 1972), p. 32; Kent Geisert, *Power and Society: The Kuomintang and Local Elites in Kiangsu Province, 1924-1937* (Ph.D. Dissertation, University of Virginia, 1979).

176 Diane Lary, *Region and Nation: The Kwangsi Clique in Chinese Politics, 1925-1937* (Cambridge, Mass., 1974), pp. 178-179.

177 陳公博，《陳公博先生文集》，頁238-239。

178 Arif Dirlik, "Mass Movements and the Left Kuomintang," in *Modern China*, vol. 1, no. 1, January, 1975, pp. 46-74; Robert E. Bedeski, "The Tutelary State and National Revolution in Kuomintang

會工作上，都無法同中共競爭。在中共影響下，許多地方的民眾組織已發展成為行政勢力，直接威脅要取代現行政府。面對來自地方軍閥和國民黨內部保守派領袖和長江中下游上層社會傳統分子不斷抗議下，南京政府領袖們最終決心一舉清除這種「無法無天」的現象。[179]

在這個過程中，國民黨機構除了傾向官僚主義之外，還沉淪成為一個行為曖昧、醉心私鬥、心胸偏狹和意態消極的政治團體。國民黨由於領袖們放棄了培養民眾去作為權力基礎的努力，而又沒有找出另外一個發揮建設性功能的出路，因此它的黨員隊伍同樣也無法將基層群眾的意見和期待有效地傳達給國家上層領導。黨員們由於從上級得不到足夠鼓舞和引導，因此無法產生催化作用，既無法引導國家走向憲政體制，也無法推動一個以城市或農村民眾為支柱而強調革命和平等理想的群眾運動。[180] 正好相反地，國民黨越來越走向保守、權威型的，和國家至上的途徑，一味依賴文武官僚去完成舊式的「富國強兵」目標。[181]

因此總的來說，即使在南京十年，國民黨早已不是一個面向民眾和植根於民眾支持的政黨。雖然國民黨在把權力基礎從廣東轉移到長江三角洲地區的過程中，讓它同時在西南地區和華北地區暫時獲得一些進展，但是實際上沒有落地生根，也沒有受到地方政權的熱情支持，最多只是被默認和容忍而

Ideology,1928-1931," in *China Quarterly*, no. 46, April-June, 1971, pp. 319-320；邵元沖，《玄圃遺書》（台北，1954），頁60、72-73；陳公博，《陳公博先生文集》，頁13-14。

179 戴季陶，〈青年之路〉，見：陳天錫，《戴季陶先生文存再續編》第2卷，頁491-492、502-505。有關國民黨領導層對民眾運動和其他政策的意見分歧所引起的衝突的研究，參見：John Kenneth Olenik, *Left Wing Radicalism in the Kuomintang: Teng Yen-ta and the Genesis of the Third Party Movement in China, 1924-1931* (Ph.D. Dissertation, Cornell University, 1973)。

180 Patrick Cavendish, "The 'New China' of the Kuomintang," in Jack Gray, ed., *Modern China's Search for a Political Form* (London, 1969), pp. 184-186.

181 有關國民黨自強運動的討論，參見：Jerome B. Grieder, "Communism, Nationalism, and Democracy: The Chinese Intelligentsia and the Chinese Revolution in the 1920s and 1930s," in James B. Crowley, ed., *Modeern East Asia：Essays in Interpretation* (New York, 1970), pp. 224-228; Robert Bedeski, "The Tutelary State," pp. 320-330。

已。黨也未有效地利用這個時機去和當地民眾建立密切合作，也沒有開展與訓政相關的工作。

以上的敘述表明，國民黨廣大黨員群體長期被黨領袖忽略，從未接受革命烈焰鍛煉，充分曝露他們在組織和行為上存在嚴重脆弱，稱之為「溫室花朵」並不為過。黨領袖們只有在政府軍事勢力牢牢控制的長江中下游地區，才可以運用他們手中有限的能量去為政府政策做出一些微薄的推動。但是廣大黨員們從來不曾站在意識形態或組織尖銳鬥爭的第一線，去接受社會經濟革命的實戰洗禮。換言之，即使在南京時期最優渥形勢下，國民黨黨員隊伍也從未在推行訓政工作領域裡獲得任何有價值的經驗。以作為革命先鋒隊資歷而言，國民黨員的成績即使不是一片空白，也是高度蒼白。作為政府與人民群眾之間的「傳送帶」（conveyor belt）而言，它既無法保證「上令下行」，也不能順暢「下情上達」。甚至經常遭到外力干擾而停止運轉。

如此說來，南京時期國民黨在本質上是一個披著西方現代化政黨外衣而骨子裡是傳統鬆散的中國式半新不舊的政治結合體。它是一個集中在都市新興產業和知識分子階層的政治現象，和廣大的農村脫節。作為孫中山心目中的革命黨，它既不能履行「為民喉舌」保護人民利益的責任，又不能「為民前鋒」成為訓政時期的催生婆。在南京政府的三大塊勢力群體裡（黨，政，軍），它無疑是最弱的一塊。既不能輔導政府，也不能發動人民，更不能控制軍隊。孫中山的「建國大綱」中所謂的訓政時期，原本應該是由下而上的政治建設，目的是建立地方政治和民治的基礎，準備邁步進入憲政時代。但是國民黨的做法卻是由上而下，依然脫不了傳統士大夫形態。黨的肌體沒有壯健。難怪孫中山原本設想的訓政時期估計只需要用6年時間就可以完成任務而進入憲政時代，但是南京時期本身就是10年，卻沒有進入憲政的跡象。國民黨顯然沒有達成它的歷史使命。

但是在當時政治環境下，一個軟弱無力的政黨只能說明它對中國的現代化和社會改造以及國家建設沒有做出正面積極貢獻，卻並不表示它是當時南京政治的致命傷。因為近代世界史提供了許多例證，一個國家可以缺少健全蓬勃的政黨卻依然可以朝良性去發展。而南京政府在許多方面值得稱讚的建樹也說明了一個現象，那就是一個不健全甚至無能的國民黨或許拖延了國家發展的步調，但是並沒有斷絕國家發展的生機。國民黨的弱點和缺點終於演變成為致命傷，只有等到抗戰時期才充分暴露出來。

五、南京政治的影響

我們一旦清楚認識了蔣介石對於革命的意義、目標與過程的看法之後，就更能理解1930年代南京政治運作的長遠後果。關於南京政府的具體政策，過去數十年中外學者已經做出相當數量而且頗有見地的研究，本書作者不擬詳細回顧這些研究成果。為此，下文的主旨是試圖重點性地勾畫南京國民政府的某些政策，不但幫助本章的論點更為清晰，而且為本書此後各章節的敘述和分析提供出一個歷史背景。

縱觀南京時期，以下幾點值得我們特別關注：

第一，國民政府最醒目的成就乃是國家的上層建築。例如，它宣布禁止流通地方實力派私自發行的區域性貨幣，並且在長江中下游省份統一了貨幣。它調整了一些全國性稅務結構，使之更加合理化。它部分地恢復了中央稅收（諸如關稅、鹽稅等）的控制權，迅速地建立了公立銀行體制，其規模和營業量快速超過私立銀行，並且在金融市場中取得舉足輕重地位，同時將整個銀行系統加速現代化。它草擬了工業化計畫，開創國防工業，把現代電信設備（電話與電報）和服務網逐漸遍及各大城市。南京時期所建造的現代規格公路的里程數比此前歷史上任何一個十年都要多。各地早年被內戰嚴重破壞的鐵路軌道，在南京政府治理下迅速修復。[182] 所有這些數據顯示，無論任何經濟建設專案，只要它們能在短期內提高中國的戰鬥實力、戰略貫徹力與行政效率者，都會被南京政府設定為優先照顧的對象。與此同時，長江

182 Paul K. T. Sih, ed., *The Strenuous Decade: China's Nation-Building Efforts, 1927-1937* (New York, 1970); Arthur N. Young, *China's Nation-Building Effort, 1927-1937: The Financial and Economic Record* (Stanford, Calif., 1971).

中下游民間社會有了安定生活和免除軍閥混戰，獲得政府法令的基本保障，也敢於集資開創民間企業。特別是在中外通商港口和內陸交通要道的城市，市民型工商業蓬勃發展，也提高了國民生活水準。

相對國防軍事工業而言，南京政府在社會經濟領域並沒有建立一個同等有效的機制去實施社會經濟改革。然而蔣介石卻是從另外一種角度看待此類問題。比如說，他在1930-1932年間不斷抱怨國內政治未上軌道，把根本原因歸罪于缺乏軍事紀律所致。而他的對策則是以「治軍的精神治政治」。[183] 因此，儘管他在1930年代強調縣級政府的重要地位，他真正關注的是如何提高縣級政府的行政效率，使中央政令易於下達地方，以便實現中央集權，而並不是將之視為地方自治或社會經濟復蘇的促進者。[184]

在這個黨力鬆散背景下，南京政府推出的「模範縣」或「實驗縣」模式，一度為政治革新帶來了一線曙光。1930年代，南京政府宣布在山東鄒平、菏澤，浙江蘭溪，江蘇無錫、昆山、江寧等縣份，試行一種全新的政治模式——地方自治政府。其中，江蘇江寧縣的實驗最受關注。這不僅是因為江蘇省主席顧祝同與蔣介石關係密切，而且江寧縣離首都南京市也最近，利於塑造成為樣板。到1935年，江寧實驗縣專案是由國民黨中央直接監督指導，江寧的縣級幹部也由中央政治訓練班畢業生中挑選，是國民黨年輕幹部群中的佼佼者。隨後江寧縣也建立了自己的黨政訓練所，訓練縣政府下屬各級黨政工作人員，以及保甲長以上的地方自治基層工作人員，以推進地方自治。依據專案實施計畫，地方自治政府應該完成的目標非常廣泛。它們包括：1. 政府方面：簡化組織，改善公共衛生，整頓稅收制度，統一會計，訓練教職員，增加學校入學人數；2. 經濟方面：完成土地呈報，興建水利工程，推行

183 蔣介石演講，1930年11月25日，《蔣總統集》，第1冊，頁561；蔣介石演講，1932年12月14日，《蔣總統集》，第1冊，頁608。

184 《蔣總統集》中收錄的三份演講稿，《縣長是政治的基本力量》，1932年7月12日，第1冊，頁595-601；《教、養、衛》，1934年2月12日，第1冊，頁729-733；《推進縣政與政治建設》，1936年3月13日，第1冊，頁927-934。

合作事業，改進農業生產，提高農村收入，促進經濟總體發展；3. 治安方面：改進員警行政，提高員警素質，達成保境安民目的。[185] 在此時期，蔣介石本人也提出了一系列對於地方自治的看法，認為鄉村應該依靠耆紳為領導，訓練民間自衛武力（民團），由政府頒發舊槍供其使用，改良教育和獎勵民間辦學，調查戶口以便用財政方式增加地方稅收，丈量土地，並著重道路和電話建設工程。[186] 換言之，對於傳統社會結構基本維持不變，對於教和衛的工作加以改良和現代化，經過各地的安康發展而達到全面性的「富國強兵」。

在1935-1937年間，南京政府與各省政府以近乎互相競賽方式先後起草了九百餘條自治法令。[187] 但是繁冗的公文只是為國民政府慣於把空洞文字與現實混為一談的作風提供了又一明證。政府領袖們仍一如往常地以呆板的官僚化方式處理問題。比如說，成立委員會，召開會議，發表高調的聲明或看似合理的計畫和規定等等。他們指望僅僅是依靠這些官僚形式主義而不接地氣的方式就可以改善民生，顯然是自欺行為。其結果是，實驗縣運動終未獲得中央政府的必要支持，不久便草草收場。儘管江蘇省是南京政府控制最牢固省份，顧祝同主席的繼任人——陳果夫——依然不得不宣告江寧實驗縣試點失敗，並在1936年正式取消其實驗縣資格。到1937年，南京政府管轄範圍內僅剩下一個實驗縣。原先合作事業被認為是實現農村復興的關鍵，而實驗縣運動中最失敗的恰恰是合作事業。1937年，江蘇全省五百萬農戶中，只有不到八萬名農民加入1,870個農村合作社，總資產僅81萬元。[188] 省主席陳果夫被迫承認，江蘇省實驗縣所產生的任何成果都微不足道，沒有形成制

---

185 李宗黃，《李宗黃回憶錄》（台北，1972），頁262-266；陳果夫，《陳果夫先生全集》（台北，1952），第5卷，頁117-137。

186 蔣介石日記，1932年4月12日。

187 李宗黃，《李宗黃回憶錄》，頁276-280。

188 陳果夫，《陳果夫先生全集》，第5卷，頁117-118，149。有關江寧的經濟資料，參見馮和法，《中國農村經濟資料》，上冊（台北，1978年重印），頁168、434-465。

度化，更沒有對南京政府管轄下其他地區農村政治產生影響。[189] 換言之，政府最寄以厚望的訓政創新最終淪為雷聲大雨點小，妄圖以官僚化文字繪織美麗社會的改革理想，最後終歸白忙一場。基層農村社會結構和政治形態依然紋絲未動。

如果回顧蔣介石對政治和政府的理解，則實驗縣運動的收場其實並不意外。比如說，在1934年的一場演講中，他告誡政府高級官員稱，一切事權務必統一集中，要用科學方法辦事，依經濟原則用錢，行政人員應該洞悉民情，如父母對待子女一般，盡應盡的責任。[190] 1936年他又訓示地方官員處理政治的方法須求諸四書五經，規定這些官員必須研讀管子、商鞅、王安石、張居正、胡林翼、孫中山及他本人的著作，才能對政治產生切實認識。[191] 蔣介石推崇傳統法家與理學家的著作，認為其中蘊含豐富的政治智慧。但是除了孫中山和他本人著作外，蔣介石沒有推薦其他任何當代或近代東西方思想家的政治學和哲學文章。

上述這種做法會導致基層官員對政治的理解日益僵化與狹隘，本就在意料之中。無怪乎在南京時期，國民政府對廣大農村的社會經濟政策極少有實質性成果。政府沒有修正土地稅率和稅收制度，以減輕多年來壓在貧農身上的經濟重擔。農業合作組織沒有受到足夠的關懷，也沒有實現復興農村經濟蕭條的既定目標。政府的確在局部地區試行過減租政策，但一旦面臨地主們大聲抗議時就縮手叫停。比如說，1932年初召開的省主席會議就決定，地方自治應該考慮委任耆紳主導，同時取消二五減租政策。[192] 農村歷來承負的

189 陳果夫，《陳果夫先生全集》，第5卷，頁118-137；另參見：Guy Alitto, "Rural Reconstruction – Experimental Hsien and Credit Cooperatives: A General Survey" a paper at Conference on Local and Provincial Politics in Nationalist China (Boulder, Colo., October, 1974)。

190 蔣介石演講，《今後改進政治的路線》，1934年3月18日，《蔣總統集》，第1冊，頁744-748。

191 蔣介石演講，《推行縣政與政治建設》，1936年3月13日，《蔣總統集》，第1冊，頁927-934。

192 蔣介石日記，1932年4月12日。

重擔，如高負債、高租率、高利息，傳統手工業沒落，農田灌溉網廢弛，土匪橫行等問題，在南京時期都沒有獲得有效改善。公共倉廩制度要麼不起作用，要麼管理不善。農村普遍缺乏公共衛生醫療服務，文盲率居高不下，而嚴重的階級剝削現象在許多地區依然存在。[193]

南京政府在對待城鎮市民的工作上也功過參半。1930年代，中國城市生活持續朝多元化方向發展。伴隨著新興各式各樣的同業公會、行業團體和學生、產業工人、都市工人群體的出現，新問題也接踵而至，使城市生活益趨複雜化。這些新興事物出現，需要政府擴大其管理範圍，和更深入社會經濟領域。政府需要提供更多功能和相應措施，例如調解勞資矛盾，管理住房、醫療、交通、教育和社會保障等等。但是南京國民政府卻並不能有效地處理這些問題。在重建城鄉社會經濟秩序過程中，國民黨原本有機會扮演革命先鋒的關鍵性角色。面對劇烈社會變遷所衍生的新需求，國民黨本應該給予更大關注和應對，甚至可以積極地推動社會改革，刺激人民政治覺醒，鼓勵公民參與和凝聚社區意識。這一切都可以納入訓政時期的工作日程表裡。

但是南京政府並沒有把這些現代國家政府所應盡的責任優先處理，因為它把手中最大的資源投注在建設一個能在軍事上與外國帝國主義抗衡的現代國家。事實上，無論是在農村還是在城鎮，南京政府更著意于維持現有社會秩序，以便建軍工作得以順利推動。這也說明了為何國民政府在面對諸如學生、工會領導者、知識分子以及教師等站在社會變革前沿的群體時，會採取被動態度。反過來看，這些政治與社會壓力也沒有威脅到南京政府的執政地位，因為關鍵因素是國民政府在長江中下游所掌握的軍事力量與該地區的領土範圍和人口數量相較，具有壓倒性優勢。在南京政府十年執政時期內，在它控制的長江中下游幾個省份中，除了陳果夫曾經以文人身分短暫擔任江蘇省省主席，其他省份幾乎一律由軍人主政，而該地區的縣長也有10-30%是

---

193 Tien Hung-mao, *Government and Politics in Kuomintang China:1927-1939* (Stanford, Calif., 1972), pp. 27, 180-181.

軍人出身。[194] 還有一個現象就是在當時國內大環境下，儘管南京政府在轄區內還有眾多該做而尚未做的事情，但是和全國其他許多地方實力派控制的地區相比，南京政府的表現仍屬鶴立雞群，也促使該地區人民珍惜生活現狀。

南京政府全神貫注於加速軍事現代化，而對宏觀的社會正義訴求與意識形態的長遠後果等問題則擱置一旁，其最有力的例證就是國民政府對付中共威脅的反應。作為國民政府勁敵，中共的做法是將它自己的武裝力量用於推行一整套社會經濟改革計畫，與國民政府領袖所推崇的理念截然相反。可是我們可以看出，南京政府最初並沒有清楚認識到中共社會革命所帶來挑戰的含義。即便到了1928-1929年，當許多將領（包括李宗仁）都已經力勸蔣介石徹底消滅中共「威脅」時，蔣卻並不以為意，認為中共無非是一群土匪，不致形成太大威脅，甚至質問將領們何以如此恐懼共產黨。[195] 只有等到中共勢力開始威脅到長江下游省份時，蔣介石本人才動念剿共。從他應對中共挑戰的反應過程中可以看出，他的偏見使他無法體會革命意識形態或軍事以外任何革命主張的重要性。所以只要中共在軍事上維持弱勢，他就持續不予重視。即便到了1932年底，當中共革命運動已經壯大時，蔣介石依然認為其成功秘訣無非是照搬了蘇聯土地、糧食和文化的軍事化的伎倆而已。[196]

在此後數年中，儘管南京政府在圍剿運動中採取了一些頗具創意的政策，但它依然把中共革命視為只是對南京政府的軍事和行政權威的挑戰，而不是對國民黨革命意識形態和政治綱領的威脅。因此，它的對策著重鎮壓暴亂手段，包括以廣建碉堡、拉長封鎖線與建立保甲制度等，作為在軍事上迅速求勝的方法，而不是針對中共革命所揭露出來的農村衰敗、階級對立以及民心疏離等問題去提出根本解決方法。

---

194 王奇生，〈民國時期縣長的群體構成與人事嬗遞〉，《歷史研究》，1999年第2期。引自王奇生，《黨員，黨權與黨爭》，頁222。

195 Li Tsung-jen, *Memoirs*, p. 263.

196 蔣介石演講，1932年12月14日，《蔣總統集》，第1冊，頁608。

儘管當時南京政府提出的某些剿共對策乍看起來頗為激進，但事實並非如此。一個例子就是行政專員公署的設置，它曾經被南京政府宣稱為是對抗共產主義絕佳的制度性武器。但是實際上，設置行政專員公署的主要目的乃是為了提高地方政府的效率，從而能安撫民心，組織民團，保護地方稅收，支援圍剿中共的軍事行動。[197] 正如陳果夫所指出，蔣介石本人也宣稱該機構的靈感來自軍事組織。剿匪總部任命專員的標準是他們的軍事能力，其首要任務就是希望他們能建立起一個高效率的指揮系統，推行清鄉政策和幫助軍事鎮壓中共勢力。因此，行政專員就成為其轄區內民團和其他各種武裝力量的總指揮官。[198] 換言之，它是為應付中共武力威脅而產生的一個行政對策，並不具備處理社會經濟改革問題的能力。但即便是這般微不足道的革新措施，也僅限於直接受中共威脅地區，其他省份基本未予採用。[199]

類似心態也反映在南京政府高調宣導的新生活運動之中。1934年2月，蔣介石與幕僚們提出了新生活運動構想，目的是向民眾灌輸新的價值觀與生活方式，防止他們受中共社會革命中那些「外來的」和「顛覆政權的」內容所「蠱惑」，以消除民眾對政府的疏離感。但從新生活運動一開始，政府便想通過由上而下的機械化和官僚化的控制，而不是由下而上地激發個人的自主性與對社會變革的熱忱來達成目的。事實上，在新生活運動內容裡，並沒有政府關注人民在經濟社會生活疾苦的跡象。如果說新生活運動提供了一幅新社會圖景，那也是極其傳統的、集權主義的與內容單薄的社會圖景。它對現代化國民的期望是講求整齊，清潔，簡單，樸素，崇尚禮義廉恥。[200] 這個社會風氣轉型嘗試的最終目標是中國社會的軍事化，使全國國民生活都能徹底符合軍隊管理要求。這樣的社會中沒有民主、社會正義與民眾參與的空

---

197 Tien Hung-mao, *Kuomintang China*, pp. 107-108, 110-113.

198 陳果夫，《陳果夫先生全集》，第5卷，頁114。

199 WilliamWei, “The KMT in Kiangsi: The Suppression of the Communist Bases, 1930-1934” (Ph.D Dissertation, University of Michigan, 1978).

200 王奇生，《黨員，黨權與黨爭》，頁223。

間，有的只是階級分明的社會結構、統一、規矩、紀律、控制、勤奮工作和絕對服從。換句話說，它沒有觸碰當時社會組織和結構等深度問題，而是把焦點放在培養把每一位國民變為士兵，聽從長官命令，行動整齊劃一，為集體利益完成每人個體的既定職責。[201] 毫不奇怪地，新生活運動推動者把軍事訓練與軍事態度的灌輸視為社會進步的關鍵。[202]

正如前文所陳，20世紀1930年代南京政府的現代化努力與19世紀晚期中國許多現代化先驅者極為相似。比方說，蔣介石與袁世凱觀點的共通之處，就是他們對「富國強兵」的追求都置於一切其他事務之上。儘管國民政府時而會發表一些看似頗具革命性的宣傳與論調，但是蔣介石的領導仍然堅持執著於一個信念，那就是新式軍隊、現代化武器、鐵路、電報電話、飛機等乃是構成國家實力最重要的因素。南京政府這種強調「國家至上」的價值導向和其「軍事優先」的施政表現，無可避免地導致許多長期性的負面後果，到了抗戰時期將會一一曝露。

首先，這種政策導向對國民政府本身產生了不良影響。它使國民政府更為自滿，轉而加速了其黨政力量的衰退。國民黨組織以城市為中心和以公務員和知識分子為主體的趨向，其結果是疏遠廣大人民群眾，忽視農村黨部和黨員。即便是農村有人入黨，其動機也不是成為農村廣大群眾利益的伸張者和維護人，而是借此尋找進身階，希圖脫離鄉村搬進城市，甚至進入政府機關工作。以致養成一批靠黨吃飯的黨員，依賴黨關係去追尋個人利益，成為社會上詬病的黨痞子，黨棍，黨混子。南京政府既然有意識地「重政輕黨」，因此許多基層黨務工作人員只好一面高唱黨調，一面忙於走後門，結交權豪，謀求個人利益。這個形態的黨當然和孫中山原來的構想相差很遠。[203] 更有進者，它使國民黨基層工作人員喪失鬥志，既不願也不敢深入地方實力

---

201 Arif Dirlik, "The Ideological Foundation of the New Life Movement: A Study in Counter Revolution," in *Journal of Asian Studies*, 34, no. 4 (August, 1975), pp. 945-980.

202 有關新生活運動的討論，參見：Tien Hung-mao, *Kuomintang China*, pp. 70, 98, 100。

203 請參閱：王奇生，《黨員，黨權與黨爭》，頁318-321。

派的勢力範圍去宣揚黨義與組織民眾。更不會冒險犯難地在這些地方去秘密吸收黨員，爭取實力派政府官員和士兵反正，甚或煽動群眾發洩他們的不滿情緒，藉以顛覆各地區暴虐的統治者。正好相反地，國民黨基層幹部在執行黨務工作時，也養成了依賴槍桿子保護的心態。凡是南京政府槍桿子尚未占領的地區，黨幹部絕少有人挺身去做先驅者去建立政治陣地。而當國民黨想在地方實力派勢力範圍內設置黨組織時，它又必須先去徵求實力派恩准，被迫仰承實力派鼻息，最後淪為後者傀儡。

毫不奇怪地，如此缺乏鬥志的國民黨當然無法依照孫中山訓政理論去爭取主導地位。在1930年代，蔣介石更希望看到黨的角色是教導民眾，作政府與民眾的中間人。[204] 但是黨本身無拳無勇，根本無法獨立地打開局面。不久之後，國民黨在地方上便自然喪失了政治地位與革命號召力。到了抗戰爆發，這個先天不足的黨卻要面對數以億萬計的內地陌生同胞和更艱巨的禦外戰鬥任務，它如何能夠承擔得起這種嚴峻考驗？

其次，南京政府的政策導向使其政治結構顯得頭重腳輕。政府領導群失去了與民眾的聯繫，更缺乏管道去了解基層人民的社會經濟需求。在1930年代，南京政府實際上只控制了一小塊地域，卻掌握著與地域面積極不相稱的龐大軍力。人民群眾懾于武力而只好保持沉默與順從。這個表面安定反而對國民政府領袖們產生了麻痺作用，使他們益發堅信自己政策的正確性。這些政策所依據的基本假設是：軍事化紀律足以使民眾安於現狀，而政府發布的政策宣示也足以滿足民眾的需求。其結果是，國民政府在十年寶貴時間裡，並沒有找出改善民生的有效方法。同樣的問題是，抗戰爆發之後，如此性質的政府是否還能夠應付大後方千頭萬緒的民生危機？

最後，國民政府的內政邏輯也與中國面臨的國際大環境相抵觸。國民政府最大的心腹之患當然是日本侵略。日本從1931年侵占東北開始，它的挑釁行為逐年升級。但蔣介石在1932年提出了「攘外必先安內」政策，並且在此後五年裡堅持執行。毫無疑問，他的政策深受德國顧問影響。塞克特將軍本

204 Cavendish, “The ‘New China’ of the Kuomintang,” p. 165.

人曾告訴蔣介石，整編軍隊的前提，首要是保持邊境和平。必須在數年之內不與強鄰發生衝突，同時保持政治穩定。如果不能實現這些條件，則整編軍隊很難成功。[205] 因而我們也可以將南京政府在1937年前備受人民批評的不抵抗政策，歸結於它對軍事力量的沉迷，因為領袖們認為，只有在軍事羽翼豐滿之後，抵抗政策才能夠有成功希望。政府在十年中的忍辱負重，為的不是改造中國社會，而是臥薪嘗膽，等待軍隊訓練完成。然而形式比人強，1937年盧溝橋事件爆發時，賽克特將軍所列舉的前提都尚不存在，但是南京政府在內外情勢均無法控制的狀況下倉促應戰，此後戰局的發展完全出乎其預期，大大地超越了南京政府在十年中所累積的黨政軍資源所能應付者。

六、南京政府籌劃抗日的軌跡

過去幾十年來，民間和學術界在論述八年抗戰來源時，多數把重點放在對大歷史的回顧，特別是九一八東北淪陷和一二八上海戰爭之後，全國抗日情緒日益高漲，而1932年12月14日蔣介石所楬櫫的「攘外必先安內」立場更成為眾矢之的。自此之後，1933年春天熱河與長城戰役、5月31日塘沽協定、1934年何梅協定（華北）和秦土協定（內蒙）、1935年「一二九」運動、1936年底西安事變，都被視為是抗日運動史上的里程碑。此外，重要媒體上的和戰爭論和個別知名學者的言行也受到廣泛重視，都成為追尋抗戰根源的重要線索。[206]

---

205 F. F. Liu, *A Military History*, p. 93. 關於塞克特將軍對蔣介石的影響，請參閱胡頌平，《朱家驊先生年譜》，頁30-31、33-35。

206 知名報刊包括大公報、申報、益世報、生活周刊、春秋、青年軍人、大眾生活、獨立評論、等，而知名學者則包括胡適、七君子、宋慶齡、丁文江、蔣百里等等多人。呂芳上，《從學生運動到運動學生：民國八年至十八年》（台北：中央研究院近代史研究所，1994）；John Israel, *Student Nationalism in China, 1927-1937* (Stanford, Stanford University Press, 1966)。相關近著請參閱：李君山，〈國民政府對中日問題的因應〉、周美華，〈輿論救亡之和戰抉擇〉，均載於呂芳上主編，《中國抗日戰爭史新編：和戰抉擇》，頁119-213、

相反地，蔣介石和南京政府則被視為是被動和被人民譴責的對象。而南京政府的「軟弱」表象還引出許多臆度，有的出於誠實認知，有的出於黨派鬥爭的蓄意醜化。年青學子義憤填膺地催促南京政府奮起抗日，老謀深算的政治領袖和深思熟慮的學者專家則再三呼籲切忌輕舉妄動。在不同時空環境下，蔣介石曾經被斥責為親日派，投降者，「內戰內行外戰外行」，甚至是喪心病狂的漢奸，和汪精衛唱政治雙簧，欺騙中國人民。而他的宣布抗日也只是在全國民眾群情激昂壓力下被迫做出的讓步，而在實際行動上則從未全心全意地抵抗日本。此類說法最後也感染了美國政府，在中美兩國成為盟友之後，被一些美軍將領們（史迪威）據以為分析蔣介石政治行為的重要因素。在這種論述氛圍下，蔣介石本人對抗日的立場和企劃反而沒有受到認真的剖析。

對於這些多年來甚囂塵上的揣測，後世的幸運是近年來出現大量史料可供學者參考，而本書在此後的各章也將會提供抗戰時期的資料作為論述依據。[207] 本節的目的是依據蔣介石的相關資料對他內心感受提供一些線索。

本書作者的認知是，蔣介石一貫抗日的決心毋庸置疑，因為民族感情是他前半生政治生涯中最強烈的驅動力。關鍵問題是：蔣介石何時開始形成抗日決心？

如果略為回顧歷史就可以發現，蔣介石對於西方列強加諸於中國的恥辱而產生的痛苦，至少可以追溯到1925年的沙田事件。當年6月23日英軍以機槍掃射聚集在廣州市沙田區抗議的群眾，造成70餘人死傷。蔣介石在當天日記中就寫道，「毋忘今日之恥辱」。此後，又以「陰番」（英國番人，陰險

305-387。

207 如果讀者有興趣進一步參考其他資料，請閱讀：周美華，《中國抗日政策的形成：從九一八到七七》（台北：國史館，2000）；黃自進，《蔣介石與日本：一部近代中日關係史的縮影》（台北：中央研究院近代史研究所，2012）；劉維開，《國難期間應變圖存問題之研究：從「九一八」到「七七」》（台北：國史館，1995）；李君山，《全國抗戰前的中日關係（1931-1936）》（台北：文津出版社，2010）；Parks M. Coble, *Facing Japan: Chinese Politics and Japanese Imperialism, 1931-1937* (Cambridge, Harvard University Press, 1991).

番人）作為英國人代名詞，不斷地在每日日記開端的第一句話寫道「如何可以滅此橫暴之陰番？」，「陰番不滅非男兒！」，「陰番不滅何以為國？」，「陰番我必滅汝！」，甚至不斷地提醒自己「汝忘陰番之仇乎？」，最後是「陰番可殺！」。[208] 到了1926年底，日記的開端出現「列強未平」的提醒語，而在1928年「要事表」上又誓言，「今年修改對外不平等條約」。[209] 可見北伐工作尚在進行中，蔣介石就已經把一門心思放在伸張民族的解放和平等的事業之上。

（一）抗日情緒的激化

從1928-1929年開始，蔣介石的民族主義情操出現了一個新凝聚點，那就是日本躍升為他反抗國際強權的最大敵人。其實蔣介石在私人情感上對日本文化和人民充滿好感和讚許，包括去日本學習和結交朋友，都有大量記載。蔣介石即使不是「親日派」，也對「知日派」一詞當之無愧。然而作為民族主義者，他對日本加諸於中國的蠻橫殘暴卻毫不保留地予以譴責。在整個南京時代開端，最重要的轉折點無疑是1928年5月3日在山東濟南發生的「五三慘案」。當時不但中國軍民被辱被殺，山東交涉使蔡公時被割耳槍決，而且南京政府外交部長黃郛也被迫簽字承諾革命軍撤出濟南城和停止反日運動。[210] 事件尾聲時，蔣介石在日記中寫道，「嗚呼！悲乎！如有一毫人心，其能忘此恥辱乎？忘乎何以雪之？在自強而已。」[211] 值得注意的是，從此時開始整個南京十年，蔣介石日記每天都是以「雪恥」 兩個字作為開端，這個做法在抗 八年中也從未間斷。對象鎖定是日本的侵略，「雪」的是喪權辱國的「恥」。而且在1928年之後，他每逢5月3日前後都會提醒自己，

---

208 蔣介石日記，1925-1926年。

209 蔣介石日記，1926年11月9日，1928年1月。

210 蔣介石日記，1928年5月2-7日。郭岱君主編，《重探抗戰史》（台北：聯經出版公司，2022），第一冊，頁41-44。

211 蔣介石日記，1928年5月9日。

「今日何日？非日本殘殺我濟南軍民之紀念日乎？」，「中正！汝忘二年前濟南今日之國恥乎？」，「日人之對我中國，老少如同一轍，甚覺自慚，心印不忘此『雪恥』二字也」，「五三之恥未雪」，「雪恥之志其可或忘乎？」，「濟南恥辱至今已足九年，身受其恥之中正，將何以自解也？」[212] 同樣值得注意的是，1939年，抗日戰爭已經進行了22個月，蔣介石還是念念不忘地在日記中寫道，「雪恥　十二年前之今日，此時正被倭寇脅迫，非人所能忍受之時，奇恥大辱何時湔雪？」[213] 1943年5月3日當蔣介石注意到中央日報沒有登載紀念論文，大為震怒，指責黨內宣傳何以如此無能愚弱，親自下手諭要把宣傳部長和中央日報社長予以記大過處罰。[214]

五三慘案之後，蔣介石的反日情緒還不時被其他突發事件所激化。比如說，1929年初，他在武漢乘車要借道日本租界時就被日軍阻擋。即使他以蔣介石之名片通報亦不准通行，最後甚至遭受日軍持槍押解逐離。因此他誓言，「只稍有廉恥者當不能忍。如汝（蔣介石自稱）忘此恥，則誠亡國奴之不若矣。……莫忘今日之羞恥，戒之。」[215] 當1932年蔣介石得知日本承認滿洲國政權時，他寫道，「年年中秋節當為我中華民國唯一國恥紀念。余惟自誓立志復國，死而後已。」[216]

還有幾個跡象也可以表露蔣介石抗日的悲憤心情。比如說，五三慘案後，他曾經擬歌一則，歌詞說，「五月三日是國仇，國亡豈許你悠遊？驕傲懶惰無廉恥，不懼大禍來臨頭。親愛精誠，團結一致，共同來奮鬥。革命！革命！犧牲！犧牲！黑鐵赤血求我國家獨立平等又自由。獨立！獨立！平等！平等！中華民國真自由。」他更明確指出，革命事業必須以「報國仇」

---

212 散見蔣介石各年5月份日記。

213 蔣介石日記，1939年5月3日。對於濟南慘案影響的另外一種分析，請參閱：楊天石，〈「濟案」交涉與蔣介石對日妥協的開端——讀黃郛檔之一〉，《近代史研究》（北京：中國社會科學院近代史研究所），1993年第1期。

214 陳布雷從政日記，1943年5月3日。

215 蔣介石日記，1929年4月18日。

216 蔣介石日記，1932年9月15日。

為其重點。[217] 到了1928年底，蔣介石回顧在南京建都一年的成果，包括列強承認中國關稅自主及撤銷領事裁判權，他曾經一度樂觀地認為，只要國人繼續努力，在民國二十年（1931）就可能完成「獨立」，從此脫離西方帝國主義宰割。而剩下來的革命阻礙就只有日本一國而已。[218]

同樣值得注意的是，蔣介石筆下「日本」的代名詞在如此早期已經出現轉變。大致而言，在九一八事變前，蔣介石在日記中維持使用「日本」或是「日軍」等中性字眼。但是在九一八事件後，他日記開始出現「暴日」，「倭奴」，「倭軍」，最後成為標準化的用詞是「倭寇」，一直延用于南京時代和整個抗戰時期，甚至被官方文件正式採用。[219] 可見在他個人感情上，對日本的仇恨指標更大幅地升了一級。

（二）抗日計劃的進度表

既然蔣介石雪恥誓念無庸置疑，抗日目標又鮮明突出，那麼他心中是否有一個抗日行動的日程表？

誠然，中日關係本就是一個雙邊（中日）或是多邊（蘇聯，英美）互動的關係。絕非中國單方面可以操控。日本侵略程度的輕重緩急，中國民間情緒的起落升降，都不容任何人一廂情願地預設。有趣的是，當時批判蔣介石抵抗日本不夠積極的人士，除了部分人的出發點是政治權謀和宣傳伎倆之外，多半不曾提出具體抗日策略，更沒有請纓殺敵的壯烈行動，卻是以義憤填膺姿態鞭撻別人抗日不力，而等到全國果然抗日時，卻又明哲保身地遠離火線之外。

相較之下，蔣介石內心中對於在什麼時候去完成他抗日大業，卻似乎自有主張，而最早跡象則是九一八事變對他的影響。他在1931年9月20日日記中寫道，「聞沈（瀋）陽，長春，營口被倭寇強占以後，心神哀痛，如喪考

---

217 蔣介石日記，1928年11月21日，「黑鐵赤血」用詞顯然是受到俾斯麥的影響。

218 蔣介石日記，1928年12月30日。

219 蔣介石日記，1931年9-10月。

妣。苟為我祖我宗之子孫，則不收回東省，永無人格矣。」[220] 一周後，他草擬了一份遺囑，內容是「持其復仇之志，毋暴雪恥之氣，兄弟鬩墻外侮其禦，願我同袍團結一致，在中國國民黨領導指揮之下，堅忍克苦，生聚教訓，嚴守秩序，服從紀律，**期于十年之內，湔雪今日無上恥辱，完成國民革命之大業**。蔣中正遺囑。」[221] 這段話透露兩個信息：第一是，蔣介石第一次在心目中建立了一個日程表，預期以十年時間奪回日本侵華成果。換算就是1942年左右。第二是，蔣介石認為這樣就完成了國民革命大業，因此透露了他對中國革命的認知。再根據陳誠記載，他在10月初見到蔣介石，後者在談到東北事件時神情極為慘痛，感嘆國家缺乏準備，內部又不能團結一致，深恐貿然行動就會重蹈庚子和甲午戰爭慘劇覆轍，由一敗塗地而萬劫不復，認為國家命運絕無法再一次承受如此摧殘。[222] 事實上，蔣介石當時和幕僚們曾經討論過備戰計劃，而且決定萬一選擇作戰時，就應該以西北（洛陽，西安）為政府第二根據地。一旦南京淪陷立即遷都洛陽。[223] 該年11月份，蔣介石又積極籌備親自帶兵北上，但是最後決定仍須暫時隱忍，徐圖大計。最終導致蔣介石宣布下野，以化解政治危機。[224] 1932年初一二八事件發生後，南京政府立即制定了第一個「全國防衛計劃」，開始更具體地把日本當成是未來的交戰國，著手內部的兵力和戰區的防守抵抗，並且此後幾乎每年更新。[225]

作為一個領袖人物，蔣介石的確展現了堅強的抗日決心，卻並沒有超人的智慧去激勵中國人團結一致，更無法揣測日本人的意向圖謀。這個困境用他自己的話說得非常透徹。他在1932年底寫道，「近日亟思**救國捷徑**而不可

220 蔣介石日記，1931年9月20日。

221 蔣介石日記，1931年9月28日。

222 陳誠先生日記，1931年10月6日。

223 蔣介石日記，1931年10月3日。

224 蔣介石日記，1931年11月15日-12月28日。

225 秦孝儀主編，《中華民國重要史料初編：對日抗戰時期》（台北：中國國民黨中央委員會黨史委員會，1981），緒編（一），頁438、緒編（三），頁290、298-299。

得。形勢與局勢至此，內外交迫，惟有以切實與穩健之道處之。否則，國防無及，而倭寇侵略更急，誠斷送國脈矣。」而他最恐懼的情況是，「有抵抗精神而無抵抗形式則可。**如徒謀抗爭，而實不能抗，反引倭寇急進，及倭寇侵占，又以不抵抗了之。事後又毫無抵抗之精神與準備，此不惟目前之物議，即千秋萬世後亦不能為人所深諒也。**」[226] 蔣介石此類批評的對象正是張學良和東北軍。因為當他們在手中握有幾十萬大軍之時，眼見日軍以幾千個戰鬥兵耀武揚威地開進瀋陽城就俯首乞降，而倉皇拋家棄土的部分殘兵敗將在事後竄逃到了華北，卻在政治態度上慷慨激昂地呼籲抗日。但是當南京政府指派東北軍進駐熱河省時，後者又畏縮不前，唯恐激怒日軍進攻熱河。這類事件暴露了他們的言行不一，或是癡心希望他人出兵為他們奪回江山，正是蔣介石內心最大的恐懼。[227]

相對而言，蔣介石本人對於日本的侵華政策則不曾存任何幻想。1932年一二八事件發生時，蔣介石就和陳銘樞李濟琛產生歧見，因為蔣介石主張「決心與日持久抵抗，使日寇不能休戰也」。其間英國公使藍浦生（Sir Miles Wedderburn Lampson）受日本委託，向中國提出吳淞卸除軍隊和另設租界以結束軍事衝突的建議時，蔣介石明白回應絕不接受，並且說，「中國雖四萬萬之人皆死完，亦所不惜。」英國大使只好放棄該項試探。[228] 3月下旬，他在拒絕淞滬戰爭和解的經驗之後，總結教訓寫道，「今日對倭一面交涉之方針已失其效，惟有抵抗之一面而已。與（予）其坐而待亡，不如抵抗而亡，以留中華民族光榮歷史最后之一頁。況抵抗決無滅亡之理，而且惟有抵抗為圖存之道，惟視我抵抗之方式如何耳。」他接著說如果進行局部抵抗

226 蔣介石日記，1932年11月4日，12月19、26日。

227 東北淪陷後不幾日蔣介石日記寫道，「漢卿派萬福麟來京，要求外交早日解決，**斤斤以官長之財產**與東北之痛苦為念。聞之心痛。」而蔣介石的回應則是「與其單獨交涉而簽喪土辱國之約，急求速了，不如委之國際制裁，尚有根本勝利之望。**否則亦不惜與倭寇一戰，以決存亡也。**」蔣介石日記，1931年9月23日。有關張學良和蔣介石對於九一八事件的處理，實在值得歷史學家進一步探討。

228 蔣介石日記，1932年2月24、28日。

則會落入敵人各個擊破的圈套，因此必須全國動員，集中內政、財力、兵力、人才始能作貫徹之抵抗。[229]

他在1932年底再度寫道，「倭寇無信義，得寸進尺，今日得滿（洲），明日進豐台平津，據山東，不惟不使中國內部有統一之日，而且必乘機打擊政府，傷失領袖信用，必使中國無人可以統一也。」然而即便是中日兩國最終難免一戰，他的盤算是「然非至最後，得到相當價值，於黨國確有保存把握，則不作無益之犧牲也。」[230] 1933年他說得更直白，「甲。對倭為一時緩兵計，望其緩和一時則可，若求其真和或與之議和，為可根本解決，則決不可也。」[231] 1935年蔣介石對高級幹部做了一系列的「精神講話」，其中包括抵禦外侮，復興民族和中日戰爭等要點。但是為了避免引起日本人警覺，在講稿付印時特別抽出有關抗日的段落，只是叮囑中國人能夠把他的精神「以心傳心」，而不要見諸文字。[232] 10月間，他審視歐洲國際動態，當即預言，日本必然會趁英國和意大利衝突之際，奪取英國在華南的勢力範圍，決不會以中國政府承認「滿洲國」為滿足，因為「其目的乃在全國軍事與經濟皆操縱于其掌中也。」因此，中國的對策也必須是「戰而不屈」，才能免於亡國之痛。[233] 到了此時，這個「戰而不屈」的精神已經由蔣介石派員向地方實力派領袖們傳達，而且向他們更進一步說明，如果與日本鬥爭成為南北對抗的局勢則對於中國將大為不利，因此在1935年前仍然不得不委屈避戰。但是剿共戰爭成功之後，中央可以統一四川，雲南，貴州等省份之後，情勢就大幅改變。顯然他的以東西作戰為主軸的戰略思想已經逐步形成。[234] 到了年底，蔣介石和幕僚們每日會商如何對付日本，使將領們感受

---

229 他特別強調政治智慧，國民心力，而欲求達到如此全國之統一就必須破除封建割據局面，甚至考慮提早宣布施行憲法體制，喚起國民共同努力。蔣介石日記，1932年3月20日。

230 蔣介石日記，1932年12月9日。

231 蔣介石日記，1933年4月25日，「雜記」。

232 蔣介石日記，1935年4月26日。

233 蔣介石日記，1935年10月5日，「本週反省錄」。

234 徐永昌，徐永昌日記（手稿本），1935年10月15日，記載，蔣介石把川滇黔的統一看成是

到蔣介石對於抗日問題已經下定決心。[235]

換言之，如果從1931年起算，十年是1941年。屆時的目標是收回東北，終結日本侵華。1932年9月份，蔣介石更明確說出，「預期中華民國三十一年中秋節收復東三省」。[236] 緊接著在1932年九一八當日又寫道，「但愿上天佑吾中華民國三十一年以前，在中正手中報復國仇，湔雪此無上之恥辱也。」[237] 1933年初又寫道，「對于東北之失土，一日未復則一日不與倭寇言和也。革命立場，如此而已。」[238] 1935年8月間，蔣介石更進一步地設想「倭寇失敗之程序」，認為日本的夢想當然是希望中國不戰而屈。但是如果它無法達到此目的，則會利用威脅和分化手段製造漢奸土匪，引起中國內部分裂。最後仍不得不使用軍隊進攻，如此就會引起中國抵抗和國際干預，造成日本內亂。最後結局是「倭寇失敗當在十年之內」。[239] 但是同樣有歷史重要性的一段話，是他在1937年6月19日日記中寫道，「三年計劃甚難著手，至少須假我六年和平時間，方能有成也。」[240] 換言之，1937年不是蔣介石認為南京政府可以打仗的適當時機，但是形勢演變使他非打不可。

回顧1934年春天，蔣介石和德國賽克特將軍密集性地談話，幫助他對於建軍和整軍的觀念和具體做法得到向前邁進一大步的釐清，對於各種部隊也訂出了「六年計劃」。這個計劃又和前述的1941-1942年指標大致吻合。[241] 1935年春天，蔣介石希望在建軍和整軍方案確定後立即付諸執行。[242] 到了

「奠定我們國家生命的根基，以為復興民族最後之根據地」和「我們政府和國民纔有禦侮復興的根據，國家民族的生存纔有最後的保障」。

235 錢世澤編，《千鈞重負：錢大鈞將軍民國日記摘要》（台北：中華出版公司，2015），此後簡稱《錢大鈞將軍日記》，1935年11月7日。

236 蔣介石日記，1932年9月13日。

237 蔣介石日記，1932年9月18日。

238 蔣介石日記，1933年2月1日。

239 蔣介石日記，1935年8月21日。

240 蔣介石日記，1937年6月19日，「本週反省錄」。

241 蔣介石日記，1934年12月12日。

242 蔣介石日記，1935年3月2日，「本週自反錄」。

此時，蔣介石的建軍計劃顯然加快，執行的方法也漸趨成熟。新計劃預期將蔣介石手中可以有效控制的部隊分成三個等級：以甲種部隊為活動預備隊，乙種部隊為地區防守部隊，丙種部隊等候改編。[243] 在這個逐漸走上軌道而且加快步伐的建軍計劃之下，1937年的目標是完成整理20個師。緊接著著手40個師整軍工作。[244] 計劃在1938年度完成60個師的整編工作。[245] 順便值得一提的是整軍對象不限於中央軍單位，也包括地方實力派（東北軍）。

基本上，自1932年5月份「淞滬停戰協定」簽訂後，南京政府就開始逐年制定國防計劃，[246] 早期內容著重劃分戰區，布署兵力，建築國防工事和江防要塞等事項，尚未落實到戰術研討事項。值得注意的是，即便是1937年初，蔣介石內心對該年的計謀仍然是和日本維持「偽親善」以便「穩定本國陣線，加強國力之充實」。[247]

前文引述蔣介石設想的日本失敗程序內容大致符合後來歷史過程，唯一沒有成為重要過程的部分是日本不曾爆發內亂。但是從1935年8月起算的十年正好是1945年8月，日本做出無條件投降。不知是蔣介石的計算務實？還是他美夢成真的好運道？但是無論如何，蔣介石在賽克特將軍和德國顧問們快馬加鞭地從1934-1935年開始實施的整軍建軍計劃，儘管做出了許多成績，成為中國近代史上最成功的軍事現代化範例，但是他無法預測而且更無法掌控的是他沒有六年的從容時光，而是在1937年7月初就被迫去應對日軍從盧溝橋開始的鋪天蓋地的侵略。

以上歷史回顧讓我們大致可以推斷，蔣介石抗日決心早在1928年5月的濟南「五三慘案」就已經做出。而他對於全國，全民，全面的長期抗戰觀念

---

243 蔣介石日記，1936年5月26日。

244 蔣介石日記，1937年1月，「民國二十六年大事表」，「本年政策」。

245 何智霖編，《陳誠先生從軍史料選輯：整軍紀要》（台北：國史館，2010），頁8；秦孝儀主編，《中華民國重要史料初編：對日抗戰時期》，緒編（三），頁324-328。

246 它們包括東南國防計劃，國防作戰計劃，民國二十三年度國防大綱，民國二十五年度國防計劃大綱，民國二十六年度國防作戰計劃等等，均在南京中國第二歷史檔案館。

247 蔣介石日記，1937年3月15日。

大概在1931年9月就已經形成。[248] 但是在南京政府看來，過早與日軍作戰不符合理性，因為它的正規軍遠遜於日軍，而地方軍隊則或許政治上不可靠，或許戰鬥力低落。於是，蔣介石下定決心避免和日本人決裂，任憑都市年輕人和學生群的指責和辱罵，他依然鐵了心要以華北的空間換取時間。等到中國新軍在長江中下游地帶準備就緒時再和日本算總帳。

不幸的是，這項策略至少曝露了國民政府三個缺陷。第一，它過度強調傳統觀念下的正規軍的戰略與戰術，無形中排斥了非正規部隊與遊擊戰的彈性。第二，它錯誤判斷了中日兩國的心理互動，認為綏靖政策能夠延緩日軍進犯的步調，而沒有考慮到綏靖政策很可能鼓勵日本人食髓知味，益發肆無忌憚地向中國提出日益苛刻的要求。這個誤判特別有關日本軍隊的少壯派熱衷於趁機擴大戰場收穫和老成持重派的軍人領袖和政治領袖主張見好就收（不擴大）的矛盾。設若中國及早就採取更堅定的抵抗策略（儘管需要付出高昂代價），則或許有可能在初期便阻止日軍進一步侵略。但是我們永遠無法知道這類歷史臆測是否正確，只是尋求事後諸葛的滿足而已。第三，它刻板地遵循對日綏靖政策的後果，是導致南京政府失去利用民族主義情緒的寶貴時機。如果南京政府順從民意甚至取得民意主導權，奮起抵抗，則它的道德基礎可能會得到極大增強。如果它在開始便承擔起民族抵抗的領導責任，則地方實力派或許就不再有反對中央的勇氣。但是它選擇了相反道路，沒有善於運用蓬勃的抗日情緒，反而無可奈何地冷落和壓制民意，最終激起民憤。蔣介石作為一個多年來集中全付精力在伸張民族主義和廢除不平等條約的領袖而言，他的有口難言大概是最痛苦的精神折磨。也讓我們對於歷史事件和領袖人物的行為表像和內心真相之間的差距，產生更大警惕。

「攘外必先安內」政策在1937年終告失敗。[249] 中日戰爭全面爆發表明

---

248 羅家倫也持類似說法。見：李雲漢，《中國現代史論與史料》，中冊，頁274；另見：呂芳上主編，《中國抗日戰爭史新編：全民抗戰》，頁11。

249 近年來對於南京時期安內攘外過程的歷史評述，請參閱：蔣永敬，《多難興邦：胡漢民，汪精衛，蔣介石及國共的分合興衰，1925-1936》（台北：新銳文創，2018）。

這項政策自始便缺乏現實性。戰爭爆發時，國民政府遠未完成其安內目標。甚至我們可以假設國民政府果然實現了安內政策，那還需要多長時間才能將自己的軍隊訓練到能與日軍抗衡？

由於南京政府建軍計畫不斷被內戰干擾，戰場上的斵殺使得那些已經完成訓練的部隊遭受創傷。因此南京政府直到1935年春天，才開始著手一項更為全面性的軍隊整編計畫。當時，塞克特建議挑選30萬士兵組建精英部隊，編餘人員則投入到各類國防建設項目中。[250] 整個分期整訓計畫由陳誠負責執行，預計在1938年底完成整軍計畫。儘管德國顧問在早期曾經定下組建60個現代化陸軍師的目標，然而直到戰爭爆發前夕，蔣介石能夠有效指揮的部隊僅為31個師。而這31個師當中，只有10個師接受了一段時間的德式軍事訓練，一般稱之為精英部隊。其餘部隊幾乎都是由原先的地方部隊整編而成（表1）。即便是受過最好訓練的部隊也只配有步兵輕武器，缺乏持久進行現代化整體作戰的能力，而這個能力卻正是當初蔣介石和德國顧問的最高目標。因此，如果依照南京政府政策邏輯去推算，國軍至少再需要十年準備，才能在正規戰爭中和日軍一決高下。顯然，日本軍方領袖無意容許中國政府依照自己的時間表去按部就班地備戰。毫不奇怪地，當蔣介石得知日軍在盧溝橋挑釁消息後立即反應是「彼將乘我準備未完成之時，使我屈服乎？」，「決心應戰，此其時乎？」[251] 其內心的徬徨，躍然紙上。

---

250 國防部，《德國顧問團》，頁41-42。

251 蔣介石日記，1937年7月8日。對於德國顧問訓練和裝備部隊略有不同的估計，請參閱：郭岱君主編，《重探抗戰史》，第一冊，頁490。

表1 軍事力量分布，1937年抗戰前夕

背景	師的數量
蔣介石的精英部隊	10
蔣介石的正規部隊	21
東北軍（張學良殘部）	18
西北軍（馮玉祥舊部）	12
山西軍（閻錫山）	8
廣西軍（桂系）	6
廣東地方部隊	15
湖南地方部隊	12
雲南與貴州地方部隊	9
四川地方部隊	27
北方各種雜牌部隊	30
南方各種雜牌部隊	8
總計	176

資料來源：國防部，《陸軍各部隊沿革紀要》，南京，1937年2月。

結語

綜合本章上文所言，南京國民政府在成立後最初十年裡的政治和軍事發展基本上偏離了孫中山預設的革命方略。孫中山強調政治重建遠比軍事鬥爭重要。他還指示全黨在統一全國前，便應該在已經收復的局部地區內率先推行訓政。他為這個革命計畫提供了一種可能性，即在幾個地區率先實行訓政，若果表現良好，便能成為政治表率，從而減輕其他地區軍事統一可能遭遇的阻力。但是孫中山的革命接班人顯然更相信軍事行動的效率，相信只有在全國各地牢固地確立軍政後才能實行訓政，從而忽視了政治工作。

1927年群眾運動被禁止後，國民黨在重組政權時，越來越信奉國家至上和官僚主義的方式。它企圖建立一整套現代化國家機器，包括建立一個穩定而又具備高效能的文官體制，訓練一支具備優越戰鬥力的軍隊，以及在城市地區建立金融、銀行、稅收、交通等領域的現代化基礎設施。南京政府領袖們熱切期望，中國能借此晉身現代民族國家之列，廢除不平等條約，排除帝國主義在中國殘餘勢力，在世界大家庭中受到認可與尊重。

正如本章開篇所述，孫中山在其國家重建的革命行動綱領中，優先任務是改善民生，隨後依次是提升國民政治權利，實現民族獨立平等。但是這個綱領在他逝世後的南京政府裡經歷了巨大轉型。在蔣介石掌握下，民族獨立被提升到高於一切的革命目標，目標集中地被理解為打倒列強和廢除不平等條約，而對民權和民生領域多如牛毛的問題則予以緩議，既少見理論上的建樹，也少見實際政策上的作為。與此同時，南京政府領袖拒斥群眾運動，對群眾參與和社會進步的巨大潛力視而不見。[252]

南京國民政府過於偏重軍事手段，嚴重縮小了它的政治選擇範圍。在蔣介石觀念中，現代國家的國民特性應該是「重秩序，守紀律；明地位，負責任；崇主義，復國魂；揚武德，張四維」。[253] 而南京政府時期軍事體制的特點在於：第一，高度依賴武力以保證政治控制；第二，推崇武德；蔣介石對於軍人，軍隊，和武德發表了大量論著，其基調是：軍隊有最合理，效率，和嚴密的組織，講究科學。因此值得作為政府，黨，和全社會的楷模。如果能夠達到全民軍隊化的程度，國家就有希望。[254] 第三，把政治、經濟、社會管理的需要都置於軍事需求之下。第四，以集權方式和維護社會階層穩定性的方式去處理政府與廣大民眾的關係。在這個體制下，官僚機構養成一種對形式主義的迷戀、以為用高高在上的辦事方式，就可以達成預期效果，實現「一個命令，一個動作」的美夢。其結果是，在南京時期發展出來的政府官僚體制和黨組織都失去了它原本應該具有的革命衝刺力和潑辣性。剩下的

---

252 Cavendish, “The ‘New China’ of the Kuomintang,” pp. 165, 178.

253 蔣介石演講，〈現代國民必備的條件〉，1935年9月21日，《蔣總統集》，第1冊，頁915-917。

254 散見，《先總統蔣公全集》。

問題是，這個軍事至上的傾向是否能夠抵抗日本的侵略？

本章對於南京時期的黨，政，軍分別作了一些背景描述，簡略地討論了它們的特色。從這些敘述和分析中我們可以看出，在整個南京政府時期蔣介石控制力度的局限性。正如他自己所抱怨的，他首先不能有效控制國民黨的黨務。除了黨內派系林立，各擁山頭，還有地方實力派（如廣東）對中央黨務的干擾。難怪蔣介石對黨的組織，人事與作風，從元老派到一般黨員，都不斷地做出嚴苛批評。至於政府方面，則蔣介石的掌控最多也是斷斷續續。在他不擔任國家領袖和下野的時段裡，政府大權就落入他人之手（汪精衛）。即使蔣介石在名義上是政府領袖時，對於若干重要部會也缺乏控制力。最明顯的例子是1929年7月份，當時對俄外交出現絕交危機，對東北問題又與日本發生衝突，然而外交部長卻在青島逍遙度假，交通部長也不在京辦公，以致連公文都無法送達。蔣介石為此憤怒地寫道，政府「要員十人八病，國情至此，不亡何待？無論內外新舊皆為一人之敵，妒忌推諉，懶慢腐敗，無事則趨勢，有事則避逃，甚矣！國事之難也。凡事無難，而獨怕國人疲玩不振也。」又寫道，「國務人員腐敗惰慢至此，是其只有升官發財之想，絕無革命犧牲之事。凡事必須靠己也。」[255] 這些話聽起來遠非出自「獨裁者」之口，也警惕我們在評判南京時代採用的方法論時，不可把蔣介石與當時的黨政軍輕易劃上等號。南京政府既不等同全中國政府，蔣介石也不等同南京政府。充其量，蔣介石能夠高度掌握的只是軍事領域裡的建軍觀念，而其實施階段所需的財源卻又必須仰仗政府其他領袖的高抬貴手，其困難程度在本章前文已有交代。換言之，蔣介石對於黨政兩方面的影響力都有高度局限性。

如果當時中國能夠處於長期和平局面下，即便以南京政府如此眾多的弱點和缺陷，它是否可以持續存在？它優先發展都市現代化的策略是否可以造成向下滲透（trickle-down）的功能，最終幫助基層社會的改造轉型和現代化？這些都是學者們可以發揮想像力和分析力的課題，也可以製造大量的事後諸葛亮。但是殘酷的歷史卻是盧溝橋事變在1937年猛然來臨，國民政府沒

255 蔣介石日記，1929年7月19-21日。

有選擇機會。而本書此後篇幅的重點則是去檢查，當國民政府遭遇如此天崩地裂式巨變時，它以南京時代培養出來的黨政軍體制和人員素質，如何去應付民族生死存亡的危機？

對於這些課題，本書將會在隨後各章中逐步予以探討。

第二章

戰場上的災難
1937-1945年

中國自從清末開始，陷於不斷政爭和內戰狀態，使得日本對華予取予求。但是1928年在南京成立的新政權企圖把國家帶上獨立自主途徑，必然對日本在華野心產生阻擾。九一八事變（1931）和「滿洲國」建立後，日本主要戰略關注點轉移至華北地區，關東軍於1933年侵占熱河，1935年占領察哈爾東部地區，不久又把兩地納入「滿洲國」版圖。1936年，早有獨立之心的蒙古德王在日本鼓動下建立「蒙古軍政府」，宣布擁有對察哈爾、綏遠和寧夏的主權。同年，日軍入侵綏遠。這些軍事行動表明，日軍企圖在其本土、朝鮮、「滿洲國」與蘇聯和中國的華中地區之間，構築一個可以控制的緩衝地帶。

第一節　抗戰初期

一、盧溝橋事變

1937年7月7日當盧溝橋響起槍聲時，華北地區半獨立狀態已經存在超過兩年。根據國民政府官方歷史說法，蔣介石當即判定是日本已不滿現狀，企圖將華北置於其直接控制之下，因此中國被迫奮起反擊。[1] 但是根據蔣介石本人記述，在盧溝橋事變發生後相當一段時間裡，他其實對於日本軍事企圖並不充分了解。比如說，他不能決定日本軍事行動是想趁中國軍事準備尚未完成時先發制人而迫使中國屈服？還是它與宋哲元為難，而達成華北獨立？雖然蔣介石認為日本此時對中國開戰並不利於日本自身，但是中國選擇此時大規模抗日也對中國不利。這些都是蔣介石心中最初疑團。[2]

事實上，盧溝橋衝突尚未發生前，蔣介石已經感到山雨欲來風滿樓之氣勢，對於萬一爆發戰爭時的對策，他寫道：「中國自強之意義與責任，**應具必戰之心，而後可以免戰**，乃得達成不戰而收復失地之目的。」[3] 這個「必戰之心」是他的基本態度，也是此後多年抗日立場的主軸，但是「不戰而收復失地」卻只是短暫遐想，很快就被現實擊碎。盧溝橋事件一旦發生，依據南京政府判斷，由於日軍在事變前已經有蠢動風聲，所以必然是日本駐屯軍一部分軍人的預定計劃，也必定是日本中央駐屯軍事先知道的舉動。[4] 因此，衝突發生後，蔣介石立即指示第二十九軍將領們趕緊從北平撤至保定，命令他們不可與日軍現地指揮官妥協，堅持任何地區性協定都必須在事先獲得南京政府許可。蔣介石同時調派中央軍6個師趕到華北，並派遣個人代表進駐北平，去加強地方部隊的抵抗決心。[5] 但是因為情況混亂，對日本最終去向

1 國防部，《抗日戰史：「七七事變」與平津作戰》（台北，1967），頁2-7、42。有關抗日戰爭全面性的作戰歷史，請參閱：中國國民黨中央委員會黨史委員會編，《中華民國重要史料初編：對日抗戰時期》（台北，1981），第2編，「作戰經過」；張憲文主編，《中國抗日戰爭史（1931-1945）》（南京：南京大學出版社，2001）；郭岱君主編，《重探抗戰史》，全三冊。

2 蔣介石日記，1937年7月8日。

3 蔣介石日記，1937年7月1日。

4 王世杰著，《王世杰日記》（手稿影印本），1937年7月12日。此後簡稱王世杰日記。

5 James B. Crowlley, *Japan's Quest for Autonomy, Nationnal Security and Foreign Policy, 1930-1938* (Princeton, N.J., 1966), p. 345. 有關盧溝橋事變危機的發生經過與東京方面對策的詳細論述，可以參見寺平忠輔，《盧溝橋事變》（東京，1970），頁54-281、289-313。日軍有關盧溝橋事變的戰史記錄可以參見防衛廳，《中國事變陸軍作戰》，第1卷（東京，

尚且難以判斷，因此儘管蔣介石在7月9日已經表示要「積極運兵北進備戰」，「對華北戰事準備動員，不避戰爭」，[6] 但是到7月12日為止，他只命令中央軍在河南省邊境候命，[7] 靜觀事態進一步發展。

7月10-20日之間發生了許多變化，南京政府逐漸形成對策。首先是蔣介石在12日看到日軍大規模動員，乃決定派中央軍迅速由河南開往河北保定，不再顧慮早年何梅協定之拘束，而且在必要時進行戰鬥。值得注意的是，這個決定讓外交部長王寵惠非常擔心（13日），因為他在11日已經接到日本使館警告，如果中央軍動員，則日本「必下最大決心」。但是蔣介石告訴王寵惠不必理會日方警告。14日，南京政府一方面全力做軍事準備，一方面非正式地邀請英國和德國進行調停。15日，英國大使許閣森（Sir Hughe Montgomery Knatchbull-Hugessen）從北戴河趕回南京，詢問中國是否打算事態擴大。蔣介石答覆中國只求自衛而不求擴大，並且歡迎英國調停。於是英國建議雙方撤兵到7月7日之前狀態。17日，何應欽也收到日本使館警告，聲稱如果中國軍隊進入河北省，就是違反1935年何應欽和日本的協定（何梅協定），則日本將會採取斷然處置，一切責任由中國承擔。與此同時，日本也拒絕了英國調停，英國隨即將調停失敗的消息通知中國外交部。[8] 換言之，日本態度強硬，留給中國的出路就是屈服。7月18日，日本使館進一步闡明日本解決盧溝橋事變的條件，要點包括： 1。中國道歉；2. 宛平不許中國駐軍，只能有保安隊；3. 共同防共，禁止排日；4. 處罰中國引發事件的負責人。19日，日本使館武官喜多會見何應欽，更明白指出： 1. 中央軍進入華北是違反何梅協定；2. 如果中國政府堅持日本必須先撤兵然後中國才肯撤兵，則

1976），頁138-177。上村伸一，《日華事件》，頁57-110；鹿島和平研究所編，《日本外交史》，第20卷（東京，1971）。有關參與此事件的日本華北駐屯軍指揮官的個人敘述，可以參看角田順，《日中戰爭》，第4卷，頁529-543、561-574，《現代史資料》（東京，1962）。

6　蔣介石日記，1937年7月9日。

7　王世杰日記，1937年7月12日。

8　王世杰日記，1937年7月10-15、17日。

戰事必不可免。一天之後（20日），日本駐屯軍宣布從當天開始採取「自由行動」，在盧溝橋和豐台地區向中國軍隊猛烈攻擊。[9]

在這段時間裡，南京政府對第二十九軍的動向也感到難以琢磨。該軍隊內部將領不但已經產生意見分歧，而且整個軍又和南京政府長期有隔閡。早在1936年6月開始，宋哲元的政治取向就已經讓南京政府擔心，一方面是怕他受漢奸包圍，一方面是怕河北的宋哲元和山東的韓復榘勾結。南京政府看到的具體事實是他們未經南京政府授權，就擅自任命天津市長和察哈爾省主席（劉汝明）、截留關稅，甚至可能暗地接受日本軍械等等。這些跡象都與日本醞釀的華北半獨立活動不謀而合。[10]

由於這些隔閡，所以第二十九軍軍部向南京政府提出的電文報告經常並不可靠，有時候甚至蓄意拖延，隱瞞或誤導，也有時電話故意無法接通或是聽不清楚，使得南京政府無法確知該軍真正意圖，只好依靠自己的情報管道和報紙消息去對華北局勢尋求片面了解。[11] 而南京政府情報是否完整也就嚴重地影響了它的對策。

根據南京政府7月22-23日情報，日本軍方已經和第二十九軍宋哲元和張自忠有妥協跡象，但是遭到內部將領馮治安反對。事變初起，南京政府就曾經要求宋哲元留在保定而不要去天津，免受日本人威脅，但是宋哲元拒不聽命。當22日日軍開始發動攻擊時，宋哲元立即接受日軍要求把馮治安部隊撤離前線，同時要求南京政府命令已經抵達保定的中央軍切不可建築陣地工事，避免激怒日軍。這一切看在蔣介石眼裡，和他早先所擔心的宋哲元會違反中央命令與日軍單獨和解，此時似乎終將成為事實。更讓南京政府吃驚的

---

9 王世杰日記，1937年7月18-20日。

10 蔣介石日記，1936年6-8月。

11 錢大鈞將軍日記，1937年7月7-30日。陳克文著，陳方正編，《陳克文日記（1937-1952）》，（台北：中央研究院近代史研究所，2012），此後簡稱陳克文日記，1937年7月23日。有關第29軍的論述，請參閱：李雲漢，《宋哲元與七七抗戰》（台北：傳記文學出版社，1973）。另見：陳布雷著，《陳布雷從政日記》（台北：開源書局，2019），1937年7月21日。

是，它還從側面探知，宋哲元在撤調馮治安軍隊時居然允許日軍派員在場監督，而日軍則沒有撤兵。這個發展當然就會讓在保定地區的中央軍與日本軍隊增加直接衝突的幾率。南京政府在7月26日又得到情報，雖然東京政府並不願意擴大事變，但是它卻無法控制駐華軍隊。這就讓中國的領袖們得到一種啟示，那就是即使南京政府和東京政府達成和議，駐屯華北的日軍也未必遵守。也就在同一天（26日），宋哲元仍然委託熊斌（中央委派到保定去和宋哲元聯絡的代表）向南京政府表示，他堅決拒絕中央軍由保定前進，以免激怒日本人。到了27日，南京政府終於接到宋哲元報告，稱他其實早在19日就已經接到日方停戰條件卻不曾及時向南京政府匯報。[12] 日本軍在7月26日也向宋哲元提出最後通牒，要求在北平及鄰近地區的第二十九軍一律撤離。日軍在遭到宋哲元拒絕後隨即展開大規模攻擊，造成中國士兵大量死傷。根據南京政府輾轉獲知，第二十九軍雖然在27日下令反擊，但是28日情勢大變，宋哲元選擇一走了之，把北平爛攤子留給張自忠處理，在臨走前只說這個仗打不下去了，卻無一字交代軍事部署。其他部隊也就隨之一哄而散。[13] 這個發展引起全國一片驚愕和指責。

二、「戰」與「和」的選擇

至於南京政府在面對華北地區如此撲朔迷離局勢時，反應又是如何？

首先需要了解的是，南京政府高層對於「戰」與「和」問題內部意見也缺乏共識。最值得注意的是，幾位重要軍事領袖一致地認為不應該作戰。七七事變爆發後一周，當時軍事委員會辦公廳主任徐永昌就感嘆開戰時機不對。即便是華北戰事已經開打，徐永昌仍然認為，在能夠容忍情況下，和平

12　王世杰日記，1937年7月21-23、26-29日。日方條件包括： 1. 道歉；2. 撤退宛平和盧溝橋軍隊，以保安隊代替；3. 共同防共，禁止排日。

13　徐永昌日記，1937年8月9日；王世杰日記，1937年7月28-29日。

仍為上策，因為中國的備戰至少還需要半年到一年準備。[14] 同樣地，軍政部長何應欽也主張謀求和平，他甚至把中日作戰形容為徒手童子軍和正規軍作戰一般。[15] 何應欽還特別請求徐永昌和程潛專程趕去廬山向蔣介石進言爭取和平。根據徐永昌記載，他在7月20日會見蔣介石時說，中國應該努力容忍，因為一旦大戰開始，則最好結局是兩敗俱傷，但是戰後日本工業容易恢復，而中國則有「分崩不可收拾之危險」，因此建議中國應該把日本壓力轉化成為發奮圖強的動力。[16] 根據王世杰記載，遲至7月24日，何應欽依然向蔣介石進言，中國需要更多時間準備抗戰，否則難以持久。[17] 事實上，即便到了淞滬戰爭開打之後，仍然有將領認為國軍經不住日軍飛機和重炮轟擊，無法守住陣地。[18]

許多社會人士也提出類似評估。[19] 在一次學者聚會中，參加者有王世杰、胡適、吳鼎昌、周鯁生、羅家倫、蔣夢麟、彭學沛等人。胡適、周鯁生和蔣夢麟都傾向忍痛求和，認為予其戰敗之後求和，不如未戰之前就謀和。胡適更主張蔣介石和汪精衛向日本做最後呼籲，以承認滿洲國為和平條件。吳鼎昌則認為戰必敗，和必亂，所以只好盲從蔣介石個人的任何決定。相反地，王世杰認為和平沒有保障，日本人可以得寸進尺，如果和平只維持一兩個月，則日本人就更能夠從容準備下一步壓迫。[20] 胡適還委託汪精衛向蔣介石表達和談意見，而蔣介石轉而要求胡適不要公開發布和談意見以免影響軍心。8月5日胡適又親手把和議書面交給蔣介石。蔣介石非常客氣地予以接

---

14 他認為以中國國防而論，如果可以延遲半年，較為有利。惟日本軍人或不允許，「而中國自身亦不允許，奈何！」徐永昌日記，1937年7月14、18日。

15 陳誠先生日記，1943年1月22日，記錄王世杰轉述何應欽原話。

16 徐永昌日記，1937年7月18、19、20日。

17 王世杰日記，1937年7月24日。

18 徐永昌日記，1937年8月14日。

19 有關和戰問題的近著，請參閱：王奇生，〈開戰初期的「和」聲〉，《戰爭的歷史與記憶》，頁26-71。該文詳細列舉大部分政府官員和學者傾向議和，只是不願公開倡導。

20 王世杰日記，1937年8月3-4日。

待，但是沒有改變應戰立場。王世杰則認為如果沒有第三國保證，則和談毫無意義，因為日本可以隨時撕毀約定而繼續侵略。[21] 值得注意的是，在這段時間裡，整個「和」與「戰」討論非常理性與客觀，「愛國」或是「賣國」等情緒字眼尚未出現。

面對這些不同聲音，蔣介石個人態度就變得非常關鍵。大致說來，盧溝橋事變爆發的最初幾天（7月11日），蔣介石在無法掌握正確戰地資訊狀況下，依然認為日軍意圖或許只限于威脅河北察哈爾當局屈服，阻止中國在永定河以東駐兵，簽訂〈防共協定〉和建立傀儡政權。因此他的對策是要求宋哲元和秦德純部隊務必在永定河與滄州保定線堅守並且進行持久戰，而中央派往華北的軍隊則集中固守保定。他也同時做出準備，萬一宋哲元屈服時，中央軍也依然留在華北戰場作戰。換言之，蔣介石最初的估計依然是日軍行動只局限於華北，目標是直接控制平津和該地區的租界事務。因此他的對策也限於局部抵抗，「如能辦到盧（溝）橋仍駐正式陸軍，不受限制，則勝矣。」而當日軍沒有趁機向青島發動攻擊也加強了蔣介石信念，認為日軍此次事變的目標只是局部控制而已。[22]

但是隨著事態發展，蔣介石對於日軍意向的推測也在逐日修正之中。到了7月17日，他開始和其他中央軍領袖和幕僚們商議如何說服四川和廣西出兵到華北和華東地區作戰的事宜。[23] 這表示國民政府認為中國的戰線將要拉長，超過中央軍能夠單獨應付的能力，因此必須動員地方軍隊加入戰鬥。

盧溝橋衝突發生10日後，蔣介石在日記中寫道，「倭寇使用**不戰而屈**之慣技，暴露無遺。我必以**戰而不屈**之決心待之，或可制彼兇暴，消弭戰禍乎？」[24] 當天，蔣介石在廬山發表談話，他向與會的軍政要員和知識界領袖表示，如再向日人妥協，只會使中國徹底投降。蔣介石宣布，除非日本恢復

21　王世杰日記，1937年8月5-6日

22　蔣介石日記，1937年7月14、15日。

23　蔣介石日記，1937年7月17日。

24　蔣介石日記，1937年7月17日。

7月7日之前狀態，否則中國必須準備犧牲，與日軍作戰到底。[25] 蔣介石在私下日記和公開宣言似乎表達了當時的判斷。在私下，他自問是否中國拿出戰而不屈的決心就能夠讓日本知難而退放棄戰禍？因為就在此前一日，蔣介石認為日本對付宋哲元的手法是希望達到不戰而屈（人之兵）的目的，他因此推測日本不但沒有開戰決心，就連對局部戰爭也充滿顧忌。[26] 或許正因為如此，所以他提出來的反建議就是恢復七七前狀態。換言之，他此時對盧溝橋的判斷仍然是它是局部衝突可以局部解決。但是中國必須下定不惜全面抗戰「戰而不屈」的決心，才能夠獲得「消弭戰禍」的結果。

蔣介石如何達到這種決斷的過程和內心感受，頗值得我們予以追索。

其實蔣介石在發表這個果斷談話之前，已經廣泛徵求意見。依照原來計畫是要舉行至少兩次會議。第一次是和北平天津地區學術界人士舉行的廬山牯嶺茶話會。第二次茶話會預計邀請上海南京地區學術界人士，但是情況丕變導使蔣介石匆匆下山，就沒有舉行。但是除了由蔣介石親自主持談話之外，他還委託汪精衛，陳布雷，張群等人和大量學術及思想界人士交換救國意見。[27] 值得注意的是，在這個民族生死存亡關鍵時刻，蔣介石居然首先安排時間廣泛聽取學者專家和黨外人士的意見，然後才召集軍事領袖們在七月底和八月初（7月23-24日，8月7日）商討具體作戰事宜，其中特別是8月7日召開國防會議，外省的軍人領袖們如閻錫山，白崇禧，余漢謀，何鍵，劉湘等人，才首度進京聚集一堂議定積極備戰和抗戰。[28] 這種先文後武的咨詢和決策方式也是中國過去一兩百年近代史上政府運作罕有的現象。

無論如何，第一次廬山牯嶺茶話會（14日）在歷史上留下了重要記錄。茶話會來賓包括無黨派的許多知名大學校長和教授。政治黨派則包括青年

25　蔣介石演講，1937年7月17日，《蔣總統集》，第1冊，頁962-963。

26　蔣介石日記，1937年7月16日。

27　《陶希聖年表》，頁138。又見：陳布雷從政日記，1937年7月20、26、27日。前後參加的學者超過70位，來自全國各地。與會者都能自由發表意見。

28　王世杰日記，1937年8月7日。

黨，國社黨，農民黨，村治派，職教派，和救國會的領導人。[29] 在會中，蔣介石激昂說道，「什麼何梅協定！ 我把它撕了……。現在除非不打，否則戰端一開，即無中途妥協，**中途妥協就是投降**。」[30] 蔣介石隨即在7月17日發表廬山宣言，其中廣為後世所熟知的名句是，「我們希望和平，但不求苟安，準備應戰，而決不求戰。」[31] 他本人的心態也在7月19日日記中暴露無遺，「應戰之宣言既發，再不作倭寇廻旋之想，一意應戰矣」。[32] 也就在19日他對全國的公開演講說道，「全國應戰之後的局勢，就祗有犧牲到底，無絲毫僥倖求免之理。如果戰端一開，那就是地無分南北，人無分老幼，無論何人，皆有守土抗戰之責，皆應抱定犧牲一切之決心。」[33] 到了這個地步，南京政府「和、戰」選擇終於塵埃落定。從盧溝橋局部衝突演變為中日兩國全面開戰，前後過程不足兩個星期。中日兩國領袖們在事先都絕不曾預料到事態會發展到如此地步。

有趣的是，就在19日當天行政院也在廬山開會，外交部長王寵惠專門派遣高宗武到廬山提出對日本讓步的建議，何應欽也依然傾向讓步。其他參加者則認為即使讓步也不能滿足日本要求，戰爭難以避免。而李宗仁則致電蔣介石要求趕快制定抵抗大計。[34] 當然在此之前也有地方軍人在態度上熱情主張抗日，甚至請纓殺敵，卻不願意出兵，或是自己手下其實無兵可出，卻希

---

29 共產黨的周恩來，林祖涵，和秦邦憲三人當時在廬山，但是沒有參加茶話會，也沒有公布參加抗戰宣言，原因待考。見，《陶希聖年表》，頁137；另外據張發奎記載，學者和民主人士包括羅隆基、張君勱、沈鈞儒等，和許多曾經反對過蔣介石的人。見：張發奎，《蔣介石與我：張發奎上將回憶錄》（香港：香港文化藝術出版社，2008），頁234。再依據王世杰記載，廬山談話會主要參加者是大學校長和教授。見：王世杰日記，1937年7月20日。

30 蔣介石的談話就是後來修改成為〈對於盧溝橋事件之嚴正聲明〉的原本。由程滄波起草，陳布雷修改後發表。這一段話沒有出現在發表的講詞之中。見，《陶希聖年表》，頁136。

31 大公報（上海版），1937年7月20日，頁3。

32 蔣介石日記，1937年7月19日。

33 秦孝儀主編，《先總統蔣公思想言論總集》，第14卷，頁582-585。

34 王世杰日記，1937年7月19日。

冀藉此增加自己的政治分量。[35] 這種軍政部門內部搖擺分歧和虛張聲勢現象，在開戰時已經露出苗頭，而此後抗戰八年中將會不斷出現。日本人也必然看在眼裡。

概略地說，蔣介石從七七事變開始到7月底，面對華北衝突，大概可以從幾方面去分析。

首先是中方情況。蔣介石當時雖然被全國人民視為抗日軍政最高領袖，但是他對華北戰況也只是「霧裡看花」，不明就裡。從他日記中可以清楚看出，他作為一個總司令卻對於戰地情勢高度隔閡。他對戰地情況的了解屢屢來自「聞」（聽說），而不是確實的報告。而即便偶爾接到宋哲元報告時，其內容也虛實難辨，令他不斷地用「可疑之至」或「諱莫如深」等語句形容北方戰報，造成他對許多事件「未知其內容究竟如何？」，或是等到事情發生之後，遲遲「乃知宋部全撤，北平不保，痛悲不已。」與此同時，他對地方軍人的政治動向也蒙在鼓裡。宋哲元部隊在河北究竟是真心守土衛國？抑是虛與委蛇地應付日本？還是有意在雙方條件談妥後附和日本的「華北獨立化」？對於這些問題，蔣介石心中都充滿疑慮。[36] 當然華北除了河北之外，還有山東也被南京政府視為是一顆不定時炸彈，「魯韓態度之驕矜，藐視無睹，仍令人疑懼，惟願上帝佑我中華，抗倭時期內不發生叛變而已。」而南京政府自己的中央軍6個師在盧溝橋事件爆發後一周就奉命北調開往保定，但是7月26日宋哲元卻向日本示好而要求中央軍退出河北。引起蔣介石氣憤不已。[37]

其次是蔣介石對於日本的動機無法確知，而只能依據表像和常理予以臆

35　陳誠先生日記，1931年11月22日，陳誠所指是湖南省何鍵。

36　「接明軒電，有放棄天津之意，明令禁止。豈其已允倭寇退出天津乎？可疑之至！」蔣介石日記，1937年7月15日。又寫道，「未知宋與倭交涉之內容究為如何？不勝惶慮。」7月22日。有關近年來廣泛運用中日兩國史料去重建盧溝橋事件歷史的學術成果之一，請參閱：郭岱君，〈重看七七盧溝橋事變〉，《戰爭的歷史與記憶：抗戰勝利七十週年學術討論會》（台北，2015），共42頁。

37　蔣介石日記，1937年7月26-27日，8月1日。

度。大致而言，蔣介石此時傾向認為日本雖然決心占領盧溝橋，但是對於華北的最大野心可能是占領永定河以東地區成立偽組織，而對於平津地區則會由東京政府小心親自處理，因為它牽涉到外交關係和列強利益。[38] 蔣介石對於日本的動機雖然缺乏可靠情報而只能做合理推測，卻必需成為他此後主導中國對策的依據。

大致而言，蔣介石在7月份對日本的分析顯示出幾個重點。第一是日本對盧溝橋地區和平津地區志在必得（「非奪取盧溝橋不休」，「倭寇欲以占領平津求告一段落」）。第二是在平津地區成立偽組織，脅迫其簽訂「防共協定」。第三是日本華北地區軍權操在少壯派軍人手中，東京政府無法制止，因此中方「欲不戰而不可得也」。但是他此時又判斷日軍企圖只是「志在華北局部，而不敢擴大」，「戰爭最多限於局部」。

根據這些敵我情勢分析，蔣介石考慮的對策也顯示幾個重點。第一是，既然日本美夢是迫使華北守軍「不戰而屈」，則中國採取「戰而不屈」姿態或許就可以遏制日軍更大野心。第二是，因此盧溝橋事件就不只是爭奪一座橋，而是一個重要宣示政策標誌和決心的機會。蔣介石從而把它看成是「此為存亡關頭，萬不使失守也。」依據蔣介石推理，如果盧溝橋守得住，則雖然遠在東京的日本政府可能無力控制它的在華軍隊，但是日本國內則可能引發民情普遍不滿少壯派橫行霸道，同時嫌惡戰爭。依照這個思路，只要中國守軍能夠堅持，則日本就無法持久鬥志，更可能引起國內經濟崩潰。這些分析讓蔣介石樂觀地希望，中國政策宣布的果斷加上中央軍北上，「彼或於明日停戰乎？」[39] 事態果能如此發展，則中國「戰而不屈」的決心就可以避免日軍在華的野心得逞。

歷史證明，當時事態發展方向正好相反。以整個華北地區而言，熱河察哈爾兩省本就早已落入日軍手中。宋哲元和日軍將領的明來暗往，包括和日軍協商的細節，都蓄意把南京政府擯除局外，而山東韓復榘隨時有投降叛國

38　蔣介石日記，1937年7月12日。

39　蔣介石日記，1937年7月10日。

可能更是雪上加霜。在山西，閻錫山只求自保的立場益趨明顯。他只會在山西直接受到日軍攻擊時才會參加作戰，也會要求南京政府予以支援。但是他絕無意願派遣晉軍去保衛平津地區，也不會未雨綢繆地邀請中央軍進入山西鞏固防務。如此一來，則南京政府如何才能夠有效地表達它「戰而不屈」立場？顯然剩下來的只有兩條路。一條路是讓北上的中央軍留在華北戰場繼續奮鬥，甚至派遣更多中央軍北上，但是它們勢必要在惡劣環境下孤軍奮鬥，吉凶難卜。第二條路是另闢有利戰場，讓南京政府軍隊有發揮效率的空間。無論如何，蔣介石在7月19日寫道，「應戰宣言既發，再不做倭寇迴旋之想。一意應戰矣。」26日更決定，「遭必不能免之戰禍，當一意作戰，勿再作避戰之想矣。」[40]

換言之，以上歷史重溫顯示，在7月中下旬時段裡，南京政府的抗戰立場產生了極大變化。在此之前，它希望以戰而不屈的決心去達到盧溝橋局部停火，恢復七七事變之前狀態。在此之後，它開始布置另闢新戰場，繼續伸張它戰而不屈的立場，其結果是把局部抗日擴大為全面抗日。值得注意的是，這是蔣介石一個明知其不可為而為之的選擇。因為就在7月的最後一周，蔣介石還曾經做出估計，希望戰爭能夠延遲十年才爆發，屆時中國就有機會收復甲午戰爭以前的失土。但是時不我與，中國只好硬著頭皮勇往向前。[41] 總結地說，一旦蔣介石決定把盧溝橋局部衝突擴大為中日兩國全面性戰爭時，它對於中國應該採取的大戰略和戰術，以及作戰目標，當然都將會產生根本性影響。

本章主旨不在於對戰場上的短兵相接做出細膩描述，本書作者不是軍事專家，沒有能力從戰場廝殺角度去評述八年抗戰。[42] 但是本章將會試圖重點

---

40 蔣介石日記，1937年7月19、23、26日。

41 蔣介石日記，1937年7月7-31日、7月31日「本週自反錄」。

42 中國官方的報告見：國防部史政編譯局編，《抗日戰史》（台北：國防部史政編譯局，1967）；何應欽，《日軍侵華八年抗戰史》（台北；國防部史政編譯局，1982）。該類書內提供各種數據，戰役次數，傷亡人員的數位。依照國民政府官方統計，中國在第一期抗戰時期（1937.7-1938.11）共會戰6次，重要戰鬥276次；第二期抗戰時期（1938.12-

性地解讀和分析八年抗戰中幾場具有轉捩意義的戰役，比如說1937年的淞滬會戰、1938年的武漢保衛戰、1939年的冬季攻勢和1944年的豫湘桂會戰。其主要目的在於釐清中日兩方戰略思考的演變，同時探討這些戰役給中國政府，軍隊和國民黨帶來的後果。

第二節　淞滬會戰

日軍在戰爭初期對華北猛烈進攻的氣勢，預示它將在中國地方部隊戰鬥無心無力狀況下迅速掌控整個華北。果真如此，則日軍就可能沿平漢、津浦兩鐵路進一步向華中和華南地區發動攻擊，最終將中國切割成為東西兩塊，把中方主力部隊驅除到西南貧瘠山區，然後從容消滅滯留在沿海地帶的部隊，並且奪取它的富饒物資。[43] 事實上，早在1930年代初期，當蔣介石開始認真考慮未來中日戰爭大戰略時，就曾經考慮過這種可能性。在這一連串戰

1941.11），共會戰9次，重要戰鬥496次；第三期抗戰時期（1941.12-1945.8），共會戰9次，重要戰鬥345次。國民政府的國防部甚至把許多戰役編印成專冊，提供詳細戰鬥序列，軍隊番號，作戰情形，戰果和得失。但是本書作者個人廣泛閱讀後的看法是：這些官方數字只能有參考意義，而不能有權威性引用價值。幾個使官方資料可靠性大成問題的因素包括：1. 通報系統缺失，許多戰役和軍隊的資訊根本沒有上報；2. 軍隊參謀人員學識素養缺失，無法做出具有專業水平的戰報；3. 軍隊指揮官蓄意謊報軍情，包括戰役根本不曾發生，日軍自動撤退被報成國軍進攻成功，國軍未勝或是小勝被誇大成為大捷，國軍未經接觸或是聞敵即逃被謊報成為苦戰，虛報我軍傷亡以圖要求中央補充糧餉和武器。敵軍少數傷亡被極度誇大。雖然這類劣跡都曾經被上級軍事長官嚴厲指責，但是政府在明知道是假報軍情卻為了鼓舞士氣，而不敢或是不忍予以更正。讀者可以審閱蔣介石日記（委員長）和徐永昌將軍日記（軍令部長），發現眾多此類案例。因此本書作者在引用官方資料時，務求極度謹慎。一部最新出版而對於大小戰役做出詳細敘述和分析的著作見：郭岱君主編，《重探抗戰史》，全三冊。外文書近著請參閱：Mark Peattie, Edward Drea, Hans Van de Ven, ed., *The Battle for China* (Stanford, Cal., Stanford University Press, 2011).

43　國防部，《抗日戰史：津浦鐵路北段沿線之作戰》，頁9。

略思考過程中，一個重要影響力來自德國顧問。大約從1930年初開始，德國顧問的主要戰略關注點便一直擺在長江下游地區。法爾肯豪森將軍尤其注意該地區，並且預測國軍可能在此與日軍展開全面性戰鬥。[44] 當時的顧慮是，如果國軍防守不足而讓日軍輕易占領長江下游進而溯江而上，則全國可能被分割為南北兩部。華北將迅速淪陷，而華南地區因其丘陵地形和落後工業基礎，也將無法支持有效的抵抗。[45]

但是從另外一個角度設想，南京政府最牢固掌握的地盤也正是江蘇浙江和鄰近省份，它的政治權力和經濟資源都植根於此地區。同樣地，在這兩個省內備戰也最為現實。既然華北和華西南內地省份歷來被地方部隊盤踞而絕不服從中央指揮，則南京中央想要在該地區策劃軍事行動的可行性幾乎為零。相對而言，南京政府經營沿海省份已近十年，到了1937年，甯滬杭三角地區已成為全國防禦最牢固地區。[46] 該地區在民間經濟、交通、工業等領域同樣擁有最好的基礎設施。這些因素決定了國民政府不僅會在該地區與日本作軍事上、政治上、經濟上的全面鬥爭，而且也是為了進行持久作戰而必須守住的地區，以保障全國最好的經濟資源不致落入敵手。

這些因素導致蔣介石在1933年初就已經趨向於設想未來中日戰爭不可以使之成為一個速戰速決局面，而必須是一個持久戰鬥過程，而中國西南省份將會是這個持久戰鬥的大後方。[47]

對日軍作戰計畫的這類預估，極大地影響了南京國民政府本身的大戰略。政府當局不久決定在上海地區作戰，不是消極應戰而是積極開拓新戰場去求戰。南京政府顯然認為，只有將日軍侵略從中國地方實力派守軍（宋哲元）薄弱的華北，吸引到中國有能力主動集結大軍嚴密防守的長江下游，才

---

44 國防部，《德國駐華軍事顧問團工作紀要》，頁45、49。

45 同上，頁50-56。

46 何應欽，《何上將抗戰時期軍事報告》，上冊，頁7-14。

47 秦孝儀編篡，《總統蔣公大事長編初稿》，卷2（台北：中國國民黨中央委員會黨史委員會，1978），頁259；秦孝儀主編，《先總統蔣公思想言論總集》，卷14（台北：中國國民黨中央委員會黨史委員會，1984），頁653。

能打亂日軍侵華的如意算盤。因此在大約在7月23-24日左右，當蔣介石在南京召集軍事會議徵詢將領們對於抗日意見時，多數與會者認為，既然決心抗日，就應該開闢第二戰場，迫使日軍分割使用。[48]

因此本節將著重討論三個問題：甲. 為什麼選擇在上海作戰？誰決定把上海作為戰場？決定的理由是什麼？決定是何時做出？中方最初的期望是什麼？乙. 戰爭進行的實際情況如何？ 丙. 戰爭如何失敗？

一、選擇在上海作戰的戰略思考

在上述7月23-24日軍事會議中，與會者提出一個重要論點，那就是，華北黃河流域是平原，易攻難守。反之，上海地區是水鄉，河川湖泊滿布，易守難攻。它既有密布型公路網，又有滬寧鐵路和滬杭鐵路作為後盾，更增加中國軍隊的後勤優勢。[49] 除此之外，上海周邊的設施也成為重要考慮因素。因為南京政府在上海周邊從1930年代初期就已經在蘇嘉，吳福等地建立了頗為現代化的要塞群和國防工事線，除了地面上建造堅固堡壘之外，地下還有寬廣車道可供卡車行駛。即便是作戰部隊從上海撤退，它們也可以利用這些國防設施再守3個月，張治中為此還建議先派6個師駐守這些工事。因此在23-24日會議之後，蔣介石當即命令張治中和張發奎趕緊制定作戰計畫，部署軍隊開進上海郊區，同時秘密任命張治中為左翼軍總司令，張發奎為右翼軍總司令。張治中所轄者是中央軍精銳部隊，而張發奎所轄者則是當時政府能夠調動的各種地方部隊。[50] 淞滬戰役的部署於焉展開。

在7月底至8月初關鍵性兩周之中，蔣介石決定把主戰場設在長江線並

48　張發奎，《蔣介石與我》，頁234。

49　張發奎，《蔣介石與我》，頁235-236。

50　張發奎，《蔣介石與我》，頁235-236、238。有關淞滬戰爭的大量資料，請參閱：國史館藏，《蔣中正總統檔案：革命文獻，抗戰時期，淞滬會戰與南京撤守》（台北）。

且集結主力軍準備決戰，同時決定不再分散兵力去增援華北。[51] 雖然湯恩伯率領的中央軍此時在華北戰場英勇有謀，深得蔣介石讚賞，但是情形顯然是中央軍孤軍奮鬥，得不到地方軍隊有效支援。[52] 長此以往，則中央軍將會被吸入一個無底洞，被日軍消耗殆盡。

8月4日桂系領袖白崇禧抵達南京，立即主動表示願意擔任參謀長職務。其他到京諮商的地方將領如閻錫山等人，也都出席此時召開的全國國防會議。8月6日軍事部署大致完成，7日國防黨政聯席會議決作戰，而動員參戰部隊有80%已經準備就緒，並且決定從一開始就採取攻勢。[53] 在眾多主戰將領中，張治中，白崇禧，陳誠，和張發奎的積極性特別突出。

即便在地面衝突已經開始之後，南京政府仍在摸索戰爭規模應該多大，投入部隊應該多少。鑒於此時（1937年8月13日）中央軍最精銳的87，88，36師都已經進入陣地，而原本擔任京滬警備司令的張治中又是極力主張在上海開闢戰場的倡議人，但是蔣介石仍然叮囑張治中務必等待最後命令。[54] 顯然，蔣介石需要思考作出最後定奪。為此，蔣介石在8月16日還特別派遣熊式輝和陳誠二人到上海視察戰局。熊式輝認為上海不能打，而陳誠則反復說明，日軍在華北一定會打勝仗，之後很容易沿平漢鐵路南下武漢把中國縱斷為二，對於中國極為不利。因此陳誠極力主張把日軍引誘到上海作戰，並且特別提醒蔣介石稱，這原本就是南京政府在1936年早就預定的戰略，此刻正是付諸實行的好時機，切不可三心兩意。蔣介石終於下定決心在上海進行大規模戰爭。[55]

---

51 呂芳上主編，《中國抗日戰爭史新編：軍事作戰》，頁29。

52 華北戰場萬福麟及馮欽哉等部隊不肯力戰。王世杰日記，1937年10月18日，11月4日。鄭洞國，《我的戎馬生涯：鄭洞國回憶錄》（此後簡稱鄭洞國回憶錄）（北京：團結出版社，1992），頁183。

53 蔣介石日記，1937年8月4-7日。

54 張治中，《張治中回憶錄》（北京：文史資料出版社，1985），上冊，頁117；何智霖編，《陳誠先生回憶錄：抗日戰爭》（台北：國史館，2004），上冊，頁53。

55 何智霖編，《陳誠先生回憶錄：抗日戰爭》，上冊，頁53。

張治中所扮演的積極角色並不難理解，因為早在「一二八」上海保衛戰（1932年1月28日）中，南京政府的「警衛軍」（第五軍）就和上海有過一段被刻意隱瞞的淵源。在衝突之初，日軍指揮官曾經滿懷自信地宣稱，他要在四小時之內拿下上海。然而日軍攻勢連番受挫，被迫四易指揮官。而中國軍隊卻堅持了近四十天，並最終以雙方撤軍方式結束危機。[56] 在漫長衝突過程中，民間的了解是蔣光鼐和蔡廷鍇領導的第十九路軍進行了英勇抵抗，而國民政府也蓄意鼓勵民間傳播這個觀點，並且讓第十九路軍占盡風頭，接受全國各界物資犒賞和輿論表揚。此時南京政府一個更深層的計謀，就是誤導日本人去相信，以第十九路軍這種不出色的地方部隊都可以在上海阻擋日軍猛銳攻勢，則一旦真正精銳的中央軍投入戰鬥時，就必定會給日軍更大打擊，希冀借此設局可以打壓日軍未來的狂妄氣焰。實際上，一二八滬戰主力軍並不是雜牌的第十九路軍，而是南京政府王牌嫡系的警衛軍。其中第88師作戰特別英勇，雖是新練之兵，而且承受旅長以下官兵死傷達三分之一（兩千餘人）的犧牲代價，但是卻擊破日軍第九師主力擊斃日軍三千餘人，俘虜三，四百人，迫使日軍數度增兵。[57]

「一二八」淞滬抗戰結束後，張治中奉命撰寫有關該次作戰的總結。這份秘密報告——《淞滬抗戰的經驗和教訓》——就中日雙方的優勢與弱點進行了比較分析。它最重要的結論是：中國軍隊在平原地區和日軍作戰必然處於劣勢，因為日軍的大炮，裝甲車，和飛機，加上密集火力和高速度，可以

---

56 張覺吾，《淞滬抗日作戰所得之經驗與教訓》（南京，1932），頁247-253。郭岱君主編，《重探抗戰史》，第一冊，頁116-153；俞濟時，《「一二八」淞滬抗日戰役經緯回憶》（台北：國防部史政編譯局，1981）。Donald A. Jordan, *China's Trial By Fire: The Shanghai War of 1932* (Ann Arbor, University of Michigan Press, 2001).

57 蔣介石日記，1932年2月22日-3月9日。蔣介石指出，第十九路軍將領們自誇其勇，但是他決定不予計較，力求張治中統領的警衛軍能夠和第十九路軍合作團結。其他有關該次戰役，請參閱：中國第二歷史檔案館編，〈一二八淞滬抗戰史料選〉，《歷史檔案》（南京），1984年，第4期。有關實際戰況，請參閱當時參戰的第87師261旅旅長宋希濂敘述。宋希濂，《鷹犬將軍》（台北：李敖出版社，1995），頁87-106。

橫掃武器簡陋和國防工事單薄的國軍陣地。但是在上海地區則可以大幅地扭轉這個劣勢。因為一方面上海地區地形地勢將嚴重限制日軍高速度的後勤運輸和裝甲車與火炮的機動性。另外一方面，由於上海都市建築密集，大炮無法發揮最大功能，飛機也難以進行精確轟炸和掃射。更何況市區有大片西方國家租界，更增加日軍選擇攻擊目標的困難度。因此，第五軍的結論是，都市「街道戰」和「巷戰」將會使中方軍隊發揮更大戰鬥力。第五軍的實戰經驗，在南京最高軍事領導心中播下了一顆種子，那就是未來的中日作戰應該儘量選擇打都市街道戰，而避免平原或原野戰。[58] 這一推斷在1933-1935年的長城戰役中再度得到印證，因為中央軍精銳師在那個平原戰場中屢屢遭受沉重打擊。

1932年「一二八」滬戰後，隨著日本威脅日益顯露，南京政府有關對日作戰應該如何進行的觀點也逐漸成型。1934年，蔣介石曾對高級將領做了三場題為「抵禦外侮與復興民族」的演講，他強調在未來假想的中日戰爭中，中方的基本戰略是依賴正規軍進行攻勢防禦，挫敗日軍速戰速決的企圖。國軍需步步為營、處處設防、固守不退，同時要注重遊擊戰術和組織、訓練民眾。他指出日軍在空軍和裝甲部隊方面占盡優勢，「如果我們退去，總快不過坦克車和飛機，因此，我們不能後退一步，一退就沒命」。[59] 他將這種固守據點至最後一兵一卒的戰術說成是「革命戰術」，並且堅信由於中國缺乏完善的國防體系，因此這種戰術是唯一能「使敵人承受最大的犧牲」之戰術。[60] 儘管使用該戰術可能會使國軍輸掉最初的幾場戰役，但是最終的勝利仍將屬於中國。

徐永昌將軍在1935年底的記述也提供了一個旁證。據他了解，蔣介石在此前5-6年中儘量避免中日衝突，他所擔心的就是中日戰爭會變成是南北對抗局面。但是一旦剿共戰爭讓中央軍進入川黔兩省之後，南京政府看到了新

---

58 張覺吾，《淞滬抗日作戰所得之經驗與教訓》，〈前言〉，頁1-2、198-201。

59 蔣介石，《蔣總統集》，第1冊，頁799-805。

60 同上，頁798。

機會把四川營造成為國防基地，容許中國把對日本抗爭變成為東西對抗局面，就可以進行長期抗日。[61] 盧溝橋事變終於讓蔣介石把這個戰略思想付諸實行。

有趣的是，日本東京參謀本部在盧溝橋事變後最初（1937年7月9日）的想法，正是訓令華北日軍儘量控制盧溝橋事件局部化和就地解決，避免擴大到其他地區。[62] 只是隨後事態發展完全脫離日本軍方掌握，因為中國政府不但漠視日方警告而向華北增兵，同時還在淞滬地區開闢新戰場，逼使日軍只好採取更積極性攻擊，終致陷入八年泥淖無法脫身。因此，淞滬戰役爆發的戰略緣由，基本上是蔣介石認為中國必須表現出「戰而不屈」的決心才能讓日軍打消「不戰而屈」的妄想。當華北部隊幾乎完全不受南京政府指揮，而南京政府又決心要讓日本的野心無法實現時，它就必須另闢戰場，而這個新戰場的軍隊、政府、社會、經濟和國防設施最好都能夠在南京政府有效控制之下。如此則把戰略選擇放在上海，就顯得最為合理。

以上資料說明，淞滬戰爭爆發不是因為日軍「逼戰」和中國「迎戰」，而是中國「求戰」使得日本無法「避戰」。它是南京政府一旦下定決心後就伺機發動的一場戰略性大戰，因此只有如此才能充分有效地表達中國「戰而不屈」的決心。這個因果關係可以從開戰的由來看出跡象。

首先，在1937年8月初，蔣介石再度邀請張伯苓，蔣夢麟，胡適，梅貽琦，陶希聖等人到他的官邸會議。會議中他宣稱要以戰略打擊敵人的戰略。既然敵人想要不戰而取，他就要讓敵人戰而不取；既然敵人想要速戰速決，他就要讓敵人戰而不決，並且宣稱 「我們是一定勝利的。」[63] 這些話表示，在蔣介石心中，淞滬戰爭是一個戰略行為，而且中方預期操有勝算。

以上這些資訊就可以幫助我們了解，為什麼國民政府如此積極主動地在

61　徐永昌日記，1935年10月15日。

62　國防部史政編譯局，《日軍對華作戰紀要：初期陸軍作戰（三）歐戰爆發前後之對華和戰》（台北：國防部史政編譯局，1987），頁212-213。

63　《陶希聖年表》，頁138-139。

上海求戰，而且求戰跡象十分明顯。首先是政府突然在8月4日布置沉船阻塞吳淞口，在8月7日向上海集結的部隊十分之八已經到達戰鬥位置。8月12日，蔣介石查詢張治中準備的程度，並且告誡後者不可掉以輕心。次日又告誡將領們「照街路前進」。依照蔣介石樂觀估計，「倭寇戰爭持久時期約可一年」。因此只要中國軍隊能夠支撐過這一段時間，日本就會精疲力盡放棄侵略。「八一三」晚上中日淞滬戰爭開打，蔣介石的指望是「惟望神聖保佑中華，**使滬戰能急勝也**。」換言之，不是裝模作樣地虛晃一招，不指望戰場膠著，更不是國軍退守，而是「急勝」。開戰後一周內，更多中央軍主力部隊大量湧入上海。[64] 中央軍精銳部隊87師88師原本已經進入陣地。另外一支精銳部隊第36師，此時尚在西安駐防。13日晚間接到命令，15日就以最快速度抵達上海。中央軍最好的部隊可謂傾巢而出。[65]

換言之，在蔣介石當時心目中，上海戰爭未必能夠一舉全盤擊潰日本，但是可以使日本在華部隊在南北兩個戰場疲于奔命，顧此失彼。如果中方能夠堅持一年光景的戰鬥，則日本就會被迫放棄對中國侵略的野心。這就是他對「勝利」一詞的內涵。8月初國軍果然發動攻勢，日本匆忙向上海多次增兵，應付國軍攻勢。

二、戰爭過程——攻擊、對峙、死守和撤退

本小節目的並不是從軍事學科專業立場去描述戰場上軍隊交鋒細節，而是對戰鬥過程中幾個關鍵時刻加以重點提示。

淞滬開戰前夕，日本在上海駐軍數量並不多。據中方情報，只有陸戰隊

64　蔣介石日記，1937年8月4、7、12-14、20日，9月11日。這些部隊包括1A、15D、16D、19D、63D。不久之後，又投入4A、18D、17D。另外根據陳誠記載，還包括88D、87D、36D、20D、98D、67D，都如期抵達陣地。見：陳誠先生日記，1937年8月23日。

65　宋希濂，《鷹犬將軍》，頁162-163。

1萬人和軍艦20餘艘。[66] 如果日本早就預謀在上海地區發動進攻，必定會事先大幅增加兵力，但是卻沒有這麼做。這也說明為什麼在上海的日本海軍和外交人員行事都較為謹慎。8月9日，日本海軍中尉大山勇夫在試圖闖入虹橋機場時被中國保安隊擊斃；日本總領事為此道歉，但是日軍最初要求中方撤退虹橋及上海近郊保安隊，卻遭到中方拒絕。[67] 接下來中方無視日方尋求調解的意願，反而命令部隊湧進上海的非軍事區，直接撕毀1932年淞滬停戰協定。當西方外交官為緩和現場衝突而進行調停時，也遭到中方回絕。因此，淞滬戰爭顯然是由中方主動挑起的一場戰爭，當然也就會有中方自己的目的。[68]

8月12日，上海市市長俞鴻鈞主動通知外國使節們稱，他本人的外交事務交涉權已被中央政府收回，轉歸中國軍隊指揮官行使。[69] 換言之，歷來負責緩衝中日關係的上海市政府，突然關閉了日本政府或軍方企圖就地交涉的管道。事實上，在此之前，上海市政府已經秘密地遷移到他處辦公，顯然準備戰爭即將來臨。[70] 就在同一天，國民黨中常會秘密決定，自即日起全國進入戰時狀態，推舉蔣介石為大元帥，但是不對外公布。[71] 儘管中方官方姿態是極力指責該地日軍為戰事挑起者，但是事實上，8月13日釁端一啟，卻是中方首先採取了迅速果斷而有協作的行動。[72] 中方從最開始的戰略便是包圍

66 國防部，《抗日戰史：淞滬會戰》，頁5-6頁。王世杰日記，1937年8月12日。

67 王世杰日記，1937年8月12日。

68 張發奎明白指出，8月13日的戰爭是由中方主動挑起。因為如果日軍想要在上海作戰，一定會等到援軍抵達後才動手。見：張發奎，《蔣介石與我》，頁235-236。

69 *Foreign Relations of the United States, Diplomatic Papers,1937* (Washington, D.C., 1954), vol. 3, pp. 363-366, 385-386；上村伸一，《日華事件》，頁111-114、119、125、146、153。另參閱防衛廳，《中國事變陸軍作戰》第1卷，頁257-262；角田順，《日中戰爭》，第4卷，頁364-370、385-387；重光葵，《昭和的動亂》，第1卷（東京，1952），頁171-175。

70 陳布雷從政日記，1937年8月12日。

71 王世杰日記，1937年8月12日。

72 國防部，《抗日戰史：淞滬會戰》，頁6-7；唐縱，《抗戰筆記》（出版地、出版時間均不詳）。

日本租界，封鎖海岸阻斷日軍增援，將「日寇驅逐出海」。[73]

大略地說，戰局在8月，9月和10月分別歷經了三個大轉折。第一個階段是以求取局部「勝利」打破日軍妄求輕易獲取侵略成果的如意算盤；第二個階段是在「勝利」無望之後，改以「對峙」企圖消耗敵人鬥志；第三個階段是在戰場呈現劣勢後以「死守」去避免全盤失敗。

第一個階段，在八一三戰事爆發後2-3週之間，中方軍民對於戰局保持高度樂觀。被派遣到上海前線部隊的將領們普遍認為可以把日本人趕下海，所以攻擊性旺盛，而士兵們也士氣高漲。[74] 在此時期，中國空軍也奮勇作戰，中國日本空軍的損失比例大概是1:6.「我軍在過去一月中，士氣之盛，將士之英勇靈活，可謂空前。」[75] 戰爭爆發時，上海民間普遍認為我軍擁有天時地利，應該可操勝券。[76] 蔣介石本人也不斷由南京赴上海前線督戰。[77] 但是根據蔣介石本人記載，8月23日日軍在多處強襲登陸後，「我軍轉入被動地位」。到了月底，「戰局漸轉劣勢」。[78] 這些都是最高統帥心底的估計，當然對外絕不會透露半點風聲。

第二個階段大概從9月初開始。儘管國軍使日軍承受巨大壓力，但日軍數度增援，逐漸消磨國軍進攻銳氣。9月1日吳淞口陷落，迫使中國最高指揮部命令各部隊轉入陣地戰，並要求他們堅守各自陣地。[79] 到了9月4日，中方依然判斷滬戰應當可以持久，因為第二線防禦工事已經構成。[80] 蔣介石

73 唐縱，《抗戰筆記》；李宗仁，《李宗仁回憶錄》，《明報》，第12卷第7期，1977年7月，頁29；國防部，《抗日戰史：淞滬會戰》，頁9-14；郭岱君主編，《重探抗戰史》，第一冊，頁298-347。

74 張發奎，《蔣介石與我》，頁237。

75 王世杰日記，1937年9月10，21日。關於中日空戰逐日戰況，見：錢大鈞將軍日記，1937年8-11月。

76 陳克文日記，1937年8月13日。

77 徐永昌日記，1937年8月24日。

78 蔣介石日記，1937年8月28-31日，「本月自反錄」。

79 國防部，《抗日戰史：淞滬會戰》，頁65-66、186-187，列表#5。

80 蔣介石日記，1937年9月4日；蔣介石日記寫道，「持久之目的，似可以實現乎？」蔣介石

和陳誠共同認為淞滬戰爭在政略上不可放棄，要想達到持久戰目的，就必須採取以攻為守的積極手段，抱犧牲精神，斷然出擊。而且他們判斷日軍除了海空優勢之外，其陸軍所面臨的困難可能超過國軍，因此國軍應該主動出擊。[81] 而蔣介石也看到前線將士士氣依然高昂，不願意撤退到第二線。因此他認為即使日本再增兵三個師團，國軍仍可堅持。而正在此時，籌劃中的粵軍和桂軍增援上海工作也進展順利，更增加蔣介石持久戰信心。[82] 早在7月底，蔣介石曾經向胡適和張伯苓等學者表示，國軍抗戰可以支持6個月。[83] 但是一個月之後，孔祥熙送來好消息稱，他已經在歐洲訂購到5千萬元軍火，[84] 越發增加中國長期抗戰的信心。

到了9月10日，在日軍連日全線總攻擊之下，雖然中國軍隊「各部隊死傷大半，已覺精疲力盡」，但是蔣介石仍然相信堅持得久是制勝之道，因為「若不堅持到底，何以懾服倭寇，完成使命也？」因此南京政府一方面催促補充兵員，一方面抽調傷亡或疲乏不堪的各師到後方整理補充，一方面把新部隊一師一師地開往前線填補。但是這個做法似乎並不適用於中央軍。因為在9月13日，當中央軍嫡系部隊第一軍和第十八軍指揮官由於死傷過多而要求後撤時，蔣介石不但斷然拒絕，反而嚴詞責怪，「向前廉恥與主義何在？乃皆安心死守，將敵擊退，此實轉危為安之機也。」[85] 同樣地，作為戰地指揮官，當陳誠得知一個師傷亡過大，只剩下500名戰鬥員，而該師師長緊急求援時，他對師長的指示是必須堅持到最後一分鐘。他指令，如果該師只剩一營人數，則師長就以營長身分作戰；如果該師只剩一個連或排的人數，則師長就以連長或排長身分自任。而該師師長也承諾死守到底。9月11日當又

日記，1937年9月6日。

81　陳誠先生日記，1937年9月2日。

82　蔣介石日記，1937年9月4日，「本週自反錄」，9月6日。

83　中國社會科學院近代史研究所中華民國研究室編，《胡適的日記》（北京，中華書局，1985），頁577。

84　王世杰日記，1937年9月8日。

85　蔣介石日記，1937年9月10、11、13日。

有將領建議全線撤退時，仍然遭到陳誠堅決反對。結果是地方軍第九集團軍退至預備陣地，而陳誠所領導的第十五集團軍則堅守原陣地。到13日，蔣介石又親自下令全線出擊，而且命令所有高級將領均需親臨前線督軍，[86] 誠屬悲壯之至。其實到了9月初，蔣介石已經接到報告稱，前線每天的傷亡率是1-2團官兵，補充已經成為大問題。而日軍的大炮發射速度幾乎等同機關槍速度。此時採取的一個補充辦法就是把後方各師中抽調2,500人送去前線補充，而後方師的缺額則趕緊就地徵募。[87] 很多師殘存人數多則三，四千人，少至二，三千人。等於是一個師喪失了2/3或3/4的兵力。如果以第36師為例，開戰時約9,000名官兵，戰爭中因為傷亡過大而補充了四次，每次1,500-2,000人。以此計算，則原有的9,000人傷亡達到6,000-8,000人，等於是全軍覆沒。[88]

其實早在滬戰前夕（8月12日），蔣介石就曾對各中央軍部隊長下達命令，不得稍失寸土，如有後退則一律以漢奸罪予以槍斃。[89] 到了9月初，蔣介石再度親自通令前線官兵，必須以積極犧牲之行動，堅持到底。他說，「雖至最後的一兵一彈，亦必與敵在陣中抗戰到底。上下共存，一息尚存，此志不懈之決心，凡我中國之寸土尺地，皆灑滿吾中華民族黃帝子孫之血跡，使我世世子孫，皆踏此血跡而前進，永久不忘倭寇侵略與殘殺之痛史，必使倭寇侵略之武力摧毀滅絕，期達我民族鬥爭最後勝利之目的。」[90] 這大概是他「死守戰術」最嘔心瀝血的表達。

雖然他在心中也起了疑問，「集中兵力在上海決戰乎？抑縱深配備長期抵抗乎？」[91] 但是最後還是選擇了決戰的道路。9月16日蔣介石又通令各個部隊不得輕退一步，並且指出第一次世界大戰時法國軍隊決心不退，是最後

---

86 陳誠先生日記，1937年9月10、11、13日。該師長姓夏，名不詳。

87 錢大鈞將軍日記，1937年9月9日。

88 宋希濂，《鷹犬將軍》，頁166、168。

89 錢大鈞將軍日記，1937年8月12日。

90 蔣介石日記，1937年9月11日，「本週自反錄」。

91 蔣介石日記，1937年9月14日。

戰勝德國的關鍵。[92] 特別是在9月30日廣西軍隊恰好抵達上海，蔣介石和廣西將領李宗仁白崇禧決定立即將桂軍投入滬戰，不能放棄上海。[93] 雖然根據何應欽報告，日軍此時在上海的增援兵力已經達到11-12萬人，而且炮火強大，但是南京政府仍然有信心可以持久作戰。[94]

至於空軍方面，中國在開戰初期有80架飛機可以作戰，而且由於飛行員英勇作戰，所以戰績輝煌。但是後繼無援，陣亡的飛行員無法補充，損失的飛機也無法從國外購買。因此空軍很快耗盡，作戰一個多月後，只剩40架。[95] 日本飛機取得制空權後開始任意轟炸及低空掃射國軍陣地，成為導致傷亡重大的另外一個重要原因。[96] 日本軍人當然知道蔣介石是他們最大的障礙，因此務必設法除去。僅僅是在8月26日一天，日本飛機就向蔣介石寓所發動四度攻擊，投大型炸彈超過百餘枚。但是沒有殺死蔣介石本人。[97]

第三個階段大概是10月初開始。經過第二個階段的拉鋸戰，中日雙方投入更多部隊。截至10月份，國軍方面已調遣了71個師，5個炮兵團（幾乎是國軍全部炮兵部隊），以及其他地方性質的保安團，總兵力達50萬人。而日本方面則由松井石根陸軍大將指揮的上海派遣軍下轄6個師團，5-6個獨立旅團，外加空軍和海軍支援，總兵力達20萬人。[98] 根據中方情報，日軍在上海使用的飛機有450架，海軍和陸軍的火炮達900門。[99] 何應欽承認，日軍在上海戰場已經奪得主導權，攻擊力度大幅增加，特別是炮火威力強大，一日發炮達到萬餘發。[100] 到10月上中旬，國軍在淞滬戰爭死傷人數已經到達6萬

---

92 陳誠先生日記，1937年9月16日。

93 蔣介石日記，1937年10月8日。

94 王世杰日記，1937年9月13、14日。

95 王世杰日記，1937年10月12日。

96 張發奎，《蔣介石與我》，頁239。

97 蔣介石日記，1937年8月26日；錢大鈞將軍日記，1937年8月26日。

98 Frank Dorn, *The Sino-Japanese War, 1937-1941: From Marco Polo Bridge to Pearl Harbor* (New York, 1974), p. 74；角田順，《日中戰爭》，第4卷，頁371-382、387-393。

99 徐永昌日記，1937年11月2日。

100 張發奎，《蔣介石與我》，頁239。

3千人，然而蔣介石在發表雙十節宣言時，仍然發出豪言，敵軍沒有撤退以前，永遠不可停止抗戰。[101]

到了此時，蔣介石的中央軍已經在上海戰鬥超過50天，從未退下整補，「死守」的代價日趨明顯。當時有一個軍，有42名連長傷亡，當軍長在沒有接到命令情況下潰退後，蔣介石手諭將他就地槍決。[102] 另外一個師（第67師），只剩下兩個陣地，各處兵力都只剩下一個連。一個陣地最後只剩下4個士兵，其中一兵護送連長屍體退陣，其他3個兵固守陣地，期待後援。另外一個陣地則只剩下連長一人，仍在固守陣地。這種士氣如虹的報告令蔣介石大受感動，寫道，「聞此消息，如獲至寶」。[103]

所以當桂軍抵達上海時，蔣介石立即將之視為至寶。尤其是桂軍此時軍容整齊，紀律良好，在都市街道行軍時更增加了人們對它的期望。[104] 意想不到的是，桂軍一旦進入戰鬥就暴露其戰鬥能力低弱的嚴重弱點。以致在10月22日蔣介石就急不得待地致力於補救桂軍弱點，但是依然無法挽救。所以蔣介石寫道，「滬局以桂軍挫敗頓形動搖。滿擬以桂軍加入戰線為持久之計，不料竟以此為敗因也。」次日的情況急轉直下，他又寫道，「本日滬戰桂軍潰敗不可收拾，因之全線動搖。」[105] 桂軍從英姿煥發到棄甲遺盔，在上海戰場的轉變前後大約不到兩周時間。這個發展明白顯示，儘管桂系官長們當初踴躍主戰時豪氣干雲，但是士兵在實戰中表現卻是言不符實，誠為憾事。

---

101 王世杰日記，1937年10月10、12日。

102 此案後經陳誠調查，實在因為傷亡過大，而不得已退卻，才改為軍法審判。陳誠先生日記，1937年10月4日。

103 蔣介石日記，1937年10月3日。第36、87、88師從8月13日到11月9日，始終堅持戰鬥，從未撤離戰場進行整補。見：宋希濂，《鷹犬將軍》，頁171-172。

104 廣西軍隊在南京下火車，雖然嚴冬皆穿黃色單衣，在大雨中開赴前線作戰，紀律極好。陳克文是廣西人，引以為傲。見：陳克文日記，1937年10月29日。

105 蔣介石日記，1937年10月22、23日；錢大鈞將軍日記，1937年10月22日。桂軍在10月16日進入戰鬥，至22日為止，該部15個團只剩8個團，死團長1人，傷旅長2人，團長7人。桂軍的番號是7A和48A，戰況見：白先勇，廖彥博合著，《悲歡離合四十年，白崇禧與蔣介石（上）：北伐・抗戰》，頁223-226。

三、戰爭的失敗

以上敘述有幾點值得注意。第一，滬戰真正進入全線劣勢狀態大概是10月下旬。第二，在戰爭期間，張發奎負責指揮的戰區大致平靜，而張治中的戰區則首當日軍猛烈衝擊，戰況激烈，導使蔣介石不斷到張治中戰區視察。[106] 換言之，中央軍隊遭受日軍最猛烈攻擊，傷亡最大，而張發奎的地方軍則相對缺乏激戰。第三，歷來各方對於淞滬戰爭失敗的敘述都把中國軍隊看成是一個整體，而蔣介石私下敘述卻把戰況的時間點和導因都說得更清楚。有趣的是，蔣介石除了在日記裡宣洩之外，此後無論在公私場合都不曾譴責過桂軍的失誤。重要的原因可能是要維持全國團結的形象。正如他當天日記所寫，「對內當百忍，勿亂大謀」。[107] 這句話不僅是一般性感觸而已，很可能是充滿心酸針對桂軍而發的。

相對而言，蔣介石對於自己嫡系部隊要求極端嚴格，不但沒有顯露絲毫保存實力私心，反而是嚴令他們死守，不顧犧牲。蔣介石的死守命令表示，他不計一切犧牲要跟日本人一拼，即使嫡系軍隊大量死傷也在所不惜。國軍的死守策略把全部軍隊逐個投入作戰，沒有留存任何預備部隊的打算，以致全部打光。[108] 他此時完全沒有想到嫡系軍隊犧牲後的長遠政治後果，在整個八年抗戰中他將不斷地吞食這個惡果。

總之到了10月下旬，當國軍在上海戰場劣勢已經無法扭轉時，理應儘快決定在何時及如何脫離戰場。10月26日夜間國軍被迫撤出閘北，傷亡增加，但是很少逃兵。而此時從全國調來的軍隊，已經達到80多個步兵師，約70多萬人。儘管許多中央軍第一流部隊始終沒有離開戰場去休息和整補，但是戰爭顯然無法繼續，因此張發奎建議陳誠從上海撤軍，同時調派10個師去保衛國防線。但是顧忌到當時社會民眾不明戰場實況而士氣依然高昂，如果聽

---

106 張發奎，《蔣介石與我》，頁243。

107 蔣介石日記，1937年10月23日。

108 張發奎，《蔣介石與我》，頁253。

說政府居然集結6-10個師在後方守衛而不投入前方戰場殺敵，則恐怕無法得到人民群眾諒解，所以南京政府採取了車輪戰做法，每當前線一個師損傷達到三分之二時才准許後撤，並且立即派遣另外一個師去填補。終致耗盡全部後備部隊。[109]

自從開戰以來，日軍曾經多次企圖在浦東等地登陸都以失敗告終。11月5日，柳川平助的第10軍3萬人終於在上海以南100里的金山衛登陸。日本這個生力軍投入戰鬥後，早已疲敝不堪的國軍的整個戰略計畫隨即面臨嚴峻威脅。白崇禧極力主張上海軍隊撤退到吳福國防線，蔣介石應允考慮，而其他將領則有各種不同意見，贊成者，反對者，觀望者各有其人。戰場情勢逆轉也加速了參謀作業的癱瘓。根據徐永昌記載，他前此曾經向何應欽建議應該仔細估算上海前線究竟還能夠守多久？做出逐日計劃才能有備無患。但是何應欽「毫不理會」。徐永昌不能了解的是，何以膽小惶恐如何應欽者，卻可以面對大難臨頭如此地紋風不動？[110] 南京政府缺乏慎密應變計劃，導致國軍陣地突然陷入日軍大包圍時，立即秩序大亂。[111] 此時還出現一個現象，那就是部隊指揮官開始不信服戰場的上級命令，而堅持必須得到蔣介石親自發出的命令才會行動。逼得蔣介石只好拋開指揮系統而直接向下屬發布命令。[112] 這個壞習慣在此後八年中屢屢被蔣介石和部隊官長共同濫用。

無論如何，中國最高指揮部終於在11月9日下令各部隊沿京滬線後撤時，撤退已經失去控制，國防工事的門鎖因為在承平時期委託地方保甲長和鄉村長者們保管鑰匙，到了戰時他們在慌亂中首先逃跑，以致國防工事無法開門。[113] 徐永昌也證實在部隊退卻極亂狀況下，有尋不見工事者，有尋見而無鑰匙者。[114] 蔣介石私下的敘述更為詳細。他指責張發奎在從蘇州河撤

---

109 張發奎，《蔣介石與我》，頁247-248、250。

110 徐永昌日記，1937年11月6、13日。

111 呂芳上主編，《中國抗日戰爭史新編：軍事作戰》，頁182-185。

112 張發奎，《蔣介石與我》，頁263。

113 張發奎，《蔣介石與我》，頁253。

114 徐永昌日記，1937年11月19日。

退時就慌了手腳，以致下達的命令不確切，傳達的時間嚴重耽擱，許多部隊在尚未抵達指定集結地點時，前方公路橋樑就已經被工兵炸毀，造成大亂。[115] 但是由於張發奎也是抗日立場堅定的地方實力派（廣東軍人），在此時是珍稀夥伴，所以蔣介石對他的態度和對待桂系同樣，在公開場合從來沒有追究過他們在滬戰時的失職，只是責怪自己的「知人不明」。更何況，國防工事的管理維護權原本就應該有所專屬，不是戰地指揮官所能控制的範圍。

南京政府十年辛苦建設的國防工事完全沒有發揮功能。雪上加霜的是，日本空軍在上海至南京的路途上肆意炸射，嚴重地延緩了國軍撤退速度，使地面上撤退的士兵和裝備成為日本飛機炸射的靶子。而日本機械化部隊又快速推進追擊國軍，使得整個撤退演變成為一場屠殺。[116] 到了11月初，有些部隊一個師只剩下一百餘名官兵。[117]

在討論失敗時，還有一個需要處理的課題是：淞滬戰爭的慘敗是否可以避免？應該在什麼時候採取什麼行動加以避免？

關於這個問題，大致上國民政府軍事領袖們在當時和事後檢討都已經形成共識，那就是應該及早自動撤退，而不應該堅持「死守」到無可挽救地步。事實上，根據王世杰記載，日本曾經在10月30日向中國表示，只要中國政府願意，則日本也願意和中國談判和平。依據中國領袖們解讀，日本似乎想趁軍事占上風之際結束戰爭。[118] 但是中國政府不予回應。此時軍令部長徐永昌或許是受了日本和談姿態的影響，在11月6日做出了一個樂觀看法，認為如果國軍主動撤退到吳福線，則日軍可能不會前進。然而他也指出蔣介石

115 蔣介石日記，1937年11月20日，「本週反省錄」。他寫道，在戰場上，張發奎是蘇州河地區的指揮官，在撤退時，「張發奎慌張浮躁，下達命令不確」，總部毫無準備，部隊尚未撤退而道路橋樑已經被破壞，使各部隊無法通過，彼此紛雜凌亂，被敵機無限制轟炸，看破我軍弱點，造成重大犧牲。一敗塗地。「此（吾）用人不明之又一罪過也。」

116 國防部，《抗日戰史：淞滬會戰》，頁295-300。

117 陳誠先生日記，1937年11月5日。他指的是26D、61D。

118 王世杰日記，1937年10月30日。

趨向純軍事觀點，擬固守南市，而不考慮外交意義。[119] 依張發奎事後回憶，如果政府早先接受他的建議派遣6個師去駐守蘇嘉和吳福兩個國防線，就可以讓國軍有秩序地撤退，並且使日軍付出更高代價。[120] 此外，如前文所述，白崇禧也是在11月6日前後主張撤兵到吳福線。

從以上幾位最高軍政領袖的判斷，11月初的幾天是一個稍縱即逝的安全窗口，可供國軍有序地撤離上海，同時保持大部分實力。但是不幸的是，拖到蘇州河撤退之後，國軍士氣急劇滑落，紀律無法維持。國軍組織能力薄弱也充分顯露出來。後勤部門無法支援前線作戰需要。前線將士幾個月發不到薪餉，而且得不到飲食，傷病無法治療。撤退過程中沿途拋棄武器，彈藥，糧秣，長官無法控制部隊。陳誠和蔣介石都感嘆，將領無能，不學無術，不能指揮大部隊，陷於被動，是普遍現象。[121] 在這個過程中，指揮系統的崩潰最為可怕。到了11月下旬，戰場司令官已經無法控制部隊。軍令部長感嘆，在淞滬戰敗的亂局中，「在今日命令電報所生之效果已微，今日惟有委員長親與前方將領之電話或者有效耳。蔣先生允自與前方電話。」[122]

但是更根本原因是淞滬戰爭戰鬥方式嚴重偏離了南京政府原本構想。本節前文曾經提到過南京軍事領袖們自認為從「一二八」戰役所吸取的重要經驗，增加了他們在1937年敢於選擇上海和日軍一決勝負的信心。這個因果關係在許多戰史討論中並沒有受到重視，但是卻被蔣介石本人給予證實。值得注意的是，蔣介石在1937年11月底，對於「此次戰局失敗之總因」進行思考而且歸納出四個重點。[123] 一個是戰敗總退卻時的倉皇失措，大幅增加不必要的犧牲。雖然上文已予說明，蔣介石把責任歸諸張發奎的張皇失措，但

119 徐永昌日記，1937年11月6日。

120 張發奎，《蔣介石與我》，頁253。

121 何智霖編，《陳誠先生回憶錄：抗日戰爭》，上冊，頁64-65；蔣介石日記，1937年12月16日。

122 徐永昌日記，1937年11月20日。這或許是蔣介石親自指揮部隊的開始，此後蔚然成風。

123 蔣介石日記，1937年11月20日，「本週反省錄」。

是不忍也不敢深責。[124] 另外一個是兵力調度失誤，只看到要補充浦東方面的兵力不足而忽略了金山的防衛，導致日軍得以趁機登陸。蔣介石承認這是他本人「戰略最大的失敗」，責無旁貸。剩下的兩個重點則是戰術問題，換言之，戰爭應該如何打法？

蔣介石的檢討指出了兩個重大缺失。一個是「所有巷戰及攻擊性武器」都沒有及時發給部隊使用，等蔣介石發現後趕快發下去，但時機已過。「敬之（何應欽）誤事誤國，實非淺少。」另外一個是「誤信張治中，以為巷戰與奪取虹口之準備皆已完成」，而事實上卻沒有完成。在蔣介石原本作戰計劃中，「巷戰」占據極為重要地位。因為在他的主觀意識中，原本希望國軍能夠在「開戰的第一周」就使用全力達到消滅敵軍的目的。但是由於武器裝備和準備工作沒有到位，因此國軍被迫放棄自己的戰術，而只能以死拼活鬥方式，用血肉之軀去抵擋日軍炮火，其結果當然不卜可知。蔣介石事後深深悔恨自己重用了何應欽，又接受何應欽強力推薦而任用了張治中，「此實余用人不當之過，誤國誤已，一生事業盡於此乎？」相對於他對實力派的忍讓，蔣介石對於自己部下就無需心軟。因此在9月15日毅然陣前換將，將張治中予以革職。

蔣介石是最高統帥，他的檢討所突出的重要信息就是，「巷戰」戰術在淞滬戰爭中原本被寄以厚望，但是完全無法發揮作用。所謂「巷戰」的廣義解釋就是都市戰，而不是原野戰。中國軍隊可以利用都市鋼筋水泥建築物密集，列強租界犬牙交錯，使得日軍無法運用其優勢火炮進行密集轟擊，而必須逐街爭奪。但是一旦中國軍隊被迫接受日軍戰法，則儘管國軍鬥志高昂，但是日軍炮火擁有絕對優勢，這個冷酷的軍事科技差距無法克服，終致造成國軍（特別是中央軍）極大死傷，在兵力調度上顧此失彼，讓日軍在金山登陸，繼之在全面撤退過程中秩序大亂，造成更多傷亡。這些來自高階層權威性的內情，是我們評估淞滬戰役時不可忽視的因素。未來的軍事史學家應該

---

124 比如說，陳誠明白指出，長興和湖州失守是因為桂軍不戰而退。但是他對桂軍領袖的愛國思想又覺得非常可取。王世杰日記，1937年12月17日。

可以幫助讀者們去複核它們的正確性。[125]

四、戰場外的考慮

南京政府在上海採取死守策略，當然最基本因素是蔣介石自己的戰略信念和抗日決心，和他認為只要堅持最後五分鐘就會得到勝利的性格。但是除了企圖在現場給予日軍迎頭痛擊之外，他可能還受到兩種考慮的影響。第一是在國內希望影響華北戰場，第二是在國際希望取得支援。需要分別加以考慮。

（一）國內考量

南京政府正是因為它在1930年代內政上的勵精圖治激發日本受威脅感而決定加緊它的侵略步伐，但是它無法同步強硬抵抗日本侵略又使它在國內飽受批評。到1937年，它的信譽已嚴重下降。如果盧溝橋事變爆發而南京政府再不表現堅定立場，[126] 則人們便更會有理由懷疑政府是在為養精蓄銳部署內戰而避免外戰。在此情形下，南京政府將會百口莫辯，也會更難說服地方實力派加入抗日行列。鑒於雙方之間長期存在的猜疑與隔閡，南京軍事領袖們必須採取堅定立場，才有可能贏得地方部隊信任，使之與中央並肩結成統一戰線。[127]

但是事與願違，因為南京政府對華北作戰部隊缺乏直接控制權，因此使

---

125 蔣介石對淞滬戰役失敗的陰影顯然久久揮之不去，在一年之後（1938年11月28日）的南嶽會議上再次進行檢討。他此時進一步指出國軍在上海戰爭時所犯的錯誤是低估日軍能力，過於注重正面作戰，忽視側翼和後方陣地，使日軍有機可乘，在杭州灣登陸。張發奎，《蔣介石與我》，頁253。

126 例如，白崇禧和李宗仁都極力勸說蔣只在上海做形式上之抵抗，而將主力轉移至內地進行持久抗戰。參見黃旭初，〈我與白崇禧最後的關係〉，《春秋》，總第313期，1970年7月16日，頁6-7。

127 甘介侯，《抗戰中軍事外交的轉變》（出版地、出版日期均不詳），頁30-32。

它對於中國軍隊在華北抵抗所表現出來得的極端懦弱和無能，產生了極大擔憂，而又缺乏影響力。而對於軍紀的維持，更是有心無力。南京政府既不能在華北戰場維持軍紀，又不便把這些現象公之於世，只能在內部文檔（報告、電文、日記）中看出端倪。比如說軍令部接到報告稱，孫殿英部隊在曲陽地區到處奸搶百姓和偷襲友軍奪取槍枝，挪用軍餉購買軍械，而又向老百姓強取軍食軍餉，其所得額超過其應得軍食軍餉好幾倍。軍令部又接到中央軍衛立煌報告，抱怨許多部隊的訓練和配備都低劣到無法固守陣地。這些部隊賞罰不明、官無鬥志，而且自由撤退、無法指揮。南京政府派遣地方軍隊去作戰之前必須先和它們的將領們進行磋商。地方軍人有權力拒絕中央指派作戰任務，可以拒絕中央派遣的軍隊進入他們地盤，也可以拒絕中央政府把他們的軍隊調開。換言之，華北地區對日抗戰仍然是地區分割，互不呼應。中央政府可以支配的軍隊非常有限。該戰區並不是軍隊不夠，而是用兵的政治考慮太複雜，政治考慮超過軍事考慮。比如說，劉汝明部隊不服從指揮、自由行動，「彼不接受電報，惟恐給他任務，東閃西避，惟恐遇著敵人。」軍令部情報還顯示，馮欽哉部隊既不接受命令，又不能控制部隊，「擁兵觀望」。門炳岳與馬占山兩個部隊不和而分道揚鑣，放棄原定防守計劃。鄧寶珊無法控制部隊，而其給養又被馬占山奪走，使之無法作戰。對於這一切行為，南京政府完全無法施加影響力，只能由蔣介石親自發電報加以個別勸導或勉勵。華北前線軍隊時常不戰而亂，有如中邪，而且各軍之間缺乏聯繫，無怪乎它們的部下多數在潰散中而不自知，產生大批潰兵軍紀敗壞，大量擾民。此類情形惡劣到連山西領導人賈景德也感嘆，「前方作戰之不力，醜態百出。」[128] 雖然閻錫山此時立場仍然主戰，並且請求蔣介石派中央軍入山西支援，而蔣介石也派衛立煌，郝夢齡，馮欽哉，曾萬鍾馳赴支持，但是閻錫山自己的山西部隊同樣地作戰無能。根據何應欽接到的報告，山西軍隊從來沒有堅持過3個小時以上戰鬥，大同重鎮失守是山西軍隊「聞風潰散」而不

128 徐永昌日記，1937年10月2日。

是打敗仗。[129]

日軍在華北作戰順利的部分理由固然是因為平原作戰讓它可以發揮武器優勢，但是山西、察哈爾並不是平原，而抵抗力依然薄弱，主要原因是西北軍、東北軍、山西軍普遍存在士兵缺乏訓練和軍官懶惰，才會出問題。其中特別是西北軍的骨幹部隊第29軍，號稱十萬人而且裝備充沛，但是除了少數單位的確奮力守土，大部分部隊陷於指揮混亂，缺乏作戰決心。

為了阻遏將領們貪生怕死，南京政府曾經在1937年8月份頒布了一系列的嚴刑峻法，對於軍人不服從命令，臨陣退卻，通敵，降敵，擾亂軍心，擾民欺民者一律判處死刑。[130] 又在9月份設立「軍法執行總監部」。該月山西將領李服膺未奉命而自行撤退，在全國一片譁然指責中，成為第一個被槍斃的地方實力派將領。[131] 與此同時被處罰的有29軍軍長和中央軍劉峙。這類處罰在戰前絕無可能，但是南京政府希望藉此嚴刑厲法去提高士氣。[132] 然而此類措施顯然不能湊效，因為在整個華北戰區，失職潛逃和抗命不戰的實例依然層出不窮。10月份津浦線之敗，就是因為東北軍不戰而退，但是卻向外界詭稱軍長壯烈犧牲，成為笑話。在山東前線情況則是敵軍既不進攻，中方也無力增防，類似空城計。[133] 而韓復榘擁兵自重，和日本人暗通款曲和對中央若即若離，更是讓南京政府無計可施。[134] 而此時軍令部接到傅作義報告稱舊國民軍和馬占山部隊數千人「紀律極壞，惟思擴張實力」，而東北

---

129 徐永昌日記，1937年9月26、29日，10月2、6、16、18-20日。

130 張世瑛，〈蔣中正與戰時軍法體制的執行——以抗戰中期的三起貪污案件為例〉，《國史館館刊》（台北：國史館），第55期（2018年3月），頁8-9。

131 王世杰日記，1937年9月14、21日。

132 王世杰日記，1937年10月9日，11月4日。第29軍軍長劉汝明革職留任，張自忠革職查辦，中央軍劉峙也因為在平漢鐵路調度不當而革職查辦。

133 東北軍指劉多荃。陳克文日記，1937年10月25日。

134 關於如何處置韓復榘，見：白先勇，廖彥博合著，《悲歡離合四十年，白崇禧與蔣介石（上）：北伐．抗戰》（台北：時報文化公司，2020），頁243-244；何成濬將軍戰時日記，1942年2月16日；李宗仁口述唐德剛撰寫，《李宗仁回憶錄》（南寧：廣西人民出版社，1987），頁468。

軍和山西軍又「皆各不相顧，亦不尋敵」。[135]

上述這些情況導致軍事委員會辦公廳主任徐永昌將軍做出分析，認為華北地方軍隊戰敗的根本原因是「內外不一」，指的是他們做足表面功夫，展現慷慨激昂的抗日姿態，但是內心懦怯消極，用兵時留下後路，不肯吃虧。他們最初的動機是捨不得喪失土地而派兵，隨後又盲目增兵。這種「為地派兵，非為戰派兵，結果地兵兩失。」[136] 徐永昌的分析把開戰初期就已經顯露出來的地方實力派軍隊的政治盤算非常清楚地指出，難怪中央軍在華北戰場和地方軍隊並肩作戰過程中屢屢遭受巨大傷亡率。[137] 而且在此後八年抗戰過程中，中央軍隊和地方軍隊難以化解的矛盾早在此時已經露出兆頭。

這些華北部隊作戰無能無勇的醜態很可能增加蔣介石的壓力，使他感到如果他對日本「不戰而屈」陰謀的對策是「戰而不屈」，則他必須另闢戰場把中國軍隊「戰」的實力表現出來，而淞滬地區是他唯一可以控制的地區。其次是他也必須在淞滬戰場做出好榜樣去激勵華北守軍和吸引日軍主力南下，才能維持長期抗戰，徹底打破日本不戰而屈的美夢。而這個壓力也可能讓蔣介石超乎尋常地堅持「死守」接受犧牲。不幸的是，上海部隊英勇作戰榜樣並沒有感染華北部隊去加倍努力作戰，因為後者多年養成的心態和陋習絕不是朝夕之間可以革面洗心的，更何況許多部隊根本缺乏國家民族意識。閻錫山下令槍斃李服膺，雖然全國稱快，但是這種壯烈精神很快就消失無蹤。到了年底，濟南失守，日軍過黃河的部隊不過千餘人，便把偌大城市奪去。[138] 在本書此後篇幅中將會再三引述到，蔣介石這個樹立榜樣的企圖的代價是讓上海參戰部隊無法恢復元氣，也讓此後整個抗戰過程遭受到無可扭轉的巨變。但是對於激勵某些地方部隊成為善戰之師的願望，則大部分落空。

135 徐永昌日記，1937年10月25日。

136 徐永昌日記，1937年9月26日。

137 中央軍在山西北部猛烈反攻，承受傷亡慘重。王世杰日記，1937年10月19日。

138 陳克文日記，1937年12月25、27日。

（二）外交考量

上海戰爭另外一個需要檢視的因素就是它和國際局勢的關聯。在錯綜複雜的近代世界史上，任何一個國家對於「和、戰」如此重要的考量，除了國內因素之外，當然必需兼顧國際情形。如果國家領袖們居然只考慮單方面因素而忽略其他方面，則顯然屬於失職或是失智。南京政府當然也不能例外。

多年來頗流行出一個論點，認為南京政府選擇在上海作戰，其原始動機並不是要和日軍一決高下，而只是想做出作戰姿態去驚動西方列強的積極干預，最終達成全面性停戰，借外力去替中國火中取栗。[139] 其實平心而論，如果南京政府領袖們果真具有這份「以夷制夷」的巧思和手腕，圖謀借西方外力去阻擋日本侵略中國，這本來就應該受到褒揚而不是針砭之事。[140] 但是核心的問題依舊是：1937年國民政府究竟只是想挑起適度而象徵性的戰爭去激發國際干預？還是不惜血本地抵抗日本侵略？

對於那些把淞滬戰役看成是南京國民政府醉心於國際權謀的人們，他們的動機可能是企圖矮化南京政府的抗日決心，淡化淞滬會戰的壯烈性，甚至把它看成是「偷雞不著蝕把米」的愚蠢。但是這個論點在邏輯上最無法說明的道理，就是蔣介石為何會投注他全部的軍事實力作為外交籌碼，去換取最多只能促成恢復現地戰前狀態的外國干預？難道中國還能期待外國軍事干預最終實現收復九一八事件以來的失土？這正是那些持「外國干預」論點的人士避免回答的問題。

這類論點還有一個共同特色，就是多半來自當時西方在上海的媒體，自

---

139 Barbara W. Tuchman, *Stilwell and the American Experience in China, 1911-1945* (New York, 1970), pp. 213-214; Frank Dorn, *Sino-Japanese War*, p. 128。這些論述代表戰時美國軍方普遍流行的看法。龍雲，《抗戰前後我的幾點回憶》，中國人民政治協商會議文史資料研究委員會編，《文史資料選輯》（北京：中華書局，1961），第17冊，頁53-54。日本學者有主張上海戰爭是由日本海軍蓄意挑起者。中國只是應戰。見，《戰爭的歷史與記憶》，頁39。

140 新近討論這個問題的中文著作，見：江勇振，《蔣廷黻：從史學家到聯合國席次保衛戰的外交官》（台北：聯經出版公司，2021），頁186-187。

我感覺高人一等的「中國通」，和地方領事館層次的外交官。他們出於種族優越感，既自以為可以洞察中國人心中淺薄的小秘密，又不免自抬身價地認為西方國家在中國事務上肯定扮演舉足輕重角色，因此自作聰明而又自以為洞若觀火似地提出上述見解。

歸根結底，「外國干預」論是一個典型的單因素分析（single-factor analysis）方法的陷阱，從來不曾提出有力史料作為證據，卻被一些人士當做是歷史定論來重複使用，反而模糊了歷史真相。幸運的是，南京政府和領導人留下了大量原始史料，可供讀者們從國內政治軍事互動的視野去剖析南京政府發動上海攻勢的決策脈略，找出更為合理的解釋。

在此還可以提出一個歷史背景作為參考。事實上，早在1935年8月，法爾肯豪森將軍就曾經提醒國民政府，千萬不要在戰爭初期就指望西方國家施以援手。他嘲諷華盛頓會議簽訂的《九國公約》只是一紙具文，因此中國政府必須在獲得任何形式外國援助前卯盡全力地獨立自衛。[141] 1937年，另一位備受國民政府敬重的澳大利亞籍顧問端納（W. H. Donald）也提出警告，除非中國能夠下定決心，無論國際與國內形勢如何發展都能堅持至少兩年的單獨作戰，否則中國就不可選擇與日本開戰。[142] 國民政府高層所信賴的外國顧問諸如此類的觀點應該足以能讓南京領袖們打消借用淞滬會戰去挑起外國干預的妄念。說得更近一些，就在七七事變之後不到10天，美國大使館一位武官就毫不留情地警告何應欽，中國軍隊最多只能在開戰最初1-2個月內贏得幾場小勝利，卻肯定不能持久，因為日本已經花了34年光陰準備作戰，而中國只花了幾天時間去應戰而已。[143] 與此同時，美國國務卿也召見中國駐美大使告以美國政府不擬和英國政府共同干預中日關係，因為它們本國就缺乏足夠的武力對日本進行嚇阻，反而可能引起國內孤立主義者的攻擊。美

141 國防部，《德國駐華軍事顧問團工作紀要》，頁60。

142 同上，頁65。

143 徐永昌日記1937年7月16日。該武官可能是史迪威上校。

國這個立場由美國駐華大使向蔣介石當面說得十分明白。[144]

當然在盧溝橋事件之後，中國政府並沒有同時也不應該忽略喚醒國際輿論同情的努力。例如，中國除了向國際聯盟控訴日本侵略暴行之外，也安排宋美齡與胡適向美國民眾做了多次演說，還向歐洲各國派遣多個外交使團。但是我們切不可將南京政府的一舉一動都看作是只為達到列強干預這一個單純目的，因為中國領袖們內心十分清楚，自國民政府成立以來，日本人在中國的挑釁行為已是多不勝數。特別是九一八事變爆發後，情況變得愈發橫行霸道。但是當中國政府訴諸國聯或試圖動員國際輿論爭取列強干涉之時，國聯除指責日本的非法行徑外無能為力，而日本則乾脆直接退出國聯。1932年淞滬抗戰爆發後，中方也未能獲得外國軍事干預。儘管這場危機最終在列強調停下得到暫時解決，但它足以讓中國領袖們有充分理由懷疑，能否真正依賴西方國家抗衡日本在華勢力。

更何況南京政府領袖也逐漸覺察到，日本在對待華北和華東問題上有顯著不同的處理方式。日本的華北政策受地緣政治影響，傾向用軍事手段解決問題，而在華東地區則更傾向依靠「和解性」的法律手段來解決爭端，願意接受國際條約與租界秩序的約束，以提高它在該地區的經濟利益。[145] 在1932-1937年間，日本人在華北從未停止武裝衝突，不斷試圖使地方部隊脫離南京政府，成立各種形式的傀儡政權。1932年上海成為戰場後，南京政府期望英美國兩國進行干預，但後者最多也只能以外交形式介入。而在華北，連這種外交形式都不曾出現。因為一旦日本在華北的戰略是由地緣政治考慮所主導，則西方列強就只能動用軍事手段才能有效干預。然而在1937年，沒有一個西方國家願意為中國而挑戰日本。

---

144 「蔣中正與美大使詹森談話記錄」（1937年7月25日），中華民國外交問題研究會編，《中日外交史料》，〈盧溝橋事變前後的中日外交關係〉（台北，1966），第4冊，頁423。

145 John Hunter Boyle, *China and Japan at War, 1937-1945: The Politics of Collaboration* (Stanford, Calif., 1972), pp. 108-110；有關幣原喜重郎與田中義一在對華政策上的對立的批判性解讀，可參見：Nobuya Bamba, *Japanese Diplomacy in a Dilemma: New Light on Japan's China Policy, 1924-1929* (Vancouver, B.C., 1972), pp. 283-382。

值得注意的是，盧溝橋事變剛發生，蔣介石便曾向美國大使透露過自己的研判，認為日本政府企圖利用盧溝橋事變把河北和察哈爾兩省完全脫離中國控制。他估計只有當中方承認滿洲國並且和日本簽訂防共協定後，日本才會同意外交解決。[146] 而這兩個條件蔣介石都拒絕接受。如果中國故意在上海開闢新戰場僅僅是為了求得列強外交干預而已，則又何必多此一舉？又如何把上海地區的外交休兵轉換成阻遏華北的實質侵略？

其實對於南京政府是否誠心抗日的問題，或許最具說服力的證據來自蔣介石本人。南京政府在九一八事變之初也曾經指望西方國家進行干預，但是後者卻建議中國忍氣退讓，給了蔣介石一個深刻教訓。他當時寫道，「余決心既定，無論各國態度與國際聯會結果如何，為保障國土與公理計，任何犧牲在所不惜，且**非與日本決戰，中國斷難完成革命也**。」幾天之後，又寫道，「事在自強，而不在人助也。」[147] 此後幾年國際聯盟的拖拖拉拉和西方國家的軟弱漠視，也證實蔣介石原本判斷的正確性。如果1931年中國對日本明目張膽的搶奪大片土地（東三省）尚且無法請求西方列強加以干涉，則到1937年中國在上海主動出擊時，還被懷疑為企望西方國家施加援手，在邏輯上就更難以自圓其說了。依據上文引用的史料可以看出，事實正好相反，因為南京政府主動選擇上海戰場的戰略考量才是最合理的解釋。

從另外一個角度設想，上海發生如此重大衝突，當然不能摒除國際考慮，更何況一個配稱為是負責任有思考能力的政府，也必需要從國際關係角度去評估後果。上海戰爭可以引出兩個問題：第一，戰爭的發生是否由於外交盤算為主導？第二，戰爭的結束是否出於外交盤算而延誤？

---

146 *Foreign Relations of the United States, Diplomatic Papers, 1937*, vol. 3, pp. 256-258; Lincoln Li, *The Japanese Army in North China: 1937-1941: Problems of Political and Economic Control* (Tokyo, 1975), pp. 19-36, 41-45。有關七七事變前後日本的外交作戰的深度剖析，參見James B. Crowley, *Japan's Quest for Autonomy: National Security and Foreign Policy, 1930-1938* (Princeton, N.J., 1966), pp. 301-310, 326-327, 350-360, 376-377。

147 蔣介石日記，1931年10月11、14日。

1. 求戰動機

關於第一個問題，在7月23-24日的重要軍事會議中，某些將領也確曾提到因為上海是國際政治和經濟中心，戰爭爆發容易引起國際干涉的說法，[148]但是並沒有成為會議討論的焦點和決策的依歸。從本節上文對於國民政府選擇在上海開闢第二戰場的各項相關史料來看，不但看不出外交盤算曾經進入決策討論過程，甚至沒有看到南京政府的外交領導人士（行政院長和外交部長）曾經有機會參與討論或是被諮詢，一切都是由軍事領袖們做主。同樣重要的是，在此後長達三個月的戰爭過程中，外交工作一直沒有在政府高層討論中獲得重視。

值得注意的是王世杰的記載，因為他在蔣介石幕僚中是以熟悉英美事務著稱的親信智囊。但是他卻指出，雖然戰爭爆發後各國輿論一致同情中國，但是因為美國政府絲毫不願採取干涉態度，以致英法俄政府也不採取任何干涉手段。更有甚者，美國政府還禁止其政府船艦運輸軍火前往日本和中國，所以中國政府購買的19架飛機，也在途中被扣留。[149] 換言之，美國政府領導人的冷感，一副事不關己態度，還要指手畫腳任意批評別人，讓中國政府當時就知道不可存任何它幫助中國的幻想。同樣有趣的是，政府在上海戰爭一開始（8月下旬）就派遣胡適去美國進行宣傳工作，純從表面看來似乎是重視對美外交。但事實上這個主意並非來自蔣介石而是來自王世杰，由蔣介石同意授權王世杰與胡適商談宣傳綱要。值得注意的是，南京政府安排的胡適團隊是三位教授，既不是專業外交人員，也不是蔣介石親信班底，甚至不是國民黨黨員。蔣介石完全沒有交給胡適團隊任何具體外交任務，難怪當胡適團隊抵達美國後的最初幾個月無所事事而感到百般無聊時，其他教授就吵著要回國。[150] 鑒於美國在西方國家外交界影響力之大，而南京政府竟然派遣如此輕量級客卿類型團隊去美國，很難想像它在上海戰爭中被賦予外交活

---

148 張發奎，《蔣介石與我》，頁234。

149 王世杰日記，1937年9月11、18日。

150 王世杰同時推薦錢端升和張彭春兩位教授同行。王世杰日記，1937年8月21、30日。

動的分量究竟有多重？當然，在南京政府中對美國外交政策最具影響力的無疑是蔣介石本人。而他在淞滬戰役進行得如火如荼時，卻在私下厲聲指責美國。他寫道，「美國態度惡劣，而且變為毫無骨格之國。此其現任總統羅斯福應任其咎也。」[151] 他對美國的嫌惡，躍然紙上。

至於英國，則確曾試圖介入中國事務。8月初，英國上海商會和新聞界領袖來向王世杰探聽，如果英國政府正式出面調停，以承認滿洲國和平津不許駐兵為條件，中國政府是否願意商談？ 王世杰轉請外交部回答，除非英國法國肯擔任保證和制裁的責任，否則中國政府「斷不能接受此類解決辦法。」可見中國政府與西方人推測不同，並不是急於尋找外國人參加和談。就在8月13日戰事爆發當天，上海英國商會會長馬錫爾（Marshall, Robert Calder）（肯定是經過英國外交部門授意或默許之後）多次經過杭立武向中國政府轉達日本和談條件是： 1. 承認滿洲國和華北自治政權；2. 停止排日。根據英國人轉達，日本最擔心中蘇聯盟，因此不得不在華北布置防務。中國政府的答覆是：1. 恢復七七事變之前的狀態；2. 第三國出面保證和約履行。但是馬錫爾認為第三國保證絕不可能實現。[152] 於是中方就沒有做出下一步回應。過了幾天，英國人再度建議在公共租界設置中立區，中日兩國軍隊同時退出，改由英美負責維持治安。依照英國人說法，這樣可以逼使日本軍隊撤回日本。中國政府表示，如果日本接受此項安排，則「中國可考慮」。看到中方態度強硬，日本在23日拒絕接受英國人建議，又在24日拒絕了美國國務卿呼籲和平。[153] 根據目前資料，英美這些和平活動似乎並不是出於中國邀請，但是卻因為中國立場堅定而宣告失敗。目前能夠看到的史料顯示，中國政府在引爆上海戰爭時，充滿自信，士氣高昂，最直接的目的不是假借西方勢力和國際正義說服日本放棄侵略，而是要以軍事手段要把日本人從上海地區「趕下海」去。

---

151 蔣介石日記，1937年8月18日。

152 王世杰日記，1937年8月3-4、13日。

153 王世杰日記，1937年8月18、23、24日。

淞滬戰役的堅持進行顯然和蔣介石本人與其他主戰派將領們有密切關係。因為根據蔣介石日記透露，八月底國軍攻勢銳氣漸消時，已經造成人心動搖，令他感嘆「若輩本非共患難者」。不久之後，議和聲浪逐漸上升，引起蔣介石怒責，「主和派意見應竭力制止」。「時至今日，只有抗戰到底之一法」。又寫道，「除犧牲到底外，再無他路。主和之見，書生誤國之尤者。此時尚能議和乎？」[154] 這些話都可以作為他沒有熱心尋求國際協助的旁證。

至於向國際聯盟提出訴求，當然是無論任何中國人當權的政府都應該去努力探索的途徑。但是國聯在九一八事變的軟弱無力已經是前車之鑒。而南京政府也的確在淞滬戰爭開始就考慮到向西方國家（美、德、意、法駐華大使）徵詢召開九國公約會議的可行性。[155] 但是南京政府本身對於向國際聯盟提出指控日軍侵華事件的步調似乎好整以暇，因為它直到淞滬戰爭開打後又拖延了一個月時間（9月12日），才慢吞吞地遞交申訴書，指控日軍侵華，要求國聯予以制裁。這個動作本身就代表南京政府並不指望從國聯方面可以取得實質性幫助，但是在姿態上又必須做出合理合法的要求，避免得罪西方列強。事實上，即便是外交部長王寵惠本人也從頭就認為希望渺茫。[156] 但是主和派領袖們則對於西方國家干預依然擁有高度幻想。比如說某些國防參議會的成員就對九國公約國會議非常關切，認為英美必然會提出調解。改組派的周佛海甚至認為，如果中國拒絕接受調解時應該預想應付的方法。[157]

在此後戰爭進行的40-50天時間裡，蔣介石在日記中所透露的心聲則是他既不能預測國聯將如何反應，也沒有囑咐外交部卯盡全力地去爭取西方列強支持，他個人只是在「研究」和觀察。但是對於國際干預一事，他最清楚

---

154 蔣介石日記，1937年8月28日，9月8-9日。

155 「蔣中正與美大使詹森談話記錄」（1937年7月25日），中華民國外交問題研究會編，《中日外交史料》，〈盧溝橋事變前後的中日外交關係〉（台北，1966），第4冊，頁423。

156 王世杰日記，1937年9月7、13日。中國政府正式向國聯提出的申訴是，請求適用盟約第10條（保衛領土），11條（考慮一切危害和平之局勢）和17條（制裁非會員國）。不久之後在英法兩國壓力下，中國首席代表顧維鈞撤回第17條。

157 陳布雷從政日記，1937年10月12日。

的表達大概是10月23日的日記。他寫道，「三。**對九國會議方鍼**：甲。不得妥協。乙。不拒絕調解。丙。調解不成之責，由敵人負之。丁。**目的使各國怒日，作經濟制裁，及促英美允俄參戰**。戊。上海與華北為整個不可分之解決。」[158] 如果我們記得他寫此段日記之時，正是桂軍在滬戰中崩潰的當天，全線開始動搖，蔣介石內心理應最為脆弱而希求外國援手之際。可是蔣介石對於國聯的指望並不是希望西方列強可以扭轉淞滬戰爭的局面，而只限於指望它們對日本實施「經濟制裁」和「允俄參戰」兩項。再加上他堅持華北華東兩個戰場不可分割處理，就不難了解他並非妄想以堅持淞滬戰爭去影響西方列強替中國在軍事上伸出援手。

毫不奇怪地，此時最讓中國政府關切的外交動向，不是西方國家而是蘇聯。根據外交部長王寵惠報告稱，早在羅文幹執掌外交部時，中國就已經提出成立中蘇條約，後來汪精衛兼任外交部長時因為擔心日本人會以為中國聯俄親共而招致猜疑，所以放緩談判步調。蘇聯其實在1937年5月份已經向中國提議簽訂條約，但是要等到盧溝橋事變和虹橋事件發生後，雙方才不再顧忌德國和日本的感覺而加緊速度。8月30日南京政府公布中蘇簽訂條約，聲明中蘇兩國互不侵犯，並且不與任何侵略中國或蘇聯的國家成立互相協助之協定，用意就是打擊日本人主張共同防共的政策。此次訂約之前嚴守秘密，就算是最高國防會議也沒有加以討論。蘇聯並且承諾接濟中國軍火，不必支付現款。[159] 根據蔣介石向親近幕僚解釋，在盧溝橋事件前後，南京政府面臨兩個重大而方向截然相反的外交選擇，一個是日本所提的共同防共協定，一個是中蘇互不侵犯條約。在他心目中，共同防共將使中國完全喪失主權，是亡國條件。而互不侵犯條約則是互相平等，可以完全維護中國主權。而且除了中蘇條約之簽訂表示中國與日本毫無妥協餘地之外，南京政府也在盧溝橋事變發生後宣示考慮遷都成都，更是傳達抗戰到底的決心。[160]

---

158 蔣介石日記，1937年10月23日。

159 王世杰日記，1937年8月30、31日。

160 錢大鈞將軍日記，1937年9月1日。

毫無疑問地，南京政府此時對於中蘇關係的重視遠遠超過對英美國家的外交活動。蔣介石親自主導與蘇聯的直接談判，又和蘇聯駐華大使頻繁密切會商，而對美關係則只交付外交部依常規處理和任由教授們去打開場面。事實上，在七七事變之後到1937年底的整個上海和南京戰役期間，蔣介石透過個人代表張沖，赴蘇聯武器採購團團長楊杰，和駐蘇聯大使蔣廷黻不斷和蘇聯外交部長李維諾夫(Maxim Litvinov)和國防部長伏羅希洛夫（Kliment E. Voroshilov）等政府最高級官員保持親密接觸，集中精力想要達成的目標包括提供軍火，蘇聯參戰，蘇聯承諾在日內瓦「國際聯盟」和布魯塞爾「九國公約會議」對中國的支持等事項。這一連串外交努力的規格和深度都遠遠超過中國政府此時和任何歐美國家高階官員所能夠商談的程度。[161] 而蔣介石個人則更是堅信蘇聯終將對日作戰。[162] 在整個10月份時間裡，蔣介石個人不但高度關心蘇聯軍火運輸來華的進度，對於蘇聯飛機進駐新疆和甘肅飛機場視為其軍事「東進之基礎」，而且明白指出中國的對俄政策是「使俄、倭戰爭提早發動」。[163] 所以，他在10月份的一個重要外交努力方向是希望說服英美兩國「默許」或「允許」蘇聯對日本宣戰。[164]

因此中國軍隊在上海戰爭的奮戰不退，與其說是設計拉攏英美干預，不如說是以份外努力展示其戰鬥力，去向蘇聯證明中國作為盟友的戰略價值。而西方時事評論員和史學家卻似乎總是跳不出本位主義框架，只曉得誇耀自己國家的重要性和能耐，而忽略了這個更大的國際格局。

依照蔣介石此前多年思路，蘇聯才是日本最大敵人，而中國只是兩大國之間的障礙。日本只有在把中國事務處理妥當而免去後顧之憂之後，才敢斷然處理蘇日矛盾。在這種情況下，即使中國試圖與日本妥協求饒，也絕不可

161 江勇振，《蔣廷黻：從史學家到聯合國席次保衛戰的外交官》（台北，聯經出版公司，2021），頁188-190。

162 王世杰日記，1937年9月1日；蔣介石日記，1937年11月23、24、29，30日，12月5、7日。

163 蔣介石日記，1937年10月13日。

164 蔣介石日記，1937年10月20、23日。

能倖免於戰禍。[165] 依照這個思維，蘇俄也就成為中國外交的重心，而不是歐美國家。

2. 撤退的推延

第二個問題則是，在這個由中國求戰和求勝的初期指望下，中國軍隊最後撤離上海戰場的時機，是否可能受到外交因素影響？根據張發奎回憶，在上海戰爭進入危機狀態時的一次軍事會議上（未指明時間，大約是10月28日？），將領們同意應該撤兵，但是此時在會場的宋美齡向將領們宣稱，如果能夠再堅守十多天就會得到國際同情，因為國聯就要開會。但是會場上只有少數人同意她的觀點。[166]

如果張發奎現場聽到的信息果然無誤而且如實報導，他也並沒有追蹤宋美齡的意見事後是否被採納成為政策。而本書作者所閱讀的史料也無法證實宋美齡談話是否產生任何影響力。但是值得注意的是，宋美齡打從七七事變開始就是堅定的主戰派。7月19日當蔣介石還在權衡是否應該發表應戰宣言而滿朝文武意見紛紜時，「惟妻獨贊成吾意也」。[167] 此後她在籌劃空軍作戰時又全力投入，且巡視陣地、慰勞官兵。甚至在10月26日滬戰最危急時，在執行公務時翻車受傷。她向蔣介石報告（28日），她在上海療傷時與西方國家駐華高階軍人談話，後者一致表達對中國軍隊英勇作戰的仰慕和尊敬，英軍司令官甚至「為之聲淚俱下」。[168] 宋美齡從西方國家軍官得到的反響是否導致她建議堅持持續作戰，本書作者目前尚無資料可以佐證。即使宋美齡有如此感性之言，它是否影響到蔣介石的軍事判斷，則更是難以證明。但

165 蔣介石日記，1937年10月31日「本月反省錄」。有關抗戰前後的中蘇關係，和蘇聯在南京政府對日策略中所占的重要地位，讀者請參閱：李君山，《蔣中正與中日開戰（1935-1938）：國民政府之外交準備與策略運用》（台北：政大出版社，2017），頁173-190。

166 張發奎，《蔣介石與我》，頁247-248，250。但是張發奎似乎把宋美齡的一番話當成是具有決定性的談話，這個說法是否符合蔣氏夫婦的關係實在難以求證。

167 蔣介石日記，1937年7月19日。

168 蔣介石日記，1937年7月24、31日，8月10、17日，10月26、28日。

是以宋美齡對於美國的了解遠遠超過張發奎，如果她把西方駐華軍官的感性之言當成是可以左右西方國家政府的立場，卻倒是令人無法輕信。

但是問題的複雜性是在1938年初，當蔣介石回顧檢討淞滬戰爭得失時，的確曾經在日記中寫過一段話。他寫道，「去年最大失著為美總統發表蕭嘉谷（Chicago，芝加哥）宣言，召集九國會議時不即退兵於蘇嘉陣地，而於精疲力盡時反再增兵堅持，竟使以後一敗塗地，無可收拾。若於此時自動撤退，則敵必至原有駐兵區域嘉崑為止。且可在九國會議席上言和也。」[169]

這段文字看似簡短，其實語焉不詳，如果細加推敲，至少可以提供兩種解讀。第一種解讀是他只是以羅斯福演說作為一個時間標誌，別無他意。按羅斯福演說應該是10月5日（「防疫演說」（Quarantine Speech），1937年10月5日，Chicago）。蔣介石在字面上的意義是，如果中國軍隊在那個時刻就從上海撤退，就可以避免此後的大災難。這個道理十分明白，無需辯難，因為那個時刻桂系軍隊剛剛投入戰場，國軍尚未進入險境，有極大幾率可以全身而退。第二種解讀是羅斯福的宣言對中國的撤兵時機產生了直接因果關係，但是仍舊沒有指出究竟是正面影響抑是負面影響：是讓他誤以為羅斯福終於明目張膽地伸張國際正義，登高一呼地激蕩列強不可再姑息侵略行為，因此中國也應該在上海繼續抗戰，以鞏固國際支持？抑是讓他看出羅斯福演說在美國國內掀起巨大反對聲浪，而中國顯然無法指望美國主持國際正義，而因此悔恨沒有及早從上海抽身？

首先可以肯定的是，蔣介石在10月初已經在軍事上自行部署更多地方部隊（川軍，桂軍）加入滬戰。當他在10月7日得知羅斯福演講內容時，精神大受鼓舞，但是並無法預測羅斯福的演講是否可以「激動人類公憤」，也無法預測國聯與九國公約會議的結果將會如何，但是他當時想得出的對應方法是設法使日本參加九國會議、使美國主持公道、使意大利不要阻礙會議、使蘇聯及早向日本開戰，但是最基本的決定是「滬戰仍應維持到底」，以貫徹中國自己從滬戰開戰以來的立場。或許同樣重要的是，依他此刻的判斷，10

169 蔣介石日記，1938年2月2日。

月份滬戰進入沉寂，日軍可能已經表現出「轉攻為守」趨勢，所以眼前並無危機感，國軍沒有趕緊脫離戰場的急迫性。[170]

當然，蔣介石如果不僅是暫時性地受到「防疫演說」的鼓舞，而是持續性地把它當成是美國外交「風向球」，以為單憑美國總統一次演講就可以使國際輿論轉向，進而動員國際組織（九國公約、國際聯盟）採取行動制裁日本侵略行為，那就的確犯了嚴重而幼稚的誤判。除了他自己難辭對於美國政情缺乏了解之咎外，南京外交部和駐美特使胡適沒有及時向他提供正確解讀，也可視為是嚴重職務過失。但是事實上情形正好相反，因為在10月14日他曾經接到胡適來電，詳述後者和羅斯福總統談話始末，並且申述他個人的判斷是美國仍然懼怕日本，切不可指望它採取積極行動。[171]

這中間還有一個時間差的關鍵問題。羅斯福的演講是10月初，引起蔣介石遐想情有可原，而國軍撤離上海最後的安全期應當是10月25-30日之間。在10月5-25日期間內，羅斯福總統言論在美國國內引起孤立主義強勢反彈的情況早已有目共睹，而羅斯福面對一片反對聲浪也立即退讓噤聲，更沒有在國際上做出任何譴責國際暴徒（德國、日本、意大利）的具體表現，反而是對日本節節忍讓。蔣介石和宋美齡在其後20餘日應該有機會看得一清二楚，更會知道在歐美政治制度下，一個派駐遠東次要地區的軍官無論如何被國軍的奮戰感動到「聲淚俱下」，也絕不可能撼動國家外交決策。因此在缺乏直接證據情況下，無法證明宋美齡、蔣介石的外交觀和在上海延續作戰有因果關係。[172] 在如此明確情況下（前後歷時近一個月），蔣介石果真沒有看出美國孤立主義輿情的洶湧波瀾和羅斯福的退縮？抑是還有其他因素影響了蔣介石的判斷？這些疑點都還有待研究中美外交的學者們去繼續深挖，無需驟下結論。

---

170 蔣介石日記，1937年10月6-8、11、13日。

171 陳布雷從政日記，1937年10月14日。

172 持因果關係論的近著，請參閱：張瑞德，《無聲的要角：蔣介石的侍從室與戰時中國》（新北：臺灣商務印書館，2017），頁208。

然而在這個關鍵時段裡，蔣介石對於九國公約的確做了一番估計。根據熊式輝的說法，蔣介石針對九國公約會議向下屬傳達的應對方針是：1. 他不指望該會議能夠成功；2. 但是中國政府應該做出一個外交姿態，祝願該會得以成功；3. 不能只以上海戰爭求取全面性解決中日爭端；4. 凡是九國公約和國際聯盟的一切規約和決議案之關於中日問題者，中國一體表示接受；5. 對日本的任何提案則進行破壞。換言之，蔣介石此時對於國際干預顯然不抱太高期望，只是想做出支持九國公約的姿態，最後把不成功的責任歸諸日本。與此同時，他持續堅持中國決不與日本直接交涉，而必須通過國際調停。[173] 正因為如此，所以外交部對駐法國和駐比利時大使館（主持國聯控訴事務）也發出訓令，說明南京政府的判斷是國聯會議沒有成功希望，駐外使節們必須認清現實，但是對於西方各國仍需採取和緩態度，勿令它們難堪。[174] 既然蔣介石和外交部都已經有此共識，則張發奎筆下的宋美齡個人的「婦人之見」就難以成為決定性的解釋因素了。

當然，如果蔣介石能夠排除國際因素干擾，而只是基於自己的判斷和部屬的建議，在前線戰士精疲力盡之前就執行總退卻，說不定果然可以保存國軍元氣。或許蔣介石日記中的私話可以幫助我們看出戰場和外交兩條情勢線路的發展。就戰場而言，他個人判斷過程大致如下：10月14日「滬局穩定」，16日「滬局漸危」，18日滬局處於「危急狀態」，23日由於桂軍挫敗，滬局「不可收拾，因之全線動搖」，26日夜間決定「變換陣地，轉移部隊」，

173 錢大鈞將軍日記，1937年10月26日、11月5日。有關羅斯福演說的這個懸案的一些推論，請參閱：李君山，《上海南京保衛戰》（台北：麥田出版，1997），頁128-130；白先勇，廖彥博合著，《悲歡離合四十年，白崇禧與蔣介石（上）：北伐．抗戰》（台北：時報文化公司，2020），頁221、227、239。

174 外交部致中國駐法國大使館和駐比利時大使館訓令，1937年10月24日，11月2日。中華民國外交問題研究會編，《中日外交史料叢編》，第4冊，頁403、405。1952年，蔣介石再度回顧1938年2月對於羅斯福防疫演說和國聯會議的反應，說道，「各國欲調解之意雖切，但無實力，空言何補？且日本獨霸東亞之妄想，至死不休，我國雖欲苟安，其可得乎？」張其昀，《黨史概要》（台北：中央文物供應社，1952），第三冊，頁1156。但是無法得知這是他當時已經得到的結論，抑是事後的領悟。

成為撤退的開始。就外交發展情勢而言，他在21日已經察覺英法態度「轉劣」，23日決定對九國會議方鍼是「不得妥協」，25日表示「抗倭必須到底，不背初衷，則雖敗亦成」，26日又寫道，「乙。抵抗到底，決無妥協餘地。丙。國際調解則可，直接交涉則不可」。11月1日更進一步說明，如果沒有國際保證而由中日兩國直接談判「則任何條件皆不願問，惟有抵抗到底，雖至滅亡亦所不惜」。[175]

換言之，即便是蔣介石早先可能短暫被羅斯福演講所迷惑，到了21日，當他看出英法態度轉劣時，也意味著國際干涉美夢破裂。而適在此時，戰場情勢明顯惡化，成為安全撤退的最後機會。但是蔣介石依然決定勇往向前。果不其然，11月5日，日本委託德國傳來媾和條件，以防共協定為主。雖然當天清晨日軍已經在金山衛成功登陸，滬戰局勢更形惡化，但是蔣介石「嚴詞拒絕」。[176]才不幾天就戰線大亂，乃至不可收拾。11月11日大上海淪陷。概言之，以上敘述的這些錯綜複雜的局面、變生肘腋的事件、沉著的計謀、慌張的應付、個人性格的表露、民族氣節的堅持，在十幾天之中互相撞擊，都提醒讀者和學者們千萬要避免單因素分析法的陷阱。[177]

五、南京保衛戰

南京是國民政府十年經營的首都，具有極重要的內政和外交意義。但是令人驚訝的是，雖然南京政府蓄意把戰火延燒到長江下游，卻不曾把南京防

---

175 蔣介石日記，1937年10月14、16、18、21、23、25、26日，11月1日。值得注意的是，根據宋希濂記錄，蔣介石正是在11月1日召集將領們鼓勵他們堅守陣地10-14天，以便在11月3日召開的九國公約會議上發生作用。這個說法和蔣介石日記互相矛盾。見：宋希濂，《鷹犬將軍》，頁168-169。

176 蔣介石日記，1937年11月5日。

177 在本書作者的閱覽過程中，只有兩位遠離政治決策的戰地將領提出外交因素的相關性，一位是張發奎，一位是宋希濂。宋希濂著，《鷹犬將軍：宋希濂自述》（台北：李敖出版社，1995），頁169。

衛部署列入整體作戰計畫之中。考其緣由可能是對上海戰爭過於樂觀，不相信南京會遭受波及。以致南京防衛戰一直要等到上海局勢惡化到無可挽救地步時才被提上日程，顯得萬分倉促。

依據多項記載，南京政府遲至11月14日才首度召集高層軍事會議，商討保衛南京事務。參加者有何應欽、唐生智、白崇禧、徐永昌等人。陳誠在事先已經極力主張不要防守南京，而且也獲得蔣介石初步同意。[178] 但是唐生智自請誓死守城，並且嘲笑華北將領傅作義個人歷史汙點，正是他曾經不能與城共存亡。就在會議當天，身為軍令部長的徐永昌還不斷請求蔣介石去詢問張發奎能夠維持淞滬前線幾日？而在此幾日之中，我方又可以做出何種準備？種種慌亂景象歷歷在目。兩天之後，中央政府開會決定守南京的辦法，由唐生智出任長官，期望守三個月至一年。與此同時，汪精衛在國防最高會議上也報告了政府機關從南京向外地疏散辦法。[179] 在過了3天舉行的會議上，雖然白崇禧主張中國今後應該進行遊擊戰，但是唐生智認為南京不可以不守，蔣介石也同意。最後與會者認為委員長身為國家最高統帥不宜擔任守城將軍，而唐生智又主動請纓，[180] 因此在1937年11月20日政府宣布唐生智出任首都衛戍司令長官。[181]

有趣的是，蔣介石早在南京防衛戰籌備初期就已經認定南京不可守，但是出於感情因素，又不能棄城而去。[182] 雖然此時他已經不再堅持「死守」，而只求多守些時日以便挽救物資，可是何應欽卻指出，僅僅是軍政部一個單位的重要文檔設備就需要100列火車廂方能運走。[183] 因此政府的願望完全不符合現實。

---

178 陳誠先生日記，1937年12月12日。

179 徐永昌日記，1937年11月14、16日。

180 王世杰日記，1937年11月19日；錢大鈞將軍日記，1937年11月16-18日。

181 宋希濂，《鷹犬將軍：宋希濂自述》（北京；中國文史出版社，1986），頁125-127。

182 蔣介石日記，1937年11月26日。關於蔣介石主張堅守南京的說法，請參閱：白先勇，廖彥博合著，《悲歡離合四十年，白崇禧與蔣介石（上）：北伐．抗戰》，頁239。

183 徐永昌日記，1937年11月19日。

在如此倉促情況下，南京保衛戰的守軍號稱總兵力11萬人並不是生力軍，除了小部分廣東新來部隊外，大部分是從上海戰場撤退下來的殘兵敗將。[184] 而且這些軍隊剛剛潰退到南京，還沒有喘息機會，敵軍就已經尾隨而至，根本沒有時間和力量做出有效的守城布置。當然，唐生智作為守城司令官的失職也是無可推卸。歷來坊間對於唐生智守南京流傳許多風評，成為民眾茶餘飯後津津樂道的趣談。不幸的是，國民政府最高層官員的私人記錄，也佐證了民間傳說的正確性。

比如說，唐生智原本私下推測日軍不會攻南京。因此當許多將領們認為南京守不了20天時，他卻大唱反調說能守三個月。徐永昌當即認為「此種判斷似又出於軍事政治以外。」徐永昌又聽說唐生智相信密宗，頗多常人所不知者。所以只好無奈地感嘆，「孟瀟真奇人也。」[185] 事後徐永昌獲得更多資訊，得知唐生智耽於迷信，養一個術士在家，平日一切言聽計從。他判斷日軍不會攻打南京，就是相信術士所預言，因此才敢堅決請求擔任南京衛戍司令。連最後棄城的時辰也依照術士指示。因為他本來宣布在12月13日離開南京，但是術士說13是不吉利數字，因此他提前在12日離開，導致守軍突然群龍無首，撤退秩序大亂，增加無謂死傷。[186] 南京政府之所以信賴如此封建落伍的高官擔任防守南京大任，一方面是它急於討好地方實力派加入抗戰陣營，任何人主動請纓它一定衷心歡迎。一方面又是對上海戰爭抱有過高期望，只看到成功而沒有為失敗預作準備，以致在上海大敗之際，只能臨時拼湊南京防務。1937年12月7日，日軍向南京城發起攻擊。面對重炮和坦克的狂轟濫炸，中國守軍不到5日便全面崩潰。依據何應欽報告，最後守城號稱有12個師，共12萬人，但是只有一半守軍安全退出，傷亡和陷於城內

184 它們包括廣東部隊葉肇（66軍）和鄧龍光（83軍），中央軍的徐源泉（10軍），俞濟時（74軍），宋希濂（36師），王敬久（87師），孫元良（88師），桂永清（教導總隊）。見：宋希濂，《鷹犬將軍》，頁174、176-177。

185 徐永昌日記，1937年11月24日、12月7日。

186 徐永昌日記，1941年6月1日。

約3-4萬人，被俘可能萬餘人。[187] 再依照白崇禧報告，守城軍在出城渡江過程中，僅僅因為擁擠失控就造成七八千人死傷。[188] 用不著說，蔣介石也對南京戰事感到痛心疾首。他在日記中寫道，「敵軍實無攻京決心，惟我軍太無力量，敵人雖欲停止，亦不能止矣。」[189] 到了1937年年底時，他回顧南京守城時又寫道，「南京撤退各師長當時實情令人痛憤，此余用人不當有以致此，唐生智始終為誤國之徒也。」[190] 1938年初，蔣介石依然悔恨不已，再度宣洩紙上，「去年防守南京總司令不委唐生智，則敵或不敢攻京也。否則十一月杪敵國必不以陶德大使轉達和平條件。及見我委唐守京，則敵即爽約猛進矣。以後應知，無將不如不作守城之計也。」[191] 但是和其他喪地失職的地方實力派高級首領一般，唐生智也沒有受到嚴重懲罰。在日軍尚未兵臨城下的空擋中，南京政府做了一件重要的工作，就是把故宮搬到南京的古物共一萬五千箱搶救出城。[192]

總體而言，所謂「南京（首都）保衛戰」實在無需被當做是一次單獨戰役來理解。它只有一個模糊的、連政略都談不上的政治目的，那就是不可輕言放棄首都。但是在事先沒有經過慎密參謀作業，它也不是大戰略的一部分，既沒有建立戰鬥序列，也沒有戰術指導。有的只是一群精疲力竭的殘兵敗將在撤退中倉皇被拼湊在一處，在一個無勇無謀而又貪生怕死的司令官統領之下，胡亂度過極度混亂的一周，隨即成為悲慘的犧牲者，還殃及一大群手無寸鐵的平民老百姓喪生在日軍屠刀之下。[193] 陳誠在事後的評價是唐生

187 王世杰日記，1937年12月21日。

188 徐永昌日記，1937年12月22日。

189 蔣介石日記，1937年11月28日。

190 蔣介石日記，1937年12月30日。

191 蔣介石日記，1938年1月21日。

192 錢大鈞將軍日記，1937年11月13、28日。

193 有關新近對於南京屠殺的論述，請參閱：Antonia Finnane & John Fitzgerald, "Remembering the Massacre, Remembering Nanjing: Inclusive Nationalism and the Challenge of the China Dream,"《戰爭的歷史與記憶》（台北：國史館，2015），頁450-490。

智既不知國軍力量，又誤判敵人意向，加上「求出風頭」，造成一次失敗。[194] 純從軍事眼光而言，它只是淞滬戰爭的尾聲。所以它造成的長遠後果在本節中將會和淞滬戰役一併處理。

六、戰爭失敗的後果

然則國民政府所承受的軍事和其他損失是什麼？

經過淞滬戰爭和南京保衛戰相繼失敗後，到1937年底，南京政府遭受了兩個不同的損失。

一個最明顯而且世人皆知的損失，是花費十年辛苦經營（1928-1937）所建立的所有重要的文化、商業、經濟、工業和政治中心，在一夕之間付諸流水。這120天（8月13日-12月13日）殘酷激烈戰鬥都是在長江下游，中國過去幾年現代化成果最精華的地帶進行的，而國民政府也動用了幾乎全部中央精英部隊。根據王世杰接到的報告，國軍投入淞滬一個戰場的兵力相當於整個華北戰場的兵力，[195] 可謂是國民政府全部的軍事資源。

由於大多數中央軍被布署在最重要據點，而採取的又是「置之死地而後生」的步兵戰術，因此在整場戰役中中央軍傷亡最為慘重，約有30萬士兵戰死在上海。[196] 在南京保衛戰中，國軍傷亡速度更為驚人。在4-5天內，10-12

---

194 陳誠先生日記，1937年12月12日。

195 交通部長俞樵峰報告，我軍在滬戰有54萬人，華北戰場也等於此數，總共110萬人在戰場。見：王世杰日記，1937年11月4日。根據另外一項估計，國軍在上海作戰，使用兵力達70萬人，而日軍使用兵力30萬人。國軍損失是日軍一倍以上。其中以德式裝備的中央軍損失極為慘重。見：何智霖編，《陳誠先生回憶錄：抗日戰爭》，上冊，頁64-65。

196 白崇禧，《第一期抗戰的教訓》（1938年1月4日）；馮培菊，《抗戰中的第五路軍》（漢口，1938），頁119。其他估算資料，可以參看Frank Dorn, *Sino-Japanese War*, pp. 78-79; F. F. Liu, *A Military History of Modern China: 1924-1949* (Princeton, N.J., 1956), pp. 197-211；何應欽，《何上將抗戰期間軍事報告》（台北，1962），下冊，表4；胡宗南，《宗南文存》（台北，1963），頁117、137。

萬守軍全盤瓦解。[197] 在華北，當許多地方實力派部隊潰散竄離戰場時，中央軍也遭受了慘痛傷亡。[198] 至1937年底，中國部隊共損失了37-45萬人，約占當時全國作戰總力量的1/3至1/2。[199] 依張發奎估計，從全國各地調來的精英大概喪失一半以上。陣亡者大約三分之一，受傷和重傷者三分之一。被俘和失蹤人數很少。換言之，開戰時動員的兵力倖存者不到三分之一。[200] 另據何應欽報告，國軍從開戰到1938年3月15日，官兵傷亡總數是49萬餘人（傷和亡大概各半）；日軍傷亡為18萬餘人。[201] 中日軍隊的傷亡比例是2.5:1。[202]

開戰前中國陸軍號稱共177個師，總共約2百萬人（官佐136,000人，士兵1,893,000人）。抗戰爆發初期，中央軍配備德國武器的有80,000人左右，在淞滬戰役中，中央精銳部隊損失60%以上、低級軍官傷亡10,000人。戰前10年間所訓練的軍官，在這一次戰役，損失10%。造成斷層。[203]

以上這些資料並沒有精確性，一方面是戰前的基本資料從來就不精確，一方面是戰敗軍隊根本無法統計損失。但是本節依然予以陳列，因為它們來自政府最高領袖的「私房」資訊，通常遠比官方發表的數據或是報紙登載的

---

197 《中國全面抗戰大事記》上卷，1937年12月31日條目。國防部，《抗日戰史：淞滬會戰》，頁191、247-248；趙曾儔等編，《抗戰紀實》（台北，1961），第1冊，頁88；吳相湘，《第二次中日戰爭史》，上冊，頁399-402。

198 張贛萍，《抗日名將關麟征》（香港，1969），頁102-103頁；苟吉堂，《中國陸軍第三方面軍抗戰紀實》（台北，1962），頁45。

199 劉馥，《現代中國軍事史》，頁145；野澤豐，《日中戰爭》II，頁18-28；歷史學研究會編，《太平洋戰爭史》（東京，1976）第3卷；陳誠，《八年抗戰經過概要》（南京，1946），表9；何應欽，《何上將抗戰期間軍事報告》下冊，表40。根據軍令部1938年初估計，抗戰以來日本傷亡約12萬，中國傷亡約37萬。見：徐永昌日記，1938年1月20日。

200 張發奎，《蔣介石與我》，頁253。

201 王世杰日記，1938年3月30日。

202 徐永昌日記，1938年11月28日。如以南京失守日期計算，則國軍死傷官兵（第一期：開戰至南京失守）約為44萬7千。

203 呂芳上主編，《中國抗日戰爭史新編：軍事作戰》，頁69-70。

資料更為可靠，因為後者經常經過政治性「處理」而失真。

另外一個則是當時並不顯眼而後患無窮的損失，那就是它的長遠政治後果。無可置疑地，長江下游戰敗的軍事結果是南京政府在德國顧問團協助下建設出來的軍事力量基本被摧毀殆盡。而少數積極響應政府抗日救國號召的地方實力派部隊（廣東，廣西）也承受了不同程度的損傷。相對而言，那些不肯參戰或是只做出參戰姿態但又推三阻四不肯出兵的地方實力派，則成功地保全了實力，並且鞏固它們的地盤。這個巨大轉變將在本書第3章加以詳細討論。就在這120天之內，在「捨身殺敵」和「口頭抗日」的兩股軍事勢力之間，其關係就因為「量」的變化而產生了根本性「質」的變化。從全國軍隊組成比例而言，在華北和華東戰場奮力抗敵的部隊無不遍體鱗傷，亟需療傷復原，而那些逃避作戰的軍隊卻安然無恙地突然變成了中國軍隊的多數派。這個翻天覆地的轉變將會對此後整個抗日戰爭七年時期的黨政軍狀態產生千絲萬縷的後果，也是本書此後敘述和分析的焦點。依據一項估計，抗戰開始時期中國軍隊的組成大約是中央直轄部隊共計編成35個調整師，24個整理師。它們在編制上大體成型，但是訓練程度參差不齊。武器配備更不能和少數的精銳部隊相比較。而地方實力派軍隊犖犖大端者則有：東北軍10個調整師；廣東部隊10個調整師；四川西康部隊26-30個調整師，山西部隊若干師。外加西北（甘肅、青海、寧夏、綏遠）的馬家軍和大量其他從來不曾在南京政府編制內而遍布各省的各形各色地方部隊，和沒有部隊番號的武力團體，無法細究。[204] 到了1937年底，基本上中央直轄的調整師和整理師都已經瓦解或是殘破不堪，更重要的是它們喪失了自己的根據地和生存依附，在此後七年戰鬥中成為四處漂浮的客居（寄居）部隊，這個變化又進而逐漸腐蝕了它們的本質。

無可避免地，國軍在淞滬戰爭慘敗及南京防衛戰的無能表現，也使日本信心大增。儘管蔣介石在12月16日再度發表了抗戰到底的堅決聲明，但是日本人認為可以很快結束戰爭，因此請德國大使陶德曼向中國政府轉遞停戰

204 呂芳上主編，《中國抗日戰爭史新編：軍事作戰》，頁165-167。

條件。在陶德曼調停受到中國政府斷然拒絕後，日本就在1938年1月16日宣布，從此以後將不以國民政府為談判對象，同時開始籌畫對華進行長期用兵的準備。但是由於日本主要擔心的是蘇聯動向，因此不敢貿然向中國增兵，只求暫時在中國不擴大戰面。[205] 相對有趣的發展是，蔣介石的態度反因為戰敗而愈加堅決。他在1937年11月中旬向政府高層領導人表示，儘管日本有德國義大利協助，但是世界上有英美法蘇與之對立，只要中國抗戰堅持下去，則日本必定陷於孤立。[206] 不久之後，國民政府決定遷至西南大後方，目的就是使日本無法停止戰爭。徐永昌引用蔣介石的話說，「無論國際情形如何好，日本將來如何壞，還須我們自己不苟安腐化，能一心一德，則持久抗戰，復興民族之希望方能達到。」[207] 顯然地，蔣介石的心態已經從在長江下游和日本人決戰，轉移到以中國西南部為根據地和日本進行無止境的纏鬥，而且強調必需依靠自己的努力，而不是指望國際風雲變幻，去和日本抗爭到底。

七、1937年綜合回顧

南京政府在處理對日關係過程中，有一點非常明顯，那就是早已把中日戰爭看成是不可避免，但是開戰時機卻需要小心把握。大致而言，從1934年底開始，國民政府就著手擬定一個長程計畫，要在全國編成60個師新軍，預計完成目標期是1938年底。但是到七七事變時，這個計畫還沒有完成一半。即使完成德國顧問編練的60個師，全國還有三分之二的部隊仍然是地方實力派部隊。但是蔣介石希望這60個師可以大幅提升中國的總國防力量。

如前文所言，開戰之初國民政府面臨兩項艱難的選擇是，在何處抵抗日本人和如何抵抗。在這兩個問題上，除了本章前文已經討論的因素之外，南

---

205 呂芳上主編，《中國抗日戰爭史新編：軍事作戰》，頁189-190。

206 徐永昌日記，1937年11月16日。

207 徐永昌日記，1937年11月16日。

京政府可能還受到幾個其他重要因素的影響。

儘管這一消耗戰略的最終目的是為喚起日本國民的厭戰情緒，同時激起西方國家關注中日戰爭，但是當年的戰略制訂者並沒有期待僅僅是靠一場戰役就能夠實現以上的預想。[208] 相反地，蔣介石宣稱這種作戰方式將會迫使日本身不由己地陷入在中國全部18省份逐一作戰的泥淖之中。[209] 從這個意義去看，則淞滬戰役並不是一場為迅速結束戰爭而挑起的突擊戰役，反而是一個處心積慮長期消耗戰的開端。

最後，南京政府也曾經對中日雙方可動員的軍事資源進行過長期評估，而開闢淞滬戰場的決策肯定受到了這些評估的影響。1937年7月，中國情報部門判斷日本擁有現役兵員50萬人，預備役240萬人，海軍120萬噸船艦（列世界第三位），空軍三千餘架飛機。[210] 相比之下，中國海軍只是幾十艘內河巡邏艇，完全缺乏能在海洋上作戰的船艦，空軍只有不足100架性能略好的戰鬥飛機。中國陸軍總兵力號稱182個步兵師，依編制有200萬名官兵，但是實際上可能不到170萬人，而且有大批未經任何整理的部隊，又缺乏受過一定訓練的預備役，因此真正能用於第一線作戰的部隊低於半數。[211] 雖然當時西方觀察家誤認為南京國民政府對全中國的軍事控制程度相當高，[212] 但是正如前文所示，它實際掌握的僅有10萬人的精銳部隊與20萬人的普通戰力部隊。我們還必須清楚地意識到，即使在兵員滿額情況下，中國步兵師的火力配備約僅日本的三分之一。根據國民政府在淞滬戰爭中最高司令官的報告，即便是德國訓練的中央軍也不能夠和日軍相比。比如說，張治中屬下

---

208 陳誠，《抵禦外侮與復興民族》（南京，1936），頁66。

209 蔣介石，《蔣總統集》，第1冊，頁798。

210 蔣介石，《蔣總統集》，第1冊，頁798；陳誠，《八年抗戰經過概要》（南京，1946），頁2。

211 陳誠，《八年抗戰經過概要》，頁2；何應欽，《何上將抗戰期間軍事報告》上冊，頁2；何部長軍事報告（1937年2月），秦孝儀主編，《中華民國重要史料初編：對日抗戰時期》，緒編（三），頁351。

212 根據塔克曼的研究，史迪威估計1936年時中央軍有130萬人，地方軍有36萬。參見：Tuchman, *Stilwell and the American Experience in China*, p. 135。

的中央精銳部隊每個師只有8,000餘人，而滿額應該是12,000人，武器更不能和日軍相比。而張發奎屬下的部隊是地方部隊改編成為中央軍，設備又不如中央軍，輕武器是中國製造，炮兵更是缺乏。根據一項資料，全國部隊的正規火炮大概只有457門，當然都是小口徑。[213]

更突出的差距是兩國的裝甲部隊、炮兵，機動能力與後勤效率。日軍一個師團配備有24輛戰車、266輛機動車、555輛馬曳車，而國軍一個師卻連一件也沒有。[214] 根據徐永昌報告，連中國當時少量的防空高射炮，每門炮都只配有3,000發炮彈。[215] 在密集發射情況下，幾個小時就會用罄。即使中方將此種有限的軍事力量全部投入到單個大戰場中，除非天運眷顧，否則國軍很難占據任何優勢。

南京國民政府的困境正如一個資金匱乏的窮漢與財力雄厚的大款博弈。前者基本上只有兩種合乎理性的戰略選擇。要嘛是採取保守戰略，每次投入小額賭注，期能「積小勝為大勝」，最終扭轉戰略弱勢。要嘛是採取高風險戰略，在手中牌看似最好時押下全部賭注，期能「一戰定江山」。當我們將博奕轉化為中日軍事實力較量時，這兩種戰略也會產生全然不同的後果。從博弈論的角度著眼，人們在衡量利弊之後很可能會更趨向採取具有積極進取性的戰略。保守戰略的優勢在於能延緩敵軍前進勢頭，爭取時間以組建新部隊，開發新資源或贏得外力援助。但是假如中國沒有預備役部隊可資利用，假如訓練新部隊需要花費數年時間而成效尚且無法預卜，更假如國內沒有潛在資源等待開發，而西方國家在短期內也看不出會施以援助的希望，那麼這一戰略對中方來說就缺乏吸引力。相反地，採用積極進取的戰略卻能產生不同的結果。假如敵軍原本就不打算擴大危機，那麼中方堅決抵抗的姿態便能

---

213 張發奎，《蔣介石與我》，頁235-236、253；何智霖編，《陳誠先生從軍史料選輯：整軍紀要》，頁61-68；吳相湘，《民國百人傳》（台北：傳記文學出版社，1979），第二冊，頁192-193。

214 陳誠，《八年抗戰經過概要》，表2。Dorn, *Sino-Japanese War*, pp. 7-9.

215 徐永昌日記1937年7月16日。

促使雙方迅速達成停戰。而假如敵軍原本就執意擴大戰事，那麼積極的抵抗姿態至少也能消磨敵人的銳氣，為中方贏得寶貴時間去著手把剩餘資源西撤的計畫。更何況敵國人民的情緒反應還是一個值得期盼的未知數。

因此，在南京政府看來，最初避免全面對抗，爾後在內地實行運動戰的戰略隱含有巨大風險。而如果在開戰初期便堅決抵抗的戰略則至少有兩點明顯優勢。第一，假如1937年日本人的意圖與1932年同樣保守的話，那麼中國很快便能與敵人達成停戰協議（包括華北），並且又能爭取多幾年時間去加強本身的軍事建設。第二，假如日本人有更大更新的領土野心，那麼中國至少也能保住些許籌碼展開持久戰。當然，這是風險巨大的賭博。淞滬會戰所產生的悲劇後果並不在於戰略構想的失誤，而是戰術執行的偏差。國民政府若是有更多的精銳部隊去防守上海南岸，阻擊日軍登陸增援，或是早幾日下達撤退命令而井井有條地脫離戰場，它就能以較小的軍事代價換取巨大的政治勝利。既然蔣介石已經把手中的精銳部隊全部投入戰場，他能夠指望的就是更多的地方實力派能夠向上海提供部隊。當這個設想落空而蔣介石必須把精銳部隊當成是唯一賭注時，他只好依靠自己歷來在戰場上得到的經驗，那就是，勝利成績都應歸功於堅韌不拔的意志力。他所執著的信念，是「堅持最後五分鐘是一切成功的要訣」。[216] 蔣介石這個個人信念很可能最能解釋他為何在11月初依然要求將領們再堅持一段時間，而國際干預只是他能想出來的一個鼓勵部屬士氣的好藉口而已。不幸的是，國民政府在上海沒能克服妄念，總以為自己再堅持一段時間就會導致日軍喪失鬥志，最終把原本大有希望的政治和戰略勝利徹底演變為一場軍事災難。

回顧蔣介石在1933年初，曾經頭腦清醒地對「雪恥」做出過長程性的規劃。他在日記中寫道，「雪恥：整理基本區域，充實基本部隊，籌備基本組織，選定基本人才，以樹立革命中心，完成革命使命。」[217] 他又把這些工作稱之為「今日謀國之道」的最重要項目。但是由於他和主戰派決定在淞滬

216 蔣介石演講，1925年9月9日，《蔣總統集》，第1冊，頁462。

217 蔣介石日記，1933年3月29日，4月1、7日。

地區全力反擊日本，到了1937年底所產生的情況是：基本區域（土地人民）完全喪失，基本部隊（中央軍）徹底犧牲，基本組織（政府機構）大幅破壞，基本人才（公教人員）大量流失。換言之，十年辛苦幾乎毀於一旦。在抗戰的後繼7年中，必須在一個陌生環境下營造一個新的基本地區，建立一支新的基本部隊，修復基本組織，和網羅基本人才。只有在這個基礎上，抗戰才能進行下去。而其所面臨的千頭萬緒和捉襟見肘的場面，正是本書此後各章論述的焦點。

在結束本節討論之前，我們或許可以從蔣介石的角度去理解戰役的深層含義。他在戰敗前夕的10月底，曾經對此前10年的對日戰策做過一個反思，他的分析有幾個重點值得我們注意。第一，他認為日本在亞洲擴張的主要對手是蘇聯，中國只是攔路石，因此日本務必加以移除才能免去後顧之憂。這就說明無論中國如何委曲求全和妄圖妥協，均屬徒然。中國唯一生路就是決心反抗，不可心存僥倖。依他冷靜推算，即使中國承認滿洲國也無法滿足日本少壯派軍人的野心。第二，他認為「此次抗戰實逼處此無可倖免者也。與其坐以待斃，致辱招侮，何如死中求生，保全國格？」以求後人繼起，復興中華。第三，他認為即使是國際同情和干預也必須先由中國承受重大犧牲後才可能予以激發，而不是妄圖挑起國際干預而躲避中國的犧牲。第四，抗戰不論成敗結果如何，都必須進行到底。如果指望不戰而妥協，「則今日國亂形勢決非想象所能及也」。換言之，不管有沒有指望國際干預，中國都必須抗戰。他的結論是，「如此次再不抗戰，則國民之精神消沉，民族等於滅亡矣。」[218] 他當時在心目中整理過的這些「謀國之道」（statecraft）對於後世的當國者都有反復咀嚼的價值。

以上本節對史料的剖析或許可以幫助讀者重新建構對於淞滬戰爭的了解。大致而言，南京政府在盧溝橋事件後的7-10天之間，仍然希望就地解決，由華北地方軍隊與北上的中央軍直接打破日軍把華北特殊化的企圖。當南京政府看出它對華北戰場完全缺乏控制力，而同時又認為中方必須以「戰

218 蔣介石日記，1937年10月31日，「本月自反錄：十年以來對倭之決心與初意」。

而不屈」的姿態去打破日方「不戰而屈人之兵」的美夢時，上海地區在這個新戰略思考下就成為最適當的新戰場。換言之，淞滬戰役在戰略上是可以理解的。不幸的是在戰場實際廝殺過程中，中方原本設想的戰術無法施展，反而被日軍絕對優勢的現代軍事科技所壓制。造成戰鬥和退卻中極為壯烈的傷亡率。

本節開端時曾經提出一個問題是：戰敗的後果如何？而這正是本書此後各章將會不斷地尋求的答案。一旦抗戰開始，國民政府本來鞏固的控制地區開始崩潰。如眾所周知，華東華南是人口稠密、工業化、現代化、都市化最先進地區（包括內地重要城市武漢、廣州、南昌、九江、蕪湖等），但在抗戰的最初15個月內全部淪陷。這個變局馬上造成五個方面的重大影響：1. 政府失去根據地的人力、財力、政府控制體系、社會控制機制；2. 政府必須依賴地方實力派的容忍接納，提供避難所；3. 中央政府機關和國民黨只有部分人員能夠隨政權遷往內地。由於中國地方色彩濃厚，這些「政治難民」雖然形似擁有高位，卻如同水上浮萍，無法融入當地社會基層。語言和風俗習慣無法溝通，不能有效動員本地民眾；4. 他們被視為是不速之客，遭受本地原來政權的極力抵制；5. 最後激發尖銳利益衝突。許多本地人認為原來生活和社會結構被江浙人所攪亂，抗日戰爭使他們惹禍上身。簡言之，淞滬戰役絕不是一場單純的軍事對壘，而是一場徹底改變中國八年抗戰格局的大災難。也因此值得本章花費如許篇幅去討論。

同樣有趣的是，經過了將近6個月的戰鬥，而且日本取得了絕對軍事優勢之後，兩國對於結束戰爭的追求卻顯露出更為明顯的反差。蔣介石在淞滬戰爭前拒絕和談，戰敗後態度仍然頑強。到了1937年底，在政府領袖們之間，與日本和談之說日漸濃厚。[219] 最戲劇化的例子是國民黨元老級人物如程潛和居正。他們在戰前曾經痛斥主和的胡適為賣國賊，應該逮捕定罪。但是目睹淞滬戰爭失敗之慘，卻變為極力主和，居正甚至表示如果無人敢簽署和約，他願意犧牲自己的政治生命去簽約。但是蔣介石不予理會，因此不了

219 陳克文日記，1937年12月4日；《困勉記》，1937年12月15日。

了之。[220] 但是其他管道的和平活動依然持續不斷。比如說，日本外相在12月底又委託陶德曼大使再度提出和平條件。蔣介石沒有親自會見陶德曼，只是委派孔祥熙見面。孔祥熙個人歷來主張和平甚力，並把日本的新條件提交最高國防會議常務會議討論。但是由於蔣介石明白主張持久抗戰，其他人就不方便表態主和。[221] 還有一個背景因素使得陶德曼的和平試探變得十分重要，那就是12月24日，陳公博和郭泰祺兩位赴歐洲的特使向南京政府報告他們和英國首相談話結果，後者坦白說明中國如果想運用國聯或是英法俄聯合抗衡日本，為不切實際。[222] 換言之，如果中國果真想要結束戰事，則陶德曼的試探就成為唯一機會，必須予以珍惜。與此同時，日軍司令松井石根又在上海宣稱日本暫時休兵，等待中國反省。如果中國政府執迷不悟，則日本將進一步攻打漢口和重慶。[223] 這一連串動向都對中國政府領袖們提升了和談的政治壓力，無法視若無睹。

但是由於蔣介石明確主戰，又使得政府官員間的議和之說趨向謹慎，因為如果官員繼續推動議和，其含義就是逼蔣下野。12月17日蔣介石又在武漢發表公開演講，稱中國應當繼續抗戰，並宣稱政府一定有辦法補充軍隊和武器。其用意就是想要安定軍心並阻遏和議。12月20日白崇禧也在最高國防會議發言，認為必須抗戰到底，絕不可以議和。[224] 12月29日蔣介石更約見居正于右任兩位院長和王寵惠外交部長進行長談，說明中國萬無接受屈服和平條件之可能，否則民族精神喪失，即為永久淪亡。[225] 因此到了1937年年底，議和的氣勢又經過一度漲落。

---

220 王世杰日記，1937年8月7日，11月21日。

221 王世杰日記，1937年12月27日。

222 陳布雷從政日記，1937年12月24日。

223 王世杰日記，1937年12月29日。

224 王世杰日記，1937年12月15、19、20日。

225 陳布雷從政日記，1937年12月29日。

第三節　武漢會戰

1937年11月底，國民政府決定遷都重慶，表達出其持久抗戰決心。1938年1月，國民政府宣稱過去6個月的戰略有效地打破了敵人「速戰速決」計畫。今後必須「積極動作」，「時時保持主動地位來攻擊敵人」以鞏固武漢。政府同時承認，戰爭使國軍暴露諸多致命弱點，因而將積極著手強化部隊的訓練與整編。[226]

就日方而言，滬戰結束與和談努力擱淺後，日本內閣首先發表聲明，此後將不以國民政府為談判對象，希望替中國主和派營造聲勢。此計不售後，日軍只好再度轉向以軍事手段打破僵局。1938年2月，日軍從山東沿津浦線南下，以徐州為目標發起新一輪攻勢，作為進攻武漢的前奏。當時，第五戰區司令長官李宗仁掌握兵力約20萬人。3月，日軍為掃除進攻徐州路線的障礙，開始攻擊台兒莊，然而到4月8日台兒莊戰役結束時，日軍遭受慘重挫敗。除損失大量裝備外，共有12,000-16,000名日軍士兵傷亡。[227] 而國軍方面的傷亡大約3-5萬人。[228]

台兒莊戰役勝利的重要性，不僅是因為這是國軍自開戰以來第一場真正擊潰敵人，給日本不以國民政府為談判對象的豪言壯語潑上一大盤冷水，[229]

---

226 吳相湘，《第二次中日戰爭史》，上冊，頁435-436。

227 防衛廳，《中國事變陸軍作戰》，第2卷，頁24-42；Tuchman, *Stilwell and the American Experience in China*, pp. 231-237. 日軍在台兒莊戰役損失估算：第五師團陣亡1281人，負傷5478人，第十師團陣亡1088人，負傷4137日。所以總共傷亡達12,000餘人。見：呂芳上主編，《中國抗日戰爭史新編：軍事作戰》，頁194。至於其他的估計，請參閱姜克實著作，引自白先勇，廖彥博合著，《悲歡離合四十年，白崇禧與蔣介石（上）：北伐．抗戰》，頁262-263，特別是註#51。日軍傷亡數字的日方資料細節，見：郭岱君主編，《重探抗戰史》，第一冊，頁444，註#107。

228 徐永昌日記，1938年4月9-10日。徐永昌只記載了3萬人，但是孫連仲，湯恩伯，和雲南部隊的傷亡總數應該超過5萬人。

229 王世杰日記，1938年4月7日。

而且戰役還實現了中央軍與地方軍（約共28個師）聯合作戰的新面貌。當然，這樣混雜的部隊自有其局限性：為適應各部隊的複雜背景和彼此之間的歷史恩怨，指揮層不得不遷就事實，保留各部傳統。這樣反而使指揮單位過多，影響團結合作；有時為了保持各部隊表面上的平等待遇，有些號稱軍團名義的部隊其實只有一個師的兵力；部隊缺乏充足裝備和完善後勤制度，作戰效率低下，都造成了嚴重困難。[230] 有時為了達成合作目的，指揮官甚至需要派遣「和事佬」去協調部隊長官捐棄前嫌，通力合作。[231] 這些都是後來李宗仁贏得善於整合雜牌部隊美譽的由來。

而國軍面對的日軍，則只是一股數目微小但是自信心過度膨脹且冒險深入的隊伍。結果日軍在激戰後撤退時，國軍也已精疲力盡無力乘勢追擊，喪失了徹底消滅敵軍的大好機會。[232] 中國軍隊只能與日軍後衛部隊接觸，未能抄截猛追，所以只有殘破物品的虜獲而已。[233]

台兒莊大捷多年來在抗戰史上占據醒目地位，最重要的貢獻，是它在中國抗戰半年來一片慘敗的灰色情緒下，終於帶來了第一個貨真價實的勝利喜訊，對於民心士氣造成極大鼓舞。台兒莊戰役還衍生了一些牽強附會的傳聞，對於我們嚴肅了解抗戰歷史造成扭曲。比如說，歷來一種傾向是突出李宗仁的寬宏大量，善於結合各種不同背景的部隊，無分彼此地靈活而又公平運用，和蔣介石的歧視雜牌部隊形成鮮明對比，目的是推崇李宗仁的統御能力和技巧高於蔣介石。這種只顧一點而不及其餘的歷史論證方法，忽略了一大批相關因素，也缺乏公正性。因為如果有學者真想把蔣介石和李宗仁的軍事統御術做比較，就需要把抗戰時期他們二位的全部指揮成績做一個有系統的篩選和分析，才可能得出細緻而持平的結論。[234] 單就台兒莊一次戰役而

---

230 國防部，《抗日戰史：徐州會戰》，頁261。

231 指西北軍將領張自忠和龐炳勛不和。見：白先勇，廖彥博合著，《悲歡離合四十年，白崇禧與蔣介石（上）：北伐‧抗戰》，頁254。

232 Dorn, *Sino-Japanese War*, pp. 156-158.

233 根據徐州參謀報告。徐永昌日記，1938年4月12日。

234 其他可能性的解釋：比如說黨派蓄謀的言論導向、桂系軍人的自我吹噓、和反蔣人士的幸

言，李宗仁固然名義上是戰役的最高指揮官，但是蔣介石在整個戰役中其實給予高度關注，投入資源和從旁協助，而且還特意派遣了親信林蔚、劉斐，和原本在中央輔佐軍機的桂系領袖白崇禧到前線輔佐，這些都默默地發揮了重要指揮和參謀功能。[235] 再就作戰部隊而言，根據戰役後調查，兩個戰功最大的部隊，分屬孫連仲和湯恩伯。孫連仲原本是馮玉祥西北軍舊部，1931年歸順南京政府成為中央軍系統一分子。湯恩伯則自始是中央軍中堅分子。他們官兵作戰最英勇，犧牲最大。孫連仲三個半師，到了4月初剩下官兵只有五千人。而湯恩伯部隊（兩個師）則損失了一半官兵。[236] 縱使李宗仁名義上指揮的部隊眾多，而且所謂「雜牌」番號遠遠占絕大多數，但是真正取得戰場成果的依然是蔣介石手下的忠貞部隊。更何況在此之前，孫連仲和湯恩伯在華北戰場已經和日軍長期鬥爭。相對而言，原本就在第五戰區的桂系部隊（第31軍，第11、21集團軍）卻沒有突出表現。[237] 但是以上這些細節在一片喜氣洋洋氣氛下，世人都不忍心仔細計較。更重要的是，李宗仁在此後七年抗戰中是中國戰區最最重要的指揮官，統兵數十萬人，指揮權的自主性極高，經過大小戰役數十次，卻不再見其足以與台兒莊倫比的戰績。因此台兒莊的成就究竟應該如何歸屬，仍然不可大而化之。

同樣值得注意的是，台兒莊戰役剛結束，有人立即主張應該大肆慶祝，但是軍令部長徐永昌和軍政部長何應欽則一致認為勝利成果並不輝煌，不宜過分渲染。豈知市面上已經發動敲鑼打鼓，使徐永昌感到「坐不安席，吾人不知恥辱乃至於此。」[238] 徐永昌認為中國正處在戰敗、失地，和拋棄首都等沉重傷痛之際，不宜誇大一次戰役戰果而自我陶醉。為此他即刻呈請蔣介

災樂禍。

235 徐永昌日記，1938年3月24日，4月8日。

236 徐永昌日記，1938年4月13日；白先勇，廖彥博合著，《悲歡離合四十年，白崇禧與蔣介石（上）：北伐・抗戰》，頁262、266。

237 白先勇，廖彥博合著，《悲歡離合四十年，白崇禧與蔣介石（上）：北伐・抗戰》，頁241-266。

238 徐永昌日記，1938年4月7日。

石施加節制。但是讓他失望的是，蔣介石雖然電令不得鋪張慶祝，但是語句不夠明確，以致無法有效地制止。徐永昌不禁回憶到連盧溝橋事變時也曾有人慶祝中國軍隊大勝，令他感到「真是既愧且懼。」[239] 而何應欽則指出，台兒莊雖然號稱「大捷」，但是日軍實際被俘者只有一個人。[240]

雖然徐永昌對於蔣介石形似放縱慶祝活動而心存不滿，但是他並不了解蔣介石私下的感受，進而產生錯誤解讀。其實蔣介石在4月初看到台兒莊戰況膠著時曾經連日憂心忡忡。因此在4月7日得到戰勝報告時，當然內心極為高興，但是也立即做出反應，「軍民聞勝而喜則可，然驕則危矣。」因此他在沒有接到徐永昌建議之前已經指示宣傳部切不可大肆渲染。豈知武昌漢口兩市從下午就滿城鞭炮聲，入暮又火炬遊行，終夜未停。蔣介石的反應是「聞聲生憂，而作歎矣」。其實蔣介石的反應背後有兩個考慮。第一個當然是希望軍民戒除虛驕，不要以一場小勝而大喜若狂。第二個是他心中還有一個更具謀略深度的想法，那就是他一直希望日本把蘇聯當做主要攻擊對象，因此寧可日軍不把國軍放在眼裡。但是如果中國過度渲染日軍在台兒莊「慘敗」，就會使日本面子下不了台，必須進行報復，反而撇開了攻俄計劃集中全力攻華。這就會使國軍得不償失。[241]

純粹從數量而言，在台兒莊戰役中日兩國兵力部署對比上，中國擁有超過了10:1壓倒性優勢，而在實際戰鬥中日雙方傷亡比例則大約是3-5:1。換言之，中國軍隊付出的代價遠遠超過日軍。稱之為「大捷」頗屬牽強，而其實質意義則只是日軍在進犯武漢途中遭遇的一個小挫折，短暫地拖延了日軍長驅直入指向徐州的如意算盤，但是並沒有造成任何戰略性效果。日軍稍事喘息，在一個月後重新攻擊徐州，隨即占領該地。而在這個過程中，國軍依然接受李宗仁指揮，卻連續遭受重大損失。據軍令部資料顯示，由台兒莊戰役

239 徐永昌日記，1938年4月8日。

240 王世杰日記，1938年4月20日。

241 蔣介石日記，1938年4月2、6、7日。只是他這番內心話似乎沒有和徐永昌說明。

至徐州陷落，入院傷兵就達到七萬餘人。[242] 不管是李宗仁或是那些參加台兒莊戰役的將領們，依然無能為力。特別是李宗仁善於統御運用「雜牌」部隊的美譽，在此後抗戰七年中蹤影不再。

一個有趣的問題是：不知蔣介石在不積極禁止民間慶祝時，是否是他內心曾經擔憂他人會借此批評他度量狹小，妒忌李宗仁的戰功而故意加以打擊？但是徐永昌的態度則完全明確，因為他在八年抗戰中最深切痛恨和嚴厲譴責、而又無力糾正的，就是個別將領的無恥，謊報小勝為大捷，甚至把自己臨陣脫逃和袖手旁觀的醜行，描繪成為英勇殺敵和屢建奇功。台兒莊「大捷」對人民群眾心理而言，的確是注射了一劑強心針，當然是一個可喜的局部性勝利。但是對於抗戰大勢沒有產生逆轉性效果，更無法成為坊間借題發揮和揣測引申的依據。特別是關於李宗仁的統御才能，桂系軍隊的戰功，和桂系的軍民關係，本書今後各章將會有更多機會予以檢視。

日軍在1938年5月17日開始炮轟徐州市。李宗仁和白崇禧當天就率第五戰區長官司令部撤離。這個敵軍未至而長官率先脫離戰場的行動，顯然大出蔣介石意料之外，以致他在日記中憤怒地發洩，「徐州自昨日李，白離城，軍心必動搖，恐不能久保矣。如此重鎮，正可固守，危急之時，主帥更不能移動。只要主帥鎮定，必可轉危為安。今擅自棄遺，亦不奉命，何以抗戰？何以立身？」他為了補救和扭轉頹勢，甚至親自發出十幾封電報給前方部隊長官，督勉他們努力作戰，但是沒有產生效果。而他對於桂系失職將領儘管私下憤怒難抑，也不敢予以懲處，只好自責「知人不明，用將不察」，顯示他的百般無奈。[243]

徐州淪陷（5月19日）使日本達到了打通津浦路與截斷隴海路的雙重目的。隨後他們便能利用徐州作為跳板，沿隴海路西進攻擊鄭州，沿平漢線南下進攻武漢。6月上旬，中國方面在情急之下，掘毀了開封以西的黃河堤防。沖出的河水使河南、江蘇、安徽部分地區洪水氾濫，導致千萬民眾承受重大

242 徐永昌日記，1938年6月12日。

243 蔣介石日記，1938年5月18-19日；鄭洞國，《鄭洞國回憶錄》，頁215-216。

損失。但洪水形成的黃泛區有效延緩日軍的前進步伐，為保衛武漢爭取了將近半年時光。[244]

從大局著眼，武漢必然是日軍重要的戰略目標。作為華中地區政治中心，武漢扼控長江航運與粵漢鐵路，同時也是當時中國僅存的工業中心，如果淪陷，其對國民政府的打擊不亞於上海陷落。出於上述原因，日軍積極組織武漢會戰，由華中派遣軍司令官畑俊六集合了38萬人的大軍。[245] 中國方面同樣對武漢的防守十分重視，第九戰區司令長官陳誠統轄45萬人的戰區基本部隊，[246] 另外第五戰區李宗仁下屬部隊34萬人，兩者總共122個師，總兵力達80-100萬人。這是自淞滬會戰以來中國方面集結的最大規模部隊。[247] 為了供給這一龐大部隊，中國政府發起了後勤保障運動。[248] 這得力於武漢周邊良好的交通系統，而在隨後幾年的抗戰中，國軍的補給再也無法達到武漢會戰時期的水準。

1938年6月，日軍在集中了數百門火炮、飛機、登陸艦隊、巡洋艦與驅逐艦之後開始行動。它的計畫是首先攻占長江兩岸通往武漢的一系列要塞。但是沿江進攻的日軍不但遭到了要塞守軍的頑強抵抗，而且被在長江兩岸山區內活動的國軍部隊所襲擾。結果在遭受了巨大傷亡與物資損失後，日軍先頭部隊要到9月底才進入湖北省。[249]

正當華中地區日軍向武漢推進的同時，另一支日本部隊在廣州附近大鵬灣秘密登陸（10月12日），並且迅速擊潰了戰鬥力低劣的廣東地方部隊。

---

244 趙曾儔等編，《抗戰紀實》第1冊，頁118；吳相湘，《第二次中日戰爭史》上冊，頁446-447。

245 防衛廳，《支那事變陸軍作戰》，第2卷，頁136-218；日本國際政治學會編，《通往太平洋戰爭的道路》，第4卷，頁43-53；角田順，《日中戰爭》第2卷，頁269-272、286-301。

246 根據何應欽報告，我軍已經派配置50個師保衛武漢。王世杰日記，1938年7月8日。

247 國防部史政編譯局，《抗日戰史》，第5冊，頁19（台北：國防部史政編譯局，1987）。又：國防部史政編譯局，《日軍對華作戰紀要：初期陸軍作戰（二）華中華南作戰及對華戰略之轉變》，頁132、178-180；鄭洞國，《鄭洞國回憶錄》，頁220、222。

248 國防部，《抗日戰史：武漢會戰》，頁899-900。

249 國防部，《中日戰爭史略》（台北，1962），頁221-228。

隨後又在幾乎沒有任何抵抗情況下，於10月21日輕鬆進占廣州市。[250] 上海失陷後，中國急需的戰爭物資，大約有75%是從廣州港口進入，並由粵漢鐵路運至內地。[251] 廣州市和粵漢鐵路一旦淪陷，武漢的戰略地位隨即降低。在粵籍將領失去廣州4天后，國民政府下令完全撤離武漢。

回顧蔣介石在1938年初的基本態度，是要親自死守武漢，但是並沒有得到某些高級將領熱心應和，讓他感到失望。[252] 此後半年中，中國最高軍事領袖們對於大戰略出現了不同意見。根據徐永昌記錄，即使在9月上旬，「蔣先生甚醉心於固守武漢三鎮，以為可以久守。」 但是白崇禧「極主保持持久，不決戰。」[253] 蔣介石最後採納了白崇禧的立場，在1938年10月18日決定放棄武漢，並且對自己戰略思想的轉變也留下了記錄。在廣州淪陷之前，蔣介石認為必須保衛平漢鐵路和粵漢鐵路。但是一旦粵漢鐵路被日軍封鎖，而西南和西北交通網也逐步建立，工業內移的努力又做出成效，西南地區的經濟建設也因之粗具規模。換言之，華西已經逐漸成為長期抗戰基地。因此，武漢保衛戰的主要目標不再是堅守，而只是消耗日本資源而已，對於長期抗戰並無絕對必要性。[254]

更何況，即使國軍堅守武漢，最後依然會淪陷。因此蔣介石認為國軍應該自動放棄，保存實力。他又認為放棄武漢的這個舉動，本身就可以給日本一個信號，那就再度宣示中國準備抗戰到底的決心，不受日本和談誘惑。[255] 蔣介石夫婦一直留守武漢到10月24日晚間，並且在行前下令炸毀武漢所有

250 日本國際政治學會編，《通往太平洋戰爭的道路》，第6卷，頁53-54；角田順，《日中戰爭》，第2卷，頁273-280；《華南淪陷區特記》（出版地、出版日期均不詳），頁1-4。根據李樸生敘述，廣州淪陷時，余漢謀不知日軍已經登陸大鵬灣，任用無能親信為幹部，不向士兵發槍，反而向民間搜刮槍支，因此無法作戰。見：陳克文日記，1938年11月9、10日。

251 吳相湘，《第二次中日戰爭史》上冊，頁456、463-464。

252 蔣介石日記，1938年3月7日。

253 徐永昌日記，1938年9月6、9日。

254 秦孝儀主編，《總統蔣公大事長編初稿》，第4卷，上冊，頁301-302；蔣介石日記，1938年10月17日。

255 蔣介石日記，1938年10月22日。

重要設施，不讓日本人占據運用。讓蔣介石感到安慰的是，將領們沒有喪氣，鬥志高昂，敗而不潰。[256] 在前後幾個月之內，蔣介石由堅持死守上海到主動放棄武漢，這種戰略思想上的巨大變化，頗為令人注目。

第四節　日本新戰略浮現

以日本觀點看來，占領武漢意味著中國事變的軍事行動已接近尾聲。即使是日本在中國派遣軍中最激進的軍官，自始也從未設想過需要到中國西南山區作戰。因此日本認為中國問題已經解決，此後工作重點應該轉移到建立東亞協同一體，日本滿洲支那三國互相提攜，樹立政治，經濟，和文化互助連環關係，共同防共，大力扶植地方政權等等。[257]

從日本角度審時度勢，在開戰後15個月中，日軍曾經不斷試圖通過擴大戰爭迫使中國政府簽訂和約，但都徒勞無功。在日軍攻占了所有重要軍事目標後，中國堅定不移的抗戰當然令日本感到沮喪。從日本觀點來看，中國西南地區原本就不在它戰略視野之內，完全缺乏價值，而此時居然被中國政府當成是堅持抗戰的根據地，當然無法為日本政府提供任何讓步理由。因為在日本看來，中國政府在地形崎嶇不平而又經濟文化貧困落後的西南地區將永無翻身之日。

即便如此，日本依然探索各種管道去結束戰爭。比如說，1938年11月3日，近衛文麿發表第二次聲明，語氣漸趨曖昧，改為倡議由日本，滿洲國和中國，根據友好共同防共和經濟提攜等原則，建立東亞新秩序。[258] 汪精衛和孔祥熙都興奮地視之為中日關係一大轉機，但是蔣介石對和談依然斷然拒

256 蔣介石日記，1938年10月24、30日。

257 蔣介石日記，1938年12月1日。

258 江勇振，《蔣廷黼：從史學家到聯合國席次保衛戰的外交官》（台北：聯經出版公司，2021），頁194。

絕。到此為止，整個抗戰中，雙方領袖的心理狀態，的確是一個高度有趣的國際政治心理學的研究課題。日本軍方從傳統國力分析為出發點，不斷努力地以軍事行動去摧毀中國的物質能量，其核算指標是土地、人口、資源、交通、軍隊、武器、戰略據點等等。打從盧溝橋開始，特別是經過上海和南京以來，日軍每一次都將其戰場勝利視之為是超越了中國能夠承受的極限，因此中方必定會接受日本的和平條件。

但是中方領袖卻或者是「軟硬不吃」，或者是「冥頑不靈」，似乎對於痛苦缺乏感覺。正好相反地，也或許是更為令人沮喪的是，中方領袖居然會從世人有目共睹的慘象中得出截然相反的結論。因此，當國民政府放棄武漢而西撤入川時，蔣介石回顧歷史所做的結論居然是「以現代戰爭，三等國家（指中國）與一等國家（指日本），能持久至十八個月之久，而尚不能為敵戰勝，則如此偉大之民族，地廣人眾與文化悠久如中國者，何患其不復興？民族意識與革命精神，已足證明其能戰勝一切，敵國於此十八個月中用盡全力，尚不能戰勝中國，尚復何言？中國亦決不懼人併吞矣。」[259]

蔣介石這種把戰場逆境和人間災難，解釋為樂觀前景的作風，就難怪他在淞滬戰爭慘敗後的1938年一整年之中，對於日本經由各種渠道傳遞過來的和平試探，一律採取相應不理態度。[260] 到了8月份，他又下令嚴禁一切公私人員與日本人接觸，違法者即視為私通敵軍，以漢奸罪論處。[261] 10月份廣州淪陷後，日軍顯然希望傳達它以武力使中國屈服的決心，因此昭示廣東人民，只要後者不進行抵抗就可以免遭傷害，希望藉此可以換得廣東人民的馴服與合作。日本最後還向英國施加壓力，不可對中國施出援手。這一切動作都是在向蔣介石提出警告，繼續抵抗只是死路一條。豈知蔣介石卻做出完全相反的結論。他宣稱，日本既然在廣州登陸，就更無法結束中國戰事，因為

---

259 蔣介石日記，1938年11月22日。

260 蔣介石日記，1938年1月2、17日，2月21、25日，3月4、22日，8月25、26日，9月12、14日。甚至日本暗示天皇可以取消1月16日不以國民政府為談判對手宣言時，也嗤之以鼻。

261 蔣介石日記，1938年8月21日。

國軍既然在粵漢鐵路之東都能夠堅持15個月戰鬥，則此後在鐵路之西的戰鬥將會更容易而持久。[262]

到了1938年底，蔣介石在日記中寫道，「不准『蕭』赴港，對土肥原應堅決不理。」[263] 當蔣介石剛從武漢撤退到重慶後不久，看到許多政府官員表現悲觀，包括汪精衛在內，很想阻止這種情緒漫延。至於蔣介石之所以採取這種果斷立場的理由，則在日記中寫得很清楚，「戰則死中求生，不戰則束手待亡。中途妥協無異自取滅亡。塘沽協定以後為生存條件最低之限度，尚不容保留，則存不如亡，不如同歸於盡。只要我能抗戰，我不妥協，不訂任何條約，則最後勝利自屬於我。」[264] 12月初，蔣介石在和黨政領袖們談話時，又反復說明只要政府拒絕和日本談和，日本就無法消滅中國。而且中國無需擔心短暫性的挫折失敗，因為國家必可復興。[265] 面對蔣介石如此「不可理喻」的邏輯思維，汪精衛終於在兩周後決定潛離重慶，自謀出路。

就日本而言，面對蔣介石這種無視於戰場上的災難，而依然頑強抵抗的反應，它似乎只能想出兩個對應方法。第一個是加以肉體消滅，第二個是予以政治忽視。在1938年日本似乎兩度圖謀把第一個方法付諸實行。5月13日，日軍情報顯示蔣介石可能在徐州前線視察，因此派飛機狂炸他以前曾經住宿過的火車站四號房，幾成焦土，蔣介石認為「敵必欲殺余而甘心也」。8月12日，日本又出動60餘架飛機集中轟炸蔣介石在武漢省政府的寓所。這次蔣介石的確在現場，住處附近落彈百餘枚，貼身衛士死傷二十餘人，而蔣氏夫婦又逃過一劫，但是因為住所全毀，當晚只好移居中央銀行漢口分行。[266] 日軍在90天內兩次謀殺行動都未能湊效。除了謀殺蔣介石個人之外，其實日軍對於摧毀國民政府機構和殺戮官員的轟炸行為，在1938年初已經開

---

262 蔣介石日記，1938年10月12、13日。

263 「蕭」顯然是某個官員的代號，身分不明。見：蔣介石日記，1938年12月18日。

264 蔣介石日記，1938年11月22、28日。

265 蔣介石日記，1938年12月9日。

266 蔣介石日記，1938年5月13日，8月12日。

始，在整個武漢時期持續維持高度壓力。[267]

至於第二個政治忽視的方法，則是日本政府在1938年1月16日宣布不再以國民政府為談判對手之後的數月中，加快解決事變的步伐。通過在華北、華中地區扶植各色傀儡人物，以期建立具有一定公信力的政權。1937年12月，於華北成立「中華民國臨時政府」；於1938年3月在華中也建立了「中華民國維新政府」。日本下一步計畫是將兩地方政府合併為全國性政府，作為「大東亞新秩序」的一員。

早在武漢會戰時，日本政府已經另闢蹊徑，試圖與汪精衛接觸。根據汪精衛親信回憶，在武漢時期至少有4次外國努力調停，它們分別是：1. 陶德曼調停；2. 義大利駐華大使見汪精衛；3. 英美大使見汪精衛；4. 盛宣懷長女諸青來夫人傳信，都是試探由汪精衛出面主持和談的可能性。1938年11月25日南嶽軍事會議，汪精衛成為國民黨副總裁，兼任國防最高委員會主席，使蔣介石專心整軍抗戰工作，汪精衛則在後方主持黨政工作。此時汪精衛妻子陳壁君由香港到重慶，而高宗武和梅思平則秘密到上海和影佐禎昭談判，日本方面希望汪精衛脫離重慶另組政府，主持談判和平。[268] 日本在11-12月目睹蔣介石「冥頑不靈」之後，加快與汪精衛談判的步調。

就在武漢撤退（10月底）之後的兩個月間，國民政府內部也發生重大變化。在武漢，政府官員們和社會學者們仍然可以自由而客觀地討論「和、戰」的利弊，但是政府退守重慶後氣氛大變。主和言論被視同賣國，不再敢公開表達。高官之中，汪精衛和孔祥熙雖然傾向和平但是言辭益趨謹慎，而孫科則堅決反對和平。[269] 在12月9日一次會議中，孔祥熙依然主張可以考慮和議，同時表示擔心日本會進攻廣西雲南等省份。但是蔣介石非常堅持繼續抗戰，認為半年之內西南省份的安全不成問題，並且倡議政府應該確立一個為期兩年的計畫，聚焦于大後方省份的政治經濟建設。當汪精衛詢問中國政府

---

267 陳布雷從政日記，散見：1938年1-10月份。

268 《陶希聖年表》，頁156、158。

269 王世杰日記，1938年10月24日。

可以考慮何種媾和條件時，蔣介石的答覆簡單乾脆，那就是回復到盧溝橋事變之前狀態。[270] 這應該是汪精衛和蔣介石最直接而清楚的一次有關和談的對話，使汪精衛完全了解蔣介石立場。簡言之，蔣介石此時全然不擔憂西南省份安全；他要致力於建設長期根據地，而他的和談條件則是日本放棄自七七事變以來辛苦所贏得的一切軍事勝利成果。1938年12月底，汪精衛終於在徹底絕望中出走重慶。[271]

在日本人看來，汪精衛的叛逃預示著中國事變將會出現大轉機，所以在1939年集中精力與汪密談，試圖在南京組建代表整個占領區的中央政府。在政治上，日本人更願意將重慶政權視作無所作為的偏遠地方政權，而將注意力轉向建設密切日、滿、中合作新秩序。[272] 在軍事上，日軍方面避免針對國民政府發動大規模攻擊，認為不值得浪費資源，而且在短期內也難以獲得決定性勝利。只要孤立國民政府，最終就可以使之垮臺。[273] 換言之，日本在1939年中期以後的策略，主要是促進汪精衛政權成立，統一對華和平工作，使戰略和政略互相配合，撤銷「華中派遣軍司令部」，成立「中國（支那）派遣軍司令部」。目的是以政治手段解決中國問題為優先，作戰是次要活動。希望早日結束中日戰爭。[274]

當日本轉向恢復占領區日常秩序時，清剿各色各派抗日組織的時機也趨向成熟。日軍先前為迅速攻占華北與華中重要目標時，並沒有花費餘力去對付地方性抗日組織。1938年，日軍盡全力奪取了其占領區域內的剩餘交通線，並將國軍殘餘部隊驅逐出去後，日軍不再對中國內地實行大規模地面進攻，改以對人口密集城市進行大規模轟炸，企圖徹底瓦解大後方民眾士氣，阻擾重建工作。1939年5月，重慶冬霧消散後，立即成為日本空軍全面轟炸

---

270 王世杰日記，1938年12月9日。

271 關於汪精衛出走，在南京和日本人談判，陶希聖得到的資訊和最後逃出到香港等事件，見，《陶希聖年表》，頁158-186。

272 《和平反攻建國文獻》，第1卷，《日本》（南京，1944），頁1-2。

273 野澤豐，《日中戰爭》，II，頁162-169；吳相湘，《第二次中日戰爭史》，上冊，頁573。

274 呂芳上主編，《中國抗日戰爭史新編：軍事作戰》，頁222-230。

對象。直到1941年底日軍將飛機轉移至太平洋戰場之前，對中國內地的大轟炸，是日軍企圖以民間殺戮去消滅國民政府的主要戰略。

第五節　1939年冬季攻勢及其影響

一、攻勢的背景——國軍重整旗鼓

淞滬會戰後，中國持續抗戰的首要工作就是必須儘快重建軍隊。由於地方軍在前期作戰中表現軟弱無能，而中央軍又幾近全盤覆沒，因此國民政府認為必須制定一個全面計畫，訓練軍隊、恢復戰力，而最迫切工作莫過於施行全國性兵役制度，以求保證持續不斷地補充作戰部隊。[275] 幾乎從1938年1月開始的整年時間裡，蔣介石日記就不斷出現「整軍方案與實施辦法」等字眼，顯示他的高度關注，其最初內容是編練20個師的新軍，隨後又計劃擴大為60個師，包括補充兵源，養成和訓練初級官兵，改良軍事教育等多方面。蔣介石本人還多次親自主持整軍會議達5-6小時之久。政府在此過程中也進行選定將領人才工作，入選者包括霍揆彰、李延年、關麟徵、李仙洲、俞濟時、和宋希濂等人，後來都成為中央軍骨幹將領。[276] 總體而言，蔣介石在1938年中期的戰略考量，是認為如果決戰沒有勝算把握，就擇地扼守，等到整軍完成後再採取攻勢。[277] 這一系列的動作都可以看到稍早德國顧問們建軍觀念和實際措施所遺留下來模式的持續影響，只是此時是由中國人自己動

275 張其昀，《抗日戰史》（台北，1966），頁57-58。

276 蔣介石日記，1938年3月4、5、13日，5月19日，11月1、7、25日。

277 他還主張不宜防守大面積地區，應該「縮小範圍，另起爐灶，重打天下。」見：蔣介石日記，1938年6月26日。但是面對日本加強和平攻勢，蔣介石的反應是充滿信心，一方面拒絕和談，一方面希望日本掉進中國泥淖更深，有助於中國的反攻。

手去做，希望依然能夠重現當年的成果。

1938年11月25-28日召開的第一次南嶽軍事會議，是抗戰後第一場大規模軍事會議，國民政府提出了一項全面的軍隊整訓計畫，以一年為期，完成輪流訓練全國軍隊。其目的除了提高士兵戰鬥技能外，還要增進高級軍官的學科和領導能力。國民政府也同時調整了軍事機構，重新劃分了10個戰區，精簡了指揮系統。在戰區內，軍隊編制由上至下依次為集團軍、軍、師，旅和團。[278] 簡言之，「建立新軍，整理舊軍」成為1939年同時並進的工作重點，而且在南嶽會議決議施行三個月之後，蔣介石宣布它的基本工作已經完成。[279] 5月份，重慶政府又擬定建立10個新軍的計劃，委派了10個軍長，和抽調20個師的官長到後方去訓練新兵。[280]

與此同時，後勤補給制度改進也得到了重視，使之更能適應現代戰爭需求。抗戰爆發至1938年底，戰區內作戰部隊通常向兵站處領取糧食和器材補給。但這造成大量運輸成本，還有延誤的風險。一旦後勤系統運轉不靈，部隊便只能就地取糧。鑒於西南地區缺乏運輸設備，補給困難日益加劇，自1939年1月起一律發給米津，就地採辦糧食。為了改善軍隊補給，後方勤務部制定了更為有效的兵站系統，以充分適應野戰軍作戰需求。[281] 最後，為提高軍官素質，政府頒訂了一系列軍官訓練計畫，其中包括設立中央軍官訓練團。[282]

重慶政府這些努力不僅是要提高部隊戰鬥力，也反映了領導人想從根本上重新評估戰局，預想新戰略。

儘管打從戰事之初，國民政府就有心理準備進行一場持久戰爭，卻並未

278 陳誠，《第二期抗戰關於政訓工作之指示》（出版地不詳，1938），頁151-156；蔣介石，《蔣總統集》，第1冊，頁980-981；陳誠，《抵禦外侮與復興民族》，頁150-152。蔣介石，《蔣總統集》，第1冊，頁1064；蔣君章，《中華民國建國史》（台北，1957），頁228-229。

279 蔣介石日記，1939年1月14日，「上星期反省錄」，2月5日，4月22日，「上星期反省錄」。

280 蔣介石日記，1939年5月「本月預定大事表」，5月6、21日。

281 國防部，《抗日戰史：二十八年冬季攻勢》，頁497-501。

282 劉紹唐，《民國史事日誌》，第1卷，頁584-587。

想到戰爭會持續如此之久，[283] 但戰鬥打響後，中國方面的戰略指導逐漸變成清晰。1937年12月，蔣介石用鯨和蠶來比喻日本入侵中國的戰略。他認為日本急於「鯨吞」中國，而非「蠶食」。為此中國的反制戰略就是「以空間換取時間」手段，不讓日軍輕易地吞噬中國大片疆土，迫使後者必須深入內陸逐省作戰。從這個角度看，中國雖然技術落後、組織渙散，但擁有大片領土和充足人力和農礦資源；而日本雖有先進科技、嚴格組織，但領土狹小、缺乏人力和物資。如果中國能夠有效地抵擋住敵人最初發動的幾波猛烈攻勢，則日軍此後就不得不拉長戰線，深陷中國廣闊土地的泥淖而無法抽身；同時，中國則可以運用這個時間空擋去改進制度，整合資源，爭取最終勝利。

這一思路在淞滬會戰和南京保衛戰之後逐漸成型，最終促使中方產生了戰略變化。比如說，與之前淞滬戰場中國軍堅持死守據點不同的是，重慶政府開始要求將領們進行運動戰，避免陣地戰，用側面襲擊戰術去對付敵人的正面進攻。[284] 第一次南嶽軍事會議期間，蔣介石宣布抗戰第一期已經結束，此後將進入第二期也是最後一期作戰，國軍將在第二期抗戰中實現轉守為攻，轉敗為勝。[285] 會議要求將領們在戰鬥中爭取主動，牽制消耗敵人，以策動全面運動戰。[286]

有關第二期抗戰方針，陳誠曾作過扼要論述。他強調此後抗戰的指導思想，不在城市之得失，而在求得掌握主動地位，實施全國範圍之運動戰，以更便於牽制及分散敵人和更利於消耗及殲滅敵人為主要目標。而在運動戰原則下，國軍在戰術上之運用，除了正面鉗制和側面襲擊外，還需要更積極活動於敵後，更進一步實施防禦攻略戰，使日軍顧此失彼、背腹受敵，處處陷

283 蔣介石，《蔣總統集》，第1冊，頁798。
284 同上，第1冊，頁1012-1013。
285 蔣介石，《南嶽軍事會議開會訓詞》（出版地不詳，1938）。
286 國防部，《抗日戰史：南昌會戰》，頁1。

於進退維谷地步。這些思路都由蔣介石通令全國部隊予以實施。[287]

純就正規軍而論，這個新戰略已經體現在諸多戰場中。例如，在台兒莊附近國軍依靠運動戰阻擊南下日軍；中國統帥部根據戰局主動放棄武漢；國軍在長沙會戰中誘敵深入，最終出人意料地獲得了勝利。在中國最高統帥部看來，這些戰例足以印證新戰略的正確性。到了1939年春天，蔣介石也開始認為，今後國軍戰略應該轉向將全國精銳部隊集中攻擊日軍，或打擊其一點，才能操勝算。[288]

新戰略對遊擊戰的強調也值得注意。儘管蔣介石對遊擊戰術理論知之有限，他本人接受的傳統軍事教育中不曾有遊擊戰訓練，而且德國顧問也不看重遊擊戰，[289] 但他還是接納遊擊戰，並在1938年1月將其納入整體戰略計畫中。此後兩年，群眾動員交由戰地黨政委員會負責，而訓練遊擊隊幹部的責任，則由新成立的南嶽遊擊幹部訓練班肩負（湯恩伯任教育長，負實際責任）。[290] 重慶政府考慮到中共對遊擊戰術熟稔，還任命葉劍英為幹訓班副教育長，同時聘請數位中共黨員為教員。[291] 此外，軍事委員會更在敵後設立了兩個戰區，專門協調指揮遊擊作戰。[292] 在此前後，全國各地都加強了敵後遊擊戰活動。[293]

---

287 陳誠，「抗戰局勢之新發展與我們應由的認識與決心」（1938年10月15日），陳誠，《第二期抗戰關於政訓工作之指示》（出版地不詳，1938），頁2-3。又見：陳誠先生日記，1939年5月18日。

288 蔣介石日記，1939年4月3日。

289 塞克特，《一個軍人之思想》（南京，1937），頁96。

290 黃旭初，〈白崇禧兩度任副參謀長之憶〉，《春秋》，總第233期，1967年3月16日，頁3-5。

291 黃旭初，〈廣西與中央廿餘年來悲歡離合憶述〉，《春秋》，總第130期，1962年12月1日，頁19；黃紹竑，《五十回憶》下冊（杭州，1945），頁414-415。

292 王成聖，〈六十年來的中國〉，《中外雜誌》，第8期，1970年11月，頁77-90。

293 1938年春，史迪威在考察湖南、江西期間，曾親見國軍進行遊擊戰的訓練。參見：Tuchman, *Stilwell and the American Experience in China*, pp. 231-237。何應欽在一次國民黨中執會全會的報告中指出，1939年1月至1940年2月間，國軍對敵作戰共17,681次，其中「小規模」正規戰占56%，遊擊戰占44%。參見王成聖，〈六十年來的中國〉。

重慶國民政府相信這些軍事改革能讓他們戰勝敵人。儘管戰事愈發艱難，但1938-1939年間大多數重慶領袖們仍維持樂觀，而這些信念和措施也就是為何重慶方面堅決拒絕與日本議和的心理背景。[294] 在他們看來，局勢已經扭轉，日本將日益處於不利地位。早在1938年1月，國民政府已經認為日軍已經耗盡了兵力。由於日本決不能放鬆對蘇聯的防禦，布防於日蘇邊境的軍隊不能調來中國作戰，所以派遣至中國的部隊已達極限，此後只會減少。[295]

當日軍攻占武漢後，卻沒有乘勝再向四川推進時，蔣介石的解讀是日軍兵力枯竭證據已經確切。[296] 1939年1月，原先發動侵華戰爭的近衛內閣倒臺，再度讓重慶政府相信日本國內厭戰情緒飆漲，其對華侵略政策難逃破產命運。[297] 另外，日本大量發行國債也受到國民政府注意，並且把它解釋為政府財政即將陷入困境的先兆。[298] 蔣介石特別注意到日本朝日新聞發表的分析稱，自七七事變以來，日軍在華作戰的軍費已經達到111億元，超過日俄戰爭時期日本軍費總數的七倍。長此以往，日本必將無法支撐。而正在此時，日本大阪軍火庫又發生大爆炸，延燒20多小時。蔣介石也把它看成是日本反戰團體蓄意破壞，使他大受鼓舞。[299]

為了進一步支持這一論點，重慶政府公文檔案開始習慣性地列舉各種數據，目的在顯示1937-1939年中日作戰傷亡比例在不斷縮小，日軍進攻推進

---

294 陳布雷與程天固曾親歷德國調停中日戰爭的整個過程，可參見徐詠平，《陳布雷先生傳》（台北，1977），頁162-163；程天固，《程天固回憶錄》（香港，1978），頁321-323。另外可參閱重光葵，《昭和的動亂》，第1卷，頁175-181；上村伸一，《日華事件》，頁176-229。另：蔣介石認為日本求和之心日切，蔣介石日記，1939年4月22日，「上星期自反錄」；又說，「敵軍求和之急」，5月27日。

295 蔣介石，《蔣總統集》，第1冊，頁982；蔣介石日記，1939年1月23日。

296 蔣介石於1938年11月25日的演講，《南嶽軍事會議開會訓詞》。

297 張其昀，《黨史概要》第3冊（台北，1960），頁136。

298 劉紹唐，《民國史事日誌》，第1卷，頁620。

299 蔣介石日記，1939年3月4日，「上星期自反錄」。

速度也在不斷減緩。[300] 比如說，根據前方作戰部隊報告，日軍作戰高度依賴優勢炮火及飛機，但是步兵作戰能力顯著減退，精神萎靡。又據前線報告，日軍在戰場上開始有棄屍事情，而且有遺棄官長屍體者，這是過去極少有的現象。再比如，重慶政府注意到，開戰之初，日本士兵寧可自裁而很少被俘，而且即使被俘後也態度倨傲，寧死不屈。但是稍後的俘虜就逐漸失去那份豪狠氣概。[301] 從全盤著眼，日軍優勢已在迅速消失。比如依據政治部長陳誠內部報告，1938年底日本軍隊在中國關內者有31個師團70餘萬人。加上特種兵，一共大約100萬人。自從開戰以來18個月中，日軍傷亡50萬人，我軍傷亡120萬人。保衛大武漢戰役，我軍傷亡50萬人，日軍傷亡大約30萬人。[302] 雖然這些都是中方的估算，並不精確，但是這種中日之間5:3的傷亡率仍然可以造成中國領袖們一種心理，就是認為和走向劣勢的日本軍隊大可以一拼。

1939年5月是中國戰略思想上一個關鍵時刻。該月底，日軍原本進攻鄂北部隊完全撤退，並且放棄已經占領的隨棗地區，導致蔣介石認為「此為敵軍無力前進，轉攻為守，再明顯之弱點」，因此認為「吾計售矣」，而且相信日軍不敢進攻的弱點完全暴露，「此後除長沙，株洲以外，軍事上皆無顧慮，而且我軍更可以立於優勢主動地位矣」。即便是日軍6月份在汕頭登陸，仍然被蔣介石認為是「強弩之末之表現」。[303]

對比之下，重慶政府對於自己戰鬥力恢復的估計非常樂觀。早在1938年初，陳誠就認為中央軍被日本擊破的軍隊在1月底就可以完成補充20個師。[304] 蔣介石也表示，京滬作戰遭受重大損失部隊的整理補充工作，到了當年3-4月份應該可以全部完成。鑒於他此時的設想是保衛武漢，因此他認

---

300 孫科演講，中外編譯館，《偉大的新中國》（重慶，1939），頁239。Hsieh Chiao-min, *China: Ageless Land and Countless People* (Princeton, N.J., 1967), p. 56.

301 徐永昌日記，1938年9月6日；1939年1月18日，5月3日。

302 王世杰日記，1938年12月23日。

303 蔣介石日記，1939年5月27日，「上星期反省錄」、5月31日「本月反省錄」，6月21日。

304 王世杰日記，1938年1月8日。

為武漢應該可以守得住。而日本除非增加兵力十個師團，否則將無法奪取武漢。基於這個評估，所以蔣介石希望政府同仁對於軍事應該保持樂觀態度，他絕不會簽訂喪權辱國條約，更沒有和日本秘密議和之事。[305] 緊接著在3月份，何應欽報告稱，我國軍隊經過整理，已經恢復戰前力量，士氣也大有進步。[306]

如前所言，到了1938年12月南嶽軍事會議時，政府決定「第二期作戰」的特質是「轉守為攻，轉敗為勝」。既然中方領袖們認為日本投入中國戰場的兵力已經達到極限，再也無力發動大規模攻勢，所以國軍應該伺機反擊。[307] 依據1938年陳誠報告稱，軍事委員會決定今後軍力配置方案，以全國軍隊三分之一放在敵後從事遊擊戰；三分之一軍隊放在前線和日軍正面作戰；三分之一軍隊調後方整訓。[308] 1939年1月份國軍訂立了「第二期作戰指揮方案」，預備積極擴大日本占領區內長江流域內的廣大遊擊戰，前線保持現有狀態，等到新戰力培養完成時，就發動大規模總反攻。[309] 與此同時，中央政府對於自己軍隊也做出一番評估。其結論是中國在開戰時只有軍隊170餘萬人，但是此時已經到達250餘萬人，比開戰時增加三分之一，而且在武器數量上和素質上，都比開戰時更為整齊優越。[310]

到了1939年6月中旬，依據何應欽報告，國軍整軍計畫第一期工作已在6月15日完成，有90餘個師接受了整補。第二期工作也已經開始。[311] 因此，重慶政府軍事部門大約在1939年8-11月之間，開始積極籌畫冬季戰役。[312]

---

305 王世杰日記，1938年1月26日。

306 王世杰日記，1938年3月18日。

307 國防部史政編譯局，《抗日戰史》，第2冊，頁251。

308 王世杰日記，1938年12月17日。

309 呂芳上主編，《中國抗日戰爭史新編：軍事作戰》，頁211。蔣介石日記，1939年5月31日「本月自反錄」。

310 王世杰日記，1939年1月6日。

311 王世杰日記，1939年7月7日；蔣介石日記，1939年6月，「本月大事預定表」。

312 徐永昌日記，1939年10月21日，11月22、24日。

適在此時（1939年9月），日軍集結了12萬兵力企圖攻占長沙，9月初日軍進攻，9月底日軍後撤，國軍反攻。10月6日完全恢復戰前狀態。中方稱之為第一次長沙大捷。蔣介石認為這個勝利實在是「轉敗為勝之機運」。[313] 中國人的士氣得到了極大鼓舞，長沙收復的「決定性勝利」讓中國人相信第二期抗戰果然已經開始。陳誠對於「湘北大捷」也感到無比興奮，認為是「開二期抗戰勝利之端，並樹民族復興之基」。又說是，「敵望風披靡，紛紛北潰，我軍進展神速，開抗戰以來之新記錄」。[314] 事後復大肆宣傳，甚至製造電影片和招待國際記者會予以宣傳。[315] 當時將領間瀰漫的樂觀氣氛是，國軍只要一旦完成整訓即可向日軍發起猛攻。[316] 中方此時認為此前的南昌、隨棗、和長沙戰役都充分暴露日軍弱點，兵力分散、顧此失彼，既要保衛戰略要地，又要保護水陸交通，又用盡了戰略預備部隊，所以失去機動性。如果國軍第二期整訓工作完成後向日軍發動全面性攻勢，則將使散處各地的日軍無法互相支援。[317] 中國將領們對於冬季作戰表達旺盛攻擊意志，以致蔣介石認為國軍應該盡所有力量準備反攻，即使失敗和失地也在所不惜。面對各種令人鼓舞的跡象，重慶政府終於在1939年尾放手發動了冬季攻勢。[318]

---

313 劉紹唐，《民國史事日誌》，第1卷，頁609。Dorn, *Sino-Japanese War*, pp. 269, 283。有關長沙會戰，事實上中方犧牲重大，國軍傷亡3萬5千人。而日軍則陣亡800餘人，受傷2700人。日方並不認為是戰敗，而只是有計劃撤退，因為它已經達到打擊中國主力軍的目的。但是中方卻認為這是中國新戰略的正確而造成大勝，士氣為之大振。見：呂芳上主編，《中國抗日戰爭史新編：軍事作戰》，頁212-221。

314 陳誠先生日記，1939年10月1-10日。但是陳誠所列舉的具體數字只是「解決日軍數百，俘虜四名，並獲機槍三十餘挺。」

315 陳誠先生日記，1938年11月1、7日，12月1日。

316 國防部，《抗日戰史：二十八年冬季攻勢》，頁13、30-31。

317 國防部史政編譯局，《抗日戰史：全戰爭經過概要》（四），頁385-386。

318 徐永昌日記，1939年10月2日，12月13、14日。

二、冬季攻勢的發動及戰果

許多抗戰軍事史論著對於1939年底由中國發起的冬季攻勢並未給予重視，大概因為該次攻勢在軍事上，是一次徹頭徹尾的失敗，導致國民政府官方史學對這次作戰寧可迴避或淡化。[319] 但是，國民政府不僅確實發動過冬季攻勢，而且一度寄予深切期望。這場攻勢的失敗，實際上比許多被後世廣泛討論的戰役更為重要。它的敗績無論是對重慶政府所謂新戰略的信心，或是對抗戰的前景，都產生了深遠影響。

從中國政府宣布第二期抗戰開始到1939年10月為止，國軍體制內的308個師中有82個師接受了至少8個月整編與訓練。[320] 而依據中方情報，日軍方面在1939年底則在中國戰場共部署約25個師團、20個獨立旅團與500餘架飛機。日軍雖然號稱120萬士兵，但作戰部隊人數僅及一半。日軍按照慣例將部分師團輪調回國，代之以本土新近訓練但是缺乏實戰經驗的補充兵。而且，1939年春夏時節日軍在江西、山西、河南、湖北和湖南等地，都表現出避免打硬仗傾向。這類跡象更加深了中國領袖們信念，認為日軍總體戰鬥能力已經嚴重下降。[321] 而10月初的「湘北大捷」更是給予蔣介石本人極大鼓舞，認為「此役實開轉敗為勝之機運」。10月底，蔣介石再度親自赴南嶽召見軍隊長官，指示作戰方針，聲稱抗戰「最後勝利」的關鍵即將來臨。11月初，他還採取了一個極不尋常的舉措，親自手書19封長信給相關將領們，各長達數百言，對他們進行激勵。[322] 蔣介石這些親身參與都可見他對攻勢的高度期許。

此時國際形勢也對重慶方面產生了重大影響。1939年1月，美國宣布拒

---

319 劉紹唐，《民國史事日誌》，第1卷，頁612。有關國民政府對於冬季攻勢的官方版本說法，和如何在第2、3、5、9戰區發動大規模戰鬥，號稱9,660次戰役。見：國防部史政編譯局，《抗日戰史》，第2冊，頁241-242。

320 國防部，《抗日戰史：二十八年冬季攻勢》，頁7，插表第10。

321 Dorn, *Sino-Japanese War*, pp. 249, 304-305.

322 蔣介石日記，1939年10月7日，「上星期反省錄」、10月31日，「本月自反錄」，11月2日。

絕承認日本單方面主導的東亞新秩序；英國政府隨之聲明不接受或承認任何以武力造成的狀態。[323] 6-7月間，國民政府與蘇聯政府簽訂第三次一億五千萬美元貸款協定，並且收到了第一批美援租借法案物資。[324] 6月底，中國政府收到斯大林來信表示願意和中國「締結軍事同盟」。蔣介石的解讀是斯大林的確具有誠意，但是仍需看中國人自己的奮鬥表現如何。[325] 換言之，如果中國軍隊能夠拿出勝利成果，則中蘇同盟的可能性必會增加。

與此同時，美國對日本態度也逐漸強硬，宣布美日間貿易協定將於1940年1月失效。面對美國遠東政策在9-10月有重大改變的可能性，蔣介石也認為中方應該事先有所準備。當日本關東軍在1939年9月初與蘇軍的武裝衝突中打了敗仗，[326] 而9月又有歐戰爆發後，都導致蔣介石頗具自信地預言，國際形勢在未來三個月內將劇烈改變遠東局勢，並將變得對中國益發有利。[327]

綜上所言，中國政府高估國軍成功地療傷養痛恢復作戰能力，低估駐華日軍作戰能力，以及樂觀地解讀國際形勢，從而影響到重慶政府產生雄心，企圖乘此良機以軍事手段改變中國戰局。同樣重要的是，當時汪精衛正在與日本進行密談，準備加速建立南京偽政權取代重慶政府。更促使重慶方面感到迫在眉睫，必須加緊步伐在1939年底發動冬季攻勢。因此，相對於抗戰中許多大小戰役的偶發性、隨機性和地區性，或是由日軍主攻而國軍應戰，冬季攻勢卻是一場由中方通盤考慮國內、國際形勢，而做出的一個含有深遠政治意義的軍事大決策。其成敗當然會產生深遠政軍後果。

1939年11月16日，重慶政府核定冬季攻勢方案。19日下達作戰命令動員全國部隊投入戰場，由第二、第三、第五、第九戰區承擔主攻任務，其餘戰區承擔助攻任務。除此之外，重慶政府還向各戰區派遣了直屬軍事委員會

323 劉紹唐，《民國史事日誌》，第1卷，頁597。

324 劉紹唐，《民國史事日誌》，第2卷，頁656；蔣介石日記，1939年6月17日，「上星期自反錄」。

325 蔣介石日記，1939年6月26日。

326 劉紹唐，《民國史事日誌》，第1卷，頁605-608；蔣介石日記，1939年6月20日。

327 蔣介石，《蔣總統集》，第1冊，頁1183-1184。

的戰略機動部隊。至於作戰任務則十分明確地標示，就是要把南京以西的敵軍驅逐到長江下游。[328] 此次攻勢的重要性可以從軍委會致各戰區將領的訓令中看出。訓令指出，冬季攻勢「為我抗戰**轉敗為勝唯一關鍵**」，亦是「第二期抗戰**最後勝利之開始**」與「我軍殲敵唯一之良機」。[329] 12月5日下達正式攻擊命令，以12月12日為總攻勢開始日期。訓令同時強調，「**抗戰成敗在此一舉**」。[330] 12月18日，軍事委員會命令各部隊司令官實行運動戰，避免像淞滬會戰時對敵據點「孟浪硬攻，徒使部下作無謂之犧牲」，而應該代之以切斷日軍交通，迫誘日軍離開據點，趁其在運動期間殲滅之。[331] 重慶政府明白指示放棄先前死守據點的戰術，轉而採取運動形態和主動進攻的新戰術。

就攻擊規模而論，根據日軍情報統計，從1939年12月12日至1940年1月20日，中國動員了45萬兵力，主動出擊960次，共交戰1,340次。其中，中國軍隊向駐紮在漢口附近的日本第11軍發動了最為猛烈的進攻。[332] 但是中方幾乎從攻勢一開始就遭遇各種困難。到了12月底，軍令部長徐永昌已經在抱怨，第1，2，3，8戰區皆放棄積極進攻。他特別指責第一戰區司令官衛立煌「務位務財」，而第二戰區閻錫山則「務巧務私」，都無意作戰。再加上山西省內部犧盟會分子叛變，更使得閻錫山自顧不暇。第6和第10兩個戰區是預備戰區，不與敵人接觸。換言之，開戰不到一個月，冬季攻勢除了第5，9戰區，及第4戰區一小部分尚在積極進攻外，其餘皆恢復休兵狀態，無所作為。而根據蔣介石所得到的戰報，中方官兵死傷可能已經達到十萬

---

328 國防部，《抗日戰史：二十八年冬季攻勢》，頁20-21。

329 同上，頁29-30。

330 蔣介石日記，1939年11月16日，12月5日。

331 國防部，《抗日戰史：二十八年冬季攻勢》，頁32。

332 Tetsuya Kataoka, *Resistance and Revolution in China: The Communists and the Second United Front* (Berkeley, Calif., 1974) p. 171. 防衛廳，《大本營陸軍部》，第1卷（東京，1973），頁619-622。

人。[333]

到了1940年1月底，根據軍令部所收到的17次戰報估計，冬季攻勢在各戰區的成績共計為：俘虜日軍295人；馬1,141匹；步槍2,506枝；機關槍193挺；炮42門；裝甲車汽車390輛。但是根據部長私人記錄，戰果可能遠低於此項數據，而國軍耗費的彈藥卻極為龐大，其含義是中國士兵無的放矢，胡亂開槍，浪費彈藥。更糟糕的是在此期間，面對中國軍方如此浩大陣仗的「攻勢」，日軍並沒有增加其在中國的兵力部署，就可以應付裕如。同樣令重慶政府沮喪的是，它委託蘇聯顧問在第三戰區親身視察作戰情形後提出的報告，指責該戰區師長以上各級長官都沒有盡到責任。而徐永昌則認為蘇聯顧問的評價「所見極中肯」。[334]

在第5戰區，國軍大量部隊集結于豫南、鄂中地區，他們多次突破日軍的西線防務，克復了幾個重要城鎮，並造成敵軍重大傷亡。更重要的是，第9戰區陳誠指揮下的部隊向日軍發起了一系列猛烈進攻。進攻範圍從贛西一直延伸到鄂南地區，甚至一度深入到武漢周邊城鎮，截斷了敵軍部隊間的聯絡補給。日軍報告指出，中國軍隊士氣高漲，尤其是中央軍的攻勢十分猛烈。報告也承認日軍損失慘重，官兵傷亡超過8,000人。而國軍方面共有51,000名官兵戰死。[335] 但是必須記得的是，即便是在第9戰區，日軍在開戰時的兵力大約只有4個師，而中方則有44個師。中方以如此壓倒性優勢而依然不能獲得決定性戰果，可見中國士兵的戰鬥力和軍隊協同作戰能力何等低

---

333 徐永昌日記，1939年12月18、29日；1940年1月13日，3月5日；蔣介石日記，1939年12月22日。

334 徐永昌日記，1940年1月13、22、29日。根據徐永昌12月18日日記，冬季攻勢，到昨日為止，我軍獲炮10門，重機關槍27架，步槍393枝，俘虜21人。12月28-29日日記，截止昨日，戰果俘獲如下：步槍857枝；輕重機關槍11，炮20；裝甲車87；俘虜86人。見：徐永昌日記，1939年12月18、28-29日。再據報，只是第五戰區就消耗子彈1,700萬發。見：徐永昌日記，1940年4月11日。究竟是士兵亂開槍，或是長官訛報而請求補充，則無法確定。

335 國防部，《中日戰爭史略》，第3卷，頁298-311；角田順，《日中戰爭》，卷3，頁424-425、436-445。

落。[336]

然而11月中旬，正當國軍在籌劃冬季攻勢的最後階段，日軍也向第4戰區桂南地區發動攻擊，嚴重地打亂中方作戰計畫。桂南戰役對國民政府構成威脅的理由是，假使日軍達成預期效果，就可以長驅直入貴州和雲南，切斷中國與外界唯一的聯繫——滇越線。儘管桂南是由桂系子弟兵防守，對於保衛家園本當努力從事，但是讓蔣介石大出意外的是，桂系部隊根本沒有抵抗力，在實際戰鬥中表現出高度懦弱無能。[337] 到了月中，蔣介石在萬分情急下只好將剩餘的戰略機動部隊悉數調入廣西作戰。一個有趣的現象是，冬季攻勢原本設想是由全國各個戰區動員本戰區兵力向日軍分頭發動攻擊，把主導權握在中方手中，使日軍疲於奔命而無法互相支援。但是此時廣西卻氣急敗壞地要求全國僅剩的機動部隊送去解救廣西防務危機，實在充滿諷刺。

更有進者，蔣介石採取一個單純的軍事救援行動，而且挽救對象還是桂系地盤，但是依然擔憂會觸動中央和地方微妙關係的敏感神經，以致在日記中居然寫道，「桂中戰局應由我作主，白（崇禧）如有誤會，待後亦易解釋也。」[338] 換言之，即使是桂系家園遭受日軍蹂躪亟需中央部隊去解救燃眉之急，蔣介石卻還需要小心翼翼地用兵避免引起廣西領袖們不致產生喧賓奪主的不滿，可見他對處理廣西關係的委曲求全。直至1940年2月底，桂南方面的戰鬥才逐漸平息。[339]

然而桂南戰役仍然讓中國付出了巨大代價，不僅當地守軍遭受嚴重打擊，而且整個冬季攻勢也受到牽制。1940年4月，冬季攻勢已難以為繼，最

336 徐永昌日記，1939年8月16日。

337 蔣介石日記寫道，「南寧失陷，桂軍之脆弱，殊出意外」，「南寧失陷之快，桂軍脆弱至此，令人心神與夢魂皆不能安」，「桂軍毫無鬥志」。蔣介石日記，1939年11月18、22、23、25日。另見：王世杰日記，1940年1月12日，2月26日。但是對於失職將領，只有申誡，沒有撤職。

338 蔣介石日記，1939年12月18日。

339 劉紹唐，《民國史事日誌》，第1卷，頁610-615。

終完全停止。[340] 作為淞滬戰爭之後中國軍隊所發動的最大規模反攻，國軍沒有收復任何失地，反而損失慘重。[341]

三、新戰略失敗的原因

新戰略到底出了什麼差錯？它對此後重慶政府應對抗戰又產生了何種影響？

毫無疑問，冬季攻勢失敗的第一個主要原因是重慶政府高估了自己訓練計畫的成效，以為該計畫能恢復淞滬戰爭戰敗部隊的戰鬥能力。但事實上一年的時間太過短促，訓練內容草率和武器供應不足，根本無法重建一支如同德國顧問們創建的現代化軍隊。

第二，軍隊將領們的失職是重要因素。比如說，1939年12月底，蔣介石就接到蘇聯總顧問報告，指責中國軍隊官長缺乏自動力與決心，「且不知不能達成任務為羞恥」。這番坦誠批判讓蔣介石聽後，感到「可痛之至」。[342] 再比如說，依照預定計劃，攻勢應該遵守奇襲和截擊兩個原則。但是有些指揮官急於爭功搶報，以致誤信可以攻堅，觸犯大忌。第九戰區指揮官以9個師兵力去攻打一個敵人數千人防守的據點，是一大錯。更可恥的是許多部隊長官謊報軍情，誇大和捏造勝利成果，導致上級指揮官做出連鎖性錯誤判斷和對應措施。其中特別突出的是四川軍隊第20軍，居然連續嚴重謊報兩次。[343]

---

340 國防部，《抗日戰史：桂南會戰》，頁64，插表第7；黃旭初，〈八年抗戰回憶錄〉，《春秋》，第81期，1960年11月16日，頁2-4。日本方面對中國冬季攻勢的官方敘述可以參見防衛廳，《中國事變陸軍作戰》，第3卷，頁93-111。

341 攻勢在1940年3月底停止，前後4個月。國軍傷亡40餘萬人。而日軍傷亡不到一萬人。見：國防部史政編譯局，《抗日戰史：全戰爭經過概要（四）》，頁385-386。筆者認為這個數字不可靠，高估中國的傷亡率。因為中國軍隊可能是潰散大於作戰傷亡。

342 蔣介石日記，1939年12月29日。

343 指的是四川楊森部隊。徐永昌日記，1940年1月8日。

第三，從宏觀角度看，儘管整軍計畫在理論上屬於合理，但實施卻受制於諸多客觀因素。特別是武器裝備與人才短缺，一直是國軍作戰能力提升道路上最難克服的障礙。

中日開戰半年後，國民政府已把戰前長年囤儲的裝備消耗殆盡。在接下來時間裡，武器與彈藥補充一直是一個棘手問題。雖然有少數兵工廠被搶救到後方，但產量遠遠無法滿足戰鬥損耗率。外國軍械進口更是時斷時續，極不可靠。在日本壓力下，德國希特勒政府於1938年3月後中斷了對中國所有軍火輸出。[344] 不久之後它又以叛國罪脅迫德國顧問離開中國。美國也由於其中立地位而對華援助十分有限，且經常是以民間方式和管道進行，數量極為有限。[345] 以上原因就讓蘇聯成為唯一能給予中國實質性援助的國家。1937年至1939年間，蘇聯對華貸款總額達3億美金，[346] 其在華軍事顧問也很快增至500名，援華武器裝備更是多達6萬噸。[347] 然而，蘇聯援助仍然是杯水車薪，無法給國軍帶來根本性改善。比如說，冬季攻勢發動時，國軍450萬名官兵只有160萬支步馬槍。[348] 和1937年相比，國軍部隊所有武器裝備無論是在數量與品質上，都嚴重下降。[349]

國軍難以發動全面攻勢的另一個重要因素是後勤工作嚴重落後。1938年武漢陷落後，鐵路線與長江航運交通全部被日軍截斷。到1939年底，中國只

---

344 吳相湘，《第二次中日戰爭史》，上冊，頁454。

345 請參閱：齊錫生，《從舞臺邊緣走向中央》（台北，聯經出版公司，2017），第八章。

346 Arthur Young, *China and the Helping Hand, 1937-1945* (Cambridge, Mass., 1963), pp. 22, 125；1967年4月6日莫斯科廣播，國際關係研究所編，《匪俄爭執原始資料彙編》，第9卷（台北，1960），頁141-142。

347 F. F. Liu, *A Military History*, pp. 169-170. Arthur Young認為1937年至1939年間蘇聯給中國的援助有1,000架飛機，2,000人次的志願飛行員，500名軍事顧問和足以裝備10個整編師的武器。參見Arthur Young, *China and the Helping Hand*, p. 125。

348 何應欽，《何上將抗戰時期軍事報告》，上冊，頁279。國防部，《抗日戰史：二十八年冬季攻勢》，頁17。其他武器包括68,762挺輕機槍、17,700挺重機槍、5,885門迫擊炮及2,650門各式其他火炮。

349 F. F. Liu, *A Military History*, p. 205.

有1,532輛軍用汽車，完全不敷應用，因而挑伕隊、板車隊、騾馬隊甚至人力肩背成為主要運輸工具。[350] 僅僅是士兵糧食不足一項，就對作戰構成嚴重阻礙。冬季攻勢展開時，10個戰區中有8個戰區的存糧達不到預定存額的三分之一。[351] 此外，重慶政府也無法解決燃料與彈藥補充。國軍戰史顯示，在戰況緊張之處，後勤補給常常是阻礙部隊戰鬥效率發揮的重要因素。[352]

在國軍中，缺乏校級和尉級軍官的情形相當嚴重，中國自從滿清末年以來，各種形形色色的軍校培養出來的有限軍官數量，根本無法滿足國軍急劇膨脹的需求。1928年後，在南京政府努力下，中國軍事教育實現了一定程度的標準化，中央陸軍軍官學校成為培養初級軍官的主要場所，學生畢業後分配至中央軍。在德國顧問幫助下，這些軍官的素質相對較高。然而，中央陸軍軍官學校從1928年到1937年只培養了10,844名正規學員，和15,278名短期培訓生。[353] 但是僅淞滬會戰一役，國軍就損失了10,000名初級軍官，且多數服役於蔣介石嫡系精銳部隊。[354] 初級軍官隨即出現嚴重斷層，而國民政府在七七事變後的兩年內根本無法填補這一人才短缺。失去一整代有較好軍事素養的中下級軍官，無疑降低了此後訓練計畫的成效，導致部隊在冬季攻勢中戰鬥力無法達到預期。

最後，冬季攻勢也和此前的戰略計畫一樣，帶有濃重的蔣介石個人印記。他早年的經歷使他堅決相信，意志力能克服任何困難。蔣介石在每次激勵部屬時，都會不厭其煩地敘述他在1920和1930年代如何領導革命軍隊屢屢以少勝多，打敗無數裝備更為精良的軍閥部隊。他的信念是，贏得勝利的訣竅就是不怕犧牲，堅持最後五分鐘和勝過現代武器的革命意志力。根據李宗仁旁證，這個時期重慶政府的戰略計畫全是以蔣介石個人意志為依歸，無

---

350 國防部，《抗日戰史：二十八年冬季攻勢》，頁505。

351 同上，頁501-502。

352 國防部，《抗日戰史：桂南會戰》，頁269-272。

353 國防部，《陸軍軍官學校校史》，第2冊，第3篇（台北，1969），頁131-135。

354 F. F. Liu, *A Military History*, pp. 147-148.

人敢與他爭辯。[355] 正如蔣介石極其自信地宣稱「要把敵人趕下黃浦江」一樣，他也曾認為南京是孫中山陵寢所在地，斷不能不戰而退。[356] 這種傲氣和對精神與決心的盲目崇拜，很大程度上導致高層將領們不敢以務實態度去拂逆他的旨意，造成對冬季攻勢的嚴重誤判。

四、冬季攻勢失利的長遠影響

冬季攻勢失敗使抗戰進入一段嚴重困難時期，無論是國內還是國際形勢都對中國極為不利。國際上，歐戰爆發不但未能使美國立刻參戰，反而是納粹德國迅速擊垮了西方民主陣營國家，在中國戰場自不免產生了震盪。法國陷落和敦克爾克（Dunkirk）潰退，更是助長了日本人氣焰，他們不斷向法國維希政府施壓，迫使後者關閉滇越鐵路。與此同時日本也封鎖了香港，阻擾戰略物資運往中國內地，並迫使英國政府關閉滇緬路三個月。[357] 儘管美國政府在8月份宣布對日本禁運汽油和廢鐵，但是日本方面則派遣軍隊進駐越南海防。同年9月，日本政府與德、意政府更簽訂了三國同盟條約，蠻橫豪霸之氣不可一世。

冬季攻勢也沒能阻止汪精衛偽政權建立。1940年11月，日本承認汪精衛開府南京，並與之建立外交關係。雙方簽訂一系列協議，在防共、駐軍、領事權與經濟合作等重大事項上達成協議，給世人的觀感是汪政權將長期存在下去。正當歐洲西方列強面臨日益惡化形勢之時，蘇聯卻在1941年4月與日本簽署了日蘇中立條約，兩國通過該條約把中國對東北與內蒙的主權做成是它們之間的交易。中國原本期望蘇聯能持續其對華大規模軍援政策，也因為日蘇條約簽訂而化為泡影。等到1941年6月蘇聯遭德國進攻後，蘇聯自顧不暇，援華事務更成為有名無實。可是日蘇條約卻保障了日本北方邊界的安

---

355 Li Tsung-jen, *The Memoirs of Li Tsung-jen* (Boulder, Colo., 1978), p. 324.

356 同上，pp. 326, 425-426。

357 劉紹唐，《民國史事日誌》，第1卷，頁618-619。

全，讓後者能夠更肆無忌憚地推動侵華政策。至於美國方面，儘管羅斯福總統正式啟動租借法案，但美國對華物資援助工作原本就混亂無序，中國長期被置於微末地位，對於抗戰缺乏實質幫助。因此，1940年至1941年間，國際形勢的諸多變化，加深了中國與西方國家間的疏離感。中國領袖憂心忡忡，擔心戰爭將比他們預計的時間要延長許多，而勝利將更為遙遠。

與此同時，中日雙方當然都在重估冬季攻勢的意義，它們不同的評估對中日戰爭本身也發生了一些重要變化。

從重慶國民政府看，它吸取的一個最重要教訓就是國軍太弱，完全無法勝任一場全面攻勢作戰，因此應該重回之前的「固守陣地，以待敵軍」的戰略。1940年3月蔣介石更明確地闡述這個看法，「**以後作戰方鍼應養精蓄粹，非整訓完成，不輕易決戰**。但各戰區不時以一師以下兵力乘機出擊，不斷打擊敵人為主。」4月份委員長侍從室情報顯示日軍最近在策略上訂出三個要領：1. 防守重於攻擊；2. 宣撫重於掃蕩；3. 擾亂重於占領。[358] 這個情報可能更讓中國軍事領袖們感到安心。因此蔣介石在8月底更寫道，「以後反攻，非待各戰區整訓完妥，而有充分把握時，決不宜輕舉嘗試。」[359] 1940年9月，蔣介石透露心聲，「待敵來攻，縱深抵禦而反擊之，則勝利在我者多，若我先攻其據點而求其倖勝，則必失敗也」。他更向高級幹部表示，國際路線不可靠，中國必須準備自力更生長期抗戰。同時還指示，以後戰略應該是避免攻堅與決戰，切求保存實力。[360] 9月底，他更對於未來大戰略做了一個宏觀性的結論，「我惟有整補兵力，不再做無益之消耗，一面專心經營川黔滇康之政治經濟，鞏固革命基礎，如此只要中央實力不損，根據地加強，則對內對外皆有恃無恐。」[361] 這些話把他從冬季攻勢所吸取的教訓和今後抗戰的策略說得一清二楚。

---

358 陳布雷從政日記，1940年4月4日。

359 蔣介石日記，1940年3月9日，8月27日。

360 蔣介石日記，1940年9月8日；徐永昌日記，1940年9月29日。

361 蔣介石日記，1940年9月30日。

冬季攻勢對重慶政府的重要性還有一個佐證，那就是重慶軍事領袖們還花了一周時間（1940年2月19-26日）舉行高階層會議，集中檢討冬季攻勢的得失和檢查作戰經過。值得注意的是，軍令部在攻勢完全停止後繼續召集它派遣到各戰區的督戰參謀進行總檢討，發現國軍損失的步機槍為百分之七，而日軍損失卻不足百分之一，[362] 戰鬥兵優劣之勢立即可見。蔣介石本人也親自與將領們講評失敗原因，及獎懲相關人員。從蔣介石日記中可以看出，他歸納失敗原因是「高級將領不顧威信，平時驕矜，敗時頹廢，幾乎是手足無措，可痛可悲。」他本人更承認，冬季攻勢失敗使他「心神惶惑，失眠加重，殊為從來所未有。」[363] 但是另外一方面，他對柳州軍事會議的成果又感到滿意，因為對冬季作戰失職將領們的處罰命令可以貫徹實行，對於作戰不力的戰區公開訓斥，是開戰以來少見的例子，「自覺此後之軍事，必有一劃時代之進步也。」但是他這番樂觀此後並未成為事實，而所謂對失職將領們的處罰也只是有名無實，不久之後就煙消雲散，不了了之。其中特別引人注目的是桂南戰役的善後問題。

如前所言，桂系軍隊在桂南戰爭中的嚴重失職不但大出意外，而且迫使整個冬季攻勢草草收場。失職的桂系部隊將領們歷歷可數，但是處分卻煞費苦心。最後經過重慶和桂系要員們的「磋商協調」，才不痛不癢地調整了一些軍事單位和把一些將領們予以降級、記過。而蔣介石也滿意地把它看成是整肅軍紀的成績。[364] 但是真正關鍵是，桂系對於自己軍隊的掌握紋風未動。

雖然本書的重點是剖析中國內政，但是內政無疑受到國際情勢影響。因此值得順便一提的是，蔣介石個人的注意力和精力在1939-1940年間經歷了

---

362 徐永昌日記，1940年3月15日，4月18日。

363 蔣介石日記，1940年2月19-26、29日。

364 蔣介石日記，1940年2月29日。但是桂南會戰國軍葉肇抗命避戰，最為嚴重。1940年2月份的柳州軍事會議，嚴厲處罰失職將領還包括白崇禧、陳誠、張發奎、葉肇、徐庭瑤都受到降級，和撤職查辦的處分。見：呂芳上主編，《中國抗日戰爭史新編：軍事作戰》，頁222-233。其中第37集團軍司令葉肇（廣東余漢謀派系）被撤職查辦。詳情請參閱：張瑞德，《無聲的要角》，頁216-218。

一個重大轉變，而一個重要標誌就是他日記的篇幅和內容。概言之，打從1939年春夏之交，蔣介石就開始密切關注國際情勢。這個現象可以從幾方面看出跡象，特別重要的是他對歐洲政局的關注。蔣介石投入大量精力去分析西方傳統列強和新興軸心國之間的衝突，和它們可能對中國產生的影響，而且不時做出頗具深度的判斷。歐戰爆發後，他對於美國和蘇聯的動向，甚至中國和日本各自應對的策略，也衍生出多種看法。等到英國敗退回到英倫三島和法國投降之後，歐戰就直接影響到中日戰爭。1940年夏秋之際，英國和法國關閉安南和緬甸通道，在蔣介石看來是抗戰以來中國面臨的最大國際危機，迫使他絞盡腦汁才獲得重新開啟通道。[365]

與此同時，他也顯示了對美國和蘇聯重要性的認識，耗費許多精力去加緊要求蘇聯提供武器數量和運交速度；要求美國增加貸款和提供武器，甚至探索美國武器借道蘇聯海參崴轉運進入中國的可能性。為了達到這些目的，他重新調整了中美外交，由宋子文取代胡適大使去一手操辦借款和軍事採購事務。當然，他面對日本各種政治勢力所採取的形形色色和談試探，也提出了自己的看法和對策。最後，他花了相當篇幅去討論日本軍方發動的大規模轟炸。顯然地，日本指望藉此瓦解後方民心士氣，甚至集中目標炸毀蔣介石奉化故鄉家園，和數度轟炸蔣介石在重慶市和黃山的住所。讓蔣介石必須每日費盡精力去親自處理數波對人民和財產的毀壞，包括防空，救災，疏散，和空軍作戰等事務。一直到太平洋戰爭爆發前，這些突發事件占據了蔣介石和重慶政府極大精力，影響到陸軍整軍、建軍工作。這類記載遍布蔣介石日記。

從日方角度看，1939-1940年國軍的主動進攻也讓他們感到吃驚，迫使日軍不得不增派駐華軍隊，從而打亂了日本參謀本部作戰課原本預備轉移駐華兵力去監視蘇聯邊境的計畫。在經過冬季攻勢之後，日本的中國派遣軍現地指揮官強烈要求在減少駐軍前，再開展一場規模更大的攻勢。最終，東京政府同意於1940年秋季先採取進攻行動，然後在1941年初減少駐華部隊。

---

365 請參閱：齊錫生，《從舞台邊緣走向中央》，第六章。

其結果是，1940-1941年間，日軍先後向湖北、河南、安徽、山西等地發動多次進攻。[366] 國軍艱苦作戰，給敵人帶來了不少麻煩，但同時也付出了高昂代價。根據日軍史料記載，在幾次重大戰役中，日軍消滅了中國24個師，其中包括相當數量的國軍精銳部隊。[367] 中國方面也證實國軍損失近20萬人。[368]

當時國軍唯一的閃光點，是第九戰區成功挫敗了日軍占領長沙的企圖，但是這場勝利仍然無法掩蓋國軍整體素質已大幅下降的事實。根據一份重慶政府有關國軍作戰表現（1938年12月至1940年2月）的評估報告，中國軍隊最普遍的弱點包括缺乏獨立判斷能力及獨立作戰精神、缺乏協同聯繫、部隊掌握無能、忽視參謀與情報工作、不講求後勤工作、忽視武器裝備的維護、和士兵戰鬥力低下。[369]

在這些戰鬥中，蔣介石對李宗仁領導的第五戰區最為責備，私下寫道，「第五戰區此次轉勝為敗，全在戰區長官之無膽識乏制斷，小勝則驕，小敗則怯，敵軍未進，而其長官部退卻移遷，不知所止」，造成部隊失去聯繫，襄陽、樊城居然無兵防守。他除了希望日軍將領也和李宗仁一般懦怯畏縮之外，對於這個口頭積極主戰而行動無力作戰的主戰派盟友卻不敢在公開場合透露絲毫不滿，難怪在官方歷史裡找不出痕跡。[370]

1941年10月，蔣介石在第三次南嶽軍事會議上，也嚴厲批評了國軍將領群，斥責他們驕傲、貪汙、無知，疏忽於訓練部隊，有些戰區的將領甚至

---

366 Kataoka, *Resistance and Revolution in China*, pp. 199-200.

367 防衛廳，《華北治安戰》，第1卷（東京，1971），附圖第5；防衛廳，《大本營陸軍部》，第2卷，附圖第3。

368 國防部，《抗日戰史：棗宜會戰》，插表第7；國防部，《抗日戰史：豫南會戰》，插表第18；國防部，《抗日戰史：晉南會戰》，插表第16。

369 軍事委員會，《第二期抗戰第一階段國軍作戰之經驗教訓》（重慶，1942），頁9-11；國防部，《抗日戰史：棗宜會戰》，頁174-183；國防部，《抗日戰史：第二次長沙會戰》，頁295-296。

370 蔣介石日記，1940年5月24日，「雜錄」。

利用封鎖政策暗地裡從事與敵貿易。[371] 雖然中國繼續推行軍隊整編與訓練，但前途並不樂觀。事實上，依據日軍情報部門1941年估計，中國軍隊戰鬥力將在一年內降低20%-30%。[372]

在1942年初，軍令部長徐永昌私下做了一個有趣的評判，認為從七七事變到珍珠港事變之間，中國軍隊作戰只有三次真正勝利，它們分別是台兒莊、昆侖關、和第三次長沙會戰。[373] 其中昆侖關一役直接影響冬季攻勢，在此可以做進一步說明。如本節前文提及，在全國各戰區發動冬季攻勢之際，廣西省遭到日軍威脅。依照冬季攻勢既定的宏觀部署，各個戰區下轄部隊都應該採取攻勢，但是廣西的本省軍隊卻連家園都無法自保。當然，若是此時桂系「生力軍」（第7軍，第84軍）都在其他戰區努力進攻敵軍而導致本省防務空虛，則它需要外力支援可謂合情合理。可惜的是這些「生力軍」桂系軍隊在其他戰區（第五戰區）的表現也乏善可陳，而日軍進攻廣西（1939年11月15日）則只用了一支單薄的部隊（第五師團），而防守廣西的部隊則有三個軍（31A、36A、46A），另外加上被國內輿論界多年來高度吹捧的地方保安團隊（民團）。可是桂軍和民團兩者接戰即潰，完全不是日軍對手。11月24日日軍輕易占領南寧，又在12月4日占領軍事要地-昆侖關。雖然白崇禧在此時期數度要求蔣介石派軍支援，但是都遭到拒絕，因為蔣介石早先內心懷疑桂系領袖刻意誇大敵軍數量，認為桂系軍隊對於中央作戰命令早就有陽奉陰違，意圖保存實力的嫌疑，而此時又在全國進行冬季攻勢之際，意圖把中央最精銳機動部隊拉進廣西，去接手本來就應該由桂系軍隊自行處理的爛攤子。但是到了12月中旬，蔣介石終於眼見桂系守軍果真徒負虛名不堪一擊，只好趕緊同意派手中僅剩的王牌軍（第五軍，全軍官兵4-5萬人，最

---

371 蔣介石，《蔣總統集》，第2冊，頁1376-1377。

372 防衛廳，《大本營陸軍部》，第2卷，頁202。

373 徐永昌日記，1942年2月1日。張發奎的評價則更為苛刻。他直言所謂的三次長沙大捷（1939，1941，1942）都是謊報，因為日軍志不在長沙，只是佯攻而已，而中國軍隊長官卻自吹自擂。見：張發奎，《蔣介石與我》，頁357。

精銳裝備）馳援桂軍解圍，並在12月31日收復昆侖關。此役日軍固然傷亡沉重，但是第五軍奮不顧身，傷亡更是慘重，可能超過一半（兩萬人），而第99軍更是只剩下三分之一官兵。[374] 雖然中國官方稱之為昆侖關大捷，但是蔣介石內心其實極端憤怒，認為廣西之戰是桂系主將指揮錯誤，和地方軍隊作戰推諉無能所致。但是他也只能對多位將領做出形式上責罰，在實質上完全不敢去撼動桂系軍隊的權力結構。[375] 這些來自中國軍方最高層人士的私房話，讓我們對於中國官方和坊間流行的抗戰軍事史不得不加倍小心看待。它也提醒讀者們，在台兒莊和昆侖關兩次重要戰役中，蔣介石和他的最重要主戰派夥伴桂系產生密切交集，兩次的作戰主力部隊都是他的中央軍，而作為主要夥伴的桂系軍隊卻缺乏戰鬥力，這就讓這個主戰派團結的政治成分高於軍事實力。

總結地說，冬季攻勢在軍事領域和政治領域都產生了嚴重而長遠的影響。在軍事領域中，它導致中方決定此後避免打硬仗，也導致日方有精力去處理占領區的治安問題以及太平洋與東南亞的新局勢（見下節）。到了1941年夏季，重慶政府從上海得到情報稱，日軍駐華派遣軍司令部已經做出決定，日軍鑒於在結束晉南戰事後閻錫山和共軍皆無動作，因此日軍未來也不擬擴大戰爭，目的限於捕捉機會只是針對中央軍施以致命打擊。[376] 其結果是讓中國大陸戰區在1941-1943年間戰況趨向沉寂。零星的小戰鬥沒有改變雙方對峙的大戰線。這種情形也造成重慶政府軍隊減低警惕心和耽于苟安心理，不再表現大規模反攻的雄心，把戰場的主動權完全交給了日軍。日軍不進攻，國軍就安於現實。

在政治領域中，它產生的因果關係比較難以確定。但是依據本書作者的

---

374 白先勇，廖彥博合著，《悲歡離合四十年，白崇禧與蔣介石（上）：北伐．抗戰》，頁310-334；鄭洞國，《鄭洞國回憶錄》，頁231-253。

375 呂芳上主編，《中國抗日戰爭史新編：軍事作戰》，頁222-233；蔣介石日記，1940年2月3-4日；蔣中正，〈柳州軍事會議閉幕訓詞〉，秦孝儀主編，《總統蔣公思想言論總集》，第17卷，頁88。

376 徐永昌日記，1941年6月4日。

判斷，以空間換取時間的戰略觀念雖然在開戰前就已經形成共識，但是作為響亮的口號則有待開戰後才逐漸出現。只是這個觀念上的共識在政治中心遷往內陸省份之前，並未曾接受現實的檢驗。一旦政府從武漢撤退到重慶後，響亮的口號才首度遭遇冷酷的現實。有關蔣介石把內地（特別是四川省）建為新的抗戰根據地所遭遇到的困難其細節將在第三章中加以討論。本章先前曾經提出，促成國民政府發動冬季攻勢的原因之一是它認為軍隊兵員補充工作（徵兵）已經達成目標。但是如果進一步細察，就可以發現，它在1937-1938年間所能夠取得的兵源主要來自三個省份，它們分別是：廣西省最多（49萬人），其次是河南省（45萬人），第三是湖南省（41萬人）。如果以各省人口計算，則四川省占全國首位，是廣西省人口的6倍，河南省的2.2倍，湖南省的2.4倍，而其所提供補充兵員卻只有27萬人，僅為廣西省的六成而已，同時還遠遠落後於其他諸多省份。這些數據佐證了重慶政府1938-1939年想在四川立足的挫折，很可能更加強它的企圖心，設法早日脫離西南省份的苦海，回到舊根據地。[377] 只有在冬季攻勢徹底失敗後才不得不硬著頭皮，接受在內地長期抗戰的事實。

第六節　豫湘桂會戰

珍珠港事變（1941年12月8日）後，日本注意力轉向處理其他急迫事務，包括入侵西方帝國主義國家的東南亞殖民地、開展在中太平洋與美國海軍的爭霸戰，以及在中國華北和華中地區進行的治安戰，從而大大減少了對重慶政府的地面進攻。因此在1942-1943兩年時間內，中日兩國陸軍部隊的

---

377 1937年7月-1939年1月的18個月中，徵兵資料見：王世杰日記，1939年1月6日；人口資料見：蔣介石日記，1939年12月13日。根據蔣介石資料，全國人口總統計為490,405,140人，其中四川占14.73%，或7千2百萬人。換言之，它提供的兵員不足總人口的0.004%。等於是沒有參戰。

前線都保持相對穩定，偶有小規模敵我進退，很少激烈作戰。但是1944年，日軍給國軍帶來了嚴峻考驗，殘酷地揭露了中國軍隊隱藏多時的弱點。

在抗戰史學術作品中，對豫湘桂會戰（日方稱為「一號作戰」）的研究並不豐富。[378] 除了軍事專家之外，多數學者只把這場戰役視之為國民政府軍事和政治無能的又一個例證。而其他一些關注這場戰役的研究者，主要是為了分析其對中美關係的影響。但是在抗戰後半期，沒有一場中國本土的軍事行動能比豫湘桂會戰更深刻地影響了中國政治和軍事，因而我們需要仔細了解這場戰役。

一、日本的對華政策

1941年12月3日，也就是珍珠港事變爆發前四天，日本統帥部頒發了大陸指第575號文件，說明未來在中國作戰的指導原則。該份文件承認，由於戰局僵持，中國派遣軍內部普遍存在士氣低落現象。因而它指示，避免策劃任何針對重慶政府的大規模攻勢作戰，強調今後主要精力應該放在鞏固華北占領區，包括提升治安強化運動，恢復經濟和爭取占領區民眾的支持。[379]

日本這一決策非常符合當時世界局勢。太平洋開戰初，日本在遠東地區集中全力向英國、美國和荷蘭發起進攻。與此同時，日本戰略指導者決定利用中國華北地區各地方實力派與外交管道，一方面尋求能夠誘使重慶政府接受的和平條件，另一方面創造有利軍事態勢，迫使重慶政府主動乞和。[380]

---

378 新近著作，請參閱：Hara Takeshi, "The Ichigo Offensive," in Mark Peattie, Edward Drea, and Hans van de Ven, ed., *The Battle for China: Essays on the Military History of the Sino-Japanese War of 1937-1945* (Stanford, Stanford University Press, 2011)；Hans van de Ven, "The Turning Point: Japan's Operation Ichigo and Its Consequences," 載於呂芳上主編，《戰爭的歷史與記憶》，頁222-255。

379 重光葵，《昭和的動亂》，第2卷，頁158-174；防衛廳，《昭和十七十八年的中國派遣軍》（東京，1972），頁306-315；防衛廳，《大本營陸軍部》，第3卷，頁526-527、598-600。

380 防衛廳，《大本營陸軍部》，第3卷，頁526-527、598-600。

1942年，日本對華新戰略被納入兩項戰役計畫，分別代號為「51號」和「5號」作戰計畫。日本統帥部認為，在太平洋戰爭初期日本軍力昭顯之時，假如能在中國贏得幾場重要勝利，徹底摧毀國軍鬥志，那麼就能夠迫使重慶政府更積極地回應日本的和平條件。對日本統帥部而言，如果可以在中國終結戰鬥，就可以讓日軍得以另辟新的交通線，經由印度直達印度洋，與德、意兩國會師，從根本上改變國際情勢，加速軸心國勝利。[381]

1942年6月的「51號作戰」計畫的起草，是日方將其新戰略付諸實踐的第一次嘗試。該計畫設想運用中國派遣軍的主力部隊由西安方面進攻，輔佐以一部兵力由武漢方面助攻，合力進犯四川。日方預計動用16個師團兵力，力求在5個月內完成任務，主要目的是殲滅重慶政府的中央軍。[382] 不過，該作戰計畫遭遇了諸多困難，一直停留在紙上作業階段。同年8月底，日本統帥部又開始考慮一個替代方案，稱之為「5號作戰」計畫。這個新計畫預想派遣軍徹底繞開西南地區的雲南、貴州、和廣西，而是由湖北、河南和山西方面直接西進，發動對重慶攻擊。然而，太平洋戰爭的不利形勢迫使日軍從中國戰場調離了部分空中和地面部隊，因此耽誤了5號作戰計畫的實施。[383] 直到1942年底，這一預想的作戰行動都未能實現。

二、日軍在太平洋戰場的潰敗

隨著日軍在太平洋戰爭中退居守勢，他們在開戰初期的樂觀情緒也逐漸消失。1942年6月初，美國海軍艦隊在中途島戰役（The Battle of Midway）中重創日本海軍，標誌著美國海軍力量已經從初期的困頓中走出，恢復其原

---

381 防衛廳，《大本營陸軍部》，第4卷，頁195-196。

382 防衛廳，《大本營陸軍部》，第4卷，頁369。

383 防衛廳，《大本營陸軍部》，第4卷，頁370-620；荒井信一，《太平洋戰爭》，第2部，頁66-67；歷史學研究會編，《太平洋戰爭史》第5卷（東京，1970）；防衛廳，《昭和十七十八年的中國派遣軍》，頁9-96。

有實力。在隨後兩次所羅門海戰（Soloman Islands, 1942年10月和11月）與南太平洋海戰（The Battle of the South Pacific, 1943年3月）中，日本海軍再次受到嚴重打擊。

與此同時，美國陸軍已經開始準備實施跳島戰略。1943年6月，麥克亞瑟（Douglas MacArthur）被任命為西南太平洋地區盟軍總司令，並指揮盟軍在所羅門群島的新喬治亞島（New Georgia）成功登陸。至當年12月，美軍已推進至馬紹爾群島（Marshalls）與新不列顛島（New Britains）。

從這個簡略歷史回顧中可以看出，美軍是從1942年夏季開始由守轉攻，而日本海軍顯然無力阻檔美軍銳利攻勢。太平洋戰爭伊始，日軍後勤就高度依賴它本土和菲律賓之間的海上運輸線，一方面把戰略物資運回日本，一方面把武器裝備分配到荷屬東印度群島、緬甸、泰國和法屬印度支那等地的中轉站支持海外日軍。[384] 只要日軍能夠把美國海軍勢力摒阻於中部太平洋地區之外，它就能夠繼續享受其海外攻略的成果，無需尋求新補給線。但是1942-1943年間，隨著日軍越來越難以招架美國海軍猛攻，情況開始惡化。

依照日本原本在太平洋戰爭爆發時的預測，在戰爭最初2年中，它可能被盟軍擊傷擊沉的船舶大約可以控制在180萬噸之內。然而事實上，開戰21個月內，船舶損耗已經達到380萬噸，超過預想兩倍以上。其中由盟軍飛機襲擊造成的損失僅占總損失的24%，而高達55%的船舶損失是被盟軍潛艇襲擊的。[385] 因此，儘管1943年開春以來，盟軍駐華空軍加緊了對日本本土空襲，並且給在華作戰的日軍造成了相當程度困擾，但與盟軍的海軍攻擊相比，空襲對日本運輸補給造成的威脅並不嚴重。數以百萬噸船舶的損失迫使日本政府決定強徵民間船隻用於軍事運輸，但是仍然不能解脫困境。同盟國海軍越是向西太平洋挺進，日本運輸補給的損失便會越為慘重。[386]

---

384 防衛廳，《大本營陸軍部》，第7卷、頁297。

385 同上，頁191、215；實松讓編，《太平洋戰爭》，第5卷，《現代史資料》（東京，1962），頁426、825-826。

386 防衛廳，《大本營陸軍部》，第7卷，頁222。有關日本保障其海上運輸線的能力逐漸減弱

回顧太平洋戰爭之初，日軍的運輸能力約為550萬噸。儘管日本造船工業極力建造新船隻，但到1943年底它的運輸能力仍然降至珍珠港事變前的77%。僅僅是1943年一年之內便減少了16%，而且前途只會更趨黯淡。[387] 這些損失不僅能夠削弱日本維持它在東南亞據點的能力，而且可能動搖整個日本民族的根本，使它難以長期堅持作戰。因為日本依賴海上運輸線，不僅是為向駐紮海外的部隊提供補給，也是為了攫取東南亞豐富的戰略資源去支援整個日本的戰爭能力。

石油補給對日本來說尤其重要，石油資源在引導日本與美國開戰中曾經占據過絕對重要地位。1941年11月，日本御前會議曾估計東南亞的石油輸出會穩步增長，到1944年將滿足戰爭需求的84%。[388] 但是開戰之後，大量油船被擊毀，使得石油補給困難日顯。1943年，日本不得不使用多達76萬公升的「人造石油」來彌補天然石油短缺。但到1944年2月，被摧毀的油船總噸數已達111,000噸。[389] 燃料短缺必然影響到諸如鋼鐵、飛機、炮彈、艦船、商船和汽車等重要軍需品的生產。[390] 這些軍需品的產量從1944年年中開始急劇下滑。當太平洋戰爭進入第3年時，日本戰略指導者面臨巨大壓力，急需開闢新的海上補給線。

日本方面並不是沒有預見到盟軍進展的速度和隨之而來的補給困難。早在1942年12月，大本營作戰課就已經開始著手起草一份長期作戰計畫，開始考慮構建大陸走廊去補給東南亞的占領軍。隨著日本海軍在太平洋的頹勢

的論述，參見防衛廳，《海上護衛戰》（東京，1971）。

387 防衛廳，《大本營陸軍部》，第7卷，頁224；實松讓，《太平洋戰爭》第5卷，頁558-568。

388 防衛廳，《大本營陸軍部》，第7卷，頁229-231。

389 同上，第7卷，頁229-231、233，有關日本船舶的損失及對其後勤影響的詳細論述，參見荒井信一，《太平洋戰爭》，第2部，頁43-48。

390 荒井信一，《太平洋戰爭》，第2部，頁85-90。1944年底，日本進口與生產石油合計總量僅為1940年的14%，石油儲備量僅為1940年的28%。有關美軍襲擊對日本運輸、後勤、飛機、船舶生產等造成的損失的全面資料，可以參看：實松讓編，《太平洋戰爭》，第5卷，頁69-557。對戰時日本動員政策、生產目標和資源短缺情況的詳細論述可以參見：中村隆英編，《國家總動員》，第1卷（東京，1970）。

日益顯著，海上交通線也日益岌岌可危。最終，1943年11月22日，日軍作戰課不得不起草了一份正式計畫，旨在打通中國大陸南北，把中國與印度支那用鐵路連接起來，以抵消美國在太平洋戰場獲得的優勢。3天后（1943年11月25日），美空軍轟炸機從江西遂川基地出發，首次轟炸臺灣新竹機場，日本政府大為震驚，也迫使它必須想辦法對付大陸的空軍基地。[391]

在參謀總長杉山元敦促下，「大陸作戰」計畫很快成形。該計畫設想占領平漢鐵路與粵漢鐵路沿線的重要城市，並進攻廣西和貴州，使用柳州和獨山間的黔桂鐵路拆下來的鐵軌，去鋪設從柳州至中越邊境涼山的鐵路。如果這個計畫得以實施，則日本估計可以獲取中國內地省份二分之一到三分之二的鐵路器材。如果再投入約200輛火車頭和2,500節貨車車廂，就可以保證從北平到河內之間3,000公里鐵路的通暢運行。最後，日軍還設想在打通大陸運輸線的同時，集中力度徹底消滅重慶政府的中央軍主力部隊，摧毀衡陽、柳州和桂林的空軍基地。日軍戰略制定者堅信，這一作戰計畫如能成功執行，則日本不但能保有中國大陸的60萬派遣軍和在東南亞的50萬南方軍，而且還能吸引美軍支援中國而減輕它對南洋日軍的壓力，達到和美國長期作戰效果。[392]

上述戰略考量反映出1942年底、1943年初日本在逆境中應戰方針的轉變。1942年9月，日本不再指望無條件的勝利，轉而強調「確立不敗態勢」。1943年，大本營不得不接受殘酷現實，即無論付出多大代價都無法扭轉日本海軍在西南太平洋的劣勢。因此，他們開始考慮在何處迎擊英美的反攻。[393]

1943年9月25日，日本政府最終確定了「絕對國防圈」。該地域圈北起千島列島，南至小笠原群島、馬里亞納諸島（Mariana Islands）和加羅林群島（Caroline Islands），西至西部新幾內亞（New Guinea）、菲律賓、荷屬

---

391 原剛著，劉鳳華譯，《一號作戰：實施前的經過和實施的成果》，頁289。

392 防衛廳，《大本營陸軍部》，第7卷，頁548-531；稻葉正夫編輯，《岡村寧次回憶錄》（北京：新華書店，1981），頁248-249。

393 防衛廳，《一號作戰（1）河南會戰》（東京，1967），頁3。

東印度和馬來半島，北至泰國、緬甸、印度支那、中國與日本本土。這是最後一道防線，也是日本能接受的它在亞洲的最小勢力範圍。確立「絕對國防圈」的目的是保護「大東亞共榮圈」的重要資源地域，確保本土與國防圈內各地區之間陸海空運輸的通暢，爭取在和同盟國戰鬥中擁有內線作戰和資源支援的優勢。[394]

三、日軍一號作戰的意義

如果單純從日本大本營向中國派遣軍下達的作戰命令的表面文字來看，不難讓人把一號作戰的主要目標解釋為只是摧毀重慶政府的空軍基地而已。[395] 但是在一份作戰命令中，上級參謀單位很少需要向下屬作戰單位詳盡地闡述該項作戰完整的戰略背景和目的。它只需要說明下一步軍事目標即可。但是對於研究者而言，他們就必須把作戰行動放到更廣闊和特定的背景下予以考察，才能充分了解該次作戰的宏觀用意。

即便是在日美兩國開戰之初，日本政府也不曾幻想靠一己之力去擊敗美國。日本偷襲珍珠港，是因為它推測偷襲的破壞程度將使美國海軍在幾年之內難以恢復，無法反擊。而日本則可以在這爭取到手的數年空檔時間內，在東南亞占領區站穩腳步，甚至與德意兩國軍隊在中東地帶建立直接聯繫，扭轉世界大勢。日本的失著，是美國海軍復蘇速度之快大出意表，到1942年底，日本已經預感到大事不妙，因為它修復創傷的能力顯然無法彌補戰爭損失，而美國卻似乎擁有無盡資源，不但能補足損失還能增強戰鬥力。

到了1942年下半年，日軍顯然已經無法阻擋美軍向日本本土海域進犯的步伐。在日方看來，只要美國戰略決策者仍決意進攻日本本土，威脅其國防生命線，則日本就必須建立起大陸走廊。因此，即便是重慶陸軍當時並不對

394 防衛廳，《大本營陸軍部》，第7卷，頁187-190。

395 防衛廳，《一號作戰（1）河南會戰》，頁1-2；實松讓編，《太平洋戰爭》，第4卷，頁138-140、143-144。

在華日軍構成任何威脅，也不能讓日本改變心意。更何況，美國駐華空軍也的確越來越頻繁地襲擊日本的戰略要地和破壞日本海軍近海補給線，這就更堅定了日本儘快實施打通大陸作戰計畫的決心。

四、國軍豫湘桂作戰過程

1943年12月，日本大本營將這次即將發動的作戰稱為「一號作戰」，並命令中國派遣軍做好準備。一號作戰分為兩個階段。第一階段是連接黃河北岸日本占領區至河南信陽一帶，打通平漢線；第二階段是占領湖南岳陽至越南涼山一帶地域。（地圖1）儘管日軍在1944年面臨多重困難，它仍舊調集了50萬士兵（約20個師團），10萬匹馬，15,000輛汽車，和1,500門火炮。成為日本陸軍史上投入最大規模的戰爭。[396] 1944年4月18日，日軍14萬兵力在豫中地區渡過黃河，打響了第一階段的作戰。[397]

值得注意的是，中國方面的反應大致可以分為三個部分來了解。第一是戰前的無知，第二是戰爭初期的誤判，第三是戰爭實際過程中的無能。

首先是在戰役前，中國政府完全缺乏警惕。根據作者看到的中方資料，無論是高層領袖們的日記和來往公文，或是軍事情報單位的報告，都一致顯示他們對於日本軍方緊鑼密鼓地籌備了超大型攻擊計畫毫無警覺。在此時期重慶政府固然收到大量來自華北的情報，但是多屬零碎，沒有被繪幟成為一個洞觀大局的圖像。比如說，中方情報在1944年3月份已經顯示，日軍增加駐漢口飛機超過200架；增兵湖北西部；同時在修復平漢鐵路黃河大橋使之可以通車。這些跡象讓中方感覺日軍或許有所企圖，但是對於傳聞日本要打通平漢鐵路之說，則軍令部長徐永昌完全不予置信，認為不過是眩惑的宣傳伎倆而已。[398]

---

396 原剛著，劉鳳華譯，《一號作戰：實施前的經過和實施的成果》，頁289。

397 吳相湘，《第二次中日戰爭史》，下冊，頁897。

398 徐永昌日記，1944年3月4日。

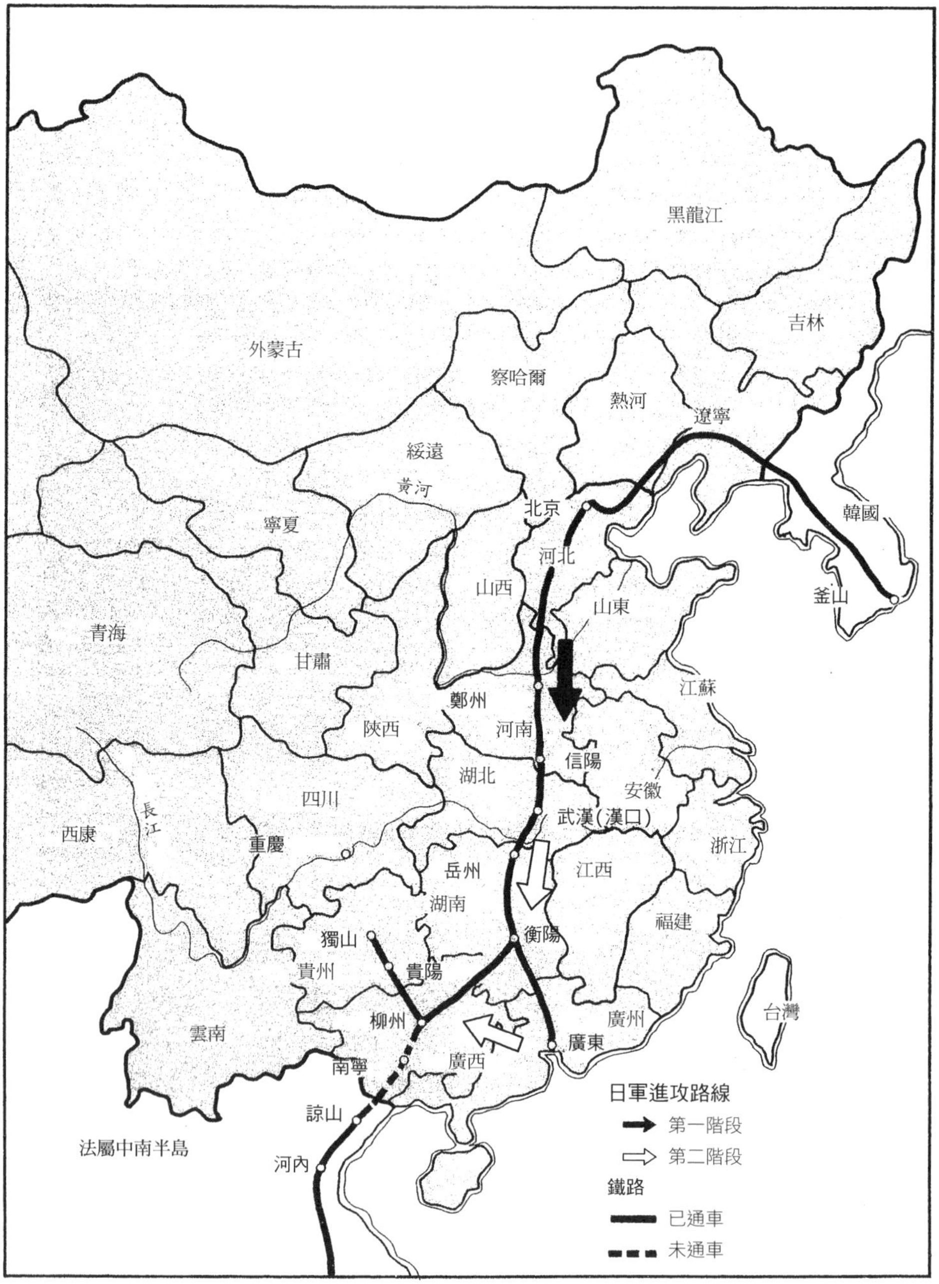

地圖1　日軍一號作戰進攻路線圖，1944年4月-11月。

當然蔣介石本人的態度最值得注意。他在3月5日看到軍事匯報，首次得知日軍在急修黃河大橋，他立即的反應是「打通平漢路之計益顯矣」。但是他並沒有立即採取行動，因為他認為大橋至少需要到5月下旬才能修復，而屆時美國空軍當可加以破壞。[399] 換言之，以事後諸葛亮觀之，重慶政府當時即便有正確情報也沒有採取相應措施，誤認為國軍可以從容應付。而蔣介石需要等到5月底才從軍事情報得知，原來日軍從3月初就陸續從東北運送了45-50萬士兵進入華北準備攻勢。[400]

1944年3月下旬，重慶政府陸續收到各方面諜報和戰區報告，顯示日軍在華北各地活動頻繁，似乎將要發動大型戰役。這些突然增加的情報包括日軍調動鐵路車皮、軍隊集中、糧秣囤積、軍官行蹤等等，都顯示將有大動作。[401] 但是仍然沒有推測日軍的真正意圖為何。到了4月初，重慶政府接到的軍情報告，逐漸讓領袖們開始猜測日軍可能先打通大東亞鐵路線。但是徐永昌仍然認為日軍可能希望在與英美兩國決戰之前先打通粵漢鐵路線，集中火力打擊中國的生力軍（野戰部隊，中央軍）防止後者反攻，准備將來在中南半島撤軍時可以經過廣西而後北運，也可能借占據粵漢線去隔絕此線以東的國軍飛機場，便於打擊西南的飛機場。雖然他也考慮到日本可能想打通平漢鐵路線，但是不認為它是首要目標。這個推測表示戰役的開端更可能是華南地區，而不是華北地區。值得注意的是，華北前線中方最高戰地指揮官也缺乏警覺。第一戰區司令官蔣鼎文報告日軍在3月間大幅調動，似乎有大動作，但是並沒有確切判斷攻擊目標。即便是在4月上中旬，軍令部繼續收到各方諜報，日軍大量集中和移動，火車運兵，後勤繁忙，日軍似將有大動

---

399 蔣介石日記，1944年3月5、8日。徐永昌日記，1944年3月18日。美國空軍終究未能破壞大橋的原因需要進一步確認。鑒於此時美軍史迪威將軍正在為軍隊指揮權一事和蔣介石鬥法，而他又曾經剋扣陳納德航空油料阻止美國飛機積極支援國軍作戰。如果這兩件事之間果然存在因果關係，則史迪威的對華高壓政策就對日軍一號作戰做出了重大貢獻。真實情況應該在中美雙方的文檔中可以找出答案。

400 蔣介石日記，1944年5月27日，「上星期反省錄」。

401 徐永昌日記，1944年3月23-24日。

作。[402] 但是重慶政府對於日軍真正意圖仍陷於五里霧中。

偏偏在這個關鍵時刻，蔣介石個人健康又產生嚴重危機。他由於過去長期操勞過度，對延綿不斷的小病小痛又勉強硬撐不予治療，終於使他在3月底開始重傷風咳嗽，嚴重到被迫停止正常活動必須在家中靜養，「病體沉滯」、「四肢無力」、「心神消沉」，無法處理公事，一直拖到4月底才見好轉。這場漫長而嚴重的疾病必然影響到重慶軍事機構的應變能力。[403] 因為蔣介石歷來密切關注和指導中國的戰事，一旦他臥病在床，重慶政府就群龍無首。也可能因此而使軍令部和徐永昌的判斷扮演了主導角色。

1944年4月17日謎底終於揭曉，第一戰區向中央報告，敵軍在中牟渡河開始攻擊。[404] 換言之，中國軍事情報收集和分析工作成為一大敗筆，導致最高指揮部喪失了寶貴時間去做出相應措施。但是在華北實際戰鬥已經爆發之後的一段時間內，中方最高當局的持續誤判，則尤為不幸。比如說，戰鬥已經持續十多天，而軍令部長徐永昌依然無法看清楚狀況，以致他在四月底還寫道，「敵傳打通（恢復）平漢鐵路殊無理由。余以為主要在打擊我湯集團或搶麥，亦可能為掩護換防。」[405] 換言之，它不是一個大規模而長程性的戰略行為，而只是和往常一般的短期和局部性的騷擾行為，不久之後一切必將恢復原態。而身在病中的蔣介石雖然認為日軍的企圖是打通平漢鐵路，而且命令湯恩伯部隊必須堅守許昌，[406] 但是他自己也沒有看清楚情況。5月7日日軍佯攻洛陽，蔣介石落入圈套，命令大量兵力馳援洛陽。到了5月28

---

402 徐永昌日記，1944年4月2-4、6、16-17、30日，6月3、18日，7月2日。

403 蔣介石日記，1944年4月1日，「上星期自反錄」，4月2-4、8-10、13日，15日「上星期自反錄」，4月21、23日，30日「本月自反錄」；王子壯日記，1944年4月19日；陳布雷從政日記，1944年2月29日，4月3日。

404 徐永昌日記，1944年4月19日；蔣介石日記，1944年4月19日。

405 徐永昌日記，1944年4月30日；Wang Qisheng, “The Battle of Hunan and the Chinese Military’s Response to Operation Ichigo,” in Mark Peattie, Edward Drea, and Hans van de Ven, eds., *The Battle for China: Essays on the Military History of the Sino-Japanese War of 1937-1945*, pp. 404-407; Hans van de Ven, *War and Nationalism in China* (London, Routledge, 2003), pp. 19-63.

406 蔣介石日記，1944年4月19、30日。

日蔣介石才首度看出日本一號作戰的企圖是最終打通平漢鐵路，它有足夠兵力（9個師團）完成任務，而中國沒有足夠兵力可以阻止，只能依靠地形和空軍來對抗。他也認識到，這是1937年以來最大危機。[407]

當蔣介石在5月31日回顧他在5月初命令大軍集結防守洛陽時，承認是自己遭受日軍欺騙，導致失敗。他在日記中深刻懺悔自責，「此為畢生惟一之愧悔與無上之錯誤，不得不特書以明余之罪惡與愚拙。」他也強烈懷疑，日軍敢用500,000兵力南下，又抽調關東軍部隊進入華北，事先肯定已經與蘇聯達成默契才敢將關東軍調離日蘇邊境，因此也開始對蘇聯的動機產生疑懼。他此時認為日本的目的是打通平漢鐵路和粵漢鐵路，建立鞏固的大陸基地與美國對抗。[408]但是對於徐永昌而言，即使到了6月中旬，當軍令部的第一廳已經判斷日軍會在華中和華南持續攻擊，他仍然認為敵人不會這麼做，因為用兵太多，而且暴露它的戰鬥和補給線過長。因此徐永昌認為日軍的行為只是想尋找機會打擊中國主力軍和「混時間」而已。更何況，既然盟軍已經在太平洋逼近日本本土，日軍的上策只應該是從中國戰場逐漸撤退。[409]幾天之後，徐永昌似乎得到新的啟示，認為日本之所以增兵來華作戰可能是希望搶在英美主力來到亞洲之前，致力於一擊而解決中國戰爭。如果果真如此的話，則昆明和重慶都將成為攻擊目標，也就是中國生死存亡的重要關頭。[410]雖然徐永昌似乎終於把日本的局部戰鬥行動和一個宏觀戰略目標連接起來，但是他持續相信日本沒有能力達成目標。無論如何，開戰後中方這一連串的誤判和輕忽，都顯示著它對於日本一號作戰的軍事情報嚴重疏失，參謀作業嚴重無能，最後導致最高當局嚴重誤判。

---

407 蔣介石日記，1944年5月28日。

408 蔣介石日記，1944年5月31日。

409 徐永昌日記，1944年6月15、16日。根據軍令部判斷，日軍此時在中國關內有38個師，在關外有21.5個師。徐永昌的判斷是日軍的企圖是「混時間」。

410 徐永昌日記，1944年6月18日。

（一）豫中會戰（日方稱為「河南會戰」）

黃河沿岸國軍守軍有21個師，但僅11個師有一定的戰鬥力，其中大多數部隊歸湯恩伯統轄。由於防線過寬，重慶政府只得命令每個師分散守備。[411]

日軍以12軍為主攻部隊攻擊鄭州，而以第5軍佯攻洛陽。由於區域地形平坦，日軍得以大量坦克、長距離火炮與機械化部隊，作為進攻先鋒。從4月18日渡過黃河至5月26日占領洛陽，擊斃國軍21,643人和擊傷大量官兵，而日軍僅戰死1,061人，受傷2,966人，兩軍陣亡比例為20：1，可見日軍在對陣國軍時的絕對優勢。當第一戰區把素質更低的國軍投入戰場時，情況變得愈發糟糕。5月9日至5月20日間，國軍陣亡32,390人，而日軍只有760人陣亡、2,032人負傷[412]，陣亡比例變為42:1。正如中方戰史學者日後所承認的，在平坦地形中，能夠快速推進，又擁有裝甲部隊和有力火炮的日軍攻擊訓練和裝備都較差的守軍，直如摧枯拉朽。[413]

日軍給國軍造成的最慘重損失其實不僅是官兵傷亡數量，而是國軍指揮系統的徹底崩塌。在日軍閃擊下，國軍全面潰退時遺棄了大量武器裝備。早在5月初，軍事委員會（劉斐）已經得到報告，第一戰區原本誓言堅守洛陽，但是劉斐看出湯恩伯一心只求避戰，根本沒有能力進行遊擊戰。他並且指出湯恩伯既不能掌握部隊，又不能與戰區長官蔣鼎文合作，儘管蔣介石對他期望殷切，結果反而激勵敵人的企圖心。徐永昌私下也深表憂慮，寫道，「據聞湯恩伯一味飄忽，保存實力，蔣銘三（蔣鼎文）張惶失措。誤事失機之咎，

---

411 苟吉堂，《中國陸軍第三方面軍抗戰紀實》，頁226-227、231。

412 防衛廳，《一號作戰（1）河南會戰》，頁231-274、287、288-318、319-341、357、362、373-375、485、514-515、524。日本方面的估算也能在中方資料中得到證實。中方承認傷亡慘重，但並未給出具體數字。而按照慣例每次戰役後國民政府都會發表傷亡數位。根據筆者的統計，主要部隊陣亡將士共5萬人，參見國防部，《抗日戰史：豫中會戰》，全6冊。

413 國防部，《抗日戰史：豫中會戰》，第6冊，頁325。

誰其負之？」[414]

日軍在1944年5月10日圍攻洛陽，中國統帥部命令湯恩伯和其他軍隊集結洛陽，但是多數部隊規避命令，以致司令部倉促出逃凌亂不堪，連電報員20餘人都擅自脫隊逃亡，電話機和密碼簿散落四處無人理會，造成眾多部隊失去聯絡，指揮機制徹底崩潰。兵站總監部幹部擅自離職，又造成後勤業務全盤癱瘓。[415] 在此期間，蔣介石心急如焚，在日記中嚴厲批評蔣鼎文無能和任用親信私人，更指責他為了推卸責任，狡黠地事事報請蔣介石批示，還逼使蔣介石必須不斷以電話和前線部隊長直接聯絡，等於把蔣介石當成他個人的參謀，在重慶替他遠距離指揮戰爭，還藉此表現他事事服從委員長命令的忠誠姿態。蔣介石同時又批評湯恩伯不能控制軍隊，不知道部隊在何處。總之蔣介石非常肯定，河南戰事敗壞其責任是指揮官失職，逃避責任，放棄陣地。事實上，蔣介石憂慮河南戰爭而忙碌不堪，以致他不得不停止他歷來持之有恆的每天必定讀書的習慣。[416]

5月中旬，蔣鼎文向蔣介石要求轉移陣地，躲避反攻，但是遭到蔣介石否決。儘管蔣介石直接打電話命令湯恩伯和蔣鼎文努力反攻，但是他們部隊十之八九根本不知去向，已經完全無法執行命令。諷刺的是，蔣鼎文此時竟然還向重慶政府要求按時撥發軍餉和軍糧，引起陳誠熱諷冷嘲。正如陳誠指出，當蔣鼎文接到政府命令反攻時，承認部隊失去聯絡所以無法下達命令，而當他向政府要錢要糧時卻又聲稱嚴實掌握部隊的明確位置。氣得陳誠反問，「如此矛盾，焉得不敗？」顯然是打了敗仗還想撈一把。[417] 第一戰區將領們被逼迫而承諾的反攻無法兌現，此事毫不意外，因為軍令部從獨立掌握的資訊也得知，湯恩伯給蔣介石的軍事報告多半不可靠。[418] 長官部如此

414 徐永昌日記，1944年5月5、7日。

415 呂芳上主編，《中國抗日戰爭史新編：軍事作戰》，頁273。

416 蔣介石日記，1944年5月1-10日。

417 陳誠先生日記，1944年5月16日。

418 徐永昌日記，1944年5月14、17、19日。

癱瘓和各個部隊自由行動，導致全面崩潰。日軍在25日進入洛陽，全軍只陣亡896人，負傷2,280人，就結束河南戰局。[419]

河南戰事剛剛結束，蔣介石又為胡宗南部隊的避戰而氣憤不已，因為胡宗南部隊負責靈寶地區防務，而其屬下各師長擅自撤退，以致所有作戰計畫成為泡影。胡宗南在西北專心訓練部隊而不曾作戰達5年之久，就是預備在最後反攻時派上用場。中外人士都一致把他們視為是中央軍最強部隊，但是在此次敗退過程中，這個大部隊依然軍紀敗壞和命令廢弛，讓蔣介石在6月10日感到「寸衷慚惶實為從來所未有，而痛心悲憤亦為從來所未有棣焉，不力一至於此，余將何面目以見世人也。」蔣介石特別憤怒胡宗南「此種無智無勇之罪惡，更不能恕也。」[420] 才過了3天（6月13日），蔣介石又接到報告稱胡宗南部隊又放棄陣地，憤怒寫道，「而對前方敵情一任其前方部隊妄報，毫不審察其可否與虛實，其學識與能力如此淺薄，何能使之擔當如此重任？然而又無人可以替代，以後戰局大難言。念所部人事不勝為之戰慄也。」再過了2天（6月15日），蔣介石在日記裡再度憂心忡忡地寫道，「胡宗南在關中專心訓練十軍兵力，為時已越五年之久。如果一旦失敗，則全國軍心民心皆難維持。」[421] 即使在蔣介石日記中，如此密集地批評一個人，在整個抗戰期間誠屬少見。可見河南戰爭帶給他的打擊之大。當然，當蔣介石在8月底收到湯恩伯和胡宗南兩位將軍請病假的呈文時，又為之大發雷霆。[422]

（二）長衡會戰（日方稱為「湖南會戰」）

河南會戰結束後，日軍隨即開展第二階段作戰，把第1軍與第12軍調至華中戰場，同時從南京調入第13軍，並且還把若干駐蒙古方面軍和關東軍開

---

419 呂芳上主編，《中國抗日戰爭史新編：軍事作戰》，頁273。

420 蔣介石日記，1944年6月10日。但是還是寬恕了，而且繼續重用。

421 蔣介石日記，1944年6月15日。

422 蔣介石日記，1944年8月29日。

至華中，增援駐紮武漢附近待命的第11軍和第23軍。由於日方預料中美空軍將更為活躍，因而專從本土調遣若干空軍部隊作為支援。總計日軍集結了8個師團和1個旅團，共36萬人，是整個中日戰爭中最龐大的作戰部隊。[423]本書前文曾經提到淞滬會戰後，日本軍隊原本或許未必打算進攻南京，但是看到中方防衛部署鬆懈後才大膽進攻。同樣地在6月初，徐永昌對於河南會戰中國軍的無能大為失望，曾經預感敵人進擊的速度與力度其實和國軍的防守無能有密切關係。國軍越是不能守，敵人就越是受到鼓勵向前攻，甚至達到欲罷不能地步。[424]而實際戰況，不幸被他言中。

第九戰區司令長官薛岳統轄下守軍共有48個師，半數是中央軍，總兵力接近50萬。單純在數量上，國軍是日軍的1.4倍，但是戰鬥力低落。根據第九戰區呈報，該戰區戰鬥力最強的步兵師每個師只有合格戰鬥兵約一千人，較次等的步兵師則只有數百名合格戰鬥兵。換言之，每個師號稱一萬人，可以有效作戰者只有5-10%。[425]另外一個難題就是防線過寬，兵力不敷分配。難怪每個師都極感自己力量不足，希望政府能夠徵調其他新銳兵力作為增援。蔣介石也只得再次強調作戰部隊必須採取死守戰術，獨立自主地防守每一個據點。

在湖南會戰中，日本攻擊部隊面臨的困難遠比河南會戰時更為艱巨。武漢與長沙間遍布河流湖泊，而長沙以南直至中緬邊境皆為多山地形，不利於日本機械化裝備的的大規模運動戰，導致日軍只能將戰鬥局限於鐵路沿線附近。但是日軍也吸取了前三次進攻長沙的教訓，在這次作戰中改用大部隊迂回戰術，最終在6月18日攻占長沙。長沙淪陷之快也是大出時人意料之外，因為廣東籍第四軍素有善戰之譽，過去還被賦予「鐵軍」雅號。但是第四軍在長沙只守了1天（6月18日），軍長和師長在沒有戰鬥前逃離戰場。他們手中的全新山炮和大炮，以及50,000發炮彈都未經摧毀，全數落入日軍手

---

423 防衛廳，《一號作戰（1）河南會戰》，頁231-274、287、288-318。

424 徐永昌日記，1944年6月3日。

425 徐永昌日記，1944年8月7日。

中。蔣介石不禁感歎寫道，「第四軍有名無實，十餘年來之虛譽，其弱點至此始暴露殆盡。」蔣介石甚至自責沒有認清第四軍弱點，把它派去守長沙是自己的錯。[426] 過不了幾天，他再度寫道，「號稱英勇敢戰者，萬不料敗退之速，一至於此。」這個事件甚至讓蔣介石肯定雜牌軍就是不能打仗。[427] 在他堅持下，第四軍軍長張德能遭到槍斃。（8月26日。）

日軍占領長沙後，下一個重要目標便是衡陽。在作戰初期，日軍在衡陽及鄰近地區集結約15萬人，國軍約21萬人，國軍步兵及火力僅為敵人的1.5倍。按照以往經驗，國內國軍以一個師對付日軍一個大隊，處處打敗仗。而在緬甸戰場，則遠征軍一個師對付日軍一個大隊，就經常打勝仗。可見內地國軍的武器和戰鬥力都太差。[428] 至於此時衡陽守軍是中央軍方先覺指揮下的第10軍，總共不過16,000人。衡陽不僅是粵漢線上的一個戰略要點，而且擁有湖南最大的空軍基地。

衡陽防守策略有一個值得特別注意的是，正如蔣介石心中所想，以往每次日軍孤軍深入攻擊中國軍事據點時（如長沙和常德戰役），國軍正確的戰略是盡快派遣大量援軍以數量優勢去爭取勝利。但是鑒於此次日軍進攻衡陽已經集結雄厚兵力，[429] 而且志在攻下衡陽後繼續沿湘桂路向廣西挺近，因此國軍的上策是讓日軍進攻衡陽曠日持久，在日軍久戰無功耗能過度之後，才派援軍去衡陽解圍。因此，儘管軍令部再三要求向衡陽派遣援軍，都被蔣介石否決。即便是蔣介石已經內定派62軍和79軍作為解圍部隊，但是依然採取「暫緩不急」態度，按兵不動，眼看第十軍孤軍被圍而堅持作戰，感到「安慰」。[430] 換言之，第十軍的任務就是「死守」衡陽，消耗日軍能量，犧牲自己去拖延日軍南下廣西的速度和力度。

---

426 蔣介石日記，1944年6月15-20日。

427 蔣介石日記，1944年6月24日。

428 徐永昌日記，1944年8月7日。

429 根據方先覺轉述日軍將領所稱，日軍圍攻部隊超過5萬人。見：錢大鈞將軍日記，1944年12月12日。

430 蔣介石日記，1944年7月1、2、8日。

而第十軍果然不負所託，讓日軍在衡陽遭受到前所未有的頑強抵抗。考其緣由，是第10軍善於利用地形和建築堅固防禦工事，堅持死守戰術，把衡陽城整整守了48天。1944年8月8日衡陽最終淪陷，守城部隊幾乎全軍覆沒，只有1,200人生存。當然日軍也為攻擊衡陽而付出了高昂代價，共傷亡19,380名士兵和910名軍官。[431] 換言之，方先覺和第十軍以一個中央軍單位在湖南對日軍造成的傷害，比蔣鼎文，湯恩伯和胡宗南以及他們麾下十多個軍單位在河南對日軍所造成的傷害，要超過數倍之多。前者的無勇無謀與後者的智勇兼備形成抗戰末期最尖銳的對比。前者在大約60天時間，被日軍以秋風掃落葉勢態盡情侮辱，騰笑中外，而後者逼使日軍付出血肉代價艱辛寸進，更是不可同日而語。

湖南會戰還有兩個和河南會戰顯著不同之處。首先是戰區指揮系統沒有瓦解。在河南會戰，由於戰區司令官完全不能指揮部隊，因此重慶政府也完全無能為力，一切徹底失控。但是在湖南會戰中，重慶政府、長官薛岳，和各部隊指揮官基本上維持聯絡。其次是相對于河南會戰的主要負責人（湯恩伯，蔣鼎文）在失職後都沒有遭受到處罰，對於其他中級失職人員的處分也依往例不予以公布；在湖南會戰中，重慶政府立即施行嚴厲懲罰。守長沙的第四軍軍長放棄陣地，軍事法庭總監何成濬原本建議處以無期徒刑，但是蔣介石親自批示立即執行死刑。[432]

遺憾的是，即便是嚴刑峻法仍然無法改變中國軍隊格局。只有在蔣介石親自干預的特殊情況下，才能偶爾伸張軍紀，但是也難免造成苦樂不均後

---

431 防衛廳，《一號作戰（2）湖南會戰》（東京，1967），頁341-342；吳相湘，《第二次中日戰爭史》下冊，頁1002；國防部，《長衡會戰》，頁151-159。根據另外一項統計，1944年長衡會戰中，在長沙作戰的國軍兵力是13-14個軍，共40個師。在衡陽作戰的國軍大約是20個軍，55個師，其中中央軍為14-15個軍。長衡會戰，國軍死傷86,000+人，失蹤20,000+人。日軍死3,800餘人，傷8,000餘人。病死7,000餘人。見：呂芳上主編，《中國抗日戰爭史新編：軍事作戰》，頁274、277 。

432 第四軍軍長是張德能，是廣東籍軍人。而此時在潼關寶寧作戰不力經胡宗南槍決的師長團長二三人，也沒有公布。徐永昌日記，1944年8月27日。

果。在一般情況下卻依然不能改變軍隊長官畏戰自保心態，他們絞盡腦汁和使出各種逃避責任的招數，或是用軟功使重慶政府無法依法辦事。比如說，鑒於豫湘桂會戰過程中軍紀敗壞的實例，蔣介石以手令方式勒令各戰區實行連坐法。這個法則原本在北伐時期早已頒布，如果認真實行，其效果早已可以立見，但是如果不予實行就只能淪為虛聲恫嚇而已。[433] 最明顯的例子是衡陽城周邊的國軍單位。依據蔣介石記載，他在7月13日看到衡陽被攻緊急就開始改變孤軍守城的主意，「督促各軍增援」。[434] 從此之後的25-26天之中，軍事委員會想盡方法懇求或是嚴令附近部隊去馳援解圍，但是得不到部隊長官的服從。根據筆者不完全的統計，此時遊走於衡陽周邊地帶（約半徑100公里以內）的國軍大約有30個以上的師級番號部隊，[435] 可是它們的部隊長提出種種藉口無法執行命令，以致沒有一個鄰近地區的部隊進入第十軍陣地。蔣介石個人先後親自命令馳援的兩廣部隊（62A和79A），它們雖然已是地方籍部隊中的善戰部隊，但是同樣虛晃一招儘快抽身退卻，或是蓄意切斷通訊管道（電話、電報），托詞不曾接到命令，或是接到命令而陽奉陰違，總之用盡一切手腕堅決避戰。[436]

這些情形氣得蔣介石大罵，「畏縮不前，殊為可痛」，「此種舊腐之軍官與部隊，非徹底淘汰，則不能救國也」。蔣介石承認，衡陽之戰國軍數量多於日軍甚多，日軍戰法是以一部分包圍攻擊守城軍隊，而以另外一部分放

433 徐永昌日記，1944年7月13日。

434 蔣介石日記，1944年7月13日。

435 此時衡陽保衛戰附近地區的國軍部隊據不完全統計，軍的番號為：20A、26A、37A、44A、46A、58A、62A、72A、73A、74A、76A、79A、99A、100A、199A、T2A。師的番號為：15D、23D、58D、60D、63D、77D、95D、99D、150D、153D、156D、160D。徐永昌日記，1944年6月25日 到8月5日。有的師是屬於軍的部隊，可能有重複計算。有關衡陽地區指揮系統混亂問題，請參閱：張瑞德，《無聲的要角》，頁202。

436 鮑志鴻，〈抗戰後期的豫湘桂戰役——在軍統局的所見所聞〉，《武漢文史資料》，1987年第2輯，頁91，引自張瑞德，《山河動：抗戰時期國民政府的軍隊戰力》（北京：社會科學文獻出版社，2015），頁219。第62軍軍長（黃濤）為了躲避蔣介石命令，指示部下諉稱軍長外出無法接聽電話。

在外圍阻擋國軍援軍，而這個策略居然湊效。因為當兩廣部隊違命畏縮不前時，蔣介石只能「抑鬱非常」而無法貫徹命令。[437] 他在萬般無奈下，甚至一度考慮接受美國人要求交出全部指揮權。[438] 儘管蔣介石在衡陽圍城期間每天焦慮不堪，甚至祈求上帝賜恩保佑，第十軍依然孤軍苦撐無援，直至彈盡、人亡、城破（8月8日）。[439]

還值得注意的一點是，中國陸軍從1937年到1943年的地面作戰都缺乏有效空軍支援，完全處於挨打局面。但是在豫湘桂作戰中，中國和盟軍終於出動空軍支援。根據估計，在河南會戰期間中美空軍在40天內出動900餘架次，在湖南會戰中15天出動900餘架次，[440] 但是仍然不能彌補地面部隊作戰的無能。而美國軍人的魯莽粗心也不可諱言。比如說，重慶政府要求美國空軍向衡陽第十軍投送彈藥和轟炸日軍陣地，而美國軍人卻把彈藥投送到遠離國軍陣地60里以外的空地，甚至把國軍陣地和附近城鎮當成是轟炸目標，造成重大傷亡，使蔣介石歎息請求盟邦協助的委屈艱辛。前文曾經提及蔣介石在衡陽保衛戰初期的設想，是運用第十軍拖住日軍，消耗其攻勢，使它的一號作戰在湖南境內就成為強弩之末，或至少為其後的廣西保衛戰爭取更多時間做出準備。但是到了8月初蔣介石看到日軍攻勢依然凌厲，只能承認自己原先估計錯誤。[441] 但是第十軍官兵們以血肉之軀迫使日軍在衡陽一地苦鬥了48天，的確為繼之而來的廣西保衛戰爭取了更多的準備時間，儘管這些準備沒有達成預想的效果（見：下一節C）。

（三）廣西會戰和戰役結束

日軍一號作戰發動後，國際形勢發展對日本益形險峻。盟軍在1944年6

---

437 蔣介石日記，1944年7月15日-8月10日。

438 他寫道，「乃可使我決心非以全權交史（史迪威）整訓與指揮不可也。」蔣介石日記，1944年8月10日。另見7月23、31日和8月10日日記。

439 蔣介石日記，1944年6-10月份。

440 徐永昌日記，1944年6月13日。

441 蔣介石日記，1944年8月5日，「上星期反省錄」。

月6日發動諾曼地登陸，幾乎與日軍一號作戰同時進行。盟軍的行動表明義大利被解放後，打敗希特勒已指日可待。如果德國戰敗，同盟國便不會對日本作絲毫讓步，將堅持以開羅會議（1943年11月23日至26日）宣布的嚴苛條件迫使其無條件投降。

日本在太平洋戰場的前景也漸形黯淡。正當日軍在衡陽與中國守軍作殊死搏鬥之時，美國海軍攻占了馬里亞納諸島。設若一號作戰的動機只是為了摧毀在中國西南省份的中美空軍基地，使之不能轟炸日本本土的話，那麼美軍拿下馬里亞納諸島就使整個一號作戰變得毫無價值。因為美軍從此以後可以從馬里亞納諸島直接轟炸日本本土，不僅容易得到美國直接的補給支援，而且超出日本空軍打擊半徑之外，遠比中國大陸空軍基地（桂林、柳州、成都）更能發揮B-29重型轟炸機的殺傷能力。[442]

1944年7月，日本大本營鑒於海上補給線日益難以維持，因此它打通中國至中南半島鐵路運輸線的需要更形迫切。大本營考慮同時發動兩起攻勢：一是由湖南進攻廣西的桂林和柳州，一是由廣東進攻中越邊境。如果能夠成功，日軍就能指望在1945年1月打通大陸鐵路通道。[443] 這一計畫被納入到更大的國防計畫──「捷號作戰」。1944年10月18日，當日軍發現美國強大艦隊正向菲律賓雷伊泰灣進發時，大本營正式頒發「捷號作戰」命令。[444]

但是由於國軍在湖南頑強抵抗，已經使日軍傷亡不斷增大。根據日方統計，8月初至9月初，日軍共有7,602名官兵陣亡，13,174人負傷，20,183患病，另外有1,804匹馬死亡，31,602匹患病或受傷。[445] 隨著日軍不斷向前推進，其後勤作業也陷入困境。日方資料顯示，整個作戰期間日軍每月從武漢

---

442 有關美軍將領史迪威對於一號作戰的推論和對策如何影響中美關係，請參閱：齊錫生，《劍拔弩張的盟友》（台北：聯經出版公司，2012），第10、11章。

443 防衛廳，《一號作戰（2）湖南會戰》，頁330-331、556。日軍就奪取廣東省內鐵路線作戰的官方敘述見於防衛廳，《昭和二十年的中國派遣軍》，第1卷（東京，1973），頁1-178。

444 吳相湘，《第二次中日戰爭史》下冊，頁1021-1024。日本軍方有關「捷號作戰」的詳細敘述，參見防衛廳，《海軍捷號作戰》（東京，1972），全兩卷。

445 防衛廳，《一號作戰（3）廣西會戰》（東京，1969），頁333-334。

各兵站運往前線的補給物資共3,500噸。日軍推進至衡陽後，依靠鐵路與公路部隊每月仍然能夠獲得補給2,500噸。但當日軍抵達湘桂省界時，他們每月只能得到600噸補給，而到柳州後每月僅300噸。[446] 顯然地，日軍銳氣在結束湖南會戰後已呈強弩之末。

相對而言，中國軍隊經過湖南會戰後，傷亡率也達到驚人地步，尤以精銳部隊受創最重，以致國民政府難以集結額外兵力去支援廣西防務。中國方面直至日軍先頭部隊9月初進入廣西時才勉強湊出10個師共6至7萬人兵力保衛桂林，其中主力部隊是桂系的子弟兵，和一部分從湖南會戰中撤出的殘雜部隊。[447] 雖然廣西作戰隸屬第四戰區司令官張發奎指揮，但事實上廣西部隊只聽從李宗仁和白崇禧命令，廣東籍的張發奎根本沒有發言權。而張發奎本人也坦承他寧願指揮中央軍也不願意指揮地方（廣西）軍，因為如果中央軍將領不聽命令則他還可以直接向陳誠或蔣介石申訴，借用後者權威逼使中央軍將領服從。但是如果地方軍不服從命令，則連蔣介石也無法處理，因為蔣介石本人同樣不便和不敢得罪地方實力派領袖。[448]

儘管局勢日趨不利，日軍仍繼續推進，並從東北、華中和本土調來更多增援部隊（表2）。9月10日，日軍抵達廣西邊境。依常理說，廣西領袖們打從4月中旬看到日軍發動一號作戰，和此後經過5-8月戰鬥而逐步南下，早就應該有充分時間做出戰鬥準備。事實上，6月21日長沙淪陷當天，蔣介石就派白崇禧回到桂林部署廣西防務，還帶去巨額經費。[449] 而桂系子弟兵守土保家，更是普遍被社會熱切期望能夠對勞師遠征的日軍予以迎頭痛擊。

---

446 防衛廳，《一號作戰（3）廣西會戰》，頁681。

447 楊森，〈沙場二十年〉，《中外雜誌》，第8卷第5期，1970年11月，頁11-15；黃旭初，〈八年抗戰回憶錄〉，《春秋》，第89期，1961年3月16日，頁2-4。

448 張發奎，《蔣介石與我》，頁357-366。

449 錢大鈞將軍日記，1944年6月21日。

表2　日軍一號作戰的動員，1944年

項目	河南會戰	湖南—廣西會戰	總量
兵力	148,000	362,000	510,000
馬匹	33,000	67,000	100,000
炮	269	1,282	1,551
坦克	691	103	794
汽車	6,100	9,450	15,550

資料來源：防衛廳，《一號作戰（2）湖南會戰》（東京，1967），頁48-49。

桂系領袖們在戰役爆發前也同樣展現高度自信。根據張發奎回憶，白崇禧在戰鬥未開始前曾經豪言桂林可以守住6個月，因為它的工事和地形有利，許多山洞可以容納幾萬士兵，而且城牆又堅固。當張發奎指出敵我戰鬥力過分懸殊而桂林或許只能守1-2個月時，白崇禧卻反唇相譏，聲稱廣西人守廣西信心十足。[450] 開戰前夕，當重慶領袖們再度討論廣西防務時，白崇禧依然信心十足地保證桂林可以守3-4個月。豈知就在9月11日早晨，白崇禧突然氣急敗壞地要求重慶政府把預定防守四川和貴州兩省的中央機動部隊全部趕緊空運到廣西去防守桂林。這個要求讓蔣介石感到「匪夷所思，殊出意外」，等於是置四川根據地的防務于不顧，因此遭到蔣介石拒絕。[451] 白崇禧又主張撤退全州部隊去守桂林（理由是全州難守），但是徐永昌認為全州地勢險要，比衡陽更有優勢，而且彈藥可以供3個月之用，所以應該堅守，即使不能持久，也不可輕言放棄。[452] 為此，蔣介石趕緊派遣中央軍第93軍馳赴全州承擔防務，讓原本駐防全州附近的廣西部隊可以去保衛廣西其他地區。與此同時，蔣介石也要求第46軍堅守桂林3個月。[453] 再根據徐永

450 張發奎，《蔣介石與我》，頁357-366。防守廣西軍隊是第16集團軍的31軍和46軍。

451 蔣介石日記，1944年9月11日。

452 徐永昌日記，1944年9月11日。

453 此時守廣西省的部隊是93軍中央部隊，31軍、46軍則是廣西部隊。見：張發奎，《蔣介石與我》，頁357-366。

昌所言，白崇禧還曾經向當時訪華的美國副總統華萊士當面誇稱，他可以守桂林兩個月。[454] 而根據軍事委員會的估計，廣西軍隊以在桂林的堅強工事，七層外圍鐵絲網，和城內多處岩洞，即便是被圍，孤城的確可以堅守兩個月。[455] 因為它的防禦條件遠遠超過衡陽。

豈知事態發展大出意外，首先是全州失守。全州數年來是重慶政府在西南地區的補給基地，堆積大量武器，彈藥，被服，糧秣，汽車汽油等物資，也是機械化部隊的後方倉庫。守將第93軍軍長陳牧農黃埔第一期，中將階級，軍隊是美式裝備的中央軍。陳牧農雖然是被倉促調往全州，但是自誇可以死守3個月，因此蔣介石額外地輸送了大批醫藥，彈藥，糧食等供應品，並且把國內最好的美式裝備（衝鋒槍和卡賓槍）送去支援。這些舉措連戰區司令官張發奎都不知情，可見蔣介石殷切的迎戰心。張發奎本人判斷全州最多只可以守2個星期，所以請求蔣介石改變命令，要求陳牧農僅需防守2個星期即可。敵人逼近時，根據軍令部情報，全州戰況並不危急，但是廣西省籍軍隊當天全部撤走。[456] 或許是陳牧農剛剛抵達全州，無法應付這個突發變故，竟然放火燒毀倉庫儲存，全縣天空染成紅色。蔣介石震怒萬分，認為這是極大恥辱，對於「所部官兵之幼稚與無膽識，幾使（蔣介石本人）無地自容矣。」[457] 因此電話命令張發奎槍斃陳牧農，其間雖然經過部下求情和張發奎建議移交軍法審判，但是蔣介石堅持立即執行。[458]

全州失守後，儘管日軍尚未抵達，桂林秩序已經立即陷入大亂，流氓燒搶不斷，桂軍自己的紀律也壞極，所傳劣行令人不能相信，但是廣西政府卻束手無策。其實早在兩個月前，軍事委員會就曾經命令廣東省余漢謀調一個軍去支援廣西，但是遲遲不見動靜。所以軍事委員會只好再度命令余漢謀派

---

454 徐永昌日記，1945年2月14日。

455 王世杰日記，1944年11月8日。

456 徐永昌日記，1944年9月15日。

457 蔣介石日記，1944年9月14日。

458 張發奎，《蔣介石與我》，頁357-366；呂芳上主編，《中國抗日戰爭史新編：軍事作戰》，頁278。

64A前往廣西。就在這個關頭，白崇禧突然向重慶政府提出要求，防守桂林需要步槍子彈七千萬發，乾電池9萬個，都使重慶後勤部無法應付。事實上，桂林一帶搶掠不堪，中央派遣的風紀視察團糾正無效，以致該團堅持不願再去廣西。[459]

到了10月下旬，白崇禧開始改變論調，聲稱桂林其實沒有重要性，不值得為守城而犧牲，而應該調重兵去防守柳州，因為後者是空軍基地所在。但是白崇禧依然聲稱若要守桂林兩個月並無困難。最後重慶政府舉行高階層會議，參與者有劉斐、何應欽、林蔚、徐永昌等人，多數認為桂林仍應防守。[460] 11月初，白崇禧再度要求重慶調派外省兵力去防守桂林和柳州，蔣介石則指出廣西省內尚有許多部隊可以調整部署，省外援軍既來不及趕到，而且逐次零星投入戰鬥也只是步淞滬戰役錯誤的後塵，並且違反原定戰略本旨。白崇禧無言以對。[461]

豈知到了11月10日，桂林和柳州兩個重鎮在一天之內同時陷入敵手。[462]蔣介石在日記中痛心疾首地寫道，「本日桂林與柳州同時失陷，桂林工事堅強，糧彈充足，所有通信與武器皆盡用於此。而未經一日戰鬥，乃即崩潰，可痛之至。」過了一日，他意猶未盡，再度寫道，「桂軍戰鬥意志與精神薄弱至此，實為意料所不及。以集中最新最良之武器與器材，盡其所有，以供桂林之防務，乃戰鬥未至數小時，連其圍城接戰亦不過二日，而即被敵寇極小數部隊（不足一師團）完全占領，實為抗戰以來所未有之敗績也。以後應如何處置？並將如何安慰之？」[463] 可以想象地，日軍當然不會輕易放過這個絕佳的嘲弄桂系軍隊機會，因此大肆宣傳，它攻下桂林只花了36小時而已。[464] 桂軍防務之濫，令人扼腕。

---

459 徐永昌日記，1944年9、13、16、20、21日。

460 徐永昌日記，1944年10月31日。

461 蔣介石日記，1944年11月1日。

462 王世杰日記，1944年11月10日。

463 蔣介石日記，1944年11月11、12日。

464 徐永昌日記，1944年11月17日。

一個有趣的問題是：廣西領袖們歷來堅持抗戰，而又親自掌控號稱善戰的桂系子弟兵，其控制程度之嚴密連戰區司令官張發奎都不敢過問，但是何以在保衛家鄉時顯得如此無勇無能？這個問題的全面而持平答案或許需要其他學者進一步研究，但是身為當時戰區司令官的張發奎的評價值得借鏡。他直指桂柳會戰失利的主要原因是廣西軍隊士氣低落，軍官戰鬥意志薄弱，缺乏預備隊和支援部隊，再加上紀律敗壞，致使廣西人民態度改變，逃亡士兵數目極大。在張發奎向重慶政府提出的報告中坦承，桂軍不聽指揮，因此請辭戰區司令官職務。[465] 當然沒有獲准。證諸張發奎對於桂系軍隊的形容，與其他地方實力派軍隊並無差別。令人體會到，政治態度抗日和軍事實力抗日之間，其實存在重大距離。事實上重慶政府對於桂系軍隊的武器裝備補給規模很大，當「雜牌軍」指控蔣介石偏袒嫡系的說法出現時，桂系其實是最大受惠者，在此同時，李宗仁卻熱衷于參與指責蔣介石歧視雜牌軍。這些矛盾現象更使人對於抗戰許多傳聞需要謹慎分析和評估。

還值得注意的是，廣西會戰如此眾多的將領如此嚴重避戰和失職，卻沒有遭到處分。還記得河南會戰時社會對於蔣鼎文和湯恩伯厲聲指責，但是相對桂林柳州這兩個極為重要的軍事據點在兩天內崩潰，桂系領袖卻沒有遭受同樣譴責。[466] 更貼切的對比是第93軍軍長因為放棄全州而被立即處死，但是46軍軍長被戰區司令官點名指控嚴重違反軍令，而蔣介石卻只能裝聾作啞，不願回應。[467] 這種差別待遇的緣由就是第93軍是中央軍可以依軍法懲處，而46軍是地方實力派部隊卻不可輕易冒犯。難怪蔣介石在前文引用中，面對桂軍過失會自問「以後應如何處置？並將如何安慰之？」，顯然蔣介石面臨的困境不但是如何「處置」，甚且是如何「安慰」！倒是軍令部長直言指出，儘管桂軍作戰無能，但是礙於李宗仁和白崇禧情面，重慶政府無法懲

---

465 張發奎，《蔣介石與我》，頁379-380；徐永昌日記，1944年11月18日。

466 徐永昌還提出了黨派鬥爭計謀作為解釋，認為可能牽涉對重慶政府內部進行分化而操控輿論。見：徐永昌日記，1944年11月25日。

467 徐永昌日記，1944年11月18日。

罰失職將領。[468]

日軍在11月11日占領柳州的同時，越南北部的日軍越過中越邊境，12月10日成功和一號作戰部隊會合，將湖南、廣西與越南連為一線。而在11月底，第11軍不顧第六方面軍命令，轉而突襲貴州。中國為阻止日軍繼續前進，投入了全部剩餘兵力，包括蔣介石個人的警備部隊。他們於12月上旬抵達獨山，作最後一搏。日軍最遠只推進到這個距離貴陽100公里的獨山，此時「一號作戰」果然成為強弩之末。[469] 但日軍仍距重慶300公里，距成都500公里，而當時成都的空軍基地擁有B-29轟炸機的數量最多。只不過長途奔襲的日軍已無法越過黔北和川南更加崎嶇的地形了。一號作戰終於在此打住。

（四）豫湘桂作戰的深遠影響

日軍一號作戰前夕，日本情報部門曾經做出分析，認為重慶政府為了吸引日軍長驅直入，將會驅使雜牌軍至第一線作戰，派中央軍主力在後方督戰，等到日軍深入後再出動主力部隊和日軍拼鬥。[470] 日軍為了避免落入重慶此種圈套，因此自從作戰開始便致力於搜尋中央軍主力率先予以擊潰。日軍指令文件中不斷強調，一旦中央軍主力被擊敗，則其餘地方雜牌軍便會瞬間瓦解。因此無論在何處，日軍總是集中兵力攻擊實力最強的國軍部隊。[471] 日軍此項分析可以視為它抗戰七年實戰經驗的總結。

歷時八個月的戰鬥給國軍造成了巨大損失。根據1944年底日本大本營估計，中國軍隊損失了23,000噸武器和彈藥，相當於40個師的裝備（表3）。75萬中國部隊或是遭受官兵傷亡過大或是其部隊組織被打散，因此徹底喪失

---

468 徐永昌日記，1944年11月11日。

469 Charles F. Romanus and Riley Sunderland, *Time Runs Out in CBI* (Wasington D. C., 1958), pp. 55-56.

470 防衛廳，《一號作戰（1）河南會戰》，頁7-8、50-51、83。

471 同上，各處可見。

戰鬥力。重慶政府喪失湖南省這個產米大省和其他重要地域，導致中國失去支持50萬部隊作戰的能力。而中方的統計則顯示，整場會戰使國軍傷亡人數超過了31萬（表4），這幾乎是1943整年傷亡人數的兩倍，使1944年成為了自1941年以來國軍人員傷亡最慘重的一年，可能也是自1938年以來武器裝備損失最嚴重的一年。

表3　日方關於一號作戰時期中國部隊損失的估計（以師為單位）

損失程度	河南會戰		湖南會戰	
	中央軍	地方軍	中央軍	地方軍
徹底摧毀	10	2	12	13
嚴重損失	4	3	9	10
中國參與作戰部隊總數	23	19	21	26

資料來源：防衛廳，《一號作戰（1）河南會戰》（東京，1967），頁377-378。

表4　中方就豫湘桂作戰時期中國部隊損失的估計

總兵力	河南會戰（52個師300,000人）	湖南會戰（43個師286,000人）	廣西會戰（32個師100,000）
參戰師	45	34	27
中央軍（師）	26	15	12
地方軍（師）	19	19	15
傷亡總數	大量傷亡	108,000	38,500
傷亡比	—	38%	38.5%

資料來源：國防部，《抗日戰史：豫中會戰》（台北，1967）；國防部，《抗日戰史：桂柳會戰》（台北，1967）；國防部，《抗日戰史：長衡會戰》（台北，1967）；何應欽，《何上將抗戰期間軍事報告》（台北，1962）。

A. 1944年國軍傷亡總數為311,276名官兵。

由於日軍積極搜尋國軍主力力圖將之擊潰，因此中央軍和那些士氣較高戰鬥力較強的地方部隊遭受了毀滅性的打擊。唯一部分倖免於難的是駐紮在西北的部隊，包括胡宗南指揮下的少數幾個嫡系步兵師。[472] 到1944年末，重慶政府已經喪失了可以保衛國家的戰爭能力。比如說，重慶政府在10月下旬曾經想調集5個軍以確保貴陽，但是費盡唇舌（而不是命令），其中三個軍（98A，29A，9A）在月底尚未抵達重慶，而且總共不到兩萬人和疲憊不堪，即使經過兩個月整補也不能使用。而已經到達貴州省都匀的一個軍（97A）也不足一萬人。之所以產生這種情況，是它們屬於薛岳掌控，而後者此時的立場顯明是擁兵自衛，無心支援貴州防務。[473] 桂軍在11月中旬失敗後，重慶政府又設法從西安以飛機運送3萬人到貴陽，希望在日軍抵達獨山之前完成部署。然而當王世杰在11月底詢問何應欽，張治中和陳誠等人是否可以守得住貴州，他們都沒有把握。因為即便是能夠運去的軍隊也是處於半飢餓狀態，長途跋涉，戰鬥力極不可靠。[474] 至於四川省本身防務，則更不知道軍隊能夠來自何處。也許正如日本人所估計，經此一役中國在兩年內將無法恢復元氣。[475]

1944年中國軍隊唯一的亮點是在緬甸的遠征軍。國民政府經過長時間爭論與反復延誤，最終同意史迪威（Joseph W. Stilwell）擬定奪回緬甸的作戰計畫，並由其指揮中央軍6個軍。而日軍在緬甸卻有8個師團，其中尤其著名的是第18師團，曾在新加坡戰役和第一次緬甸戰爭中戰功顯赫，是日本的王牌部隊之一。1943年11月，中國駐印軍向日軍發起攻擊，隨後在滇西地區儲備的部隊也跨過邊境加入戰鬥。中國軍隊在緬甸不斷地給日軍造成重創，1944年7月中旬日軍全面撤退時，戰前10萬人的部隊共有72,000人被擊斃，許多部隊的傷亡率竟達到驚人的85%至90%。[476] 無論以何種標準衡量，

472 因為胡宗南將其一部用於增援豫中會戰，因此很難準確估算其損失。筆者估計胡宗南的部隊大約有12到15個師未參與任何戰鬥。參見國防部，《抗日戰史：豫中會戰》，各處可見。

473 徐永昌日記，1944年10月31日。

474 王世杰日記，1944年11月27、30日。

475 防衛廳，《一號作戰（1）河南會戰》，頁600；防衛廳，《一號作戰（2）湖南會戰》，頁175；防衛廳，《一號作戰（3）廣西會戰》，頁685-686。

476 荒井信一，《太平洋戰爭》第2部，頁249-252；Tuchman, *Stilwell and the American Experience*

國軍贏得了傲人的勝利。這場戰役的勝利確保了西南大後方補給線的安全，美國租借援助物資在經過1942-1944年在政治上推三阻四和在運輸上困難重重的慘淡歲月之後，在1945年春終於可以加速運入中國。[477]

結語

本章曾經開宗明義地說過，不擬對八年抗戰中數以千百計的大小戰役進行處理，而只想通過幾場關鍵性戰役追溯了整個八年抗戰中戰略的大走向和長遠後果。顯而易見地，國民政府在戰爭一開始便損失了最精銳部隊，隨後在戰爭中重建軍隊的努力又無法復原。而中國軍隊所遭受最嚴重的打擊出現在戰爭臨近尾聲之際。日軍在無條件投降前僅8個月，仍給了國軍以致命一擊。儘管中國軍隊在緬甸戰場上取得令人振奮的局部勝利，但實際上直至抗戰勝利日為止，國軍都未能從1944年的慘敗中恢復元氣。結果是，當其他盟國軍隊戰鬥力走向巔峰狀態時，中國軍隊卻處於整場戰爭中最虛弱地步。

抗戰八年中整體性的軍事挫折當然導致了國內政治的深層次動盪。正如本書第一章所述，國民政府從南京時代開始一直依靠其軍事實力鞏固它的政治地位和黨務發展。在本書今後的篇幅中我們將看到，隨著重慶政府軍事力量的衰退，它與國內其他強有力的政治軍事集團的關係也迅速惡化。在這場攸關民族存亡的戰爭中，重慶政府顯然沒能消解中央與地方之間的矛盾，代之以愛國主義和國家統一的觀念，或者培養群眾基礎去徹底消弭這一矛盾。上述這些缺點將直接導致國民政府政權戰時的虛弱化和戰後的總崩潰。

---

in China, pp. 533-580.

477 有關第二次緬甸戰爭的詳情，請查閱齊錫生，《劍拔弩張的盟友》，第九章。

第三章

分崩離析的抗戰陣營

地方實力派的素描

中國的抗戰經歷與其他第二次世界大戰參戰國在本質上存在一個顯著差異。其他每一個參戰國家，不論是西方國家或是法西斯國家，內部都高度統一，而且具有一套完整的政治體制，能夠運用組織結構和行政手段去動員本國的軍事、經濟和社會等一切資源，舉國上下集中力量與敵人抗爭。但是中國先後在南京和重慶以國民政府名義領導的戰爭卻遠非如此。因此，我們在分析中國作戰能力和戰時政治、經濟、社會狀況時，都必須正視這個現實，而採用不同的標準與用語。我們與其將戰時中國視為現代化民族國家（Nation-State），不如將其視為一個由形形色色政治軍事集團拼湊而成的混雜體來得恰當。這些集團所掌握的資源以及他們之間的實力對比，不僅影響到戰鬥成敗，也決定了這些集團的戰略制定、目標選擇、甚至謀求生存的計策。認清這個高度畸形的現實，將有助於我們檢查抗戰時期各實力派領袖的動機和行為，以及戰爭給中國政局帶來的複雜性。

本章採用「地方實力派」這個中性名稱，希望有助於進行客觀敘述和分析，避免夾雜感情用事或政治立場的紛擾。特別避免使用「舊式軍閥」這類含有貶義的詞彙。從歷史根源追究，地方實力派前身是滿清末年的湘軍和淮軍，繼之為袁世凱小站練兵所衍生的直系、奉系、皖系、乃至南方省份的桂系等。經過數十年戰亂淘汰，造成抗戰初期新局面。實力派主要特徵是擁有自己的武力和地盤。其武力數量可以大到幾個軍，小到不足一個師。其地盤幅度可以大到橫跨數省，小到霸據數縣。而且武力和地盤兩者都可以因為戰場勝敗而急劇改變，但是只要保持武力，終究可以掌控地盤，從而進行行政和經濟控制、安置人事和抽稅徵糧，維持其獨立或是半獨立的「小王國」的生存狀態。以俗話言之，武力（軍隊）是抗戰時期中國政治舞台的「入場券」。有武力就可以登台唱戲，沒有武力就只能場下看戲。

抗戰時期的「最大的主戰派」的國民政府雖然自稱為「中央政府」（從南京，經武漢，到重慶），其實也是一個地方實力派。主戰派最大挑戰就是如何整合其他地方實力派，試圖匯集國內最大資源去支撐對日作戰。本章的目的並不是對於這些大大小小的地方實力派進行細部個案研究，而是挑選出幾個重量級案例，來描繪抗戰時期中國內部政治軍事的大格局。

事實上，即便是面對是否要對日抗戰這一個關鍵問題，在盧溝橋事變之初就缺乏共識。當蔣介石7月中旬在廬山準備發表「告國民書」前夕，許多領袖們就認為過於冒險，而勸阻他不要發表。就在這個時刻，宋哲元在遭受日軍步步緊逼之下，以為只要對日軍退讓就可以息事寧人，因此轉而抱怨南京政府態度過於強硬，要求中央軍從河北撤離。[1]

當時主戰派除了蔣介石領導的黃埔系將領們之外，也有一部分其他軍事領袖們，包括湖南籍程潛，以及廣西籍李宗仁和白崇禧等人。至於其他地區將領們看到全國民情高漲，也迫於情勢而做出義憤填膺姿態，但是在行動上卻踟躕不前，不肯出兵。這種內部不團結情形等到9月份淞滬戰役進入逆轉時就更形嚴重，急得蔣介石在日記中再三給自己鼓勵，「主和意見派應竭力制止」，「時至今日祗有抗戰到底之一法」，「除犧牲到底外再無他路，主和之見，書生誤國之尤也。此時尚能議和乎？」因此儘管抗戰才不過進行了

1　蔣介石日記，1937年7月19、26、27日。根據蔣介石說法，宋哲元部隊多年來不敢在北平建築軍事工事，正是恐懼招惹日本人不滿。然而一旦日軍在7月25日包圍北平城而導致中國軍隊無險可守之際，他又慌了手腳。為此蔣介石氣憤地寫道，「而彼猶燕雀處堂為安，要求入冀中央軍之撤退也。可痛也乎！」見：蔣介石日記，1937年7月27日。

兩個月，蔣介石面臨最大挑戰已經是如何統一內部力量，難怪他開始感嘆「對外非難，對內為難」，「內部複雜，惟有逆來順受耳」。[2]

而此時其他地區戰事失利也使蔣介石憂心忡忡。在河北，「宋哲元失土自私，誠可殺也。」在山西，閻錫山守土不力，讓日軍占領大同，不但丟失軍事重地，而且嚴重威脅到蘇聯武器運進中國的通道。在山東，韓復榘抗命拒絕對日軍採取攻勢，其叛離之心日益彰顯。[3] 這期間最醒目的事件或許是居正和程潛等人態度戲劇化轉變。他們在開戰之初曾經熱心主戰，甚至把胡適的理性主和言論斥為漢奸賣國，力主嚴加懲罰。但是等到目睹淞滬戰役傷亡慘像之後，突然變成積極主和派，甚至甘願犧牲自己名節，代表政府去向日本簽字求和。[4] 難怪蔣介石在11月初的日記中感嘆，「軍事失利，國內反動派逐漸猖狂」，和「外患未消，內憂日增」。11月底他再度感嘆，「老派與文人動搖，主張求和，彼不知此時求和乃為降伏，而非和議也。」過不了幾日又寫道，「文人老朽以軍事失利，皆倡和議。高級將領皆多落魄望和，投機取巧者更多。若輩毫無革命精神，**究不知其昔日倡言抗戰如是之易為，果何所據也？**」[5] 換言之，即使是戰爭尚在初期，一看情勢不對而想拔腳開溜的領袖們越來越多。

蔣介石除了極端憤怒其他實力派拒絕作戰，或是歎息他們作戰不力之外，更大的悲觀是抗戰前途。他在1937年底的日記中一段私話最能表達他的心情與判斷，「外戰如停則內戰必起。與其國內大亂，不如抗戰大敗。」又寫道，「約于（右任）居（正）談抗戰方鍼不可變更。此種大難大節所關，必須以主義與本黨立場為前提也。」次日又寫道，「今日最危之點在停戰言和。」[6] 換言之，從盧溝橋第一槍到1937年年底短短幾個月中，原本「人不論老幼，地無分南北」一致抗日的豪情壯志，在中國領導層中早已化為烏

2　蔣介石日記，1937年9月8、9、12、25日。

3　蔣介石日記，1937年9月11、14、28日。

4　王世杰日記，1937年8月7日，11月21日。

5　蔣介石日記，1937年11月4、20、30日。

6　蔣介石日記，1937年12月29、30日。

有。面對這許多放棄抗戰的聲音，蔣介石的反應卻是更強調長期抗戰，而且決定把政府遷到四川。[7]

在整個抗戰期間，中國內政外交都受到一個極重要因素的影響，那就是中央政府（南京政府和重慶政府）和地方實力派的互動關係。如果我們把這個關係作為一個解釋因素（explanatory factor），建構一個觀念框架，就可以幫助我們對當年許多複雜難解的現實事物做出更有系統與合理易懂的分析。本章目的就是試圖從國民政府與國內其他軍事集團之間的權力關係角度出發，來解釋中國在戰時所採取特定戰略的背景因素及其後果。這些軍事團體都飄揚青天白日滿地紅國旗和接受中央政府委任的官職及部隊番號。它們數目繁多，難以量化，因此本章只能擇其重點，對四川、山西、雲南、兩廣加以討論，也附帶觸及大西北（甘肅、寧夏、青海、綏遠、察哈爾）、新疆，和西藏。[8]

在討論之前，還有幾個名詞需要加以簡單澄清。研究近代中國軍事文獻中，經常出現「嫡系」與「雜牌」兩個術語。[9] 兩者都帶有濃厚人際關係意味。蔣介石成為南京政府內最高軍事領袖後，「嫡系」和「雜牌」的區別類似於「中央軍」和「地方軍」的區別。中央軍基本由蔣介石在黃埔軍校同僚和學生控制，而地方軍則由黃埔系以外各省軍人控制。後者不僅包括北洋軍閥殘

---

7 蔣介石日記，1937年，11月13、15日。

8 一個有關方法論的簡短說明：本章大量引用的史例是官方歷史（正史）上不易見到的，原因有幾個。第一，這些事故是發生在極少數當事人（高階領袖）之間。他們無論是出於心存仁厚或是避免日後麻煩而故意隱晦。同時因為這類事故具有高度政治敏感性，所以主事者盡量不使他人得知。最明顯例子是1944年美軍將領史迪威的革職和閻錫山與日本的來往，只有二三高官知情。第二，抗戰時期眾多派系互相攻侮，捕風捉影，揑造謠傳。導致許多官方公報（戰役大捷）和社會流傳經常不可信。因此本章引用的來源大量採自私人日記。執筆者私下的悄悄話，經常是感情宣洩，甚至下筆倉促，連文字都不及推敲，所以真實感非常強烈。當然，如果將來有更多信史資料出現，則本章內容仍有修改空間。

9 Donald Gillin, "Problems of Centralization in Republican China: The Case of Ch'en Ch'eng and the Kuomintang," *Journal of Asian Studies*, 24, no. 4 (August, 1970); pp. 835-850. Hsi-sheng Ch'i, *Warlord Politics in China, 1916-1928* (Stanford, Calif., 1976), pp. 66-68.

遺部隊，也包括北伐伊始便趕緊加入國民革命軍陣營而隨後又對蔣介石若即若離的眾多部隊。由於在一些人看來，「嫡系」意味正統而「雜牌」意味品質低下，因此為避免誤解，下文將儘量避免使用這些名詞，而代之以「中央」與「地方」兩詞，以突顯近代中國政治中這兩股對抗力量。

第一節　四川狀況

大約從1935年開始，在南京政府「持久抗戰」大戰略思想醞釀過程中，「抗戰根據地」的觀念也逐漸成型。當時蔣介石心目中浮露出三個省將會成為根據地核心，那就是四川、雲南和貴州，因此務必把它們納入中央政府行政控制範圍之內。有了這些地大物博人口眾多的省份作為後盾，則「國家地位與民族基礎皆能因此鞏固」，「國家生命的根基」，「復興民族最後之根據地」，長期抗戰就可以立於不敗之地。[10] 當然其他省份如廣西、山西、乃至大西北、新疆、西藏也都是政府希望從根據地向外輻射伸展勢力的目標。如果政府能夠動員這些地區的人力、財力、和天然資源，將其納入國家資源庫，就會使中國戰鬥力更為增加。最低限度，需要保證它們不致於成為分散抗戰的阻力，更不致於成為危害抗戰的對立因素。不幸的是，在整個抗戰期間，這些原本被指望成為一致對外的能量始終未能凝聚。在多數情況下，它們甚至互相牽制和抵消，對抗戰造成極大干擾，遠遠超過了政府在南京時代最悲觀的估算。

本書前文曾經提到，在南京政府對日抗戰的戰略籌劃過程中，自1935年蔣介石決定以「戰而不屈」的手段去對抗日本「不戰而屈」的圖謀時，就逐漸把西南省份（四川、雲南、貴州）看成是未來的大後方和根據地，藉此避

10　秦孝儀主編，《先總統蔣公思想言論總集》，卷14，頁653；《總統蔣公大事長編初稿》，卷3，頁207、266-273。

免落入日軍圈套，而形成對中國不利的南北對峙局面。[11] 南京政府在1935年趁剿共調派中央軍隊進入四川省以後，一度樂觀地以為它對四川的行政滲透已經開始奠定基礎，因此把四川視為未來抗戰根據地中的重中之重。首先是對於四川軍情進行細部調查。[12] 在原有的防區上建立新的行政督察專員區，又在成都成立軍事訓練學校，並在峨眉山成立軍官訓練團，希望把四川的舊軍事單位納入新的軍事體制，但是這些都只是表面工作而沒有實質控制。不幸的是，盧溝橋槍聲一響，四川問題立即露出檯面，其複雜性大出南京政府意料之外，導致後者窮於應付，因此值得我們優先加以關注。

為了分析方便，四川問題可以分為兩個層面來檢視。一是川軍對出省抗戰的冷感。二是川省領袖對省內爭奪的熱衷。

一、川軍在省外

四川省在1911-1928年軍閥混戰期間，它的軍隊數量之龐大在全國向來占據領先地位。雖然四川軍隊極少參加國內大型內戰，因此從來沒有在當時全國性舞臺上有所作為，但是省境內戰爭頻繁度之高，對社會之破壞和加諸於人民之痛苦，也高居全國前茅。直到盧溝橋事變時，四川省總兵力粗估仍

---

11 蔣介石演講（1935年8月11日），秦孝儀主編，《先總統蔣公思想言論總集》，卷13，頁349。他說，「我敢說，我們本部十八省，那怕失去了十五省，只要川滇黔三省能夠鞏固無恙，一定可以戰勝任何的強敵，恢復一切的失地，復興國家，完成革命。」另見：秦孝儀主編，《中華民國重要史料初編：對日抗戰時期》，緒編（三）頁153、159-160。

12 調查內容包括它們的番號、編制、武器、兵種、部隊歷史、作戰能力、官兵素質，大致上在1936年前已經完成。根據當時調查所知，四川軍隊約有50萬人，其中屬於劉湘控制者約為一半。見：周震東，〈戴笠特務「渝三科」，「蓉組」及「西康組」在軍事方面的活動（1935年-1936年）〉，《四川文史資料選輯》，第22輯，頁280-282。其主要組成為幾個派系：1. 劉湘、潘文華、唐式遵、王瓚緒、許邵宗、范紹增、陳萬仞、周成虎、劉樹成；2. 鄧錫候、劉文輝；3. 孫震；4. 李家鈺；5. 楊森。詳情見：張瑞德，《無聲的要角》（新北：臺灣商務印書館，2017），頁94-98。

為50萬。換言之，四川一省的兵力就超過當時日本全國常備兵。[13]

南京政府即便在1935年之後對於四川內政仍然小心處理，避免做出刺激性改變。因此到了抗戰軍興，如何運用四川軍隊和民間資源參加抗戰，就成為一個嶄新而迫切的課題。然而在開戰之初，只有極少數量川軍終於在偏據內陸一隅自相殘殺了數十年之後，首度離省開赴前線作戰。而四川軍隊在全國性舞臺上首度亮相，也讓中國其他軍事領袖們第一次接觸四川軍隊。這一切作為並不是南京政府直接動員四川將領們的成果，而是通過和四川龍頭軍人劉湘做成的政治交易。因為一旦盧溝橋事變爆發，南京政府就急不得待地爭取劉湘合作和四川出兵，而劉湘卻忙於聯絡其他省份實力派軍人抵制南京。因此雙方就四川軍隊出省參戰的政治談判要等到10月初才初露曙光。[14]其結果是，四川軍隊在平津危機下降後才姍姍抵達華北和華東戰地，而又立即引起其他主戰派領袖們同聲指責。略經分析即可發現，這些最早一小批出省作戰的川軍大致來自幾方面，一部分軍隊將領的確是受愛國心感染而投身戰鬥，但是大部分將領們的意圖是和南京政府維持表面友善，或是它們本身軍力較弱，既怕在省內遭受其他將領排擠，又怕南京政府施壓，所以只好勉為其難地派送少數軍隊出省虛應故事，而把主力軍仍然留在四川境內，主要將領也不離開四川。無論動機為何，四川軍隊在外省所表現者卻是集所有劣質軍隊所能想像的行為之大成，其問題大致有幾個方面。

首先是裝備破舊、組織紀律渙散、和作戰能力薄弱，讓其他省份軍事領袖們大為吃驚。比如說，當川軍一部分進入山西參加山西保衛戰時，被南京政府委派在山西督戰的黃紹竑在10月份就向中央報告稱，四川軍隊「裝械太壞，不堪應戰。」閻錫山本人也向中央抱怨，「川軍遇敵即退。」即使勉強合作之後，閻錫山繼續抱怨，在山西東部戰事中「吃川軍虧甚大」，因為沒有想到它的作戰能力如此薄弱，又稱在潼關渡河的川軍「情形直如一群叫

13　根據國民政府資料，日本此時有25個師團，共50萬人。王世杰日記，1938年1月22日。

14　蔣介石日記，1937年7月17日，「川桂出兵問題之商榷」；1937年10月2、14日。「劉湘與共黨及各反動派勾結」。

花子」。黃紹竑也把山西戰事失利大部分責任歸咎於四川軍隊，指責四川兩個師「遇敵即潰，不知去向」。司令官鄧錫侯只在戰區短暫露面一次隨即失蹤，以致山西司令部無法向他傳達作戰命令。更有甚者，鄧錫侯軍隊還到處滋擾人民，「後方受其極大之壞影響」。在一個狹小的山西戰場上，川軍見敵即退或是稍戰即潰成為是常態。陳誠也指責四川軍隊紀律和戰鬥力最差。[15] 在1937年底，一位抗日立場較堅定的四川將領（唐式遵）也主動向陳誠坦承，「川軍此次對日抗戰，連內戰與剿匪的本事均未發揮，出起即潰退」，真是不打自招。[16] 在開戰幾乎一年之後又有另外一個實例，就是日軍以只有數百人去迫近一個城市，而守城的一個師（146師）就聞風先撤，而該軍將領尚且是素以忠貞和驍勇善戰著稱的川軍健者。[17] 1938年行政院高官形容在路上看到四川士兵精神萎靡、皮黃肉廋、隊形散亂，不知如何作戰？[18] 張發奎也指出川軍第27軍戰鬥力薄弱，而且找種種藉口避免作戰，使上級無法使用該部隊。[19]

這種現象的後果，不但是川軍經常不能達成自身的作戰任務，而且還嚴重影響到其他友軍協同作戰的信心和意願。比如說在徐州會戰前，戰區司令官李宗仁原本計畫把廣西軍隊（第31軍）部署在徐州地區作戰，但是由於無法信賴川軍，因此也不願意使用廣西軍隊去承擔風險，最後只好放棄整個作戰計畫。類似此種不敢信任川軍，而迫使本來可以作戰的桂軍也不敢作戰的例子，屢屢發生。同樣地，在一場戰役中，即便是其他部隊表現良好，也不能指望川軍做出貢獻，因為他們早已認定川軍必定不肯努力，因此不把他們列入戰鬥序列，反而擔心可能成為害群之馬。川軍的畏戰和紀律極端敗壞的

---

15 徐永昌日記，1937年10月22、25、26日，11月3-8、28日；「我川軍祗看見敵人煙幕即潰去。」徐永昌日記，1938年8月28日；王世杰日記，1937年12月17日。

16 陳誠先生日記，1937年12月12日。

17 徐永昌日記，1938年6月13日。

18 陳克文日記，1938年9月18日。

19 指的是楊森。張發奎，《蔣介石與我》，頁373、375。

惡名甚至導致陳誠堅決推辭職務，不敢去指揮它們。[20] 在此後歲月中，川軍的表現幾乎從未被其他將領們稱許，卻屢屢被指責為怯戰或「最壞」的軍隊。[21]

四川軍隊不敢和日本軍隊拼鬥，卻敢騷擾中國民眾。白崇禧就親身經歷過川軍紀律極端敗壞，「尚未打仗，即在路上截人汽車」，甚至連白崇禧的座車也成為劫持對象。蔣介石也接獲有關川軍（在長興線的兩個師）潰退景象的報告，得知他們對民眾的搶掠及勒索行為，極為憤怒。而根據軍令部得到的報告，「四川病傷兵直然叫花子。可憐，可氣。」。[22]

其次，儘管川軍作戰如此無能，但是將領依然維持舊習氣，在索求糧餉器械時毫不遲疑地向中央獅子大張口，借此自肥。比如說，當時馬當要塞是交由川軍負責守備，該軍擁有兩個師番號，聲稱有六千枝槍。經過一番難以證實的「戰鬥」之後，將領卻宣稱只剩下五百枝槍，其中120枝尚且不堪使用，然而同時號稱士兵仍有一萬餘人。這個報告的意圖非常顯明，因為報「兵多」可以請求多發糧餉，而報「槍少」則又可以請求補充槍械。如果要求不能得到滿足，則他們就名正言順地無法作戰。難怪徐永昌嘆息說，「川軍人之貪巧類如此也，一嘆！」不久之後，顧祝同也指責四川軍師長要求百出，更讓徐永昌氣憤到說出，「真無恥強盜集團也」。在武漢撤退過程中，四川將領的統御無能和軍紀敗壞再度受到軍令部重點批評，「川軍各將領均到宜昌，脫離隊伍，部隊凌亂不堪，不向指定地點，不執行任務。」[23] 換言之，他們在戰場上自由行動，完全脫離指揮系統。川軍將領在開戰初始就玩弄這般謊報糧餉和武器的漫天開價，又不斷扮演失蹤啞劇，必然為此後抗戰

20　徐永昌日記，1937年11月27日，12月3日；1938年9月5日。

21　例如：安慶戰役時，楊森部隊「敵人未攻，不戰而退」，王世杰日記，1938年6月15日。1943年常德保衛戰，王瓚緒部隊被稱為最壞部隊。徐永昌日記，1943年11月30日。而兩者但是川軍中的較優部隊。陳誠也向王世杰抱怨四川軍隊紀律和戰鬥力最差。王世杰日記，1937年12月17日。

22　徐永昌日記，1937年11月3、23、26日；1938年3月9日。

23　徐永昌日記，1937年12月17日；1938年3月6日，10月31日。

中和「嫡系」與「雜牌」有關歧視的互相指責留下了伏筆，成為難解之結。一方面中央資源有限，對地方實力派如此的獅子大張口當然無法予以滿足，隨之招惹「歧視」指控。而另一方面，中央對地方部隊形成不信任心理後，對真正值得受到補給的部隊的要求反而不予置信，則成為真正的忽視。如何持平處理這兩個極端，在兵荒馬亂的戰時成為持續不斷的紛爭之源。

二、川將在省內

（一）對抗日的冷感

川軍除了省外作戰之劣徑之外，他們絕大部分兵力雄厚的將領們即便是到了1938年春天，仍然拒絕出省抗戰。大約在3月底，蔣介石首先爭取和川將王瓚緒談判同意出川作戰，作為其他四川軍人表率。[24] 但是沒有達成預想成果。儘管國軍在前線犧牲慘重亟需支援，但是大多數四川實力派無動於衷，想盡藉口把軍隊留在省內。依據顧祝同報告，到1938年春天，四川留在省內軍隊尚有10個師，7個獨立旅，2個獨立團，外加保安隊伍23個團14個大隊，[25] 是當時中國各省軍隊中最大的一股尚未啟動的軍事潛力。中央政府當然急切希望川軍能夠參加抗戰行列，但是均遭將領拒絕。[26] 政府既然無法以軍事指揮系統的威嚴去命令他們出省作戰，只好乞靈于政治協商之力，最終得到部分部隊承諾開往湖北戰區「待命」，至於是否進行戰鬥則尚待更進一步磋商。再經過半年多時間艱辛談判，更多的四川軍隊終於在形式上出省，但是它們的將領們卻有三分之一以上仍然留在省內，不到前線與部隊同住。[27] 當然就沒有戰鬥行為。

---

24 蔣介石日記，1938年3月19、27日。

25 徐永昌日記，1938年3月25、30日。

26 蔣介石日記，1938年3月19、24、25、27日，4月11、13日，5月1日。比如說，王陵基和王瓚緒各有4個師就是不肯作戰。

27 徐永昌日記，1938年4月26日，9月19日。

四川將領們不僅不願意出省作戰，也不願意抗戰活動進入他們的勢力領域。因此當中央政府機關在軍事節節失利後要大批遷入重慶市辦公時，也需要在獲得四川實力派首肯之後才能付諸執行。一個實例是在1938年初，當政府大撤退計畫包括想在四川設立一個兵工廠時，立即遭到地方勢力反對。另外一個實例是重慶市的重慶大學校長（胡庶華）被本省軍人控制的省政府遽然撤職，而蔣介石侍從室探知的情報是胡校長熱心幫助從華北華東地區遷來的大學，引起地方實力派不滿，認為他對抗戰過於熱情。此類事件讓中央政府看出癥兆，未來中央政府各機關大規模西遷工作將會遭受重大障礙。[28] 果不其然，由於多數四川將領也是大地主，因此在中央政府亟需覓地建造辦公廳和宿舍時，他們不但沒有共體時艱地為政府解決問題，反而趁機哄抬地價租金，盡情享受國難財。

同樣在1938年初，一部分四川將領們為求保持地區半獨立狀態，避免納入全國的指揮系統和其他軍事派系軍隊的混合使用，甚至要求中央為四川各軍的留省部隊專門組建一個「大巴山戰地司令部」，成為一個由川軍控制而又獨立自主的指揮系統。當中央稍有遲疑時，川將們（潘文華）立即抱怨中央不信任他們。[29] 但是由於四川軍人之間也彼此勾心鬥角，唯恐其他川軍將領們因此得勢，所以唐式遵向政府表示他反對鄧錫侯擔任戰區長官，而他本人寧願直屬蔣委員長辦公室指揮，擁護四川軍隊國軍化不可另設指揮部。中央政府原本為此事煩惱不已，而且已經準備讓步以求息事寧人。但是看到四川軍人內訌，便順勢打消此念。1939年重慶政府計劃在西昌市設立「委員長行營」，但是劉文輝卻表明只容忍中央派遣一個營的士兵象徵性進入西康省。接著1941年劉文輝的第24軍攻擊重慶政府成立的補訓處，1942年又阻擾重慶政府借道西康省向西藏開闢中印公路。抗爭事件不斷發生。[30] 1942年春緬甸失陷，徹底斷絕中國接受外援的國際通道。重慶政府首先想到的就是

28　王世杰日記，1938年8月14日。

29　徐永昌日記，1938年4月26日，9月19日。

30　侯坤宏，《抗戰時期的中央財政與地方財政》，頁240-246。

另闢新路（印度-西藏-西康-大後方）重啟外援之門。然而由於國內地區性的阻力，導致重慶政府只好依賴駝峰空運，大大減低國軍戰鬥力。

因此就整體言之，大部分川軍將領從抗戰起始就抱持「事不關己」心態，在其能力所及範圍內極力排斥抗戰活動進入他們的防區。這種心態在國民政府從武漢撤退到四川之後便日趨明顯，因為抗戰的負擔終於進入四川省自家後院。難怪劉湘的部屬可以毫不顧忌地批評國民政府挑起抗戰，害得四川省也遭殃。這種只知有「省」而不知有「國」的論調，在四川一部分當權派人士間頗為流行。[31] 這也就難怪依據張群報告，遲至1938年底川軍將領依然向中央提出要求： 1。停止川軍出川作戰；2。允許四川增建若干新師，由中央支付軍餉。換言之，他們所持的立場是不打仗卻要擴編，軍費由中央支付，但是兵權留在四川將領手中。

但是即便是在這個畸形的大氣氛中，依然有小部分四川將領因為參加抗戰而改變他們的心態。根據軍令部長徐永昌觀察，只要「川軍如用之得當，亦非全不能應戰者。」受到徐永昌特別認可的川將包括王陵基，李家鈺及唐式遵。其中尤其是王陵基持續在軍事上有進步，亦少地方觀念。[32] 純就軍事貢獻而言，川軍將領們在抗戰中做出實質貢獻者寥寥可數，但是四川人民對於抗戰的貢獻則無比重要。他們屬於兩個截然不同的群體，不可把四川籠統地視為一個單元，而必須要以不同計算方法去分別估量川將和川兵對抗戰的貢獻。

（二）對內鬥的熱衷

早在淞滬戰爭時，南京政府就已經開始趕緊擬出國民政府遷都四川的計畫。[33] 政府在放棄武漢遷都重慶後，蔣介石又開始了一條新思路，那就是抗

31 徐永昌日記，1940年7月24日。

32 徐永昌日記，1938年3月13日，5月2日，10月3日，11月16日；1941年7月4日。

33 國民政府在1937年11月20人決定遷都重慶，並且通告黨政機關。陳布雷從政日記，1937年11月20日。

戰時間越長就對中國越有利，理由是抗戰如果在短期內以和平結束，則中央對內對外都來不及布置。但是如果抗戰長期持續，則中央就會有時間「掌握四川，果能建設進步，則統一禦侮更有把握矣。」[34] 所以對他而言，四川不僅是抗戰基地，而且是戰後國家建設和復興的基地。不是短期的軍事避難所，而是長期國家統一發展的種子田。可見四川在他心中的重要性。不幸的是，在此後漫長抗戰歲月中，四川從未能納入他的有效控制範圍，反而成為他政權腐蝕的最大根源之一。這個情況和南京時代的江蘇和浙江省截然相反。因為從根本而言，中央政府這個思路和四川本省地方實力派的想法完全背道而馳，註定衝突不斷。

四川將領們在整個抗戰時期所持心態，其實是他們在北洋時期的延續，他們的著眼點不是中國的整體發展，而是地方割據。他們對於「國家大事」關懷極少，但是對於本地區的權力分配卻高度敏感，精打細算，並且不遺餘力地參與。其結果是，在一個省份小格局中，卻推演出連綿不斷的鬥爭劇。七七事變並沒有改變他們的心態和行為模式。他們仍舊興致勃勃地在省內政治軍事小舞臺上連翻較勁。這從他們彼此之間的勾心鬥角和他們與南京政府及後來的重慶政府之間的互動就可以清楚看出。

事後看來，蔣介石最初對於四川省的期望委實過於樂觀甚至幼稚。比如說，他在1939年5月31日日記中寫道，「積極整頓四川，統一西南，鞏固後方，為今日惟一要務，**猶未著手也**。應於四川實行地方自治。」[35] 換言之，他此時的基本願望是把南京政府在江、浙各省施行的政治建設模式移植到四川。其中「地方自治」是江、浙省政模式的精髓，為當時南京政府打下了十年地方穩定發展的基礎。如果能夠在四川予以推行，就可以把四川建設成為江蘇、浙江的翻版。這個想法全然沒有摸清楚四川政治的特殊環境，氛圍、和權力分布的實況。從另外一個角度來看，自從七七事變到1939年5月底，已經過了22個月時光，四川問題一直是中央政府一大塊心結，居然到了此時

34　蔣介石日記，1937年11月13、15日；1939年3月4日。

35　蔣介石日記，1939年5月31日。

「猶未著手」，可見其困難程度有多大。在這一段話中，蔣介石也講明，他對四川的終極期望是以推行「地方自治」去削弱地方實力派的控制。但是他似乎完全不了解，這是「與虎謀皮」的構想。一個令人警醒的現象是，1939年底當中央政府領袖們開始商議四川建設計劃時，他們認為必須首先從恢復地方治安和禁止鴉片煙等兩項工作做起。[36] 而事實上這兩項最基本的工作在國民政府整個重慶時代都無法完成，因此其他為建設四川為抗戰根據地所需的各種措施，最後都淪為白日說夢。

從1935年中央軍入川到1937年七七事變爆發時，南京政府雖然在全國性戰略思維上認識到四川的重要性，但是對於如何把這個理論上的「根據地」轉變為實質控制有效的政治、軍事、經濟、和社會各方面「根據地」的困難度，則完全缺乏認識，更沒有及早從事耕耘。按照南京政府最初設想，只要把四川最著名的實力派領袖劉湘爭取到手或是予以消除，則四川大局就可以穩定。因此在相當時期中，南京政府大部分政治運作都是以劉湘為對象。但是事實上，劉湘在抗戰之初雖然是四川省主席，但是他也並不曾有效地控制全省，省內的政治、軍事、和經濟區域依然四分五裂。幾個在最上層的大實力派領袖是劉文輝、鄧錫侯、潘文華，各有大塊地盤。其次是他們的下屬軍事單位（軍、師、旅、團等等），又各有規模較小的防區。抗戰之初，南京政府專注于華北和淞滬戰場，無暇顧及四川內務，只好接受劉湘統治現狀。但是劉湘在1938年1月病死，讓國民政府看到了切入四川內政的契機，一度以為從此可以取得行政控制權。蔣介石幕僚們對劉湘死後的新局勢做了一番調查和分析，也盡量詳盡地推測重要將領們對中央政府的態度和可能被爭取合作的幾率。[37] 但它很快就察覺問題反而益趨失控。這些在抗戰正史上看不到的發展，在蔣介石日記中卻歷歷在目。

首先是蔣介石縱然對四川將領們1937年的拒戰和怠戰早已憤怒萬丈，但

36　王世杰日記，1939年11月3日。

37　秋宗鼎，〈抗戰初期蔣介石侍從室對四川軍閥的調查材料〉，《文史資料選輯》，第33輯，頁135-139。

卻不敢採取斷然措施，只好在日記中提醒自己，「川事應設和平處置之法。」[38] 換言之，他已經想到用「不和平」的處置之法，只是警惕自己千萬要忍住怒氣，以顧全大局為重。而他想到的和平方法之一就是任命張群為省主席（1938年1月22日），因為張群既是四川人又是文人，在國民政府地位崇高（時任國防最高會議秘書長），對四川將領們既不構成軍事威脅，又顯示中央政府對四川的尊重與厚望，希望借此柔軟姿態使省內實力派放心。但是想不到任命命令剛剛發布，四川實力派立即分成兩派。王瓚緒表示歡迎，但是劉文輝、鄧錫侯和潘文華等部下約6個師通電反對，同時進行示威，遊行，張貼標語，散發傳單，公然挑戰而且動作激烈。[39] 此時蔣介石正在武漢密切關注徐州戰事，對於四川事務只能力求安定。以致為了僅僅穩住一位將領（王陵基），都需要煞費周章地先予以「安慰」，再勸說他離開成都那個是非之地。[40]

四川內鬥僵局持續膠著無解，以致在整個1938年間，蔣介石在日記中最費腦力和占據篇幅的事務就是「川事」。我們只要檢視他1938年1-3月份日記，就可以看出他耗費的精力：「川事應設和平處置之法」，「決定對四川軍政方鍼」，「處理川局須和緩安定」，「川情只有緩和處之」，「川局嚴重，應特別注意」，「川局以緩和處之」，「對川事暫從放任，勿必急也」，「川事可以消極處之」，「晚會報，為川事又須廢（費）盡心力矣」，「川局令敬之（何應欽）入川」，「川局似以緩處為宜」。他甚至還想請川籍實業家而且又和地方實力派首領有深厚淵源的劉航琛出面做調解人，緩和中央政府與地方實力派的關係。與此同時，蔣介石又不斷與宋子文、白崇禧，和許多川籍文人商討如何解決四川問題。最後蔣介石終於下定主意忍氣吞聲，因此在3月初寫道，「對內忍耐，與其亡於敵，不如讓於軍閥。」[41] 即便是

38　蔣介石日記，1938年1月10日。

39　徐永昌日記，1938年2月1日。

40　錢大鈞將軍日記，1938年2月10日。

41　蔣介石日記，1938年1月1、11、21、25、27、31日，2月5、8-14、18、20-24日，3月5日。

到了1938年年底，蔣介石仍在絞盡腦汁地研究如何應對四川問題。[42] 這成為蔣介石和中央政府對於四川軍人和其他各省地方實力派態度上的一個基本定調，那就是羈縻苟且，務求在不得罪他們的前提下繼續對日抗戰。在夾縫中能進則進地推動中央政策，但是絕不可冒險把壓力加大到激發地方實力派去降日投偽，或宣布獨立的地步。這個決定是我們了解抗日戰爭中中國內政外交的一個極重要的因素，在本書未來的敘述和分析中，它都會扮演一個極重要的角色。任命張群作為主席所引發的川軍將領反對是蔣介石在抗戰時期試圖進行政治體制改革中的第一個敗仗。在此前，中央政府所遭遇的困難只是川軍懼戰拒戰的經驗而已，但是從此以後，蔣介石的長期抗戰和建設大後方基地的構想遭到直接挑戰。如果沒有基地，則「長期抗戰」，「以空間獲取時間」，「集小勝為大勝」等戰略思想都會流於空談。在還沒有和日軍拼命之前，自家後院早已失火。

只要蔣介石在軍事上堅持防守武漢，則「川事」就尚且有「從長計較」的餘地。然而國民政府一旦在大戰略上決定放棄武漢，則「川事」立即變成是「燃眉之急」了，因為西撤的國民政府和原本盤踞的地方實力派終於進入短兵相接局面，再也無法掩蓋矛盾。1939年2月，蔣介石費盡心機任命親信劉峙為重慶警備區司令。3個月後，他又任命另一親信為重慶市市長。但是他在1939年初也終於向現實低頭。在張群省主席長時期無法到任視事情況下，國民政府只好在1939年4月改派川將王瓚緒為省主席，更具體地表示尊重四川現狀，由省內實力派分子出任，而不是由國民政府派來「外面人」主政。豈知到了8月份，反王風潮又起。潘文華代表到重慶參加倒王瓚緒活動。與此同時，又有其他將領發起聯王（王瓚緒）驅賀（賀國光）運動。實力派的分分合合，瞬息數變，令人目不暇接。但是值得注意的是，在這個過程中，有些川軍將領們曾經向王瓚緒主席提出三個赤裸裸的條件；1。禁煙（鴉片煙）問題需要順從他們的主張，因為賣煙者都是川軍重要人物；2。半數

42 蔣介石日記，1938年12月10日。

縣份公職需要交由他們任命；3。地方保安費半數需要撥交給他們支配。[43] 這些條件把地方實力派利益之所在和他們對川局的指望表露無遺。

1939年8月鄧錫侯和潘文華把反對王瓚緒主席的內鬥推向一個新高潮，他們暗中調動軍隊企圖包圍成都並威脅以兵戎相見。蔣介石只好趕緊派賀國光和徐永昌去成都疏通。[44] 此時四川軍人反對中央的說詞也更形露骨，認為中央政府失去大片土地而逃難到四川，當然應該尊重四川人意見而把中央政府更多高官位置分配給川籍人士。否則就會引起四川軍人強烈反彈，而中央則無處可退。[45]

至於蔣介石的內心感受，則在日中盡情宣洩。他在1939年8月11日寫道，「四川軍閥又要爭奪私利。目無中央，目無外患，痛憤無已。此為內亂內訌，雖為川事，實最嚴重。」又寫道，「為川閥內訌事深感切痛，外患至此，尚有軍閥如此作惡，愚魯無識之徒，不可以包容為也。」但是兩天之後蔣介石還是選擇了「包容」讓步，首度設想以親自兼任四川省主席的非常手段去消弭將領們爭奪省主席大位的白熱化。再過兩天之後，蔣介石再度安慰自己，「用逆來順受之法以處之，自較妥當。」一日之後又寫道，「**惟終能動心忍性，再以逆來順受之道處之，以求不致潰決，則幸矣**。」但是他仍然避免做出最後決定，希望嘗試各種「逆來順受」的方法防止情況惡化。比如說，蔣介石除了要和實力派將領們直接疏通之外，就連後者的家屬也需要他親自出面款待籠絡。更有進者，儘管四川軍隊在抗戰中表現惡劣低能，但是蔣介石還不得不放下身段向它們發送「慰勞信」和發電嘉獎川軍前方將領。[46] 還有一點值得注意的是，蔣介石雖然成功地控制了重慶市城內的政府機構，然而成都市和其他城市乃至廣大農村地區，仍牢牢掌握在地方軍人手

43　徐永昌日記，1939年8月16、31日，10月20日。陳布雷從政日記，1939年8月11、16、31日「8月份之回溯」。肇事的川軍將領包括師長彭漢章等7人。

44　王世杰日記，1939年8月12日。

45　陳克文日記，1939年9月18日。

46　蔣介石日記，1939年8月11、13、18、19、26日，9月10日「本星期預定工作課目」，10月3日。

裡。[47]

1939年9月份歐戰爆發之初，蔣介石借機在重慶市召開一個四川將領會議。照常理說，蔣介石以委員長身分召集部下開會，後者本來就應該遵命出席。但是當鄧錫侯，潘文華，王瓚緒等人果然出席時，蔣介石卻大感欣慰，認為他們居然給他「面子」出席會議。但是這份樂觀還沒有維持幾天就被打破，因為他在日記中大篇幅地感嘆，儘管劉湘已經去世，但是他留下的部屬依然是禍害之源，繼續在省內興風作浪掀起局勢動亂，讓他忍不住寫道，「川事糾紛，川中軍人卑愚可痛。政客私人自用，權利是爭。國勢至此，內憂如此，實令人短氣。非有革命精神，盍能當此？」又寫道，「常以川事為念，此種遺毒（劉湘）不除，川無寧日矣。」過了幾天他又寫道，「川事複雜不定，殊為可慮。**此乃為一切問題中之根本。故外交無論如何吃緊，仍日此為念也。**」9月19日蔣介石終於承認「川政非由我自兼決不可能安定。」兩天之後，他再寫道，「安定四川，集中人才，全力建設，乃為惟一基本工作，祇要基礎穩固則其他皆易運用也。」[48]

而在這個外部情況持續惡化，而蔣介石內心又猶疑不決的過程中，川軍七位師長在鄧錫候，劉文輝和潘文華策動下又聚集成都，露骨地煽起驅逐王瓚緒主席風潮，很可能釀成兵變。當中央派遣何應欽到成都進行安撫時，卻受到將領們人身威脅，終於促成蔣介石決定親自兼代省主席，並在1939年10月7日正式就職。[49]

由以上資料可以看出，蔣介石的憂慮大大超過我們從一般歷史書上能夠得知的資訊，更不是在官方文檔或是報章雜誌可以窺見的內幕，這是蔣介石無日無夜不在苦思出路的心腹大患。蔣介石平生給人的外部形象是剛毅果斷和威嚴攝眾，但是為了處理四川實力派的桀驁不羈，不惜放下身段去溫言籠絡，乃至委曲求全和他們家人交際周旋。他害怕的是在抵抗外侮時卻遭內政

---

47 劉紹唐，《民國史事日誌》第1卷，頁581-608。

48 蔣介石日記，1939年9月9、11、15、16、19、21日。

49 徐永昌日記，1939年10月17日。

「潰決」，而他所期望的是把四川建設成為抗戰根據地，甚至把自己的忍辱負重當成是「革命精神」的測試表。當我們意識到成都和重慶兩地只是一省之內的兩個重要城市，相隔不過300公里之遙，而國民政府卻對公然抗命聚集在成都的地方實力派首領們莫可奈何，就更不用說後者實際控制的範圍說不定已經伸展到重慶市郊區了。蔣介石以全國抗戰軍事委員會委員長和國民黨總裁的尊號，卻只能低聲下氣地去和區區地方將領們家屬去攀交情，就不難衡量出他個人的實際統治指揮權是多麼單薄微弱了。

以上歷史回顧顯示，當一切政治妥協手段都遭受挫折時，蔣介石手中最後資源就是他本人的聲望和剩餘的兵權。他被迫親自兼任四川省主席去平息將領們的爭權奪利，在中國近代史上創立一個絕無僅有的先例和供人嘲弄的事件，那就是由國家最高領導人去擔任地方（省）領導人，如此才能維持該省行政範圍內的平靜，但是卻沒有足夠能耐去提升該省的行政效率和推行政策。因為蔣介石親自兼任四川省主席這一步棋，只不過暫時緩和了實力派首領覬覦省主席名位的爭奪，卻絲毫沒有動搖他們各自掌握的地方權力基礎（政權、軍權、財政權），控制的防區（地方政府、老百姓的民生），和他們互相之間合縱連横的關係。事實上，蔣介石可能已經非常慶倖自己能夠避免在抗戰核心基地掀起兵戎相見，因此更不敢去捅破各個實力派勢力範圍內部的機構和行事規矩這個黄蜂窩。換言之，真正的四川基層依然掌握在實力派手中。「長期抗戰根據地」的說法只是維持了領導階層和平共處的表像，而沒有涉及國家肌體和經絡的整建工程。

從以上敘述可以看出，在1939年8-9月之間，四川內部因為省內將領們對於權位和利益的分配產生嚴重衝突，甚至可能爆發內戰，等於是回到北洋時代連年混戰的局面。難怪蔣介石需要絞盡腦汁加以平復。更重要的是，蔣介石的長期抗戰有賴於四川的合作，成為抗戰基地的指望，似乎越來越難以實現。因為四川除了重慶市和近郊地區外，絕大部分土地依然掌握在同樣一群地方實力派軍人手中。他們的心態、人際關係、政治和經濟利益如果不改變，則重慶政府和他們之間的關係就沒有改變的可能。沒有鞏固的後方抗戰基地，則前方的作戰行為當然會困難重重。不能統一，遑論建設。

儘管蔣介石親自兼任四川省主席，但心中一塊石頭依然無法放下。由於省內矛盾持續爆發，而他本人又要統攬全國的軍政外交事務，所以蔣介石只好委任成都行轅主任賀國光（湖北人，但是曾在四川軍隊服務，與四川某些軍人有深厚關係）兼理省主席職務，希望藉此穩定川事，同時能夠「對內建設四川根據地，對倭更作持久抗戰到底，以待世界戰爭之結果而已。」10月初，他仍然希望他的兼理川政，能夠成為「基本安危之關鍵，從此抗戰建國之基業，祇要能勤慎努力，則大定矣。」[50]

豈知一波未平一波又起，就在蔣介石就職兼主席的當天，雲南的龍雲又散布謠言稱四川發生兵變，而且地方實力派拘捕了中央政府官員作為人質。這讓蔣介石不禁大為憤怒。寫道，「幸災樂禍與嫉忌恐懼之念昭然若揭。外患至此，而內憂如彼，可痛也。抗戰期間軍閥如此，可謂毫無心肝，其與汪奸相差無幾矣。」[51] 果然不到兩個月時間，四川又陷入動盪不安局面。蔣介石在12月2日日記記載，「軍閥心理不易改變，國家前途時多荊棘。藉外敵以為要求升官之機，殊堪痛苦，又不能不予也。其次稍有才幹者多取巧投機，只知自私，欲求一為大局顧大體，而為黨國可以信託無罣者，實無半人。此誠憂之最大者也。」[52] 這段話不但是針對四川軍人，也是針對雲南的龍雲，因為正是在這個時候（12月2日），龍雲要求中央政府授予他行營主任職位。換言之，四川的問題還沒有解決，雲南又成為問題。龍雲和中央的關係急劇惡化。所以蔣介石在日記中忍不住大張撻伐，「邊僻之人好利多疑，狡詐狹窄，知威而不懷德。無論文武，其習性皆同也。可不歎乎？」[53] 更讓蔣介石惱火的是，四川和雲南兩個實力派居然聯手向重慶政府討價還價。「昨日（12月11日）以川滇政客與軍閥縱橫捭闔之醞釀，而桂白對反攻南寧之部署，自用私心，不肯遵令處置。新疆盛世才有扣留賀耀祖之消息。國

---

50 蔣介石日記，1939年9月30日；10月7日。

51 蔣介石日記，1939年10月7日。

52 蔣介石日記，1939年12月2日。

53 蔣介石日記，1939年12月11日。

內軍閥之惡劣，毫無國家觀念。對於國家危急，人民痛苦，軍隊死傷，中央艱難至此，若輩祗圖私利，惟恐國家之不亂，思之痛楚，無以復加，終夜不得安寐，茫茫前途，究何所極。政客軍閥無心肝，與其忍心害國至此，可否極矣。」他接著又咒罵，「至此乃知鄙僻之臣，不可以德感，不可以理喻也。」（12月12日）真是聲聲恨之入骨。但是川滇同謀的局面已經形成，不易解決，也不易分別處理。[54] 蔣介石得到情報顯示駐在瀘州，樂山和西康的川軍可能都不可靠，「後方各地情形與軍閥心理之惡險殊堪注意，然有備乃可無患矣。」[55] 這個「有備乃可無患」既不可能僅靠蔣介石個人聲望和政府權威，最後只能訴諸於實力，以致導致中央採取一種軍力部署的策略，那就是必須調派中央軍駐防在不可靠的地方實力派軍隊附近，不是抵禦日軍，而是監視地方軍不得異動。（本書第五章對於這個現象將會進一步討論。）具體地說，中央領袖們在1940年春夏之交在討論解決「地方軍閥方案」時，就把調重兵入川列為鞏固統治的手段之一。與此同時，張治中還提議把四川省重新劃分為多個省份，或是委任四川軍人進入中央政府做部長，以滿足他們的權力慾望。[56] 到了1940年底，蔣介石又得到情報，某些四川部隊似乎有異動跡象，因此趕緊採取防範措施。[57]

至於張群則要等到1940年底才正式成為省主席，一直做到抗戰勝利為止。但是此後多年他都不敢去位於成都市區的省政府辦公，因為恐怕遭受地方軍人挾持或傷害。平日只能在成都行轅工作，由憲兵特別保護[58]（何成濬將軍戰時日記，1943年6月2日。）事實上，四川地方實力派對中央的刁難、抗命、要脅、和公然挑釁也一直延續到抗戰勝利都不曾中斷。在此只提出幾個重大事件作為例子。比如說，1940年9月份是一個抗戰內外情勢艱巨的時

54　蔣介石日記，1939年12月18日。

55　蔣介石日記，1940年3月15日。

56　徐永昌日記，1940年7月15日。

57　王世杰日記，1940年11月7日。

58　陳克文日記，1940年9月5日。

期，在外交上，英法兩國封鎖緬甸、越南造成外援斷絕；在內政上，糧食供應不足造成重慶米價大幅上漲。此時潘文華公然放話，絕不允許抗戰打到四川，力主政府盡快尋求和平途徑，不然必將引起四川動亂。威脅語氣毫不掩藏。1940年10月底到11月初，蔣介石在日記中不斷透露，「川局不安」、「川中舊式軍閥無智無能，有貪有怯，實為可憐及最令人頭疼。寬嚴皆非，輕重兩難。惟有置之緩圖，以觀其後也」、「川軍周成虎師長謀叛案發現。」蔣介石本來預備去成都市視察，但是事先發現叛變計畫，將周撤職，避免一場大難。換言之，實力派不僅是不服從，而且是圖謀叛變，情況嚴重到蔣介石連成都都不敢去，可見中央和地方關係之緊張。[59] 就在這個時段，蔣介石又得到情報，得知某些將領與西康劉文輝勾結（11月3日），而他只能寫道，「對川閥只可以逆來順受之道處之，無足計較。但對根據地應積極準備與鞏固。」才不過半個月時光，他又得到情報，四川南部仍然不安，令蔣介石頭痛，需要整頓。雖然他在11月30日日記寫道，「川省主席問題順利解決，此為**三年來不了之大問題**。」讓他大感高興，但是問題顯然沒有解決，因為他在12月2日又寫道，「川事先從川南著手。」。然而川南問題還沒有處理，而川滇問題又同時出現，讓蔣介石焦頭爛額。再加上新四軍問題此時突然緊張化。值得注意的是，日本政府在承認汪精衛政權後，仍然企圖和重慶政府繼續商談和平，而蔣介石儘管被內部不團結的局勢弄得焦頭爛額，卻嚴厲禁止和談活動。[60]

當然四川和西康問題無法分隔，因為四川軍人劉文輝也霸據西康。1939年蔣介石為了安撫劉文輝，把川康邊境的17個縣份劃入西康省政府管轄，目的是討好劉文輝，幫助劉文輝增加財政稅收。但是該年重慶政府曾經計劃在雅安市成立團管區，並委派一位軍官去建立一個師級部隊。但是在1941年初就被劉文輝予以繳械解散，而重慶政府也只能忍氣吞聲地接受。[61]

---

59 蔣介石日記，1940年11月9、10日。

60 蔣介石日記，1940年11月3、7、8、23日，12月初各日日記。

61 張瑞德，《山河動》，頁233；蔣介石日記，1940年1月31日。

1942年重慶政府決定從事軍事改革，當改革方案規定軍隊軍需部門應該獨立作業，以防止部隊長虛報兵員和尅扣糧餉時，鄧錫侯立即要求中央預付給他850萬元的「補償金」，才准許該項措施在他的部隊中實行，引起何應欽和徐永昌大罵鄧錫侯真是萬惡軍閥。1943年1月，劉文輝向重慶政府提出擴軍和補充裝備的請求。鑒於劉文輝地處西康，是離開前線最遙遠的省份之一，而且又不派兵出省作戰，居然做出此等要求，當然受到拒絕。果不其然，不久之後（5月）成都就出現反對中央的風潮，張貼打倒張（群）主席的標語，遂寧縣甚至煽起驅逐中央機關和殺害「下江人」（外省人）的口號。[62] 這種活動是只有在實力派煽動或授意之下才能發動的奪權活動，不能視為是地方上自發自動表現。不久之後，重慶政府又收到情報稱劉文輝，鄧錫侯，潘文華等暗謀顛覆行動，包括：1. 利用袍哥組織散布謠言，煽動人民對政府惡感，準備密謀抵抗；2. 劉文輝、龍雲各出兵幾個團作為後援，為了鞏固他們的經濟基礎，進行大量採購鴉片煙並以武裝販運、高價收購槍械、勾結土匪、滋擾治安，使中央不敢調動他們的防區；3. 第164師師長彭煥章在召集士兵訓話中，鼓勵士兵向中央政府尋釁，屠殺外省人；4. 傳布謠言稱，蘭州附近已經有11縣背叛中央。這些情報本身未必全部正確，但是它們被呈報到軍令部而且被認真處理，就可見此時重慶、成都，和散布各地方實力派之間彼此不信任的氣氛，接近敵我矛盾，而不是抗戰基地內部應有的團結合作精神。

1943年9月川軍周成虎抗命不肯開動，中央只好給他延展期限。但是周成虎部隊仍然拒絕開動，並且和劉樹成師達成密約，請後者代為保管武器，以備將來之用。周劉二人原本與幫會關係密切。也可能與中共聯絡。重慶政府面對這個局面無法處理，一直到年底做好一切部署之後才敢發布命令，指責新18師師長周成虎剋扣軍餉，販賣鴉片，延誤命令，不守紀律等由，即日撤職。[63] 在全國數以百計的師級單位中，在軍事委員會眼皮下撤換一個區區

62　陳克文日記，1943年6月13日。

63　徐永昌日記，1942年5月9日；1943年5月29日，6月10日，9月25、29日，12月26日；陳

的師長本來應該是一紙命令無需解釋的小事，卻需要如此大費周章，可見軍事指揮系統的名存實亡。而在邊遠地區鞭長莫及情況下更多的違法亂紀事件幾乎每日發生。1943年西康省的民政廳長（冷杰生）在該省享有名望而且又擁護中央，他在參加中央訓練團受訓結業後返回西康省時，卻在半途被刺殺。這一事件被社會上廣泛解釋為四川軍人警告其他四川人不可擁護中央。難怪不久之後，潘文華的母親在重慶病逝，他在重慶市舉辦盛大出殯，自己卻不敢出席，由其弟代表一切。也被廣泛解釋為心懷鬼胎。[64] 而重慶政府派赴西康的部隊也被劉文輝以武力驅趕出境。[65]

1944年中期長沙失守使四川人心理動搖日漸增長，對中央政府不滿情緒在實力派鼓動下益趨表面化。[66] 1944年底，日軍一號作戰前鋒指向四川。當貴陽吃緊時，成都又出現「川人自主」的標語，和「歡送」張群省主席黃季陸秘書長的標語。[67] 換言之，從七七事變開始到抗戰結束為止，中央政府對於四川地方實力派始終沒有建立有效控制權。對於他們屬下的防區和基層政治和社會，更是無法滲透控制。對抗戰根據地都如此缺乏統治權，到了邊遠省份就更是遙不可及了。

三、對社會的破壞

四川土地肥沃物產豐腴，在歷史上向有「天府之國」美稱。抗戰初始當四川軍隊在省外作戰無能和在省內熱衷內鬥時，軍令部長徐永昌就已經發出沉痛感嘆，「一個四川（指財力）抵得六個山西，乃收入不能富國祗能養兵，養兵不能衛國祗能害民，此害不除，國必夷亡。」[68] 看在徐永昌眼裡，不必

誠先生日記，1943年1月27日。

64 王子壯日記，1943年9月1日。

65 張瑞德，《山河動》，頁233。

66 陳克文日記，1944年7月1日。

67 徐永昌日記，1944年12月12日。

68 徐永昌日記，1937年12月5日。

指望四川如何為抗戰做出貢獻，僅僅是它的存在就足以亡國，又何須勞駕日軍？

前一節歷史回顧說明，重慶政府在四川所面臨的困難不僅僅是和地方實力派的權力鬥爭有關，同時它面對實力派在各自防區內造成人民無盡的痛苦也感到無奈。一些隨政府撤退到四川的政府官員們早期的片段印象，或許可以幫助我們勾畫出四川當時景象。他們引用當時社會上流行的兩句話，形容四川是「山清水秀，土肥人瘦」。「土肥」當然符合「天府之國」雅號，而「人瘦」則是多年軍閥惡性徵戰和苛捐雜稅留下的災難。

在中國近代上，四川軍人的斂財最是突出。社會上盛傳，一個軍閥（范紹增）在重慶市上清花園旁邊的私家莊園富麗堂皇，僅僅是網球場就耗資百萬元，自誇為東亞第一。另外一個軍閥（王陵基）在重慶市郊山頭霸地200餘畝作為母親墳地，而在附近又擁有許多房屋作為妻妾住所。而潘文華在重慶市的住所則號稱為該市的「巨第」。就整個市區而言，鬧市中的高樓大廈多半是舊軍閥的財產。區區一位旅長也可以在紅岩嘴地區擁有數百畝地產。至於川軍將領生活荒淫無度則更是聳人聽聞。比如說，社會茶餘飯後的談話資料是某個將領（楊森）當時就已經有妻妾7人，子女28人，而且數目正在持續增加。更荒唐的是在國民政府抵達之前，成都市滿街都是馬弁穿梭奔跑，目的在保護長官的女眷。因為以前無論大小軍人只要在街上看到稍有姿色的婦女即可當街擄走充當小妾。所以凡是軍隊長官女眷上街就必須配備馬弁持槍護駕。

在實力派軍人荒淫無能的統治下，人民生活環境惡劣被形容為「有如雞豬」。即便是大型縣市仍然缺乏電燈、電話、自來水、馬路、廢水垃圾處理設施，更不必說公共衛生醫療設備和教育設施。比如說，南京政府人員初到重慶時，發現該市完全缺乏公共設施，以致街道「陰濕污穢，臭氣熏天」，而且老鼠繁殖横行，數量超過該市人口。人民蝸居其間毫無人色，乃至被形容為「真是和糞堆裡的蛆無異」。再者，無論重慶，成都或是其他縣份，鴉片煙館林立，吸食者極為普遍，街上經常有倒斃尸體。僅成都市一地，在1940年初仍然有超過3,000家鴉片煙館。多年被傳統四川統治者所忽視的市容整理和市政建設事項，只有在國民政府抵達後才逐漸起步做出。[69] 在這種社會政治狀況下，重慶政府一方面要和日軍作戰，一方面要使四川省脫胎換骨，從而建設成為長期抗戰根據地，其困難程度不難想象。

（一）鴉片煙問題

其實早在劉湘去世和國民政府企圖接管四川政務之初，蔣介石就已經感嘆「川中軍政之不合作，縣長與區管之不合作，保甲長與士紳之不合作。」他當時列舉的突出問題包括鴉片煙氾濫、全省缺乏公路建設、江北私煙、青紅幫、和兵匪不分等幾大項。[70] 不幸的是，這些關係國計民生的事務，在抗戰時期不但沒有杜絕，反而變本加厲。其中鴉片煙問題，更使重慶政府焦頭爛額。

蔣介石個人對於鴉片問題的態度向來都是既明確又堅定。他認為國民吸食鴉片是實現民族主義的一個重大障礙，更是帝國主義處心積慮殘害中華民族的陰謀毒計，而在日本人侵略中國的全面性計劃之中，引誘中國人民吸食鴉片也是其策略的重要一環。[71] 因此他在深惡痛絕之餘，還認為對違法者必須予以無情打擊，最簡單的方法就是予以處死。但是這種信念等到國民政府撤退到大西南後卻面臨一個嶄新情況，因為此地區的鴉片並非來自外國進口，而是本地土特產，不但產量極大並且是地方實力派賴以維持其獨立地位的主要財源之一。因此，當蔣介石的民族主義威脅到地方實力派的生存資源時，重慶政府還能夠如何堅持抗戰，就自然成為備受關注的大事。

根據中央政府情報，1939年國民政府剛遷都四川時，該省至少有30多

---

69 陳克文日記，1938年8月24日，10月6，12日，11月6日；1939年2月1日，4月25日。徐永昌日記，1939年4月6日，9月10日；1941年8月19日。王世杰日記，1938年4月12日。何成濬將軍戰時日記，1943年3月6日。

70 蔣介石日記，1939年4月21，27日。

71 蔣介石曾經寫道，「鴉片為新生活之大敵，亦為中華民族之大患。此一大患比之任何強寇外侮為尤甚。吾人必須共同一致，不顧成敗，認此目標以為吾人生死存亡終身事業繫之。」蔣介石日記，1934年11月8日。

個縣仍在種植鴉片，而四川軍人（劉文輝）控制的西康省更是氾濫成災。許多縣政府和行政督察專員都在暗中經營鴉片生意。重慶政府提出的第一步禁煙措施是要求所有公務員出具切結書，保證絕不吸用鴉片，同時重慶市政府公告將在1939年6月底關閉所有鴉片煙店營業。但是無濟於事，因為阻力來自三方面。首先就是無論上級政府如何三令五申，中下級政府官員都置禁令于不顧。公務員抽吸鴉片煙依舊到處皆是，各級政府都予以掩飾，不肯檢舉。其次是種植和吸食鴉片在四川已經成為民間普遍現象，利益牽涉到千家萬戶。大量煙農賴以維持生計，地方政府賴以增加稅收，官員賴以敲詐牟利。禁煙政策無非是為執法人員創造更多剝削機會，包括巧立名目，設卡苛稅，沒收贓物不予銷毀而轉手變賣，甚至誣陷人民違法而進行訛詐等等。這些行為的參與者包括煙農、地方豪紳、會黨、少數民族（夷族），是一個中央政府難以滲透的基層社會和經濟利益結合體。政府除了宣導政策之外，必須以武力為後盾，以嚴刑為阻嚇，才可能收到有限效果。

但是重慶政府缺乏的正是武力，因為禁煙政策最大的阻力來自地方實力派，而地方實力派之所以敢於漠視嚴刑威脅，最重要的原因是他們手中握有的武力足以和中央軍隊抗衡。比如說，成都市在抗戰初期有3,000家煙館，到了1942年減為900家，到了1943年仍有300家。這個現象看似政府工作的成績，但是實際上被取締關閉者多是民間煙館，而存留和營業照舊者則是受到軍方包庇的煙館。一旦軍隊直接介入鴉片煙行業就最難處理，因為軍隊首領擁有大片土地，往往假借墾荒美名而變相開發成為鴉片煙田，強迫當地人民轉業成為煙農，又在收割時以賤價收買，然後使用士兵和軍車護送到各地市場出售。如果在軍隊轄區內有民間煙農種植鴉片，軍隊就設卡收稅。比如說，1942年第36師和第24軍在西康省包庇煙土，按產量抽取六成稅金，而經手人再抽十分之一的手續費，或者借禁煙政策之名敲詐鄉民，牟取巨利。[72]

即便是重慶政府能夠派遣自己的禁煙執法人員到地方，也無法展開工

72　何成濬將軍戰時日記，1942年5月24日；1943年3月6日，11月28日；1944年2月4日。

作。主要原因是他們不敢得罪握有兵權的地方軍人，也得不到地方政府協助。如果重慶政府派出四川籍部隊去執行查煙和禁煙，則地方部隊可以勾結種植者和地方官員狼狽為奸。比如說1942年5月份，蔣介石曾經指派一個師去查禁西康省煙土，結果該師與地方狼狽為奸，軍隊抵達後不但不剷除煙土，反而指派士兵幫助煙農收割煙草，趁機抽取煙稅。如果重慶政府派遣的是省外忠貞部隊執行任務時，則可能造成更大反彈。1942年重慶政府顯然打算以雷厲風行方式一舉解決四川煙患。當6-7月份煙土接近收割時節，省政府派遣屬下保安隊前往產煙縣份辦理禁煙政策時，處處受到牽制，無法推行。7月份，重慶政府進而派兵據守交通要道，企圖防止第6行政區種植的煙土外運。結果實力派軍人領袖在幕後煽動數個縣份人民暴動，包圍縣城，逼使重慶政府不得不派飛機空投糧食，解救城內被圍官員和老百姓的飢餓之災。更有甚者，也是在7月份，重慶政府稽查隊在成都市取締煙館時，遭受地方軍隊哨兵開槍阻止。稽查隊在執法過程中擊斃哨兵並關閉煙館之後，一支來路不明的地方武裝部隊衝進縣政府搗毀辦公廳，並把哨兵遺體在縣政府內陳列3天，逼得縣政府為求息事寧人，只好為哨兵做了3天佛事，發放撫恤金，並且承諾此後不再干預鴉片煙事務。按中央政府在成都既有機構又有武力，但是顯然不是地方武力的對手，只能以軟姿態處理。[73]

依照政府法規，重慶政府除了責令各級政府厲行禁煙政策之外，還向各省派駐了禁煙督察官，同時每年向四川省派出禁煙巡迴執法督察團隊實地視察提出報告，但是禁煙督察官為了個人安全經常不敢外出實地調查案件，只能在辦公室寫假報告，欺上瞞下，最多也只敢在回到重慶後才說出實情。因此每年政府公報渲染完成禁煙工作，均屬謊言。

蔣介石痛恨煙土之害，因此命令在抗戰期間，凡是種煙、販煙、運煙、吸煙事件，一律交由軍法總監部負責審判，並以執法從嚴精神處理，因此何成濬將軍成為戰時最了解軍隊違法狀況的高官。然而他私下明確指出，川康地區參與煙土種植運送和販賣工作的官方人員，包括西康省主席、成都市警

73　何成濬將軍戰時日記，1942年7月28日。

備司令部、軍管區參謀長、和幾位部隊領袖及家人結成的幕後大組織。煙土由西康省經過軍管區發交各縣國民兵團，轉發各鄉鎮自衛隊，流入民間市場。劉文輝屬下的第24軍甚至以武裝直接護送鴉片煙。面對如此規模龐大的地方實力派官府和軍隊匯集而成的利益團體，重慶政府除非派遣大批外省籍忠貞部隊施加武力鎮壓，同時徹底更換省縣和地方政府參與同謀的幹部，否則難以割除這塊毒瘤。蔣介石既然無法撼動劉文輝在西康省的地位，而何成濬領導的全國軍法總監部更是缺乏執法實力，因此在「復興基地」上，在百廢待興之前，僅僅是煙毒災害一項，就充分暴露了重慶政府的虛弱體質。[74]諷刺的是，鴉片煙在重慶市可以明確違法而惹上殺身之禍，但是在300里外的成都則由地方軍人派槍兵庇護，可以自由買賣，所謂中央統治四川省，純屬自欺欺人。其實說白了，此種情況並不只限於四川而已。行政院秘書長和禁煙委員會委員到西康、貴州、雲南各省視察後提出的秘密報告中，坦白承認，各省普遍種煙販賣，原定的「川康黔三省肅清私存煙土公署」的工作無法完成，因為中央不敢也不能去得罪地方軍人。[75]

上文提到，川軍將領在1939年8月驅王（瓚緒）運動時的一個重點要求，就是王主席必須尊重地方實力派對鴉片煙土行銷運輸的獨占事業，不得干涉。這個動作惹起軍令部長徐永昌痛責，劉文輝軍隊不敢出省和日本人戰鬥，卻勇於「內侵」以販賣煙土維持生存。以致到了1943年初，中央仍在婉言請求劉文輝停止種煙和販賣煙土。不久之後，張群主席又報告，販賣大煙的集團有龍雲（雲南）、劉文輝、周成虎、劉樹成等人作為後盾，而當時周

74　王世杰日記，1939年3月11日，6月13日，8月5日；陳克文日記，1939年6月29日；何成濬將軍戰時日記，1942年4月3、28日，5月24、28日，6月11日，7月16、19、28日，8月4、5日，11月7日，12月10日；1943年3月6日，10月27、30日，11月28日；1944年2月4日，3月6日，6月18日，9月16日，10月9日。如果在極少數情況下鴉片被扣留或沒收，則有重要人物出面說項，交出象徵性罰款，地方政府就只好放行，因為省內有更高官吏護航，地方政府不敢得罪。萬一政府執法過嚴，則可以攜款逃到外地，避過風頭後再回到原地重整旗鼓。

75　陳克文日記，1939年8月10日；1940年7月31日。而所謂六年禁煙計畫亦流於空談。

成虎部隊抗命拒絕離開宜賓地區，就是因為有數千萬元的煙土尚未抵達該地。[76] 與此同時，在劉文輝控制下的西康省販賣鴉片煙和走私行為也益趨嚴重。蔣介石甚至開始考慮派遣中央軍進入西康省去根治煙患，但是立即提醒自己必須小心處理，以免釀成政治大禍。[77]

這類事件也讓我們對於抗戰時期中央和地方的關係得到更細膩的理解。為了販賣煙土，地方實力派可以完全無視於國家法令，而中央政府在行政命令貫徹無效時，只好考慮武力解決。其實，依照重慶政府估算，四川將領們的兵力和作戰能力並不強大，而蔣介石也認為劉文輝部隊內部複雜而不穩。[78] 若以戰鬥實力考慮，中央軍應可以武力解決四川實力派。但是如果中央政府進行斷然清理，則必定會授地方實力派以口實，指責中央政府不打日本人，卻打擊抗日陣營的地方勢力，顯然會受到「內戰內行，外戰外行」的指責。此類的口舌戰，不僅僅是鴉片煙土問題，在調派軍隊作戰、整編軍隊、軍隊駐防換防、行政長官任命、納糧完稅徵兵等眾多領域中，無時無刻不在被利用，讓一般民眾不知如何判別真偽。但是這種口舌戰不但彌漫在抗戰時期的輿論，也讓戰後史學家們長期間喋喋不休。更何況，四川狀況其實遍布全國各省，如果重慶政府以武力解決四川，固然成功率很高，但是其他省份的地方實力派必然感受震撼，從而引起全國性反彈，使抗戰事業越發受到威脅。

（二）民間槍支和土匪問題

除了鴉片煙問題，民間藏槍也成為嚴重問題。一部分原因是四川省內連年大小戰鬥數以百計，每次戰場士兵拋棄大量槍支被鄉民撿去。更荒唐的是，即使正規軍隊，也間或從事販賣武器交易。比如說軍令部就接到情報稱，川軍某軍長在任職時囤積了一批槍，都是贓物，然後出賣。這些槍支流

---

76 徐永昌日記，1942年1月4、28日，4月22日。

77 蔣介石日記，1943年7月12-14日。

78 徐永昌日記，1943年4月22日；蔣介石日記，1943年7月8日。

入民間產生兩種後果。一是地方上土豪劣紳搜購槍支編練為私人的武裝部隊，脫離政府編制和控制，魚肉鄉民；另外一種結果是壯大已經存在的土匪勢力。照理說，在抗戰根據地和中央政府的眼皮底下，居然會出現嚴重匪患，已經是一大奇聞。但是實際上，四川不但匪患普遍，而且幾乎兵匪不分。1939年初當中央政府剛遷入四川時，蔣介石幕僚就猛然發現四川不但匪患嚴重，而且川匪分為兩種。一種是土匪劫財綁票，一種是教匪反抗稅捐和兵役。前者霸凌人民，而後者反抗政府，更與川軍維持千絲萬縷關係，在四川省60個以上縣份公然存在。當時中央領袖們已經看出將是今後地方建設的重大阻力。[79]

根據軍令部情報，川軍有兩個師（周成雲、劉樹成）供給土匪槍彈。另外一位川軍將領許紹宗解職歸川後，隨即和匪軍聯絡，形成嚴重問題。又據軍令部情報，四川「無軍隊之處，匪尚易辦。有川軍之處，則煙賭匪全來。有若干部隊本為匪編，所以兵匪不分。」[80] 所以軍令部被迫退而求其次地認為，不可指望四川軍隊認真打日本人，只要它們能夠維持「官做生意，兵做工」局面，就算是對抗戰的貢獻了。

四川還有一個特殊現象，就是無所不在的幫會組織，其人際關係滲透到各行各業，社會上從軍隊將領、高官巨賈，下至販夫走卒，都和幫會結成陰暗而複雜的關係。它當然擁有自己的武力，而且勢力大到連中央政府的調查統計局和重慶衛戍司令部都要小心處理，甚至考慮運用幫會去協助抗戰建國工作。這個建議最終因為引起白崇禧和劉斐等軍事領袖的嚴詞批駁，才告作罷。[81]

79　王世杰日記，1939年2月15日，3月11日。

80　徐永昌日記，1940年3月27日；1941年1月22日；1944年12月7日。

81　他們並且嘲笑問道，是否應該邀請幫會分子到中央訓練團受訓，或者選拔他們成為委員長的學生？他們為此痛責提案人劉峙昏庸愚昧。見：徐永昌日記，1941年6月18日。

四、蔣介石的期望和失望

一個歷史的諷嘲是：1939年初，蔣介石和徐永昌在一次談話中表示，國民政府放棄武漢退守重慶是抗戰一大轉機，因為從此可以一心一意地進行長期抗戰，「若中央掌握四川，果能建設進步，則統一禦侮更有把握矣。」顯然地，蔣介石以為，只要把四川建設好，則既可以促進全國的「統」，又可以增強「禦侮」能量。[82] 不久之後，他又寫道，「力求四川建設與安定，則根本鞏固，無論對內對外皆可獨立無懼。」而且他此時對抗戰的期限是還需要三年以上才能完成目的，因此有充分時間讓他「事事應重根本與自立上做起」。[83]

1940年蔣介石對於抗戰前途依然滿懷信心地寫道，「余以四川為中心，尚有百萬基本軍隊，倭其奈我何？」但是正是與此同時，他在評論四川工作時，已經逐漸體會到任務之艱巨。他寫道，「四川人心虛浮，社會黑暗，習俗刁頑，以余之誠正尚不能感格致治，是其難可想而知。川事愈久愈艱，惟以一片至誠出之，險易成敗非所計也。」他又寫道，「四川習俗環境太劣，政治複雜，顧忌太多。如何使之改革上進，思之痛苦。**其艱難甚於抗戰也**。」「川人狡猾，寬嚴皆非。然總以耐心處之，期其感化。」[84] 然而一直到抗戰結束，蔣介石的「誠正」和「耐心」都無法撼動四川的政治現實。

本書今後幾章也將會討論到，蔣介石政府另外還有三個工具——黨、政、軍，也不能幫助他達到目的。在中日戰爭中，日本不但在科技領域是一個現代化國家，占有絕對優勢。它在人民的精神面貌、文化深度和愛國情操等領域，也都呈現高度團結，甚至上下同心「盲目服從」。反觀中國，在抗戰根據地的心臟地區，呈現的卻是地方實力派各懷異心，私利遠遠高過公益，勇於私鬥而怯于公戰，它不只是一個權力分配和利益分贓問題，更是一

82　蔣介石日記，1939年3月4日。

83　蔣介石日記，1939年5月22、23日。

84　蔣介石日記，1940年5月4日，7月18日；1941年4月26日。

個文化和精神狀態的問題。抗戰作為一場全民性的生死鬥爭，民族的存亡關鍵，如何把改變氣質和抵抗外侮兩件大事同時進行，真是中華民族一項莫大的挑戰。

第二節　山西狀況

一、山西特色

山西和四川有幾個明顯性質不同之處。第一，四川是抗戰的心臟區，是一切黨政軍教的中樞地帶。而山西則是華北戰場的門戶，是保障心臟區的重要關隘，戰略位置非常重要。如果山西不保，日軍可以從華北直接進攻四川。第二，蔣介石在四川需要處理一群利益各異而又勾心鬥角的地方實力派，但是山西則是只有單獨一個實力派，那就是閻錫山，因為他基本上主宰了整個山西省的行政、軍隊、財政和社會。第三，四川問題從抗戰開始就令蔣介石煩惱不已，等到中央政府從武漢撤退入川更是躲避無門。蔣介石建設大後方根據地的宏大願望始終無法展開，成為八年之痛。山西問題則出現稍晚，因為山西在抗戰初期尚且熱心抗日，後來因為內部生變才走上曖昧道路。第四，在四川事務上，蔣介石需要親自走上第一線去處理大小事務，但是在山西事務上，他大半時間退居第二線。原因是山西和重慶維持了一個非常奇特的溝通方式。閻錫山派了私人代表賈景德常駐重慶負責和重慶政府進行談判，賈景德在山西政治上人脈雄厚，又是閻錫山心腹人，其功能相當於國際關係中的地下大使。而重慶方面指派的對應人則是軍令部長徐永昌，因為他早先也在山西和華北軍界曾是德高望重，後來厭倦派系鬥爭，不戀權位，參加南京國民政府工作，獲得蔣介石信賴。因此山西和重慶之間的重要事務發展出一個特定溝通方式，首先由賈景德和徐永昌互通信息和進行初步探討，然後各自向閻錫山和蔣介石彙報，一切電文傳遞、條件談判和協定也由他們二人草擬，再分別交給閻錫山和蔣介石做最後定奪。當然在緊要關頭，雙方主角也會爭取直接溝通，這種關係的模式完全不像一個國家元首和省主席的關係，更像是國際上國與國之間的關係，更有全權使節居間傳遞資訊和緩衝矛盾。

山西和重慶關係與四川和重慶關係還有一個大不相同之處是，四川內部分裂成為幾個派系，互相爭奪，但是基本上對於中國的大政治軍事舞臺缺乏雄心，只想保住四川西康偏安的小局面。他們一方面在鬥爭過程中斤斤計較於勢力範圍的消長，卻不趕盡殺絕。他們另一方面又共同抵制外省勢力侵入，希望能夠關起門過自己的日子。所以他們對於國民政府或是中共的態度是，人不犯我我不犯人，自求多福。

山西則不一樣。它在北洋時代（1911-1928）曾幾度有雄心涉足中原，但是由於省力畢竟單薄，很快放棄而退為保境安民。但是抗戰開始，有了來自重慶、日本、和中共，甚至後來汪精衛政府的四方面壓力，需要在夾縫中求生。閻錫山作為省內單一實力派，想要全面性有效地掌握內政、經濟、商業、貨運、鴉片煙、發行本省紙幣等等，因此它爭奪的目標不僅是地盤，而且是在本省和鄰近地域的實際統治權。

二、抗戰初期

大致說來，在開戰之初，山西和南京政府的關係比較單純。一個有趣的事件是在七七事變後和大規模開戰前的那一段短暫時間內，何應欽和程潛曾經要求徐永昌勸告蔣介石不要開戰，同時因為閻錫山在華北具有北洋時代碩果僅存的資望，而且山西又將是戰爭首當其衝的高風險地區，因此希望促請閻錫山出面勸告蔣介石不要急於開戰。卻想不到閻錫山復電積極主戰，[85] 成為華北地區唯一主戰省份。而廣西（李宗仁、白崇禧）則是華南地區主戰最

85 徐永昌日記，1941年7月29日。

力的省份。

因此閻錫山在盧溝橋事變之初，他的基本立場是參加抗戰陣營，和南京政府保持密切聯繫，其目的即便不是積極派兵到平津前線作戰，也至少是保境安民。因此當南京政府決定委派黃紹竑以中央政府代表身分到山西去協調作戰時，閻錫山立即予以接納。事實上，閻錫山甚至主動請求蔣介石派中央軍入山西支援，而蔣介石則立即派衛立煌、郝夢齡、馮欽哉、曾萬鍾各部隊予以支援。[86] 從山西利益著眼，這些南京政府部隊並不會長期駐紮山西，因此不致危害閻錫山在山西的地位，卻可以救燃眉之急，因此受到歡迎。但是黃紹竑到了山西之後並沒有被閻錫山委以協同作戰的重任，只是賦閑。[87]

追溯日軍在1937年占領平津地帶後便把矛頭指向山西，在9-11月兩個月之間，雖然曾經有過平型關國軍和中共軍隊聯合作戰對日軍攻勢予以挫折（9月25日），但是到了11月8日，在日軍集中攻擊下山西省會太原失守。這個發展從此揭開了山西和國民政府的一章複雜多變的新關係。大約從此時開始，山西感到既然不能依靠外省力量保護山西，則此後或許應該儘量避開中日戰爭的鋒芒。

三、形勢轉變

1938年山西在四個方面的作為，讓它和國民政府的關係走向質變。第一，是閻錫山開始排擠中央軍政勢力退出他的地盤。第二，是他排擠非山西系的地方軍隊退出山西。第三，是他變本加厲地擴張地方勢力。第四個，也是最讓國民政府吃驚而又窮於應付的，是他和日軍和汪精衛明目張膽的勾結。

第一個方面的現象在華北戰事惡化後不久就顯露端倪。在太原新敗之

86　徐永昌日記，1937年10月6日。

87　黃紹竑報告，山西軍持有大炮80餘門，炮彈一萬數千發，槍彈五六百萬發，手榴彈八九萬顆。見：徐永昌日記，1937年11月26日。

餘，閻錫山立即向中央軍衛立煌宣布，山西軍隊不可以離開山西，閻錫山本人也不會離開山西。到了12月初，閻錫山進一步通知中央政府，他不接受某些軍隊進入山西，中央政府為了避免冒犯山西，只好把它們調走。換言之，山西省開始伸張其軍事獨立自主性，拒絕納入全國的華北作戰計劃。

正因為山西的獨行獨斷作風，因此到了1938年2月，當白崇禧提議命令衛立煌和李默庵兩個師去側擊平漢鐵路時，蔣介石不敢立即裁決而必需先囑徐永昌去徵求閻錫山同意。最終由於閻錫山拖延不覆，乃至徒失戎機。3月份，山西東陽關戰事失敗，雖然閻錫山和衛立煌手中都有部隊，卻因為彼此互不信任而不能協同作戰。到了1938年底，山西半獨立的色彩益趨明顯。首先是蔣介石通過徐永昌轉達，邀請閻錫山離開山西去擔任華北地區行營主任，但是被閻錫山軟性推辭。繼之衛立煌向中央報告稱，閻錫山屢次明確表態山西要自立門戶，反對中央軍進入。不久之後，閻錫山又拒絕陳誠主持的政治部派員進入山西工作。[88] 換言之，閻錫山明目張膽地採取了一系列措施，把國民政府的軍政人員擯除在他地盤之外。

第二方面的發展是閻錫山開始清理門戶，因為當時除了中央軍之外，在山西地區還有一股傅作義部隊。傅作義不是閻錫山嫡系，在山西受到日軍擠壓下，閻錫山不願意傅作義分享省內資源，因此對傅作義進行排斥。儘管張群認為閻錫山這番作為對傅作義有失厚道而且違反國家紀律，但是如果雙方因摩擦失控而釀為內戰，則對華北抗戰大局將造成嚴重打擊，因此國民政府必須盡一切努力予以化解。大致說來，閻錫山和傅作義關係從1938年下半年開始就已經水火不容，但是一時又找不出解決方法。雖然最簡單的處理方法是由傅作義率部隊離開山西改駐綏遠西部，但是閻錫山卻只肯讓他隻身離開而留下部隊。傅作義當然不肯，因此形成僵局，使國民政府非常為難。閻錫山最後同意准許傅作義帶領一個師去綏西（第八戰區），同時還向重慶提出補償條件，要求承認他的親信趙承綬擔任第七集團軍總司令，取代傅作義職

---

88 徐永昌日記，1937年11月10日，12月5日；1938年2月12日，3月5日，11月12、24日，12月19日。

位。面對閻錫山如此討價還價，重慶中央只好委曲求全。[89]

在任何正常國家體制內，這類軍隊組織和調動防區等事務，原本由上級以一紙命令指示下級執行即可。但是在抗戰時期中國，它卻變成是高度敏感的政治問題，在地方實力派互不相讓局面下，所謂的中央政府夾在中間，卻長久找不出擺平的辦法。更何況山西地區的軍事和諧影響整個華北抗戰至鉅，無論何種安排方案都會削弱國軍在華北的整體戰鬥力。然而地方實力派之間的爾虞我詐，一切軍隊移防事務均需討價還價，中央政府的指揮系統根本排不上用場。就地方實力派當事人而言，此類行為和他們的個人道德觀和民族主義感情並沒有關係，而是當時政治生態和行為準則的一部分，因為他們的首要目的是保護自己的地盤，和照顧那些追隨的將士們。

依照慣例，當地方實力派在進行政治交易時，自然會追求最大利益，而當一方或雙方認為自己吃虧時，他們就會轉向中央政府要求補償損失。果不其然，在這個交易過程中，傅作義的代表也趁機向中央政府要求補充軍械。而事實上，傅作義部隊由於多年不曾參加戰鬥，所以它的裝備比淞滬戰爭後的中央軍還更為完備。[90]

毫不意外地，閻錫山也要求中央補償軍餉和武器。就武器而言，山西軍隊在1939年的裝備很可能在全國軍隊中處於前列地位。比如說，它們在1939年還有一個頗具規模的炮兵部隊，而當時國軍在受到將近兩年摧殘後，在全國戰場上只剩下60餘門山炮。1940年閻錫山又要求中央撥發步槍二千餘枝，輕機關槍六千挺。與此同時閻錫山還自行決定擴軍，意圖要創建84個步兵團，6個炮兵團，和兩個騎兵師。在軍餉方面，按照閻錫山在1940年原本向中央的喊價是撥給81萬元，但是當中央表示需要派遣軍需人員到現場去

89　徐永昌日記，1938年6月25日，8月3日，12月27日；1939年3月5、16、21日。

90　徐永昌告訴傅作義的代表稱，傅作義部隊每個師有四五千枝槍，而中央軍每個師只有三千三五百枝槍。傅作義每個連有輕機槍六七枝，而中央軍最優者只有四，五枝。見：徐永昌日記，1938年7月26日。這些資料也可以看出淞滬戰爭後的中央軍裝備已經不如某些地方部隊。

稽核軍費帳目時卻遭到拒絕。不久閻錫山又提出要求增加遊擊隊等軍餉117萬元，兩者相加總共是198萬元，而省政府保安隊和行政經費尚須另外計算。雖然軍政部認為閻錫山貪得無厭，但是又不敢完全拒絕，只好建議重慶政府不如給山西一個固定數目由閻錫山自行支配。但是徐永昌則預測無論政府承諾任何數字，閻錫山都必將馬上接受，然後再來索求更多經費，因此他主張政府千萬不可做出承諾。就在此時，賈景德又奉閻錫山命令提出，山西原本軍餉是210萬元，但是希望再增加250萬元。果不其然，幾個月後，閻錫山再度致電何應欽，要求增加軍餉，而且此後不斷加碼，[91] 成為山西省此後不定期但是必不可免地向重慶政府做出的討價還價行為，形同勒索。

當然中央政府也得到情報，閻錫山的軍餉索求遠遠超過他實際擁有的兵力。比如說，1942-1943年，閻錫山軍隊都只有6-7萬人，但是卻要求中央依照20萬官兵規格撥發糧餉。到了1943年秋季，根據軍令部參謀報告，山西軍隊官兵數字仍然只有87,128人，而他們的武器卻遠遠優於當時中國大部分軍隊。怪不得當閻錫山要求中央發給槍支時，中央的回應是要求閻錫山交出山西兵工廠納入國家兵工署，[92] 閻錫山當然不接受。

第三方面問題是山西維持許多地方實力派普遍採用的運作方式，只是作風更明目張膽。最明顯例子是山西省自行發行錢幣，一般稱為「晉鈔」。晉鈔是北洋時代產物，但是即便是在南京政府早已通令全國使用法幣之後，山西依然利用山西省銀行與鐵路銀行名義發行鈔票在省內通行，到了1940年中期，晉鈔發行量已經達到一億元。儘管徐永昌與張群委託賈景德轉求山西不

91 徐永昌日記，1939年4月27日；1940年3月16日，7月15、16日；1941年2月20日；1942年1月18日，2月14日。

92 徐永昌日記，1942年3月6日；1943年1月31日，6月17日，9月26日。報告指出山西軍隊有步槍35,167枝，輕機槍4,985挺，重機槍250挺，山炮89門，野炮6門，迫擊炮138門。而且山西兵工廠每個月可生產步槍1,500枝，還可以製造輕機槍。值得一提的是，太平洋戰爭爆發後，史迪威將軍成為美國駐華最高指揮官，他指出中國不必要求美國提供武器，只需集中國內武器重新發配即可解決困難。證諸山西情況，他的數據是正確的，但是其政治智慧則愚不可及。以如此一介武夫主導中美關係，難怪自害害人。

要繼續發行晉鈔，但是閻錫山置之不理。閻錫山以晉鈔向人民收購物資，是為了維持山西軍隊的獨立性和排斥中央干預。因此當山西省希望中央去負責承擔山西晉鈔的價值時，徐永昌則建議中央絕對不可以落入圈套，因為這樣只會供山西省領袖們中飽私囊和繼續殃民。[93] 在面臨外敵當前的生死關頭，中國的中央和地方政府竟然要絞盡腦汁致力於使出這些權謀計策，其統一抗戰程度之薄弱，可以想見。

回顧最初晉鈔和法幣之間的價值差額極為微小，但是等到晉鈔發行到一億元時開始大幅貶值，山西省因此不得不想盡辦法予以彌補。而其中最極端的手法是操弄晉鈔和法幣之間的差價來販賣鴉片煙土牟取巨利。根據山西省官員1940年底向徐永昌密報，閻錫山下令在成都和西安開設的山西省公私銀行提出200萬元法幣送往甘肅蘭州購買煙土。依照山西如意盤算，如果以200萬元法幣購買煙土，則兩三次交易之後即可把一億元晉鈔換回。山西官員更向徐永昌透露，兩個月以來，閻錫山每個月發行200萬元晉鈔，並且聲稱將繼續發行。其所持的理由是：以前增加的尚且不夠。據山西省官員推想，閻錫山的實際理由是看到四川、雲南、廣西軍閥跋扈、共產黨作亂，而中央無力阻止，因此山西如果獨行獨斷，中央也將無可奈何。[94]

如上節所言，儘管國民政府早已明令全國禁止鴉片煙種植和販賣，但是鴉片依然隨地可見。可是像山西省這種一方重鎮的地方實力派，居然公然運用官方力量進行大規模鴉片跨省運輸和銷售的實例則並不多見。更值得注意的是，山西省這項活動早已被中央政府詳盡探知，卻無能亦不敢依法制止，更遑論懲罰主謀者，其最主要原因就是恐懼造成抗日陣營內部政治軍事的不

93　徐永昌日記，1940年7月16、22日，12月24日。

94　徐永昌日記，1940年10月28日，11月19日。因為蘭州當時有許多逾期不許出售的煙土，煙商急於脫手，因此降低價格。由於山西號稱是私營（民間）的銀行其實多由閻錫山掌控，而煙土在陝西、河南都是違禁品，但是在山西則可以由晉軍保護進行交易，因此煙土運到韓城每兩可以賣十數元，但是在山西境內則可以賣四五十元。如果以晉鈔購買可以賣三四百元。如此交易，一次以法幣一百五十萬元可以回收晉鈔三千餘萬元。對內的說法是收回晉鈔，實際上是提高晉鈔的價值，再送到市場運用。

穩。

而政治軍事的不穩正是山西製造的第四方面問題。早在1938年中期，當何應欽首度接到情報稱閻錫山在向日方進行活動時，蔣介石與徐永昌尚且堅信閻錫山絕對不致與敵妥協。在此後兩年中，山西省內經過犧盟會和新軍重大變故，對閻錫山的政治取向造成澈底改變。然而遲至1939年8月間，蔣介石仍然向政府高官宣稱抗戰的軍事重點在山西，並且嘉許山西苦戰了兩年而敵人沒奈我何。因此只要山西守得住，其他戰場的局部進退無關緊要。[95]

但是情況不久就起了變化。大概從1939年底「十二月事變」開始，山西內部爆發嚴重分裂，閻錫山精心培植的「犧盟會」政治組織、新軍、和中共合作的關係失去控制，造成內部大分裂。[96] 這次重大內部事故對於閻錫山最重要的影響是徹底改變了他的政治立場，「反共」成為比「抗日」更重要的目標。他認為來自中共的威脅遠比日軍侵略更為直接和急切，因此開始極力鼓動重慶政府積極剿共。而當這個主張遭到重慶政府拒絕之後，就決定開拓自己的出路，主動探求與日本或汪精衛的合作，冀圖成為共同反共的夥伴。

換言之，在1937-1939年間，山西雖然事實上早已經脫離中央政府的有效控制範圍，但是它作為華北抗日國防門戶的功能依然有其價值。本節前文所討論的三個方面因素雖然削弱了山西對抗戰的貢獻，但是它們主要影響仍舊限於閻錫山和重慶政府的雙邊關係。但是閻錫山在1940年的政治轉向則立即威脅到抗日大局，讓重慶政府驚恐不已。山西戰略位置不僅是華北通往西南抗戰根據地的門戶，而且山西軍隊本身也是一股極重要的戰鬥力，所以重慶政府必須竭力阻止它倒向敵人陣營。在短短兩三年之間，山西在抗戰中的功能從「無益」轉變成為「有害」。

---

95 陳克文日記，1939年8月7日。

96 關於這次山西省內鬥的破壞力，根據國民黨山西省黨委來報告的估計，此次犧盟會事變，帶走山西新軍精鋭部隊約三四萬，好槍約兩萬五千枝。八路軍幹部已經進入該部隊。國民黨黨員遇害者約200人，犧盟會會員損失約兩千人。見：徐永昌日記，1938年5月31日；1940年5月16日；王世杰日記，1939年12月29日；1940年1月19、24日。

四、抗戰立場曖昧化

1940年夏秋之際，當重慶政府再度接到有關閻錫山與汪精衛接觸的情報時，它不敢再以等閒視之，因為情報來自山西省內部官員密報，聲稱閻錫山認定抗戰勝利無望而預先做出有利於自己的準備。[97] 但是由於跡象仍然不明朗，所以重慶政府只好採取密切觀察的對策。等到1941年上半年，蔣介石收到更多和更具體有關閻錫山通敵情報，才讓他真正認識到大事不妙。比如說，蔣介石在4月間得知，閻錫山命令部屬準備和偽軍及日軍妥協居然白紙黑字形成文件，使他氣憤地在日記裡斥責閻錫山「反顏事仇，叛國抗命，而且認賊作父，賣國自保。」[98]

在整個1941年間，重慶政府領袖們不斷獲得有關山西動向情報，其內容包括三方面：一部分來自重慶政府本身情報線索，一部分來自山西省官員密報，更有一部分是閻錫山本人和他的代表們直言無諱提供的資訊，或是向重慶政府開出的政治談判價碼。綜合起來，重慶政府對事態的了解是：閻錫山內心已經和重慶分道揚鑣，認為中央將來一定不能相容，而且抗戰前途無望，同時堅信中共與蘇聯必將聯手併吞中國。蔣介石為了挽救雙方關係，特別派遣軍令部長徐永昌以巡視西北地區的名義去密會閻錫山懇談，同時實地觀察山西情況。徐永昌回到重慶後向蔣介石報告稱：1. 山西下級軍人的確受到命令和日本接觸達到邊境和平共存，其動機是萬一抗戰不順利時，山西要給自己留一條後路；2. 閻錫山恐共心理到極點，極力主張中央剿共；3. 山西對中央高度不信任，擔憂中央企圖削弱其政權。與此同時，中央軍與閻錫山軍隊的關係也日趨惡化。山西官員抱怨中央軍（衛立煌、劉戡、范漢傑、曾萬鍾等）部隊侵入他們的地盤，擅自委任專員和縣長，擅設稅卡，干涉行政。閻錫山部隊對中央軍心存反感，而山西許多官員的家屬和工廠也開始從四川

97　徐永昌日記，1940年10月30日。

98　蔣介石日記，1941年4月21日。

撤離，以免將來雙方關係破裂時遭受扣押。[99] 到了1941年10月底，蔣介石更收到閻錫山通敵的實況報告。[100] 而正在此時，胡宗南以急電向蔣介石報告，日軍進攻東龍門山而他的軍隊想通過一個據點去增援時卻被閻錫山攔阻，因此請求中央儘快進行疏通。[101] 同時，閻錫山駐重慶代理人賈景德也剛從山西回到重慶，帶回來的訊息是：1. 閻錫山及晉軍拒絕離開山西省；2. 閻錫山極力主張剿共，對於中央的制止表示非常不滿，並且成為他與敵偽直接聯繫的正當理由。[102]

從1941年下半年開始，重慶政府萬分急迫地運用各種管道向閻錫山溝通，希望他打消和日本接觸的念頭。恰在這個時節，中央再度接到胡宗南報告稱, 當他的部隊要支援前線時，再次被山西部隊阻止不許通過。蔣介石只好叮囑胡宗南不得孟浪行事。而蔣鼎文和胡宗南又從陝西前線俘獲日軍文件得知，日軍與山西軍隊早已達成默契，不但避免作戰，還約定彼此軍隊識別記號以免發生意外衝突。[103] 換言之，重慶政府的作戰計畫已經屢屢被山西省否決而嚴重妨礙了整個華北戰局。事實上，重慶政府的第二戰區（閻錫山）竟然成為第一戰區（蔣鼎文）的心腹之患，真是充滿諷刺。

1941年11-12月間，山西問題占據重慶政府和蔣介石個人大量精力，這在蔣介石和徐永昌二人日記中的跡象最為顯明。11月初，當蔣介石看到日軍從鄭州撤退時感到欣慰，因為他以為這個發展可以延遲或打消閻錫山的「漢奸陰謀」。他寫道，「閻錫山之謀叛，以余嚴詞申誡，彼果強辯其無意降敵，此為最大之功效。然此奸絕非誠意悔悟耳。」[104] 過不了幾日，又寫道，「閻又電其代表（指賈景德），訴其降敵之舉，有欲罷不能之勢。此奸終必降敵。但我以極端嚴厲處之，預示已有萬一之準備，並以厚集兵力在其附近，使其

99　徐永昌日記，1941年6月21日，7月23、29日，8月25日。

100 蔣介石日記，1941年10月26日。

101 徐永昌日記，1941年10月30日。

102 徐永昌日記，1941年7月11日，8月1日，11月2日。

103 徐永昌日記，1941年11月6、10日。

104 蔣介石只能加以勸告，卻沒有制裁辦法。蔣介石日記，1941年11月1日。

有所畏威而知止。或能冀其悔悟也。」[105] 換言之，當好言相勸無效時，蔣介石只能動用附近忠貞部隊作為恐嚇籌碼。在這個意義下，第一戰區部隊的任務不僅僅是對抗當面日軍，也是嚴密監控側翼第二戰區不穩的地方實力派「友軍」，抗戰之難由此可見一斑。

有趣的是，蔣介石在這個時節命令賈景德趕緊回山西去勸止閻錫山切莫降敵，並且傳話向閻錫山提出承諾，只要他不降敵，重慶政府願意擴大他對鄰近一兩個省的控制權作為補償。蔣介石還託賈景德轉告，如果山西被日軍侵入，則中央願意把陝西或者甘肅讓出由閻錫山統治，但是請他千萬不要投靠日本。[106] 在這個軟硬兼施對策中，蔣介石也委託賈景德（13日）向閻錫山提出警告稱： 1. 如果閻錫山膽敢對外謊稱他的降敵是接受蔣介石授意或默許（意指汪精衛炮製的雙簧論故技），則蔣介石誓言必定昭告天下，揭穿閻錫山謊言；2. 如果閻錫山果真通敵剿共，則蔣介石必定明令討伐閻錫山；3. 如果閻錫山借日軍剿共，則他就是吳三桂不如，一定是民族的千古罪人。正在這個關鍵時刻蔣介石又接到張群密報稱，四川劉文輝與閻錫山，龍雲秘密來往。他們甚至向張群試探，預備在政變時推舉張群作為新政府領袖。這種南北地方實力派跨省的串聯謀反，當然可以立即撼動中央和迫使抗戰停止，不禁使蔣介石驚懼不已。[107]

在重慶政府中，除了蔣介石親自和賈景德談判之外，徐永昌也極力設法勸阻閻錫山切莫輕舉妄動。11月7日，徐永昌致電閻錫山，說明日本絕不可能對中國友善，請閻錫山務必放棄一切聯日活動，等到國際情形好轉時自然就無需擔憂共產黨威脅。值得注意的是，徐永昌和賈景德的關係遠比蔣介石和賈景德的關係親密許多，雙方更能坦誠溝通，無需爾虞我詐。雖然賈景德是閻錫山的駐重慶代表而又居中幫助傳信，他也誠心幫助徐永昌出主意和斟

---

105 蔣介石日記，1941年11月6日。

106 蔣介石對賈景德說，「並以其所願之任何一，二省，皆可授與之意告之。」蔣介石日記，1941年11月11日；徐永昌日記，1941年11月12日。

107 蔣介石日記，1941年11月13、15日。

酌信件文字如何去打動閻錫山心弦。所以當徐永昌勸告閻錫山不要妄想利用日本而反而被日本人利用時，文字背後都有賈景德的捉刀，形成一個頗為微妙的狀況。幾天之後，當徐永昌在送賈景德赴飛機場回山西去見閻錫山時，他又向後者放話稱，「閻先生果附敵，中央即討之，即親弟兄不能為諱也。」並且請賈景德務必轉達閻錫山。[108]

面對重慶政府這般緊鑼密鼓地施壓，閻錫山的回應模棱兩可，只是強調他自己比蔣介石更了解共產黨陰謀，因此無論他表面上如何親近日本，但是內心不會叛離黨國。他甚至表示「無委員長指示，絕不行動。」（指投降日本的實際行動）。蔣介石則回信希望他要堅持表裡如一。但是徐永昌則認為閻錫山的言辭和汪精衛如出一轍，都是企圖炮製一個看似他是和蔣介石一致行動（唱雙簧）的假像來進行政治詐騙，並且罵他「可鄙孰勝？」當徐永昌又接到晉軍將領趙承綬來信，宣稱中共的危害中國甚大而閻錫山和日本接近只是表面工作而實際上不會叛離國家時，徐永昌又毫不含糊地指責他，「閻先生利令智昏，趙老逢人之惡。」[109]

這種撲朔迷離的局面繼續維持了一長段時間。一方面賈景德奉命向蔣介石回報稱，閻錫山決定從此以後追隨委員長，抗戰到底。但是另一方面，胡宗南又密電重慶指出山西趙承綬和日本達成秘密協定，並且在閻錫山總部接待敵偽人員談判。[110] 到了這個時節，重慶和山西的關係已經完全脫離行政體系中央和地方政府的關係，而是進入幾乎是獨立平行政權之間的權衡折衝和討價還價的（國際外交）關係。

珍珠港事件（1941年12月8日）爆發完全出乎閻錫山意料，讓他警覺到美國和日本之間的強弱之勢巨變來臨，務必不要站錯邊。[111] 但是他只是見風轉舵，而不是痛改前非。因此，山西「投日」的風險雖然暫時降低，但是

---

108 徐永昌日記，1941年11月7、14日。賈景德赴山西的飛機是蔣介石特派的軍機。

109 徐永昌日記，1941年11月13、15、16日。

110 徐永昌日記，1941年11月24、25日。

111 陳誠認為「晉閻如太平洋戰爭不起，或已投降敵人矣」。見：陳誠先生日記，1942年1月7日。

「獨立自主」的政治立場依然不變，還同時維持和日本曖昧關係。比如說，賈景德私下向徐永昌透露，山西文武官員絕大多數依然認為中國應該和日本言和，因為抗戰是絕路，而且日美妥協遲早必定來臨。閻錫山也聲稱絕不放棄晉政，也絕不受中央支配。再比如說，當日本抓到山西間諜時就會立即放人，宣稱晉日是一家人，表示日本願意與山西和平共處，而山西也默認此種安排，仍然維持各種形式的暗裡往來。[112]

相反地，珍珠港事件的效果則是促使日本加重它對山西的壓力，更為急切地要求山西把態度更明朗化。當閻錫山借機向日本人提出要求時，想不到日本人居然全部答應。這個經驗讓閻錫山據以傳授部屬一句名言，在變化多端的局面裡，「生存就是真理」。[113] 但是當閻錫山繼續保持曖昧時，日本則對山西前線增加兵力和送發傳單，逼使閻錫山表態。而閻錫山為了方便糧食內運，也曾經派部下到前線向日本人疏通。[114] 不久之後，蔣介石又得知閻錫山居然命令部屬準備和偽軍及日軍簽訂書面協定。這個危機感讓蔣介石趕忙向閻錫山提議親赴西安和閻錫山面商，而閻錫山卻托詞公務纏身，只能指派代表見蔣介石，[115] 蔣介石只好作罷。

1942年5月份山西官員和日軍果然進行了一系列接觸，相關情報最後都傳到重慶政府。[116] 其中最戲劇化的事件是閻錫山本人出席和日軍代表會談，卻被日軍單方面加以公布，使閻錫山無可遁形。閻錫山在事蹟敗露後只好向重慶政府提出解釋稱，日軍清水師原來已經決定抽走，但是突然又和共產黨協定夾擊晉軍，所以他（閻錫山）只好和偽山西省長蘇象乾約定在安平村面商，豈知臨時日軍第一軍司令官岩松義雄和北支那方面軍參謀長安達二十三

---

112 閻錫山自己也一再感嘆，美日開戰是他完全不曾意料到的發展。見：徐永昌日記，1942年1月7日；另見：徐永昌日記，1941年12月28日；1942年3月6日。

113 根據賈景德告訴徐永昌稱，閻錫山對日本人的要價包括；20萬枝步槍，500門炮，每個月1,200萬元經費。徐永昌日記，1941年12月29日。

114 徐永昌日記，1942年3月28日，4月15日。

115 徐永昌日記，1942年4月4日。

116 蔣介石日記，1942年5月9日；王世杰日記，1942年5月15日。

不但突然出現在現場，而且被日方照相留證。閻錫山只能向重慶政府保證當時雙方並沒有達成任何協定。[117] 但是重慶政府對閻錫山的坦白並不領情，因為它知道閻錫山一旦得知照相真相無法隱瞞時就只好請賈景德如實轉告蔣介石。而蔣介石又從賈景德處側面得知，閻錫山其實是與日本官員見面後，取得日本同意一個師離開山西南部。所以蔣介石的反應是，「彼（閻錫山）且得意忘形，嗚呼，廉恥掃地矣。」[118]

儘管重慶政府得知此次事件，卻仍然無能為力，因為閻日之間的接觸繼續維持。比如說在8月間，軍令部又接到密報稱，晉軍騎兵第一軍委員楊懷豐到汾陽和日軍山野中佐談判。[119] 同時接到情報稱，劉文輝和鄧錫候正在積極拉攏閻錫山。[120] 1942年10月初，蔣介石終於有機會聽到閻錫山降敵陰謀的實際情況，因為此時重慶政府逮捕到名為「李廣和」的人員，是閻錫山潛伏在重慶的情報人員，在拷問後把許多閻錫山和日本人勾結的細節和盤托出。[121] 儘管閻錫山始終沒有公開投入汪日陣營，但是直到抗戰勝利為止，他都繼續維持和敵國的關係，是一個重慶政府完全不能掌控的地方實力派。而這些關係也並不是偷偷摸摸地，反而是肆無忌憚地讓重慶政府得知。比如說，賈景德在1943年就告知重慶政府，山西已經派人去南京和汪精衛政權接觸。[122] 1944年，蔣介石又得到情報，閻錫山與日本人接觸。但是蔣介石鄙視閻錫山是個懦夫，可能不敢真正付諸實行。[123] 由於「抗日」還是「降日」事關重大，因此山西問題從1940年底開始到抗戰勝利為止，都是重慶政府的心腹大患，無時無刻不在扯動重慶最高領袖們的心弦。

---

117 徐永昌日記，1942年5月10日。

118 蔣介石日記，1942年5月31日，6月16日。

119 徐永昌日記，1942年8月22日。

120 徐永昌日記，1942年8月16日。

121 蔣介石日記，1942年10月3日。

122 徐永昌日記，1943年5月23日。

123 蔣介石日記，1944年2月5日。

第三節　雲南狀況

一、政治軍事的半獨立狀態

如前文所言，雲南和四川都是國民政府長期抗戰計劃中最重要的大後方。抗日大業必須以鞏固和建設這些根據地為前提，才能成功。

龍雲統治雲南始於1927年，到抗戰開始，他已經在雲南植根10年時間，地方勢力基礎非常穩固。在南京時代，雲南省在軍國大事上基本採取和南京中央同調立場，無論在中原大戰、兩廣事變、西安事變、追堵共軍等諸多事件中，龍雲都沒有積極介入，只是保持政治態度正確而已。[124] 他真正和南京政府發生比較密切的關係要從抗戰開始，此後日趨複雜。

盧溝橋事變發生後，蔣介石在1937年7月下旬邀請各省軍政長官到南京討論各省出兵問題，龍雲也應邀參加。事實上在盧溝橋事變之初，龍雲原本並不信任中央，擔心中央陰謀借抗日名義把地方實力派首腦引誘到南京予以一網打盡。所以他和四川省劉湘都曾經試圖勸阻廣西省李宗仁和白崇禧避免參加南京會議。但是李白二人抗日立場堅定，反而說服龍雲參加南京會議。[125]

1937年7月20日蔣介石在南京召開國防會議，出席者有閻錫山、白崇禧、劉湘、龍雲等人。龍雲在南京時還向報界發出豪言，宣稱雲南省將會盡一切能力和財力支持抗戰奮鬥到底。龍雲又對在首都的雲南同鄉會宣稱，雲南省軍隊已經準備完畢，隨時聽命開赴前線作戰。基於龍雲主政時期從來不曾向南京政府述職，這次親自到南京又如此慷慨激昂地宣布全力支持抗戰，因此引起民間熱烈反響，把他視為愛國將領。[126] 在當時其他省份實力派冷

---

124 楊維真，《從合作到決裂》，第三章。

125 《李宗仁回憶錄》，下冊，頁451；楊維真，《從合作到決裂》，頁154。

126 謝本書，《龍雲傳》，頁144-145。他同時宣布先派一個軍出省作戰，如果有需要可以再派一個軍。

眼旁觀局面下，龍雲爽快承諾一個軍出省作戰，當然讓蔣介石非常感動。因此在龍雲離開南京時（22日），蔣介石親自到飛機場送別，禮數隆重。值得附帶一提的是，龍雲在南京也有機會和汪精衛見面長談，顯然被後者的才華所折服，贊佩後者為大文學家、政治家、哲學家等等。[127]

然則龍雲支援抗戰的實質內容又是如何？

大致而言，戰前雲南省人口1,179萬人，行政單位分為一個市和107個縣。[128] 在軍事領域裡，龍雲擁有自己的武力，在戰前曾經花費國幣5千萬元向法國、比利時、捷克等國家進口大批優良武器，包括步槍、輕重機關槍、迫擊炮、反坦克炮、高射機關槍和重機關槍等，數量足以裝備40個團，而且武器品質超過中央軍，在當時各省軍隊中屬於中上品質的裝備。雲南省在抗戰前夕的正規軍隊有3萬6千餘人。[129] 保安部隊則需要另外計算，比如說龍雲個人的衛隊就相當於一個陸軍旅的規模，武器精良，專門負責他個人安全。至於整個雲南省政府則更是在他嚴密掌控之下。他的用人特別依賴彝族人，尤其是龍、盧、陸、安、隴、祿等六個姓氏的黑彝人家族勢力最大，忠貞可靠。當然他的家人和親戚（盧漢），也占居要職。[130] 雲南和四川最大的不同就是它內部統一，由龍雲一人獨霸統治權，性質近似閻錫山的山西省。而其武器裝備因為可以從西方國家大量進口，所以精良程度又可能大大超過山西省。南京政府能夠爭取到這麼一個抗戰夥伴，當然視為珍寶。而這幾個省份之間各有不同，因此也增加了蔣介石處理它們的複雜性和多元化。

毫不意外地，龍雲出兵自有其附帶條件，充分顯示地方實力派的心態和作風。比如說，龍雲向南京政府提出，由雲南省現有軍隊編成一個軍出省作戰。但是部隊的人事編制，教育訓練，徵調補充，指揮權和經理權必須由龍

---

127 楊維真，《從合作到決裂》，頁156-157。

128 根據1932年人口調查。見：楊維真，《從合作到決裂》，頁90-91。

129 呂芳上主編，《中國抗日戰爭史新編：全民抗戰》，頁222-226；楊維真，《從合作到決裂》，頁76、158。

130 馬子華，《龍雲：一個幕僚眼中的雲南王》頁10、31；謝本書，《龍雲傳》，頁116，都引自楊維真，《從合作到決裂》，頁195-196。

雲遙控，武器和軍餉也由雲南自籌，南京政府不得過問。換言之，雲南軍隊是龍雲的私人武力，不納入國家的軍事行政系統。而雲南省在出兵後還要再招募新軍繼續在省內擴軍。[131] 蔣介石對於上述條件不但全盤接受，而且承諾雲南出征軍隊的全部經費立即（從1937年8月開始）由中央政府軍政部負責發放。

不幸的是，雲南部隊的作戰表現並不能符合龍雲的豪言壯語。雲南預定出省部隊的番號是第60軍，軍長是盧漢，共3萬人。該軍武器裝備優良，但是官兵缺乏實戰經驗。龍雲事先在軍隊中安插了政訓人員，由自己直接控制監視各級指揮官，對遙控的系統和人員也都事先做好安排，不容南京政府施行統一指揮。[132] 非常明顯地，龍雲的主觀願望並不是把雲南軍納入全國指揮系統，而是以一個「客軍」或是「友軍」身分協同南京政府作戰。

雲南軍隊在1937年10月8日由省內出發，但是由於交通不便行動遲緩，行軍過程費去幾個月，因此沒有參加淞滬戰爭、南京保衛戰、和長江下游的任何戰鬥。第60軍在步行40餘天之後，在11月到達湖南省，1938年元旦到達武漢。由於當時上海戰爭新敗，軍容殘破。所以蔣介石特別讓雲南省軍隊在武漢市區遊街亮相，激勵民心士氣。幾乎打從雲南軍抵達武漢開始，蔣介石就對它寄以厚望，並且給予優渥優遇。比如說，凡是第60軍的團長以上幹部都被選拔到武昌珞珈山軍官訓練團受訓，而且軍長盧漢還被委派為訓練團的領導（大隊長），這些做法都是其他許多部隊長官無法企望的寵遇。當盧漢要求中央政府給予第60軍「特殊編制、裝備及經費」時，蔣介石又批准了它的特殊編制，擴大軍部和直屬部隊，增編了3個補充團（補充的新兵來自雲南省）。蔣介石還特准盧漢每個師增加工兵和運輸單位，撥給汽車20輛，

---

131 龍雲1938年初出兵盧漢三個師之後，省內還保留十餘個團的武力，等於是龍雲的私人部隊。滇軍營長以上的軍官的任免都由龍雲親自決定。徐永昌日記，1938年3月30日；呂芳上主編，《中國抗日戰爭史新編：全民抗戰》，頁222-226；楊維真，《從合作到決裂》，頁193-194。

132 呂芳上主編，《中國抗日戰爭史新編：全民抗戰》，頁222-226；楊維真，《從合作到決裂》，頁158-162。

配置醫護人員等等，並且發給特別費用10萬元、手槍數百支，並派遣當時稀有的德國顧問到軍部協助作戰。蔣介石屬下其他軍隊也重視雲南軍隊的到來。比如說，中央軍精銳第五軍軍長杜聿明就稱讚滇軍軍容整齊。[133]

1938年4月底，第60軍正式參加台兒莊戰役，而且（如第二章所述）遭受慘重傷亡。事實上，滇軍在戰區整體表現使司令官李宗仁極為不滿，因此盧漢擔心會受到處分。但是蔣介石卻態度溫和，再三傳令嘉獎第60軍戰績，發慰問金，保留番號，要求雲南省補充兵員。蔣介石不但要求龍雲第二次出兵，並且向雲南省撥款100萬元作為補助軍隊的開拔費。不久之後，第60軍本身又擴編成為第30軍團，盧漢升任軍團司令，讓盧漢喜出望外。不久第30軍團再度擴編成為第一集團軍，總司令由龍雲兼任，不久改為由盧漢升任。[134] 這個軟性處理或許使第60軍將領們更安心留在省外作戰，當然也增加龍雲的憂慮，擔心失去控制。[135]

打從抗戰開始，雲南從邊陲省份急速轉變成戰略要地，因為它和緬甸及越南邊境連接，如果日本人從此處侵入，則西南各省立即從大後方變成最前線，導致中國抗戰面臨「雙前線」的危險狀況，勢將徹底打破中國長期抗戰戰略和大後方計畫。即便如此，重慶政府依然小心翼翼，不派軍隊進入雲南省，避免引起龍雲猜疑。中央政府在雲南省提供軍隊出省抗戰時，又同意雲南省編練新軍，維持原來省內的兵力，讓龍雲安心。而另外一方面，雖然龍雲在口頭上再三聲稱要多派軍隊出省作戰，但是遲遲未見動靜，蔣介石也不敢催促，目的就是希望和龍雲保持良好關係。[136] 政治考量顯然超過軍事需

---

133 楊維真，《從合作到決裂》，頁158-162；呂芳上主編，《中國抗日戰爭史新編：全民抗戰》，頁222-226。

134 楊維真，《從合作到決裂》，頁164-171；呂芳上主編，《中國抗日戰爭史新編：全民抗戰》，頁228-230；龍雲，〈抗戰前後我的幾點回憶〉，《文史資料選輯》（北京），第17輯，頁47、55。

135 雲南第58軍高蔭槐和新3軍孫渡逐漸脫離盧漢而中央化。呂芳上主編，《中國抗日戰爭史新編：全民抗戰》，頁232。

136 呂芳上主編，《中國抗日戰爭史新編：全民抗戰》，頁222-226。

要許多。

儘管如此，龍雲和中央的關係仍然逐漸發生變化。原因是龍雲無法超脫傳統地方實力派心理因素的主宰，擔心自己局部的地盤利益受到抗戰大局傷害，和恐懼他對雲南軍隊失去控制。儘管龍雲曾經明白表態，出省作戰滇軍的人事、指揮、經理等權仍由雲南自行掌握，而龍雲也把自己的特務系統分發到機關部隊進行政治控制，防止重慶勢力進入雲南系統，[137] 但是隨著滇軍轉戰各地，龍雲遙控的力度難免逐漸減弱。滇軍某些高級將領如高蔭槐和孫渡等人逐漸習慣于和外省軍隊混雜相處和為國家民族並肩作戰，加上給養又多賴中央，於是慢慢脫離龍雲掌握，自立門戶。龍雲內心當然著急，開始要求召回在省外作戰的滇軍。重慶政府當然無法應允，從而形成一股離心暗潮，加重龍雲的憂慮。[138]

事實上，龍雲對於抗戰態度從積極支持轉為悲觀被動的根源或許可以追溯到更早的淞滬戰役失敗後，他開始認為以中國落後力量根本無法和日本人打仗。[139] 1938年初，日本發表聲明不以蔣介石為和談對象，但是暗示願意和省級領袖們簽訂平等條約，協助新政權成立和發展。[140] 這個聲明顯然對龍雲產生了一定程度影響。根據日本資料，1938年5月份徐州失守後，龍雲和劉文輝等人曾經派人和北平「中華民國臨時政府」（1937年底成立）的王克敏接觸，希望發起和平運動，組成四川，雲南，西康，貴州四省聯盟，並且希望透過王克敏和日本取得聯絡。[141] 與此同時，龍雲也和日本在香港的

---

137 馬子華，《龍雲：一個幕僚眼中的雲南王》，頁67-73，引自：楊維真，《從合作到決裂》，頁197。

138 1940年9月日軍入侵越南北部，重慶政府允許第60軍的2個師調回雲南之外，其他部隊都沒有歸還龍雲。呂芳上主編，《中國抗日戰爭史新編：全民抗戰》，頁246-247。

139 楊維真，《從合作到決裂》，頁171。

140 郭廷以，《近代中國史綱》（香港：中文大學出版社，1980），頁698。

141 蔡德金，《汪精衛叛逃與龍雲》（上海檔案館編印），《檔案與歷史》，1988年第一期，頁86，引自楊維真，《從合作到決裂》，頁172。

間諜保持聯繫。[142] 謠傳龍雲在赴武漢開會途經四川時，還與劉文輝、鄧錫侯、潘文華等人商討組成四川、雲南、西康三省反蔣同盟。[143] 這些資料顯示，大概從1938年開始，龍雲已經立場動搖。當時蔣介石也接獲情報，得知龍雲與四川軍閥結成反蔣同盟，因此寫信警告龍雲，川事複雜，不要加入。[144] 但是重慶政府本身的警惕心尚未提升到危機處理程度。

縱觀在1939-1945年間造成重慶政府和龍雲關係益趨惡化大致有幾方面因素，它們包括：1. 龍雲和汪精衛之間藕斷絲連關係成為重慶政府心腹大患；2. 龍雲和重慶政府在軍事領域的衝突；3. 雲南和重慶政府之間財政上的矛盾，凸顯國家統一化和地方利益的矛盾。

二、雲南對抗戰的影響

（一）汪精衛事件

龍雲在對於抗戰態度和對重慶政府產生「貳心」的過程中，最重要導因莫過於和汪精衛的接觸。當然，就汪精衛本人而言，他從來不曾參加主戰派行列。1937年11月間，他就向親信們抱怨，儘管友邦願意好意幫助恢復和平，「但我方大門關得緊緊的，無從說起」。[145] 其所指當然是蔣介石斷然拒絕德國的和平建議，使得汪精衛在抗戰中的中央政府內產生被「靠邊站」的尷尬。至於他和地方首領的積極溝通，則可能始於1938年夏秋天。當時汪精衛妻子陳璧君在昆明逗留一個月，多次和龍雲交談，在10月初才回到重慶。[146] 10月下旬武漢和廣州相繼失守，龍雲在10月29日致電汪精衛，嚴厲

142 高蘊華，《回憶錄三則》，頁32，引自楊維真，《從合作到決裂》，頁172。

143 劉文輝，《走到人民陣營的歷史道路》，《文史資料選輯》（北京：中華書局，1963），第33輯，引自：楊維真，《從合作到決裂》，頁173。

144 楊維真，《從合作到決裂》，頁212。

145 陳克文日記，1937年11月18、20日。

146 楊維真，《從合作到決裂》，頁174。

地批評中央戰略錯誤導致節節失敗。同時他開始擔心滇緬路一旦變成唯一國際通道後，日本人很可能會進攻雲南，所以希望汪精衛能夠推動蔣介石接受和平，共同對付中共。[147] 1938年11月20日汪精衛親信和日本在上海達成密約——「重光堂密約」——約定只要汪精衛起事，就要雲南和四川軍隊起義回應。[148] 目前尚沒有史料證實汪精衛和龍雲之間的確已經達成協議，也或許只是汪精衛借地方實力派作為政治籌碼，向日本人虛誇自己的號召力。但是無論如何，在武漢撤退和中央政府在重慶建立陪都的兩個月之間，終於使重慶和雲南之間的這個暗潮從量變走向質變。

就蔣介石而言，其實他早在武漢尚未撤退之前，已經對抗戰陣營產生憂慮，因此在日記中寫道。「我內部之人態度曖昧。」[149] 但是並未指明誰是內部之人。然而到了1939年初，蔣介石就已經在日記中寫道，「志舟（龍雲號）之心理應設法改正」。又寫道，「滇龍對汪態度不明，此事關係重大，成敗存亡全繫於雲南惟一之後方，不可不察也。」可見其憂慮日益加深。不幾日又寫道，「敵與汪勾結已深，而滇省是否受有影響，汪之背景何在，皆不得不研究也。」[150] 因此，緊接著四川和山西出現問題之後，雲南也露出不穩跡象。對於抗戰前途當然是沉重打擊。

龍雲和汪精衛出走事件的關連，近年來經過多位學者整理，大致輪廓已經清楚，在此不擬重述。[151] 簡約地說，早在出走之前，汪精衛和日本秘密接觸時就已經把龍雲列為政治夥伴。1938年9月梅思平代表汪精衛和日本進

---

147 龍雲致汪兆銘電，1938年10月29日，見《汪偽資料檔案》（台北：法務部調查局資料室），頁447，引自：楊維真，《從合作到決裂》，頁175-176。

148 吳相湘，《第二次中日戰爭史》，上冊，頁495，引自：楊維真，《從合作到決裂》，頁176-77。

149 蔣介石日記，1938年9月12日。

150 蔣介石日記，1939年1月17、19、20日。

151 新近有關龍雲參加和平運動的論述，請參閱：楊天石，〈再論龍雲和汪精衛出逃事件：兼述龍雲的謊言與兩面行為〉，《戰爭的歷史與記憶》（台北：國史館，2015），頁106-143。

行秘密談判時聲稱，和汪精衛共同行動的人有雲南龍雲、四川將領、廣東張發奎及其他人，都已經秘密進行聯絡。[152] 在1938年12月初，周佛海先行到達昆明替汪精衛安排出走事宜。周佛海經過多次和龍雲會談，肯定龍雲支持汪精衛的和平運動。汪精衛本人隨即在12月18日抵達昆明，在飛機場直接被龍雲接走，連周佛海都沒有隨身陪伴。各種跡象顯示，汪精衛在昆明停留約一天時間內密集性地和龍雲商談，約定和談成功就返回重慶，不成功就暫時不回來。龍雲並且安排專機送汪精衛去河內。[153]

就蔣介石而言，他在12月初就聽到有關四川潘文華、雲南龍雲和汪精衛密切來往的謠言，引起他密切關注。[154] 而與此同時，日本方面又發動了一波緊鑼密鼓的和談攻勢，都被重慶政府置之不理，或許更促成汪精衛出走決心。無論如何，出走行動正是蔣介石離開重慶時段，一直3天後重慶政要們才輾轉得到消息稱汪精衛已經抵達河內，但是意圖仍不明朗。而蔣介石本人則要到24日下午才返抵重慶。[155] 當蔣介石首度聽到汪精衛出走的確實消息後，他的反應是，「聞**汪先生**潛飛到滇，殊所不料。當此國難空前未見之危局，不顧一切，藉口不願與共黨合作一語，拂袖私行，置黨國於不顧，豈是吾革命黨員之行動乎？痛惜之至，惟望其能自覺回頭耳。」[156]

龍雲進入蔣介石視野是因為他向蔣介石提出報告，「接龍志舟電稱，汪臨行時明言與敵偽有約，到港商洽和平事件。不料其糊塗卑劣至此，誠無可救藥矣。」因此蔣介石又寫道，「黨國不幸，乃出此**無廉恥之徒**，無論如何誠心義膽，終不能當其狡詐奸偽之一顧。此誠奸偽之尤也。」[157] 再過兩天，

---

152 松本重治，《上海時代》（東京：中央公論社，昭和61年），下冊，頁312，引自：楊維真，《從合作到決裂》，頁174。

153 楊維真，《從合作到決裂》，頁177-181。

154 蔣介石日記，1938年12月5、17日。

155 蔣介石侍從室陳布雷是在21日被葉楚傖告知汪精衛出走消息，22日和錢大鈞與張群通電話，得知出走和國策意見有關。陳布雷從政日記，1938年12月21-22、24日。

156 蔣介石日記，1938年12月21日。

157 蔣介石日記，1938年12月22日。

蔣介石進一步得知，汪精衛離開重慶不是一時衝動，而是計劃周詳，所以決定公開他的叛逃行為。[158] 因此在12月26日的中央紀念週會議上，蔣介石花費一個半小時向黨國領袖們詳細介紹日本近衛內閣的和平談話（22日），同時重申中國必定抗戰到底，絕不屈服妥協。[159]

龍雲雖然向中央報告事件大概，但是中央也知道龍雲必定隱瞞了許多關鍵性細節。比如說，1938年12月16日龍雲派省政府教育廳長到重慶，表面任務是向中央政府請求款械和慰問在京服務的雲南籍鄉親，而蔣介石當時也信以為真。但是他事後回想，汪精衛在隔一日就潛往昆明，因此認定廳長到重慶的真正任務是為汪精衛潛行計劃做最後敲定。到了1939年1月中，政府人員在捕獲汪精衛親戚（陳昌祖）的行李中，又搜到龍雲致汪精衛密函，稱汪精衛為「鈞座」而稱中央政府為「重慶方面」，更聲言汪精衛的主張必將實現等話語。[160] 這一切跡象和龍雲本人的閃爍態度，都使重慶在處理汪精衛事件時特別關注龍雲的反應。[161] 1938年底，汪精衛發表主和「豔電」後，全國各界和海外華僑一致加以譴責，唯獨龍雲保持沉默。[162] 在此期間，蔣介石接受龍雲建議，勸告汪精衛赴歐洲遠遊，希圖大事化小，同時派遣汪精衛改組派親信谷正鼎兩次去河內送護照和旅費並進行勸說，但是都沒有成功。[163] 汪精衛在河內停留時間一直和龍雲保持聯繫，所以龍雲非常了解汪精衛和談的主張以及與日本人的接觸。事實上，龍雲在汪精衛出走後不但一直保持來往，並且彼此設置電臺聯絡。[164]

約在此時，軍統局也成功地滲透進入龍雲機要秘書和電報收發室，得以

---

158 蔣介石日記，1938年12月24日。

159 陳布雷從政日記，1938年12月26日。

160 蔣介石日記，1939年1月23日補記。

161 有關龍雲對於汪精衛出逃和求和計劃的深刻參與，見楊天石，〈再論龍雲和汪精衛出逃事件〉，《戰爭的歷史與記憶》，頁109-117。

162 楊維真，《從合作到決裂》，頁182-183。

163 楊維真，《從合作到決裂》，頁183。

164 高蘊華，《回憶錄三則》，頁35，引自：楊維真，《從合作到決裂》，頁189。

了解雲南更多動向，[165] 1939年1月15日重慶政府截獲龍雲致汪精衛電報，仍然表示汪精衛的政治主張將來一定有實現之日。這個情報讓蔣介石陷入高度憂慮，在1月19日日記中寫道，「龍雲態度如此，關係重大，今日抗戰，成敗存亡全繫於雲南唯一之後方，不可不察也。」[166] 一個國家正在全面性抗戰，而一個省份因為地處要衝而省主席的態度曖昧，居然可以影響全國的「成敗存亡」，可見當時重慶政府的處境不啻風雨飄搖。

為了穩住龍雲心態，蔣介石特別派遣白崇禧到雲南進行籠絡。1939年3月27日汪精衛在香港報紙發表「舉一個例」，公布國防最高委員會第54次常務會議的簡要記錄，[167] 旗幟鮮明地宣揚和平主張。他同時開始積極拉攏龍雲、張發奎、四川各省的地方實力派。這些情報讓重慶政府益發擔心大後方省份不穩定，所以對雲南省分外努力安撫。蔣介石特別請求雲南籍元老李烈鈞、李根源、周鍾嶽等多人，和湖南籍的唐生智先後去勸說龍雲。唐生智因為曾經兩度反蔣，所以有說服力。6月份，重慶政府又發表周鍾嶽為內政部長。按周鍾嶽是龍雲的老師，雲南政壇前輩，委任他做內政部長目的就是對龍雲的政治籌庸。這些努力終於換來龍雲發表擁護中央抗戰到底決策，正式譴責汪精衛和談。雲南風波表面上似乎暫時平息。[168] 儘管龍雲公開譴責汪精衛，但是重慶政府依然不斷接到情報，顯示龍雲與汪精衛和日本人保持藕斷絲連關係。比如說，1939年9月份，重慶政府得到情報稱，龍雲和日本可能達成協議，如果日軍借道越南攻打雲南，則龍雲在收到日本付出款項後就宣布響應和平運動。[169] 1941年8月底，日軍甚至派代表到雲南和龍雲會

---

165 沈醉，《我所知道的戴笠》，《文史資料選輯》（北京：中華書局，1961），第22輯，頁157，引自楊維真，《從合作到決裂》，頁190。

166 黃自進，潘光哲編，《蔣中正總統五記：困勉記》（台北：國史館，2011），頁649-651。

167 陳興唐編，《中國國民黨大事典》，頁541。

168 事實上，由於日本和汪精衛計劃建設廣東，因此凡是可以搗亂的廣東人也被重慶政府拉攏進入政府工作。陳濟棠因此盛傳將出任農田水利部長。陳克文日記，1939年6月19日，12月8日；楊維真，《從合作到決裂》，頁184-188。

169 徐永昌日記，1939年9月6日。

談。[170] 此類情報和傳言此後從未間斷，讓蔣介石對於龍雲的心態和動向維持高度警惕。[171]

回溯汪精衛逃離重慶之後，因為案情撲朔迷離，在此後數十年中社會上一直有一種說法，那就是汪蔣之間早有默契，兩人扮演一人抗日一人親日的雙簧戲碼，不管未來世局如何變化，都能夠保證有中國政府押寶不致落空。除了社會大眾人云亦云之外，似乎有兩種人最熱心為這個說法推波助瀾。一種是蔣介石的政敵，希望藉此說明蔣介石是政治投機分子，裡一套外一套，在戰和問題上兩邊下注。第二種卻的確是汪精衛和他的左右助手著意向日本人和中國社會兜售的一種說辭。比如說，1939年3月份，周佛海仍然借用蔣介石名義向日本人買空賣空，導使日本政府相信汪精衛帶有蔣介石政府的認可，因此日本政府更應該重視他們的政治實力。[172]

有關第一個說法的謬誤，本書大量引用的史料大致已經回歸歷史真相。那就是，蔣介石事實上在這一段時期裡極力排除日本不同管道送來的和平資訊，西方國家（英美德法）要麼受日本的委託傳遞和平信息，要麼基於自己的設想和利益企圖介入中日和戰活動。關於第二種說法，蔣介石則確有百口莫辯之苦，只能在日記中被激怒到口出惡言，「汪高勾敵，不料其仍以中央代表名義賣空，此種賣國賣友，欺敵自欺劣行，誠狗彘之不若矣。而敵國不察其欺偽，乃竟照其言而行，更為可笑。」難怪他忍不住呼他們為「賤種」。[173] 無論如何，百孔千瘡的抗戰陣營終於爆發出一條巨大裂痕。

（二）軍事利益衝突

中央和雲南在軍事領域中的衝突可以分為兩個方面。第一個方面是龍雲

---

170 日本防衛廳研修所戰史室編，《支那事變陸軍作戰》（東京：昭雲新聞社，昭和53年），第3冊，頁55，引自楊維真，《從合作到決裂》，頁190。

171 蔣介石日記，1939年1月17、20、31日，2月5、12、28日「本月反省錄」，4月5-9、14-16、19、25日。

172 蔣介石日記，1939年3月30日。

173 蔣介石日記，1939年4月1日，5月25日。

不斷要求早先出省作戰的雲南籍軍隊能夠撤回本省境內，表面理由是加強雲南自身防務抵抗日軍可能入侵，但是實質效果則是退出抗戰行列，重新歸回他的控制。第二方面是他極力阻止重慶政府把外省軍隊開進他的勢力範圍，嚴重干擾國軍的抗日布局。在兩者之間，龍雲又引發他個人在抗戰中的名分和指揮權等問題。

龍雲強烈要求滇軍脫離抗戰行列撤回本省，大概是1939年中期以後的發展。1939年底，龍雲派代表到重慶向政府具體要求在湘東前線的雲南軍隊開回雲南。顯然地，龍雲的新姿態引起了蔣介石的警惕和不滿，因此他在1940年3月份抱怨道，「滇龍之不明理何以至此？彼必以抗戰失敗為快而勝利為憂矣。可痛之至。」但是龍雲顯然盯住這個要求不肯放手，在前後幾個月期間，持續要求重慶政府調第一集團軍盧漢部隊回省，而且語帶威脅地聲稱，如果中央拒絕，則將會予離間者以口實，指責中央對雲南不友善。對於龍雲的要求，蔣介石的反應是，「詞意跋扈異常。」[174] 1940年9月份，由於日軍進占越南北部而導致雲南省防務告急，重慶政府允許第60軍的兩個師調回雲南省，但是其他雲南部隊都沒有歸還龍雲建制。[175] 所以龍雲想要收回在外省作戰的雲南軍的意圖始終沒有充分實現。這當然更增加雙方的對立情緒。

但是更讓雙方關係惡化的因素是龍雲排斥國軍其他單位進入他的勢力範圍。這個問題在國民政府從武漢撤退和建陪都重慶之前，並不存在。但是1938-1939年，汪精衛的出走和日軍占領越南北部，首次把戰鬥的可能性帶到西南省份。1939年重慶政府因為日軍進攻雲南的危險增加，打算派軍進入雲南省加強防務。在年底，龍雲派代表到重慶，表示希望中央成立「滇黔戰區」並且委任龍雲為司令長官。重慶政府面對龍雲要求，著實認真討論了一

---

174 徐永昌日記，1939年11月29日；1940年6月19日，7月21日；蔣介石日記，1940年3月15日，6月21日。

175 第60軍由於死傷慘重，全軍殘餘只能編成一個師（184師），其他182、183師回到雲南省重新組建整補。見：謝本書、牛鴻賓，《盧漢傳》，頁65，引自：楊維真，《從合作到決裂》，頁164-171。

陣子。不久之後龍雲改口要求設立「滇黔行營」，並指明他的地位不可屈居白崇禧之下。這就讓重慶政府陷入高度為難局面，因為如果重慶政府接受龍雲要求，就要面對閻錫山和李宗仁是否也要兼任行營主任的問題。[176] 重慶政府最後解決辦法是撇開軍事作戰需要，而是以政治考慮為優先地去安撫龍雲，因此特別在1940年1月首先在軍事委員會體制下成立了委員長昆明行營，任命龍雲為行營主任，並且約定將來一切軍隊進入雲南省都要歸龍雲指揮。豈知龍雲接受行營主任後，依然堅持滇軍單獨作戰原則，不和國軍合成一體。同時舊調重彈，要求在前線作戰的滇軍調回雲南，並且借此種種條件作為阻礙中央軍隊入滇的藉口。[177] 在1940年上半年期間，龍雲除了不斷要求調盧漢部隊回雲南外，還多次要求重慶政府派炮兵和工兵各一個團到雲南歸他指揮，並且同意雲南省將幾個省軍的旅級部隊擴編為6個師。雖然所持理由是防備日軍侵犯雲南，但是語氣充滿威嚇，引起重慶政府極度不滿。在此時間內，在龍雲操縱下的雲南地方領袖又放出空氣，主張保境安民和對日妥協，而龍雲對他們的言論則完全不加制止。[178] 即便是到了9月底，蔣介石還注意到香港報紙登載的報導，引述龍雲聲稱雲南有足夠軍隊保衛家鄉，不需要其他省份軍隊進入雲南。其實就是拒絕中央軍進入雲南省。蔣介石禁不住在25日日記中寫道，「滇龍於9日有和平運動之擬議，可痛。」[179] 一直到年底，雙方關係維持高度緊張。雖然蔣介石得知龍雲在越南被日軍占領時，曾經慫恿雲南省參議會以民意機關身分發動主和而未能得逞，他也只能提醒自己，「滇事應以政治解決，不宜強制，反使其通外為患也。」[180] 顯然他最害怕的就是龍雲會鋌而走險去「通外」——參加汪精衛政權。

一直要等到重慶政府部署軍隊集結雲南邊境時，龍雲才表態拒日，而且

---

176 徐永昌日記，1939年11月29日，12月13日。

177 呂芳上主編，《中國抗日戰爭史新編：全民抗戰》，頁246-247；楊維真，《從合作到決裂》，頁202-203。

178 徐永昌日記，1940年6月19日，10月21日。

179 蔣介石日記，1940年9月24、25日。

180 蔣介石日記，1940年12月2日。

原則上同意中央軍進入雲南，但是交換條件則是蔣介石同意雲南盧漢第60軍的兩個師回到雲南。與此同時，龍雲雖然允許中央軍關麟徵部隊在1941年3月進入雲南設防，但是禁止中央軍人員進入昆明市區，為中央軍的行政、後勤、聯絡等方面工作設置重重限制。重慶政府儘管內心憤怒異常也只好忍氣吞聲地接受。[181] 然而遲至8月份，龍雲仍在使用各種藉口根本阻擾中央軍入滇。[182] 為了息事寧人，蔣介石再度訓令何應欽（1941年8月4日），凡是列入昆明行營戰鬥序列的部隊，無論它們駐紮何地，一律歸龍雲指揮部署，中央政府切不可干涉，希望借此更減少龍雲的疑心。[183] 這個安排的後果是全國抗戰和雲南抗戰成為兩個各行其是的指揮系統。

1941年底爆發的珍珠港事變對於西南省份的防務產生重大影響，因為中美同盟國軍事領袖在1942年初倉促議定為保護緬甸海上運輸通道而發動緬甸戰爭。這就讓雲南不可避免地成為中國遠征軍的前進集結地和後勤補給基地，大批遠征軍必須通過雲南省境（1942年2-3月）才能開赴緬甸前線作戰。第一次緬甸戰爭失敗後（1942年5-6月），部分潰軍撤回雲南，美國陸軍繼之在雲南建立訓練基地，空軍建立飛機場，同時積極籌備和最終發動第二次緬甸戰爭，都使得雲南在1942-1945年間完全改變了它在抗戰中的地位。雲南在1937-1941年間，只不過是一個邊陲辟地，略加保護即可。但是在1942-1945年期間，它卻因為同盟國大戰略改變，而成為陸軍和空軍攻擊日本（出征緬甸和轟炸日本本土）最重要的軍事基地。這些客觀形勢改變在一般國家只會有軍事意義而不會產生政治後果，但是在戰時中國則不但產生嚴重政治後果，而且直接衝擊抗戰的基本國策。因為它們不但不能改變龍雲政府的地方實力派心態，反而激起了它和重慶政府之間更頻繁而尖銳的摩擦。這個現

181 呂芳上主編，《中國抗日戰爭史新編：全民抗戰》，頁246-247；楊維真，《從合作到決裂》，頁202-203。

182 蔣介石日記，1941年8月4日。

183 蔣介石對於中央軍入滇一事，早已準備多時，但是就是為了顧忌龍雲反彈，因此決心耐心不得罪龍雲。見：蔣介石日記，1941年10月27日，11月30日；楊維真，《從合作到決裂》，頁192-193。

象從重慶政府領導人一連串怒氣的集中表現可以清楚看出。

比如說，1942年春天第一次緬甸戰爭發動和作戰期間，龍雲就以雲南缺糧作為藉口排拒國軍（遠征軍）開進雲南，讓重慶政府高度憂慮昆明和龍雲局勢不穩。[184] 不久之後遠征軍慘敗退入雲南，龍雲態度變為更為重要。但是蔣介石日記卻寫道，「滇龍又因時局緊張，屢施恫嚇，強逼駐昆之中央軍離昆， 自委警備司令，終非情義所能感召也。」換言之，雲南省不但沒有傾全力救助安頓新敗官兵，反而落井下石地企圖將之驅趕出境。因此蔣介石只好提醒自己務必克制情緒，「滇龍跋扈威劦，當善處之。」豈知龍雲不但持續要求中央軍離開雲南，還在未經重慶政府同意情況下，擅自宣布任命親信作為昆明防守司令，全圖以強勢把中央軍趕出雲南。這就迫使蔣介石聲言要懲處龍雲非法委派的防守司令，而龍雲只好作罷。這個劍拔弩張的關係前後延續幾個月都不見緩和。正如蔣介石在6月底寫道，「滇龍之跋扈誹謗放肆無忌為更甚」。然而到了7月中旬，他依然只能提醒自己，「對內政無十分把握時，應極端忍耐，不可輕舉。與其對內爆裂以致敵寇乘機深入，為世上貽笑，則不如待敵來攻，以觀其變。即使其有叛降敵寇之人（指龍雲），則非中央之咎也。況敵寇已入滇境，若非不得已時，滇亦未必顯然叛降。是國家對外之聲威，仍可保持無損也。但滇之跋扈亦云極矣。」過不了三天，他再度提醒自己，**「對滇方鍼亦以忍詬含羞處之**，以待其變化也。」 豈知到了8月，蔣介石又聽到報告，雲南與日本（敵諜）有接觸。到了10月底，他終於明白，「滇龍目中無中央也。」[185]

綜上所言，自從第一次緬甸戰爭失敗後，滇龍與中重慶央關係急劇惡化，走上了不歸路。儘管重慶政府盡量設法和日軍作戰，但是龍雲對自己的地盤，軍隊和資源則自有打算，不擬納入全國作戰系統。1942-1943年侍從室就一直為雲南情況而憂心忡忡。認為龍雲左右都致力於累積個人財富，省政不修，領袖們「惟植勢徵利是圖」，引起陳布雷感歎，「值艱難抗戰之會，

184 徐永昌日記，1942年4月17日；蔣介石日記，1942年5月11日。

185 蔣介石日記，1942年5月16、18、23、31日，6月29日，7月15、18日，8月9日，10月27日。

而對地方割據勢力仍不能不妥協敷衍」，真是令蔣介石疲於奔命又難以處理。[186]

1943年重慶和昆明關係經過幾個坎坷而更形惡化。當時蔣介石正在向美國政府極力爭取發動第二次緬甸戰爭以圖獲得更多外援物資進入大後方，因此他必須向美國證明他的誠意，也就是已經在盡一切努力把遠征軍集結在雲南，隨時候命投入緬甸戰場。因此到了1943年初，中央軍在雲南省的數目超過地方軍3-4倍。但是儘管遠征軍在雲南的目的並非威脅雲南而是待命開赴緬甸作戰，卻引起龍雲恐慌而極力擴充省軍，編成6個師，約8萬人，直屬龍雲掌控，並不參加國軍戰鬥序列。在這個時期，遠征軍進入雲南者共30萬人。[187] 但是龍雲設下種種限制打擊軍事效率。比如說，中央憲兵不許在昆明市內執行任務，中央部隊在調動時不得通過昆明市區，而即使是雲南省防守司令部的部隊也必須離開市區20里以外駐扎和執行任務。[188] 1943年底情形進一步惡化，雲南省政府開始抨擊遠征軍，並且示意各縣縣長拒絕和遠征軍官員進行公務接觸。[189] 1944年美軍車輛甚至數度遭到搶劫，雲南省不予處理，而國軍單位也無權處理，導致美軍以停發租借法案武器作為處罰，而重慶政府卻無計可施。[190] 這些限制與不合作行為使中央軍在整個抗戰時期無法進駐昆明市。鑒於成都和昆明在抗戰中後期地位日趨重要，前者是美軍重轟炸機基地，後者是緬甸戰爭的集結、訓練和補給中心，但是兩者都不在重慶政府有效控制之下。幸好遠征軍的目的並不是長年駐守雲南，而是在進行整訓後借道赴緬甸作戰，或是後來在歸國途中在雲南休息整補。然而它們如此頻繁的行動，依然打破了多年來只有滇軍獨占雲南省的局面。儘管這些

186 陳布雷從政日記，1943年2月1日。

187 呂芳上主編，《中國抗日戰爭史新編：全民抗戰》，頁232；楊維真，《從合作到決裂》，頁204。它們包括第五集團軍杜聿明，第九集團軍關麟徵，第十一 集團軍宋希濂，和第二十集團軍霍揆彰。

188 張瑞德，《山河動》，頁233。

189 陳誠先生日記，1944年3月2日。

190 蔣介石日記，1944年3月2日。

活動是為了抗戰大局和維護同盟關係而不得不然，但是龍雲的不安和不滿無法消弭。只是由於遠征軍在緬甸前線捷奏連連，才使得龍雲不敢輕舉妄動。

但是1944年初日本的一號作戰，卻大幅地改變了雲南省領導的心態和政治盤算，把他們隱藏多時的想法更加大膽地釋放出來。早在2月份，蔣介石就在日記中抱怨，「滇龍跋扈反抗之情日亟矣。」[191] 從4月份開始，日軍從河南省一路勢如破竹地擊潰政府軍隊，讓龍雲更加感到重慶政府進入風雨飄搖局面，而他除了趁機鞏固自保，或許還可以有一番作為。特別在8月衡陽失守之後，重慶政府本身受到可能被攻擊的危險，社會上傳出各種謠言稱，雲南省已經大事疏散，而龍雲也和廣東、廣西、和四川軍人（特別是李濟琛）同謀脫離蔣介石另組政府，尋求和平之道。[192] 儘管這類傳聞在1944年下半年甚囂塵上，但是仍待學者拿出確切史料去分辨它們的真偽。目前唯一可以肯定的史料是，蔣介石內心對於龍雲的反感從1944年底開始急劇上升，達到不可抑止地步。

1944年9-10月份，中美同盟關係遭遇巨變，蔣介石終於驅除美國駐華最高軍事代表史迪威將軍 (Joseph W Stilwell)，而代之以魏德邁將軍（Albert C. Wedemeyer）。蔣介石和魏德邁的關係出乎意外地改進，使中美同盟展現出一絲曙光，無論是軍隊訓練或給養都產生前所未有的進展，其中特別是國軍的戰鬥力和戰鬥意志顯著提升。因此在1944年底，中美兩國共同擬出反攻計畫，希望把一號作戰時入侵西南省份的日軍趕到長江中下游，配合盟軍從太平洋地區大反攻戰略。為此，重慶政府特意在1944年12月份在昆明成立中國陸軍總司令部，任命何應欽為總司令。

但是這一連串發展立即引起龍雲極度不安，而他的關注並不是中國作為盟邦的戰略需要，卻是擔憂中央此舉會對他個人在雲南的獨霸統治權有所侵蝕，因此禁止屬下不許接待何應欽或協助司令部的成立。當何應欽為了表示

---

191 蔣介石日記。1944年2月29日。

192 根據徐永昌的消息來源，其中固然由於中共散布謠言，但是孫科、馮玉祥、黃炎培、沈鈞儒及青年黨的左舜生等隨時也興風作浪。見：徐永昌日記，1944年9月30日。

尊重地主而特意趨府拜訪龍雲時，也未蒙後者接見，而且也沒有受到回訪。當杜聿明召集高層軍事會議時，雲南省軍官則又奉龍雲命令一律不許出席。諸如此類事件使得徐永昌不禁感嘆，此種不顧國家利害的行為，不知何日方能釐清？[193]

更有甚者，由於龍雲一門心思擔憂中央軍會趁機併吞地方軍，於是明令部屬不准參加何應欽的就職典禮。龍雲甚至提出質問，究竟是陸軍總司令官位大，或是行營主任官位大。與此同時，昆明市區又發生一起重大而離奇的兇殺案件，何應欽陸軍總部一位上校級別組長身穿軍服佩戴整齊卻被刺殺而且棄屍水溝中，頓時造成政治氣氛緊繃。由於兇殺事件難以判斷究竟是一般性民間犯罪行為，抑且是雲南官方蓄意導演的示威舉動，所以重慶政府只好敦請考試院副院長周鍾嶽（雲南籍政壇元老）回雲南調解，並且接受周氏建議任命龍雲為陸軍副總司令，再由蔣介石親筆寫信安撫龍雲，才讓何應欽得以順利就職。[194] 正當危機看似暫時化解時，不料另外一個衝突事件接踵而至。當時因為中印公路通車，重慶政府計畫在昆明和滇西成立防守和警備司令部，委派杜聿明為昆明防守司令。這個單純人事安排本當是在重慶政府權責範圍之內，但是龍雲卻認為應該在事先徵求其首肯，導致雙方再度產生衝突，重慶政府又只好懇求周鍾嶽居間調和。

這類事故接二連三地發生顯然驅使蔣介石失去耐心，從他日記中很容易看出他心情發展的趨勢。

1945年3月24日，蔣介石在日記裡花了大量篇幅痛罵龍雲，指責他「玀玀之終為玀玀」等語，明顯地超出了他往常責罵人的尺度，到了口不擇言地步。25日又寫道，「自革命黨政以來，從未遇地方當政者之冷酷與跋扈有如此者，夜郎自大，惟有澹然處之，不足在意也。」3月31日日記，「滇龍之輕侮冷酷實為意料所不及。」[195] 在整個1939-1945年間，雲南省是國民政府

---

193 徐永昌日記，1944年12月25日。

194 楊維真，《從合作到決裂》，頁205。

195 蔣介石日記，1945年3月24、25、31日。

執行建設大後方以期進行長期抗戰大策略的首要基地之一，但是該地實力派領袖已經在內心上反對這個大策略，而在實際軍事行動上又屢屢成為抗戰動員的絆腳石，甚至極力鼓動其他地方實力派（川康晉粵）共同抵制抗戰。重慶對昆明的關係急速惡化，雖然恨之入骨，卻又無可奈何。

但是到了抗戰情形好轉時，蔣介石終於決定在適當時機不再無限制忍耐，而必須採取斷然行動。這個大轉折可能發生在1945年7月份。他在7月中旬寫道，「對滇龍之不法行為應澈底解決，撤換滇龍應作之準備。」與此同時，蔣介石把杜聿明召到重慶，告知其積極籌備撤換龍雲的準備工作。[196] 7月30日，蔣介石主動把龍雲問題告訴美軍代表魏德邁。[197] 這是蔣介石在整個中美同盟時期從來不曾做過的舉動。在此之前，蔣介石從來不把中國的政治內情向美國軍方透露，因為他預測只會招致史迪威的熱諷冷嘲，或甚至肆意狂言，而成為自取其辱。而這次卻是指名道姓地向魏德邁和盤托出，可見他對龍雲的忍讓超過極限和對魏德邁的推心置腹。而魏德邁的回應也含蓄有度，只回應會提高昆明美軍的戒備，卻對中國內政不作任何批評和承諾，完全符合一個盟軍軍官的職業道德規範。但是可以肯定的是，蔣介石此時已經開始布置撤換龍雲，當8月份勝利來臨時，他立即在10月初將之斷然付諸執行，結束了龍雲控制雲南省18年的歷史（1927-1945）。[198]

（三）財政衝突

雲南地方實力派的情況和其他地方實力派一樣，除了極力維護軍事的獨立自主性之外，還要維持其財政的獨立自主性，兩者互相呼應。因為如果缺乏財政獨立，則無法長期性地維持軍隊的糧餉，更不必說武器裝備購置和耗

---

196 錢大鈞將軍日記，1945年7月15、18、25日。

197 蔣介石日記，1945年7月17、30日日記。

198 勝利之初，中央借收復越南的機會，讓龍雲的雲南軍入越受降。龍雲願意，也是因為他以為一方面可以把勢力伸展到越南，一方面可以借此擴充補充雲南省軍，遂造成雲南省兵力空虛。蔣介石趁機在1945年10月3日擒拿龍雲送往重慶。見：楊維真，《從合作到決裂》，頁228-232。

費。打從龍雲掌權之初（1927），他就極力把雲南財政控制在自己手中。

雲南財政實力主要來自兩個方面，一個是產品，一個是稅收。就產品而言，雲南的農產品及礦產品數目繁多，特別是鎢礦和錫礦是大宗收入，但是它們作為經濟作物的價值都無法和鴉片煙比擬。在1930年代，鴉片煙是雲南省重要經濟作物。地方政府表面上禁煙，實際上是徵收罰金，對於鴉片煙的種植、運輸、銷售、吸食都課以重稅，只要交付罰金，就可以受到政府保護，所以政府對於鴉片煙收入非常重視。戰前每年鴉片煙罰金平均為4,400餘萬元。[199] 1933年國民政府頒布法令，規定四川、雲南、貴州等省份必須在6年內禁絕煙土。1935年蔣介石又親自兼任全國禁煙督察總長，厲行禁煙政策。雲南省為了應付南京政府做出若干表面工作，擬定一些工業化方案去彌補禁煙所帶來的經濟損失。但是抗戰一開始，中央政府自顧不暇，遷都重慶之後更不敢輕易冒犯雲南，使得雲南販賣煙土再無顧忌。1938年之後，龍雲甚至和劉文輝建立密切關係，數度將百餘箱鴉片煙運送到西康省加工製造嗎啡，每箱1,600兩，成為實質上的經濟合作夥伴。事實上，雲南對於煙土的保護超過對鄉土的衛護。比如說，1942年5月日軍攻占雲南省騰沖，威脅滇西，但是龍雲不肯動用軍隊保衛家鄉，因此日軍以292個士兵占領騰沖。而當時騰沖守將是龍雲兒子，在日軍尚未抵達之前把大量貨物及鴉片煙運到昆明。同樣地，防守保山的旅長是龍雲侄子，也把銀行貨幣劫走，將縣城燒毀。事後沒有受到重慶政府任何處罰。[200] 1942年7月間在昆明還發生一起荒唐事件。龍雲所屬的昆明行營軍訓處以軍用大卡車私運鴉片煙兩千六百餘兩，但是由於事先溝通不良，中途被龍雲屬下雲南綏靖公署官兵攔截，雙方在市區內發生槍戰逾4小時並且造成傷亡，最後由龍雲出面擺平。[201] 即便是昆明此時已經成為抗戰重鎮，但是其市政和公安不容重慶政府過問，成為徹

199 李珪，《雲南地方官僚資本簡史》（昆明：雲南民族出版社，1991），頁42-43，引自：楊維真，《從合作到決裂》，頁80-81。

200 楊維真，《從合作到決裂》，頁212、204。

201 何成濬將軍戰時日記，1942年7月18日；鄭天挺西南聯大日記，1942年7月11日。

底的法外之區。

遠在南京時代，雲南省就在南京政府控制外，自訂了稅收項目達四五百種之多，凡是人民生活所需無不課稅。每年收入達一千萬元以上。[202] 即便是名屬中央的關稅和鹽稅也是由外國人經手，所以雲南省和南京政府在金融財政方面存在極少關係。雲南省在戰前還發展出自己獨具特色的稅收方式，那就是不通過政府稅務機關執行徵稅，而是把稅務工作以商業發包方式交給民間團體操辦。1930年代通行的辦法是把雲南省許多稅收項目進行招標，由商人競標，出價最高者得標，然後由中標者包辦一切後繼事務。這樣就能保證省政府的稅收逐年增加至4-5倍，而人民則遭受嚴重剝削。[203] 得標的商人在向政府繳納所承諾的稅金後，其他盈餘進入私囊，更是加重人民負擔。重慶政府進入西南地區後希望改善此項陋規，隨即和雲南省產生衝突。但是由於雲南省財政收支向由本省獨立的銀行系統操作，因此中央政府難以有效控制。

龍雲在1932年成立富滇新銀行，發行「新滇幣」作為雲南省官方貨幣。雲南省通過控制富滇新銀行，除了發行紙幣之外，還負責管理外匯和白銀，全面性掌握財經市場。雲南掌握的兩個豐富外匯來源，一是雲南錫可以換成外匯，使雲南省政府成為當時中國少數可以擁有大量外幣（美元、法郎、英鎊和港幣），獨立進行國際貿易的省份。二是鴉片煙運銷省外賺取法幣（國幣），雖然法幣在雲南省市面上不許通行，但是可以在上海等市場購買外國貨幣。所以在雲南省，法幣等同於外幣。[204]

即便是1935年南京政府借剿共機會首度把法幣帶進雲南，也被龍雲禁止在市場上流通，只許和雲南銀行進行交易。雲南省要到1937年5月才准許小額法幣鈔票通行市面，而主導幣制依然是新滇幣。與此同時，雲南省也企圖操縱新滇幣和法幣的兌換率而牟利。最後法幣和新滇幣同時在省內通行，但

202 楊維真，《從合作到決裂》，頁82。

203 楊維真，《從合作到決裂》，頁79-80。

204 楊維真，《從合作到決裂》，頁84。

是雲南省仍然繼續掌控外匯管理權。[205] 1937年底，南京政府中央銀行在歷盡艱難的政治協商之後，才被雲南省准許在昆明設立分行。次年，重慶政府的中國、交通、和農民等三大銀行相繼進入雲南設立分行，但是龍雲仍然把這些發展視為是威脅雲南省財政獨立地位和富滇新銀行獨霸權，所以想盡辦法干擾法幣業務。富滇新銀行甚至暗中擴大發行新滇幣，破壞法幣制度。1940年中央政府在經過眾多讓步之後，終於和雲南政府達成協議，由中央政府負擔雲南省的軍政費用，而雲南省稅收也交由財政部徵收。但是中央政府當時在全國禁止黃金美鈔買賣，卻對雲南網開一面，特准公開買賣黃金美鈔，為全國財政控制開了一個大漏洞。1941年底當重慶政府仍在計劃進一步統一全國財政事務時，龍雲聽到風聲趕忙命令省政府財政廳將歷年所積存的公家資產，包括銀元2千萬元、黃金數萬兩，及其他的債券、美鈔、官產、鴉片煙等索數抽出，在1942年初急忙成立「雲南企業局」，把原本的官營事業悉數轉入民營賬戶，保護手中資源。[206] 當然是對國家資源和人民財產肆無忌憚的掠奪。

1942年7月，重慶財政部終於明令廢止雲南省發行新滇幣權力，同時要求雲南省在2年內收回新滇幣，並且把發行保證金上繳中央銀行保管。但是龍雲早已將雲南省政府大部分公產轉移到私營的「雲南企業局」，成功地逃脫中央政府控制，而對新滇幣的收購也百般阻擾。在外貿管理上，也拒絕和重慶政府合作，經常發生摩擦。[207]

在1942年，由於太平洋和緬甸戰局改變，隨著大量中央機關和軍隊進入雲南，法幣也急速獲得優勢。但是雲南省依然大量發行新滇幣，從原先的3千萬元發行量猛然增加到8億元，與重慶政府爭奪通貨膨脹的利益。[208] 1943

---

205 李珪，《雲南地方官僚資本簡史》，頁111，引自：楊維真，《從合作到決裂》，頁199-200。

206 侯坤宏，《抗戰時期的中央財政與地方財政》，頁240-246。

207 呂芳上主編，《中國抗日戰爭史新編：全民抗戰》，頁234-235。

208 李珪，《雲南地方官僚資本簡史》，頁111，引自：楊維真，《從合作到決裂》，頁199-200。

年財政部在昆明成立銀行監理官辦公處，要求省內銀行和錢莊據實報告它們的準備金。但是滇富新銀行完全置之不理，因為一旦向中央申報準備金，就會暴露它的資金內幕，使它的發行紙幣量受到法律限制，影響地方實力派的財源。因此在抗戰時期，滇富新銀行並沒有註冊登記，成為明目張膽的「非法」金融機構，而且也拒絕公開它的紙幣（新滇幣）發行額。[209] 重慶政府面對此項公然挑戰只能尋求私下解決。

雲南財政獨立還有一個獨特標誌，就是擁有國家進出口控制權力。1937-1940年間，重慶政府大量從越南鐵路進口貨品，包括武器軍火，但是雲南省居然對國家進口的貨物一律課稅。經過重慶政府再三委婉請求，雲南省最終同意停止徵稅，但是交換條件則是由重慶政府向雲南省進行補償，由財政部支付雲南省由於停止收稅而造成的全部損失。[210] 在這個過程中，龍雲又採用拖延策略，迫使中央政府不斷以巨額補償方式，去貼補雲南在其他方面承受的各種「損失」，以交換雲南省同意局部性地納入戰時全國財經體系，過程十分艱巨。[211]

綜合地說，從1927年開始，雲南省在龍雲統治下嚴密地掌控全省的農工礦和鴉片煙產品交易、民間百業的苛捐雜稅、銀行和貨幣、乃至國際貿易關卡及關稅，在財務上建立了一個穩固的獨立或是半獨立的地方實力派基礎。這些資源讓雲南省在戰前能夠建立一支武器精良的地方軍，水準足以比美中央軍，而在開戰後可以堅持其出省作戰的軍費由雲南省自行負擔。如上所述，也正是這些資源允許雲南省想盡方法調動在省外作戰的軍隊回歸省內，排拒外省軍隊進入雲南省境。甚至在太平洋戰爭開始後，依然想盡方法置身戰局之外，只求地方自保，並且在無法兼顧時選擇放棄地方和人民而只求保

---

209 侯坤宏，《抗戰時期的中央財政與地方財政》，頁240-246。

210 孫東明，〈龍雲統治雲南時期的財政〉，《雲南文史資料選輯》，第5輯，頁17。引自：楊維真，《從合作到決裂》，頁200-201。

211 侯坤宏，《抗戰時期的中央財政與地方財政》，頁240-246；楊維真，《從合作到決裂》，頁201-202。

護部隊和私產。難怪從1942年以後，蔣介石和重慶政府對於雲南拒絕融入全國抗戰系統的現象既憤恨不已，又感到百般無奈，不敢輕易開罪龍雲。這一切糾雜感情在蔣介石日記中傾訴得最為赤裸無遺。

第四節　兩廣狀況

一、廣西

廣西在抗戰時期中國的地方實力派之中占據一個獨特地位，它既和上述幾個實力派有相同之處，又有大不相同之處。它的大不相同之處在于它從南京政府時代就表現出高度抗日決心。在盧溝橋事變和在蔣介石召集各省實力派領袖們商量和戰選擇時，即使有些地方領袖們迫於形勢而做出虛假的慷慨應戰姿態，但是廣西領袖則是言行一致。李宗仁甚至發出豪言，認為抗戰僅靠本國力量就可以打下去，無需企求西方國家任何援助。[212] 而白崇禧也當即踴躍參與高階層戰略和戰役策劃，態度積極而具有創見，成為抗戰最高指揮部主要策劃人之一。他所產生的影響力和何應欽、徐永昌、張治中、張發奎等人不相上下。廣西省領袖人物如李宗仁擔任戰區司令官，將領（廖磊、夏威、李品仙）擔任省主席，都是重要的主戰派。還有一點值得注意的是，在整個八年抗戰期間，廣西省將領們極少牽涉到和其他政治團體籌畫反對中央政府的傳聞，更沒有和汪精衛政府或是日本軍方進行接觸。因此，和閻錫山、龍雲、四川和華北許多地方軍人相比，廣西將領們在抗戰八年中政治立場最堅定，爭取最後勝利。大大地解除了重慶政府的後顧之憂。

但是另外一方面，廣西依然保持若干地方實力派特色。在南京政府時期，廣西在政治經濟和社會的互動關係上和中央政府長期維持疏遠甚至敵對關係。1935年4月份，當蔣介石在貴州視察時，還逮捕到一名疑似桂系派遣

212 徐永昌日記，1937年12月8日。

的刺客，圖謀狙殺蔣介石。讓蔣介石極感傷心和憤慨。[213] 但是一旦抗戰開始，廣西就積極參加，白崇禧留在中央參與戰略籌劃，李宗仁擔任戰區司令職務，桂軍出兵參加淞滬戰爭，成為積極主戰派和全國團結最好的象徵。特別是中央政府遷都到重慶，廣西成為大後方重要部分，雙方功能性的互動大幅增加，制度統一的需求就相形提高。而正是在這段時間裡更可以看出廣西的地方性。

最顯而易見的是廣西省政府和地方政府全部掌控在廣西人手中。其中特別是容縣籍貫的人，遍布廣西軍政界領導層次，[214] 因此凝聚力極高。廣西省在戰時體制下雖然歸屬第四戰區管轄，但是該戰區司令官張發奎（廣東籍）坦然承認，廣西省的黨政軍事務全盤由廣西人嚴密操控，連重慶中央都不能插手，遑論他作為戰區司令官，更是小心翼翼不敢過問。他也指出，廣西民團整編時，所有人事權牢牢控制在廣西人手中，而中央黨部組織部長也明言不敢過問廣西的國民黨黨務。依據張發奎觀察，白崇禧是廣西省的「靈魂」，因為他雖然人在重慶，但是嚴密控制廣西省全部黨政軍事務，有權決定一切事務，同時又是廣西省和重慶政府一切事務的聯絡管道。[215] 換言之，即便廣西在名義和實質上都是積極抗日，但是它的內政和軍務都非重慶政府所能管轄。

一個明顯例子是財政權。廣西省政府多年來累積興辦了許多農林工礦事業，成為省政府重要財政來源。抗戰初期廣西稅收為4,400萬元，其中四分之三是地方自主稅收，其中特別令人矚目的是鴉片煙過境稅，高達一千餘萬元。[216] 1941年重慶政府策劃統一全國各省省政府的財政權，以便推行全國性的戰時財政制度。但是廣西省和龍雲一樣，省主席黃旭初聞風趕緊成立

---

213 蔣介石日記，1935年4月18、20日。蔣責之為「非我族類」和「可鄙」。

214 徐永昌日記，1939年3月7-8日，7月30日。其成員包括夏威、韋雲淞、黃旭初、甘麗初、武廷颺等人。

215 張發奎，《蔣介石與我》，頁309、324-325。

216 黃旭初主席向徐永昌介紹廣西情況。徐永昌日記，1938年12月8日。

「廣西企業公司」，以賤價收購方式把省財政廳屬下的許多公營事業轉移成為民營，脫離政府系統，當然仍然由桂系控制，成為它的獨立財源。[217] 還需要注意的是，廣西不但極力保護省內資源不令重慶插足，而且在其省外的控制範圍內，也極力把當地資源送回廣西省，其行徑和其他地方實力派如出一轍。比如說，根據行政院情報，桂系將領李品仙控制安徽省政時期，就把人事與財政緊緊控制在桂系親信手中，甚至定期地把鉅款送回廣西。行政院領導們知道，李品仙這個行為並不是個人自肥行為，而是為桂系斂財。當重慶政府發表某楊姓官員為安徽省田賦糧食管理處處長時，李品仙公然表示反對，財政部和糧食部都不敢去觸碰廣西省的田賦糧食處處長職務。明顯地，這些省級廳長人事均非由中央政府控制，而是由地方控制，至於省廳級以下的廣大幹部群，則更非重慶政府所能過問。[218]（本書第八章將會敘述桂軍在第五戰區的斂財惡行。）可能是由於廣西軍隊在外省的肆意搜刮，使得廣西省的省庫相對豐裕，以致廣西籍在中央政府服務的官員們，逢年過節都會收到數量可觀的禮金或補貼，紓解他們在抗戰末期通貨膨脹的困苦。[219] 他們當然也成為桂系在重慶政府中的政治資本。

在軍事領域裡，廣西省是地方實力派最早而且踴躍地派兵出省參加抗戰者，因此南京政府萬分珍惜這個合作關係。如第二章所述，廣西軍隊在淞滬戰爭中表現不佳，甚至可能是導致國軍全線崩潰的重要因素之一。但是蔣介石除了在日記裡訴苦之外，對外絕口不提桂軍作戰的無能。不久之後在徐州戰役時，軍令部從前線收到報告，指稱桂軍第七軍兩個師在徐州附近龍兒集之役，由於缺乏戰鬥力而潰敗，使得部長徐永昌不禁感嘆，「此皆喊叫抗戰最狂熱之軍隊，今日最得社會崇拜者。」[220] 蔣介石也在日記中寫道，「戰

---

217 侯坤宏，《抗戰時期的中央財政與地方財政》，頁240-246。

218 陳克文日記，1943年6月10日。

219 陳克文日記，1945年1月2日。

220 徐永昌日記，1938年5年11月。

局已陷危境，桂軍太不得力，殊失所望也。」[221] 而李宗仁和白崇禧在沒有接到命令就擅自離開徐州前線，讓蔣介石大為不滿，但是也只能在日記裡生悶氣，而不敢怒形於色，[222] 也沒有給桂系將領們實質懲罰。1939年日軍攻陷廣西南寧後，蔣介石在日記裡寫道，「南寧失陷之快，桂軍脆弱至此，令人心神與夢魂皆不能安。健生取巧與宣傳鶩外之病不改，終不能成事也。可憂之至。」[223] 1940年，蔣介石又批評李宗仁和白崇禧經常誇大日軍戰鬥能力，因此不願積極作戰，以退縮避戰為能。但是蔣介石認為他們只是生性如此，沒有加以責怪。[224] 由於這些負面評論只是在日記中宣洩，在公開場合絕不透露半點風聲，幸虧近年他和其他軍事領袖們的私人記載和日記先後公開，才讓我們有機會看到他們內心真實感受。

不久之後，重慶政府在西南地區大量儲備武器，目的是就近分發給其他戰區共同使用。但是白崇禧卻涉嫌利用職權優先照顧桂軍，並且聲稱桂軍以後責任重大，希望中央能夠理解他的行為。[225] 重慶政府當然也只好予以默認。果然，1944年一號作戰當戰火燒到廣西省時，廣西省囤積了大批軍用物資可供長期防守。而從政府高官到平民百姓也一致熱切期望桂軍防守自己的鄉土必定可以奮勇拒敵。在這個情況下，全州由黃埔畢業生防守而棄城逃逸，蔣介石毫不留情地將守將予以槍斃，可是對於廣西將領們同樣行為就無法同等處理。

廣西除了正規軍之外，民團也是桂系領袖們歷來引以為傲的民間軍事力量，在全國獨樹一幟。廣西領袖們多年來宣傳廣西民團組織成熟，是一支保衛家園的生力軍。正如廣西正規軍隊一般，廣西民團也決不容許他人染指。張發奎作為第四戰區司令官，對於廣西省民團的人事、訓練、裝備均不能置

---

221 蔣介石日記，1938年5月12日。
222 蔣介石日記，1938年5月18日。
223 蔣介石日記，1939年11月25日。
224 蔣介石日記，1940年5月5日。
225 徐永昌日記，1939年11月30日。

一詞，重慶政府更是尊重民團是桂系私房武裝，絕不干預，只能無條件地接受桂系領袖們對民團的誇耀。但是令人意想不到的是，在1939年底桂南戰爭中，民團不但急速崩潰逃跑，而且還有部分成員為日軍帶路，繞小道進襲南寧，成為漢奸。[226] 同樣地，1944年重慶政府礙於白崇禧情面，也將大量武器彈藥撥發給民團。豈知一旦真正戰鬥開始，民團再度證明根本缺乏作戰能力，因為日軍僅以百餘人兵力就把民團打得潰不成軍，[227] 垂手獲取桂柳地區國家儲存的珍貴軍事資源作為日軍下一步侵略的工具。

1944年底，廣西正規軍和民團不堪一擊，桂林和柳州同樣未經戰鬥就棄城逃走，重慶政府和第四戰區司令官張發奎卻不敢施以處罰。這個情形並不奇怪，因為廣西一切軍隊的升遷賞罰權和人事權並不在重慶政府手中，而是由桂系領袖自行處理。即使是桂軍在省外作戰，其調動也需要廣西領袖認可。不然的話，即使廣西將領不服從命令時，重慶政府不敢也不能以軍事紀律處置。其實這個作風早在淞滬戰爭之後就已經形成慣例，比如說1938年9月底，桂系李品仙接到任務進攻田家鎮，他向中央回報承諾派出48A兩個師兵力，而且聲稱本人已經親赴前線督戰。但是等到蔣介石電話詢問時方才得知李品仙仍然留在司令部，而且也只派了一個師兵力虛應故事。蔣介石在日記中只好無奈寫道，「各官長對於作戰與報告，不實不力，敷衍了事，往往如此也。」[228] 1939年8月，軍委會一位高級幹部不諳政治行情，居然以命令方式去調動廣西甘麗初部隊，果然未被理睬。後來只能勞動蔣介石下達手令到戰區，又親自打電話給陳誠，才能生效。[229] 一個軍單位的調動居然需要勞動委員長親自出馬，已經屬於奇聞。豈知過了才不到一個月，桂軍看到中央第200師奉命內調，認為此舉將曝露桂系軍隊於日軍炮火之下，所以表示

---

226 陳克文日記，1939年11月28日。陳克文是廣西籍在重慶政府任職的高官。

227 白先勇，廖彥博合著，《悲歡離合四十年，白崇禧與蔣介石（上）：北伐．抗戰》，頁411-412。

228 蔣介石日記，1938年9月22日。

229 徐永昌日記，1939年8月25日。

彼等也不願意戰鬥。讓徐永昌感歎，國軍必須統一，必須撤銷這種封建集團。[230] 當然這些不服從命令的事端，最後都只能依靠政治交涉，而不是軍法處理，而予以消弭。

同樣有趣的是，重慶政府對於桂系軍隊內部情形並不能依靠正規指揮系統渠道去掌握，還要依靠派遣參謀人員不定期地去巡視訪問和搜集情報，才略知廣西軍隊腐化情形，包括團長營長代理幾年不委實、師長無用人權等等怪相。[231] 同樣地，重慶政府對於1944年桂柳戰役失敗的後果也感到無法處理。可是由於桂軍表現實在慘不忍睹引起公憤，白崇禧只好主動提議裁撤桂系第31軍番號，將殘兵編入其他桂軍。[232] 由於這是由桂軍為了以最低代價平息眾怒而自動提出者，所以重慶政府才安心接納，成為抗戰時期桂軍因為敗紀失職而接受實質處罰的稀有案例。但是對於嚴重喪土失職或是違反軍紀的將領們則仍然輕易放過。[233]

縱觀八年抗戰中，桂軍和民團無論在作戰，紀律和訓練等方面都和大多數地方實力派部隊無分軒輊，唯獨在政治立場上旗幟鮮明，堅決抗日。也就是為了這一點，它被主戰派珍視為最佳夥伴。1938年初，蔣介石已經在內心中決定重用白崇禧和廣西部隊，甚至和白崇禧推心置腹地討論如何處理四川局面，並且把兩廣事務交由白崇禧處理。他本人又在12月初專程安排到桂林訪問一周。除了處理公務之外，一個重要目的是「為補正十年以來國家政治唯一之缺憾」，希望以誠意去修復過去蔣桂關係裂痕。為此，他和宋美齡特

230 徐永昌日記，1939年12月6日。

231 徐永昌日記，1940年4月12日。

232 白先勇，廖彥博合著，《悲歡離合四十年，白崇禧與蔣介石（上）：北伐．抗戰》，頁427-428。

233 一個有趣的案例是：根據劉斐1944年初報告，美軍第十四航空隊在桂林的汽油庫屢遭失竊，查無蹤跡。後來衛兵抓到卡車闖入油庫偷運汽油，而被捕司機是桂系領袖夫人的司機，而卡車則是領袖弟弟所開的汽車公司所有，並在公司搜獲美軍汽油券。後來真相大白，此前一直有偷竊行為，只是賄賂了衛兵營長，所以沒有出事。事後礙於桂系情面也只好大事化小處理。見：徐永昌日記，1944年2月25日，4月14日。

別去拜見李宗仁和白崇禧的母親，以晚輩隆重禮節表達敬意，拉攏和桂系關係。[234] 1944年3月18日，白崇禧母親馬太夫人90大壽，蔣介石從3月1日開始就著手準備書寫白母九十「壽序」，在前後10天中反復斟酌文字務求完善。[235] 到了壽辰時節又極盡排場，還特別派何應欽自重慶搭乘專機到桂林祝壽，並且在壽屏上謙稱自己是「愚姪」。[236] 一個有趣的對照是陳誠與白崇禧，他們二人在戰時地位相等，陳誠的實戰貢獻甚或稍有過之。偏巧4月18日是他母親76歲生日，他的日記說了一段饒有趣味的私話，「今日為母親七十六歲生辰，僅備素菜一席，余夫婦率諸孩及三弟同席。」[237] 這個對比更能襯托出蔣介石對於桂系的著意殷勤。無論是在用人用錢、補充武器彈藥、擴充部隊編制，本書作者從蔣介石的日記和行動上能夠看出的是，蔣介石讓白崇禧參與中樞最高機密，把他當成是「自己人」看待，而對其他桂系領袖們（李宗仁）也小心翼翼，甚至曲意承歡。[238]

即便如此，桂系依舊不脫地方實力派本色，包括內政獨立，財政獨立，甚至軍隊半獨立。抗戰初始，桂軍就進行大規模擴軍，從原本的二軍五師（15個團）擴編為五軍十五個師（62個團），同時還將民團實力擴充約三倍左右。[239] 這些部隊都是重慶政府指揮不動，或是識趣地避免指揮者，由廣西領袖們自行管理。這些特性不但表現在廣西本省，也表現在桂系軍人統治的湖北省和安徽省。細節將會在本書第八章進一步加以探討。從重慶政府對於廣西的小心翼翼可以看出，儘管雙方抗日立場形同一心，但是對於各自軍

---

234 蔣介石日記，1938年2月23、27日，11月2日，12月1、2、4、5、9日。

235 陳布雷從政日記，1944年3月1、7、8、10日。

236 白先勇，廖彥博合著，《悲歡離合四十年，白崇禧與蔣介石：北伐．抗戰》，頁379。

237 陳誠先生日記，1944年4月18日。陳誠也不忘這個對比，「較之白某老太太生日，大事（肆）鋪張，竟費一千餘萬元，雖覺太簡單，然余母甚以為慰，並說浪費即罪過。」

238 讀者請對照蔣介石日記和陳布雷從政日記眾多記載，都可以看出陳布雷所經手處理的侍從室許多機要事務都有白崇禧參加。

239 白先勇，廖彥博合著，《悲歡離合四十年，白崇禧與蔣介石（上）：北伐．抗戰》，頁222-223。其番號是7A、31A、46A、48A、84A，成為桂系主力軍。

隊的賞罰處置仍然必須萬分謹慎，內心深處仍然隱藏著一道難以跨越的鴻溝。因此，儘管桂軍作戰不力，[240] 但是仍然獲得中央政府厚待。而桂系軍隊是整個八年抗戰幾乎是唯一和中央政府平穩合作的地方實力派，但是仍然是維持高度自主性的「客軍」身分，彼此小心翼翼地處理關係，離軍隊國家化和指揮統一化仍有一大段距離。

至於桂軍何以同時呈現抗戰態度堅決而又作戰無能，則仍然是一個重要的國家大事之謎。本書作者依據有限知識所能做的初步推測是，桂系領袖們偈處邊陲多年，只有內戰經驗，缺乏國際宏觀，或許誤將日軍看成是直系皖系軍閥的翻版而已，與之對仗無需外國援助（前引李宗仁語）。但是一旦交手之後又成為驚弓之鳥，誇大敵軍戰力而急求外援。此項推測是否正確，有待其他學者來日研究予以鑒定。

二、廣東

廣東省作為地方實力派一員則又是另外一番景象。粵籍將領們的抗日立場相對穩定，但是由於汪精衛是廣東人，因此他持續把拉攏粵籍文人和軍隊投靠作為他政權的工作重點。只是成效並不顯著，大部分粵籍文武人士一直留在主戰派陣營之內。但是廣東和廣西一個重大不同點是，桂系內部團結一致對外，而廣東則在抗日大局下內部四分五裂。在盧溝橋事變前，先是陳濟棠對南京政府保持對立關係。而早在1932年，陳濟棠的軍隊就擁有10萬枝槍。陳濟棠失敗後，繼起的廣東軍人包括李漢魂、余漢謀、張發奎和薛岳等人，雖然同是粵籍軍人，但是利益和立場各異，互不隸屬，而且彼此不和，導致蔣介石感嘆，「人事為難，粵事更難」。[241] 更由於廣東軍隊一律只講廣東話，外省籍軍人無法任職，因為根本無法和官兵們溝通，甚至無法呼叫

240 依據林蔚評估，廣西軍隊在省外作戰者戰鬥力太差，而留在省內者則更差。見：徐永昌日記，1939年11月30日。

241 蔣介石日記，1938年11月12日。

口令。所以中央政府只好依賴廣東軍人處理廣東軍務。

1938年10月份日軍在大鵬灣登陸，10月13日余漢謀巡視各地時仍然誇稱防務鞏固，隔不兩日（15日）省政府就率先開溜，而日軍僅約300人到18日才抵達廣州市郊。[242] 廣州原本具有堅強工事，但是守軍第12集團軍不戰而逃時完全沒有加以破壞，反而縱火焚毀市區民宅商鋪，令身處後方的國民參政會粵籍參政員和官員憤怒難抑，認為守軍將領罪不可恕。[243] 雖然粵籍將領在事後受到一些表面上責罰，但是依然掌握兵權。並且繼續成為一方之霸，既不服從中央，也和鄰省（廣西）和其他粵籍將領（張發奎，薛岳，李漢魂）不和，各行其是。[244] 這個敵人未至就棄城先逃的事件，在抗戰尚在早期時就說明了一個重點，那就是在緊要關頭時，地方實力派的首要任務不是守土衛民，而是保全武裝實力，才有東山再起的本錢。難怪蔣介石在1938年底回顧抗戰時特別指出，從盧溝橋以來16個月失陷的軍事重鎮中，只有廣州余漢謀部隊是未戰先潰，而中央政府也無法給予實質處分。[245]

在此後歲月中，重慶政府對於廣東省事務無權過問，李漢魂名為省主席但是沒有軍隊，因此無法推行省政。而余漢謀擁兵自重，甚至把省府屬下的自衛隊與軍管區等事務也把持在手，不把省主席放在眼裡。余漢謀還擅自在第12集團軍之下建立憲兵團，而戰區司令官張發奎卻事先既不知情事後又毫無辦法。事實上張發奎對於余漢謀軍隊內部凡事不能過問，而蔣介石在遇有問題時也只能軟言要求張發奎、余漢謀、和李漢魂進行協商。1939年1月份粵籍將領之間矛盾惡化，重慶政府只好派陳誠和白崇禧聯袂到廣東去疏通關係，但是對於廣東省軍隊的地方性無法撼動，仍然緊緊抓在余漢謀手中。[246] 因此毫不奇怪地，在1月底，當白崇禧以中央政府名義命令廣東軍隊第37集

242 鄭天挺西南聯大日記，1938年12月8日。

243 王世杰日記，1938年10月22、25、29日，11月28日。

244 張發奎，《蔣介石與我》，頁270、282。

245 蔣介石日記，1938年12月31日，「一年中之回憶錄」。

246 陳誠先生日記，1939年1月6日；張發奎，《蔣介石與我》，頁274。

團軍支援桂軍進攻時，該軍司令官（葉肇）明白表示拒絕服從命令，[247] 中央政府卻無法維護軍紀。

至於另外兩位廣東軍人，一位是張發奎。他的職位是第四戰區司令官，職權是指揮廣東和廣西兩省軍事，但是無兵無權，虛有其表，而他因此數度請辭司令官職位又被蔣介石懇請留任。張發奎的例子頗能顯示地方實力派的複雜性，因為他本人是一位忠貞主戰派的地方軍人，認同重慶政府指揮權，但是卻對其他地方實力派缺乏控制力，因為廣東由余漢謀控制，而廣西由桂系控制，他只是一個空頭司令。他只好坦承對於廣西的種種困難情形，實在超過他的控制能力，「因為桂省一切不易處也」。[248] 這個案例也再度提醒我們兩點。一是在統計抗戰時期軍隊實力時，不可輕易把軍職（戰區司令官、集團軍總司令等等）和軍力等同視之，不然就會在方法論上犯一個嚴重錯誤。二是抗戰時期不全是中央和地方部隊的矛盾，也不全是嫡系和雜牌的矛盾。而是在任何時候當地方實力派受到外力干預時，要麼置之不理，要麼提出同樣的指責（歧視待遇）以求自保。因此即便雙方都是地方實力派，他們之間的關係也無法逃避這種互動圈套。

廣東另外一位將領薛岳也擁有自己的軍隊。薛岳一如桂系，他的抗日立場堅決，但是對於重慶政府的指揮則是有選擇性地接受。尤其是到了1944年，獨行獨斷跡象更趨明顯，從而引起蔣介石極大憂慮。比如說，1944年2月間，蔣介石一方面讚賞薛岳的工作積極成效扎實，一方面擔憂他偏袒自己的親信部隊，「總以一念之私，不能至公大正」。而他捏造委員長手令私自越權委任師長，更是匪夷所思。[249] 一號作戰時第四軍守長沙只一日就棄城出逃，蔣介石為之震怒，堅持槍斃軍長張德能，可能因此導致薛岳態度改

247 白先勇，廖彥博合著，《悲歡離合四十年，白崇禧與蔣介石（上）：北伐．抗戰》，頁331。

248 陳誠先生日記，1940年1月5、9日。果然當重慶政府要求張發奎到廣西南寧去坐鎮指揮時，廣東軍隊第37集團軍葉肇公然抗命，擅自把部隊從廣西開回廣東，張發奎無可奈何。見：張發奎，《蔣介石與我》，頁302-303。

249 蔣介石日記，1944年2月11日。

變。此後戰事延及廣西省時，白崇禧曾經以軍委會名義對薛岳下達七次命令增援廣西，均遭置之不理。問題的癥結可能是薛岳不滿廣西軍隊推三阻四不願進入湖南省協助粵軍保衛長沙衡陽，卻企圖把粵軍拉到廣西去替桂系看守「大門」，因此大動肝火。不但薛岳本人拒絕援助廣西，連粵籍余漢謀也不肯出兵援桂。[250]

就薛岳而言，他到了11月中旬擅自扣留其他部隊的團長以上軍官多人，已經讓蔣介石極度不安和不解。不久之後薛岳胞弟違反中央命令，帶領第90師擅自占領贛州地區，並且強行闖進飛機場企圖攔截美軍補給品，就更讓蔣介石大為震驚，在日記中寫道，「薛岳自由行動，占領贛州機場，不能令其撤退，亦不能下令處置」，對於蔣介石手令置之不理，使他驚覺「薛岳在贛自由行動，**等於叛變矣**。」。但是蔣經國審時度勢向父親建議千萬不可以命令行事，「只有暫時置之，以待其自悟。」成為不了了之。[251] 在這個關頭，美軍司令官魏德邁也向蔣介石報告，薛岳曾經私下要求魏德邁把美國武器交給他，而不要經過蔣介石批准。但是被魏德邁拒絕。[252] 由于薛岳和陳誠私交頗好，所以重慶政府只好派陳誠去贛南和粵北會見薛岳和余漢謀等將領修復關係。[253]

總之，和桂系一般，只要地方實力派沒有投降日本的傾向，蔣介石對於其他違紀行為都只能逆來順受。而在這個最後而又重要的關頭上，蔣介石的處境尤其困難，因為廣西的白崇禧和廣東的薛岳正是他主戰派最重要的兩個夥伴。他們之間在這個民族存亡最關鍵時刻發生爭執，不但曝露了主戰派骨

---

250 陳誠先生日記，1944年11月3日；白先勇、廖彥博合著，《悲歡離合四十年，白崇禧與蔣介石（上）：北伐．抗戰》，頁392、400、403、406、422。

251 蔣介石日記，1944年11月17-22，24日；陳誠先生日記，1944年11月21日。有關薛岳與白崇禧的不和，見：白先勇，廖彥博合著，《悲歡離合四十年，白崇禧與蔣介石（上）：北伐．抗戰》，頁414；又見：「候志明呈蔣中正報告」（1944年10月），《蔣中正總統文物》（台北：國史館），002-080103-00047-017。

252 蔣介石日記，1944年11月30日。蔣介石寫道，魏德邁提供的信息「使余愧感萬分。」

253 錢大鈞將軍日記，1944年12月3日；王世杰日記，1945年1月1日。

子裡也是地方實力派的本色，更讓蔣介石不知如何是好。這個案例充分說明，地方實力派雖然同在主戰派陣營之中，仍然各有自己的打算，一切以本身利益作為出發點，而不是為國家利益而共同奮鬥。蔣介石政府無法掌控地方實力派，而地方實力派也無法掌控其他實力派。儘管蔣介石、白崇禧和薛岳可說是整個抗日戰爭中最堅定主戰派，而且各自手中握有相當軍事資源（兵力），但是說到最後，他們之間的關係不是上級和從屬關係，而是政治軍事夥伴之間的協商關係。在當代其他現代化統一國家可以用軍事紀律和指揮權處理的事務，在戰時中國卻必需經由政治協商（討價還價）才可能做出成果。

這個狀況也讓陳誠對於主戰派內部夥伴們的調和工作，做出了一段重要的觀察。他提醒蔣介石，全國黨政軍單位對於中央各部院會的命令或是不願遵行，或是無法實行，對於委員長侍從室發出的公文則略微尊重，只有對委員長「手令」才盡量遵行。其結果是中央各部會也學會狐假虎威，號稱握有「委座手啟」以壯聲勢，但是遲早會讓手令失去威信。[254] 回顧歷史，事實上同樣情況在淞滬戰爭末期已經露出苗頭。當戰場情況混亂急迫時，許多部隊長官拒絕接受直接上司命令，而堅持必須看到蔣介石手令才服從。[255] 蔣介石一生被人詬病為喜歡下手令干預下級事務，當然有大量事實可資證明，但是也有相當一部分是被下級所逼（比如河南戰爭時的蔣鼎文）而不得不然。長此以往，連手令也隨之貶值。

254 陳誠先生日記，1944年12月25日，「上星期反省錄」。有關蔣介石手令的新近研究，請參閱：張瑞德，《無聲的要角》，第八章。

255 徐永昌日記，1937年11月20日。

第五節　大西北地區狀況

除了上述抗戰大後方省份之外，中國在西北方向更有一大片遼闊疆土，面積超過抗日區和淪陷區的總和。它們對於抗戰的貢獻又如何？在此本章只能做最簡略的敘述，其根本原因是它們遠遠超出中央政府控制範圍，中央政府不必說對於它們的人事、行政、和財務缺乏控制權，就連最基本的資訊都需要依靠非正規管道去獲得。因此它們對抗戰陣營做出的實質性貢獻乏善可陳，但是卻經常成為政府嚴重的後顧之憂。

一、回教地區

早在九一八事變後不久，日本就開始派遣人員潛入綏遠、寧夏、青海、甘肅等省設立情報站、運輸機構、車隊等等。寧夏省馬鴻逵也私下與日本建立接觸。1936-1937年間，青海省馬步芳和馬步青向日本購買大批武器彈藥。[256] 盧溝橋事變時，寧夏省馬鴻逵正在和內蒙古發生軍事摩擦，他一方面要求中央政府（1938年）幫助他討伐親日的蒙古人，一方面要求中央政府把邊境保安權和財政權交還給寧夏省，同時拒絕中央軍隊進入寧夏省。蔣介石都只好接受。[257]

國民政府在1937-1939年間忙於華東戰事，對於大西北無暇顧及，甚至連資訊來源也只是零星而片斷。政府在慌亂撤退過程中得知，日本人在青海和甘肅等地非常活躍，德王甚至在包頭召集回民籌備成立大夏國。[258] 不久又傳聞日本人扶植的蒙古政權在張家口成立，勢力範圍伸展到察哈爾、綏遠

256 呂芳上主編，《中國抗日戰爭史新編：全民抗戰》，頁267-268。

257 Hsiao-ting Lin, *Modern China's Ethnic Frontiers: A Journey to the West* (Routledge, London, 2011), p. 65.

258 資訊來源分別是閻錫山和馬占山，見：徐永昌日記，1937年11月29日。

和一部分陝西。[259] 總之，青海馬步芳，寧夏馬鴻逵都是日本在抗戰初期爭取的對象，目的是另外建立回教國家。

在這個混亂局勢下，各省的馬家之間不但彼此互鬥、和日本人曖昧聯絡，而且還向中央政府提出各種索求。比如說，在1938年初，在青海省內鬥中，馬步芳已經強迫乃叔不許過問省府事務，同時又要求中央政府撥給軍費。徐永昌主張敷衍，但是白崇禧主張每月給二三十萬使彼等滿意，就可以贏取他們為國家效力。[260] 由於白崇禧本人是回教徒，所以又被其他領袖認為心存偏袒，由中央出錢換取回民對他的好感。豈知在1939年初，又謠傳青海省內的蒙古和西藏僧人醞釀和日本人密謀，承認日本對於青海省的宗主權。如果成為事實，就很可能在西北省份引起連鎖反應。引起重慶政府極度擔心。[261]

根據1940年行政院派往青海省的視察組回報，該省政府的工作人員都是主席的家屬，封建色彩極其濃厚。[262] 大致而言，馬步芳屬下軍官的來源限於家屬成員、姻親關係，籍貫則是來自循化、化隆及臨夏等少數縣份的回教徒，外人無法進入領導圈。而其中最突出者或許就是馬步芳的兒子馬繼援，1940年年僅20歲，中學畢業，但是已身居少將階級，擔任他父親第82軍副軍長職位。[263] 而騎兵第五軍軍長則是其兄長馬步青 。[264] 1941年中期，青海省主席是馬步芳，而甘肅省保安司令則是他的兄弟馬步青。蔣介石企圖拉攏馬步芳去挑戰馬步青，奪回甘肅走廊控制權，給予馬步芳個人以財政支助。1942年夏季，蔣介石親自訪問甘肅、青海、寧夏等省份、和回教領袖們談判，爭取他們同意抗日，並且承諾由中央政府撥給財政補助。在這種情況

---

259 Hsiao-ting Lin, *Modern China's Ethnic Frontiers*, p. 55.

260 徐永昌日記，1938年3月6日，4月15日。

261 Hsiao-ting Lin, *Modern China's Ethnic Frontiers*, p. 56.

262 陳克文日記，1940年8月14日。

263 徐永昌日記，1940年1月30日

264 陳秉淵，《馬步芳家族統治青海四十年》（青海人民出版社，1986）。不久之後，馬繼援升任第82軍軍長，而騎兵第五軍軍長則由馬步青女婿馬呈祥擔任。

下，這些西北省份在名義上歸順中央，但是在實質上沒有對抗日做出貢獻。儘管中央政府和國民黨的某些組織單位被允許進入西北掛招牌設立辦公室，但是實質上西北依然操縱在回教地方實力派手中。即便是省政府由中央政府任命的廳長，也在不久後被排擠去職，換成馬家親信。[265]

蔣介石親自出面安撫並不能改變大西北半獨立而又動盪不安的局面。1943年中期傳出青海省馬步芳，馬步青兄弟互鬥的消息。雖然重慶政府高度關切，卻不敢採取行動。不久之後，馬步芳具體要求中央幫助他清理馬步青部隊。但是中央同時又得到情報，馬步芳也曾經派代表與汪精衛政府接觸，要求供給軍械。一直到1944年，重慶政府都斷斷續續收到情報，顯示甘肅、青海、寧夏等地區的回教馬家內鬥，甚至爆發武裝衝突。[266] 但是重慶政府既不能以行政命令予以阻止，也無法使用武力去平息內亂。只好聽其自然。

重慶政府對於大西北不敢輕舉妄動，不但因為它地區太廣闊，而且回教的差別造成高度政治敏感。更何況，這些實力派的確具有武裝實力，不可忽視。比如說，僅僅是馬鴻逵的寧夏省，在1939年就有步兵13個團，騎兵4個團，共38,000餘人。相當于抗戰初期的雲南省。它的稅收大約是450萬元。同樣重要的是，鴉片煙又是大宗收入。雖然總價值不詳，但是在1941年駐防綏遠省的傅作義就數度警告中央稱，馬鴻逵非常不滿意重慶政府干涉他的煙土走私活動，懷疑中央將會對他不利，因此傅作義敦請中央務必避免刺激馬鴻逵的感情，[267] 以免他產生貳心（脫離抗日陣營）。根據重慶行政院情報，馬鴻逵在青海省用人的基本條件是「甘、馬、回、河」，即必須是甘肅籍，姓馬，信奉回教的河川籍人士。他視官員如臣僕，財政廳和教育廳分由第四

---

265 侯坤宏，《抗戰時期的中央財政與地方財政》，頁240-246；Hsiao-ting Lin, *Modern China's Ethnic Frontiers*, p. 76-77. 1943年中期，國民政府終於能夠派遣4個師的國軍進駐甘肅走廊。

266 徐永昌日記，1943年7月15、16日，9月23日；1944年4月24日。1944年騎兵第3軍副軍長向陳誠報告，該軍「馬老兵弱」，一個師能夠作戰者只有600人，引起陳誠嘆息「西北軍隊實可怕」。見：陳誠先生日記，1944年9月12日。

267 陳克文日記，1939年6月8日報導政府官員普遍吸食鴉片煙；又見：徐永昌日記，1939年8月8日；1941年11月27日。

和第五姨太太主持，廳長們抽鴉片賭博，全省煙稅由官員承包。主席可以任意搶奪民間婦女為妾，形同土皇帝。[268] 對於如此一個封建腐敗的地方實力派，重慶政府可謂一籌莫展。不能務實地指望它對抗日陣營做出貢獻，但是卻無日不擔心它對抗日大業的殺傷力。

二、新疆

自從民國初年以來，新疆就維持化外之邦狀態，1933年春季，原省主席金樹仁被盛世才取代，而南京政府對其毫無影響力。1933年稍後由於東北義勇軍（馬占山、蘇炳文、李杜）在東北敗退後由蘇聯安排借道新疆返回中國，一時在新疆的軍隊似乎勢力大增，南京政府誤判情勢，趕緊派黃慕松以「新疆宣慰使」名義在1933年6月入疆，企圖重掌政權，但是立即遭到扣留。在南京政府幾經磋商讓步之後，黃慕松才在7月底被釋放回京，此後新疆成為盛世才獨掌大權。[269] 盛世才甚至曾經申請加入蘇聯共產黨，並建議把新疆變成蘇聯第16個加盟共和國，但是被蘇聯拒絕。這並不是因為蘇聯對於新疆缺乏野心，而是因為蘇聯不想被西方國家指責為領土擴張而增加它本身的外交孤立。大約在1934年，盛世才親蘇立場更為顯著，提出「六大政策」口號，內容是「反帝、親蘇、民族平等、清廉、和平、建設」。在排斥南京政府的同時又接納中共人員進入新疆協助發展，也接受蘇聯幫助新疆建設經濟和交通，技術援助，甚至軍事支援平定回人叛亂。[270] 抗戰開始之後，1937年10月首批蘇聯軍事援助物資經過迪化運到蘭州，成為當時蘇聯物資援華的主要通道。1938年8月盛世才訪問蘇聯，並且和史達林會面，接受史達林指示在

---

268 陳克文日記，1939年6月8日；侯坤宏，《抗戰時期的中央財政和地方財政》，頁240-246；張寄亞，〈「心范會」及其他〉，寧夏回族自治區政協文史資料研究委員會主編，《寧夏三馬》（中國文史出版社，1988），引自張瑞德，《山河動》，頁44。

269 郭廷以，《中華民國史事日誌》（台北：中央研究院近代史研究所，1984），第3冊，頁272-289。

270 呂芳上主編，《中國抗日戰爭史新編-全民抗戰》，頁277。

表面上採取支持蔣介石對抗日本的姿態。

抗戰時期重慶政府對於新疆問題左右為難，一方面它依賴蘇聯軍用物資從新疆運進中國，一條5,200公里的公路從蘇聯經過哈密，到甘肅蘭州，於1938年完工，讓中國產品（茶葉、羊毛和礦產）可以運往蘇聯交換武器，所以不敢得罪蘇聯。但是另外一方面盧溝橋事變前後，蘇聯派遣了5,000士兵幫助盛世才平定回人叛亂，派遣一個機械化旅進駐哈密，並且有20餘蘇聯人擔任盛世才顧問。根據重慶政府情報，蘇聯還替新疆設立兵工廠，每個月可以出槍一萬枝。[271] 因此在實質上新疆省等於被蘇聯占領，盛世才成為蘇聯傀儡，而且甘肅和陝西部分地方武力團體也落入蘇聯影響之下。1940年盛世才飛往莫斯科簽訂合約，讓蘇聯50年內有權在新疆勘察和開採礦物，包括石油和金礦。蘇聯軍人蹤跡遍布新疆，甚至出現在甘肅省。蘇聯「顧問」在新疆和大西北省份到處招搖，以致讓重慶政府非常擔心新疆和西北省份可能不久將成為蘇聯附庸政權。[272] 事實上，在蘇聯勢力鼎盛時期，有7-8千人軍隊駐扎在迪化和哈密等大城市，裝備有坦克車和飛機，也有飛機製造廠和油礦等設施。[273] 相對而言，新疆對中國內地卻施行嚴密封鎖，即便是重慶政府官員也受到嚴格檢查，普通人更是無法進入新疆。[274]

1942年是重慶政府和盛世才關係戲劇性化改變的年份。早先在1941年6月德國突襲蘇聯引爆德蘇戰爭，在此後一年內蘇聯軍隊大規模潰敗，導致盛世才政治風向改變而引起蘇聯警惕。1942年3月19日發生一起重大政治謀殺案件。盛世才胞弟盛世騏（祺？），時任新疆機械化旅長，遭受殺害。依照盛世才判斷，刺殺是由蘇聯主謀，目的是打倒盛世才而另立親蘇聯政府，原本預備在4月12日起事槍殺盛世才，但是因為3月19日刺殺事件而提前暴

---

271 徐永昌日記，1940年4月2日。

272 Hsiao-ting Lin, *Modern China's Ethnic Frontiers*, p. 56-58；徐永昌日記，1939年1月14日；陳克文日記，1940年1月4日。

273 何應欽向最高國防委員會議報告，王世杰日記，1943年8月17日。

274 徐永昌日記，1939年12月6日。

露。盛世才出於對蘇聯的恐懼所以才向重慶政府輸誠，而且聲稱他仍然掌握自己的部隊。[275]

面對如此巨變，重慶政府在1942年7月趕緊派遣第八戰區司令官朱紹良和經濟部長翁文灝訪問迪化，答應由盛世才繼續統治新疆，換取後者政治效忠。兩個月後，宋美齡又代表蔣介石訪問迪化，承諾尊重盛世才地位，並且給予盛世才十萬元美金支助。隨後盛世才開始要求蘇聯撤退技術人員和軍人，允許國民黨在新疆大城市成立黨部，允許青天白日國旗在新疆飄揚。蔣介石在日記中也心滿意足地認為從甘肅蘭州到新疆伊犁的三千公里地帶，兩倍大於東北三省，已經納入中央政府控制之下。[276] 但是事實上並非如此樂觀，新疆回歸中國只是政治上長期隔絕後的重啟聯絡，既沒有軍事接管，中央政府權威也不能進入。

至於重慶政府和蘇聯在新疆的衝突，則更是延綿不斷。1943年，蘇聯仍然有1千余人在新疆，中方政府和蘇聯商量撤退蘇聯勢力進展緩慢無效。更糟糕的是蘇聯的顛覆行為。1944年初蘇聯扶植哈薩克叛軍，此時盛世才在新疆有3萬人軍隊，進剿哈薩克叛軍，但是被蘇聯飛機轟炸。經過中國政府抗議，蘇聯政府最初托詞說不知情。不久之後又經過官方通訊社（塔斯社）發表消息，指控新疆軍隊越境進入外蒙古國境。蘇聯並且恐嚇如果再發生類似事故將予以反擊，中國政府只好力求緩和。與此同時，王世杰、白崇禧、何應欽等人也開始向蔣介石建議，把盛世才調離新疆。事實上，此時重慶政府對於新疆的情況非常隔閡，連新疆人口數字都無法確定。王世杰認為新疆地廣人稀和民心溫順，如果沒有外患就容易治理。而盛世才則面臨兩個問題，一個是他與蘇聯不睦，一個是他依賴高壓手段，隨便逮捕嫌疑犯數百人。所以建議中央把他調走。而盛世才本人在1944年初看到蘇聯軍隊在歐洲戰場轉

---

275 徐永昌日記，1942年7月11日。盛世才寫信告訴蔣介石，他在1938年赴蘇聯就醫時，加入蘇聯共產黨。盛世才也想加入中國共產黨，但是蘇聯不同意。蘇聯並且要求新疆礦產由蘇聯開發50年。

276 蔣介石日記，1942年8月31日；王世杰日記，1942年7月11日。

敗為勝，又試圖修復和蘇聯關係。但是蘇聯並不領情，反而在此後幾個月中加緊對於外蒙古邊境哈薩克叛軍的公開接濟，情形變為十分嚴峻。[277]

在此種情況下，盛世才曾經向蘇聯輸誠，願意把新疆轉變成為蘇聯一部分，但是史大林不但予以拒絕，並且把信息傳達給重慶政府，使盛世才大為受窘。而盛世才軍隊在和哈薩克亂兵作戰時又遭蘇聯出動飛機轟炸，而重慶政府此時派第一軍馳援又引起盛世才疑慮。[278] 8月初盛世才開始在迪化大事搜捕反對派人士，連重慶政府派去的官員也被捕入獄。[279] 蔣介石被迫趕緊派朱紹良去迪化解決問題。就在這個關鍵點上，盛世才自己的部下進行倒盛運動，形勢轉為對重慶政府有利，盛世才終於表示願意離開新疆。蔣介石隨即任命盛世才為農林部長，並且委派吳忠信為新疆省主席，在吳忠信到任之前由朱紹良兼代。[280] 因此中央政府至少在形式上，終於首次任命新疆省主席，但是離實際控制還很遙遠，因為蘇聯支持內亂的活動延續不斷。從1944年下半年開始，蘇聯支持的叛軍積極阻止國軍進入新疆。根據朱紹良報告，新疆叛軍有汽車補給，有特種武器，裝備訓練均優。他們在玉門附近攻打政府軍，武器威力大，而且散發傳單，署名為「東土耳其斯坦民族共和國軍政委員會」。[281]

這個情形到了1945年初似乎變本加厲。朱紹良不斷向重慶政府雪片型報警，伊犁機場被攻擊、叛軍在伊犁地區大量組織民眾攻擊政府軍、叛軍武器甚好，有戰車掩護，輕重機槍，炮兵，步騎兵，國軍工事大部分被毀。敵人

---

277 何應欽向最高國防委員會議報告，王世杰日記，1943年8月17日；1944年3月29日，4月1、3、14、24日，6月28日。依據重慶政府情報，新疆號稱4百萬人，維吾爾族大概2百五十萬人，漢人不超過20萬人。見：王世杰日記，1944年6月17日，8月1日。

278 王子壯日記，1944年9月18日。

279 盛世才以指控共產黨分子企圖推翻政府和奪取政權為名，拘捕多人。但是經過國民黨中統局清查，並非事實，而拘捕犯人集體翻供，指責為屈打成招。後經蔣介石親批，新疆叛亂分子400餘人無罪。1944年9月13日盛世才從新疆返回重慶，擔任農林部長。何成濬將軍戰時日記，1944年9月14日，10月2日，11月18日；1945年1月28日，4月20日，5月29日。

280 王世杰日記，1944年8月1、17、28日。

281 徐永昌日記，1944年12月5、11、12日。

火力幾乎優於國軍三倍。而叛亂者有蘇蒙軍參加，還有蘇聯教官。「民族解放作戰委員會」煽回反漢，八千人，有俄國人協助，攻擊政府軍和塔城，並且組建政府。僅僅是伊犁附近就有叛軍兩萬人，由蘇聯供給武器。而重慶政府此時能夠派到新疆的部隊，由於一號作戰牽制，只能是地方部隊。它們不但武器訓練無法與蘇軍相比，而且仍然脫不了地方軍隊習氣，上下意見不一，師長不受指揮，和保存實力，終致國軍處於挨打，重要城市屢受襲擊。[282] 到了1945年3月份，羅家倫從新疆回到重慶報告，國軍進入新疆的3師半共2萬人，已經損失三分之一以上。其間，不但伊犁方面叛軍由蘇聯接濟武器，而且白俄叛徒也由蘇聯接濟武器，而蘇聯報紙又露骨地批評中國政府腐敗。[283]

以上的簡述說明，廣大的新疆地區縱有豐富農牧礦產資源，卻對八年抗戰沒有做出任何貢獻，地方實力派（盛世才）其實是蘇聯的代理人，不受中國政府制約。即便是新疆在1942年在表像上回歸中國，但是蘇聯繼續指使內亂，逼使重慶政府在面對日軍大規模攻擊中國西南省份時反而需要分散兵力去應付新疆亂局卻又不能平息之。所以這個地方實力派不但直接危害抗日戰爭，而且迫使中國政府在1945年向蘇聯政府做出重大外交讓步。

三、西藏

如眾所周知，自從民國以來，無論南方或是北方政府，從不曾有效統治西藏地區。抗戰軍興，南京政府和重慶政府先後忙於抗日，也沒有精力去伸張對西藏主權。西藏有自己的政治體系，還有士兵7千人和有槍1萬5千枝。西藏進入抗戰軍事考慮視野是因為太平洋戰爭爆發，中國面臨西方武器輸入中國的路線（緬甸）被切斷，開始計劃修築藏印公路，俾使美國武器在運到

---

282 徐永昌日記1945年1月1、23日，2月11-13、15、16、22日，3月11、24日，4月6日，5月6日。

283 王世杰日記，1945年1月21日，3月28日。

印度後可以經由陸路穿越西藏到達內地。但是此項設想立即遭到西藏反對。為此蔣介石特意派蒙藏委員會去疏通，但是沒有成功。1942年春季，蔣介石訪問印度時又向英國建議修築一條經過西藏的中印公路，英國人托詞需要徵求西藏領導人同意，而西藏領導擔心漢人趁機進入而加以拒絕，所以重慶政府只好改選用高成本低功效的空中走廊（駝峰）代替陸地交通。到了該年秋季，或許是因為中國遠征軍在緬甸戰場失敗，而和英國的關係又惡化，以致西藏領袖對重慶政府愈形不友善，有時故意拘留和拷打漢人。重慶政府駐藏辦事人員試圖進行交涉，西藏領袖也避而不見。[284] 雙方等於隔絕往來。

1943年英國主動向重慶外交部表示，希望中國不要對西藏用兵，並且自告奮勇願意調停中國和西藏爭執。其實重慶政府的目的仍然是想開闢中藏交通線，便利美援輸入。而重慶政府外交部的立場則是，西藏是中國內政事務，無需英國干預。外交部甚至明白表示，中國政府不願英國涉足西藏事務，比起英國人不願中國涉足印度事務更為嚴肅認真。而英國人則提出威脅，如果中國對西藏用兵，則對美國人援華工作將產生不利後果，因為美國人會以為重慶政府把武器用在內戰而不是抗日。雖然英國大使承諾不過問西藏事務，但是實際上並未終止。[285]

1943年外交部長宋子文訪問英國時，英國外交部曾在8月初向中國提出書面檔，宣稱西藏實際上早已獨立，而英國和西藏之間還曾經簽署條約，也不曾請求中國政府批准。然而英國仍然願意從中斡旋，讓西藏承認中國宗主權，交換條件是中國政府承認西藏完全自治權。中國政府不予回復。1943年夏季，西藏政府允許恢復西藏和內地的運輸，但是只准商人來往而不准許重慶政府設站辦理軍事運輸。與此同時，重慶政府在青海和西康擴充對西藏的公路交通，也引起西藏人恐懼。但是由於英國人幕後奧援，西藏領袖對重慶政府始終沒有讓步。[286] 到了1944年底，雙方關係更形惡化，根據軍令部派

284 徐永昌日記，1942年1月4日，9月4日。

285 王世杰日記，1943年5月9、10、12、28日。

286 王世杰日記，1943年10月7日。

赴西藏官員回報，他們在半途中就被西藏槍兵阻擋，聲稱「外國人」不可以入藏。重慶官員被拘留一個半月，遭受捆綁及鞭打，有的甚至被打死。即使帶領政府人員進入西藏的藏人領袖（喜饒嘉錯）也不受尊重。重慶政府這才發現居住內地的藏人在西藏本地並無勢力根基，而蒙藏委員會居然把他們視為藏人領袖而授予高官，可見完全不了解西藏事務。[287] 正如新疆一般，西藏在整個抗戰八年時期，對於抗日沒有做出貢獻，甚至連一條公路的通行權也不肯讓出。而在這整個過程中，英國雖然號稱是中國盟友，其實處心積慮地想在西藏建立它的半殖民地。西藏對於抗日陣營的威脅不在於它會投靠日本，而是它完全置身事外，甚至可能背棄中國，自尋出路。

---

287 徐永昌日記，1944年12月13日。

第四章

抗戰時期國內政治軍事大格局

本書第三章所提供的資料並不是戰時國民政府抗日陣營的全貌，只是它的剪影。各節所敘述的是幾個大規模地方實力派所呈現的不同形態，與它們大同小異的實力派實體，雖然規模略小，卻普遍存在於戰時中國。如果我們把整個中國版圖（100%）粗略地分成三塊，其中一塊（約25%）是日本占領區，[1] 也是日本派遣軍侵略的活動範圍。它的戰鬥人員和後勤設施，不但有日本本土的先進工業和科技作為後盾，而且在太平洋戰爭爆發後，還有更廣大的東南亞作為戰略資源（石油、橡膠、礦產、糧食）的供應地。另外一塊（約25%）則是在國民政府旗號下、以不同程度進行抗日的活動範圍，其中包括華東、華南零星小塊，被嚴重切割的非淪陷區、領土較為完整的華北和長江中上游幾個省份以及大後方西南省份。至於廣大的西北地區（約50%）則幾乎完全置身事外，對於抗日事不關己。日本侵略者國力的支援是本國的高端科技、統一有效的全國軍政體系、東三省和東南亞豐裕的天然資源，而重慶政府所賴以支撐抗戰的條件，則是行政管轄權分割、地形崎嶇、天然資源貧乏的土地。更何況在這個和日軍占領區面積約略相等的「國統

1　根據委員長侍從室在1940年的估計，當時各戰區陷敵的縣市為513縣16市。見：陳布雷從政日記，1940年1月25日。依據另外一項估計，1945年日本在滿洲國和汪精衛政府控制的占領區總面積275萬平方公里，占中國總面積約25%；占領的城市約933個，占中國城市總數約50%。見：呂芳上主編，《中國抗日戰爭史新編：戰時社會》，頁33。

區」（25%）裡，地方實力派的控制權和手段雖然各有特色，但其共同點則是盡量排斥或是抗拒納入全國的指揮系統和資源動員範圍。戰時中國一切的政治和軍事運作，都離不開這個大格局的限制。[2]

說得更直白些，當蔣介石在盧溝橋事變後提出號召，「地無分南北，人無分老幼」，全國動員，抗戰到底，這個悲壯宣言與後來的現實有極大差距。中國八年抗戰絕非「全民抗戰」這個觀念所能概括，它其實只是少數地區中的少數國民和少數軍隊在和日本人作戰。這個殘酷情況對於我們了解抗戰史，和應付未來的民族危機都有重要意義。在慷慨悲歌或是讚頌勝利之餘，我們對於隱藏在模糊背景後的實際情況，依然需要客觀而冷靜地去剖析，才能吸取正確的歷史教訓。

第一節　地方實力派的動量

一、地方實力派和地方主義

多年來學術界在討論20世紀上半葉中國內政時，習慣性地採取一種思維方式，把中央和地方關係看成是兩造對立關係。一般討論中，認為中央政府代表全國，地方實力派代表地方，兩者之間的矛盾可以從「中央集權」和「地方分權」兩個對立觀念去理解。

在通常情形下，「地方主義」的確可以理解為特定地域內的一群人因其區別於相鄰地區的特質，所表現出的集體意識或自我認知。地方主義在中國歷史上存在已久，並不是20世紀的新鮮事物，而且其成因非常複雜。中國在地理上被自然屏障分割為無數個半獨立的區域或區塊，在許多區域中，當地

2　作者當然知道這個區分方法極其粗糙。但是抗戰八年之間戰線流動性極大，僅僅是1938年和1944年的淪陷區和自由區的面積就差別極大。本節的目的只是在採用一個粗線條概述作為論點，而不是細線條的描繪作為精確統計。

人有著其特具的自然生態、風俗習慣、宗教信仰、民間藝術和方言，甚至被納入中華帝國的時間差與方式，從而凝聚出強烈的身分認同感。尤其是在通訊和貿易不暢的地區，地方意識更為濃郁。雖然儒家文化和共同文字促成了一定程度的向心力作用，但卻也給予了地方群體相當大的決策自由，中央集權型式的傳統官僚制帝國相對地方而言，也只是名過其實地存在著。科舉中的配額制（或名額保障制quota system）和恩蔭制（或特別照顧制patronage system），更加強了人們的本地域出身意識。在制度運作和行政功能上，傳統中央政府本來就扮演相當有限的角色。而地方政府則有長期延續的傳統，獨立承擔著稅收、教育、建設、法律、治安、救災、福利等責任。[3]「天高皇帝遠」更是數千年來瀰漫民間的一個重要信念。

因此，某種程度的地方自治一直是中國政治現實的一部分，而「地方主義」卻只有在政治和軍事動盪時期，才會提升到政治意識層面。在中國長遠歷史上，地方主義本身並不能取代中央集權的文官制度，只是中央權威尚未復興之前的權宜之計。在這個意義上，地方主義從來都不是能與中央集權相抗衡的兩個意識形態，而是在中央權威衰弱之際的一種暫時性安排，一個「過渡期」而已（或許符合英文interregnum的含義）。中央政府能在某種程度上依仗和容忍地方自治的存在，正是因為在建立新的政治合法性上，中央從不認為地方主義能對其產生威脅。在國泰民安時期，中央政權可以好整以暇，從容處理國家統一的時間表，不把地方意識看成是政治競爭對手。但是當近代民族主義觀念興起，代替傳統的帝國想像，成為中國新興的意識形態基礎之時，中央與地方關係也開始發生變化。地方主義與中央主義間關係日漸緊張，主要原因有兩點。一方面，近代民族主義具有高度的統攝性，很難容忍地方或亞國家特性（regional or sub-national distinctiveness）等主張。[4]

3　Kung-chuan Hsiao, *Rural China: Imperial Control in the Nineteenth Century* (Seattle, Wash., 1960)。

4　有關討論，可以參見：Wang Gunwu, *Nationalism in China Before 1949*, in Colin Mackerras, ed., *China: The Impact of Revolution - A Survey of Twentieth Century China* (Essex, England,

現代文官制在職能上的急速擴張，也使得仍在繈褓中的民族國家功能得以伸延到許多在過去只是由地方領袖控制的領域之中，當然增加許多衝突。另一方面，在帝國體制衰弱之際，持續不斷的內亂又為越來越多的地方實力派提供了登上政治舞臺的機會。[5] 19世紀末以來，中國不同地區經歷了速度不平均的發展，各地經濟文化差距拉大、新軍建立、反對滿族專制情緒高漲、各省士紳官宦階級經由新興的諮議局和立憲運動，對省內事務爭取到更多發言權，這些因素共同促進了地方主義的崛起。[6]

我們通常望文生義地以為地方實力派的最高目標是保境安民，不受外力侵入和損傷本地人利益，由各地區本地人民當家做主，伸張管理自己事務的權利，因此地方實力派和地方主義必然共依共存。其實這種思路並不精確，因為儘管「地方實力派」和「地方主義」在字面上看似相近，而地方實力派也的確經常高舉地方主義旗號混淆公眾視聽，但是它們兩者在20世紀上半個世紀中的政治涵義不可輕易替代使用，否則就會導致我們在評論現實政治和設想國家政治前途選擇時，踏進後果極為嚴重的學院派誤區。因為貨真價實的「地方主義」可以引導我們從事對促進國家統一目標進行各種方案的理性探討，比如說邦聯制、聯邦制、聯省自治、民主化、地方分權和中央集權等，對它們在制度上的利弊進行理性比較。但是「地方實力派」則是國家分裂的現實敘述，尤其是在國難當頭抵禦外侮時刻，最可能造成的後果是威脅民族存亡，而對日抗戰正是這樣的歷史時刻。

儘管在20世紀最早期，一些地方領袖曾短暫地嘗試用各種形式，例如省憲制、聯邦制、邦聯制、聯省自治等等，將地方主義提升為能在意識形態和

1976), pp. 46-58; Joseph R. Levenson, *The Province, the Nation, and the World: The Problem of Chinese Identity*, in Albert Feuerwerker, Rhoads Murphey, Mary Wright, ed., *Approaches to Modern Chinese History* (Berkeley, Calif., 1976), pp. 268-288。

5　Franz Michael, *Military Organization and Power Structure of China During the Taiping Rebellion*, in *Pacific Historical Review*, vol. 18, no. 4, November, 1949, pp. 478-483.

6　John Fincher, *Political Provincialism and the National Revolution*, in Mary C. Wright, ed., *China in Revolution: The First Phase, 1900-1913* (New Haven, Conn., 1968), pp. 185-226.

制度上，與中央集權相抗衡的選擇。只不過，這些嘗試並沒有在政治權力階層中贏得廣泛民意的呼應。同樣值得注意的是，在北洋軍閥時期，地方主義「保境安民」的承諾變得越發脫離本地性。這段時期留存下的史料充分證明，某一政治集團的立場究竟是推崇地方主義或是主張中央集權，和它當時的政治軍事實力強弱有密切關聯。換句話說，地方自治權其實成了那些弱小軍事團體的護身符，以抵抗強鄰壓境，延續其小規模的獨裁統治。一旦這些弱小團體實力增長，他們也很容易就搖身一變成為中央集權的激進派。大軍閥諸如張作霖、閻錫山等，或者小軍閥如趙恒惕、盧永祥等，他們的統治可以一再證實這一論點。其中特別是張作霖，在奉系勢力羽毛未豐之際，倡言閉關自守，在東北地區養精蓄銳。一朝羽毛長成時，就急不得待進入北京，希圖左右全國政局。直奉戰爭失敗後又退回關外，再唱保境安民的老調。

歷史的真相是，在20世紀早期，那些快速登上政治舞臺隨即又快速消亡的地方政權中，很少是貨真價實的地方性政權。它們大多數是「外來政權」，「非土生土長政權」，甚至是「流亡政權 」，例如20年代浙江的盧永祥、江蘇的齊燮元，1930年代桂系控制的湖南，十九路軍在福建成立的「人民政府」。到了抗戰時期，所謂「地方實力派」與「地方主義」 的政治涵義更形脫節。「地方實力派」一詞中的「地方」二字，在多數情況下更準確的意涵是指揮官與士兵擁有相同的地方籍貫和出身，而其政權與被該政權統治下的人民並不一定要有某種密切「地方主義」的聯繫。因此，駐紮在安徽省的廣西或四川軍隊仍然可以稱之為桂系或四川地方實力派軍隊，而駐扎在湖北的廣西軍隊也仍然被視為桂系地方實力派軍隊，而長期遊走於華北地區的舊東北軍（張學良）更是與華北地區完全搭不上關係。它們其實都是「異鄉軍」（甚至是「占領軍」）而不是「本地軍」。所以「地方」二字的實體更多是通過「非中央」或「反中央」的色彩所界定，而不是其固有的地方特質，更不是地方利益的保護者。這種語義上的混淆在某種程度上，使人更難準確理解國民政府的政治。因為在國民政府時代政治話語中，一個地方實力派能固守在一個省份（本省），也可以在一個省份的境內四處移動，甚或從一省遷移到另一省（華北）。即便如此，只要它拒絕被中央政府同化，抗拒軍隊「國家化」，則該實力派所建立的政權仍舊是「地方」政權。另外一個廣為流行的名稱就是「雜牌」軍隊。在地方與中央在爭奪政治與軍事主導權過程中，普通民眾的福祉普遍被忽略，而且可能毫不相關。事實上，本章此後所引述的案例將一再顯示，地方實力派在抗戰時期加諸於人民的虐待和暴政（無論是在本省或是外省），超過以往近百年的歷史。因此，一個廣西地方軍隊駐紮在湖北某個地方，它對湖北地方人民的利益可以毫不關心，甚至殘暴不堪。即便是那些本地籍軍人控制的政權，也很少真正承擔起應該承擔的社會經濟與政治職能。[7]

綜言之，「地方實力派」的特殊品質不是它們的「地方」性，而是它們的「實力」性。一群軍官，招兵買馬聚集了一群士兵作為政治資本，既不善待人民群眾，也不善待麾下士兵。卻借著士兵的數量和槍桿子的威力，所到之處凌辱人民，壓榨資源，以維持他們的政治生命。他們占據的「地方」可能是自己的家鄉，可能是其他省份，控制的土地面積可能隨著形勢變大變小，更可能在一段時間裡東奔西跑居無定所，所謂「地方」者其實更準確的名稱是「地盤」，但是只要「實力」存在，它們就可以自成一「派」發揮能量。士兵和武器是他們的政治籌碼。或許英文中的「roaming armed bands」是一個頗為貼切的譯詞。因此精確地說，而在抗戰八年時間裡，國民政府面對的政治挑戰不是中央利益和地方利益如何協調的問題，而是重慶政府未能處理好與地方實力派的關係，給抗戰帶來了災難性的後果。

認真說來，地方實力派更確切的本質是它必須依靠一方土壤去「落地」，但是無需「生根」，因此並不會去精心滋養維護那片地方，和改善住在那片地方上人民的生活。正好相反地，它的重要目標是維持軍隊的生存，因此必須找到一塊土地去極力壓榨土地上的資源，幫助軍隊領袖們得以在政

7　徐永昌指控桂軍大部分貪汙，尤其李品仙貪汙，上行下效。非常嚴重。見：徐永昌日記，1943年5月13日。當然也有個別例外，參見：Donald G. Gillin, *Warlord: Yen Hsi-shan in Shansi Province* (Princeton, N. J., 1967); Diana Lary, *Region and Nation*; Gavin McCormack, *Chang Tso-lin in Northeast China: 1911-1928* (Stanford, Calif., 1977)。

壇上呼風喚雨。如果一塊土地失去利用價值，則完全可以無情地予以拋棄，換一塊土地取而代之。換言之，人民福祉不是地方實力派的懸念，如何從人民身上擠壓出最大的資源去維持軍隊的生存，才是實力派全力爭取的必要條件。

這個特性在抗戰時期的華北地區以東北軍和西北軍表現得最為突出，包括張作霖的舊部和馮玉祥的舊部（張學良部隊、宋哲元的第29軍、韓復榘部隊）都屬於這個類型。在陳誠筆下，東北軍是最差的部隊。他寫道，「以東北軍之歷史及其風氣，除（了）逐民為匪，迫民投日（之）外，**絕無他用**。」他又舉出該軍官兵對人民的姦淫行為，斥其為「個人作惡之工具」，並且誓言「**此種萬惡集團**只有研究如何解決，方能徹底耳。斷不能已將瓦解者，令其死灰復燃也。」[8] 這個評價和東北軍自我宣傳的慷慨高歌的豪情與誓死收復故土的壯志有著絕大落差。

在西南地區，最明顯例子當然莫過於四川省地方實力派，他們常年魚肉鄉民，欺凌壓榨，毫不關心民眾生計，從不關心經濟建設，導致重慶成都在戰前已經淪為中國最落後的城市，讓在1938-1939年間隨政府從長江下游撤退入川的公務員和難民們也為之大吃一驚。至於其他數以百計的中小城鎮更是封閉落後，加上煙毒遍地、幫匪橫行，軍人生活粗暴糜爛等等，根本沒有進入20世紀。雲南軍隊次之。或許廣西部隊最接近地方主義。難怪它們一方面在面對全國事務上可以豎起地方主義旗號作為擋箭牌去抵擋外力干預，而另外一方面又對統治下的老百姓長年漠視、欺壓凌辱、苛捐雜稅、推銷鴉片等等，不一而足。甚至那些本地籍軍人控制的政權，也很少真正承擔起應該承擔的社會經濟與政治職能。[9] 這一層認識或許可以幫助我們把戰時中央和

8　陳誠先生日記，1937年2月6日，3月7日。

9　徐永昌指控桂軍大部分貪汙，尤其李品仙貪汙，上行下效。非常嚴重。見：徐永昌日記，1943年5月13日。當然也有個別例外，參見：Donald G. Gillin, *Warlord: Yen Hsi-shan in Shansi Province* (Princeton, N. J., 1967); Diana Lary, *Region and Nation*; Gavin McCormack, *Chang Tso-lin in Northeast China: 1911-1928* (Stanford, Calif., 1977)。

地方的許多互動事務，放在一個不同的務實和道德天秤上去重新衡量。

歷史實例顯示，戰時許多地方實力派的行為表示它們最切身利益是控制和保護私房軍隊。不管是在山西、廣東、或廣西，地方實力派將領們都一再顯示，他們寧可放棄大片家鄉土地和拋棄人民，即使不戰而退也要保住軍隊。因為只有軍隊才是政治籌碼，沒有軍隊就沒有政治能量。如果只是失去一方土地和一群人民，他們依然可以竄走他鄉，去掠奪另外一群老百姓徐圖東山再起。在這個把軍隊看成是「命根子」心態下，面對抵抗或是歸順日本人的政治選擇，就會豁然開朗。更何況在這兩個極端選擇之間，還有一大片空間和手段可以實現自保。回顧1937年7月間，蔣介石耗費不少腦力地自以為悟出一個對付日本「不戰而屈人之兵」的錦囊妙計，那就是中國軍隊要「戰而不屈」，又以為民族主義信念必然可以感染全體國人，的確是一個誤判。因為一旦中央軍遭遇全軍覆沒命運，他就沒有本錢去要求別人去「戰而不屈」。這個慘痛教訓只有在此後七年抗戰中才逐步領悟。

總結言之，地方實力派通常具備幾個基本組成因素：1. 以人為中心。主體是在主觀認知上有一個領袖，而不是一個客觀組織或是主義信仰。2. 實力派組成的粘著劑是參與者的地域背景，一般以省份為憑，但也有以一個縣或狹小地區為準者，比如說山西的五台縣、廣西的容縣、雲南的彝族、青海寧夏的馬家都是實力派的核心。有兩個極端例子可以說明此種黏著劑的功能。有一位湖南師長，來自湖南省嘉禾縣，所部官兵不但絕大多數來自同縣，而且同姓（李），因此集合訓話，喊口令全用家鄉土話，連湖南其他縣份人士也無法聽懂。另一位是戰區司令官薛岳，在軍中主持會議一律以廣東話進行，保持所有廣東部隊特色。[10] 難怪外省籍軍人無法進入該軍權力核心。3. 實力的基礎是軍隊，有了軍隊就有可以在政治，財政等領域取得發言權和支配力。軍隊不存在，則一切權力隨之消失。4. 這個軍事實力通常附著於一個實體，那就是「地方」或是地盤。這個地盤幅度可以增減，位置可以變遷。但是只要軍隊附著一個地盤，軍隊就可以生存。比如說余漢謀是廣東人，但

10　張瑞德，《山河動》，頁2、42-45；徐永昌日記，1939年3月7-8日。

是在日軍來攻時，他寧可拋棄廣州也要保護軍隊，因為軍隊逃到廣東其他地區依然是地方實力派。同樣現象在1944年尾的廣西軍隊和民團表現更為赤裸。一大群自詡為子弟兵的桂系實力派將士們，長年被廣西人民供奉視為是他們身家性命的保護傘，卻可以在一夕之間拋棄廣西省最精華城市，只顧自己逃命，換一個新地盤去維持其軍隊實力。當然最極端的例子是東北軍。不經任何抵抗拋棄家鄉大好河山，流竄到華北依然在中國政壇上呼風喚雨。5. 這些實力派的政治資本是士兵，卻並不珍惜士兵，因為他們對於成千上萬的「單兵」可以刻薄寡恩，任由其長年忍飢耐寒。重要的是士兵數量眾多，手中有槍，就可以維護實力派首領門的政治活動能量。6. 實力派可能依附某個其他政治團體，但是無論它們在任何團體中，依然以本身的實力作為組成單元。最終選擇與大團體是結合或是脫離，以及合作程度，都依然操縱在各個實力派手中。

二、地方實力派的政治選擇

然則從務實角度而言，地方實力派在抗戰時期究竟有何種選擇？它們對於抗戰究竟可能做出何種貢獻或威脅？答案至少包括下列幾個：1. 受愛國心感召而全心全意投入抗戰，不計個人安危和狹隘利益，務求爭取民族獨立國家勝利，無論是在軍隊調動、整改、訓練或作戰等事務上，一律配合國家政策，接受中央指揮系統，服從上級命令，勠力殺敵，義無反顧，是抗日陣營中最忠貞可靠的戰鬥成員，也是抗戰賴以堅持的最大功臣；2. 表面上接受政府番號，力爭國家撥發糧餉武器，但是行動上既不服從指揮，也不出兵作戰；3. 表面上接受上級命令開赴前線，但是不斷要求加餉加槍。當要求未能滿足時，就指責政府歧視雜牌部隊；4. 即便是抵達戰場，也可以聞敵即避，未戰先逃，見敵即潰，千方百計保存實力。而在個別將領喪地失職時，地方實力派首領可以運用手中力量給他們撐腰，使政府不敢以軍紀處理，以免因小失大；5. 在平時可以拒絕整編，托詞拒絕進入基地訓練，拒絕中央派任軍官；6. 在戰場上可以和對面日軍進行接觸達成默契，約定彼此互不侵犯。其關係可以隱晦到將重慶政府蒙在鼓中，也可以公然和日本進行交易（閻錫山），對重慶政府毫不顧忌掩藏；[11] 7. 在情勢緊迫時，部隊可以選擇化整為零，從正規軍變成遊擊隊、保安隊、地方民團等，以脫離政府控制，甚至可以據地為寇。這也說明為什麼在中日抗戰的大局之內，即便是在重慶政府管轄的省份內，還會有大量匪患事件，和來路不明的武裝團體；8. 最後，部隊可以明目張膽投靠偽政權或投降日軍。

縱觀抗戰爆發後成立的偽政權先後有北平的中華民國臨時政府、南京的中華民國維新政府、蒙古聯合自治政府、冀東防共自治政府、和汪精衛的中華民國國民政府（1940年3月30日在南京正式成立），這些偽政權多數無需白手起家去建立新軍，極大來源是收編原本持有國民政府番號的地方實力派軍隊的倒戈，而且有些部隊甚至可以反復倒戈多次。到1943年8月時，僅僅是投靠汪精衛政府的部隊就超過60萬人，一律是地方實力派背景，尤以西北軍舊部最多。[12] 但是在整個八年抗戰期間，持有中央軍和桂軍番號者卻絕無投入偽軍陣營或向日軍投降的記錄。

由於中國政府不斷面對上述風險，因此在下達軍事命令前，首先必須思考者是命令的政治後果，繼之進行複雜而微妙的政治磋商或討價還價，最後才能選擇具體的軍事行動，或是毫無行動。這個現象曾經被戰時美國軍人（史迪威）斥為托詞卸責或庸人自擾，也讓後世西方國家研究戰爭的學者感到難以理解。但是在戰時中國，任何一次戰役的成敗都受兩個重要因素所左右，一個是在戰場上戰鬥力的較量，另外一個是戰場外的政治安排。而後者經常更為重要。本章前文所述1944年末廣東籍軍隊（薛岳、余漢謀）拒絕馳

---

11 除了閻錫山之外，一個案例是河南省一位師長在1943年自行和日軍接觸，蔣介石無可奈何，只好叫他回到自己的防地。徐永昌日記，1943年8月2日。另一個案例是1940年軍令部接到第111師師長常恩多報告，指稱第57軍軍長繆徵流派人和日軍談判劃分防區，互不侵犯。按繆徵流是西安事變時主張抗日最激烈的軍官。徐永昌日記，1940年9月26日。

12 The Charge in China, Atcheson, to the Secretary of State, no.1528, August 31, 1943, 740.0011 Pacific War/3450: Telegram, *Foreign Relations of the United States, Diplomatic Papers: 1943, China* (Washington, D. C., 1957), pp. 108-109.

援廣西保衛戰的案例，讓我們可以看到，把戰時軍隊分為嫡系和雜牌的二分法過於粗糙甚至失真，因為即使在蔣介石最能夠領導的抗日陣營之內，不同背景的地方實力派部隊（廣東、廣西）也不能精誠團結，因為他們無法擺脫長年信奉的「保存實力」的思想習慣。因此即便是民族存亡關頭，它們心中盤算的重點，並不是想盡辦法和不計代價地去打敗敵人，而是如何保護自己在國內政軍環境中的地位和影響力。如此看來，蔣介石抗戰在政治謀略上最大的失算就是不懂得「保存實力」，在抗戰初始（淞滬戰爭）就把手中王牌耗盡，以致此後不得不低聲下氣地哀求他人出兵抗戰。但是幸好他仍然重建了一份軍力，在幾個重要戰場上發揮了奮力抗敵的功能。這些戰場包括台兒莊、昆崙關、騰衝、衡陽，和兩次大規模的緬甸作戰。然而在整個八年時間裡，實力派的本位主義是凌駕於一切其他考慮的大格局。

在第二次世界大戰時期，兩個敵對陣營中所有參戰國的作戰，幾乎均取決於戰略是否正確和戰術是否有效，以及單兵戰鬥員是否英勇。如果戰略正確，而戰術部分（包括戰鬥人員素質、武器、裝備、訓練、後勤等傳統項目）和戰鬥兵的士氣與戰技都能夠占據優勢，則戰勝機率就會增加。但是在中日戰爭時期，中方指揮官很少可以依靠這些軍事專業正統的統計方法去做出決定，因為這些計算方法都是以國家統一狀態為前提的。在現代國家統一的格局下，一份國力加一份國力至少等於兩份國力。但是在戰時中國，中央和地方實力派之間千絲萬縷的糾結造成另外一種格局，使得中國指揮官需要放棄軍事教科書上所傳授的方法去衡量自己的實力。換言之，一份國力和另外一份國力的共存，可能小於兩份國力，甚至可能互相抵消。

本章此前的論述或許可以讓我們對於抗戰得出一些新啟示。首先是，許多地方實力派軍隊事實上已經脫離抗日戰爭的指揮系統，選擇獨立行動。因此，就戰略層次而言，蔣介石、白崇禧和高級參謀人員儘可以在軍事委員會層次擬出各種長期抗戰的大戰略（游擊戰、運動戰、集小勝為大勝等等），而且它們在一般抗戰歷史討論上也成為學者們侃侃而談的課題。但是在大多數情況下淪為紙上談兵，因為任何宏觀戰略都需要依靠實際作戰單位和千萬戰鬥單兵去切實執行才能產生效果。不幸的是，抗戰宏觀戰略最多只能依賴少數忠貞部隊（中央軍+小部分地方軍）予以推行；遇到大多數地方實力派則無法施行，因為後者首要工作是保護是自身利益，而不是服從國家戰略指導。在這方面，中央領袖們提出的大戰略思想孰優孰劣或許可以通過廣西軍隊作為檢驗。大略言之，廣西軍隊前後參加大規模的戰鬥有五次。第一次是在蔣介石主導下，參加中期以後（1937年10月）的淞滬戰爭，進入戰場後迅即崩潰。但是失敗的部分責任或許可以歸咎於蔣介石的「死守」戰術不符合桂軍作戰風格，但是如果桂軍戰鬥員根本缺乏戰鬥力，則無論何種戰略戰術均屬空談。第二次是徐州會戰（台兒莊）在桂系主帥李宗仁直接指揮之下，桂軍表現不佳受到申誡。第三次是1939-1940年的桂南保衛戰，桂系訓練的官兵又是在桂系白崇禧直接指揮之下，急速失土喪兵，危急時刻由中央軍第五軍解圍（昆侖關）。第四次是日軍在一號作戰中橫掃李宗仁領導的第五戰區。桂軍主力部隊並不能阻擋日軍銳利攻勢。反而是衡陽守軍遵從「死守」戰略，為後來的湘桂戰役爭取到更多的準備時間。第五次是廣西保衛戰（桂柳戰役），桂軍防守桂林、柳州兩大城市，在一日之內棄甲曳兵，全國嘩然。但是處理的方式則是由桂系自感無顏面對國人，而提議取消一個軍（第31軍）的番號，並將另外兩位失職將領予以職位對調。[13] 整個事件處理等於是在一群嚴重失職將領的手腕上輕輕拍了一巴掌以示懲戒。蔣介石無力貫徹軍事紀律，卻受桂系巧妙自責姿態之惠而保持住面子。

以上這些實例指出，桂系領袖們熱衷倡導的大戰略思想在自己緊密控制的親信軍隊中就無法執行。這個了解也讓我們對於抗戰時期官方機構高唱入雲和後世學者侃侃而談的一些大戰略思想的價值和實用性都需要謹慎對待，不可陷入文字的迷魂陣。白崇禧最具創意的運動戰和游擊戰主張，在他八年抗戰裡一手控制的桂系軍隊行為上難以捕捉到絲毫蹤影。說到底，只要軍隊將領們打定主意只求保存實力，對官兵不施加嚴格戰術訓練，則一切戰略倡議都只是逞口舌之快。值得注意的是，白崇禧不但掌控桂系軍權，而且長期

13　白崇禧建議將第46軍軍長黎行恕和第16集團軍參謀長韓練成職務對調。見：白先勇，廖彥博合著，《悲歡離合四十年，白崇禧與蔣介石：北伐・抗戰》，頁427-429。

擔任全國軍訓部長，也不能扭轉全國局面。

其次，由於上述的這幾個大型地方實力派的性質和情況各異，因此中央政府處理它們的方式和手段也必須隨時調整，占據了戰時主戰派領袖們大部分精力和資源。簡言之，就軍力和政治立場而言，四川和廣西最沒有通敵的危險，四川是因為內部四分五裂遠離前線而「不能」，廣西是因為抗日立場堅定而「不為」。但是通敵危機在山西最高，而雲南或許次之。然而雲南和四川西康領袖勾結的高度可能性又讓重慶政府寢難安枕。就財力而言，則四川和雲南只要重慶政府默許它們繼續以非法行為（鴉片煙）搜刮聚財，就不會成為中央財政重大負擔。山西對於財政索求則跡近貪得無厭，但是比起廣西則尚不如。山西兵力超過廣西，薪餉則不及廣西的一半。山西過去以印鈔票彌補，但是由於受到犧盟會、八路軍、中央軍和日軍的四方壓境，無法大規模壓榨老百姓，因此向重慶政府勒索成為重要財政來源，而蔣介石因認為山西是華北鑰匙而閻錫山是山西鑰匙，因此對於山西軍費的索求向來主張從寬處理。而山西在從重慶政府得不到滿足時，就向日軍送秋波以求解決。相對而言，廣西省本身雖非富裕省份，但是控制湖北省和安徽省廣大肥沃地盤。因此它一方面可以仰仗主戰派的身價，期望中央政府對桂系軍隊優惠補充軍備，另外一方面一大部分桂軍又可以寄食外省，同時據地搜刮以充實桂系本身的財庫。

其三，由於重慶政府對於廣大地方性部隊只有不同程度的掌握，因此中只有少部分接受中央化和國家化，大部分想盡辦法維持其半獨立性。至於廣大的西北地區、新疆和西藏，則無論在人力、物力或兵力等方面都不及其它地區，因此對抗戰置身事外。在這個格局之下，正如何成濬所言，「自抗戰後，各省又漸由統一而變為割據。新式軍閥較前之北洋軍閥，尤為驕傲，中央威信遠不如五年以前，無論如何措施，恐終難收圓滿之效。」他特別提出有若干省份的領導人，把抗戰當做千載難逢的好機會，「乘中央無暇他顧，要挾欺騙，擴張其地盤，充實其軍隊」，直接危害抗戰工作。[14] 如此言論，

14　何成濬將軍戰時日記，1942年3月15、25日，4月23日。何成濬親歷北洋軍閥時代，與許

使我們對於抗戰是「全民作戰」的論述更需小心對待。或許重慶政府的敵人對於這個體質性的弱點比常人更能參透其中奧妙。汪精衛在出走不久後就曾經提出對蔣介石政權的分析，認為川（康）、滇、粵、浙、晉、閩等省，都有地方實力派可以串聯進行反蔣和反戰，而蔣介石最後只能逃往陝西和甘肅兩省。[15] 以汪精衛對中國內政長年累積的了解，他的分析應該自有道理。

其四，抗戰時期衍生出的嫡系和雜牌的爭論，也和此處所謂的政治、軍事大格局有密切關係，可以在此加以討論。簡言之，地方實力派指控蔣介石無論在編制擴充、人員升遷、武器供給、裝備更新等各方面，都偏袒黃埔系掌握的中央軍，[16] 導致中央軍日益擴大，雜牌軍難以生存。更嚴重的後果是雜牌軍把「差別待遇」據以作為自己不敢作戰的口實，因為它們恐懼因戰鬥而損耗的兵員武器不但得不到補充，甚至連部隊番號也可能被取消。因此地方部隊對作戰不力反而振振有詞，認為禍首皆源自蔣介石蓄意歧視。[17]

三、「嫡系」和「雜牌」的爭端

如果我們跳脫道德指責和政治鬥嘴範疇，而把這個現象放在抗戰時期大格局內予以檢視，或許可以得到一些不同的啟示。一個無法改變的客觀現實是，抗戰大環境原本就是物資財力極度匱乏，必然造成僧多粥少局面。武漢撤退後，戰前儲存武器全部耗盡，國內兵工廠產量急劇滑落，越南和緬甸通

多省份領袖建有深厚人脈關係，而在國民政府中又是身居高位的資深軍人。

15 戴笠致蔣介石電（1939年3月11日），《蔣中正總統文物》，國史館典藏#002-080103-0009-019，引自《戰爭的歷史與記憶》，頁122。這個分析也間接說明胡宗南軍隊在蔣介石戰時軍力部署的重要性。

16 張發奎，《我和蔣介石》，頁323。

17 徐永昌對於嫡系和雜牌部隊的心理也有他自己的分析。他指出中央以雜牌大多數落伍，理應淘汰，而雜牌則指嫡系者大多貪污。雜牌部隊當然也有不落伍的，但是中央也每每加以歧視，雜牌亦成見在胸，更覺他人不是。這種對立態度相當普遍。導致徐永昌感歎，「人人有私無公則國將亡，人人有己無人則民族滅。」見：徐永昌日記，1944年8月29日。

道關閉使外援當即切斷。因此，如何運用剩餘資源才能達到最大作戰效果？何種分配方式才算公平合理和發揮最大效益？都成為迫切問題。在如此嚴峻的外在限制之下，分配問題從分析角度出發，不外乎兩個選擇，一是擇優分配，一是平均分配。而這兩個標準間存在的矛盾性，最能解釋嫡系雜牌間的爭論。

「擇優」最合理的評鑒標準莫過於抗日具體行動。從這個角度而言，則舉國之內最有具體表現的是蔣介石把自己嫡系部隊全部送上前線接受最殘酷戰火考驗。如果當初他稍存私念，則聰明做法就是避免挑起淞滬戰爭，或是在挑起戰火後誘使地方部隊去作替死鬼。但是中央軍隊在淞滬戰爭中因為服從命令而承受最大犧牲，因此成為優先重建對象，可謂符合「公平」分配原則。

從另外一個角度觀之，對蔣介石居心薄待地方部隊的指控並不完全符合史實。前文曾經提到武漢時期雲南（盧漢）部隊所受的寵遇，說明只要地方軍勇於犧牲，即使戰鬥技術陳舊落伍，也會發給獎金、擴充編制、和補充裝備。然而更長期而顯目的例子是桂系部隊。早在1938年初淞滬戰爭新敗之際，蔣介石就曾命令湯恩伯把自己部隊配備的新式戰車防禦炮調借給桂軍使用。[18] 在此後整個抗戰時期，桂系都是中央分配武器的重點對象。1940和1944年當桂軍和桂省遭受日軍進攻時，蔣介石甚至派遣精銳部隊為它們解圍。1944年10月初，重慶政府除了向廣西正規軍輸送大量武器外，還接受白崇禧建議，以大量武器彈藥支援廣西民團。而在桂系部隊慘敗之後依然保持編制，沒有軍事單位遭到取消縮編。失職將領們也只是裝模作樣地走馬換將而已。

這些現象並不奇怪，因為它們都是可以信賴的主戰派，即便是戰功並不顯赫甚至懦怯，但是抗敵意願無可質疑。由此可見，把地方實力派部隊全部看成是雜牌並不正確，因為所謂雜牌部隊內容包羅萬象，從為國捐軀的張自忠到投敵賣國的石友三，不可一視同仁。重慶政府對張自忠殉國隆重厚葬，

18　蔣介石日記，1938年2月6日，5月31日。

蔣介石對他衷心哀悼。對並不善戰但是勇於戰鬥的盧漢部隊的獎賞，乃至對桂系部隊經常性提供裝備，這些案例又似乎提醒我們，把戰時軍隊一分為二地分為中央軍和雜牌軍的思維過於簡單。還有一個鮮為人們提及的現象是，中央軍其實是最早抱怨被歧視的受害者。在抗戰尚未爆發之前，中央軍直轄部隊將領們已經有人表達不滿。認為政府厚待雜軍和投降者，而薄待忠貞善戰的嫡系軍隊。[19] 蔣介石處於左右夾攻境地，難以兩面俱全。而根據本書作者不完全的估計，抗戰時期嫡系軍人因為失職而受到嚴厲處分者甚多，而地方實力派則寥寥可數。[20]

不幸的是，本書提出太多例證，蔣介石對於地方軍隊的不能和不肯作戰氣憤不已，卻又無可奈何。國民政府放棄武漢之後，由於前線開始沉寂，因此抗戰陣營內部關係逐漸成為關注焦點。日本藉機在1939年春天發動宣傳攻勢開始指責蔣介石蓄意犧牲雜牌，以避戰來保持嫡系實力。[21] 自此之後，蔣介石偏袒中央軍和歧視雜牌的說法逐漸流行。有趣的是，在日軍的作戰命令中又再三強調，作戰目的是優先尋找中央軍予以擊毀，因為地方軍不值一顧，則又是間接地承認了中央軍和地方軍在日軍眼中戰力不同的評價。

但是從蔣介石立場出發，他絕不會承認自己歧視地方軍，而是後者的作為實在令人失望。一個典型例子就發生在1940年。當時蔣介石發現襄陽城在日軍尚未抵達前就開始燒城，他向戰區司令部電詢詳情時，卻被告知不清楚，使他憤怒地寫道，「此種主管與幕僚昏庸弱劣，可謂極矣！」對於守城的川軍和舊西北軍，他又寫道，「皆畏怯如鼠，毫無鬥志，未見敵即望風崩潰，不知職責，不顧人民，無恥至此，何能抗倭？」說到當陽地區的失敗和軍隊的逃遁，又寫道，「舊軍閥之所部教育，終不能改變習性」，還說，「此

19　蔣介石日記，1937年3月3日。

20　信手拈來，嫡系受罰者包括錢大鈞、曹浩森、歐陽格等重要幹部。因為戰爭失職而槍斃者有長沙大火案的三個軍人、中央軍若干師旅團長、和全州守將陳牧農，均屬黃埔軍校畢業生。地方實力派則只有長沙守將張德能。徐永昌日記，1943年6月21日。

21　蔣介石日記，1939年4月15日。

種舊軍閥教育之思想，無論待其如何誠意，視為心腹，皆不能感化，可痛之至。」但是蔣介石處理此種行為的困難是他「尚不能撤換而任其敗潰」。他說不出口的原因是，這些情況都在「心腹」第五戰區李宗仁指揮之下所發生者，而唯一例外是「惟中央軍仍能苦戰不退為可慰耳。」[22]

因此從另外一個角度觀之，對於蔣介石偏袒黃埔歧視雜牌的說法經常是倒因為果。理由是，它蓄意規避了眾多雜牌軍隊缺乏戰鬥力和戰鬥意志而不能打仗的「因」，卻只凸顯它們拿不到補給品的「果」。許多部隊典型的作為是吃空缺、魚肉人民，即使拿到充足補給品，也不會善用它們對抗戰做出貢獻，依然堅持維護其半獨立狀態。則政府分配補給品的理由又所為何來？有趣的是，某些部隊經常倒果為因，把拿不到補給說成是不敢打仗的藉口。如果按照效率原則，則國家稀少珍貴的補給品應該分配給不吃空缺、勤於訓練、勇於作戰、服從命令的部隊。而基於本書前文（和下文第五章）所述，能夠符合這些條件的地方部隊委實有限。有趣的是，李宗仁也熱衷傳播這個歧視論。[23] 但是頗具諷刺的是，李宗仁避而不談的，卻是桂系軍隊多次接受重慶政府大規模武器彈藥分配，而且他主持的第五戰區內又充滿了作戰無能的地方部隊。

或許嫡系和雜牌部隊爭論最重要的因素，不是發生在某些特定部隊之間的孤立現象，而是戰時所有部隊的本質和它們所處大環境的架構。在一個軍權統一的制度下，偏袒的猜忌根本不會出現，因為一切作戰任務和資源分配，包括部隊的整編裁撤，均服從上級裁決。在面對殘酷敵人無情的攻擊之下，一般國家的軍隊都是以作戰效率為最高評鑒標準。部隊將領們的身分是任務執行者（military functionaries），由適任者擔任。其升遷處罰或調任，最優先考慮因素是將領是否可以完成上級交付的作戰任務。這樣國家才能夠通盤計劃，部隊才能夠切實戰鬥。但是戰時中國情況迥異，地方實力派部隊將領的身分是帶領各自資產入股的股東（investors, stock-holders），他們半

22　蔣介石日記，1940年6月2、3、8、10日。

23　唐德剛，《李宗仁回憶錄》（香港，南粵出版社，1986），下冊，頁555。

獨立性質的部隊是一切政治軍事利益的核算單位。將領們把部隊本身的生存看成是「入股」的股份，也是最後依歸。部隊將領的最大關切是地盤、兵力、個人地位的永固性，甚至世襲的可能性。在這種架構下，以最小的付出換取最大回報，成為最符合理性的生存法則。「入股」的目的就是保持和增加手中股份的價值。只要地方實力派參加抗戰的初衷是「入股」而不是救國，則無人可以超脫這個邏輯枷鎖。如果實力派能夠完全避免作戰而依然獲得補充，從而鞏固手中軍權，則對他們更屬上上之策。四川和雲南拒絕參加抗戰的將領們其實是這個架構內最聰明和最理性的參與人。而堅持「平均」分配原則則是他們達到目的的最佳說詞。這些部隊領袖持續留在抗戰陣營，以合夥人身分作為一個大雜燴型態戰時聯盟的成員，也就是本章政治軍事大格局的核心分子。

還有一點需要指出的是，戰時嫡系雜牌的爭論絕不局限於重慶政府和地方實力派兩造之間而已，它事實上瀰漫在全部中國軍隊之中，是當時政治軍事大格局中，一個重要而又無所不在的心態寫照。上文多處提到地方實力派在核心組織中任用親戚或同鄉等關係，就是在各個實力派之內小規模的區別派內嫡系和雜牌的現象，在這方面桂系仍然可以提供一個好例子。前文曾經提到在武器裝備方面，重慶政府對桂軍的優渥待遇，除了例行補給之外，只要白崇禧提出要求，蔣介石都努力予以滿足。這是他對四川、山西、雲南和其他地方實力派部隊所未有的待遇。[24] 有趣的是，白崇禧在重慶政府最高指揮部門主持全國軍務，在他能力所及之時，同樣努力地優先把武器裝備提供給桂系部隊。而桂系領袖們在運用桂系自己的部隊時，也被部下將領們指責為親疏有別，把領袖自己親戚帶領的部隊安置在安全地帶，而指派其他關係疏遠的桂系部隊去擔任危險任務，造成後者心存憤懣而怠戰，成為1944年桂軍在桂柳戰役失敗的一個重要原因。[25] 桂系在抗戰中的行為和所受的待遇不

24 徐永昌日記，1940年7月27日。

25 白先勇，廖彥博合著，《悲歡離合四十年，白崇禧與蔣介石（上）：北伐．抗戰》，頁410。1944年9月份，桂系將領指責白崇禧私心作祟，把自己和夏威親屬的部隊調往安全地

禁令人對「嫡系」和「雜牌」的互相指責產生新的體會。在當時情況下，或許不是蔣介石個人個性使然，而是當時政軍大格局下一個必然的行為表現。蔣介石、桂系領袖們、和其他地方實力派領袖們，在擁有資源時，他們的行為模式基本上似乎並無二致。

因此，如果我們超越個人攻訐或派系恩怨而著眼于戰時的大格局，則對嫡系雜牌之爭可能會激發一些新的思考。純粹就戰鬥需要而言，珍貴的武器裝備應該撥發給善戰部隊，而不是依照平均主義的雨露均霑。不能作戰和聞敵即逃的部隊原本就不應該得到武器，甚至應該予以裁減。這是從效率角度為出發點的公認常理。我們如果去試圖了解兩方面立場背後的心理因素，或許可以得到更大的啟示。從中央政府立場設想，它最希望能夠調動全國各省的一切力量對日本進行有效戰鬥。在這個前提下，全國兵力需要統一掌控，作戰計畫需要統一擬制，軍隊需要統一派遣，功過需要統一而且公平地評鑒，賞罰需要統一嚴明，軍隊待遇需要統一公平處理。這些都是不言自明的道理。中央政府希望「地不分南北，人不分老幼」一律同心同力抵抗日本。所以希望各省都能夠踴躍出兵。而且為了鼓勵各省出兵，國民政府首先把自己的最精銳之師投入最艱苦的戰場，承受最重大犧牲，甚至承擔全軍覆滅風險，也要為其他省份做出一個榜樣。

不幸的是，國民政府的這番設想並沒有產生預期效果，因為若干地方實力派的心態根本不與南京政府相同。最明顯的例子就是四川實力派抵死不肯出兵，而且還企圖說服其他省份不要參加抗戰。而當中央政府的軍隊在淞滬戰爭失敗之後，地方實力派看出國內軍事的「彼消我長」趨勢，更是氣焰高漲。這就解釋為什麼唯獨此時雲南省居然願意派兵出省作戰，真是讓蔣介石喜出望外了。這也就能夠解釋為什麼徐州保衛戰的司令官李宗仁要懲罰盧漢的雲南軍沒有完成作戰任務，而蔣介石卻再三嘉獎雲南軍隊，給錢給武器給編制擴充。他除了他可能被雲南軍隊的英勇所感動之外，也或許想樹立一個榜樣給其他不肯參戰的地方實力派看一看。只要他們熱心作戰，則中央政府

帶，指派其他將領擔任桂林守城的危險任務。

不但會一視同仁，而且一定會給予優渥待遇。如此或許可能增進國軍的統一指揮和作戰能力。但是同樣這些措施看在雲南省龍雲眼裡則完全有另外一層含義。還記得龍雲最初允許滇軍出省作戰時的條件，就認定這是「他的軍隊」，所以一切人事、財務、戰鬥的權力，必須遙控于雲南省手中。滇軍傷亡重大固然讓龍雲心痛，但是滇軍的補充兵依然只能由雲南省提供，卻也讓他得到安心，因為它仍舊能夠保持它的地方軍特色。然而盧漢的升職和軍隊編制的擴充，就不免引起龍雲高度疑竇，唯恐中央政府的獎賞可能讓盧漢棄舊投新，被中央「收編」進而「收買」。反而言之，如果中央政府在滇軍受創之後沒有加以補給時，則又會受到雲南省猜疑中央政府是「借刀殺人」清除異己。換言之，它會猜疑蔣介石利用日本人去消滅地方雜牌部隊，最後造成黃埔系一支獨大的局面。

說到最後，只要地方實力派認定地方軍隊是將領們的政治軍事資產，實力派的利益和中國全國的利益是兩個不同的計算方式，則中央政府任何處理抗戰的做法，都可能導致「反向思維」。中央政府厚待地方部隊就可能被猜疑是以高官厚爵進行收買顛覆，中央政府薄待地方部隊則可能被猜疑是借刀殺人。這一切盤算的根據並不在於客觀事實如何，而在於中央政府和地方實力派的主觀心態如何。從而在同一套事實基礎上，可以演繹出完全相反的分析和結論。抗戰時期的中央和地方關係始終跳不出這個邏輯陷阱，而且嚴重影響到戰時中國的各方面。換言之，抗戰時期關於「嫡系」「雜牌」的恩怨，難以從千百件「個案」中求得公道，但是卻可以把它們視為當時中國特殊政治軍事大格局下的必然產物。只要以地方實力派從本位主義為出發點，則此類疑懼和指控完全可以理解。再進一步說，這種疑懼和指控無論是否有客觀事實作為依據，它們本身就已經成為格局的一部分，凡是在此種格局中運作的團體無人可以逃避或超越，這就更造成該格局的惡質化。這個格局一直要等到1950年代初期，肅清反革命運動完成後，才從中國政壇消失。有鑒於這些大量的矛盾現象，因此它們是否可以幫助讀者們更深入地了解戰時軍隊關係，還有待學者們在宏觀和微觀層次上做出更嚴謹的論證，超越「人云亦云」的窠臼。

第二節　國民政府和地方實力派互動的流程表

在前文對於個別地方實力派的敘述基礎上，我們還可以把它們的互動行為放在一個時間流程表上做進一步審視，讓我們對於抗戰時期的動態狀況得到更貼切了解。

一、1937-1939，倉皇失措的反應

打從抗戰開始，中國的軍事指揮系統就更像一個國際聯軍的協同作戰，政治（內交）考量高於（超越）軍事邏輯。西方學者和後來美國盟友史迪威將軍所犯的一個低級錯誤，就是帶著自己先入為主的文化背景、職業經驗、西方國家的體制觀點和種族優越感，批評中國最高統帥部不會貫徹指揮權和堅持軍事紀律。在他們眼中，一個如此缺乏基本治軍常識的國家，實在不配做為盟友。但是他們從來不曾虛心地去了解，這個治軍不嚴的深層政治和文化緣由究竟何來。是蔣介石個人的愚蠢？將領們的集體短視？還是中國政治和軍事生態所塑成的特殊行為模式？他們由於不能「對症」，所以就難免胡亂「下藥」。反正吃錯藥的惡果是由中國承受，而他們得到則是一種扭曲的精神滿足感，心安理得地認為中國人的確是智慧低落的民族，凡事都需要白種人開導。

那麼中國此時已經展露出來的「癥」狀是什麼？幾個案例可以說明政治問題之所在。

首先，南京政府在盧溝橋事件爆發後，原本指望西北軍將領們可以堅守國土，同時派遣中央軍開抵華北助威，希望打消日本軍人成立華北地方政權的妄想。西北軍的懦怯雖然讓蔣介石私下叱罵不已，但是絕不敢公然申斥。深諳中國文化如胡適者，也趕緊提醒南京政府千萬不要處罰喪土失職的將領

們。[26] 8月1日，蔣介石本人在中央軍官學校講話時，也表示中央要寬恕西北軍將領們的退縮，了解他們的處境困難。[27] 因此打從盧溝橋事變開始，蔣介石就在小心翼翼地處理中國軍隊內部問題，其道理非常簡單，就是避免冒犯其他與該軍同屬原「西北軍」背景的軍隊。張自忠在盧溝橋的表現雖然令南京政府非常失望，但是他後來自我振奮而終致為國捐軀，仍然受到高度表揚。[28] 張自忠陣亡時，蔣介石在日記中寫道，「此將實為抗戰中最忠勇之一人也。悲傷之至。」他並且手擬祭文。[29] 張自忠的確是地方實力派，但是願意抗日，所以政府不計前嫌賦予重任，最後陣亡時又給予最高榮譽。可惜的是，這種案例在當時地方軍隊中屬於鳳毛麟角，絕大多數情況是南京政府完全不能指揮華北地區地方軍部隊。只要大略去參閱南京政府最高軍事領袖們私下記錄，就可以看到他們連篇累牘地記載華北許多部隊長官公然不服從命令，托詞無法執行任務、藉口避戰、故意切斷聯絡管道、保全實力等各形各色行徑，讓南京政府根本無法推行統一指揮戰爭的功能。而在淞滬戰場，此等行徑則從未出現過。

其次，南京政府不但派遣軍隊支援山西作戰，還派遣黃紹竑去協助作戰。但是閻錫山對黃紹竑冷淡閒置，不准他參與實際工作，不久之後又要求中央軍撤出山西以免惹怒日軍。南京政府面對閻錫山的軟抗拒束手無策。只能「顧全大局」，忍氣吞聲。

其三，前文曾經提出，南京政府關於四川軍隊出省參戰一事，在盧溝橋事變發生時就已經列入計畫，但是無法以軍令行事，而是必須經過長時間討

26 1937年8月初，胡適建議政府不要譴責29軍，蔣介石同意不攻擊張自忠。見：《陶希聖年表》，頁138-139。

27 王世杰日記，1937年8月1日。

28 七七事變時張自忠態度曖昧，一度被社會斥為漢奸。不久之後，他到南京投效，願意到前線將功贖過，以後在臨沂、台兒莊、隨棗，各次戰役都英勇作戰。後來在鄂北作戰身亡。見：王世杰日記，1940年5月18日。

29 蔣介石以前對廣西將領廖磊的死也認為惋惜，予以讚揚。見：蔣介石日記，1940年5月17、18、19日。

價還價，四川實力派才如同擠牙膏一般地一點一滴地派出軍隊。而且軍隊即使抵達戰場後指揮權仍由川軍將領操控。儘管戰區司令官下達命令，但是川軍將領可以不接受，可以帶著部隊隨意遊走，甚至川軍長官可以遠離部隊數百里之外而不見蹤影，再以聯絡不良作為托詞去躲避作戰命令。如此部隊不但不能夠成為戰區司令官通盤戰略部署中所依靠完成任務的一分子，反而能夠成為友軍鄰軍的禍害，以致有的司令官甚至不敢承擔指揮川軍的責任，友軍也不敢和川軍協同作戰。

其四，在以上戰場上所表現出來的大量無能、懼戰、避戰、和其他失職案例中，只有極少數將領受到懲罰。一位是李服膺，一位是韓復榘。李服膺是因為身在山西無處可逃，又在全國一片譁然的壓力下，被閻錫山忍痛槍斃。而韓復榘則是被政府「騙」到開封急速予以處死。此外，即便是蔣介石恨聲不絕想要槍斃的失職軍人們，沒有一個受到實質性懲罰。而韓復榘的被騙遭殺也產生了長期負面影響，那就是許多心懷不安的將領們不敢輕易出席上級召開而動機可疑的會議，以免惹上殺身之禍。

正是因為地方實力派有前文所述的許多高度彈性的選擇，其後果是使得政府在推行軍紀工作上遭遇到極大阻力。「投鼠忌器」變成是中央政府不敢嚴厲執行軍紀的致命傷，而「狗急跳牆」（降日）又變成是地方實力派的最後保命丹。當然，蔣介石在淞滬戰爭遭受嚴重挫折，卻又果斷拒絕日本、德國、和國內眾多領袖們的和議之後，他的立場變得更為堅定明確。他在1937年12月29日檢討過去半年的抗戰時，在日記中寫道，「外戰如停戰，內戰必起。與其國內大亂，不如抗戰大敗。」1938年1月2日又寫道，「與其屈服而亡，不如戰敗而亡。」[30] 蔣介石這個策略和估算一旦決定下來之後就沒有改變，因此他在1938年底依然寫道，「寧對外大敗，毋使國內大亂。大亂則四分五裂，外侮更無已時，而國勢更危矣。」[31] 值得注意的是，蔣介石堅持這個立場最後的精神支柱是他的信念，那就是即使對外的戰敗也只是短暫

30　蔣介石日記，1938年1月2日。

31　蔣介石日記，1938年12月31日。

性的。1938年底是中國抗戰低潮，武漢失守、長沙大火、汪精衛叛逃，國民政府許多官員表露灰色心態。但是蔣介石在當年最後一天寫道，「非此犧牲不能暴露倭寇之野心，不能促進英美之決心，不能喚醒國民之覺悟。**故今雖打敗，而於來日復興之基礎，實植於此也**。」[32] 如果日軍少壯派軍官早在發動盧溝橋事變前，就知道他們的對手是如此一位死不悔改（冥頑不靈）的樂觀派，則他們必定會三思而後行，而不是呆板地依照軍事教科書公式去估算勝負幾率。

然而就蔣介石而言，既然他堅決要打外戰，又想避免內戰，這就讓他在國內政治軍事領域裡能夠揮灑的空間變得非常狹小。避免內戰的必要條件是向地方實力派委曲求全，羈縻討好。因為稍有冒犯，地方實力派就可以依照他們特殊的處境去選擇最適合他們利益的一條甚至多條路。由此可知，戰略的成功與否，除了戰略本身的合理性外，還要取決於各軍事領袖之間的關係。換言之，決定某場戰役勝負的因素除了敵我的實力對比外，國軍指揮官間政治軍事權力的對比也同樣重要。華北地區在戰前由北方籍將領控制，擁有大約50萬軍隊。[33] 華北戰端一開，中央政府面臨的棘手問題就是如何建立一套北方地方軍人都能接受的指揮系統。1937年8月，中央政府在華北倉促設立了3個戰區：平漢鐵路北段沿線劃為第一戰區，由蔣介石兼任司令長官；平綏路沿線劃為第二戰區，閻錫山為司令長官；津浦路沿線劃為第六戰區，由於該戰區內的部隊多為馮玉祥舊屬，因此邀請馮玉祥復出，擔任第六戰區司令長官。可見人為因素決定了戰區劃分。

不過這個謹慎圓潤的政治安排並沒有獲得預想的軍事效果。蔣介石雖然牢牢掌握中央部隊，但在指揮地方部隊時卻處處碰壁。[34] 因此，儘管中央軍

---

32 蔣介石日記，1938年12月31日。

33 右軍，「歲月悠悠廿四年」，《春秋》，第58期，1959年12月1日，頁5-7；李田林〈從行伍將軍萬福麟說起〉，《傳記文學》，第21卷，第5期，1972年11月，頁58-59。

34 蔣介石在第一戰區的副指揮官劉峙回憶道：「此次我所指揮的部隊，甚為複雜，歷史不同，裝備各異……初來參戰，舊有之隔閡，未有消除，命令既難貫徹，指揮自難如意，協同更談不到。」參見劉峙，《我的回憶》（台北，1966），頁148。

部分部隊表現良好，但指揮困難卻連累了他們作戰，造成嚴重傷亡。[35] 閻錫山部隊在山西表現較差，各部隊指揮官雖然同屬晉系，但部隊間缺乏信任協同，下級軍官習慣性地玩忽命令，部分將領根本沒有戰鬥意志，接連放棄重要據點，導致大量武器裝備的損失。[36] 只要日軍想攻占某地就必能完成任務，即使山西省會太原市也輕易陷入敵手。第六戰區情況最為糟糕。中央政府原本指望依靠馮玉祥和他西北軍舊部屬的人際關係推行軍令，然而完全失算。連馮玉祥本人都對他統轄的部隊表露嚴厲指責，在給軍委會報告中（1937年10月）直陳，這些地方部隊彼此間不信任，不願與友軍協同作戰，深怕自己在危急時刻被友軍拋棄。[37]

綜上觀之，抗戰最初期（1937-1938）南京政府對地方實力派最大的關切，首先是如何爭取它們參加抗日陣營，其次是鼓勵它們進行有效戰鬥。當馮玉祥和閻錫山面對部隊的懦怯無能表現，而無法動員它們保衛自己的地盤時，南京政府當然開始擔心如果戰事延長，則它與地方部隊的合作就可能會越來越困難。更何況，晉軍、東北軍與西北軍普遍被認為是華北地方軍中裝備和訓練都比較好的部隊，但在抗戰中表現竟然如此之差，這必然會嚴重影響南京政府日後與內地其他省份戰鬥力更差的部隊合作的信心。[38]

這個現象可能極大地影響了南京政府的決策取向，促使它決心在淞滬會戰中盡最大努力去打擊日軍，以求一蹴而就，迫使日軍放棄更大的侵略野心。與華北地區軍隊形成鮮明對比的是，蔣介石的中央軍在淞滬地區的軍事指揮運用順暢。面對巨大困難，即使在戰場上遭遇重大傷亡，仍然展現出令

---

35 張贛萍，《抗日名將關麟徵》（香港，1969），頁102-103。

36 Donald G. Gillin, *Warlord: Yen Hsi-shan in Shansi Province, 1911-1949* (Princeton, N.J., 1967), pp. 258-259.

37 馮玉祥報告，1937年10月13日，國防部，《抗日戰史：津浦鐵路北段沿線之作戰》，頁15-19、87-88、97-99。

38 全面抗戰爆發不久，四川的劉湘和雲南的龍雲試圖勸說桂系領袖，放棄加入到國民政府抗戰的行列。他們擔心蔣介石會以抗戰為藉口，徹底控制廣西，進攻威脅他們自己的省份。參見Li Tsung-ren, *The Memoirs of Li Tsung-ren* (Boulder, Colo., 1978), p. 321。

人讚佩的勇氣、韌性與隨機應變的能力。這不僅激發了民間的自豪感，而且給敵軍和國際社會都留下了深刻印象。但是中方在淞滬會戰中的損失也最為慘重，而少數地方實力派軍隊竟然變成是中央軍的絆腳石，甚至嚴重危害到中央軍的安全。一般民眾在國民政府官方檔案（包括軍事檔案）裡看不到的資料，蔣介石都一股腦宣洩在日記裡，「川桂軍皆潰不成軍，兵多被累而已。」他感歎所謂「多多益善」之說在進攻時或許有效，但是在防守上海陣地時反而變成禍害。他又寫道，「黃光漢，香翰屏，上官雲相皆應槍決」，「上官雲相不奉命令，擅撤宜興軍隊，任意放棄，殊出意外。此種營混，不殺無以再振軍心。痛心已極。」[39] 這些都是他為了團結軍心而鬱悶在心的話，迫於國內現實不敢對失職將領們做出懲罰，更不必說「槍決」了。

值得注意的是，在淞滬戰爭敗像已露時，蔣介石的心情似乎並沒有感到沮喪。他在10月25日日記裡寫道，「抗倭必須到底，不背初衷，則雖敗亦成。共黨與軍閥祇要多給其權利，動之以正義，則可矣。以正制邪，以拙制巧之理應之。」[40]他也在日記裡透露了一些自我激勵的心情，「軍事失利，各內反動派逐漸倡狂，共黨尤為跋扈。外患未消，內憂日增，不有大勇，何能旋轉乾坤？應以國家利害為前提，如以我認為是無昧天良，則當以大無畏精神斷行一切可也。」這時節蔣介石關心的焦點似乎還著重在將領們的鬥志問題，「各將領戰意全消，痛心盍極」，還有一部分關心士兵紀律和行為，「惜乎一般將領頹喪太甚，士氣不振，搶劫日多，此乃致命之傷，如何整飭軍紀，補充實力，振作精神，此全在余一人之責任。」在11月30日的日記中，他的評價說得更清楚，「抗戰結果，東南財賦之區，反成為散兵游勇搶劫之場。此乃戰前未曾想到之事。痛心疾首，無踰於此。實為抗倭**惟一之致命傷**也。」當然，隨著軍事挫敗，國內求和的呼聲也大幅提高。依據蔣介石的敘

---

39 蔣介石日記，1937年11月26、28日。

40 蔣介石日記，1937年10月25日。即便是對於共產黨，他也缺乏先見之明。他當天又寫道，「朱（德）部旁觀，共黨投機，應切實注意，然不足為懼。此種無信義之徒，決不能成業也。」

述，「近日各方人士與重要同志皆以為軍事失敗，非速求和不可，幾乎眾口一詞。此時若果言和，則無異滅亡。不僅外侮難堪，而且內亂益甚，彼輩只見其危害，而不知敵人之危害甚於我也。不有主見，何以撐持此難關耶？」[41] 敵人委託德國大使陶德曼突然在此時引導和談工作，也讓蔣介石發揮了更大決心抗拒來自這些「各方人士」的壓力。

咋聽之下，蔣介石似乎認把滬戰看成是一場純粹的軍事挫折，並不會影響他和其他地方實力派的關係，更沒有預見軍事失敗可能造成的政治後果，以為他們之間以往的互動模式仍將維持進行，無需憂慮。事實上，蔣介石與親信們也把淞滬會戰看成是政治上的勝利，而且打下了持久戰鬥的堅實基礎。這一看法自然有其道理，但是他們卻沒有預見到，此次戰役會給中國全國性的政治權力分布帶來巨大的震盪。1938年國民黨臨時全國代表大會推舉蔣介石為國民黨總裁（1938年4月1日），更導致許多觀察家僅從表象就推斷蔣已成為中國實際上的獨裁者。但是根據本書分析，這其實是一個錯誤解讀，因為它忽略了戰時中國權力結構中的核心問題，以及中國政治中虛名與實權的本質差異。雖然淞滬會戰的確使蔣介石個人聲望達到新高點，但他的實際權力已削弱到北伐成功以來的最低點。他當選總裁可以視為他利用這一新設立的「法定權力」去彌補（或者說是掩蓋）其「實質權力」之衰退。由於國民政府戰前重武輕文的政策，使得軍權成為了中國政治的仲裁者，因此即使在全民族抵禦外侮的戰爭中，蔣介石獲得的「總裁」這一表面權力，也不能有效地替代他急劇喪失的統治權。說得通俗一些，蔣介石的「權力作風」（style）可能變得更為獨行專斷，但是他的「權力場地」(arena) 卻變得愈形狹窄。事實上，他面臨逐漸變成是「銀樣鑞槍頭」的困境。

就實質而言，抗戰爆發後的最初半年，是蔣介石唯一能用軍事手段與敵人抗衡的時期。在此之後，處理與國內各種政治軍事集團的合作關係要遠比與日軍作戰棘手許多。隨著戰事演進，蔣介石在抗戰前期的軍力損耗徹底改變了國內原有的軍事實力比例，也改變了戰時政治的整個走向，同時出現一

41　本段所引蔣氏言論，請參見：蔣介石日記，1937年11月1、27、28、30日，12月13日。

系列讓政府焦頭爛額的難題，最終導致政權崩潰。

抗戰進入第二年度時，中央政府面臨兩大任務：第一，儘快重建效忠中央而作戰有效的部隊；第二，探求新途徑激發地方實力派積極參與戰鬥，擴大抗日陣營。由於到了此時中央軍大部分遭受摧毀，而地方實力派繼續掌握自己的部隊，所以即便是中央軍的重建是否能夠順利進行，也取決於地方勢力是否願意合作，政治因素的重要性開始超過純軍事因素。

1938年12月國軍在淞滬戰爭戰敗後的整軍工作剛開始時，陳誠就指出：「（整訓）最重要的步驟，是在化除私有觀念，把所有的軍隊都變成為真正的國家的武力，根本剷除保全實力與擁兵自衛的錯誤觀念。」[42] 這一要求當然是來自開戰以來的慘痛教訓，卻直接挑戰了當時中國的軍事政治格局。然而就像前文曾提及的，除非主戰派占有軍力優勢，或者另闢蹊徑徹底顛覆現行政治規則，否則這一想法便難以實現。毫不奇怪地，淞滬戰爭失敗使大多數地方實力派保存實力的決心較之戰前更為堅定，因為它們正確地認識到，連訓練裝備優良的中央軍都不是日軍對手，則地方實力派和日軍作戰更無異是以卵擊石。與此同時，中央政府與這些地方實力派的雙邊關係也變為更類似外交關係，而非行政體系或軍事指揮系統內上級和下屬的關係。抗戰爆發凸顯了「武主文從」的局面，而在新成立的10個戰區中，又至少有一半的戰區司令長官曾經反對過南京中央。即便是效忠中央的長官，他們經常既沒有地方人事任命權，也無法管束屬下的地方部隊。[43] 同樣情形在高層也存在，中央政府在很多省份都遭遇既有勢力的強烈抵制。

當我們結合中央與地方關係來檢查中日戰爭時，可以發現，中央政府大致有三個選擇。第一，集中精力清理門戶，必要時動用武力制服國內實力派，鞏固民族團結和集中抵抗意志，回歸到「攘外必先安」的邏輯；第二，擱置處理國內實力派，加強對日攻勢，期望中央軍能夠在中央與地方關係進一步惡化之前奪回戰前根據地；第三，避免前兩者，集中精力打遊擊戰，把

42　陳誠，《第二期抗戰關於政訓工作之實施》（出版地不詳，1938），頁117。

43　陳誠演講，1938年11月29日，陳誠，《第二期抗戰關於政訓工作之實施》，頁53-62。

戰鬥帶進日本占領區，從而使地方實力派無用武之地。

第一種方案必然會加重地方對中央的疑心，但為長期有效地抗戰，這種策略自有其合理性。中國想要打敗日軍，首先必須建立起一支統一領導下的訓練有素、裝備齊全、鬥志旺盛的部隊。而要達到這一目標，必須使地方將領與中央保持一致。更重要的是，中央必須擬訂新計畫，更新領導層，改善國軍的眾多弱點。國民政府要麼訴諸於道德感化勸說地方軍事領袖接受中央領導，要麼通過爭取地方群眾和普通士兵的支持，以求架空地方實力派將領群。然而由於缺乏處理問題的新手段，中央政府領袖將解決地方反對勢力單純視作中央與地方軍事實力的較量。到了1939年，主戰派領袖們已經完全明白，中國政府無法承擔這類衝突的代價。

第三種方案前途難料。不僅國軍將領缺乏遊擊戰理論知識與實戰經驗，而且越來越多的跡象顯示，這種戰略只會使國共兩黨在敵占區擴大衝突面。

蔣介石最關心的是如何繼續抗戰，同時避免中央與地方實力派的直接衝突。因此在重慶政府看來，第二種方案最具吸引力。如果國軍發動一場猛烈攻勢能擊退日軍，重返長江中下游根據地，則中央與地方之間對立的問題就會減低迫切感。為了達到這個目的，蔣介石決定在1939年底發動冬季攻勢。

二、1939-1941，冬季攻勢的後果與抗戰頭四年總結

頗有論者認為1939年國軍冬季攻勢無非是宣傳伎倆，目的在贏得國際同情和財政援助。[44] 但是事實上，眾多史料顯示這場攻勢作戰是國府領袖們寄以極高期望的戰略行為，試圖以它去擺脫其陷於在大後方的不利政治困境，所以冬季攻勢的失敗將對國民政府此後的戰略思考與作戰方式都產生深遠影響。

事後發展表明，國民政府原先對冬季攻勢所持的樂觀期待遭受到殘酷打

44　Frank Dorn, *The Sino-Japanese War, 1937-41: From Marco Polo Bridge to Pearl Harbor* (New York, 1974), p. 321.

擊。儘管自抗戰初期以來有些將領已經臨陣逡巡不前，或是只投入少量兵力以虛應故事欺騙上級，[45] 但蔣介石還是認為他可以用精神力量去感召將領們，發動一場貨真價實的大規模攻勢。

豈知，冬季攻勢中將領們的顢頇表現完全出乎蔣介石意料。例如蔣介石在戰前曾指示第三戰區司令長官顧祝同，只要部隊表現旺盛的攻擊意願，就應該給指揮官更多自主權。但戰鬥一開打，各指揮官就顧盼不前。第三戰區以14個師和配屬的大量炮兵部隊，負責攻擊沿江防守的日軍1個師團，但正式交戰僅3晝夜即告停止。在第二戰區，閻錫山部隊則沒有對日軍發起任何進攻。[46] 大多數指揮官要麼仍然將其武器裝備看得比士兵更珍貴，要麼固守陳舊戰術，集中大量兵力攻擊日軍單個據點，直接違反了最高統帥部的指示。多數部隊長除非見到左右兩翼友軍向前進攻，否則不願向前進攻。[47]

如果蔣介石原本以為只要發動冬季攻勢就能逆轉不利態勢，則他無論是對政治現實還是對軍事現實的判斷上都犯了致命性錯誤（地圖2）。因為到了1938-1939年間，蔣介石在軍事實力上比1936-1937年虛弱許多，而大部分地方實力派的武力卻完好無損。這意味著後者可以在前者面前更加肆無忌憚。即使有些將領受到愛國精神感召，願意服從軍委會軍令作戰，但要改變他們長久以來帶兵風氣與戰術積習，仍需相當時日。在急於扭轉不利形勢的心情下，蔣介石忽略了這些長期存在的頑疾，對現實做出錯誤判斷，加上缺乏充分準備，最終導致冬季攻勢失敗。

有關抗戰歷史論述中，相當一部分研究認為淞滬戰役失敗未能達成爭取國際干涉的目的後，蔣介石便不再積極進取，轉而採取苦撐待變策略，一直拖到珍珠港事變才使他大喜若狂，終於可以轉嫁由美國人打仗替國民黨贏得勝利。這一解釋顯然未將冬季攻勢列入考慮。因為蔣介石在冬季攻勢前所提

---

45 國防部，《抗日戰史：二十八年冬季攻勢》，頁25-26。

46 國防部，《抗日戰史：二十八年冬季攻勢》，頁581-586；蔣介石，《蔣總統集》第1卷，頁1228。

47 蔣介石，《蔣總統集》，第1冊，頁1228。

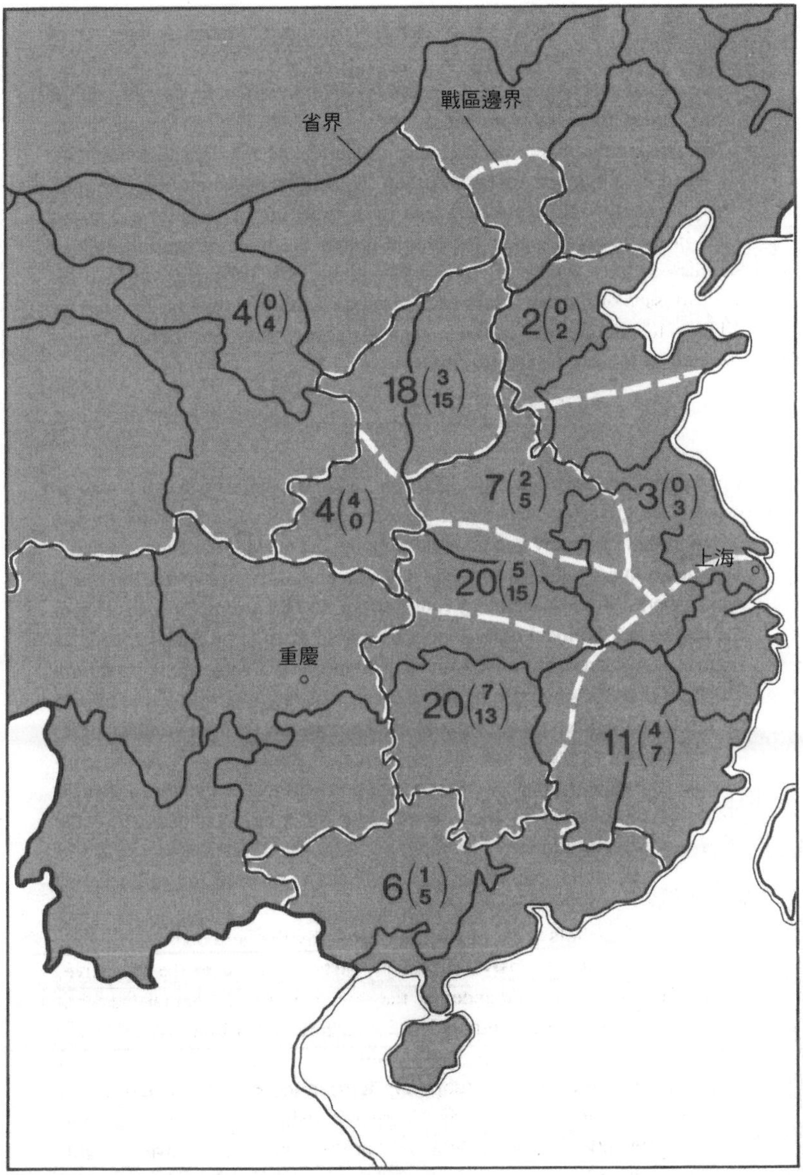

地圖2　1939年冬季攻勢期間中國作戰單位（陸軍）在戰區的分布。括號中上方數字是中央軍軍隊，下方數字是地方實力派軍隊。
○中央軍 26
△地方實力派 69
資料來源：《抗日戰史：二十八年冬季攻勢》。

出的長期戰爭觀念並非是真正的「長期」，而且他十分天真地認為只要中央軍和地方雜牌軍之間達成暫時合作，便能發起對日攻勢結束戰爭，最多是2-3年時間。很顯然地，他依舊相信，趕在中央與地方關係產生更大變化之前，中國仍有可能用軍事手段迫使日軍知難而退，結束戰爭。

冬季攻勢失敗徹底暴露國軍將領不願，而且不能打仗，這嚴重影響了重慶政府對戰爭前途的判斷。國軍經過一年的準備，號稱動員了全國半數作戰部隊，但卻未能達成任務。1940年2月底蔣介石主持柳州軍事會議，講評冬季攻勢作戰時，他除了認為訓練和準備不足是失敗的相關因素外，把主要原因歸咎于將領指揮的混亂與部隊紀律的鬆弛，並痛陳冬季攻勢是「抗戰以來，國民革命軍最大之污點」。[48]

我們必須清楚認識到，1939年冬季攻勢雖然是一個軍事行動，但是它是中國八年抗戰中的一個政治轉折性事件。攻勢作戰的潰敗，讓國民政府深切體會，既然現有的部隊無法執行大規模攻勢作戰任務，那麼此後就必須訓練一支完全服從中央政府命令的部隊。在重慶政府看來，今後謀求軍事勝利的希望日益遙遠，因為如要成功籌建軍隊，就必須從根本上去調整中央和地方之間的關係，並且擴大中央政府對大後方省份的控制。針對這個問題，南京政府領袖在30年代就不曾找到解決方案，1939年撤退到重慶後依然束手無策。他們無法正視這些挑戰，也就意味著積極進攻作戰的時期只能告一中止。而後繼的困局卻是如何在地方缺乏抗日積極性的過程中，還能夠去進行軍事建設和整改？

冬季攻勢失敗還產生了另一個不幸後果。1939年前國民政府往往低估日本實力，而1940年之後卻又高估對手。之前國民政府領袖習慣性地強調日軍實力在逐月減弱和抗戰前途光明，而之後的情況正好相反。中方開始不斷強調日軍無論在武器還是戰鬥力上都在逐日壯大中，因此國軍需要更多的軍事援助才能再次發動進攻。在下文中我們將會看到，1940年後，國民政府對自身實力的判斷，在其此後策劃作戰過程中，起到了相當重要的作用。

48　國防部，《抗日戰史：二十八年冬季攻勢》，頁581-586。

然而更為直接的影響，發生在中央與地方實力派的關係上。1939-1940年以後，中央政府最大隱憂，就是它與地方實力派之間軍事力量對比的變化。當時的中國名義上有400萬兵力，共約300個師。依據日方估計，中央政府只控制了大約三分之一的部隊，其餘三分之二是由地方實力派掌握。[49] 然而，那些被認為屬於中央政府的部隊中，真正嫡系部隊不會超過30個師（50萬人），剩下的部隊多為次要的或邊緣部隊。[50] 中央軍普遍殘破不全，地方軍基本上安然無恙。當國民政府不再執著於尋求速勝，轉而開始持久作戰，並重新處理與各省的地方政治軍事集團的關係時，中央與地方武力之間這個懸殊的比例（1:6）就衍生出許多新的摩擦，讓中央政府忙於應付但是力不從心。

從另外一方面看，自1939年春夏之交開始，歐洲情勢的緊張化逐日變得明顯，歐戰似乎勢必爆發。不但何時何地開戰成為重要推測話題，而且除了英法對抗德意的四國對峙大局面之外，美國，日本和蘇聯會不會參戰？後者如果參戰對中國抗戰的影響又會如何？這些疑難問題在蔣介石心中不斷激蕩。依他之見，一個顯著的可能性是，西方國家把精力全部投入歐洲戰場而無法顧及中日戰爭，甚或可能出賣中國利益去交換日本承諾不威脅西方在亞洲的殖民地。當然，日本也可能參加作戰的一方趁機徹底解決中國戰場。換言之，在蔣介石此時能夠想到的發展情況，歐戰對中國可能產生的危害大於利益，因為它既可以讓日本置身事外去敲詐西方，又方便它加入戰爭趁火打劫。這些複雜盤算最後幫助蔣介石厘清中國的選擇。正如他所說，「敵我國之決勝時期仍決之於國際戰爭之結局，而抗戰到底，不與敵倭中途妥協，是為獨一無二之要旨。」又說，「我中國欲得勝利，必在堅持抗戰，必待國際問題之總解決，必不可中途屈服與妥協。」[51] 在1939年6月間，蔣介石又提

49　防衛廳，《華北治安戰》，第1卷，附圖第7。

50　Charles F. Romanus and Riley Sunderland, *Stilwell's Mission to China* (Washington, D. C., 1953), p. 35; F. F. Liu, *A Military History of Modern China, 1924-1949* (Princeton, N. J., 1956), p. 134.

51　蔣介石日記，1939年4月15日。

出更多的想法，認為如果日本自動停止侵略中國和退讓，不但對於日本的地位和聲譽無損，反而會為之大增。反之，「若中國退讓，乃是降伏，然亦退無可退，惟有滅亡而已。與其不戰而必亡，何如抗戰到底，尚能死中求生也。」[52] 他又寫道，「若一經停戰，不僅中國在淪陷區內所喪失之人民生命與公私產業為無價之犧牲，而中國且成為奴隸之國。」[53] 然則中日抗戰究竟如何可以解決？蔣介石的答案非常簡單。就短期而言，日本必須全面「撤退其侵略軍至七七戰前狀態」。就長期而言，他更希望日本能夠全面性撤兵和停止在亞洲的侵略。「至於弱者（中國），絕無停戰約降，任受宰割，重蹈塘沽停戰協定之覆轍，而植東亞百年之禍根。解鈴必須繫鈴人。否則，兵連禍結，戰爭永無休止之時。」[54] 這些引文顯示，蔣介石對於國際情勢費力深思，而得到的結論就是中國必須堅持抗戰到底，是一條無法回頭之路。

當歐戰在1939年9月1日爆發，使蔣介石思路更趨明朗。他考慮了各種國際上合縱連橫的可能性之後，得到結論是「**與倭謀臨時妥協乃為無策，決不出此**。」他更進一步認為，「我國對歐戰之政策，主旨在參加民主陣線，以為他日媾和時，中倭戰爭必使與歐戰問題聯帶解決也。故絕對阻絕倭寇參加英法戰線也。」[55] 到了1940年中期，蔣介石對於抗戰就有了更明確的觀念。當他提到和平時，他的前提是「必先恢復七七戰前之原狀後，再談和平條件。」[56] 換言之，在此之前相當一段時間，中國如果啟動與日本進行和談程式，其目的是「爭取」恢復七七事變前狀態。但是歐洲爆發後，蔣介石的立場似乎變得更堅強，那就是，日本需要率先自動退到七七事變前狀態，然後才能啟動和談動作。

1940年中國抗戰遭遇了幾個重要挫折：一個是英國和法國相繼宣布關閉

---

52 蔣介石日記，1939年6月8日。

53 蔣介石日記，1939年6月11-13日。

54 蔣介石日記，1939年6月19日。

55 蔣介石日記，1939年9月2日。

56 蔣介石日記，1940年5月11日。

越南和緬甸通道。自從抗戰以後中國東海岸的港口失陷敵手，而廣州失守後南方的港口又落入敵手之後，中國由海運輸入武器的路線全部切斷，剩下的就是法屬越南和英屬緬甸成為重慶政府惟二能夠獲得西方國家武器的通道，其中由緬甸輸入的數量尤其龐大。所以英法兩國宣布關閉通道立即斷絕了西方物資來源，造成重大軍事和外交危機。與此同時，中國趕緊設法開闢西北大陸路線，希望從蘇聯進口武器替補英法海洋路線的願望也遭受挫折。一方面是蘇聯的供應量受蘇聯-日本外交關係影響而搖擺不定。二是陸上交通被中國境內地方實力派（新疆、西康）阻擾而困難重重。因此可以預見的，是抗戰武器補充將會日益困難。出於這些考慮，蔣介石在1940年8月27日日記中寫道，「**以後反攻非待各戰區整訓完妥而有充分把握時，決不宜輕舉嘗試**。否則如反攻無效，不惟後繼補充為難，而敵且攻川無忌矣。」蔣介石進一步認定第五戰區是中國的主要戰場，中國必須在第五戰區完成整訓後才能啟動反攻，而第五戰區又是地方實力派部隊充斥的戰區。過了幾天，他進一步說明，「故對倭戰爭再不能取陸續攻勢，惟有積極將現有主力部隊整補充實，以待國際之變化，培養中央實力。無論對內對外，雖各處接濟斷絕，亦有自力可持而無恐也。」[57] 這個重大戰略思想和行為的改變，有三個要點值得注意：減少攻擊行為、進行軍隊整補、和培養中央軍。

三、1941-1942，新關係顯現

1941年12月8日日軍進襲珍珠港時，中國與日軍單獨作戰已有1,613天。自此之後美國正式成為中國盟友。一時間，勝利的希望似乎變為切合實際。重慶政府隨即向軸心國集團宣戰，誓與同盟國共患難。

然而振奮心情旋即消失殆盡。首先是蘇聯拒絕對日宣戰。繼之是英國在1942年1月初將存放在緬甸仰光等待運送至中國的大量戰略物資奪為已有，

57　蔣介石日記，1940年8月27、28日；「民國二十九年大事表」，1940年9月24日，檔在蔣介石日記，第40箱，第16卷。

使中英關係陷入極度緊張。同年4月中國的生命線——滇緬路——也被日軍切斷。[58] 再繼之是日軍在東南亞的進攻勢如破竹，把整個該地區豐厚的天然資源納入日本侵略的軍火庫。但對重慶政府而言，最沉重的打擊是1942年5月國軍僅剩的精銳部隊遭受重大創傷。遠征緬甸的第五軍和第六軍（僅存的由德國顧問訓練的兩支精銳中央軍）被日軍擊潰，與中國內地斷絕音信，一部分被迫退入印度。1942年7月抗戰五周年紀念日之時，全國上下抗日情緒跌至谷底。

面對這些不利情勢，中央政府逐漸意識到，如果想要在抗戰中長期生存，就必須努力解決諸如總動員、糧食生產、穩定貨幣等基本問題。[59] 中國以一個農業國家，要想擠壓出資源和世界上最先進的工業大國軍事強霸進行鬥爭，已經是一項極為艱巨的工作。然而即使有限的資源是否果然能夠擠壓出來，則地方實力派的態度至關重要。如果中國希望長期抗戰，則國民政府最關心的事乃是如何在不激怒地方實力派和削弱抗日統一戰線表象的前提下，減低他們對政府推行各項軍政改革計畫的阻撓。當然，如果能夠贏取他們的衷心支持，則更是喜出望外了。

四、1942-1945，中央與地方關係的惡化

不幸的是在前述大背景下，中央與地方關係變得越來越惡劣。冬季攻勢（1939年底至1940年初）和緬甸作戰（1942年）的相繼失敗導致地方實力派對國民政府的觀感和氣勢大變。在此之前，某些地方軍人對中央政府雖然心懷抗拒，尚且不敢怒形於色。但是地方實力派一旦體會到自身武力漸占上風之後，就更敢大膽地挑戰重慶政府權威。1941年底，劉文輝、閻錫山、龍雲等人更是積極籌劃倒蔣政變，甚至企圖推舉張群作為領袖，改變抗日方

58　高蔭祖，《中華民國大事記》（台北，1957），頁483、484-485、487。

59　高蔭祖，《中華民國大事記》，頁488-496。

針。[60]

1943年5月間，重慶政府與四川省籍部隊發生多起衝突。中央派四川省主席張群與行政院長孔祥熙到成都親自出面與地方將領劉文輝談判後，兩方摩擦才漸為平息。[61] 隨後，1943年9月，劉文輝、潘文華、鄧錫侯三位將領又明確表示不支持重慶政府對中共的政策，拒絕參加國民黨第五屆第十一次中央委員全體會議。傳聞這一明顯挑釁姿態也受到綏遠傅作義和寧夏馬鴻逵的支持。[62]

1943年11月，一個所謂的少壯軍官密謀計畫成為美國政府高層關注焦點。雖然這一事件的細節撲朔迷離，但該計畫據說要在蔣介石由開羅會議回國途中將其劫持，迫使其整頓政府。意味深長的是，這一密謀據稱是受部分陸軍大學畢業軍官鼓動，而陸軍大學又據稱是與黃埔軍校（中央陸軍軍官學校）競爭的對手。再據稱參與此項密謀的軍官有數百名，包括一些師長。但是戴笠的特務破獲了這一密謀，處決和關押了多位主謀分子。[63] 事後看來，這個傳聞的時機和來源，以及美國軍事代表史迪威所扮演的角色和個人動機，至今仍然充滿疑團。因為也正在此時，史迪威向部屬聲稱他受到美國政府最高當局授意籌備一項暗殺蔣介石計畫，尋找適當時機執行。問題是：史迪威的暗殺計劃和所謂中國少壯軍官的策劃謀反是來自兩個不同的來源？抑

---

60 蔣介石日記，1941年11月15日。此消息由張群親自告訴蔣介石。蔣介石在日記中寫道，「痛心盍極」。

61 The Charge in China, Atcheson, to the Secretary of State, no. 1194, May 18, 1943, 893.105/94, *Foreign Relations, 1944, China*, pp. 236-237.

62 The Charge in China, Atcheson, to the Secretary of State, no. 1741, September 17, 1943, 893.00/15124: Telegram, *Foreign Relations, 1943, China*, p. 340. The Ambassador in China, Gauss, to the Secretary of State, no. 2030, January 15, 1944, 893.00/15254, *Foreign Relations, 1944, China*, pp. 305-307.

63 The Ambassador in China, Gauss, to the Secretary of State, no. 2218, February 3, 1944, 893.00/15237: no. 2030, January 15, 1944, 893.00/15254; no.151, January 24, 1944, 893.00/15241: Telegram; no. 2161, February 15, 1944, 893.00/19279, *Foreign Relations, 1944, China*, pp. 305-307, 312-313, 319-326, 334-345.

是史迪威向某些中國軍人放話，鼓勵後者放膽去做？或是史迪威受到中國少壯軍官謀反的鼓舞，而向上級提出這個大膽的建議？抑是這整個事件是史迪威或美方人員庸人自擾，編導出來的故事？或是少數中方有心人編造出來故事，誇大其詞地向美國人兜售，希望靠美國人的默認而回過頭去鼓動中國人放開膽量下水？這一切都有待更翔實的史料佐證。

同樣地，美國大使館和軍部情報的價值也需要學者們進一步予以審核校定。美方學者大量使用美方資料完全可以理解，一是語文使用方便，二是先入為主地信任本國政府資料的品質可靠。但是能夠閱讀中文資料的學者們則可以比對雙方資料，因為戰時美國大使館和軍部情報屢屢顯示偏視偏聽的缺點，而且精蕪並納，不可輕率採信。更重要的是，本書作者在廣泛閱讀中方資料中，並沒有發現類似的記載，這個差別頗不尋常。因為就常理推之，1943年底到1944年初，羅斯福和蔣介石兩人關係極為融洽，特意相約到開羅會面，過程十分順利，羅斯福缺乏殺害盟邦領導人的客觀動機，而蔣介石也因為應邀出席開羅會議，肯定其四大強國領袖地位而在國內聲望大震，難以想象軍官們會選擇這個時機策劃大規模叛變陰謀。反倒是史迪威本人在此前後屢受蔣介石直面申斥，因而把蔣介石視為眼中釘而必欲拔除的可能性確實存在。[64]

大約與此同時，地方領袖李濟琛則的確被懷疑在暗中策劃一場運動（儘管應該與少壯軍官計畫沒有關係）。1943年11月初起，有報導（來自美軍）透露李濟琛正與華南其他將領尋求共識，以備在蔣介石政府垮臺後採取共同行動。據說，李已經與第七戰區司令長官余漢謀、第四戰區司令長官張發奎和第九戰區司令長官薛岳達成非正式協定，並在邀請雲南和四川地方實力派將領加入合作。這些運作之目的並非推翻政府，而是為一旦中央政府垮臺時預作準備，可以確保華南和西南各省持續抗日。[65] 在上述列名人士裡，張發

64 齊錫生，《劍拔弩張的盟友》，頁368-373。

65 The Ambassador in China, Gauss, to the Secretary of State, no.1829, November 18, 1943, 893.00/15197, *Foreign Relations, 1943, China*, pp. 380-382.

奎提出了一個不同的敘述。他明白指出，關於西南領袖們（張發奎、李濟琛、余漢謀、薛岳、龍雲、四川軍人）籌組反蔣政府的說法是錯誤的。他說明這些領袖們之間的確在1944年7月間有過聯繫，目的並非反蔣，而是萬一東南地區被日軍隔斷之後，是否可以考慮成立黨政軍聯合機構，繼續抗戰。這個方案經由白崇禧呈報給蔣介石，但是後者認為並無必要乃告作罷。但是張發奎也聲明，李濟琛、蔡廷鍇、黃琪翔、和陳銘樞等人如果另外籌備組織，則他並未參與，也不知情。[66] 無論如何，這些風吹草動，自然引起重慶政府高度關注。

重慶政府最初的反應是邀請李濟琛（時任軍事委員會桂林辦公廳主任）來重慶就任新職。李濟琛拒絕後，重慶方面就直接取消了桂林辦公廳，不過李濟琛未受影響，依舊積極活動。1944年國軍在日軍一號作戰初期慘敗後，以李濟琛為主導的政治活動也發生了微妙變化。他指責中央政府正在實施一項精心策劃的計畫，旨在暗中破壞與摧毀那些被中央視為不可靠的南方實力派軍隊。[67] 1944年5月，參與的各方起草了一項探測政治風向的計畫，企圖聯合所有異見團體，並預定于當年10月10日在成都召開籌建「國防政府」會議，標榜的立場是繼續抗戰，實行民主政治，釋放政治犯和取消特務組織。民主政團同盟此時在這一反重慶的運動中起著重要作用。[68] 兩個月後，中共也加入，運動開始帶有獨立建政的性質。1944年8月，民盟代表、中共和李濟琛本人多次向在桂林的美國人呼籲，要求美方為這一旨在取代蔣介石的新政府提供政治和軍事援助。他們向美方宣稱，運動得到多方支持參與，包括廣東、廣西、湖南、安徽、福建、四川和西康的政治及軍事領袖。[69] 然

66 張發奎，《蔣介石與我》，頁325。

67 Ringwalt memo to Ambassador Gauss, July 6, 1944, 893.00/7-644, Enclosure, *Foreign Relations, 1944, China*, pp. 466-468.

68 The consul at Kweilin, Ringwalt, to the Ambassador in China, Gauss, no. 112, May 8, 1944, 893.00/15420, *Foreign Relations, 1944, China*, pp. 414-415.

69 The Ambassador in China, Gauss, to the Secretary of State,: no.1385, August 10, 1944, 893.00/8-1044: Telegram no. 1416, August 16, 1944, 893.00/8-1644: Telegram no. 2900, August 23,1944,

而美方拒絕捲入這一運動，更何況李宗仁和白崇禧的態度也不明朗，因此這場運動就暫時中止。[70] 不過對重慶政府而言，這起事件清楚表明了潛在的反蔣陣營已從單純的宣傳話語升級到具體的政治操作，並且擴大了組織基礎，招納了相當數量的政治領袖和中共。單就這一點便會讓重慶方面深感不安。同樣令重慶擔憂的是，這一陣營中的部分人可能也接觸了日方，雖然這類密談的謠言難以得到證實。[71]

與此同時，昆明方面醞釀反政府運動當然更為明顯。回顧國民政府為緩解與雲南省政府日益緊張的關係，曾於1944年3月派遣宋美齡、孔祥熙夫婦和宋子文等黨國要員前往尋求紓解。[72] 但當1944年秋季日軍進攻至西南地區時，龍雲越發堅持要求重慶政府把美式武器分配給雲南軍隊，而軍隊指揮權則仍然屬於龍雲。當此一要求被拒絕後，雲南省內的新聞界很快便開展聲討中央的聲浪。[73] 當時有傳言稱龍雲正與其他省份地方實力派商議，準備在日軍推進時全體從前線撤退，任由重慶忠貞部隊被日軍摧毀。[74] 龍雲同時還直接請求美國人給予武器援助，並承諾將自己的部隊交由美國人指揮。[75] 1944年9-10月間，是蔣介石面臨內憂外患最艱辛時刻，除了日軍一號作戰摧枯拉

893.00/8-2344, *Foreign Relations, 1944, China*, pp. 505-506, 509-510, 512-515.

70 Romanus and Sunderland, *Stilwell's Command Problems*, p. 411. *Amerasia Papers*, vol. 1, no. 137, pp. 778-786.

71 Romanus and Sunderland, *Stilwell's Command Problems*, p. 410. Romanus and Sunderland, *Time Runs Out in CBI*, pp. 8-9.

72 The consul at Kunming, Ringwalt, to the Secretary of State, A-10, March 9, 1944, 893.5151/990: Airgram, *Foreign Relations, 1944, China*, pp. 374-375.

73 Langdon to State Department, October 19, 1944, no. 94, 740.0011, Pacific War/10-1944, *Foreign Relations, 1944, China*, pp. 175-176.

74 Richard M. Service to Hurley, January 20, 1945, 740.0011P.W./1-2045, *Foreign Relations, 1945, China*, pp. 178-180.

75 Richard M. Service to Hurley, January 20, 1945, 740.0011P.W./1-2045, *Foreign Relations, 1945, China*, pp. 178-180. The consul general at Kunming , Langdon, to the Secretary of State, no. 94, October 19, 1944, 740.0011 Pacific War/10-1944, *Foreign Relations, 1944, China*, pp. 175-176.

朽地打擊國軍之外，美國要求蔣介石交出全部軍權的談判也益趨露骨，令蔣介石感到煎迫難熬，甚至使他認真考慮要以辭職方式解決困境。適在此時，他又得知滇康川晉各省實力派謀倒中央，則更必將使中央軍軍心渙散，抗戰事業將一蹶不可復振。[76]

在軍事方面，龍雲到12月時更明目張膽地挑釁重慶政府，由龍雲兒子指揮的一個雲南師甚至與中央第五軍發生武裝衝突。最終，中央政府不得不派出特使與雲南言和。[77] 在政治方面，1944年龍雲加大對不滿中央的異見人士的支持與保護。昆明很快變為對重慶中央持異議的大學教授、知識分子和民主人士的庇護所。1944年10月，這些異議人士邁出了一大步，以中國民主同盟名義發表「對抗戰最後階段的政治主張」，倡議結束國民黨一黨專政，建立聯合政府。民盟領袖開始積極與雲南軍人協商，民盟代表在雲南地方部隊中十分活躍，並將許多軍官吸收為盟員。[78] 民盟也與其他省的地方軍人保持密切聯繫。重慶政府在四川只有4-5萬軍隊，地位岌岌可危，而潘文華在四川掌握有10萬人，劉文輝有2個師布置在川康邊界。依照美國駐華武官報告，這2個師是「我在中國見過的條件最好的武裝士兵」。[79] 但是卻從不曾到前線抗日。

至少在1944年秋天後，成都新聞界便集中火力批評重慶政府，川軍將領也同時向美國人傳遞信息稱，國民政府不久將發生劇烈變故。[80] 他們聲稱，假如日軍侵入四川，則川軍將對那些不贊成蔣介石下野和成立聯合政府的中央軍進行武裝解除。儘管川軍將領威脅發動的政變最終並未實現，但毫無疑問的是，戰爭突然勝利之時中央政府的國內處境比以往任何時候都要岌岌可

76　蔣介石日記，1944年8月31日。

77　The consul at Kunming, Langdon, to Ambassador in China, Gauss, no. 35, August 18, 1944, 893.00/10-2844, *Foreign Relations, 1944, China*, pp. 660-661.

78　*Amerasia Papers*, vol. 2, no. 233, pp. 1261-1263.

79　*Amerasia Papers*, vol. 1, no. 11, pp. 654-655.

80　The second secretary of Embassy in China, Penfield, to the Secretary of State, no. 53, October 28, 1944, 893.00/10-2844, *Foreign Relations, 1944, China*, pp. 660-661.

危。[81] 相對於前述少壯派軍人叛變消息而言，有關西南省份實力派領袖們活動的信息更為可靠，因為前者來自小道消息和個別美國官員自作聰明，真偽難辨，而後者來自活動分子和美方人員的直接接觸，儘管他們對自己陣營的力量或許誇大其詞，但是卻非空穴來風，因此提高了美方資料的可信度。由這些事故也可以使研究者產生警惕，戰時美國的官方資料良莠不齊，在引用時必須慎加判斷。

在這個極度危急情況下，還發生了一個事故，不但不為外界所知，連學術界多年來也鮮見提及，那就是在9月8日晚間有一名嫌犯在蔣介石住所開槍遭捕。雖然嫌犯動機可能是意圖行刺，但是因為聲帶被預先割斷，因此無法審訊。[82] 這起案件的主謀是日本，抑是地方實力派，或甚至是美軍將領，儘管無法定論，也必然引起蔣介石高度緊張。

上述形勢的發展，真實地展現了國民政府所執著於軍事化政策（包括戰前與戰時）所衍生的困難。當中國在為民族存亡而戰時，國民政府領袖在思考中央與地方關係時，依然著眼於控制與被控制，而不能找出彼此團結的方法。因此，政治工作蛻化為針對地方軍隊的特務工作，忠誠的中央軍被調派去監視地方部隊，在分配美軍援助物資時對地方部隊也呈現差別待遇。這種彼此壁壘分明的做法，只會增加地方軍人對中央的對立情緒。結果，這個中央與地方關係的對立狀態，使得中國在抗戰期間所處的實際情況是：一國之內被眾多個獨立主權和半主權的武裝實體所控制。它們不是全國上下一心地抗日，而是爾虞我詐，機關算盡，一切以自身利益為出發點，然後決定是否抗日和如何抗日。這樣一個大雜燴式的抗戰，難怪打得極端辛苦。

81　Paul Frillman and Graham Peck, *China, the Remembered Life* (Boston，1968), p. 224. *Amerasia Papers*, vol. 1, no. 112, pp. 656-662; vol. 2, no.233, pp. 1261-1263.

82　蔣介石日記，1944年9月9日。

結語

本章的論述顯示，國民政府抗戰時期的政治軍事關係，在不同時期中經過幾個巨變。在此或許可以提供一個背景敘述作為對照。1937年初，抗日烏雲尚未凝聚，蔣介石身處南京，對於如何消弭「各省反動軍閥」曾經做出一番思考。他當時所列舉的對象一共有七個，分別是四川劉湘、湖南何鍵、廣西白崇禧、陝西楊虎城、山東韓復榘、河北宋哲元、和山西閻錫山。[83] 都是省級的大目標。但是一旦抗戰開始，不但這些大型地方實力派多半存在，而且中小型實力派也應運而生，遍布全國，使「中央」與「地方」關係的複雜性劇烈增加。如果大略觀之，可以區分為幾個時期。

第一個時期，1937-1939年，國民政府原本在戰前牢牢掌握著長江中下游富庶省份，在十年中所累積的軍事資源全盤耗盡。在此期間，作戰考量列為最高優先。國民政府對地方實力派最大的期望，是動員它們參加抗戰序列。第二個時期，1940-1941年，國民政府在被迫退居華中地帶後，雖然在口頭上宣稱要建立長期抗戰根據地，但是在心態上已經初步嚐到地方阻力苦頭，因此仍然希望以純軍事手段脫離困境，借發動冬季攻勢扭轉戰局，返回戰前根據地（長江中下游），避免在更深的大後方和地方實力派對壘較勁。第三個時期，1942-1945年，冬季攻勢失敗讓國民政府終於放棄以軍事手段回到長江中下游根據地的念頭，而不得不接受在大後方狹小地域內，與各省各地實力派犬牙交錯地長期共存，從而擴大國民政府和地方實力派在政治、經濟和社會等各個層面上的矛盾。

重慶政府在1944年遭受豫湘桂會戰失利的巨大打擊後，連領袖們都開始恐懼，即使同盟國把勝利雙手奉上，他們是否還有足夠的軍事實力和行政能力去順利收回原先的權力基地。當一號作戰摧毀了駐紮在河南、湖南與廣西的中央軍主力後，接受美式訓練的幾個師（X，Y部隊），自然成為了中央

83　蔣介石日記，1937年2月，「本月大事預定表」。

政府軍力的支柱。地方實力派領袖也很快意識到這一點。不多久，他們對重慶政府的不滿便升級為串聯行動或公開抗命。抗戰到了此時，重慶政府和地方實力派關係幾乎回到1928年編遣會議時的對立狀態。

綜言之，在這個政治軍事格局的演變過程中，重慶政府不僅沒有在內地省份站穩腳跟建立根據地，反而陷於糾纏而使不出力道，連本身在黨政軍各方面都走向弱化和腐化。這個過程將在本書此後各章中加以更微觀的檢視。

第五章

軍事改革的崎嶇道路

中國自主性的努力

本書第二章已對於抗戰作戰經過的幾個大轉折加以介紹，而第三、四章又對於戰事所造成的政治後果加以討論，並且提議採用一個新的分析格局去檢視抗戰。本書今後的篇幅將從這個新格局為出發點，對抗戰時期的黨、政、軍事務提供一些新解釋。本章的目的首先是去分析國民政府如何認識到戰爭所暴露的軍事弱點，以及做出何種努力去予以改正，及達到何種成果。

為了便於討論，本章將把抗戰全程96個月分為四個階段。第一個階段是1937年7-12月，這5個月是開戰之初全力作戰時期。第二個階段是1938-1941年底的48個月，是中國痛定思痛、下定決心獨立進行全面長期抗戰時期。第三個階段是1942-1944年底，是中國和美國成為盟友時所遭遇的困難時期，共約35個月。第四個階段是中美軍事合作進入順利階段，前後大約8-9個月。

第一個階段 1937年7-12月（5個月）

中國軍隊在抗戰時出現的問題，在不同戰場上有一個時間差，產生互為因果關係。大致而言，從1937年7月份開始，南京政府在短短半年內，對於全國各地軍隊的作戰能力、優點和缺點，已經有了初步認識。其中最重要的教訓，就是中央軍隊與許多歷史背景不同的地方實力派部隊協同作戰的困難程度。以開戰之初最主要的華北戰場而言，這些問題呈現在以下幾個方面：

一、軍隊各自為政，無法建立統一指揮系統

盧溝橋事變的突發性，使得南京政府措手不及，只能在一個遠未「安內」狀態下遽行「攘外」。在這種倉促組合一群手握實權而又心懷異志的軍事群體下，無法建立一個整齊劃一、令出必行的指揮系統，難以共襄大舉。毫不奇怪地，這些軍事群體的盤算各不相同，有些實力派不願意華北事件擴大，因此極力主張中央軍不要北上和不可太主動，避免刺激日軍做出更激烈舉動。有些部隊按兵不動，口頭上支持抗戰，甚至做出慷慨激昂姿態，然而實際上袖手旁觀，或甚至和日軍眉來眼去，暗通款曲（韓復榘）。

以盧溝橋事變首當其衝的宋哲元部隊為例，它過去本就置身南京政府指揮系統之外，獨立自主地處理它和日軍關係。當盧溝橋事件發生後，南京政府也只能以電文和透過私人管道去與第29軍將領們溝通，費盡口舌地「曉以大義」，而無法果斷明確地下達命令。同樣地，第29軍長官們給南京政府的戰報也是模棱兩可，虛實難辨，甚至蓄意隱瞞。以致南京政府對於華北現場敵我形勢非常隔閡，只能依據支離破碎的情報去和日本進行交涉。果不其然，根據軍令部情報，第29軍領導人在7月27日還隆重地下達攻擊令，在28日卻情勢大變，宋哲元狼狽出走，只說「這個仗打不下去了」，卻無一字交代軍事部署。其他部隊也就隨之一哄而潰。[1] 面對盧溝橋前線的發展，南京政府只能眼睜睜地作為旁觀者，毫無操控能力，還要為了鼓舞全民抗日的士氣，違心地把他們描繪成艱苦卓絕的抗日英雄。

在此後幾個月的華北戰場上，類似情形成為常態。比如說，劉汝明部「不接受電報，惟恐給他任務，東閃西避，惟恐遇著敵人。」即使是南京政

1　徐永昌日記，1937年8月9日。

府派到華北支援的部隊也發生問題。因為戰事甫起，蔣介石派往華北戰場的部隊雖然號稱中央軍，但是實際上包括黃埔軍隊和過去屬於地方實力派而又和南京政府關係比較接近的地方軍隊，包括衛立煌（黃埔系）、郝夢齡（東北軍，西北軍）、馮欽哉（西北軍）、曾萬鍾（雲南）。可是在山西戰局中，馮欽哉不聽命令，甚至避不見面。曾萬鍾部隊不服從上級作戰命令，逃避作戰，使「（林）蔚文氣極。」[2]

地方實力派除了不接受南京政府統一指揮外，還有另外一種普遍現象，就是出於地緣考量或是歷史恩怨，或是被保存實力的私心所驅使，彼此不能精誠合作，甚至互相鉗制爭奪，使日軍侵華工作更能順利展開。所謂華北戰場，在冀魯豫以及平津地區之外，還有廣大的西北地方（綏遠、寧夏、陝西），它們的防務問題，也因為來自不同背景的北方軍隊彼此無法合作，而使得南京政府無法進行整體規劃。比如說，因為馮欽哉「擁兵觀望」，南京政府只好放棄原來的防守計劃。因為馮欽哉為西北軍背景、門炳岳與馬占山為東北軍，因此在山西包頭與大同之間地區，各部隊混亂不堪。而在五原地區的軍隊則趁亂搶劫彼此的槍馬，鄧寶珊（國民軍）無法控制部隊，而馬占山部隊控制的地區又對鄧寶珊部隊進行封鎖，斬斷其給養而使其無法作戰。而傅作義則指責馬占山部隊僅1千餘人，戰力薄弱，卻「紀律極壞，惟思擴張實力」。華北地區還有何柱國（東北軍）和趙印甫等部隊，「以上皆各不相顧，亦不尋敵。」換言之，即便是在所謂「全民抗戰」的旗號下，華北地方實力派軍隊依然持續它們往年內鬥的方式，甚至趁國事大亂機會，自相殘殺以圖擴充勢力。面對此種亂象，南京政府束手無策。比如說上述馮欽哉屢次不聽命令一事，最後沒有任何處罰，只是由委員長親自致電告誡而已。[3]而南京政府對於其他色彩鮮明的地方軍隊，卻連警告的能力都沒有，只能委婉勸阻。

在華北戰場這種亂象情勢下，南京政府非常明白看出，就地方實力派而

2　徐永昌日記，1937年10月6、10、21日。林蔚是南京政府派往華北的督戰員。

3　徐永昌日記，1937年10月18-20、25日。

言，只要戰事在別人地盤上進行，或是為了防阻戰火延燒向自己地盤時，或是在全國民間一片抗日情緒高漲的大局下，為了隨波逐流，他們都會高喊抗日口號，但是卻極力規避抗日行為。對於這個現象，徐永昌很快說出一段沉痛的話。他分析華北戰場國軍戰敗原因主要在於實力派的「內外不一」，即內心消極，表面積極。因此他們在用兵時肯定預留後手，不肯吃虧。「為地派兵，非為戰派兵，結果地兵兩失。」[4] 實力派從自身利益為優先考量的出發點去盤算它們的對策：如何迎合民間高漲的抗日氣氛？如何對付南京政府的作戰部署？如何處理與「友軍」的合作？又如何在瞬息多變的戰況下去擴張自身利益？這些複雜盤算從開戰伊始就成為某些實力派的關注焦點，也引導它們不斷地審時度勢，做出隨機應變的決定。但是歸根結底，盤算的出發點不是保衛國家，而是本派的興衰存亡。

這些因素可以解釋何以閻錫山在戰爭初期熱心鼓動南京政府派遣中央軍到山西支援，因為他希望借中央軍之力保護山西，或是把日軍阻擋在平津地區。一旦華北情勢丕變，而戰火可能延燒到山西省境後，閻錫山和一些地方部隊將領就極力勸阻中央軍不要前進，以免激怒日軍威脅到它們地盤。在這種情況下，中央軍反而變成是不受歡迎的外來因素，面臨孤軍作戰困境。而閻錫山本人也毫不隱藏地向中央軍衛立煌聲明，山西軍隊不可以離開山西，他本人也不離開山西。[5] 換言之，華北其他地區的抗日戰鬥與他無關。

二、作戰效率低落的問題

一般正規軍事參謀作業時，首先要列入考慮的因素，是部隊究竟有多少兵力。如果連士兵數目都無法確知，則一切作戰計劃均屬空談。而這個問題首先被第29軍曝現無遺。第29軍歷來向南京政府報稱有10萬官兵，但是根據內部將領私下透露，實際數字可能只有6萬。這立即產生兩個問題，首先

4　徐永昌日記，1937年9月26日。

5　徐永昌日記，1937年11月10日。

是軍隊官長吃空缺的現象嚴重，用儘量誇大自己力量的手法去騙取中央政府更多軍餉，造成國家軍費急劇增加。[6] 更嚴重後果，是使得上級指揮官無法做出正確的敵我情況判斷和務實作戰計劃。上級指揮官根據足額兵力做出戰鬥計劃，而外強中乾的部隊卻根本無法執行戰鬥任務。這種虛報兵力的陋規幾乎存在于所有地方性部隊中。特別是抗戰開始後，地方實力派部隊期望從此以後可以向南京政府領取薪資補貼，因此誇大它們編制成為一大誘因，也成為戰力低弱的一個重要原因。在整個華北戰區，幾乎從一開戰，南京政府接到的部隊無法作戰的報告幾乎是雪片飛來，以致賈景德憤怒地報告，「前方作戰之不力，醜態百出。」其中以四川部隊的表現最受批評。閻錫山抱怨四川軍隊「裝械太壞，不堪應戰」、「川軍遇敵即退」。黃紹竑把山西戰敗責任歸諸四川軍隊，因為孫震兩師「遇敵即潰」，鄧錫侯只露面一次，隨即失蹤，無法聯絡，「各部隊避戰者有之，假道者有之」。經過4-5個月戰鬥，徐永昌對於整個華北戰場的失敗做出一個沉痛結論，「官長腐化壞了兵士，壞了兵器，損了金錢，最後誤了國家。是過去之失敗，完全精神學問不夠，不（是）兵器不夠。」[7] 軍隊長官的不學無術是造成士兵無謂犧牲最大的因素。因此軍官養成教育的不足，在此時就已經曝露無遺。

三、官兵紀律敗壞問題

軍隊如此拙劣，其紀律不彰本屬意料中現象。即使在戰局仍處膠著狀況下，軍紀敗壞事故已經此起彼落。南京政府作戰部在10月間就接到報告，孫殿英部隊在曲陽地區搶劫朱懷冰部隊的槍械，又挪用軍餉私購軍械，甚至直接向老百姓搜刮軍食和軍需，其所得額往往超過其法定軍餉好幾倍。隨後又接到報告稱，孫殿英部隊到處奸殺搶劫，造成大混亂狀態。與此同時，四川

6　徐永昌日記，1937年9月30日。

7　徐永昌日記，1937月10月2、20、21、22、25、26日，11月8日，12月28日。

鄧錫候部隊也到處滋擾人民，「後方受其極大之壞影響」。[8] 換言之，北方軍隊打不過日軍，但是對於中國老百姓的欺詐斂財，卻是能手。

到了1937年底，徐永昌指出當前的三大禍害是：1. 傷兵；2. 交通；3. 遊擊隊。就傷兵而言，華北地方實力派連年混戰，受傷士兵急劇增加後只能自求生存。前線傷兵和潰兵匯成小團體，在潰逃中，既不見敵人，又無法回歸原部隊，只能攜槍四竄，甚至轉向打家劫舍求生存。就交通而言，則是指軍隊肆意徵用，扣留和沒收境內一切車船，嚴重打擊老百姓生計。至於遊擊隊，則是指被擊潰或散失的小股隊伍，自立旗號，改稱為「遊擊隊」名號。遊擊戰的目的原本應該是對敵人避強擊弱，但是當時如雨後春筍般出現的遊擊隊，其基本態度則是避強而不擊弱，它們未遊擊敵人，卻先殘害人民，轉型成為「散兵游勇」。黃紹竑報告山西北部鄉村情況指出，如果八路軍經過，人民爭出勞之助之。中央軍經過，人民也敢出來看熱鬧。晉綏（指地方實力派）軍經過，則人民逃避遠野。南京政府也接到報告，華北各處遊擊部隊士兵的不法行為甚於土匪。[9] 這種大規模軍紀敗壞和指揮失控，幾乎使華北地區的地方軍隊回到北洋軍閥時期的行為模式。也留下大片真空地帶供日後中共幹部進入運用。

上述這些現象使南京政府試圖計劃華北戰事的努力，和就地阻擋日本侵略的計劃，全盤失敗。本書第二章曾經討論過，有許多因素可以解釋南京政府為何決定在華東地區另辟新戰場，其中一個重要考量因素是，華北戰場如此失控，即使持續派遣中央軍赴華北戰場支援也無濟於事。中國如果真要和日本進行長期鬥爭，就必須進行兩項工作：即戰略策劃和戰役部署。有了戰役部署，才能調動軍隊擔任作戰任務。能夠作戰才能通盤提出戰略籌劃而不致流於空談。在實際作戰中，部隊的戰鬥意志力和搏鬥能力又是決定勝負的關鍵。這些條件只有在南京政府所能夠控制的地盤上才能予以實現，因此淞滬戰場成為一個合理的選擇。

8　徐永昌日記，1937月10月2、20、21、22、25、26，11月8日。

9　徐永昌日記，1937年9月29日，11月24日，12月20、24日。

事實證明，淞滬戰場的表現果然大不相同。在戰爭開打之前，統一的指揮系統和決策機制已經到位，對戰役計劃和部署，軍隊調動和後勤動員，都做出方案。戰鬥開始之後，部隊長官服從命令，士兵戰志高昂，贏得民間高度樂觀支持。最能反映當時軍民抗戰情緒高漲影響力的莫過於胡適教授。他在整個1930年代是國內最誠懇而理性的主和派倡導人，即便是盧溝橋事件爆發後的許多日子裡，依然奔走呼號，試圖說服蔣介石繼續和平嘗試。但是他在看到淞滬戰爭時軍隊表現後，立即轉變為徹底的主戰派，並且在出使美國後不遺餘力地支持抗戰到底。[10] 這個場面和華北戰場所呈現的自私和懦怯形成尖銳對照。[11]

儘管淞滬地區中國軍隊鬥志高昂，但是依然無法克服在武器裝備上和日軍的巨大差距。事實上在戰役爆發之初，就有許多將領指出國軍無力阻擋日軍飛機和重炮轟擊，因此不可指望持久堅守陣地。這個警告高度務實，因為日軍在上海使用的飛機約為450架，海陸軍大炮高達900門。而日本本國現役飛機共約2,000架，而且還在源源不斷地生產。反觀中國空軍，則在開戰之初鼎盛時期只有飛機約290架，在8-9月表現英勇，屢屢對日軍進行主動攻擊，因而極大地鼓舞了上海地面上觀戰市民的士氣，但也因此而遭受極高的傷亡率。到了11月中旬，飛行員死傷百餘人，雖然剩餘飛行員尚有四五百人，但是中國空軍可供作戰的飛機一度只剩32架。從此開始，陸軍將領們普遍強烈要求政府儘快加強空軍力量去扭轉步兵部隊趴在地面挨打的劣勢，其中以白崇禧宣導最力。雖然南京政府卯盡全力向蘇聯購買了飛機三百餘架，但是一因路途遙遠運輸費時，二因中國機場小而崎嶇不平，所以每個批次只能飛來10架，而且到達而無損傷者平均只有8架而已。更何況蘇聯飛機每小

10　陳克文在回家路上看到軍隊冒雨開赴前線作戰，士氣高昂，紀律好，使他感動不已。見：陳克文日記，1937年11月6日。即使到上海崩潰前夕，士氣依然高昂。

11　到10月中旬，國軍士氣依然旺盛，進行反攻。外國人讚賞。軍隊退出上海陣地。撤退到蘇州河以南。上海閘北第88師謝晉元團死守四行倉庫大廈。31日蔣介石命令謝晉元撤退。王世杰日記，1937年10月15、27、29、31日。

時飛行速度只有380公里，作戰性能遠不如當時的美國飛機。但是雖經中國再三要求，美國政府卻推三阻四，不賣飛機。到了此時，白崇禧指出，中國軍隊如果無制空權就無法打仗，「我官兵日間因飛機不能動，夜間因探照燈也不好動。長期抵抗，須另有打算。」[12] 事實上，淞滬戰爭結束後，不但地面部隊因為缺乏空軍支援遭受犧牲慘重而一致要求政府加強空軍，即便是民間對於空軍缺乏戰鬥表現也出於誤解而產生高度不滿情緒。以致空軍官員一度不敢身穿空軍制服搭乘公共交通工具，因為經常被群眾責罵為膽小懦怯甚至予以毆打，以為他們不敢升空迎戰，卻不知道中國空軍已經傷亡殆盡，沒有飛機可以升空作戰。[13] 這個夢魘將在抗戰期間持續折磨中國軍民，也成為中美同盟關係的一大衝突點。

綜上所言，南北兩個戰場形成尖銳對比。華北戰場無法成立統一指揮部，當地原有的地方實力派和奉命馳援華北的中央軍和南方地方軍各自為「戰」，除了少數部隊認真作戰，甚至有個別高級官長陣亡，[14] 但是大部分部隊是觀望不前，蓄意避戰，或是望風竄逃，遇敵即潰，幾個月內丟掉大片江山。反觀華東戰場則建立了有效指揮部，事先籌畫，軍紀嚴密，甚至因為服從「死守」的軍令而致遭受慘烈犧牲。一直到前線全部被擊潰後，雖然個別部隊失去掌控，但是最高指揮部仍然能夠部署下一步戰略防務（徐州，武漢會戰），並且調兵遣將，予以執行。

這個影響還可以從另外一個跡象看出。在盧溝橋事變發生最初時期，南京政府雖然宣布全面性抵抗，但是軍隊總動員計劃仍然以華北戰場為主要戰場。因此當何應欽向中央報告軍事準備情形時，他的第一期動員計劃包括100萬人，其分配在華北戰場者60萬人，熱河察哈爾綏遠15萬人，福建15萬

---

12 徐永昌日記，1937年8月14日，11月2、17日。

13 陳克文日記，1938年1月4日。

14 郝夢齡軍長和劉家騏師長10月份在山西陣亡，是抗戰最早為國犧牲的軍師長。徐永昌日記1937年10月15日。

人，江浙地區10萬人。[15] 但是兩個月的戰鬥過程把這個部署完全推翻。江浙地區從10萬人變成30萬人此後直線上升，而且是集中南京政府全部精銳之師的決戰戰場。

第二個階段
1937年12月-1941年12月（48個月）

本階段是繼淞滬戰爭失敗後，中國獨立作戰的48個月時期。它首先是改變了中國對於抗戰大戰略的思維。如果南京政府曾經一度希望以轉移戰場方法和以奮力攻擊敵人的手段去阻遏敵人侵略氣焰的話，則這個想法落空之後，它在戰略和政略層次上都逐漸演繹出新的思路。從戰略層次而言是「以空間獲取時間，集小勝成為大勝」成為主導。從政略層次而言，是建設大後方成為長期抗戰基地，圖使新戰略得以從容實現。而在外交方面，則無論是胡適大使率先宣導的「苦撐待變」，或是蔣介石、宋子文在實際工作上所爭取的「苦撐求變」，其先決條件都是力求中國自我「苦撐」，而不是妄想國際主動干預，替中國火中取栗。

在這個新思維基礎上，中央政府決定把「軍隊整改」作為當前要務。換言之，在1937年的最後5個月裡，國民政府領袖們全神貫注在作戰事務上，但是到了1938年初之後，就開始把注意力轉移到清理軍隊本身問題。主要關注在以下幾個方面。

一、兵力補充

首先要解決的是兵力問題。依據何應欽在1937年年底報告，第一階段5

15　王世杰日記，1937年8月7日。

個月抗戰的代價是大約30萬官兵傷亡。何應欽坦承這些數字並不完整，因為有根本未報者，或是報而未到者等等，因此可能大幅度低估。他同時報告開戰以來，已經把庫存的6萬枝步槍、2,700枝輕重機關槍、400門迫擊炮分配給損失奇重的各師。另據白崇禧對於上海戰區的報告，迄11月初為止，該戰區61個參戰師死傷士兵約17萬人，官長約13,000人，而槍枝損失約13萬枝。白崇禧警告中國剩餘的裝備根本無法應付長期抗戰需要，因此大聲疾呼要大量發行公債、大規模徵收稅捐、大舉外債，以便大購軍械，尤其應該極速增購飛機。[16] 以上數字雖不精確但是大體說明，淞滬一個狹小戰場官兵的傷亡數字幾乎是全國其他戰場總和的兩倍，可謂慘烈。

還有一項因素需要考慮的是，全國其他戰場的傷亡數字可能是地方實力派部隊長官出於潰散、邀功、或期望中央政府補償等因素而虛報誇大的結果，但是淞滬戰場和南京保衛戰的傷亡數字，則是中央軍和粵桂部隊實際承受的傷亡。至於中央軍精銳部隊傷亡的數字，只有零星公布和推算而缺乏精確統計，箇中道理並不難了解。因為蔣介石為了維繫他的政治和軍事形象，既不想讓日本知道他的軍力究竟損耗到何種程度，也不想讓國內其他政治勢力團體知道他受創的底細。但是即使在淞滬戰役才剛剛開始逆轉的10月份，根據何應欽和王世杰內部報告，已經達到10萬人以上，而且每天以傷亡2,000人以上的速度不斷累積。[17] 其間，蔣介石命令部隊死守陣地和不斷投入新軍企圖挽回頹勢，更是使傷亡率急劇攀升，使上海戰場成為一個人肉攪碎機。大體而言，到了1937年底，南京政府花費10年功夫訓練出來的中央軍，除了極個別單位之外，[18] 基本上已經殘缺不堪。

軍隊傷亡過大現象在1938年持續不斷。到了1938年底，軍令部內部調

---

16 徐永昌日記，1937年11年2、4日。何應欽的數字是第一戰區（河南河北）死傷7萬2千人，第二戰區（山西）3萬7千人，第三戰區（淞滬） 18萬7千人。

17 王世杰日記，1937年10月12、19日。

18 比如說根據陳誠報告，全國機械化部隊只有一個師，因為一直沒有使用，因此沒有損失。王世杰日記，1938年12 月23日。

查把國軍傷亡數字分為三期予以統計：第一期（開戰至南京失守）死傷官兵為44萬7千人；第二期（自南京失守至徐州失守）為34萬2千人；第三期（自徐州失守至武漢撤退1938年11月20日）為25萬4千人。總計為104萬4千人。其中包括官長傷27,000餘人，死13,500餘人。士兵傷669,000餘人，死334,000餘人。傷與死的比例為2:1。軍官和士兵傷亡比例則是1:25。[19] 這些資料顯示出一些大趨勢：在開戰的最初16個月之中，三個時期的傷亡率在遞減，大致為45:35:25。回顧盧溝橋事變前夕，中國軍隊的總數大約是170餘萬人。[20] 而在16個月之內死傷105萬人，這是中國過去100年來沒有發生過的災難，它對一個號稱統一全國而實際上只有效地統治長江中下游5-6個省份的政權而言，不啻是元氣喪盡。兵員補充和壯丁徵集立即成為此後工作的重大挑戰。根據何應欽報告 ，到了1938年3月，全國陸軍總數是220個師，共180-190萬人。在前線作戰者114個師。但是這個數字不包括各省的保安隊，因為各省故意隱瞞難以統計。到了1939年初，根據何應欽報告，國軍部隊達到250餘萬人。[21]

既然以上所述的正規軍一半有作戰任務，一半沒有作戰任務，如果再加上各省保安隊伍，則恐怕中國三分之二的士兵都沒有作戰。而這已經是開戰六個月之後的情形。換言之，多數部隊都躲在後方避戰，數目大幅超過前線作戰部隊。

再根據官方資料統計，在此時期內（1937年7月—1938年11月）共計補充部隊兵員為1,947,000餘人。而補充工作大致是從1938年初才開始，而且這個數字並不包括中央政府控制範圍以外的川、滇、桂、晉、冀、魯等，各軍自行補充的名額。這個傷亡100萬而補充200萬的數字，其差距如何解釋？至今似乎還沒有被學者予以細究，但是可能有幾種初步解釋。一是它凸顯出兵員（壯丁）的供應量和最後實際入伍數，在過程中產生極大的折損率、或

19 徐永昌日記，1938年11月28日。

20 何應欽報告。王世杰日記，1939年1月6日。

21 王世杰日記，1939年1月6日，3月5日。

人力浪費。每兩個被徵的壯丁只有一個實際補充了軍隊，另外一人下落不明。二是戰敗的部隊和根本沒有參戰意願的部隊（特別是地方保安部隊），借此機會大量擴充勢力。這兩者其實可能同時存在，也可以解釋為什麼從1939年開始，對日作戰的規模減小，而軍隊數量反而大幅膨脹的現象。根據何應欽向最高幕僚會議報告，1939年底國軍編額猛增達480萬人，如果減去其中60萬人號稱為遊擊隊，則總兵額大約有400-420萬人。[22] 換言之，在開戰不到兩年時間裡，國軍的兵額比戰前增長了一倍以上。到了1944年更擴展到530萬人，成為軍事改革過程中不斷膨脹的大腫瘤。這個道理顯而易見，盟邦也據此多次詬病，但是改正的方法卻大不簡單。一直到抗戰結束都沒有得到效果。

二、軍隊素質

其次是品質問題。如何提高戰鬥能力這個課題在1937年12月首度排上議程。當時蔣介石請白崇禧專門負責「**整理縮編壞的軍隊**」，而且在高階層進行密集商討如何改革軍事機構、軍隊編制、軍隊的整理地區及補充辦法等。徐永昌也認為「今日第一要事在裁縮壞軍。」而他提出的具體辦法則是「今日中央亟需整練數師精銳，以作固本之兵」。他同時提議由滇、川、甘等省份各練三師，務使機械化，並且以滬戰殘剩之師的幹部作為整理其他軍隊的骨幹。精簡是大目標，不需要許多軍隊，但是需要少量的精銳善戰之師。他甚至也體會到整軍過程必需照顧地方實力派，「此為懷柔反政府派，亦極要緊。」徐永昌表示如果以後還要打仗，則現在的壞軍隊就必須整理縮編成為好軍隊。即使以後中日戰爭停止，為未來的「立國」也必須成立一個整理部門，徹底達到整軍目的。在這個醞釀過程中，徐永昌記載，「蔣先生極同意，惟健生（白崇禧）尚遊移。」因為白崇禧清楚看出最大的困難是人事問題，認為會「太得罪人」而不願主持其事。為此，徐永昌還不惜和白崇

22 徐永昌日記，1938年11月28日，1939年11月9、28日。

禧辯論，認為這是國家大好事，極力勸勉白崇禧不要推辭。[23]

即便是中央政府已經重視到軍隊改革的必要性，而且對於精兵政策的大方向已經達成共識，但是改革計劃到最後仍然無法推展。考其原因大概有幾個。第一是政治考慮。即便是熱心改革如徐永昌者，也必須向政治現實做出妥協，不能完全遵循理性原則行事，所以他除了想培養政府的「固本之兵」之外，還想到要安撫「反政府派」（地方實力派），而不能完全以效益為最高準則。而白崇禧則更是清楚看到這個「人事」問題難以處理，因此不願也不敢承擔責任。顯而易見地，整軍事務已經不僅是技術問題，而是和當前大格局緊密環扣。第二是中央軍隊元氣大傷，數量急劇下降，而中央軍隊在此前的作戰記錄又充分證明它們是戰鬥的模範。根據王世杰觀察，中央精銳部隊被擊敗者，亟需整理補充，而其他軍隊在沒有中央軍隊領導的情形下，則往往缺乏持久力，所以以後軍事首要問題是整補被擊破的中央軍隊。[24]

這個道理固然不辯自明，但是其政治後果卻往往不可控制。因為中央政府即使處處小心，力求均衡，也無法解除地方實力派的恐懼心理。正在此時不巧又發生了幾個重要案件：一起案件是某些部隊因為被指定為縮編對象，導致部分官兵截奪槍械竄去為匪，而另一起案件則是許昌某個師的存械被另外一個部隊搶去後，隨即投敵成為漢奸。[25] 這些事故不啻是改革起步之前的一記大警鐘。縮編風聲剛剛傳出，叛逃事件即已發生。如果縮編政策雷厲風行，則可能有更多部隊投降敵人或引發局部動亂。更何況有些地方實力派最擅長的手法就是裝聾作啞和陽奉陰違，即使不投敵，也不合作。結果是，在此後幾個月中，縱使中央政府對於整理和縮編壞軍隊上有明確共識，但是並沒有做出成績，只是在補充中央軍方面做出一定程度的進展，並且從而引發地方實力派指責蔣介石在偏袒「嫡系」和歧視「雜牌」。這是抗戰以來軍事

23　根據徐永昌記載，「健生一再以得罪人為難。余詢以得罪人與救國孰重，與慈善孰先？」徐永昌日記，1937年12月3、5、6、12、19、20、23日。

24　王世杰日記，1937年12 月25日。

25　根據參謀長程潛報告，徐永昌日記，1937年12月10日；1938年1月6日。

改革的首度嘗試和挫折。

在抗戰最初16個月之中，蔣介石還看出國軍一個嚴重缺點，那就是官長們軍事學術不足和鬥志渙散。軍隊長官缺乏專業學識，除了會逢戰必敗之外，還會導致大量士兵無謂犧牲性命和損耗裝備。幾乎從開戰開始，中國軍方領袖們就對中日兩國軍隊戰鬥力做出粗估。1937-1938年最早的計算方法是，中國必須以四個師才能和日軍一個師團進行作戰。[26] 如果純從武器裝備為考量，這個估算方法確實有其務實性或者甚至有低估之嫌。因為雖然中國軍隊在步兵輕武器（步槍）數量上的落後程度並不嚴重，但是從機關槍到大口徑火炮、裝甲車、乃至飛機，則中國軍隊完全無法和日軍作比較。因為日軍是裝備充分而國軍則是裝備闕如。中國軍方到1938年吸取了徐州會戰經驗之後，所採用的新比例是中國需要5個師才可能對付日軍一個師團。1939年中方從截獲日軍手冊後，推論國軍需要6個師才能抵抗日軍一個師團。到1940年，蔣介石在看到國軍冬季作戰無能之後甚至氣憤到批評國軍以9-10個師也不能擊敗日軍一個師團。[27]

當然，戰鬥除了武器裝備之外，官長的學識素養和士兵的訓練紀律也是重要因素，如果落差太大就會造成平白無辜的傷亡。其實早在南京時代，蔣介石對於國軍官長素質低落就已經相當重視（見本章後文），但到了1938年初就提升到憂心忡忡地步。因此他對軍隊官長的訓話反復強調必須嚴守紀律、講求學問、改良編制、革除疏忽，和致力於慎密敬業。[28] 但是問題的癥結是，如果手握兵權的軍官不在蔣介石所能夠控制範圍之內者，則他也無可奈何。這就是中國抗戰的局限性，中央政府不可能希望先去改造他們的品質然後再去作戰，只能夠接受現實，就現有官兵素質拼湊成軍，倉皇應戰。

在這個時期，一個明顯因官長學識淺薄和訓練失誤，而導致士兵冤枉傷亡的案例就是雲南部隊。該省盧漢和孫渡部隊官兵從雲南出省步行三個月，

---

26 王世杰日記，1938年2月23 日。

27 徐永昌日記，1939年11月26日；1940年3月7日。

28 徐永昌日記，1938年1月21日。

剛剛抵達華中就進入台兒莊，進行成為他們的第一次作戰（1938年4月22日）。儘管雲南官兵勇氣可嘉，但是傷亡重大，對於擊潰日軍並沒有做出重大貢獻。問題就在於他們只是驍勇而不善戰，官長們不曾操練作戰技術、不習慣建築防禦工事、沒有工程隊。士兵們對於單純衝鋒尚可以執行，但是對於瞬息萬變的戰場情況卻缺乏應對能力。特別是他們不曾接受單兵分散作戰的訓練，習慣於把軍隊集結使用，以為人多可以增加安全感。殊不知把大軍集結在一個村內正好成為日軍炮兵最容易鎖定的轟擊目標。純從傷亡數字而言，該部隊是台兒莊傷亡最大的部隊之一。在作戰27天之內，全軍38,342人，報稱傷亡人數達18,844人，超過全軍人數之半，軍官死亡177人，受傷380人。旅長、團長死亡多人。而營連排班長傷亡過半。但是大量傷亡屬於無謂犧牲。[29] 至於在華北華南戰場那許多一戰即敗和不戰而潰的士兵們，泰半都是愚昧長官們的犧牲品。國軍缺乏學養扎實的軍官群，開戰不久就成為明顯問題。

除了官兵作戰能力顯著低落之外，他們的風紀行為也出現問題。以致蔣介石在對將領們講話時，再三強調北伐時期軍隊奉行的好作風，「不拉民伕，不派糧餉，不擾民居，不繳民槍」等規約。[30] 但是隨著抗戰延續，這些規約成為空洞口號。（見本書第六、七、八章）

29　雲南部隊表現如此不佳，將領們深恐將受責罰，但是蔣介石卻多番慰問，發放獎金，保留番號，並且派人到雲南要求龍雲繼續出兵。王世杰日記，1938年4月26日。呂芳上主編，《中國抗日戰爭史新編：軍事作戰》，頁76；呂芳上主編，《中國抗日戰爭史新編：全民抗戰》，頁228-230、246-247；楊維真，《從合作到決裂》，頁164-171。徐永昌日記，1938年5月30日。講得殘忍些，只是應驗了「內戰內行外戰外行」那句老話。

30　蔣介石日記，1938年1月12日。

三、武器裝備

（一）陸軍武器

就武器裝備補充而言，1937年的激烈爭奪還沒有給軍事領袖們帶來恐慌感，原因有幾個。首先是南京時期10年中，政府從德國進口量相當大，國內軍工業也初具規模。其次是孔祥熙在抗戰前（1937年4月2日）領團出訪歐美國家，原意是以親善和借款為主，但是在盧溝橋事變爆發後，決定留在歐洲購買武器。[31] 不久之後向國內報告在歐洲成功地訂購了價值數千萬元的歐製武器，將會源源運到。再次是在淞滬戰爭期間，雖然官兵犧牲慘重，但是武器損毀遺失量並不嚴重。然而值得注意的是，根據何應欽當時估算，過去以10年時間囤積的武器也只能支持6個月戰鬥。[32] 因此毫無疑問地，中國軍隊的作戰計劃以及戰略和戰術的選擇，都將會受到嚴重影響。到了1938年初，中國武器短缺窘況日趨明顯。以當時224個師編制計算，有若干低層的「預備師」根本沒有槍械，即便是高一層的「調整師」也多在4,000枝槍以下，而有些師甚至不足一，二千枝步槍者。而此時中國兵工廠每個月總產量只能出步槍二千餘枝，子彈則還需要在三個月後才能達到一千萬發的月產量而已。[33] 即便是正規軍作戰師，其武器裝備也殘破不堪。換言之，在號稱的224個師之中，「有兵無槍」的情況開始普遍，若要依賴本國兵工生產量，則傾全國之力，每兩個月也只能裝備一個步兵師而已，而且完全不包括重武器。更何況1938年上半年一連串的大型戰役使消耗持續增加。根據何應欽報告，自開戰至1938年7月份，損失的步馬槍已經達到47萬餘枝。[34] 武器裝

31　李君山，《蔣中正與中日開戰（1935-1938）：國民政府之外交準備與策略運用》，頁98-114、126-128、138、140。孔祥熙於10月18日返回上海，前後出訪半年，訪問12個國家。

32　王世杰日記，1937年8月7日。

33　徐永昌日記，1938年2月23日。

34　徐永昌日記，1938年7月8日。

備的損耗量遠遠超過補充量。

（二）空軍武器

空軍情形更為淒慘。中國因為只能購買外國飛機補充損耗，因此在初期16個月的作戰過程中，儘管傾全力購買外國飛機（包括蘇聯），但是被日本損毀480架，失事損傷者800架，共約1200餘架，相當於開戰時飛機總數的6倍，而且後繼無力。更有進者，在此期間內，空軍飛行員傷亡700余人，開戰時期的驅逐機飛行員全部犧牲，無一生存。[35] 到了1938年4月間，中國空軍只剩144架飛機，而且半數在修理棚中不能作戰，包括僅有的轟炸機七、八架則全在修理中。如果依照每個月飛機損失率為百分之24（24%）計算，則預估到了8月後，中國空軍將完全損耗殆盡。反觀日本空軍，雖然到此時中方估計日本飛機毀損約350架，但是它使用於中國各戰場的飛機卻已經超過950架。更何況，日本此時的現役飛機有2,200架。而且每年的製造力為2,400架。[36]

因此，政府若要長期抗戰，就軍備而言只有兩條出路。一是增加本國產量，二是進口外國武器。

（三）本國生產

增加本國產量在短期內肯定無法完成，因為南京政府的兵工署在1933年才形成建制，由留學美國和德國而學識卓越的俞大維擔任署長，和德國工業界建立密切合作關係，在長江中下游建立了一個具雛形的軍火工業體系，大力關閉或改造舊式兵工廠，新建或擴建新式兵工廠。[37] 根據南京政府在1937

35　王世杰日記，1939年1月6 日。另外一個統計數字，見：王世杰日記，1938年2月23 日。根據該記錄，中國空軍開戰以來，被敵人擊落90餘架，被敵機在機場損毀40餘架，失事40餘架。總共180餘架。日本飛機的損毀大約350-400架。

36　徐永昌日記，1938年2月23日，4月19、23、25日。

37　王國強，《中國兵工製造業發展史》（台北：黎明文化事業股份有限公司，1987）；呂芳上主編，《中國抗日戰爭史新編：軍事作戰》，頁136-139。到了抗戰前夕，中國兵工廠可

年7月份估計，一旦抗戰開始，國軍最小限度每個月需要步槍子彈八千萬發，而中國當時總產量卻只有一千三百萬發，只能滿足作戰15%的需求。[38]更何況，政府最早的估算根本沒有預見到戰爭慘烈程度會如此巨大。

淞滬戰爭失利後，兵工署廠房和人員遷往西南省份是一項重大成就。特別是在經過16個月戰亂後，歷盡千辛萬苦把廠房設備和技術工人搶救遷往內地，隨之而來的，是在完全陌生的西南省份試圖落腳生根和尋謀原料，無論是高純度的鋼質或火藥，都是嚴峻的技術挑戰。長期抗戰戰略一旦決定後，兵工署在俞大維主持下，先後在四川、雲南、貴州、湖南、廣西、陝西等省份設立了20多個兵工廠，在日軍不斷轟炸下堅持生產。[39]

即便環境如此艱難，到了1940年5月份，兵工署報告的每個月生產量如下：步槍3,000枝，輕機槍150枝，重機槍265挺，迫擊炮100門，槍彈1,400萬發，手榴彈45萬顆，迫擊炮彈2萬顆，望遠鏡100架。兵工各廠的生產線每個月可以處理材料7,000噸，但是實際上只收到2,000餘噸。所以出品僅僅是三分之一的生產能力而已。與此同時，中國政府在緬甸儲存的材料約五，六萬噸。如果不能持續運進，則當時中國境內的存儲材料就只能維持生產線半年使用。但是即使跨入國境而昆渝路遭受敵機炸毀的話，則各廠仍然會面臨立即停工危機。到了1940年7月份，根據何應欽報告，開戰三年來（36個月）撥發之械彈如下：步槍54萬枝，輕機槍35,000枝，重機槍9,000枝，迫擊炮3,000門，山、野、高、戰等各種火炮1,600門，步槍子彈122億9千萬發，迫擊炮彈253萬發，各種炮彈243萬發，手榴彈1,245萬顆。[40] 一個國家

以出產的武器品種包括步槍、機關槍、迫擊炮、3-4種小口徑炮彈和飛機炸彈。基本上可供應少數國軍輕武器需求。見：劉維開，〈國民政府的備戰〉，呂芳上主編，《中國抗日戰爭史新編：和戰抉擇》（台北：國史館，2015），頁254-256。

38 徐永昌日記1937年7月29日；李元平，《俞大維傳》（台中：台灣日報社，1992）。

39 王國強，《抗戰中的兵工生產》，頁859-867；呂芳上主編，《中國抗日戰爭史新編：軍事作戰》，頁136-139。

40 徐永昌日記，1938年1月30日，5月14日；1939年3月8日；1940年7月19日。根據軍令部1939年3月份報告，自開戰以來的先頭20個月間，補充各部隊的武器總共有步槍27萬4千

數百萬軍隊和日軍苦鬥三年，靠的就是如此微薄的武器彈藥，真是淒慘。

讀者們必須記得，在1938-1941年整個約48個月中，是中國獨立支撐抗戰的時段。不但德國和義大利法西斯國家，甚至所謂西方民主國家，或則隔岸觀火，或懾於日本壓力，轉而刁難中國的採購活動。在此關鍵時段中，兵工署生產量固然遠遠不足以供應一個裝備齊全的國軍，而且品質也粗糙落後，但是卻讓國軍可以苦撐到珍珠港事件爆發，可謂厥功至偉。

珍珠港事變後中國成為同盟國，美國的軍援逐漸被政府視為國軍武器裝備供應的主要來源，但是對於廣大國軍單位而言，它們的武器來源依然是中國兵工署。根據統計，在八年抗戰中，這些兵工廠生產了80萬枝步槍，8萬7千枝輕重機關槍，各種火炮12,000門。[41] 這些數字大幅超過了戰前的德援、戰爭初期的蘇援、和1937-1941年間的美援。只有到了1943年度的境外（印度）美援、和1945年度魏德邁將軍主持下的全面性美援才超過這個規模。在整個八年抗戰裡，俞大維無論在個人學識、行為操守、和領導才能等方面，都是中國軍事領域中的一個最優異的表現，而他屬下數以萬計的軍工工作人員也做出了極大貢獻。[42]

（四）國外採購

在國內生產嚴重不足情形下，從外國進口武器成為迫切課題。如眾所周知的，南京政府建立新軍最主要的支助者是德國。從1933年開始，中國政府開始大量採購德製軍火。1934年成立了3個全副德式裝備的師（87、88、36師）和教導總隊，大量購買德國製造的野戰炮、裝甲車、輕重機關槍、通信器材等等。這些隊伍全部投入淞滬戰爭及南京保衛戰，再加上德國顧問組成

餘枝，輕機槍1萬9千餘挺，重機槍4千餘挺，迫擊炮1千5百餘門，戰車防禦跑430門，高射及山野重炮400余門，步槍子彈7億2千萬發，各種炮彈約350萬發，手榴彈740萬顆，各種無線電機721架，交換機1,623部，電話機17,917部，被覆線35,733捲，和裸線63,860捲。以上相當部分出自中國自己的生產。

41　呂芳上主編，《中國抗日戰爭史新編：軍事作戰》，頁136-139。

42　王子壯日記，1943年7月10日。

的裝甲兵單位，都遭受慘重犧牲或全軍覆沒。[43] 更讓南京政府意想不到的是，它在戰前所最信賴的德國，由於希特勒採取親日外交政策，立即成為不可靠的進口來源。根據何應欽報告，在開戰的第一個階段（5個月），德國對中國的軍火供應依然超過其他所有國家。但是一旦德國大使陶德曼調停試探遭到蔣介石斷然拒絕後，德國軍火供應就變成政治籌碼而急劇減少。至於美國軍火則在戰爭發生後完全停止。[44] 儘管美國在外交姿態和民間輿論上不時發出同情中國的高談闊論，但是在實質上卻持續向日本提供大量關鍵性戰略物資，間接助長日軍的侵華行為。英法兩國也是偶施口惠而少有實惠。根據何應欽報告，1937年7月至1938年12月為止，中國向外國購買軍火共法幣7億元，其中3億餘元卻是來自蘇聯。[45] 大致而言，蘇聯後來居上，到了1939年已經大幅超過德國。至於美國則遠遠落後，卻不停地自我吹噓如何同情中國。

蘇聯的軍事援助除了一般武器之外，有兩個項目特別突出。一個是空軍，是當時中國唯一的支援來源。1938年初，俄機到達者已經約250架，而且預計未來將以每個月提供100架飛機的進度，承諾到1939年底將達1,000架飛機和2,000名飛行員。另外還有軍事顧問500名。[46] 第二個是陸軍裝備。根據何應欽1938年初報告，蘇聯承諾以20萬士兵（20個師）所需武器接濟中國。這些承諾在中國軍事領袖之中引起最熱烈反應的當屬白崇禧，他熱情贊許蘇聯援助的遠景，主張加強中蘇友誼。但是據中國駐蘇聯楊杰大使報告，蘇聯號稱給予20個師的裝備並不包括步兵槍械，只是提供每個師重炮4

43　杜聿明，〈南京保衛戰中的戰車部隊〉，中國人民政治協商會議全國委員會文史資料研究委員會《南京保衛戰》編審組編，《南京保衛戰：原國民黨將領抗日親歷記》（北京：中國文史出版社，1987），頁212-215，引自呂芳上主編，《中國抗日戰爭史新編：軍事作戰》，頁141-142。

44　王世杰日記，1938年2月20日。

45　王世杰日記，1939年1月23日。

46　引自呂芳上主編，《中國抗日戰爭史新編：全民抗戰》，頁20。徐永昌日記，1938年2月23日。

門，野炮8門，戰車防禦炮4門，輕機槍30架，重機槍15架，而且械款還要求現金支付，或是以貨易貨。所以中國許多官員並不滿意這些待遇，認為蘇聯對待中國並不比西方國家更友善。更何況在實際運作上，蘇聯武器供應也並不穩固，因為它告訴蔣介石，蘇聯只能接濟中國軍火，但是不可能對日本進行制裁。[47] 更有進者，蘇聯武器供應的數量和速度除了受到蘇日關係影響，也隨著蘇聯和中共關係以及蘇聯和新疆關係的影響而變得極不穩定。事實上到1941年7月為止，中國總共收到蘇聯飛機885架，火炮940門，輕重機關槍8,300挺，和其他軍用器材及軍事顧問。[48] 這些武器在中國最困難時期誠然非常珍貴，但是與白崇禧所期望者相去甚遠。更進一步說，蔣介石在與蘇聯政府短兵相接地談判過程中，對於蘇聯軍援的政治動機、武器數量和品質、交款交貨條件、和外交壓迫等等，都產生了更深刻的了解和不滿。[49] 因此才導致重慶政府決心另謀出路，極力培養和美國的軍事關係。[50]

當然，武器除了來源國之外，運送問題同樣嚴峻。大致而言，戰前和開戰後的5個月期間，中國從外國進口軍火，有香港、安南、和新疆三條路線。但是從1938年開始，這些運輸線逐漸發生危機。首先是安南方面，因為法國政府恐懼日本占領海南島或其他地方去威脅安南，因此一再阻擾西方國家軍火借道運往中國，無論是武器來自德國、義大利、或蘇聯，一律加以阻擾。此時歐洲局勢的惡化使中國政府開始察覺到，武器入境問題將日益嚴重，不論是香港和海防都會產生困難，因此開始考慮假道緬甸。到了8月份，天主教于斌主教向政府提供情報稱，法國其實早在1937年10月就已經向日本允諾此後將不准中國軍火經過安南運到國內，所以後來的軍火運送一直是秘密進行，以免招致日本人責備法國失信。但是隨著日本對法國和英國的施壓度

47　王世杰日記，1938年2月17日，10月11日；徐永昌日記，1938年2月23日，3月10日。

48　其中驅逐機563架，轟炸機323架。見：呂芳上主編，《中國抗日戰爭史新編：軍事作戰》，頁145。

49　蔣介石告訴王世杰稱，蘇聯雖然名義上貸款2億5千萬元美金，實際上交貨極少。對我國的幫助不大。見：王世杰日記，1940年3月1日。

50　齊錫生，《從舞臺邊緣走向中央》，第四章。

大幅增加，1938年底，外交部長王寵惠報告，法國對於由安南和廣州灣進入中國的軍火，限制更為嚴格。[51]

1939年初，重慶政府推算歐戰可能爆發，屆時歐洲參戰國本身軍火的需求將占絕對優先，而中國購買和運輸歐洲武器的困難度必將大幅增加，因此需要預做儲存準備。[52] 但是當初中國政府在1937年決定對日進行長期抗戰時，並未曾預見歐洲局勢惡化，因此當孔祥熙從歐洲訪問回國時報告已經成功地訂購了大批武器彈藥時，中國主戰派領袖們一度喜出望外，以為抗戰可以從此一帆風順。但是到了1939年，主戰派才首度警覺到世界局勢可能影響中國軍火供應的可靠性，而預先儲藏足夠的軍火也成為此後抗戰長期部署計劃的一個重點。雪上加霜的是，武器經由外國漂洋過海地運送進入中國的過程，完全不在中國政府控制範圍之內，只能仰仗他人鼻息。偏偏在此時節，中國軍火由緬甸運送到雲南的中途發生爆炸，一夕之間損失數千噸，價值1億元。[53] 隨之而來的是，到了1940年夏季，英法兩國果然向日本屈服，宣布關閉安南和緬甸通道。這個發展不但造成對中國抗戰極大的威脅，而且對民心士氣造成極大打擊，迫使領導人必須採取高音量外交攻勢，力圖說服英法兩國儘快重開通道。這個事件也更加深重慶政府的信念，必須盡力大量地從國際軍火市場進行搜購，並且盡速運回中國予以儲存，以免重蹈缺乏彈藥而無法作戰的覆轍。

這一切難關讓中國軍隊在1938年就開始陷入武器嚴重不足的困境。依據軍令部4月份資料顯示，中國軍隊無論前方或是後方，每個師的槍枝多者不過三千左右，少者不足二千枝。而輕重機關槍尤弱，炮少又彈缺。難怪徐永昌感嘆，「今日與敵人只拼血肉與精神耳。」更具體地說，中國最重要的三個前線戰區是第3，5，9戰區，在此廣闊前線共部署約96個師共63萬士兵，但是裝備卻只有步馬槍約20萬枝，輕重機關槍約一萬五千挺而已。更有甚

51　王世杰日記，1938年1月29日，2月17日，8月20日，12月22日。

52　王世杰日記，1939年4月30日。

53　王世杰日記，1940年5月9日。

者，整個中國軍隊全部重武器只有野炮325門，山炮100門，輕重榴彈炮88門而已。[54] 依照上述，每個前線作戰師依編制應該有1萬人，而實際只有6千人，而且只有三分之一的士兵有槍。至於步兵重武器，則全國的師平均分不到一件。以這樣的裝備去對抗裝備精良的日軍，其窘迫情況可想而知。

四、組織改革

（一）補充兵員

大致而言，國民政府對於1937年戰敗的第一個反應，是儘快補充傷亡人員。最初的認識似乎是，只要補足人員就可以恢復戰鬥力，因此軍事領袖們在武漢時期就致力於徵召壯丁去補充軍隊，而地方實力派也看出這個契機而大力擴充自己勢力。出於這些微妙的政治盤算，中國軍隊數目在不到10個月時間，就恢復到盧溝橋事變前規模，總數達到228師又31旅。再過10個月，依據何應欽報告，全國軍隊數目已經號稱450萬人。[55]

純從數字著眼，這個現象可謂成績斐然。但是軍隊素質的改善卻遭遇到無盡阻礙。首先是這些數字背後存在嚴重「水分」，因為以少報多和「吃空缺」成為普遍現象。依據張發奎形容，戰時軍隊的發餉制度是由中央軍政部軍需署把軍餉通過銀行匯到戰區司令部，再由戰區司令部經理處把軍餉分發到各級部隊司令官自行處理，中間不進行任何核實手續，因此從戰區開始的各級司令官享有極大的自由度，可以為所欲為。[56] 其實白崇禧早在1940年就提出報告稱，依照師的編制，全國所有的師平均皆缺額三千人上下，全國至少缺70萬人。然而即便排除這個虛數，全國士兵數目依然比戰前增加一倍

54　徐永昌日記，1938年4月25日，6月29日。另外，第1、2、8戰區共有73個師，南陽一帶的直屬兵團12個師，約8萬8千人。

55　徐永昌日記，1938年10月14日；1939年8月2日。

56　張發奎，《蔣介石與我》，頁295。

以上。有趣的是，與此同時，軍令部長徐永昌卻充滿感嘆地說，正規軍愈打愈少，而遊擊隊卻愈打愈多。前者因為徵募兵員和槍械運送的困難所致，而後者則是地方團體的擴充勢力。當然，由於兵員需要孔急，而國民政府又無法控制西南省份的地方政治素質（見本書第八章），所以徵召壯丁的弊端日益嚴重。陳誠在1940年就發現，當時徵收補充兵所流行的陋規是，徵兵單位依規定要提送一千名壯丁，實際上只送出600名，卻要求接受單位（部隊）開具收到一千名的單據。如果部隊遇到上級單位核查發覺數額差誤時，就以報告壯丁逃逸了事。如果上級單位沒有核查，則部隊長官就可以長期「吃空缺」。 在全國報告已經補充三百萬壯丁時（1939年），這個數字顯然已經超過戰前全國軍隊總數，而軍令部居然還抱怨補充困難，可見在補充過程中漏洞百出。大量壯丁流失，下落不明。[57]「吃空缺」不僅僅是貪污問題，也嚴重影響軍紀。因為上級軍官的生活品質（奢華）完全靠下級士兵的「空缺」來維持，如此則當然無法要求下級官兵遵守紀律。隨著時間推移，其後遺症愈形惡化。到了1943年，當陳誠和6位中央軍的總司令和軍長談話時，大家居然一致承認「誰報告不吃空缺（就）是欺騙長官」和「現在以吃空缺維持軍隊是好幹部」。陳誠聽後感覺「聞之不勝感慨！良心何在？道德何在？」[58] 當然許多軍隊長官吃空缺並不是為了維持軍隊而是中飽私囊，過著荒淫無恥的生活。

（二）提升素質

徵召壯丁的弊端必然引發招來兵員的素質問題。根據一項戰時調查，被徵召的壯丁多為最貧苦家庭出身。當兵者沒有社會地位，娶不到妻子，多半

57　依據軍令部估計，兵源補充困難，直轄整補部隊每個師平均還缺少兩千人，軍械尚未到達。屬於戰區的部隊人員則缺少十之二，而軍械則完全未補充。徐永昌日記，1939年3月14日，4月26日。又稱：開戰以來，補充兵員三百萬餘人，馬49,000餘匹。見：徐永昌日記，1939年5月5日，1940年6月12日，8月12日。

58　陳誠先生日記，1944年7月25日，9月26日。

是貧窮、愚昧、和身體虛弱的人。出身農民家庭占80%。不識字者超過90%，無科學常識者達到100%。他們在當兵之前已經是健康不良，當兵之後又遭受營養不足。即便是號稱國軍最好部隊的榮譽第二師，初識字和小學程度也占95%，初中和高中程度總計不到1%。所以他們是中國農村中最弱勢的人群。既無法躲避兵役，更無錢收買替身代役。反之，知識分子、富人、有社會地位人士則可以逃避兵役。[59]

但是無論士兵在入伍時期素質如何低落，如果加以嚴格訓練，則仍可提高他們的戰鬥能力。而在這方面，最高軍事領袖們則顯得舉棋不定。如前所言，國民政府在1938年最初把重點放在補充兵員一事之上，而軍隊的組織和訓練問題是到了1938年下半年才逐漸進入領袖們關注視野，並且初步採取了一些改善措施。比如說，在11月份領袖們先後召開會議，密集地討論新近出現的軍隊問題。

1. 改善編制

首先是編制問題，但是領袖們對於是否應該縮編卻產生不同意見。軍令部長徐永昌與軍政部長何應欽認為切不可操之過急，因為在大敵當前之際，前線情況萬分嚴重，祗可定出原則徐圖逐步實行。對於縮編內容，徐永昌主張以軍為戰略單位，首先把240個軍級單位縮編為80個單位，其次把連級單位人數限制在150人以下，理由是下級軍官與士兵素質都不夠好，如果編制過大就會產生控制和指揮困難。但是白崇禧則主張立即發布縮編命令，同時主張每個連應該有200人，而蔣介石也支持白崇禧立場。[60] 在軍事領袖們之間，白崇禧的裁軍主張最明確而且持續不變。他認為，既然全國所有的師皆缺額三千上下，因此建議將師級單位加以歸併後予以充實。他的具體主張是把300多個師裁併為60個師，則剩餘的人員和器材都可以充實並且增加每個整編重建師的作戰力量。但是徐永昌則認為白崇禧設想過於簡單，因為如果

59　呂芳上主編，《中國抗日戰爭史新編：軍事作戰》，頁79-82。
60　徐永昌日記，1938年7月3、4、15日。

許多師當前漏洞百出而出現缺額，則歸併之後又如何改正漏洞避免缺額？基於治標之前必須治本的思路，他認為缺額的主要原因是各級官長缺乏治軍能力，所以解決之道不是在形式上減少師的數目，而是在實質上加強中央政府的權力去考核部隊長官能力予以任免，如此才可以有效地杜絕缺額和充實武器。否則，即使在形式上編併部隊和加以補充，則兵員仍將大缺。所以徐永昌認為問題不是單純地減少軍事單位，而是加強對部隊的控制、訓練和教育。徐永昌還提出一個重要問題，那就是編併完成之後，如何安排編餘的官兵？這些都是白崇禧不曾面對的問題。[61]

其實，徐永昌認為更嚴重的困難是軍隊根本不聽指揮。比如說，他指出有幾個部隊奉令增援山東和河北，歷時一年半都拒絕開拔。如果部隊長官連作戰命令都可以置之不理，又如何改編、縮編或取消他們的部隊番號？這不僅僅是軍隊組織的單純問題，而是一個複雜的政治性問題，也正是蔣介石無法解決的難題。蔣介石把整軍和縮編看成是兩個不同的概念，認為在此時不能以縮編軍隊當成是整軍的重點。而他所持的理由是恐懼對軍心會造成打擊，有損無益。所以他認為當前要務是充實各軍，不可貿然縮編。[62] 他在採取這個立場時，是否回想到1928年編遣會議的失敗，或是當前地方實力派在政治立場上既可以選擇附和國民政府，也可以投靠汪精衛政府，或甚至和日本軍隊達成默契？所以，一個在表面上看似簡單而且道理顯而易見的軍隊縮編的技術問題，其實後面隱藏著極其複雜而又不可言傳的政治盤算。有趣的是，白崇禧也表露出言行不一致的問題，因為他一方面在縮軍、裁軍的理論上言之成理立場鮮明，在另外一方面（如前文所述）卻不願主持其實際工作，正是說明了軍事理論和中國政治現實之間的鴻溝。

無論如何，到1940年下半年，軍委會依然擬將當時的107個軍305個師予以整（縮）編為80個軍240個師，以及把500個補充團縮編，保留為300

61　白崇禧這個主張後來被史迪威認同，而且多次提出作為批評蔣介石的口實，殊不知精兵制度早就是蔣介石在南京時代的主張。見：徐永昌日記，1940年6月12日，11月22日。

62　蔣介石日記，1940年12月23日。

個團。但是領袖們依然只是確立原則，而把實行予以展緩，因為徐永昌和白崇禧之間依然持兩種不同論點。白崇禧認為縮編本身就是解決問題的根本方法，可以把兵額不足、軍費短缺、裝備不健全等問題一次性予以掃除。但是徐永昌則認為：空額補不齊是班單位和連單位人數太多，而教育訓練不足；軍費不足則可以減少班連兵額及其他不必要的組織；他又認為逃兵數目大和裝備損失多，其根本原因是教育與編制問題，而不是師的數目多少的問題。[63] 其實這兩個立場並非對立關係，而是可以並行不悖，或是調整其施行的先後順序就可以解決的問題。但是他們都避免觸及一個最關鍵的問題，那就是：被指定為整編對象的軍隊是否服從命令？而這正是蔣介石有苦難言的癥結所在，卻被徐永昌和白崇禧予以規避。國軍部隊中真正能夠服從重慶政府命令接受縮編的只有蔣介石能夠控制的少數部隊，而其結果卻大大地違背原本設想，淪為紙上談兵。難怪據陳誠在1943年感嘆，「年來有歷史，能作戰部隊，一再縮編。而以感情自私之觀念擴充部隊，非但靡費國庫，而且影響整個作戰，實可怕也。」[64] 雖然陳誠沒有明言，但是他筆下所謂「感情自私」的濫用者，除了泛指一般地方實力派之外，或許特指桂系部隊，因為它們實際上擴充很快，而且在中央政府內正有白崇禧為之撐腰。

回顧在太平洋戰爭爆發之前，國民政府軍事領袖們並非茫然不知軍事整改的重要性，也曾提出具體整改縮編方案，但是歷年議而不決，決而不行，其關鍵所在就是他們無法擺脫國內政軍大格局，將他們所思考的技術性方案以行政手段付諸實行。

2. 增加訓練

除了縮編臃腫軍事單位之外，訓練當然也是重要課題。對於訓練的重要性，國民政府軍事領袖們早在南京時期就已經充分了解，所以才會以重金和禮遇爭取德國顧問的協助。開戰後的中日兩軍對比落差，更加深了他們的認

63 徐永昌日記，1941年11月6、19日。

64 陳誠先生日記，1943年6月5日。

識，只是這些了解並不能有效地轉換為實際行動。從1938年初開始，各種方案陸續列入考慮。比如說軍方在1938年底認識到，自開戰以來，每個殘破部隊調後方補充訓練最多都不足兩個月，以致根本無法展開有效訓練。軍方因此決定，國軍以三分之一部隊從事遊擊，三分之一部隊正面作戰，三分之一部隊調後方整補，輪流替換。與此同時，政府還在長沙和南嶽兩地召開軍事會議，討論整軍人事經理、軍師編組、和部隊編制等問題。但是由於執行進度緩慢，因此到了12月初，第一批預定的60師本應該脫離戰區進入整編地區，而它們的長官們也應該予以調整和進行督練，但是多數師卻未採取任何行動。1939年初，政府再度修正方案，把第一期整訓部隊確定為42個師，加上各戰區的直轄整訓部隊41個師，一律限於3月15日整訓後檢閱成果。豈知某些地方部隊長官立即看出漏洞而加以利用。比如說，四川一個部隊托詞該部隊缺乏擔任游擊任務的條件，因此請求調往後方安全地帶。軍政部只好允許它的兩個師調往後方整訓，兩個師留在前方遊擊，將來再輪流辦理。這個鑽漏洞的伎倆還是出自支持抗戰的川軍，引起陳誠極度不滿，因為如果許多部隊依例玩弄同樣手法，則將會造成無兵抗日的窘況。果然此後部隊規避此項命令的事件層出不窮，因此到了1940年，徐永昌感歎過去所謂整訓的成果是它只補充了一些人員和器械而已。「整」或有之，「訓」則談不到。更糟糕的情況是有些軍隊公然違抗命令，[65] 對中央命令置之不理，導致所謂整訓成為一場空談。整訓計劃或許補充了若干人員，卻並沒有改正吃空缺的陋習，也沒有增加戰鬥力，考其原因就是沒有執行訓練。

軍隊訓練如何與軍隊整補雙管齊下，其實自1938年初就開始進入領袖們思考之中，但也確實沒有達成共識和付諸實行。從1938年初開始，軍令部長徐永昌就極力主張把訓練工作放在軍事改革計劃的重要地位，但是他抱怨，蔣介石對於訓練部隊事宜似乎舉棋不定，虛耗寶貴時光。1938年9月份，徐永昌再度向蔣介石進言，必須立即決心練兵。依他預估，歐洲列強大概需要

---

65 徐永昌日記，1938年1月3日；1939年1月1、3日；1940年3月15日；陳誠先生日記，1939年4月18日。指四川部隊。

作戰四年方能分出勝負，因此他預估中日戰爭「須拼出八年戰鬥」，而一切進步皆要由此戰時奮鬥出來。他斷言，「今日失敗主要在軍隊不好，今後須練出打勝仗的軍隊。」1939年初，他再度寫道，「關於整練軍隊一節，余認為今後能否轉敗為勝，全在於此。」[66] 從後見之明角度觀之，徐永昌對於歐戰和中日抗戰的預言和對練兵重要性的看法都非常切合實際。

但是在這個階段，許多領袖們似乎相信，政府可以把補充兵員作為主要任務，而只要甫以少量訓練就足以向日軍發動一次大規模軍事行動（冬季攻勢），扭轉戰爭逆勢，逼迫日軍向後退卻。持這種觀點最樂觀的領袖可能莫過於蔣介石本人。他早在淞滬戰爭慘敗之初就預言，京滬作戰的全部損失在1938年初就可以補充十分之七，山西兵力可以恢復十分之八。再過2-3個月，皆可以完全恢復。他因此認為日本除非增加十個師團兵力來華，否則無法維持其銳利攻勢。也或許正是出於此種樂觀，讓蔣介石誓言絕不簽訂喪權辱國的和約，更沒有必要和日本進行秘密和談。[67] 這個事例提醒我們，雖然蔣介石對國軍實力的評估嚴重失誤，但是基於這個誤判而做出堅拒和談的政治決定，卻又鼓舞了他持續抗日的決心。但是1939年底的冬季攻勢的全面性失敗終於讓領袖們了解，中國軍隊無法達成任務。這種心理一直影響到1941年底珍珠港事變時，中國軍隊都沒有再次發動過大規模的反攻。

冬季攻勢失敗刺激軍事領袖們進行了一連串檢討，眾說紛紜。根據徐永昌報導，白崇禧得到的結論是認為經濟重要，而陳誠則認為主要的是提高戰鬥意願，打仗比訓練重要。但是徐永昌則認為如果只是強調打仗也可能打敗，或一打即散。有鑒於我國最高戰略為持久戰，所以戰爭前途決定於我軍訓練能否攻堅，和日軍的兵源是否經得起在中國戰場無止境的消耗。為了達成前者，就應該建成一個攻擊力強大的國軍；為了達成後者，就應該用盡方法去消耗敵人資源以銷蝕敵人的氣勢。徐永昌指出第五戰區在冬季作戰中的

66　徐永昌日記，1938年9月4、26日，10月22日，11月20、24、28-30日，12月6日；1939年2月3日。

67　王世杰日記，1938年1月26日。

失利，以及大部分部隊遇敵即避的現象，正是證明了他的看法，那就是訓練的重要性超過一切。[68]

在這種眾說紛紜情況下，蔣介石個人的意願變成是重要因素。根據徐永昌觀察，蔣介石內心似乎缺乏訓練軍隊的決心。如果這個觀察正確的話，則蔣介石的信念和政治盤算就成為有趣的探討焦點。因為純從信念角度來看，蔣介石從黃埔軍校開始，就是近代中國軍人之中最熱心于訓練的一位軍事領袖。儘管他和蘇聯政治教官發生衝突，但是卻非常尊敬加侖將軍的訓練方法。他稍後在南京政府時代重用大批德國顧問，也同樣是出於他對德國軍事訓練的景仰。其間成立的教導團和精銳師都是以強調訓練著稱。所以如果他真的規避戰時訓練，一定不是他對訓練的重要性缺乏認識，而是可能出於其他原因。

由於蔣介石日記沒有提供足夠線索，所以我們只能做合理的推測，那就是他的政治盤算。一個是他存心拖延，一個是他有心無力，兩者並不相悖。他的拖延策略的動機，可能來自他此時注意力的轉變。根據徐永昌提供的報告，蔣介石認為只要能夠保住川、滇、黔、桂不失，與英美的聯絡管道不斷，則抗日勝利有望。徐永昌主張加強選將和練兵工作，但是蔣介石似乎無急迫感。這個印象可能非常正確地反映了蔣介石此時期望把西南省份建設為長期抗戰根據地的想法，因此他似乎不認為練兵是當前要務。另外一個可能性則是他屢次遭受來自地方實力派的挑戰，顯然明知無法駕馭這些實力派，連調動換防個別部隊都無法執行，更不必說命令他們推行嚴格的訓練計劃了。其實，徐永昌本人也看到問題根源。他在1939年底，也曾經感嘆國軍人事制度不上軌道，因為主事者囿於成見，他寫道，「今日軍隊團長以上，多數投機獵官，發財享受腐化。無怪團長以下不努力訓練士兵。作戰安得有成績？此誠嚴重問題，然年餘以來，數與蔣先生論選將練兵兩事，迄無效果，奈何？」[69] 蔣介石不能任免實力派的官長，也無法施以獎懲，最多只能在適

---

68 徐永昌日記，1940年4月11日，5月26日，6月14日。

69 徐永昌日記，1939年12月23日，1941年10月25日。

當時機對忠貞部隊加以訓練而已。在這方面，可能最好的例子是第五軍。該軍三個師，共約5萬人，1938-1939年整年專心訓練，成為全國成績最好的整頓訓練成果。[70]

由於他對兩個情況的前途發展都沒有把握，所以只能邊拖邊觀望。徐永昌講的道理非常清楚，但是蔣介石卻需要處理實際的政治問題。軍隊訓練的課題就此被拖延下來。

還有一個有趣因素，或許可以在此順便一提，那就是白崇禧的角色。白崇禧是桂系重要首領之一。黃旭初留守廣西主持省政，李宗仁駐防第五戰區抵擋敵軍，白崇禧從開戰起，就一直在蔣介石左右參贊軍機，偶爾會被派赴前線（如台兒莊、昆侖關、桂柳會戰）擔任督戰或臨陣指揮。但是他在抗戰史上的醒目貢獻是戰略決策，舉凡游擊戰、以空間換取時間、集小勝為大勝，都有他思慮的痕跡。他也是軍訓部部長（1938年1月就任），而軍訓部的責任範圍正是包括全國軍隊的訓練、整編、軍事院校教育、和國民軍訓等大項。[71] 概言之，整個抗戰時期國軍的整改工作，都在軍訓部管轄範圍之內。然而他在這個工作範圍內最切實的成就，可能是對於軍事學校教材的改編，匯集了世界各國（德、日、蘇聯）各個兵種的教範操典製成教材，使用于軍事學校者達48種之多（因此後來美國軍人批評中國軍人缺乏現代軍事知識，並不正確）。[72] 但是對於全國軍隊的訓練和整編卻一籌莫展，甚至在李宗仁直轄下的第五戰區，和家鄉廣西省的桂系子弟兵之中也未能施展。白崇禧軍訓部的無力和無奈感和陳誠主持的政治部一樣，都在抗戰大格局的籠罩下有心無力。

70　鄭洞國，《鄭洞國回憶錄》，頁228-230。

71　白先勇，廖彥博合著，《悲歡離合四十年，白崇禧與蔣介石：北伐．抗戰》，頁345-346。

72　同上，頁247-248。

五、國民政府對付地方實力派的措施

冬季攻勢失敗，標示著中國軍隊既打不回長江中下游，重慶政府又無法推動軍事整頓改造。面臨的對外局面是，對日軍戰線在短期內可望維持相對穩定，而在抗戰陣營內部則各種團體間矛盾蜂起，危機四伏。與此同時，重慶政府也逐漸啟動了兩項政策，試圖運用「內部監視」與「外部控制」的手段，去調節重慶政府和地方實力派的關係。

（一）內部監視：軍隊政工

1. 歷史背景

眾所周知，1924-1925年國民革命軍在黃埔軍校創建時，曾經借鑑蘇聯紅軍經驗，引進黨代表制度。其最初目的是為了提升軍人的政治覺醒、灌輸革命精神、提高戰鬥力、和增強紀律。[73] 很顯然，當時黨代表主要任務在性質上屬於正面：包括改變軍隊的性質，剔除過去部隊那些軍閥私有的和四處流竄的不良作風與精神狀態，將軍隊鍛煉成革命武力。而軍隊控制問題，如防止軍閥掌握槍桿子去追逐私利，在當時卻仍只是一個次要的、附帶的目標。

隨後，國民革命軍建立明確分工制度。軍事指揮官負責作戰，而黨代表則負責宣傳意識形態和增進士兵身心健康。具體而言，黨代表要確保士兵吃飽穿暖，接受良好的軍事訓練與紀律教育，不被長官虐待，在戰鬥中受傷時須有醫治，陣亡後須有適當安葬。最後，假如軍事指揮官叛逃或喪失指揮能力時，黨代表可以立即行使指揮權。然而，此時黨代表的主要任務是管理軍隊內務和灌輸意識形態，而控制軍隊的作用則是次要，因為假如前項職得以有效地執行，那麼就沒有必要行使後項職能。

---

73 C. Martin Wilbur, and Julie Lien-ying How, eds., *Documents on Communism, Nationalism, and Soviet Advisers in China, 1918-1927* (New York, 1956), pp. 200-202.

當北伐時期越來越多的地方軍隊投入國民革命軍行列時，這些部隊的指揮官被迫接受國民黨中央黨部任命的黨代表，從而發生頻繁摩擦。[74] 而此時，政治部又被中共黨員主導控制，就更引起地方實力派與蔣介石本人警覺。因而在1927年清黨運動中，蔣介石在其軍隊中取消了政治部和整個政工制度。

在1930年代，南京政府為了配合在剿共時提倡的「七分政治、三分軍事」新戰略，特別在軍事委員會南昌行營內設立政治訓練處，由賀衷寒兼任處長，主持政工工作。[75] 但除了那些正式劃定的剿匪區外，國民政府只是在得到某些軍隊長官允許情況下，才向他們的部隊派遣政工人員。只不過到了1935年6月，在日軍壓力下，國民政府從整個華北地區撤出了所有的政工與國民黨機構。[76]

以上簡短歷史回顧說明，1937年前南京政府的軍中政治工作充滿不穩定性，往往取決於地方軍人的態度。抗戰爆發之際，國軍全軍總共只有368個政工隊，3,421名政工人員。[77] 1938年2月軍委會政治部成立之時，其最初目的也僅是在官兵中宣傳反日情緒，而不是為團結部隊。這時不論是地方部隊原有人員還是中共黨員，都被允許參與到國軍政治工作當中。[78]

在推行軍隊政治工作的初期，其目的似乎仍然是延續北伐時期的思路，蔣介石表示政治工作是當今軍事上首要的工作，[79] 軍令部長徐永昌更是熱心的推動者。他在1939年3月份向蔣介石建議需要注意遊擊區的政治工作，必須委派有學問、有經驗、有熱心的能手，才能夠收效。4月份，他再度向蔣介石進言，軍隊教育應該以政治教育為主體。因為中國軍隊無論在裝備或是

74　黃紹竑，《五十回憶》第1卷（杭州，1945），頁123-126。

75　吳相湘，《民國百人傳》第4冊（台北，1971），頁257-268。

76　William L. Tung, *Revolutionary China, A Personal Account, 1926-1949* (New York, 1973), p. 172.

77　軍事委員會，《軍隊政治工作講義綱要》（重慶，1940），頁1-4。

78　軍事委員會，《軍隊政治工作講義綱要》，頁1-4；吳相湘，《民國百人傳》，第4冊，頁257-268。

79　徐永昌日記，1939年9月11日。

戰技兩方面，都遠遠落後于日軍，因此必須加強政治教育，以求官兵一體，軍民一體，才能達到持久而主動打擊敵人的目的。7月份，徐永昌再度強調政治工作，他說，「按吾人抗戰第一要素實非經濟，乃人心之活與動。所以極需要黨的工作政治部的工作，以啟示全體有利於抗戰之各別認識，促動全體有利於抗戰之各個努力。所以余謂抗戰至今日階段，軍事祇居第三位，經濟居第二位，政治工作實居第一位。蓋經濟不竭而好轉，軍事進步而轉強，皆有賴於政治工作也。」[80]

2. 新政策的性質改變和執行困難

但是軍隊政治工作在1939年3月份產生了一個重大轉變，那就是它不再是由政府機構負責，而是被置於黨部的主導之下。正如國民黨在戰時其他工作領域一般，軍隊政工也流於形式主義而缺乏實質內容（有關戰時國民黨的討論，請參閱本書第九章）。黨中央指派的軍隊政治部主任，多被批評為是由無聊者混事，自身缺乏政治知識和素養，政治工作人員也只為自己出風頭和謀出路。他們不但不能團結內部，反而分離內部。[81] 依照規定，國軍下至連級單位都設立了黨部，官兵被勒令集體入黨，政工人員的黨務工作表現也成為其升遷的重要考量。又規定軍校學生在入校一月內都必須入黨，而軍中現役軍官如果沒有國民黨籍，升遷機會就會受到挫折。[82] 這些形式主義措施當然引起諸多非嫡系軍官們的恐慌，擔心政治工作的最終受益者不是他們而是蔣介石的黨。軍人的對策就是全體入黨，使上級無法區分衷心和違心的黨員。

隨著國共關係惡化，共產黨和親共分子被迫退出政治部。政治工作不僅完全由國民黨操控，而且其目的日漸狹隘，即專為監視不可靠的部隊，尤其是地方實力派軍隊。新的政工系統又規定以「班」為單位，實行聯保連坐辦

---

80 徐永昌日記，1939年3月4日，4月27日，7月24日。

81 徐永昌日記，1939年5月13日。

82 中國國民黨組織部，《八年來之軍隊黨務》（南京，1946），頁1-2、9-13。

法，鼓勵士兵互相監視。[83] 這一制度與戴笠領導而又遍布各部隊的軍統特務互為呼應。根據官方統計資料，到1941年，軍隊中的政工組織已相當龐大，「連」級黨部超過了20,000個，更多官兵形式上湧進國民黨。[84] 但是我們切不可被這些官方資料所迷惑，因為它們並不代表軍隊政工和黨務工作效率的大幅提升。實際上，有許多因素阻礙了國民政府想要運用政工和黨務控制軍隊的企圖。

正如政府許多其他職能部門一般，軍隊政治工作也嚴重地受制於經費短缺。當大多數部隊經費短缺時，政治工作尤其受到忽視。比如說，在通貨膨脹已日趨嚴重的1943年末，師級或更高等級的軍隊黨部，每月活動經費只有區區80元，完全不能發生任何作用。而在團級以下的黨部則連經費預算都沒有。[85]

另外一個困難是人才缺乏。1938年12月1日，陳誠宣布政府計劃在1941年底前培養數萬名政工幹部。[86] 但這一目標從未實現。即使到了1944年，在21,386名名義上屬於連級以上政工人員中，大約只有15%是專職負責政治工作的，[87] 其他都是兼職人員或是根本不處理政工職務。而在連級以下，則沒有一位政工專職幹部。對大量兼職人員而言，政工工作是最受忽視，可有可無。1945年7月，時任政治部部長的張治中表示，國軍中整個政工隊伍人數遠低於組織部規定的4萬人。由於戰時傷亡人數不斷增加，而作戰任務又被放在首要地位，一般人對政工工作又缺乏興趣，以致缺乏幹部成為長期困擾政治部的難題。[88] 其結果是，政工幹部選拔十分草率，大多數是從部隊現役

83　中國國民黨組織部，《八年來之軍隊黨務》，頁18-20、33-35。

84　中國國民黨組織部，《八年來之軍隊黨務》，頁8。

85　國民黨中央執行委員會，《中央訓練團黨政訓練班工作討論資料選錄增編》（重慶，1943），頁36。

86　陳誠，《第二期抗戰關於政訓工作之指示》，頁7-17；張治中，《軍事委員會政治部工作概況》（重慶，1945），頁1-2。

87　國民黨組織部，《八年來之軍隊黨務》，頁122-123。

88　張治中，《軍事委員會政治部工作概況》，頁1-2。

軍官中隨意指派，也不施加專業訓練，因此很難依賴他們去提升部隊士氣，培養忠誠度以及執行嚴格紀律。這就難怪根據1941年一項士兵調查顯示，30%士兵不知道有國民黨，52%不知道三民主義為何物。[89] 最有趣的例子可能發生在張發奎部隊，當他在擔任第四戰區司令官時，為了應付上級規定必須執行政工任務，但是又找不到合適的國民黨員擔任職務，只好任用了共產黨員，並且向上級隱瞞了他們共產黨員的身分。[90] 換言之，第四戰區政工體系變成了共產黨的工作基地。

既然重慶政府派遣政工幹部的主要目的，乃是監視各級部隊，因此被監視的指揮官對政工的抵制當然最為強烈。他們內心深知這一制度對其生存帶來的威脅，厭惡在自己部隊內部有奸細存在，而這些奸細又會將部隊的一舉一動向重慶政府報告。他們還擔心政工人員會在一般士兵中，散播不滿長官的種子，從而架空自己的權力。因此只要有機會，他們或是設法孤立上級派來的政工幹部，或是利用職權任命自己親信做為政治部主任。[91] 早在1939年，陳誠就已經抱怨他主持的政治部無法展開工作，其原因是他認為將領才能淺薄。若要展開軍隊政工工作，必須先撤換不稱職的將領，代之以好將領主持其事，才會有好結果。而他此時抱怨的對象尚且還是中央軍，至於地方實力派部隊將領的撤換，則更不是重慶政府權力所能及的事，[92] 無怪乎軍隊政工工作無法推動。

3. 成效估計

總體而言，儘管重慶政府利用政工制度監視地方實力派只是一種消極行為，但是依然產生了一定的效果。把政工人員派駐到地方部隊中，至少降低

---

89 王奇生，〈「武主文從」背景下的多重變奏：戰時國民黨軍隊的政工與黨務〉，《抗日戰爭研究》，2007年第4期，頁60-82，引自：呂芳上主編，《中國抗日戰爭史新編：軍事作戰》，頁54。

90 張發奎，《蔣介石與我》，頁310。

91 參見陸軍新編第39師，《陸軍新編第39師概況》（出版地不詳，1943）。

92 陳誠所指的好將領是黃杰和關麟徵。徐永昌日記，1939年7月1日；1940年4月22日。

了地方軍人公開反叛的可能性。鑒於汪精衛在南京成立政府後中國普遍彌漫悲觀情緒的環境下，曾有幾十萬地方部隊倒向日汪政權的實例，特別是汪精衛是廣東籍，因此也著意拉攏粵籍軍政人員。如果重慶政府在1940年後沒有利用特務與政工向地方部隊進行監控，則叛離事故或許會更加頻繁。

然而這種內部監視制度終究無法發揮積極效果。因為戰場形勢瞬息萬變，軍隊長官縱使無法公開叛亂，但仍然可以在對日偽立場上保留極大模糊空間，更何況他們還能在其勢力範圍內干涉地方政府行政功能。內部監視制度不但無權糾正這些不軌行為，而且也沒能提高部隊的素質。軍隊的政工幹部也沒有明顯改善士兵的生活，軍官肆意虐待士兵仍然十分普遍。國軍紀律低下，即使一部分曾經是最精銳的部隊（湯恩伯部隊）也走向紀律鬆懈，引起民眾極度不滿。很少有部隊嘗試在民眾中開展政治工作，不管是在前線還是在後方，部隊依然脫離廣大群眾。在許多情況下，中國老百姓害怕中國軍隊幾乎超過他們怕日本軍隊，逃避唯恐不及。

顯然地，重慶政府錯誤地強調了政工幹部控制和監視部隊的功能，而忽視了從根本上改善國軍的本質。軍隊政治工作要想順利推行，軍事長官與政治工作人員之間，必須要有一定程度的互信合作為基礎。但是那些非國民黨籍的軍官們即使愛國，重慶政府也顯然不予信任，致使政府與地方軍人相互猜忌。地方軍人的對策要麼盡一切辦法阻擾政治工作，要麼名義上加入國民黨而實質上依然我行我素，保持半獨立狀態。

正由於政府與地方軍人間持續貌合神離，因此士兵們的需求更是遭到忽視。如果政治工作能轉移重點，比如說向士兵宣導他們為何而戰，提高戰鬥意志，保護士兵免受上級虐待，改善他們的衣、食、醫療和娛樂，確保官長們能以誠實、公平、高效、守紀之道處理軍中事務等，那麼政工就可能極大地團結部隊。如果中央政府能夠善於利用這場民族戰爭，以政工幹部為媒介，直接深入各部隊基層，贏得普通士兵的信賴，那麼便能在培養士兵政治覺悟和提高戰鬥力等方面收穫巨大效果。事實上，早在1939年6月份，徐永昌就曾經為軍隊政治工作繪幟了一幅理想圖，如果它能夠行之有效的話，就可以增進官兵團結，加強勝利信念；可以官不貪餉兵不逃，可以改善軍紀；

可以取得人民協助做軍隊的外衛；可以遏制敵貨偽鈔流行；可以監督地方官不貪不賴。他特別強調政治工作在遊擊區最能發揮效能，也最重要，因此應該選派最優秀人員去遊擊區工作。最好是擇優選任軍官接受政治訓練後派往遊擊區。[93]

果能達到這個理想，則「軍閥式」的地方實力派軍人便會失去他們的追隨者，軍令也能隨之統一，只是這個功能在整個八年抗戰中從未實現。因為這些工作直接威脅到地方實力派軍隊的自主性。而其中一個重要關鍵就是軍隊錢財物資的理性化和統一化管理。本書第三章注61曾經提到1942年中央政府曾經提出一個軍事改革方案，其中規定在軍隊中普遍成立軍需部門，而且應該獨立作業，作為防止部隊長虛報兵員和尅扣糧餉的第一步工作。但是這個做法顯然和地方實力派的生存之道相違背，因此遭受激烈抵制。在史料中可見的極少數有執行該方案的地區，是在陳誠主持下的第六戰區。在他所能控制的部隊裡，不顧阻礙和困難，堅持實行軍需獨立制度，命令所部簽立誓詞，嚴格奉行。得到重慶中央特別嘉許。[94] 而重慶中央如此垂青，正是因為該政策在全國各地都慘遭碰壁。正如何應欽和熊式輝所坦誠指出，軍政部軍需署長對於軍隊軍需事務根本無權過問，因為實權操在部隊長官手中，甚至連軍政部長的命令也缺乏拘束力。改革途徑顯然應該從上層著手，而這就會徹底動搖戰時軍政大格局的根本。[95]

（二）外部監控

總體來看，南京政府在戰前不曾存在從外部控制地方實力派部隊的可能性。因為當時中央軍部隊本身仍處於建軍初期，集結在基地訓練，遠離民間社會。而全國各地的地方部隊則倚仗其強大武力、複雜地形與偏遠位置，散

---

93 徐永昌日記，1939年6月29日。

94 陳誠先生日記，1942年2月9、11、13、22日，4月13日。

95 張世瑛，〈蔣中正與戰時軍法體制的執行——以抗戰中期的三起貪污案件為例〉，《國史館館刊》（台北，國史館），第55期（2018年3月），頁44-45。

處各地而霸據一方，很容易躲避南京政府任何監視企圖。因此南京政府只能用金錢或權位收買地方軍人，換取他們表面上歸順，或者直接拉攏他們的部下向中央輸誠，卻允許後者依然保持原本內部的組織結構。因此儘管內戰多次，南京政府也很少有機會能用武力去懲罰不聽命令的地方軍人，更打不進地方部隊的組織核心。

抗戰爆發後，中央與地方軍人關係發生本質性變化。一方面他們面對共同敵人，雙方都必須自我克制，避免內戰。地方軍人意識到，如果他們公然違抗中央政府權威，那麼罪責完全在他們身上。另一方面，中央政府和地方實力派突然發現，必須共同生存在更狹小的地理空間，中央政府既不能露骨地削弱地方部隊，避免引起反彈和其他地方部隊的離心，又不能推心置腹地團結合作。1939-1940年後，重慶政府眼見戰爭在短期內將無法結束，而許多地方部隊作戰不力或是乾脆避戰的趨勢又日益明顯，因此遂將注意力從與日軍戰鬥轉向調整與地方部隊的關係。為了達到此目標，重慶政府採取了幾項措施：首先是優待黃埔畢業生帶領的部隊。例如，當地方性部隊損失人員和裝備時，政府不會對它們進行充分整補。政府或許會允許它們保留番號，甚至按照名冊編制發給薪餉，但最終讓它們實力削弱而難以存繼。第二是利用機會打破地方部隊原有的建制，進行混編。有時把潰散的地方部隊編入中央部隊，有時將幾個不同來源的地方部隊混編成新的部隊，而銷蝕其原有的地方特色。第三是由中央政府安插黃埔或是中央軍官學校畢業生到地方部隊擔任副職，然後伺機提升轉正，最後接管這些部隊。

但是這些零星措施並不能有效地促進地方部隊中央化，原因是：第一，戰時一般做法是使用一省的新兵去補充駐在該省的部隊。因此，地方部隊經常千方百計地繞開重慶政府，直接與徵兵機構達成默契（賄賂，威迫），優先把本省籍壯丁補充本省籍部隊或保安隊。第二，抗戰時期軍隊掌握地方行政大權。當地方部隊缺乏裝備時，他們可以掠奪民間私藏槍支，或者通過走私或黑市交易方式獲取武器，並不需要依靠重慶政府補給。[96] 自從北洋時期

96 *The Amerasia Papers: A Clue to the Catastrophe of China* (Washington, D.C., 1970), vol.1, no.

以來，多年戰亂使得大量武器散落民間。而戰爭的流動性使得任何地方軍人只要想購買或是沒收武器，都能輕易到手。第三，抗戰期間地方領袖競相設立中央軍官學校分校或純地方性軍事培訓班。從這些分校畢業的軍官進入各自的地方部隊後，效忠對象依然是地方勢力。事實上，中央軍校校本部（成都）的畢業生以及中央派赴地方部隊的幹部，經常遭到孤立和歧視。[97] 在地方部隊龐大的總量面前，效忠於重慶政府的一小批軍校畢業生根本無法發揮監視控制作用。在更惡劣情況下，即便是中央成功地派遣了中央軍出身的軍官進入地方部隊成為官長，依然可能寡不敵眾，最後遭受排擠出局。一個相關案例是廣東部隊鄧龍光的第64軍。中央政府為了向鄧龍光示好，特別選派了一位廣東籍軍人到該軍擔任師長，但是仍然引起鄧龍光不滿，最後只好改派一位鄧軍長屬意而且與第64軍有良好人脈關係的軍官接任師長一職。[98] 如前所言，廣東軍隊還有一個特色，就是一切官兵溝通均以廣東話進行。不諳粵語的外省軍官根本無法生存。

因此，除非地方部隊不幸戰敗而被敵人徹底消滅，否則它們不會被中央政府此類含蓄而軟弱的控制手法所影響。時間一久，中央政府的這些措施甚至產生負面影響。因為眾多地方部隊也學會了如何陽奉陰違，最簡單的對策就是避免與敵人打硬仗，如果能夠保存實力，中央就無法見縫插針。而一旦上述這些含蓄方式失效時，中央政府就認為必需採用更直接的方法去防止地方部隊產生貳心，而這個方法就是採取近距離的外部監視。

1. 如何監視

中央政府運用忠貞軍隊對不可靠的地方部隊進行監控，最明顯的跡象莫過於抗戰中後期部隊的駐防情形。正如第二章所討論者，1938-1939年前，

111, pp. 654-655; Li Tsung-jen, *Memoirs*, p. 322.

97　胡璞玉（胡璉）將軍訪問紀錄，1976年6月17日於台北市。

98　張發奎，《蔣介石與我》，頁324。這個案例也提醒我們在統計部隊屬性時的方法論需要小心。不可只看官長的出身就斷論該部隊是中央軍或地方軍，而需要看它的整個人事結構。

絕大多數中央軍精銳部隊都四處征戰，居無定所，保持高度機動狀態，隨時候命進行戰鬥。一個明顯例子是湯恩伯部隊，在抗戰爆發後的幾個月裡，該部隊從長江中游馳援華北，隨後又參加台兒莊戰役，一直處於移動狀態。1939年後，政府使用部隊的手法漸趨保守。事後證明，這一時期日軍也減緩了對國軍的進攻。1942年5月，日本大本營的一份題為《對重慶施策》的文件即清楚表明，1940-1941年後日本方面政策有三個組成部分：第一。確立對重慶的諜報路線，以求瓦解重慶政府；第二。重新檢討和平條件，迫使中國屈服；第三。大東亞戰爭終結時，掃清英美勢力，促進日中民族和親。[99]因此，這時日軍即便發動攻勢，其目的也只限於掠奪物資、破壞秋收、騷擾交通或者是阻礙國軍的整訓計劃。而不是攻城略地，擴大占領區。

面對日軍調整其戰略減低前線軍事威脅，重慶政府也對國軍進行重新部署。這個新部署包含兩部分。第一是設法儘量將各省的地方部隊調離本省。這個做法其實並不新鮮，因為在抗戰之初，川軍、桂軍與粵軍就都曾被召集到長江下游和華北地區參加會戰。只是當時戰線仍在隨時變動，部隊調動的目的純粹只是為了作戰。但一旦戰線移至內地省份而且日趨穩定後，就產生了新局勢，因為重慶政府將這些地方部隊長期派駐到遠離家鄉的省份，而不是讓他們留在家鄉。[100]那些失去家園的華北地方部隊（例如，馮玉祥遺留的西北軍、張學良殘留的東北軍）也被分散派駐在其他北方省份，而不允許他們進入西南地區。換言之，抗戰初期調遣地方部隊出省作戰的目的，是為了應付前線戰鬥需要，但是1939年以後，重慶中央政府調動地方部隊出省的新目的，卻是使那些不可靠的地方部隊失去鄉土奧援。但是這個目的並不完全湊效，因為如前所言，許多四川、雲南部隊打定主意就是拒絕參加抗戰行列。

第二是組建新部隊，或者調派中央軍填補內地空虛的防務，從而導致中央軍與地方軍展開部隊數量擴編的競賽。一個相關的變化是，1937年國軍總

99　防衛廳，《大本營陸軍部》，第4卷，頁195-196。

100 例如參見《全國軍隊黨部駐地表》（出版地不詳，1943）。

數不到200個師，而在1944年則已經增至350個師。數量的增加並沒有提高國軍總體戰力，反而使當時的武器裝備與其他資源都無法負擔如此肥腫的軍隊。重慶政府與地方實力派實際上是在各自通過新組部隊或恢復舊部隊番號去進行競爭，企圖取得實力優勢。重慶政府對全國部隊擴充失去管控力最明顯的標誌是，抗戰後期出現一大批不尋常的部隊番號，冠以「新」或「暫」字。這些部隊單位經年累月地不斷冒出又不斷消失，以致甚至重慶政府有時也不知道它們部隊長官姓名無法列入官方檔案。結果是中央政府與地方軍人都成了「虛幻數量」的受害者，軍隊數量過於龐大，根本無益於中國的抗戰。

1939-1940年，重慶政府面對這一亂象，出於政治考量，採取措施保證中央軍得到優先補給，並將他們派遣至政治敏感度高的地段。1940年3月汪精衛政府成立後國民政府感受更大壓力，因為汪政權在隨後幾年中，為那些身處日軍、國軍與共軍對峙夾縫中求生存，而又不願明目張膽地投降日軍的地方部隊，提供了一個方便的庇護所。1942-1943年間，當日軍將注意力轉向占領區內治安狀況後（華北治安戰），重慶政府名下所轄的地方武裝的叛變率也隨之上升。至於其他相當一部分地方實力派部隊與日軍或者汪精衛政府之間，即使不明目張膽地投降，但是保持曖昧關係的例子則多不勝數。本書前文所說的閻錫山與日軍的談判只是最顯目的實例。[101] 至於「聞敵即避，敵來即逃」等隱性「不抗戰」事件，則在許多部隊中幾乎蔚然成風。

正是此項趨勢使重慶政府更為擔憂，不得不加強其派遣忠貞部隊就近監視地方部隊的決心，以防止更多部隊脫離抗日陣營。1943年，中央軍與地方軍相互猜疑的情況變得特別明顯（地圖3）。儘管中日兩軍的戰線在1942-1943年間基本處於膠著狀態，但我們可以發現重慶中央軍的駐防地點頻繁調動，其總體特色是：（1）地方部隊被遣派分散到外省；（2）地方派系背景相同的部隊（相同省籍）被加以隔離，避免就近互通聲氣；（3）在地方部隊鄰近駐紮中央軍進行監視；（4）對地方部隊與中央軍進行調動的動機，

---

101 Donald G. Gillin, *Warlord: Yen Hsi-shan in Shansi Province, 1911-1949* (Princeton, N.J., 1967), pp. 279-282.

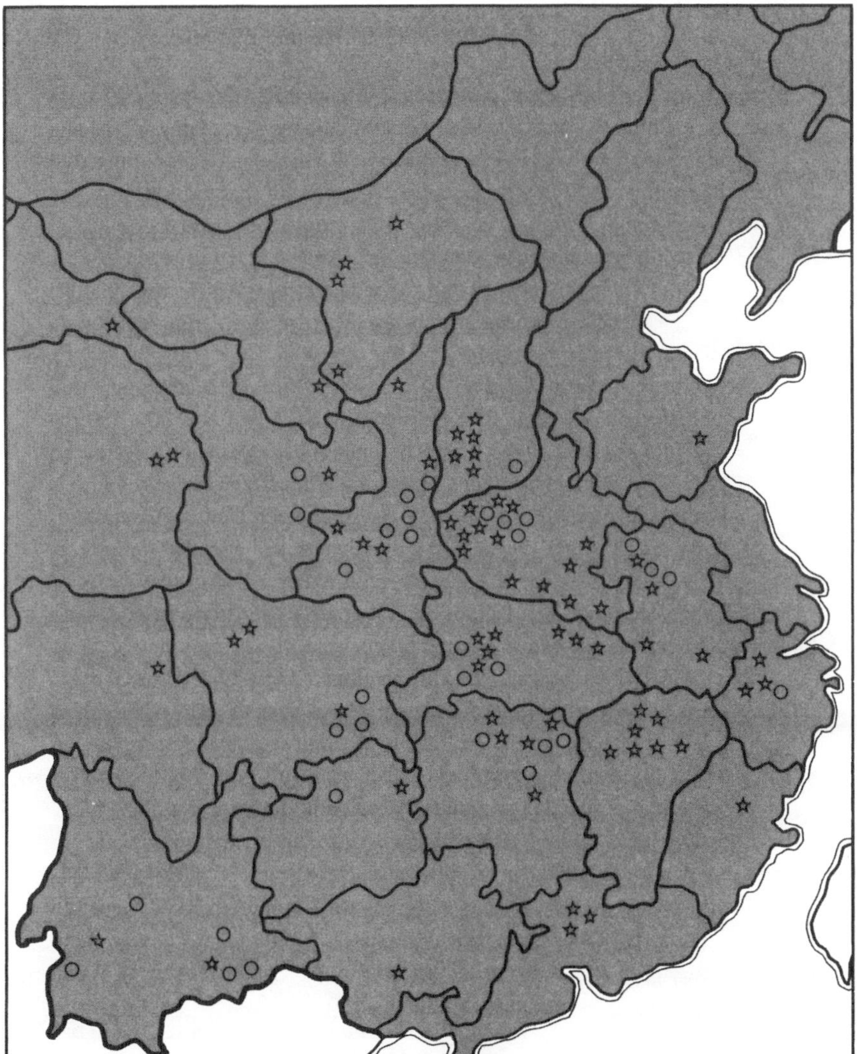

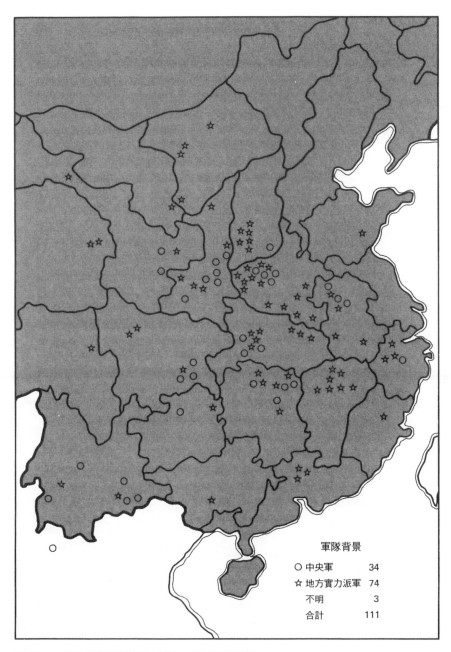

地圖3　全國軍隊背景分布圖，1943年9月。
資料來源：《全國軍隊黨部駐地表》（出版地不詳，1943）。

與日軍戰爭威脅的程度沒有明顯因果關係。由此看來，戰時國民政府封鎖中共邊區，只是利用忠貞部隊執行監視政策的一個較為醒目的個案，但絕不是唯一的。我們需要了解，圍駐陝甘寧中共邊區的中央軍，同時還承擔著監視廣大的甘肅、青海、寧夏，綏遠地區的馬家軍的任務。其他戰區的中央軍也在監視其戰區內的政治動向不穩的地方部隊。而抗戰後期這種犬牙交錯的安排，不可避免地影響了中國政治與軍事的戰略選擇。

2. 監視的後果

鑒於政治忠貞度可靠的中央軍，通常也擁有較好的裝備和訓練，政府理應將這些兵力集中於日軍最可能進犯的河南、湖南和湖北等省。如果中央軍集中防守這些重要戰略通道，那麼中國的戰略彈性就會更大，因為國軍可以在側翼與日軍保持接觸，進可以合力圍擊日軍，退可以布置縱深防禦。但是當這些精銳中央軍分散駐防各地，彼此相隔甚遠時，就只能各自獨立防守其責任區，而不能指望它們彼此支援。事實上在抗戰後期，國軍已不僅是單純的作戰部隊，而且也是駐防和監視部隊，兩者難以兼顧，從而迫使重慶政府又退回到之前陣地戰戰略，屢屢命令前線將領當遭遇敵軍進攻時必須「死守到底」。而受到監視的地方實力派部隊雖然在政治上不敢公然投敵，但是在戰事來臨之際，卻可以逍遙怠工，甚至隔岸觀火，任由政府軍被日軍宰割。1944年6-8月份的衡陽保衛戰正是這樣的情況。方先覺第十軍附近的地方部隊有數十個單位，卻沒有一個出手救援。

政府把戰鬥力較高的部隊分散於各地，使國軍原本在兵員數量上所占的優勢失去意義，並且不可避免地鼓勵了一些戰區發展成為事實上的半獨立王國。在重慶政府看來，分散兵力的好處是在這種狀態下日軍不可能以一次性致命打擊而徹底結束戰爭，而地方軍人也不可能因局勢危急而借機要脅中央政府。然而這種部署方式也產生了一個不利結果，那就是助長了國軍將領偏安保守的心態。在這方面，日本對投降的偽軍的處理方式，也增加了國軍的怠惰鬆弛心理。因為日本基本上只是把投降的偽軍視為是削弱重慶政府的政治籌碼，而不是把它們轉換成為攻擊重慶政府的軍事利器。因此日本對於投降者不予信任，只予羈縻，不發給槍彈，這樣只能讓投降者感到自危而不敢進犯國軍，成為中日雙方軍事對壘的中間地帶或非戰區，甚至採取腳踏兩條船方式，向重慶政府黨政人員和地下工作者提供生活方便，或是在偽軍防區通行無阻的待遇。長此以往，中央軍的防守心態也隨之鬆懈。[102]

隨著戰爭持續，甚至那些素有責任心的指揮官也開始相信，他們的唯一任務是防備敵人來攻，而不是主動攻擊敵軍和收復失土。軍隊在一個固定地區駐守越久，便越容易產生「得過且過」的「苟安」心態。鑒於戰時的中國軍隊經常需要自食其力，因為它們客居異地而又得不到當地政府有效的協助，以致士兵必須在部隊駐紮地努力謀生，而部隊長官則會將妻小接到身邊，在軍營外享受家庭溫暖，時間一長便自然與軍營內的士兵們產生隔閡。他們還不免受到物質誘惑，利用職權謀取私利。部隊長官普遍插手干涉地方政府的稅收、兵役和人事等行政工作。最令人詬病的是，部隊長官直接從與敵占區進行和壟斷非法貿易而牟取厚利，他們在無戰事的前線地區發展出一套保護自己既得利益的複雜的政商途徑。所有這些因素都嚴重削弱了軍隊的攻擊精神。這個過程讓我們可以看出一個重要現象，那就是，軍隊的駐防模式不是以軍隊去攻擊敵人，而是去達到國內的政治目的。

在1937年底國軍大敗時，地方實力派軍隊可以退回或依賴自己原來的地盤去療傷、休整和恢復元氣，但是中央軍部隊卻在一夜之間變為無家可歸，無論是兵員補充或是糧餉補給都立即發生危機，必須儘快建立自己可靠的後勤來源。這之間許多軍隊的遭遇各異，比如說淞滬戰爭中英勇作戰的胡宗南部隊，在極度犧牲潰不成軍狀態下，很快就被調到西北地區進行整補，而同樣犧牲慘重的湯恩伯部隊則在經過更多戰役之後，才調到河南省整補。[103]

與此同時，重慶政府還開始了任命軍人兼任省主席的做法。不多時，戰區司令官固然是軍人，省政府工作也由軍人主持。以戰區而言，這個做法當然是讓全國政務軍事化以配合作戰的最高需求，也同時是默認地方實力派的

---

102 王子壯日記，1943年2月2日。

103 宋希濂，《鷹犬將軍》，頁256-264。

勢力範圍。第二戰區（山西）的閻錫山第五戰區（湖北）的李宗仁和第七戰區（廣東）的余漢謀，都是中央承認地方實力派的現狀。對於地方實力派軍人而言，這原本就是他們多年習慣的權職。戰區長官除了兼任省主席之外，也常常兼任保安司令，為了徵兵事務又兼任軍管區司令，還有兼任省黨部主任委員、防空司令等等。兼任軍職的省主席（衛立煌、陳誠、薛岳、龍雲）權力很大，經常不遵守中央政府命令。而其他不兼任軍職的省主席（如吳鐵城、吳鼎昌等極少數文人）則如同小媳婦，連各廳廳長和縣長的任用權也完全由他人定奪，而事實上也並非由中央政府控制，而是由上屬的戰區長官或是鄰近駐軍長官主宰。[104] 依據一項統計，抗戰時期共有43人擔任過國民政府控制下的省主席，其中文人身分者只有3人，其餘都是軍人出身。[105]

在此過程中，蔣介石也安排了幾位嫡系軍人掌握地方政權，比如說第一戰區（河南）的衛立煌，第三戰區（蘇浙贛）的顧祝同，和第六戰區（湘鄂）的陳誠。這對於蔣介石嫡系軍人而言則是一種嶄新的經驗。這種軍權和行政統治權的首度結合，產生了意想不到的後果。兩個最明顯對比的例子一個是陳誠，一個是衛立煌，原本都是蔣介石麾下的善戰將軍。陳誠在黃埔嫡系中向以正直清廉著稱。他在1938年初除了軍務之外還要兼顧政治部等事，已經十分繁忙，但是何應欽和白崇禧卻要求他再兼辦湖北省政，而陳誠也樂意接受。豈知陳誠接管湖北省政之後，發覺貪官污吏充斥，政務百廢待興，以致投入極大精力，雷厲風行地企圖改變政風和清理門戶，結果成績斐然。但是他的參謀長卻抱怨陳誠把戰區事務擱置一旁，也引起何應欽和白崇禧抱怨陳誠太重視政務而忽略了軍務。[106]

衛立煌則代表另外一個形態。1939年他主持第一戰區後就醉心於政治，

---

104 參閱：侯坤宏，《抗戰時期的中央財政與地方財政》，頁237。

105 資料來源：劉壽林、萬仁元、王玉文、孔慶泰編，《民國官職年表》（北京：中華書局，1995），頁691-977，引自：侯坤宏，《抗戰時期的中央財政與地方財政》，頁235，表5-4。

106 徐永昌日記，1938年6月10、22日，7月3、4、7、9日。有關陳誠在主持湖北省政時耗費精力時間處理省政府事務的記載，見：陳誠先生日記，1941年1月份-1943年6月份。他的施政成績使湖北省議會都請願重慶政府不要讓他離開湖北。

被批評為不努力作戰，卻一味收攬地方政權，還想兼任河南省主席。當重慶在11月份命令衛立煌跨過黃河作戰時，他居然多方推脫，而提出的理由則是省政府工作太忙，而且鎮守在洛陽省政府辦公廳指揮作戰比上前線更為方便。此事拖延多日，重慶政府與之反復協商，張治中甚至告訴衛立煌可以逕電委員長辭職，而程潛則指責衛立煌志在發財，無心打仗，並且已經斂財數百萬元。到了1940年初，衛立煌甚至要求中央把更多軍隊劃歸他指揮，和把更大地盤納入第一戰區。不久，他又多次請求軍令部指派他的參謀長為冀察戰區副司令，企圖擴張人事控制範圍。這一切行為不免引起徐永昌極度憤怒，稱「此君永遠不忘爭權奪地。」毫不奇怪地，該戰區其他部隊首長們也有樣學樣，有霸占河口碼頭賣渡者，有販賣仇貨者，有長官沉迷豪賭者。如此部隊，戰力衰退乃是意料中的事。1941年，衛立煌向中央報告，他的部隊在中條山戰役中損失步槍12,000枝，重機槍200挺，山炮3門，死傷2萬餘人，部隊缺額5萬人。[107] 而在1941年6月30日蔣介石在日記寫道，山西南部戰鬥損失重大，「此應由衛立煌不學無術處置疏忽之所致。然而彼毫不自覺其過惡與責任之重大。可痛之至。」不久之後，蔣介石也把矛頭指向第三戰區（顧祝同），批評該戰區軍隊領袖們走私、引奸、藏垢、奢侈成風、貪污擅權、自由行動等惡習。[108]

以上這類案例說明的要點是：即便是善戰的軍事領袖們，一旦接觸地方政治便為之迷戀而不忍釋手。這個現象其實並不奇怪，因為政治的複雜性遠遠超過軍事，而發展的空間也遠遠大於枯燥的訓練工作或是戰場搏鬥。更何況，在先進國家的軍隊，中下級軍官只需關注訓練和作戰即可。但是在落後的戰時中國，軍隊的外務非常繁瑣，舉凡經理、病兵、逃兵、油鹽柴米、經費、武器、彈藥、軍民關係等各項事務，都需要部隊長處理。因此一旦成為

---

107 徐永昌日記，1939年6月28日，7月25日，9月22日，11月2、5、8日；1940年1月12日；1941年8月2、15日，10月29日。

108 蔣介石日記，1941年6月30日，10月14日。

駐屯部隊，則訓練和作戰任務必然受到忽視。[109] 1944年8月蔣介石在「黃山整軍會議」上，對於這個現象也做了頗為生動的描述。他指出，雖然中央政府規定部隊的訓練時間為每周六天，但是僅是砍柴磨麥（米）和張羅生計就至少費去三天以上。「因此一般士兵教育科目與各種動作訓練都不實在。有的入伍已經屆滿三月或半年，還不知如何瞄準，如何使用表尺與目測距離。」[110] 如果再加上某些部隊長不重視訓練或不懂訓練方法，則全國有相當數量部隊根本沒有訓練。因此除了武器不如人之外，這些人為因素也拉大了與日軍戰力的距離。

重慶政府採用外部監視的做法，產生了意想不到的後果是：陳誠的例子是專注政治改革而無法兼顧軍事，在重慶政府積極準備第二次緬甸戰役而美國盟邦指名要陳誠領導遠征軍時，陳誠內心卻一直懸念著湖北的政務，而湖北的地方人士（議會和社會領袖們）也再三請求陳誠不要捨棄他們而去。相反地，衛立煌的例子則是忠貞軍隊地方化最壞的例證。它證明即使是中央軍的善戰之師也可能染上包攬地方事務的貪心，成為地方資源的剝奪和享受者。中央軍將領一旦有固定土地就不願意離開，也捨不得放棄軍隊。中央軍某些軍人之退化和腐化由此而生，他們熱心于樹立地盤及培植地方勢力的做法，和舊式地方實力派並無二致。

這些軍人從政而荒廢軍務的事例，逐漸在重慶領袖們心中引起一種覺醒，那就是軍人不應該兼任省主席。一個頗具諷刺性的發展是，有兩位特別突出的人物。一位是程潛，他曾經自己極力爭取兼主席職位，另一位是白崇禧，他曾經熱心提倡軍人兼任主席的做法。但是到了1940年底，兩人都主張軍人不應該兼任省主席。但是這個新議案前後議而不決者將近一年，因為已經造成尾大不掉之勢。蔣介石雖然原則同意，卻主張展緩實行。揣測其內心

109 參見黃仁宇，《闕漢騫和他的部下》，頁143。引自呂芳上主編，《中國抗日戰爭史新編：軍事作戰》，頁77。

110 蔣介石，〈整軍訓詞〉，《蔣總統思想言論集》，卷18，頁207（台北：蔣總統思想言論集編輯委員會，1966）。

原因，或許是找不到辦法去處理地方實力派（閻錫山、龍雲）的反抗。最後到了1941年底，政府終於宣布省主席不得由戰區長官或集團軍總司令官兼任。[111] 但是在抗戰第二階段漫長的時間裡，軍人對於干涉各個層級政府政務的門道早已摸熟，所以軍隊司令官是否在名稱上兼任省主席已經無關重要。地方實力派將領如此，中央軍派駐各地監視地方實力派的軍隊將領亦復如此，其後果是既嚴重干擾了地方政府，又嚴重降低了軍隊的作戰能力。這一策略不僅使中國軍隊失去機動性、奇襲性與主動出擊性，而且還讓日軍能以最小兵力從容選擇作戰時機與戰場，逐個消滅兵力分散的中國守軍。假如國軍未能在某些戰略重地抵擋住日軍進攻，則整個戰線都會有崩潰危險。

更有甚者是，那些受命執行監視不可靠地方部隊任務的中央軍也沾染了頹廢腐敗惡習。在抗戰早期，南京政府通常能牢牢控制住嫡系部隊專心執行戰鬥任務，因為它同時有效地控制地方政府（江浙省份的省縣政府）保證提供後勤支援。但是在失去對於江浙地區地方政府的控制力之後，嫡系部隊儘管依然忠於中央政府，但它們也必須在內陸陌生地區就地自助求生存，因此士氣與紀律變得鬆弛，戰鬥力大幅下降。凸顯這個現象最有力的例證大概是湯恩伯和胡宗南的部隊。湯恩伯部隊是南京政府時期的王牌部隊，在淞滬戰爭和台兒莊戰役中英勇善戰，是早期中國軍隊抗日的表率，實至名歸。後來被派到河南省整訓和防守華北前線，就一直沒有移動過，逐漸成為駐防軍，染上「苟安」心態。

早在1941年徵兆就已經顯露。根據軍令部接到的報告稱，中央軍暴露的弱點包括：1. 中央人員部門太多，互相摩擦；2. 軍隊風氣至壞，不事訓練，而多排異結黨；3。防河部隊公然走私販賣仇貨，霸占河川碼頭和渡船強迫收費賣渡，賭風尤熾；4. 西安附近經常搶案；5. 胡宗南不注意訓練，經常調動人事，培養個人勢力。又接到報告稱，駐防河南和陝西部隊的官兵不相往來，團長以上特別腐化，賺錢，嫖，賭，紀律極壞，完全不關懷士兵生

---

111 徐永昌日記，1940年11月21日；1941年4月19日，5月31日，12月27日。

活。[112] 這些現象在1942年初也引起蔣介石重視，他在6月間寫道，「中央軍之腐化日甚一日，思之危慄莫名。憂惶無已……高級人員只知呆板消耗，不知所以策劃變通之道。惟知畏難苟且，不知所以更張改革之圖。人才缺乏，幹部難及，最是憂慮。奈之何哉？」蔣介石悲憤不已，但是卻莫可奈何。[113]

第三個階段
1942年1月-1945年8月（共44個月）

綜上所言，重慶政府試圖通過內部監視和外部控制，雙重手段制約地方實力派部隊所導致的結果，是把地方部隊排除在抗日軍隊的行列之外，同時也讓最精銳的中央部隊陷入腐敗和安於現狀，終致普遍喪失戰力。這個整體素質的衰退，與國內的軍事政治大格局有著密切關係。這些累積的缺失可以從以下幾個方面予以重點討論。

一、高級軍官的才識和領導能力

戰時中國軍隊一個先天性缺陷是和大格局不可分割，那就是將領層級的素質，包括他們的才識，專業素養，和領導能力。無論是蔣介石本人、他的主戰派高級同僚們、乃至外國軍事顧問們，都一致認定中國軍隊將領們普遍存在嚴重缺失。中國政府要想執行任何有效的軍事整改計劃，高級軍官必須具有服從精神和執行任務的能力，而這正是中國軍隊面臨的長期性和系統性問題。

---

112 徐永昌日記，1941年7月22日，8月2日；1943年3月1日。

113 蔣介石日記，1942年6月30日，7月11日。

正如本書前文所言，國民政府在南京時期就顯示一個高度軍事化的趨勢。儘管這個政權具有政黨機構和官僚體制，但它基本上還是一個中央和地方軍事長官共存的聯盟。也正是各個政治軍事團體領導人對彼此軍事力量消長持續地高度敏感，從而決定了南京政府的政治綱領和施政方針，由此形成一種奇特的妥協政治模式。[114]

總括而言，20世紀初期中國軍隊高級軍官的出身，不外乎四類：1. 河北保定陸軍軍官學校及其預備學校；2.廣東黃埔軍校；3. 日本軍校（特別是士官學校）；和4. 行伍。其中以日本軍校畢業的軍官，接受過最扎實的專業訓練，但是在高級軍官中只占極少數。畢業於中國各類軍校的高級軍官，大多缺乏應對現代戰爭的知識，而那些從行伍提升的軍官，則儘管不乏實戰經驗和搏鬥勇氣，卻對現代軍事科學非常陌生甚至無知。依據抗戰晚期（1944年）調查，國軍將官級軍官中只有10%左右曾就讀外國軍校，而他們中多數還只是接受第一次世界大戰前的西方軍事教育，因此並不熟悉一戰後軍事科技的突飛猛進和軍事戰略思想的革新。此外大約38%的高級軍官或出身于行伍，或出身於舊式省級或地方級軍校。他們的軍事素養根本無法與日軍抗衡。其餘基本畢業於保定軍校或黃埔軍校。國軍將官中最缺乏的是具有特種兵知識的軍官。比如說，大多數後勤系統的將官畢業于品質較差的北洋陸軍軍需學校，而且在1928年前的北洋軍閥軍隊中服役過多年。騎兵和通信兵部隊也被北方部隊中的舊式軍官所把持，尤其是馬氏兄弟。[115]

南京時期，陸軍大學成為提供高級軍官深造的場所，培養軍官進入最高

---

114 有關軍事在中國政治中的作用的總體性討論，參見Ch'ien Tuan-sheng, "The Role of the Military in Chinese Government,"*Pacific Affairs*, vol. 21, no. 3 (September, 1948), pp. 239-251; C. Martin Wilbur, "Military Separatism and the Process of Reunification Under the Nationalist Regime, 1922-1937," in Ho Ping-ti and Tang Tsou, ed., *China in Crisis* (Chicago, 1968), vol. 1, book 1, pp. 203-263; Harold Z. Schffrin, "Military and Politics in China: Is the Warlord Model Pertinent?," in *Military and State in Modern China* (Jerusalem, 1976), pp. 107-123.

115 國防部，《陸軍軍官佐資績簿》，第1冊（重慶，1944），〈將官階〉。讀者如想進一步了解其他有關數據及分析，請參閱：張瑞德，《山河動》，頁3-8。

參謀指揮層。儘管陸大是中國軍事教育的重要基地，但入學聽課的軍官實際獲益並不多。抗戰爆發後，陸大的狀況比其他幾所軍校更差。陸大教學品質下降的原因也是經費短缺，器材落後，並缺乏合格的教員與合適的教材。[116]

陸大培養出的軍官數量也十分少。從1930年到1944年，只有1,878名軍官接受了最高級（指揮）班教育。[117] 面對龐大的國軍需要而言，無非是杯水車薪。難怪戰爭結束時，魏德邁將軍就曾經感嘆過，他接觸到的高級軍官很少有「受過良好而專業的訓練」。[118] 但是他們手中卻掌握軍權，而且不受中央政府制約。

戰爭爆發後，尤其在1940年以後，軍隊分散型的駐防生態，更把地方實力派推到政治舞台前沿，眾多軍事長官成為地方政治和經濟的直接操控者。因此，如果說戰時中國曾有過統治精英群的話，則他們既不是國民黨中央執行委員會成員，也不是中央政府各部會首長，而是全國各地為數眾多而擁有實權、實際上控制著軍隊、疆土、民眾、市場和生產能力，甚至不同級別政府機構的軍事將領們。對於這個戰時將領群體，本書作者目前能夠找到的最全面和最權威的原始資料，是1944年由重慶政府內部整理的《將官資績簿》。[119] 這套多卷本檔案包括4,188位少將級以上現役軍官的軍銜、履歷、籍貫、年齡和教育程度。根據這一資料，我們可以看出這個群體的大體情況。（見表5）

將領們的教育背景是國民政府時期驗證軍隊政治忠誠度的最可靠指標。資料表明，黃埔系在高級軍官中很顯然屬於極少數派（11%的上將）。不僅各省和地方軍校是地方實力派的堡壘，而且從保定軍校和外國軍校的構成及其畢業生的分配情況來看，在它們開辦期間內實際上也是為地方軍隊而不是

---

116 萬耀煌，《主持陸軍大學事蹟的回憶》，《傳記文學》第24卷第2期，1974年2月，頁81-82。F. F. Liu, *A Military History of Modern China,1924-1949* (Princeton, N.J., 1956), pp. 106-107.

117 許高陽，《國防年鑒（第一次）》第2編，軍事，頁68-69。

118 Albert C. Wedemeyer, *Wedemeyer Report!* (New York, 1958).

119 國防部，《陸軍軍官佐資績簿》第1卷（重慶，1944），將官階。

表5　中國將官的教育狀況，1944年

	總數		上將		中將		少將	
黃埔軍校	1177	28%	9[a]	11%	153	16%	1024	32%
保定軍校	1015	24	28	35	371	40	616	19
外國軍事學校[b]	427	10	17	21	117	12	29	39
地方軍校和行伍出身	1569	38	26	33	303	32	1222	40
總數	4188	100%	80	100%	944	100%	3164	100%

資料來源：國防部，《陸軍軍官佐資績簿，民國三十三年》，第1卷（重慶，1944），將官階。
說明：a：包括那些與黃埔（例如蔣介石）有密切聯繫的軍官。
b：包括所有外國軍事院校和文官學校。那些從黃埔或保定畢業又去外國學習的軍官不包括在內。

為中央軍培植軍官。因此，就整個將領群的結構觀之，那些政治觀點和職業具有地方傾向的軍官，同那些確實忠誠于中央政府的軍官相比，數量大約是3:1。

當然，並不是每個將領都具有同等權力。考慮到中國疆域廣闊、地區特性、官兵數量及當地政府和社會的複雜性，就能理解到，某些將領不管其軍階高低和職稱如何，但實質上就要比其他將領擁有更大的實權。依照常理而言，有兩類將領在中國權力結構上握有實權。

第一類是作戰部隊司令官。在國民政府統治時期內，師是基本戰略單位，具備獨立作戰能力。依編制而言，3個師構成1個軍，幾個軍（通常是2-5個）構成一個集團軍。部隊最上級是戰區司令官，儘管他們的主要職責是指揮軍隊，但實際上他們既是國民黨的高級官員，又是他們轄區內省級政府官員的頂頭上司。戰區司令官在黨政所有部門中擁有廣泛的任、免、升、降、獎、懲的人事權力，甚至有權建立或取消行政機關。在其轄區內，他們還有權頒布單行法令。總之，這些司令官都是些掌握槍桿子的人。

第二類可以稱之為「行政將領」，在政府中被委以特殊軍事性質的職能。他們主要分布在下列機構中：

1、軍管區

2、招募局

3、軍事訓練部

4、警備總部（綏靖公署）

5、保安司令部和守備區。

當我們就符合上述標準的將領們進行分析時，就可以得出一些初步結論如下面的表格（表6）：

表6　高級將領職務和教育概況

受教育狀況	軍職				
	戰區正副司令長官	集團軍正副司令	軍級指揮官	師級指揮官	行政指揮官
黃埔	1	31	40	132	99
保定	18	36	37	48	76
外國	4	5			15
省級院校或行伍出身	13	23	34	101	85
總數	36	95	111	314（33人不詳）	275
平均年齡	52	47.4	46.6	41.6	45

資料來源：國防部，《陸軍軍官佐資績簿，民國三十三年》，第1卷（重慶，1944），將官階。

首先，從教育背景看，黃埔畢業生顯然是少數派，在作戰將領和文職將領中只占36%。雖然我們不能確知黃埔出身的文職將領，在不同層級中的分布情況，但在軍事將領中，卻存在其人數隨官階上升而遞減的現象；保定畢業生情況正好相反，在軍事將領中，他們在高層中占據了絕大多數，而在較低軍銜層面中的比例則逐漸減少。原因顯然在於這個學校很久以前就停辦了。在那些通常是較低等級的將領中，保定畢業生僅占28%。曾留學國外的軍官在各類情況中所占比例更小，而那些僅在省內軍校受過教育或行伍出身的軍官卻占各類情況的近三分之一。同前面的結論相吻合，在中國最有權力的將領中大約有三分之二沒有受過嚴格的專業訓練，卻是地方實力派部隊的骨幹分子。

第二，我們從最高層將領的政治忠誠度來看，得出的結論對重慶政府而言最為難堪。在總共36位戰區正副司令官中，有14人（占總數的39%）在1937年前曾反對過南京政府，11人（占總數的30.5%）被認為絕對忠誠於政府，另外的11人（占總數的30.5%）則態度暖昧。再從這些正副司令官管轄的地理分布來看，14個戰區中僅有5個戰區（36%）掌握在忠誠于國民政府的軍人手中。換言之，就抗戰時期中最具實權的軍事領袖以及他們控制的戰區而言，有2/3是控制在地方實力派手中。[120] 因此，即便是在戰區這一級而言，抗日陣營的團結性已經顯示高度不穩定狀態。

第三，如果進一步考察作戰部隊的實際控制情況，則會發現，儘管黃埔畢業生名義上在314個師中的132個師（占總數的42%）居於長官職位，但他們的實際權力卻遠小于此。因為依據我們對戰時軍事政治的理解是，當中央政府牢牢地控制著一個師的武力時，它的標誌是會把忠誠軍官安插到各個重要職位上去，包括正副師長和政治部主任都應由黃埔畢業生擔任。當我們以此標準來考察各師時，我們發現僅有74個師（占總數的23.5%）符合這個標準。因此這74個師可以被視為是黃埔力量的核心。另一方面，我們發現有66個師的高級職位中完全沒有一個黃埔畢業生，因此這些師可以視作地方實力派的堡壘。

那麼，剩下的174個師就成為中央政府和地方實力派爭奪的對象。既然只有早期黃埔畢業生才累積到足夠資歷出任最高軍職，他們的人數既少而知名度又很高，則我們可以推定，如果在各個師中占據高級職位但缺乏政府記錄的軍官，應該不是黃埔畢業生。依據這個推定，則我們可能對重慶政府做出最有利的估計是把174個師中的58個師看成是在它局部控制之下，而其它116個師基本上是掌握在地方實力派手中。在這116個師中，國民政府或許做了不同力度的滲透，但未能控制全局。同1937年相比，1944年重慶政府無論是由黃埔畢業生去創建和指揮新的師，或是用黃埔畢業生去滲透現有的地

---

120 根據蔣介石估計，1944年華北地方的「軍閥遺孽之殘部」尚有30%，另外加上西南地區的地方實力派。見：蔣介石日記，1944年9月20日。

方師的工作，都取得了一定程度的進展，但中央政府的力量在中國軍隊中仍是少數派。這些資料背後也許潛伏著更嚴重的問題。戰前國民政府精銳部隊是從長江中下游各省招募而來的，但是已被摧毀殆盡。在八年抗戰中，即使那些名義上由黃埔畢業生統領的軍隊，它們的新兵也只能從西南省份徵招而來。考慮到西南後方人對東南沿海人（下江人）及黃埔畢業生傳統的疏離感，他們是否能贏得士兵的忠誠，尚需進一步考究。在此可以提出一個實際的例子。1940年黃埔畢業生也是中央軍善戰將軍鄭洞國，被任命為第98軍軍長，但是該軍官兵出身湖北省舊軍有濃厚鄉土觀念，把鄭洞國看成是「外來人」，即便是加倍努力，也無法掌握官兵。[121]

最後，儘管官方紀錄沒有提供將領們社會背景資料，但是他們的平均年齡還是可以幫助我們刻繪他們的人生軌跡。若要在1940年代晉升為將官，則他們顯然是在1910-1920年代開始軍旅生涯。再證諸有關他們專業訓練的材料，我們可以根據當時的歷史情況，做出初步推論。似乎可以認定，除了一些進過少數非常優秀的現代軍事院校者（包括黃埔軍校和日本軍校）之外，這個軍人群體的大部分成員不太可能來自富裕的農村或城市新興階層。在20世紀初，尤其在北洋時期，許多軍閥的胡作非為引起人民普遍厭惡和蔑視，很少有富農紳商家庭願意子弟投身軍旅生涯。更何況當時許多傳統的鄉村紳士已經城市化了，他們在城市中對政治經濟產生了濃厚的興趣。[122] 我們對北洋時代早期的了解使我們得知，只有一些貧困家庭因為無法為子女提供西式教育機會，才會把子弟送入軍校或直接送入兵營。而大多數地區性軍校的教育品質又是很差的。[123]

---

121 鄭洞國，《鄭洞國回憶錄》，頁226-227。

122 Joseph W. Esherick, *Reform and Revolution in China: The 1911 Revolution in Hunan and Hubei* (Berkeley, Calif.,1976).

123 有關北洋時期軍官的社會背景，參見：James E. Sheridan, *Chinese Warlord: The Career of Feng Yu-hsiang* (Stanford, Calif., 1966), p. 161; Jerome Ch'en, "Defining Chinese Warlords and Their Factions," in *Bulletin of the School of Oriental and African Studies* (London, 1968)。有關20世紀初期軍事科學教育的品質問題，參見胡適，《丁文江的傳記》（台北，1956），頁

因此在北洋時期參軍的舊式軍人們，既未受過儒家倫理道德的薰陶，也未接受過西方思想衝擊和技術訓練。結果是，他們的政見陳舊，行事風格從保守到徹底反動，一應俱全。但當他們在內戰中節節勝利時，他們就當仁不讓地成為占領區內的統治者。他們也置產經商，但卻遠離于投資銀行、實業、學校教育或國際商務。但如果把他們看成地主或商人階級利益的守護者，卻又並不正確。因為在1920和1930年代的中國歷史中，軍閥壓迫和勒索的對象對於地主和商人一視同仁。軍人以暴力為依據，他們保衛現有秩序的動機，只是因為他們本身或其親朋好友是這個體制的直接受益者。他們實際上是以槍桿子做後盾的一種特殊政治體制的創始人，置產經商只是他們權力的表像。槍桿子才是權力的根本。凡是阻礙他們攫取和保持權力的人，無論是富農或是都市商人，一概都是敵人。

總之，國家統治階層實際上是由軍人組成，而這些從北洋時期就投身軍伍，一路爬升成為將官的人們，致力於保護手中權力組織，重視局部利益而不是民族利益，更很少關心國家或國際事務。他們所受的思想教育和切身利益，加深了他們對國家統一的抵觸情緒。這是一群有著形形色色的思想傾向，而沒有共同目標的統治者，而國民政府政權卻正是建築在這些政治力量的結合基礎之上。他們一小部分來自從華東崛起而備受日軍摧殘的蔣介石軍事勢力、大部分是華北已滅亡的北洋政府的殘餘力量、從東三省被日軍兵不血刃地驅離鄉土的殘兵敗將，和內地西南省份長期存在的軍事霸主及地方強豪。無論重慶政府主戰派領袖們如何歎息和痛恨國軍的高級軍官素質低落，然而抗戰必須在這幾個軍人群體脆弱的共存合作基礎上，才得以進行的。

其實蔣介石早在1939年就曾經感歎，儘管他親自擬定作戰計劃和兵力部

61-62；《陸軍統計》，第5卷，第2編，第1章（北京，1926）。在19世紀，從軍似乎曾短暫地被家庭出身良好的孩子們所尊重並接受，參見Yoshihiro Hatano, "The New Armies," in Mary C. Wright, ed., *China in Revolution: the First Phase: 1900-1913* (New Haven, Conn., 1968), pp. 365-382。但Hatano（波多野）文中處理的資料僅涉及兩個省的新軍，占全國軍隊的極少數。

署，但是「前方主將不肯積極，不肯負責甚為抗戰前途憂也」。這種情況隨著中央軍的弱化，變得更為嚴重。[124] 冷酷的現實是國民政府並不直接掌握士兵，只有地方實力派才掌握軍隊和士兵。如果國民政府革除這些高級而不稱職的將領時，就同時會失去他們擁有的士兵的戰鬥力，甚至導致整個部隊投向敵營。所以更換將領不是一個簡單的軍事行政措施，而是一個與虎謀皮的險局。[125]

其實國民政府並非沒有做出努力去改善高級軍官的素質，但是收效甚微。它採用的方法就是「廬山軍官訓練團」和陸軍大學。前者創始於1933年，前後舉辦三期，約有7,500名軍官成為學員。不但學員來自全國各地部隊，而且教官也由德國總顧問魏采爾（Georg Wetzell）參與精選，訓練團幹部也是由全國部隊擇優擔任，其中包括中央軍、東北軍、西北軍、晉綏軍的重要將領擔任，可說是一次不分嫡系雜牌的軍隊建設大工程。[126]

至於陸軍大學的學員，若以常理推想，都是應該從部隊現役軍官中擇優招收的，是高級指揮官和參謀人員的培養場所。如果純從教育觀點設想，則入選者應該感到榮幸而珍視深造機會才對。但是從另外一個角度著眼就會導致完全不同的盤算。從中央政府角度著眼，戰前的陸軍大學總共只訓練了2,000名參謀人才，全國大多數部隊指揮官沒有受過參謀訓練，完全憑靠行

124 蔣介石日記，1939年9月26日。

125 不論是戰時或戰後對於抗戰時期中國軍隊的評論，特別是美國將領（史迪威）和戰後西方學術界都形成一種共識，那就是國軍士兵吃苦耐勞，服從命令，只要維持其基本飲食健康和加以訓練，就可以與世界一流士兵相提並論。而就軍官而言，則中下層軍官學術素養顯然大幅超越高級將領，而越是高層將領其貪腐無能越是顯著。因此美軍對蔣介石軍事改革的建議，首要工程就是大幅整改開革這些不稱職的高級將領們。當美國看到蔣介石對於如此簡單明瞭的道理竟然無法採納時，他們立即的結論是蔣介石必是缺乏最基本的軍事常識。不幸的是，這只是一種見樹不見林的分析。而這正是美軍將領們不屑費神去研究的「小事」。更進一步的討論，請見第六章。

126 訓練團的幹部（指營連長）包括中央軍的桂永清、孫元良、黃杰、霍揆彰；東北軍的何柱國、繆徵流、沈克；西北軍的劉汝明、孫桐萱等人，見：呂芳上主編，《中國抗日戰史新編：和戰抉擇》，頁238。

伍經驗，無法對付日本嚴格訓練的軍官。[127] 戰前許多地方部隊缺乏參謀人員，軍事長官甚至看不懂軍事地圖。眾多司令部人員只是長官的私人僚屬，對於人事、補給、軍需、軍械等重要任務一竅不通。許多舊式部隊普遍的現象是，識字的做參謀，不識字的做副官，完全無法面對現代化的日本軍人。重慶政府認為這種現象亟待改正，因此把陸軍大學視為提升軍隊高級領導人才的重點。但是從地方部隊著眼，因為只有它們現役的中上層軍官才能入選進入陸軍大學深造，所以他們在受訓期間必須離開部隊。既然他們出身於地方部隊，因此對於提高部隊素質原本就缺乏興趣，更何況他們對於日軍的態度是以避戰為優先考量。還有一層顧慮是他們一旦離開部隊就可能前途難卜，因為萬一在受訓過程中職位空缺被他人填補，或是結業後被中央政府安排另就他職而離開原部隊，就會兩頭落空。因此許多地方部隊軍官把陸軍大學視為畏途。

換言之，重慶政府以訓練高級軍官的手段去提高軍隊素質的設想，在當時的軍政大格局下變成文不對題。難怪地方實力派領袖們經常不肯放人，而入選者也不願赴校報到。如果中央政府為了改進軍事長官素質，嚴格規定部隊必須派遣官長接受深造訓練，則他們就只派副長官或是高參去充數，最高長官自己絕對不肯出席。他們的疑慮就是不敢離開部隊，害怕軍隊內部窩裡反，害怕中央政府趁機奪權，派任新長官進行改編或並編。這種猜疑和恐懼，就可以解釋為什麼中央政府始終無法召集四川省師長到成都開會，更不必說去訓練營受三個月訓練。至於那些到了訓練營而不認真學習的次級軍官，則中央政府也無法控制，因為不敢得罪他們的主子。因此毫不意外地，軍紀敗壞風氣也感染到陸軍大學。當軍令部長徐永昌在1943年赴該校主持結業典禮時發現，竟有三分之一學員不見蹤影（也可能從未入學上課）。令徐永昌不禁感嘆，連最高軍校都如此無紀律，則將來畢業生回到部隊做領導

127 F. F. Liu, *A Military History of Modern China, 1924-1949*, pp. 150-151. 引自呂芳上主編，《中國抗日戰爭史新編：軍事作戰》，頁67。

時，又何能維持紀律？[128]

二、一般軍官的養成教育

國民政府的軍官養成教育在廣州時期開始，就把重點放在黃埔軍校，南京時代改稱中央陸軍軍官學校。此外還有各種專科學校，比如說炮兵、工兵、通信兵、騎兵、化學兵、憲兵、軍需、軍醫等等，也在南京時代陸續成立。蔣介石本人重視訓練，曾經親自編「剿匪手本」作為訓練教材。但是在中央軍隊系統下，多年形成的趨勢是第一等人才做帶兵官，第二等人才做參謀幕僚，第三等人才到教育機構擔任軍事教官。至於教材方面則呈現大雜燴局面。北洋時期崇尚日本教材，南京時期和抗戰前期全部接受德國，抗戰初期是蘇聯，再加上個別地方軍校還可能來自法國或義大利。雖然某些部隊武器已經踏上現代化道路，但是現代化軍事教育才剛剛起步。既未成熟，更不統一。因此，即使個別軍隊戰鬥意志力旺盛，但是武器彈藥稀少，缺乏實彈訓練機會。各種兵種之間的配合作戰，也毫無經驗和計劃，只能各自摸索。[129]

1928-1937年間中央軍校實際畢業10,731人，人才實質是中國近代軍事史上的上乘。[130] 不幸在淞滬戰役期間，國軍損失初級軍官超過一萬人，其中大部分是中央軍隊幹部，造成基層幹部嚴重斷層。

如上一節所述，也正是由於高級將領群素質低落，而中央政府又無力撼動他們的控制權，因此在他們部隊裡，中低級軍官能力低落的情況，就更是無法改正。抗戰開始後，培養初級軍官最重要場所仍是中央陸軍軍官學校，

---

128 徐永昌日記，1942年4月19日，5月23日；1943年7月29日。

129 呂芳上主編，《中國抗日戰爭史新編：軍事作戰》，頁89-95。

130 全安生主編，《中國近代軍事教育史》（南京：東南大學出版社，1996），頁258-264。它成立之後到抗戰爆發前共招收8期學生，11,767人。國防部史政編譯局，《黃埔軍官學校校史簡編》（台北，1986），頁180。

但是與南京時期相比，學校遷移至成都後的教育品質急劇下降。學校設備簡陋，管理鬆散，而且缺乏資優教官，被迫降低入學標準，還將大多數學員的學制縮短為12個月。抗戰開始後對於低級軍官的需要量急速增加，但是因為待遇差，軍校招生遭遇嚴重困難，只好降低錄取標準。南京時代軍校招收學生必須是高中畢業生，而且錄取率只有7%，可謂是精挑細選，難怪養成的軍官品質優秀。抗戰開始後，西南省份民間反應淡薄，不得已降為初中肄業生就可以報考，而且錄取率猛增到87%，幾乎是只要報名就會錄取。入校素質降低、經費不足、設備不足、師資下降、受訓縮短、缺乏嚴格淘汰制度等各種因素匯集一處，軍官素質必然降低。[131] 總計抗戰期間，中央軍官學校在成都校區（1937-1946）也只培養出34,430名學員。1939年後，中央陸軍軍官學校在全國各地設立了9所分校，在戰時共畢業88,461名學員。[132] 但他們的水準更低。如果我們算上80,000-84,000名從行伍中提拔上來的學員，[133] 各機關單位自辦各色各樣補習班，培訓大約100,000名軍官，那麼抗戰八年中正規軍校和各類輔助軍事教育機構共培養了各級軍官大約在20-25萬名之間，成為整個抗戰時期的低級軍官群。其中專業兵種的軍校畢業生尤其缺少。依1944年統計，全部國軍受過軍校訓練的炮兵兵科畢業生1,722人，工兵兵科780人，輜重兵科288人，通訊兵科2,198人。其他都是靠自己磨練而成，或是對專業茫然無知者。[134]

這種資源短缺的後果，不但降低了專業水準，甚至產生嚴重紀律問題。比如說，成都軍校學生在1942年風紀敗壞，屢次打群架，在市區喧鬧，毆打員警，在戲院霸占座位，甚至毆打軍校長官，令校方無法管理。蔣介石震怒之下親自下令撤換教育長。[135]

---

131 呂芳上主編，《中國抗日戰爭史新編：軍事作戰》，頁51-52。

132 國防部，《陸軍軍官學校校史》，第2冊，第3篇，頁91、138、233-240、431-580。

133 白崇禧，《抗戰八年軍事概況》，第11頁；何應欽，《何上將抗戰時期軍事報告》，下冊，頁660。

134 呂芳上主編，《中國抗日戰爭史新編：軍事作戰》，頁69-70、72，表7。

135 以萬耀煌就任。徐永昌日記，1942年4月19日，5月23日；1943年7月29日。

至於在其他省份設立的分校，則無論設備、資金、師資更不如成都校本部。同時由於重慶政府對於地方失控，而許多分校落入地方實力派手中，素質更是低落。地方實力派對於軍校分校的態度和盤算也頗為複雜。他們可能擔心軍校分校是重慶政府滲入地方軍事的工具，因此處處加以防範限制，不肯把自己的軍人派赴學校接受正規軍事教育。他們也可能把其他軍校畢業生被派赴地方軍隊服務者視為外人，將之孤立，而不予重用，或是處心積慮嚴加控制。[136] 當然他們也可能把分校視為自己獨享的幹部訓練場所，而排拒中央政府的參與。概言之，即便是抗戰時期的初級軍官養成教育，也是四分五裂，良莠不齊。

總體而言，根據1943年8月何應欽報告，在國軍各部隊14萬名中下級軍官中，只有37,587名（約占總數的27%）畢業於正規軍校。[137] 再根據一份1944年度陸軍中下級現役軍官的素質統計顯示，在總共被統計的117,579位軍官中，接受過養成教育者占27%，行伍出身者占33%，其他37.5%則只是接受各種形式的短期召集教育或進修班。換言之，戰時有七成以上的初級軍官是直接由行伍提拔上來的，總體素質肯定不好。[138] 這個情形幾乎與南京時代中央軍狀況截然相反，因為當時有80%的初級軍官是接受過正規軍事訓練的。[139] 從這些資料可以得到幾個結論：1. 抗戰時期行伍出身的軍官在中下級軍官中的比例明顯增加，他們缺乏正規軍官教育中的現代化訓練；2. 軍校出身的中下級軍官比例明顯下降；3。這種人才短缺現象在中央軍系統中已經成為問題，到了廣大的地方軍則問題更嚴重。因為不但是地方實力派掌控的軍事分校教育素質明顯低落，而且他們還蓄意抵制中央軍校畢業生分配到他們的部隊，以免產生顛覆作用。所以戰時中國軍隊出現兩極化的危機。

---

136 何應欽，《何上將抗戰時期軍事報告》上冊，頁149-150，國防部，《陸軍軍官學校校史》，第2冊，第3篇，頁219、238-240。

137 何應欽，《何上將抗戰時期軍事報告》，下冊，頁562。

138 呂芳上主編，《中國抗日戰爭史新編：軍事作戰》，頁72。所有關於軍官教育的各種細節，見：頁66-78。

139 F. F. Liu, *A Military History of Modern China*, p. 149.

中央軍隊極力維護它們的素質，但是較之南京時期仍有大幅落差。而地方部隊則故步自封，紀律和戰鬥力更是每況愈下。與中日戰爭的規模相較，中國培養的軍官顯然極為不足，平均每年新進軍官只有25,000名。除去戰場傷亡和自然因素損耗外，可供提拔的軍官少之又少，而官兵比例則又因戰時部隊盲目擴充而更趨惡化。大部分軍官沒有接受過特種兵作戰的教育，其指揮能力和軍事素養都受到了嚴重限制。[140]

儘管軍官輪換制度曾經在政府領導人之間反復討論，其重要性也受到普遍認識，但是由於國軍嚴重缺乏可勝任的軍官，即使形式上加以輪換，也不可能產生實際效果。更何況，輪換制度的前提是被調動的軍官，不論是指揮官、參謀人員、和中下級幹部，都必須服從命令接受輪調。但是在部隊統治權屬于地方實力派的大環境下，人事權完全操控在實力派領袖手中，中央政府的輪流調動命令完全不能生效。因此，能力低落的軍官不僅阻礙了部隊的訓練，而且讓他們的士兵平白增加傷亡。戰爭干擾了中國的軍事教育，其影響在軍隊中顯而易見。本章前文已經提及雲南部隊在台兒莊戰役時的無謂傷亡，但是類似情形從未間斷。比如說，重慶政府在1942年列舉中國士兵中最常見的缺點包括有「畏懼敵空軍炮兵」、「短於搜索警戒」、「恐懼敵刺槍術」、「夜間濫射」、「中下級幹部對於火網編成上缺少研究」和「退卻時無紀律」。[141] 以如此缺乏訓練的軍隊去對抗日軍現代武器，如何能夠避免重大傷亡？

除了戰鬥力低下外，中國陸軍師還有一個眾所周知的弱點，就是缺編，國軍戰鬥員缺額有時達到了驚人程度。[142] 部隊中貪污成風，大多數部隊長官尅扣軍餉、虧待士兵。[143]。美國駐華大使曾于1943年底給美國政府的報

---

140 許高陽，《國防年鑒（第一次）》，第2編，頁66-70，何應欽，《何上將抗戰時期軍事報告》，下冊，頁660。

141 國防部，《抗日戰史：常德會戰》，頁219-224。

142 Tuchman, *Stilwell and the American Experience in China*, p. 339.

143 Memorandum of conversation, by the Second Secretary of Embassy in China, Davies, to General Stilwell, March 15,1943, 740.0011 Pacific War/3206, *Foreign Relations of the United States,*

告中提到，在當時條件下，一個完整的中國陸軍師，即使不進行任何戰鬥，也有可能因疾病、饑餓和逃亡等因素在兩年內喪失全部人員。[144]

軍隊的紀律也迅速惡化。正如蔣介石本人在1942年9月的西安軍事會上痛心疾首地說道，軍隊風紀之廢弛，軍隊賭博成風、走私、運吸鴉片，還有許多地方部隊中有加入幫會（例如哥老會）的現象。儘管如此，他對此也是束手無策。[145]

1938年以後，軍隊虛報士兵人數，為的是吃空缺，騙取中央政府依足額發放薪餉，由上級長官中飽私囊。另外一個普遍現象就是虛報戰場損耗，其目的則是為了騙取更多的武器裝備補給。還有一個普遍的趨勢，就是謊報和誇大戰果，自我表揚，為的仍然是獲得更多犒賞，薪餉和武器，充實自己的勢力。1938年台兒莊「大捷」事件導致中央政府的窘境，在本書第二章已經討論過。但是此後情形似乎變本加厲。1939年初，軍令部就向各部隊發出警告，軍事消息及報告務必符合事實。言猶在耳，1939年10月份中宣部就根據戰區將領呈報而宣布湘北大捷，造成舉國歡騰，鞭炮不絕。而徐永昌則感到羞愧，嗤之為軍人恥辱，因為他認為為了鼓勵士氣，略作慶祝未嘗不可。但是發放20萬獎金，「以假作真，言不顧行」，「欺人自欺」，未免過分。「如小兒吹氣球過其量，有破裂之兇。」 然而當吹捧勝利的文章出自桂系長官時，重慶政府無法更正，而陳誠的吹捧文章卻被蔣介石扣下並且明白指出，中央早有明令，戰地軍官不可擅自發表有關作戰文字。蔣介石可以對陳誠貫徹紀律，因為陳誠是「自己人」，無需曲意呵護。但是桂系是主戰派大勢力的地方實力派，中央就不敢指正它的錯誤。就湘北戰事而言，正如徐永昌指出： 日軍作戰的目的原本就不是在攻城掠地，只是在尋找和擊敗國軍

Diplomatic Papers: 1943, China, pp. 33-36; Romanus and Sunderland, *Time Runs Out in CBI*, pp. 66-67.

144 The Ambassador in China, Gauss, to the Secretary of State, No. 1780, November 5, 1943,740.0011 Pacific War/3559, *Foreign Relations of the United States, 1943, China*, pp. 158-160.

145 蔣介石，《蔣總統集》，第2冊，頁1430-1434、1444。

主力軍，使其他劣質軍隊聞風喪膽，不戰自潰。因此它經常有戰勝而不占城的作風。換言之，日軍主動撤退絕不可等同於國軍戰鬥獲勝，不可自吹自擂。[146]

誇大戰果一般出於兩種動機，一種是由政府誇大宣傳以求振奮全國民心。這已經是短期刺激興奮而長期自毀信譽的做法。另外一種則是由戰地軍隊長官直接發布新聞誇大戰果，政府明知其偽也騎虎難下，無法駁斥，只好隨著粉飾太平。這種行為危害最大而且最直接，因為它會造成各級指揮官的誤判，在作戰計劃、訓練、裝備等等各方面做出錯誤對應，友軍之間互相妒忌，和全國軍隊競相虛報欺蒙的歪風。這種情形顯然普遍而嚴重，以致到了1939年底，徐永昌私下總結，政府從七七事變以來所發表的日軍傷亡數字都不可靠。[147]

大概最令徐永昌憤怒的，是1941年9-10月份對於湘北戰役的過份誇大戰果，稱之為「湘北大捷」。根據軍令部情報，湘北戰爭的確有小勝成果，但是被誇張成為大勝，謂斃敵3萬幾千人，傷敵六七萬人，俘敵八千數百人。這些數字令全國百姓為之瘋狂，興奮得滿街放鞭炮，掛國旗，全國慰勞總會宣布捐款10萬元勞軍等等。因為戰報完全背離事實，使得軍令部發言人在記者招待會上無法自圓其說。因為按軍令部得知的實際情況是，第六戰區完全忽視政府有關新聞檢查的規定，自行向報紙發布不實新聞，而宣傳部則不敢得罪軍人，只好隨聲應和。與此同時，日軍則嘲笑中國軍隊為「紙上戰鬥勝利」，而徐永昌則斥之為「恥中之恥」。依照軍令部情報，國軍在湘北戰役中號稱動員了31個師（共11個軍），傷18,422人，死8,782人。但是軍令部認為這些數字肯定不實，必定匿藏了逃亡和失蹤人數。又據報，國軍捕獲日軍步槍1,134枝，輕重機槍38挺，各種炮14門，戰車9輛，俘虜247人。軍令部對這些數據也高度質疑。而戰區指揮官卻對外國記者和駐華武官們宣傳，日軍在湘北戰役中棄屍41,000餘具，使得軍令部戰報發布組不知如何圓

146 徐永昌日記，1939年3月25日，10月8-9日。
147 徐永昌日記，1939年12月31日。

謊。軍令部還得到密告，此次湘北戰役國軍攻下的據點數字不確，尤其許多營長以上長官根本躲在後方安全地帶。而委員長侍從室的林蔚也告訴徐永昌稱，湘北戰役序幕戰時，第六戰區的報告子虛烏有。國軍第四軍吃虧極大。日軍打過汨羅江之後，我軍已無可戰之軍。所俘虜敵人不到十個，槍械也只有幾枝而已。徐永昌不禁氣憤到大罵，「由謊報一點看，我國軍人無恥可謂達到極點。」乃至命令該部楊（宣誠？）廳長千萬不可過份宣傳。但是當時宣傳部因為接到戰區屢次上報這個光輝戰績，乃招待外國人士前往戰場訪問時，想不到求榮反辱，招致蘇聯顧問、友邦武官、和訪問記者的訕笑。幸好這些外國人同情中國抗戰，不忍予以暴露。偏偏就在此時，日軍占領長沙，國軍守軍又謊稱敵人使用降落傘兵，更是引起徐永昌恨聲不絕寫道，「謊報可恨，而造謠尤可恨。國家今後不於教育努力，**滅種可待，遑論亡國**？」[148]

徐永昌的批評也被張發奎證實。抗戰時期擔任第四戰區司令官（管轄廣東和廣西）的張發奎快人快語地說，所謂三次長沙大捷（1939, 1941, 1942）均屬虛構，因為日軍志不在長沙，只是佯攻而已。中國將領們等到日軍自動退卻後則自吹自擂，宣布「大捷」。張發奎更舉例廣東籍部隊在廣東北部打了一個敗仗，卻厚顏無恥宣傳為粵北大捷。日軍分明是自動撤退，而廣東將領們卻謊稱是將之擊退。[149] 發人深思的是，這類事件不但張發奎作為戰區司令官無法管制，連重慶政府也無法管制，特別是當那些違法違規的軍隊長官是主戰派的成員，而在行為上又是典型的地方實力派作風時，重慶政府更是投鼠忌器，無能為力。戰時由中國政府內部發動的軍事整改努力都是在這個大格局之下，舉步艱難。

---

148 徐永昌日記，1941年9月24日，10月8、14、16、25、29日，11月24日。徐永昌所指的戰區指揮官是薛岳，也是主戰派的地方籍中堅分子。

149 張發奎，《蔣介石與我》，頁302-303、357。指的是余漢謀。

三、中央部隊的派系化

同樣危險的是，中央軍內部派系化趨勢逐漸浮出水面。軍隊間的高度團結歷來是黃埔系的優勢，而如今也備受考驗。1939年前，有黃埔背景的部隊頻繁地從一個戰場奔向另一個戰場與日軍搏鬥，席不暇暖。他們除了戰場廝殺之外，一般不需要操心其他問題。但是1939-1940年以後，前線戰事日漸沉寂，這些部隊長期駐紮一地，逐漸染上地方部隊習氣，同樣地熱衷於攫取政治與經濟資源。黃埔系幹部開始拉幫結派，埋下派系鬥爭種子。雖然大多數資深的黃埔系將領避免培植私人勢力，但至少有三位將領的確露出私植親信的痕跡。

第一個非正式派系以陳誠為首，依靠他在1930年代帶領過的第十八軍起家。在抗戰期間，這支部隊逐漸壯大。一些著名的國軍將領被認為是和陳誠關係親近的，包括羅卓英、方天、闕漢騫、李及蘭和胡璉。

第二個非正式派系以湯恩伯為首。他的親信出身于他原先領導的第十三軍，最終發展成為8個軍，主要將領包括陳大慶、石覺、王仲廉、張耀明。1944年前湯恩伯的勢力範圍一直在河南。

第三個派系是胡宗南。他的第一軍在淞滬會戰中英勇作戰傷亡殆盡，之後幾乎是白手起家再建力量。在1940年代，西安是胡宗南的權力中心。他的主要親信有李聞、李鐵軍、羅列、盛文和袁樸。除此之外，胡宗南還掌握有一些地方軍校，並且一般認為他的部隊得到中央政府優先補給。[150] 在其權力頂峰時期，胡宗南名下的部隊有27個師，但是並不完全是親信部隊。徐永昌就曾經澄清，胡宗南親信部隊其實只有幾個師，卻被外界誇張成為幾十萬人。[151]。

---

150 國防部，《陸軍軍官學校校史》，第2冊，第3篇，頁431-580。

151 見：徐永昌日記，1944年7月3日。這個誇張的動機，一方面可能來自共產黨蓄意加強美國人對重慶政府保留重兵而不打仗的批評，一方面也可能是重慶政府不予澄清，誤導外界以為胡宗南重兵封鎖陝甘寧邊區，震懾共產黨不要輕舉妄動。對於這個問題，蔣介石本人在

儘管這三個派系將領在人數上只占黃埔軍官中少數，但他們卻掌握著國民政府相當多的軍事力量。而在1940年代，他們間的派系鬥爭嚴重損害了部隊的團結性。他們都無疑地效忠國民政府和蔣介石，也堅持對日抗戰立場，但彼此之間的關係則有時緊張到必須得蔣介石親自出面，才能保持權力關係的平衡。

四、殘酷的錘煉

1944年豫湘桂會戰失敗，終於把國軍長期累積的缺點徹底曝露出來，而牽涉問題最嚴重的正是重慶政府最信賴的中央軍，也是曾經一度最能作戰的部隊，但是在八年抗戰中卻無法逃脫腐化過程。其實這個腐化過程從1938年開始就已經露出苗頭。本書各章所敘述的軍紀敗壞和土匪叢生案例，都是早期警訊，只是重慶政府沒有及時面對而已。至於軍民關係惡劣的最嚴重先例，則發生在1940年初的廣西省。當時廣西軍隊潰敗，南寧不戰而失，就曾經發生過敗兵和傷兵被廣西民眾搶劫情形。陳誠聞訊後認為廣西歷來自我吹噓其民團有組織有訓練，而老百姓如此仇軍表現令他大為不解。但是他隨即感慨地說，「**假使此種情形發生於他處，尚可設法補救；而在廣西，任何人均不能提**。對於抗戰前途，殊堪顧慮也。」[152] 他明白點出，廣西事務重慶政府不可過問。但是豈知才過兩年，就在第一戰區成為更大災難。

事後重慶政府追究原因時發現，湯恩伯最大過失是從戰時統兵大將淪為地方行政統治官，因為他為了自籌經費，成立物資調節處變相徵收稅款，花費許多精力去開辦攸關民間生計的工廠，或是收併民間工廠（煤礦、捲煙

1943年初，由於中共在美國宣傳蔣介石在西北地方有大軍封鎖和準備打內戰，導致許多美國人也相信。因此他在日記中抱怨，「此事已非口舌所能爭辯，唯有待事實之證明而已。」見：蔣介石日記，1943年2月12日。根據宋希濂敘述，胡宗南部隊包括25個軍。但是他所列舉的部隊許多是地方部隊。見：宋希濂，《鷹犬將軍》，頁254-255。

152 陳誠先生日記，1940年2月11日。

廠、造紙廠、紡織廠、酒精廠、製革廠、製鐵廠等），經營範圍極大，變成是假公濟私的組織。長官如此，下屬也模仿。各級幹部軍商不分，爭權奪利，不可收拾，日趨腐敗。[153] 而他處事又經常挾持手中武力使用嚴刑峻法，人不敢言，因此部下作惡者更無顧忌，招致地方官民痛恨，怨聲載道。一個突出而又反常的現象是，他的軍隊涉及駐防地區的社會民生的程度，深到與當地社會發生嚴重摩擦。以致激怒河南省參議會致電中央，指控湯恩伯平日霸占商業，包運違禁物品，好貪而不練兵，干政而不愛民。而重慶政府派出的軍風紀視察團和兩個調查統計局（指中統和軍統）對於這些指控又都掌握有證據在手，甚至指明違紀部隊的番號。[154] 在這種惡化的軍民關係局面下，河南省民間領袖們甚至揚言，河南人民寧受敵寇燒殺，也不願湯軍駐紮。

毫不意外地，一旦豫湘桂會戰開始，湯恩伯就動用所有軍方運輸工具去載運各公司機器，以致前方糧彈不濟。又據民眾團體指控，湯恩伯敗軍還要姦淫擄掠，無所不至。事實上河南在第一戰區管轄下，副司令官湯恩伯，戰區司令官蔣鼎文，都是蔣介石手下大將。整個戰區作風一致。長官部在洛陽開設麵粉廠，又利用隴海鐵路運煤做買賣。長官部甚至成立搶購委員會，以兵站的軍用汽車到敵人區域去搶購物資，其實就是私販敵貨。以致在豫湘桂會戰來臨時，兵站無法適時向部隊進行糧食彈藥補給。兵站還徵用民間交通工具去替軍隊走私，但是又不給錢。兵站總監部又把所屬的倉庫軍糧貸放給農民，坐收高利。當然也有監守自盜，盜賣軍糧自肥。結果是士兵經常缺糧，需要自己去尋米，影響訓練和作戰。更有甚者，就是士兵直接到老百姓家中霸食。[155] 這一切導致士氣低落，軍紀廢弛。軍隊強行「拿民間，吃民間，凌辱民間」，造成軍民關係極度惡劣。老百姓極端厭恨軍隊。難怪一旦軍隊戰敗潰逃時，非但得不到老百姓支持，反而遭受後者大規模繳械和截殺，情形非常嚴重。死傷在河南老百姓手下的官兵數，或許不少於死傷在日軍手下

---

153 詳情見：呂芳上主編，《中國抗日戰爭史新編：軍事作戰》，頁270-272。

154 徐永昌日記，1944年6月22日。

155 呂芳上主編，《中國抗日戰史新編：軍事作戰》，頁270-272；徐永昌日記，1944年6月22日。

者。[156]

這種慘狀在第一戰區長官蔣鼎文的筆下寫得最為生動。他寫道，「此次會戰期間，所意想不到之特別現象，即豫西山地民眾到處截擊軍隊，無論槍枝彈藥，在所必取，雖高射砲，無線電臺等，亦均予截留。甚至圍擊我部隊，槍殺我士兵，亦時有所聞……。其結果各部隊於轉進時，所受民眾截擊之損失，殆較重於作戰之損失。」更糟糕的是日軍進占時，人民居然搖旗歡迎。諷刺的是，蔣鼎文把整個現象歸罪於地方政府未能盡到配合軍隊的責任，鄉保甲長逃避一空，但是對於軍隊多年欺凌民眾的行為，而造成如此深仇大恨卻一字不提。[157]

日軍以不到12萬人作為攻擊部隊，面對湯恩伯和蔣鼎文總計50萬人部隊。其中特別是湯恩伯統轄的中央軍有28-30個師，素稱精銳部隊。但是由於多年沒有作戰，訓練紀律闕如，見敵即潰。大部分湯恩伯部隊在日軍占領鄭州和洛陽後，逃往山區。重慶政府還若有其事地指示這些部隊「劃分遊擊區」，以便「繼續遊擊」，同時需「整訓訓練」，其實它們都是人們熟悉的委婉遁詞，因為部隊已經徹底失去戰鬥力。[158] 更糟糕的是這些殘兵敗將不敢和日本兵作戰，卻萬分勇敢地欺凌沿途中國民眾。第一戰區長官部的工作人員竟然公然搶劫中央銀行金庫，致令陳誠感嘆「蔣銘三（蔣鼎文號）之罪實太大了」。[159] 這些行為很快激起民憤，人民集結成為地方武力襲擊湯軍，造成後者不但拋棄槍枝車馬，也拋棄大型火炮，甚至第一戰區長官司令部特務團也被遭老百姓繳械，而另外一個軍（李家鈺）的總部也被民眾占領。[160]

---

156 詳情見：呂芳上主編，《中國抗日戰爭史新編：軍事作戰》，頁270-272。

157 蔣鼎文報告（1944年6月），中國第二歷史檔案館編，《中華民國史檔案資料匯編》（南京：江蘇古籍出版社，1991），第5輯，第2編，「軍事」（4），頁98，引自：張世瑛，〈蔣中正與戰時軍法體制的執行——以抗戰中期的三起貪污案件為例〉，《國史館館刊》（台北：國史館），第55期（2018年3月），頁4。

158 國防部，《抗日戰史：豫中會戰》，第1冊，頁74-76。

159 陳誠先生日記，1944年7月26日。

160 陳誠先生日記，1944年5月20-21日。

根據重慶政府事後估計，河南部隊遭受中國老百姓繳械的數量，超過它們對日軍作戰的損失。而在這個民眾向蔣鼎文和湯恩伯軍隊進行復仇的過程中，連政府基層幹部們也參與其中，[161] 誠屬可恥。

在這個抗日戰爭面臨重大災難關頭，還有一個發展更是匪夷所思。當陳誠被委派去收拾第一戰區殘局時，蔣鼎文居然再三請求陳誠將他此前在戰區操辦的兩個營利和走私機構（蔣鼎文美其名為「福利事業及搶運物資」）發還給他自行處理，同時請求陳誠不要受理任何民間對他的指控，惹得陳誠連呼「無恥，無恥！」第一戰區官兵儘可以聞風遁逃，但是卻留下「辦事處」和「留守處」，其實就是戰區長官走私牟利的代理人。陳誠不久又從該戰區14軍軍長張際鵬處得知，長官部所操辦的「福利事業」，名為促進官兵福利，但事實上該軍未得分文，全由戰區長官借題自肥。而陳誠辦公室則每日被河南省省黨部、省政府、省參議會和各種機關和民間代表鵠立門外，競相指控湯恩伯劣行，其內容讓陳誠「實不忍聞」。[162]

河南大敗，社會和軍方注意焦點自然集中在帶兵官蔣鼎文，湯恩伯和胡宗南等人身上。河南省在20天內失陷幾十個城市，肯定是嚴重失職。因此劉斐、何應欽都提出各種方案，讓他們降級或調職，但是蔣介石卻猶疑不決。[163] 最後為輿論所迫，蔣介石只好在形式上加以懲處，把湯恩伯和胡宗南的職務縮小為長官部的西安和商南指揮所，名義上仍稱總司令。徐永昌嘲諷它是換湯不換藥，而輿論對於政府沒有明令懲處，更是非常不滿。[164] 根據徐永昌事後解釋，湯恩伯雖然忽略自己主帥責任，失去對部隊掌控，但是

---

161 呂芳上主編，《中國抗日戰爭史新編：軍事作戰》，頁56。事實上到了5月下旬，連重慶政府都充分了解河南省守軍的潰爛瓦解。徐永昌寫道，「人民到處繳我散兵槍械。」「此次中原戰事，收繳軍隊武器均是政治負責者。」徐永昌日記，1944年5月21日。又見：陳誠先生日記，1944年10月8日。

162 陳誠先生日記1944年6月3日，7月9-10、17日。

163 徐永昌日記，1944年7月16日。

164 徐永昌日記，1944年8月22日。

他卻隨身攜帶電話兵，隨時向蔣介石謊報軍情。[165] 這個案例反映當時一般文武官員的心理盤算，那就是無論他們如何失職，只要逢事向蔣介石請示和報告，就可以脫罪。蔣鼎文和湯恩伯的惡例就不免讓此後將領們更大膽地棄城失土。在這個意義上，河南會戰實在是中國軍隊在八年抗戰中最恥辱的表現。

在重慶政府事後檢討時，認為還有一個因素是導致河南戰爭失敗的主要原因，那就是軍官帶眷屬享受平民化生活。事實上政府早在1939年就曾經規定，官佐眷屬必須居住在戰區長官部後方800公里，絕不可以攜眷隨營。[166] 可是在戰鬥軍隊變成駐防軍隊的3-4年中，這個規距逐漸腐蝕，最後流於空談。以致到了豫湘桂會戰緊急時節，蔣鼎文撥用大批運輸工具去輸送眷屬。湯恩伯部隊在撤退時也徵用大批民間牛車運送眷屬，這種情形在各地均有發生。而後來在湘北戰爭時，部隊也使用大批士兵脫離戰鬥去照顧眷屬。而根據戴笠估算，每個軍眷需要六個士兵照料。[167] 而他們的安全又使官長分心，不能全心全意投入戰鬥。這個現象除了顯示軍紀廢弛之外，還反映出一個更宏觀的問題。因為照理說，一個有效的抗戰模式應該是全民支持軍隊抗戰，免除官兵們的後顧之憂。這也符合蔣介石在1937年號召的「地無分南北，人無分老幼」的初衷。但是作為一個落後國家，軍隊本身就尚未建立完善的後勤制度，地方政府又缺乏動員物資的行政能力，因此以忠貞軍隊監視地方實力派軍隊的駐防部署的結果是，逼使最善戰的部隊也走上「軍隊辦社會」歪路。比如說，邱清泉是中央軍中一支行為端正的部隊，但是他向陳誠報告，該軍每個月應收軍費250餘萬元，但是實際用之於部隊者不及100萬元，其餘款項均被上級扣留挪移去辦後方工廠和子弟學校（從幼稚園到高中），皆非軍隊該做之事。同樣地，湖南省一位師管區司令兼警備司令，也拋開自己

165 徐永昌日記1945年1月1日。

166 徐永昌日記，1944年7月28日；1945年1月1日。

167 張瑞德，《山河動》，頁85-86。

業務，花費金錢精力開辦兩個小學，而且感到自豪。[168] 軍隊辦社會和辦學校的錯誤在1944年河南戰爭中最為突出。

以上這些怪相都讓徐永昌忍不住怒火萬丈地質問，前方軍官攜眷隨營，如何可以訓練部隊和戰鬥？而部隊騷擾人民，人民怎能不敵視他們？湯恩伯指責叛民劫槍，卻避而不談何以民眾要叛？又何以能以赤手空拳奪到軍隊的槍？[169] 在7月份一次重慶軍事會議上，原本沒有安排蔣介石出席，他卻臨時到場，聲色俱厲地指責河南戰敗與軍隊受人民截劫，直與帝俄時代一般。他說，「當其敗逃時，搶劫姦淫，拋擲公物，改載私贓。所有一切敗壞行為，非言語所能一一描述。」又說道，豫戰失敗使中國在國際上已喪失地位，「此次如不能得到改革，得到回響，不能使軍隊轉變為振奮有為的軍隊，**則吾人真無人格，無羞恥**。」[170] 他不但大聲疾呼，而且數度以手擊案如山響。但是由帶兵官變成統治官，本身的確是是一個難以抗拒的腐蝕過程，也是他無法扭轉的大局。

陳誠早年曾經稱許湯恩伯廉潔刻苦，而徐永昌也認為胡宗南的刻苦與帶兵作風和湯恩伯相似。[171] 但是即使是以如此優異忠貞愛國的記錄，當其軍隊由戰鬥軍轉為駐防軍和監視軍時，仍不免留下顯著的腐蝕痕跡。如世所周知，胡宗南一直是蔣介石的愛將，社會上普遍謠傳他收到的武器裝備和給養待遇是當時國軍之最，是「天子門生」中最得寵愛的將領。但是當1945年7月蔣介石到西安檢閱胡宗南部隊後，痛心地寫道，「乃知胡宗南及其幹部皆為狹窄呆板，毫無自動創新之能力。由此弱點之發現，一則以懼，一則以喜。如不來此檢閱，則余尚以為第一軍真是全國之模範軍，其危險當更大矣。」

---

168 陳誠先生日記，1942年7月16日；1943年3月8日。

169 徐永昌日記，1944年6月1日。他的答案是「雖然湯仍不失為人才，特升官太快，恃寵而驕，乃至僨事耳。」

170 徐永昌日記，1944年7月21日。

171 徐永昌日記，1944年6月13日。但是徐永昌對於胡宗南的批評相當苛刻，他寫道，「胡宗南揚揚自喜。聞其軍官到職，貪錢為先。以動輒更換，美其名曰調職，人皆以無保障，故鮮有恒心。」見：徐永昌日記，1944年1月22日。

又寫道，「此次出巡發現沿途被淘汰傷病官兵之痛苦，及第一師之缺點等，實為我最大之收穫也。」[172] 但是徐永昌的評價則更是苛刻，他認為胡宗南帶兵作風其實和湯恩伯相似，將部隊長隨興調換，最後皆不能指揮部隊。他認為如此將領擁兵自衛尚可，但是一旦遇到情況，就無法應付。[173] 兩位上官評論的出發點不盡相同，但是其所形容的中央軍素質和領導作風，顯然比起1937年有極大距離。

陳誠在河南戰爭慘敗後，被重慶政府委派到第一戰區任長官去收拾殘局。依照他的檢討，河南戰爭失敗絕非偶然，而是長期潛伏的原因。依他的分析，首先是軍人營商，走私包運，「駐軍可稱**貿易軍**」。陳誠在檢討第一戰區潰敗原因時，曾經引述當時一個看法，「以經濟化之部隊（指第一戰區蔣、湯均經營工商業）對機械化之部隊（指日軍），其勝敗不戰可知。」[174] 其次是軍隊內部將帥不和、官兵不和、軍民不和。其三是耽於現狀，喪失戰鬥意志，敵不犯我則我不犯敵。經過幾年渙散，本身已經瀕臨崩潰，一旦戰爭發生，就被敵人摧枯拉朽而無法收拾。更令人震驚的是，即便是經過如此慘痛失敗，涉事將領們依然沒有接受慘痛教訓。同樣可怕的是陳誠認為第一戰區的現象並不特殊，而是普及全國。他在日記中寫道，「現在**我國軍隊之不能作戰，全國皆然**，第一戰區不過先行暴露弱點，其餘之不能作戰，所恃者是敵未來耳。」[175] 1944年後半段的戰事果然不出陳誠所料。7月間，蔣介石自己也指出，全國軍隊普遍存在缺額糜補食用等等惡行，政府每次發給部隊的衣料都被調換為次品，每次還需要行賄軍政主管或屬員才能領到。儘管委員長本人再三命令不許宴會，但是軍需人員經常一餐飯要跑幾桌去敲定行賄和分贓，才能領到些微物資。蔣介石甚至氣憤到指責軍隊的貪污腐化，都是由軍委會和軍政部造成。但是無論蔣介石如何威脅今後決不講情面，要嚴

172 蔣介石日記，1945年7月2、3日。
173 徐永昌日記，1944年6月13日。
174 陳誠先生日記，1944年5月19日。
175 陳誠先生日記，1944年5月20、23日。

厲處罰貪腐，最後卻無法執行。[176]

粗略算來，中央軍剩下能夠打仗的，似乎只是那些沒有固定地盤的機動軍隊（如第5、第10、第18軍），以及為兩次緬甸戰爭而預備的軍隊。從這個意義上看，國民政府分散兵力執行監視的政策適得其反。它的確防止了更多地方實力派脫離抗日陣營，卻沒有增加它們本身的戰鬥力。而它們「苟安」的心理，卻腐蝕了本身的總體軍力。最後剩下那些少數維持機動狀態的部隊，沒有固定駐防區卻能夠保持戰鬥力。在整個抗戰期間，此類能夠完全避免長期駐屯化陷阱的部隊，大概不到20個師，稱之為「中央直轄部隊」，組成的成分絕大多數是蔣介石親信的中央軍，和幾個善戰忠貞的地方部隊（但是脫離地方色彩和人事遙控）。它們沒有被指定駐守固定地區，而是隨著戰局需要由中央機動調派。這些部隊一部分在1942年送往緬甸戰場，1943-1944年再度被派到印度和雲南省接受訓練，隨即又開赴緬甸作戰。

還有一個長時段背景因素值得一提的是，上述內控外監的方法對於主戰派忠貞夥伴桂系一律不適用，既然桂系部隊高調主戰，所以重慶政府當然無需派兵監視。但是桂系同時也具有強烈地方色彩，而重慶政府對於它也是小心翼翼，不敢在桂系軍隊中推展政工制度。依據本書前文所述，桂軍在整個抗戰過程中，戰功絕不突出，但是重慶政府對於它們缺乏戰鬥力的表現，卻不敢依法行事。而陳誠私下的評價並不含糊，認為桂軍兵多而不能作戰，部隊完全無用，「此次（指1939年末桂南作戰）作戰毫無紀律，此種姑息養奸，絕無成功之理」。但是蔣介石卻刻意替白崇禧開脫，「體諒」白崇禧的錯誤，對于眾多失職的桂軍將領們也不敢加以處罰，也因此使重慶政府對其他部隊失去威信。[177] 到了1944年，李宗仁在第五戰區兵力豐厚，包括桂軍的「精銳部隊」，卻完全無力阻擋日軍攻勢。儘管第十軍死守衡陽而大幅延阻了日軍進度，但是廣西軍隊並沒有善用這個時機鞏固防務，仍然敵至即潰，在幾

176 徐永昌日記，1944年7月21日。事實上根據徐永昌觀感，何應欽似乎完全沒有覺悟，反而辯稱中國本來就比日本落後，言外之意，將領們貪腐不足為怪。

177 陳誠先生日記，1939年12月21日；1940年1月11、12日。

天之內讓桂柳精華地區全盤淪陷。換言之，桂系主戰的心態和姿態之高和作戰實力之低，其間差距委實驚人。引人關注的是： 這個如此高調的主戰派和巨大地方實力派，何以會如此灰頭土臉地屢戰屢敗？這一連串軍事問題還的確需要學者進行進一步研究。至於桂軍在轄區內魚肉鄉民的情形，則請見本書第八章。面對如此情景，重慶政府仍然只能睜一隻眼閉一隻眼，而不敢冒犯。

綜合本章的分析，抗戰八年期間由國民政府自主啟動的軍事改革，領袖們雖然可以清楚看出問題癥結，而且提出的改革方案也言之成理，但是執行完全無力，主要原因是無法超脫戰時政治軍事大格局的限制。然則是否可以借外力達成目的？我們將在下一章予以檢視。

第六章

美國參與軍事整編的辛酸和成果

第一個階段
1941年12月-1944年10月（史迪威時期35個月）

要改造戰時國軍的眾多人為性和制度性的缺失，前文已經充分顯示，重慶政府無法指望僅靠自身力量發號施令就解決問題，而必須另辟新徑。正在這個困難時刻，珍珠港事變爆發，給中國的軍事整改帶來了一線曙光。日本偷襲珍珠港固然是重慶領袖們意料之外的發展，但是當中國和美國建立同盟關係，則中國主戰派領袖們當然賦予高度期望。由於第一次整軍努力（1939-1941年）未能獲得成果，因此1942-1944年間重慶政府推行了一項更為全面的整軍計劃。[1] 美國對於中國抗戰顯然在兩方面可以做出重要貢獻：一是以武器裝備提高國軍火力，二是提供整訓改編方案，提高軍隊戰鬥力。在此後35個月中，這兩個問題成為同盟關係的重頭戲，也是最尖銳的摩擦點。

1　白崇禧，《抗戰八年軍事概況》(出版地不詳，1946)，頁8-9。

一、武器裝備

同盟關係成立初期，美國能夠向中國提供最明顯，而立即可以派上用場的援助方式，莫過於武器裝備，特別是重武器。中國經過53個月獨立作戰之後，軍隊嚴重缺乏後勤保障；兵工廠產能有限，而且缺乏有色金屬與炸藥。如前所述，戰時中國軍工生產總量甚至不能彌補作戰消耗，更不用說改善部隊的武器裝備，這一切都導致中國軍隊戰鬥力顯著降低。[2]

歷史上有名的美國租借法案原本在珍珠港事變前，就已經由國會立法通過，但是儘管中方極力爭取，卻收效極微，美國物資對於中國早期抗戰沒有產生重要影響。[3]

中美成為盟邦後，照理說租借物資援助應該步入常軌。然而，中國首先遭遇的挫折，就是被排除在英美參謀首長聯席會議（Combined Chiefs of Staff，CCS）與聯合軍火分配委員會（Munition Assignment Board，MAB）兩個決策機構之外。這就意味著中國政府對美援物資所提出的要求，不但要受美國軍部審核，還要受英國軍方牽制。中美英三國本應該是平等地位的同盟國，但中國的作戰需求卻必需交由另外兩個同盟國去審批，大出重慶政府意料之外。就常理而言，美國是軍火生產國，因此它的軍方受理中國的要求，並且予以審核屬於合情合理。但是英國雖然也自產軍火，但是產量遠遠不能自給自足，而也同樣需要美國支援，因此它的軍火要求由美國軍方審核也屬於合情合理。然而英國並不是對中國的重要輸出國，反而是中國軍火需求的競爭對手，卻獲得有權審核中國的軍火要求，則是完全違反情理。因為任何負責任的英國領袖，必然會儘量把美國軍火優先滿足英國的需求，而削減或擱置中國的需求，等於是球員兼任裁判功能。然而儘管中國不斷提出抗議，但是英美兩國軍方卻提出種種牽強附會托詞，骨子裡就是不折不扣的白

---

2 張其昀，《抗日戰史》，頁325-328。僅為80萬支步槍、8萬7千挺機槍與1萬2千門輕迫擊炮。

3 詳情請參閱：齊錫生，《從舞臺邊緣走向中央》，第八章。

人種族主義。這個陰影在整個第二次世界大戰中從不曾消失過。

其次是英美戰略最高決策部門的全球性戰略思想，在擯除中國政府參與籌劃情形下，秘密地採取了「先歐後亞」的戰略，然而又對中國謊稱為「歐亞並重」戰略。在這個格局下，英美兩國當然把歐戰需求遠遠地置於亞洲戰場之上，形成了「重歐輕亞」的實質局面。結果是，除了英國本土之外，甚至連沒有被戰火波及的大英國協（加拿大、澳大利亞、印度）等地區的軍火配額，都大幅超過給予中國的援助。這個現象不但反映了美國戰略制定者對於全球戰略的觀念，也突顯出他們對中國戰場價值的輕視和偏見。這個狀況必然引起了中美軍方不斷的摩擦，因為當中國政府自認為是合理要求而沒能得到美方合理的回應時，便被迫越過軍部轉而向羅斯福總統請求進行個人干預，而中國政府這個情急自救的做法又惹起美國軍方的不滿，指責中國藐視美國軍方和干預美國內政。大致而言，就武器裝備的實質而論，中國在1942-1944年間從美方獲得的支援非常有限，而衝突則不斷激化。1942年春天滇緬陸上通道被迫關閉後，不管此前美國租借法案給中國的分配額是多少，都只能依靠美軍空運指揮部（Air Transport Command）從駐印度的25架飛機進行運輸，以致月運輸量一度低於100噸。[4] 對於中國抗戰真是杯水車薪。

依照當時美國戰略指導部門觀點，要解決中國戰場物資緊缺問題的根本方法，是必須重新打通滇緬公路。在此計劃實現之前，無論時間如何漫長，中國只能依靠空中援助，美軍同時聲稱它已經耗盡最大能量（人力物力）去提高駝峰航線的運輸量。致使在1943年一整年，美軍對中國的空中運輸量僅為61,151噸。[5] 具體地說，這個運輸總量對於美軍僅僅一個步兵師而言，即便在它一切配備齊全之後也只能維持69天作戰之用。與此相比，中國有數百

4　Romanus and Sunderland, *Stilwell's Mission to China* (Washington, D. C., 1953), p. 167; Tuchman, *Stilwell and the American Experience in China*, p. 395.

5　Charles F. Romanus, and Riley Sunderland, *Stilwell's Command Problems* (Washington, D. D., 1956), p. 472.

萬軍隊，更何況它們的武器裝備自始就遠低於美軍，因此亟待充實然後才能作戰。[6] 事實上，美國空運物資抵達中國境內之後，絕大部分還是優先分配給美國駐華軍事單位，剩餘的丁點數額才撥交中國軍隊。這個情形一直要維持到1944年底，駝峰每個月運輸量才首次超過3萬噸。只是此時又有更多美軍人員（但是沒有陸軍戰鬥人員）陸續抵達中國，他們優先占有援華物資的份額仍然高達48%。[7]

在這種情況下，租借法案援助物資的運輸問題，在1942-1944年度持續成為中美關係緊張的重要因素。1944年10月，蔣介石向美國總統羅斯福抱怨道：「1944年6月前，除了遠征軍（指緬甸），整個中國軍隊未收到美國租借援助的一槍一炮」。而到10月份，全部國軍（除遠征軍外）也僅得到了60門山炮、320枝反坦克步槍和506個火箭發射筒。[8]

1944年底，滇緬公路終於打通。但此後大宗武器和設備依然經由空運運抵中國而不是經由陸路送進中國，其原因是美國軍方終於提出改善方法，把空運效率大幅提升而超過陸運。[9] 換言之，1942-1943年的微小運輸量只是一種藉口以掩飾美國軍方的無能或是無心幫助中國，一旦更換美國駐印度的空軍指揮官，運輸量就急速提升。另一方面，公路運輸是史迪威將軍堅信為唯一可以大量援助中國的方法，因此不惜耗時費力，最後被事實證明為高費低效的方法，而美國軍方卻予以淡化蒙混。如以貨幣計算，1941年中國得到的租借法案物資價值為2千6百萬美金，1942年為1億美金，1943年為4千9百萬美金，1944年為5千3百萬美金，只有到了1945年才猛升為11億7百萬美

6　Roland G. Ruppenthal, *Logistical Support of the Armies*, vol. 2 (Washington, D. C., 1955), pp. 306-307.

7　Charles F. Romanus, and Riley Sunderland, *Time Runs Out in CBI* (Washington, D.C., 1958), pp. 19, 341-342.

8　Major General Patrick J. Hurley to President Roosevelt, CFB24103, October 10, 1944, *Foreign Relations of the United States, 1944, China*, vol. 4, pp. 168-169.

9　Leslie Anders, *The Ledo Road: General Joseph W. Stilwell's Highway to China* (Norma, Okla., 1965), pp. 233-240; Romanus and Sunderland, *Time Runs Out in CBI*, pp. 317-318, charts 4, 5.

金。[10] 再以數量計算，戰時美國對中國的空運總量約為65萬噸，最多相當於70艘「自由輪」（指輪船的型號，Liberty Ship，載貨量約1萬噸）一次性的載貨量。[11] 但是，除去在華作戰的陳納德飛虎隊和美國B-29轟炸機的配額外，留給中國地面部隊和兵工廠的份額並不多。[12] 當然，這個數量遠遠不能和其他同盟國（英國、蘇聯）相比。

在上述情況下，國軍武器裝備在質與量上持續下滑。到1943年底，國軍3百萬士兵只配有1百萬枝馬步槍，83,000挺機槍，7,800門迫擊炮和1,300門各式炮。[13] 儘管在這個時段內同盟關係給中國帶來的武器支援極為有限，但是美國軍方卻不斷地自誇如何竭力支援中國抗戰。

即使美國援助物資交付重慶政府之後，它如何將之分配到部隊仍然是一大難題。依據當時估算，一個編制滿額的步兵師每月需要的補給量大約是270噸。由於重慶政府已經喪失了南京政府時代所掌握的現代交通工具和便捷的水陸運輸網路，因此軍隊只能依靠數以千萬計的民伕在兵站與部隊之間穿梭運送補給品。更由於補給儲藏設施缺乏，地方政府與軍隊關係複雜，戰區地形崎嶇和缺乏公路、船隻不足，逼使部隊不得不違法地就地徵用補給。在多數情況下，肆意徵用民伕和牲畜成為慣例。更多部隊不得不投入大量士兵保證後勤，以致被迫減少戰鬥兵。[14] 以如此原始形態的後勤系統，就難怪部隊的戰鬥力受到了極大限制，而且就地搜括糧草的國軍士兵對民眾來說往往比敵軍更貪得無厭。[15]

---

10 Arthur N. Young, *China and the Helping Hand, 1937-1945* (Cambridge, Mass., 1963), App., 2, p. 441.

11 Arthur N. Young, *China and the Helping Hand*, p. 340.

12 Arthur N. Young, *China and the Helping Hand*, p. 350.

13 Romanus and Sunderland, *Stilwell's Command Problems*, p. 4.

14 馮玉祥在其回憶錄中提到，曾有一雲南部隊須使用部隊總人數的35%運糧，25%運柴草，10%看營底子，剩下只有30%的人參與作戰。參見馮玉祥，《我所認識的蔣介石》(香港，1949)，頁143。

15 國防部，《抗日戰史：豫中會戰》，頁315-317；荀吉堂，《中國陸軍第三方面軍抗戰紀實》，頁219、238-240。

總結而言，儘管美國官方和後世史學界把自己形容成為無私忘我地協助中國抗戰，但是在1942-1944年度對於中國軍隊的裝備武器支援極為貧乏。原因不外三個。第一個是本節開始所討論的「重歐輕亞」大戰略思想，認為無需對中國戰區付出太多投資。第二個是史迪威（Joseph W.Stilwell）將軍的陸軍本位主義和短淺軍事眼光，堅信必須打通滇緬公路才能把大量物資運進中國，別無他途。第三個是史迪威低劣的行政能力，堅稱他所領導的駝峰運輸效率已經達到極限，無法提高。豈知等到美國軍方派遣塞末維爾將軍（Brehon B. Somervell）1943年9月到印度巡視，在兩周之內就使整個駝峰運作脫胎換骨，效率直線上升，此後的運輸量持續大幅度超過所謂的「史迪威公路」。當然美國的軍方史官的避重就輕和後世歷史學者的人云亦云，寧可避免觸碰這個尷尬課題，因為說到底，倒楣者只是中國而已。

二、軍隊整改

美國除了在武器軍備方面表現遠遠不能達到重慶政府期望外，更重要的工作是參加中國的軍隊改革。不幸的是，正是在這個領域裡，中美同盟關係，產生了更大摩擦，有時甚至威脅到同盟關係的核心。

由於這項工作涉及美國軍方至深，因此過去幾十年間出現了大量英文著作予以討論。[16] 這些英文學術專著和民間論述，引用了大量美國官方文獻和私人檔案，早已凝成共識，數十年來只是圍繞著傳統論述主軸進行了一些零星填補工作，未曾重新檢討或修改，迄今主導西方論壇。因此，如果讀者們只能經由英文（或翻譯）去了解中美戰時同盟關係的話，都無可避免地受到這些歷史「定論」的衝擊，不存在其他闡述的可能性。本書作者因為曾經把自己的研究心得作出過詳盡報告，[17] 因此不擬在此重複細述，而只是對於問

16 Including writings of Romanus and Sunderland, Barbara Tuchman, Theodore White, Warren Cohen, John Fairbank, Jonathan Spence, etc.

17 齊錫生，《劍拔弩張的盟友》，特別是第九、十、十二、十三章。

題的來源與潛在因素做一些更宏觀性的探討，在本章以提綱挈領方式予以提出。如果讀者有興趣探討細節，請進一步對比閱讀中英文相關著作。

本書第五章的論述說明，中國軍事領袖們在抗戰期間基本上了解國軍的缺點和需要整改的重點、在嚴厲批評之餘、也曾經提出各種改進方案。中方所指陳的缺點包括武器落後、士兵訓練不足、缺乏戰鬥力、高級官長專業學識不足和領導無方、將領們懼戰避戰、不服從命令、軍隊紀律喪失、潰散擾民、地方實力派的抗日決心令人疑慮等等。有些缺失早在南京時期就曾經被德國顧問坦白指出並且參與改正。在德國顧問被希特勒脅迫回國後，特別是重慶政府和地方實力派之間槍桿子實力此消彼長後，重慶領袖們或是提不出解決方案，或是提出的方案無法有效推行，導致整軍計劃長年停滯不前。換言之，中國領袖們對於國軍需要改革和如何改革，並不是無知，而是無力加以實行。

中國成為美國盟友後，重新燃起整改雄心。珍珠港事變剛剛發生，重慶政府就向美國軍方提出明確期望，要求提供訓練軍隊的協助。在中美雙方政府就美國軍人組團來華進行商談的最早期，中國政府就明確表示希望美國軍方能夠以德國顧問對中國軍事訓練所作出的工作成績作為借鏡，遣派稱職人員前來中國完成建軍和整軍任務。換言之，中國政府對美國盟邦最殷切的期望就是後者能夠全面性取代南京時期德國顧問的地位和功能，除了軍火供應之外，也包括軍隊訓練和軍火工業的建設，期能恢復昔日盛況。因此毫不奇怪地，中國政府也從同盟關係建立之初（1942年2月）就請求美國政府幫助完成德國顧問們所遺留的整軍計劃，那就是裝備與訓練30個中國陸軍師。[18] 隨後「30個師」成為中國向美國尋求軍事援助計劃的核心項目。

不幸的是，中國政府這一整套的軍事設想完全沒有引起美國軍方重視。相反地，美國軍方文獻顯示，它既沒有和中方進行協商，也沒有對中國此前接受外國軍援的歷史進行了解，只是滿懷信心地認為可以把中國軍事主導權置於己手，越俎代庖地為中方設計了一套自以為聰明的宏偉計劃，而把中國

18　Romanus and Sunderland, *Stilwell's Mission to China*, pp. 25-27.

政府放在配合實現美國計劃的附庸地位。

正如本書前文所述，中國政府軍事領袖們其實在1938-1941年間就只是注意「整」而沒有注意「訓」，而訓練則應該特別注重戰鬥技術和紀律。重慶政府在最高幕僚會議中，討論軍隊教育訓練問題時曾經意見分歧，軍訓部主張戰區和軍級單位都需要另外增設督訓處與訓練科，由專人負責教育訓練工作。但是軍令部則認為，首要事務不是另設單位，而是應該責成部隊長親自負責，其所持的理由是，如果部隊長不教訓部隊，則如何能夠帶領部隊？如果不教授技術，又如何能夠打仗？因此各級長官都應該是負責教訓者，而不可把責任推卸給其他單位。[19] 這個思路顯然合情合理，但是如果中國軍隊的部隊長（地方實力派）不願意配合時，則重慶政府又將如何克服？因此直到1942年5月間，中國政府依然在研究各種整軍方案，而不能付諸實行。美國軍方在這個基礎上，正是可以提供珍貴的協助。

三、史迪威軍事整改大計劃

1942年春，美國軍事首席代表史迪威將軍（Joseph W. Stilwell）剛抵達中國，就急不可待地向蔣介石要求趕赴緬甸，去指揮中國遠征軍和英軍共同防守緬甸。第一次緬甸戰爭失敗後，史迪威又立即做出結論，把緬甸戰爭失敗責任全部歸咎於中國軍隊的缺失，並且在6月份向蔣介石提交了第一份有關國軍狀況的全面性批判。史迪威指出，中國雖然號稱擁有300餘陸軍師，其實只有60%的戰鬥力。如果中國想一次性整編全國部隊顯然不切現實。因此他主張首先建立一支規模小而武器裝備優良的步兵師，遠比維持300多個機構臃腫士兵缺額的步兵師更為有效。更何況部隊在縮小規模後，它們的指揮管理與後勤補給系統也將更為精簡高效。因此他建議先將300個師進行合併縮編，優先充實一部分師的編制，在這些改編部隊中，徹底審查軍官能力，排除私人關係，採用公平專業標準提拔優秀勝任的軍官，革退領導能力

19　徐永昌日記，1942年1月16、17日。

不足和戰鬥意志消沉的指揮官，即使高階軍官也不予通融。值得注意的是，在武器裝備方面，史迪威卻認為中國無需依賴美國軍援，因為它國內現有的武器總量已經充沛，只是過於分散。因此他建議中央政府應該將散布全國各部隊的武器裝備加以集中，重新分配給完成改編後達到滿額的師。在訓練30個師提議之初，史迪威的想法就是中國國內早已有足夠裝備30個師的武器，中央政府所需要做的，便是裁撤戰鬥力薄弱的部隊，收回他們的武器裝備重新分配給30個師即可。[20] 最後，史迪威還建議將這些整編後的軍隊交由蔣介石完全信任的一個軍官指揮，並保證不受任何勢力干擾。史迪威的整軍計劃也納入了優先訓練30個師的觀念。值得注意的是，史迪威把上述整軍計劃看成是他個人獨具慧眼的創見，對中國人可以產生振聾發聵的效應，更何況它的內容簡單明瞭，合情合理，一定能夠得到中國政府的全力支持，因此他充滿信心地認為蔣介石在美國人支持下，絕不致愚蠢到會錯過如此一個提高戰力的千載良機。[21]

持平而論，史迪威的整軍計劃合情合理，簡單明瞭。只是他自詡為創見則遠離事實，因為第一，他整個整軍計劃無非是把美國行之有效的軍制移植到中國，鮮有新意。這些計劃行之於美國本土，完全可以指望達到預期效果。但是中國是一個政治軍事生態迥異的國度，不可能生吞活剝地移植美國典章制度。這個國情差異的可能性，似乎完全沒有被史迪威納入思考。第二，國民政府軍事領袖們在美國軍官尚未到達前，早已對本國的軍事缺失進行過輪番思考和改正的努力，但是缺乏成績。本書此前數章也敘述了中國政府在開戰前向德國顧問學習的體驗，和開戰後的自我檢討和批評。大體內容和美軍的建議雷同。但是令人訝異的是，史迪威和他的重要幕僚們在珍珠港事變前，都曾經數度擔任過美國駐華武官，理應對中國事務有一定程度的熟悉，卻居然對於蔣介石邀請德國顧問訓練中央軍、邀請蘇聯顧問訓練和裝備

20　Romanus and Sunderland, *Stilwell's Mission to China*, pp. 234-235.

21　Theodore H. White, ed., *The Stilwell Papers* (New York, 1962), p. 132; Barbara W. Tuchman, *Stilwell and the American Experience in China, 1911-191945* (New York, 1970), pp. 390-394.

20個陸軍師、和國軍自行進行整軍而失敗的歷史先例渾然無知。諷刺的是，在珍珠港事變後，中國政府在邀請美國顧問赴華時，還特別慎重請求美國軍部參考德國顧問訓練30個師的模式，也完全沒有得到美國軍方理睬。因此當史迪威銜命赴華就職時，甚至不知道30個師觀念的來歷，也不曾試圖熟悉中國近代軍事發展歷史，卻充滿自信地認為美國人當然比中國人更懂得現代軍事學，而中國領袖們的任務，就是領受美國人的善意和苦心，同時無條件地接受美國建議，即使美國建議與中國國情格格不入，那也只能證明是中國的缺失，而不是美國人的幼稚。

正如前文所述，史迪威所提的整改重點無論在實質上和觀念上，其實在中國政府內部早經反復討論，而且診斷大致相同，只是無法克服中國內部的政軍大格局的現實而予以實施。設若蔣介石和史迪威兩位盟邦領袖們能夠充分溝通，則應該可以發現彼此之間在認知上並不存在重大差異，甚至在眾多事務上可能是「英雄所見略同」，而是實踐上發生歧見。不幸他們兩者的私人關係在1942年6月份，因為緬甸戰爭失敗而急劇惡化，造成溝通障礙。史迪威對中國官員態度咄咄逼人，只圖逞口舌之快，而不屑費心去了解他們過去究竟曾經做出過何種努力。反過來說，中國政府也沒有向史迪威推心置腹地去說明自己對於整改的思考和挫折。顯然地，在缺乏互信的情況下，中國政府不願意把它過去的努力和挫折向史迪威和盤透露，以免美方誤以為中國政府只是在美國惡言威迫之下不得已做出的屈服。而中國政府的緘默卻又導致史迪威對中國軍事整改歷程茫然無知，益發加強他的自信心，誤以為中國領袖們一概缺乏智慧不能察覺自己的弱點，因此必須依靠美國人的真知灼見給予啟蒙。其實如果史迪威本人或是他屬下參謀人員曾經試圖做過任何調查研究工作，僅僅是從中國幾次高層軍事會議記錄中（比如南嶽會議、黃山會議）就能發現，蔣介石對於中國將領和軍隊缺失的批評，遠比美國人提出的更為廣泛深刻，言辭更為犀利，指控的事實更為豐富具體，聲稱對失職官長的懲罰更為嚴峻，完全不需要史迪威這個外來和尚施加開導。當然，史迪威在重慶連最基本的辦公廳（總部）都不曾設立，遑論正常參謀作業了。

這個誤解充滿了悲劇性，因為事實的真相是，蔣介石一方面對史迪威個人的行事作風深惡痛絕，雙方關係發展到水火不容地步，甚至曾經設想將史迪威移送軍法審判（1942年7-8月）。而另外一方面他內心又高度認同史迪威的軍改思路，再三誓言必須整頓部隊。他在1942年7月份寫道，「縮編部隊，充實兵額為最大要務。」他也認為中國應該縮編國軍數量三分之一，充實兵額。[22] 同時決定在當年10月開始編併部隊，並且預定在年底前將全國軍隊由300個師縮編為200個師。[23] 豈知才不過一個月（8月份），蔣介石就非常擔憂軍隊紀律廢弛、無能，向上級謊報，令他感嘆「憂惶無已」，軍隊情況複雜，縮編進行不順利。[24] 至於縮編完成後如何進行訓練和提高素質，嚴格執行考核獎懲，和調職制度，提拔有才能的官長，調職無成就的官長，退除有缺失的官長，以圖改善軍隊素質等工作，則尚未提上日程表，但是這些卻是整改極為重要的後續工作。如果不能徹底履行部隊長官責任制，則缺額依舊，素質依舊，只是把三百師番號變成二百師而已。[25]

正是在這些細節和執行的事務上，中央領袖對於軍事整頓和改革也產生了不同意見。比如說，史迪威再三嘉許白崇禧整編整併軍隊的主張，認為只要減少了師級單位數量，就可以達到提升戰鬥力的效果，他甚至樂觀地認為連素質不良的師一旦看到裁撤的危險時，也會自動改進以求自保。所以白崇禧認為，數量的裁撤和兼併，是整改軍隊最能立竿見影的方法。何應欽基本上同意白崇禧的意見。蔣介石本人也著重改編制度，以為一個中國師的編制和裝備如果可以和一個日本師團對等，就最為理想。如果中國能夠以一個軍去改編成為一個師，則更為充實。但是徐永昌則認為，軍隊的人事調整與教育訓練工作，遠比形式上的縮減編制更為重要，否則軍隊就會變成頭重腳輕。他認為真正重要的工作是加強訓練和撤換不稱職的師長，而不是撤銷某些部隊的番號。因為：1. 沒有被撤銷的師，作風依然故我，並不會自動改善，

22　蔣介石日記，1942年7月1、5日。

23　徐永昌日記，1942年7月5、15、18日。

24　蔣介石日記，1942年8月8日。

25　徐永昌日記，1942年7月15日，8月6日。

依然缺額、缺槍、軍紀廢弛。2. 被兼併後的新單位如果沒有加強訓練，則仍然不能成為善戰之師。所以他認為整改的一切根本在於嚴格執行訓練、輪調、革職、退休等工作，而不是在數字上強求縮減。[26]

綜上所述，美方提出的軍事整改方案在實質內容方面，和中國政府從德國顧問開始以來所主張的大同小異，鮮有新意，所以在軍事專業技術層次上並不致產生無法溝通的困難。但是出現的卻是政治領域的難題：如果軍隊抓在地方實力派手中而拒絕合作時，則重慶政府又如何能夠調動他們的師長？換言之，中國問題的癥結是眾多軍隊由地方擁有，而不是由國家控制。史迪威的整改計劃在軍事技術上看似合理，但是完全規避了更大的政治問題，而且也超越他所掌握對中國事務的知識程度。說得更直白些，就如同把國內處理軍事事務的原則強加於國際裁軍事務同樣地「文不對題」。然而如果史迪威能夠參加中國政府內部的整軍討論（如同此前的德國顧問），則他也有機會更深入地了解中國所面臨的困境，幫助他的整改內容更為務實化，而不是止於夸夸其言。

不幸的是，史迪威在華服務期間為了自我感情滿足，只願意和蔣介石本人直接來往，而且堅持以美國代表身分（而不是聯軍參謀長身分）和蔣介石平起平坐，卻不屑放下身段和其他中國軍事領袖們溝通。他甚至長期不在重慶設立辦公處，以致他對中國軍事的立場，淪為道聽途說，或是閉門造車，歸根結底是極度隔閡，甚至瞎子摸象。而蔣介石和史迪威之間的緊張個人關係，又讓蔣介石無法對史迪威推心置腹地把自己的苦處和中國的處境和盤托出。蔣介石只有在被美國緊逼到走投無路時，才向羅斯福坦白了本身處境的無奈，卻也沒有得到羅斯福的重視，因為史迪威已經把另外一套思維灌進了美國決策者的心目中。

這種盟邦溝通阻塞所造成的結果誠為不幸。因為即使是史迪威主張重新分配國內各部隊已有武器一事，在美國國內施行當然毫無困難，一紙命令即可徹底執行。而在中國，正如本書前文曾經提及，有些地方實力派的武器很

26　徐永昌日記，1942年5月30日，曾家巖會議紀要；徐永昌日記，1943年6月18日。

可能優於中央軍，重慶政府早已夢想能夠集中全國武器重新分配，但是如何把武器從地方實力派部隊（山西、雲南、四川）拿走再重新分配給善戰之師，則不是史迪威願意去煩惱的枝節「小」問題。就他而言，他的整軍方案既可以讓中國軍隊脫胎換骨，又可以節省美國的物資支援，可以讓美國軍方惠而不費地一舉兩得。但是他避而不談的，正是如何使地方部隊交出手中優質的武器和接受整軍方案？ 他所不知的是，在中國軍隊，槍桿子就是「命根子」，如何可以容許他人擺布？

因此毫不奇怪地，儘管史迪威不斷地熱諷冷嘲和美國軍部疾言厲色地施加雙重壓力，中國軍隊整改工作依然無法推展。何應欽在1943年6月份不得不承認，過去所謂減少大單位和充實小單位雙管並下的決定，「皆告失敗」。應該減的部隊沒有減，應該充實部隊的只是填補它們的慾望而已，應該裁撤的師改頭換面變成「備補師」，完全沒有達到節省糧餉的目的，更不必說加強訓練和提升戰鬥力。[27]

至於史迪威本人則從1942年7-8月之後，基本上把精力放在推動第二次緬甸戰爭早日實現和在印度藍伽訓練營，一直持續到1944年夏天。在此期間內，他只是斷斷續續地對中國境內的軍改事務說了些零碎意見，卻沒有潛心盡意參與實際工作，考其根本原因就是他對當時中國政軍大格局完全缺乏了解。

四、美國對國軍整編的盲點和貢獻

回顧1942-1944年歷史，美國軍方對於中國盟邦的思考或許可以在幾個層次上加以分析：

就同盟體系內全球宏觀性戰略層次而言，美國軍方和政府領袖們既然決定了「先歐後亞」戰略，則他們和蘇聯的作戰是互相呼應，和英國的作戰是密切合作聯合作戰，而對於中國盟邦最大的期望則是讓中國軍隊無條件地聽

27　徐永昌日記，1943年6月16日。

從美國指揮對日作戰。因此在美蘇同盟中，指揮權問題從來沒有出現過，蘇聯軍隊完全在蘇聯政府控制之下，美國只是提供武器裝備。在美英同盟中，則雙方合作無間的模式，是以戰場出兵最多的國家擔任該戰場指揮官，同時也由美國提供更多的武器平等地裝備美英軍隊。但是在美中同盟中，美國自始就務求減少對於武器裝備的提供，但是卻把對中國軍隊的指揮權視為己物。因此從1942年1月份到1944年10月份的34個月之中，中美同盟關係最大的衝突點，就是美國打定主意不向中國提供大批武器，卻要用盡威迫利誘手段取得全部中國軍隊的指揮權，而中國領袖們則持續不斷地抗拒這個企圖。在這個鬥爭過程中，美國軍方又對中國的抗拒衍生出兩個不同層次的推論。

首先就同盟國成員的功能而言，美軍領袖們賦予中國戰區的任務，是加強陸軍作戰能力，而不是建立自衛性的空軍。就陸軍而言，中國需要的不是大量的美式裝備，而是運用本國裝備去提高國內軍隊素質，大幅縮減軍隊數量，淘汰戰鬥力薄弱的部隊，撤換不稱職的部隊官長，加強官兵的戰鬥訓練。

其次就同盟國領袖層次而言，一旦美國軍方上述計劃不能順利推動時，就歸罪於蔣介石個人的諸多缺失和存心破壞。綜合美方批判，蔣介石在人品上缺乏誠實，表裡不一、詭計多端。在專業知識上，他是舊式軍閥，不學無術，完全不懂現代化軍事學，造成美國軍人對牛彈琴的局面。在個性上，他有頑固而狹隘的排外思想，缺乏和外國專家合作的氣度和能力。在抗戰立場上，他從來不曾決心抵抗日本，只是妄圖玩弄美國盟友替他贏得勝利，然後坐享其成。同樣這些因素也被用來佐證蔣介石為何迷信空軍，夢想以美國空軍打敗日本，保留中國陸軍和囤積武器擴張自己勢力，準備日後進行內戰，消滅國內政敵。正是出於這些信念和推論，使得美國領袖們在34個月漫長時光裡，不是設法從分析了解中國戰時軍政大格局的角度去尋求解決方案，而是集中精力從蔣介石手中奪取中國軍隊全部指揮權，而後者的堅決抗拒，又進而令美方沮喪到甚至擬出方案，企圖以暗殺手段去除蔣介石這個障礙。[28]

以上這些美國政府和軍方的推想和假設，值得我們重新思考，其理由不僅有助於厘清當年同盟關係的史實，更可以幫助我們從中獲得許多啟示，今後應該如何應付國際關係，特別是中美關係。

如前所言，當史迪威的整軍計劃在中國遭受阻礙，而其深層原因又超過他的政治智慧所能理解的程度時，他就開始把問題簡單化和妖魔化，焦點就是蔣介石個人。史迪威對於蔣介石的評語遍布於他的日記、文檔、官方報告、向上司（馬歇爾將軍，史丁孫部長，和羅斯福總統）呈送的書信函電之中，數量極為豐富。有興趣的讀者可以自行研讀。本章由於篇幅有限，只能從三個重要方面予以討論。

（一）蔣介石個人的缺失——舊式軍人，不懂現代化軍事，智力有限，心胸狹窄，不能和外國人合作

人類的心智和學識，本就是一個難以量化也難以證明的話題。誰的學問好？思想開明？專業素養優越？誰又能夠把以上的品質轉化為實質性的政治作為？都難以得到定論。學者也只能在現有史料基礎上進行合理的推測。

若就蔣介石的學識而言，則凡是閱讀過他日記的人大概都會同意，他不但是中國近代史上軍人群中罕見的學識豐富者，甚至較之同時代許多高級知識分子都或有過之而無不及。統而言之，蔣介石的學識來源大概可以分成四大部分，分別是勤讀自修、邀請學者講課、與專家交流、建立專家幕僚組。。

首先就自修而言，他至少在1928-1936年間，就有系統地大量閱讀中國的經史典籍和「學案」，這一點大概已經廣為人知。[29] 在這方面，陳布雷曾

28　有關各項細節，請參閱齊錫生，《劍拔弩張的盟友》，第八章第二節。

29　在日記中有記載的中文經典書籍包括《周禮》、《易經》、《春秋》、《孫子兵書》、《孫吳兵略》、《孔子家語》、《離騷》、《大戴禮記》、《韓非子》、《墨子》、《荀子》、《管子》、《孔子家卷》、《朱子全書》、《曾公（曾國藩）日記》、《四書》、《曾文正公全集》、《黃黎洲集》、《明儒學案》、《明夷待訪錄》、《王陽明語錄》、《王傳山集》、《清代通史》、《貞觀政要》、《勾踐傳》、《范蠡傳》、《商鞅傳》、《子產傳》、

經提供過一個有趣的史料。侍從室在1942年初接到蔣介石交下他看完的「明儒學案」，該書共62卷1,800頁，而蔣介石是在7個月時間（1941年5月24日到12月28日）看完，並且做了密密麻麻的紅筆眉批，令他吃驚不已。[30]

但是比較不為人知的是，他也廣泛閱讀西方國家的文史社會政治書籍。[31] 根據他在1930年初為自己擬訂的一份「應看之書」的書單，其中就包括「俄國革命史，土（耳其）德（國）美（國）各史，清代通史，經濟學史，國民國家經濟學，政治思想史，人生哲學，社會學，心理學」。1939年蔣介石剛到重慶，就為自己訂出閱讀目標，「應看之書定為百種」。[32] 為了達成此目的，他還指示侍從室特別為他選擇清史、英國、法國、俄羅斯的近代史書籍，甚至到坊間去買書。[33]

蔣介石從年輕時開始養成勤讀習慣，即便是在軍務最艱苦日子裡也堅持每天讀書。至于閱讀的地點，除了在家中給自己規定的「晨讀」和「晚讀」等固定作息表之外，日記中提到的閱讀場所也包括車上、兵艦上、飛機上、和病床上。而且是「精讀」和「批覽」而不是瀏覽，不時還以紅藍鉛筆寫出長篇大論的眉批，心得和評價。俗話說「飢不擇食」，蔣介石可以稱得上是「讀不擇地」。即使是一般知識分子能夠讀這麼多書，已經是非常難得，更

《戚繼光紀要與練兵實錄》、《張居正傳》、《王荊公傳》、《吳子司禹法》、《陸摯集》、《習齊集》、《王船山思問錄》、《王船山集》、《俞大猷傳》、《戚繼光語錄》、《張江陵評傳》、《中國哲學概論》、《孫中山全集》、《千家詩》。散見：蔣介石日記，1928-1937。有關這方面的其他討論，請參閱：王奇生，〈蔣介石的閱讀史〉，《中國圖書評論》，2001年第4期。

30 陳布雷從政日記，1942年2月1日。

31 有關西方書籍包括政治學、西洋近代史、拿破崙傳、梅特涅傳、俾斯麥傳、政治經濟學、歐戰史、法國革命史、俄國革命史、俄法革命史、美國、俄國、法國、土耳其、德國等國歷史、情報學、李嘉圖經濟學說、赫格爾辯證法。當然還有不斷反復研讀的基督教聖經。散見：蔣介石日記，1928-1937。有關蔣介石對黑格爾哲學和朱熹哲學的對比，見：陳布雷從政日記，1941年1月15日。

32 蔣介石日記，1939年6月26日。

33 陳布雷從政日記，1939年1月3日；1941年7月4，27日。

何況他每日忙於黨政軍事務，卻堅持抽出固定時間讀書。然而他依然自怨自艾地說，「近以預定之書不能如期閱讀，老大悲傷之苦，可痛也。」又說，「恨我目力太鈍，不能盡觀所有書籍耳。」[34] 統觀蔣介石日記，他從沒有明言期許自己成為「儒將」，但是以他本人讀書之多，和再三叮囑黃埔學生和部下務必讀書的教誨來看，他對於這雅號當之無愧。

其次是邀請學者做專題講解，有記錄者包括請馬寅初講國際經濟學、李惟果講德國復興史、胡適講教育學、周鯁生講國際聯盟會，還有其他學者講土地學、統計學、各國統計制度、俾斯麥和拿破崙。

其三是與大學教授和中外專家們交流，和安排與中國的「名流」定期聚談。課題包括中國東北與西北農業情況（翁文灝）、英國政治制度（王世杰）、日本陸奧宗光和豐臣秀吉（王芸生），其他學者談十字軍東征史、基督教與回教衝突之由來、美國政治制度、法國政治制度、俄國和土耳其政治制度、和國際經濟學。早在1937年春天蔣介石就動念組織「智囊團」，但是被戰事干擾而人選未定。1938年春天，又提上日程要組織一個「智囊團」供他咨詢重要國事。而此時擬定的人選都是當時知識界的領軍人物，類似後世的智庫（think tank）。[35]

此外還有和外籍專家顧問（德、意、法、英國籍）隨機性的重點對談，其中當然包括和德國顧問深度探討現代軍事學，與德國學者談政治學，和澳大利亞顧問（端納）談國際局勢。他在1936年和一位名為拉齊納的德國學者（？）暢談外交和經濟問題，1937年和一位義大利人史丹法尼（史戴法尼，史典法尼）密集性地談財政，和列蒲山（德國人？）談國防經濟。事後都記載為印象深刻，受益良多，欽佩不已。[36]

34　蔣介石日記，1937年6月14、28日。

35　他的名單包括張君勱、胡適、王世杰、張公權、張季鸞、蔣廷黻、周鯁生、張群、左舜生、傅思義、朱家驊。蔣介石日記，1937年3月「本月大事預定表」，5月「本月大事預定表」，5月6、26、31日，「本月反省錄」，1938年3月6日。

36　以上散見蔣介石日記，1928-1937年。有關1937-1945年的部分閱讀書目，請參閱：齊錫生，《劍拔弩張的盟友》（北京，2020），頁629-630。

第四是延攬學識豐厚的人才成為他的固定幕僚。這個幕僚單位在歷史上最著名的應該是「侍從室」，成立於1933年初，經過多次改組和擴大，在抗戰八年中一直延續不斷。除了社會上耳熟能詳的陳布雷、熊式輝、張治中、王世杰、陶希聖、林蔚等人之外，還有一批年青學者、專家，和留學生參與調查，設計和審議工作。他們外語能力通暢，對歐美各國和日本事務學有專精。他們就內政和外交等各方面複雜而具體的問題接受上級交付的任務加以研究，提出的報告或建議書，經常被蔣介石精讀和讚賞，當然幫助後者對世界大局的掌握。[37]

綜上所述，想把蔣介石貶低成為一個頭腦簡單不學無術的人，的確有高度困難。特別是當這些評斷出自史迪威之口，更是缺乏說服力。因為史迪威本人在軍校畢業時就成績平平（西點軍校1904年次，畢業時124名畢業生中居第32名），而從他遺留下來的大批文稿和日記中，難以找出有閱讀習慣的痕跡。唯一例外，是在1944年7-8月份，他在錫蘭島度假的一個月中，除了盡情地沉醉在打紙牌（Cribbage），看電影和日光浴發懶之外，還留下了他畢生文檔中唯一的閱讀記錄，不外乎是一批市井小說。[38] 除此之外，他對西方國家文化（包括美國本身的文化），都不曾留下閱讀記錄。特別令人驚訝的是，史迪威1920-1930年代在華服務多年，工作任務是了解中國，但是遍觀他的遺物，難以找到他曾經涉獵過有關中國歷史社會文學文化等，任何一方面的中文或是英文書籍。後世歷史學者的幸運是，從他們二位所留下的豐富個人資料可以加以細部比較，就可以發現蔣介石所涉獵，精讀和批註過的

---

37 先後參加侍從室的專家包括留學日本的羅貢華和徐復觀，留英的徐慶譽，留法的何方理，留德的徐道鄰，留美的李維果，張彝鼎。其中數人獲得博士學位。根據一項記載，「蔣介石召見他們，提出問題後，只是洗耳恭聽，不插話，不表態。聽他們講述後，從中分析利弊。」請參閱：張瑞德，〈侍從室與國民政府時期的外交〉，《戰爭的歷史與記憶：抗戰勝利七十週年學術討論會》（台北，2015）。特別是頁6-7。

38 White, T*he Stilwell Papers*, entries of July 29-August 29, 1944; Stilwell Diaries (type-written version), July 29-August 29, 1944. 其中大概最有名的是一本名為 *A Bell For Adano* 的戰爭小說。

中西方書籍非常多，並且都是知識份量沉重的經典作品。而史迪威卻沒有留下任何閱讀或具有深度思考的痕跡。作為一位以衝鋒陷陣為職志的戰將而言，史迪威完全可以理直氣壯地衛護他在軍事學領域以外的學識局限。然而當他傲然鄙視他人學識淺薄時，則的確是缺乏自知之明。特別是當其他美國官員賦予他「中國通」美譽時，從不推辭謙讓。有趣的是，陳誠回憶他在武漢時曾經和史迪威有過接觸，當時得到的印象是「該氏在中國甚久，頗有中國舊軍人氣味。」[39]

儘管學識並不豐厚，史迪威依然充滿信心，自以為對中國事務和中國人情世故瞭若指掌，特別是後者，官員們的小腸小肚和陰謀詭計，更是逃不過他的法眼。而許多後世美國學者也或許出於看不懂中文史料或是缺乏文化體驗，或是懶於做自己的研究和獨立判斷，只知把史迪威譏諷蔣介石學識淺薄的評價囫圇吞棗，以訛傳訛至今。在不知不覺中，他們的不求甚解，也或許正是種族心態最露骨的表現，因為即使是一個不愛讀書、學識平庸的美國白人，也肯定比一個勤學多聞的中國人更為有知識。這種心態在美國社會相當普遍，並非言辭可以表達。當我們記得連美國首府華盛頓的白人理髮師都覺得自己高人一等，不屑放下身段為黃種中國人如胡適之流的大學教授服務時，史迪威等軍人的顧盼自雄就毫不奇怪。

再就軍事專業素養而論，史迪威無疑接受了完整扎實的美國陸軍教育。但是他除了在校時成績平平之外，畢業後也沒有擴大視野和國際軍人觀摩切磋的歷練，既沒有進入指揮參謀學院深造，更無實戰經驗。史迪威熟悉軍事訓練工作，因為他曾經短期擔任美國軍事學校教官，對於美國陸軍的訓練課程耳熟能詳，但是只是照本宣科而並沒有獨創見解，反而是因為行為乖張而數度受到校方行政處分。然而他在1942年抵達重慶的第一天，就雄心萬丈地要求統帥中國軍隊在緬甸作戰，在既不懂英國盟友、更不懂日本敵人的情況下，難怪不出兩個月就落荒逃命。

反觀蔣介石的專業養成過程，早年醉心于日本的崛起，親自到日本學習

39　陳誠先生日記，1942年10月11日。

軍事。[40] 但是他在日本時卻勤學德文，亟欲轉往德國留學，完成夙志，並且為了留學德國而儲蓄了三萬元。但當他看到宋教仁被刺殺，而陳英士的革命經費窘迫時，就決定把全部積蓄交給陳英士去支持革命事業，放棄留學德國的雄心。蔣介石原本打算要留在日本，進入日本士官學校的念頭，也被革命活動所阻擾。1914年他被孫中山命令赴東三省推動革命的努力受挫後，又返回東京。當他看到第一次世界大戰爆發，革命形勢更為重要，於是聘請日本人在校外闢室，把士官學校全部課程悉數「教授而實習之」，「全部精研」，結果是感覺「是年余於軍事學研究，覺有心得」，成為一個沒有畢業文憑的士官學校學生。[41] 換言之，蔣介石的日式軍事教育，和史迪威的美式軍事教育大致素質相當。

隨後蔣介石在廣州追隨孫中山時代，又聘用蘇聯軍事顧問和教官，和加侖將軍產生密切合作關係。南京時期更是完成自己青年時期的理想，大量聘用當時德國最優秀的軍官群。當史迪威還只是尉官級別的教官時，蔣介石已經以重金聘請到德國魏瑪時期的陸軍司令級和軍校校長級軍官作為顧問。這些德國顧問對於課程引進和訓練方式，一律採用德國制度為標準，為的就是訓練中央軍精銳之師，前後達十年之久。在此期間，蔣介石也重用美國人陳納德，信託他協同創建中國空軍。事實上，蔣介石對於陳納德全面信任，而且再三告誡空軍將領們必須虛心接納陳納德的建議，而蔣介石對陳納德的厚遇，卻使得某些中國空軍將領們產生嫉妒，私下抱怨蔣介石賦予外國人陳納

---

40 依照蔣介石自述，「當時鄉人多有出洋留學為上進最捷之途徑，故余必達成此出洋之目的而後已。及至出洋，乃知非學習陸軍，不能達革命之目的。故窮思竭慮，乃必欲習陸軍，以成其志也。」他在回顧前半生時也說過，「今日之我是由幼年時家庭教育，父母所鍛煉，青年時代日本軍事教育所琢磨，壯年時代總理革命教育所陶冶而成也。」蔣介石日記，1934年2月1日。

41 蔣介石日記，1929年8月附錄，1931年2月20日回憶錄。有關蔣介石和日本關係的深入分析，請參閱：黃自進，《蔣介石與日本：一部近代中日關係史的縮影》（台北：中央研究院近代史研究所，2012）。

德太大權力。[42] 當然，抗戰開始後又全力引進蘇聯軍官約500人作為顧問。[43] 還有一項蔣介石對西方軍事科技的仰慕而較少被學界討論的，就是他對國防工業的重視。他在1933年賞識俞大維而委以兵工署重任之後，便全力信任他向國外學習兵工科技，包括派遣技術人員赴國外學習，聘請外國專家到中國指導，向國外廠商購買專利權和合作生產，甚至運用外交管道爭取外國政府協助。當然多半是以德國為合作夥伴，導致3-4年間中國的國防工業大幅提升。[44] 換言之，蔣介石在完成軍事本科訓練之後，跟國際知名或資深的軍事領導人的觀摩，切磋和交流機遇遠遠高於史迪威所處的小局面。

值得注意的是，無論是德國顧問，美國人陳納德，或是蘇聯顧問，都被直接派到中國作戰單位，授以實權。當時德國和蘇聯顧問採用他們本國的授課教材和訓練方式，與史迪威意圖向中國介紹的美國訓練內容大同小異，蔣介石一律信服採納。縱觀整個20世紀初中國軍事領袖群中，很少有幾位將領對現代西方軍事學的熟悉、和全盤接納的程度，能夠和蔣介石相比者。這也是蔣介石在內戰中得以屢屢獲勝的原因之一。綜言之，蔣介石是20世紀一位勤奮大膽地採納西方軍事學內容，和重用其優秀人才的人物。早在1928年他就在日記中感嘆地寫道，「外（國）人所辦者，事事皆有組織，可羨也。」[45] 1934年蔣介石在一次對高級將領們演講中，就公開感嘆中國軍隊無法和外國軍隊做比較，因為外國軍官依法辦事，各盡厥職，而中國軍官則不能「竭忠盡智」地把份內工作切實完成。[46] 1938年蔣介石又在一次會議中坦白指出，國軍高級將領的學識、技能，都遠不如西方先進國家的軍官，甚至也不如日

42　錢大鈞將軍日記，1938年3月16日，其他散見1937-1938年日記。

43　有關德國和蘇聯顧問在華工作，請參閱：陳存恭，〈蔣公與俄德籍軍事顧問〉，國防部史政編譯局，《先總統蔣公百年誕辰紀念論文集》（台北，1986），下冊，頁363-369。

44　呂芳上主編，《中國抗日戰爭史新編：和戰抉擇》，頁254-259。在德國之外，蔣介石也鼓勵俞大維向美國廠商爭取合作。

45　蔣介石日記，1928年11月26日。

46　蔣介石，〈軍事教育之要旨（二）〉，《蔣總統思想言論集》，卷12，頁318。

本軍官。[47] 同年蔣介石在檢討抗戰經驗時說，「我們做總司令的，只比得上人家（指日軍）一個團長，我們的軍長、師長，只當得人家一個營長和連長。」[48] 蔣介石這種以外國軍人的先進來激勵、或是羞辱中國軍人的落後無能，在此後歲月裡屢次運用。其言辭之激烈，甚至讓中國軍人和公務員非常反感，認為他太不顧忌國人情面。事實上，蔣介石在私下對於中國將領們的批評，遠比公開言論更為苛嚴。他在1938年5月24日的日記中寫道，「將才難得，中國作戰若非主將得人，則兵多敗速，不如不戰。而主將之劣者，以大言不慚與冒功謊報為最。」就連黃埔系骨幹軍人也被蔣介石嚴厲批評，如桂永清的「怯懦」、宋希濂的「誇妄」。「若（我）不來前方，親自經歷，則不知黃埔將領之糊塗無用，以後更不可收拾矣。」[49] 1939年底，他在接到德國軍事顧問對國軍的批判之後寫道，「我軍官長無自動力與決心，且不知不能達成任務為羞恥，可痛之至。」[50] 這些缺點的陳列和批評，都一再顯示蔣介石早已深知中國軍隊的缺點，而為之痛心疾首，同時坦然接受外國軍人的批評，無需史迪威來野叟曝言，更不曾在善意的外國顧問面前為中國軍人護短。但是如何予以改正？則是美國盟友大可以幫忙之處。

事實上除了蔣介石本人，他的得力助手如陳誠和白崇禧，也都特別讚賞美國軍人和軍事學。比如說1943年8月份，陳誠和美軍副參謀長談到武器和兵員問題後，就感嘆美國的確是先進國家。過不了幾天，陳誠和白崇禧去參觀美國教官訓練的步兵大隊，又深感不是中國人訂出的計劃和辦法不如人，而是中國人的實踐工作不如人，「美國人之確實認真，非我國將領之所能及。」[51] 雖然中日兩國處於生死搏鬥之際，蔣介石對於日本軍官仍然推崇不已。在一次參謀長會議中，蔣介石明言日軍一個上尉級參謀官就可以在前線

47 蔣介石，〈抗戰檢討與必勝要訣（下）〉，《蔣總統思想言論集》，卷14，頁72-73。

48 秦孝儀主編，《先總統蔣公思想言論總集》（台北：中央文物供應社，1984），卷15，頁28。

49 蔣介石日記，1938年5月24日。

50 蔣介石日記，1939年12月29日。

51 陳誠先生日記，1943年8月8、11日。

指揮旅團級部隊的作戰任務，而中國高級參謀長都無法與之相比。在另一次對高級將領們訓話中，他毫無保留地讚許日本軍官的「閱歷深，修養好，學問能力都比我們高」。[52] 而事實上，這的確是蔣介石有意識的策略，早在1939年他就在日記裡透露，希望以外國人的譏諷之言去刺激中國官員的羞恥心。[53] 而到了抗戰末期，他似乎變本加厲地予以運用，其中最突出的例子是所謂「格爾德」事件。格爾德是美國人，對中國時政和文化提出嚴苛批評。蔣介石閱後廣泛散發他的文章，要求軍政高官必須認真閱讀和虛心接受，在重慶政府內部引起高度震撼。[54] 依常理而言，蔣介石既然如此衷心接受現代軍事學和外國軍事專家，應該是為中美戰時軍事合作提供了一個好兆頭。豈知事後發展並非如此。

中國困難的核心，不是軍事領袖們不懂軍事學或做不出計劃，而是他們無法付諸行動。而美國軍方最能幫助中國政府的，不是把他們貶成是白癡而肆加侮辱，而是如何幫助他們克服中國內在的系統和結構性的阻力，使軍事改革方案能夠順利推展。同時促成美國政府增加援華武器，以增加美國軍人在中國戰場的發言份量。史迪威不能體會這些粗淺道理，沉溺於自我優越感的陶醉，只能令人扼腕再三。

蔣介石個人心儀西方軍事學的另一表現，就是他持久而且有系統地派送留學生出國學習。早在1929年他就決定向英國和法國各派30名留學生。[55] 九一八事變後，南京政府改變以往派遣軍人赴日本學習陸軍的政策，改派學員赴歐（德國、法國、意大利、瑞士）美留學。學生包括海軍，陸軍和空軍。[56] 1935-1936年間，在和賽克特將軍多次討論建立新軍時，蔣介石開始

52　蔣介石，〈參謀長會議訓詞（二）〉，《蔣總統思想言論集》，卷15，頁308；蔣介石，〈第三次南嶽軍事會議訓詞（二）〉，《蔣總統思想言論集》，卷17，頁43。

53　蔣介石日記，1939年8月27日。

54　徐永昌日記，1944年3月6日；陳克文日記，1944年3月份。

55　蔣介石日記，1929年，「要事表」。

56　僅海軍方面，到1938為止，留學生超過100名。空軍方面則有90名左右赴歐美留學。見：國防部史政編譯局，《國民革命建軍史》，第二部安內與攘外，第三篇備戰，頁525；呂芳

設想成立「對師長以上，輪流赴外考察」的制度，1936年8月間就親自圈定軍官到德國留學和觀摩。10月間更把次子蔣緯國送去德國學習軍事，並且稱之為「家中之一進步」，[57] 大概因為是終於完成了他自己早年想去德國留學的心願。他在1936年度的「整軍要旨」中，甚至設想要把精銳部隊的師長們輪流派赴國外觀摩考察。[58] 到了1937年初，他更進一步設想「培植軍人經濟，外交與語言人才」，不久又訓令軍事學校必須加強外國語文教育。[59] 不久之後，他甚至主張所有高級將領都應該出國去增長見識。反觀抗戰時期許多軍政部屬所抱怨的，正是蔣介石過分稱讚外國人的優點，來羞辱中國官員的不爭氣。比如說，當他看到國軍辦事不負責和不徹底時，就曾沉痛地說「外人幾不以吾人為人，吾人再不整（振）作，國即由吾人而亡。」[60]

至於說到蔣介石對於整軍和治軍的理念，則在北伐完成之後即已漸次明朗化，同時在南京時代努力逐步實現。

首先是重質不重量。蔣介石在1930年初就領悟這個道理。他寫道，「改良軍隊以質不以量，戰鬥部隊必使其武器精良，兵數足額，紀律嚴明，精神團結。否則，**兵多無用也**。」[61]

其次是整軍方法。蔣介石在1932年夏季具體地提出了幾個做法，包括：1. 師長輪調互換；2. 縮減軍事單位；3. 混合部隊併編；4. 解散多餘部隊。[62] 這些思路在他此後的中央軍體系內大致逐步實行。中央可以以命令方式大幅調換軍隊長官，徹底革除將領擁有「親兵」的陋規，而從此建立的新部隊也

上主編，《中國抗日戰史新編：和戰抉擇》，頁245-246。

57 蔣介石日記，1936年7月21日，8月28日，10月21日。

58 蔣介石日記，1937年「本年政策：辛。整軍要旨，整軍方案之確定」。

59 蔣介石日記，1937年3月26日，4月6、9-10日。蔣介石也重視曾在歐美留學的青年，傾聽他們的意見，並且延攬優秀者進入幕僚群。一個例子見：張彝鼎，《鑑秋憶往錄》（出版地不詳），頁16-18。

60 徐永昌日記，1944年4月23日。

61 蔣介石日記，1930年2月3日。

62 蔣介石日記，1932年8月2日。

仿照精銳部隊的這些模式。

其三，在訓練方面，蔣介石特別讚許賽克特將軍的人品和學識，尊稱他為「賽翁」，推崇他「誠不愧為德國軍人領袖」，嘉許他的長處是「固執，機敏，負責」，對他的見解更是心悅誠服而全盤採納。至於操練方法、兵器規格、乃至長江防務工程，都一律接受德國顧問的建議，並將重大責任信託給德國顧問操辦。這包括注重訓練教導旅、高級將領的教育、和訓練士兵要注重的實際操作等事項。[63] 1935年初，終於完全確定「整軍方案」細節，積極予以實施。8月份，蔣介石做了一個他自認為有重大意義的決定，就是通令把德國顧問一律改稱為「教官」。[64]「顧問」的含義是僱傭和客卿關係，是「顧而問之」，以中方為主人和東家，主人發問而後客卿回答。但是「教官」的含義則是「尊師重道」，老師講授學生學習。蔣介石這個名詞更換所表示的，是在心態上全盤「以德為師」，毫無保留。更有甚者，蔣介石本人在1936年也開始研習德國的戰略和戰術，再三提醒自己軍事訓練必須「日積月累，日省月試，精益求精，實事求是為要。」[65] 此後又舉辦將軍級軍官訓練班和行伍出身的基層軍官訓練班。為了提升軍隊領導的素質，他還要求退役制度必須優先以中上級軍官為實施對象。[66] 藉此以制度性做法去淘汰不稱職的高層將領。

這一切有關蔣介石對西方現代軍事學學術和操作的心儀嚮往，都是早在美國成為盟邦之前就已經充分表露的實例。特別值得一提的是在1937年初，南京政府軍政部就提出了一個三年的整理60個師的計劃書，對象是全國軍隊，內容著重統一軍隊編制、縮減軍隊數量、增加戰鬥力、調整兵種、提高官兵待遇、更新武器裝備、和嚴格審核人事制度。[67] 其中許多要點是此前幾

63　蔣介石日記，1933年5月28、30、31日；1934年4-6月多日。

64　蔣介石日記，1935年2月23日，8月29日。

65　蔣介石日記，1936年3月4、21日。

66　蔣介石日記，1937年3月31日，「本月反省錄」，6月5日，「下週預定表」。

67　秦孝儀主編，《中華民國重要史料初編：對日抗戰時期》，緒編（三），頁375-376。

年中蔣介石所強調者，也和史迪威的職業訓練高度吻合。如果美國軍方或史迪威對上述蔣介石的背景從事些許粗淺了解，就馬上可以發現兩人間其實存在大量共同語言，可以為同盟合作鋪陳一條康莊大道。

令人不解的是，1942年初雙方首度接觸，史迪威立即把蔣介石定性為一個「農民型」的落伍軍人，對西方現代化軍事學愚昧無知，繼之以盛氣凌人姿態向蔣介石進行「啟蒙」教育。在雙方以這種氣氛接觸的初期，蔣介石毫無心理準備，但是還只是在私下抱怨史迪威把他當做小學生看待，以夾雜著無盡的蔑視和諷嘲的語調向蔣介石傳播西方現代軍事學的「福音」，令他感到百般無奈。但是史迪威的步步緊逼終於磨盡蔣介石耐心，轉哀怨忍讓為怒火萬丈，導致雙方關係走向絕境。史迪威對中國近代軍事史的茫然無知，喪失雙方大可以在互信互尊的基礎上進行合作，只能令後人扼腕。

同樣值得借鏡的是，蔣介石本人對於德國顧問、蘇聯顧問、蘇聯軍事代總顧問等人任務結束離開中國時，都會請他對中國軍事缺點提出「臨別贈言」式的坦率批評，而且指示軍政部和軍令部務必切實接受，反省和改善。[68] 蔣介石不但命令將領們對於外國顧問務必開誠布公，舉凡對日軍作戰計劃和一切軍務，都必須把翔實資料提供給顧問們，幫助他們可以向中國政府提供有意義的建議，而且在他們離職回國前，廣大中國官員和將領們都會舉行盛大隆重歡送會，贈予厚禮，雙方熱情洋溢，真誠惜別。而蔣介石對於曾經為中國服務的外國顧問更是充滿溫暖不忘舊情。比如說，當他聽到蘇聯的加侖將軍可能遭受整肅厄運時，立即主動向史達林要求把加侖將軍派回中國服務。多年後當他聽說德國法爾根豪森將軍在戰敗後身陷牢籠而致使家境窘迫時，又特別匯款予以紓解。至於對陳納德則始終信賴，尊敬而親切。

相對之下，蔣介石和史迪威的關係，在史迪威抵華兩個月之內就形同水火，繼以惡言相向，最後將之驅離。在史迪威離開重慶時，政府不予公布，沒有任何歡送儀式，只是蔣介石，史迪威和幾位旁觀者在辦公廳裡冷面相對地挨過十幾分鐘，史迪威在當天下午就灰頭土臉地被趕出重慶。1945年美國

---

68 蔣介石，〈整軍訓詞〉，《蔣總統思想言論集》，卷18，頁208。

軍方輾轉試探中國政府可否允許史迪威率領美軍在華北登陸，遭到蔣介石斷然拒絕。蔣介石和史迪威個人關係極度惡劣乃是不爭事實，但是把蔣介石對於史迪威厭惡的個人感情升級到指控蔣介石仇視外國軍事顧問的層次，則純屬以私害公，只是想把美國政府拉下水而已。有趣的是，美國戰時政府領袖（包括史迪威本人）和戰後對於同盟關係的眾多論著中，都一再強調蔣史之爭是原則之爭，而不是個性和意氣之爭，而為了自圓其說，他們又必須做出兩種努力。一個是對史迪威的為人處世的缺點盡量淡化，儘管他和英美軍人都有無法相處的高度負面記錄，但是在和中國人相處時的尖酸刻薄，卻被美化為「有話直說」和「不含糊」（straight talking and no-nonsense）。另外一個是對中國政治軍事領袖的衷心接納和精誠合作歷史一字不提，而一口咬定後者不能接納外國專家。史迪威和部屬們在35個月時間內所激起的惡感，是中國軍事現代化歷史上一個極端不幸的案例，也是中美同盟關係被迫付出的慘痛代價。最大的歷史諷刺是：在此時段裡，蔣介石對史迪威委曲求全忍氣吞聲，為的是維持中美同盟關係的和諧，卻想不到史迪威成為破壞中美關係最大的禍害。

（二）蔣介石對於抗戰的陰沉盤算

史迪威在與蔣介石個人關係惡化後，向美國政府領袖們灌輸的觀點之一，是蔣介石內心其實不想認真抗戰，只是妄圖借美國之力獲取勝利成果，而蔣介石熱心引進美國空軍作戰，為的就是代替中國陸軍作戰，以圖養精蓄銳留作將來內戰使用。同樣地，蔣介石要求大量進口美國武器，也不是供應前線作戰，而是暗地進行囤積，準備打內戰去消滅國內政敵。

關於蔣介石先後領導的南京政府和重慶政府是否堅持對日抗戰這一點，在過去幾十年中國學術界（包括蔣介石的批判者）大致已經了解事實真相，那就是他是抗戰八年中最堅定的主戰派，到了剛愎自用一意孤行地步。史迪威的誤判純屬個人妄想，雖然無法提出任何證據，卻大膽一口咬定。同樣地，史迪威恥笑蔣介石迷信空軍和希望美國空軍替中國打敗日本一說，也是全憑主觀而缺乏證據。就空軍而言，其實並不僅僅是史迪威和蔣介石之間的對立，因為即使在美國政府官員們中，對於中國空軍的需求也存在嚴重歧見。然而史迪威避而不談或是茫然無知的是，中國政府對於空軍的重視，早在美國尚未成為盟友之前就已經成為外交工作重點，而且成果可觀。

早在1928年底，南京政府就設立航空署，總管空軍和民航事務。當時的建軍計劃就包括成立空軍100架飛機。1931年初，蔣介石又從德國引進新式驅逐機，並且親自檢視。在他心目中，中國土地遼闊，必須重視航空事業才能鞏固國防和發展交通，甚至認為未來經濟和文化發展也都需要依賴航空。此種對航空事業重要性的認識，在當時是頗具前瞻地位的。[69] 1932年他開始思考全國航空計劃，7月份會見美國飛行專家後立即決定「以全權付其訓練航空人才。」[70] 一年之後，他甚至寫出「對國防以空軍為主體，或與陸軍並重」的主張。「空軍計劃萬不宜遲緩。」[71] 空軍建設在1934年春天更邁進一大步，因為「航空計劃」把航空學校、轟炸機和驅逐機購置，飛機製造廠等事項均定為重要工作指標。並且在7月間決定在1934年內完成9個航空隊，蓋括轟炸機、驅逐機、和偵察機。[72] 1935年初，又開始向美國接觸有關空軍合作交流事項。[73] 1936年是空軍建立進入高潮的一年，宋美齡在年初出任航空委員會秘書長，大力投身空軍事務，標誌空軍建設的重要性大幅提升。到了10月份，蔣介石認為空軍的基礎已經成型，訂出目標在五年內趕上日本空軍。[74] 1937年1月份訂出的重要軍事建設目標之一，就是要建立一個擁有36-54架重轟炸機的飛行團。而不久之後在對蘇聯購買武器談判中，戰車和高射砲是首要項目，飛機就是第二大項目。[75] 到了七七事變前夕，中國空軍

69 蔣介石日記，1929年，「民國十八年要事表」；1931年1月20日，3月19日。

70 蔣介石日記，1932年1月4日，7月16日。

71 蔣介石日記，1933年7月20、21日。

72 蔣介石日記，1934年2-7月。

73 蔣介石日記，1935年1月5、15、19日。

74 蔣介石日記，1936年10月12日。

75 蔣介石日記，1937年1月，「民國二十六年大事表」，壹，六，一，1937年5月26日。有關在杭州成立多種飛行和機械學校，聘請以美國人（John H.Jouett）為首的顧問團，訓練學

的驅逐、偵查、訓練和運輸等飛機總數已經達到600架左右。全國劃分為6個空軍軍區，全國建成機場260個，其中一半是軍用機場。當時政府甚至開始和美國及意大利廠商討論在中國建立飛機製造廠事宜。[76]

同樣值得注意的是，開戰之後1938-1941年間，蘇聯對中國運送的戰鬥機和飛行員數量，遠遠超過史迪威時代美國對中國空軍的支援。1938年中國政府的空軍計劃就是要向蘇聯購買輕轟炸機120架，重轟炸機10架，驅逐機220架，教練機100架，外加器材儲備，發動機製造，航空學校設立，和高射砲，總預算是一億二千萬元。1939年向蘇聯購買的目標是600架飛機。而從七七事變到1939年初為止，蘇聯已經向中國運到飛機477架。與此同時，中國政府也試圖以650萬美金的價格向美國購買飛機170架，卻毫無進展。[77] 1940年，蔣介石再度訓令宋子文向美國爭取在短期內購買200-300架飛機。[78]

以上簡略歷史回顧充分說明，南京政府遠在美國成為盟友前，就把建立現代空軍納入國防現代化的宏觀計劃之中，而且是重大項目。一個明顯的對比是，在龐大的蘇聯空軍援助過程中，蘇聯政府從未指責蔣介石妄圖以蘇聯空軍代替中國陸軍擊敗日本的揣測。而且在迄今大量公布的中國政府內部檔案中，也找不到任何跡象，證明中國政府曾經在任何時期設想過借外國空軍之力替中國打敗日本。如本書第二章所述，中國空軍自從1937年8-9月曇花一現地和日本空軍一爭長短而失敗之後，中國陸軍就陷於日本空軍肆虐掃射而抬不起頭來的痛苦，而後方平民百姓，也陷於被日機日以繼夜的無情轟炸死傷遍野的慘劇。政府處於軍方和民間巨大傷亡的雙重壓力下，必須提出保

員數以千計，並且由蔣介石自任校長，見：卓文義，《艱苦建國時期的國防軍事建設》（高雄：台灣育英社，1984），頁165。

76　呂芳上主編，《中國抗日戰史新編：和戰抉擇》，頁232-233、258。南京政府談判的對象包括美國的Curtiss-Wright, American Inter-Continent Corp. 及意大利的Fiat, Caproni, Breda, Savoia等廠商。

77　錢大鈞將軍日記，1939年1月24日。錢大鈞向蔣介石提出的報告。此外中國在此時段還向歐洲通過孔祥熙渠道零星地購買了360-400架飛機。

78　陳布雷從政日記，1940年11月1日。

證能夠解脫他們的痛苦，才能維持士氣，甚至政府和抗戰的合法性。而在1941年最艱苦時段裡，整個中國空軍只有不到10架飛機保護重慶市天空，而許多內地城市基本上毫無防空可言。這種情況連美國總統派遣訪華的特使（居里 Lauchlin Currie）都認為必須立即改善，然而史迪威卻可以視若無睹，並且指控蔣介石迷信空軍。對於史迪威這種立場，最寬容的解釋，是他本人是傳統陸軍的產物，無法超脫陸軍至上的狹隘專業的局限性。而最嚴苛的解釋，則是他對於中國軍民的傷亡視若無睹，但是對於蔣介石的「不聽話」則誓必有仇必報，甚至不惜捏造中傷，才能消除心頭之恨和建立自己的威信。在這個過程中，他不但壓制了美國軍人陳納德，反對了總統特使居里，還拂逆了總統羅斯福，但是卻得到了直屬上司馬歇爾的支持，也成功地扭曲了美國對華的戰略部署。更具諷刺的是史迪威的陸軍至上的狹窄眼光，卻被本國的軍事領袖們所反證，因為太平洋戰爭晚期美國最大的努力，就是以壯大的空軍對日本進行地毯式的大轟炸，最後甚至投擲原子彈。但是中國微薄的希望只不過是擁有有限的空軍協助陸軍作戰而已。然而在完全沒有美國飛機到中國戰場助戰之前，史迪威就把中國空軍建設的大門緊緊閉上，因為雖然美國空軍自成系統讓史迪威無法掌握，但是陸軍和租借法案的資源卻完全在他掌握之中，可以隨時切斷美國空軍在中國戰區的資源。

既然史迪威自以為看透了中國領袖們的陰謀詭計，是不想和日本軍隊作戰，那麼中國政府還持續要求美國提供武器裝備支援，就自然更是啟他疑竇了。本章前文曾經數度提到，中央政府從開戰後，就一直擔心外國軍火供應一旦中斷，就會使作戰無法繼續和造成民心崩潰。鑒於這個危機存在，因此無論是在歐戰爆發前，或是1940年英法兩國突然關閉安南緬甸國際通道的前後，中國政府都努力地去達成一個願望，就是務必儲存6個月以上的軍火以保證抗戰不致因外力而突然中斷。但是一旦史迪威認定中國政府不想抗戰，則後者同樣的政策，就被他振振有詞地用來證明完全相反的推論。因此當重慶政府預見緬甸通道可能受到日軍截斷，而要求美國儘快運送武器到中國時，它只是讓已經預設立場的美國軍方更認定，中國政府果然如其所料地在囤積軍火準備內戰。有趣的是，這個推想純粹是美國駐華軍人在太平洋戰爭爆發之初就大膽做出，史迪威也貿然接受，卻不曾提供任何證據，也沒有派遣美軍觀察員到前線部隊去進行實地調查，完全屬於自由心證，使中方沒有澄清的機會。但是此後美國對華武器裝備的運送規格和數量，卻都是在這個巨大陰影下進行的。毫不奇怪地，既然依照美國想法，蔣介石個人如此的愚昧和狡詐不可信賴，中國軍隊又如此的缺點重重，那麼唯一有效的發揮中國戰區功能的方式，就是由美國軍人直接控制中國軍隊加以整改，提高戰鬥力，為同盟關係做出應有的貢獻。因此蔣介石必須交出指揮權，或予以去除，由美國扶植其他領袖取而代之。1944年在豫湘桂作戰的陰影下，美國駐華大使館和軍人的動態，都可以在這個格局下去重新理解。

（三）美國政府索求中國軍隊指揮權

一個重要而又有趣的史實是，珍珠港事變剛剛發生，中美雙方政府尚在初步商談同盟關係時，美國領袖們就已經醞釀出一套合作方式，那就是由美國人出「將」，中國人出「兵」。由美國軍官全權指揮，中國士兵服從執行。這個想法雖然沒有向中國政府正式提出，但是在美國政府高階層內部已經達成共識，而且包括總統羅斯福，軍部史汀生，財政部摩根韜在內，一致相信中國政府必然會欣然接受此種安排。[79]

因此毫不奇怪地，史迪威1942年初抵華履新，立即提出要求中國政府賦予緬甸遠征軍的全部指揮權，在此後兩年多時間裡，他的注意力就被和英國人鬥爭，和藍伽訓練營事務所占據，所以指揮權一事暫時擱置。1944年中國軍隊在一號作戰中連遭敗績，史迪威本人又面臨在印度被英國人厭憎而即將遭受驅除厄運時，他在7月份舊話重提，而且更進一步地要求中國戰區軍隊的全部指揮權。史迪威聲稱只有全盤調整中國指揮系統，才能徹底革除中國軍隊的眾多弊端。為此，他具體建議美國政府要求蔣介石交出指揮權，重組國防最高委員會、合編部隊、接管地方實力派軍隊、全盤改組兵役制度，和

79　Transcripts of meeting at Treasury Department, January 13, 1942, in Henry Morgenthau, *Morgenthau Diary (China)* (U.S. 89th Congress, New York, 1974).

對全體軍官的任免獎懲人事權。[80] 在此後2-3個月時間裡，中美兩國政府經過不斷的外交談判，史迪威又運用本人職權對重慶政府直接施加壓力，甚至介入中國高層權謀政治，最後被蔣介石予以否決，並且在1944年10月向美國正式提出免除史迪威在中國戰區一切職務，其實是驅逐出境。值得注意的是，蔣介石明言可以把指揮權交出，但是絕不交給史迪威此人。到了此時，美國政府終於放棄對指揮權的企圖心，而中美同盟關係也惡化到最低點。

其實僅就指揮權而言，中美兩國關係原本無需惡化。因為史迪威所謂的指揮權有兩種含義。一種是指揮權的本質內容，一種是由外國人行使指揮權。就指揮權本質而言，史迪威建議的內容，無非就是美國軍制的翻版，也和世界許多其他國家的軍制並無二致，甚至也正是南京時期，德國顧問在中央軍隊建立的體制。當時中央軍嚴格遵循軍政分離原則，軍隊的任務是作戰，與地方政府不發生平行關係，更無權干涉地方政府事務。中央軍隊指揮系統明確嚴格，軍官選拔以軍校畢業為優先，官兵的任免升遷獎懲，依照業績和戰功決定，士兵訓練採取德國步兵操典，因此才能鑄練出一支中國近代史上的善戰之師。既然史迪威熟悉的美國制度與德國制度基本相同，蔣介石毫無抗拒理由。

至於說到由外國軍官行使部分指揮權的問題，則史迪威面對最大的阻礙是他自己對中國軍事史的無知。作為多次擔任美國駐華武官職務的軍官，他應該知道，無論是南京或是重慶時期，中國政府向來習慣重用外國軍官在實質上指揮中國部隊。抗戰初起時最顯著的案例，就是在淞滬戰爭時，蔣介石授權德國顧問到上海前線全權指揮浦東的炮兵部隊。當右翼軍司令官張發奎提出抗議時，蔣介石嚴令張發奎必須服從德國顧問的指揮。[81]

遠在美國軍方沒有進入中國戰場之前，無論是德國顧問或是蘇聯顧問，都被蔣介石賦予充分權力，參加作戰部隊參謀工作、巡視前線戰況、對於官兵工作提出評價和獎懲建議、甚至參加最高國防會議的機密討論。事實上，

80　Romanus and Sunderland, *Stilwell's Command Problems*, p. 427.

81　張發奎，《蔣介石與我》，頁245。

他在1938年初還命令陳誠要「重用德人為參謀長」。[82] 外國顧問們除了在職稱上沒有國軍的「司令官」或「指揮官」頭銜之外，他們對於中國軍隊的整體了解度和影響力，或許超過許多中國部隊的指揮官。這就說明為什麼當德國顧問被希特勒強迫離開中國時，中國政府要求他們提出保證，絕對不會把中國軍事機密向日本人透露。同樣明顯的案例是中國空軍。美國人陳納德事實上成為戰時中國空軍的協同締造者，無論是爭取美國政府援助，購買美製飛機，或是建立空軍制度，選拔和訓練空軍人員，陳納德掌握的實權都遠遠超過中國的空軍將領（如周至柔、毛邦初）。[83] 因此在1928-1942年間，外國軍人早已在實質上深度參與中國的國防機密和軍隊作戰，只是在名義上維持顧問身分。正如蔣介石所言，如果中國政府把軍隊的全部指揮權拱手交給美國人，則抗日戰爭將立即失去意義，因為即使是日本人在1937年前提出的最苛刻和屈辱的條件，也從不曾包括交出中國軍隊指揮權一項。美國軍人和領袖們的政治遲鈍程度，委實驚人。

（四）史迪威行為的弦外之音

然則，蔣介石何以在南京時期熱情採納德國軍隊模式，在重慶時期卻無法接納美國軍隊模式呢？一個比較全面性的解釋可能具有三個層次。第一個是史迪威個人性格和行事作風的缺失，使他和盟邦領袖蔣介石成為水火不容狀態。證諸他一生難以與人共事（馬歇爾將軍除外），而且被英國人趕出印度，這個結局絲毫不出意外。第二個是史迪威和美國領袖們對於中國國情茫然無知，而又不肯追求了解，使他們提出的政策文不對題。其中最重要的因素就是中國政治軍事生態的複雜性，遠遠超過他們的理解。南京時期的德國建軍模式是在一個國民政府可以高度控制的環境下執行者，而在重慶時期的

82　蔣介石日記，1938年1月8日。

83　錢大鈞將軍日記，1939年1月9日。陳納德向蔣介石建議，中國空軍一切事務應該由蔣介石直接處理，下設一個（外國）顧問，其職權應該高於軍政部的廳長，相當中將級別。事實證明，這個建議基本上被蔣介石採納。並且引起空軍將領們的擔心大權旁落。

美國整軍模式則是在一個嶄新的「政軍大格局」之下進行，從而困難重重。困難之所在，不是蔣介石的信念改變或心智退化，而是他所領導的政府力不從心，根本無法施展抱負。而美國政府在這35個月中所遭受的困擾和阻礙，既不是美國制度內涵有缺陷，也不是蔣介石冥頑不靈存心抗拒，而是美國領袖們對戰時中國軍政大格局不屑深究，而美國駐華外交官員也缺乏進言管道，導致美國政府決策者鑽進自設的牛角尖，堅持自以為是。

然而這35個月中美同盟關係惡化的背後還有一個深層的文化陰影，那就是早期派赴中國戰區的美國軍人的種族優越感。這種優越感可以如空氣一般彌漫在一個社會中，可是該社會大部分人卻可以無感，缺乏自我反省能力，甚至矢口否認它的存在，誓稱自己絕不可能持有種族優越感。這種無形而無所不在的優越感，不但影響了當時美國官員的待人接物，也影響了後世學者依賴當時文獻而做出的歷史敘述。縱觀多年來英文著作，對於這個現象或是裝聾作啞一字不提，或是輕描淡寫蒙混帶過。即便是那些堅決自我認知為公正開明的「自由派學者（liberal scholars）」,也難以逃脫這種氣氛的感染，而成為應聲蟲。因此它明明是中美關係間的一塊巨大擋路石，卻在英文著作中不見蹤影。真是一個值得注意的怪相。

其實這種情形毫不奇怪，因為凡是對美國文化熟悉的人士，對於美國的種族歧視在社會上漫天蓋地存在的現象都會有親身觀察和體念，而21世紀初美國黑人群眾終於有系統地把這個問題做了徹底的揭露和控訴，掀起了全國性的「黑人的命也是命」（Black Lives Matter, BLM）運動，包括大規模搗毀美國歷史上「名人」和「偉人」的紀念雕像和改寫學校歷史課本，甚至通俗文學（如Dr.Seuss系列），終於讓人們有機會認清這個常年來被舉國上下集體參與而又矢口否認的歷史觀。它不是一個無關痛癢的小問題，而是一個無孔不入的毒素，從兒童讀物開始就浸淫人心，而在日常生活中表現出一種俯拾皆是的微型攻擊行為（micro-aggressions），使受害者儘管心中淌血，卻伸冤無門和無法自保。

在回顧戰時中美關係史時，同樣的種族歧視現象出現在史迪威和他統領下美國軍人對中國人的態度上。史迪威和美國軍方領袖們信誓旦旦地宣稱自己熱愛中國，一切努力都是為了中國著想，但是前提是中國人必須扮演美國人劇本指定的角色，那就是柔順、謙和、識相、和服從。這種心態在當時美國社會中並不奇怪。比如說，儘管史迪威只是西點軍校學業平庸的學生，而西點軍校本身的學術水平也只不過是美國一般中上等級的大學而已，但是他依然充滿信心地，認為自己的學識見解肯定超過在美國頂尖大學獲得博士學位的黃種人，比如說像宋子文和俞大維之流人物。同樣的這份居高臨下顧盼自雄氣概普遍存在于史迪威屬下軍官和士兵群中（比如說，竇恩將軍Frank Dorn）。[84] 更有趣的是，甚至連替他們服務的少數中國人，也覺得依附洋大人而身價倍增。一個明顯的對比是，當德國和蘇聯軍官在中國服務時，都遵從中國政府對翻譯工作的安排，依賴中國政府每個單位所配備的翻譯官。可是美國駐華軍官卻不顧編制，要求重慶政府向每個美國軍官配備一名翻譯官（一般是少尉官階），而且要求把後者的伙食費提高到每個月800元，大大地超過一般中高級政府官員和軍隊校官級軍官的月薪，成為特殊階級。陳誠得知後，警告翻譯官們必須養成艱苦卓絕的精神，維護人格，切不可成為「洋奴」，更不可成為「被革命的對象」。[85]

其實這種高人一等的自視，和當時美國社會的文化背景是分不開的。從大歷史觀之，一方面美國開國元勳們可以寫出舉世傳頌的金玉良言，「我們信奉這些不言自明的真理，那就是人人生來平等」。但是另外一方面，同樣這群元勳和他們後代子孫們，卻在「人人」（all men）的定義上埋藏無盡玄機，那就是他們可以毫不矛盾地把新大陸紅色皮膚的原住民，定義為略高於禽獸的野蠻人（Savages），因此當然可以將之屠殺滅種；把黑色皮膚的非洲人定義為頑劣賤種（Niggers），因此當然可以予以奴役虐待，並且當成是

84　黃仁宇，《黃河青山：黃仁宇回憶錄》（台北：聯經出版公司，2001），頁28-39；國防部史政編譯局編，《抗戰時期滇印緬作戰（一）：參戰官兵訪問記錄》（台北：國防部史政編譯局，1999）；中國人民政治協商會議全國委員會，文史資料研究委員會編，《原國民黨將領抗日戰爭親歷記：遠征印緬抗戰》（北京：中國文史出版社，1990）。

85　陳誠先生日記，1943年4月19日；1944年1月25日。

如同牲口般進行交配繁殖，和在市場上作為商品買賣，而且擁有處置和生殺權（包括凌遲處死，lynching）；把黃色皮膚的中國佬（Chinamen）當成是次等人種，因此近可供驅使（造鐵路），遠可加排拒。1882年國會通過的排華法案（Chinese Exclusion Act）是美國歷史上明目張膽地歧視一個特定膚色種族的表現，其對象就是「中國佬」。從小歷史觀之，19世紀以來，美國南方許多虔誠信奉基督教的教徒們（包括兒童），在做禮拜時以小額金錢放進奉獻箱，目的就是要解救中國那麼多億愚蠢但是仍然有藥可救的靈魂，在中國每一個山頭上樹立十字架去歌頌上帝的恩寵榮耀，和見證美國信徒們自己積下的功德。

特別是一群曾在中國工作過一段時間的美國人，如史迪威和部屬們，能夠用「洋涇浜」式中文說幾句市井通用的寒暄應酬話，立即被捧為「精通」中文，回到美國後更被推崇成 「中國通」。而一些靠買辦活動糊口的中國人，也識相湊趣地給洋大人們戴免費高帽子，更使得他們感到飄飄然，最後當仁不讓地相信自己對中國事務了解的透徹度，肯定超過那些愚昧短視優柔寡斷的中國佬。這就讓他們對自己閉門造車而擬定出來的政策充滿自信，認為那些中國人不能快刀斬亂麻地解決自己的問題，必須聽從美國人指點迷津，由中國人馴服執行，才能夠讓問題迎刃而解。這種自信和傲慢現象彌漫在19世紀下半段到20世紀前半段的美國大眾傳媒界、商業界、宗教界、和軍事界、甚至學術界。這種現象的確可以為今後研究中美關係的學者們，提供一個內容豐富的文化心理學課題，也必須是調整今後中美關係的一個挑戰。

值得注意的是，羅斯福作為美國總統和美國社會文化的傳承人，一方面當然無法逃脫大環境的感染，所以才會大言不慚地認定重慶政府必然歡迎美國軍人指揮中國軍隊。但是另外一方面，他的感染程度畢竟遠低於其他人，而且他的政治素養也幫助他警惕到自我約束。因此，當他體察到美國某些軍人的種族優越感過於囂張，而可能危害到同盟關係時，他就陷入一個左右為難局面。因為一方面他必須小心翼翼和顏悅色地對待本國將領們，不敢嚴詞苛責而刺傷他們的自尊心，尤其是軍部領導人如史汀生部長和馬歇爾將軍，位高權重，更需要溫言籠絡。而另一方面，他也不得不再三委婉告誡軍方領袖們，千萬不可以採用對待非洲部落酋長的架勢去對蔣介石呼來喝去，因為後者終究是一個四億五千萬人口盟邦的領袖。

不幸的是，言者諄諄聽者藐藐，史迪威和麾下將校們根本將總統的警語當做耳邊風，甚至嘲諷他過度天真（idealist）又缺乏果斷，被蔣宋家族玩弄於股掌之上而失魂落魄。這些軍人們滿懷信心地，認為自己是權力務實派（realists,pragmatists），本身的心智學識和處理中國事務的能力，肯定都超過蔣介石和那幫昏庸懦怯的中國官員。羅斯福所不知道的是，連他自己派到重慶的親善特使居里（Lauchlin Currie）也會直截了當地向蔣介石說出美國人是爸爸中國人是兒子的比喻。[86]

但是如果我們略作歷史回顧，就可以看出，史迪威麾下的美國軍人是把自己陷入一個自我孤立和自我陶醉的困境之中。本書前文曾經數度提到國民政府領袖們和德國顧問和蘇聯顧問相處融洽的事例。除了顧問們在學識和專業能力各方面，以真才實學贏得中國人衷心尊敬之外，一個重要原因是彼此關係親切平和。本書作者在閱讀史料時，從未接觸過中國官員私下批評這些外國顧問趾高氣揚的事例。正好相反地，德國和蘇聯顧問謹守本分，絕不評論職守以外的中國事務，尊重中國軍官的軍階，和中國官兵同吃同住，不要求特權待遇。

張發奎在這方面的回憶特別值得參考。根據他的報告，從北伐時期開始，國軍將領就是自己決定戰略，而由蘇聯顧問提供意見，採納與否全由中國人決定。他稱讚蘇聯顧問刻苦耐勞，與中國官兵同吃同住，不講究享受，不設小廚房，不住招待所，更不在市區招搖惹事。生活完全尊重本地物質標準。和中國人關係和諧，從不爭吵。他們態度恭謙，尊重中國人。低階蘇聯官兵對於高階中國官長一定敬禮致敬，絕不敢握手，也不敢開玩笑，一本正經。蘇聯顧問從來不奢談中國時政，也不批評中國官員，只談軍事議題。總體而言，中國人是主人，在會議上，俄國人被諮詢，但是決定權在中國人手

86　蔣介石與居里會談記錄，1942年7月22日，《革命文獻拓影》，第34冊，頁28-37。

中。簡言之，俄國顧問是來為中國服務。難怪張發奎熱心誇獎蘇聯顧問是最好的顧問。[87] 陳誠對於蘇聯顧問也讚譽有加。他寫道，「顧問之找事做精神，實值得吾人敬佩，效法也」，顯然被蘇聯顧問主動向中國軍隊提供服務的心態所感動。[88] 種族優越感問題在珍珠港事變發生前20年中，從來不曾干擾中德、中蘇軍事關係。或許正因為如此，讓蘇聯對中國軍事領域中地方實力派所能產生的影響也獲得一定程度的領悟。比如說，蘇聯顧問對中國軍隊無法維持紀律的現象，就看出其導因是派系與地緣關係。[89] 相比之下，史迪威對於同樣現象則視為「瑣碎」之事，不屑費神一顧。在他留下的大量資料中幾乎無一字提及，其實正是曝露他自己的嚴重政治短視。

嚴格地說，蘇聯尚且只是中國的友邦而不是盟國，它的軍官是顧問，但是行為已經如此檢點自愛，而且作戰時捨身賣命，傷亡重大。而中美是盟友，理應更能同甘苦共患難。但是儘管戰時中國生活極度匱乏，美國軍人卻堅持保持美式生活，著重舒服享受，不屑和中國人混雜居住，需要中國政府替他們安排住招待所，設備包括電冰箱和空調設備，食品供應有自己專用的後勤管道，一部分由印度空運送來，在過程中當然排擠掉中國亟需的武器和醫療用品的噸位。而他們在中國採購物品時，又在市場上不惜以超高價格搜羅最好的品質優先供應美軍，因而又排擠廣大的中國消費者，造成物價飛漲。[90]

在行為上，美國官兵基本上仿效史迪威榜樣，對於中國政府官員普遍不理睬或是趾高氣揚。史迪威在華期間，一貫堅持只和蔣介石本人直接討論事務，而不屑和其他部會級官員來往，以致他只在蔣介石不斷敦促下才勉強和軍政部長何應欽短暫見過幾面，而和軍令部長徐永昌則鮮有接觸記錄。[91] 更

---

87 張發奎，《蔣介石與我》，頁268、278、394-395。

88 陳誠先生日記，19442年2月28日。

89 Steven I. Levine, translated, Aleksandr Ya. Kalyagin, *Along Alien Roads* (Columbia University, New York, 1983), pp. 30-31.

90 張發奎，《蔣介石與我》，頁356。黃仁霖在戰時負責接待美軍。

91 史迪威曾經想陳誠直言，他不願和中國部隊發生關係，而只願與蔣介石直接溝通。見：陳

何況史迪威本人還曾經推開衛兵勸阻，直接沖進蔣介石辦公室興師問罪。史迪威的屬下軍官也有樣學樣，經常大模大樣在沒有經過通報情況下，隨興進出中國高級官員辦公室。他們（比如說，竇恩將軍）也肆意針砭中國內政，批評蔣介石，嘲弄中國官員無能。低階美國軍人不會對高階中國長官行禮，反而會毫不猶豫地面斥中國人應該如何謀劃，又該如何配合美軍。蔣介石向羅斯福抱怨，史迪威的心態是把自己當成是重慶政府的「太上皇」，而這種心態在美軍各個階層普遍存在。難怪中國官員們在這段時間裡，在私下幾乎沒有和美軍官佐親切互動的記載。

更有甚者，在同盟關係締結之初，美國政府曾經承諾派遣至少三個步兵師到中國戰區協同作戰，然後全然不見蹤影。史迪威時代，美國陸軍駐華人員接近上萬，只是在後方安全地區執行任務，並不負擔直接戰鬥任務。因此在整個史迪威駐華時期，美國陸軍在遼闊的中國戰區大概無法提出一份軍人的戰鬥傷亡記錄。反之，他們卻在社會上横行霸道，引人側目。比如說，在後方如昆明等都市，美國大兵酗酒喧鬧，當街調戲婦女，吉普車横衝直撞如同市虎，引起民間極大反感，但是為了抵抗日本只好忍氣吞聲。[92] 然而民族主義高漲的戰時中國，絕不是美國殖民地如菲律賓，所以後來的北平大學女學生受辱事件，才會產生那麼嚴重的政治後果，正是抑壓過久的民間憤怒終於達到爆炸點。

值得歷史學者反省和警覺的是，或許正因為美國的這種族優越感彌漫了整個社會，所以除了極少數有識之士，如總統羅斯福、陳納德將軍、國務院的項貝克（Stanley K. Hornbeck）、學者費正清（John K. Fairbank）等少數人之外，多數美國政府官員和將領們，都表現得視若無睹，而後世的美國歷史學者們，也如同他們處理自己國內對黑人歧視問題一般，在種族歧視議題上裝聾作啞或是麻木不仁。因此縱觀美國學術界在戰後幾十年中所累積出來的學術作品，對於戰時美國在中國展示的種族優越感幾乎集體噤聲。但是第

誠先生日記，1943年1月8日。

92　宋希濂，《鷹犬將軍》，頁238-242。

二次世界大戰結束後數十年中，美國的軍事力量如日中天，當他們在企圖把軍事勢力伸展到有色人種地區時所遭遇的挫折，正是這種拿著石頭砸自己腳的最好證明。如何克服種族優越感和對立感的障礙，或許是許多國家都必須吸取的一個重要歷史教訓。而在中美關係的未來發展中，它也是一個值得雙方主政者和學者們嚴肅關注的課題。任何國家（包括中國在內）在強盛之後，都需要吸取美國種族劣行的歷史經驗，才能為自己的國際關係鋪設一條平穩的道路。

五、1944年軍事整改工作的失敗

一如既往，1944年初重慶政府持續探討各種軍事整改方案。2月間，由蔣介石主持的南嶽會議討論了撤裁各軍的後調師、減少番號、減少糧餉、和改善士兵伙食等大問題。不久之後日軍發動一號作戰，更激發重慶政府在此後幾個月中迫切重視軍事改革問題。6月份，曾家巖會議又討論如何在戰敗後進行戰區大改組，合併戰區組織和更換長官等事務。但是徐永昌對於整改的展望持悲觀態度，認為「過去蔣先生為敷衍每個人之希望，造成戰區不統一，遺（貽）害實大。預料今後仍難徹底改正。」[93]

7月份美國政府接受史迪威建議，正式向中國政府要求全面性接管中國軍隊指揮權，在蔣介石心中造成極大震撼。儘管他一方面運用外交手段企圖打消或推遲美國要求，但同時在內政方面大幅提升了他的危機感，視之為國恥，因此益發加緊步伐地，希望推動自己的整改計劃，去證明無需美國干預。因此1944年的軍事整改計劃，大概出於幾個動機。第一個是整軍計劃原本就是1939年以來政府從未間斷的關注，只是議而不決，繼續虛耗精力。第二個是從1944年4-5月間，日軍一號作戰勢如破竹，政府領袖們看出國軍的虛弱必須緊急予以糾正。第三個是蔣介石在美國7月初提出指揮權之後，感到整軍事務已經火燒眉睫，中國政府只有拿出自己的整軍成績，才能杜絕美

93　徐永昌日記，1944年2月20日，6月18日。

國的步步緊逼。正如蔣介石私下承認，在這段時間內，他只要聽說美國送來電報就會神經緊繃，不知又將承受何種屈辱。與此同時，他的僚屬們也察覺委員長神態不安，暴躁易怒。

不論內情如何，重慶政府在7-9月間，的確緊鑼密鼓地研討各種整軍方案。首先提出的是紀律問題。為了整頓軍風紀特別設立「點驗委員會」去處理。但是部隊紀律鬆弛根本原因，是軍隊最高長官不能嚴格執行層層負責。但是中央提出的解決辦法，卻使部隊長官可以置身事外，甚至幫助部下隱瞞違紀真相。之所以如此避重就輕，其根本原因就是政府不敢也不能開革部隊長官。難怪徐永昌的結論是，「預料此一會議對於調查人數事項當然可以做到八九成，對於用腦力用氣力事項恐無十之一二的結果。」同樣值得注意的是，許多問題明明蔣介石已經做出決定，但是軍政部仍要求繼續研究，或是進入最後實施階段時，軍政部官員仍然無法執行。何應欽個人的無能和缺乏積極性固然備受詬病，[94] 但是軍政部的無力感才是最根本原因。

整軍會議的重頭戲，當然是軍隊整改。7月初蔣介石已經下手令整頓軍紀、振作士氣、充實兵員、加強戰力。7月21日會議原本計劃只是開預備會議，因此與會大員們多以鬆散心情處之，卻想不到蔣介石親自出席，聲色俱厲，數度以手擊案地強調此次會議非同泛泛，「**乃中國存亡攸關之會議。若不再加整飭，抗戰勝利亦不能免於亡國。外人看我們直不當人，非但不當軍人**。須知此次勝利於我無與，我軍事萎靡已極，**抗戰勝利之日，即我們滅亡之時**。」他繼而談到國軍在豫湘桂會戰中的慘像和醜態，特別痛責河南軍事失敗與軍隊（湯恩伯）受人民截劫，足以與帝俄時代比似。他警告與會者說，中國在失敗之後在國際上已無地位，「**此次如不能得到改革，得到回響，不能使軍隊轉變為振奮有為的軍隊，則吾人真無人格，無羞恥**。」他更是恨聲不絕地說道，「吾人果尚為先人子孫，黃帝子孫，應各徹底改革推諉苟安不負責的種種惡習敗行。現在外人之監視吾人，勝於吾人之自己監視，大

94　徐永昌日記，1944年7月21、24、27日，8月1、4日。

家應從今日起，改革我們軍隊，改革我們自己。」[95] 這些言語把他內心的危機感、屈辱感和迫切希望整改感表達無遺，其嚴峻和沉痛程度，大大地超過抗戰以來任何時期。

23日整軍會議決議把現有的321個師裁減為250-280個師；騎兵師則仍然維持15個師（避免得罪回教馬家軍）。同時改善交接新兵辦法，把徵得的壯丁直接送到規定的徵集地點，不准中間停留。改善徵兵工作的幹部素質，使壯丁免受飢餓，嚴禁捆綁押解。蔣介石還要求裁減十分之一、二的軍隊和軍事機關。但是過不了幾天，蔣介石發現他的指示被推諉，而為之大怒。原來軍政部托詞執行困難，引起蔣介石大聲指責軍政部的演算法是「亡國演算法」。當軍政部提出的方案認為國軍需要維持240個師時，蔣介石則要求大力裁減為200個師。當何應欽表示要裁減一百多個師太困難時，蔣介石說由他負責，而且必須在1945年以前完成。[96]

但是這些數字上的糾纏已經耗費領導人許多智力，而其他後續實質工作更是尚未列入議程。正如徐永昌坦白指出，縮減軍隊番號只是第一步工作而已，縮減後的部隊如何進行質的改善？如何進行訓練和提高戰鬥力？如何提高官兵生活待遇，增加軍餉和伙食費？又如何應對物價必然隨之上揚的壓力？被裁的數百萬士兵如何安置？如果只求軍隊的量變而不求它們的質變，則整編後的軍隊仍然是誤國殃民的烏合之眾。蔣介石則把整軍失敗的後果說得更為沉痛。他說，**「我五十八歲未受過的恥辱，乃見之於今日。都由於軍政這一種落伍籠統的辦法所造成。」**又說，「我們如不改革，我以後決無臉再向人（指美國）要一炮一彈。」因此主張裁撤不必要的機構，和選拔努力工作的軍官。到了這個時刻，美國要求指揮權的壓力，已經明顯發生作用。

95　徐永昌日記，1944年7月21日。

96　討論240個師的基本數字的理由是，日軍在華37個師，國軍1個師抵日軍一個聯隊。因此國軍需要110個師對抗。另外預備隊40個師，攻勢戰區準備30個師，監視共產黨20個師，此外川康新青24個師不能調動（無法調動？），守機場11個師，在緬甸5個師。總共240個師。徐永昌日記，1944年7月23、27日，8月4、18日。

而9月初，蔣介石更是多次親自參加黃山的密集性整軍會議，提出嚴格要求，而且對於缺乏進展不斷爆發震怒，甚至威脅要將軍需署署長撤職查辦。[97] 此時史迪威已經自錫蘭飛抵重慶，挾著美國政府如雪片飛來的嚴厲指責，史迪威本人對於蔣介石和重慶政府高官們的言辭侮辱與日俱增。這些事故在史迪威和蔣介石兩人日記中都有詳細而生動的記錄。[98]

何以蔣介石如此親身參與和督促，而整軍工作卻依然缺乏進展？部分原因當然是軍政部辦事能力低落，部長缺乏積極性和領導能力。但是大格局才是根本原因。正如何應欽所提供的幾個有趣的資訊所顯示，僅僅是四川軍隊一個新18師師長的撤換問題，軍政部下達命令後拖了一年仍然行不通；河南省的第12軍（地方部隊）因為風聞要成為整頓對象而產生異動，軍長直接通知重慶政府他決定脫離湯恩伯指揮系統採取自由行動，並且希望中央理解。中央縱然震怒但是無可奈何。而最明顯失控的例子是第97軍，它就駐扎在重慶近郊，軍長陳素農還是黃埔軍校出身，但是由於該部隊是由地方部隊拼湊而成，因此軍長指揮不動他的師長，而且該軍軍械官還居然盜賣機關槍，以致內部無法安定，幾個月後軍長只好去職。這些案例說明，一旦中央政府果真要施行合併縮編，則各個階層態度曖昧的長官和部隊的動向，均將不知要如何處置。[99]

這些情況說明，蔣介石不但不是軍隊整改的阻力，反而是對改革的急切感和決心走在許多領袖們的前端，同時痛心疾首地要求加以執行。然而形勢終究比人強，因此儘管他對部屬暴怒叱責，就是無法逾越當前國內政軍大格局的限制，去貫徹決策挽救他個人的聲譽和國家主權。而歷史悲劇之所在，也正是如果美國盟友有足夠的政治智慧，不把蔣介石看成是軍事整改的攔路石，而是心有餘而力不足的受害者的話，則正可以改換思路去尋求助他一臂

97　徐永昌日記，1944年7月27日，8月18、25日，9月4、6、9日。

98　蔣介石日記，1944年9月份。

99　徐永昌日記，1944年5月31日，7月12、21日。第97軍案例正好說明，軍長是中央軍出身並不代表該軍由中央掌握，主要決定於誰控制士兵和槍枝。

之力的其他方法。有趣的是，史迪威8月份正在錫蘭島優哉遊哉地過度假日子，既不知道重慶政府這一連串氣氛嚴峻的會議，也不曾表露任何跡象他在操心如何能夠替中國排解屏障，更沒有召集幕僚集思廣益，研討中國問題。9月初他回到中國，立即開始大張撻伐。他在這個緊要關頭卻如此好整以暇的心態充分表明，只要他能從蔣介石手中擠出軍權，他就有錦囊妙計可以在中國戰區扭轉乾坤。

六、一個發人深思的歷史諷刺

和史迪威及麾下美國軍人典型的種族優越感和自我膨脹感相輔相成的是，他們必須對蔣介石和中國官員們加以矮化和醜化，才能突顯出自己的高人一等，以滿足他們當仁不讓地把自己吹捧成是中國人「救世主」的地位。這些軍人的心態是認為，中國人只能從美國人的言教和身教之中，才能首度聆聽到軍事現代化的福音（德國顧問當然不值一提），繼之以盲目地信服，俯首聽命地實踐，去達成整改中國軍事的歷史大業。縱觀史迪威主持美國對華軍事工作的35個月之中，美國在中國軍事訓練與援助計劃中，最令史迪威本人感到驕傲和後世美國學者們再三稱許的成果，莫過於駐印度蘭伽（Ramgarh, India）部隊和駐滇部隊。這兩項訓練計劃在史迪威和美國軍方史官筆下，都被推崇為高瞻遠矚，只有在史迪威不畏艱辛地克服蔣介石的愚蠢無知，和百般阻擾之後，才贏得的輝煌成果。

但是它們實際上呈現的，是一個令人感歎不已的歷史悲喜劇，因為它們所凸顯的正是史迪威和蔣介石在純軍事技術領域內的高度認同感，和在政治領域裡的截然對立性。說到底，這兩個事例的成功說明，重慶政府對軍事改革計劃的推行乏力，更多導因是政治性的而非技術性的。這正是史迪威所無法參透的境地，但他偏偏又是一位自覺為高人一等的美國武夫。

戰後歌頌史迪威事功的美國學者們和大眾傳媒作家們，也同樣地繼承了美國民間社會流行的，對中國人的優越感，拒絕進行反思，更致命的是拒絕參閱中方資料，只是把史迪威自我吹噓的言辭，和官方軍史的漂白版本照單全收，廣為流傳以至今日。所以史迪威事件，不但可以幫助我們了解那個時代中，一群美國軍人的心態和作風，也可以幫助我們更深度地了解，那些被薰陶的美國軍人背後的，美國大社會裡更深層的文化、心理和種族等因素。這或許正是溫故而知新的歷史價值之所在。鑒於七八十年後，美國民間再度出現反華仇亞浪潮，因此它可能在今後數十年乃至一兩百年間的中美溝通過程上，都會成為一個長期存在的背景因素。這大概就是學習歷史的收益之一。

毫無疑問地，史迪威對於整改中國軍隊的宏圖大略，最好的例證的確是印度藍伽訓練營。1942年5月初緬甸保衛戰爭失敗後，大部分中國遠征軍在飽經慘痛傷亡後退回國境，小部分遠征軍（新38師孫立人部隊）依照史迪威安排撤退到印度。這個處理方式最初引起蔣介石極端憤怒，因為當時中英關係極度惡劣，雖然名為盟邦，但是他深恐英國會解除中國軍隊武裝，或以斷糧斷炊要脅中國人俯首求食。其後中美英三國達成協議，選定在藍伽地區成立訓練營，由英國人提供生活資源，由美國政府提供軍事教官和武器彈藥，目標定為訓練十萬中國軍隊，分批自國內空運到印度接受訓練。這支軍隊後來成為第二次緬甸戰爭的主力之一，戰功彪炳，為擊敗強大日軍和收復緬甸做出重大貢獻。

這個的軍隊成功整改實例的歷史意義如何解釋？如前所言，毫不意外地，美國軍方和後世歷史學者在英文著作中，不厭其煩地引用它來證明，藍伽訓練營不但純屬史迪威個人的功績，同時也證明他對中國軍事改革看法的正確性，和蔣介石抗拒改革的錯誤性。他們延伸出來的結論是，如果蔣介石早就在中國境內全盤執行史迪威的整軍計劃，則中國也早就可以成為軍力強大的盟友，而失去如此良好歷史機會的責任當然全在中方。

但是歷史的大諷刺是，正是因為美國軍方和學者們自以為是，不屑去了解中國，因此沒有察覺到兩個重點。第一個重點是蔣介石高度讚許藍伽訓練營的做法。第二個重點是藍伽訓練營模式必須克服重重政治困難，才能夠在中國予以推行。藍伽訓練營的成績正是暴露史迪威的無知和短視。因為他如果具有成熟的政治敏感度和分析能力，而又能心平氣和地處人處事的話，則他早就應該了解中國政軍大格局的複雜性，體察重慶政府的困境，消除蔣介石個人的疑慮，早日把整軍工作引導上圓滿合作的道路。事實上，藍伽訓練營的成果，正是凸顯出史迪威莽漢作風的惡果。

首先就第一個重點而言，因為大多數美方軍事領袖們和後來的軍史著作者，都不曾去研讀中方資料，才會誤導他們完全不曾意識到，藍伽訓練營的成績也正是蔣介石夢寐以求的結果。兩國之間並無歧見。

與史迪威和美國軍方領袖們先入為主的設想完全相反的是，中國政府領袖們，特別是蔣介石，歷來信賴西方軍事學的先進。藍伽訓練營的情況其實和南京時代有一個顯著相同之處，那就是遠離中國國內的政軍大格局的干擾在江浙兩省練兵，可以完全依照蔣介石所心儀的當代西方（德國或日本）先進的步兵操典去練兵。其選擇的士兵、官長、指揮系統、教材和教學方法，都是現代西方式的，而他完全接受。藍伽訓練營比南京時代更具優勢的，是源源不絕的美國武器可供實彈演習。史迪威自以為是他獨力地讓中國軍隊脫胎換骨，把它們從蔣介石的冥頑不靈之中解救出來。其實他所做的，是終於完成了蔣介石的美夢，基本上重複了德國顧問的訓練內容，而國內地方實力派卻因為地處遙遠、訊息閉塞完全無法施加干擾。這也就是他為什麼嚴厲督促屬下務必選派優質壯丁到藍伽受訓的原因。史迪威不明就裡，還自以為他壓制了蔣介石的破壞，而把一支好軍隊恩賜給落後的中國。這個雙方心態不對稱的悲喜劇，真是值得歷史學家重新檢視。正是因為蔣介石對於德國式訓練方式視為珍寶，全盤接受，所以他1937年也希望蘇聯提供教官訓練中國軍隊，1942年更希望美國軍官能夠如同德國顧問一般做出貢獻。

再從中方資料可以確切看出，儘管蔣介石對於藍伽訓練營在初創時期充滿疑慮，但是一旦獲得英國保證允許其成立後，重慶政府便努力挑選體格符合標準的壯丁運送赴營受訓。即使一部分仍然被美軍拒收，重慶政府還是繼續努力遞補，務求達到美軍標準。[100] 這種情形在國內移交壯丁時從未發生過。即便是在蔣介石和史迪威私人關係惡化到勢同水火地步時，在他私人日

---

100 Liu, *A Military History of Modern China*, p. 141.

記中，也從不曾對美國軍事制度和訓練方法做出過丁點負面批評。正好相反的是，藍伽訓練營開辦之初，蔣介石和中國軍事領袖們只是看到一些零星的訓練照片，就讚不絕口。後來看到電影記錄片和中國考察員呈報的實地報告後，更是大受鼓舞。等到蔣介石1943年底從開羅會議返國途中，特別安排繞道親自訪問藍伽訓練營時，更是衷心嘉許，甚至把外國軍人的素養、氣宇、專業、體格等優點拿出來激發中國軍人的榮譽感。[101]

蔣介石這種信賴西方國家軍事科學的心態，幾十年不曾改變過，完全不需要史迪威的開導。所以此前史迪威指責蔣介石是舊式軍人和不懂西方現代化軍事事務的一切說法不攻自破，只能曝露他自身的見識淺薄而已。因為在蔣介石眼中，藍伽訓練營正是南京時代德國顧問訓練中央軍的翻版，只是換成由美國軍人主持而已，令他興奮不已。因此，史迪威和美國軍方前後花費35個月，把蔣介石看成是一個食古不化的舊式軍人，和抗拒美國軍事訓練的敵對者，實在是打錯靶子，虛耗了精力，也讓中美同盟關係毫無必要地誤入歧途。

依照中美雙方協定，中國政府為了準備第二次緬甸戰爭，需要訓練兩支部隊，分別代號為X和Y部隊。藍伽訓練營的中國遠征軍（X部隊）的成功基於幾個有利因素。首先，相對于美國援華物資的短缺，以及言而無信和趾高氣揚的態度，美國在印度為了英國人卻囤積了極為豐富的戰略物資。儘管英國人並不熱心訓練中國軍隊，但是美國軍方依然掌握了充足的人力和物資去滿足中方軍隊整改的需要。其中一個重要的事實是，在中國境內的訓練基地由於缺乏武器彈藥，步兵根本沒有足夠的子彈供實彈演習，而重武器（機關槍，火炮）的操練就更沒有真槍實彈的可能性。所謂訓練者，最多只是新

---

101 除了對美國軍人的由衷讚揚外，蔣介石也隊部下稱讚英國人的組織力強，和做事一本科學精神。鑒於蔣介石除了日本帝國主義之外，最痛恨英國帝國主義，這項讚揚非常心平氣和。見：陳布雷從政日記，1944年1月8日。蔣介石也對藍伽訓練營的中國將領們再三稱讚美軍的優點，並且叮囑他們務必要認真學習。時任藍伽的新1軍軍長的鄭洞國提供過頗為詳細的訓練營敘述。見：鄭洞國，《鄭洞國回憶錄》，頁290-303。

兵遵照步兵操典做模擬動作而已。但是在藍伽訓練營，則所有步兵制式武器都有用不盡的實彈演習機會。僅是這一措施，就讓士兵獲得實戰經驗，也讓中國政府信心大增，看出美國合作的誠意。

其次就第二個重點而言，時空環境的巨變，幫助蔣介石從中國的政軍大格局枷鎖中解脫出來。印度是一個遙遠陌生的異邦，中國傳統地方實力派對它資訊隔閡，更缺乏搜奪異國土地和資源的野心。更何況還要在英國人鼻息之下討生活，委實難以應對。地方實力派同時還會盤算，雖然接受美軍裝備是一個強烈誘惑，但是一旦他們把軍隊送到印度去受訓，則地方性軍隊將被納入國家化軍事體系之中，等於是把他們自己的政治資本拱手讓出，極有可能從此無法收回。國家固然因此而增加戰鬥力，但是地方實力派卻相形減少了控制力。因此一個有趣而又被廣泛忽略的現象是，在整個藍伽訓練營籌備和運行過程中，地方實力派不但沒有提出反對，更沒有踴躍爭取參加或是抗議政府歧視雜牌，剝奪它們參加的機會。反之，地方實力派一片噤聲，就是希望以沉默而躲避徵召。在這種情形下，除了第一次緬甸戰爭退到印度的殘餘軍隊外，此後從國內補充的兵源，清一色都成為重慶政府可以控制的軍隊。

印度蘭伽與中國本土相隔千里之遙，軍事訓練能在不受中國內部政治勢力干擾情況下順利進行。在印度受訓的部隊都是受民族主義的感召，而沒有因忠於地方勢力而搞派系分裂的雜念。最後，在中國本土長年議而未決的各項改革方案在印度均得以實現。士兵福利得到重視：軍餉如實定期發放，軍中生活環境順暢，官兵關係也大為改善。因此，蘭伽軍事訓練的成功一部分當然得力於美軍的積極推動和教官的傳授得法，另一部分則必須歸功於它具有獨特，有別於中國本土的政治和社會大環境。中美雙方對訓練營的技術問題沒有產生任何分歧，而正是大環境改變，才使重慶政府得以踴躍參與和全神貫注地實踐。

1942年10月，蘭伽中國軍隊成功地接受了美式訓練與裝備，史迪威進而提議在1943年裝備和訓練第二批30個師。[102] 相對在藍伽訓練的X部隊而言，預定在雲南訓練的部隊稱之為Y部隊。依照計劃，Y部隊將會在1943-1944年完成基地訓練後渡過薩爾溫江進入緬甸，會合X部隊，發動第二次作戰。

這個時空變換就突顯出前文所提的第二個重點。因為讓史迪威意想不到的是，關於訓練Y部隊的計劃很快陷入政治糾纏，部隊整編和訓練進度十分緩慢。當史迪威看到中國方面對於整軍計劃的作為不如理想時，他開始進行自己的分析，並且在1943年7月23日向上司馬歇爾將軍提出一個想象力豐富的推論。他宣稱蔣介石對整軍缺乏興趣的深層原因是「**對有人挑戰他（蔣介石）權威的恐懼**，以及他相信空軍才是決定性的，沒有必要花時間在地面部隊上。否則，他不可能躊躇滿志，冒險讓他的部隊繼續處在如此糟糕的狀態下。」[103] 史迪威更進一步宣稱，蔣介石心智障礙、落伍守舊、不學無術，根本不懂得現代化西方軍事學。這個認知很快地導致史迪威得到結論，蔣介石本人就是阻擾整軍計劃最大的絆腳石

然而在雲南境內的訓練計劃，還遭遇到特有的僵局：美國人希望先選定一部分國軍部隊，裁汰無能軍官，訓練士兵，在提高它們戰力之後再向它們發放武器裝備。但是重慶政府則希望仿照藍伽訓練營模式，把美械裝備和軍事改革同步進行。[104] 這個差別何需如此小題大做？

其實造成僵局的深層原因並不難理解。首先從重慶政府看來，Y部隊的整改計劃本身的引誘力就大為減低，因為部隊無法充分獲取租借法案物資，而需要由國內部隊中去擠壓和重新分配現有的裝備。[105] 重慶政府只要粗具智力就能明瞭，提高部分忠誠部隊戰鬥力的誘因，遠遠抵不過可能引發地方實力派反對的政治風險。特別是此項軍事整改，是在地方實力派的後院進

102 張發奎，《蔣介石與我》，頁225。

103 White, ed., *The Stilwell Papers*, p. 180.

104 Romanus and Sunderland, *Stilwell's Command Problems*, p. 26.

105 Romanus and Sunderland, *Stilwell's Command Problems*, p. 301.

行，必然會挑動它們的敏感神經（請參閱本書第三章雲南省一節）。地方實力派一方面希圖分享美軍裝備，一方面又不願意讓自家的部隊在受訓後被納入國家統一指揮系統之內。從它們的立場而言，最完美的安排是以地方部隊身分去獲得大量美援，而始終保持其半獨立性，在獲得裝備（或訓練）後歸還地方建制，甚至無需承諾作戰，只是借美國資源增加自己的實力，其他一切軍政關係維持原狀。重慶政府當然無法滿足這些遐想。還有一層考慮就是，當地方實力派在自家後院看到中央政府軍隊實力壯大，必然感受到嚴重威脅，必須儘量阻擾其成為事實而致追悔莫及。在這些複雜的政治盤算下，雲南省的美軍訓練營效果和成就，和藍伽訓練營之間就產生了顯著差距。而地方實力派對於重慶政府歧視雜牌部隊和偏袒嫡系部隊的指控聲量，也與日俱增。當然，美國軍方根本不知道，雲南地方實力派千方百計地阻擾重慶政府軍隊進入雲南境內，更不用說在雲南成立大規模訓練基地。而箇中內情蔣介石也絕對不會向史迪威透露，而招致對方的羞辱。

如前所述，1942-1943年美國向中國提供的物資遠遠低於其所承諾的數量，而重慶政府通過各種管道，也得知美國向其他盟邦輸送戰略物資數量龐大的真相。這個殘酷的發現，本身就已經大大地削弱了重慶政府在國內的威望，使它必須儘量避免觸碰與地方部隊間的脆弱關係。重慶政府之所以不敢大刀闊斧地在本國土地上進行軍事改革，其真實原因就是擔心改革的風聲會破壞它與諸多地方實力派合作的脆弱基礎，而美國承諾的物資援助卻屢番不見蹤影，造成一場空歡喜。因此，重慶政府把美式裝備視為政治定心丸，一旦有了物資保證，而且掌握在手後，再進行改革也不遲。到了時機成熟時，即使軍事改革可能激怒地方實力派也就在所不惜。換言之，美國軍事訓練計劃絕不僅僅是一個單純的技術層次的問題而已，因為它既能夠帶給中國巨大的利益，又蘊藏高度的政治風險。

這個道理就從最簡單的數字就可以看出它的複雜性。比如說，美方計劃只挑選30個師，顯然這種優惠不可能在全國雨露均霑。指定哪30個師受惠？它本身就構成明顯的差別待遇，而那些沒有得到好處的派系，很可能就疏遠與中央的合作。儘管中央政府肯定願意指定中央軍接受美式訓練與裝備，但是這麼做可能重新點燃地方領袖們在戰前對中央的疑慮與敵視，甚至會導致中央與地方關係的崩析。但是如果美國能夠對重慶政府提出如同藍伽訓練營一般充裕的實惠時，則重慶政府就願意冒著地方實力派反對的風險，而接受整改方案。

正是由於這些疑慮無法得到明確解決，因此毫不意外地，重慶政府在挑選整改部隊時便百般猶豫。儘管最終選定的所有部隊都是對中央政府忠誠可靠的部隊，並且從1943年春天開始便集結在昆明著手訓練，[106] 但是雲南省內的政治情勢極端複雜，嚴重阻礙了指揮體系的建立。為安撫龍雲，重慶政府不得不設置獨立的訓練指揮架構，而且駐紮雲南的遠征軍也被孤立在營房之內，無法控制其後方。[107] 但是只要能換來某種形式的美國援助，重慶政府依舊樂意合作，因而Y部隊在如此困難中最終依然組建成功。

遠征軍事件說明，單就軍隊訓練工作而言，無論是在印度藍伽或是中國雲南，蔣介石和史迪威在技術層面上完全沒有衝突，本就應該是最好的合作夥伴。兩者都認同美國訓練模式，也同意中國軍隊必須通過嚴格訓練才能對抗戰做出貢獻。說到底，史迪威向中國提供的軍事改革建議，在技術層次上非常正確，但是了無新意，只是移植美國軍事制度和軍事學校的步兵操典而已。這些操典在美國行之有年，效果肯定扎實，但是它們的現代化和科學性，和德國、日本與蘇聯的操典大同小異，不相上下。[108] 可惜史迪威誤以為中國人從來沒有見過世面，因此他帶來的就是「福音」，而且還要以粗暴方式加以施布，只能無端樹敵。以他和竇恩將軍等多位軍人都曾經在美國駐華大使館武官處工作有年，而對德國顧問在南京10年間的辛苦耕耘事跡居然茫然不知，而1942-1944年間，又不曾派遣工作人員到中國軍隊進行實地調

---

106 重慶政府在1943年4月在昆明設立「軍事委員會駐滇幹部訓練團」，由蔣介石自任團長，陳誠和龍雲並列為副團長，但是實際事務由陳誠負責。擔任教育長的先後有杜聿明，關麟徵，黃杰，和梁華盛，但是中央軍重要幹部。其訓練內容，請參閱：宋希濂，《鷹犬將軍》，頁236-237。

107 Romanus and Sunderland, *Stilwell's Mission to China*, p. 296.

108 黃仁宇，《黃河青山：黃仁宇回憶錄》，頁28。

查，其愚昧自大和誤國（美國）程度真是驚人。

蔣介石過於了解國內政軍大格局的危機四伏，不敢貿然進行大規模政治冒險，而史迪威則純從蔣介石的表面行為就衍生出一系列錯誤臆測，認定蔣介石無可救藥。更不幸的是，他們之間由於缺乏互尊和互信，以致蔣介石從不敢把心中苦水向史迪威傾訴，深恐其後果是導致史迪威不但不會予以同情，反而招惹後者的嘲侮。兩人間溝通上的阻礙，讓中美關係承擔了極大的代價。說到底，癥結是美國政府所托非人。史迪威是一員軍事訓練官和戰將，卻是政治庸才，缺乏智慧去了解中國政軍格局的深層結構，卻偏偏被美國政府委以重任，必需去處理只有具備高度政治敏感度和分析力才能完成的任務。難怪他始終處于「武夫從政」和「小材大用」的尷尬境地，又成為導致中美關係悲劇的根源。

本書前文對重慶政府未能與地方軍人間形成良好合作互信政治關係的討論，也使我們理解到它為何沒能有效地推行軍事訓練。而軍事訓練上的失敗，又轉而損害了中美兩國的同盟關係。儘管美國在與中國結盟之初，並沒有插手中國內政的意圖，但國軍作戰無能表現，最終導致美國認為只有干涉中國內部事務，才能提高中國作戰積極性。在中美兩國四年的同盟關係中，沒有任何一個政策能像美方給中國軍事訓練工作的各種建議那般具有巨大潛能，能在根本上打破中國的權力格局。然而，重慶國民政府對這些計劃卻十分擔憂，不斷找各種藉口拖延執行。因此，儘管國民政府原則上同意為第二次緬甸作戰組建一支部隊（Y部隊），但是他們花了很長時間才敲定接受美式訓練的部隊番號，將戰鬥力提高到先前承諾的水準。事實證明，這些被挑選為接受美式裝備和訓練的部隊，在緬甸戰場的表現成為此前中國近百年軍史上最善戰的部隊，也是在整個八年中日戰爭過程中，最能給予日軍迎頭痛擊的部隊。1937年的淞滬戰爭部隊和1944-1945年緬甸戰爭的部隊，都是中央軍最精銳之師，鮮有例外。[109]

---

109 接受美軍裝備訓練部隊的番號是印度的新1軍和新6軍，國內的第2、5、6、8、13、18、53、54、71、73、74、79、85、94軍。見：鄭洞國，《鄭洞國回憶錄》，頁290，註#1。

儘管史迪威提出的整軍方案在技術層面上相當正確，但是他缺乏政治智慧去理解中國事務的複雜性，包括本書第三章所謂的「政軍大格局」，也包括中央政府與地方實力派之間的軍事力量互動。史迪威所依據的出發點完全是來自美國這個政權統一的國家，軍隊當然完全服從政治領袖們的命令。所以只要政治領袖做出決定，軍隊長官們必然徹底服從，不存在討價還價的曖昧空間。然而抗戰中的中國完全是不同狀況。由於中國抗日陣營內部支離破碎，重慶國民政府實際上不過是大量半獨立部隊的鬆散聯合體，其成員是靠個人關係、同鄉情誼、饋贈收買、物質獎勵、武力威脅等因素粘合而成。要想通過正常指揮系統去發布命令是不可能被遵守的。國民政府只有與地方部隊指揮官或他們派駐重慶的代表，在事先進行複雜談判達成協議後，才敢發布軍事命令，否則就會自取羞辱。

更何況，從國民政府立場出發，抗戰經過四年之後，中國的政治與軍事狀況已經發生了巨大變化，中央政府權力較之以往更為虛弱，很難通過正常管道向將領們下達命令去推動軍事改革。事實上，1942年以後重慶方面最熱切的希望，正是借由美國援助去重建自己的部隊，逆轉中央與地方軍人間的力量對比，至少希望能夠恢復對地方實力派在表面上的制度性控制。

不過當史迪威的建議一再被重慶政府忽略時，他終於得出結論，唯一能使這一緊迫的軍事改革得以推行的辦法，就是逼迫蔣介石交出指揮權。[110] 雖然羅斯福起初拒絕了這一建議，但日軍「一號作戰」期間，中國的潰敗程度令他感到震驚。結果是，1944年7月6日羅斯福向蔣介石發出了一封著名的電文，它不僅教訓蔣介石該如何處理中國當前的危機，而且提出了他個人認為正確的解決方案，就是把指揮權交給史迪威行使。[111]

美國政府沒有考慮的關鍵問題是：如果重慶政府本身都沒有能力控制全

當然，中央軍善戰之師也必須包括固守衡陽的第10軍。又見：宋希濂，《鷹犬將軍》，頁235。

110 Romanus and Sunderland, *Stilwell's Command Problems*, pp. 63-64.

111 Tuchman, *Stilwell and the American Experience in China*, p. 601.

國部隊，則它又如何能將虛幻的指揮權交付給美國人？當時，蔣介石之所以享有比其他軍事集團更高的政治地位，很大程度上是依靠美國政府承認蔣介石為全中國領袖這一事實。而他在與美國人打交道時，當然會盡量掩蓋他外強中乾的這個殘酷政治現實，盡量讓美國人繼續相信他在中國國內果然擁有最高實質權力。然而，一旦美國人赤裸裸地要求他交出該項權力時，蔣介石就再也無法粉飾太平。因此他在7月8日回復羅斯福總統的文電中只好把自己尷尬處境和盤托出：

「閣下所提，史迪華（即史迪威）將軍在余直屬之下，以指揮全部華軍與美軍之建議，其原則余甚贊成。**但中國軍隊與政治之內容不如其他國家之簡單**，更非如在緬北作戰少數華軍之容易指揮者可比，故此事倉促付諸實施，不惟不能補益中國之現在戰局，乃必速致中國軍事之不利，此乃現地之事實，亦為余對閣下坦白與至誠之貢獻，決無有絲毫之掩飾或作推託之辭也。故余以為必須有一準備時期，可使中國軍隊對史將軍能絕對指揮，而無絲毫阻礙，而後乃不辜負閣下之所期待也。余甚望閣下能派遣一私人完全信任之又能力的全權代表，且能有遠大之政治目光與能力者，得以隨時與余合作，並可調整余與史將軍二人間之關係，俾能增進中美合作之效率。**蓋軍事之徹底合作，必須以政治合作為基礎**。」[112]

這封絲毫不含蓄的電報，是蔣介石第一次以文字向美國人透露自己無法控制國內各種政治勢力的心聲。它所傳達的信息等於承認自己並不能掌控中國內部事務，而任何一位有自尊心的國家元首，在其與盟國交涉中，都不可能比蔣介石更坦誠地曝露自己的弱點，更何況蔣介石的民族自尊心還歷來遠遠超過一般人。雖然蔣沒有直接點出是地方實力派從中作梗，但他在文中也

112　《蔣委員長自重慶致行政院副院長孔祥熙轉美國總統羅斯福說明由史迪威指揮全部華軍與美軍必須有一準備時期並望派一全權代表以調整委員長與史迪威間之關係電》（1944年7月8日），中國國民黨中央委員會黨史委員會編印，《中華民國重要史料初編：對日抗戰時期：第三編 戰時外交》（三）（中國國民黨中央委員會黨史委員會出版，1981年9月），頁636-637。

表明了自己無權命令下屬將領聽命于史迪威，並希望能多些時間去做好準備工作。由於他知道情況已十分危急，因此要求羅斯福派遣一位他信任的代表來華。他扼要地提出該代表應有政治眼光與能力，也強調政治合作是軍事合作的基礎。蔣介石實際上是灰頭土臉地被迫承認自己的無力感，然而因為「豫湘桂會戰」的空前危機和中美外交的困境，才使他相信，只有高度的坦誠才能繼續獲得美國信任和援助。

不久蔣介石囑孔祥熙拜訪羅斯福總統，協商有關指揮權問題。中方希望把那些政治上不可靠的部隊排除在史迪威指揮權責範圍之外，由於指揮權包含有美國援助物資的分配權，因而這就意味著那些部隊也不能獲得美援。羅斯福在8月21日堅決反對了這一建議。[113]

當中國人還在猶疑不決時，9月19日又收到另一封羅斯福的信。該信重複了史迪威提出的所有論點，並且警告如果中方不全力支援緬甸作戰，「吾人將完全喪失開放接濟中國陸路線之機會，而且直接危害現有之空運途徑。果然，則閣下必須準備接受必然之後果及負完全之責任」。[114] 在外交用語中，這幾乎等於最後通牒。面對這個殘酷局面，蔣介石終於正式提出要求美方召回史迪威。

上述分析顯示，在戰時中美同盟關係中，許多矛盾其實源自重慶政府脆弱的政治與軍事處境。但是美國人不願意將寶貴的物資用於支持中國內部的派別之爭。與此同時，史迪威被召回，美國對中國大陸戰略價值的估計也大幅降低，轉而傾向借力蘇聯紅軍去打敗日本。雅爾達會議的秘密交易應運而生。

總結以上論述，中美同盟第一階段的35個月，可以從兩個領域加以了解。第一，在純軍事領域裡，蔣介石與史迪威在軍事訓練的技術層面應該彼

113 President Roosevelt to Generalissimo Chiang Kai-shek, August 21, 1944, Foreign Relations of the United States, Diplomatic Papers, 1944, China, p. 149.

114 President Roosevelt to Generalissimo Chiang Kai-shek, September 16, 1944, Foreign Relations of the United States, Diplomatic Papers, 1944, China, p. 157.

此是知音者，因為他們都信奉西方軍事現代化。對於整改大方向目標高度一致，就是精簡組織和提高戰鬥力。第二，在政治領域裡，蔣介石無力超越中國政軍大格局限制，是牢籠中的囚犯，卻對美國盟友有苦難言。相對而言，史迪威卻錯把蔣介石當成是具有高度獨立自主性的政治強人，而必須為自己的行為負責。與此同時，史迪威又滿懷信心地，認為美國制度當然行之四海皆準，因此只要看到蔣介石不順從他的意旨，則肯定是錯在對方，必須予以迎頭痛擊。最終在這35個月之中，中國對美國的兩個指望均告落空，既沒有把武器裝備運送到位，也沒有讓軍事改革達到效果。

第二個階段
1944年11月-1945年8月（魏德邁時期10個月）

1944年底，美國任命魏德邁（Albert C. Wedemeyer）中將接替史迪威，出任中國戰區盟軍參謀長和在華美軍指揮官。魏德邁任命有幾個有利的客觀因素。首先，史迪威將軍1942年初對新到任時，蔣介石對之一無所知因之也毫無成見，但隨即在個性和行事作風上爆發嚴重衝突。而魏德邁在中印緬戰區服務時（China-Burma-India, CBI, 1943-1944），蔣介石便與之略為相識，而且嘉許他的職業軍人品質。第二，羅斯福只是任命魏德邁作為在華盟軍的參謀長，完全放棄了美國政府長久以來強求的全部接管中國軍隊的指揮權。因此指揮權這個嚴重的摩擦點立即消失。第三，美方任命魏德邁時，正值中國面臨抗戰以來最嚴峻的軍事困難，而此時美國物資進入中國的運輸量也開始急劇增加，使得魏德邁的影響力相形提高。但是最重要的主觀因素是，魏德邁性格沉穩，行事成熟，完全沒有史迪威的急躁，粗暴，和心智短缺卻又自視高人一等的咄咄逼人氣勢。

一、魏德邁新作風

魏德邁首先大刀闊斧地整改了駐華美軍本身的組織和人事。在中美同盟關係成立35個月之後，美國軍方終於在重慶成立了常規辦事處，配置常駐人員，執行正規勤務。把史迪威時代時斷時續、隨心所至的中美軍事同盟關係納入正軌，保持經常而穩定的關係。其次，他徹底革除長年追隨史迪威的親信將校們，辭退一批歷來自詡為「中國通」的「軍油子」們（以竇恩將軍為代表人物），代之以一批此前與中國沒有淵源，但是專業素養扎實的軍官。第三，他以身作則地消除了種族優越感的狂妄，警告屬下切不可以盛氣凌人姿態對待中國軍人，必須謹守禮儀，互相尊敬，營造親切合作氣氛，借此徹底改革美國軍人和中國軍人之間的關係。第四，也是最重要的，他徹底改善了和蔣介石的關係。一方面，魏德邁認真業務，對於專業事務絕不讓步，直言無忌，加上他高超的行政管理才能，大量地解決了過去多年延擱未決的懸案，對於中國軍改做出前所未有的成績。另外一方面，他獲得蔣介石信任，以致後者把許多高度敏感問題向他和盤托出，大大地增加了解決問題的彈性和效率。中美同盟關係終於走上康莊之道，而不是虛耗在互相指責尖銳摩擦之中。

魏德邁在新上任時，立即著手進行整改中國軍隊的工作。無論是他觸及的工作範圍，投入的精力，任用的人才都遠遠超過史迪威時代。他繼承了此前訓練30個師的計劃，並將之命名為Alpha計劃。1944年12月底，魏德邁在與蔣介石面商如何改革軍隊時，直率地表達了自己的立場，即「那些忠於委員長的師和願意作戰的部隊，應該在這個整訓計劃中享有優先權」。這項保證讓蔣介石立即從戰時政治軍事大格局中解脫而出，使他毫不猶豫地接受美國全部的整軍計劃。蔣介石歷來內心最大疑懼，卻被魏德邁如此輕易地消除掉，並且贏得了他的信任，使之成為美國整軍新計劃的熱心支持者。[115]

---

115 Romanus and Sunderland, *Time Runs Out in CBI*, pp. 63, 68, 232.

1945年1月，中方設立一套新指揮體系，執行魏德邁的整改計劃。最初目的是使每支部隊在接受三個月訓練後，能有效地作戰。整軍計劃預想實施兩期各13周基地訓練，第一期側重武器操作，第二期側重戰術演練。完成兩期訓練後，理論上國軍一個人員滿額的師編制為10,000人，外加一個炮兵營，可以達到與日軍一個聯隊的戰鬥力相對等程度。[116]

二、蔣介石的新反應

同樣重要的是蔣介石對於美國態度的極端轉變。這個轉變在他的日記中最為明顯。在史迪威時代，他的日記連篇累牘怒氣衝天地責罵史迪威個人和美國政府不講信義，甚至連羅斯福、馬歇爾等人都在指責之列。相比之下，在魏德邁時代，他的日記充滿對中國自身缺失的嚴厲批評，對前途的自勵，和對美國的嘉許。在此只舉幾個例子。[117]

比如說，早在魏德邁接任之初，當蔣介石看出他和史迪威作風全然不同時，就做出決定要實施整軍和建軍計劃，包括擬定訓練方法、改革人事制度、調整機構、整頓紀律、剷除貪污、提高官兵待遇、充實中央部隊等，全部都訂出執行的具體日程表。蔣介石在接到魏德邁關於美式裝備中國部隊的訓練方鍼，及編制和36個師整補計劃後，給予完全同意，以致他在日記中寫道，「所有積案亦已清理矣。」此地所謂「積案」指的是史迪威累積了35個月的沉重包袱，和中國人自己無法處理的整改事項，難怪讓他內心十分滿意。[118] 他在1945年1月16日日記中寫道，「今日最大之恥辱乃國軍敗創，紀律廢弛，內部腐化，外表枯竭，形同乞丐，以為目前之大恥，而為國際所詬誶者。應以此整頓軍隊，充實兵力，為雪恥圖張之第一步也。」[119] 兩天

116 Romanus and Sunderland, *Time Runs Out in CBI*, p. 233.

117 如果讀者有興趣進一步了解，煩請參閱作者的《劍拔弩張的盟友》，第八章。

118 蔣介石日記，1944年12月14日；1945年1月10、13日。

119 蔣介石日記，1945年1月16日。

後，在與陳誠長談軍事改革時，決定36個師接受美式裝備，30個師由中國裝備，調整機構、提增給養、武器、彈藥、指揮、攻擊、防守等各方面的改善。21日寫道，「建立軍隊為惟一集中之目標也。」他全心全意改革軍事，甚至撥出時間去研讀蘇聯建軍經驗，認為大有裨益。「通令各將領應隨美軍官學習其『快，實，新』三要領，並須虛心接受。」2月28日他決定「中央直屬部隊裁撤八個軍之多，可謂忍痛異甚，而對其他戰鬥不力紀律蕩然之地方軍隊且反不能裁編，示以大公無我之意，惟終能望其有一日之感悟也。」蔣介石這個作為非常重要，因為中央直屬部隊向來是中央軍的「嫡系」，但是蔣介石顯然已經高度信任魏德邁，所以整改手術選擇由「嫡系」首先開刀，而對於「雜牌」反而需要曲意遷就。這個事例也讓我們對於「嫡系」和「雜牌」多年之爭，得到一些不同的啟示。果不其然，蔣介石這種斷然裁撤措施不免引起中央軍怨言，認為抗戰有功部隊反被裁撤，有違情理。因此蔣介石3月3日又寫道，「余自帶兵以來，對優秀學生及有功部隊裁編之多，以此次為最。惟為國家為革命以及優秀將領之前途計，皆不得不忍痛忍心而毅然斷行，貫澈方鍼，否則為公為私，只有失敗而已。」[120] 而軍令部長徐永昌向蔣介石建議，在新裝備之軍隊建立時，應該趁機嚴明紀律，認真練兵打仗，要借裁兵機會，將能夠打仗並且接受編併的部隊留下，其他劣質部隊予以裁撤。也立即得到蔣介石批准。[121]

蔣介石這個巨大改變的原因，其實並不難理解。重慶政府自抗戰以來，最大的憂心就是地方實力派的曖昧態度。一旦重慶政府有整軍企圖，即使只是處於籌畫階段，只要風聲漏出就足以動搖國本，瓦解抗戰陣營。因此即便是抗戰的軍事長期無能，但是至少可以勉強維持現狀。但是1945年歐戰結束，美軍武器可以保證充足供應中國，魏德邁既有軍事才能，又兼具政治智慧，更加上行事做人謙和正派，就重新點燃蔣介石整軍經武的企圖心和信

120 蔣介石日記，1945年1月18、21日，2月7、28日，3月3日。陳誠先生日記，1945年1月2、8日，2月2、5日。

121 徐永昌日記，1945年1月12日。

心，讓鋪滿荊棘的同盟關係重新回歸正道。到了此時，地方實力派當然也得到情報，得知魏德邁整訓部隊的浪潮即將掀起。此時劉斐接到報告，有部隊不遵從裁編，竟然揚言對後果不能負責任為要挾。[122] 但是一旦有了美國武器實質支援，美國政府態度明確果斷，蔣介石也不再害怕整軍計劃會動搖國本。

或許最能夠表達蔣介石積極心情的象徵，是他在1945年開春時節的許願。他在1月14日日記中寫下了一個「本年中心工作與目標」，其性質不是一篇政府文宣公告，沒有出示外人，而是內心的策劃。內容包括以下幾個重點：「甲。三十六個師整補完成，六月以前反攻準備完成。乙。青年遠征軍十個師之訓練六月完成。」「二。建立軍隊制度先健全中央軍十五個至三十個軍，政策，方鍼，實施計劃（主動）。甲。建立人事制度。乙。官制與俸級之厚薄關係 ….. 丙。補給制度之建立（ 給養，被服，醫藥，彈藥等等）。丁。教育制度之建立。」「建軍要素： 學術，現代制度，統帥體系，戰鬥精神等等。」「四。軍事經濟：重工業。五。國民經濟：輕工業。」「軍事目標： 第一期在六月以前收復南寧柳州；第二期十月以前收復廣州香港；第三期12月以前收復衡陽長沙武漢。」 與此同時，還要施行政府、黨務、民生、自耕農、貨幣等各方面改革。[123] 1945年1月蔣介石的重點是軍事第一，積極組成青年遠征軍與整補中央軍五十個師之計劃，準備反攻。[124] 這些計劃的項目清晰、涵蓋全面、內容具體，完成時期明確列出，大部分不但又回到他在南京時期「整軍計劃」的內容，而且還增加了若干此前從未觸及的整軍領域，如補給和醫療制度。

---

122 徐永昌日記，1945年2月14日。

123 蔣介石日記，1945年1月14日。

124 以上見蔣介石日記，第44箱，第一卷宗。

三、中美合作範圍的擴張

重慶政府在與魏德邁互動過程中，還主動要求美軍派員觀察和參與中國軍隊多方面的工作。回顧在史迪威時代，美國對中國軍隊的組織和作戰方式明顯缺乏了解，史迪威本人從來不曾到中國各戰區巡視，也不派遣部屬進駐國軍部隊單位。所以在35個月中，美軍對於中國的軍情軍務非常隔閡，只能夸夸而談卻無法落實到部隊層次。但是從1945年初開始，美軍聯絡組終於派官兵進駐到國軍師級單位。于此同時，魏德邁還任命了一位美國軍官專職負責國軍的後勤補給系統，包括改善軍糧分配制度。而這正是史迪威在奢談指揮權和整改國軍時，所堅決拒絕觸碰的領域。魏德邁的這些措施，使美國軍方比過去任何時候都要深入參與到中國政府的決策中。[125]

當Alpha計劃仍在醞釀階段時，魏德邁又在1945年2月向重慶政府提交Beta計劃。該項計劃要求中國軍隊定期向東南沿海地區發動攻勢，目標指向廣州與香港，爭取在1946年初與盟軍建立海上聯繫，為摧毀亞洲大陸上的日軍做出前期準備。依據魏德邁參謀部門計劃，中國軍隊將會動員208個師（約170萬人）參與此項行動。同年2月14日，中方又一次毫不猶豫地支持這一計劃。重慶政府在行動上的這些重大改變，連美國軍事史官也注意到，並且寫道，「中美成為盟友以來，委員長第一次同意在中國本土省份中實施主要攻勢作戰」。[126] 同樣充滿諷刺的是，根據魏德邁向美國政府提出的內部報告稱，他的僚屬們在實際上已經掌握了幾十個中國軍級部隊的指揮權。回想才不過幾個月之隔，中美同盟關係因為史迪威爭奪「名分上」的指揮權而瀕臨決裂地步。而如今魏德邁卻在不聲不響和埋頭苦幹的氣氛下，贏得被蔣介石交出幾十個軍的「實質上」指揮權。前者是「有名無實」的愚蠢，而後者是「有實無名」的智慧。這個對比不但全盤否定了史迪威指責蔣介石無法容納外國人的誤謬，更重要的是對於中美兩國長遠關係而言，都是一個值得深

---

125 Romanus and Sunderland, *Time Runs Out in CBI*, pp. 235, 242-247.

126 Romanus and Sunderland, *Time Runs Out in CBI*, pp. 333-336.

刻檢討的史例。

1945年初，重慶政府為了施行預定在當年秋季開始執行的總反攻計劃，在昆明設立中國陸軍總司令部，由何應欽擔任總司令，進行整改。列入整改的部隊有盧漢、張發奎、湯恩伯、王耀武、和杜聿明部隊，一律美式裝備，準備總反攻。[127] 值得注意的是，盧漢帶領的是雲南籍部隊，張發奎帶領的是廣東籍部隊，但是抗日立場堅定，因此和中央軍同時接受整改。到了5月份，重慶政府看到日軍似乎為了縮短戰線而開始主動後撤，於是提前發動攻勢。總目標是切斷在華日軍與越南及其東南亞日軍的陸上交通線，奪取西南沿海港口，增加盟邦將更多物資運進中國去充實國軍戰力，以便進行更大規模的總反攻。[128] 從1945年5月份開始，國軍進行普遍性反攻，收復許多據點。它們不是大戰役，也不是大勝利，而是趁日軍全面性退卻時加速國軍的主動進攻。特別是廣東、廣西、湖南、江西等地區，日有斬獲。[129]

在魏德邁時期還有一項中美軍事合作專案引起廣泛注意，那就是成立青年軍。其實從歷史根源說起，蔣介石最早提到組建「青年軍」這個觀念大概是1939年5月份，[130] 但是沒有留下深入討論的文字。推測其動機，或許是淞滬戰爭、南京保衛戰、及武漢保衛戰的相繼失敗，導致蔣介石考慮，與其補充擴編舊部隊，不如另起爐灶建立新部隊。但是這個想法可能礙於大格局的限制，不久就銷聲匿跡。1943年第二次緬甸戰爭開始和1944年國軍在豫湘桂會戰中的慘敗，或許都是促使建立新軍念頭的重要因素。根據白崇禧說法，蔣介石認為國民黨積習太深，無法挽回。因此創立三民主義青年團。不久之後又感到青年團的不足，所以發起知識分子青年軍。另外根據張治中的說法，則是各地黨團為策動知識青年從軍，曾聯名上書委員長，請求刷新政治，嚴懲貪汙。以保障從軍青年的情緒。委員長派代表接受請願書，導致青

127 呂芳上主編，《中國抗日戰爭史新編：軍事作戰》，頁288。

128 呂芳上主編，《中國抗日戰爭史新編：軍事作戰》，頁46-47。

129 徐永昌日記，1945年5-7月份。

130 蔣介石日記，1939年5月27日。

年軍產生。[131]

重慶政府的初步嘗試，是在1943年底到1944年初，在四川省徵集45,000名優秀青年參加遠征軍到印度受訓。[132] 到了8-9月間，重慶政府在蔣介石極力推動下，密集商討青年軍事宜，引起領袖們意見紛紜。比如說，蔣介石在9月初（3日）談到要以黨員團員（三民主義青年團）組成學生軍，預備編練十萬人。但是徐永昌主張不要用黨軍名稱，而教育部則建議由委員長做領導如幹部訓練團團長之類名稱。將來軍隊練成後，僅供開赴台灣等處登陸之用。國民黨黨團方面則主張由黨團主辦，定名為遠征軍。白崇禧認為不可以骨子裡是黨軍，導致中共和美國的反宣傳。徐永昌認為很難召到真正知識分子，結果貽人恥笑。但是蔣介石對於青年軍事務的態度非常堅決，指示屬下不要猶豫，不可鬆懈。務必執行。[133]

1944年10月，蔣介石正式號召「十萬青年十萬軍」。中央和各省成立指導委員會主持運動，有些官員率先報名從軍，或是上街遊行。情形頗為熱鬧，但是各地的實際反應並不一致。比如說，中央政治學校雖然有中央命令全校從軍，但是遭到學生反對。而中央大學反應更是冷淡。[134] 相對而言，西南聯大響應從軍者卻相當踴躍。學生張貼資訊，作為鼓舞。因為參加活動的學生往來如織，倍顯精神，所以學生請求延長登記時間。初始就有184人報名，較政府預期多了80多人，登記結束時又增加103人。[135] 反而是政府機關和國民黨部工作人員反應冷漠。無論是行政院下屬各部會，或是各級黨部，雖然也大張旗鼓地動員青年幹部投筆從戎，但是無法掀起風潮。有些黨政機關主管為了凸顯工作成績，甚至硬性規定1/5職員必須報名從軍，引起

---

131 徐永昌日記。1944年10月31日，11月1日。

132 周開慶，《四川與對日抗戰》（台北：臺灣商務印書館，1971），頁248。

133 徐永昌日記，1944年9月3、12、16、20日，10月19日。

134 徐永昌日記，1944年10月26日。

135 鄭天挺西南聯大日記，1944年11月30日，12月2日。到從軍學生開始入營時，第一批入營人數是西南聯大151人，雲南大學18人，中法大學6人 。鄭天挺西南聯大日記，1945年1月28日。

職員們指責為違背「志願軍」原則，徒增紛擾而沒有達成效果。其間特別醒目的是行政院和重慶市政府，行政院作為全國最高行政單位，職員的反應顯得特別冷淡。越是高級幹部反應越是冷漠。而重慶市作為抗戰首善之區，儘管市黨部舉辦黨員大會，報名從戎者依然寥寥無幾。[136] 或許是這些公務員們社會歷練比較豐富，精明世故，不輕易受愛國情操感染。無論如何，全國志願從軍人數達到125,500人，超過原定目標。實際報到入營大約100,000人。成立9個師。[137] 如果以社會背景區分，則其中包括各省市青年107,380人，大專學校學生15,500人，國民黨黨員和工作人員2,620人。[138] 如果依學歷分析，則專科以上者10%，高中以上23%，初中60%，小學7%。[139] 毫無疑問地，較之當時中國士兵絕大部分是文盲的狀況，這代表軍隊素質的重大提升。而且在1944-1945年有如此成績，也表示年輕人愛國情緒的高漲。

知識分子青年軍的建立，當然和美軍發生密切關係，因為武器裝備和訓練概由美國提供。但是中美雙方對於青年軍性質的觀念卻一度產生歧見。依照魏德邁美國式思路，所有從軍知識青年應該分發到各個部隊基層，作為其他大部分屬於文盲型士兵們的楷模，借此提升整個國軍素質。但是蔣介石和其他中國領袖們卻在內心中把青年軍士兵看成是國之棟樑，是一支特殊身分的部隊，它當前的作戰任務遠不及它在未來建軍建國的重任。因此就不可以採取魚龍雜混方式，分發到各部隊去埋沒他們的才能。有些省份的指導委員會在討論青年軍給養問題時，認定青年軍的特殊身分，甚至建議每人每日發給豬肉半斤作為補充營養，後來被蔣介石否決，認為照軍校學生規格辦理即可，而何應欽還認為太苦而不贊成，引起蔣介石不耐。[140] 最後由於蔣介石極力堅持，魏德邁只好讓步，同意知識分子青年軍自成一格。

---

136 陳克文日記，1944年10月18、23、27、30日，11月23日。

137 國防部史政編譯局，《抗戰勝利四十周年論文集》，上冊，頁859-867，陳曼玲，〈抗戰與知識青年從軍運動〉。又見：呂芳上主編，《中國抗日戰爭史新編：軍事作戰》，頁288。

138 周開慶，《四川與對日抗戰》（台北；臺灣商務印書館，1971），頁248。

139 呂芳上主編，《中國抗日戰爭史新編：軍事作戰》，頁79-82。

140 徐永昌日記，1944年11月4日。錢大鈞將軍日記，1945年5月15日。

四、新合作的成果

總括而言，1945年春夏之交，國際局勢瞬息萬變，對日作戰在8月份突如其來地勝利。因此由於時間倉促，Alpha計劃未能全盤完成實施，而Beta計劃更只停留在初步作業階段。[141] 總體看來，中國政府在引入美國盟友幫助重建軍隊的努力上，其結果可以說是成敗參半。重慶政府因為在國內政軍大格局下的無奈不能有效推行軍隊整改，當然是中國人自己的缺失，因此無可避免地造成美國盟友失望，並且降低對中國軍事同盟價值的期望。中國地方實力派領袖們，因為沒有分享到美國軍事援助的利益，同樣憤憤不平，指責蔣介石偏袒嫡系歧視雜牌軍隊。但是美國盟友不能了解中國的內情，而虛耗了將近三年寶貴光陰，也有其不可推卸的責任。

一些簡單的數字可以說明許多情況。魏德邁接任之初，中國軍隊維持530萬人名額，他向蔣介石表示非常希望中國軍隊可以裁減為350萬人，完成後由美方提供後勤。儘管重慶政府欣然接受美國方案，但是根據軍政整改縮編報告，到1945年3月份，部隊共有3,636,000人，軍事機關尚有928,000人，軍事學校197,000人。總共4,900,000人，而且只是陸軍。在此後4-10月內，還擬分兩批裁併後，保留部隊2,576,000人，機關保留629,000人，學校保留121,000人，總共為350萬。裁撤的人數則是1,430,000人。由數字觀之，中方的確裁減了70萬人，但是大部分是後方機關。在所剩下的460萬人中，還需要裁撤110萬人。美方答應中方以半年為整頓期限，是中國的大好機會。而就在這個裁撤正規軍的關頭，主戰派重要夥伴桂系白崇禧卻轉達，廣西省政府要求擴充廣西省的地方武力，而且聲言如果不蒙批准，則士兵可能被奸偽所裹挾，或造成社會不安。其他不屬於主戰派的部隊，其盤算就益發複雜了。而適在此時，劉斐也報告，有部隊不遵從魏德邁裁編計劃，竟然以對後

---

141 依據蔣介石估計，中國陸軍總部所轄的各軍編補大體完成，青年軍遠征軍7個師，也完成十分之九。「此乃軍事第一進步也。」見：蔣介石日記，1945年3月31日。

果不能負責任為要挾。[142] 換言之，凡是列入裁編計劃或是打敗仗的地方部隊，不論在名份上如何改頭換面，都仍然必須由政府維持其現狀，否則可能成為社會禍害。這樣就嚴重地顛覆了裁併縮編的原意。只是到了此時，重慶政府的政治資本也逐漸鞏固，對於地方實力派不穩的恐懼心逐日降低。重慶政府的確在其忠貞部隊（印度與雲南）接受美式訓練和裝備方面獲得了相當程度的改進，同時激發了它們的戰鬥力和進取心。

依據美國軍方統計，到1945年8月，國軍共計有39個師完成美械裝備（重武器除外），獲得一定戰鬥力，但這些裝備大多是戰爭結束前幾個月才倉促運到中國配備給軍隊，因此遠遠沒有達到純熟運作程度。事實上，美國援助最重要的不只是武器裝備，而且包括訓練和指揮系統。事實上國軍接受美式訓練遠不如預期徹底。原計劃訓練為兩個週期，每個週期13周，而第二週期訓練根本沒有實行。總體而言，美軍除了緬甸遠征軍之外，在中國境內幫助國軍培養戰力的四年中（1942-1945），實際只有11個師接受了完整一個週期的訓練（全部集中在魏德邁時期），還有22個師平均只接受了半個週期（6周）的訓練。[143] 在軍事整改效果尚未及充分展示之前，戰爭卻戛然而止。

結語

上章和本章的敘述明顯指出，中國政府在整個八年抗戰中，對於軍隊整改的努力，都嚴重受到一個不可抗拒的背景因素所制約，那就是國內千絲萬縷的政軍大格局。在中國獨力抗戰的53個月之間，儘管軍事領袖們已經看出嚴重問題，也試圖提出各種整改方案，但是只要核心問題無法觸碰，其他枝

---

142 徐永昌日記1945年2月14日，4月5、7、9日。

143 Romanus and Sunderland, *Time Runs Out in CBI*, pp. 368, 372, table #6.

節問題也就無解。舉凡服從命令、官兵紀律、官長吃空缺、虐待士兵，都是部隊各自為政的表像。只要指揮權不能嚴格統一，其他這些零星的改革方案就沒有貫徹執行的希望。

1941年底中國和美國成為盟友，中國軍隊整改成為一項重要合作工程。自從美國軍方提出訓練裝備中國軍隊計劃以來，蔣介石面對最大而又是難言之隱的困難，就是如何選擇整改對象去接受美援。如果他選擇忠貞善戰部隊，就會引起國內各派系責難偏袒嫡系歧視雜牌，如果他選擇讓所有部隊雨露均沾，則不能達到整改的目的，不能提高對日軍的戰鬥力。特別是因為在1940年中日兩軍對峙戰線穩定之後，日軍的基本策略就是漠視地方部隊的存在，集中力量削弱或殲滅中央軍。更何況，地方實力派雖然一方面在口頭上抱怨蔣介石培植個人勢力，但是如果地方部隊果真被選定為整改對象時，它們又很可能踟躕不前，害怕會從此失去控制權。因此純從地方實力派利益著想，最理想的安排是從美國接受武器裝備，從重慶政府接受官兵全額薪餉，但是部隊免除整改過程，武力的所有權仍然牢牢操控在實力派手中，維持它們和重慶政府間若即若離自我裁斷的空間。即便是國家處於全民抗戰狀態，地方實力派的理想依然是維持私人武裝團體半獨立的狀態。

美國在1941年底成為中國抗日的盟友，本應是中國軍隊整改的一大轉機。不幸的是，在史迪威主持的35個月之中，中美兩國陷於不斷衝突。只有到了魏德邁主持軍事的8-9個月中，中美同盟關係才走向正常化。在這個過程中，兩個盟國各有自己的國家利益，彼此之間既有合作又有摩擦，原在意料之中。但是人為因素占據重要地位，而這正是美方學者在討論美方對華外交事務時，極力試圖予以淡化的一面。如果以美國對華政策的兩位重要執行者作為比較，則在情商方面（emotional quotient），史迪威的尖酸刻薄個性和明目張膽的種族優越感，和魏德邁的堅定溫和進退有度，不可同日而語。在中國領袖眼中，前者是徹頭徹腦的美帝國主義化身，而後者是竭盡思慮謀求合作的諍友。更重要的是，在兩者的政治智慧（intelligence quotient）方面，史迪威一生沉浸在美式制度化（American institutional approach）的環境之中，而且信心十足地相信，凡是不符合美國制度者必然是對方的缺失，而他的極端解決方式，則是奪取軍權，俾能將美式制度強行移植到中國土壤。但是魏德邁卻能理解中國戰時國情迴異，必須因地制宜。說白了，前者作風是要求中國削足適履生吞活剝地移植美國制度，而後者則努力于量身打造。諷刺的是，前者對時人賦予的「中國通」雅號自認為當之無愧，而後者從來志在歐洲戰場，對於中國事務只是謙稱是依靠「急就章」式的補課。但是兩人的成就卻天壤地別。[144] 然而勝利的驟然來臨，使得重慶政府最後的軍事整改成果只是成為抗日戰爭的一個歷史註腳而已。[145]

在結束本章之前，我們還可以從戰略的演變上，對中國抗戰做一個通盤性的掃描。八年抗戰的96個月可以粗分為兩個階段，第一個階段53個月（1937年7月至1941年12月）是中國獨立作戰時期，享有戰略自主地位。第二個階段43個月（1941年12月至1945年8月），是同盟國需要協調戰略，共同作戰。

戰略的制定是引導國家進行實戰的重要指針，但是它的功能必須結合戰術，戰役和成千上萬的戰鬥兵才能充分發揮作用。如果一個國家採取錯誤戰略，則徒有戰術和戰鬥兵亦無法避免失敗命運。一個第二次世界大戰的實例就是法國採用錯誤戰略（馬奇諾防線），導致它急速崩潰投降。反而言之，只有戰略而無戰術和戰鬥兵，則亦屬徒然。

1937-1941年間中國單獨作戰時期享有戰略自主，其間也演變出一些頗具創意的戰略思想。比如說「以空間換取時間」，「集小勝為大勝」等，都

---

144 魏德邁形容中國尚未成型為現代國家，蔣介石遠非能力高強的獨裁者，而戰時中國軍隊只是一個鬆散的結合體（a loose coalition）.Wedemeyer, *Wedemeyer Report!*, p. 323.

145 讀者們或許會發現一個有趣的的現象，那就是在英文著作中對於史迪威的事跡車載斗量，而對於魏德邁事跡則是輕描淡寫。即使在官方軍史中，這個現象也非常醒目。考其原因，可能是史迪威的政策其實受馬歇爾全力支持。而馬歇爾在美國軍方和政界前後掌權十餘年，因此軍方史官也不敢得罪。同樣地，馬歇爾和魏德邁最終在中國問題上分道揚鑣，在美國史學界也是避免觸碰。另外一個可能的原因是本位主義，從美國觀點出發，一個重要的外交和軍事的失敗案例（中國）肯定是別人的錯。更何況牽涉種族歧視，更是避之不及。和本書所採取的立場完全不同。

能夠針對中國的國情予以靈活思考。而在戰術方面，也曾經嘗試過巷戰，陣地戰、死守戰、運動戰、和游擊戰等。但是這些思路最後流於空談，根本原因是沒有戰鬥兵可以達成任務。而戰鬥兵無法作戰固然由於武器落伍，但是更重要的是缺乏訓練和官長統御無法，導致任何戰術都無法派上用場。最顯著的例子是武漢保衛戰，戰前做出各種計劃。然而廣州一旦陷落，整個武漢失去戰略價值。同樣地，冬季攻勢經過半年策劃，動員全國軍隊，但是戰鬥兵無法執行任務，全面性反攻最終成為畫餅。換言之，即使在中國享有戰略自主權期間，戰略和戰術多半屬於奢談，因為戰鬥兵缺乏訓練而無法發揮作用。

太平洋戰爭爆發後，中國軍方急速失去戰略自主權，但是中國戰區仍然有其戰略價值。開戰之初，英美盟友就已經制定「先歐後亞」的全球戰略，但是依然對中國謊稱為「歐亞並重」戰略。在先歐後亞和重歐輕亞前提下，西方盟國認為中國戰區的戰略價值，乃是以堅持作戰而拖住大量日軍不會進犯美國本土，讓英美可以集中精力優先解決歐洲戰局，然後再從容處理日本問題。與此同時，它們也希望強化中國陸軍，以配合盟軍最終由亞洲大陸進攻日本本土，而美國領袖們的基本設想，就是由美國軍官指揮中國士兵作戰。

但是在1943-1944年間，兩個重大發展改變了戰爭形勢。一個因素是中國陸軍的整改工作缺乏進展，使美國對於運用中國軍隊進行反攻的指望難以實現。1944年中國軍隊的慘敗，更使得它的剩餘戰略價值急速喪失。美國開始動念以蘇聯軍隊代替中國軍隊向日本本土進行攻擊，這個思路終於導致美國在1945年初決定以中國在東北的主權交換紅軍對日參戰，美蘇兩國於是達成雅爾達密約。另外一個因素是美國在太平洋中部和西部演繹出的跳島戰略。這個戰略的構思過程從未邀請中國參加，甚至不讓中國得知。其目的就是把美國的攻擊力直指日本本土，而無需借重中國大陸作為跳板。特別是戰略轟炸成為主流之後，中國的戰略價值愈形降低。最後原子彈發展成功，中國的戰略價值就徹底喪失。

以上這個簡短回顧清楚指出，在太平洋戰爭的43個月之中，由於中國軍隊整改失敗，在戰鬥兵層次缺乏效率，最終導致中國政府在盟國戰略決策層面完全失去自主，淪為任人擺布。

第七章

喪失人心的政治（一）
上層政府的頹廢化

有一個在討論抗戰時期的政府時，經常被忽略的現象，那就是中國的情形和第二次世界大戰其他主要參戰國存在重大不同之處。美國的華盛頓首府在整個戰爭期間從不曾遭受安全威脅，完全可以行使對全國的控制權；英國的倫敦雖然在短暫時間內遭受德軍大規模轟炸，但是沒有動搖它的指揮控制體系。即便是蘇聯的莫斯科，也遠離邊境，雖然德軍一度逼近，但是蘇聯政府保持它的指揮控制系統，然後逐步逼退德軍。日本的東京和德國的柏林都是要等到戰爭末期才受到軍事威脅。而法國的巴黎雖然也遠離邊境，卻在首度受到威脅時就趕忙投降。惟有中國在抗戰前後96個月時間裡，首都南京在開戰不到5個月就淪陷，政府機構被連根拔起，此後在毫無政治基礎和人地生疏的邊遠省份苦撐91個月。這個現象的含義和1940年後的法國有同有異。

法國大片土地是由巴黎維琪政府（Vichy France）和德國軍隊共同統治，而戴高樂將軍（Charles DeGaulle）麾下的抗德分子只是依託在英國土地上，維持一個形式上的流亡政府，他的小規模軍隊在對德作戰中，並沒有做出重大貢獻。在中國，雖然汪精衛政府類似維琪政府作為日本的代理人，但是還有大片土地是由地方實力派和國民政府，以既競爭又合作的方式共同統治，同時牽制了近百萬日軍在亞洲大陸戰場。因此國民政府的處境與法國流亡政府又大不相同，也演變出各種因地而異的統治模式。這種特異模式的政治後果應該如何理解？

大致來說，南京政府首都迅速失陷，造成幾個長期而且難以扭轉的逆境。首先是它喪失了精心經營十年的根據地。在此後一年半時間裡中央政府東奔西竄，不斷在生疏環境下尋求生存空間。1938年底政府從武漢搬遷到重慶，尚未站穩腳步，就遭受日本空軍有系統地轟炸（1939-1941），中央各部會辦公廳和宿舍不斷遭受炸毀，人員死傷，政府檔案和法律規章大量焚損，公務員白日不能辦公，夜間無法安寢，導致政府長時間處於半癱瘓狀態，嚴重影響工作效率。

其次是南京政府多年培養而熟悉業務的中央公務員大量流失，只有部分得到撤退。在1937-1939年間，中央政府公務員基本上過的是比一般難民略高一籌的流亡生活。居無定所，食無定時，隨時有在轟炸中死亡的危險。這種遭遇也包括蔣介石本人在內，他的座機、座車和住所，先後數度毀於日機特定目標轟炸之中。

其三是在長江中下游根據地省份以十年時間訓練而成熟、幹練的地方級幹部群組，絕大部分喪失在淪陷區，以致缺乏地方幹部到西南地區去復原原來地方政府累積十年的行政經驗，特別是中央和地方的組織接軌與合作模式，導致許多政府人員和業務到了大後方之後，必須重起爐灶，摸索前進。讓一群新幹部去推行他們全然不熟悉的政策，困難無比。

其四是中央政府撤退過程中，由武漢、長沙、衡陽、最後落戶重慶，所經之處全是政治、經濟和社會的陌生地區。不但民間風俗習慣和語言文化與江南地區有重大鴻溝，更重要的是，越向大後方省份推進，傳統政治的結構越牢固，再加上地方兵力越雄厚，對外省人的抵觸情緒和排斥力度也越大。這就讓國民政府原本在江浙省份可以行之有效，而且得心應手的管理手段，到了內地省份卻處處碰壁，難以施展。在漫長的91個月之中，抗戰是否可以有效地持續，就決定於這個來自外地的中央政府，是否可以在陌生而充滿抗拒的大西南土地上落地生根。這個故事是本章討論的重點。

許多地區是在國民政府名號下進行八年抗戰，因此這個政府的功能和效率當然是讀者們需要了解的。本章的重點是討論戰時國民政府在抗戰過程中的遭遇：它是否能夠維持本身組織的穩固性和運作功能性？

先就中央政府內部分工而言，雖然從未有明確規定，但是蔣介石個人把絕大部分精力耗費在兩方面，一個方面是作戰，一個方面是外交。再其次，就是不定時地花費大量精力去應付地方實力派引發的事端。就作戰而言，蔣介石在八年抗戰中一直親身籌畫戰事，甚至到前線督戰。這個情況在抗戰前期最為顯著。無論是在南京撤退和武漢撤退過程中，蔣介石都是最後才離開戰場的領袖。而在此後數以百計的戰役中，包括緬甸境外作戰，蔣介石都高度參與。

在外交領域裡，他在1937-1941年緊緊抓住的兩項工作，是高度關心和阻止政府內部的主和派不要應和日本的和平攻勢，同時直接主持對蘇聯和對德外交。1941-1945年，太平洋戰爭期間，他更親自掌控對美國外交。其控制程度嚴密到連政府其他最高級官員，如外交部長和軍事領袖們（如何應欽、白崇禧、陳誠、徐永昌等人）都被隔離在局外，對於最重要的發展漠不知情。這兩方面是蔣介石在整個抗戰八年中最費神的工作。相對而言，他對其他許多領域投入的精力就明顯地降低。至於應付和地方實力派關係，乍看起來似乎和作戰與外交分屬不同領域，但是實際上作戰和外交兩方面的決策都嚴重受到地方實力派動態的影響。

早在1939年，蔣介石就曾經向中央首長們說明過一個分工方式，即前方軍事由他全權負責，一定會達成勝利。後方經濟社會建設則要靠政府各部會分頭努力。[1] 顯然地，他把建設大後方長期抗戰根據地的重任，交付給以行政院為最高領導的中央政府。但是一年之後（1940年初），蔣介石已經發出感歎，他自認為對全盤戰局仍有信心，但是對於其他方面束手無策，「**惟對於行政與軍政之改革及人事之安置，尤其是經濟建設，茫無頭緒，反加憂懼惶惑，時現不克勝任之象。**」[2] 換言之，到了此時，抗戰已經將近3年光景，冬季攻勢的全面性失敗，使中國政治生態的改變明朗化，政府從武漢撤退到

1　陳克文日記，1939年8月7日。

2　蔣介石日記，1940年3月2日。

重慶，從此無法擺脫和地方實力派的緊密糾纏。長期抗戰的基地建設工作如果不能推動，則前途將會非常黯淡。

大致而言，影響抗戰時期中央政府工作的重要因素有兩個，一個是先天不足，一個是後天失調。本章將分別加以檢視。

第一節　戰時中央政府的品質

一、先天不足

就先天不足而言，以行政院為主導的中央政府，在南京時代就存在某些組織和法規制度上的缺陷（見本書第一章），但是在當時政權鞏固大環境下，它依然能夠履行一個中央政府的基本功能，包括推動社會經濟發展，和建立現代化典章制度。可是一旦它被驅離長江中下游滋潤的政治土壤時，就無法應付瞬息萬變的戰局。它本應該負責統籌全國行政系統大撤退的工程，務求下屬單位進行有條不亂的全身而退。但是事實上它自己卻率先手足失措，導致全國行政機構慌亂無章而損失慘重，大傷元氣。

其實早在1936年，南京政府就已經預計中日大戰必將到來，因此曾經擬定遷都計劃。蔣介石為了避免關鍵時刻手忙腳亂，還要求各部會呈報總動員和遷地辦公的計劃，而各部會也舉行討論如何保持機構的運作和安全。[3] 然而盧溝橋事變後，行政院領導誤判南京防務不成問題而產生懈怠心理，以致淞滬戰事一起，中央政府許多機關就進入停擺狀態。更何況就在開戰兩周

3　其細節包括：1. 組織如何裁減；2. 疏散如何執行等等。見：陳克文日記，1937年7月27日，8月12日，11月18、20日。根據王世杰記載，南京政府在1936年已經擬出總動員時政府機關遷往湖南株洲的方案。但是沒有進一步落實。到了1937年7月底，政府為恐南京被炸，又臨時通知公務員在3-4日之內安排家屬離開南京。但是也沒有及時付諸執行。王世杰日記，1937年7月31日，8月1日。

內，行政院又突然進行大幅度改組，在事先缺乏籌備情況下，由院長和二三人倉促決定隨意行事，當然增加混亂。[4] 事實上，即便是到了7月底，政府對於遷都問題仍然舉棋不定：是到武漢、廣州、或者長沙？都無法定論。[5] 行政院因為從來沒有動員經驗和演練，完全不知如何配合軍事行動，反而陷入無事可做狀態。毫不奇怪地，等到淞滬戰爭情勢惡化，11月13日國防會議決定必須遷都時，最先的方案是遷都四川成都，又預想在武昌和衡陽兩地設立大本營。[6] 但是中央各機關立即陷入忙亂無緒。交通工具極度缺乏，待遷移的人員和檔案都沒有定案。而此時遷移的目標地還在隨時變更，湖南衡陽和長沙，湖北武漢和四川重慶都在議而不決的範圍內。大約在11月18-19日，行政院各機關辦公人員終於接到明確命令全部離開南京，但是到底經由什麼路線和如何搬遷，領導人仍然無法確定。結果是，一部分行政院機構遷往武漢辦公，其他部分散到長沙、衡陽、或衡山。不但不同的部會單位撤退到不同城市，甚至同一個行政單位的職員，也被疏散到不同城市，情形一片混亂。因此即便是到了1938年初，行政院各部會彼此間甚至接不通電話，在內部組織上又遭受極大撕裂，近乎連根拔起。當行政院終於在武漢地區恢復最低限度工作時，職員們7月份再度接到命令一律在10天內撤往重慶。如此導致行政院重新陷於慌亂，對於工作人員數目、公物重量、行李件數，都找不到交通工具。[7] 這種混亂不但造成許多工作人員妻離子散，有的公務員（包括重要職員）甚至選擇寧可滯留淪陷區或是隱退故鄉。一直要等到1938年底、1939年初，行政院和直屬部會才終於落戶重慶市，無論是在人員、器材、檔案等各方面都遭受到大幅摧殘，幾乎等於需要重起爐灶建立一個政府。

　　然而在重慶等待他們的，卻是一番新的險峻情勢。重慶市過去幾十年控

4　陳克文日記，1937年7月19日。

5　蔣介石日記，1937年7月31日。

6　錢大鈞將軍日記，1937年11月13日。

7　陳克文日記，1937年11月15、16、19日，12月6、13日；1938年1月7日，7月16、17日。

制權頻繁易手，但是都由四川軍人彼此搶奪輪流占領，早已淪為一個落後閉塞而受傳統勢力壓榨的破舊城市，人口不過十五六萬。如今大批國民政府行政機構湧進市區，等於是外來勢力切入四川的開端，因此造成兩種明顯現象：第一是他們毫不意外地，得不到當地實力派的協助，第二是他們成為地方人士宰割的肥羊。相對重慶而言，成都是一個比較發達繁榮的城市，也是四川省歷來政治經濟的中心。而中央政府竟然捨棄成都而遷都重慶，究竟是它自主的選擇，抑是地方勢力刻意的排斥不許進入？本書作者未能深究原因，但是傾向後者解釋。無論如何，即使進入重慶，由於地方領袖們袖手旁觀，因此甚至連行政院的辦公廳也需要院方領導們親自去張羅。因此在中央政府抵達重慶市的最初半年內，形成工作半停頓狀態，因為職員們最大精力耗費在租借辦公廳，或購地蓋辦公廳，和為他們自己尋覓棲身之地。由於原本霸據重慶市的地方實力派把國民政府看成是不受歡迎的外來政權，而當地人民也沒有為抗戰而產生同舟共濟的情懷，更何況眾多地方實力派人士同時是城鄉土地和民房的大地主，因此趁機大肆敲詐，一時房屋租賃價格猛升5-10倍，對外來公務員恣意宰割。[8] 這種發國難財歪風使政府無法對付，以致連行政院副院長都找不到固定辦公場所，職員們居住問題更是難以解決。[9] 這個困難情形持續無解，逼使蔣介石在1940年不得不親自下手諭給行政院秘書長、經濟部長和重慶市長，要求他們針對重慶市公務員的住宅問題，和糧食問題提出有效解決方案，務必使一般公務員可以安心工作，[10] 但是效果甚微。同樣地，行政院對於屬下其他機關部門的遷移業務也無心和無力關注，聽憑它們自生自滅，因此造成重大差距。財政部，中央信託局，金融銀行機構可以入住深宅大院，而內政部兵役部則簡陋不堪。當然，住的問題勉強處理之後，還有子女教育問題，因為四川國民教育質量歷來遠遠落後于江南地

8 徐永昌日記，1939年3月1日。

9 陳克文日記，1938年11月26日。

10 陳克文日記，1940年4月3日。

區，所以無法容納如此大量外來人口的子女們。又成為政府一大挑戰。[11]

豈知中央政府各部會花了半年時間，剛把辦公和居住問題理出一些眉目，日本對後方大城市毀滅性轟炸接踵而至，使國民政府、軍事委員會、行政院、和許多部會的辦公廳以及職員宿舍、食堂大量被炸毀。這種日以繼夜的疲勞轟炸，使政府機構白天無法上班，晚上無法睡眠，一夕之間財產化為灰燼，無床可眠。人人只能在夾縫中苟且求生，政府工作再度面臨全面性癱瘓。重慶市剛剛開始新建的街市，因為建材多為木質，所以日本飛機特別使用燒夷彈，一次轟炸可以夷平一大片社區。

由於缺乏空軍升空迎戰，軍事委員會只好在1939年春季決定，除了行政院核心職員、外交部、財政部、交通部等少數單位外，其他各部會都必須向鄰近鄉村疏散。至於疏散到何處，辦公室、住房、交通、治安、公務員家屬安頓等問題如何解決，行政院都無法統籌，任由各部會自生自滅。[12] 這個疏散又造成大片混亂，再度大幅降低政府工作效率。

總體而言，1937-1941年，大約50個月時間中，由於南京和武漢相繼失守，而重慶又處於日軍密集轟炸情況下，中央政府損失了大批政府文檔和得力幹部。即使能夠幸運撤退到大後方的職員們，本身過的就是難民生活。這種在組織上的元氣大傷，一直要等到太平洋戰爭爆發，日本停止轟炸後，才獲得喘息機會。但是在這個長期性癱瘓狀態下，其他後天性的素質惡化徵兆也急速滋生。

二、後天失調

即便是南京時期的國民政府，原本也不是一個具有高度紀律和效能的政治實體，但是它依然是19世紀末期到20世紀初期，前後一百年間最有效率和朝氣的政治局面，在江南地區的小場面之內，人民生活安定，物價平穩，

---

11 陳克文日記，1940年10月15日。

12 陳克文日記，1939年2月11日。

在工商業，交通通訊，金融和教育等許多領域，取得前所未有的進步。這個政府在平穩安定中可以緩求進步，可是在日本重擊下，完全無法應付鋪天蓋地而來的災難。而它主要的表現則是無論在政府編制、高級官員的政風、一般官員的效率、和中央政府與各省地方政府的關係上，都無法履行戰時政府應有的功能。

（一）機構肥腫

首先引人注目的是政府編制的急劇膨脹。中央政府部門公務員在1941年底已經達到30萬人，其中行政院的10部4會1署公務員人數也達到四、五萬人。到了1945年，內政部報告全國中央公務員全數約有33-34萬。較戰前增加四倍，另加工役16萬，較戰前增加2倍。[13] 純就中央機關公務員人數增加的本身而言，這個現象並不足怪。因為1928-1937年，南京政府轄區土地面積和人口數字相當有限，有6-7萬中央級公務員已經足夠執行政府一般性功能。但是抗戰開始之後，中央政府所需要處理事務的複雜性，需要服務的人民群眾對象，需要調控的省份數目，都遠遠超過南京時期的和平環境，因此中央政府擴大人員編制，本應可視為正常合理現象。

但是問題關鍵在於素質，因為中央政府編制擴充和公務員人數暴增，並不是因為政府需要招聘更多人才去完成更複雜的任務，而是因為戰時大後方社會上遊手好閒的人數增加，他們不去從事生產事業，為了討生活，好逸惡勞或是追逐名利，寧可擠進政府機關拿薪水吃閒飯，造成官員氾濫。比如說，在南京時代，政府各部門招聘公務員，有一定程度的考選和甄審過程，可以保證一定程度的品質控管。但是到了戰時重慶，則公務員身分變成兩類人追逐的對象。一類是從長江中下游逃到後方的社會閒雜人士，離鄉背井身無長技，只求混得一官半職支薪糊口，避免進入本地社會去奮鬥打拼。另外一類則是大量後方省份的分子，運用私人關係或是賄賂手段，千方百計地鑽進政府，運用手中權力去提升他們在家鄉干預社會經濟事務的能耐。1943年

13　徐永昌日記，1942年1月7日；1945年1月8日。

初，蔣介石已經察覺到問題嚴重性，並指示行政院把中央機關人員裁減四分之一，但是各個機關非但沒有遵行反而增加。有些機關假借名義成立各種虛無政務，雇用大批無用人員。比如說，考試院因為考檢縣各級機關公職人員，以致增加許多員額。又如設立新機關，如黨政考績會，設計局，總動員會議等等，辦些不必要的事務，或是根本無事可辦。同樣現象出現在行政院本身。行政院兩個最核心單位分別是秘書處和政務處，在漢口時期只有80餘職員，可是到了重慶（1940年初）卻膨脹到220餘人。這股歪風不久也侵蝕到領導層，比如說1943年，院中簡任級高級官員20人中，完全掛名而不做事的竟達8-9人之多。[14]

（二）政風敗壞

冗員急劇膨脹的後果，除了增加戰時財政負擔外，更糟糕的是惡化了政府品質，主要表現在兩個方面：其一是政治風氣，其二是行政效能。

就政風而言，中央政府一部分高級官員剛從南京撤退到武漢時，或許是因為軍事挫敗而對前途感到絕望，或許是因為一旦脫離南京穩定環境下的社會道德約束，以致喪行敗德行為在1938年1月份突然明顯增加，包括某些高官瘋狂性嫖妓、賭博、跳舞和姘居納妾。徐永昌注意到，「多數人日言國家已至危險時期，而天天在吃喝嫖賭，不做好事。日言政府恐將不保，而有機會總是引用私人。」[15] 亡國前夕寡廉鮮恥癥兆已經露出苗頭。

在高官之中，汪精衛改組派的骨幹人員似乎表現得最為赤裸。比如說，行政院剛在武漢落腳，院內秘書羅君強就公開宣稱，既然日本人在華北已經成立新政權，則南京政府高官們就有許多政治出路可以選擇，何處待遇優厚，就可以去參加那個政權。作為國民黨副總裁汪精衛的貼身親信，羅君強這種灰色失敗主義色彩，公開或半公開出現在武漢和重慶官場，當然會影響其他官員，助長高官醉生夢死風氣，但是行政院卻不做出任何紀律制裁。最

14　陳克文日記，1940年6月14日；1943年5月5日，8月31日。

15　徐永昌日記，1938年1月30日。

後蔣介石忍無可忍只好親自下達手諭，命令行政院把羅君強撤職查辦。有趣的是，儘管蔣介石以總裁和委員長的威嚴去為行政院整頓綱紀，但是行政院依然陽奉陰違，婉轉安排羅君強趕緊自行辭職躲避過風頭。蔣介石的無能為力氣得他嚴厲指責政府官員生活奢靡散漫，在重慶時期甚至超過武漢時期。[16]

汪精衛其他親信們如曾仲鳴等人，對於嫖妓的興趣特別濃厚，他們在武漢法租界鐵路飯店內長期包租固定房間，供其每晚招妓取樂，高官間甚至互贈避孕保險套，雅稱為「如意袋」。至於牽涉賭博的人數就更廣。改組派幹部每日呼朋喚友打麻將，輸贏數字極大。地點或在武漢商業銀行，或在明德飯店，通宵徹夜，樂此不疲。同樣地，跳交際舞成為時尚，政府官員和軍事首長皆趨之若鶩。[17]

以政府官員固定薪水要維持如此荒淫奢靡的生活形式，當然使貪污腐敗和假公濟私成為不可抗拒的引誘。毫不奇怪地，就在淞滬戰役面臨一敗塗地的國難國恥關頭，孔祥熙適時回國。中央政府各部會首長毫不猶豫地安排豪華宴席為之接風，被當時社會譏為「富人一席宴，窮人半年糧。」孔祥熙也安然領受。[18]

到了1938年中期，行政院一位高官感嘆，一群黨政高官到酒樓茶館聚會、喝酒、混女人、跳舞，已經成為武漢某些高官的生活「常態」。[19] 蔣介石個人對於這類行為原本就深惡痛絕，在耳聞目睹公務員狎妓跳舞等行為來勢洶洶後，命令行政院明令禁止，而他本人又連番通令申誡，[20] 試圖採取極

---

16 陳克文日記，1938年12月13、18日。

17 陳克文日記，1937年10月8、17日，12月17、24日；1938年1月16日，5月24日，6月20日。

18 陳克文日記，1937年11月5日。16個人，共費190多元，僅僅煙酒就是50多元。

19 陳克文日記，1938年4月9日。

20 陳克文聽說長興輪從南京撤退到武漢的黨部和政府高官中，中途外交部某司長夫婦聞歌起舞，並且大唱「妹妹我愛你」一曲。陳克文記載，他昔日讀到商女不知亡國恨一句，以為是無知識的女子，想不到身為公務員的知識分子也如此，令他傷心不已。陳克文日記，1937年12月5日。

端手段加以制止。為此他曾經在二三百位高官集會時公開宣布，打麻將「等於賣國」，敢打麻將者抓住就槍斃，抓不住者也被他咒忌為「不是父母生的」。為了禁止跳舞，蔣介石又拘捕了委員長行營工作人員作為懲戒。諷刺的是，蔣介石明令嚴禁宴會和狎妓宥酒，但是酒家生意分外興隆。[21] 由於副總裁汪精衛手下親信和行政院本身高官，就立下了一個政風不正最顯眼的壞榜樣，禁令根本等於具文。[22] 更具諷刺性的是，蔣介石由於看到行政院無法端正政風，所以只好另起爐灶，命令「別動隊」偵查黨政人員不正當行為。豈知這些下級幹部卻在旅館裡包下許多房間，自己招妓聚賭，終夜跳舞，正經事一概不管，只知造謠誣陷，更加抹黑了政府的形象。[23]

雖然汪精衛在1938年底逃離重慶，而他的幾位重要幹部也隨之離去，但是腐敗政風已經難以逆止。到了重慶時代，行政院依然維持以豪華排場宴客。特別是行政院習慣性地要招待各省到重慶出差的官員（省主席，廳長等大官），以致某些行政院高官心懷躊躇滿志，而口頭故作姿態地抱怨一日需要赴宴2-3次，多至5次，成為官場生活常態。雖然戰時提倡節約，但是這類宴會決不可以從簡，依然提供山珍海味。[24]

同樣地，即使在重慶承受大轟炸之際，行政院高官們仍然在家中打麻將，通宵不散。他們所為不是家庭消遣而是聚賭，輸贏數額很大（300-400元），職員輸錢之後就向公家預借下個月薪水。[25] 更有甚者，還有高官擁資超過百萬元，組織淫窟，引誘青年女子做色情交易。[26] 吃喝嫖賭成為戰時部

21　王世杰日記，1938年12月19日；徐永昌日記，1938年12月21日；1940年10月8日；1941年10月23日；陳克文日記，1938年1月9日，2月19日。徐永昌甚至聽說警察抓賭認真，竟然抓到何應欽夫人。

22　關於武漢時期高官的嫖賭行為，特別是汪精衛親信們的行為，大量細節和連名帶姓，見：陳克文日記，1938年1月3、7、16、25日，2月3、10、15、16日，5月14日。

23　陳克文日記，1937年12月27日。

24　陳克文日記，1944年5月24日，6月2日。好菜可以花一萬元吃一桌飯。

25　陳克文日記，1939年6月9日，7月18日。到了1941年，四川領袖們的豪賭更趨極端。據報四川將領們在范紹增家中聚賭，輸贏數目達數十萬元。見：徐永昌日記，1941年9月14日。

26　徐永昌日記，1939年3月1日。

分高官的生活標誌。

（三）假公濟私

官員在其他方面的腐敗表現也花樣翻新，層出不窮。比如說，高官把私人和家庭開銷交由政府付帳，成為慣例。行政院某位秘書長住所相當豪華，每月高昂的租金（700元）從他的機密辦公費中報銷，甚至家中私人開支也向行政院報帳。由於行政院秘書長和各部會首長的待遇沒有明確規定，可以任意報銷，結果是長官的待遇從優，而一般公務員則一切從簡。此種情形遍布中央許多單位，造成高度不公平。而為了替長官掩蓋這類假公濟私的劣行，各機關的庶務科工作人員多半由長官安置親信。[27] 其間最過分的例子可能是1940年的內政部部長，由於花費巨大超額而無法由部內經費報銷時，居然授意屬下職員利用私人關係，去買通審計部予以報銷，並且在事後提升該職員為禮俗司長作為報償。豈知該職員食髓知味仍想進一步高陞，於是鼓動其他職員內鬥，在內政部內大量寫匿名信互相攻訐。同時由於內政部職員間賭風猖獗，該禮俗司長又搖身一變成為地下「頭家」，手中操控許多中下層職員的薪水作為賭注。[28] 內政部本應是一個「清水衙門」，尚且發生如此多的綱紀敗壞行為，其他實權和財力雄厚的機構，其貪腐程度當然更為惡劣。難怪根據高官間傳聞，中央銀行連副總裁夫人的汽車，紙煙及家用雜物均由公費支付。[29]

除了居屋和家用之外，某些高官利用公款建造私人別墅和家庭專用的防空洞，也形成一股特權歪風。重慶市自從遭受敵機轟炸之後，高官們在近郊鄉間建造別墅蔚然成風。不但自己的家人和傭僕下鄉，連公文也脫離辦公廳而派專人送到下鄉，造成大量人力和時間浪費。[30] 同樣地，重慶市政府為了

27　陳克文日記，1939年5月1日，11月1日。秘書長指魏伯聰。

28　陳克文日記，1940年1月15日。指何鍵部長。

29　徐永昌日記，1943年1月28日。

30　徐永昌日記，1943年7月24日。

應付敵機轟炸搶建了大批防空洞，雖然遠不足於人民群眾的需要量和轟炸的損毀速度，但是對於中央政府機構肯定已予特別照顧。而行政院和中央各部會也備有本單位專用防空洞，設備規格也優於一般民用防空洞。但是某些高官們仍然不滿足而要建造更精緻堅固防空洞供家庭專用，而建築費卻要由公款支付。這種特權思想在行政院內不斷引起糾紛和職員們反感，卻無法加以整頓，因為往往是由上級領導率先破壞所致。難怪一位高官不禁感嘆，「中國人最喜歡要他人守法，自己例外，自己方便 ….。 高級的人員是最感覺到一守法規便於自己的尊嚴有礙的。法之不行自上破之，真是今古如出一轍。」又說，防空洞使用和高官特權思想問題居然需要在行政院高層反復討論而不能解決，可見「是反映我們中國社會的弱點，不肯遵守法律，祇顧私人便利。這種現象出現在最高行政機關，而且是科長這一階級的人違犯，真是一件最可注意的事。」 雖然在蔣廷黻主持行政院秘書處工作期間，曾經嚴詞申斥違反防空洞紀律的領導們，但是無力扭轉趨勢。[31]

諸如上述明目張膽地公器私用的行為，看在其他中央政府部門眼裡，當然就會為腐敗官僚大開方便之門，肆無忌憚地加以仿效。一個離譜的實例來自農林部一位部長，他在1943年請病假兩個月在家修養，卻濫用公帑十餘萬元，已經成為政界醜聞。[32] 但是這位部長1944年又違法侵占民地和徵用民工，修築一條專供他家人使用的道路。當老百姓向行政院和監察院投訴時，該部長居然警告行政院說，如果停止該項工程將有損農林部威信！至於其他中央部會在各自領域內的貪腐現象，也日趨嚴重。比如說，早在1939年財政部（孔祥熙主持）就以敵機來襲為藉口，加發職員兩個月薪水，而行政院職員們聞訊後也醞釀依例辦理，此等行徑等於是趁機瓜分國家資源。而糧食部高級官員舞弊贓款往往高達數百萬元。至於省縣級糧食官員的舞弊，更是全國普遍現象。[33] 這種露骨的貪腐行為一直污染到最上層。一個突出的例子是

31　陳克文日記，1939年5月1日，1940年4月23、25、27、28日。

32　陳克文日記，1943年11月9日。

33　陳克文日記，1939年6月25日；1943年6月28日；1944年4月27、28日，5月2日。部長指

中央黨部秘書長在1943年以5萬元公款購置新汽車，而且把單據呈交公家報銷結案。然而在新車購買後不久，立即多次向政府報賬，以巨款購置新車胎，於情于理無法解釋，因此被懷疑是以公款囤積器材轉手牟利，甚至驚動了中央監察委員會關注。想不到兩年之後，汽車成為市場搶手貨品而價格暴漲，他想把汽車占為私有，因為一經轉手就可以使一個幾萬元的公家物品變成幾十上百萬元的私有財產。為此，他居然向國民黨中央監察委員會要求索還當初購物單據予以銷毀。在受到該委員會拒絕受理之後，更動用中央執行委員會勢力，最後達到目的。[34] 按中央監察委員會在南京時期，任用黨內年高德劭的領袖們主持其事，尚能以嚴謹態度處理黨內綱紀案件。但是在重慶時期，蔣介石改為任用政府官吏（朱家驊、吳鐵城）辦黨務，風氣為之一變。一位高官私下不禁歎息，「各部處之工作以及供應，專為首長一人。在黨部不准報銷不能報銷，由主辦事務人員用偷天換日之手段以造報銷」。中央監委會只能查核有實據的案件，對於造假案件卻無法判定。這個全國皆然的體制漏洞，不但為政府高官們大開方便之門假公濟私，而且讓這些承辦造假的事務人員也雨露均霑，進行大規模分贓，成為政府財政資源流失的一個嚴重漏洞。[35] 這類案件也間接地顯示一個現象，那就是戰時最高中央黨政機關不在竭盡智能地拓展抗日工作，而在耗日費時且絞盡腦汁地擺平內部人事糾紛。

行政院高官還在許多其他方面，為戰時重慶樹立了一股惡劣政風的榜樣。比如說，抗戰時期汽油嚴重短缺。對於節省汽油一事，抗戰時期曾經用一句生動口號「一滴汽油一滴血」去形容它的珍貴。蔣介石也曾經嚴令限制非公務員不可乘車，甚至指派憲警在公路上檢查，雖然是高官眷屬也不許通

的是沈鴻烈。

34 所指是吳鐵城，王子壯日記，1943年8月28日，「本星期預定工作課目」，1944年3月15日；1945年8月1日。

35 王子壯日記，1943年8月28日，「上星期反省錄」、「本星期預定工作課目」。

融。[36] 看似雷厲風行，但是政府高官卻置身法律之上。以1940年為例，全國每個月必需保留最少20萬加侖汽油供機械化部隊和電臺兵站使用，但是國內生產量只有一萬加侖，絕大部分必須依賴外國輸入。而正在此時英國和法國又突然宣布在越南和緬甸施行禁運，使國內汽油儲存量最多只能夠維持6個月作戰。[37] 在如此嚴峻情況下，高官們用油量卻完全沒有克制。其實早在武漢時期，民間就指責中央政府高官濫用公家車輛穿梭娛樂場所，過著燈紅酒綠生活。根據張群報告，中央機關人員到重慶後肆意使用公家車輛遊山玩水，給四川人民留下惡劣印象，但是風氣無法遏制。[38] 1940年7月以前，由軍委會批准中央機關有權購買汽油的汽車已達2,000輛，重慶市狹窄街道交通為之擁塞，已經充分顯示高官特權作風。7月國際汽油危機爆發，軍委會把原本核准數量由2,000輛減為700輛，規定其他1,300輛必須移至市郊停止使用。[39] 蔣介石本人也以身作則。他在南京時代的公務汽油使用量配額是3,500加侖（月），1940年7月份緬甸禁運後自動減少到2,500加侖，8月份更減為500加侖。[40]

但是蔣介石個人的簡樸並沒有產生示範效應。在重慶市區和飛機場之間接送親朋好友，或在城市內辦私事的公家汽車依然絡繹不絕。儘管蔣介石在國府擴大紀念周上嚴厲批評出席的高官群，但是沒有發生作用。[41] 最具諷刺的例子就是行政院本身。它在1943年每個月全部辦公費為30萬元，僅僅是汽油費一項就占去8萬元，而汽油費大部分是少數幾位高官（及家人）所專用。[42] 更荒唐的是，在政府機構中普遍瀰漫吃裡扒外的生活形態。以行政院

36　徐永昌日記，1939年6月2日。

37　即便是緬甸越南尚且存有汽油200萬加侖，但是已經無法運進中國。徐永昌日記，1940年6月18日，7月20日。

38　陳克文日記，1938年8月23日，11月11日。

39　徐永昌日記，1940年7月20日。

40　而且規定上黃山公幹的特別客人們也上山乘車，下山乘轎。徐永昌日記，1940年8月4日。

41　徐永昌日記，1940年7月27、31日。

42　陳克文日記，1943年4月15日。

為例。官員宿舍離辦公廳不過十餘分鐘步行距離，但是官員們不屑走路，堅決要求政府提供交通車或轎子代步，不但要求公費支出，還對轎夫們百般侮辱，幾乎引起暴動。蔣介石得知後明令取締官員乘轎，特別責令財政部不許動用公款支付交通費，但是中央部會充耳不聞。[43]

上述這些貪腐行為尚可以隱藏在高官圈內，避開老百姓視聽。但是高官們的糜爛生活就成為市井小民日常目睹的現象，包括他們的婚宴喜慶在大酒樓豪華設席，喜帳花籃掛滿四壁，公務汽車阻塞街道等，都無可遁形。[44] 尤其是金融財務機構（銀行宿舍）周邊停滿汽車，接送賓客和家人宴客和看電影，更是司空見慣，看不出戰時氣氛。[45] 徐永昌痛心地批評，「今日之所謂官其十九時間耗於應酬與會客，所會之客亦絕非為公事，如此方見稱為好官。」[46] 而行政院高級領導陳克文也感嘆，「今之居高位者，大部分之精力皆耗於人事之上應酬敷衍，真正為職務而消耗者恐僅十之二三耳。」[47] 在武漢時期國難方殷，行政院各部會首長為孔祥熙祝壽，在鹽業銀行舉行豪華宴席，已經招致物議。[48] 但是到了重慶時期，政府高官做壽的鋪張，吃喝送禮的豐厚，變本加厲而成為時尚。與此同時，重慶官場流行趨炎附勢，也蔚然成風。某些官員的名片，居然在正面慶祝抗戰若干周年，在背面印蔣委員長肖像。也有在正面印「國之慈母-蔣宋美齡」，背面印宋美齡玉照。[49] 極盡拍馬醜態。

高官們的奢靡浪費作風還表現在行政院其他方面。比如說，行政院庶務科為了討好上級，在採購文具時堅持購買昂貴外國貨。[50] 上級這般浪費和間

43 陳克文日記，1938年9月6日11月23日，1943年7月12日。
44 陳克文日記，1939年2月11、12日。
45 徐永昌日記，1940年8月19日。
46 徐永昌日記，1944年12月12日。
47 陳克文日記，1944年4月20日。
48 陳克文日記，1938年5月19日。3桌客人共費218元法幣。
49 徐永昌日記，1940年4月16日；1941年3月10日。
50 陳克文日記，1938年2月16日。

接貪腐當然讓中下級耳濡目染，群起效尤。長官有房子住，有汽車，有特別待遇和「特支費」，誠然遙不可及。但是中層以下職員們就可以在茶葉，香煙和火柴等明明屬於個人消費物品上動腦筋，公然要求國家免費提供。吃裡扒外的作法在行政院上行下效，成為風氣。[51] 此外，行政院假借為了接待外賓和維持國家體面的名義，還特別在1939年建造一個外賓招待所，成為重慶市最豪華建築物。餐廳掛滿西洋油畫，供應精緻西點，包括從香港專程空運而來的洋酒和黃油，是戰時重慶市最高檔享受。當時已經有人感慨指出，英法德等各國在打仗半年內就開始計口授糧，從元首至平民一律嚴格遵守節約法則，而中國仍然如此享受奢侈。更有甚者，由於戰時外賓很少，因此這些設備平時其實是供給行政院高官享用，一切由公費開銷。[52] 美食醇酒之餘，當然少不了洋煙。而高官講究抽洋煙在戰時更是普遍風尚。依據1940年初市價，洋煙「炮臺煙」或「駱駝牌」，每一支煙的價格已經等同普通市民吃一頓飯費用。到了1942年炮臺煙一筒漲到500元，而在高官群中盛傳某高官每天要吸1-2筒，月費超過一萬五千元。[53] 依照有心人的估算，應該遠遠超過國軍一個連級單位官兵們一個月的生活費用。

某些高官這種巧取豪奪奢靡淫蕩作風，不但令路人側目和沉重地打擊了重慶政府在廣大後方人民群眾心目中的形象，而且也必然嚴重打擊到它的工作效能。在這方面我們也有大量第一手資料可供我們看到一些真實現象。

（四）公務員素質下降

首先是公務員素質的降低。雖然中央機關戰時職員數量較戰前增加了多倍，但是辦事能力反而降低，考其原因是大部分新進人員並不是通過客觀選拔標準，而是靠私人門路取得公務員身分。正因為如此，所以他們進入政府

51　行政院秘書處和政務處兩個單位每個月消耗火柴1,000餘盒，簡直驚人，因為職員們除了在辦公室盡情使用外，還拿回家用。見：陳克文日記，1939年11月21日；1940年3月26日。

52　陳克文日記，1939年4月7日；1940年1月12日。

53　陳克文日記，1940年2月5日；徐永昌日記，1942年8月26日。指的是唐生智。

之後，不是盡心爭取在工作上做出表現獲得升遷，而是在討好後台關係的眷顧。其結果是政府機關內部拉幫結派情形普遍，人員不合作，互相牽制，互相推諉。[54]

同樣地，許多高官濫用手中權力，違反分層負責和權責分明等基本組織原則，著意培養親信或班底供其驅使。正如一些高官指出，政府機構中一個典型現象就是每逢年終考績時節，就會有許多人直接間接疏通求情，請幫忙、請提拔、請晉級，一律希望透過私人途徑打通關節求取加薪晉級。[55] 連行政院內少數潔身自好的領導都不禁歎息，院內中級和高級幹部真正能夠對工作勝任愉快的大約只有四分之一，而大多數幹部則是依靠人情關係引進，既無辦事能力，又不能予以辭退，嚴重打擊行政效率。[56] 也正是因為這種不健全的公務員聘用和考績制度，加上沒有可靠的退休和養老年金制度，因此即使原有的幹練人才也伺機求去，只有才能平庸的人願意留守政府崗位，造成劣幣驅除良幣的效果。閑冗機關過多、閑冗人員過多、政府編制日益肥腫、官員才幹日益低落，[57] 成為戰時中央政府貼切寫照。

（五）工作效率降低

有些具體情況更是讓人匪夷所思。比如說，根據行政院高級官員記載，在武漢時期，行政院總辦公室職員不是閒談便是看報，極少處理公務。該院收發報室一周內收受文件只有80件，發送文件只有147件，不及南京政府時代一天的工作量。[58] 面對瞬息萬變的戰局反而無事可做，足以讓外人深感不解。陳克文當時在行政院主持總務工作，對院內大小事務徹底熟悉。他給朋

54 陳克文日記，1940年1月9日。

55 陳克文日記，1940年12月26日；1944年2月25日。

56 陳克文日記，1940年10月11日。中高級幹部18人，勝任愉快的月4-5人。

57 陳克文日記，1938年12月13日；1944年2月25日。

58 陳克文日記，1938年1月9日。陳布雷也提出觀察，抗戰開始以後，侍從室的辦理文電一日把不過五，六件而已，可能是因為各地自行處理，或是組織紀律鬆弛所致。陳布雷從政日記，1937年9月14日。

友寫信說道，「中上之公務員大部分之時間，耗於戲院菜館及咖啡店，活動之狀視南京時代不啻數十倍，因為人人脫離家庭之束縛，而工作又不甚多，休暇與煩惱遂交織而成此現象也。」[59] 他所敘述武漢中央政府工作情形，到了重慶變本加厲，成為整個抗戰時期的政治噩夢。比如說，1940年初，行政院有些職員上班遲到超過2-3小時成為常態。雖然依規定上班必須簽到，但是有十分之一的職員根本不予理睬，甚至有多日連續不簽到者。[60] 儘管秘書長出面警告，現象依舊存在，以致院方無法正確掌握職員出勤狀況。院方之所以不能維持辦公廳最基本紀律，就是因為每個違法職員都有上級後台撐腰，無法撼動。

受到日機轟炸影響，行政院數度被迫從重慶市區疏散到龍井灣鄉下辦公，工作效率就更為顯著下滑。中高級官員捨不得繁華便捷的都市生活，所以在重慶市區和鄉下維持兩個居住所，因為往返奔走而不能按時上班，精神渙散，體力透支。院領導對於這些高官不能約束，以致中下層職員有樣學樣，也就隨意上下班，紀律鬆弛，很多公務沒有人處理，互相推卸責任。更因為中下層職員們必須面對龍井灣鄉下生活諸多不便，乃至成天抱怨，工作效率大幅降低。[61]

行政院內部一部分有心的領導人看到「戰時公務員的工作效率愈來愈低，想盡方法，仍不免時時出亂子」，於是成立了一個「改善公務員生活委員會」企圖有所作為。豈知雷聲大雨點小，連委員會本身也效率低落，經常出現的現象是一件公文稿子辦好後，居然兩個月沒有發出。「這類的事，兩三個月來，不知發生了多少次。」[62] 或許最具諷刺性的是行政院為了提高行政效率，大張旗鼓地成立了「效率促進會」，若有其事地委派了委員，調查員和辦事員等共20餘位專職官員，但是本身卻成為整個中央政府效率最壞

59　陳克文日記，1938年4月23日。

60　陳克文日記，1940年1月19日，2月5日。行政院職員120-130人，不按時簽到上班者13人。

61　陳克文日記，1940年10月9日，11月13日，12月16日。

62　陳克文日記，1943年9月2日。

的榜樣。在成立一年多之後完全拿不出工作成績，卻每個月耗費8,000元經費飼養了一批不做事的職員，完全是作表面工作。[63] 此後這種情況逐年惡化。一個明顯的例子是在1943年，蔣介石收到一個立法院考察團到各省去檢查政治現狀的報告，針對法令、機構、兵役、糧政、財政、縣政、縣制，和司法等各方面弊端，提出頗有全面性和有深度的分析，蔣介石在激賞之餘立即批交行政院長孔祥熙參考執行。但是孔祥熙只簽了一個字就下交科員級進入公文「踢皮球」，以致行政院秘書長和政務處長在半年後尚未看到公文。同樣地在此時段裡，行政院在公文清點過程中，發現過去幾年居然積壓了6萬份未曾處理的公文，極多牽涉迫切性事務，然而即使花費半年時間加以清理之後，仍然只處理了50%左右積案。[64] 更何況，只是處理了公文並不代表處理了具體事務。最高政府機構工作效率之低落令人震驚。如此現象在抗戰時期一直維持，而且逐年惡化，在各方面都表現無遺。

還有一個極普遍現象就是公務員串通欺上瞞下，只做表面工作。一個生動的例子是各機關發出的公文有個共同特色，呈送給上級的公文筆跡恭謹，行文四平八穩，但是發送給平行和下級單位的公文則「潦草不堪」難以識別。[65] 更危險的是缺乏安全意識，粗心大意地洩露國家機密，迫使行政院秘書長不得不再三告誡屬下務必防止洩露政府機密。其最令人難堪，是院內最高機密文件屢屢被敵人在最短期間內在廣播電臺公然宣讀。[66] 以致下級單位對於政府政策，不是得知於上級指示，而是敵人廣播。

國家機關一個普遍現象，是官員們缺乏敬業態度和專業素養，以大部分時間和精力去高談闊論，而不是針對問題進行實質了解，當然更無法慎思力行。[67] 考其緣由是他們除了上述各種因素而缺乏行政能耐和戰鬥意志外，一

---

63 陳克文日記，1939年2月25日，3月3日，12月30日。

64 陳克文日記，1943年6月2-3日。

65 陳克文日記，1940年2月12日。

66 陳克文日記，1940年2月24日。魏伯聰秘書長認為是下級人員受金錢誘惑被收買，而陳克文則認為是高官所為。

67 陳克文日記，1939年4月2、14日。

個重要原因是政府官員無法滲透融入西南省份的基層社會，所以只能在辦公室搖動筆桿閉門造車。以致提出來的方案政策多屬文不對題，既不反映實際情況，又無法提出具體解決問題的方案，純屬浪費精神，裝模作樣地做無用的事。高官立下榜樣，下屬當然曲意奉承，但也被折騰得疲憊不堪。特別是中央的法令只是頒布本法，而不包括補充條款，如實施的日期和地區以及具體做法，導致地方政府不知如何著手。[68]

早在1939年，行政院就提供了一連串非常生動的案例。年初中央機關從武漢撤退到重慶，蔣介石鬥志高昂地向中央政府官員發表演講，宣稱抗戰前途充滿希望，因此指示各部會一律必須擬定出今後2-3年工作計劃，把四川省建設成為抗戰中心。[69] 蔣介石演講之後，行政院為了表示對總裁的尊重，命令各部會趕緊提出書面報告。但是如此嚴肅的課題，卻只交由少數低層科員趕工在一兩天內寫成報告，並且以精美印刷裝訂成冊。如此草率應付，當然內容空洞貧乏，根本不是各部門集體深思熟慮的計劃書。各部門計劃書匯集到行政院後，院方又只是注重文字修飾，而不審核內容是否切實可行。在院務會議中匆匆通過後，就予以送庫存檔。行政院秘書長坦白承認，各部會首長在整個過程中完全沒有親身參與和關注，只是裝模作樣地向蔣介石交卷而已。而最能顯示行政院本身行事疏懶、敷衍塞責的證據，就是它最後擬就的「兩年計劃」。該文件在低層科員漏夜加班2-3個晚上後，把原稿由70-80頁壓縮為20-30頁，並且油印完畢。豈知院長孔祥熙突然宣布，這個行政院版本被蔣介石批評為印刷粗糙字跡模糊無法辨認。因此孔祥熙取回後不再經過院內討論而自作主張地大幅修改內容，添加許多視覺美觀但是缺乏實質內容的圖表，把油印本改為鉛印本，加裝精緻封面，將文件名稱提高等級改稱為「第二期戰時行政計劃」。到了此時，這個製作過程中由無數低層公務員和坊間印刷廠工人經手處理，原本應該是政府內部最高機密文件，早已變成是坊間信手可得的印刷品，毫無秘密可言。更可笑的是，「第二期戰時行政

68　陳布雷從政日記，1941年11月30日。張群的抱怨。

69　陳克文日記，1938年12月12日。

計劃」還有一個重大缺點，就是各部會低層職員在匆忙中拼湊本部文檔過程中不曾進行跨部溝通，導致各說各話而又互相矛盾，根本不是國家整體的行政計劃。[70] 說到底，這個本應該是嚴肅慎重的抗日大計，最後演變成為行政院領頭欺騙蔣介石，而各部會又循例欺騙行政院，如此重大國家決策計劃，最後無非是一堆廢紙。不久之後，行政院又大張旗鼓地發動，舉行一個莊嚴肅穆的「抗敵公約宣誓」大會，誓約內容早經發布，豈知臨場發現高官們在事先對於公約內容沒有經過協調，出現不同版本，又成為一場鬧劇。[71]

1940年行政院再度提供了一個案例。當時政府因為效率低落而廣受社會指責，因此籌備召開一個「人事行政會議」，蔣介石甚至親自主持開會，對於政府部會工作的缺失，做了極為嚴厲和沉痛的批評。但是他離席後，在由行政院主持的部會工作會議中，與會高官們卻心存敷衍，發言漫無天際，原本預定4小時的會議，不到2小時便無話可說，只好散會。會議沒有結果，完全做給領導看。有趣的是，與此同時在考試院也舉行「人事行政審查會」，出席者同樣地沒有事先思考議題，現場表達的意見胡扯亂謅，主席又缺乏控制會場秩序的能力。以致會場出現提案多達70餘條，都是些空洞理論，模糊觀念，沒有確切統計數據和調查作為根據。結果或是論而不決，或是決而不行。更有趣的是，最後一次大會仍然充斥瑣碎不相干的報告和討論，不到一小時便草草了事。但是閉幕儀式本身卻延遲了一小時才能舉行，原因是考試院長的閉幕式演講稿到了這個時節尚未寫好，而等他唸出來時，卻是滿紙油腔滑調，毫無可取之處。[72] 早在1941年開始，參政會對於行政院的施政方針報告就表示高度不滿。行政院起草的文件缺失過度，雖經委員長指示修改，依然不能改善。連平常謹言慎行的陳布雷也忍不住批評，「皆由中央負責機關太散漫之過也」。[73]

---

70 陳克文日記，1939年1月9、19-23、26-28、31日，2月8日。

71 公約最後只好臨時拼湊用毛筆書寫貼在墻上。陳克文日記，1939年3月20日。

72 陳克文日記，1940年3月4、8、10日。院長是戴季陶，已經做了12年考試院長。

73 陳布雷從政日記，1941年3月8日。

1944年社會部長谷正綱奉召到行政院，報告該部1943年工作概況。但是行政院高官對於谷部長列舉的數據和工作成績高度質疑，認為弄虛作假的成分很高。[74] 行政院是社會部的直接上司，尚且不能信任他的工作報告，也反映了它對其他所屬部會工作同樣的不信任。這些實例除了提供戰時重慶政府工作的真實寫照之外，也提醒後世歷史研究者務必心存警惕，對於戰時「官方文檔」須要小心引用。

實業生產當然是戰時重慶政府重大任務之一。1943年2月份蔣介石命令行政院統領中央機關擬定1943-1944年度增加生產計劃。但是行政院好整以暇地拖延3個月才召開首度會議，因為是總裁交辦，所以指派由秘書處領銜協調，規定各部會首長必須親自出席。豈知到開會時，只有次長級官員出席，連行政院秘書長本人也沒有出席，而且毫未準備方案，變成鬧哄哄一場。儘管蔣介石個人的重視和手令，在中央級政府就行不通。[75]

以上幾個如此關係戰時施政品質的重大議題，中央政府最高機關卻屢屢以如此輕浮怠惰態度處理，純粹做表面工作，只圖糊弄上級和社會，這就難怪整個抗戰時期的中央政治受到民眾廣泛指責，即使是某些奉公守法的高級官員也給予嚴厲批評。除了以上對於政府官員處理政務的實際事例之外，我們還可以去參考兩位客觀而公允的高官對於政府官員一般性的評語，幫助我們對於戰時政府得到更為宏觀性的了解。

軍令部長徐永昌是軍旅出身，在國民政府屬於最高層領袖，不但與蔣介石互動密切，而且在政軍領域人脈極廣，使他對於高階層政府動態的觀察和情報特別有價值。早在1937年他談到高級官員時，就沉痛批評他們「不計公家事務，只計私人方便，所以爭著用私人，天天鬧意見，最後不應打的仗也得打，不應亡的國祇好亡。」[76] 又感嘆寫道，「時至今日，尚是人人爭權，人人爭官。不毀完了這個破碎國家，總不甘心。罵人時直如正人君子，做事

74　陳克文日記，1944年5月15日。

75　陳克文日記，1943年5月30日。

76　徐永昌日記，1937年10月15日。

時小人的事一件也不肯少做。」[77] 他形容一些高官，「心心念念要擔任國家事，卻不肯負國家責任，雖一個壞人也不肯得罪，所謂拔一毛以利天下而不為。今之有官者多如此。我友我戚皆是好的，非然者皆不可用。這塊土地明日即被敵人占去，今天有人要與他分工救國，他都不肯。既無識見，又無度量。」[78] 1938年他不點名地批評一群高官的劣行，包括貪財、弄兵、攬權、鑽營、吸鴉片打牌，不一而足。「愈證明愚弱國家全壞於愚昧官吏。」他又批評時政，「時至今日，仍係不以做官為做事，而以做官為任用私人。蔣先生對此於軍的方面，已明瞭其錯失。於政的方面，似囿於歐美在朝在野之先例，以為連帶來去是一種當然。不知此可行之先進國家，非今日之中國人所應耳。」「今日比較能做事者，卻又大部分力量用於出風頭，如此國家真有亡的兆徵。」「推諉敷衍幾為多數人之通病。蔣先生日日誡勉，全無效果。人心豈盡死與？」[79]

1939年政府遷都重慶，並沒有帶來新氣象。他寫道，「今日大多數負重責者，不問人之能不能，祇問與己親不親，不問人之賢不賢，祇問與己私不私。看來國家危難尚多，正視吾人之改善與覺悟，如何可不懼哉？」[80] 他在開完最高幕僚會議後，嘲笑中央開會淪為「攬權會議」。他寫道，「中國人類演進至今日，下等極矣。某人要想做事，就是爭權。要想做自己範圍內事，就是添人，就是加經費。如此族類安得不受外國侵淩？」[81]

1940年初，他寫道，「日來覺到我國政界貪汙齷齪，經此血戰，並無改良。尤其是引用毫不稱職的私人，不堪聞問。」[82] 1942年初又寫道，「數月來，愈感覺公務員，人人趨利益，避責任。愈是知識階級，受國家社會供給

---

77 徐永昌日記，1937年11月4日。

78 徐永昌日記，1937年12月28日。

79 徐永昌日記，1938年1月14、27日，3月17日，9月12日。

80 徐永昌日記，1939年7月23日。

81 徐永昌日記，1939年2月7日。

82 徐永昌日記，1940年1月13日。

者，愈無理性。幾於不受國家支配與約束。亡國之禍其難歟？懼甚。」[83] 1944年陳誠的報導更是令人觸目驚心。他被派到第一戰區整理敗局時得知，西北地區黨政軍歷年來的陋規是，每次官員新舊交接時刻，一律將公家物品或私相分取，或挪移拍賣，到正式移交時，鮮有留存。因此他不得不樹立新規矩，此後各級官員移交時，必須公私分明。[84] 連如此最基本的公務道德，都被黨政軍官員們肆意踐踏，則抗日何能不敗？

1944年徐永昌日記大量記載的是，國府開會時許多正派高級官員和社會領袖幾如潮湧般地批評政府無能，他們責難全國上下無不貪汙，官吏藉勢營業，無視法令。而一般人生活艱苦，無人關心。大學生視官員如仇人。大部分批評矛頭都指向孔祥熙。[85] 他特別記載國民參政會開會時，苛責政府官吏的腐敗，缺乏工作效率，本國士兵所受之壓迫，及驚人惡劣待遇，及政府其他過失。中國報紙亦從未有如今日得完全發表言論及批評者。[86] 可以看出他非常認同這些批評。但是他的感慨是「對辦公馬胡（馬虎）不清楚的人，往往是打麻將聖手，以是知今日多數公務人員非無腦，不用腦也。非無責任心，無愛國熱心也。」[87] 徐永昌對於戰時高官的譴責，八年間越來越嚴峻，而且直指他們是亡國的禍害。

陳克文整個職業生涯幾乎都在行政院，前後數十年是院長和秘書長倚重的高級幹部，長期主管總務，最後成為行政院秘書長，所以對於行政院和各部會的業務或是親自主持，或是負責協調，其熟悉程度遠超過其他官員。在他筆下，政府問題也是從抗戰初期就已經顯示。1937年他就指出中國政治的大病就是不能夠綜名核實，平時不努力，到了緊要關頭就無法應付。戰前行

83　徐永昌日記，1942年2月4日。

84　陳誠先生日記，1944年8月29日。財政部一位高官在1944年向陳誠舉報，何應欽在貴州省經營鹽田，一年獲利達數億元。見：陳誠先生日記，1944年3月13日。

85　徐永昌日記，1944年5月23日。提出尖銳批評者包括王昆侖、劉健群、賴璉、邵華、雷震等人。

86　徐永昌日記，1944年9月21日。

87　徐永昌日記，1944年8月9日。

政院曾經高談總動員之準備，也曾經舉辦總動員演習，分為消防、救護、保管、警戒、交通等5大項，在辦公室內作業煞有介事，但是等到戰時付諸實行時卻動作遲緩、秩序混亂、技術落伍，一片手足失措。行政院如此，其他部會機關更差。可見中央政府機關平日耽于高談闊論而缺乏訓練，缺乏組織，遇事臨時抱佛腳，雜亂無章。他沉痛指出，「日本人假當真，中國人真當假」。「中國人最善於應付環境，最不喜歡做刻板工作。外國人尤其是最守舊的英國人，定了時間或者定了工作的方法和步驟，是不容許無端改變的。中國人卻有許多方法，許多手段，將刻板的規定變成一種很活動，很可任意伸縮的東西。這便是中國人聰明的地方，也便是中國人最沒用出息的地方。一切不負責任，不切實際的毛病，都是從此生出的。」[88] 他把抗戰初期行政院慌手慌腳，不能有效領導政府機關有序地從南京撤退到內陸的情形，說得一清二楚。而在這個緊要關頭，雖然國民政府已經下命令擅離職守的官員將予處死的警告，但是許多司長、局長仍然利用各種藉口請假離京，上級長官也無可奈何。「日來對我政府機構之重複鬆懈，與人事之阻塞無緒，深致憂慮。然此乃積病，非日夕之功所能革除也。」而行政院對於職員棄職潛逃的無法懲處，又成為中央機關最壞的表率。就在淞滬戰事仍在如火如荼地進行之際，政府工作首先癱瘓，公務員反而顯得清閒和無事可做。陳克文寫道，「無事可做已成為政府機關之普遍現象。此整個國家組織缺憾暴露之一端也。」[89]

12月初南京淪陷，但是行政院對於傷兵、難民、交通、後方秩序等問題仍舊停留在空談階段，官員們只是說些傷心歎息的話。孔祥熙在聽完各部會政務報告後，常說「中國那得不亡國？」「中國不亡國是沒有天理」之類的憤慨之語，似乎完全沒有自覺這些事務，都是行政院應該領導全國做出的表率。許多高級官員們心態似乎是把這些事務，都當做是別人的過錯，而不是

88　陳克文日記，1937年8月7、10、11日。

89　陳克文日記，1937年8月3日，9月15、24日，10月18日。

他們自己的失職。[90] 陳克文寫道，「過去大病，在主辦人員，受公文束縛，而不能自脫，所謂‘公文辦人，非人辦公’。主辦人員只知有公文，而不知有事，失去主動創作之精神。」行政工作上的病原有二個，一是長官缺乏指導，二是責任心輕薄。[91] 在十年承平時代可以混日子，一旦作戰便張惶失措。

政府遷都武漢後情形持續惡化。蔣介石不斷嚴厲抨擊黨政人員苟且偷安、混日子、請客吃飯、得過且過。他指責「過去黨政負責人員都是把兩手插在口袋裡做大少爺，從今後應切切實實自己動手，把思想生活改過來」，三番五次痛切深刻之言，就是希望官員們能夠痛改前非。但是陳克文則認為政府官員意志消沉的氣氛日甚一日，如果最高層領袖們拿不出好辦法，黨和政府就會解體。[92] 然而身為行政院院長的孔祥熙根本束手無策，主觀心態甚至認為事不關己。而身為國民黨副總裁的汪精衛，則是明目張膽地宣揚抗戰無望論，更加速消極思想蔓延，官員們信心普遍動搖。

政府遷都重慶後，在1939年曾經一度發起所謂「精神總動員」活動，但是因為政府只知在形式上採用運動方式，一時間大張旗鼓，雷厲風行，但是提不出實際辦法，又缺乏幹練的執行人員。短期內熱鬧一場，沒有持續和追蹤。這種大風大雨式的運動不斷繃緊發條，只能造成公務員的精神疲敝症，最後成為無感。[93]

正如徐永昌一般，陳克文也認為戰時政府最大的危機，是官員心態和精神狀態失衡。正如他所說，中央政府官員們「平日說大道理大家都很明白，一到了和自己利害有關的事，便是最小的地方也決不肯有一點犧牲，這真是極普遍的中國社會現象。」正因為如此，所以行政院裡面有不少職員只想攬權奪位而不想做事，甚至嘲笑工作認真的同事們沒有出息。他進一步說明，

90　陳克文日記，1937年12月7日。

91　陳克文日記，1937年10月20日。

92　陳克文日記，1937年12月21、23日。

93　陳克文日記，1939年7月1日。

重慶時代府最易見的毛病，是政府官員缺乏服務精神，「變成互相牽制或互相推諉，甚至發生不必要的摩擦。」正是由於缺乏服務精神，就「不肯把公家的事當為第一位。枝枝節節囉囉嗦嗦，拿權責兩字做推諉牽制的護符，一點不肯互助互讓，充滿意氣用事，缺乏犧牲美德。這種毛病不是靠條文法規的限制所能夠補救得來的。」又說，「政治上分層負責的精神是沒有的。有責的人並無權，權責既不分明，於是養成一種'但求無過，不求有功'的風氣。執行政令的人，只問個人能否不受懲處。政令發出後，效果如何，是好是壞，他是一概不願過問的。」所導致的結果就是，「許多問題都是時常嚷，但永遠得不到解決的。各級政府的表報所以繁重瑣屑，乃由於閑冗的機關過多，閑冗的人員過多。」這種氣氛一直延續到抗戰結束。1944年王寵惠批評時政也說，目前的經濟危機是政府多年來浪費揮霍所造成，積重難返。他認為做事不切實際，當局者只知道爭權奪利、裝門面、私心太重、缺乏公忠體國和顧全大局，是政治上的最大毛病。[94] 而長年擔任國民黨中央監察委員會秘書長的王子壯在1944年也痛心的寫道，「今日在上者專為發命令，在下者專為寫虛偽報告」，在互相欺騙中混日子而已。[95] 這些私下感慨之言，把中央政府的政風做了最貼切的描述。

或許最令人感觸的是，以陳克文對於抗戰時期官場如此熟悉的高官，居然會再三稱讚滿清末年就已經出版的小說《官場現形記》。該書是以章回小說方式盡情揭露清朝亡國前夕官場的貪腐黑暗，吹牛拍馬，巧取豪奪的種種醜態。想不到半個世紀過去，在國難當頭之際，陳克文會認為兩者之間依然存在大量共同點，「現在官場中許多受人攻擊，令人不滿的地方，還是（和滿清末年—作者註）一樣的存在。這本書真可作一改革吏治的好參考書。」[96]

---

94 陳克文日記，1938年12月9日；1939年3月9日；1940年1月16日；1943年6月22日；1944年2月25日，6月28日。

95 王子壯日記，1944年7月15日，「上星期反省錄」。

96 陳克文日記，1940年1月28日。

第二節　上樑不正——孔祥熙的領導

如前文所述，蔣介石從開戰最初，就在心中做出一個分工規劃，把軍事與外交劃為自己的責任區，而把行政和黨務工作託付他人。全國行政工作最高領導機構當然是行政院，而孔祥熙擔任行政院長前後7-8年之久，當然成為蔣介石最依賴的最高行政領導人。因此，我們如果想確切了解戰時重慶政府各部會的政風和效率，則孔祥熙的領導才能、職業素養和個人操守都是極為重要的因素，以下將分為幾個方面加以討論。

一、對抗戰的立場

早在南京時期，孔祥熙就對抗戰持悲觀態度。當1937年7月初蔣介石還在廬山徵詢各方意見，和爭取地方軍政領袖們支持抗戰時，孔祥熙就和主和派最為接近，而對宋子文和宋美齡持明顯對立態度。淞滬戰爭失敗後，當德國大使陶德曼介入調停和平時，孔祥熙立即視為千載難逢良機，極力慫恿蔣介石接受停戰條件。即便是蔣介石斷然拒絕後，他依然對和平保持高度關切，甚至安排自己的線人與日方人士維持聯繫。以致當蔣介石發現後，當即嚴厲警告他立刻停止一切活動，否則以叛國罪論處。大致而言，孔祥熙直到武漢撤退才放棄和平幻想，此後不再涉及謀和行動，以致在汪精衛脫離重慶政府的活動中，從不曾有關於孔祥熙的謠傳。

總地來說，孔祥熙趨向和平是他的個性缺乏像蔣介石那般鬥志，和他對中日國力差距的理性判斷所造成。但是他從來沒有透露過絲毫與蔣介石分道揚鑣的意念。因此，雖然蔣介石對他提出嚴詞警告，但是他對蔣介石絕對效忠，不會成為心腹之患。因此儘管蔣介石並不嘉許孔祥熙的工作能力，依然信託他領導中央政府工作，甚至讓他兼任財政部長，充分授權他去籌辦軍費。基本上，由於孔祥熙和宋子文水火不容，兩人的追隨者又彼此傾軋，而蔣介石又只敢信賴親信，則孔祥熙的忠誠使蔣介石對於把政府工作託付給他可以完全放心。結果是，在整個抗戰八年中的中央政府工作，不管是在武漢時期或是重慶時期，長期都是在孔祥熙實質掌控之下。由於行政院掌管中央政府各個部門，是抗戰的神經中樞，因此他在政府工作領域裡產生了極大影響力。

二、個人作風

中國民間歷來對孔祥熙的印象是長袖善舞，既多財又斂財，但是對許多具體事務並不清楚。本節所引用材料並不是來自民間的道聽塗說，而是在重慶最高層領袖群內的評論和目睹現象，足以補充和改正許多民間傳聞。

首先說到孔祥熙的行政能力，大概最被詬病的是他缺乏領導者的認真、勤奮、氣度和才能。他對行政院職務懶散處置，經常不到院內辦公。在1941年底到1942年初時段，在國事極度困難情況下，他居然請了長達5個月的病假卻不辭職，而蔣介石也不予撤換。[97] 其結果是行政院陷於半癱瘓狀態，大部分事務任由二級主管便宜行事，又缺乏明確指示或完成任務期限，養成行政院職員們普遍得過且過風氣。即便是孔祥熙處理院務時，也是稀鬆邋遢。他在稀有的召集高級幹部會議中，竟然可以宣布早上11時開會卻遲至下午1時才到達會場。根據院內高幹形容，他的講詞雜亂無緒、冗長重複、東拉西扯、廢話連篇，時而慷慨激昂，時而憶舊閒談，不但令人生厭，而且完全浪費高官時間。1943年在某次院會中他與社會部長谷正綱為了革命黨人是否可以家中富有而爭吵不休，被與會高官嘲諷為「是行政院院會半年來最可記錄之一事。」由此可見行政院平日院會內容之貧乏不堪。[98] 如此最高領導不能激勵下屬力疾從公，完全在意料之中。

其次說到生活作風。早在1938年武漢時期，行政院為了替孔祥熙安置公館和購買傢俱的費用過高就已經無法負擔，只好疏通由財政部，行政院秘書

---

97 陳布雷從政日記，1942年3月23日。

98 陳克文日記，1938年3月20日，8月22日；1943年5月27日。

處，和中央銀行共同分攤。這個案件首開惡例，中央政府高官除了支領豐厚薪水，還要把一切私人用度交由國庫付帳。而由於私人用度經常漫無限制，超過本單位財務支付的能耐，因此屬下公務員為了報銷上官的私人用費而絞盡腦汁出奇制勝，否則還要被責罵為無能。孔祥熙帶領全國最高行政機關做出這個示範，隨即鼓勵其他部會高官們上行下效，成為官場普遍作風。[99] 但是另外一方面，孔祥熙對行政院廣大員工同樣遭遇的住房困難則漠然無視，沒有半點參與痕跡。其結果是造成極大的不公平。奉公守法者居無定所，而違法亂紀者則仿效孔祥熙做法，利用手中職權滿足個人慾望。

孔祥熙1939年搬到重慶後變本加厲，他最早選擇的官邸是位於國府路的范莊，早已是重慶市最知名的豪宅大院，原本是四川舊軍閥范紹增的財產，由范氏姨太太居住。該建築地處半山，風景優美，有大庭院和草坪，建築總面積超過當時在重慶市區的行政院辦公廳。但是孔祥熙並不以此滿足，不久之後（1940年）又以躲避日本轟炸為藉口，在鄉間選定另外一座山上建築了一個西洋式官邸，成為鄉間別墅。按當時行政院全體員工也為了躲避日本轟炸而在龍井灣建造了一個辦公廳，全部建築費是8萬元，可是孔祥熙自家單一幢別墅建築費就達4萬餘元。[100]

孔祥熙除了挪用公費建造豪華公館和別墅之外，還把居家的日常費用囑咐行政院秘書長由公費報銷。依據行政院總務部門記錄，孔祥熙宴請賓客次數頻繁開銷最大，而且公然大幅超出政府規定的節約標準，一律由院長的「機密費」開支。[101] 更有甚者，孔祥熙以美食家自許和引領時尚，因此受

---

99 陳克文日記，1938年8月25、26日。用去七千餘元，由財政部，行政院秘書處，和中央銀行各付2,500元。其實，孔祥熙在金錢上的邋遢無序也帶到國外。根據徐道鄰從羅馬來信報告，孔祥熙在1937年訪問義大利時拖欠專車費5,000元遲未付帳，義大利交通部屢次來催繳。真是丟臉。見：陳克文日記，1938年12月3日。

100 陳克文日記，1939年11月8日；1940年2月17日，6月4日。當1940年6月初政府高官傳出消息稱日本將大舉轟炸重慶時，孔祥熙也把貴重家私搬到龍井灣別墅。

101 陳克文日記，1939年2月4日；1940年4月13日。儘管委員長蔣介石曾經頒布命令，規定公務員非經過機關核准不許宴客，而且即便是經過核准後，每位客人的消費限額也必須維持

他讚賞的廚師也隨之身價陡升。根據軍令部長徐永昌記載，在成都的軍政首長們宴會必須要到以「一至十」為招牌的餐館並且指定某名廚，因為孔祥熙推崇他的烹飪手藝，每桌餐費（1943年）高達12,000元。後來地方權貴競相效尤，宴客一定以汽車接送該名廚主廚，以致該廚師在成都市侯門之間來往不息。[102]

孔祥熙超乎尋常的嗜食和頻繁宴客，一位高官曾經提供一個生動而尖銳的描繪。在他筆下，孔祥熙油光滿面，笑容可掬，有說有笑，「席間孔院長演說，也很得意。其實他的笑痕是時刻掛在臉上的，加以他豐滿光彩的面頰，令人一見便聯想到戲臺上天官賜福的面具。他真是生成財神的面孔。他這樣的臉孔也是他政治活動上的一種幫助，可以使人易於親近。」[103] 當然，孔祥熙如此為國辛勞地大吃大喝也必然會產生健康後果。因為他就曾經抱怨自己體重過重（170餘磅），晚上不能熟睡，醒3-4次。[104]

無可避免地，孔祥熙的公款私用包括送禮在內。1939年孔祥熙的「機要費」原本預算已經高達140,000餘元，然而他在宴客送禮中全部用完，還需從財政部挪用補貼，最後仍然短缺6-7萬元。其中特別慷慨的一次是他以公款廣結善緣，私下向親信幹部們打點送錢總數高達77,000餘元，指定由「機要費」開支。不幸的是，雖然孔祥熙企圖以秘密方式散財，依然事件外泄。因此相當一部分職員由於沒有分到錢就開始抱怨，在院內掀起一場爭鬧醜劇。[105]

在2元5角以下，但是孔祥熙宴客卻遠遠超標，而且水果煙酒還不算在內。

102 徐永昌日記，1943年6年22日。

103 陳克文日記，1939年3月13日。

104 陳克文日記，1939年11月21日。

105 陳克文日記，1939年11月20日，12月11、12、13、18日。何應欽2萬，魏伯聰秘書長1萬，參事秘書每個人1千。相比之下，他也數度試圖向陳誠送錢，一次是5萬元，一次是10萬元，顯然是收買或示惠，但是被陳誠婉拒。反而寫道，「余最不願受非分之錢，且不知今之負責者，何以不去解決整個民生問題，而專以私自授受為能事？」陳誠先生日記，1944年6月19日。

當孔祥熙的消費在政府預算內無法消化時，行政院領頭做出惡劣示範，那就是擴張政府編制和預算。這個做法在行政院擬定的警衛大隊編制表和預算書中最為突出。在行政院歷史上，譚延闓時代院中警衛隊50人，汪精衛時代短暫增加到120人。蔣介石時代又大幅減少，因為他取消警衛隊，從軍隊調用憲兵70人擔任警戒任務。但是孔祥熙在1938年卻要求成立一個500人的警衛隊，編列預算高達每年30萬元，而且隊長還是少將階級將領！難怪院內高級官員也譏諷其規模幾乎成為現代「御林軍」。[106]

以上所述的孔祥熙這許多奢侈生活，當然引起社會上普遍反感，其結果是政府在戰時倡導的許多平抑物價和節約的法令，根本無法得到人民信賴和遵守。上樑不正必然導致下樑歪。

三、家人惹起的非議

在整個抗戰八年期間內，中國社會裡沒有一個領袖的家人行為如同孔祥熙家人那般引起社會大眾的傳聞和譴責，最後打擊政府威信。

當然流傳最廣的事件是孔祥熙妻子宋靄齡逃離香港時竟將大批箱籠，連帶女傭與洋狗，霸占機位，以致許多對抗戰有貢獻而且必須趕緊離開香港的忠貞人士無法搭乘飛機。[107] 此事不久在民間廣泛流傳，甚至輿論界有高度公信力的《大公報》也刊登譴責社論，並且向政府提出挑戰，如果該報報導與事實不符，願意接受政府以譭謗罪論處。[108] 但是政府只是私下多方疏通而沒有公開加以駁斥。幾年之後，中國駐美外交官也向國內報告，宋靄齡在美國生活奢侈，激起美國輿論不滿。而關於中國高官在美國銀行開設賬戶窩

---

106 陳克文日記，1938年1月13日。

107 重慶政府高官間的傳聞是，根據美國飛行員稱，其狗有15條之多。見：徐永昌日記，1941年12月14日。又見，《大公報》，1941年12月22日社論，「擁護修明政治案」。有關相反的論述，請參閱：楊天石，《尋找真實的蔣介石：蔣介石日記解讀（二）》（香港：三聯書店，2010），頁345-373。

108 徐永昌日記，1941年12月22日。

藏巨款的消息，在整個抗戰時期謠傳不斷，引起社會輿論嚴厲指責，孔祥熙持續是焦點人物。[109]

孔祥熙的子女們也成為政府高官和社會大眾的非議對象。比如說，孔祥熙兒子孔令侃以平民身分卻干涉航空委員會事務，引起空軍將領高度反感。[110] 當然更離譜的是孔祥熙讓自己年齡尚未滿16歲的女兒參與公務。根據一位行政院高官的目擊記載，孔祥熙女兒在1938年行政院第一次院會時，堂而皇之地闖進會場與孔祥熙閒話家常，而孔祥熙也停止議程向在場官員們宣稱，他女兒經常為國家服務，「翻譯電報，代閱公文」等等，從未支領國家分文報償。孔祥熙繼之憤恨不平地說，外界傳說他女兒拿國家薪俸，真是欠缺公道。但是部屬們會後私下議論，孔祥熙何以不顧滿朝大員和官方配置的譯電員，卻讓尚未成年的兒女插手處理國家大事？[111]

至於其他子女私德敗壞和貪污枉法行為則是流言不斷，雖然細節難以取證，但是在重慶被政府高階層如此廣泛流傳，即便是謠言，若不及時嚴正澄清，就足以嚴重打擊政府威望和公務員士氣。其實在眾說紛紜中，有一個絕對可信的案例是出自蔣介石本人筆下。抗戰剛剛爆發，南京政府就發生紗布交易所舞弊大案。但是蔣介石感歎「為財部職員不能究辦」，其幕後原因是孔妻宋靄齡涉案，引起蔣介石寫道，「陰性（指女性）之極端不宜參與政治。孔姨（指宋靄齡）太露鋒芒，受忌必甚」。[112] 案件只好不了了之。另外一個可信的指控則來自孔祥熙的好友陳光甫。當陳氏在1939年正在極力爭取以中國礦產為抵押品而向美國借款時，卻發現孔祥熙兒子已經暗中動手在各省搜刮囤積該類物資，希望藉此發一筆國難財，導致陳光甫斷然與孔祥熙決

109 陳之邁來信告知。陳克文日記，1945年1月11日。程潛宣稱孔祥熙在美國存款居個人首位。另外據張厲生調查後在行政會議提出報告稱，孔祥熙有一千七百萬美金存款。見：徐永昌日 ，1945年1月9日。美國政府也曾經向中國政府抱怨，但是從未公布細節。有待學者進一步研究。

110 錢大鈞將軍日記，1938年4月28日。

111 陳克文日記，1938年1月14日。

112 蔣介石日記，1937年7月10日「本週反省錄」。

裂。[113] 再根據陳誠所得情報，孔氏家人僅僅在四川省內江縣一個地方就開設了五家綢緞店鋪，造成惡劣觀感。[114] 至於有關孔祥熙的子女被控行為失檢和牽涉金錢不潔時，當孔祥熙被質問時，也是盡量規避或含糊作答，反而在社會上廣為流傳，嚴重打擊政府信譽。[115]

更有甚者是，孔祥熙不但本人和家人成為公眾醜聞的資料，他的親信下屬也惡名昭彰。根據一位知情高官描述，早在南京政府時代，他們囂張行為已經露出苗頭。到了1938年，孔祥熙左右隨扈和副官不下百餘人，他們（及家屬）在由南京撤退到漢口的輪船上霸占優等倉位，沿途大吃大喝，對財政部官員頤指氣使。即使孔祥熙本人或許不知情，但是如此馭下無方，就是長官的罪惡。[116]

到了重慶之後，每次行政院院會時，院長的隨從、副官、司機和各部會首長的隨扈們必定在行政院地窖或停車場聚賭，輸贏動輒數千元。行政院職員視他們為一群'惡棍'卻無法禁止。可見不但高官貪腐，連他們的「狗腿子」也仗勢欺人，為非作歹。到了1940年，行政院又接到民眾投訴，指控孔祥熙的副官仗勢欺人把國府路居民十多人強迫遷出。這些居民只好呈請行政院主持公道。隨從孔祥熙出巡成都的行政院參事居然被發現還私帶鴉片煙（200

---

113 齊錫生，《從舞臺邊緣走向中央》（新北：聯經出版公司），頁97-98。

114 陳誠先生日記，1944年4月28日。

115 這些指控包括孔的兒子在香港揮霍無度，以行為失檢被英國人驅除，乃攜他人之妾去美國，鄭天挺西南聯大日記，1940年4月15日；陳克文日記，1938年11月9-10日，1940年3月25日，4月14日。孔祥熙女兒三角戀愛成仇，在街上與人扭打。徐永昌日記，1939年10月30日。孔把向美國訂購飛機的權交給兒子，買劣質飛機而中飽等等。陳克文日記，1938年1月2日。大公報1941年報導最近逃難時，某高官在重慶已經有數處住所，最近用65萬元公款買了一所公館，生活講究排場和享受。又指控有錢的官員把錢用來囤積居奇，抬高物價。「此君於私行上尚有不檢之事，不堪揭舉。」大公報的「此君」所指是孔祥熙。見：徐永昌日記，1941年12月22日。另外根據行政院高官稱，孔的女兒從美國回來時，帶來兩大箱美鈔。美國人知道非常清楚。徐永昌日記，1944年3月14日。而另外一個高官則指出，中央信託局由孔祥熙的女兒操縱。徐永昌日記，1943年6月2日。

116 陳克文日記，1938年1月14日。

兩）回到嚴格禁煙的重慶市。孔祥熙公館底下的人向來對財政部頤指氣使，導致行政院一位高官感歎，孔祥熙名譽之壞，一部分是這些「家奴」造成，非常可恨。財政部一位高官談到政府腐敗情形時甚至痛恨地說，只要孔祥熙一家人就足以亡國，何需勞動日本皇軍？[117] 另外一位政軍高官則直指「孔庸之（孔祥熙號）為貪污腐敗之總代表。」或許最為嚴峻的批評來自陳誠。陳誠本人在軍政界素來以廉正不阿著名，但是他居然以「孔賊」二字形容孔祥熙，而且說如果蔣介石為掩蓋孔的過失而導致國家社會崩潰，則蔣介石就真是「革命罪人」。[118] 而著名報人王芸生則尖酸地指出，正是因為孔祥熙大壞國事，所以還不能夠隨便予以撤換，因為他已經把財政敗壞到極點，乃至無人能夠接他留下的爛攤子。[119]

四、孔祥熙引起的政治風暴

孔祥熙作為抗戰時期中央政府長期的行政最高領導，如此受社會大眾批判的政風和操守，必然在政壇上引起強烈反響。而國民參政會成為譴責他煙硝最熾烈的戰場。

國民參政會對於孔祥熙的批評，在政府撤退到武漢時期已經開始。最早（1938年初）發動指控的，是來自宋子文和一些外國財經專家，揭露中央信託局在購買外國武器時有舞弊情形，而孔祥熙正是該局的董事長。[120] 當時還有參政員醞釀罷免孔祥熙，主張由宋子文接替。但是蔣介石沒有加以處置，很可能是他全心投入戰事，而沒有察覺到政治事態的嚴重性，[121] 也可能是他覺得宋子文桀驁不羈，而孔祥熙終究容易駕馭得多。不久中央政府遷

117 陳克文日記，1938年1月14日；1939年2月4、9日，11月28日；1940年3月25日；1943年6月13日。

118 陳誠先生日記，1944年2月22日，4月1日。

119 徐永昌日記，1944年6年1日。

120 王世杰日記，1938年2月16日；1941年1月14日。

121 王世杰日記，1938年7月3日。

都重慶，幾乎在還沒有站穩腳步時，國民參政會議員傅斯年等20餘人再度以私函致送蔣介石，反對孔祥熙主持行政院。一個月後，又有參政員50餘人聯名上書蔣介石，要求撤換孔祥熙。[122] 但是蔣介石依然不採取行動。到了1939年，孔祥熙在參政會受傅斯年、錢端升多人猛烈攻擊時，蔣介石還為之緩頰，理由是抗戰兩年中財政當局的功勞的確很大。而孔祥熙本人面對如此批評則是絲毫沒有自我反省，反而責備行政院下屬沒有做好宣傳工作，因此要求他們務必加強宣傳力度。[123] 其實，有關孔祥熙縱容部下貪贓枉法的說法在高層領袖間早已傳開。雖然國家財政政策制定是國防最高委員會具有最高法定權力，但實際操作權操在財政部手中，由該部官員主導和推動，所以孔祥熙責任最大。而他卻被認為是縱容財政部、中央銀行和貿易委員會等單位從事違法，而最後孔祥熙本人也被密報大規模受賄。[124]

1940年參政會的批評走向表面化。孔祥熙在參政會做財政報告時，當場被指責為胡說，報告完畢後沒有一人鼓掌，局面難堪。而當參政會委員在公開會議中向孔祥熙提出質詢時，孔祥熙的答覆模棱兩可，更引起參政員的訕笑和怒罵。[125] 到了1942年初，大公報在上年底對孔氏家族逃離香港的報導，已經在大學生群中醞釀出一股反孔學潮，從重慶漫延到外省，大隊學生遊行到處書寫反孔標語，引起更大震動。蔣介石的態度則是運用各種管道疏通滅火，希望大事化小。倒是陳布雷一向個性謹言慎行，很少針砭人物，卻在日記中寫道，「其實孔之誤國豈青年所能盡知？」換言之，在陳布雷熟悉高層

122 王世杰日記，1938年10月28日，11月5日。

123 陳克文日記，1939年9月15日，11月15日。另見：陳布雷從政日記，1942年1月28日。孔祥熙向陳布雷抱怨處理財政極為辛苦，而對外界之指責毫無自省之意。

124 陳克文日記，1939年9月15日。徐永昌日記，1943年3月3日。

125 陳克文日記，1940年4月4、14日。孔祥熙被質詢的其他事項還包括：財政部次長夫人攜帶貴重飾物以公務護照到美國，因為要求免檢而和美國海關人員發生爭執。鹽務署總辦在署內設立佛堂扶乩，並招待美國大使參觀。見：鄭天挺西南聯大日記，1940年4月15日。王世杰更指責糧食部長徐堪濫用公務護照將自己全家移居美國，卻對公務員疾苦完全缺乏同情心，甚至動輒辱罵。見：王世杰日記，1941年9月27日。

政要的密辛中，孔祥熙的罪過實際上遠遠超過外界所傳言者。[126] 1943年9月，參政會又在兩個問題上集中火力攻擊孔祥熙，第一個問題是他採取以專賣方式限制物價上漲的政策，但是所設立的專賣機構組織龐大而缺乏經費，逼使專賣人員本身只好搜刮自肥，反而使得物價（如香煙和食糖）比限價前高出七八倍以上。而與此同時專賣人員為了討好主管機關（財政部），又以大量贈送非賣品或試用品為名，放鬆它們的監督責任。第二個問題則是孔祥熙本人為了躲避參政會當面質詢的難堪，而選擇不出席會議，只派財政部次長作為代理，更引起參政員憤慨。一位參政委員當眾指出，孔祥熙前一晚尚在忙於宴請部分參政員懇求手下留情，而次日即托故無法出席參政會，該委員推測不知是否宴會引起腹瀉所致，當然引起會內一片訕笑與怒罵。[127]

在此局面下一個令人意想不到出面替孔祥熙解圍的來源，卻是駐美大使胡適。他寫信請求傅斯年等知識界朋友們停止對孔祥熙的抨擊。胡適坦陳他本人也不值孔祥熙為人，但是因為孔祥熙支持陳光甫在美國的借款工作，因此希望朋友們讓他繼續主持行政院工作。豈知不久之後陳光甫本人卻因為不滿孔祥熙的失職和子女的貪污特權行為而和孔祥熙決裂，胡適的支援也立即消失。[128] 1944年國軍在「豫湘桂會戰」連續慘敗之際，參政員傅斯年等人加緊了對孔祥熙的指責，罪狀包括他私人營商、濫用公款，和他領導下政府各部部長的嚴重失職。[129]

孔祥熙的行為也促成大學生參與反孔運動。早在1942年1月，宋靄齡從香港帶狗和女傭人坐飛機回重慶的傳言爆發時，西南聯大青年團學生就發起倒孔運動。雖然中央政府派遣陳雪屏加以勸阻，至少希望不要在昆明市發動，也不要由西南聯大領頭發動，但是學生一千多人依然上街遊行，高呼打

---

126 陳布雷日記，1942年1月8、11、12、23日。

127 王子壯日記，1943年9月21日。

128 見：齊錫生，《從舞臺邊緣走向中央》，第三章。

129 王世杰日記，1944年9月6、13、18日。

倒孔祥熙口號。[130] 1944年孔祥熙到雲南大學演講，整個過程被學生噓轟，乃至無法維持會場秩序。[131] 整個1944年，凡是學生發動運動，孔祥熙必定成為攻擊目標。而民間輿論也厲聲抨擊，甚至要求蔣介石殺孔祥熙以謝天下。[132]

值得注意的是，在全國上下對於孔祥熙施政為人一片譴責聲浪中，卻有一種人堅持沉默，那就是各省地方實力派。令人好奇的是：這種沉默是因為孔祥熙懂得用實惠去討好地方實力派？還是因為他的個人作風和地方實力派沒有本質上差別？甚至比不上地方實力派貪贓枉法的窮兇惡極程度，因此使他們無法自曝其短？[133]

在這個期間，孔祥熙面對來自社會群眾、報紙、國民參政會、和高官間耳語傳播的外部攻擊，他本人從來沒有正面提出否認或反擊，也沒有提出能夠洗刷自己清白的證據去據理力爭。他所做的是在被質詢時含糊其辭，避重就輕蒙混過關，以宴客送禮方式去聯絡感情，放軟姿態祈求聽者體諒苦衷，希望爭取批評者心慈手軟，不要窮追猛打。但是他堅守一個立場，那就是絕不正面認錯，也絕不承諾改進，更絕不引咎辭職，一切由蔣介石替他頂住。其實除了外部攻擊，孔祥熙也遭受內部詬病。陳誠是蔣介石戰時重要將領，他就在1942年當面提請蔣介石注意社會上流傳的，對於蔣孔二人的傳說，「委座手令，孔不實行」。[134] 宋子文也當然是一個重要批判者，但是由於宋子文遠在美國，所以戰火只能由各自的追隨者在國內財經領域明槍暗箭地進行。

至於蔣介石的處理方式，則是訓斥部分身分普通的參政員不可窮就，而

---

130 龍雲本來要以武力制止，被西南聯大教授勸說不採取軍事行動，但是不許報紙登載有關新聞。學生們本來發動罷課，但是沒有得到多數學生同意。見：鄭天挺西南聯大日記，1942年1月4，6日；徐永昌日記，1942年1月11日。

131 鄭天挺西南聯大日記，1944年3月11日。

132 王世杰日記，1944年9月13、18日；陳克文日記，1944年12月22日。

133 陳克文日記，1944年12月22日。

134 陳誠先生日記，1942年10月18日

面對重量級參政員時則是持息事寧人態度，在幕後努力溝通，勸導批評者體諒抗戰的困難，聲稱孔祥熙在處理財政事務上沒有功勞也有苦勞，其基本方式就是希望批評者高抬貴手，以抗戰大局為重，讓孔祥熙繼續主持政府工作。一個有趣的對比是，蔣介石個性對官員貪污歷來深惡痛絕，每每以過度嚴格方式（槍斃）處置，但是對於孔祥熙被指責的行政疏失，和個人操守弊端卻試圖多方開脫。箇中玄機值得未來學者進一步深究，也能為人情和親情在中國政治行為中的重要性提供一些啟示。[135]

五、兩個案例

回顧抗戰八年中，蔣介石處理孔祥熙態度只有兩個例外。一個是林世良案件，一個是外匯案件。

林世良案件發生在1942年5月份，他當時職位是中央信託局運輸處經理。他利用公家名義挪用70輛卡車進行走私，貨物價值三千萬元。被查獲後，由蔣介石親自下令交付軍法審判。[136] 當時在政府高官中盛傳林世良貪汙案涉及孔祥熙，其妻子女兒都持有股份，以致宋靄齡曾經向蔣介石去求情赦免。[137] 林世良貪污舞弊案因為牽涉太多政治關係，引起派系鬥爭，所以軍法單位決定公開審訊，要求政府重要部門都派員列席觀察，同時邀請新聞界記者採訪。就在審案期間，又傳聞孔祥熙親自介入，邀宴眾多高官希望他們分別請求蔣介石從輕發落。審判終結時軍法總監部的判決是無期徒刑，但

135 本書作者未經細究的推測是，蔣介石對於孔祥熙本人可以不假辭色地訓斥，但是對於宋靄齡則可能是因為促成蔣宋聯姻有功而感恩於心，而對於孔家子女則經常和蔣介石散步，遊公園，家庭遊戲對弈等等，建立了親情。

136 何成濬將軍戰時日記，1942年5月27日。唐縱，《在蔣介石身邊八年侍從室高級幕僚唐縱日記》（此後簡稱唐縱日記）（北京：群眾出版社，1991），1941年12月23日。

137 徐永昌日記，1942年8月15日。新近有關林世良案的詳細論述，請參閱：張世瑛，〈蔣中正與戰時軍法體制的執行——以抗戰中期的三起貪污案件為例〉，《國史館館刊》（台北：國史館），第55期（2018年3月），頁19-27。

是蔣介石下令立即執行死刑。[138] 以林世良官位之高，遭受嚴刑處置，本應該使政風為之一清。而蔣介石本人也以為他「不為權勢所亂」，指的當然是孔祥熙和他所動員的一群黨國高官說客，而毅然「依法懲治」，是為政風做了一個大貢獻。[139] 但是因為背後牽涉勢力團體太廣，不但包括孔祥熙本人和家人，而且軍委會運輸領導（俞飛鵬）、軍統局（戴笠）、財政部、中央信託局、和一般親信和利益來往戶等等，其間盤根錯節，難以動搖。因此雖然林世良本人未能逃過法網，但是背後的勢力依舊我行我素。蔣介石或許無法得知細節，或許也無可奈何。[140] 而同樣重要的是，孔祥熙和家人只是暫時避過風頭，並未革面洗心，此後依然故態復萌。

第二個案件是外匯公債套匯案。大致說來，該案在1944年底已經由民眾搜集資料提出控訴，蔣介石本人和侍從室也開始調查。不久之後國民參政會參政員（傅斯年、顧頡剛、陳賡雅）多人也逐漸知情，並且計劃提出公開質詢，但是被政府勸阻。[141] 因此整個案情極端隱秘，沒有做出任何公開宣布，因此儘管社會上流言充斥，但是了解內情者寥寥可數，特別是某些關鍵過程只有蔣介石和孔祥熙二人清楚。幸運的是蔣介石日記提供了極為珍貴的資料，成為本段敘述的主要來源。

這個事件的時空背景是，1944年下半年孔祥熙被蔣介石派赴美國處理中美關係，其間就史迪威指揮權問題，被蔣介石委任為全權代表和羅斯福進行密商。又為了個人健康，在美國進行開刀手術。他的政敵們（政學系和陳果夫等）趁著孔祥熙遠離重慶之際，就極力部署奪取他的財政金融權而向蔣介

---

138 何成濬將軍戰時日記，1942年11月14、17日，12月5日。徐永昌日記，1943年2月23日。

139 蔣介石日記，1942年12月26日，上星期反省錄。

140 何成濬將軍戰時日記，1942年12月22日。

141 中央銀行趁黃金提價而舞弊事故前後醞釀幾個月社會早已流傳，而貪汙者沒有受到法律制裁，使政府威信大受損傷。徐永昌日記，1945年5月5日，7月18日。壽充一編，《孔祥熙其人其事》（北京：中國文史出版社，1987），頁147-148。王汎森，《傅斯年中國近代歷史與政治中的個體生命》（新北：聯經出版公司，2013），頁215-216。張瑞德，《無聲的要角》，頁331-333。

石提供更多的犯罪證據，包括以他的得力部屬們作為初步攻擊對象。[142] 1945年7月初孔祥熙剛剛回國，蔣介石立即召見孔祥熙，告以調查的經過和事實，人證物證俱在，同時警告孔祥熙要「好自為之」。但是孔祥熙仍然不肯全部承認，蔣介石只好親自審閱中央銀行舞弊案全文，決定必須將贓款全部追繳歸還國庫，否則就任由參政會進行徹查並且以舞弊案處置。此時蔣介石再度約見孔祥熙，並且提示全部證據。孔祥熙開始時依然強辯，等到蔣介石以基督徒不可以如此做事相責，孔祥熙才「默認」。一日之後蔣介石再度召見孔祥熙，「彼（孔祥熙）承認余（蔣介石）之證據，並願追繳其無收據之美金公債，全歸國庫也。」幾天之後，蔣介石決定撤換（孔祥熙）中央銀行總裁，於7月24日發表由俞鴻鈞繼任。這個案件讓蔣介石極端憤怒，並且在日記中盡情宣洩，「不勝苦痛憂惶，未得安睡」，「此人（指孔祥熙）之貪劣不可救藥」，「痛憤極矣」，「庸之（孔祥熙號）之操縱中行，不願對余實告存款」，最後決定，「庸之不可與之再共國事矣，撤孔之舉猶嫌太晚矣。」由於此案造成了沉重傷害，所以蔣介石再三警告宋子文（時任行政院長）必須任命蔣介石本人絕對可以信賴的人去主持中央銀行業務，因為他擔心宋子文也會任用親信。果然，宋子文希望任命親信貝祖貽（貝淞蓀）為中央銀行總裁，但是遭到蔣介石拒絕。當宋子文質問蔣介石是否把行政院全權交給他負責時，蔣介石的答覆則是俞鴻鈞一定會全部向宋子文負責。在7月底8月初，蔣介石繼續追查中央銀行美債舞弊案，並決定由國民政府主計局與該行新總裁負責查報，而不交給行政院，理由是該行是國民政府直轄單位。他在8月17日日記寫道，「晚檢討中央銀行美債處置全案，即令速了，以免夜長夢多，授人口實。惟庸之之不法失德，令人不能想像也。」[143] 因此從5月底行政院改組，宋子文繼任行政院院長，翁文灝任副院長，孔祥熙

142 包括指控財政部稅務局主管以貪污罪加以拘捕審訊。王子壯日記，1945年1月1日，2月9-10日，3月10日「上星期反省錄」。孔祥熙自稱在美國進行手術，取出膀胱結石11塊，7月12日。

143 蔣介石日記，1945年7月11-14、24、25、28日，8月4、6、17日。

不但失去副院長職位，同時也失去中央執行委員會常務委員資格，是政治上的大敗。到了7月底，孔祥熙再度辭去中央銀行總裁職位，完全退出金融界。[144]

以上對於這個重大貪腐案件的處理經過有幾點值得注意：第一，作為國家政府最高領導人，孔祥熙缺乏操守和判斷力，導致其他政府機構群起效尤，敗壞了全國政風。第二，此案若非蔣介石親自過問，孔祥熙和親信們的貪腐行為肯定可以蒙混過關而且長期繼續。因此國家財產此次得以保護並不是政府的法令嚴明有效，而是犯法者（孔祥熙）運氣欠佳，引起蔣介石親自關注所致。然而日理萬機的蔣介石，注意力有限。如果政府缺乏組織和紀律，違法者的成功率遠遠大於懲罰率。更何況有國家領袖如孔祥熙和行政院帶頭示範？第三，蔣介石依賴孔祥熙主導戰時行和政財政達8年之久，要到1945年7-8月才領悟到「不可與之再共國事」，是嚴重地缺乏知人之明，也是導致抗戰時期政務腐敗的重要原因。其實蔣介石早就應該主動撤換孔祥熙，但是缺乏毅力或受親情私心蒙蔽。而孔祥熙本人在1944年5月份，也因為外部壓力日增已經向蔣介石提出辭呈，卻被蔣介石退回，失去另外一次機會，都是他處理蔣孔關係缺乏果斷的結果。[145] 第四，蔣介石雖然果斷地維護了國家資產，但是沒有懲處相關人員，反而意圖趕快了案，以免「夜長夢多，授人口實」，也不讓行政院長宋子文有機會進一步揭露全部真相。蔣介石不能公平執法，看在貪腐官吏眼中，更是鼓勵他們的僥倖心理，只要走對門道，必然可以大事化小小事化了。讓蔣介石失去一個端正政風的大好機會。也讓隨著勝利而來的政風衰敗，釀成不可收拾。

總結地說，孔祥熙對於戰時中國政府負面影響之大毋容置疑。從以上的史料可以看出，孔祥熙無論是在辦事能力，是非判斷，或是個人操守上，都不具備最低限度的品質，去帶領抗戰中的政府走向吏治清明有效的目標，但

---

144 陳克文日記，1945年5月31日，7月26日。

145 陳布雷從政日記，1944年5月20、21日。孔祥熙甚至要求一個書面的挽留信，也未如願。值得注意的是，這個事件的前後都是由陳布雷居中協調，而不是由蔣孔兩人直接處理。

他卻在幾乎是整整八年中，擔當政府最高領導人的重任。孔祥熙領導的行政院人才不足、紀律廢弛、行事馬虎，蔣介石應該早已知曉，而事實上蔣介石也從南京時代開始，就不斷地看出孔的能力不足，尤其是在對日和戰問題和對美外交策略都屢次犯錯。蔣介石在1939年也曾經對孔做出一個評價，「庸之徒有理財，而不注重整個政治。一與商討財政，彼即憤氣怒色相加。凡重要事機皆密而唯恐我知道，我亦樂得不知，一任彼之所為。」[146] 面對如此無能無行的國家領導，蔣介石卻不能斷然予以撤換，反而在此後因循苟且了五年之久，「我亦樂得不知，一任彼之所為」，真是一語道破戰時蔣介石和中央政府的關係。但是蔣介石在此種情況下，仍然必須經常要親自過問大小事務，而他自己既時間精力有限，也不是管理政務的長才，因此只好斷斷續續以手諭治國，甚至瑣碎到教誨公務員應該如何工作、讀書、寫報告等細節。最具諷刺的是，他由於親筆書寫手諭過多，乃至右臂疼痛，而只好委託親信秘書代筆。[147] 而中央機關拿到手諭後，就做出許多冠冕堂皇的公文，呈報本單位已切實奉行委員長指示。其實完全是文辭華麗的官樣文章，毫無實質行動內容。[148] 行政院既不能自定政策，也不能執行蔣介石的政策。政府無能腐敗終成無法割去的病瘤。正如王子壯所言，「觀察今日各機關所定之工作計劃，不禁黯然。非誇大粉飾作不兌現之文章，即摭拾數事以虛應故事。」[149] 蔣介石在政務領域裡過於依賴孔祥熙，成為他在擇才選人工作上的最大敗筆。而這個災難性的失誤，在戰時除了導致政風敗壞之外，在國家財政問題上最能看出它的惡果。

---

146 蔣介石日記，1939年7月19日。

147 陳布雷從政日記，1940年12月31日。

148 陳克文日記，1939年2月23日。

149 王子壯日記，1943年3月13日「本星期預定工作課目」。王子壯在1943年就對孔祥熙做出過一番評論。他寫道，「孔先生近來態度益為傲慢，目中更屬無人。蓋地位日隆，蔣先生又予信任，認為其餘不足道也。此公在蔣先生目中不過認為聽話而已，不若宋子文之桀傲，而其識見能力則殊不足。彼自己在此時期，即大經營其商業，若銀行除國有者外，更有個人經營者。祥記公司則販賣各種物品，囤積居奇，因之彼之子女隨從無不大事經營，真不知政府法令之謂何。以如此之人，唯利是圖，當國家重任，前途危險，蓋可逆覩。」見：王子壯日記，1943年8月8日。何以眾人皆知的現象，而蔣介石卻紋風不動？

第三節　國家財政困境

戰時政府在需要執行的眾多工作中，最重要的莫過於動員全國財力讓戰爭能夠堅持下去。這就直接影響到軍隊士氣、公務員和老百姓的生計，和對戰爭做出貢獻的能力。一個簡單的指標，是政府這部機器是否能夠提供足夠財源去支援長期作戰。

戰時財政政策明顯和承平時代不同，因為打仗的特色是無法預知支出數字，但是又必須迅速支出，而支出數字又極為龐大。不管是對武器消耗的補充、財產損毀的修復、難民的救濟、交通破壞的重建，都是突發性而且在最短期間內需要極大款項支現，因此財政處理困難不在話下。這種需要在七七事變之後並不是漸進式產生，而是閃電霹靂突飛猛至的。觀諸第二次世界大戰的參戰國家，英法美各國都有一個緩衝期，在國際局勢漸趨緊張過程中得以未雨綢繆，在財政上預作部署。即便是蘇聯，縱然是遭到突襲（1941），但是在歐戰爆發時（1939）已有徵兆可供早作準備。惟有在中國，不但七七事變毫無預警，而且在一個月內，戰火遍及大江南北兩個分隔千里的戰場，是此前數百年以來，任何中國政府均未遭遇過的嚴峻局勢。南京政府窮於應付可以理解。

財政嚴峻情況從戰爭一開始就非常明顯。回顧戰前十年，南京政府的預算支出大約有40%至45%投入軍事項目，30%左右用於償還債務，其餘（約30%）則用於所有民生事業。[150] 1937年南京政府在抗戰前，每年的收入大約是4億元（法幣）。但是根據財政部次長鄒琳報告，8月份一個月的戰事支出就達1億元，此後直線上升。9月份是一億七千萬元，10月份是一億九千萬元，而總收入則每個月仍然只有2千萬元，並且在急速減退，造

150 Albert Feuerwerker, *Economic Trends in the Republic of China, 1912-1949* (Ann Arbor, Mich., 1977), Table 20, pp. 82-83.

成每個月的差額越來越大。[151] 依據政府內部資料顯示，1937年度的財政收入仍以四億餘元計算，但是支出為18億元。財政赤字超過收入的4倍半。[152] 抗戰滿一年時（1937年7月-1938年6月），政府的支出為24億元，而收入卻已減少到平時的十分之一而已。[153]

這個情況此後不斷惡化。比如說，國防最高委員會議決1941年歲出總概算為75億元，而歲入只有16億元。1942年歲出是170億元，而歲入不足60億元。1943年歲出為358億元，歲入為180億元。在物價飛漲情況下支出肯定大幅超出收入。僅以1943年4月份實例，國庫支出為36億元，而收入僅4億元而已。[154]

我們應該如何去理解這些資料？

首先，上引這些資料都是來自政府最高階層領袖的內部資料，比各部會當時或事後公布的官方資料更為切實，沒有宣傳痕跡和保密壓力，因此可信度較高。其次，即便是這些資料，依舊被高層領袖們在私下表示它們不可以盡信。考其原因最基本的是，戰爭的估算大大超出政府部門預測的範圍。依據南京政府戰前估計（1937），如果中日戰爭開始時，中國軍隊以150萬官兵計算，則軍費需要約6億元，其中包括約三分之一（2億元）從國外（德國）進口武器，和三分之二（約4億元）為國內戰費。這個估計和1931-1935年間軍事費用（約在4億元之內）進行比較時看似頗為務實。[155] 但是事實證明這個估算嚴重缺乏遠見，而其責任難由財政單位單獨承擔，因為當時任何人都

151 王世杰日記，1937年9月9日，11月5日。

152 徐永昌日記，1939年1月28日。另外根據宋子文資料，則1937年的支出為13億元。T. V. Soong Papers, Box 38, Folder 9, Hoover Institution Library，引自呂芳上主編，《中國抗日戰爭史新編：戰時社會》，頁145-147。

153 王世杰日記，1938年9月11日。由於孔祥熙也兼任財政部長，所以他向國民參政會會提出財政報告稱，過去一年中央稅收是一億八千萬元，但是支出是15億元。見：王世杰日記，1938年7月7日。

154 王世杰日記，1940年11月18日；1941年12月27日；1943年1月8、14日，5月21日。

155 T. V. Soong Papers, Box 38, Folder 9, Hoover Institution Library, 引自呂芳上主編，《中國抗日戰爭史新編：戰時社會》，頁145-147。

無法預料戰爭來臨的時機和規模。更何況，戰亂導致政府本身組織破碎，即使最基本的資料收集和整理工作，都趨向局部和零星，可信度大幅降低。

長期的問題是在戰爭初期的震撼局面過去之後，財政領導人仍然無法找出掌控財務的途徑。依照政府作業程式，每年度國家預算由國防最高委員會通過，但是其所依據的數據，則是由孔祥熙主持的行政院和他兼任部長的財政部所提供。所以就制度而言，1937-1944年孔祥熙全權負責戰時財政，也是蔣介石唯一信賴的理財專家，政府的財政大權都掌握其手。但是事實上，孔祥熙對於財政粗心大意，包括他向政府提供財政報告的精確性屢屢受到其他高層領袖質疑，甚至懷疑他的資料根本沒有根據而是憑空杜撰，事實上就連財政部高階官員們也坦承這些數字經常是為了做預算表拼湊而成。王世杰也坦白指出，孔祥熙在最高國防會議的報告都只是口頭報告，從來不見書面詳情，缺乏內容，絕不可能是精密資料。[156] 既然政府沒有其他部門可以進行獨立的財政審核功能，所以國防最高委員會也只好以盲人騎瞎馬方式進行紙上作業，年年都脫離現實。[157]

儘管這些資料缺乏精準度，難以作為嚴謹學術分析的依據，但是它們還是透露了幾個資訊：1. 它們顯示戰時財政的混亂程度，連最高層負責人都不能掌握可靠資訊，難怪他們對財政問題束手無策。2. 某些部門為了自身利益，故意隱瞞實情；既可能以多報少，也可能以少報多，特別是不讓蔣介石得知真相以免招致責難。3. 但是政府財政赤字逐年增加的大趨勢依然顯明，特別是從1943年以後開始急劇惡化，變成失控。即使是按照官方資料，1944年國家預算總數在700億左右，比較1943年已經增加一倍多。而1945年又超過1944年一倍多。[158] 然而政府每年依然煞有介事地做下年度預算，而領導

156 王世杰日記，1938年3月30日，4月22日，7月7日。在他筆下，孔祥熙的財政是一筆糊塗賬，從開戰以來就是如此，連最高國防會議都得不到正確資訊。王世杰日記，1938年3月14日。

157 王世杰日記，1940年11月18日；1941年12月27日；1943年1月14日。王世杰認為孔祥熙基本上照抄俞鴻鈞不正確的數字，而俞鴻鈞用的很可能就是孔祥熙自己原本寫下的數字。

158 陳克文日記，1943年12月4日；1945年4月2日。1944年800億元，1945年1,700億元。有

們也心知肚明到時候絕對大幅超過。在這種情況下，通貨膨脹和物價飛漲，成為不可避免。

造成財政赤字最大的因素當然是軍費。每年度的軍費大約占政府支出的70-80%，剩下的20-30%則應付政府一切其他政務開銷、經濟發展、和其他一切內政外交事務。[159] 可見非軍事事務被擠壓和困窘的程度。從八年抗戰整體觀之，1937年度的13-18億元支出大概離題不遠。但是到了1944-1945年情形完全失控。根據1944年12月國防最高委員會通過的1945年度預算，支出已經達到2,600億元。[160] 換言之，政府開支八年之間增加了200倍。它如何填補這個缺口？

第四節　財經政策

抗戰時期的城鎮居民、勞動群體，特別是領取固定薪俸的公務員教員和官兵們，是政府低能治理的最大受害者。如果我們要理解他們的痛苦和對政府的離心，就必須先檢查重慶政府的政策及其造成的深遠影響。

從財經政策著眼，國民政府在南京十年曾經啟動過一系列的稅務改革，比如說，1931年明令全國廢除釐金制度，1934年又廢除苛捐雜稅。它同時預見萬一中日發生戰爭，會喪失它最依賴的關稅、鹽稅和統稅，因此致力於開闢新稅源如所得稅，並且在1936年底開徵。政府又在1935年立法規定中央與地方財政關係走向制度化，同時還規定全國以法幣為國家幣制，由中央、

關孔祥熙報告財政，見：王世杰日記，1944年6月9日。

159 王世杰日記，1943年1月14日。

160 王世杰日記，1944年12月18日。包括軍費1800億元，約占70%。入不敷出約900億元。但是根據宋子文的資料，到1945年的預算是8,250億元。見：T. V. Soong Papers, Box 38, Folder 9, Hoover Institution Library，引自呂芳上主編，《中國抗日戰爭史新編：戰時社會》，頁145-147。當然，1945年度計算更缺乏精准度，因為一半是抗日戰爭，一半是復員和國共內戰。

中國和交通三個銀行發行。[161] 但是上述稅務改革措施只有部分在國民政府控制的江南地區得以試行，大多數省份並沒有遵行，因此抗戰開始時，中國仍然是一個財稅分裂的國家。

在戰前，關稅、鹽稅、統稅以及貨物稅，是中央政府的主要財政來源，其中關稅占中央稅收一半以上。戰爭爆發後，沿海大都市、海港、鹽田相繼淪陷，大部分傳統財政來源急速落入敵手。政府立即面臨的難題是如何增加收入維持作戰。純就理論而言，增加收入的大方向大致不外以下幾個：1. 增加租稅，面對廣大人民尋求大幅度增加收入，同時節約消費和穩定物價；2. 發行公債，吸收民間游資，特別是把目標鎖定為富裕人士階層，又可以使鈔票回籠，減少法幣發行額度；3. 向外國借款舉債；4. 走投無路情況下就開動印鈔機，發行鈔票。前兩項屬於對內措施在政府控制範圍之內，是孔祥熙和財政部的職責。第三項需要拓展外交關係。而第四項則是飲鴆止渴之路。[162]

依照戰時法律，中央稅收包括直接稅、貨物稅、專賣稅、關稅、土地稅等五大項目。如果進一步分析稅收成分，則見下表：

年份	土地稅	直接稅	鹽稅/專賣稅	貨物稅	關稅
1937	--%	5.13%	31.25%	10.27%	53.34%
1938	--	4.78	22.49	11.96	60.77
1939	--	6.64	12.66	9.13	71.58
1940	--	28.41	30.30	27.27	14.02
1941	--	26.62	43.53	27.65	2.21
1942	13.72	29.89	36.08	16.09	4.23
1943	27.58	26.12	29.96	13.75	2.58
1944	10.43	20.07	52.11	15.87	1.52
1945	6.21	14.14	52.97	23.43	3.26

資料來源：侯坤宏，《抗戰時期的中央財政與地方財政》，頁116，表3-7。

161 參考：侯坤宏，《抗戰時期的中央財政與地方財政》，頁13-18，125-127。

162 參考：侯坤宏，《抗戰時期的中央財政與地方財政》，頁38。呂芳上主編，《中國抗日戰爭史新編：戰時社會》，頁148-167。

只需要粗略檢查該表就可以發現幾個特點：1. 表中所列的直接稅、專賣稅、貨物稅和關稅絕大部分在城市產生，而土地稅則在農村產生。2. 土地稅在1937-1941的中央財政中並不存在，從1942年才開始收歸中央，但是其資料最不可靠，理由在下一章的田賦一節將會深入分析。3. 關稅最不穩定，在1937-1939年占中央財政收入的50%以上，但是1940年開始劇減，最後成為無關重要。4. 鹽稅和專賣收入是中央政府最可靠的稅源，1940年後持續重要。5. 直接稅和貨物稅在1940年開始逐漸增加，約占三分之一，但是數位並沒有顯示納稅者的負擔是否公平均勻。以上各種稅金所無法顯示的關鍵問題是，中央政府是否有足夠的行政控制權？是否有合格的稅務人員到地方基層去執行任務？是否能夠克服地方勢力的極力阻擾？這些問題在本章和下一章中都會進一步討論。

無論細節如何，大趨勢則是稅收無法維持抗戰。到1939年，上述稅收額只占國民政府財政收入的5%。[163] 到了1945年，也只占8.14%而已。[164] 考其根本原因，是抗戰使得財政支出的項目發生了巨大改變。因此，政府面臨最急迫的問題，是如何調整日益萎縮的財政來源，與不斷增長的軍費開支間的差距。即使田賦徵實與糧食徵購政策（見下一章）使農民承受了巨大困難，但其價值與政府總開支相比依舊少得可憐。徵實、徵購政策實施的四年間（1942—1945）稅賦收入占政府總收入的18%到28%。1941年，所有直接稅、間接稅、公債加起來也僅占當年政府總收入的20%，到1945年，增加到總收入的50%。[165] 但是遠遠落後於支出。這表明國民政府必須想盡辦法來彌補短缺。

---

163 財政部，《中國財政年鑒，1948》，第3編，南京，1948年，頁98-101。

164 關吉玉，《四十年來之民國財政》，頁112；引自侯坤宏，《抗戰時期的中央財政與地方財政》，頁114，表3-6。

165 財政部，《中國財政年鑒，1948》，第3編（南京，1948），頁98-101。

一、財源枯竭

首先，造成財政困難最直接的原因無疑軍事潰敗。1938年秋天廣州和武漢相繼淪陷，標誌著華東華南地區主要城市全部落入敵手。國民政府歷來高度依靠的鹽稅、關稅和統一貨物稅收入降至最低點，田賦、營業稅和契稅這三類傳統稅目又是各省政府的主要收入來源，而此時重慶國民政府在名義上仍然掌握的省份，又大多是財政收入最少的省份（例如山西省、貴州省、廣西省和回族省份）。因此，雖然國民政府將這些稅由省府收歸中央，但淨收入並不多。[166] 更何況各省的地方實力派還想盡各種辦法（包括匿藏稅款、逃避交稅、轉移資產等等）把稅金截留在本省。

與此同時，工業基地的縮小也加劇了財政困難程度。自從十九世紀中葉以來，中國經濟現代化的主要地區持續集中在平津地區、淞滬寧地區和珠江三角洲地區，而內地省份的經濟發展則嚴重落後。[167] 在抗戰爆發後的最初幾個星期中，華北平津地區相繼失守，該地區以幾代精英辛勤經營所累積的工商企業資產，全部毀於炮火或是遭日本人霸據。在華東淞滬戰役期間，國民政府在敵人猛烈地面炮火和空中輪番炸射之下，奮力進行工業遷移，成功地轉移了約600家工廠，120,000萬噸工業設備以及10,000名技術工人。[168] 至於珠江三角洲，則由於廣州淪陷而在一夕之間失去全部產業。1937年至1945年間，中央政府竭盡全力擴大大後方工業生產。儘管工廠數量在1945年已經增加到4,400家，[169] 但絕大多數規模微小、資金不足、機器陳舊、產品產量較小而且品質粗糙。但是面對世界工業大國的日本，它們卻是維持中

---

166 方顯廷，《戰時中國經濟研究》，頁162-164。

167 戰時國民政府全部控制或僅部分控制的13個省的廣大地域中，只有279家工廠使用機器生產，或雇傭30名以上的工人。1937年，在生產力上，內地電力、紡織業與麵粉業分別僅占全國總量的3%、1%、2%。參見經濟部，《抗戰時期之中國經濟》，頁1319。

168 Chang Kia-ngau, *The Inflationary Spiral: The Experience in China, 1939-1950* (New York, 1958), pp. 213-214.

169 經濟部，《抗戰時期之中國經濟》，頁1320-1324。

國抗戰的全部工業生產的基礎。

到1942年春天以前，西方國家經由滇緬通道每個月運至昆明的物資大約有15,000噸。[170] 但是緬甸戰爭失敗（1942年5月），滇緬和越南通道全面關閉，機器設備與工業原料的進口戛然而止。儘管國內在沒有外援情況下仍然試圖增加產量，但成果遠遠無法滿足抗戰需求。到1944年，重慶政府統治區一年僅能出產鐵40,134噸（公制）、鋼13,361噸、水泥40,655桶、車床4,677台、發動機總功率14,487匹馬力。鎢和錫等礦產急劇下降。[171] 與此同時，中國兵工廠的軍火生產力尚不及戰前的50%。在戰爭物資與民生用品的生產比例，各類產品的輕重緩急，以及物資和設備的運輸、分配、徵用、儲存等問題上，政府各部會間和政府與民營企業間，基本上各自為政，行政院沒有執行整體規劃與調控。實際上直到1944年底，美國戰時生產委員會的納爾遜（Donald Nelson）才建議中國政府設立中國的戰時生產委員會，以實現對生產進行有系統控制。[172] 但是日軍發動的「一號作戰」卻對中國工業生產在1944年造成了自開戰以來最嚴重的摧毀。其中以河南、湖南、和廣西的工廠損失最為慘重，部分產業90%以上的生產力遭毀。[173] 在如此不利環境下，重慶政府不但難以從工業生產中汲取財政收入，而且根本無法依靠孱弱的工業去滿足最低限度的軍用與民生需求。

南京政府雖然一直要等到1936年才開始試行新的財政收入來源，和建立新的稅制去徵收固定稅（諸如所得稅、增值稅、營業稅等直接稅），但是這些徵稅的努力隨即被戰爭干擾，而且受制于考慮欠周的法規與不當管理。直接稅徵收制度有效施行的先決條件是據實申報所得，但是由於現代化的會計制度在中國商業界尚處草創階段，因此無論是有關個人所得或是商業營業

170 Arthur Young, *China and the Helping Hand*, p. 117.

171 經濟部，《抗戰時期之中國經濟》，頁456、459、1237-1244。

172 Mr. Donald M. Nelson to President Roosevelt, December 20, 1944, 033.1193 Nelson, Donald M/1-1245, *Foreign Relations of the United States, Diplomatic Papers, 1945, China* (Washington D.C., 1969), pp. 287-295.

173 經濟部，《抗戰時期之中國經濟》，頁278。

額，其隱瞞與造假程度都普遍嚴重。除了商人竭盡智力的逃稅手段外，地方稅務部門也長期存在有貪污、經驗不足等問題。難怪在1943年，直接稅僅占重慶政府現金收入的12%，而到了1945年更降到只占5%。[174] 等於是名存實亡。

這就無可避免地涉及到社會經濟的公平正義問題，因為城鎮廣大商人階級的收入理當是直接稅徵收的主要對象。即便是在通貨膨脹情況下，他們的收入也水漲船高，更何況從囤積居奇獲得的暴利所得更應該增加稅額。依照理性原則是應該依據人民財力付稅，錢多者多出，錢少者少出，抗戰由廣大人民公平負擔。而且賦稅也應該逐漸採用綜合所得稅和屢進制，收入額決定付稅額。但是實際現象正好相反，商人階級所承擔的戰爭義務遠遠小於社會其他階層，成為社會上所詬病的「無錢者出錢，有錢者賺錢」現象。特別是商人依託權貴包庇，或者本身就是權貴隱身，就可以逃稅甚至「發國難財」，造成國家作戰財政最大負擔者反而是低收入人群。[175] 其實，即使是能夠堅持「有錢出錢，有力出力」原則，也未必能夠大幅改善政府的赤字困境，但是對於政府的公正和誠信形象和人民對政策的支持度，卻肯定會產生極大的正面作用，接近「全民作戰」的理念。

二、發行公債

公債作為一種由政府發行和委託銀行經銷的方式，它理想的功能是一方面可以吸收社會資金提供戰費，一方面又可以回收政府發行的貨幣，調節物價。但是戰時國民政府並沒有能夠通過發行公債的手段，去達到吸取國內商業與金融界資源的目的。公債在南京時代並沒有建立制度，廣大人民對之感到陌生，只有大城市中上階層人士略微熟悉，但是推銷成績依然有限。抗戰

174 財政部，《中國財政年鑒，1948》，第3部分，頁98-101。

175 千家駒，中國戰時經濟講話，頁34-35，引自，侯坤宏，《抗戰時期的中央財政與地方財政》，頁196-197。

爆發之初，國府曾發起過頗有成效的認購運動，共發行5億元救國公債。但是隨後政府的高壓作風，持續走高的通貨膨脹以及軍事潰敗，使民眾熱情驟降。因此實際上只銷售了一億二千萬元而已。[176] 到了1939年初，孔祥熙被迫在高階層內部會議上坦承，今後不能再舉發公債。[177] 在此必須一提的是，即使在公債事務領域裡，中央政府也並非唯一的發行單位，它同時還必須承受來自各省的競爭。因為依據1942年調查，至少有14個省份擅自發行了37種公債，金額約4億2千萬元，顯然超過了中央政府的發行額度。其中四川省一省就發行了8千6百萬元。這些公債很少用於建設或作戰，而是用於貼補地方政府經常費用的不足。更由於民間承購者少，所以多半是向省銀行抵押，迫使地方銀行增加鈔票發行量，更加重通貨膨脹惡化。雖然依據法律而言，從1942年開始只有中央政府才有權發行公債，而各省已經發行的公債則必須一律繳交國庫，但事實上各省依舊自行其是。[178]

中央政府雖然從1942年開始強迫富人和民營企業認購公債，甚至向各省硬性規定分攤銷售公債的數額，但是由於缺乏強制推行的決心和行政能力，而戰時物價飛漲又造成發行公債更加困難，因此公債在整個戰時財政中無足輕重。縱觀1937年至1944年間，官方有案的公債總額僅法幣150億2,200萬元。[179] 但是絕大多數公債是由銀行和公營事業吸納，根本無助於緩解政府財政窘境。[180]

三、借款

在近代中國史上一個慣例是，每當政府財政出現危機時，首先想到的就

176 王世杰日記，1938年4月22日

177 徐永昌日記，1939年2月23日。

178 參考：侯坤宏，《抗戰時期的中央財政與地方財政》，頁125-127、220-224。

179 朱斯煌主編，《民國經濟史》（上海，1948），頁421-422。Arthur Young, *China's Wartime Finance and Inflation*, pp. 75-77.

180 賈士毅，《民國財政經濟問題今昔觀》，頁6。

是向外國政府舉債。但是國民政府的不同之處，是它不得不主要依賴國內資源去應付經濟困難。在太平洋戰爭爆發之前，外國給予中國的信用借款總額約5億美元，其中半數來自蘇聯，並且是以武器援助與人員服務的形式支付。美國要等到1940年11月才決定，為穩定法幣，首次向中國提供5,000萬美元借款。太平洋戰爭前，美國給予中國的借款共1億7千萬美元，英國借款為7千8百萬美元。在上述總共5億美元的援助中，真正投入運用的僅3億5千萬美元。[181] 而1941年前，美國提供給中國的租借法案物資也僅2千6百萬美元，與此同時它向歐洲國家（英法蘇聯）提供的租借援助已經高達15億美元。[182] 換言之，是對中國援助的57倍。這一數額遠不能滿足戰時中國的金融、工業或是穩定財政等各方面的需求。1942年蘇聯援助基本終止。同年，美國增加中國5億美元的信用借款，成為此後中國抗戰中唯一重要的外援。

1942年3月，中國政府本身又發行了1億美元定期儲蓄券，和1億美元的同盟勝利美金公債兩種債券。由於社會大眾缺乏資金去購買債券，因此政府是否有能力勸說，甚至強迫社會上富人階級購買公債，就直接影響到公債政策的成敗。如果公債得以順利推動，則政府就能從社會上富裕人士階級中獲得大量資源，將戰爭的負擔轉移給那些有能力負擔的人，把囤積的物資以平價售出，同時抑制通貨膨脹的勢頭。但是由於政府缺乏向富裕特權階級施壓的手段與決心，以致未能有效地推動債券，其結果是公債對整個戰時經濟只起到了微不足道的作用。[183] 屬於攤派者多，屬於自由認購者少，因此無法

---

181 Arthur Young, *China and the Helping Hand*, p. 207。另外根據中方數字，美國：1938年的2500萬美元；1940年的7500萬元+2500萬元；1941年5000萬元，1942年5億元。英國：1939年500萬英鎊，1940年500+500萬英鎊。見：呂芳上主編，《中國抗日戰爭史新編—戰時社會》，頁9-10。

182 Arthur Young, *China and the Helping Hand*, p. 148.

183 The Ambassador in China, Gauss, to the Secretary of State, no. 732, June 22, 1942, 893.51/7502：Telegram, *Foreign Relations of the United States, Diplomatic Papers*, *1942, China*, pp. 524-526.

收回法幣，不能抑止物價飛漲。沒有達到發行公債的功效。[184]

當重慶政府在1942年發現美元債券的發行並沒有增加多少財政收入後，它轉而計劃以拋售黃金的手段去支持法幣，指望富人們會拋售囤積的物資去換取和儲藏黃金。1943年7月，重慶政府獲得美國政府同意，將5億美元信用借款中的2億用以購入黃金。[185] 但是美國白宮與財政部之間意見分歧，嚴重影響了政策執行，以致1943-1944年最危急時段只有價值2千3百萬美元的黃金運抵中國。[186] 整個抗戰時期，中國政府真正利用到的各類外國非軍事借款援助，共計5億8千萬美元（除去蘇聯軍事援助與美國租借援助）。[187] 不僅援助數額不足以改善經濟情況，而且社會上流傳消息聲稱中國的黃金儲備已趨枯竭，未來的美援又不可靠等等。這些消息反而導致1944年下半年以後國民政府的財政狀況進一步惡化。

儘管國外借款沒有成為紓解戰時財政困境的一個重要因素，但是有一個現象值得順便一提。那就是孔祥熙除了最早期的對美借款有過部分參與之外，他基本上在這個領域中沒有發揮積極作用，而是由宋子文和蔣介石主導。有趣的是，雖然中國政府作為尋求借款的一方似乎應該低聲下氣去懇求，但是在蔣宋二人主導下，對於「國格」和「骨氣」的執著屢屢迫使英美債權人做出讓步。

四、開放法幣發行量

在戰時條件下，政府所採取的最簡便途徑就是向銀行借款。[188] 而銀行

---

184 呂芳上主編，《中國抗日戰爭史新編：戰時社會》，頁9-10。

185 Mr. Harry Dexter White to the Assistant Secretary of State, July 10, 1943, 893.5151/943, *Foreign Relations of the United States, Diplomatic Papers, 1943, China*, pp. 423-424. U.S. Department of State, *The China White Paper* (Stanford, Calif., 1967), pp. 485-488.

186 Arthur Young, *China and the Helping Hand*, pp. 321-325.

187 Arthur Young, *China and the Helping Hand*, pp. app. 2, p. 44.

188 1937年至1942年7月，中國銀行、交通銀行、農民銀行和中央銀行這四大銀行向政府提供信

為滿足政府需求，就不得不開動它們的印鈔機。銀行每年度的法幣發行增額雖然在1937至1941年間已經顯著上升，但是成長速度尚不驚人。比如說，1937年發行量是14億元，兩年後（1939年9月）達到36億元。1941年初達到80億元。但是到此時為止，銀行的準備金仍然能夠維持50-60%。然而也是在這段時期，政府領袖們開始產生危機意識，看到財政前途非常危險，因為法幣準備金已經不能維持現金六成之法定比額，甚至孔祥熙也向國防最高委員會承認，這些數目未必可信。[189]

從1942年下半年開始，法幣發行量進入驚人地步。根據財政部報告，1942年銀行發行鈔票已經達到300億元，到1943年底，發行額會增加一倍。[190] 財政領袖們顯然束手無策。而當時蝸居大西南的國民政府面對全面性封鎖，只能以現金從事貿易，並且在可預見的未來一段漫長時間內也無法扭轉軍事頹勢。從速度而言，1942年法幣發行增幅高達124%，1943年114%，1944年152%，1945年初至對日作戰勝利日（V-J Day）增幅達到194%。[191] 以數量而言，1937年法幣發行量只有20億元，1945年則高達10,310億元。[192] 簡言之，貨幣發行量在八年之內增加5,155倍。下表顯示重

用貸款。1942年7月後，只有中央銀行給政府支付墊款。四大銀行提供給政府墊款總計如下（單位：法幣一百萬元）：1937-1938年為1195，1938年下半年為853，1939年為2311，1940年為3834，1941年為9443，1942年為20082，1943年為40857，1944年為140091，1945年為1043257。參見賈士毅，《民國財政經濟問題今昔觀》（台北，1954），頁8；以百分比計算，四大銀行為政府負擔的財政赤字如下，1937年為37%，1938年為71%，1939年為79%，1940年為70%，1941年為81%，1942年為60%，1943年為50%，1944年為52%，1945年為68%。參見Arthur Young, *China's Wartie Finance and Inflation*, pp. 20, 33。

189 王世杰日記，1938年2月16日；1939年11月28日；1941年1月14日。

190 王世杰日記，1943年1月8日。

191 Arthur Young, *China's Wartime Finance and Inflation*.

192 Albert Feuerwerker, *Economic Trends in the Republic of China, 1912-1949*, p. 90; 賈士毅，《民國財政經濟問題今昔觀》，頁8。根據另外一個估計，法幣發行額在1936年底，法幣發行額為12.4億元，1937年7月為14.5億元，到了1945年8月為5,569億元。增加400倍，各項統計數字，引自呂芳上主編，《中國抗日戰爭史新編：戰時社會》，頁189-193。

慶政府的財政情況（數位不盡彼此吻合，但是大局依然明顯）。

年度	政府收入	政府支出	赤字	四行墊款
1937	5.5億元	21億元	15億元	13億元
1945	2,129億元	12,150億元	10,020億元	12,640億元[193]

也因此，向四行借款成為支付戰費的最重要手段，難怪通貨膨脹。

這些財政收支失衡的資料，很明顯地表示情況已經極其嚴重。究其原因，貨幣通行的困難和發行量當然是一個重要因素。雖然早在1935年南京政府就把「法幣」定為官方唯一合法幣制，但是事實上在抗戰時期，它在全國各地還有許多競爭對手。比如說，雲南省一直要到1937年5月和廣東省到1938年6月才允許法幣初步通行。至於其他各省則一直到抗戰中期法幣才逐漸流通，而且並不徹底。當法幣貶值嚴重時，許多地方政府又開始發行自己的硬幣和紙幣。[194] 在很多情況下，一個省或地區即使讓法幣通行，也附加種種限制，或是允許法幣和地方貨幣同時存在（比如說山西省，見：第三章。）。

還有一個需要注意的現象是，中央政府即便是在表面上控制了地方政府的官位，但是事實上未必能夠控制該地區的經濟生活。比如說，抗戰初期張治中是由中央政府委派的湖南省主席，但是他發現許多縣和鄉鎮依然發行它們的私鈔。地方官可以勾結商家發行流通卷，商家也可以自行發行大量私家鈔票，都不是省主席能夠控制。[195] 這個現象再度提醒我們，依照省主席的任免或出身來劃分該省是否屬於中央政府有效控制並不可靠。中央政府能夠委派地方政府長官的這個行政措施，並不代表是中央政府能夠控制的地盤。在江南地區以外的廣大中國土地上，地方勢力結構是另外一種政治生態，也

193 呂芳上主編，《中國抗日戰爭史新編：戰時社會》，頁168-170。

194 呂芳上主編，《中國抗日戰爭史新編：戰時社會》，頁171-172。

195 侯坤宏，《抗戰時期的中央財政與地方財政》，頁251。

是國民政府難以滲透進去的地盤。

五、財政控制的虛弱化

重慶政府理應承擔戰時制定全國財政政策的責任，而主要領導當然非行政院長和其屬下的財政部莫屬。很明顯地，假如中央政府能夠對其負責預算和結算的部門加以嚴格管制，則或許就能節省大量公帑。然而在孔祥熙領導下，重慶政府始終未能建立合理的預算機制。典型的表現是：下層部門隨意拼湊預算要求；預算專案缺乏輕重緩急判別；審查機制漏洞百出，或是根本不存在；申請撥款時全然不考慮項目的價值，而著重個人或派系背景；結算制度效率低下，時有腐敗，無法發揮考核稽查功能。然而這些問題只是行政部門內部的表像而已，戰時財政困難的癥結其實存在於更深層的中國政治環境。如果要清楚地說明中央政府所面臨的難題，我們就仍需回顧本書第三、四章所提出的戰時政軍大格局。

戰時財政支出猛增的一個重要因素，當然和政府領導人強烈企圖維持一支龐大軍隊有緊密關係。但是維持如此一支臃腫軍隊的目的，又不是為增強戰鬥力，而是為了平衡國內各政治集團間脆弱的權力關係。如果政府能夠將編制內300-400多個師縮減成為100個師，則軍費負擔就可以立即減去大半，而戰鬥力也能獲得相應提升。但是實際上，抗戰使軍隊急劇膨脹，到了1945年拿軍餉的各色軍人數量已超過500萬。[196] 而正如本書第五章所述，中央政府絞盡腦汁企圖整編和縮編軍隊，最後都只能向政治現實低頭。

國民政府另一項開支是要養活一個龐大的官僚體系。即使面對民族存亡危機，國民政府領袖依然惰性地依賴官僚制度去發號施令，而不是運用宣傳與組織去動員廣大民眾，鼓動他們積極參與戰時活動。政府的慣技是通過設立新官僚組織和頒布新法規，去試圖控制每一項新的行政事務。大多數政府

196 Albert Feuerwerker, *Economic Trends in the Republic of China*, 1912-1949, p. 91. 而1937年時軍隊僅200萬。

部門往往人員超編但效率低下，官僚寧可過著寄生蟲般生活。其結果是，許多新設立的機構帶給民眾的負擔遠超其預期效益。諷刺的是，1942年11-12月份召開的國民黨中央執行委員會五屆十中全會強調要節約開支、實現稅收公平與簡化、改革地方政府，甚至要積極裁減軍隊。[197] 假如重慶政府能真正實行這些政策，則財政困難也許能得到相當程度舒緩。但政府高層最終承認有巨大的「實際困難」而作罷[198]。

在戰爭狀態下，要維持經濟穩定當然必須實現全國範圍內的動員與管控。但是國民政府由於行政效率與組織能力上的缺陷，不僅難以進行群眾動員與管控，反而加重了整體財政計劃實施上的困難。位處重慶市區的國民政府沒有能力控制各省縣級政府的領袖，或是越過他們直接與廣大民眾建立有機性關係。散處全國的各省縣級政府，和地方駐軍將領不僅能隨意徵稅，甚至在自己控制的範圍內流通自己的貨幣，情況與北洋時代並無二致，[199] 其中雲南的例子最為生動。直到1944年，雲南鄉村中仍有大約5億新滇幣在流通。雲南省政府當局用滇幣換取法幣，再用法幣購買外匯，從印度走私黃金。[200] 自成一個複雜而獨立的財經運作系統，遠離重慶政府掌控之外。

對國民政府而言，同樣具有威脅性的是國統區與日本占領區間高度頻繁的貿易往來。儘管重慶官方嚴禁此類貿易，但屢禁不止。這些非法貿易通常是將內地省份的原料（包括鎢、桐油、鐵、錫等戰略物資）用來換取日軍占領區的民生日用品。前文曾提到，非法走私的盛行其實是兩個因素造成。一

---

197 The Ambassador to China, Gauss, to the Secretary of State, no. 1334, November 16, 1942, 893.00/14900: Telegram; no. 1486, December 12, 1942, 893.00/14909: Telegram, both in *Foreign Relations of the United States, Diplomatic Papers, 1942, China*, pp. 254-255, 260-263.

198 The Ambassador to China, Gauss, to the Secretary of State, no. 1334, November 16, 1942, 893.00/14900: Telegram; no. 1486, December 12, 1942, 893.00/14909: Telegram, both in *Foreign Relations of the United States, Diplomatic Papers, 1942, China*, pp. 254-255, 260-263.

199 張維亞，《中國貨幣金融論》（台北，1952），頁157-158。

200 The Consul at Kunming, Ringwalt, to the Secretary of State, A-10, March 9, 1944, 893.5151/990 : Airgram, *Foreign Relations of the United States, Diplomatic Papers, 1944, China*, pp. 374-375.

個因素是1939-1940年開始前線維持僵局，出於中日雙方戰略的調整，前線只有小規模拉鋸戰，而沒有大規模攻擊行動，以致戰線基本維持穩定，便利兩地人民互通有無。另一個因素是國軍戰鬥部隊開始長期駐防固定地區，從而和民間產生千絲萬縷的商業利益關係。這些從事走私貿易者要想繁榮與安全，就必須接受強有力軍隊的保護。有利害關係的地方將領不但提供運輸工具和派士兵護送物資轉運，還提供各式各樣的信貸與融資服務。幾乎所有前線，包括華北、華中、西南地區，都有一些開拓成型和運作成熟的貿易路線，與日軍占領區進行大量貿易往來。[201] 與此同時日軍又向重慶政府發起貨幣戰，用假幣或套取來的法幣，高價搜購物資。[202] 這般的貿易不僅降低國軍的士氣，而且嚴重影響了重慶國民政府恢復經濟秩序的努力。

事實上，重慶政府的財政狀況較之某些個別省份可能更為脆弱，這個現象從財政收入便可以看出。依照戰時法規，省縣政府的財政經費原本主要應由中央補貼負擔，但實際上，這些補貼只是杯水車薪。[203] 省縣級政府於是撇開中央，自行創收。通過比較省縣政府經費與中央政府所有直接稅、間接稅和其他非債務收入，我們可以發現，在1940年前，前者只占後者的85%，但1941年這一數字已是288%，1942年為120%，1943年為89%，1944年為108%，1945年為230%。[204]

換言之，這些資料意味著省縣級政府已經可以無視中央，可以更有效地控制住財政來源。而中央政府剩下唯一手段也就是大量印鈔一途了。的確，當重慶政府財政入不敷出時，只好乞靈于由銀行墊款支付。而當銀行應付無

201 Memorandum by the Assistant to the Division of Far Eastern Affairs, Atcheson, April 7, 1943, 893.00 P. R. Yunnan/166, *Foreign Relations of the United States, Diplomatic Papers*, *1943, China*, pp. 45-46.

202 The Charge in China, Atcheson, to the Secretary of State, no. 1354, August 2, 1943, 893.5151/953: Telegram, *Foreign Relations of the United States*, *1943, China*, pp. 440-441. 經濟部，《抗戰時期之中國經濟》，頁51-53。

203 財政部，《中國財政年鑒，1948》，第3部分，頁98-101。

204 《中國統計年鑒，1948》（南京，1948），頁228-231。

力時，就只好乞靈於印行鈔票。這個現象在下面的統計報告中最為顯明。

抗戰時期各項財政收入所占百分比

年份	租稅收入	債款收入	銀行借款	其他收入
1937	22.41%	12.74%	59.46%	5.39%
1938	18.10	1.57	73.04	7.28
1939	15.89	0.81	75.74	7.60
1940	5.17	0.15	74.32	20.36
1941	6.20	9.71	87.81	4.81
1942	16.20	1.41	78.10	4.29
1943	25.02	6.53	66.69	1.94
1944	19.27	1.11	78.57	1.05
1945	8.14	5.00	83.05	3.81

資料來源：關吉玉，《四十年來之民國財政》，頁112，引自侯坤宏，《抗戰時期的中央財政與地方財政》，頁114，表3-6。

如同戰時公布的官方資料一般，上表列舉數字未必絕對精確，但是它的宏觀圖像非常清楚。我們可以看出，戰時銀行墊款占了極高比例，幾乎可以說抗戰是靠銀行印發鈔票來支持的。其根本原因不難理解，因為中央政府地處的大西南後方是中國近百年來工商業最落後地區，只有傳統形態和技術落伍的農業和手工業，廣大人民的基本溫飽已經長年被天災人禍威脅，根本擠壓不出足夠資源去和日本進行長期消耗性的現代化戰爭。更何況即便是在這個農業生產落後的地區裡，中央政府還無法從正常稅收中取得財源，而英美貸款的功能也杯水車薪。當然，中央政府的財政無能和地方實力派的不合作，都是增加困難的內部因素。因此就大局而言，中國政府掉進巨額赤字幾乎無可避免。

第五節　通貨膨脹及後果

一、通膨資料

在討論通貨膨脹時，首先需要說明的是，全國性的通貨膨脹情形的確非常嚴重，但是全國一致性的膨脹資料卻很難獲得。原因是戰時中國並不是一個整體有機性的經濟實體，而是由許多割裂性經濟區塊拼湊而成。造成區塊存在的原因因地區而異，可能是由於歷史和地理因素，而造成生產消費形態不同，可能是由於地方實力派為保護自己地盤獨立性，而蓄意自我隔絕于戰時大經濟體制之外，或是與政府政策劃清界限，甚至可能出于個人利益，而故意哄抬或壓抑市場價格，製造錯誤市場信息。當然在整個大後方以農業生產為主軸的經濟環境下，基本經濟資訊不易收集，貨物不能通暢交流，也造成獲得可靠的經濟資料的困難度。最後還必須把某些地區特性列入考慮。比如說，在前線地區可以和敵偽軍民交換貨物，就可以大大地影響該市場的供求關係。更何況重慶政府的財政部和經濟部還可能為了粉飾太平而蓄意謊報資料，甚至可能如同盲人騎瞎馬，根本不了解自身處境。

本節的討論著重大城市的通貨膨脹情形，特別是重慶、成都、昆明等城市。以重慶市物價計算，如果七七事變前的指數為1，則在1939年1月也只不過1.7倍，到1940年1月則已經到達3.8倍以上。但是1940年10-11月的3個星期內漲得特別快，比七七事變前超過10倍。[205] 而這個加速成長期正是英法兩國關閉越南和緬甸國際通道的時段。隨後越南通路因為法國投降而長期斷絕，1942年初緬甸又被日本全面占領，造成中國和西方國家的交通徹底阻絕。這些因素顯然對於中國民心士氣造成極嚴重打擊，導致物價飛漲。一切攸關國計民生的消費品、工業設備、原材料等等的進口完全停止。在此後三年（1942-1945）中，經由美國租借法案而進入中國的物資幾乎全是武器彈

205 王世杰日記，1940年3月15日，11月19日。

藥。儘管中國政府不斷要求美國提供諸如紡織品和醫療器材藥劑之類的民生消費品以緩解通脹，但是美國政府直到1945年5月才接受這一想法，當然為時已晚，沒有達到遏制通脹的效果。[206] 美國採取這個立場的原因並不是出於它自身能力不足，而是出於美國領導人對於中國戰場戰略價值的評估，和他們的心態和認知的限制使然。與此同時，日軍1939-1941年有系統的空襲與1944年大規模的地面進攻，又摧毀大西南地區在萬難中培養出來的些微生產設備。如仍然以戰前的指數為1，則1942年3月已經達到30倍，8月是50倍，9月是60倍，11月是90倍。政府雖然聲稱要施行管制，但是拿不出施行辦法。[207] 從此之後就如脫韁之馬，一路往上飆竄。1943年6月已經達到戰前100倍以上。到了1944年底，已經達到戰前的400倍。但是1945年2月物價又突然上漲。指數升到600倍。月底漲到800倍。1945年5月份指數是1,500倍。[208] 而1945年8月對日作戰勝利時，平均物價指數已超過了2,000倍。[209]

---

206 Despatch 293, April 12, 1945, Americana Embassy in Chungking, 893.51/4-1245, *Foreign Relations of the United States, Diplomatic Papers, 1945, China*, pp. 1067-1072.

207 王世杰日記，1942年3月11日，9月3、10日、30日，11月22日。另外根據Young的估計，若以1937年初的平均物價指數為1計算，在1941年12月只是達到16。Arthur Young, *China's Wartime Finance and Inflation*, Table 34, p. 303.

208 陳克文日記，1943年8月27日；王世杰日記，1943年6月20日；1944年12月27日；1945年2月7、21日，6月7日。有關其他不同的估算，根據經濟部估計的物價指數，則1942年12月在重慶政府統治區的平均物價指數增至66，1943年12月為228，1944年12月為755，而1945年8月對日作戰勝利日時，平均物價指數已超過了2000。見：呂芳上主編，《中國抗日戰爭史新編：戰時社會》，頁182。本書作者傾向接受王世杰資料近乎實際，因為他在委員長辦公廳工作，照理可以看到政府內部最權威的資料。

209 經濟部，《抗戰時期之中國經濟》，頁618-669；Arthur Young, *China and the Helping Hand*, app. 1, p. 436. 有關通膨對人民生活影響的片段敘述，見：王世杰日記，1940年3月15日；1942年11月22日；陳克文日記，1939年12月16日；1944年3月6日；徐永昌日記，1942年8月13日；1943年8月8日；1945年2月14、17日，4月23日。有關宏觀數據，請參考侯坤宏，《抗戰時期的中央財政與地方財政》，頁47。根據另外一項統計，物價指數從1937年度的100，到了1944年底升高到48,781。引自：呂芳上主編，《中國抗日戰爭史新編：戰時社會》，頁193-197。

另外一個可供參考的數據是法幣與美金的兌換率。1937年每100元法幣可以兌換美金30元；1938年兌換美金16元；1939年降為8元，然後急劇貶值。到了1944年法幣兌換美金的官價是法幣20元兌換美金1元．但是黑市價格是法幣200以上才能兌換美金1元。[210]

二、政府的對策

首先可以討論的一個常被提及可能影響戰時市場的因素，是如何處理敵貨。這個問題在1937-1938年基本並不存在，因為戰線變動劇烈而不利於貿易活動。1938年底國民政府從武漢撤退後，它採取的態度是絕對禁止和敵偽占領區有經濟來往。但是從1940年開始，由於戰線漸趨穩定，日方開始策略性地發動經濟戰作為瓦解中國民心士氣的手段。與此同時，大後方的資源匱乏現象也隨戰爭損耗而日漸凸顯，因此敵貨問題的討論逐漸浮出水面。如何對付敵人的經濟封鎖？如何封鎖敵人的經濟？是否敵貨一律禁止？還是應該有選擇性地許可和禁止？一大批戰區經濟委員會的主管們都請求行政院給予明確指示。從1940年底開始，對於敵貨已經變為努力獎勵。在此後幾年中，敵貨一直處於曖昧狀態，從以前無條件禁止敵區貨物輸入，到後來獎勵輸入和防止輸出。事實上，因為敵區進貨價格實較便宜，（1943年初約比戰前只貴50倍而已，而政府其他控制地區的通貨膨脹指數已經接近100倍），所以極具諷刺性地成為消費者緩和通貨膨脹的一種手法。[211] 但是由於政府缺乏中央掌控機制，最後淪為地方實力派和少數官員贏取私利的工具。總的來說，對於戰時的通貨膨脹只是在某些地區產生局部性影響。

大致而言，在1939-42年大部分時間裡雖然物價上漲勢頭已經顯露，但是尚未在社會上造成重大不安。因為當時政府官員和人民群眾仍然普遍相信

---

210 徐永昌日記，1939年6月8日，7月22日；王世杰日記，1944年4月24日；呂芳上主編，《中國抗日戰爭史新編：戰時社會》，頁193-197。

211 陳克文日記，1940年5月16日；徐永昌日記，1941年2月11日；1943年1月28日。

抗戰大致1-2年內可望結束。比如說，外交部長王寵惠就預言政府在1941年當可還都南京。因此只要稍加忍耐就可以度過難關。[212] 但是到了1943年人民群眾的信心就大幅降低，因為緬甸通道完全封閉而重開希望渺茫，同盟國在世界其他戰區作戰陷於膠著，再加上全國軍民在戰爭狀態中已經度過5個困難年頭，仍然看不到終結希望，所以1943年開始，通貨膨脹如同脫韁野馬。

其實蔣介石在更早察覺物價上漲勢頭時，就開始親自關心平抑物價。重慶政府在1939年12月開始實施「平價制度」，設置物資平價機構，以「集中採購」手段去平抑市價，避免用高壓手段強迫商民貶價相就。蔣介石甚至一度考慮親自兼任財政部長，以求肅清貪污和整頓財政，但是又擔心業務複雜，不能專心應付，最終放棄這個念頭，只好依舊依靠孔祥熙。[213] 但是在此後一年中，米價快速上漲，成為危機。公務員和大學幾乎斷糧。於是蔣介石下令，凡是公務員，工役，教職員，學生和貧苦市民，一律由政府計口授糧，由行政院去制定實施辦法。依照行政院得到的資訊，米價狂漲的問題嚴重（每擔150元）在四川省可能會出大亂子。公務員生活沒有辦法過，無論政府如何補助都追不上物價上漲速度。面對如此險峻局面，蔣介石在1940年12月中旬下令政府機關在一周內全部停止呈送公文給他批覽，讓他能夠集中精力處理物價問題。在此期間內，他果然非常細心地擬定條例，或是在公文上用紅筆密密麻麻修改內容，如同國文老師改作業一般，摒除一切雜務去尋求解決和平定物價工價的方法。[214] 回顧從1940年6月以後米價上漲，政府除了設法購米平價、糧食公賣外，還進行清查大戶、沒收囤積。政府為了顯示決心，在1940年底甚至把剛卸任的成都市長楊全宇以囤積居奇罪予以槍斃。幾天之內，又拘捕經濟部和農業局十多位因為辦理平價購買和糧食行銷時涉嫌舞弊的官員，其中包括司長和處長級別高官，蔣介石也手令要槍斃幾

---

212 陳克文日記，1940年12月30日；王世杰日記，1942年12月31日。

213 蔣介石日記，1939年11月18日。

214 陳克文日記，1940年11月18、20日，12月10、15-20日。

個人。[215]

不幸的是，蔣介石的個人參與和嚴刑峻法並不能抑止經濟惡化。因為如果追究深層原因，則重慶及其他大城市物價上漲並不是因為供不應求，而是因為只要有物品上市，無論要價多高都有人搶購。因此使一部分人難以抑止發橫財的欲望，而採取的手段則是囤積居奇和操縱把持。[216] 以重慶為例，一個物價高漲的背景導因是人口大量擠入，從戰前人口不過14-16萬人，由於中央政府機構遷入和大量難民湧進，此後數度接近90-100萬人。[217] 其間雖然政府多次強制疏散人口，但是只能產生短暫效應。等到政策高潮過去，人口又逐漸回流。如前文所述，這其間或許最壞的榜樣是行政院和其他高層官員。當政府規定許多機關為了避免空襲破壞，而必須疏散至鄉間辦公時，官員們卻捨不得城市繁華生活，而在市內和鄉間布置兩套住所。[218] 1942年日本飛機基本停止對城市炸射之後，城市人口增加更難控制。疏散人口的主張在政府高層已不再受到重視，因為在現實層面上任何疏散方案都難以推行，而政府在人口疏散離開重慶後，前往的目標地區更缺乏安頓大量難民的組織和能力。至于政策的僵硬和疏失，也會造成意想不到的後果。比如說在1942年，農村人口為了逃避兵役而進入城市為傭人，就可以得到兩口人的米，造成人民投機心理。政府決定在重慶者發給平價米，造成外地機關職員努力奔向重慶。即便是工役工友和向無贍養家庭能力者，也一律發給兩口以上的眷屬米，造成工役的收入高於官長，引起不平。[219] 這些粗糙的政策都增加市場的不理性。

蔣介石到了1942年下半年已經向政府高層官員提出警告說，太平洋戰爭爆發前，中國的困境是軍事孤立，而太平洋戰爭爆發之後的困境則轉為經濟

---

215 陳克文日記，1940年12月23、31日。

216 徐永昌日記，1940年8月11、23日。

217 王子壯日記，1944年4月18日。

218 徐永昌日記，1942年8月18日。

219 徐永昌日記，1942年6月28日，8月13日。

孤立。依他預測，戰事結束仍然需要三年，因此中國必須安定物價，鞏固經濟，作持久打算，「否則抗戰不敗於軍事，將敗於經濟」，因此必須設法平定物價。[220] 事後看來，無論是對問題的分析或是時間的判斷都頗具前瞻性。

儘管蔣介石本人認為控制物價必須加強經濟統制，但是對於物價飛漲最應該負責的兩個部門——財政部和經濟部的領導卻完全採取被動姿態，而孔祥熙更是否認有危機存在。在11月底一次行政院會議中，孔祥熙向出席的高官們宣稱，法幣基金穩固，銀行美金儲存充足，美國羅斯福總統一定會支持中國，甚至說社會上許多人可以吃上豬排牛排，因此無需擔心。這種嚴重脫離現實的說詞來自全國最高行政領導人，難怪陳誠作為聽眾忍不住直指孔祥熙為胡說八道，「庸醫誤國」。[221]

至於糧食部雖然提得出糧食限價計劃，但是卻無法杜絕兩個可能出現的不良後果，一是影響生產，二是出現黑市，陷於兩難局面。如果不限制物價，則人民生活難以維持，進而減少他們的購買力和需求，最終導致生產減少。至於黑市則只有政府、社會、和輿論界的制裁才能予以遏制。最後在蔣介石親自督促之下，12月中旬政府發布限制物價命令，規定全國從1943年1月15日開始實行限價。所有物價和工資都以1942年11月30日的數據為準，不許超過。限價命令適用於8種民生必需品。[222] 豈知剛剛實行就招致社會普遍負面反響，反而刺激物價大漲或缺貨。最明顯的例子是重慶立即出現物資逃避市場現象，市面上豬肉嚴重缺貨，各地米商雖然遵守限價但是隱藏米糧，導致正規市場上無米可買，只好用黑市價格買米。有些地方甚至趁機把原本低於限價的商品調高到限價容許的標準。而工人們則因為限價而要求提高工資。[223] 不出一個月，政府高官們就清楚看出，限價政策徹底失敗。[224]

---

220 陳布雷從政日記，1942年9月30日。

221 陳誠先生日記，1942年11月30日，「本月反省錄」。並且氣憤地說，吃豬排牛排的肯定是中央政府的闊人，而不是士兵與民眾。

222 王世杰日記，1942年10月22日，12月2、4、15、19日；徐永昌日記，1943年1月15日。

223 陳克文日記，1943年1月17日，2月4、13日，4月3日。

224 徐永昌日記，1943年2月20日；陳克文日記，1943年2月21日。

導致這個後果的一個重要因素，當然是政府政策缺乏全面性和一致性。比如說，政府能夠掌控的公用事業（公共汽車、電話等）就率先在限價期間內通過特別批准方法而加價，政府能夠控制的糧食和糖類也隨之加價。這些違反政策的先例當然刺激民間商人做出對策，那就是表面上遵守限價但是以低劣物品濫竽充數。更何況，即便是在限價政策推行時，仍然有官員公然反對限價，這種政府內部違反行政紀律的表現只能益發動搖民心。除此之外，限價政策遭遇困難還有其他原因：1. 政府不能限制貨幣的增加發行，無法吸收法幣回庫；2. 政府不能自行掌握較多的物資；3. 只是限價，而沒有限制消費，難以達成效果。[225] 當然還有一個長期隱藏而無所不在的因素，連行政院高層決策者都心知肚明但是卻裝聾作啞的，就是許多中央政策到了地方就行不通，或是由地方政府張貼一張布告就算是交差了事。「過去中央所頒法令，實多如此。」[226] 到了1943年的8-9月份，孔祥熙在主持中央會議時終於承認，政府限價政策從來未曾有效推行。[227]

物價飛漲一個最明顯的解釋是物資缺乏。這一解釋就戰時的工業產品和舶來品而言是言之成理的。大後方工業設備簡陋，無法向市場提供豐沛產品，而國際通道切斷也讓舶來品無法運進國內市場，因此它們的稀缺和昂貴完全符合市場供求原則。但是廣大城鄉人民生活必需品（油鹽柴米醬醋茶和蔬菜肉類）的缺乏程度，就未必能夠解釋通貨膨脹的勢頭。如前所言，大量人口集中在重慶等幾個大城市而造成求過於供，在某種程度上的確如此，但又未必儘然。以四川省為例，根據軍令部長徐永昌的資料，四川豐年產穀一萬六千擔，外加雜糧，足夠本省人民食用一年半之久。尤其是1938-1940年連接三年豐收都有餘糧存庫。四川向有「天府之國」的雅稱，四川地方人民的生活其實比戰前更餘裕。[228] 但是四川糧價在1939-1940年間卻幾乎上漲八

225 王世杰日記，1943年2月15日，3月8日。

226 陳克文日記，1943年3月3日。

227 徐永昌日記，1943年8月8日，9月9日。

228 徐永昌日記，1940年8月30日；1942年8月18日。

倍。再以人口計算，抗戰開始後，四川人口遷出四川省境比進入者要多，因為出川部隊十幾個師約20萬人，出川壯丁48萬人。而幾個大都市（重慶市除外）的人口增加也不過加倍而已。所以糧價上漲的主要原因其實是由於人為的市場操縱。徐永昌直言，主要漲價原因是四川雲南「軍閥」的操縱。[229] 有趣而又極具諷刺的是，昆明的大學教授（錢端升、陶孟和）從昆明去重慶出差，訴說昆明物價高漲生活困難，但是同時非常羨慕重慶生活狀況。根據他們分析，昆明物價高漲是「政治原因」，不是經濟原因。[230] 和徐永昌的分析不謀而合。

當然這些操縱市場供求關係的特權人士，也包括中央政府某些部門的官員（財政，糧食和運輸機構），但是有一個重大差別。由於中央的勢力無法進入農業生產地進行直接搜刮和囤儲，所以對民生必需品的供求關係能夠產生的影響力有限。真正能夠肆虐掌控民生資源的人是地方實力派和駐軍將領們。

對於戰時財政政策，西南聯大一位教授曾經做過一個沉痛而中肯的分析。根據他的分析，：1. 如果有利於國家而無害於少數富人者，就能夠實行；2. 如果有利於國家但是有害於少數富人者，則一定不能實行；3. 如無害於富人，而又無利於國家者，比如說，美金公債、美金儲蓄券、田賦徵實之類，則因為它們無害於少數富人，所以能夠實行，然而對國家也沒有太大幫助；4. 結果是公債、儲蓄卷仍然多半進入少數富人手中，對於穩定物價沒有幫助。[231] 在這裡唯一需要補充說明的是，所謂富人者不應該狹義地被理解為有錢人，因為在戰時社會裡，法制沒有走上軌道，有錢而無權（政權、軍權）是沒有能力累積和保護資源的。反之，有權而無錢則容易創造資源。地方實力派和某些軍隊將領正因為有權，因此自然演變成為有錢。還有一個值得注

---

229 徐永昌日記，1940年8月30日。

230 陳克文日記，1940年3月29日。重慶米價22元一擔，成都80元，昆明100元以上。也發生搶米風潮。見：陳克文日記，1940年3月21日。

231 鄭天挺西南聯大日記，1943年11月20日。

意的現象是，蔣介石對於貪污深惡痛絕，每每以槍斃處置。但是縱觀抗戰時期經過他的干預而獲刑的人士，幾乎都是政府部門罪行曝露的官員，極少是地方實力派的幹部。

大致言之，從1943年以後，重慶政府財經部門面對通貨膨脹完全束手無策，只能眼睜睜看到危機日益上升，終於使通膨指數在勝利前夕達到戰前2,000倍的驚人境地。以中國這般農業國，要與日本那般科技和軍工業領先世界的國家進行持久戰鬥，陷入嚴重經濟危機並不意外。而中國由於對外貿易與交通阻斷、生產設備喪失、熟練勞動力流失、大量難民問題、週期性天災與饑荒，都使困難更為加劇。[232] 但是中央政府所面臨的嚴重問題，主要還是其本身行政能力脆弱，與軍事實力降低所造成的。國民政府無力控制軍隊與地方行政，也沒能提出一套使戰爭負擔更為公平分攤的辦法。政府沒有辦法擴大稅收來源，或是通過愛國主義號召發動民眾認購公債的熱情。所有這些因素交叉作用，迫使國民政府只能將銀行印鈔機視為救命仙丹，其實是飲鴆止渴。

總體而言，中央政府出於對軍事全神貫注和地方實力派的尾大不掉，只是進一步弱化了它在非軍事性領域內履行基本治理責任的能力。在整個抗戰期間，政府每年在經濟發展與社會建設等領域上（包括水利、農業、林業、通訊、文化教育事業、衛生、福利）和救濟工作上的投入，僅占總支出的9-12%。[233] 顯然在戰爭最後四年，當政府越是借助印鈔機暫時緩解財政壓力時，其後果卻是使通貨膨脹越發惡化，最終導致生活成本與貨幣發行量之間的差距逐年拉大。通貨膨脹加速了貨幣周轉率，到1944年春天，重慶、昆明、貴陽等大城市的銀行不時出現現金短缺，不得不暫停市場交易，以等待補充新印製的鈔票。[234] 國軍在「豫湘桂會戰」中的慘敗，更給經濟帶來了災難性打擊。1944年下半年物價漲幅加快，持續走高直至戰爭結束。

---

232 Chang Kia-ngau, *The Inflationary Spiral: The Experience in China, 1939-1950*, Chapter 10.

233 財政部，《中國財政年鑒，1948》，第3部分，頁98-101。

234 Arthur Young,*China and the Helping Hand*, pp. 303-304.

通貨膨脹的一個直接影響是生產萎縮，因為工廠業主無從確定產品銷售所得，是否能支付下一批原料的採購成本。影響更廣泛的是它變相鼓勵生產者與商人進行囤積居奇與投機倒把活動，加劇物價漲幅。部分投機商人得到地方勢力保護，躲避中央政府控制，更是從中獲得暴利。大約從1938年11月開始，中央政府就不斷頒布法令，試行各種手段，包括專賣、評定「公平價格」，強制規定批發零售的利潤上限，限制商人儲藏的貨物量，去管理部分商品的生產與流通。1939-1941年間，新法令擴大了物價管制的商品種類。1942年12月，政府又頒布了一整套物價管制方案，按規定政府不僅能評定物價，還能規定運費和工資，任何違反法令者都將按軍法處置。[235]

但是這一系列的法規政策完全沒有達到預期效果，因為國民政府從來沒有真正掌控過局面，其政策的制訂與推行，完全依據片面的資訊和錯誤的統計資料。不僅如此，它還需處理廣大地域內複雜的市場環境。政府沒能想出一套明確而統一的全方位經濟方案，這更加劇了市場混亂。除了粗糙的計劃與怠惰無序的準備工作外，中央政府也缺乏有效推行政策的機構。它只能依賴縣政府、商會、地域性的行會等，去定奪物價與庫存上限。[236] 在這個局勢下，重慶國民政府實際上是將打擊不法經濟行為的權力，轉交到了地方實力派和囤積居奇與投機倒把商人們的手中，而這批人正是胡作非為攪亂市場的推動者。[237] 綜言之，即便是中央能夠提出形似合理的策略，但是缺乏組織控制和幹練幹部，最後都只能以失敗收場。

結果是，中央政府只有在重慶和其他少數地區，才能通過正規行政管道去執行價格管制。[238] 但是當1943年蔣介石親自出面在重慶制裁投機商人和控制物價時，許多商人便採取售賣劣質商品，並且在度量衡工具上做手腳等措施作為對策。更糟糕的是，許多投機分子直接把不法活動轉移到其他遠離

235 相關法令文本，參見經濟部，《抗戰時期之中國經濟》，頁641-647。

236 經濟部，《抗戰時期之中國經濟》，頁641-647。

237 《第三次全國財政會議彙編》，第2編，頁28。

238 經濟部，《抗戰時期之中國經濟》，頁623-624。

國民政府權力所及的地區去繼續進行。[239] 商人牟利原本還是在物價低的時候購進物品等待物價升高時出售，但是一旦物價上漲成為不可抑止的趨勢時，商人就可以不顧成本地進貨，因為物價必定上漲仍然有利可圖。在此期間，政府也曾經僱用「經濟警察」推行限價工作。但是政策毫無成果，因為經濟警察在執行任務時反而從事敲詐商人的劣行，只能使物價更為提升。[240]

在重慶以外的邊陲地區，中央政府管制戰時經濟的能耐只有在公路及鐵路沿線和水道兩岸設置無數檢查站，才能局部實現對商品流通的管理，禁止與敵人的貿易往來，防止囤積與倒把，增加稅收。但是由於正規行政機構控制在地方領袖手中，重慶國民政府最終不得不倚靠經濟專員與特務，以強制手段推行上述政策。但是這樣做終究是自欺欺人，不僅阻礙了貿易流通，而且並不能保證增加財政收入，反而助長了瀆職和貪腐之風。它們只是使普通民眾、小本經營的生產者和殷實商戶面臨極大的不便和經濟損失，對於囤積居奇和投機倒把的大商人，則由於他們享有權勢團體與軍政部門中有力人士作為保護傘，很少受到政府法規限制。從某種意義上說，這其實是1920年代廣受責難的厘金制度在新面具下死灰復燃。

抗日戰爭歷史充分表明，通脹與增加預算互為因果。重慶政府在軍事和政治上處於弱勢，而財政領袖又缺乏遠見的狀況下，導致一開始便把印鈔視為解決戰時財政負擔的一種變通手段，反而促使惡性通貨膨脹。隨著物價上漲，每年預算也只能水漲船高，之後又只能以增加印鈔量來彌補差額。借用一句諺語，政府的方法其實無異於「飲鴆止渴」。它轉移了政府的視線，使其放棄通過調整中央與地方關係去完善稅收制度的根本之道，而其後果便是政府能力急劇弱化。

財政政策崩壞是抗戰時期重慶政府的重大缺失，也是被社會嚴厲指責的重大民怨，甚至可能是政府戰後崩潰的重大伏因。政府不負責任的財政政策

---

239 The Charge in China, Atcheson, to the Secretary of State, no. 1294, July 25, 1943, 893.5017/132: Telegram, *Foreign Relations of the United States, Diplomatic Papers*, *1943, China*, p. 438.

240 王子壯日記，1944年3月10日。

和由此導致的通貨膨脹，徹底改變了戰時各階層的財富分配和戰爭負擔。田賦政策嚴重損害了農民，而財政政策和通貨膨脹則在城鎮中造成了災難性影響。在通貨膨脹中，商人階層並不會吃虧，而囤積居奇、投機倒把的商人甚至能從中致富，但是成千上萬的人民卻被折磨成赤貧如洗和民不聊生。

然則誰是最大的受害者？受害程度有多深？受害的政治後果又是如何？

三、受害人群和受害程度

在近代中國史上，農村生活水準向來清貧，而抗戰大後方省份又比江南魚米之鄉更為清貧。在抗戰期間，農村除了被戰火直接延燒地區（包括日軍在秋收季節搶糧），和水旱天災之外，農村人口基本民生必需品取自本地，不必依靠法幣作為交易媒介，甚至可以把剩餘物資拿到鄰近鄉鎮集市獲得較好的價格，或換取低檔工業產品。農村人民並不是不艱辛痛苦，但是他們最害怕的不是遙遠重慶政府的財政政策，而是眼前地方當權派和軍隊的強取豪奪，我們將會在下一章加以討論。一般工廠的技術工人受害程度也較低，因為他們生產的產品是民生必需品，售價隨著物價指數而上調。倒是城鎮地區技術層次低下的勞工與小商販，必須在日益攀升的農產品價格和公務員盤剝的夾縫中生存。他們每天面臨著經濟困難，甚至經受著饑餓折磨。他們依賴貨幣經濟，因而更容易受到通貨膨脹影響。面對多變的經濟風向，他們必須每天適時作出調整，以避免遭受經濟損失。

但是真正承受政府財政政策錯誤的最大受害者，是軍人和城鎮居民，特別是群居城市（重慶，成都，昆明）而支領固定薪俸的薪資階級，他們全部的生存資源寄託于政府財政分配。

（一）軍人

最重要的受害人當然是數以百萬計而直接從事抗戰的軍人。在南京時期全國各地官兵薪餉各自為政，有些部隊拮据不堪，衣食無著。但是中央軍的薪餉合理，依據一項統計，即使是一般士兵的收入也能等同于薄有田產的農民。[241] 但是一旦進入抗戰，則全國官兵領取的薪俸成為全國最低階層。到了1941-42年之後，軍餉無論如何調整，都遠趕不上每個月10%-20%的通脹率。即使是按照官方薪餉標準計算，1937-1945年間軍人薪餉上調幅度約100-200倍左右，但是通膨率提高2,000倍以上。以致到了1944年底，一個上等兵的月薪只夠買3-4包香煙。至於主副食質量更是急劇下降，健康不良成為軍中常態。[242] 毫無疑問地，軍中官兵收入如果以正規方法計算，絕對是通膨最大和最嚴重的受害者，處於戰時中國社會的最底層。

但是如同本書前文所述，軍人其實應該粗分為兩個階層。一部分高級長官們，他們之中奉公守法者即便是地位崇高，但是靠薪水生活，依然萬分艱苦。相對而言，許多帶兵官的生活可以豐衣足食甚至養尊處優，因為他們有機會吃空缺，奪取民間糧食和其他資源，甚至進行盜賣和囤積居奇，成為發國難財能手。[243] 而部隊長官們尅扣士兵糧餉的結果，則是逼迫士兵以手中槍桿子轉而向農村人民榨取生活資源。1942年當都市工廠職工每月薪水600餘元時，士兵每個月只有10餘元。[244] 數百萬士兵生活肯定極端艱苦，但是在抗戰時期記錄上，卻很少看到部隊士兵大規模饑餓死亡的記載（壯丁除外）。其中道理就是腐敗的軍官逼迫士兵去壓榨老百姓，而尚能苟延殘喘。總而言之，從1942-1943年開始經濟惡化速度加快，廣大國軍士兵群體，在薪餉極低、營養不良和缺乏醫療健康關注等多重打擊之下，戰鬥意志和能力直線下降，一直持續到抗戰勝利。

---

241 例如上等兵年收入，相當於在四川省擁有50畝土地的半自耕農。見：張瑞德，《山河動》，頁76-77。

242 Arthur Young, *China's Wartime Finance and Inflation*, p. 358. 又見：張瑞德，《山河動》，頁75-84。

243 清廉軍官如徐永昌，何成濬等人。貪腐的軍官多不勝數，請參閱：陳永發，〈關鍵的一年——蔣中正與豫湘桂大潰敗〉，劉翠溶編，《中國歷史的再思考》（新北：聯經出版公司，2015）。

244 陳誠先生日記，1942年11月2日。

（二）教育界

知識分子最善用筆也勤於用筆，因此在抗戰時期有關教育界生活艱苦所留下的敘述，和事後的回憶可謂車載斗量，無需贅語。[245] 昆明是當時全國大學最集中的城市。所以在此略舉一兩個例子即可重點說明。1940年初，行政院已經接到報告稱，昆明各國立學校瀕臨饑餓邊沿，因為米價飛漲，學生無力負擔。蔣夢麟反映昆明大學教職員的薪水不夠買米，只能改吃稀飯。有趣的是，當時重慶一擔米售價僅20餘元，在昆明卻高達120元。當時雲南省是中國少數未經敵人踐踏的淨土，照理說應該生產和生活都相對平穩。所以教育界認為米價升漲是省政府人為壟斷，而龍雲被懷疑是幕後指使者。[246] 到了1943年昆明物價依然超過重慶市，西南聯大教授仍然只能吃素食和雜糧，不能吃米飯。[247]

大學師生在當時被社會視為精英階層，素來受到國人珍惜尊敬，因此他們的處境自然成為社會關懷焦點。更何況他們的語文磨煉功夫讓他們在輿論出版界擁有遠遠超過其實際人數的影響力。因此在抗戰歷史文獻中，一直占據醒目地位，也成為後世研究者信手可得的豐富史料來源。但是我們需要更確切去了解他們作為受害者的人數究竟有多大？受害程度有多淒慘？

根據多項數據顯示，戰時每年大學畢業生大概在5,000人左右，因此全部在校大學生粗估應該在20,000-30,000人之間。[248] 以此類推，大學的學生，教職員和眷屬，最寬鬆的總數估計也在十萬人之內。大學生和教職員們比較集中在幾個地方，特別是昆明地區，他們生活絕對清苦，但是可以生存。其

---

245 John Israel, *Lianda: A Chinese University in War and Revolution* (Stanford University Press, Stanford, Calif. 1999).

246 陳克文日記，1940年1月5日，2月27日，3月21日。昆明學校教師每個月膳費30元，學生20元，不能吃飽，生活困難。

247 王世杰日記，1943年7月3日。

248 事實上，教育部在1944年調查抗戰以來大學畢業生只有一萬多人。見：王子壯日記，1944年3月12日。

次是全國中學生每年畢業約50,000人，因此三年的在學人數應該不超過200,000人。同樣地，教職員和家眷應該不超過100,000人。但是他們分布全國各地，多半是縣城或更大都市，而不是農村。因此，無論如何寬鬆估計，戰時的教育界工作者和各級大中學校學生總數應該在50-60萬人之內。較之軍隊士兵而言，他們的總數微不足道。更何況他們在學期間並不和社會打成一片，對於國家唯一的貢獻就是「為國儲才」，而不是「抗戰報國」。即使是和廣大的農民和社會底層勞動群眾相比，他們依然是一群由廣大人民供養而不事生產的群體。因此，當我們使用「軍公教」一詞時，或許應該做一個更嚴謹的區分。教職員們的辛苦應該歸類于公務員，但是學生的辛苦，則大可以和人民群眾合併衡量。如此才能夠符合社會公平的原則。

還有一個相關而嚴肅的議題是：年輕人是否有服兵役義務？是否可以成為特權階級？這個問題在抗戰開始不久就已經浮出水面。從法理而論，凡是役齡男子，甚至不分男女，都應該和全國其他同齡人民一樣，享受國家的法律權利和盡義務，不能因為是學生而成為特殊分子。更何況中國以一個落後國家和先進的日本作戰，更需要高智慧高學歷的人民參加戰鬥行列，才能希冀和敵人在素質上縮短距離。這個話題在抗戰初期曾經被國家領導人反復討論，其中最具影響力的言論出自蔣百里，他認為政府切不可要求大學生參軍作戰，而應該幫助他們完成學業。在1937年一次國防參議會上，蔣百里懇切陳詞，聲淚俱下，聽者動容，贏得政府許多領導人的認同。[249]

事實上，「為國儲才」觀點在整個抗戰時期一直占據主流地位。即便是在開戰之初當南京政府一切行政體系陷入極端混亂之際，對於保全教育機構和把師生遷往安全地帶仍然被列為最高優先，執行時不遺餘力。1937年10-11月間，政府就已經在河南等地設立臨時學校，收容自華北地區蜂擁而來的流亡教師和學生。[250]不久之後，政府採取多項措施擴充內地學校學額，

249 王世杰日記，1937年9月4日。

250 與此同時，也把故宮博物院在南京的古物裝箱80箱，運往長沙。見：王世杰日記，1937年11月10、13日。

收容更多淪陷區和戰區學生，在長沙、西安等地設立臨時大學，協助平津滬寧等地的高等學府遷往內地，這些學校和器材設備最後都輾轉撤退到大後方繼續辦學。這個過程的困難度，和當年政府搶救軍事兵工廠可能可以相提並論。

1940年當中央財政已經面臨極度困難時，政府對於教育依然高度重視。比如說，王世杰就主張政府每年至少撥款200萬元美金向國外購買圖書和儀器，培養學生，否則會妨礙戰後的國家建設。[251] 更有進者，重慶政府還撥出大筆外匯，辦理頗具規模的留學生政策，把優質學生以公費方式送到英美等國進行深造。雖然抗戰開始之後，政府向國外派遣留學生的政策從來不曾間斷，但是由於經費短缺，實際派出的學生人數並不多，而且軍方學習人員占了很大比例。1943年6月份蔣介石付予王世杰一項任務，探討培養戰後建國人才的辦法。王世杰邀約陳果夫和熊式輝商量後，結論是必須儘快派遣大批人員到英美留學，預想在一年之後（1944）達到3千人，注重「實科」（理工科）教育，但是又不限於實科。幾天之內，英國就承諾接受中國政府向英國派遣500名學生學徒。王世杰在8月份再度邀約熊式輝、經濟部長翁文灝、交通部長曾養甫、教育部長顧毓秀、及行政院秘書長張厲生和處長蔣廷黻等人商談，計劃在當年（1943）年立即派送1,200學生去英、美、加拿大學習實科，並且到工廠實習。[252] 但是不久之後在實施過程中出現一個波折（1944年4月），就是紐約時報登載哈佛大學教授投訴，認為中國教育部涉嫌監控留學生思想，而美國輿論界也介入抨擊中國留美學生中有國民黨安排的特務學生，其任務就是控制其他學生思想，因之建議美國大學拒絕接受此種學生。中國政府隨即宣布暫停派遣留學生去英美學習。但是美國政府訓令大使敦促中國政府無需理睬這類不負責任的私人言論，應該繼續派遣留學生。於是政府又舉行留學生事務討論會，由王世杰和熊式輝任召集人，最後決定繼續派遣600名留學生和實習人員去英、美、加拿大。並且在1945年2月決定

251 王世杰日記，1940年5月11日。

252 王世杰日記，1943年6月6、11日，8月26日。

該年度增派一千名學生留學。[253]

支持這一系列政策背後的信念，就是「為國儲才」。值得注意的是，即便是在中國單獨抗日而前途渺茫的歲月中，政府內部的有識之士已經思考到戰後國家短期復元，和民族長期復興的艱巨任務。到了中美兩國結成同盟國之後，重慶政府對美國外交的一個重點也正是戰後復興計劃，在政府領袖間持續成為討論課題，因此才會給美國生產局局長納爾遜（Donald Marr Nelson）在戰時中美外交關係上一個扮演重要角色的機會。

但是戰時一個不幸的現象是，大學生不需服兵役的特殊優待造成了一部分學生自視高人一等的心態。毫無疑問地，學生和教職員對生活清苦的抱怨可以理解。但是只有少數具有高度社會良心和公平感的教師和學生們，才會提醒自己，他們的生活品質依然大大地超過前方將士們，而他們除了教書讀書，對於當前的抗戰沒有做出任何積極貢獻。說白了，同樣是年青人，農村子弟在前線流血喪命，而都市子弟則在平安而半饑餓的狀態下教書和讀書，而且怨天尤人。

同樣不幸的是，這個特權思想被擴大和誤用到包括所有政府機構的公務員，也一律免除兵役義務，導致一切想要逃避兵役的高官巨賈子弟，甚至一般在社會上略有活動能耐的年輕人，都打通各種關節擠進政府機構，取得公務員身分，只要躋身衙門就可以躲避兵役義務。毫不意外地，這種懸殊待遇很快就在社會上引起廣泛不滿。特別是當政府高官們在公眾面前慷慨陳詞，鼓吹全民抗戰，而私下卻想盡辦法讓自己的子弟置身事外。由於政府高官多半是獲益者，因此對於這個尷尬現象噤若寒蟬，但是老百姓看到如此假冒偽善的場面卻心知肚明。大概最能夠激烈抨擊這種腐化虛偽現象的高官是王世杰。

早在1938年底，王世杰就直言揭露，自從開戰以來，中央黨部和政府要員子弟或是在公家機關服務，或是就學，或是出國，極少服兵役者。他認為這是國民黨的一大恥辱，因此上書蔣介石力促矯正之。蔣介石以國民黨總裁

---

253 王世杰日記，1944年4月20、26日，7月12日；1945年2月27日。

身分對中央委員子弟服兵役狀況進行查詢，發現果然沒有子弟服兵役，於是把王世杰建議書（王世杰的正式提案名稱是「中委及簡任以上官吏之子弟率先服兵役議」）提交國防最高委員會討論，但是立即遭到國家主席林森和國防最高委員會臨時主席孔祥熙反對，因而未能通過。因為按照當時法規，凡是20-25歲，曾經高中畢業或是在政府機關服務者，一律可以免除服兵役或是緩服兵役。換言之，一切達官顯要和中產階級的子弟都可以免除服兵役。政府兵役制度推行欠缺成效，固然重要因素是地方基層執行誤差，但是政府高官的負面榜樣也造成社會上的價值觀扭曲，認為服兵役並非光榮愛國之事。即使蔣介石和王世杰也無法通過最高國防會議這一關。[254]

年輕「知識分子」從軍一事到了1945年成立青年軍時才有了轉機。雖然此時已經是在勝利曙光出現的時刻，然而可喜的現象是它的回應人數超過預期，最後編為10個師。但是其過程也曝露出幾個問題。首先是大學生反應冷淡，響應者絕大部分是中學生，甚至初中生。其次是在黨政機構的工作者反應極端冷漠，甚至需要長官三番五次勸說和施加壓力，才不得已為了拼湊名額而報名從軍。第三是他們在初入伍時，仍然脫不了長期被社會孕育的優越感，隨意破壞法紀、聚眾鬧事。後來經過政府軟性處理，氣焰才略有收斂。[255]

總的來說，教育界的正義感敏銳，而筆鋒又尖銳，在輿論界造成聲勢遠超過他們的集體人數。但是他們對抗戰的貢獻實在有限，既不參與前線殺敵，也不從事後方生產，是一群長期脫離社會而孤獨存在的小群體。即使在學業完成之後，他們也立即湧向大城市千方百計在政府機構謀求一官半職。但是他們對於大後方的社會輿論和民心士氣卻產生不成比例的影響。戰時

254 王世杰兒子王紀五不忍看著別人犧牲，而自己躲在學校裡，決心從軍。王紀五入營當兵時只有17歲。進入新編的學生青年軍第201師，做通信連下士。王世杰日記，1938年12月5、30日，1939年1月8、11日。另見：王世杰日記，1945年1月7日，2月3日，5月20日。

255 在這個期間，魏德邁和蔣介石之間還就青年軍發生過一番辯論。魏德邁主張給予青年從軍者以一般待遇，但是蔣介石主張以「為國儲才」為原則，提高青年軍待遇。見：齊錫生，《劍拔弩張的盟友》，頁601。

「為國儲才」政策的成果在內戰時期（1945-1950）無可發揮，但是到了1950年代，他們無論是留在大陸、或是撤退到臺灣、或是留在西方國家、或是學成歸國的人士，都各自對當地社會發展做出了醒目的貢獻。

（三）公務員

最後需要檢視的群體是一般政府公務員。他們雖不持槍殺敵，但是是前方將士在後方決不可缺少的支援者。因此「公、教」人員的重要性不可同日而語。

公務員或許可以分成兩部分來討論。一部分是在大後方西南省份任職的中央政府公務員，另一部分是在其他非淪陷區省份（江西、福建、廣東）等地方服務的公務員。中央政府系統公務員和地方政府公務員的處境和遭遇非常不同，所以如果一概而論，就可能會導致我們進入嚴重誤區。

以中央各部會而論，具體公務員人數不但在定義上有偏差，而且浮動性也較大，因時而異。所以只能取其概數作為宏觀分析，而不能作為微觀檢視的依據。就中央政府系統公務員而言，至少在1942年度，蔣介石就已經看到大幅精簡的迫切性。因此他在1942年冬天下令裁減政府人員四分之一，裁減軍事機關人員三分之一，但是無法執行。[256] 因為公務員在1942年初的估計是18萬人，[257] 到了1943年初大概達到23萬人，而1943年底估計約28萬人。[258] 但是這些數字的計算方式非常混亂。比如說，當陳誠1944年接任軍政部部長時，就估計僅是軍政部一個單位就有12萬名「職員」。[259] 戰時公務員數目的快速增加還有一個因素，那就是機關臃腫和冗員劇增。戰時政府出現一個特色，那就是每當它需要處理任何一項事務時，它的對策不是把新

256 陳克文日記，1943年5月28日。1942年底，最高幕僚會議決定，軍委會、部、院、會，各縮減四分之一人員，裁撤不必要的機關，如戰地黨政委員會，校閱委員會，併合併和減少辦公廳等等。見：徐永昌日記，1942年12月5日。

257 徐永昌日記，1942年2月6日。軍政部、財政部，各有職員3萬人。

258 陳克文日記，1943年1月29日，11月5日。另外軍官50萬人，各省政府公務員8萬人。

259 陳誠先生日記，1944年7月12日。

工作納入現有機構予以處理，而是成立新機構去專司其責。新機構就需要新法規、新預算、新職員，製造機會讓社會上遊手好閒人物拿一份公家薪水。如果這份薪水無法在政府財政制度下報銷，也可以運用各種名義找到財源。因此政府的編制並不完全可靠，因為有許多「編制外」的人員依然靠政府工作人身分為生，依然是人民財政上的負擔。一個最顯目的例子是戰爭晚期成立的「中國文化服務社」，名稱為業務機構，其實是一個衙門，缺乏實質工作內容，卻在短期內在全國成立了一千多個分社，不但假借這個名義廣招職員，甚至可以享受免稅待遇，藉此逃稅做生意。[260]

至於各省縣市級的公務員就屬於另外一群人。由於重慶內政部是出名的效能低劣單位，所以它最多只能夠依照縣市政府呈報的人事編制表胡亂拼湊數字，以便向行政院交差了事。因此地方公務員確數難以追究，他們對地方行政的影響也難以推論。如果依照組織規則而言，則全國的縣以下的公務員約達800萬人。（見本書第八章表6。）

無論如何，我們可以以行政院的案例加以重點敘述，去了解中央政府公務員的情況。這樣選擇的理由，一方面是大城市的生活資料比較齊全，一方面是行政院對於其他各部會有示範作用，只要行政院採取某些措施，其他單位就敢於上行下效，甚至超越。

總地來說，中央政府在1937年底遷到武漢之後的一年中，雖然通膨現實已經初露頭角，但是一般官員沒有高聲抱怨通貨膨脹壓力，也沒有造成劇烈心理反響。考其緣由，一方面可能是他們在逃難中，還攜帶有往年積蓄可資應付，另外一方面也可能是在心情上以為抗戰苦日子不會持久，只要暫時咬緊牙關即可渡過，所以能夠保持情緒穩定。1938年底公務員撤退到重慶和西南省份後，才察覺到抗戰需要長期苦撐，也開始體會到生活艱難，因為在異鄉求生舉目無親，家鄉接濟來源斷絕，還被本地人歧視而無法融入社會，因此無法運用過去在南京時代一般的行政關係去創造額外收入，而作為「下江人」，更是本身就已經成為由本地人主導市場上的宰割對象，甚至同樣商品

260 王子壯日記，1944年4月6日。

會被刻意提高價格出售。因此只能刻板依賴薪俸生活。

戰時公務員生活經過一個曲折過程。初期的問題是公務員薪水仍然維持戰前標準，甚至還要以打折扣方式發放。當物價在1938年底開始上竄時，政府第一個對策是以各形各色的「津貼」來解決問題。[261] 但是由於各機關性質各異，應付的方法支離破碎，開始出現甜苦不均而且此後差幅逐年加大的現象。到了1939年初，行政院職員已經普遍發出要求加薪的強烈訴求，而行政院高層長官也發出警訊，職員生活困難不能安心工作，已經達到危機狀態。下層職員們請求伙食津貼的要求沒有著落，導致有職員辭職去另謀出路。在4月份，連中層（科長級）主管也集體向秘書長和院長提出簽呈，申訴自己責任重大而生活困難，請求一律增加津貼100元。事實上，整個行政院此時職員的薪水的確已經不足應付基本生活費用，因此院領導只好開始向住宿舍的職員發放生活補貼。最初是100元，幾個月後因為物價上漲太快，就增加到500元。與此同時，一般職員也要求生活津貼從300元增加到800元。特別是低層公務員生活困難，問題越來越嚴重，甚至傷病死亡率也明顯提高。蔣介石親自指示要解決問題，但是院領導找不出有效辦法。[262]

1939年還出現一個插曲。當法幣貶值嚴重性已經顯露時，重慶高官們開始批評財政部（孔祥熙）做事緩慢，不能及時補救，因此主張以宋子文取代孔祥熙去處理財政危機。孔祥熙得到消息後的立即反應，不是督促部屬加緊解決問題，反而是發動宣傳攻勢指稱法幣貶值責任在宋子文，而不是孔祥熙。此舉激怒宋子文，拒絕蔣介石邀請到重慶商議國事。而孔祥熙則趁機散布謠言，說宋子文不敢來重慶是因為怕被政府拘留。因此招致宋子文益發不滿，拒絕與蔣介石合作。在此後的兩個月中（7-8月份），孔祥熙一方面對法幣貶值束手無策，一方面繼續攻訐宋子文。而參政會參政員傅斯年等40餘

261 王世杰日記，1940年8月25日。

262 陳克文日記，1940年2月3日，3月11日，4月15日，5月16日，8月7、14、16、21日，9月2、5日。本節敘述大量採取陳克文日記，因為抗戰時期陳克文是行政院總務主管，對於院內事務和公務員生活是最權威的資訊來源。

人又上書政府，請求更換財政部長和行政院長，提出不信任孔祥熙。因此當時政府一大批要員們把大好光陰不用于處理國家大事，反而浪費在互相詆毀，而蔣介石面對這一切卻按兵不動，把國家大事變成是皇親國戚之間的爭風吃醋來處理，誠為失職。[263]

果不其然，1940年10-11月，重慶市米價在一個月內上漲一倍。公務員和學生面臨斷炊危機。蔣介石開會討論發給公務員和學生「平價米」，並且在12月初由政府在重慶市實施供給「平價米」，即政府按一定價格，向公務員、教員、和家屬提供食米。如果市價超過法定價格，則損失由政府負擔。[264] 但是在法幣急劇貶值和物價飛漲的雙重壓力下，這個頭痛醫頭的政策很快就失效。公務員到了1941年初已經因為薪資單薄（月薪200元）而無法生活，甚至發生全家自殺慘劇。[265] 在社會上引起極大騷動。

政府的第二個對策是調整薪俸。1942年下半年各地物價指數增加50%以上，即使政府屢次隨機增加補助費，也趕不上物價上漲指數。[266] 1943年初，政府終於將公務員薪水照戰前標準增加一倍，但是於事無補，因為以通常科員科長級公務員為例，當時一家4-5口已經需要3-4千元才能勉強維持生活，而只是增加3-4百元就毫無幫助。[267] 到了1943年5-6月份，關於政府官員生活費一案，行政院提不出協調軍人和文職人員薪資的辦法，只好呈請蔣介石個人定奪。蔣介石批示由他負責處理軍人薪資，而文職人員薪資事務則必須由行政院負責。於是行政院只好做出新決定：低級公務員薪資增加40+%，中上級30+%。綜合而言，包括一切其他補助，和戰前比較，低級人員的收入增加約為30倍，中級約為10倍，高級約為5-6倍。但是物價卻漲了100倍，

---

263 王世杰日記，1939年7月18、23、26、28日，8月8日，9月14、23日。根據財政部次長徐堪私下向王世杰透露，孔祥熙非常糊塗，根本不了解法幣問題的嚴重性。

264 王世杰日記，1940年11月6日，12月7日。

265 徐永昌日記，1941年2月25日。類似案件在1944-1945年繼續發生，高階公務員因為生活窘迫，一家七口投井自殺。見：何成濬將軍戰時日記，1945年4月18日。

266 陳克文日記，1943年5月7日。

267 王世杰日記，1943年6月20日。

所以仍然落後許多。到了1943年9月份，物價指數比較戰前已經增加了180倍，而公務員收入只比戰前增加40倍，最低的還只有6-7倍而已。日子益發難過。[268]

其間政府也曾經零星地試行過更多補救辦法。比如說，1942年下半年政府實施「日用必須品定量分售辦法」，受惠者包括23萬公務員役及眷屬。但是施行半年後證明不能有效解決問題。1944年也曾經實行發配實物（糧食、油鹽）但是行不通，只好放棄。到了1944年初，物價狂漲，重慶市買不到米，米店前數千人排隊引起騷動。公務員生活山窮水盡到了無法維持地步，而戰事仍在愈形惡化。[269] 由於中央缺乏統一計劃和督導能力，因此造成一個怪相，就是政府機關各自為政，各顯神通。各機關推出對本部職員的補救辦法南轅北轍，支離破碎，機關之間還樹立屏藩，互相保密，於是挪用公家物資在小單位內部分攤利潤，設立「小金庫」等種種亂象如雨後春筍，更加速社會民眾隨風追趕，政府威信和士氣蕩然無存。

在這個過程中，公務員薪俸甜苦不均現象特別突出。早在1940年，當行政院科長們要求增加津貼時，就已經嚴厲指責，交通部和鹽務署官員薪俸大幅超過一般部會職員，很可能因為它們是肥缺衙門，也可能是公款私分，或是濫用公權營取私利。[270] 到了1942年，公務員薪俸不均現象愈趨明顯，軍令部長徐永昌更是直接向蔣介石呈述，在重慶各機關公務員生活愈感困難的大環境下，文職人員薪資其實還遠遠優於武職，而文職人員之間的極度不公則純粹是人為因素造成。他指出當時軍令部一般職員收入約400元（每月），而財政部則最低階職員也可得800元，銀行職員更是超過1,000元。儘管青年職員的生活已經極度困難，但是對於不均現象感到更氣憤，對政風和士氣造成重大打擊。1943年一個普遍社會現象是，年輕人結婚都只能在報紙上登一

---

268 陳克文日記，1943年6月1日，9月28日。

269 陳克文日記，1943年1月29日，1944年3月6、9日，4月6日，6月3日。

270 陳克文日記，1940年4月20日。交通部簡任官一律600元，薦任一律400元，而鹽務署科長則可以拿到一千元。

小欄啟事即告完成，但是一個普通銀行職員結婚卻可以在酒樓大宴賓客百餘人，耗費數萬元。271

最極端的案例是銀行練習生或助理員的薪俸要高於內政部司長級官員，而且其生活補助費是根據物價指數機動調高。至於銀行正規職員的薪水則超過中央部長待遇。加上銀行用人是自己決定，不需遵守公務員人事管理法規。結果是它們吸引了一大批戰時稀有的大學畢業生，到銀行站櫃檯和打算盤，完全違背「為國儲才」理念，等於是糟蹋人才。而權貴家庭更是想方設法為子弟謀求銀行職務，更使銀行成為權貴的安樂窩。

然而當孫科嚴厲指責國家銀行人員待遇優渥離譜時，孔祥熙卻為銀行人員多方開脫，強調銀行業務重要，調高薪水正是為了防止他們舞弊，成為理直氣壯的「養廉費」。孔祥熙在被中央監察委員會質詢時，還提出一個更為露骨的說法，把國家銀行和稅務人員比喻為「廚子」，如果不提高廚子的待遇，則他們即便是在廚房裡偷吃菜餚也可以撐飽，因此政府必須「增其待遇，所以免國庫之損失」。依照這個邏輯推之，則只要是國家機構掌控資源在手，都可能理直氣壯地把公共資源據為己有，得不到加薪或養廉費就可以公然貪污，置國家利益或人民福祉于不顧。因此怪不得孔祥熙在斷言公務員的薪水無法普遍予以提升時，甚至向質詢人反唇相譏問道，如果公務員對薪俸不滿意，則何不辭職改行去經商？此時孔祥熙本人的「祥記公司」正在罔顧國家法令大事囤積。雖然政府明令禁止公務員經營商業，但是孔祥熙卻可以逍遙法外，還公然發表如此荒謬言論。272

蔣介石本人也曾經嚴厲批評銀行職員優厚待遇的問題，並且嚴令行政院各部門待遇力求公平。他甚至還命令各部會呈報詳細辦法，同時規定國家銀行職員必須經過銓敘手續。銀行職員高薪不公的現象在引起社會長久指責之後，才終於在1944年被中央政府的考選銓敘部門提上聯席會議，討論銀行人

---

271 王子壯日記，1943年9月20日。

272 王子壯日記，1944年5月2、13日。

事的考試、支薪和撫恤等規則。[273] 但是無論規章如何，各部門我行我素，沒有產生任何效果，而蔣介石也無法或無能追蹤此類行政效率的細節。

公務員由於生活所迫，所以也激發出兩種自我解救的對策。一種是某些政府機關的職權和民生物資有密切關係者（比如說食品或紡織品），即便是高級官員潔身自好不屑貪污，也會難以抗拒感情壓力，而把這些物資轉化成增加職工福利的工具。一個普遍的例子是紡織品。戰時紡織品奇缺，連戰前最大眾化的「陰丹士林」布都成為高價搶手貨。因此政府主管單位上級可以規定以低價強制收購下轄的工廠或民間的產品，然後以高價專賣，把價格差當做補助員工的福利金，振振有詞。另外一個普遍現象是公務員（特別是高層公務員），可以經常性地打借條向服務機關預支未來的薪水。隨著通貨膨脹率改變，原先借款的數目在幾個月之後再歸還就變成微不足道。[274] 另外一個陋規是當機關收到公務進款時，並不立即納入公賬。在抗戰後期，由於重慶市黑市高利貸已達月息一成，因此如果機關收到上級一百萬元撥款後將之投入黑市放貸就可賺取10萬元的額外收入，中飽私囊。更惡劣的是稅務機關，每次按期收稅，但是稅務人員只要把稅金扣留在手中一個月，就可以保證有幾萬元的違法收入。諸如此類對付通貨膨脹的做法，在千百個政府機構中，都是各顯神通地以公產衍生或轉換為私產，難以盡列。[275]

還需要指出的是，中央銀行和其他重要金融單位因為手握國家財權，又有孔祥熙迴護，所以職員薪俸不但遠遠超過其他政府機構，而且每年發薪水達15-18次之多。由於它的經費沒有預算且不受外界審核，可以隨意開支，

---

273 徐永昌日記，1942年3月22日，4月4日，8月13日；王世杰日記，1942年10月12日。王子壯日記，1944年2月8日，4月1日。

274 據陳克文記載，在高官中以孫科最善此道。他不但經常向銀行舉債維持個人高生活水準，每次往往一百數十萬元，而且他還向親友傳播此道，認為法幣既然必定貶值，所以舉債度日非常合算。見：陳克文日記，1943年8月8日。

275 比如說，花紗布管制局職員的薪水在1944年達到每個月2萬元，相當於銀行職員，比政府部次長更優厚。見：王子壯日記，1944年9月4日。有關稅務收入，見：王子壯日記，1944年11月2日。其他現象，散見：王子壯日記，1943-1945年。

所以其他國立銀行也群起仿效之。以1943年端午節為例，中央銀行一個單位發出津貼和補助的薪金就超過一千萬元，平均每個職員都能拿到8千到一萬元。其他公私銀行競相仿效數目驚人，導致端午節重慶市物價陡然上漲，卻苦了其他公務員。這種情況導致某些公務員為爭取高薪只好離開行政工作崗位到金融商業機關謀職，趨勢日益普遍。1943年一個引起社會廣泛矚目的案例是銓敘部一位司長，因為薪俸不足養四口之家，竟然要辭職而改到銀行謀求秘書職位。[276] 到了此時，事業機構如銀行和郵局之類，其待遇遠遠超過普通行政機關，已是人盡皆知的事實，導致一般公務員發出的不平聲音也越來越尖銳。[277] 果不其然，社會上開始流行一種說法，「銀行是魁首，司機發大財，上將不如一個鐵匠，中將不如一個木匠。」[278] 但是如何縮小薪俸距離和穩定公務員生計，重慶政府卻找不出解決方法，而孔祥熙則鐵了心地視若無睹。根據南開大學的調查統計，1943年底，工薪人員的收入與1937年相比只增長了31倍，而在此期間生活成本卻增長了183倍。[279]

總的結果是：公務員生活補助費無論如何增加，也遠遠落後于物價上漲速度。而政府增加新的補助費的努力，反而造成物價相應地發動新一輪上漲勢頭，形成惡性競賽。而政府政策缺乏深思熟慮，更是造成反效果。比如說，定量分配制度雖然初意善良，但是讓那些原本不吃肉不吃米的老百姓也爭取每人的份額，而使物資更感不足。公務員生活補助費對於個別公務員補助有限，但是國庫增加負擔非常沉重，更有刺激物價上漲的副作用，無異飲鴆止渴。[280]

就宏觀而論，戰時生活在大城市的中央政府各部會公務人員基本上是一群寄人籬下的外鄉人，在西南地區屬於無「根」浮萍，唯一收入是國家薪俸，

276 徐永昌日記，1943年1月28日，6月6日，11月20日。

277 陳克文日記，1943年1月4日；1944年8月25日。

278 徐永昌日記，1943年11月20日。

279《統計調查》（月刊）（Statistics Service）（重慶：南開大學經濟研究所），1944年5月。

280 陳克文日記，1944年5月3、11日。

成為通貨膨脹最直接和最大的受害者。這個現象其實值得學者們進一步去進行檢查。比如說，在本書作者研讀的資料裡，中央政府遵紀守法公務員生活無法維持的記載連篇累牘，但是西南省份籍貫公務員卻很少見到同樣淒慘的描述。一個值得注意的資料是由蔣廷黻提供。1940年當大後方通貨膨脹勢頭已經飆起時，行政院蔣廷黻處長到湖南、江西、浙江、福建、廣東、廣西等省份進行視察後提出報告，稱讚老百姓支持抗戰，各地方農村經濟大為進步，老百姓生活比較以前更好，經濟普遍繁榮。他對於江西和廣西的情況特別滿意，甚至認為是我國愈戰愈強的證明。[281]

同樣值得注意的是，在全國公務員被通膨壓迫到發出要求加薪的哀嚎聲中，熊式輝居然提議降低中央公務員薪水，其理由是要縮小中央和地方公務員薪俸的差別，求取公平。這個意見當然引起行政院各部會極力反對，而提出的反駁論點正是中央和地方薪俸差別有許多原因，各地方生活費用不同，幣制不同，財政情形不同，不可以強求一致。[282] 熊式輝降薪的主張乍看起來匪夷所思，但是考其緣由，或許他所反映的是在江西的公務員的心情。後者只風聞重慶公務員薪俸不斷提升，而沒有親身體會過通貨膨脹加於他們身上的痛苦。所以才會把重慶的高薪表象誤當成是對中央機關公務員的偏愛，而感到不公平。

主持湖北省政務的陳誠也認識到，重慶市生活的不公平和不穩定（物價猛漲）是社會不安的重大原因，相比之下，讓他欣慰的是，湖北省公務員切實遵行「憑證領物」，因此生活平穩。[283] 當然，杜絕高官貪腐，也是湖北和重慶的重要差別。因為陳誠就曾經斷言，「其實在抗戰期間，提高物價不過少數有錢有勢的官吏，而非一般國民」。為了證明他的觀察正確，他還舉出一個實例。重慶中央政府的紗布公賣局以50元一件的價格，強迫收購下級工廠棉紗製品，卻以280元價格在市場出售。他不禁問道，「政府做生意，

---

281 陳克文日記，1940年7月23、27日。蔣廷黻的印象是廣東最差，原因在省政府缺乏人才。

282 陳克文日記，1939年2月3日。

283 陳誠先生日記，1942年2月6日。

物價如何不高？此種行為如何使民眾對政府有好感？」而講到他剛剛上任接掌的軍政部時，則更乾脆指責該部官員風氣敗壞，「其貪污腐敗之劣根性實在太深」，短期內必定無法改正。[284] 就實際而言，依照戰時的估計，重慶和昆明是物價飛漲最嚴重的兩個城市，兩者之間還有重大差別。而湖南和湖北距離重慶不遠，它們的通貨膨脹指數（1943）卻不及重慶的一半。[285] 王子壯有一段話形容當時景象，「吾國現在已入無政府狀態。數日之間，貨物即可增加一倍。豪商富賈於是不作正當商工業，只做囤積居奇。若干時可以增加一倍，必可待暴利也。於是富者大富，貧者赤貧。社會上只有少數豪華之暴發戶。一般人淪為赤貧。工業界因原料日貴，不能生活，故工廠倒閉者踵接，致形成工業萎縮之現象。如不從物價設法，社會前途必將就崩潰之危險。」[286] 孔祥熙所領導的政府不但束手無策，而且還是導致這些現象急劇惡化的重要因素。孔祥熙管理的銀行囤積貨物，他的部屬借罰款充公自肥，更是在民間廣為流傳的醜聞，對政府形象造成致命打擊。[287]

戰時公務員遭受通貨膨脹打擊的程度，或許還可以從另外一個角度予以考慮。那就是即使在中央機關任職的公務員之間也有不同的遭遇。如果公務員是隨著政府撤退到西南省份，而原籍是華北或是江南者，就只能完全依靠政府的薪俸生活。但是如果他們的原籍是西南省份，則還可以指望定期從家鄉獲得金錢和物資接濟。西南省份的鄉鎮農村只要不曾受到戰火波及者，就仍然可以躲過通貨膨脹的鋒芒，有餘力接濟在重慶服公職的鄉親們。在這方面，陳克文本人的例子最能說明現象。陳克文身為行政院最高領導之一，守身端正、生活清苦，但是卻能靠廣西農村老家接濟。1943-1944年度，他每

---

284 陳誠先生日記，1944年2月18日，4月1日，7月12日。

285 陳克文指出，物價指數只具參考價值而已，因為每個地方漲價幅度不一樣。比如說，1940年重慶米價22元一擔，成都80元，昆明100元以上，還發生搶米風潮。到了1943年7-8月間，各地指數較去年底增加50%，但是也有地方增加到300%的。見：陳克文日記，1940年3月21日，1943年2月1日，5月8日，9月28日。

286 王子壯日記，1944年5月14日。

287 王子壯日記，1944年6月3日，「上星期反省錄」。部屬指端木愷。

隔幾個月就會從家鄉獲得匯錢和土特產供他維持生活。[288] 陳克文廣西老家並不是大戶地主和富豪商人，卻可以省吃儉用地匯錢接濟重慶政府的中央大員，可見通膨在地區上的極大差別。簡言之，中央政府體系下的外省籍公教人員可能才是通膨壓力最主要的承擔者。這個推想需要進一步證實，因為它很可能會對勝利後重慶政府回到淪陷區復原接收時所產生的種種惡劣行為，提供一些解釋的線索。

重慶政府無法改善通貨膨脹危機，糧食部、財政部的無能固然是一個因素，但是就算是蔣介石親自下手諭也無法執行。考其緣由，除了下級無能和地方實力派抵制之外，更深層原因是這場戰爭的規模，遠遠超過中國戰前全部體制所能夠負荷的能耐（system loading capacity）。第二次世界大戰其他參戰國家也出現過通貨膨脹現象，只是它們和敵國間的科技及軍備差距遠不如中日兩國，通貨膨脹率也遠不如中國的失控。因此不可用同一個尺度去評價。

四、通膨對於抗戰巨大影響

通膨對戰時受到影響的人群可以做一個概略性的總結。就軍人而言，數百萬官兵生活基本上隔絕於民間社會之外，唯一的任務是抗日。但是他們衣不能蔽體、食不能果腹、精神萎靡、百病叢生，還要希望他們能夠在前線奮勇殺敵，無疑是癡人說夢。即使勝利一朝從天而降，也無法脫胎換骨，成為衛國勇士。

就教育界而言，幾十萬師生們生活在半孤立校園之內，半融入民間社會之中，他們的基本任務是培養青少年。較之戰前的平津滬寧地區的富饒摩

288 陳克文在1943年5月前已經兩次向鄉下家中要錢接濟。陳克文日記，1943年5月20日；8月份陳克文又從家中接濟來4千元；9月份再度向鄉下家裡要求接濟12,000元，維持生活；陳克文日記，1943年8月1日9元20日；到了1944年，他家每個月平均虧空3-4千元，只能東拉西扯過日子；陳克文日記，1944年8月22日。

登，他們的物質生活當然大為降低，拮据異常。但是比起軍隊將士則仍然衣食優越，更無須終日面對生死難卜的風險。何況他們許多人依然可以堅持「安貧樂道」地從事教學研究，一旦勝利來臨，短期內即可恢復元氣。

最顯著的影響在於公務員。因為他們完全置身民間社會之中，生活融成一片，而且其基本任務又有兩大方面，一方面是支援前線戰士可以有效抗日，一方面是治理和控制大後方替廣大平民百姓謀福祉。因此通膨對這群人造成的影響可以從幾方面分析。

一是公務員薪俸太低，不能吸收優質人才加入政府成為新血。比如說，1939年行政院在徵錄秘書時遭遇困難，因為書記最低薪水只有40元，連中學畢業生都不屑應徵。[289] 由於單靠官俸無法維持生計，許多有能力且有責任心的人，乾脆選擇脫離公職，造成政府方面人才流失，缺乏勝任推行各項重要政策的幹部。另外一些公務人員又必須同時身兼數職，領幾份工資，或者做起副業，以彌補工資不足，成為普遍現象。相反地，擅長鑽營而缺乏行政才能的庸才，為逃避兵役，或是熱衷假借政府威風，從事貪贓枉法活動的人士，卻又想盡方法擠進政府機關，不是為了領取微薄薪俸，而是為了可以玩權弄法。長期下來，政府功能必然劣質化。最後，有許多公務人員乾脆不顧顏面，大肆貪汙。

二是公務員因為操心衣食住行，健康情況下降，子女教育無著，溫飽變成是每日最大關注點。據中央醫院醫生1943年反映，該院病人群中以學生和公務員為最多，而患肺病者特別多，主要是因為營養不良所致。行政院職員一年之內不曾患病者，幾乎沒有一人。[290] 這當然就使公務員無心于公務，缺乏榮譽感和成就感，更遑論報效國家，養成把公家事務混過即可的心態。特別是在1944-1945兩年，物價上漲實在太快，占據了人們整個思念。有操守的公務員只能咬緊牙關謹守本分，而更多公務員則被逼走上貪腐之路。所以才會使火柴草紙之類的雞毛蒜皮物件，都成為辦公廳官員們的劇烈爭奪的

289 陳克文日記，1939年8月11日。

290 陳克文日記，1943年8月12、31日。

物資，不惜放棄基本做人的原則和尊嚴，務求必得而後甘。公務員的道德被通貨膨脹無情侵蝕，導致人民群眾對政府的支持和信任度急速滑落。知識分子目睹了一小撮人通過非法手段一夕之間成為暴發戶，而廣大的誠實勤奮的勞工和小商人則窮困潦倒，因此愈發對政府產生強烈疏離感。隨著1944-1945年通貨膨脹的加劇，政府也徹底喪失了非農業人口對它的信心，政府合法性受到了沉重衝擊，已經達到了無可挽回的地步。

最深遠而巨大的殺傷力無疑是公務員的心理狀態。在中央政府任職的軍人和公務員，在1943-1945年經歷了極端的窮困之後，不禁產生一種心態，那就是苦日子實在「過怕了」。陳克文對於勝利當前的政治心態曾給予一番生動描述。他寫道，「勝利來臨，政府發表了許多官職。這兩天獵官的人，醉心權位的人，心裡的焦急，奔走的繁忙，真有不易形容的地方。」[291] 這個心態或許是值得歷史學者和社會心理學者進一步搜集資料去探索的問題。本書在第九章中也將會試圖提出一些看法。

291 陳克文日記，1945年8月16日。

第八章

喪失人心的政治（二）

基層統治的粗暴化

上一章研究說明，抗戰時期政治品質低落的一個重要因素，是中央政府沒有盡到率領全國的責任。然而即使有一個廉能的中央政府能夠擬出妥善政策，它是否能夠將之推行到全國各省並切實執行，依然是一個未知數，而中央和地方政府的關係就成為重要關鍵。中央政府如何建立溝通管道，並在各省各地維持一個指揮系統的正常運作？如何打進大西南地區的民間社會和地方實力派長年耕耘而盤根錯節的統治結構？如何順應民情風俗爭取廣大民眾的積極支持？這些因素同樣地可以影響戰時的政治品質。

如本書第三、四兩章所言，中國在戰場上的軍事災難，不僅改變了中央政府與國內各個政治軍事集團間的實力平衡，而且嚴重影響到政府日常行政效率和對公共職能的履行。我們不禁要問：原本存在的地方傳統政治生態是什麼？國民政府曾經在它管制地區推行過哪些政策？中央政府在試圖和地方政府建立有機性關係的努力中，遭遇到何種困難？這些困難如何在政策推行過程中表現出來？政策的成功率有多少？這些表現又造成了何種其他影響？

為解答這些問題，本章將集中討論戰時國民政府地方政治改革嘗試的失敗。總的來說，國民政府未能處理好中央與地方關係，特別影響到它推行的兩項重要政策：糧食徵收和兵役行政。這些領域的不當處置又進一步導致國民政府失去廣大人民的支持，在戰後四年便將其逼至全盤潰敗境地。

在進入政策實質討論之前，本章首先要檢視的是重慶政府對於改進地方行政工作所做的一項制度上的努力，那就是新縣制。

第一節　新縣制

儘管大多數南京政府領導人早就意識到中日必有一戰，但是蔣介石對於政治經濟建設仍然寧願交由傳統官僚處理，而後者在戰爭真正來臨時卻又措手不及。淞滬一役潰敗後，國軍直到1939年後才建立一條穩定的防線，從此之後重慶政府需要面對在陌生地域求生存的艱苦局面，需要將這些昨日還是「法外之邦」的省份盡快改造成為總反攻的大本營。為了鞏固中央政府地位，和有效地動員人力物力，重慶政府啟動新縣制改革。

新縣制改革的具體內容早在1939年6月已經成型，而重慶政府賦予新縣制的殷切期望，也可以從它設定的目標中看出端倪。依據內政部規定，新縣制應該完成的主要功能共有六項：（1）充實基層組織；（2）加強幹部訓練；（3）促進民權行使；（4）提高民智水準；（5）厲行民眾組訓；（6）改善人民生活。[1] 換言之，新縣制改革既是為組織與動員民眾抗戰，又是為加快地方自治建設。[2] 但是最重要的是，新縣制是重慶政府寄以厚望的手段，希望它可以超越傳統地方實力派的鉗制，直接把中央和地方政治社會連成一體的組織單位。它的終極目標是把地方基層的政治，經濟，衛生，武裝，教育和民間組織全部納入全國性行政系統。[3] 而蔣介石本人也表達他個人對地方政府工作的重點包括「建立保甲，清丈土地，興辦合作，開闢交通，實施動員，與發展教育」等大項，[4] 以求在安定內政團結人民的基礎上，動員一切

1　內政部，《各省實施縣各級組織綱要政治總報告提要》（重慶，1943），頁1-11。

2　關於縣各職能的詳細討論，參見李宗黃，《新縣制講演錄》（重慶，1939），頁11-19。

3　侯坤宏，《抗戰時期的中央財政和地方財政》，頁246-249。

4　蔣介石日記，1939年3月3日。

人力財力和物力去和日軍進行搏鬥。以上敘述可以說是蔣介石心目中把大後方建立為長期基地的藍圖。

重慶政府在1941年10月宣布上述所有目標都已實現。[5] 1942年官方更宣布全國已有944個縣實行新縣制，在縣政府以下設立了25,069個鄉鎮公所，和218,367個保辦處。[6] 1944年春，官方再度宣稱11個省1,361個縣中共有1,103個完成了新縣制改革。（表7）僅就這些官方數據而言，新縣制成長速度著實驚人。但是正如戰時眾多官方文宣一般，新縣制的成果虛有其表，這個極力被標榜為提高中國戰力和加快訓政到憲政過渡的重要政治改革，基本上是以失敗告終。[7]

我們不禁要問：是哪些因素導致改革失敗？失敗程度有多嚴重？失敗後果對戰爭大局和重慶政府政權的前途有何影響？

新縣制改革失敗的首要外在原因當然是戰爭造成的巨大困難。在任何情況下，想要在全面戰爭狀態下推行重大政治革新，它本身就是極為艱巨。加上中日之間在科技與組織能力上的巨大差距，更使中方的改革措施難上加難。

即便如此，新縣制失敗至少還有三個更深層的內在原因值得討論：（1）制度設計粗糙；（2）執行人才短缺；（3）政治支持薄弱。

5　張維翰，《各省實施新縣制之檢討》（重慶，1944），頁1-3；李宗黃，《李宗黃回憶錄》，第1卷（台北，1972），頁144-145。但是根據陳克文報告，蔣介石對於縣以下行政機構改革方案，費了許多腦筋，急於想要推動，但是到了行政院便遭受阻力，以人才不夠和經費不足作為藉口。引起蔣介石的指責。見：陳克文日記，1939年8月7日。

6　侯坤宏，《抗戰時期的中央財政和地方財政》，頁246-249。

7　內政部，《各省實施縣各級組織綱要政治總報告提要》。

表7　實施新縣制成績官方發布統計

縣（市局）總數	1361
實施新縣制縣數	1103
已實施如下事業之縣數	
理清查戶口	729
戶籍登記及人事登記	247
土地測量	160
徵收地價稅	44
縣合作聯合社	161
設警察局	484
成立衛生院	828

資料來源：王德溥，《新縣制之檢討與改進》（重慶，1944），附表1、2。

一、制度設計

儘管新縣制經過長期討論和廣泛宣傳後才付諸推行，但是它所強調的制度標準化與合理化都未獲得實際效果。雖然高層領導不斷強調基層政府必需精簡組織、增加效能和劃分權責，但是到1943年，基層縣政府機構依舊疊床架屋、分工散亂、人員冗雜、權責不明和公務員意見分歧。[8] 比如說，依照內政部設計，縣政府應該成為執行上級政府法規命令的集中性窗口。但是戰時發展出一種行政慣例，每逢為了推行一個新政策就建立一個新機構，它們都可以直接向縣政府下達命令。以四川省為例，中央級和省級單位有權力向縣政府發號施令的單位多達61個，而彼此間又缺乏溝通，以致令出多門，讓縣政府無所適從。[9] 其他省份情況亦復如此。全國普遍現象是；中央並沒有

8　內政部，《各省實施縣各級組織綱要政治總報告提要》，頁1-11；黃紹竑，《五十回憶》，第20卷（杭州，1945），頁441-444；內政部，《第三次全國內政會議報告書》（台北，1968），頁51-60。

9　侯坤宏，《抗戰時期中央財政和地方財政》，頁246-249。

為這個新制度撥款，只是在縣政府中設立了許多沒有工作內容的新職位，或是乾脆在舊有辦公室外釘一塊新招牌，給舊有官員加上一個新職稱，草草了事。[10] 因此在制度上就徹底破壞了縣為自治單位的初衷。

更有進者，縣政府命令在內部不能貫徹，公務員行為出現嚴重的道德和紀律問題。[11] 結果，官員不善待老百姓，消極怠工，以刻板陳舊方式處理公務，也就是說儘量少做事，在行為上與四五十年前落後地區舊官僚無異。諸如此類缺點，一直到抗戰結束都未能消除。典型的例子是縣政府對於上級指示不予研討消化，只是把公文「等因奉此」抄送給鄉鎮政府，張貼告示，就此了事。純粹形式主義，只求向上級交差而不問政策執行成果。[12] 而縣政府和下級基層保甲負責人，也不能就政策精神和執行方法進行溝通和核實，層層組織各自虛晃一招。這種自滿清以來延續的陋習，在西南省份遠比東南沿海省份要根深蒂固許多。[13]

新縣制改革賦予縣政府的任務過于繁雜，遠遠超過了其執行能力。無論是縣長還是一般職員，僅僅是為了完成糧食徵收、兵役、債券、勞務等迫切戰時需求，已經耗盡精力，沒有餘力去推動其他與地方自治密切相關的事務（諸如公共衛生、社會福利、教育與經濟重建等事業）。[14]

當然，縣政府財政資源也嚴重不足。根據1939年頒布之法規，重慶政府將縣級地方財政脫離省級財政，改屬中央財政，削弱省財政的獨立性。中央政府採取的重要措施包括：（1）將原屬省政府的稅收權（如田賦）收歸中央，

10　江勇振，《蔣廷黻：從史學家到聯合國席次保衛戰的外交官》（新北：聯經出版公司，2021），頁212。

11　張群，《川省十大病根及其治理方案》（1941年7月26日），張群，《張岳軍先生在川言論選集》（台北，1968），頁51-60。

12　張群，《四川省第六次行政會議閉幕訓詞》（1946年8月16日），張群，《張岳軍先生在川言論選集》，頁371-377；侯坤宏，《抗戰時期中央財政和地方財政》，頁246-249。

13　徐永昌日記，1940年1月2日。

14　張維翰，《各省實施新縣制之檢討》（重慶，1944），頁1-10頁；內政部，《各省實施縣各級組織綱要政治總報告提要》，頁1-11。

取消省級政府獨立預算權；（2）由中央直接管理監督所得稅、遺產稅、營業稅等徵收；（3）所有地方徵收稅款全部繳入國庫；（4）由中央政府調劑和補貼省縣級政府的行政經費。[15] 而事實上，重慶政府從未能切實掌握和統一地方稅收機構。新縣制的實施程度不是依法規而定，而是依重慶政府和地方政府政治鬥智和鬥力的態勢而定。而在多數情況下，當地方稅務人員一旦意識到某些稅目全部歸入中央而地方拿不到好處時，就不會認真地去徵收這類稅項。[16]

「新縣制」規定，縣財政本身的收入由小部分田賦、30%的所得稅、印花稅、遺產稅和其他雜稅構成。[17] 與戰前相比，縣級政府合法稅收在1939年後遭大幅縮減，而其推行地方自治所負擔的職能卻又大量增加。當重慶政府本身財政狀況陷入危機後，它就無法履行對縣政府提供法定承諾的補助。結果在多數情況下，縣級單位的社會經濟改革計劃根本沒有機會推行。[18] 1941年湖北省的財政狀況就明顯說明了問題。根據官方統計，該省所有縣鄉政府的正常財政收入總額僅約法幣1,300萬元，而為貫徹實行新縣制所規定必須承擔的各項事業，總支出則需法幣7,500萬元，縣鄉級政府不敷6,200萬元。[19] 其他省份也存在類似情形，這種財政枯竭的殘酷現實早已註定新縣制改革的失敗。

其實早在新縣制尚在設計階段中，行政院政務處長蔣廷黻就曾經指出，實行新縣制各項事業所需要的經費大約是舊縣制的兩倍，國家根本沒有財力可以負擔。他因此建議分為5年推行，每年依梯次在五分之一的縣份推行。如此不但可以減少精力和費用，而且可以在實踐中學習經驗，在下一梯次予以改進。但是最高決策單位是國防最高委員會，其委員們好大喜功地一致主

15　財政部，《第三次全國財政會議彙編》，第1編（台北，1972年重印），頁3-4。

16　財政部，《第三次全國財政會議彙編》，第1編，頁143。

17　曹國卿，《中國財政問題與立法》（上海，1947），頁182、188-189。

18　曹國卿，《中國財政問題與立法》，頁192-193。

19　財政部，《第三次全國財政會議彙編》第2編，頁108-112。

張在全國立即全面性推行，終致以失敗收場。蔣廷黻事後的感歎是，政府對於新縣制的做法具有高度代表性，因為它「代表了許多政府行政上的問題。在立法的階段，大家都很嚴肅對待。立法完成以後就把它忘了。在政府裡，大家很能紙上談兵，能作詳細規劃的人很少，能努力執行改革的更是鳳毛麟角。」[20] 政府官員這種在辦公室內的紙上談兵和自我陶醉，的確能談得眉飛色舞，然而一旦進入執行階段中卻一籌莫展，真是一語道破戰時中央政府的致命性弱點。

二、人事布局

任何大規模政治改革，它的成功皆有賴於一群樂於奉獻、遵守紀律、才華稱職的幹部。改革越是徹底和新穎，改革機關所負的新任務越多，人才素質就越發關鍵。因此，重慶政府能否為實施新縣制提供充足合格人才，乃是決定其成敗的重要考量。

新縣制改革推行之初，重慶政府曾經估計在它號稱控制的1,300個縣份內，需要850-900萬公職人員。（表8）

表8　新縣制所需公職人員估計

縣長	1,302
縣政府重要職員	52,180
鄉鎮長	237,272
保甲長	6,559,817
教師、員警、議員及其他	1,700,000-2,000,000
總計	8,600,000-8,900,000

資料來源：劉支藩，《新縣制之實施問題》，廣東省政府，《新縣制研究》（出版地不詳，1940），頁86-89；王德溥，《新縣制之檢討與改進》（重慶，1944），頁1-10。

20　江勇振，《蔣廷黻：從史學家到聯合國席次保衛戰的外交官》，頁212。

1941年，內政部公布了一套指導方針，釐定縣級幹部所必須擁有的教育程度和公職經驗。因此政府在遴選人才時，如何滿足這些要求便成為首要問題。

戰時國民政府為網羅全國行政專才，基本上通過三種管道：第一、通過公務員考試制度從社會引進人才。第二、從現有公職人員隊伍中提拔人才；第三、開辦訓練班，提高在職公務人員的行政能力。

（一）選拔制度

自1929年起，國民政府便舉行考試選拔各類公務員。然而1930至1945年間的公務員考試記錄顯示，在吸收人才以支援新縣制改革的工作上，此類考試並未取得應有的效果，大致有幾點原因：首先，能夠通過全國性公務員考試而選拔出的合格人才不多，15年間僅有大約3,000人，而其中只有500人最終分派到地方政府任職，大多數合格人員都想方設法擠進大都市的上級政府機關（中央和省級），貪圖安逸生活和升遷機會。其次有46,000人通過了政府各部門或省級政府自行舉辦的考試，但這些人的總體素質必然遠低於通過全國性考試的成功者，並且他們通常會被派到需要專門技術的單位，而不是地方政府。[21] 由於一些省份從未舉行過公開考試，因此造成公務員的地域分布相當不平衡。[22] 許多省份（特別是內地省）只有少數甚至沒有公職人員是通過考試選拔任用的。最普遍而且有效的晉身政府機構的途徑，就是通過私人關係走後門或是以實惠買通當權派予以特別照顧。事實上，在多數情況下，客觀資歷並不重要，而當地方實力派有力人士推薦時，重慶政府也只好低頭接受。而另外一種情況則是，即便是合格人選被中央政府任命後，如果拂逆地方實力派意旨，也會很快遭到排擠而求去。[23]

---

21 這些專門機構包括電報、電話業務與鐵路等部門，參見陳天錫，《戴季陶先生編年傳記》（台北，1958），散見各處。

22 陳天錫，《戴季陶先生編年傳記》。

23 侯坤宏，《抗戰時期中央財政和地方財政》，頁246-249。

我們從這些現象中可以得出結論，公務員考試制度無法以公平公開方式選拔公職人員，而絕大部分公務員是通過其他非正規和不公平方式獲得公職的。[24]

（二）甄審制度

保證公務員整體素質的另一方式，是從現有公務員群體中遴選適當人才，調派至合適崗位，因人制宜，即所謂甄審制度。

儘管國民政府在1929年已經制訂《甄審制度基本條例》，但直到1933年才予以初步實施。1930至1945年間，大約64,000名公務員根據能力高低被委以不同職責。[25] 其中供職於縣和縣級以下政府部門者不到35,000人。[26] 即使綜合其他所有篩選方式，全國縣各級經過合格通過的公職人員在1944年總共也不到10萬人。[27]

（三）訓練班

第三種選拔人才的方式是大規模開辦訓練班，訓練和提升現職幹部的專業素養。新縣制推行後不久，就出現了一大批綜合或專業性質的訓練班。在全國性的有中央訓練團，徵調縣長和縣政府重要幹部接受1-3個月訓練課程，然而直到1944年中期，參加訓練團的縣級幹部總共不到2,000人。[28]

省政府和特別行政區也主辦訓練縣政府秘書，區公所的治安、衛生、稅收、教育等部門負責人。縣政府則負責訓練鄉、村、保甲等級幹部。儘管這一個三級訓練體制從紙面上看似合理，但是實際操作令人失望。根據政府資料顯示，實施新縣制後的數年中，預定接受訓練的幹部中最終僅有21%完成

24　陳天錫，《戴季陶先生編年傳記》

25　陳天錫，《戴季陶先生的生平》（台北，1968），頁427-503；陳天錫，《戴季陶先生編年傳記》。

26　陳天錫，《戴季陶先生編年傳記》。

27　王德溥，《新縣制之檢討與改進》（重慶，1944），頁1-38。

28　王德溥，《新縣制之檢討與改進》，頁1-38。

訓練。各省情況也參差不齊，遠離主戰場（例如福建、山東）或人口稀少的省份（寧夏、甘肅），在幹部訓練方面呈報了表現優異的資料，而人口眾多又地處戰略要衝的省份則表現極差。正是在這些後者地區，實施新縣制的成敗與國民政府政權的生存利害最為攸關。[29]

另外需要注意的是，受訓人員中有40%是鄉、保幹部。有材料顯示，基層幹部的訓練在各省差異頗大。最差如雲南省，至1944年僅訓練了450名鄉保幹部。[30] 即就全國而言，根據1943年內政部資料，在177個專員公署和1,103個縣政府中，只有23個專員公署和682個縣政府曾經舉辦過訓練班，並且多數訓練班受限於資金與教員的短缺，[31] 因此訓練品質低落。

毫無疑問，公務員訓練計畫同樣受戰爭影響極大。為了大規模動員和使用人力以適應新縣制的各項新任務，重慶政府必需在短期內投入大量資金。依據當時估計，訓練850萬名基層幹部需要法幣8億元，而正受戰爭之苦的重慶政府根本撥不出如此巨額款項。[32] 當然，如果中國有一大批現成的受過良好教育的國民大眾適任地方公務員，則訓練費用也許能夠大幅減少。可惜的是，戰前十年在教育上獲得顯著進步者，大多是沿海省份。但是戰爭一旦開始，這些地區不論是教育機構還是人才都已落入日本人控制。相對而言，內陸省份的教育事業，在全面抗戰爆發後才逐漸開始發展，並且進展速度緩慢。[33] 國民政府1944年的一項調查統計顯示，抗戰爆發後最初幾年，大學畢業生每年不到5,000人，而中學畢業生每年也少於5萬人。[34] 因而沒有大批受

29 王德溥，《新縣制之檢討與改進》，表6。

30 國民黨中央調查統計局，《中國國民黨黨務統計紀要，1944》（重慶，1944），頁57、59。

31 王德溥，《新縣制之檢討與改進》，頁1-38。

32 劉支藩，《新縣制之實施問題》，廣東省政府，《新縣制研究》（出版地不詳，1940），頁86-93。

33 張群，《四川與四川大學》（1943年10月18日），《張岳軍先生在川言論選集》（台北，1968），頁152-153。

34 行政院，《行政參考統計資料》（重慶，1944）。《行政院副院長報告》，內政部，《第三次全國內政會議報告書》，頁71。

過良好教育的國民可供政府選拔幹部，也就不可能彌補人才的短缺。

第二節　地方幹部的素質

戰時政府在重慶中央既無法制定務實有效的法規和政策，在地方基層又無法找到適任幹部負責執行。比如說1929年法令曾經規定，縣長候選人必須通過國家或省級考試，或是通過考試院薦舉，由國民政府任命之。[35] 但是由於中央與省級政府未能定期舉行考試，因此1930年至1945年間，僅有313人考取縣長資格。[36] 甄審的效果則更糟糕。[37] 1930-1944年間，通過各種方式選拔的適任縣長一職者只有1,000人。[38] 如果從中扣去退休、患病和去世等自然損耗，以及那些取得適任資格，卻選擇進入省級或中央政府任職者之外，真正擔任縣長職務者遠遠供不應求。

這意味著大多數戰時縣長是通過非正規管道任命的，省主席通常無視中央法規而自行裁量。省主席逃避政府法令的典型做法是，首先授予某人一個臨時任期，之後再予以無限期延展。正如內政部一名高官在1944年5月所聲稱的，很少有省主席會費心向中央提交臨時縣長的履歷去請求中央批准。[39] 他們通常只是先造成事實，事後提出報備而已。在長期「試用」或「暫派」模糊情況下，省政府不露痕跡地予以「轉正」，重慶政府可能完全不知情。更有進者，在許多省份裡，即便是省主席也無權任免縣長，因為他們經常會

35　內政部，《慎選縣長》（南京，1929），頁1-4。

36　陳天錫，《戴季陶先生的生平》，頁496-497。

37　行政院，《行政院工作報告》（重慶，1942），「內政」，頁1-3；黨政工作考核委員會，《黨政工作考核委員會三十年三十一年度各省政務考察報告總評》（出版地不詳，1942），「湖南省」。

38　王德溥，《新縣制之檢討與改進》，頁1-38。

39　王德溥，《新縣制之檢討與改進》，頁1-38；筆者對齊振興先生關於江西省情況的訪問記錄，1976年5月6日，台中市。

屈服于來自地方實力派和臨近駐紮部隊長官的橫加干涉。[40] 無論是重慶政府還是省主席，都會面臨地方實力派壓力，保薦他們的親朋好友而迫使省主席予以默許。[41] 在這個情勢下，中央政府的規章制度或是政策計畫變成一紙空文。縣長和地方政府完全成為地方實力派代理人，依照後者命令行事。

同樣情形也發生在行政督察專員的任命。抗戰初期，行政院還若有其事地設立一個「行政督察專員資格審查委員會」專司其事，但是到了1939年各省的行政專員任用大多數已經不講究資格，而是由各省主席來電推薦之後，行政院照例無異議通過，呈請國民政府公告任命。由於不經過審查資格手續，因此該審查委員會也無所事事，甚至發生有會議只開會5分鐘即告散會的怪相。[42] 綜其後果是，所謂全國性政府人事制度完全流為空談，中央政府成為橡皮圖章，不是選賢與能，而是向現實低頭。

抗戰時期，由於經費短缺，縣政府本身就很難吸引到優秀人才。[43] 新縣制不僅耗盡了政府日常運作的經費，而且使得縣級幹部的薪俸標準遠低於中央和省級幹部。[44] 許多潔身自愛的縣長因薪給不能維持生活只好選擇辭職，甚至有不經批准就棄職而逃者。[45] 即使對那些正在任上的縣長而言，這一職

40　1939年，時任廣東省主席的吳鐵城透露道，在他任期內新任命的縣長，僅有10%是真正由他挑選的，其餘都是其他有權勢的人物強加於他的。參見朱振聲，《李漢魂將軍日記》上集第1冊（香港，1975），頁239；吳的繼任李漢魂也在1940年抱怨，因人事問題頗感壓力巨大。1943年，李漢魂還在日記中記有「縣長為省政之生命，余年來之最難應付之人事者，以此為最」，《李漢魂將軍日記》上集第1冊，頁261；《李漢魂將軍日記》，上集，第2冊，頁49。

41　李宗黃，《李宗黃回憶錄》，第4卷，頁238。

42　陳克文日記，1939年12月2、30日。

43　四川省政府，《四川省民政統計》（出版地不詳，1941），頁13。

44　例如在浙江省，縣級幹部的薪俸只有省級幹部的三分之一，參見黃紹竑，《五十回憶》，頁441-444。湖南省政府，《湖南省三十年度黨政軍聯合視察組視察各縣總檢討總檢討》（出版地不詳，1942），頁16-19。

45　內政部，《第三次全國內政會議報告書》，頁98；張群，《張岳軍先生在川言論選集》，頁371-377；四川省政府，《四川省民政統計》，頁13。

位的穩定性也不高，撤換率相當高。[46]

由於優質人才視基層工作為畏途，因此實際擔任地方職位的公務員往往在才和德兩方面都明顯不足。除了單純權力考量外，縣長任命還受到親朋情誼、賄賂以及培植親信等因素的影響。1943年，時任貴州省主席的吳鼎昌指出，該省大部分縣級工作人員屬於兩類：一類是曾在民國初年舊北洋政府中任職而具有公務員資格者，一類是曾任營長、連長級的退伍軍人。極少有經過正規訓練，而又符合審核標準的新人才加入縣政工作。吳鼎昌指出無論是哪一類公務員都精神渙散，帶有濃厚官僚氣息，根本不能為基層政治注入新生命或催生改革。[47] 加之職位任期不穩定，和缺乏上級關照支持，使他們很快就體會到，要想在縣衙門裡生存下去或推行政務，就必須遷就地方勢力，爭取與地方權貴合作。[48] 那些認真負責地方事務的公務員也會發現，以本地合法的財政收入，根本不可能推行諸多行政、衛生、教育、福利、經濟建設等職責。而那些不擇手段的地方行政人員，則可以發展出很大的自由操作空間，不但能夠生存，還可以自肥。儘管「新縣制」在計畫書上說得合情合理，但是正是因為中央政府既無法給予地方任何援助，又不能有效地加以監督，因此地方政府和行政人員便能隨意向人民強徵附加稅或巧立名目的新稅種。並且這些增稅項目並不是為了彌補行政運作資金不足的苦心，而是落入私囊。結果是在抗戰時期，即使縣和縣以下稅收負擔顯著增長，行政品質仍然和北洋軍閥混亂世局不相上下。[49]

以四川省為例，1941年全省僅契稅一項便有57種名目各異的附加稅，從每百元徵三元到每百元徵二十六元不等。田賦之附加稅也因為各縣各自為政而產生極大差異。[50] 鄉、村、保的情況更為惡劣。1941-1942年前後，當

46　1936-1940年，四川省152名縣長中，52名縣長在任上僅半年，23名縣長任職不到一年。僅1940年一年就有93名縣長被撤職。參見四川省政府，《四川省民政統計》。

47　吳鼎昌，《花溪閒筆續編》（貴陽，1943），頁37-43。

48　內政部，《第三次全國內政會議報告書》，頁100。

49　《第三次全國財政會議彙編》，第3編，頁67。

50　《第三次全國財政會議彙編》，第2編，頁91-102。

重慶政府派出一個高階調查團到各省評估黨政工作時，發現極少有保甲長可以勝任職務者。[51] 他們缺乏良好的聲譽與一定的權力，收入又少得可憐，導致保甲長這類職位對於一般人沒有任何吸引力。[52] 由於鄉以下的行政機構沒有官定薪俸，所以基層官員只好向民眾以非法勒索方式維持生計。[53] 到了1944年，保甲制度已經惡化到連孫科（時任行政院副院長）都公開抨擊，「現在這些鄉村保甲長都是壞東西，十個中都沒有一個好的！ 他們都是土豪劣紳之流，都是我們從前革命的對象！（但是） 他們現在站在最重要的地位」，混進政府成為基層骨幹。[54] 蔣介石本人也曾經關注縣以下基層政治之建設，多次以文告方式敦促全國鄉村的公正士紳出面擔任鄉領保甲責任，不幸的是結果適得其反，鄉紳不願出頭而頑劣分子反而霸據職位。根據王子壯分析，由於下情不能上達，「中樞所頒布之政令，公正人士難以作到，惟有橫行跋扈魚肉鄉里之土豪，可以藉此自肥，更足以為虎添翼。中央在此輩流氓宰割之餘，如徵糧徵兵，可得部分之實現，而無告人民之痛苦，因此不堪聞問。」[55] 這幾位國民政府領導人的言辭語氣都把地方幹部（保甲）說成是一個外在群體，不在政府可以掌控的範圍之內。而大後方省份發生大規模民變，正是與這種基層政治粗暴有密切關係。

回顧國民黨「建國大綱」所列的程序，訓政時期的任務是先由下級完成自治，然後上升到普及全國。南京時代的模範縣雖然以失敗告終，但若假以時日，或許還有重新出發而完成任務的指望，因為政治穩定，軍事安全和土肥民富等有利條件都存在於江南地區。但是抗戰時期的大後方則是另外一番

51　有關四川省糟糕的幹部訓練的描述，參見《黨政工作考核委員會三十年三十一年度各省政務考察報告總評》（出版地不詳，1942）。

52　四川省政府，《四川省民政統計》，頁36。

53　湖南省政府，《湖南省三十年度黨政軍聯合視察組視察各縣總檢討總檢討》，頁22。

54　孫科1944年4月3日演講，演講原文參見孫科，《一得之見》，秦孝儀主編，《孫哲生先生文集》，第3冊（中國國民黨中央委員會黨史委員會出版，1990），頁92。又見：王子壯日記，1944年8月26日，「上星期反省錄」。

55　王子壯日記，1944年8月19日，「上星期反省錄」。

景象。就地方自治而言，在形式上成立其實並非困難。比如說，即以自治的必要條件之一的民意機關而言，全國性的國民參政會成立有年，各省的參議會也相繼成立，但是各縣的參議會就成為問題。到了戰時，其實已經變成是由上而下的程序，脫離了人民大眾。[56] 而就自治實質而言，更是困難重重。因為南京時代的軍事安全和土肥民富在大後方都不再存在。由於大後方省份多是落後農業化社會，缺乏豐厚物質資源，因此舉凡舉辦戶政、教育、警察、交通、生產等重要活動，僅是救貧紓困已經資源缺乏，再加上廣大農村的文盲群眾，更難以從事地方建設。其次是軍事的高度不安全性，戰事一起，所有建設成果可以一夜之間全部被摧毀。

但是更大的困難是政治不穩定。重慶政府何以不去延攬忠誠愛國和有真才實學的人去主持基層政事？它本身是否被某些它無法控制的外力束縛到無策以對？為了解答這個疑團，我們必須超越單純的制度內涵的分析視角，而從實際政治運作過程去做更宏觀的審查。

第三節　政治支持——中央與地方的緊張關係

想要探究國民政府在戰時的改革為何失敗，中央政府的無能只是部分因素，我們還必須仔細考察當時的大政治生態。政治改革絕非靠一紙行政命令就可以湊效，它的成功幾率除了依靠合理的制度與合格的人才之外，最終還需要有利的政治環境。換言之，當地方實力派面臨戰時國內政治運作過程在性質和結構上的根本轉變時，它們也必須改變自己的心態和採取協力合作態度。從這個角度來理解，新縣制改革的失敗正是重慶政府無法克服地方實力派對變革的反感和阻撓。在戰時政治生態環境下，這意味著我們必須再次審視中央與地方之關係。

56　王子壯日記，1943年10月16日，「上星期反省錄」。

近代中國最重要的政治趨勢之一，便是中央政府權力的日漸式微和地方權力的崛起。儘管這一變化始於19世紀下半葉，但直到民國初期，地方權力才真正壯大。近代地方勢力在山西、湖南、湖北、四川、雲南、貴州、廣西和廣東紛紛興起。大多數南方省級規模的軍人趁北方跨省大軍閥間混戰的空隙，劃出各自的勢力範圍並鞏固其統治。在1928-1936年間，當南京政府在華北和華中地區和一系列敵對團體交戰時，許多南方軍人又多能潔身自保，隔岸觀火。最後當國民政府被迫退至西南地區時，發現當地早已被大大小小的地方政權所霸據。[57]

抗戰時期中央與各省的關係中，無論從哪個角度看，最差的都是四川省。將四川與中央的關係略作考察，或許能很好地闡明中央與地方的總體關係。

四川省土地面積120萬平方里，是當時全國地域最大和農產品最富庶的省份之一，但同時也是在北洋時代受戰爭摧殘最嚴重的省。從1911年到1938年，四川經歷470次大小不等的省內軍閥混戰。四川在1930年據稱有150萬武裝人員，包括正規軍、民兵，團練、土豪劣紳的自衛隊以及據山立寨的土匪。當地各型各色的「政府」壓迫老百姓，徵收高額賦稅，荒廢教育並導致經濟支離破碎。總之，作為一個典型的軍閥統治省份，四川是治理得最糟糕的。[58]

在30年代，四川大小軍閥依然掌控著各自防區。內戰是他們調整權力關係和分配地盤的最終仲裁者，而中央政府（無論是北京或是南京政府）的角

---

57 有關這些政權的總體討論，參見：C. Martin Wilbur, *Military Separatism and the Process of Reunification Under the Nationalist Regime, 1922-1937*, in Ho Ping-ti and Tsou Tang, ed., *China in Crisis* (Chicago, 1968), vol 1, book 1, pp. 203-263。有關西南地方政權的一些個案研究，參見：Diana Lary, *Region and Nation: The Kwangsi Clique in Chinese Politics, 1925-1937* (Cambridge, Mass., 1974); Robert A. Kapp, *Szechwan and the Chinese Republic: Provincial Militarism and Central Power, 1911-1938* (New Haven, Conn., 1973); John Christopher S. Hall, *The Yunnan Provincial Faction, 1927-1937* (Canberra, Australia, 1976)。

58 張肖梅，《四川經濟參考資料》（上海，1939），B、C兩部分。

色僅僅是默認戰爭的結果。南京政府為追剿紅軍，原本打算派遣中央軍入川但被劉湘拒絕，經過雙方妥協，南京政府最終被允許派遣一個參謀團入川，以劉湘認可的賀國光為參謀團主任。不久之後參謀團擴大為軍事委員會委員長重慶行營，擁有四川、雲南、貴州和西康幾省的名義管轄權，然而省內的政治、經濟和軍事權，實際上仍然牢牢掌控在四川軍人手裡。[59]

中央政府遷都重慶，地方領袖被迫面對全新的民族戰爭環境，必然地加深了國民政府與地方既有權力團體的衝突。本書前文曾提及，當戰火仍然局限在華東地區時，國民政府尚且可以規避調整它與川軍將領們關係的壓力，但是1939年開始雙方關係變成朝夕相處局面，「川事」就成為重慶政府的心腹之患。直到1940年11月，四川軍人才接受中央任命張群為四川省主席，當然他們仍保留著各自地盤。因此在整個1940年代，雖然成都距重慶只不過300公里，但是它在鄧錫侯和劉文輝保護下成為反重慶政府分子的大本營。美國戰略情報局（OSS）的一份備忘錄曾生動地描繪了成都當地的政治生態：

「這些人是守舊的軍閥和心存不滿的政客。他們的目的是反對政府，不管這個政府是否令人滿意。他們的目標是迫使政府與他們妥協，保護非法活動，在政府高層替不滿的政客謀取職位。他們反對政府其實就是敲詐勒索。一方面，成都的大小軍閥販賣鴉片，囤積糧食擾亂糧價，另一方面，他們卻呼籲民主政治。一些不那麼重要的人物四處搗亂，只為做高官。」[60]

四川省許多偏遠地方與成都一樣，被地方士紳、商會、秘密社會（哥老會）、強豪惡霸和軍人所把持，導致重慶政府和國民黨完全無法運作。[61] 1941年，張群就任川省主席之時，便公開批評四川各自為政的封建殘餘，阻礙中央法令和制度的統一。[62] 四年後，張群在總結四川省戰時政策時，再次

59　張群，《張岳軍先生在川言論選集》，頁23-24、253-255。有關總體討論可以參見：Kapp, *Szechwan and the Chinese Republic*。

60　*The Amerasia Papers*, vol. 2, no. 259, pp. 1359-1363.

61　國民黨中央調查統計局，《黨政情報》（出版地不詳，1945-1946），1945年8月14日條目。

62　張群，《努力完成新政建設》（1941年4月6日），《張岳軍先生在川言論選集》，頁29。

提到四川省內的軍閥分裂，尤以川西為最，嚴重阻礙了經濟重建方面的一切努力，「煙、賭，匪與哥老，差不多把整個社會攪亂了」。[63] 而陳克文也指出，四川在國民政府遷入之前，完糧納稅毫無限度，一年徵收的次數完全視當權軍人決定，在國民政府遷入後才逐漸走上軌道，但是即使在1945年，四川地主階級仍然是政治上最有勢力的群體，一切政治設施必須以地主階級的利益為前提。大地主和省、縣議會的議員們，都不需完糧納稅。[64]

政治上的分裂所表現的，是地方領袖對中央政府深入到他們私人領域的強烈恐懼和抵制。他們歷來對於「防區」和「地盤範圍」觀念非常執著，不可侵犯。[65] 這些地方領袖不願與中央合作去推動政治改革，因為他們清楚認識到，政治改革必然會削減他們的權力。所以儘管他們礙於全民抗戰旗號，不便明目張膽地阻止中央政府提出的改革政策，但他們完全有能力破壞改革的實行。而且他們為了鞏固自身地位，也經常尋求前述傳統社會政治秩序中的既得利益集團的幫助。抗戰期間，這些地方政客往往迫使政府官員捲入當地派系紛爭，干涉司法、阻撓徵稅、強迫政府任命其親信。總之，這些地方實力派讓當地政府寸步難行。[66]

重慶政府無法牢牢控制住四川省的惡果，隨著戰事的延長變得日益嚴重。四川省下轄的縣級單位（135個）不但占西南大後方所有縣級行政單位的30%，而且人口超過雲南、貴州、廣西和山西省等幾個重要抗戰省份的人口總和，又是在整個抗戰時期從未遭受日軍入侵的唯一省份。[67] 它更是蔣介石長期抗戰戰略中的大後方根據地，因此是政治建設工作的重中之重。中央政府與四川省的關係，也反映了中央與其他省份的關係。龍雲治下的雲南、黃旭初治下的廣西、李漢魂的廣東、劉文輝的西康、閻錫山的山西，都不受

---

63 《張岳軍先生在川言論選集》，頁219。

64 陳克文日記，1938年10月6日；1945年2月14日。

65 陳克文日記，1943年2月27日。

66 《張岳軍先生在川言論選集》，頁308-309，371-377。

67 Joseph F. Esherick, *Lost Chance in China: The World War II Dispatches of John S. Service* (New York, 1974), p. 132.

中央政府的實際控制。綜合以上對於新縣制的敘述，我們可以得到的大結論是這個雄心勃勃的制度改革，屬於雷聲大雨點小，完全不能實現原始設想的目標。而它所無法撼動的，正是長年存在於西南大後方的基層政治格局。但是為了真正了解地方割據的實力來源，我們必須超越省一級，具體考察基層的權力結構。重慶中央的權力不能下至各省，而省政府的政令也經常同樣無法下至縣鄉。甚至在那些名義上的地方政權底下，還存在次省級（sub-provincial）而不受省政府實際控制的軍隊權力結構。[68] 因此，我們有必要仔細考察「抗戰基地」的地方權力結構。

第四節　地方基層權力結構

當我們想了解重慶政府把法令發布到地方層次去執行的實況時，地方政府本身的機構、人員、和組織當然都成為重要環節。因此本節首先要敘述這個權力機構的制度面，然後再討論它非制度面的因素。

長久以來，中國的基層是由正式的地方政府和非正式的地方精英群體所共同治理的。在帝制時期，地方治理便存在分工，由地方精英去執行若干官府不能或不便執行的職能。[69] 即便在帝制瓦解後，地方精英仍繼續在地方政治中扮演著至關重要的角色。比如說，社會學家費孝通在描繪1940年代中國鄉村權力結構時曾經指出：公共事務諸如水利、自衛、調解、互助、娛樂、

68　有關各省權力分配的總體討論，參見國民黨中央執行委員會，《中央訓練團黨政訓練班工作討論資料選錄增編》（重慶，1943），各處可見。關於每個省權力分配情況的討論，參見：廣東省：李漢魂，《夢回集》，《春秋》，第354期，1972年4月1日，頁30-31；廣西省：黃旭初，《八年抗戰回憶錄》，《春秋》，第81期，1960年11月16日，頁2-4；安徽省、江蘇省、山東省：國民黨中央調查統計局，《黨政情報》；安徽省、湖北省：內政部，《第三次全國內政會議報告書》。

69　Tung-tsu Ch'u, *Local Government in China Under the Ch'ing* (Stanford, Calif., 1969), pp. 168-169, 180-192.

宗教等，都屬於由地方社區處理的事務，而管理者多半是社區裡受過良好教育或較為富裕家庭的家長族長們。[70] 美國學者包大可（A. Doak Barnett）在1940年代末期對四川鄉村的報告中也指出：在一個典型的農村地區中，許多地方事務是由傳統的非政府群體（諸如家庭、宗族和秘密社會等）所管理，完全不受政府影響。[71]

對中央政令的抵制，由省、縣層級一直延伸到基層社會。在那裡，某些根深蒂固的社會結構和經濟力量，形成了對中央勢力侵入的最後防線。在許多情況下，縣鄉一級的權力牢牢掌握在地方權勢家族手中。每個村通常都由少數在村內事務中占主導地位的家族所控制，他們相互商議，共同行動，實際上壟斷了村中權力。從好的方面說，他們是傳統文化的保護人，道德的捍衛者，教育和宗教信仰的推動者。最後他們還在村中掌握了權力去解釋和執行法律，甚至自定法律。他們不僅提供資金和武器去控制民團，甚至和秘密幫會結成盟友。如果說這些家族實際上掌握著農民的生殺大權，實不為過。[72] 這些權勢家族的能耐往往能遠超本地範圍，能夠與其他地區的權勢家族互通聲氣，在縣級甚至是省級政壇中獲得發言權。從壞的方面說，他們在地方基層儼然是第二政府，是權豪土霸，可以為所欲為。當他們和政府官員產生矛盾時，他們還能利用法院去進行曠日持久的訴訟，迫使對方讓步。當然，當他們的切身利益嚴重受損時，還可能以武力公開抵抗官府。他們也當然地可以霸凌鄉民。

雖然從帝制時代到抗戰時期，中國地方政府與地方統治階級的聯繫有著相當程度的連續性，但農村狀況並非靜止不變。至少有三個重要轉變影響了

---

70 Fei Hsiao-tung, *China's Gentry* (Chicago, 1953), p. 81.

71 A. Doak Barnett, *China on the Eve of Communist Takeover* (New York, 1966), p. 136.

72 William Hinton, *Fanshen: A Documentary of Revolution in a Chinese Village* (New York, 1966), pp. 46-54; Barnett, *Communist Takeover*, pp. 103-104. 又依據張發奎形容，各個縣有自己的自衛隊，由縣長兼任自衛團團長。責任是維護本地的秩序，保護橋樑，通訊設備，倉庫等等。自衛團的規模視縣的資源而定。成為地方武力。見：張發奎，《蔣介石與我》，頁272-273。

農村生活。首先是有大量傳統精英從農村遷移到城鎮，成為商人或其他專業人士，疏遠了與農村的臍帶聯繫。儘管他們的財富依舊在農村，但家事大多交由雇傭的管理人負責（管家，賬房）。傳統精英會受道德文化的約束，但是賬房們則著重經濟利益盈虧，而這往往會增加農民的經濟負擔。[73] 其次是統治精英逐漸喪失他們過去擁有的，在本質上的高度同質性（homogeneity）。比如說，瞿同祖在他對晚清地方政府的研究中發現，中國士紳的特權地位主要並不純粹取決於經濟基礎，而是基於他們擁有官宦身分或士大夫品質。[74] 換句話說，他們是富有儒家道德價值，而又在科舉場上有功名成就的人。可是在1905年科舉制度廢除後的40年中，精英地位越來越和經濟利益結為一體。20世紀初，隨著傳統社會組織和道德秩序的崩潰，中國出現了一群通過投機、走私、囤積居奇、鴉片貿易和其他非法活動而致富的暴發戶。他們在農村地位的上升，驅使傳統形態的士紳遠離家鄉。這些暴發戶通常是在外地以非農業耕耘途徑而發跡致富，因此他們很少受到諸如勤奮、節儉和悲天憫人等傳統價值觀的束縛。[75] 這在很大程度上導致了統治精英與普通民眾在經濟上的階級衝突。

第三個重要改變，是軍旅生涯在20世紀成為社會地位快速上升的重要途徑。大量軍人將財富帶回原籍購地置產，成為本地有權勢的人物。抗戰也擴大了他們在各自地盤內的權力。費孝通曾就地方小軍閥的權力做過一個頗為細膩的描述。主人翁是一位滇軍的團長，憑藉軍隊到處斂財，搜刮了幾千兩

73　馮和法，《中國農村經濟資料》，下冊（台北，1978年重印），頁836-837。馮和法關於成都平原的資料顯示，5%的農民占有43%的土地（馮書上冊，頁163-165）。馮和法列舉的有關中國各地的資料表明，居外地主通常比居鄉地主占有更多的土地，而佃農占全國農村勞動力的40%（馮書上冊，頁102-103、129-131）。

74　Tung-tsu Ch'u, *Local Government in China*, p. 170. Tung-tsu Ch'u, *Local Government in China*, p. 171.

75　有關外來者對鄉村士紳權力侵蝕的一些跡象，參見：Yung-teh Chow, *Social Mobilization in China: Status Careers Among the Gentry in a Chinese Community* (New York, 1966)；馮和法，《中國農村經濟資料》，頁836-837。

銀子，能對縣長的任免施加巨大影響力。他同時成為一名大地主，並被縣政府推舉為該縣出席國民參政會的代表。與此同時，他的親屬開始為非作歹，毆打和敲詐老百姓。但當他們直接威脅到了舊式士紳和富商家族時，後者為討好他們，便將縣政府的肥差交由他們做，收受賄賂、挪用公款、中飽私囊。[76]

鄉村生活中暴力增長的另一標誌，便是秘密社會的影響力。秘密社會通常與地主階級聯合從事若干活動，他們脅迫商人交「保護費」，向賭場收取抽頭，開煙館，從事武器和違禁品的非法銷售，與土匪勾結。[77]

因此，要理解鄉村權力結構，以及精英與廣大群眾的關係，必須追溯戰前數十年間的重要變化。以戰時人口最多的四川省為例，各種因素導致了一系列變化：舊式地主變賣土地而日益沒落，土地集中到軍人和新興官僚手中，農民為還貸將土地抵押給債主，土豪劣紳霸占土地。[78] 如此一群地方權霸還逐漸進占了基層政府。

在1920和1930年代，新的鄉村精英有各種手段逃避上級政府的政策，把沉重的負擔轉嫁給了貧窮、無知、無助的農民，甚至作為軍人的代理人從中牟利。[79] 也就是說，早在國民政府勢力進入四川之前，該省的基層權力已

---

76 Fei Hsiao-tung, *China's Gentry*, pp. 173-202; C. K. Yang, *A Chinese Village in Early Communist Transition* (Cambridge, Mass., 1959), pp. 109-114; C. Martin Wilbur, *Military Separatism and the Process of Reunification Under the Nationalist Regime, 1922-1937*, in Ho Ping-ti, Tsou Tang, ed., *China in Crisis* (Chicago, 1968), volume 1, book 1, pp. 204-208.

77 吳鼎昌，《花溪閒筆續編》（貴陽，1943），頁74-77；有關縣治安官的歹毒和縣事中充斥著暴力的真實面貌，參見：Fei Hsiao-tung, *China's Gentry*, pp. 242-268；有關秘密社會活動中某些特殊面相的一個有趣的討論，參見：Jonathan Marshall, *Opium and the Politics of Gangsterism in Nationalist China, 1927-1945*, in *Bulletin of Concerned Asian Scholars*, vol. 8, no. 3, July-September, 1976, pp. 19-48.

78 張肖梅，《四川經濟參考資料》（上海，1939），A-26；戴季陶曾提到，1914至1924年間，過去地方的公共土地，70-80%都賤賣給私人，導致新地主的興起與縣稅源的減少，參見陳天錫，《戴季陶先生文存》（台北，1958），第1卷，頁25。

79 馮和法，《中國農村經濟資料》，頁824-835；張肖梅，《四川經濟參考資料》，M-1-16；

經形成一定的組織和行為模式，對外來政府發展出一套土生土長的防禦策略。（表9）

表9　1930年代中期四川地主成分轉變

	地主類型		占地量	
地區	新地主[a]	舊地主[b]	新地主[a]	舊地主[b]
川東	46%	51.2%	88%	10%
川南	42.6%	52.6%	86.8%	10.8%
川西	71%	27%	87%	11%
川北	73%	26%	87%	3%

「新地主」指軍閥、新官僚、民團領袖、高利貸地主和土豪劣紳。
「舊地主」指大戶和傳統士紳。
資料來源：張肖梅，《四川經濟參考資料》（上海，1939），A部，頁23-24。

有鑒於如此的基層權力狀況，無怪乎抗戰時期重慶政府人員所留下的材料中，充滿了對「土豪劣紳」的抱怨。不僅是重慶委派的官員會遇到巨大阻力，就是那些有權勢的省縣領袖也無法控制基層。貴州省主席吳鼎昌就曾抱怨道，地方士紳造成的人事糾紛帶給他的痛苦遠超行政任務。他還警告說，稍一不小心，政府權力便會落入幫會之手。[80] 廣東省主席李漢魂，對他無法控制其治下的地方政府，多次表達了不滿和無奈。[81] 浙江省的政治基層鄉鎮長大多數原本就是土劣，戰時再加入國民黨和青年團取得護身符，更是任意作惡，無人敢惹。[82] 即使像陳果夫如此重要的黨務人物也坦言，許多縣長由於受到地方權貴的壓迫而被迫去職，連他也無力給以保護。[83] 陳誠主持湖北

M-48。

80 吳鼎昌，《花溪閒筆》（貴陽，1940），頁112；另見吳氏，《花溪閒筆續編》，頁77-78。

81 朱振聲，《李漢魂將軍日記》，上集，第1冊（香港，1975），各處可見。

82 陳誠先生日記，1944年4月6日。

83 陳果夫，《陳果夫先生全集》，第5卷（台北，1952），頁192。

省政時，接到中央黨部領導善意勸告，指出許多地方的鄉鎮保甲長原本就是土劣，因此希望陳誠主席千萬小心，不要「使現任者加以黨團之外衣，不然，本黨將成為土劣之黨。」[84] 到了1944年豫湘桂會戰失敗，陳誠被派到河南去收拾殘局時，又有機會從河南省地區行政官員處了解，「該區各縣鄉鎮長，保甲長大部分是土匪頭與土劣」。造成一個畸形情況，就是奉公守法的地方官反而需要和本地的劣質基層幹部鬥爭，而其結果往往是外來的官員無力改善本地的狀況。[85] 很顯然地，抗戰雖然已經到了第七個年頭，國民黨和中央政府依然打不進地方統治者的基層，又害怕被後者連累損壞了名聲。但是可以肯定的是，只要地方土劣想披上黨團外衣，則一定可以如願以償，因為基層的黨團根本無法逃離他們的掌握。（請參考本書第九章）

最後，1945年取代龍雲成為雲南省主席的李宗黃，在描述雲南鄉村時指出：貪污土劣，狼狽為奸，胥吏差役，交相勒索……。吸盡農村公款，榨取人民膏血，層層剝削，不堪其擾。[86] 甚至像廣西那樣長時期自詡為政治清明的省份，當省政府在1930年代試圖推省內行政改革時，也遭遇到地方權貴強烈抵制。儘管廣西省政府被視為在省內擁有軍事上絕對優勢，但抗戰爆發後，省政府與地方基層的權力爭奪仍是懸而未決。[87] 令人想不到的結果是，廣西省政府在抗戰時期，也從未真正實現對鄉村地區的緊密控制。如果以桂系在廣西省內擁有壓倒性的軍事優勢，而依然無法徹底控制鄉村治理事務的話，則勢單力薄的重慶政府，在各地大小規模的地方實力派合力抗拒之下，要想把中央政令推行到遙遠而生疏的地方基層，其艱難程度就更不難想像了。

從前文討論可以清楚地了解到，假如重慶政府希望通過運用廣大民眾的民族情緒，動員全國有限的資源進行抗日的話，則它就必須喚醒對政治漠不

---

84 陳誠先生日記，1944年4月8日。

85 陳誠先生日記，1944年10月8、10日。

86 李宗黃，《李宗黃回憶錄》，第3卷（台北，1972），頁230。

87 Lary, *Region and Nation*, pp. 177-178.

關心的人民群眾，讓人人都能認同抗戰的必要性，並使人們相信抗戰負擔是依公平正義的標準分配的。誠然，中國戰時最響亮的口號之一是「有錢出錢，有力出力」。從某種意義上說，這也是新縣制的終極目標。但是實現這一目標不僅需要物質動員，人人為民族存亡做出自己的貢獻，而且需要社會動員，將大部分的負擔轉移到那些最能夠承擔的地方權力階級。正如之前許多用意良好的改革項目，新縣制最後依然無法避免地方統治分子執意保護自身利益。重慶政府一直沒有解決一個內在矛盾，即它一方面期望新縣制能夠達到新的全民動員的宏大目的，而另外一方面又不得不依賴陳腐守舊的農村統治既得利益者去推行新縣制。

因此，只要重慶依舊與地方實力派妥協，則任何有意義的改革都不可能實現。重慶政府在政治上的損失是巨大的，因為我們可以發現，戰時對民眾生活影響最大的兩個領域，分別是田賦與兵役。重慶政府無法有效地行使職能，最終導致廣大民眾的悲觀情緒與對政府的疏離感，甚至威脅到了重慶政府的生存。

在對這兩項戰時政策進行實質性討論前，仍有一個問題有待思考：為什麼重慶政府會忽視我們前文所描繪的這樣一個不利的政治環境？他們何以會在1939年制定，並推廣如此不切實際的，需要上百萬受過訓練的幹部去執行的新縣制改革？

儘管很難有材料可以體現整個政策出臺背後的思考過程，但我們仍可以試圖提示幾個解釋。

顯然，蔣介石過度關注抗戰中軍事與外交事務，而置身於政府與社會問題之外的決定，產生了一個後果，那就是，他似乎相信只需要有軍隊便能在抗戰中生存下來，而要贏得勝利就必須與美國盟邦密切合作。蔣介石通常會身兼多職，將權力集中到自己手中，但也因此分散了他的注意力，使他無暇思考那些短期內不會產生危險的深層問題。事實上，這並不是蔣介石特有的問題，美國總統羅斯福也被部下批評為處理事務太多，最後肯定累死，不幸而言中。這大概是戰時領袖面臨的高度風險（但是丘吉爾和斯大林似乎倖免此劫，值得學者去做比較研究）。更何況蔣介石部下更會蓄意向他隱瞞地方政治中擾人不安的事實，致使蔣介石對實施新縣制需要投入的力量完全缺乏判斷力。

另一方面，蔣介石在南京時期的行為，已經讓我們對他的政治手段有了大致了解。他喜歡道德說教，以威權主義的視角看待社會與國家，認為社會與國家都應遵守嚴格的等級區分和「尊卑有別，長幼有序」。這種心態很容易導致一種假定，即政府的功能就是下達更多的命令與指導，國家大部分政治問題便可以迎刃而解。而國民政府官僚們，許多年間沒有在政治工作領域提出創新，也是因為他們依舊自視高人一等和遠離群眾，認為群眾既無能力又無智識，只能接受政府指令而不能參與政治過程。即便是在日益窘迫的戰爭環境下，他們依然只曉得依賴傳統禮儀和曉曉說教來維護官僚們高高在上的形象。官方文檔、告示依舊是詞藻華麗的文言文，而不是大眾通行的白話文。其內容是模棱兩可的等因奉此，而不是簡潔明白地解說政策，這一作風直接將未受過良好教育的廣大民眾隔絕於政治溝通之外。而政府公務員們卻沉醉於咬文嚼字的政治八股之中。

政府文告在下發過程中，被層層地方政府歸檔，而到了鄉村政府手中，則以張貼布告欄了事。這種形式主義進一步拉大了政治話語與政治現實之間的差距，也切斷了老百姓和官府衙門之間的交流。但是沉迷在文字遊戲中的許多上級官員，卻似乎果真相信自己做出了貢獻，而且以為說教能影響到廣大民眾。對於這個現象，陳誠曾經就他所領導的政治部做出一番生動的描述。他寫道，「部內人員埋頭案牘，而於各地實際困難問題，茫然無知。上下如此隔閡，工作安得進展？條例規章，無論如何周備，充其極亦不過閉門造車而已。」[88] 陳誠以部長之尊對於直屬部下公務員的這種習氣也無法扭轉，只能嘆息而已。換言之，在遍地烽火狀態下，重慶政府官僚依然滿足于辦公室帶給他們的安全感，炮製出大量公文，全是內容空洞的專案與好高騖遠的目標。悲劇是，他們打從南京時代開始，就不懂得捲起袖子與群眾打成一片，以堅韌不拔的毅力與奉獻的精神，投入到調查問題與社會經濟建設

88　陳誠先生日記，1939年5月20日。

中。這個作風在南京風平浪靜的局面下可以慢步前進，但是在重慶戰時的驚風駭浪之中就會遭到滅頂之災。

事實上，新縣制本身的經歷，正是重慶政府領導層嚴重欠缺智識與組織能力的最好例證。回溯歷史，蔣介石在1939年4月首度設想建立新制度時，已經意識到舊制度完全不能達成戰時稅收與兵役的任務。不到一個月，國民政府便成立專門委員會負責起草全面革新縣政的計劃。然而這個委員會只有18位專職委員，每月經費不過8,100元。[89] 李宗黃和國民政府部分官員和所謂地方自治專家，僅在重慶市匆匆召集8次會議之後，就在2個月內確定了基本方案，而且在得到蔣介石贊許之後便立即向全國推行，同時規定必須在3年內完成。就連李宗黃本人事後也承認，3年期限不切實際。[90] 但是蔣介石卻對這個書面計劃表示滿意並提出警告說，任何官員如果質疑其可行性，就是畏難苟安和缺乏革命精神。[91] 在此後兩年四個月之中，該委員會制定了46項法規，編印了80多種出版品，審議了17個省份縣級政府組織章程。[92] 重慶政府對於追求書面公文的整齊劃一與合理，可謂不遺餘力，務求冠冕堂皇。但是公文並不等於實際政治狀況，國民政府領袖如果看不清這個簡單道理，那真是徹頭徹尾的自欺欺人。而該委員會以如此單薄的人力，倉促草率地閉門造車，正是重慶政治作風最好的寫照。

陳誠對於當時的縣政，提供了一個極為顯目的例證。他以湖南省的縣政府為例，指出：1. 直接和間接有權指揮督導縣政府的政治軍事機關高達22個單位；2. 與縣政府不相隸屬而在縣內自行發號施令的機構有32個單位；3. 受縣政府直接指揮監督的機關團體有42個單位；4. 縣長個人兼任的職務有16個單位。[93] 更為極端的例子是湖南省內江縣，在1944年初，駐扎該縣的中央

89　李宗黃，《李宗黃回憶錄》，第4卷，頁94-95。
90　李宗黃，《李宗黃回憶錄》，第4卷，頁93-94、98。
91　李宗黃，《李宗黃回憶錄》，第4卷，頁97。
92　李宗黃，《李宗黃回憶錄》，第4卷，頁102-105。
93　陳誠先生日記，1939年4月22日。

政府級別機關超過180個，[94] 都有權指揮或干擾縣政事務。以如此龐雜無章、令出多門的組織，即使有優質縣長和公務員，也無法推行縣政。而這個現象的根源，無疑地是重慶政府的策劃不周和統御無方，才會使地方成為受害者。然而即使能夠改善此類困難，卻仍有一個更大的政軍大環境難以克服。

純從表象觀之，戰時法制走向似乎趨於中央集權，但事實上只是重慶政府官員的一廂情願和閉門造車。從制度著眼，地方政府應該是中央政府派駐在成百上千個地方的權力象徵和代理人，是中央政府和廣大民眾的聯繫樞紐，但在實際運作上，許多地方政府成為實力派的代理人，築起一道高墻把中央政府和地方人民隔絕于兩邊。它們時而貌似和人民站在一條戰線上糊弄中央政府，時而假借中央政府名義欺壓地方人民。同理，重慶政府「虛化」省政府的企圖也成為畫餅。首先是控制範圍遠遠超過中央政府的能力，無論就辦事人員或經費而言，中央政府都無法應付直接指揮上千個縣級單位。許多基層行政業務仍然必須依賴省政府幫助。但是更根本的是，當許多省在地方實力派控制之下時，中央政府的規章制度只不過是一紙空文，可以置之不理。[95]

但是除了以上所述的這些結構性障礙之外，還有一個不可預測而又最具殺傷力的因素，那就是戰時軍隊的行蹤。正如本書早先曾經提到，1939年以後大批地方部隊由內地被派至前線，同時少數中央軍則移防至內地以監視留守本地但是態度曖昧的地方部隊。雙方雖然獲得暫時性和平共存，但是在廣大鄉村地帶他們各自成為小面積地區的「土霸王」，只要兵權一日在手，就可以在地方上為所欲為。其對地方事務的主宰權，遠遠大過鄉村原本的任何統治階層，更不必說重慶政府的委派人員，幾乎可以完全置之不理。因為一般性的社會變遷因素至少還都是經過長期累積沉澱而形成，如果社會或是政府看到社會秩序失衡，容或還有糾正或緩和的機會。然而一旦軍隊來臨（不管是正常的駐防、換防、或是戰敗的流竄和占領），就可以在一夜之間把基

94　陳誠先生日記，1944年4月28日。

95　相關討論，請參閱：侯坤宏，《抗戰時期的中央財政與地方財政》，頁254-256。

層統治結構連根拔起，讓地方秩序天翻地覆，完全沒有制衡的可能性。因此只要地方上有駐軍，則地方政府就必須和它們發生關係，而且是「強軍弱政」式的關係。依據何成濬對第五戰區實況形容，地方政府一般官吏「既須服從省政府命令，又須應付第五戰區土匪式軍隊。稍有不慎，即墮入陷阱。」[96] 駐湖北省的軍隊，一律充滿「土匪性」，不服從中央命令，未必能夠調往他處。即便是中央不發軍糧，他們也可以自行搜刮劫奪。中央政府莫可奈何。人民更沒有辦法。[97] 在這種軍隊強勢壓迫下，地方政府官員必須聽命於該戰區的軍隊長官，榨取人民膏血，供軍隊享用。

一個最極端的例子可能是1944年河南省內鄉縣，該縣縣長向新上任的第一戰區司令官陳誠報告，由於豫湘桂會戰失敗，所以黨政軍各機關有30萬殘兵敗將潮水般湧入該縣，競相對縣政府發號施令，而使縣政府對於糧食柴草完全無法供應。當然最後結果是擁有槍桿子最多的部隊獲得物資。[98] 這般戰地失守，收復，再失守的速度過於頻繁，地方行政系統完全破壞。重慶政府和國民黨既無力也無人員快速重建地方行政，最多只能製造機會讓原來的地方勢力和組織捲土重來。這種惡性循環現象遍地皆是。至於在軍隊之間的權力真空地帶，則又成為包括秘密會社和土匪等地方武裝團體鑽空隙加以填充的對象。這些個別武力集團在鄉村中可以橫行無阻，它們所製造的暴力氛圍和無法無天，本章稍後將會進一步討論。

上文所討論的地方權力結構問題，在戰時兩個最重要政策領域中產生了最大殺傷力，乃至動搖國本。它們分別是糧食政策和兵役政策。

96　何成濬將軍戰時日記，1944年3月28日，4月9日。主要指廣西軍隊。

97　何成濬將軍戰時日記，1944年9月18日。

98　陳誠先生日記，1944年6月3日。

第五節　糧食政策——田賦徵收和附加稅

民國建立後田賦一直由各省自行控制。南京政府在政治改革過程中，曾經在1930年代制訂法規將田賦定為縣稅，只撥一部分上交歸省。然而由於南京政府的權力無法伸展到內地省份，因此多數省份仍能保留自己的徵稅體制。[99]

中國是農業國家，因此田賦成為地方政府最大的稅收來源。抗戰爆發對中央政府而言，當務之急是鼓勵生產、儲備糧食、並且進行合理有效分配。[100] 但是國民政府喪失土地的速度驚人，許多交通要道也因日軍空襲而被切斷，很快造成各地市場割裂和糧價懸殊，嚴重威脅到軍隊和公務員的糧食供應。[101] 1940年初糧荒問題出現，[102] 重慶政府才猛然驚覺到通貨膨脹已經使國家財政基礎遭受重創，然而田賦稅率卻沒有絲毫變化。[103] 面對如此危機，重慶政府終於開始考慮徹底改進田賦徵收制度。[104] 1941年7月中央規定將田賦納入為國家稅收，在各省成立田賦管理處，推行國家新政策。省政府喪失控制權。

本節的討論將觸及三方面問題，首先是法規制度的鬆散，其次是糧政人員執行的缺失，最後是軍隊橫暴搜刮的局面。

---

99 郭垣，《戰時田賦整理問題》（重慶，1942），頁1-8；許餞儂，《最近四川財政論》（重慶，1940），頁81-82。

100 朱子爽，《中國國民黨糧食政策》（出版地不詳，1940），頁81-82。

101 朱子爽，《中國國民黨糧食政策》，頁65-66。

102 徐堪，《糧食問題》（出版地不詳，1942），頁7。

103 郭垣，《戰時田賦整理問題》，頁14-20。

104 徐堪，《糧食問題》，第8-11。

一、法規制度更改

1941年7月抗戰已經持續48個月，國民政府才慢悠悠地成立糧食部，首要任務是保障軍隊和公務員的糧食供應，同時確保廣大民眾能以合理價格購得糧食。由於中央政府過去在南京時期建立的財政基礎，多已淪落日本人手中，於是重慶政府必須建立一套新制度，將各省田賦徵收權劃歸中央，並且把田賦徵收由法幣交稅改為徵收實物。重慶政府為確保控制一定數量的餘糧和遏止通貨膨脹，又在1942年宣布向農民定價徵購糧食，並由特許的糧食公賣店售予民眾。[105]

值得注意的是，中央政府同時試圖加緊對地方財政的控制，縮減省政府的獨立財政來源，使省縣級政府必須高度依賴中央撥款補助。重慶政府同時希望新的田賦徵收制度能夠加速土地申報和調查工作，廢除未經中央許可的強徵，並且期望新措施可以讓財政收入增長四倍。一旦此項期望實現後，則無論是中央還是地方政府，都能投入更多資金促進經濟建設，切實推行管、教、養、衛等新縣制份內的政務。[106] 但是即便是在改制之初，就有中央領袖質疑它的可行性，因為田賦權原本是地方的肥肉，中央把它收歸中央而各省的支出改由中央負擔，使得縣地方自治原本依賴田賦附加者也受到影響。因此四川、雲南、貴州等省都產生抵制情緒，咸認為中央集權過甚，而財政部長孔祥熙和糧食部長徐堪都不能說出理由。所以許多領袖們已經預見此一改制前途可能困難重重。[107]

糧食的供應對象應該有三個，分別是軍隊、公教人員、市場平民百姓。就軍隊而言，它們的食米部分由中央政府向各省規定每年應該徵收糧食的總數，省主席再把總數下達給縣政府，然後保甲長從人民手中取得糧食送到縣政府，把數據上報給專員公署和省政府。而省政府再向戰區司令官呈交一份

---

105 朱子爽，《中國國民黨糧食政策》，頁53-76。

106 曹國卿，《中國財政問題與立法》（上海，1947），頁30-31。

107 王世杰日記，1941年9月8日。

各縣應該交出的糧食統計單，由戰區把糧食分配到各軍事單位，並且把各個部隊需要糧食數量交給省政府，省政府則命令縣政府向附近的軍級兵站交出一定數量的食米。[108] 照道理說，如果層層依法行事，軍隊糧食需求就可以順利滿足。

在抗戰歷經四年之後，新糧食政策標誌著重慶中央政府終於試圖將治理權力深入到鄉村基層，以近代史上前所未有的規模直接去管理人民群眾的生產活動。但是如此重大體制改革，並非僅靠意志力和設計，它必須結合政治現實始能生效。重慶方面很快發現，當時國內並不具備推行這一糧食政策的先決條件。政府面臨的首要困難便是決定稅收標準。此前幾代人所經歷的長期政治動亂，導致各省地籍資料都混亂不堪或遭戰火摧毀。早在民國初年北洋軍閥統治時期，各地已經普遍存在眾多不良現象，包括地籍造假，稅率任意提升，稅務人員貪污腐敗。[109] 根據美國人John Lossing Buck教授在1937年調查，雖然全國大約三分之一的土地屬於大小地主財產，但是在稅冊上卻沒有產權記錄。[110] 事實上直到1940年12月，全國只有234個縣宣稱完成土地呈報手續，[111] 至於實際到現場去丈量土地去核實土地登記資料的縣份則更少。[112] 換言之，徵稅最基本的依據就極端混亂可疑。

108 張發奎，《蔣介石與我》，頁315-317。

109 財政部，《財政年鑒續編》（重慶，1942），頁81-82；許餞儂，《最近四川財政論》，頁119-120。

110 Arthur N. Young, *China's Wartime Finance and Inflation, 1937-1945* (Cambridge, Mass., 1965), p. 22.

111 曹國卿，《中國財政問題與立法》，頁33。

112 各省中，貴州的情況最差。晚清以來，貴州的田賦即不以占有田地多寡徵收，而以戶數徵收。1936年，江蘇田賦收入較貴州多31倍，參見方顯廷，《戰時中國經濟研究》（重慶，1941），頁162-165。

二、執行人員的缺失

在1940年代，幾乎所有省份的地籍資料仍舊由各地的社書保管，並且也只有社書才能夠解讀本地地籍資料的含義。正因為如此，縱然新制度在法律上形似賦予中央政府對田賦更大控制權，但它的實際操作仍然必須依賴成千上萬的地方原班基層辦事人員去劃定和徵收田賦，和過去情況沒有區別。重慶政府既派不出如此龐大的一支行政和財稅隊伍下鄉直接接管業務，又缺乏足夠的組織能力在鄉間招募一批新幹部去承擔這個業務。換言之，重慶政府可以大張旗鼓地制定和頒布政策，但是執行過程仍然操控在原有的地方實力派和傳統基層當權派手中。所謂新縣制改革只不過把舊酒裝進新瓶，完全沒有滲透到社會基層。

上述情況為形形色色的非法活動打開了方便之門。比如說，地主和地方舊權勢人物可以拒絕呈報土地，或是將大片地產分散登記，以逃避稅金或降低稅率。保甲長和地方舊權勢者沆瀣一氣，可以挪用稅款，借用民團來強徵，隨意厘定數額。農民若遲交稅款就會被沒收其田地，或者處以高額罰款。他們通常還會非法徵收附加稅等等。[113] 饒有趣味的是，戰時財政部曾經一度希望伸張社會公平原則，促使富人捐獻。為此還煞有介事地命令地方政府擬造「富力底冊」，列舉富人資產作為課稅依據。但是地方富戶豪紳既然把持權力，當然在編造底冊時可以隱藏資產逃稅，而基層工作人員也迫於威嚇或受賄買通而配合造假。[114] 一番好意終成畫餅。

戰時稅收效率肯定和保甲制度有密切關係，因為保甲是中央與地方人民群眾接軌的關鍵和樞紐。首先的問題是，什麼人做保甲長？ 根據一些資料顯示，凡是在地方社會稍有地位的人，都不願意擔任保甲長，其原因是保甲長有責任而沒有薪俸，辦公費極少或是根本不存在。加上地位卑微，事務繁

113 許餞儂，《最近四川財政論》，頁90-106；張群，《張岳軍先生在川言論選集》，頁275-277。

114 侯坤宏，《抗戰時期中央財政和地方財政》，頁246-249。

忙，而事務內容又包括徵兵、徵糧、徵工，容易和鄰居產生衝突。因此擔任保甲長的人們必須有利可圖，而土豪劣紳的爪牙、小地主、無業遊民卻踴躍為之。他們對於推行重慶政府的政令毫無興趣，祗圖眼前利用職權假公濟私。他們之所以處心積慮爭取這些職位，是因為可以乘機中飽、克扣公款等等，值得為之辛勞。雖然他們素質低劣，有的甚至是文盲，然而地方縣政府卻不得不任用他們，因為只有他們能夠以自己的非法手段去完成政府徵兵、徵糧指標。[115] 即便是傳統式鄉紳統治方式，在戰時大後方某些地區仍然存在，但是重慶政府官吏無法和他們建立直接關係，也鑽不進他們那一層長年累積起來的保護殼。儘管地處重慶的國家機構日益肥腫，人浮於事，在廣大農村基層社會卻不見蹤影，乃至不得不繼續依靠地方實力派所掌控的各種組織、人員、規矩、作風，去進行無能無效的抗戰事業。所謂戰時動員，無論是人力、財力、或物力，政府在最基層所能依賴的代理人都是保甲長，而這些人絕大部分正是舊社會殘餘的人物。如果只是賦予他們一些狹小而具體的任務，他們或許可以完成。但是戰時的需要是千頭萬緒，甚至環環相扣，遠遠超過這些舊社會底層人物的智力和能力，更不必說他們的頂頭上司是地方實力派，而不是個人操守和國家認同感。因此不禁讓人產生出一種感嘆，那就是中日戰爭可以看成是，19世紀落後腐敗的中國社會結構和人力資源在和20世紀名列世界前茅的日本軍隊作戰。

以上所描述的這些，來自地方現實狀況和地方人士陽奉陰違的手法，都使得政府強制的糧食徵購政策難以順利推行。事實上，各省依然自主制定徵購的數額與糧價。[116] 中央政府由於缺乏土地調查、呈報與可信統計，也缺乏地方生產與消費量的可靠估算，只能讓省政府將其擬定的徵購額加諸縣政府，而縣政府則轉嫁到鄉、村一級。其結果是，整個系統依然是由地方實力

115 參閱：侯坤宏，《抗戰時期的中央財政與地方財政》，頁184-186。

116 《糧食部三十年度工作成績考察報告總評》，《黨政工作考核委員會三十年度中央各機關工作成績考察報告總評》（出版地不詳，出版日期不詳）。

派主導，並且類似1920年代的攤款制度和臨時緊急徵收手法。[117]

幹部短缺是新糧食政策推行不力的重大肇因。重慶政府在1941年推行新糧食政策時，在全國範圍內只有不到200名幹部可供派用。[118] 因此政府在1942年不得不加緊訓練田賦業務管理專門人才。到了1943年，全國在各級田糧部門供職的工作人員突飛猛進達到175,000人，但是其中只有9,000人受過短期訓練，而且素質高度可疑。[119] 因此僅就執行人才和幹部而言，重慶政府的新糧食政策，依然必須仰賴廣大後方省份的舊有人員作為推行者，而他們過去曾為軍閥徵收田賦，既然是原班人馬，當然遵循陳規陋習辦事。

除人才短缺外，田賦徵收的複雜手續同樣導致各種不公情形。1941年以前，糧政人員親自到各村徵收田賦，農戶以現金繳納。1941年後，農戶卻須將沉甸糧食自行設法運送至驗收站，並且自負運費。農民通常要自己背負，或租用牲畜，花數日時間才能把糧食從農田運抵驗收站。到了驗收站，農戶還會被糧政人員進行各種刁難，包括藉口品質欠佳而拒絕驗收，或指責短斤缺兩而被迫增加糧量。[120] 農民都只好忍氣吞聲地多交糧食或進行賄賂以求花錢消災。但是內心肯定極端不滿。

糧食收繳之後，下一步是集中運送至儲糧設施地點（糧倉）。縣政府便會以廉價或無償方式，強迫農民組成運伕隊運輸徵糧。1941年，大後方省份由於崎嶇山地和落後交通，每年收集的糧食平均有三分之二的數額（約4,000萬石）需要長距離多次運輸，才能送達部隊。而在1942年，全國僅有100輛卡車可供用於糧食運輸。1943-1944年間，政府另外組織了400輛木車、900

---

117 關於攤款的討論，參見：Hsi-sheng Ch'i, *Warlord Politics in China: 1916-1928* (Stanford, Calif., 1976), p. 166.

118 徐堪，《徐可亭先生文存》（台北，1970），頁200-203。

119 徐堪，《徐可亭先生文存》，頁200-203。

120 湖南省政府，《湖南省三十年度黨政軍聯合視察組視察各縣總檢討總檢討》（出版地不詳，1942），頁64-65；王世杰日記，1941年11月19日；張發奎，《蔣介石與我》，頁315-317。農民還可能被指責米中參水，在倉庫中被老鼠吃等意外事件，因此被迫必須多帶，以防政府官員找麻煩。

艘木船運送糧食。但這依然無法滿足總需求量。無怪乎糧食管理局局長坦承，戰時他所面臨的最大困難便是運輸。[121] 而運糧又成為農民的嚴重隱性負擔。因為糧政人員非但可以把上級撥交的運費納入私囊，而且還對於運輸規格橫加干擾，使人民更痛恨政府與軍隊，對於1944年河南省軍民關係惡化，成為重大因素。[122]

糧食儲藏是另一個棘手問題。一則是過去傳統政府從未處理過如此龐大的糧食貯藏量任務，二則是傳統穀倉在上世紀，就已經被戰亂和政局動蕩而大量破壞失修。1938年以後，中國突然面臨需要為500-600萬軍公教人員儲備糧食，是過去一兩百年來歷史上從不曾經歷過的負擔。1941-1944年間，重慶政府耗盡力氣把糧食貯藏量增加了2,600萬石，但是實際貯藏量仍然只達到需求量的一半而已。[123] 為了解決儲藏問題，政府倉促間被迫轉而強徵民宅、學校及其他建築物，將其改造為臨時糧倉。糧倉設備的嚴重缺乏，不僅造成糧食的浪費和損毀，而且為地方官員製造了更多的貪污壓榨機會。[124] 而在處理這一切問題時，重慶政府既不能僅靠行政命令去推行，也不能使用武力去鎮壓，只能對地方實力派百般遷就，進行協商謀求合作。但是對於地方實力派而言，這一切行為都是前所未有，而且來自外界的侵犯，打破了它們的平靜生活和行事規矩，損傷了它們的實際權益。即便它們不方便明目張膽地反對「抗戰救國」，但是臥榻之上豈容得他人酣睡？因此多方牽制阻擾成為必然結果。

在辦理糧食徵購時，還有些時候是由政府以低於市場價格收購糧食，其中又僅用一小部分現金去償付糧價，大多是以政府印造的糧食庫券代之，而

---

121 徐堪，《徐可亭先生文存》，頁151-153；徐堪，《糧食部卅三年度工作概況》（重慶，1945），頁7-8。

122 陳誠先生日記，1944年6月1日。

123 徐堪，《徐可亭先生文存》，頁198。

124 湖南省政府，《湖南省三十年度黨政軍聯合視察組視察各縣總檢討總檢討》，頁64-65；徐堪，《徐可亭先生文存》，頁131-132。

這些糧食庫券又很快便會因通脹而貶值。[125] 各省在決定該年度以何種價格徵購多少糧食時，擁有極大自主權。1943年後，有九個省份將糧食「徵**購**」改為糧食「徵**借**」，停止向農戶支付糧價，安徽省甚至改為強迫農民「捐獻」。到1944年，所有省份都實施了某種程度的糧食徵借。政府為應付戰事危急而修改法令，而農民肩上的負擔則因此大大增加。[126] 中央政府在抗戰預算中，歷來有一項是列舉向農民徵購糧食的支出。但是經過中央省縣地方等各級官員的層層剝削和貪污之後，這個款項實際上達到農民手中既可以大打折扣，也可以消失無蹤。各省情況都不一樣。即便是在中央政府一級，糧食部長就被陳誠指責他施壓省政府（湖北）降低收購農民糧食的價格，其目的則是方便政府官員可以在市場以高價拋售，而部長個人則中飽大批糧款存入川康銀行，「發國難財」。[127] 而在重慶政府預算的徵購糧食價格中，對河南省的撥款在一號作戰前已經超過9億元，但是人民並未得到糧款，也不知中途被何人吞沒，但是肯定導致政府信用大受打擊。[128] 至於個別官吏借徵糧而進行貪污，則在全國各地更是層出不窮。比如說，浙江省一個縣長被軍風紀巡查團查獲，在1943年辦理糧政舞弊，貪污至七，八百萬元。[129] 1943年一個大案驚動了蔣介石。河南省糧食管理局局長先是挪用公款一百萬元獲利後，又挪用公款五百萬元。蔣介石震怒之餘，以手諭指示軍法總監部立案徹查。[130]

相對於內地省份的縣鄉政府，以徵收徵購和徵借糧食去進行貪腐，在前線通常是軍隊搶在日軍和偽軍之前徵集餘糧。大多數情況下，名為徵購，實

---

125 國民黨中央執行委員會，《中央訓練團黨政訓練班工作討論資料選錄增編》，頁52-54；朱子爽，《中國國民黨糧食政策》，頁96。

126 經濟部，《抗戰時期之中國經濟》（香港，1968年重印），頁1121-1122。

127 指徐堪，陳誠先生日記，1942年10月27日。

128 陳誠先生日記，1944年5月31日。

129 何成濬將軍戰時日記，1943年3月17日。

130 何成濬將軍戰時日記，1943年1月21日；1944年2月2日。但是軍法總監部發現該局長的保人是河南省主席衛立煌，而且當時躲在衛立煌家中，總監部無法拘捕。

則是赤裸裸的搶奪。

回顧制定新糧食政策的初意，本為同時滿足軍隊、公務員和廣大民眾的需求，但實施結果遠不能達到理想目標。1940年代，通過田賦徵實徵得的糧食數額根本不能滿足軍隊的需要，還須徵購糧食作補充。就公務員而言，重慶的中央級公務員有一定的糧食配額，在外地的中央幹部和多數省級公務員則只有糧食補貼，而補貼又完全跟不上不斷瘋漲的糧價。[131] 此外，戰時糧食政策還使省縣政府的預算大幅降低。例如，1941年浙江獲批准的省預算僅為1937年的1/13，縣預算僅為戰前的1/6。[132] 地方政府為了滿足自己的需要只好向人民徵收附加稅，而弱勢的中央政府根本無法阻止。例如在1942年，除全國糧食徵實徵購8,000萬石外，縣級單位還另外徵收公糧2,000萬石左右，占全國公糧的1/4。[133]

至於一般社會上消費者，其糧食需求量大，但是政府未能控制足量餘糧和實行全面價格管制，其結果是，城鎮居民只能任由屯糧的商人和飛漲的物價擺布。[134]

如果不把糧食問題放到具體的歷史情境下考察，我們就難以理解重慶政府在戰時糧食政策上所面臨的巨大困難。戰前糧食市場供應，取決於糧食生產量與人口消費量之間的平衡。南京政府戰前產糧統計資料顯示，江蘇、湖南、湖北、廣東和四川，是全國產糧最多的省份，經常有餘糧可供輸出的省份則是江蘇、湖南、和安徽。至於四川與浙江兩省則偶爾輸出糧食。其餘各省或則缺糧，或則僅供自足。[135] 但是到了戰爭後期，狀況全然改變。1941年，在沒有被日軍占領的省份如四川、雲南、湖南、廣西、河南、山西等這一大片區域中，只有四川和湖南仍有餘糧。打破平衡的嶄新因素，是軍隊和

---

131 徐堪，《徐可亭先生文存》，頁124。

132 黃紹竑，《五十回憶》，頁447-449。

133 徐堪，《徐可亭先生文存》，頁126-127。

134 徐堪，《徐可亭先生文存》，頁105-119；徐堪，《最近之糧政》（出版地不詳，1942），頁4-5。

135 農林部，《抗戰四年來之農業》，頁1-2。

戰事。

如果回顧1920年代北洋軍閥鼎盛之時，全國也只不過供養了200-250萬軍隊。但是到了1940年代，國統區的糧食總產量已經低於戰前的一半，卻要供應一支更為龐大的軍隊（大約450-500萬士兵），[136] 同時還要維持連年不斷的軍事活動，特別是日軍慣常在秋季收成期間進行搶糧戰爭，其強度之大在中國近代史上屬於罕見。這些前線戰事和掠奪，使得後方非淪陷區省份的老百姓負擔相形加重。其中尤以四川、廣西、雲南、貴州老百姓負擔最重，而且逐年增加。在戰前，這四個省份的糧食總產量占全國總產量的22%，到1941年這四個省份提供的公糧已占全國徵實徵購糧食的31.5%。[137] 到了1941-1945年間，僅僅是四川省一個省份繳納的公糧就達全國總量的31.6%。[138]

表10　中央田賦徵實、徵借、徵購所得穀、麥數量

年份	總量（石）
1941	43,120,684
1942	65,966,400
1943	64,476,404
1944	56,958,745
1945	29,591,826

資料來源：徐堪，《徐可亭先生文存》（台北，1970），頁187-190。注：上述五個年度，田賦徵實占百分之52.5%，徵借占23%，徵購占24.5%。未包含地方非法徵集或軍隊強徵。

儘管官方統計顯示的糧食徵實、徵購數額僅占國統區糧食總產量的5%-

136 朱子爽，《中國國民黨糧食政策》，頁4、7-10。

137 朱子爽，《中國國民黨糧食政策》，頁4、7-10。

138 徐堪，《徐可亭先生文存》，頁187-190。

6%，[139] 但農戶的實際負擔應該遠高於此。如果算上所有非法的勒索搜刮搶奪，甚至可能超過10%（表10）。[140] 考慮到多數農民在承平時代也僅能維持糊口的生活水準，這一戰時負擔會造成他們生存資源的嚴重損失。更糟糕的是，戰爭負擔並非對所有人平均分配。貧苦農民被剝奪生計，而富裕農民和地主不僅逃避賦稅，而且經常囤積糧食謀取暴利。毫不奇怪地，戰時糧食政策剛開始推行，內地省份便出現農民暴動。1942-1943年間，包括貴州、青海、寧夏、甘肅，甚至四川都曾發生動亂，有時多達5萬多名武裝農民參與，抗議政府賦稅制度的腐敗與暴虐。[141] 甚至曾有省或地方保安團擅離職守，加入農民暴動行列。隨著時間流逝，情況越來越嚴重，這些省份的農民開始結幫成匪與官兵對抗，造成土匪數量明顯增長。[142]

三、部隊橫暴搜刮

新糧食政策的最後一個步驟，是將糧食分配到各部隊作為官兵主食。然而，由於一方面軍隊本身的指揮系統處於混亂，而另一方面軍隊又主張要比平民百姓更優先獲得糧食，兩者都大大地增加了糧食分配的困難度。部隊長官「吃空缺」其實有多重企圖。比如說一個師按照編制是一萬士兵，但是實際上只有三千士兵，部隊長「虛報」的七千士兵的薪金和口糧就落入長官口袋。再比如說，1944年四川合川縣先後被三個軍級部隊過境，第98軍實際

139 Arthur N. Young, *China's Wartime Finance and Inflation*, p. 26.

140 1941年6月20日，鄧錫侯報告全四川省糧食年產為13,000萬擔，供給糧食為1,200萬擔，見《第三次全國財政會議彙編》第1編，頁32。

141 The Charge in China, Atcheson, to the Secretary of State, no. 1201, May 19, 1943, 893.00/15033; no. 1485, August 18, 1943, 893.00/15112, *Foreign Relations of the United States, Diplomatic Papers:1943, China* (Washington D. C., 1957), pp. 238-240, 316-317. The Ambassador in China, Gauss, to the Secretary of State, no. 1637, September 29, 1943, 893.00/15141, *Foreign Relations of the United States, Diplomatic Papers: 1943, China* , pp. 344-345.

142 The Charge in China, Vincent, to the Secretary of State, no. 1173, May 12, 1943, 893.00/15026, *Foreign Relations of the United States, Diplomatic Papers: 1943, China*, pp. 233-236.

士兵6,000人，第27軍10,000人，第14軍4,300人，但是他們向後勤部軍糧局申請軍糧，都是以每軍20,000人計算。再根據軍需署長報告，某個集團軍依編制應該有5萬個士兵，但是缺額達3-4萬人，而它一方面要求軍政部補充兵員，另一方面卻要求按照編制全額發放軍餉軍糧，絲毫不顧本身立場的前後矛盾。[143] 至於全國部隊究竟「空缺」數額多大，即使最高當局也無法確知，但是大趨勢可能是其嚴重性與日俱增，而且後方部隊「空缺」程度超過前方。[144] 至於虛報所得的糧食，則由部隊長轉手出賣給市場，或是折算價格賣還給原來繳納田賦的農民，或甚至從事更複雜的投機倒把活動，把糧食囤積在霸占的倉庫，等到市場價格上漲時再拋售牟取高利，或更甚至運到占領區賣給日偽軍民。正是因為吃空缺是一個隱秘行為，所以它雖然普遍存在，卻難以得知具體真相。難怪蔣介石在1943年就把軍隊缺額估計在內，而決定軍糧的配額必須控制在450萬士兵限度之內。[145] 但是實際人數可能遠遠低於這個數字。

一個令人震驚的例子是1944年陳誠奉命收拾「豫湘桂會戰」後第一戰區的殘局時，他下令把戰區原本以170萬人吃軍糧的計算方法，予以削減至少70萬人，而且警告部屬「不可以慷民眾之慨」。[146] 如果把第一戰區現象視為全國縮影，則全國軍糧的虛報（吃空缺），浪費，和盜賣大約也在40%上下。如果把全國徵糧總數減少這40%幅度，則廣大農民維持抗戰的糧食供應應屬毫無困難。到了1944年底，陳誠主掌軍政部提出報告稱，當時全國兵餉是按照530萬人標準發放，但是估計實額不過300萬人。換言之，吃空缺已經超過40%的驚人數字！全國的「幽魂兵」已經接近實際戰鬥兵總數，更何況許多戰鬥兵還不能打仗？而與此同時，雖然中央發放的士兵副食費標準是每個士兵450元（月），但是許多部隊照舊只發190元，餘額都落入官長私

143 徐永昌日記，1944年11月5日，12月4日。

144 徐永昌日記，1943年4月30日。

145 徐永昌日記，1943年7月11日。

146 陳誠先生日記，1944年11月6日。

囊。[147]

值得注意的是，在全國大小軍隊長官普遍吃空缺的大環境下，極少案例是部隊長把因虛報而多得的口糧用來改善士兵伙食的。[148] 相反地，更多部隊長官驅使士兵自謀出路。若有地方實在無法交出糧食，則可以用現金支付，其數量當然由軍隊決定，又不開收據，直接進入長官口袋。[149]

既然許多部隊長掌握軍隊的目的，原本就不是為了提高戰力去和日本人拼鬥，而只是借此在中國境內占地求生，則士兵的健康和訓練當然不是優先考慮，餘糧也當然成為長官的私人經濟利益。徐永昌報告最壞情況可能是四川，該省軍人吃空缺而持有大量糧食，交由代理人囤積居奇。再以售得的高價私設銀行錢莊、買賣煙土、囤積煤炭和其他搶手商品，形成一個龐大的地下經濟體制，完全脫離重慶政府的戰時政策範圍。而在四川這個農產豐饒省份糧價居然上漲，徐永昌認為不是因為缺糧，而是有勢力者囤積操控所致，因為軍隊將領們都懂得一個簡單道理，那就是實物比法幣更能保值。為此他寫道，「軍閥比土匪擾民和漢奸賣國，還有加狠幾倍。」[150] 如此這般的大後方根據地，真是不知如何進行抗日？

也正因為士兵們依然生活在饑餓狀態，所以他們也只好用自己的手法和手中武器去壓榨老百姓交出更多糧食。部隊食米經常不足，副食更是無法支付，造成士兵營養不良，成為普遍現象。依據軍令部資料，一般部隊士兵在營房內三分之一人數運糧打柴，三分之一體弱多病不能出勤，三分之一看守陣地。根本沒有剩餘精力從事訓練。造成一個團的戰鬥兵只有六，七百人而已。[151] 第四戰區司令官張發奎對這個現象做了一個精闢的觀察，那就是：

---

147 徐永昌日記，1944年12月18日。

148 張發奎坦承第四戰區部隊當然吃空缺，他們申報滿額，也拿到滿額糧餉，但是他把空缺部分劃入後勤部門賬戶，而不是進入他個人口袋。見：張發奎，《蔣介石與我》，頁290。換言之，他欺騙中央但是不欺騙士兵。在軍人中非常少有。

149 何成濬將軍戰時日記，1942年2月7日。

150 徐永昌日記，1940年7月11日。

151 徐永昌日記，1941年3月13日。

部隊上級官長的財源是「吃空缺」，而下級官兵的生活則是「吃老百姓」。[152] 這就造成一個二次徵糧的現象。換言之，第一次是政府依法規徵糧，第二次（甚至多次）是軍隊直接奪取糧食，而農民被不斷宰割。部隊經常在毫無法律依據情況下，擅自從糧倉取糧，甚至直接從村莊中挨家挨戶搶奪任何他們能搶到的糧食。這種行徑可能比日軍秋收搶糧更為兇狠和駕輕就熟。1942年山西省的騎一軍就曾經為了到農村搶糧而槍殺3名村長，引起地方人士憤怒，串通日軍進攻騎兵，俘虜了二千餘士兵。[153] 在有些地區，縣長甚至鼓勵軍隊直接向百姓索糧，因為這樣就免去了縣政府徵糧、運輸、貯藏等煩瑣工作。[154] 湖北省糧政局局長就曾經抱怨，各地在政府徵購之後，軍隊又接二連三勒索，政府當然完全知道情形，但是無法加以管束。[155] 當然還有一個更離譜的現象，就是軍隊直接指派或是縱容士兵住進農家，強索農家供應三餐，造成一個扭曲的「軍民一家親」怪相。

綜上所言，僅僅是繳交田賦一項，農村生產者就要承受四種不同人的剝削，他們分別是：1. 本地舊政府官員和社會權豪，2. 兵站負責人，3. 鄰近駐防部隊官長，和4. 一般士兵。

但是以上所述只是第一層的田賦而已，它們都是政府法令範圍內在執行過程上發生的層層弊端。但是還有法令允許範圍之外，假借田賦之名而衍生的弊端則同樣嚴重。這些情況在第五戰區內發生的實例資料最為豐富。一般情況是糧政局發糧票給軍糧局，該局發給戰區兵站，兵站發給部隊授權它們憑票就地採購。[156] 而當該戰區濫發購糧證（糧票）給各個部隊時，有些部

152 張發奎，《蔣介石與我》，頁295。

153 徐永昌日記，1943年4月4日。部隊長是趙承綬。

154 徐堪，《徐可亭先生文存》，頁131-132。雖然省主席往往是有權勢的地方將領，但即使如此他們也免不了來自其他部隊的壓力。參見朱振聲，《李漢魂將軍日記》，上集，第1冊，頁292，第1卷，第2部，頁1-2。

155 何成濬將軍戰時日記，1943年4月22日。糧食局局長沒有實權，一切聽從有兵權將領的命令。局長是王冠吾。

156 徐永昌日記，1942年9月13,21日。雖然蔣介石在看出弊端後，下令兵站必須以實物交給部

隊長官就會等到農作物收穫時期，先用糧票賤價購買糧食囤積，等政府徵實徵購後市場糧食供應緊俏時，再以高價賣出。[157] 當軍隊收集的軍糧堆積如山時，有隨機高價賣出者，也有暫時囤積待善價而沽之者，也有向淪陷區附近的偽軍以高價兜售者。一個更離譜的案例，是駐紮該戰區的第29集團軍，當它接到移防命令時，卻因為囤積糧食太多無法隨軍運走，又無法在短期內找到買主，以致竟然要求上級長官收回成命，取消移防。難怪軍法總監歎息，「有此等軍隊，人民真毫無生路矣」。[158] 某些部隊長官藉此累積巨額資產，以致從農業轉入商界，將該戰區廣大的鄂北皖南地區的各種大商業都奪取到軍隊手中，使民間商人無法與之競爭。湖北地方人民除了繳納田賦外，還要承擔各種法制以外的軍糧雜捐，負擔沉重。縣政府又公購餘糧，各家派米，不問有無，以致米價飛漲。農村穀種斷絕，餓死多人，富家也不免。[159]

四、其他軍隊雜費

軍隊士兵副食費依規定是包括在軍政部發給部隊長官經費之中，但是因為數目龐大，自然成為長官貪污的重大誘惑。因此軍隊中下級官兵的自救之道就是就地攤派，向地方需索柴，米，油，鹽，菜。這樣可能造成採買人員強買、殺價、不給錢等等，造成軍民不斷衝突。副食品都是在單位的駐地購買，更是弊端重重。[160] 但是上級官長也趁機參加這個採購行列，榨取更多物品。根據湖北省財政廳向中央政府報告，駐紮在湖北省境內的軍隊長官們，經常大量向地方政府攤派湖北著名的珍貴特產，如銀耳和猴頭菇，供他

隊，而不可直接將糧票發給部隊，但是部隊並不遵守。

157 何成濬將軍戰時日記，1943年2月25日。

158 何成濬將軍戰時日記，1942年2月13日，3月24日。另外陳誠也向林蔚指控川軍王瓚緒盜賣軍糧，見：陳誠先生日記，1943年1月8日。

159 何成濬將軍戰時日記，1942年5月24日。

160 張發奎，《蔣介石與我》，頁295。

們享用，或者變賣納入私囊。當然，軍隊向駐紮地方要求派草和派伕更是司空見慣。此外還有一個意想不到的大項，就是軍馬的糧食供應。不論軍隊是否備有馬匹也一律徵派馬糧。即便是軍部、師部辦公室早已配有機動車而無馬匹，仍然大模大樣地向地方索取馬糧。第五戰區長官司令部所在地光化縣只是二等縣規模，但是每個月負擔馬糧卻高達20萬元。[161]

在此還需要注意的是，除了正規部隊之外，還有眾多在軍政部編制外而來路不明的武裝勢力，自稱為「某某邊區司令部」或「某某遊擊隊」，實力規模大小各異甚至秘而不宣，依然搜刮地方而求生存。依據湖北省隨縣縣長1942年報告稱，該縣除了經常性駐軍有5個師級番號單位之外，還有5-6個來路不明但是肯定缺乏法律依據的團體，由於槍桿子在手，依然強迫縣政府每個月提供軍糧50萬市斤。[162] 另外一個類似例子是廣東省。在余漢謀控制區內，只要他聽說地方上有人拉起一支隊伍，不管其來歷或是人槍數字如何，立即授予遊擊隊名義。但是這些遊擊隊的成立並不是在進擊日軍，而在是自謀生存、自由活動、和魚肉鄉民。余漢謀所擔心的是，如果他不授予遊擊隊名義予以羈縻，則這些武力團體就可能會被日本人收編，成為他的威脅者。這類遊擊隊部分是自衛團，部分是土匪，內部組織散漫無章，往往只有十多個人，官多於兵、兵多於搶。但是只要掛上一塊抗日招牌，就可以保護鴉片煙和賭博，勒索老百姓，和其他種種不法行為。有趣的是，張發奎雖然身為第四戰區司令官，又是廣東省軍人余漢謀的頂頭上司，但是在接到民間大量投訴余漢謀包庇徇私時，卻只能在私下唉聲歎氣而無力加以禁止。[163] 這種怪象在戰時中國遍地皆是。就本質而言，這些地方性雜亂武裝團體雖然規模弱小，其實它們的內部組織與生存之道，和大型地方實力派並無二致，是後者的縮影。

---

161 何成濬將軍戰時日記，1942年10月3日；1943年2月25日；1944年4月5日。

162 何成濬將軍戰時日記，1942年3月1日。

163 張發奎，《蔣介石與我》，頁272-273。

五、軍隊徵糧使用的手段和造成的後果

軍隊之所以能夠奪取民間糧食的最主要原因是手中有槍。這個槍雖然沒有能耐和日軍對仗廝殺，但是用以壓榨手無寸鐵的老百姓則綽綽有餘。而最赤裸裸的說法，則莫過於第五戰區的兵站總監。他說，「（只要）有槍（就）不怕無糧」。換言之，徵收不到糧食就可以用槍去搶奪，以致陳誠氣憤到咒罵，「此種軍閥官僚辦法實不能以理諱也。」更有甚者，還有軍官口出狂言稱，如果老百姓沒有糧，則可以以錢代替，如果沒有錢則可以沒收他們的農地。[164] 依據當時各方面資訊的形容，駐紮湖北的部隊挨家挨戶搜查糧食，竭其所有一粒不留。同時搶奪其他財物，等於是大規模洗劫。當它們徵購軍糧時，儘量搜刮，不按照中央政府的規定價格，隨意出價，甚至不給價。即使地方發生嚴重災荒，軍隊也無動於衷，最高優先仍然是搜刮足夠的糧食。一個例子仍然是湖北隨縣，1943年收成只有往年的五成，但是卻按照七成計算來徵實徵購。這已經是增加負擔，但是暴軍惡吏的額外需索依然層出不窮。值得注意的是，當民眾因為旱災嚴重而派代表到重慶陳情時，他們的要求不是希望中央政府發放大批款項賑濟，而只是卑微地希望在短期內免除配備軍糧，和禁止軍隊就地搜刮，讓災民有時間自我療傷復蘇。[165] 但是當地軍隊完全不予理睬。

1942年第五戰區發生一個重大事件。29軍在湖北省襄陽地區到處搶糧，毆打區鄉保長，奪取地方政府所徵的實物，導致人民外逃、自殺。該軍在襄陽還殺死保長3人，導致逃避者600餘戶。與此同時第67軍也到處搶劫。荊門縣已經交出軍糧5,500大包，人民只能以麥苗和樹皮充饑。第38師則每日搜刮，有兩個縣交出的軍糧早已超過定額，而駐軍依然煎迫不停。多名鄉鎮長因為交不出糧而被捕。這一切都是由軍隊直接動手，無需通過地方政府，後者甚至也成為脅迫對象。隨縣在經過兩年饑荒之後，人民早已流離失所，

---

164 陳誠先生日記，1942年11月4日。

165 何成濬將軍戰時日記，1942年2月13日，5月1日；1943年10月20日；1944年12月12日。

但是依然被迫交出軍糧117,000擔。[166]

類似如此的駐軍強取豪奪行為的結果，是造成廣大農村人民民不聊生。1942年湖北省旱災，發生多起食人肉事件。重慶政府雖然極力救濟，但是餓死者每天達到七八百人。1943年湖北省旱災嚴重，春荒遍地。但是軍隊追索軍糧毫不放鬆，人民大量餓死。代理省主席朱懷冰發出哀鳴，「小百姓餓斃流亡，而軍隊官吏仍追求無厭」。[167] 民眾水深火熱，縣府權力有限，老百姓以野菜充饑，逃荒者每日多人，請求上級政府協助。隨縣縣政府發電稱，「本縣頻年歉收，供應浩繁，去年蓄藏已盡，入春饑民爭食草根樹皮，餓殍自盡者到處皆有。」鄂北和鄂中20餘縣也是災情慘重，人民死亡和流離失所者遍地皆是。[168] 何成濬是全國軍法總監，他以上報道的真實性來自全國各地上報軍法處理的案件。陳誠對此也提供了他自己的佐證。第五戰區長官李宗仁對於鄂北徵派大量糧食的依據是，1939年以前湖北省歷來交出糧食豐富。但是他避而不談的是，1937-1939年湖北全省糧食的確大豐收，但是從1940年開始不但連年歉收，而且襄河產糧地區又陷入敵手。更何況由於大量軍政機構設立和無端浪費（當然包括貪汙），軍隊軍糧的要求反而增加。陳誠報告鄂北徵糧慘狀時，也提到「人民有賣牛買穀繳軍糧者，並有（食）麥苗草葉者」。[169] 值得注意的是，重慶糧食部部長卻不敢得罪戰區司令官，只好報稱戰區糧食發生問題，其責任完全是湖北省不能盡責，氣得省主席陳誠大罵，「此種不顧人民死活，只知發國難財之官僚，負如此之重責，革命乎？反革命乎？」[170]

說到底，軍隊長官們的貪得無厭和漠視人民死活才是糧荒的根源，而李宗仁所領導的第五戰區則提供了最淒慘的實證。在饑荒和日軍雙重壓迫之

---

166 何成濬將軍戰時日記，1942年2月7日。

167 何成濬將軍戰時日記，1943年5月5、14日。

168 何成濬將軍戰時日記，1942年3月1、16、20日。

169 陳誠先生日記，1942年11月5日；1943年1月8日。

170 陳誠先生日記，1942年10月27日。

下，軍隊直接干預地方政府徵糧政策的暴虐行為，只能引起人民鋌而走險，聚眾滋事，成為反對勢力。果不其然，徵糧搶糧成為地方動亂的一大導因。土匪借此惹事，規模很大。在湖北省和許多其他省份都成為嚴重問題。[171]

本書此前曾經多處討論過戰時土匪現象，其緣由因地各異。但是從1942-43年開始出現一個趨勢，那就是民變和土匪與地方政治敗壞有顯著而密切關聯。特別在糧政和役政施行之後，它們一方面是抗戰命脈，另一方面又影響千家萬戶的生計。當軍隊長官和地方官吏壓榨欺騙老百姓超過一定限度時，就會激起民憤。1943年四川省辦理糧政和役政弊病太大，有幾個縣份數千民眾暴動，焚燒政府，破壞設備，和土匪集結一處。情形非常危險。[172]

1944年情況更是嚴重，在日軍凌厲攻勢（一號作戰）下，許多部隊鼠竄逃生，然而搜刮的殘忍程度也隨之急劇上升。就以第五戰區為例，軍令部高級參謀3月底報告，桂系軍隊在禮山縣洗劫一空，殺害老百姓，捕拿地方人士六七十人後勒索贖金，地方損失約五六千萬元。該高級參謀本想將實況向重慶政府舉報，但是鑒於「**廣西軍隊無論到何處，行為均與此相同，委座（指蔣介石）慮投鼠忌器，向無法處理之，即呈請究辦，恐仍難得一結果也。**」[173] 到了8-9月間，湖北省大部分地區「**駐軍與地方政府**事事不能合作，苛捐雜稅，又多於牛毛，人民竭其膏血，未足以供應，往往鋌而走險。」因此土匪和異黨勢力顯著增長。[174] 不久之後湖北省隨縣爆發民變，導因是某個邊區遊擊隊勒索、搶奪、姦污殘殺過分，民眾鋌而走險，軍隊就大開殺戒，擊殺數萬民眾。在處理隨縣民變案件時，軍法總監部擔心李宗仁長官會企圖淡化掩蓋，又擔心軍隊會反咬一口，指控民眾受共產黨指使而企圖湮滅他們的屠殺罪行。所以該部決定呈報蔣介石，請求先把肇事軍隊調離隨縣，然後進行調查。同時也特別致電李宗仁要求依法處理。果不其然，該軍隊覆文指控民

---

171 何成濬將軍戰時日記，1942年3月16日；1943年5月14日。

172 何成濬將軍戰時日記，1943年4月6日。

173 何成濬將軍戰時日記，1944年3月25日。

174 何成濬將軍戰時日記，1944年4月27日。

眾是受共產黨指使，因此他們的鎮壓手段合理合法。而事實上隨縣民變原因是當地軍隊徵伕、徵糧、徵副食費、勒索物品、污辱婦女，最終激起民變，農民反抗者達三萬人。李宗仁擔心軍隊打不過民眾，竟然調動4個師前往屠殺民眾、焚燒村莊，然後向中央報告平息民變。這個事變明明是軍隊殘暴行為壓迫民眾，卻說成是民眾暴亂。明明是死傷慘重，卻說成是死傷不大。[175] 而蔣介石根據自己的情報來源，在日記中記載到，「鄂北民眾以軍隊征發無度，軍官眷屬奴役人民，以致民眾暴動，被枉殺二，三萬人，情勢險極矣。」[176] 但是鄂北是桂系霸據的地盤，因此也不敢追究。何成濬不禁歎息，軍隊不用於作戰，而用於屠殺民眾。真是國家一大恥辱。

最後，糧食政策推行順利與否，和戰爭走勢必然有密切關係。如果戰爭形勢有利於中方，那麼重慶政府掌握的生產區也會隨之擴大。但事實上，重慶政府所能控制的土地面積卻不斷減少。湖南、河南、江西、浙江等產糧省份的土地，一直有相當一部分被日軍占領。更何況大約從1940年當戰爭進入膠著狀態時，日軍開始採取新策略，那就是在收割季節突襲鄰近前線的產糧省份，目的就是搶奪糧食或切斷重慶政府的糧食供應。其結果是，當國軍部隊不敢或無力對抗日軍侵略因而失去正常補給時，它們便益發不擇手段地搶奪農民手中糧食。1942-1943年，河南便發生了此類事，湯恩伯的軍隊受日軍壓迫而不得不退至豫西時，向農民徵收的賦稅有時高達產糧的30%至50%。[177]

依照常理而言，重慶政府徵糧政策推行的順利程度，應該隨戰爭走勢而定，戰爭走勢順利時，表示重慶政府控制的地區增大，而糧食生產的基數也增加，徵糧政策自然就應該推行更為順暢。但是事實並非如此，因為在這個過程中卻還有一個不隨戰爭走勢，而具有決定性的因素，那就是執行徵糧的人群，而他們最主要的參與者是軍隊。這就牽涉到本書第四章所討論的，戰時中國政治軍事大格局的問題。

---

175 何成濬將軍戰時日記，1944年8月29日，9月1、3、4日。

176 蔣介石日記，1944年11月4日。

177 John Service memo, dated November 5, 1942, in Esherick, *Lost Chance in China*, pp. 12-13.

前文所述的非法徵收行為究竟是哪些軍隊所為？何以重慶中央政府無所作為？是不知情？不關心？抑是無能為力？

第五戰區的實例可能向我們對這些問題提供更深一層了解。第五戰區是抗戰中期和後期最重要的戰區，屯駐幾十個師的兵力，戰區司令長官李宗仁是桂系重要首領之一，而桂系則是整個抗戰時期支持抗戰到底最熱心和堅定的地方實力派，從來不曾動搖過，因此也是蔣介石和主戰派最珍惜的夥伴。以如此密切關係，重慶政府依賴桂系去領導第五戰區，同時駐紮桂系重兵防守，既是「禮遇」也是合理安排。但是事態演變卻往往出人意表，讓我們從中央政府和這個抗日先鋒的地方實力派關係中，可以推想中央政府和其他態度遊移地方實力派之間的關係，更不知道如何困難重重。

首先，桂系白崇禧任職重慶政府副參謀長，對於中國抗日全盤戰略部署具有重大影響力。而李宗仁又是最重要的戰區的司令官。其次，桂系軍隊最大的駐紮地區是在廣西省和第五戰區下轄的湖北和安徽省，是抗日戰爭的前線，關係國家安危。它們的任務不是綏靖地方，而是保持最好的作戰狀態，隨時準備和日軍火拼。第三，第五戰區軍隊編制龐大，除了桂系親信部隊之外，還有部分中央軍和相當大數量的其他省籍背景軍隊。[178] 正因為李宗仁是重慶政府最忠貞可靠的夥伴，因此重慶政府當然高度依賴第五戰區和中央一致地處理好和該戰區地方實力派軍隊的關係。本書第四章曾經討論過重慶政府應付地方實力派軍隊的兩個方法（內部監視和外部控制），但是對於桂系都不曾採用。因為既然桂系抗日立場如此堅定，當然就沒有進行內部監視的必要，避免招致桂系不滿。更何況桂系內部團結一致，也不允許中央派遣政工人員進駐。至於外部控制，則出於禮節，一切信託桂系處理，甚至依賴桂系部隊去監視其他立場不穩的部隊，重慶政府避免插手。豈知這些假設並

---

178 大致而言，桂系軍隊包括第31軍，第11、21集團軍。此外有四川軍隊、舊西北軍（曹福林，韓復榘舊部孫桐萱）、東北軍、直魯軍、江蘇省保安團等。數年間部隊換防，肯定有進有出。見：白先勇，廖彥博合著，《悲歡離合四十年，白崇禧與蔣介石（上），北伐・抗戰》（台北：時報文化公司，2020），頁245-247、284；張瑞德，《山河動》，頁130-131。

不符合實際。因為桂系除了堅定抗日之外，第五戰區軍隊的行為不但沒有成為其他地方實力派的榜樣，反而比其他地方實力派更變本加厲地為抗日戰爭製造各種困難。

以徵收田賦為例，上文所述的軍隊暴行事件在第五戰區是普遍現象。而當地方政府和人民走投無路，向重慶政府揭發和請求協助時，第五戰區負責人公然欺騙重慶。比如說，1941年湖北災情嚴重，地方政府官吏和民眾都向中央政府呈請減少賦稅，但是第五戰區卻指責人民扯謊，斷然否認存在災情。因為如果戰區長官承認災情，則災區駐軍就不可以徵糧，會減少駐軍收入。所以戰區長官寧可餓死老百姓，也要滿足軍隊長官們的貪欲。[179] 戰時湖北省有一個特殊情況，那就是它缺乏本省籍軍隊和將領。換言之，湖北省缺乏自己的地方實力派，因此土地一直在桂系統治之下。駐軍決定一切。湖北省雖然在中央政府有少數高級官吏，但是缺乏軍隊實力作為後盾就沒有發言權，無力保護湖北老百姓。

諷刺的是，第五戰區長官不但偏袒屬下的桂系軍隊，[180] 同時也縱容該戰區其他地方實力派為非作歹，以換取彼此相安無事。比如說，川軍某軍長在第五戰區假借籌軍米為名搜刮地方，然後偷賣大批軍米，造成人民痛苦。但是因為有戰區長官掩護，中央不能追究。第五戰區內的軍隊，無論是桂軍、川軍，或是其他地方實力派軍隊，如此殘害人民，以致當時主管全國軍法工作的最高長官，軍法總監何成濬將軍怒氣衝衝地一再把他們全部稱之為「**土匪式軍隊**」。他寫道，軍隊「掛軍隊招牌，作盜匪生涯，不畏國法，不恤輿論，真奇妙至無與倫比矣。」[181] 而由於桂系軍隊是多數，所以他對桂系的指責特別尖銳，說它們以軍糧為名，挨戶搜查，把老百姓的糧食拿走，又不給錢。何成濬最後無奈的結論是，「有此等軍隊，人民真毫無生路

179 何成濬將軍戰時日記，1942年10月3日。

180 陳誠先生日記，1939年5月12日。

181 何成濬將軍戰時日記，1943年1月30日， 4月22日。川軍某軍長指的是王瓚緒。

矣。」[182]

既然情形如此嚴峻，而何成濬又身為全國執掌軍法的最高領導人，他為何不以軍法施加糾正？而重慶政府和蔣介石又如何可以不知情？又如何可以不予糾正？

其實，儘管第五戰區長官部欺上瞞下，掩蓋徵糧暴政帶給人民的痛苦，真實情況經過其他管道依然傳達到重慶政府。比如說，早在1942年1月份，當陳誠向蔣介石表示意圖辭去第六戰區司令官，而蔣介石回應或許可由李宗仁繼任時，陳誠立即坦白指出中央固然需要遷就李宗仁，「但三千萬民眾亦須顧及。以李（宗仁）之行為恐有激起民變之可能」。過不了幾天，他又在日記中寫道，「對於鄂北問題，頗感棘手，以鄂北五戰區之種種不法行為，恐非使民變不止也。」值得注意的是，重慶政府和陳誠都只能費盡心思去考慮，而「最後決定仍需努力盡人事，一面準備救濟」，對於不法行為卻無法明令禁止。再過不久，陳誠就說得更露骨，「鄂北糧食問題。此問題頗複雜，因桂系以抗戰為名，爭取地盤為實，中央不能不顧李某之面子，而使民眾受屈。也因此如其（言）（應該是「予其說是」）糧食問題，不如說是政治問題。」[183] 真是一語道破了中央和地方實力派關係的核心問題。

在第五戰區屬下有湖北省政府。在一般人認知中，省政府主席當然是一省的最高首長，位高權重。特別是當省主席也是軍人出身時，就被普遍認為在政壇上有極大能量。其實不然。因為較之南京時期，雖然在抗戰時期軍人背景擔任縣長，行政督察專員和省主席的數目明顯增加，但是並不表示他們可以掌握本縣或本省的公權力。就研究方法論而言，如果我們僅僅是去統計縣長和省主席的文人或軍人出身背景，作為推論他們政治權力高低依據的話，並不能正確地顯示當地的政治現實。更能反映實際情況的參考資料不是他們是否出身軍旅，而是他們是否握有軍權。換言之，沒有軍權的省主席也缺乏政治能量。反之，有軍權而位置遠低於省主席者也依然有政治能量，這

182 何成濬將軍戰時日記，1942年2月13日，3月24日。

183 陳誠先生日記，1942年1月18、31日，2月5日。

就是抗戰時期地方基層政治的本質，也是地方實力派權威最直白的表露方式。

就徵糧政策而言，在其執行過程中有兩個重要關卡，一個是該地政府，一個是該地駐軍。如果該地政府是在本省實力派掌握之下（如雲南、廣西），則完全自成獨立單位，重慶政府的法令和人員無法依法行事。如果該地政府在其他省份控制之下（如安徽），或是沒有本身的地方實力派（如湖北），則由駐軍決定。湖北安徽在廣西軍人（李宗仁）控制之下，桂軍隨意搜刮，而駐在該省的其他雜牌部隊也成為獨立王國。不但重慶政府管不住，有時連省主席或戰區司令官也管不住。唯一的要件是有軍隊在手。因此地方實力派生存的要訣並不是土地，而是軍隊，只要軍隊在手，自然就可以占據土地。所以，當我們討論地方政府問題時，固然不可以忽略制度、組織、法令，和人員，但是說到最後，軍隊是最後的仲裁者，必須和這個大格局連接在一起討論，才能做出持平的分析。

一個相關的例子是谷正倫。當他被重慶政府任命為甘肅省主席時，也被寄予厚望，指望他可以領導該省事務。但是他手無寸鐵。1943年底某日，當他在省主席辦公室接待重慶政府派來訪問的內政部戶政司長時，蘭州市（甘肅省會）公安局長公然帶領槍兵沖進辦公室把會計長抓走，完全無視省主席及重慶高官在座。事後谷正倫派人去詢問緣由，公安局長也拒絕提出說明。這個公安局長膽敢如此作為，當然是有更強硬的後台撐腰，無需顧忌省主席顏面。這就說明了為什麼戰時若干省主席表面風光而私下痛苦不堪，請求辭職又不獲邀准。谷正倫就是在私下向何成濬訴苦做省主席的困難，因為甘肅省的廳長們都不服從他的指揮，而他的工作是日日辦理兵差，又不能獲得軍隊諒解，想辭職又不獲中央准許。[184]

類似情形也發生在湖北省，但是更能曝露重慶政府的困境。李宗仁任第五戰區司令官時節，陳誠曾經擔任湖北省主席一段時間。照理說，此二位積極主戰派領導人在同一個地區分別主持軍政工作，應該合作無間才對。陳誠

---

184 何成濬將軍戰時日記，1943年11月24日；1944年1月8日。

在湖北省主席任內勵精圖治，想把它建成是三民主義模範省，減租減息、推廣水利貸款和土地貸款，試行孫中山「耕者有其田」政策，使佃農和僱農有機會翻身變成自耕農。而他也運用了一批得力幹部，除了優秀黨政幹部外，還大量派用中央警官學校畢業生。[185] 更有進者，陳誠是蔣介石手下重要戰將，帶兵嚴格、講求紀律。同時還是中央軍系統的一位重要派系領袖，有自己的部隊（十八軍系統）。在準備第二次緬甸戰爭時，美國政府特別指明要陳誠擔任遠征軍司令官，才能獲得英美盟邦信任。但是一個重要事實是，陳誠雖然是中央軍大將，但是他的軍隊在前線作戰，而沒有帶到湖北省。因此他在湖北省依然是一個沒有武力後盾的光桿省主席。正因為如此，所以擁有桂系大軍的李宗仁對於湖北省務依然横加干涉，引起陳誠感嘆，「鄂東鄂北問題，因李（宗仁）之封建觀念太重，好人站不住，不能做，壞人去不了（李對好人排斥，壞人拉為己用），實感棘手。」[186] 湖北省民政廳長也向陳誠報告稱，桂系李宗仁是一位「有部落思想最重而有做法，有計劃之人，其深沉不露，延攬各方，實超過白（崇禧）。」最後甚至說，「由桂隨出（到外省）者，無論新派，老派，文職，武職，皆夜郎自大，均貪汙奢侈。」陳誠甚至想到根本解決辦法，就是取消第五戰區，只是這完全超出他的能力範圍，也是蔣介石為了繼續抗戰而絕不敢冒險的措施。1942年初，陳誠主持湖北省政已經有一年半時間，當他因為兼職太多而考慮辭去湖北省政府職務時，湖北省地方人士就再三懇求他不要離開該省。[187] 唯恐他離開後桂系的貪婪會變本加厲。

果然，陳誠離開後，繼任代湖北省主席朱懷冰也不屬於桂系背景，也沒有自己的軍隊，因此在第五戰區內處境更為困難。朱懷冰提出的專員人選，如果沒有經過戰區司令官李宗仁同意，就不能任命。相反地，李司令官卻可

---

185 陳誠先生日記，1942年6月15、20、21、24日。這些措施成為他以後在台灣推行土地改革的雛形。

186 陳誠先生日記，1942年6月25日。

187 陳誠先生日記，1942年2月22日，7月20、22日。

以強迫朱主席任命他屬意人選擔任行政專員和縣長等職，而省主席也無法抗拒。[188] 在政策方面，雖然田賦徵收是朱懷冰主席權責範圍內的工作，而且他對徵收弊端又高度熟悉和急思改革，卻只能歎息自己「人微言輕」。儘管他在私下批評省內軍隊和官吏毫無人性如同食人飲血，但是卻完全無力抵制軍隊和戰區長官部的索求。而這種情形一直延續未改，以致何成濬在1944年中期依然感嘆，「今日之省主席，處處皆受軍隊挾制，實不易作也。」[189] 而有的軍隊長官則寧可保持軍隊，也不屑擔任省主席。一個明顯的例子就是1944年時任集團軍總司令的劉茂恩，當重慶政府考慮派他擔任河南省主席時，本是明顯的職位高陞應該非常樂於接受，但卻再三推辭，因為不願放棄軍隊，而他提出的不願意接受省主席職位的首要理由，正是擔心其他軍隊干政、游擊隊太多，地方武力太亂。而當他最終還是被說服接受省主席任命後，卻被陳誠批評為「只知擴充地方武力，而不知注意民眾之痛苦與責任」。[190] 考其緣由就是劉茂恩深諳政治現實的道理，即使在省主席位置上也要緊握軍隊，才能免受其他軍隊欺凌。

這些對外界社會嚴密隱瞞的案例提醒我們，戰時省政府雖然看似是一省最高行政單位，但是未必有權，還需要軍權在握才能說話算數。如果省主席沒有軍隊，也只是小媳婦。抗戰以來，以軍職而兼任省主席者，權力奇大無比，事事不遵照中央政府指示，等於獨立王國。但是不兼軍職的省主席則權力被削奪乾淨，事事受制於人。[191] 湖北省的例子就清楚說明，無論省長是何許人，但是第五戰區司令官和駐在湖北省的各式軍隊將領們，才是真正掌權者。這是抗戰研究在方法論方面，必須小心處理的事項。難怪何成濬寫道，「軍閥之欲望無窮，得步進步，中國之全部，此後或又將重演北洋軍閥時代分裂割據之慘劇矣。」他又形容這些「橫暴軍人」的心態是「彼輩除搶奪地

188 何成濬將軍戰時日記，1942年6月28日，7月8日。

189 何成濬將軍戰時日記，1943年5月5日；1944年7月2日。

190 陳誠先生日記，1944年7月3-4日，10月8日。

191 何成濬將軍戰時日記，1944年1月8日。

盤，干涉政治，魚肉人民，劫取財物外，一切無所知悉，**此事中央無策解決**，則多行不義者，亦只有待其自斃耳。」[192] 以全國軍法最高領導身分，何成濬的無奈感和乏力感躍然紙上。

但是更大的諷刺，是重慶政府也面臨同樣無力的困境。湖北省許多縣份的災情和軍隊違法亂紀的徵糧暴行並非偶發事件，而是在1941-1943年長期存在的慘像。根據陳誠敘述，重慶政府對於第五戰區內，各個軍隊徵購軍糧和搜刮地方的情形，曾經收到詳細報告，而蔣介石本人也多次做出指示處理辦法，再經過高級幕僚會議做成正式決議，嚴令各部隊切實奉行，甚至信誓旦旦，如果違反必定嚴格處罰。與此同時，軍政部還命令各地軍糧局，今後切不可把購糧證直接發給部隊，而必須由地方政府收買，希望減少弊病。但是何成濬坦言，「**但各盜匪式之軍隊，是否服從命令，殊難判定**。」[193] 關於鄂北造成嚴重糧荒，陳誠也提供了佐證。鄂北地區駐軍實際不足20萬人，卻要求以30萬人計算，而且一口氣要獲得15個月軍糧，蠻橫至極，難怪造成「十室十空」的慘狀。[194]

關於鄂北軍隊強徵軍糧事，重慶軍委會也曾經計畫要派員去實地調查，但是何成濬認為，「**就今日情勢言之，當地各高級將領，不能遵守命令，嚴約所部，中央即有辦法，終屬空言無補**。」因為中央並非不了解真實情況，而是沒有能力要軍隊將領服從命令。[195] 換言之，重慶政府儘可以三令五申，但是地方軍隊將領也可以我行我素。如果地方軍隊將領選擇裝聾作啞或是公然抗命，則中央政府又能夠如何？答案是，中央政府無能為力。因為這一切並不是單純的軍事指揮組織或軍法獎懲的體制問題，而是更深一層次的政軍關係和槍桿子問題。

軍法總監何成濬曾經說出兩段話，透露了這個政軍關係的核心本質。一

---

192 何成濬將軍戰時日記，1942年7月8日。

193 何成濬將軍戰時日記，1942年2月11日。

194 陳誠先生日記，1942年3月10日，5月1日。

195 何成濬將軍戰時日記，1942年2月24日。

段話是他的自我慚愧和檢討，「余本負有糾察軍紀之責，**然此等軍隊之長官，殊為中央權威所不及**，余又其如之何？」他以全國軍法總監之尊，居然無法約束這些軍隊長官，已經是一個驚人的自白。另外一段話是客觀敘述，「現在一般軍隊紀律皆廢弛不堪，**尤以廣西軍隊為特甚，藉抗戰之名以攘奪利益，剝削人民，各將領以中央扼於情勢，不便加以制裁**，反自鳴得意，真毫無心肝也。」這就更透徹地說明了，中央政府面對地方實力派無能為力的深層原因。其實不是「不便加以制裁」，而是根本「不能加以制裁」。以何成濬對戰局和政局的了解，他只能悲觀地認為，即使他向蔣介石進言，「恐亦無策解救。」[196] 真是一針見血。

對於第五戰區的軍紀廢弛和魚肉人民，陳誠也提出他的佐證。他從屬下縣長們報告中得知，該戰區兵站總監私存（在竹山縣）糧食達一萬六千石。某軍官長在各地買田，僅在隨縣一地就超過一千畝，還抗拒不完糧納稅。該戰區的軍校分校也參加盜賣軍糧和走私。至於其他強派民糧與營私舞弊情形，更是無法細數。軍官生活如此「飽暖」，最後演變成發洩「淫慾」就毫不奇怪，以致第五戰區長官司令部所在地一個城的妓女就高達五千餘人。而服務對象當然都是「為國辛勞」的軍人們，把女同胞們的肚皮當作是戰場恣意馳騁，情形令人咋舌。[197]

如此貪腐安逸的軍隊不能打仗，自是意料之中的事。更糟糕的是，根據陳誠指出，第五戰區凡是班長以上軍官人人有錢，而且還組織「臨時家庭」，遇到戰事哪能捨身衛國？難怪陳誠恨聲不絕地寫道，**「桂系萬惡，萬惡！」**陳誠本人由於重慶政府賦予的軍事任務太多，新近又要負責遠征軍訓練責任，所以屢次請辭第六戰區和湖北省職務。但是重慶政府卻擔心，一旦這兩個職位出缺，桂系就會趁機要求接任，因此前後躊躇不決，不知如何抵擋李宗仁和白崇禧的壓力，只能讓陳誠多番延長任期，到了1943年陳誠終於忍不住滿腹怒火在日記中宣洩，「李，白只知地盤，武器，金錢，可嘆！可

---

196 何成濬將軍戰時日記，1942年1月15日，2月7日。

197 陳誠先生日記，1942年11月8日。

嘆！」[198]

以上這些例證，充分標示出本書所強調的抗戰時期「政治軍事大格局」這個觀念的重要性。因為本節所討論的田賦徵收事務，雖然明顯屬於地方政府眾多行政工作的一部分，但是它的成敗卻和「大格局」緊密相關，也關係到基層農村千家萬戶的生計和生存。這其間至少有三個關聯線索值得進一步加以分析。第一，如前所言，桂系是蔣介石領導的主戰派中，最積極熱情的地方實力派支持者。姑不論桂系軍隊對於抗戰的戰功究竟如何，但是它在「藉抗戰之名」一事上，的確宣揚盡致。除了中央軍部隊之外，全國無以出其右者。主戰派完全認清楚這個事實，只能多加珍惜，而不能要求他們奉公守法，更不能對他們的違法行為認真處理，以免「因小失大」。這是桂系和其他地方實力派最大不同之處。

第二，李宗仁出任第五戰區司令官，並把大量桂系軍隊長期駐紮湖北省，除了為鄉親官兵找到一塊維持生計的異地肥土之外，還難以抑止趁機搜刮的私心。軍法總監何成濬在日記裡抱怨，豫南皖西地區較大型商業都控制在桂系軍人手中，民間商戶不能經營，「人民血盡淚枯，中等以下之家，莫不破產」。糧食更是控制在軍人手中，導致人為的缺糧和糧價飛漲。[199] 對此現象，陳誠就坦白指出，桂系大將安徽省主席（李品仙）搜刮巨額錢財運回廣西省，引得陳誠怒斥，「李品仙有意作惡，可怕！」。而在湖北一省，第五戰區的各級幹部都在鄂北大買土地（強取豪奪手法），由軍人變成地主，率先拒絕完糧納稅，破壞地方政府的徵糧徵稅制度，把抗戰負擔轉嫁到窮苦老百姓身上。在這方面，桂系的心理狀態和行事作風，又和其他地方實力派如出一轍。日軍不來則盡情魚肉鄉民，日軍若來就聞風逃逸，丟下老百姓任日軍再次宰割，看不到符合主戰派形象打硬仗的真實功夫，更看不到「集小勝為大勝」的成果。有趣的是，這些派系部隊在外省作戰並不出色，保衛本省時亦復如是。因此，廣西省在抗戰期間每次被日軍侵入，本省籍部

---

198 陳誠先生日記，1943年1月16日，「本星期預定工作課目」，1月27日。

199 何成濬將軍戰時日記，1943年2月25日。

隊都守土無能只好急求外援解救，卻還要找出一個藉口，聲稱本省善戰部隊在其他省份為國殺敵，卻拿不出令人信服的在任何地區殺敵的證據，徒然魚目混珠而已。同樣值得注意的是，重慶政府對於其他部隊還可以採取內監外控方法，使它們的行為有所收斂，唯獨對於桂系地盤則萬分尊重，既不願也不敢加以冒犯，造成愈是政治立場堅定抗日的地區，政治品質愈是低劣殘暴。[200] 也不禁令人產生好奇：桂系領袖們當年慷慨主戰，究竟是認為自己的武力的確足以擔當保國衛家的重任，抑是領袖們長年偏處西隅，不知現代科技戰的天高地厚？或是具更高人一等的政治機智，企圖乘勢搭乘高漲民意的順風車，指望用他人的武力去抵抗日軍？

第三，在第五戰區裡，除了桂系軍隊當然受到優先照顧之外，還有許多其他地方實力派軍隊霸據各地。戰區司令部也必須滿足它們的生存和貪婪才能平安無事，更可以借此向重慶政府邀功，證明自己有能力「團結」各種「雜牌部隊」留在抗日陣營之內，使得重慶政府對桂系益發倚重，抬高桂系作為抗戰夥伴的身價。換言之，重慶政府對於桂系優渥拉攏的原因，也正是與桂系在第五戰區內對其他地方實力派優渥拉攏的原因相同。難怪整個抗戰時期雜牌軍隊對李宗仁鮮有怨言。至於廣大人民的生存資源，則可以予取予求，絕無所謂「地方」溫情可言。不幸的是，這個現象極為普遍，既可以由四川雲南省籍的軍隊表現在它們的本省，也可以由廣西軍隊表現於湖北和安徽。最終，連蔣介石的最忠貞部隊如蔣鼎文與湯恩伯也表現于河南。

簡言之，地方實力派的本質，就是以軍隊為生存的基本要素。脫離了軍權，就沒有地方實力派。而當這個軍權受到限制或威脅時，他們就可能搜尋其他生存空間，最後包括放棄抗戰的虛像，在實質上投向日偽陣營。如前所言，全國眾多地方實力派的保命符不是「地方」而是「實力」。服從中央和參加抗日陣營，只是眾多保存實力的選項中的一部分而已，與愛國信念或民

---

200 根據陳誠情報，僅僅是在1944年，李品仙就籌備組織企業公司，基金為17億元，年獲利可能達100億元。陳誠的結論是桂系「成事不足，妨礙革命有餘」。見：陳誠先生日記，1944年9月22日。

族使命感無關。無論是從大處著眼的抗日戰爭的軍國大計，到小處著手的地方稅收事務，都跳不出這個格局的陰影。

以上的分析還可能幫助我們對於抗戰時期爭論不休的，雜牌軍隊被歧視的問題得到一些不同的啟示。多年來的民間論述中，經常把蔣介石和李宗仁作為對比。大致說法是蔣介石心胸狹窄用人唯私，培植黃埔嫡系軍隊，歧視和處心積慮地消滅雜牌軍隊，而李宗仁則寬大仁厚、待人平等，善於團結地方實力派，廣受後者擁戴。就作戰表現而言，前文已經數度提到過桂軍在淞滬戰爭和徐州會戰時的劣質表現。即便是在太平洋戰爭爆發後，桂軍無論在第五戰區前線或是在防守廣西家鄉都乏善可陳。就處理地方政務而言，桂系在湖北和安徽省縱容部隊的劣跡昭彰，也受到當地人民嚴厲指控。但是或許正是出於如此縱容，才使得李宗仁贏得了善於處理雜牌軍隊的美譽，而且也躲過了和地方實力派的摩擦。我們必須記得，即便是將台兒莊戰役的功勞全部歸於李宗仁，但是整個戰役前後不足兩個月，而抗戰是96個月，學者們需要進一步研究的是，在剩餘的94個月之中，李宗仁又如何地運用他的指揮才能和政治智慧為抗日做出貢獻？桂系的「鋼鐵之軍」又如何及在何處實踐了白崇禧極力宣示的「集小勝為大勝」？

在抗戰時期物資武器極度匱乏，而全國又有三、四百個師的狀況下，「偏袒」和「歧視」之間如何界定的確並非易事。如果依照本書第二、三、四章所述，許多部隊既貪生怕死，蹂躪民眾，沒有對抗戰做出積極貢獻，卻高調抱怨沒有受到政府的充裕補助。說白了，它們的立場就是堅決避戰而仍要政府（其實是中國人民）維持它們的生存，把寄生蟲處境轉換成理直氣壯心態。這種把「平均分配」作為最高準則，對於抗戰毫無貢獻。反之，如果以戰功為分配原則，則必然產生差別待遇，有戰功的部隊多得，無戰功的部隊少得或不得，如此才可以激勵對日軍的戰鬥意志和能力。因此，只有在許多部隊摩拳擦掌英勇殺敵而得不到補充時，才會產生真正的「歧視」問題。可惜的是，歷來大聲抱怨遭受歧視的部隊並沒有提出有力的資料，顯示它們既善戰又有戰功，而只是抱怨政府沒有提供充足的資源讓它們我行我素。或許其他關注戰時「歧視雜牌」問題的學者可以提出更精準細緻的史料，幫助我們進一步釐清這段公案。

在此還可以借一個實例來說明地方上複雜的政軍關係問題。何成濬將軍，軍階陸軍上將，職位是全國軍法總監，在湖北隨縣原籍家中有一些土地和家產，承平年代依法完糧納稅後尚可存餘。但是到了抗戰後期由於第五戰區凌駕省縣政府，不但稅率大幅提高，而且一年數徵和各種攤派。當他的地產被當地縣政府抽取高額稅金而超過土地價值時，他雖然屢次請求調整也無效，因為縣政府實際頂頭上司不是省政府，而是戰區司令官和駐軍長官。何成濬在被迫使需要從重慶不斷匯款回鄉交稅後，只好請求縣政府直接管理全部田產，並且直接抽稅。但是縣政府堅不答應，依然要他補稅。何成濬最後無路可走，只好直接上書蔣介石，聲稱把老家財產所得在抗戰期間內全部交給縣政府移做公費，以求免除無法承擔的高額稅金。如此驚動重慶政壇的大動作，包括蔣介石親自干預和公告表揚，終於讓實際統治當地的實力派停止壓榨。這一事件前後延綿多月才讓何成濬解脫痛苦，但是也引發了他一團怒氣，全部宣洩在日記之中。他寫道，「現在中央之權威大減，暴軍糜爛地方，魚肉人民，已成日常便飯，邪官蠹吏，逢迎阿附，狐假虎威，更無惡不作，人民之膏血盡入彼輩私囊，中央固莫可奈何也。**自抗戰以來，種種捐稅，果有十之二，三歸公，則軍費政費絕不若今日之艱絀矣**。」[201] 以何成濬身為在朝高官，尚且受到如此惡劣待遇而無計可施，則一般平民百姓每日要應付的負擔包括派糧、派軍、派伕、派油鹽柴菜等等，就更是投訴無門。何成濬把他們稱之為為「暴軍汙吏」。連蔣介石也只能以公開表揚何成濬的迂迴方式，暗示地方軍人自我收斂，卻無法直接下令地方政府依法辦事。

這個案例精闢地說明，抗戰時期許多領域的控制實權不是依據法律、政策、和政府體制，而是牢牢地操縱在地方實力派手中（只有外交領域是例外）。而當地縣政府受到戰區和駐軍長官的壓迫，也為了增加自己利益，轉而對老百姓盡情搜刮，鄉村中不論富農貧農、鄉紳平民，一律成為壓榨對象。

---

201 何成濬將軍戰時日記，1943年4月17日，8月5日。

在正常情況下，人民群眾對政府的義務統稱之為「完糧納稅」，需要遵行，毫無疑問。田賦無疑是戰時「完糧」最沉重的負擔。在結束本節之前，還需要簡略地討論農村人民一般性「納稅」的負擔。

六、巧立名目的稅務重擔

在南京政府權力尚未伸展到華中地區和大西南地區省份時，對於該遼闊地區的地方稅務情況，既無數據可供了解更無權過問。抗戰開始後的若干華中省份，因為稅務機關受到衝擊，稅務資料喪失，造成體制大亂。有些戰地收稅工作完全停頓，或是由於老百姓逃亡而無稅可收。至於四川雲南等大後方省份的地方稅務，又依然緊握在地方實力派手中，新近狼狽逃來的中央政府，根本缺乏能力派遣公務員到基層政府服務，既打不進去，也摸不清路數。

重慶政府花費兩年時間（1938-1939年）致力于在大後方陌生政治生態中立足，到了1940年中央政府終於控制重慶市，開始希望通過稅務革新而實現建設大後方和長期抗戰的構想。因此它認為最有效的方法是架空舊有省級規模的地方實力派，讓中央政府直接和地方（縣）政府建立有機性關係。新縣制的建立（1940）尤其讓中央政府看到一線曙光，在稅收事務領域中讓中央和地方直接連成一氣，藉以結束省級地方實力派在財源和財政領域中的獨霸地位，因此決定大幅調整省、縣兩級政府的財政權責。省級政府被規劃為納入中央財政，而縣政府財政則由原來的附屬地位提升為自主地位。純粹就制度設計而言，從此以後，省政府原本的收入一律由中央政府接管，而省政府的政務和建設經費，也全都由中央政府撥發。這個改革方案讓省政府從原來的實質行政單位變成是虛級單位，只是辦理中央政府交付的事項，一切省內工作都是由中央政府授命和授權辦理，不再有本省自主事務。省政府成為中央政府派駐在該省的機關，省主席和各廳廳長都由中央委派，直接受中央政府指揮和監督。除此之外，中央政府還可以派遣審計員到各省進行查帳和稽核，不受省政府節制。至於縣級政府的財政則脫離省政府控制，一部分自籌自用，一部分由中央撥發。

這個改革方案雖然從表面看來，是把中央集權化和行政理性化向前推進了一大步，但是實際效果非常微弱。四川雲南山西等省政府基本上不予理睬，仍然由地方實力派操縱稅收。即便是中央政府委派的某些省級官員，到了各省省政府之後也會遭受排擠和冷遇，以致如坐針氈只好求去。換言之，中央政府領袖們在重慶閉門造車，企圖在行政程式和典章制度層面創造改革效果，卻完全忽略了中國的政治格局，特別是地方上人事任用權密不透風，以致中央領導們自以為是所擬定的法規，被地方實力派完全不予理會。[202]

（一）一般稅源

粗略而言，戰時縣政府的合法收入來源有三大項：1. 課稅；2. 公產收入；3. 國稅劃撥補助。

就課稅部分而言，1940年新縣制實施前，縣級政府並沒有自主的稅收來源，為了補貼地方政府經費的短缺或是滿足官員的貪婪，私自設立苛捐雜稅早已成為普遍現象。新縣制成立後，縣政府雖然有了自己的法定稅源，但是積習難改，依然繼續苛捐雜稅。

戰時地方稅務一個突出的結構性缺點，是稅務機構太多，隸屬不同的上級指揮機構，以致縣政府大門經常懸掛二三十張機關招牌。但是執行人員素質和數量嚴重欠缺，經常為統屬系統分歧而發生爭稅情形。連帶衍生的問題則是稽查關卡太多，有的省份多至數十個，凡是貨品經過，一律課稅，手續複雜，稅率重複而沉重。更由於稅區面積太大，而且荒郊偏野交通阻塞而增加稅收困難。比如說茶葉、皮毛、製糖、釀酒，都是農村千家萬戶從事的生產活動。由於他們離開縣城可能百十里路之遙，所以除非政府能夠雇用大量稅務員實地走訪，否則無法收稅，而稅務機關又正是辦公費不足辦事。雖然1942年4月國防最高委員會曾經指責嚴厲，而蔣介石本人也在1942年12月底責令財政部、交通部、和軍事委員會等單位，要對名目繁雜的稅務機關加以

202 請參閱：侯坤宏，《抗戰時期的中央財政與地方財政》，頁209-210 。

取締，合併和統一，但是重慶政府演繹出來的規章制度成為高談闊論，不著邊際，地方政府則不理不睬。[203] 關鍵問題是執行人員素質和工作作風。歸根結底，中央政府不得不繼續依賴地方原有的體制、人員、和行事陋規，更何況地方傳統勢力還極力抵制。重慶政府無法一邊進行對日作戰，一邊進行徹底的行政改革和人員改造。南京十年做出的些許都市型的成就，到了大西南省份農村地區完全排不上用場。中央能夠派到大西南省份的極少數縣長，即便能夠平安上任，也打不進當地的鄉紳階層，甚至需要依賴和結交地方傳統勢力才能生存。再加上戰時公務員調動頻繁，重慶政府的代理人在地方層面虛有其表。因此，大後方省份在文化社會領域裡累積下來的歷史包袱，在戰時更突顯出它們的負面作用。

或許地方稅收工作中最令人矚目的手段是「攤派」，它是抗戰時期普遍現象，嚴重打擊人民對政府的支持度。其方法是從縣政府到鄉鎮保甲，各級官員可以自行決定攤派數目而又層層加碼，等於是鋪天蓋地的搜刮。攤派的本質是在法律規章之外向人民索取的貢獻，它既可以是金錢，又可以是物資和勞務。在北洋軍閥時代，攤派是軍閥斂財的慣用手段，四川省是以攤派而惡名遠播的省份。抗戰開始後攤派變成是全國性現象，一部分出於軍事情況緊急需求，一部分出於地方財政經費短缺必須另謀出路。軍事部分大致包括糧秣、燃料、軍用牲畜和飼料、被服鞋襪、各種軍事活動必須的器材。政府強迫老百姓為公家辦事而不付報償者，則包括建造軍用機場、勞役、為公家養豬養雞、占用私人池塘養魚等等。地方政府的財政短缺則更是難以界定，從行政費，薪俸，到官員私囊中飽全都包括在內。攤派的特點是它沒有法律依據，收取量沒有定時或定數，收取的目的沒有規則也無需說明。換言之，幾乎完全取決於在一定的「時，空，地」之內有權力執行攤派的人的隨心所欲。他們可能是地方官員、保甲長，也可能是軍隊官兵，誰手中有權（政權，軍權），誰就說了算。正因為在正規稅金之外還提出有這些五花八門的索求，所以使人民負擔加重許多，而且又投訴無門。有一項統計顯示，在各種

203 參閱：侯坤宏，《抗戰時期的中央財政與地方財政》，頁176-184。

攤派中，有四分之一來自中央和省政府決定，四分之一由地方士紳和宗教團體設立，一半由鄉村和保甲長自創。這後者四分之三的攤派控制權，可以顯示出戰時地方鄉紳和保甲長在地方財政稅收所占的地位。[204] 除了他們自己的貪腐動機之外，最大壓力來自軍隊長官隨時隨地向他們提出的索求。根據王子壯估計，「軍事區域攤派尤多，如軍隊副食，草鞋，燈油，柴草，馬乾。所征一物攤派一次。**故一縣之中，其數在一，二百次。額達數百千萬元者，比比然也。**」[205] 真是驚人。

更有甚者，戰時基層政府又因為徵稅地區太廣闊、專案太多，沒有足夠人手處理根本照顧不過來，因此地方政府為了保證達到上級徵稅指標，並非指派公務員去執行工作，而是經常透過「包征」手段，把徵稅任務發包給民間的稅收掮客（中間人、包商）。照理說，即便是包征依然可以透明公開招標、制度化。但是事實上黑幕重重，有各種手段可以顛覆制度。比如說圍標、故意抬高或壓低標金使外人無法公平競爭、買通官員獲取內線消息、造假等等。而最後得標的掮客，又多半由地方上的土豪劣紳，惡棍，地痞流氓所把持，甚至和低層官員串通分享利潤。這個基層依賴掮客收錢的稅收運作，外人根本打不進去，而重慶政府更是鞭長莫及。舉凡屠宰稅、釀酒稅、煙草稅，農民中千家萬戶從事這些活動，縣政府根本沒有人力可以在方圓幾百平方公里的地區內挨家挨戶地檢查，只好委託中間人去收稅。因此在社會上一群專業性的「稅棍」應運而生，他們替基層政府工作，包稅和委託收稅等等。掮客和稅棍收到稅金後也經常中飽，甚至推三阻四不肯交出，或是打折扣交出一部分。現象極為普遍。[206]

至於公產收入部分，則最多來源是學田。它們本是歷史遺留產物，但是由於年代過久，記錄散失，稽核不易，變成是土豪劣紳說了算。至於國稅劃撥部分，依國家規定縣政府可以保留一部分營業稅、印花稅、遺產稅、土地

---

204 參閱：侯坤宏，《抗戰時期的中央財政與地方財政》，頁168-172。

205 王子壯日記，1944年4月1日，「本星期預定工作課目」。

206 參閱：侯坤宏，《抗戰時期的中央財政與地方財政》，頁128-133、172-175。

稅、財產出賣及租賃所得稅。但是地方政府還找出各種藉口和方法截留其他應該上繳給中央的部分，或者在中央法定稅金之外增加「附加稅」，比如說，田賦附加稅。

所有上述這些稅收項目的設定和執行，多年來都是由本地當權派主宰，和重慶政府這個外來政權沒有建立傳送帶或樞紐帶關係。中央政府既沒有足夠的公務員派遣到近千餘個縣級單位去督導政府工作，更不用說派遣數萬名稅務員直接到基層社會去執行中央政策。所以說到底，抗戰時在國民政府名義上的統治區內存在兩套政府系統，重慶政府沉溺於公文至上，迷信制定政策法規，而地方實力派則拒不執行，我行我素。兩套統治系統之間存在一道難以跨越的鴻溝。這個最基層的統治階級，正是國民政府在八年抗戰中無法穿透的一塊鐵板。中央政府制定的規章法令在地方執行時早已大打折扣，而攤派現象則更是中央政府無法控制的脫韁野馬。它們深切地和傳統，地方色彩，實力派，文化糾纏成為一團，使客居大後方的「下江人」根本無法滲透，更不必說操控了。

在如此混亂的情況下，地方稅收制度弊端百出，乃是意料之中的結果。例子包括：虛報名額、冒領薪金、克扣薪餉、私運禁品、捲款潛逃、勒索受賄、私設關卡、非法刁難商人扣留貨物、擅自販賣緝私查獲物品、挪用稅金、藏匿不報、販運白銀、朦吞稅款自肥、違法舞弊、減稅索賄、藉故勒索、非法刁難、綁架投獄、巧立名目、抽取釐金、任意加收手續費。這些行為在地方層面遍地皆是，多不勝數。既不容易抓，即使抓到也因官官相護而重案輕判，大事化小，不了了之。[207] 而貪污款項在百萬元以上者更是屢見不鮮。徐永昌直接指出，官員貪污最糟糕的是稅務人員，尤其是直接稅和糧食官員。他舉四川巴縣田賦管理處副處長為例，僅僅一人就貪污一千一百萬元、稻米四百餘擔。[208]

造成這些弊端的具體原因，固然可以說是戰時機構組織不健全，沒有適

---

207 參閱：侯坤宏，《抗戰時期的中央財政與地方財政》，頁160-167。

208 徐永昌日記，19444年10月8日。

應戰時情況，公務員薪酬太低無法生存，只好以貪污方式略微補償，但是不可忽視長遠的文化、歷史，和傳統背景。此前一兩百年中國地方的日子就是這麼過的。國民政府為應付作戰已經焦頭爛額，完全無法進行文化改造和挑戰大後方根深蒂固的地方傳統。

（二）戰爭影響

至於戰爭則對稅收產生更大殺傷力。比如說，當地方政府看到軍事情形不穩，就會進行「搶徵」，在法定時間未到達前就預先徵稅，甚至多次徵稅。軍隊直接霸據稅務機關，軍隊所至，強行攤派。除了軍隊副食，還徵用民間交通工具、人力、建築材料，去修路、挖戰壕、搭橋等等。無論軍隊作戰勝敗，只要經過某地，當地政府一定會被強迫要求滿足以上要求，更不必說軍官們的貪污斂財劣性。凡是民間所有，都可以被軍隊搜刮而去，甚至包括軍隊走私而強迫老百姓做運輸隊。[209] 陳誠在湖北省任職期間，已經長期目睹第五戰區軍隊對於老百姓的搜刮醜態惡行，1944年在第一戰區又遭遇同樣現象。該年河南省軍隊徵用大批民間車輛從事「軍運」，以從韓城到宜川一段路程為例，每一車一趟約需8,000-10,000元費用，但是軍隊拒絕付錢，全由老百姓自賠。而所謂「軍運」者卻是長官的走私物品，引起民間極大怨恨，成為人民報復軍隊的重要原因之一。陳誠和河南省地方負責人談話所得的印象是「該省過去糧政之罪惡，實聞所未聞」。較之前述湖北情況，顯然更讓他大開眼界。[210] 如果以陳誠對官場的豐富閱歷都聞所未聞，則其黑幕重重更非一般老百姓所能透視。

農民被強迫繳納糧食，稍有怠慢或抗拒不交的結果，往往是被拘捕甚至槍決。因此許多農民為了完成納糧義務，被迫變賣土地，甚至賣兒鬻女。1943年河南省就發生**災民**乞食，賣婦女和兒童等慘劇。[211] 河南民情早在數

---

209 參閱：侯坤宏，《抗戰時期的中央財政與地方財政》，頁133-143。

210 陳誠先生日記，1944年9月24日，10月9日。

211 何成濬將軍戰時日記，1943年5月21日。

年前便已開始惡化，進而出現嚴重饑荒人民瀕臨死亡，但是軍隊卻依舊向老百姓索要糧食，重慶政府也無力提供賑濟。[212] 竹山縣因為兵役軍糧配額過大，引起民眾暴動，搗毀3個鄉公所，殺死2個鄉長，全縣震動。[213] 1944年5月在湖北省發生的「天河口民變事件」更是震動全國，當時隨縣天河口地區的軍隊苛捐雜稅過度，激怒人民圍攻部隊，總指揮被俘，高級軍官遭殺戮或受傷者十餘人。[214]

當然對重慶政府戰時糧食政策最大的打擊，莫過於1944年的「豫湘桂會戰」。從局部而言，日軍從4月開始攻打河南省，立即暴露嚴重軍民對立現象。陳誠事後處理殘局時，和部屬們檢討軍事失敗原因之一，就是人民怨恨部隊，而其中一大理由是負擔太重。他舉出徵糧工作上的「正糧，副糧，馬干（乾草），工事，工料等等，均使人民無路可走」，特別是用種種橫暴不法手段向人民奪取正糧，然後再迫使人民向軍隊購買糧食去繳納軍糧，更是普遍暴行，難怪人民拋棄國軍。[215] 從全國大局而言，日軍先後占領了河南，湖南、和廣西大部分地區，攫取了當年該地出產的大部分糧食。而四川為支援敗退至西南一隅的龐大軍隊和難民，也承受巨大壓力。抗戰臨近尾聲時，內地民眾的糧食危機也達到了最危急狀況。大量的難民，飆漲的糧價，癱瘓的行政機構，軍隊將領們的亡命斂財，所有這些因素的匯集，導致一種近似無政府狀態、全國上下陷入了前所未有的悲觀與絕望之中。無論重慶政府使用何種對策完全無效，包括高壓性手法。這些基層政治的瓦解，正是重慶政府在抗戰最困頓時期失去農村民眾支持的重要原因。從華北到大西南，一無例外。

---

212 The Ambassador in China, Gauss, to the Secretary of State, no. 721, November 13, 1942, 893.48/3069, *Foreign Relations of the United States, Diplomatic Papers, 1942, China* (Washington D. C., 1956), p. 253; no. 933, February 15, 1943, 893.48/4008, *Foreign Relations of the United States, Diplomatic Papers: 1943, China*, pp. 208-209.

213 何成濬將軍戰時日記，1942年7月25日。

214 參閱：侯坤宏，《抗戰時期的中央財政與地方財政》，頁133-143。

215 陳誠先生日記，1944年5月27日。

第六節　兵役政策

民國初年，當軍閥需要擴充軍隊時，他們慣用的手段是物質引誘招募士兵或暴力強迫民眾當兵。1933年，南京政府首度試行國民兵役制度，規定凡是適齡國民都有服兵役義務。但是面對日本壓迫，國民政府只能在南京控制地區局部試行。[216] 1936年3月雖然公布兵役法，但是由於戶籍制度尚未建立，地方實力派又極力阻擾，因此只能小規模試行，收效甚微。比如說，南京政府想把四川省保安隊變為補充兵力，就受到四川軍人抵制。其他各省情形大致相同。[217] 1937年開始抗戰，一年之內軍隊損失高達100萬人，全國兵力降到只剩100餘萬人。國民政府為了應急，只能採用抽調、招募、徵兵等混合方式去補充兵員。抽調是把各省已有訓練基礎的保安隊和老兵調赴前線作戰。招募則是志願兵募兵，由各地的兵役管區負責，也允許部隊自行招募。徵兵則是依照戰前規定，但是縮短了徵兵程序，增加徵兵對象出生年次。[218] 但是隨著士兵傷亡率上升速度驚人，政府倉促對策是把兵役制度很快推廣到全國各地，也因此讓它的弱點大幅暴露。比如說，在1938年武漢會戰期間，蔣介石就曾經抱怨，補充兵數額表不詳實，主辦人員只圖填表湊數，敷衍了事。軍政部長何應欽也證實，各個部隊長官平時對兵員和器械補充都不曾登記追蹤，等到上級索取報告時就信口開河胡亂填寫，以致軍政部得到的報告嚴重失實。[219]

---

216 張其昀，《抗日戰史》（台北，1966），頁337-339；呂芳上主編，《中國抗日戰史新編：和戰抉擇》，頁246-248。

217 呂芳上主編，《中國抗日戰爭史新編：軍事作戰》，頁131-132。

218 呂芳上主編，《中國抗日戰爭史新編：軍事作戰》，頁15；秦修好，《中外兵役制度》（台北：中央文物供應社，1983），頁509-510。

219 呂芳上主編，《中國抗日戰爭史新編：軍事作戰》，頁132-133。

一、徵兵制度

在1937-1940年短短三年中，僅是經過軍政部以正規程序徵集的壯丁就達到550萬人。[220] 而其他由部隊自行招兵的尚不知其數。由於陳舊制度顯然已經無法應付迫切新需要，因此重慶政府在1941年頒布一套新兵役制，把全國以省為基準劃分為15個「軍管區」，以行政專區為基準劃分為109個「師管區」。除了個別微調外，這一制度一直延續到戰爭結束。

1941年兵役制度改革的主要目的，是為了加強軍隊與政府間的合作。依據新法令，每個部隊分配有徵兵的指定區域。一方面，省政府負責徵收18-25歲壯丁補充正規軍和保安團隊的缺額。以廣東省為例，省主席李漢魂兼任軍管區司令，中央政府指派師管區司令，省內的行政督察專員則兼任團管區司令。另一方面，正規軍的軍級單位直接向中央（軍政部）呈報所需要的新兵數量，中央政府就命令軍管區司令李漢魂轉告團管區的行政督察專員，把命令下達給保甲長完成徵募該數量的指標，將新兵送交師管區，組織成為「連」，加以訓練後，移交給軍級單位成為正式戰鬥兵。[221]

在正常情況下，每個師管區負責向一個軍級單位提供兵源，而選定一位該軍的高級長官兼任師管區司令。1943年，重慶政府決定結合徵兵與整訓工作，由每個軍的三個師中抽出一個師調至指定師管區整訓，其餘兩個師保持戰鬥警戒。這一整訓計畫要求各師輪流執行，因此在理論上，所有3個師在經過一段時間後都能得到加強。[222]

二、執行缺失

兵役政策與糧食政策一樣，它在重慶設計的法令和制度是否可以推行，

---

220 徐永昌日記，1940年3月3日。

221 張發奎，《蔣介石與我》，頁292-294。

222 兵役部，《抗戰八年來兵役行政工作總報告》（重慶，1945），頁5-8。

關鍵在於縣和縣級以下的基層政府單位和幹部，因而這兩項政策面臨的困難也大致相同。毫不意外地，合格的兵役事務管理幹部同樣嚴重短缺。在1936-1946年間，全國只有3,048名縣級幹部曾經接受過1-2個月的兵役事務管理訓練。[223] 結果是，凡是缺乏能力處理政府其他事務的人員，同樣缺乏能力推行兵役政策。比如說法律明文規定，凡是未成年兒童和獨子都可以免除兵役義務，但卻經常被徵召。相反地，地主、富商和秘密會社領袖的子弟們卻能逃避兵役，或出錢買人冒名頂替。張發奎就曾經坦言，政府的徵兵政策從來沒有完全實現過，因為弊端百出。因此，當富人出錢買窮人冒名頂替去當兵時，基層事務人員完全不在乎，或甚至同謀受賄，只要湊足數字即可。而虐待和壓迫新兵的實例則屢屢皆是。[224] 根據軍令部情報，兵役政策貪污最多者在下層幹部，特別是保甲長一級，四川某縣一個保長就可以在數月之內貪污百萬元。[225]

由於缺乏可靠的人口統計數據，因此基層官員可以肆無忌憚地偽造戶籍資料，以便徇私舞弊，買賣代役。問題的根源之一是，師管區司令部編制經費狹小，如果奉公守法就將會賠累不堪，而如果貪污舞弊則可以立即致富。因此役政敗壞乃是全國性嚴重問題。各級官員徇私舞弊，填補經費不足的虧空，彼此勾結，分沾利益，成為普遍現象。根據軍法總監部審案資料，一個例子是陝西省辦理兵役事務者的貪污，以幾千元賄款就可以免除年輕人不去應徵當兵。另外一個例子是某部隊連長被派到昆陽縣（雲南省）徵調壯丁。他到達後暗示鄉鎮長獻金，向每個鄉鎮長收取大約3萬元國幣。徵兵工作展開後，他漫無標準徵調壯丁。有錢人家被拘要設法救出必須付5千元贖金。連長離開後，估計他該次出差的搜刮高達20萬元。[226] 根據蔣介石參謀劉斐報告，一個師管區的職位空缺可以索價數十萬元，因為每個兵役作弊案就可

223 兵役部，《抗戰八年來兵役行政工作總報告》，頁5-8。

224 張發奎，《蔣介石與我》，頁292-294。

225 徐永昌日記，1944年10月8日。

226 何成濬將軍戰時日記，1942年3月4日，8月15日；1944年6月1日。

以進款三萬元。[227] 謀官者在一定時期內可以指望連本帶利回收。

還有許多地方官員會將政府對征屬依規應該發放的優待金據為己有。[228] 難怪在抗戰時期還是中下級軍官的郝伯村直言「在農村，兵役就是攤派，買賣，頂替，和強行抓兵」。[229] 其結果是，徵兵工作幾乎無政策可言，完全操縱在基層當權派手中。在1942年的國民黨中常會上，兵役政策被提出批評的弊端就達30餘項。[230] 然而並沒有做出實質效果。

但是兵役政策和田賦政策的推行，卻有一個重要差別。一般而言，當田賦徵糧經由地方基層政府處理上交時，則基層的當權派還有機會使用特權把負擔轉移到農民身上。但是當駐地軍隊以掃地毯方式直接搜刮時，則農村中富人家中的存糧無可逃遁，而且連地產權也可能被軍隊沒收。所以窮農和富農一律成為受害者，它的打擊面比較沒有階級差別。反之，徵兵則產生顯著窮富差別，因為窮農只能死守鄉里成為甕中之鱉，無可遁逃，而富農子弟則可以逃到都市銷聲匿跡，可以混入政府機關變成為公務員，而名正言順地免除兵役，也可以賄賂地方官員篡改名冊免除義務，還可以出錢買人冒名頂替。即使是在被徵之後，仍然可以買通運送壯丁的官兵中途放人，或謊報逃逸。因此，徵兵弊端最大受害人是農村最窮困人民。1942年陳誠主政湖北省，曾經對地方徵兵情形做過一個廣泛的實況調查，所得結果是，「貧窮者兩（子）抽一或三（子）抽二，家境較好者，四，五個兒子不抽一個，交一百元可緩役一年。今年王縣長來，不行了。但是有錢的人們仍有辦法，可以到機關服務或送學校讀書。」[231] 結果是，最終被徵召入伍的男子，往往來自村中最貧窮的三分之一或二分之一家庭。他們無法離開土地或捨棄家

227 徐永昌日記，1944年9月1日。

228 在抗戰最後幾年，四川省的征屬優待金占該省政府年度預算的五分之三。參見張其昀，《抗日戰史》，頁342-345。

229 郝伯村，《郝伯村解讀蔣公八年抗戰日記一九三七－一九四五》（台北：天下遠見出版公司，2013），上冊，頁559.。

230 王世杰日記，1942年2月2日。

231 陳誠先生日記，1942年10月29日。

人，卻又無錢讓自己擺脫徵兵厄運。

每逢本地壯丁不足時，村長或保甲長還會指使員警或民團抓捕過往行人路客，雲南甚至發生西南聯大職工被保長強行拉夫做壯丁事件。[232] 某些地區甚至設有黑市，只要提出合適價格就可以僱到職業逃兵代人服役。而且可以一而再地收款頂替，逃逸恢復自由身，再返回黑市做買賣。一些有組織的犯罪團夥還會綁架旅客賣給村長，以補足壯丁數額。[233] 比如說廣東省在1942年，一個壯丁買賣的公開要價大約是2千元。直到1945年，兵役販子和拉綁壯丁現象仍然極為普遍。[234] 所謂「兵販子」泛指暴力集團，它必須勾結地方基層政府在無法完成徵兵定額時，以收取一定費用方式，替基層官員以暴力方式去抓年輕人充當壯丁完成指標，它也可能勾結團管區或軍隊，在需要補充兵員時，以金錢收購壯丁。它甚至可能在平時抓捕年輕人圈養在手，待價而沽。兵販子成員很可能來自地方基層政府兵役科工作人員，軍隊中下級官兵、和地方暴力分子的結合集團。但是最重要的條件是手中必須掌握暴力（槍桿子）。

三、壯丁的苦難

由於軍隊普遍缺乏醫療機構或健康檢查，因此體弱多病之人也一律被徵兵單位接受。[235] 壯丁被抓後，在前往訓練營途中還要面臨體罰虐待。對多數壯丁而言，在到達目的地前身體已是虛弱不堪，沿路餓死者甚多。壯丁睡眠無床無被，擁擠到甚至被迫站立而睡，以致嚴冬時早上凍死門口。據一項

---

232 張群，《張岳軍先生在川言論選集》，頁275-277；鄭天挺西南聯大日記，1944年7月11日

233 據白修德（Theodore White）所述，在成都黑市上，每位被綁來的壯丁售價在5萬到10萬法幣。參見：Theodore H. White, and Annalee Jacoby, *Thunder Out of China* (New York, 1946), pp. 78-82。

234 徐永昌日記，1942年4月29日；1945年1月8日。

235 湖南省政府，《湖南省三十年度黨政軍聯合視察組視察各縣總檢討總檢討》，頁78-82。

官方內部估計，從廣西柳州到交兵地點，死亡壯丁竟然達到一半。[236] 四川省主席張群也報告，該省1942年的新兵中只有28.9%達到健康標準。[237]

當然更糟糕的例子是壯丁遭受故意虐待甚至殺戮的事件。1943年發生的一起重大案件是暫編第59師某連長在三台縣（四川省）接受新兵時，殺死壯丁，與人民衝突，又殺死人民4人，被人民追殺，就帶兵潛逃。1944年，第一戰區在陝西的第80軍接兵的營長等人虐殺壯丁一百余人案，證據確切，重慶政府命令副長官胡宗南將犯人挾解到案。1945年，某一個軍在四川接受壯丁，尅扣軍米，油鹽，醫藥，打死壯丁105人，賣放壯丁，強拉壯丁，勒索鉅款。[238]

中央政府對這些情況是否知情？又如何處理？

其實蔣介石本人和重慶政府對於役政弊端並不陌生。蔣介石本人就曾經指出戶口沒有調查清楚、社會組織沒有健全、國民教育沒有普及，都造成兵役困難。更何況在重慶市內大街上，就可以看到成群壯丁被繩索捆綁，槍兵押解的非法行為，都是役政人員自己在犯罪的證據。[239] 或許是蔣介石接到關於兵役暴政的情報如雪片而來，所以在1944年6月11日對於徵兵弊病做了一番整理，指出包括勒索、拉丁、虐打、死亡、饑凍、致病等幾個重大項目。[240] 並且在6月13日下達一個手令，指出政府把握民心的要務，除了穩定經濟之外，最重要的任務是改善兵役行政，免除壯丁們「不受虐待，解除拷綁凍餓病死途中之苦」。他提到自從開戰以來，政府每徵10個壯丁中最多只有4個到達軍隊補充缺額，其流失量之大主要原因是虐待壯丁，衣食無著，凍餓致病，或是半途逃亡。他特別提到「接兵官長以壯丁在途病重累贅，乃用手槍就地擊斃，了其任務，」而這種現象尤其在四川和湖南最為普遍。

---

236 何成濬將軍戰時日記，1942年3月4日。廣西省還是役政辦理較好的省份。

237 張群，《張岳軍先生在川言論選集》，頁137；崔昌政，《現階段之徵兵問題》（重慶，1939），頁1-11。

238 何成濬將軍戰時日記，1943年7月18日；1944年12月16日；1945年7月20日。

239 呂芳上主編，《中國抗日戰爭史新編：軍事作戰》，頁133-134。

240 蔣介石日記，1944年6月11日。

蔣介石提出的改善辦法是消除徵兵弊端，「今後軍政部必須對此為第一重要職務，全力以赴，**凡為優待壯丁，改良征兵之任何經費與任何方法，皆應不惜一切財力物力，以求早日奏效。救國之道，莫急於此。**」[241] 值得注意的是，陳誠剛巧在此時接替何應欽出掌軍政部。他雖然在中國軍界素以銳意改革出名，而也早在1942年就得悉「軍政部專用一批落伍軍人，誤人誤國」，但是等到他1944年親自主掌軍政部時，才獲知更多貪腐細節遠遠超過他的想象，他為此指責徵兵其實就是抓兵，把他們當成是囚犯對待，不但尅扣糧餉，而且沒有醫療而造成新兵大量死亡。難怪到達部隊的新兵多為病兵而無法作戰。[242] 陳誠最後甚至直截了當地告訴蔣介石，軍政部所有職員都貪污腐敗，短期內難以改正。[243] 就在這個時節，何成濬將軍每日處理全國軍隊違紀事件，也總結地說，「年來庶政中之最壞者，厥為兵役。自創辦至今，無一處不騷擾，無一處不敲詐，蓋上上下下皆假借政令，壓迫操縱，斂財自肥，**幾成為一完整之籌錢組織**，只顧利己，而置國家大計於度外，其危害國家，實不可以言喻。」[244] 當何成濬主持的軍法總監部把此類情形向蔣介石匯報時，後者在一個高層會議上再度嚴厲指責兵役制度敗壞，「死亡載道，一切壞事惡行不勝枚舉。」他指出師管區的工作人員都是軍政部派出的腐敗分子，儘管司令官有才能，也無能為力，「現在最腐敗的就是兵役及一切後方業務，因該部皆為一切所有腐敗分子所把持」。[245]

正在這個關頭發生了一個轟動全國的案件，就是蔣介石本人親自干預的兵役署署長程澤潤案件。1944年8月，蔣介石接到情報（據說是戴季陶兒子戴安國從鄰居得知）稱，市區內有第29輸送團押解壯丁200餘人，每日進行虐待拷打，哀嚎不絕，驚動鄰里。蔣介石聞訊後立即派特務兵封鎖兵站。次

---

241 錢大鈞將軍日記，1944年6月17日。

242 張瑞德，《無聲的要角》，頁120。

243 陳誠先生日記，1942年7月16日；1944年7月12日。

244 何成濬將軍戰時日記，1943年7月18日。

245 徐永昌日記，1944年7月21日。

日（29日）早晨率領何應欽，錢大鈞等高官趕往現場，看到壯丁枯藁似鬼傷痕屢屢，就派人召喚兵役署署長程澤潤到現場。蔣介石在盛怒之下，以手杖猛擊程澤潤十幾次，手杖為之折斷，隨即把程署長送交軍法審判。[246] 當蔣介石事後追蹤得知那群壯丁都是強迫抓來充數時更是憤怒，命令把該團原來的師管區司令、兵役科長、鄉保長，一律押解到重慶受審。同時指示屬下加速提高兵役部工作效能改善兵役事務。[247] 在審判過程中軍法總監部又發現，該團不僅毒打士兵，而且尅扣軍餉高達一年以上，案件爆發後才趕緊補發兩個月薪餉冀圖掩蓋行跡。總監部更發現，徵兵單位還尅扣軍米、軍服、藥品。而對於虐待致死的士兵則棄屍野外，不予棺葬，滅絕人性。軍法總監部決定將犯罪的團長、連長、排長、兩個班長，一律處以死刑。蔣介石本人一直關切此案，更親筆指示運輸第29團團長等共5名軍官執行死刑。[248]

至於程澤潤本人的審判則大費周章。本來安排由張治中主審，但是張治中托詞公務纏身，其他軍事領袖也多方推諉，最後決定依舊由軍法總監部主持。該部最初擬處徒刑9年，但是蔣介石命令槍斃。軍法總監部只好在覆議後把程澤潤9年徒刑增加為無期徒刑，但是最終出於蔣介石堅持仍在1945年7月6日執行槍決。值得注意的是，程澤潤官至中將署長，掌管全國兵役政策，終因貪污違法怠忽職守，而在抗戰勝利之前一個月被處死。然而令人歎息的是，縱然蔣介石如此想整頓綱紀，卻有一大批高官不敢直接向蔣介石求情，轉而對軍法總監部進行關說和施壓，要求減刑或是延緩執行，最後均歸失敗。[249]

---

246 關於蔣介石本人的記載，見：蔣介石日記，1944年8月30日。

247 錢大鈞將軍日記，1944年8月29-31日。

248 何成濬將軍戰時日記，1944年9月11、12日，10月6日，12月15日；徐永昌日記，1944年8月30日。

249 程澤潤案件由來及細節，請參閱：張瑞德，《無聲的要角》，頁120-122。有關官員們為程案求情事項，請參閱：何成濬將軍戰時日記，1945年3月23日，6月6、11、13、23、28日，7月4、6日。其中被何成濬指名道姓牽涉說情的高官包括何應欽、程潛、白崇禧、馮玉祥和戴季陶。

程澤潤事件不久傳遍社會，一時造成人心大快。[250] 然而蔣介石想以程澤潤案標示用嚴刑重典治亂世的決心，則完全沒有達到效果。因為兵役政策和田賦政策一樣，是中央政府和基層人民群眾最廣泛而密切的接觸面。其間牽涉的因素包括地方實力派的地盤，地方政府的體制和公務員素質，鄉保甲長和地方士紳權豪千絲萬縷的關係，乃至地區駐紮部隊長官對地方政府的粗暴干預。這些結構性的層層障礙，使得委員長無論如何震怒，到了基層都會被溶蝕得無影無蹤。就在抗戰勝利前夕（1945年7月），何成濬將軍依然歎息，近來虐待新兵事件持續發生，又有一個班長因為虐待新兵致死而被處以死刑。[251] 前文所述1944-1945年持續發生的徵兵殘暴事件，仍舊反映了抗戰最後兩年的普遍現象。

低微而粗暴的待遇使得徵召的壯丁士氣低落，逃亡率極高。壯丁通常僅有半數能交撥兵營。軍令部在1941年視察第六戰區後發現，實際到達部隊後的可用之兵只有十分之一而已。[252] 國民政府資料顯示，整個抗戰時期，徵募的壯丁達1,400萬人，號稱送到部隊者為1,200萬人。但是實際徵募數字肯定遠高於此。而其中90%是文盲。[253] 若以省份計算，則抗戰八年，大後方省份提供的兵源最為穩定可靠，其中以是四川（257萬人）為最多。如果大後方綜合計算，則四個省份（四川、雲南、貴州、廣西）是全國壯丁來源的32%。其次是國民政府控制力略強的地區（河南、陝西、湖南、湖北）等四個省份是全國壯丁來源的36%。換言之，這些省份的人民為抗戰提供的人力最大，是全國兵源的三分之二。其三是國民政府控制力弱的西北省份和東南省份等廣大地區，它們的兵源多半只供補充本地區地方實力派兵員，而西藏

250 陳克文日記，1944年9月1日。

251 何成濬將軍戰時日記，1945年7月27日。

252 張其昀，《抗日戰史》，頁342-343；White and Jacoby, *Thunder Out of China*, pp. 132, 275。徐永昌日記，1941年3月13日。

253 兵役部，《抗戰八年來兵役行政工作總報告》，頁46-47；張發奎，《蔣介石與我》，頁294；許高陽編，《國防年鑒（第一次）》（香港：中國史學研究會，1969），第二篇，頁35。

和新疆則是掛零。[254]

無論細節如何，這些宏觀性數據有助於我們對抗戰時期中國人民負擔的了解。大後方省份眾多農村人民的生活被兵役制度打擊得支離破碎。除了造成千家萬戶被不公平地陷於家破人亡之外，對於農村整體生產力必定是嚴重打擊。由於當時軍隊實際收到的兵員大幅度少於官方數字，而官方公布的士兵傷亡總數又在300萬上下，因此大約有數百萬壯丁下落不明。唯一合理的推測是，這一大批農村年輕人成為悲慘軍旅生活的犧牲者，要麼做了逃兵，要麼在戰場之外失去生命。[255]

但是制度性的混亂還只是兵役制度推行困難的一個因素而已。[256] 到了1942年初，何成濬感嘆寫道，「抗戰以後，**役政之敗壞**，幾不可以言喻。」他又寫道，「開戰以來，**成績最不良者為役政**，關係最重要者亦為役政。」重慶政府屢次圖謀改善，卻沒有絲毫功效。[257] 何成濬認為原因有兩個，一是用人不當，一是主事者貪污斂財。改革必須由這兩方面入手，否則今日擬一個條例，明天頒布一個命令，毫無作用。根本問題不僅是制度不完善，而且是用人太爛。如果真要改善，中央必須選擇廉能人員負責。但是如果執行人員的選擇權都操縱在地方實力派手中，則中央政府又能如何？值得注意的是，兵役工作在經過了6年多的雜亂無章之後，重慶政府終於在1943年冬天才成立兵役部。雖然政府的用意是要將徵兵事務的各個環節統一整合在兵役部管轄之下，但是拿不出具體辦法，以致兵役部在成立後相當一段時間內只

---

254 呂芳上主編，《中國抗日戰爭史新編：軍事作戰》，頁135。各省壯丁數字：四川257萬人，河南189萬人，湖南157萬人，江西94萬人，廣西89萬人，陝西88萬人，廣東82萬人，湖北69萬人，貴州58萬人，安徽57萬人，浙江54萬人，福建42萬人，甘肅38萬人，雲南38萬人，山西21萬人。江蘇、西康、綏遠、寧夏、青海各省不足5萬人。西藏、新疆零萬人。

255 根據錢大鈞在兵役署結束典禮上的報告，兵役署1938年成立，到1944年改編為兵役部為止，總共征收壯丁1,400萬人。「惜實際交於部隊，或參加作戰者為數甚微」，考原因是各級役政人員貪污舞弊所致。見：錢大鈞將軍日記，1944年11月12日。

256 鄭自明，《中國現行兵役制度》（香港，1938），各處可見。

257 何成濬將軍戰時日記，1942年2月18日，3月4日。

配備少數職員。而初創時期的職員們由於不熟悉相關業務的法令規章，甚至需要向軍法總監部借調人員協助部務運轉。就在程澤潤事件發生之前不久，何成濬已經看出兵役部下屬兵役署問題嚴重。他寫道，「兵役署自設立至今，因用人失宜，弊端百出，不惟無補於軍事，且擾害民間較任何苛政為烈，欲整理軍隊，非先整理役政不可，否則終屬徒勞無功也。」而秦德純部長也批評兵役的根基太壞，歷來主持兵役工作的負責人經常把它當成是敲詐的機關，而要想徹底整理，又阻力很大。[258] 難怪在剩下的一年多的抗戰期間，這一機構調整並有沒產生多大的效果。[259]

四、政治的偏失

大致而言，在整個八年抗戰中，兵役制度始終由地方各自為政。重慶政府只是擬定全國每年需要壯丁總量和下達各省配額，但是缺乏機制和能力去監督各省是否完成，和如何完成指標。各省一般做法是將所需壯丁數量分攤到各縣和各鄉村，而省主席也往往缺乏能力去監督基層徵兵過程。具體施行的方式取決於地方幹部的道德操守、責任心和工作效率。不幸的是，這些卻正是基層幹部最缺乏的品質。

幾乎所有省份在推行徵兵制度過程中，都有各自的問題。1942年，四川省主席張群坦承，四川徵兵作業一場糊塗，既低效又腐敗。[260] 更出人意料的是以模範省自詡的廣西省，它在推行兵役政策時也遭遇巨大困難。廣西省在戰前是全國少數幾個已經推行定期徵兵的省份。抗戰開始後，廣西省內政依然保持高度獨立性，但是兵役政策仍然遭到嚴重內部阻力，以致1940年代

---

258 何成濬將軍戰時日記，1944年8月26日，11月26日，12月2日。

259 秦德純，《秦德純回憶錄》（台北，1967），頁192-193。

260 張群，《四川省第三次全省兵役行政會議開幕訓詞》（1942年2月23日），《張岳軍先生在川言論選集》，頁95-96。

逃兵率顯著攀升。[261] 至於許多其他省份則還遠不如廣西。比如說，福建省入營壯丁的逃亡率達到二分之一以上。[262] 徵兵給人民造成極度的痛苦與不公，導致越來越多的人開始反對政府。

而一個明顯現象就是土匪問題的持續化、嚴重化和普遍化。江西、甘肅、陝西、四川、湖北、湖南、貴州都爆發土匪患亂，人數眾多，活動頻繁，組成分子有散兵游勇和不堪受壓迫的平常百姓。甚至一度攻打成都市的雙流飛機場。[263] 每遇有大戰役，軍隊對兵員的需求便急劇上漲，就會迫使政府使用高壓手段以補充軍隊嚴重的缺額。1939年後，四川爆發了數次大規模騷動，導因都是抗議政府的緊急徵兵。[264] 或許最為突出的一個例子發生在大後方。在該地區出現一個自稱為「東南抗日建國軍」，不掠民眾，只殺地方保甲長、稅收人員、田賦人員，但是地方官吏不敢呈報上級，因為萬一上級政府得知而派兵圍剿時，地方民眾也會聲稱沒有匪患，請求政府不要出兵。一旦政府果真執意圍剿，人民甚至需要向官府交出巨額開拔費，才能換取官府同意不派兵圍剿。而如果開拔費不足，則政府可能勒索人民付出更多的開拔費。有的一個鄉需要交出一百萬元開拔費，才能說服軍隊不要剿匪。而有些地方政府居然和土匪達成協議，然後大張旗鼓地宣稱剿匪成功欺騙上級。再請求上級政府發放獎勵費。[265] 許多匪患是因為政治腐敗而激起，而人民居然寧可和土匪共存，而不願意政府軍隊進剿，可見官府暴政大於匪患。一個醒目的案例是1943年春季，張群私下向王世杰透露他的憂慮，指出四川各地危機四伏，匪患難以控制，考其緣由就是因為徵兵徵糧暴政激發而成。最具諷刺的是，張群當時正是四川省主席，居然對於明知嚴重的政府缺失無力

261 黃旭初，《八年抗戰回憶錄》，《春秋》，第82期，1960年12月1日，頁6-7。

262 何成濬將軍戰時日記，1942年5月12日。

263 王世杰日記，1943年4月14、19日；徐永昌日記，1938年12月22日；1939年1月15日，2月12、20日，3月13、27日，4月23日，5月20日，6月12日；1944年1月20日，4月21日，8月28日。

264 張其昀，《抗日戰史》，頁342-343。

265 鄭天挺西南聯大日記，1944年9月23日。

改善，可見位處成都的省政府對於地方政府如何執行國家政策，根本沒有控制能力。同樣情形在其他省份也屢屢發生。[266] 總而言之，抗戰時期土匪猖獗的現象非常明確，但是官、民、匪之間的關係非常複雜，因地而異。許多地方民匪難分，共同對付地方當權派，也有地方土匪和士紳、鄉鎮長、保安隊、特務連都有勾結，對付更上級政府。而地方政府為了息事寧人，也會和土匪達成協議。允許土匪均沾地方利益，或是共同對付該地駐軍。[267] 但是它們的共同點，則正是刻畫出在重慶政府權力控制範圍之外廣泛存在的殘酷現實狀況。

五、徵伕現象

與徵兵緊密相關的還有政府以各種形式的強徵民伕。儘管中國龐大的農業人口能輕易解決勞力需求，但基層政府徵伕時經常採取專橫、魯莽、和暴虐手段。甚至在莊稼收割季節也勒令農村人口甚至兒童停止農務去從事運輸或建設勞動。政府既不發給工資，也不協助農民在離家時能雇人照料農務。這個現象從抗戰初期已經極為普遍。根據行政院1939年報告，僅僅是在重慶市郊區為了迎接國民政府西遷，就動用了大量民工去修築工廠，建築住宅辦公室、開山闢路，和搬運器材。依當時估計，全國可能每日有上千萬人民如此辛勞工作維持抗戰。[268] 如此年復一年地到了抗戰後期，國民政府對民伕的需求只增不減。當時最突出的例子，是修建能起降美國B-29重型轟炸機的成都空軍基地。在沒有任何現代化機械設備情況下，政府徵集了共約40萬民伕，在3個月內日夜不息地，以雙手完成了該項重大工程。[269] 這個工程對於後期抗日戰爭無疑做出了巨大貢獻，但是人民的疾苦卻難以形容。

---

266 王世杰日記，1943年4月14、19日，5月5日。

267 侯坤宏，《抗戰時期的中央財政與地方財政》，頁249-250。

268 陳克文日記，1939年3月5日。

269 Arthur N. Young, *China and the Helping Hand, 1937-1945* (Cambridge, Mass., 1963), p. 302.

在招募勞工時，最常見的現象，是由戰區司令官命令省政府通過行政管道通知保甲長徵募勞工，由後者到農村去攤派。但是有時候部隊會以橫暴強蠻手段直接操作，造成極大民怨。軍隊也用同樣方法徵募挑伕。由於戰時缺乏交通工具，所以部隊的後勤運輸工作非常困難，往往必須依靠人力負載。每當敵人進攻時，道路上擠滿難民，阻塞交通，無法禁止。何況投靠敵人的奸細還經常混在難民群中，發射信號彈引導敵機炸射地面目標。[270] 1942年底湖北省在使用民伕一事上，就出現大不相同的局面。在省政府管轄地區內，被僱民伕每個人依照法規可以領到2元（每日）基本工資，另外發菜錢9角，草鞋費5角，而伙食茶水還是由政府供應。但是在鄰近第五戰區兵站總監部直接控制範圍內，則每伕只發4-5角或完全不發工資，以致農民出勤一次就需要自賠30-50元，如有抗拒不當伕者，則行棍杖體罰或槍斃，以致一年之內，因服伕役而死亡者達到千人。因為一次伕役可能長達20天，也造成農田荒蕪。[271] 另外根據軍法總監部督察官報告，第五戰區內人民為軍隊搬運糧食，就必須日夜不息，甚至兒童和老者也參加。而部隊士兵卻不出操，不服勤務，直把人民當做牲畜使用。[272] 這種情形應該不限於第五戰區，而是全國的縮影。

與田賦徵收同樣，軍隊在徵兵徵伕工作上，也無法抵擋巨大的金錢物質誘惑，直接陷身其中。抗戰的軍事壓力，加上指揮系統的紊亂無能，使得部隊長官能隨意打破軍事與民政界限。許多軍官儼然舊軍閥作風，不僅直接命令縣長，甚至經常打罵侮辱。在某些地區，軍人還隨意任免鄉保長和介入地方派系爭鬥。地區性的軍事獨霸局面在許多地方普遍存在，[273] 儼然「土皇帝」「土霸王」。1944年陝西省為了整修西荊公路，重慶政府撥款三千萬元

270 張發奎，《蔣介石與我》，頁367-368。

271 陳誠先生日記，1942年10月13日。

272 何成濬將軍戰時日記，1944年10月19日。

273 內政部，《第三次全國內政會議報告書》，頁116-117。

僱用民工完成工作，但是全部撥款被官員中飽，民工未見分文。[274]

六、中央地方關係的影響

如同戰時政府其他施政項目一般，兵役工作也反映了中國軍事與政治重心由東南沿海省份移向西南內陸地區的嚴重後果。在1937年7月到1940年2月之間，國軍兵源（7,898,139人）的省籍分布尚能維持平均。比如說，四川省所徵兵員僅占全國兵員14.8%，而西南各省合計也僅占27.1%。[275] 但是1939-1940年政府被迫退至西南省份之後，情況開始發生變化。比如說，1941年四川省徵募壯丁已經增至全國總量的20%，1945年則更提升為30.2%。一個令人震驚的案例是洛川縣，它當時全縣人口不過58,000餘人，而根據當地專員在1941年報告，政府已經徵送4,500名壯丁。[276] 與此同時，1941年整個西南地區徵募壯丁占全國的31.3%，1945年更提升為42.9%。[277] 無可置疑地，在抗戰後半期，持久抗戰所需要的人力和物力，主要已經由西南各省提供。[278] 這種遽升的依賴性，必然為地方實力派領袖們在干涉中央政府政策時，提供了強有力的籌碼。一個醒目例子發生在1945年初，當時重慶政府為了配合美軍計劃向東南地區進行總反攻，因此需要向各省徵兵。但是重慶政府無法按照人口基數依據國家兵役法行事，必須由蔣介石出面和各省進行政治性討價還價。一個明顯案例就是他為了徵兵事務還需要特別致電雲南龍雲，語氣謙卑地請求雲南慨允提供8-10萬壯丁，並同時提出保證在此後抗戰時期內絕不再向雲南省徵兵。他在電文結尾時寫道，如果能夠蒙龍雲

274 陳誠先生日記，1944年10月15日。

275 何應欽，《何上將抗戰時期軍事報告》下冊，頁45。

276 徐永昌日記，1941年8月5日。

277 許高陽，《國防年鑒（第一次）》，第2編，軍事（香港，1961），頁35-36。

278 張群，《開國與建國大業中之四川》（1945年10月10日），《張岳軍先生在川言論選集》，頁213。

同意，「則吾兄不僅功在黨國，永志不忘，**而於私心感懷更難名狀**」。[279] 如此放下身段的哀求和討好，完全沒有「委員長」對下屬傳達政策的架勢。

還有另外一個情況是，重慶政府在1940年前，尚且可以定期從各省保安部隊中抽調兵員去補充正規軍。但是到了1940年此項辦法已告無效。在此之後，國民政府通常是從各省抽取的壯丁中優先補充各該省份的地方部隊（不論其駐在地是在省內或是省外）。一個明顯案例是四川省楊森部隊。楊森出身四川廣安縣，抗戰時期不論他的軍隊移至何處，所需兵員肯定只從廣安及鄰近數縣予以補充。[280] 可是這種做法不但可以穩定地方實力派的正規軍番號的部隊，也可以壯大非正規軍的地方武力。比如說，廣東省保安部隊可以直接向省政府保安司令李漢魂要求補充新兵，李漢魂就直接下令行政督察專員去提供新兵，無需經過師管區系統。這種做法就讓省內的保安部隊可以比正規軍更優先得到新兵，而新兵也比較喜歡進入保安部隊，因為他們可以留在本省而不必到前線打仗。[281] 這個現象的普遍性，也提醒我們對於抗戰時期軍力估計，在方法論上必須小心處理。因為一般而言，我們習慣性地只計算持有國軍番號的部隊，特別是在各個戰區列入戰鬥序列的部隊，比如說集團軍、軍、師、旅、團等等。但是事實上，省級和地方級的保安部隊往往人員最充足。如果能夠借用正規軍編制向中央以虛報方式，去爭取到更多的武器裝備，或是私下向國外購買，或是自行設置地下兵工廠，則這些地方武力的規模就可以相當可觀（唯一缺乏的是重兵器）。雲南省和廣西省便是好例子，也讓我們對於地方實力派的「實力」結構增多了一分了解。

相對上述情形而言，中央軍在補充時則直接從其駐紮附近地區徵兵。[282] 儘管這一個補充方式出於後勤上的考慮，但它也無疑地影響到省籍部隊的地

279 「蔣介石致龍雲電」（1945年1月15日），國史館，《蔣中正總統文物》，#002-010300-00056-005。

280 楊森，《楊森九十憶往》（台北：龍文出版社，1990），頁102。

281 張發奎，《蔣介石與我》，頁292-294。

282 兵役部，《抗戰八年來兵役行政工作總報告》，頁52。

方意識。回顧在早期募兵制度下，農村鄉親們可能結夥參軍，因為可以指望被分派到同一個部隊繼續鄉親互助生活。但是在徵兵制度下，來自同鄉同村的壯丁很可能被拆散分派到不同部隊，因而加強他們逃亡的欲念。另據張發奎觀察，如果部隊駐紮在士兵的家鄉省，則逃兵人數就會增加，因為士兵熟悉道路容易逃回老家。如果部隊到了外省，逃兵率就會降低，因為士兵們不熟悉周邊環境，找不到回鄉之路。當然如果戰敗或是移防時，則無論本省或是外省部隊，都會產生大量逃兵。[283] 換言之，兵源最穩定而逃亡率最小的部隊，莫過於本省經由招募而來的（相對於徵兵而來的）部隊駐防本省。最好的例子就是保安隊（而不是正規軍），這就更增加地方實力派抗衡中央的力道。

相比之下，中央軍隊的補充卻是隨機指定，沒有地區考量。長期後果便是改變了各主要軍事集團間的權力平衡：由戰前各地的均勢，發展為西南各省的部隊地方意識的有增無減，而中央軍內部人員的地域背景，卻日漸多元化和淡化。如果我們記得中央軍在南京十年的締造過程中，大部分的兵源來自長江中下游省份，這些地區的淪陷，迫使它們必須在長江中上游和大西南省份的兵源基礎上重新塑造一個新軍時，而原本發源自這些省份的地方實力派卻可以繼續吸收它們傳統的兵源，鞏固地方勢力基礎。一般做法是把新兵發送到本省籍部隊。比如說，廣東部隊駐紮湖南省時，依然以廣東籍新兵補充。[284] 其他雲南，廣西等省莫不如此。如此說來，把抗戰看成是各個地區人民團結的大熔爐，未免過分美化。說白了，湖南籍壯丁在廣東籍部隊裡根本無法生存，因此也不會被派送去。在本章敘述的政府施政範圍內，中央和地方在觀念，利益和運行的三個重要領域裡，可能只是使矛盾愈形尖銳化。

283 張發奎，《蔣介石與我》，頁292-294。比如說1944年第98軍（雜牌）在移防時，一個師只剩下一個團，沿途逃亡官兵超過五成。見：徐永昌日記，1944年9月29日。

284 張發奎，《蔣介石與我》，頁292-294。

結語

本章的敘述和分析一直強調一個重點，那就是政府施政的品質和政府與人民大眾之間的關係，在抗戰時期始終無法脫離地方實力派的巨大陰影。不論法令是否完善，或是中央政府官員是否廉潔或貪腐，最能對中國數億人口的人力和財力動員產生直接影響的因素是軍隊，特別是地方實力派的軍隊和它們支撐的政治體制和工具。地方實力派重視武力但並不愛惜士兵，而是運用軍隊作為政治經濟權力的籌碼，在特定地區分得一杯羹，累積他們個人或家族財富，及延續派系權力。他們之中有相當數量的成員，既不是愛鄉或愛國，也不是愛士兵，更不是克盡軍人職責去養兵、練兵，和用兵作戰。所以他們才可以漠不關心士兵的福利，因為士兵和軍隊只是他們在打著抗日旗號下，欺凌和榨取人民資源的工具。但是另外一方面，士兵們除了聽從長官使喚去為非作歹之外，也會用手中槍桿子去為自己謀求生計，從而加重了對老百姓壓榨的力度。在相當數量的軍隊中，長官和士兵分為兩個不同層次在掠奪中國社會資源，把老百姓的生活投入水深火熱之中。

抗日戰爭給國民政府的生存所帶來的威脅超過任何其他因素。和以往所遭遇過的任何對手相比，日本侵略者不僅裝備精良、訓練有素、補給快速，更重要的是戰爭徹底改變了整個中國的社會政治、經濟和軍事環境。正如本章前文所述，儘管國民政府在開戰後六個月便失去了其經營十年的權力根據地，但由於蔣介石在抗戰最初的2-3年仍在積極尋求他多年來最熟悉的，以軍事手段去解決中日衝突的途徑，因此在這個過程裡中央與地方實力派的關係尚能維持低度而緩速的緊張，而不是爆炸性的正面衝突。儘管某些省份也派遣了部隊到華北和華東前線與中央共同禦敵，但是這些戰場仍然遠離地方勢力溫床，而在華東地區作戰的資源，也多半是由南京政府直接動員而來的，所以大致上中央和內地地方實力派可以短暫維持和平共存。

1939-1940年以後，中央軍損毀殆盡，中央政府也被迫深入內地，耗盡多年累積的資源，因此中央政府與地方軍人的關係，也變成短兵相接而日益惡化。直到抗戰勝利，國民政府在全國軍事實力上持續處於弱勢。中央軍的任務包括集合殘兵敗將予以整補訓練，建立新番號部隊，而它們不僅要持續對日軍作戰（包括緬甸戰爭），還要隨時隨地監視抗日忠誠度可疑的地方部隊和封鎖中共邊區，卻無法有效地完成其中任何一項任務。困處大西南的重慶政府只有開發當地資源，才能維持不知何時才能結束的抗戰，而如果想要充分利用大後方資源，又必需牢固掌控地方政府和贏取廣大民心。這就讓中央政府的西遷與地方軍政實力派原本享有的既得利益無可避免地發生直接碰撞。在此後歲月中，蔣介石和支持者是明顯的主戰派，即便是他們的戰鬥力並不穩定，但是堅持抗戰到底是唯一選擇。地方實力派並不等同于主和派，也未必是反戰派，但是他們對於和戰的選擇，永遠是以維護其本派實力為最高考慮，因此更具彈性。它們兩者之間產生矛盾本屬理所當然的現象。

國民政府的致命傷是它既缺乏絕對優勢武力去懾服地方實力派，又找不到武力之外的途徑去解決與後者的矛盾。國府從未獲得地方軍人毫無保留的支持，也沒有去提高自己動員群眾的能力，以「自下而上」的策略（群眾運動）去撼動地方實力派的權力根基。相反地，重慶國民政府出於惰性地延續其南京時期的政策，為維持當前社會政治秩序的現狀，逃避付出痛苦的鬥爭代價，選擇與地方當權派妥協。因此，政府各項改革計畫的規模，也就嚴重受限，只能施行那些地方統治階級所能容忍的政策。更明確地說，盧溝橋事變之所以演變成為中日全面性大戰，原本就是在沒有「安內」的狀態下所進行的「攘外」。如此看來，事後的歷史演變也就不出意料之外。國民政府的缺陷是它本身並沒有改變往日僵化的官僚主義行事作風，忽視人民群眾在政治活動中的參與潛能，更由於缺乏充足的人才和嚴密的組織紀律，使它不得不依賴地方政府中的原班人馬，導致各項政策的推行完全處於大後方省份數十年來各種弊病的籠罩之中。值得注意的是，這種中央政府面對地方政府失控的現象，在淞滬戰爭失敗後就開始顯露痕跡。1937年底，行政院曾經派出高幹團到華中省份進行視察，事後提出的報告毫不留情地指出，各個省政府所彙編的工作報告「**全屬子虛烏有**」，而所列舉的保甲組織，壯丁訓練，均有名無實，上下欺騙，把它稱之為中國政治根深蒂固的毛病。[285] 這個現象到了抗戰後期和進入內陸省份就更形嚴重。

國民政府制定的新政策，一度曾經予人一種決心努力踐行和誓必達成目的的印象。1941年6月，第三次全國財政會議上，中央政府強調要保持經濟穩定，並斷言贏得抗戰的要訣是實行「三分軍事、七分政治」。[286] 蔣介石也講道：「糧食問題，是我們抗戰建國事業中，生死存亡關鍵之所在」。[287] 1942年，蔣介石再度將糧食和兵役視為政府最重要的兩大職能，並指示縣長們此後必須全力以赴完成這兩項任務。[288] 然而儘管政府反復催促，各省的政治現狀並沒有產生重大改變。縣長、鄉長、保甲長要麼本身就是本地貨真價實的地方實力派，要麼是更大型的地方實力派的駐地代理人。[289] 地方官員的貪污與無能對中央政府而言最具殺傷力，而中央既無法遏制，又無法取代。國民政府無法嚴格執行紀律，由一個數據可以充分說明：在抗戰最後五年中，全國只有35名官員因糧食政策處理不當而被嚴懲，而實際上幹部的違法違紀行為真是罄竹難書。[290]

隨著戰時困難與日俱增，人民群眾對田賦分配不公和歧視窮人的怨言也越來越多。1941-1942年，國民黨和中央政府內部要求重新制定稅收制度和提高對富人徵稅的呼聲也越來越強烈。但是經過多番爭論，政府在1942年6月仍然不得不承認，由於缺乏基層幹部去真正監督實施較公平的稅收制度，因而無力改變現狀。[291] 首先無法改變的，就是軍隊橫暴地破壞政府的田賦稅收法令。以本章前文所述的第五戰區鄂北情況，明明該地區已經連年歉

285 陳克文日記，1937年12月3日。視察省份是湖北和湖南。這個內部高層的評語讓歷史研究者必須小心運用官方史料。

286 《第三次全國財政會議彙編》，第3編，頁67。

287 朱子爽，《糧食政策》，頁45-52，蔣介石在第三次全國財政會議上的訓詞。

288 蔣介石，《蔣總統集》，第2冊，頁1406-1408、1434。

289 湖南省政府，《湖南省三十年度黨政軍聯合視察組視察各縣總檢討總檢討》，頁64-65。

290 徐堪，《徐可亭先生文存》，頁200-203。

291 徐堪，《徐可亭先生文存》，頁200-203。

收，情形已經極為嚴峻，而駐軍依然超額徵收，幾近劫奪，而地方政府完全無法制止。其次是糧食部本身立法不周全，執行不公平。比如說，它頒布的徵實代購的辦法（1942-1943年）就是勞民傷財，因為它捨大地主不購，而購之於窮民，捨產糧地區不購，而購之於山鄉缺糧地區。其結果是剝削窮農而放縱大地主，完全違背社會公平原則。難怪陳誠認為公購餘糧的用意應該是照顧小戶和貧農，而糧食部的做法則是完全向地主利益低頭，而不顧一般人民群眾的死活。為此陳誠斷然命令他所屬的湖北省政府拒絕執行糧食部命令，同時把省糧食供應處主任以操縱糧食罪行予以槍決，爭取社會人心。[292] 可是陳誠在一省局部的措施無法改變全國形勢。1944年9月，重慶政府受戰爭破壞影響，曾經試圖發動大戶獻糧，不過多數省份冷漠以待，變成不了了之。[293]

全國性經濟政策同樣造成混亂不堪。由於制度設計的缺失和組織力量缺乏，使中央政府企圖通過將財政權收歸中央的措施，去削除各省既有權力的計劃，最終全盤失敗。重慶中央試圖在各省建立自己直線掌控的專門機構，以實現對地方的直接控制，但它只是進一步加劇了中央等級官僚組織如癌變般的增長，混淆了指揮系統，增加了浪費，降低了效率，並且使中央與地方機構間產生新的矛盾衝突。事實上，重慶方面的政策也許成功地削弱了省縣行政人員的公權力，但卻根本沒有影響到那些竭盡全力保障自身利益的人。[294]

很快地，許多省縣級政府就領悟出各種反制措施。比如說，地方政府趁機向中央索取超過後者所能承受的補貼費，或是劫持原屬於中央的稅收將之繳歸省庫，或是非法增收附加稅和新稅，甚或向銀行借款，發行地方公債與貨幣，不一而足。[295] 儘管在某些時候中央政府的措施可能限制地方，但多

---

292 陳誠先生日記，1943年2月4、22、26日。

293 徐堪，《徐可亭先生文存》，頁151-153。

294 吳鼎昌，《花溪閒筆》（貴陽，1940），頁104-108；吳鼎昌，《花溪閒筆續編》，頁7-12。

295 《第三次全國財政會議匯編》，第3編，頁58-61。

數情況下省縣政府依然能為所欲為。總而言之，國民政府試圖在制度設計上控制地方財政權，卻無力突破地方權力的實質結構，在與這些地方勢力幾度交鋒後連連敗北後，在精力無剩狀態下只好轉而低頭妥協。可想而知，隨著時間推移，民眾對政治的態度也會變得更為消極，民間普遍流行的看法是政府法令多、機關多、官吏多，只會攫取資源，欺壓百姓。[296] 民心疏遠政府在所難免。

本章內容也許能促使我們重新思考一個過去一度盛行的觀點，那就是，國民政府要麼是鄉村反動派精英的產物，要麼是他們的盟友，積極地為其階級利益服務。但是事實上，抗戰期間重慶國民政府一直與大西南地區的廣大民眾維持疏遠關係，而該地區的農村傳統精英又對國民政府深入他們的地盤充滿恐懼和敵意。國民政府不僅沒能在人民群眾中紮根，也沒能獲得鄉村精英的合作，因為重慶的政策與那些本土精英的利益經常背道而馳，但是實力卻無法與後者抗衡。其結果是，國民政府為了維持抗戰，只能兼用威逼與妥協雙重手段，但不是與那些鄉村精英結盟。但隨著戰爭延長，國民政府的威脅手法逐漸失去作用，最後剩下與鄉村精英妥協一途，導致國民政府在民眾眼中的地位進一步受損。

抗戰臨近勝利時，國內經濟和政治狀況之惡劣已是跌到谷底。國民政府在1944年底喪失的土地和人口，超過1938年以來的任何一年。巨額財產損毀，資本流失，日軍的侵略徹底摧毀了中國僅存的經濟基礎設施。一方面，通貨膨脹不僅掏空了剩餘資本，使誠實守信的商人轉而從事投機取巧，而且對城鎮居民、士兵、工人、知識分子和公務員的生活，也造成了前所未有的打擊。另一方面，田賦和兵役政策不但損害了農業生產，還將大部分戰時經濟負擔分攤到鄉村中最窮苦勤勞的農民身上。他們當中許多人還因不良的兵役制度受盡了屈辱、體罰、病痛折磨和死亡危險。無論是在城市還是在鄉村，有錢有權的人們總能逃避各類負擔，還發了國難財。統觀抗戰八年中，中國農村廣大人民是最大的付出者。老百姓之間流行一個「四出」的說法，

296 吳鼎昌，《花溪閒筆續編》，頁10-12。

即出錢（付稅），出力（民工），出糧（田賦），出命（徵兵）。[297] 其他任何階層都難以比擬。

回顧1937年7月份，南京國民政府高舉民族主義旗幟，奮力抵抗日軍侵略。但是長期戰爭的累積效應，卻是加劇了重慶國民政府的腐敗與無能。長期以來，中央政府本身的怠惰無能和濫用職權，同時又妥協於地方勢力，其綜合的效應不僅加劇了民眾對政府的不滿與疏遠，而且政府在他們眼中儼然成為了壓榨勒索的象徵符號。

抗戰時期「第三勢力」的領袖張君勱在談及國民政府在大陸時期崩潰的原因時，曾認為：

「我自己的回答可以總結為'訓政'二字：就這麼簡單。訓政實際的意思就是國民黨人向要把他們掌握政治大權的這個情況永遠持續下去。他們把憲政掛在嘴上，只是為了討好孫逸仙的支持者，以表示沒有忘記孫的學說而已。由於沒有憲法、沒有議會、沒有責任內閣，所以所有國防、財政和外交的問題都由黨來決定。人民沒有權利對黨提出任何質疑。」[298]

但是本章所討論的史實無法支持張君勱和「第三勢力」的基本論點，更不認為「第三勢力」的學說和運動為當時的中國提供了一個務實的命運選擇。實際上國民政府失敗的原因並不是訓政太多，而是訓政無法推行。戰時中國是是假唱訓政高調，而缺乏實施訓政的實力。戰時中國政治最嚴重的問題是在基層。沒有廣泛的民眾支持與政治參與，議會民主便沒有意義，只不過流於形式主義的西方國家政治框架而已。而且抗戰時期除了中共，其他所有政黨都沒有努力去培植群眾支持，甚至對此完全冷感。所謂第三勢力者，也只不過是一群嚮往西方政治理想的都市型知識分子，彼此間的相互精神取暖行為而已。他們之中鮮有人士在基層社會民間做調查工作了解民間疾苦，不曾設立群眾服務站，更不必說組織和動員民間潛能伸張政治主張。而他們

---

297 王子壯日記，1944年4月7日。依據王子壯估計，物價平均水準是1937年時的2,600倍，而與美金的匯率則由1937年的3:1攀升至1945年的2,750:1。

298 Carsun Chang, *The Third Force in China* (New York, 1952), p. 100.

缺乏軍事力量作為後盾，也缺乏固定地區作為根據地，則更是他們的致命傷。國民黨和共產黨雖然奉行不同的意識形態，但是都懂得槍桿子裡面出政權這個淺顯道理。但是聚集在都市裡的第三勢力中產階級知識分子，自信地以為他們可以無需經過幾代人的脫胎換骨，就可以把西方民主代議體制這顆幼苗在中國的文化和政治土壤上加速灌溉成為大樹。相對而言，孫中山的訓政理論本身，反而曾經賦予政府以責任，寄望通過訓政去培養廣大群眾地方自治的能力和權力，只是孫中山的繼承人並沒有完成這項任務而已。

新縣制最初的理論，依舊將孫中山的革命學說視作指導方針。因此，在新縣制下，民選的縣參議會負責縣政；教育普及到最基層；組織合作事業；保護佃農利益；實現財政合理化。除此之外，縣政府負責促進工業、農業、灌溉、交通、通訊、公共衛生、婦女權益保護、社會福利和救濟。[299] 所有這些項目都與南京國民政府時期的「實驗縣」改革大同小異。我們可以設想，設若國民政府能積極地實行這些任務，民眾參與和動員便能從根本上解決中央在處理與地方實力派關係時的困境。它也許還能監督提高基層公務員的道德水準，改善政府在民眾中的形象。然而，從本書第一章對南京國民政府時期的討論可以看出，這一切設想並不樂觀。

最後，國民政府沒有充分利用抗戰的特殊環境和八年時光，找到有效方法，在大後方的社會組織中嵌入政黨的規範力與強制力。重慶也沒能與中國鄉村中數以百十萬計的社區建立有機聯繫，讓後者一直都牢牢掌握在地方權勢者手中。非但陳舊的統治模式沒有受到侵蝕，而且地方統治者還顛覆和奪取了新縣制下的各種政治術語與職務，在掛羊頭賣狗肉的功夫上顯得出人頭地。可以說，在縣級以下，國民政府完全沒有積極地推進人民生活福祉。如果它發生過任何作用，就只是加劇了人民生活的困難度。[300] 本書作者所得知的唯一例外，是陳誠主持下的湖北省政務。在短暫時期內，他試圖在狹小

299 李宗黃，《李宗黃回憶錄》，第4卷，頁144-145。

300 有關戰時地方政府制度運作的較好敘述，參見：A. Doak Barnett, *China on the Eve of Communist Takeover*, pp. 103-154。

地區內依照孫中山訓政藍圖，並且綜合新縣制特色試行政治改革，似乎燃起人民熱情反應。但是如此小規模的改革努力，終究敵不過周邊第五戰區軍隊官長們漫天蓋地式的橫行霸道，最後未能貫徹始終，可是多年後卻在台灣開花結果。

本章內容不禁使我們產生疑問：戰時的國民黨究竟扮演了何種角色？依常理推之，一個強勢的政黨應該可以預防政治的停滯與腐化，可以把各式各樣的人群團結在「真正的民族共同體」和「中央化的政治體制」下。在下一章中，我們將檢查國民黨這個執政黨內部權力的結構與分配，以探求它為何沒能推出一個能夠實現上述任務的領導層。

第九章

肌體萎縮的黨

大概是從第二次世界大戰結束後到1970年代之間，是西方學界對國民黨政權和國民政府研究最旺盛的時期，主要精力放在理論建構，成果也最豐富。[1] 因此本書在申論戰時國民黨之前，首先想要花費一些篇幅去介紹這些理論性研究的成果，並且表達本書作者對它們的評估。

第一節　對國民黨研究的反思

對國民黨在艱難戰爭年代所經歷的興衰，學術界至少提出過四種大觀點，本節在此不可能詳細評論這些觀點，但是只能著重介紹，並將它們和本書的研究結果進行連接。

1　近年作品多重歷史敘述，不在本章討論之列。讀者可參考：Jay Taylor, *The Generalissimo: Chiang Kai-shek and the Struggle for Modern China* (Cambridge MA, Harvard University Press, 2009); Rana Mitter, *Forgotten Ally: China's World War II, 1937-1945* (New York, Houghton Mifflin Harcourt, 2013; Hans van de Ven, *China at War: Triumph and Tragedy in the Emergence of the New China* (Cambridge, MA, Harvard University Press, 2018).

一、作為精英政黨

在所有研究中，最早提出成果的是把國民黨視為精英政黨，把國民黨中央執行委員會（簡稱中執會）視為該黨權力核心，而其成員便是該黨的統治精英分子（elite）。[2] 此項研究的獨到貢獻，是對中執會成員的社會背景（sociological profile）作了詳盡描述。但是它不免引發了兩個理論上的根本問題：第一，把中執委視為國民黨精英的觀點是否正確？第二，對國民黨部分精英的研究，是否能適如其分地解釋國民政府時代廣大中國土地上的權力結構？換言之，國民黨的權力結構和國民政府的權力結構是否吻合重疊？或者說，它們各自的情況大不相同而應該分別處理？

關於中執會是否構成國民黨精英群體這一問題，又涉及到「精英」的概念，和國民黨組織架構中哪些人算得上精英這兩個問題。

從概念上說，作為權力精英成員的個人，不僅應該在既有秩序中占據較高職位，還應該對重要決策掌握實質上的參與權和影響力。[3] 一個符合嚴謹定義的精英分子，必須具備下列條件：一、必須擁有高知名度，容易被社會識別；二、必須參與重要決策；三、他們做出的決策在大多數情況下，必須被廣大黨員們遵從和推行。[4]

純從形式和組織結構觀點來看，中央執行委員會的確具備是國民黨精英的條件。因為根據黨章規定，黨的最高權力機構是國民大會。而在國大閉幕期間，中執會則有權以國大名義決定主要政策，並且對黨的中央行政機構行使監督權。在訓政時期（1931-1948年），中執會還有權選舉和任命國家元首、國務委員和中央政府五院的正副院長。[5]

---

2 Harold D. Lasswell, ed., *Word Revolutionary Elites* (Cambridge, Mass., 1965), chapter 6, "Kuomintang and the Chinese Communist Elites," pp. 319-455.

3 Harold D. Lasswell, ed., *Word Revolutionary Elites* (Cambridge, Mass., 1965), p. 16.

4 Robert A. Dahl, "A Critique of the Ruling Elite Model," *American Political Science Review*, vol. 52, no. 1 (March, 1958), pp. 463-469.

5 Wang Cheng, "The Kuomintang: A Sociological Study of Demoralization" (Ph.D. Dissertation,

這些黨章規定在社會上產生的印象是，中執會在黨內大權在握。儘管形式如此，實際操作卻未必如此，因為中執會的功能在多年中曾經發生過巨大變化，如果忽視這些變化，就有可能在概念上和方法論上遭遇嚴重困難。比如說，中執會委員人數從1924年的24人增加到1935年的119人，1945年更增加到223人。隨著國民大會和中執會人數增加，黨內事務決策權首先掌握在中執會的常委會手中，後來轉到政治會議手中。1936年7月，政治會議已經成為黨的正式機構。[6] 1939年後，政治會議的成員也日益增多，包括中執會正副主席、國民政府主席、五院正副院長、軍委會正副委員長，以及中執會常委，都成為當然委員。這意味著政府職能部門的領袖們，也變成是負責監督他們自己行政工作的黨務機關的成員。[7] 從1930年代中期開始，特別是從1938年建立總裁制以後，黨中央多數重要決策或者是由蔣介石個人獨斷，或者是他與親密幕僚磋商之後決定，更或者是由他與政治對立團體的領導人經過磋商妥協之後決定。這個過程產生了兩個重要變化，其一是「以黨領國」的設想已經日漸銷蝕，黨中央做出的決定在國民黨名義上領導的政府裡就未必行得通。久而久之，黨中央也就「識相地」避免觸碰敏感性政治議題，加速「虛位化」。其二是國民黨領導下的政府決策也未必在全國行得通。因此「統治精英」一詞的實用性非常值得懷疑。

簡言之，大多數中執會委員幾乎從來沒有嚐到過權力滋味，更不用說制定決策。正如賴景瑚[8] 所說：

「我當選中委以後，很久沒有實際工作。除以中委資格，參加中央黨部紀念周和幾個不重要的會議外，並不能過問政府內政和外交的決策；連比較重要一點的政治消息，我也只能依靠每天必看的報紙。當時飛黃騰達的中委

Stanford University, 1953), pp. 18-19.

6 Tien Hung-mao, *Government and Politics in Kuomintang China, 1927-1939* (Stanford, Calif., 1972), pp. 34-39.

7 Wang Cheng, “The Kuomintang: A Sociological Study of Demoralization” (Ph.D. Dissertation, Stanford University, 1953), pp. 19-20.

8 賴璉，第五、六屆中執會委員，一個被社會上認為是黨內傑出的「領袖」人物。

固多，而像我那樣無事可做的中委亦不少⋯⋯。可是，我立刻發現一個人如無特殊的奧援，一切政治上的大門，都是對他關閉的。站在政治的邊緣，而摸不著政治的頭腦。甚至找不著一個和他志趣適合的工作，這不能不說是一種精神虐待。」[9]

換言之，即便是躋身中央委員行列，仍然只是無拳無勇的閒散人物，對於黨務和國事不能產生影響，而必需要另外培植「關係」（官職、軍職、派系），才能有所作為。

這些話令人難以相信是出自一個精英分子的自我描述，但它卻是對大多數中執會委員尷尬處境的真實寫照。也正因社會大眾不了解箇中內情，所以依然有許多人想方設法擠進黨內，不是為了施展救國抱負，而是為了分一杯羹。即使進不了政府機構，也可以退而求其次地爭取到黨內一些好處，或在不明就裡的社會大眾面前自我炫耀風光一番。其實這個現象並不奇怪。比如說，第五次全國代表大會是由組織部包辦，主辦人工作動機就免不了壯大自己的派系和拉朋結友，同時排擠異己勢力。其結果是許多組織部職員也竄身成為黨代表，而該部總幹事更有多人當選為中委，導致許多領域的重要幹部（如邊疆幹部）落選。事後為了彌補漏洞，組織部只好指示本身幹部讓出6個中委位置，[10] 仍然不能安撫眾憤。如此草率的運作方式，提醒我們對於精英的研究需要格外小心。

此外，1930年代的歷史表明，中執會的選舉也雜亂無章。比如說，1931-1932年間，南京政府和廣州政府都召開了自己的第四次全國代表大會。當汪精衛派系意識到他們從兩邊都得不到好處時，就舉行自己的代表大會。最後三個派系達成妥協，同意了各派在混合組成的中執會中分攤的代表比例。[11] 一方面，黨內元老資格黨員和西山會議派之類的小派系，照慣例分攤到了一定數額席位，但是無法進入決策核心。另一方面，地方實力派軍人也

9　賴景瑚，《辦黨、辦報、辦學》，《傳記文學》，第23卷，第1期，1973年7月，頁56-61。

10　王子壯日記，1945年4月14日，「上星期反省錄」。

11　雷嘯岑，《三十年動亂中國》（香港，1955），上卷，頁211。

經常把他們的文職部屬作為代理人安插進入中執會。後者這個做法立即就讓調查中執委社會背景的研究產生了方法論上的困難，因為有些委員根本沒有實權，而只是軍政首腦們的馬前卒而已。對他們進行嚴肅而學術性的社會背景調查工作，只會讓對中國統治精英的研究產生很大程度的扭曲和變形。

中執會成員選舉過程中最關鍵因素是，誰控制了黨的組織部和誰最接近蔣介石。蔣介石在1938年當選總裁以後，他經常行使個人裁決權指定或剔除許多人進入中執會的資格。但是隨著中國政治分化成二個半獨立的層面（中央層政治和地方層政治），地方上有權有勢的人物由於沒有機會接近中央組織機構，無法參與中執會成員的分配業務，所以他們在國家體制中的代表機會幾乎等於零。但是反過來說，由於他們在自己半獨立的地方王國裡行使唯我獨尊的統治權力，所以也根本不把中執會放在眼裡。在這種情況下，那些蔣介石所不喜歡的中央各個派系，和大多數沒有機會接近中央黨務或對中央黨務不感興趣的地方集團，在中執會中都沒有代表權。但是這並不意味著他們在各自的領地中沒有權力。相反地，他們擁有高度的軍事、政治和經濟權力。即使在戰前，由於國民黨的統治區域狹小，把國民黨精英等同于國民政府的權力精英就已經是大成問題。[12] 同樣情形發生中執會的常務委員會（中常委）。在1944年5月份的國民黨第十二次中全會第一次大會時，王昆侖提出了一個尷尬的問題。他指出，依照黨章，中常會在大會閉會期間是黨的最高權力機關。何以事實上不擔負此種責任？問題一出，全場一片沉默。因為事實上，國家重要事項都是先經過總裁批准後才提交常委會。因為總裁經常不出席，因此常委會只能照案通過，常委會委員沒有表達意見的機會。同理，國防最高委員會是戰時處理一切軍政要務的單位，而蔣介石又是該會委員長，但是也經常不出席會議，以致黨政軍大問題都決定於該會之外。更由於蔣介石個人時間精力有限，無法對各方面問題做慎密思考，因此出現一種「上簽呈」的決策方式，即少數人（幕僚，親信）經過特殊管道可以上達天聽去討論國家大事，而原來在制度上設立的討論軍國大計的中樞機構反成虛

12　Harold D. Lasswell, ed., *Word Revolutionary Elites*, p. 415.

設。[13]

歸納而言，國民黨精英研究所呈現的成果值得商榷的原因有二：一、研究方向錯誤地解釋了國民黨內部的發展趨向，誤認為中執會擁有真正的決策權力，而實際上它只是一枚橡皮圖章而已。二、研究幅度將前後六次全國代表大會揉雜在一起一併處理，提出了對1924-1949年國民黨整體性的宏觀研究。這個宏觀手法大成問題，因為1935年的「五大」和1945年的「六大」，整整相隔10年。而正是在這關鍵十年中，國民黨本身在人員構成、控制區域、組織力量，內部權力分配及政治導向等各個方面，都發生了翻天覆地的變化。然而這些變化在「五大」和「六大」的中央委員中都沒有反映出來，黨的許多重要工作內容也都被掩蓋。因此我們想問，在戰時特殊環境下，國民黨對全國事務到底具有多大權力？如果像上面所述那樣，黨既沒打進又沒有領導地方黨組織，那麼中執會就只是一個空架子衙門，根本稱不上是精英群體。實際上，在國民政府號稱統治下的中國，連國民黨本身都未必夠資格稱為精英。

二、作為代表商界利益的黨

長年來對國民黨領導層的另一項研究，雖然提供的材料並不充分，但是在中國和西方學壇廣為流傳，那就是國民黨是一個代表東南沿海地區富商階級利益的政黨。這個說法一般試圖從幾個方面尋找證據，比如說，從社會背景而言，蔣介石、孔祥熙、宋子文和上海股票交易所或金融界有著長期的聯繫。有人認為，國民黨與商界的結盟，起源於1927年蔣介石與蘇聯決裂以後，它需要尋求新聯盟，而上海商界也正尋求一支政治態度溫和的力量，去對付共產黨控制的工會。在此後幾年中，國民黨又需要大量金錢進行內戰，

---

13 王子壯日記，1943年9月11日，「本星期預定工作課目」，1944年5月21日。戰時能夠上達天聽的人士多在委員長侍從室，熊式輝主持的設計局，和其他個別人士如吳稚輝、吳鐵城、朱家驊、張群等。

這更加使黨的政軍權力與以上海為基地的資本家的財經資源結合成為一體。[14] 這類學說的副產品是，把蔣介石和宋美齡的婚姻看成是政治買賣，是軍權和財權的勾結體，而蔣介石的皈依基督教當然也是政治姿態，缺乏誠意。幸好近年來史料越來越豐富，使我們可以接近真相。

儘管持這種觀點的絕大多數學者，很少用統計資料作為根據，但是頗有一些蛛絲馬跡可以用來說明，國民黨與商界的關係不僅是一種唯利是圖的暫時聯合，而其實是商界已經取得它替國民黨做決策的地步。比如說，在一批（共38人）江蘇和浙江籍，而在許多銀行和企業被認為是領導人之中，到了1937年，他們之中有4位成為南京政府的部長，3位成為副部長，17位成為全國經濟委員會委員，17位成為財政部財政委員，5位成為幾個省的財政廳長。[15] 都是掌握實權的財經領袖。

儘管這類資料客觀存在，但是即使在南京政府時期，國民黨支持商界的說法也值得懷疑。理由如下：

第一，雖然商界對國民黨的許多計劃（包括軍事行動和實業計畫）確曾做出過巨大財力貢獻，但是我們也必須記住，商界打從民初以來就未能完全

---

14 Harold Isaacs, *The Tragedy of the Chinese Revolution* (London, 1938), pp. 175-185; Robert W. Barnett, *Economic Shanghai: Hostage to Politics* (New York, 1941), p. 12; Barrington W. Moore, Jr., *Social Origins of Dictatorship and Democracy: Lord and Peasant in the Making of the Modern World* (Boston, 1966), p. 196; Mary C. Wright, *From Revolution to Restoration: The Transformation of Kuomintang Ideology*, *Far Eastern Quarterly*, vol. 4, no. 4, August, 1955, pp. 515-532；陳伯達，《中國四大家族》（出版地不詳，1946），頁18-29、47-54。

15 在38位被認定為上海銀行界領袖人物中，多半為江浙兩省人。到了1937年，這38位元銀行家在該地區著名銀行中占據著163個重要職位，如董事長、總裁和總經理等。有一個極特殊的例子是，某位銀行家竟在11家不同銀行中占據著領導職位，而這一群體中每一位成員占據重要職位的銀行平均有4.3家。除了銀行外，這些人中還擁有諸如麵粉業、水泥業和商會中的職務。這群人的傳記資料，參見齋藤剛，《支那紀行與人物》（東京，1937）。有關所謂寧波幫對上海金融界影響的討論，參見上海通社，《上海研究資料續集》，頁289-304；Susan Mann Jones, *Finance in Ningpo, The Ch'ien-chuang, 1750-1880*, in Paul A. Cohen and John E. Shrecker, ed., *Reform in Nineteenth Century China* (Cambridge, Mass., 1976), pp. 41-48；齋藤剛，《支那紀行與人物》，頁240-262。

置身於政治爭鬥之外。早在國民政府掌權之前，現代模式的資本家的出現就和國家的經濟與政治事務形成密切關係。在20世紀初期，北洋政府就曾經毫不猶豫地把眼光轉向國內資本市場，一方面通過發行債券、借款乃至對幾家現代規模的銀行和主要城市的一些企業，以強制攤派方式來籌集資金，協助它渡過財政難關。另一方面，這些銀行和企業也把政府債券和借款看成是可能贏得巨大利潤的投資。因此，它們也想方設法和北洋政府中各個政治派系去培養良好的業務關係。在1916-1928年間，北京政府早已和中國某些銀行和企業總裁或董事長建立了千絲萬縷的政商關係。[16] 在如此歷史背景下，國民黨試圖把資本家和金融界領袖們拉進政治舞臺，本就不足為奇。資本家的求生本能和商業觸角，都會促使他們和任何一個掌權的政府進行合作。1928年後新的局勢是，政治和軍事權力重心從華北平原轉移到長江三角洲地區，讓這個地區的資本家們獲得比此前更為寬廣的活動空間。

第二，這種觀點也遇到更棘手的理論困難。在大多數論述中，「資本家」（capitalists）、「資產階級」(bougeoisie)、「商人」(merchants) 等名詞經常被替代使用。這些名詞的涵義經常被賦予不明確的定義，以致人們容易忘記一個基本事實，那就是即便是在商界內部，不同行業也存在不同的利益。它們之間既有利益一致，也有利益衝突。在各種大小規模不等和背景各異的商人、銀行家、企業資本家之間，可能存在高度的差異。比如說，許多相信國民黨與商界聯繫密切的學者，都認為勞資衝突最能影響商界的切身利益，因

16 有關此問題更詳盡的討論，參見：Andrew J. Nathan,*Peking Politics, 1918-1923: Factionalism and the Failure of Constitutionalism* (Berkeley, Calif., 1976), pp. 82-90; Hsi-sheng Ch'i, *Warlord Politics in China, 1916-1928* (Stanford, Calif., 1976), pp. 158-160。國民黨1927年在名義上統一全國後，中央銀行系統極力擴張，而商業銀行的獲益相對平緩。有關私人銀行及它們的資本和發展情況，參見：Paul K. T. Sih, *The Strenuous Decade: China's Nation-Building Efforts, 1927-1937* (New York, 1970), p. 145；上海通社，《上海研究資料續集》（上海，1939），頁685-694；有關錢莊在上海的興衰史，及30年代中期國民黨的政策是如何加速其衰敗的，可以參見：Andrew Lee McElderry, *Shanghai Old-Style Banks (Ch'ien-Chuang), 1800-1935* (Ann Arbor, Mich., 1976)，但是學者們卻不曾把北洋政府視為資本家的同夥人。

此國民黨在1927年對工人運動的鎮壓，是促成它與商界聯盟的重要因素。但是事實上，勞資衝突只是紡織業主和地方官員關心的事務，而銀行家就未必擔憂這個問題，因為他們沒有對紡織廠投入很多資金。國民黨與商界關係的其他方面同樣也存在著利益分歧。比如說在稅收事務上，如果商界中某一行業成功地說服政府減免賦稅，就可能意味著政府會相對增加另一個行業的負擔。更有進者，銀行家只有在政府稅收有保障情況下才會認購公債，而這就意味著政府對某些其他行業要課征新稅。[17] 這些例子說明，不同商業行業之間或甚至同一行業內部，都可能存在利益衝突。如果把上海商界看成是單一的社會群體或是階級，既具有高度團結、又能為維護自身利益，而行動一致的政治力量，則無論在概念上還是在方法論上，其正確性都不免令人高度懷疑。

第三，既然上海是巨大資本集結的都市，國民黨與商界當然有頻繁的往來。可是實質問題是，國民黨是否是為上海商界利益服務？

根據某些學者研究，即使國民黨與上海資本家的聯盟果然存在，也是為時短暫。蔣介石在1927年和武漢激進分子鬥爭時，就已經不惜採取逮捕、綁架、敲詐、甚至沒收財產等手法，脅迫上海資本家交出獻金。1929年至1930年間，蔣介石進一步通過改組和控制上海總商會，去削弱上海資本家影響力。[18] 這些實例甚至導致某些學者認為，「國民黨主要領袖持反對資本家的政策。」[19]

---

17 Richard Clarence Bush, III, *Industry and Politics in Kuomintang China: The Nationalist Regime and Lower Yangtze Chinese Cotton Mill Owners, 1927-1937* (Ph.D. Dissertation, Columbia University, 1978), pp. 8-10, 308-309.

18 Parks M. Coble, Jr., *The Kuomintang Regime and the Shanghai Capitalists, 1927-1929*, *China Quarterly*, no. 77, March, 1979, pp. 7-10, 20-24.

19 Parks M. Coble, Jr., *The Kuomintang Regime and the Shanghai Capitalists, 1927-1929*, *China Quarterly*, no. 77, March, 1979, p. 24; also: Parks M. Coble, *The Shanghai Capitalist Class and the Nationalist Government, 1927-1937* (Ph.D. Dissertation, University of Illinois, 1975); Lloyd E. Eastman, *The Abortive Revolution: China Under Nationalist Rule, 1927-1937* (Cambridge, Mass., 1974), pp. 228-240.

有關國民黨與資本家結盟的論點還存在一個實質性缺點，那就是它無法解答一個疑問：既然這些江浙籍的資本家出資支持國民黨，在那些離他們利益遙遠的華北、華南和西南省份，面對反蔣勢力進行無數次耗費鉅資的內戰，然則他們究竟指望從這些巨額投資中，獲取何種相應利益？按照常理推測，如果把意識形態和階級利益列入考慮時，則上海資本家最有興趣予以消滅的敵人應該是他們鄰近的共產黨勢力。然而1928-1933年間，蔣介石顯然花了比消滅共產黨更多的精力去對付非共產黨分子，以致在其最初三次圍剿中接連敗北。根據李宗仁說法，上海資本家事實上並不情願幫助國民黨去消滅共產黨。根據他的記載，蔣介石在1928年召集了大約24位上海企業界和金融界頭面人物，要他們提供大筆借款去消滅共產黨。當上海資本家領袖們遲疑不決時，蔣介石卻威迫他們除非交錢，否則不許離開會場回家。結果資本家錢拿出來了，而蔣介石卻沒有派部隊去江西「剿共」。[20]

我們必須認識到，一方面國民黨並不允許商界主導它的政策，而另外一方面商界在其行業利益受到威脅時，也決不會軟弱地服從國民黨支配。部分原因是國民黨在對付來自國內外敵人的不斷挑戰時，總是優先考慮到它自身的安全；它只想從商界攫取盡多的金錢，但是在其他方面則避免動搖社會經濟和政治現狀。國民黨的繁忙工作量和有限精力，使它無法長期地去和商界打交道。同樣重要的是，商界不僅能夠集中力量去抗拒或顛覆國民黨的政策，還可以夥同外國政府和商務公司迫使國民黨讓步。如此說來，國民黨與商界只是在少數事務上會產生互動關係，時而衝突，時而合作。而上海商界的許多行業在和國民黨互動時，都能夠保持相當程度的獨立自主性。[21] 在這

20 Li Tsung-jen, *Memoirs of Li Tsung-jen* (Boulder, Colo., 1978), pp. 264-265. 有關上海商界對1927年清共運動中的不感關心或不願參與的可能性，參見：Richard Clarence Bush, III, *Industry and Politics in Kuomintang China: The Nationalist Regime and Lower Yangtze Chinese Cotton Mill Owners, 1927-1937* (Ph.D. Dissertation, Columbia University, 1978), p. 305.

21 有關中國棉紡廠業主的自衛策略，參見：Richard Clarence Bush, III, *Industry and Politics in Kuomintang China*；有關國民黨和上海商界領袖爭奪上海商會控制權所發生的衝突，參見：Joseph Fewsmith, *The Emergence of Authoritarian-Corporatist Rule in Republican China: The*

個意義上，國民黨和商界之間的關係，不應該被形容為任何一方支配另一方，而是在特定時間和特定事務上，雙方通過激烈討價還價過程，以各自的實力決定勝負。

最後我們不應忘記，即使在國民黨內，那些被公認是資本家派系的領袖（孔祥熙和宋子文）在黨內派系力量分布中也是少數派，更沒有地域性的權力基地。即便是在國民政府體制內，他們的權力範圍僅限於財政部和外交部。他們與C. C.系的關係始終維持緊張，與黃埔系則刻意保持距離。因此毫不奇怪地，蔣介石在1937年選擇抗日戰場時，根本沒有徵求上海商界首腦們的意見。如果純從保護資本家利益著想，他本應該讓軍事衝突局限於華北，如此便可使京滬杭精華之區遠離戰火。而他最後選擇在上海進行決戰的結果，卻正是讓上海工商業遭到最慘重的損失。基於這些考慮，把南京時期的國民黨描繪為資本家保護人的觀點，不免有失偏頗。

孔宋二人與蔣介石的私人關係，也是我們在檢視國民黨和資本家政治利益結合時，一個值得深究的因素。依照多年來民間觀感，他們兩人當然是江浙財團利益的代表，又是蔣介石的皇親國戚，因此分居他的左右手，顯然是軍權與金權結合的粘合劑。這個外界臆度和現實之間存在極大差距。只要看過蔣介石日記的人都知道，在他一生中沒有另外任何人如同宋子文一般被他長期地痛罵、痛恨，甚至憤怒到祈問上蒼，何以世間會出現如此不成材的東西？而蔣宋關係早在南京時代就導致決裂的主要原因，正是當蔣介石整軍經武需款孔急的時候，宋子文卻堅持一切籌款手續必須依法辦理，讓蔣介石的軍政計劃備受挫折，也導致最後宋子文拂袖而去。抗戰軍興，宋子文選擇遠走香港避談國事，其重要原因之一就是他與孔祥熙的關係惡劣。儘管蔣介石多次邀請宋子文到重慶「共商大計」，宋子文卻拒絕蔣介石的徵召。這個關係一直要等到1940年初才開始解凍，宋子文被派赴美國爭取美援，但1943-1944年又陷入孔宋對立，雙方幾近動粗地步。至於孔祥熙則在南京時期接任

Changing Pattern of Business Association in Shanghai (Ph.D. Dissertation, University of Chicago,1980), pp. 222-269.

宋子文職務後，短暫滿足了蔣介石對財政的需要，但是不久也被蔣介石批評為籌措財源無能。抗戰軍興不久，孔祥熙的主和傾向又受到蔣介石嚴厲斥責，自此之後在重慶政府內，他基本上是一個無德無能的技術官僚而已。

綜上所言，對國民黨研究的真正重點是，無論它戰前和資本家之間的關係如何，一旦抗戰爆發，情況就徹底改觀，而最直接後果便是兩者關係的戛然中斷。回顧1935年時，上海有6,123家工廠在政府註冊的。到了1938年，只有342家（占總數的5.6%）隨政府西遷。[22] 絕大多數銀行也和它們的民間客戶一樣，只能留在淪陷區。在1941年前，上海小部分資本家還能依賴西方殖民國家公共租界庇護，去維持與國民黨的秘密聯繫，但是他們的作為最多只是象徵性的愛國表示，並不能對重慶政府財政做出實質貢獻。1941年底珍珠港事變爆發，日軍占領公共租界並採取嚴厲經濟統制政策，一夕之間切斷了資金流動的可能性。不久之後，汪精衛政權也向上海資本家提出維持公共秩序和促進經濟繁榮的保證，贏得他們當中相當人數的支持。

相比之下，國民黨在大後方無力應付通貨膨脹率，同時又無力撼動大後方地區傳統社會勢力（地主、軍人、秘密會黨頭目），從而越來越疏遠了實業家和商人。[23] 值得一提的是，民間津津樂道的所謂「孔宋財團」在戰前就已經貌合神離，而抗戰開始不久，孔宋各自的追隨者在重慶政壇內更是極力互相攻擊，勢同水火。[24] 它們所扮演的角色，予其說是舉足輕重團結一致的政治主角，不如說是奉蔣介石之命行事，而又趁機致力打擊對手的理財人。

資本家或財團在戰時黨內地位和影響力衰落的程度，要等到戰爭結束時才受到無情曝露。勝利復員時，國民政府先遣單位一到達沿海港口城市，首要獵物就是大肆沒收財產，恣意摧毀當地經濟結構。首先是把法幣和偽幣兌

22　蔣君章，《中華民國建國史》（台北，1957），頁226-227。

23　John Service in *The Amerasia Papers*, vol. 1, no. 102, pp. 575-591; Sun Fo's comments in *The Amerasia Papers*, vol. 1, no. 91, pp. 535-550.

24　從這些追隨者和他們各自的領袖們之間的大量文電來往可以看出，他們對對方的批評，言辭刻薄，幸災樂禍，落井下石，絕不留情。散見：T. V. Soong Papers, Hoover Institution, Stanford University。

換率定為1：200，一夜之間使淪陷區城市中產階級的一生積蓄付諸東流。其次是新勝利者以沒收敵偽財產為由，把各類商業與工業資產和它們的產權人都定性為通敵分子。原本應該由經濟部和財政部負責處理這些敵產，但實際上，C. C.系和復興社（特別是軍統）也扮演了積極的角色。他們的目的既不是恢復淪陷區被戰爭破壞了的經濟，也不是幫助資本家恢復戰前元氣，而是只顧自己發財和擴大派系力量。在這裡我們再度看到戰爭對國民黨的腐蝕性影響。國民黨在離開江南魚米之鄉八年之後，卻以征服者姿態回到淪陷區，不是把同袍從水深火熱中施以解救，而是把資產階級和平民百姓一律視為巧取豪奪對象。難怪在1945-1949年內戰期間，無論在降低通貨膨脹率或是在執行新貨幣政策（金圓券）方面，華東地區的有錢階級都拒絕與國民政府合作，甚至連蔣經國最嚴厲的懲罰措施也無法挽救局面。這些史實都提醒我們，必須慎重思考國民黨階級屬性的說法。從分析方法的效率性著眼，把國民黨視為商人利益代表的學說，並不能幫助我們增進對它本質的了解。

三、作為法西斯型政黨

對國民黨的第三類研究認為，國民黨具有某些與法西斯政權相聯繫的組織或行為特徵，甚至蓄意以法西斯主義為師。[25] 這種說法多年來在社會上頗為流行，在西方學術界有一定程度的接受度。當然國民黨的政敵們更是見獵心喜，把它當做一個方便醒目的政治標籤。但是它的學術價值應該如何評估？

無可否認地，在國民黨的理論和實踐中，它具有某些特性讓人們容易把它看成是等同於法西斯政黨。比如說，第一，人們普遍認為「藍衣社」的最早概念，起因于劉健群於1931年所寫的小冊子《改組黨的幾點意見》，這本

25 有關法西斯主義性質定義上的諸多困難，見：Alexander J. DeGrand, *The Italian Nationalist Associationand and the Rise of Fascism in Italy* (Lincoln, Nebr., 1978), p. ix; A. James Gregor, *Interpretations of Fascism* (New York, 1974).

小冊子明顯地受到了法西斯思想的啟發。[26] 第二，蔣介石和他的重要幹部們不厭其煩地強調最高領袖的權威（「一個主義、一個領袖、一個國家」），要求黨員必須無保留地效忠于領袖。[27] 第三，國民黨組織上的一些特點有著與法西斯頗為相似的成份。國民黨兩個秘密警察機構（中統局和軍統局）的發展，很容易使人們把它們比同于法西斯黨衛軍（SS）和蓋世太保（Gestapo）。三青團的創建近似法西斯培植男女青年成為優秀接班人的做法。更進一步說，蔣介石本人的著作《中國之命運》，也被指控為隱含有極端民族主義色彩。在戰時環境下，它被西方國家曲意解釋為蔣介石心目中早已潛存的一個宏偉構想，想要恢復中華民族昔日的輝煌，在東亞地區重建其優越的傳統地位，這就導致人們「想當然耳」地擔憂中國可能模仿法西斯式的暴動顛覆政策（putschist policy）。[28] 僅僅是這份「擔憂」，就在不言之中透露了西方白人的種族優越感。換言之，西方列強在戰後意圖恢復帝國主義和殖民主義是理所當然的發展，英國當然應該重新占領印度和馬來亞，法國當然應該回到安南，甚至連區區小國荷蘭也理直氣壯地指望重新主宰東印度群島（今日的印尼），唯獨中國想要奮發圖強，重建大國，卻被視為是令人擔憂的妄想，必須加以阻止。而《中國之命運》正是傳達這種願望的一棵毒草，招致西方軍政領袖，大眾媒體和學術界坐立不安，進而群起而攻之。

國民黨是法西斯政黨的這個說法，雖然起源於抗戰時期，但是要等到易勞逸教授出版他的《流產的革命》一書時，[29] 才在西方學術界受到了有系統的分析。根據他的研究，一批中國軍官和國民黨員在德國駐華軍事顧問團成員影響下，接受了法西斯思想。蔣介石本人很快也成了「法西斯主義的狂熱

26　劉健群，《改組黨的幾點意見》（南京，1931）；另外一本由劉建群撰寫的相關的書為《復興中國革命之路》（南京，1934）。

27　例如朱家驊，《党的組織與領導》（重慶，1942），或者鄧文儀，《領袖言行》（出版地點和時間均不詳）。

28　陳伯達，《人民公敵蔣介石》；Eastman, *The Abortive Revolution*, Chapter 2.

29　Lloyd E. Eastman, *Seeds of Destruction: Nationalist China in War and Revolution, 1937-1949* (Stanford, Calif., 1984.))

崇拜者」。不僅如此，到了1930年代中期，「藍衣社」的「法西斯化」已是一個被認定的既成事實，蔣介石及其親信部下甚至可能暗中計畫一項陰謀，放棄孫中山的三民主義，改而信奉法西斯主義。[30] 這個學說的邏輯性和完整性令人必須嚴肅對待。

但是也還有其他因素警惕我們，不可貿然接受國民黨就是法西斯政黨的說法。

首先，像劉健群那樣的人物，對法西斯主義只有極其粗淺理解，並沒有把它視之為抵禦西方霸權的最新和最有效的政治福音。還應指出的是，當法西斯運動在西方國家引起廣泛而熱烈的討論時（包括正反兩面意見），在中國公共媒體裡卻沒有出現同樣程度的討論或翻譯風尚。如果這個舶來品政治理論果然曾經引起過國民黨領袖的注意（尚待考證），或許主要是它所呈現的高紀律和高效率，而這兩點正是中國領袖們普遍認為自己國家所最缺乏的特質。[31] 如果劉健群果真對法西斯主義產生過嚮往，則最多只是屬於皮毛或趕時髦，因為他既不曾親自去見證法西斯運動的運作實況，也不懂歐洲語言可以直接閱讀法西斯主義的文獻，而在中文領域內也沒有足夠的翻譯作品供他鑽研。在蔣介石為組建力行社而精心選拔的幹部中，只有桂永清曾經作為海軍學員在德國學習過。不屬於力行社的蔣緯國也曾經在德國接受軍事訓練。但是兩者都屬於職業軍人典型，沒有留下心儀法西斯主義的痕跡。至於在其他幹部群中，包括鄧文儀和賀衷寒這兩位著名理論家，則只去過日本或

30　Eastman, *The Abortive Revolution*, pp. 39-55; Lloyd E. Eastman, *Fascism in Kuomintang China: The Blue Shirts*, *China Quarterly*, no. 49, January-March, 1972, pp. 1-31; Eastman, *The Kuomintang in the 1930s*, pp. 193-196. 對Eastman運用資料的批評，可參見：Maria Hsia Chang, *'Fascism' and Modern China*, *China Quarterly*, no. 79, September-December, 1979, pp. 555-558。本書作者認為Eastman提出德國顧問傳播法西斯主義之說是沒有根據的。其著作第39頁聲稱德國顧問在1929年實際上支配了軍事院校的教育，顯然是錯誤說法。

31　Maria Hsia Chang, *'Fascism' and Modern China*, *China Quarterly*, no. 79, September-December, 1979, pp. 558, 562-563.

蘇聯。[32] 因此他們的觀點可能更是受到了戰前日本軍國主義、權威主義或蘇聯式的極權主義的強烈影響。毫不奇怪的是，這些人後來並沒有提出過一個徹底改革中國社會、經濟或政治的宏偉藍圖或全面規劃。他們最關心的事務是如何通過對領袖的絕對忠誠，找到有效辦法，以加強黨內紀律，以剷除革命道路上的國內外反對勢力。

在這方面，或許賀衷寒在1931年對陳誠的深度談話，可以透露許多重要資訊。賀衷寒在分析時局時，對於當前南京政府表示高度悲觀，認為它缺乏政策，一切以敷衍妥協、因循苟且了事。他把所有這些過失的來源都歸罪於貪官污吏、土豪劣紳、和反動分子。因此未來的革命必須剷除這些敗類，才能實現三民主義。賀衷寒所列舉的例子盡是黨政官員的劣行，比如說，官員秀妻美妾（他指責為違反民權主義），做地皮生意和販賣公債圖利（他指責為違反民生主義）。在財政方面只知揮霍而不知開源節流、海關操諸買辦階級之手、鹽稅由舊式鹽商控制、而特稅印花稅則由貪官污吏包辦。這些現象完全違反臥薪嚐膽精神，更違反民族主義。[33] 從這些國民黨重要幹部間的私密談話中，我們能夠獲得的印象是，他們批判時政的理論根據是三民主義，而批判的對像是貪官污吏。他們把自己看成是純潔忠誠的三民主義信徒和革命中堅分子，把政府其他官員看成是需要改造或是打倒的革命對象和異類。但是對於徹底改造中國社會和施行全民控制，則並沒有當做是重點來討論。簡言之，他的看法是政治必須清明，革命隊伍必須純潔，混進革命隊伍的腐敗分子必須予以清除，三民主義才能實現。在這個過程中，他們絲毫沒有透露出對三民主義感到淺薄不滿，而需要以外來的主義加以取代。

這些事實讓我們不禁懷疑，某些西方學者把國民黨和法西斯主義劃上等號的說法，是否過於輕率？國民黨領袖究竟是較多地受到來自德國和義大利

32 甘國勳，《追思劉健群並釋「藍衣社」》，《傳記文學》，第20卷，第3期，1972年3月，頁17-22。

33 陳誠先生日記，1931年11月30日。

的直接影響？還是輾轉從日本進口了一個法西斯模式的山寨版？[34] 在何種程度上，中國人一知半解地把法西斯主義與蘇聯的馬列主義或日本的軍國主義混為一談？這些問題尚待進一步的嚴謹研究才能予以澄清。

其次，把德國軍事顧問團成員當成是向中國軍人傳播法西斯主義的媒介，又把顧問團本身看成是蔣介石勾結希特勒的依據，真是令人啼笑皆非。當德國軍事顧問在1920年代末期開始被聘到中國服務時，法西斯主義在德國本土尚未嶄露頭角。顧問們之所以被南京政府重金選聘的標準，是他們被認為具有傳統德國軍人的美德和優異的專業素養。他們並不是「德國'駐華'軍事顧問團」，而是德國退役軍官以個人身分零零星星地被中國政府出資雇傭的軍事顧問，和後來才興起的希特勒政府沒有隸屬關係，更不是中德官方外交關係的一部分。與此同時，中國政府也在大量聘用法國、英國、意大利軍事專家作為顧問。

德國顧問抵達中國之後謹守職業軍人本分，把全部精力投注於軍事領域，遵從中國雇主安排，不涉足中國內政事務。本書作者在遍查國民政府檔案時，找不到任何有關他們傳布法西斯主義的記載。事實上正好相反地，許多顧問們心懷對法西斯政府強烈抗拒心態，雖然希特勒政府在盧溝橋事變後多番敦請和威迫德國顧問回國服務，但是都遭到他們本人拒絕，而中國政府也儘量協助他們規避德國政府的命令。最後希特勒被迫使出殺手鐧，聲稱如果顧問再不回國，則將會被以叛國罪名論處他們在德國的親人。面對此種脅迫，顧問們只好屈從，而重慶政府也出於人道考慮只好放人，但是仍有個別顧問堅決留在中國。

第三，任何涉及國民黨和法西斯主義曖昧關係的推論，都無法避免探討蔣介石本人的態度，因為他才是一切關係的核心。這個問題在幾十年中只能

---

34 有關法西斯在日本的問題，參見：Miles Fletcher, *Intellectuals and Fascism in Early Showa Japan*, *Journal of Asian Studies*, vol. 39, no. 1, November, 1979, pp. 39-64; Peter Duus and Daniel I. Okimoto, *Fascism and the History of Pre-War Japan: The Failure of a Concept*, *Journal of Asian Studies*, vol. 39, no. 1, November, 1979, pp. 65-76.

依賴揣測和臆度。但是近年來蔣介石日記公布，讓我們有更具體線索可循。

我們從他南京時期日記可以獲得一些重要資訊。首先是蔣介石在革命理論上，自認為他在壯年時期的革命薰陶是來自對孫中山學說的信服，再加上他對孫中山個人的忠心耿耿，讓他堅持信奉三民主義。他既明白地拒絕了馬列主義，也沒有表露過對法西斯主義產生過任何好奇心和鑽研。本書前文曾經依據蔣介石本人的記載，列舉出他在南京時代和重慶戰時所閱讀過的書籍。從書單中可以看出，他花費了大量精力潛心反復閱讀孫中山學說和相關論著。在他自己記錄中閱讀過的書籍中（見本書第四章），確曾有馬列主義理論，但不見希特勒或墨索里尼著作的痕跡。1932年他在日記中首度提到「弗意斯黨」時，是在評論日本政治時的附帶一筆。他認為以日本人民智開放和憲政步上軌道，絕不致容許該黨出現。他進而斷言，如果日本人果真組織此類政黨，則只會「徒亂其國，其失敗必矣」，態度非常負面。[35]

力行社曾經屢次被社會人士看成是國民黨內法西斯的影子。但是事實上在1932年初，當蔣介石開始考慮另組力行社時，也正是他開始閱讀俾斯麥傳的時間，兩者幾乎同步進行。[36] 他當時的思路並非改造腐化的國民黨，而是另起爐灶取而代之。[37] 目的是防止叛亂、制裁反動、監督黨員腐化、宣傳領袖主張，和執行政策。因此力行社不可以是一個社會上普遍性的大眾化組織（因為普遍組織必定腐化消滅），而必須是一個能夠擔負和惡勢力進行「秘密鬥爭」任務的組織，才能夠達成上列功效。[38] 而適在此時他又從俾斯麥傳得到很深的啟發，乃至在書上批文說，「病弱之國，惟鐵與血，危與死四字，乃能解決一切也。」[39] 也是正在此時，他又看到了一些關於情報學的書籍，感到非常有心得，再三讚賞「為近今最愛最要之書」。[40] 從這些偶合的事件

---

35 蔣介石日記，1932年5月16-17日。

36 蔣介石日記，1932年2-6月。

37 蔣介石希望在1933年以力行社「形成新黨基礎」。蔣介石日記，1932年11月30日。

38 蔣介石日記，1932年2月17、21日。

39 蔣介石日記，1932年4月20日。

40 蔣介石日記，1932年4月21-22日。

似乎讓我們可以推測，蔣介石此時期對「腐化」的國民黨深為不滿，又認同俾斯麥提供的「鐵血」救國模範，而適在此時，所接觸到的情報學又顯示其極高的實用性。這三者的結合，為蔣介石心目中的新黨提供了理論和實踐的方向。在這整個過程中，前後醞釀數月，他在日記中無一字提到希特勒或是法西斯，就像他無一字提到華盛頓或林肯一般。

有趣的是，正在這個時段，卻有個別力行社成員很可能首度接觸到法西斯主義，並且情難自禁地表達了個人的贊許，引起社會重視。[41] 為此，蔣介石氣急敗壞地在日記中寫道，「見滕傑等之幼稚電報，焦急成病也」。果然不久之後大公報記者就直接來向蔣介石探詢是否在組織「法昔師蒂」政黨時，他慎重地選擇以書面答覆稱，「中國革命只有中國國民黨的組織方法完成革命使命，中正生為國民黨員，死為革命黨魂，不知有其他組織也。」[42] 次日又在各大報紙上慎重地發表公開談話強調中國革命只能遵循孫中山的組織和方式方能完成使命，「如欲強效外國之革命方式，與中國民族性絕對相反之組織，用之於中國，則不惟革命不能成功，即國家民族亦不能允許有此實驗之時間。」[43]

我們必須記得，法西斯主義此時在西方世界裡並不是惡名昭彰的邪黨，反而是聲望如日中天的政治寵兒。蔣介石完全沒有必要如此大費周章地撇清關係。因此合理的解釋是，在他內心歷來自認是三民主義忠實信徒，孫中山的法定繼承人，不容他人隨意給他戴上時髦的西方政治標籤，等於是侮辱了他的革命身分。同樣有趣的是，相對于他在力行社成立之前所賦予的高度期

41　鄧元忠，《國民黨核心組織真相：力行社，復興社暨所謂「藍衣社」的演變與成長》（新北：聯經出版公司，2000）。事實上，在國民黨之外，某些受人尊敬的知名學者（如蔣廷黼、丁文江、錢端生）也從信仰民主自由轉變為支持獨裁專制，而某些大眾媒體（《政治評論》、《晨報》、《人民評論》、《社會主義月刊》）也鼓吹獨裁體制。見：王奇生，《黨員，黨權與黨爭》，頁287。英文著作見：Maria Hsia Chang, *The Chinese Blue Shirt Society: Fascism and Developmental Nationalism* (Berkeley, CA, University of California, 1985).

42　蔣介石日記，1932年7月9日。

43　《大公報》，1932年7月11日，第3版，引自：張瑞德，《無聲的要角》，頁324。

望，在力行社成立之後，他在日記中筆鋒大變，不斷斥責力行社幹部們思想幼稚、言行乖張，致令他高度失望，每隔三日五時，就必然對力行社成員大張撻伐去宣洩心中怒火，不但先前以「社」代「黨」的遐想消失無蹤，甚至還派陳立夫去輔導力行社幹部走上正途。到了1937年6月份，他的憤怒難抑，寫道，「對力行社幼稚驕橫，可笑可痛，憤慨無已。余之精力全為此輩幼稚無能，不知不識之部下所耗費矣。」[44] 由此可見，把個別力行社幹部的言行引經據典地視為等同蔣介石言行，的確需要小心處理。不幸的是，這種以個別部屬言行不慎使領袖陷於窘境的情況並不少見。1944年衛立煌身為遠征軍領導人，和英美盟邦領袖們維持密切聯繫，但是他在公開場合演講中居然聲稱遠征軍的使命不只是打通滇緬路，而且還要「收復」暹羅（泰國）和安南（越南），造成英美盟邦大為不安，也完全違反蔣介石的外交方針。[45] 坊間無論做出何種推測，都可以視為茶餘飯後趣談而予以諒解，但是學者的責任則是必須向讀者拿出證據。

其實，當我們檢視近代史時就可以發現，南京時代蔣介石和他所能控制的部分國民黨的行為，無需和法西斯主義去牽強附會，在中國革命本身發展過程中就可以找出根源。本書作者在研讀蔣介石日記後發現：首先，在1930-1940年代幾乎完全沒有對法西斯主義的內涵做出闡述，無一字稱許希特勒或是納粹黨，甚至沒有表露過好奇心，更沒有借鏡法西斯主義作為中國國民黨發展楷模的論述。相對而言，蔣介石對俾斯麥首相則讚譽有加和情不自禁，從不掩飾。蔣介石這個態度在抗戰開始之後似乎更為加強。一個相關事件是1939年底，蔣介石和他素來敬重的吳稚暉暢談近代德國興起，評論了幾位重要人物，引起蔣介石無限感觸。他事後在日記中寫道，「余聞之感歎

44 蔣介石日記，1937年6月6日。到了1938年2月，蔣介石甚至在公開場合痛批力行社成員鬆懈廢弛，成事不足敗事有餘。見：蔣介石演講，1938年2月5日，秦孝儀編，《總統蔣公思想言論總集》，第15冊，頁110。一個月之後，力行社遭到解散。稍晚成立的青白團也同時取消。

45 陳誠先生日記，1944年4月3日。

不置。如今日吾有俾（俾斯麥），毛(毛奇)，克(克虜伯)等之半人，則已云大幸。然今不惟無此人，而且想學其人者亦無一人。同事之卑陋自安更可慮也。」[46] 顯然地，從南京時代開始，蔣介石就確實有一個心儀的西方案例，那就是19世紀後期德意志民族復興的經歷。這和孫中山在世時，心儀凱末爾領導的土耳其復興，基本相同。

如果從一個廣角度觀察，則打從19世紀中葉開始，追求富國強兵原本就是幾代中國領袖們的熱切願望。問題是：如何去做？依照孫中山的分析，中國羸弱的主要原因是人民缺乏紀律和團結精神（「一盤散沙」），因此中國務必致力於建造一個意志集中和行動整齊劃一的政體。而他提供的解決方案是塑造一群新國民，喚醒集體認同精神，復興中華民族固有文化的自尊，建立廉能兼備的政府，在一黨領導模式下，致力於由國家發動及領導的經濟發展專案。換言之，他的建國方略，建國大綱和實業計畫，提供了最權威的藍圖。

為實現這些目標，孫中山也曾經主張學生、軍人和公務員必須接受特別行為規範的制約，不應享有政治自由。相反地，他們應該堅定不移地效忠於黨。就這樣，早在法西斯主義尚未興起之前的20年，孫中山就已經堅持讓他的革命信徒向他個人宣誓效忠。到了1923-1924年國民黨改組時，由於蘇聯顧問的參與，民主集中制也在黨內受到正式肯定。蔣介石在戰時主張「總裁」擁有絕對權威，並無創意，只不過是步孫中山後塵而已。如此說來，國民黨權威主義的思想起源，和法西斯主義並沒有臍帶關係。[47] 而西方學者宥于他們自己政治生活經驗和思維格局的局限性，把一個西方流行的政治名詞生吞活剝地套用在中國的現實環境之上，希望藉此衍生出許多文不對題的制度聯

46　指Otto von Bismarck, Helmuth von Moltke, Friedrich Alfred Krupp. 蔣介石日記，1939年11月28日。

47　有關孫中山思想與法西斯出現前的義大利民族主義之間的共性與差異，以及前者與義大利法西斯主義的差別的討論，參見：James Gregor and Maria Hsia Chang, *Nazionalfascismo and the Revolutionary Nationalism of Sun Yat-sen*, *Journal of Asian Studies*, vol. 39, no. 1, January, 1979, pp. 21-37.

想，這種牽強附會的方法論，並不能幫助讀者更了解歷史真相。

事實上，儘管蔣介石及其幹部一再企圖把蔣介石塑造成民族英雄和救世主的形象，但是「元首原則」在國民政府統治下的中國是虛多於實。本書前面各章的敘述表明，無論在國民黨內還是國民政府中，蔣介石遠遠無法行使獨裁權力。國民黨內派系鬥爭的發展，也完全超出蔣介石所能控制的範圍。他所能採取的最好手段，就是進行平衡協調，或是拉一派鉗制一派，保持自己的地位。在政府中，他的權力被其他盤踞於各個地區的地方實力派所鉗制和瓜分。一個顯明的對比是：希特勒在德國可以運用鐵腕，通過嚴密組織和高效能的幹部群體去監控官僚機構和壟斷青年組織、工會、教會及經濟生活和社會生活的各個方面，並且利用蓋世太保對付個別持不同政見者。蔣介石在戰時中國完全缺乏這種能耐，大多數時候，他甚至無法行使國家元首的法定權力。本書此前各章已經大量引述他在抗戰期間，連篇累牘地在日記中抱怨黨政軍幹部無能，不能執行命令，甚至瑣碎到信件電稿和文宣講稿都需要他親自手擬，而為之歎息不已。[48] 類似的例子多不勝數。

正因為他的政權統治力薄弱，無法運用正規組織能力去控制社會和政府，所以只好依靠秘密特務組織不定時地去執行局部而瑣碎的控制任務。而在抗戰時期，特務除了和日本和汪偽政權進行鬥爭之外，還在國統區內膽大妄為，不時使用殘酷手段鎮壓反對者，從而引起人民痛恨。但是這些行為並不是出於蔣介石的妄自尊大，或是對追求權力表露出的貪得無厭地的心態。[49] 它反而是蔣介石在萬般無奈的政治形勢下，所顯露出來的惱怒和絕望的表現。比如說，當陳誠談到特務機構林立的時候，就指出（1944年）重慶

48　蔣介石日記，1939年12月26日。

49　易勞逸教授對戴笠的秘密行動及其《政治偵探》一書作了有趣的分析，認為這些是國民黨具有法西斯傾向的證據。參見：Eastman, *The Abortive Revolution: China Under Nationalist Rule, 1927-1937*, pp. 74-77。但是該書第76頁提及的戴笠有關秘密機關的職責，甚至逮捕和暗殺的方法，幾乎都是其他國家類似機構的指導手冊中使用的標準材料。張俠認為國民黨並沒有美化暴力，國民黨也與義大利法西斯主義不同，並不認為暴力是「人獲得自我實現所必須的一種道德標準」。參見：Maria Hsia Chang, *'Fascism' and Modern China*, p. 567。

市一地就有15個單位可以自由捉人。[50] 由於缺乏地方實力派支持，又無力動員地方基層幹部，國民黨意識到，只有依靠非正規的秘密特務組織才能夠略微維持它的行政紀律和統治虛像。如果這種看法正確的話，那麼國民黨的做法，正好掩蓋了它政權軟弱無能的本質。

然而蔣介石在靈魂深處對於希特勒和法西斯的態度，仍然應該是我們關心的焦點。對於那些倡言蔣介石心儀法西斯主義的人們，蔣介石個人內心隱秘狀態將會是一個無可躲避的課題。縱觀蔣介石在1930年代日記中，極少著筆於希特勒和納粹德國，最多都只是在論及歐洲局勢時一筆帶過，不曾單獨給予論述。蔣介石在南京時代對希特勒最露骨的一次批評，是關於納粹黨在1936年3月份經過操縱投票，在全國普選中贏得一黨專政地位。蔣介石的反應見於6月底日記，「'法昔史德'之為禍人類將無底矣。可惡孰甚？」[51] 不久之後他把次子蔣緯國送去德國學習軍事，該事件被外界渲染為是蔣介石景仰希特勒和法西斯主義的鐵證，而蔣介石則認為此項傳聞是德國政府故意散布對他不利謠言的陰謀。事實上，蔣緯國本人在德國留學期間，也不斷成為各種被當地政府刁難和散布為行為不檢謠言的對象，甚至傳回到國內令蔣介石非常擔憂兒子的人身安全。1937年初，他終於忍不住在日記中寫道，「閱公事，知德國政府對鎬兒（蔣緯國）行動已加干涉。帝國主義之謀害他人之險狠，俄德皆然。豈僅倭寇而已哉？」[52] 顯然到了此時，蘇俄、德國和日本都已經被蔣介石鄙之為國際上一丘之貉。等到蔣緯國終於回國後，蔣介石才鬆了一口氣，慶倖從此逃離德國政府魔掌。

1939年4月份，蔣介石對於希特勒新近發表的一次重要演說做了一個簡短評述，「希脫勒演說驕矜得意，目無世界，其敗焉必矣。」[53] 這個態度之明確利落，較之當時世界任何國家領袖（包括美國總統和英國首相）絕不稍

50　陳誠先生日記，1944年2月17日。

51　蔣介石日記，1936年6月26日，「本周反省錄」。

52　蔣介石日記，1937年2月10日。

53　蔣介石日記，1939年4月28日。

讓。9月1日歐戰爆發，蔣介石在日記中破例地多寫了一段記事，「一日德國進攻波蘭，不知從此殺傷無辜之人類，伊于胡底？由中國人民之犧牲而推想于波蘭，以及以後全歐人類之劫運，誠不堪設想矣。希脫勒之肉，其足食乎？」[54] 讀者可以注意的是，在蔣介石具有特色的筆觸下，「食其肉」屬於最兇狠的咒語，在國內曾經加諸于汪精衛，在亞洲曾經加諸于日本軍閥，而此時又在歐洲加諸於希特勒。自此之後，蔣介石對希特勒的侵略和殘暴，毫無保留地予以譴責，認定希特勒必遭天譴，而德國人民也會被拖進煉獄。這種態度和言辭沒有絲毫含糊或反復空間。另外一個有趣的案例是在1943年，當蔣介石召集國民黨重要領導人開時會，有人主張堅持一黨專政原則，而蔣介石則當場嚴厲指責，他認為如果沒有其他黨派存在，則國民黨必定腐化，乃致崩潰。[55] 有鑒於以上的敘述，要把蔣介石描繪成法西斯信徒，的確需要高度想像力。

讀者們或許也會感到興趣的是，把蔣介石形容成是希特勒信徒和認為國民黨師事法西斯主義，最主要而熱情的倡論者多半來自美國學術界。這本身就是一個詭異而充滿諷刺的現象。因為縱觀1930年代世界，納粹主義在美國掀起的群眾性狂熱潮是許多其他國家無法倫比的。不但數以百萬計的德裔美國人公開地組織和擁護納粹黨（German American Bund，1936）,而且即便是非德裔的美國白人也大量地在新聞界、學術界、工商界、和民間社會裡盡情宣揚納粹主義福音，甚至召集萬人大會（Madison Square Garden, 1939年2月20日），莊嚴宣誓效忠希特勒和納粹黨。

同樣有趣的是，希特勒對美國也情有獨鍾，把美國當成是他推行種族滅絕國策的先驅者和成功楷模。因為從1785年頒布*The Hopewell Treaty*，美國政府就獨具慧眼地創造了當時的種族集中營，把大量棕色皮膚原住民趕進狹小荒郊野地，畫地為牢任其自生自滅，但是不許外出。至今全美國尚有超過300個此類集中營，只是美其名為「印第安人保留區」（Indian

54　蔣介石日記，1939年9月3日。

55　王世杰日記，1943年10月4日。

Reservations）。再者從1619年開始美國就進口非洲黑色皮膚人口作為奴隸，同時被認為如同禽獸可以在市場上進行買賣。直至1927年美國最高法院還成立判例（Buck vs. Bell，274 U.S. 200，May 2，1927），肯定政府有憲法賦予的權力依照「優生學」理論去強迫「劣質民族」（黑人、西班牙裔、和原住民）進行生殖器官的人工結紮手續，使他們斷子絕孫，再加上許多州法律明文規定禁止黑人白人雜交（通婚），以免繁殖劣質人種，就更讓美國的政治理念和行為與希特勒德國的種族政策愈行愈近。難怪引起希特勒政府無比仰慕，並且還特意選派多批學者專家和法律界人士到美國取經，學習美國政府和白人在幾百年間，有系統而大規模地滅絕原住民和奴役黑人的成功範例。當然美國政府也沒有讓德國失望。因為一旦第二次世界大戰開始，美國政府立即頒布行政命令（Executive Order 9066, 1942年2月19日）逮捕全美國日裔美國人共120,000餘人（政策標準是務必找出流有一滴日本血液者）。只是避免了使用集中營 (Concentration Camp) 的惡名，而改用了比較中性的拘留營 (Internment Camp) 而已。至於戰後，美國政府大量庇護納粹科學家和反蘇聯專家，更是另外一個複雜的過程。當讀者們在得知這個歷史背景之後，對於美國學術界某些人所運用的史論和史料，也或許可以得到更持平貼切的了解。

四、作為群眾運動的黨

同樣地，把國民黨的衰落看成是一個革命運動終結的說法，也需要重新加以思考。在有關戰前國民黨研究中，西方學術界曾經出現一種說法，認為所有支持蔣介石的派系無論其成員構成，意識形態和政治目標如何，基本上都持保守態度，而這些派系在黨內又占據主導地位，因此就導致國民黨由一個革命政黨蛻變為一個維持現狀的政黨。[56] 不過，將這一理論闡述得最為出

---

56 Tien Hung-mao, *Government and Politics in Kuomintang China*, p. 71; Eastman, *The Abortive Revolution*, pp. 191-192, 205-210; Mary C. Wright, *From Revolution to Restoration: The*

色的，或許是塔克教授(Robert C. Tucker) 在其「一黨支持下的革命民眾運動政權」中的討論。57

毫無疑問地，國民黨政權是以「在訓政時期建立一黨統治」為目標的政黨，但是能否把它看作是一個群眾運動政權，則是一個大問題，連帶也衍生出它作為群眾運動消退的原因和過程等問題。有一種學說認為，群眾運動通常是在奪權的革命鬥爭中應運而生的，也是奪權鬥爭的一種手段。在政權建立之後，還需要擴大群眾運動，使之在後繼的民族復興革命中擔負新任務。因此，黨當然需要直接領導群眾運動，並將基層組織或「黨小組」（細胞，cell）滲透到舊社會中。58

國民黨歷史顯示，它對民眾運動為時短暫的興趣，始于第一次國共合作期間，而這些運動又大致控制在共產黨員手中。1927年以後國民黨基本上放棄了群眾運動，最多只是在某些剿匪區內，進行過有限度的宣傳和組織民眾工作而已。因此戰前國民黨以其僅約略50-60萬黨員總數，從來就不曾是一個具有群眾基礎的政黨。

更重要的是，抗戰一旦爆發，即使國民黨對群眾運動那種模棱兩可和有氣無力的態度，也引起大後方地方傳統勢力的強烈抵制。資料表明，國民黨完全缺乏能力將其組織武器——黨小組——伸展到大後方省份的傳統社會中，去加以培植壯大，也無法在地方基層各種功能性領域建立新據點。它不僅無法鼓動民眾投身公眾事務，就連那些名義上在基層參加黨務工作的人員，也不是因為受到黨的感召入黨，而是為了戴上黨的徽章，就可以保住飯碗或在鄉里橫行霸道，這些人的行為當然更導致黨在人民群眾中威望下墜。這個現象也讓那些試圖把國民黨定性為法西斯政黨的論點，面臨更難解的疑問。法西斯政黨作為一個集權主義政黨，其最終目標就是取得高度能力，去

Transformation of Kuomintang Ideology, *Far Eastern Quarterly*, vol. 4, no. 4, August, 1955, pp. 515-532.

57 Robert C. Tucker, *The Soviet Political Mind* (New York, 1971), Chapter 1, pp. 3-19.

58 Tucker, *The Soviet Political Mind*, p. 9.

摧毀人們的傳統心理防禦力，特別是各種社會團體提供的保護網，以無孔不入的方式去孤立他們的心靈和社會關係，從而將他們置於國家及其從屬機構的直接操縱之下。[59] 然而抗戰時期的國民黨，卻從不曾去追求實現如此的「雄心壯志」，只是希望和人民維持相安無事的關係，人民奉公守法完糧納稅，然後過自己的小生活。但是事實上，國民黨在大後方的無能，使它比過去任何時候都更加孤獨虛弱，更遠離人民。說得更直白一點，它在大後方地方實力派所樹立的傳統性銅牆鐵壁之下，顯得一籌莫展，或是碰得頭破血流。除非國民黨學會在組織技巧上徹底改弦易轍，否則想要推行群眾運動連門兒都沒有。

在「民族主義運動型政權」（nationalist movement-regime）學說中有關運動型政權（movement-regime）的失敗，也存在它自己在學術理論上的缺陷。因為依據這種說法，運動型政權應該追求兩個革命目標：第一是創建主權國家；第二是實現國家現代化。換句話說，革命有兩個階段，首先是政治革命，其次是社會革命。然而在許多歷史實例中，民族主義革命運動型政權卻只完成了第一個目標，而沒有繼續進行第二階段革命，因此導致運動半途而廢。而國民黨的例子，就被用來說明一個運動型政權是如何走向消沉沒落的。[60]

這個學說所引發的問題是：如何劃分和詮釋國民黨革命過程中的各個階段？又如何判定哪些是塑造國民黨發展的社會政治力量？本章後文的論述將會顯示，國民黨實際上從未實現過創建一個統一民族國家的目標。南京時代的國民黨，對於應該用多少精力進行經濟建設，用多少精力去完成政治軍事統一，就已經意見分歧。最後的結果是，用軍事手段實現政治統一的意見占了上風，但是在執行上卻顯得力不從心。正因如此，國民黨從未發展出一套動員模式，去推動持久永續的社會經濟改革。由於國民黨總是尋求安身於國家上層建築，因此它從未在中國政治的深層土壤中紮根。如此說來，國民黨

59 William Kornhauser, *The Politics of Mass Society* (New York, 1959).

60 Tucker, *The Soviet Political Mind*, pp. 13-14.

的衰敗並不在於它放棄了激進色彩的政治綱領，更根本的原因是它在南京時代培養成形的肌體，完全無法承載此後戰爭的重擔。

如果以上學術界多年來提出的幾種對國民黨的解說，都存在不同程度的偏頗，那麼究竟應該如何去認識抗戰時期的國民黨？本章的目的不是去尋找一個新名詞給國民黨貼上一個新標籤，而是從實際運作層面中去了解它的本質。因此後面幾節的論述將會把戰時國民黨分割成為兩個部分加以處理，一個是中央黨，另一個是地方黨。

第二節　戰時的中央階層國民黨

本書此前幾章已經充分討論了戰時國民政府軍事形勢無可抑止的惡化，治理能力又急劇下降，因此領袖們剩下來唯一可能防止抗戰政局全面瓦解的指望，就在加強國民黨，使之成為一個有效的政治工具，和振奮圖強的先鋒隊。假如國民黨能夠擁有一群才能高強而又富有獻身精神的幹部和黨員，那麼黨領袖們就有希望改變中國國內的政治環境，把以軍隊武力為主導的局面扭轉成為以意識形態和組織能力為主導的局面，可以通過動員和宣傳去直接和人民群眾建立有機性關係，從而架空傳統軍權的擁有者，最終使軍權在國內政治過程中成為無足輕重的因素。然而歷史最終表明，國民黨沒能完成這個任務。為何失敗？箇中原因仍然值得進一步探究。

本節的目的，是從黨領導層去探索國民黨從南京時期到抗戰階段，在深層結構和行為模式上所經歷的變化。通過對國民黨黨內生活的概述，去突出戰時該黨所遭遇的巨大衝擊。同時也試圖去解釋這些衝擊發生的原因，和其對國民黨產生的後果。

一、中央領導層

國民黨中央領導層次從抗戰起始就顯露出一系列特點，而且幾乎全屬負面性。

（一）一般黨務組織和工作

或許由於國民黨在南京時代就相較缺乏獨立掌控的資源（經費、交通工具、行政系統上司和隸屬關係、和軍隊實力），所以它中央級黨部和黨務工作人員在撤退中，相較於軍隊和政府單位顯得更為狼狽和慌亂，遭受破壞程度也更沉重。許多軍隊領袖們在從上海戰場撤退時，原本期望沿途的國民黨地方黨部可以發動人民予以協助，卻發現完全不見黨務人員蹤影，為此對黨務工作進行猛烈抨擊。[61] 而原本服務於中央政府各機關的黨員們則只是隨著所屬行政單位撤退，在許久時間內都脫離黨的組織生活。至此，國民黨在南京十年依靠中央軍而生存和發展的缺點暴露無遺。在中央軍槍桿子保護下，黨工作人員還可以在地方上建立一個有模有樣的黨組織。一旦脫離槍桿子，黨組織就陷入癱瘓。

這個遭遇的後果可以從幾個方面看出來。

首先是黨員歸隊問題。照常理推之，從武漢撤退後，重慶市成為中央部會極度集中的城市，黨員人數也應該最大。但是在1939年初，當時重慶市人口從戰前不足20萬急速膨脹到約60萬人，向黨組織歸隊報到的黨員卻只有4千餘人，而其中70%是中央機關公務員。如此算來，當時中央機關公務員已經有20余萬人，而在中央機關報到的黨員人數不足3千人。[62] 換言之，在南京時代政府公務員大部分入黨，而到了重慶，黨政軍人員選擇完成黨員歸隊手續的竟然降到2-3%。重慶公務員中原本具有黨員身分的人數肯定很大，只是選擇不再和黨發生組織關係，黨中央雖然再三努力也無法動員他們歸

61　王世杰日記，1938年1月26、28日。王世杰認為其實發難的來源是蔣介石。

62　陳克文日記，1939年1月14日，2月14日。

隊。[63] 即便是到了1943年中期，根據重慶市黨部組織處長報告，重慶市黨員報到者仍只有1萬多人，而且黨籍凌亂無緒，隸屬不清。[64] 顯然地，經過4年抗戰，仍然有許多南京時代的資深黨員，決定與黨脫離關係。這表示在他們心目中，黨組織已經無關重要、無價值。

第二個徵兆是，即使在選擇歸隊的黨員群中，黨組織和活動仍然鬆散無章，而這個趨勢正是由黨的中央組織領頭示範。中央黨部遷到重慶後（1938），職員人數膨脹到超過1千人，但是卻無事可做，也缺乏工作能力，造成中央黨部變成一個極度臃腫的官僚機構，內部人事處理成為極大困擾，絲毫看不出它能夠作為全黨表率去營造戰時士氣高漲的氣象。中央黨部秘書長葉楚傖在任時以敷衍了事著稱，甚至被賦予一個綽號稱為「葉婆婆」譏笑他只圖面面光地作好人而不做事。而副秘書長甘乃光則抱怨他無權過問許多黨部事務，因為整個機構被三數人把持一切。黨部辦事無能、人事糾纏、制度欠缺、過去鬆散，現在依然如此。國民黨的首腦部門如此不健全，黨務難以推展成為理所當然。[65]

根據陳克文記載，早在1938年初就可以看到黨務工作頹廢跡象。比如說，抗戰不久國民政府為了促進抗戰建國目的，在珞珈山舉辦了高級幹部訓練班。中央黨部作為重點單位，率先指派了職員600人去受訓。但是在開學數日之間（6月1-9日），這些黨幹部因為生活辛苦而翹課者竟達半數。而且他們也顯出知識水準低下得驚人，連簡單數學習題（圓周率）都不能解答，招致蔣介石痛斥他們是現代版的「八旗子弟」。[66] 黨政幹部訓練在抗戰時期

---

63 根據一項統計，國民黨黨員在中央機關公務員中所占的比例，在1929年為36%，到了1939年升為45%。見：王奇生，《黨員，黨權與黨爭》，頁250-253。

64 陳克文日記，1943年7月3日。

65 陳克文日記，1938年4月15日，8月26日。

66 一個例子是他們不知道圓周率。陳克文日記，1938年6月9、13日。本節的敘述廣泛採納陳克文的記載，因為陳克文不但是全國最高行政機關（行政院）的高級政務領導，也是院內黨務領導之一，更是代表行政院黨部參加重慶市黨務工作的一個重要人物。因此他留下的大量記載讓我們有第一手資料去了解許多中央黨務的實情，遠遠超過黨部本身發表的官方性

是一件大事，創辦中央訓練團的目的，是把全國中上級黨政幹部全部予以訓練，以促進抗戰建國功能。到了1944年，形式上經過黨政訓練班訓練的人員已經達到2萬2千人，但是政府費時費錢卻缺乏效果，令蔣介石高度失望。[67]

到了1939年黨中央單位幹部們的弱點就更形彰顯，首先是上級領袖們率先輕視和規避黨務工作，下級黨員們當然有樣學樣而變本加厲。當時一個具體案例是，蔣介石手諭由國防最高委員會制定一個公務員生活輔導辦法，其中規定中央各機關的黨幹部應該主導該機關公務員每週舉行一次小組會議，並且進一步規定小組會議工作內容共有6項，前3項是檢討和改進過去一周中工作，後3項是閱讀和研究具體問題並提出報告。這個主意雖然很好，但是在行政院內部就無法推行，因為院內許多黨小組組長都陽奉陰違拒絕開會，而其他各部會機關亦復如此。然而他們呈送給蔣介石批閱的報告則冠冕堂皇，誇稱開會認真，成績斐然。事實上即使極少數小組果然如期開會，與會者也無話可說，只好草草收場。由於歷來會議都是由上級訓話下級聽訓，很少上下級黨員可以自由溝通者，所以如果上級黨員不關心黨務，則黨務工作必然流於形式主義。難怪陳克文感嘆，「黨部現在最大的毛病確在於工作的紙片化和機械化。下級對上級固不免敷衍苟且，上級對下級也一樣的搪塞因循，毫無清新活潑的氣象。」[68] 他指出，黨部的「官署化」是黨務辦不好的重大原因。[69] 同樣情形表現在「新生活運動」政策的推行。查該運動首創於南京時代，深受蔣介石夫婦關切，戰時依然如此。但是運動虛多於實，王世杰就坦白指出，運動的領導人物在內心也對於運動缺乏誠意。總幹事只能

質文檔，或是其他當事人文過飾非的報導。

67 王世杰日記，1944年5月28日。受訓人員包括縣長、省政府委員、廳長、中央各部會人員、黨務工作人員、大學和中學校長等等。到重慶受訓。王世杰對該團5年以來（1939-1944）訓練的成果缺乏信心。又見：陳克文日記，1940年3月20日；王子壯日記，1944年1月9日，3月1日。蔣介石在該團5周年紀念會上講話，指出黃埔軍校訓練五千人而完成北伐。而中訓團的訓練卻未獲成功。

68 陳克文日記，1939年2月27日，4月18日，6月24日。

69 陳克文日記，1939年3月1日。

做表面工作，不能鼓勵知識分子參與。淪為宮廷式做法，只是討好蔣氏夫婦而不能喚起廣大人民響應。[70] 黨在此項群眾運動中幾乎沒有發生作用。

上行則下效，行政院黨務已然如此鬆散，其他中央部會的表現就更是等而下之。因此當行政院內舉行國民黨黨部會議時，大眾黨員對黨的態度同樣冷淡，不熱心參加黨的會議。黨的工作沒有人肯做。而院內黨部辦事也公文化，會議沒有內容，虛耗時間，令人生厭。黨務小組會議時，經常是大家面面相覷不發一言的尷尬場面。在各機關，黨員不重視參加組織活動，把區分部和小組會議看成是無聊而盡量逃避。1939年夏季，行政院歸隊的黨員仍然不到全體職員的半數，眾多舊黨員雖經多方催促也執意不肯報到歸隊，即使報到者也不肯接受黨務工作。引起陳克文感嘆，行政院「區黨部成立已經半年，快要改選了。半年來的成績，回顧起來，**可以說是等於零，新黨員也祇增加了一個**。」所以院內黨部形同虛設，完全不能發揮政治戰鬥力。[71] 這種現象也遍及整個重慶市。

1939年4月份，重慶市市黨部鄭重宣布召開會議，行政院事先已經預測重慶市只不過是虛張聲勢，想要向上級邀功，其內容必將空洞而毫無意義，因此只派了2人去參加，應付場面而已。[72] 以行政院是全國政務的最高領導機構，重慶市是抗戰大後方的首善之都，它們的黨務領導人對黨務的認知如此輕佻，心態如此玩忽，則其他地區的沉淪程度就可想而知了。此時期另外一個值得注意的狀況是，大片土地已經落入敵手，或者處於敵我雙不管地帶。它包括河北、察哈爾、江蘇、山東等省份或是所謂的游擊區。它們的黨務工作本應該由中央黨部和政治部統籌負責，但是由於兩者無法展開工作，蔣介石只好特別設立一個新組織——黨政委員會——希望能夠開拓黨務。但是該會在成立之後，黨政領袖們卻躲在重慶市的安全環境裡爭奪權位和劃分

70 王世杰日記，1943年2月18日。

71 陳克文日記，1939年1月25日，2月9、11日，4月22、24日，5月2日，6月28日，7月18日，12月28日；1940年4月18日。

72 陳克文日記，1939年4月17日。

地盤，完全忽視游擊區的現實需要。[73]

到了1940年初，情形更為惡化。行政院黨小組委員會已經好幾個月都不曾開會，許多小組組長舉出各種荒唐理由作為搪塞，就是不肯召開會議。照理說，行政院區分部共有80餘位黨員，仍然可以形成力量做出成績。但是當各小組長本身就不熱心黨務，則黨員也對黨務冷漠待之。黨中央領導儘管口頭叫嚷要注意基層組織，但都淪為空談。稍有地位的黨員對於黨內基層組織會議和工作都不肯參加。無形中釀成一種輕視基層組織的心理，基層組織當然由此無法鞏固。一個充滿諷刺而又反映真實情況的例子是1940年3月，重慶市黨部鑼鼓喧天地召開全市所有區分部的「書記會議」，並且由中央黨部秘書長親臨主持。然而到會150位出席者卻鮮少「書記」身分，而是由各機關指派低層人員濫竽充數。正因為中高級官員不屑費心黨務，所以這種以低階黨員替代各機關黨務領導人，參加各種活動成為當時普遍現象。在這種氣氛下，黨務工作做不出成績，毫不奇怪。[74] 到了1943年中央監察委員會接到許多攻擊重慶市黨部的報告，因此決定派員前往視察，而且還先行通知，以便後者有充裕時間做好準備。豈知屆時發現市黨部對於工作只取敷衍態度，主任委員楊功達一味抱怨經費不足、中央不信任、不能辦事等一片牢騷。他同時指出黨部委員們又在外兼差和忙於交際、寫文章、辦報紙，無暇顧及黨務工作，更完全忽略黨的基層工作。這番接觸逼得監察委員會不得不向組織部提出警告，以該市為陪都所在地，黨務工作如此鬆懈玩忽，實感痛心無比。[75] 當然整個事件無疾而終。

與此同時，還有另外一個生動的案例：行政院黨部號召黨小組開會討論「如何推行地方自治」。照理說，行政院主管地方自治工作，本就應該最關心這個議題，而黨部尤其應該是推行地方自治的生力軍。但是參加者事先既沒有進行研究也不感興趣，以致討論時空氣沉悶缺乏內容，純粹走過場，甚

73　徐永昌日記，1939年6月28日。此廣大地區日後成為中共地下黨的重點工作區。

74　陳克文日記，1940年1月29日，3月15日，5月31日。

75　王子壯日記，1943年4月6-7日，5月11日。

至有人公然在會場睡覺。行政院其他各小組也是一樣。[76]

說到底，中央階層黨務最大的問題是許多機關內，有地位和權力的黨員打從心底輕視區分部，不屑加入區分部工作，甚至不向區分部報到，目的就在避免參加區分部會議和承擔黨務工作。在這種情形下，一般黨員也不重視區分部，不利用區分部去訓練黨員，更無法健全黨的基層組織和工作。說得更直白些，中央黨部的官員有將無兵，只顧自己爭權奪位，而低階層黨員在各機關內部缺乏威望和吃不開，就只好借黨的派系關係做自己的政治進身階。

中央黨部組織部長朱家驊曾經寫過一本冊子叫「黨的組織問題」，對於組織原則和國民黨組織上的缺點，都表達過見解和針對方法，但是無法實踐自己的理念。事實上，國民黨內主要領袖們並非不懂理論，而是不能付諸實行，導致理論和實踐徹底分家。這種情形糟糕到讓陳克文在1945年徹底灰心，甚至建議乾脆取消區分部。[77] 真是對中央黨務最嚴峻的宣判。

正是因為黨中央組織散漫和缺乏活力，而無法向外展示戰鬥力，因此只能集中精力把黨部內部職位當成為派系分贓的目標物予以爭奪。首先是儘量擴大自己單位的編制，招聘更多人員，一方面成為政治酬庸籌碼，同時也藉以壯大聲勢。造成黨務組織益形成為一個頭重腳輕局面。其次是由於黨各級委員是被上級委派，而非由選舉產生，更造成下級黨部空虛。因為與其在基層黨部埋頭苦幹，不如巴結上級要人以取得信任和提拔。於是下級黨員競而奔走爭寵，置基層工作於不顧。但是由於黨中央控制範圍終究有限，所以除了中央黨政機關之外，各省黨部委員名額也成為中央派系角逐的獵物，其動機只是求擴張派系勢力，而不是關心該省的黨務推行。一個極端的例子是山東省黨部。山東省轄地遭受分割為遊擊區和敵後區，各地在名義上仍有黨部存在。但是當何思源被陳立夫委派為山東省黨部主任委員時，他不但無視於在山東省當地黨員們的提名和選舉權，想一手包攬省黨部委員的任命權，甚

76　陳克文日記，1940年3月29日。

77　陳克文日記，1940年4月9日；1945年2月7日。

至意圖任命滯留在重慶或是非山東籍人員冒名成為山東省黨部委員，引起其他山東籍在重慶的黨政官員的憤怒。可見有些省份的省黨部完全是架空機構，和本省基層根本脫節。[78]

中央黨除了組織部之外，還有一個監察體系，其最高單位是中央監察委員會，而各個等級監察委員會的職責，是督促和改進該等級的黨務工作。但是中央監察委員會本身人員短缺，經費拮据，下級監察單位更是癱瘓無力，或是報告內容空虛不實。更重要的是，它的職權完全不受尊重，許多黨政軍單位對於監委會在法權之內作出的決定不予執行。王子壯擔任中央監委會秘書長多年，是它實際工作的最高負責人。但是他在1945年初回顧戰時黨務工作時，也不得不承認，中央監察工作人員本身就不健全。在大環境下無法避免污染，為了生存而寧可依附派系而失去公正。中央級監察工作不端正，下級監察工作更是有名無實。他特別舉出重慶市監委會為例，該市監委會委員都是兼職，因此無暇顧及監察工作，中央監委會數度派員督促也毫無效果。王子壯感嘆道，重慶是戰時陪都，原本希望它可以做出示範。但是如此空虛，則其他省縣的虛假就更不難想像。[79]

（二）黨領導人的見識氣度

最後值得一提的是，中央黨務領導人的政治視野和使命感問題。陳立夫作為黨組織部長期負責人，他的心態或許可以提供一個有價值的資訊。1945年春天，陳立夫重掌組織部又積極主持六全大會籌備工作，對於黨的過去成績和未來發展具有極大影響力。他在一次組織部會議上，對黨過去所面臨的危機做出的一個全面性回顧時，開宗明義地指出，黨在戰時應該有四方面任務，即「管，教，養，衛」。這個說法立即顯示陳立夫的思路和南京時期一成不變，完全沒有考慮到抗戰時期黨的挑戰及使命，和南京承平年歲應該天差地別。更重要的是他繼之抱怨黨功能已經被其他單位徹底僭越取代。他提

78　王子壯日記，1945年1月27日，2月18日。

79　王子壯日記，1945年1月6、31日，2月6日。

出的具體說詞是：1.「管」的工作被省政府取代，尤其是當省主席兼任該省省黨部主任委員時，中央黨就「不敢開口」，只能眼見政治腐敗而無能為力。2.「教」的對象是青年黨員和幹部，但是三民主義青年團奪取了青年政治活動領導權，黨組織完全無法發揮作用。3.「養」的對象是社會事業和發展社會團體，但是自從政府成立社會部以後，也剝奪了黨的活動空間。4.「衛」的目的是追求國民黨的自保和與異黨進行鬥爭。但是此項工作已被特務機構專擅，一般黨員認為事不關己。[80] 換言之，戰時黨務工作不能展開，不是黨領導人的錯，全是別人的錯。但是值得注意的是，南京十年是一個政治經濟生活相對富裕安康的環境，黨即使在中央軍槍桿子保護之下，也只能在狹小地區內推動「管，教，養，衛」工作。但是在抗戰八年中，外有強敵壓境，內有地方實力派相煎熬，大後方社會形態和民生環境與南京時代截然不同，而陳立夫等黨領袖們依然墨守成規，思維不能跳出南京時代框架。在這個面臨重大危機時刻，國民黨領袖們卻只能怪怨他人擋路擠壓或僭越，而完全看不出黨可以在自己領導下去啟動革命鬥志，和開闢一條革命新路。他們對於培養幹部、監督軍政、組織民眾、鞏固基層、發揮「傳送帶」（conveyer belt）功能等等各方面，幾乎毫無想法，也可以讓我們對於戰時國民黨領導層的短視和頹廢心態得到更多了解。如此的黨中央機器在八年中完全陷於孤立，結果並不令人驚訝。

第三節　地方基層的黨

一、戰前的黨

回顧本書在第一章中對於國民黨的論述部分，可能迫使我們對於國民黨研究在方法論上必須重新思考。依照學術界傳統對於國民黨的論述，一個未

80　王子壯日記，1945年3月24日。

經深思的立場，是把蔣介石和國民黨劃上等號：「蔣介石就是國民黨」，或是「蔣介石領導下的國民黨」。但是本書作者研讀史料的印象是，蔣介石在內心中對於國民黨可能隱藏著一種難以說清楚的「排他性」，因為打從南京時代開始，國民黨就不曾是在他的掌握之中。儘管他在權術運用上可以安插親信主掌中央黨務關鍵性的職位（組織部），而本人又膺任總裁。但是這些職位只不過是在組織法規上的稱號，並不代表實權。在中央黨部和總裁辦公廳之下，還有大批的行政單位（部會省縣）和軍事單位（戰區、集團軍等等）獨立自主於黨務之外，自行其是。蔣介石的國民黨總裁和陳氏兄弟的黨中央機器只是一副空架子，不能付諸行動。他們可以排拒其他人「奪位」，但是自己人並不能實際「掌權」，不能把黨變成是有效的政治工具。這或許就可以說明三個戰時現象。其一是，蔣介石對於戰時黨務工作的批評嚴峻，不假辭色，因為在他心中並不是自揭瘡疤，而是在批評一個外在現象（汪精衛、胡漢民、舊官僚），這種親疏之別一直漫延在他的日記之中。其二是，儘管他要緊抓黨中央的職位名分，但是只是想排除他人奪取黨職，而不是相信他自己可以在組織內製造能量和進行黨的改造。其三是，他似乎認為黨累積的負面因素積重難返，無可救藥。因此心中多番計畫另起爐灶，取代國民黨。這個做法和他在全國軍隊紛爭之際，建立自己的黃埔系和中央軍，出自同一心理。只有擺脫舊國民黨，建立一個純潔，有朝氣活力的新革命黨才能真正把黨融入建國大業。為此，在南京時代先有力行社，在重慶時代後有三民主義青年團，都是他寄予厚望的革命新勢力，而且是獨立於國民黨架構之外的組織。甚至在選擇這些新革命團體的骨幹時，也特別重用黃埔軍校早期畢業生而排除陳氏兄弟，就是希望他們可以駕輕就熟地把建軍模式移植於建黨工作。以上這個觀點可能引導我們對於中國近代史上，蔣介石和國民黨的複雜關係，提供出一些更宏觀新穎的分析。

二、戰時黨員隊伍

中日戰爭對國民黨造成最大的災難，是把黨在長江中下游地區辛苦建立起來的基礎連根拔起，它對黨組織結構和人事方面產生的傷害，遠遠超過黨機體所能承受的程度。

在戰爭最初兩年內，軍事潰敗徹底地瓦解了國民黨在長江中下游的組織，同時喪失了大批黨員。國民政府在撤退到武漢之後，要求黨員辦理重新登記。其結果是，各省相應重新登記的黨員只有戰前的一半。更嚴重的問題是，戰前南京政府根據地（江蘇、浙江、安徽、江西等省）的黨員數字減少了三分之二。而當黨在1939年終於進行戰時第一次黨員調查時，登記的人數不及戰前的三分之一。[81] 1939年開始重新吸收新黨員以圖恢復黨的活力，蔣介石甚至親自規定，所有中央委員每個人在半年內必須介紹6個新人入黨，而每個進入政府機關工作的人必須先為黨服務。[82] 因此到1944年12月31日國內黨員已上升到2,555,279人（包括軍人黨員）。[83] 然而，在這些看似令人鼓舞的數字背後，卻隱藏著黨員成分上許多決定性的變動。

變動之一便是戰前黨員省籍的地理分布模式完全被打破。[84] 隨著戰爭發展，這種傾向愈加明顯（參見表11）。1929年江蘇籍黨員占全國黨員總數的10.25%，廣東籍占27.43%；[85] 到1945年江蘇已落後於其他18個省份(包括人口稀少的新疆)，僅占全國黨員總數的0.77%，廣東則下降到8.23%。與此

---

81 中國國民黨中央執行委員會黨史史料編纂委員會，《中國國民黨年鑒（1940年）》(重慶，1940)，散見各處。王奇生，《黨員，黨權與黨爭》，頁341-342。

82 根據王世杰報告，中央黨部組織部在1939年初提出的黨員總數是1,731,231人，其中軍隊黨員是1,098,145人，因此普通黨員大概600,000人。由於軍隊黨員是集體入黨，形式主義。即便是軍隊內部果真有黨務工作，也因為軍隊經常移防作戰而對一般社會難以產生影響力，更何況軍隊黨務多半是虛有其表。見：王世杰日記，1939年1月24日。又見：陳克文日記，1939年2月2日。王奇生，《黨員，黨權與黨爭》，頁349。

83 國民黨中央調查統計局，《中國國民黨黨務統計紀要（1944年）》，表3，頁3；《中國國民黨黨務統計紀要（1945年）》，頁7。

84 國民黨中央調查統計局，《中國國民黨黨務統計紀要（1941年）》（重慶，1941），表6，頁6。

85 Tien Hung-mao, *Government and Politics in Kuomintang China, 1927-1937* (Stanford, Calif., 1972), p. 30.

表11　黨員省籍，1941-1945

省份	1941年	1945年
江蘇	1.23%	0.77%
浙江	10.56%	9.54%
安徽	7.11%	7.28%
江西	5.75%	4.60%
湖北	6.06%	9.26%
湖南	9.92%	7.08%
四川	10.58%	10.13%
西康	0.41%	0.73%
河北	1.21%	0.67%
山東	0.56%	0.94%
山西	2.23%	2.20%
河南	5.65%	4.58%
陝西	5.35%	5.24%
甘肅	1.86%	2.97%
寧夏	0.24%	0.52%
青海	0.58%	1.00%
福建	6.27%	8.88%
廣東	10.54%	8.23%
廣西	5.85%	5.93%
雲南	1.67%	2.53%
貴州	5.30%	4.30%
綏遠、熱河、察哈爾	0.43%	0.54%
東北	—	1.11%
新疆	—	0.97%
總計	100%	100%

資料來源：國民黨中央統計局，《中國國民黨黨務統計紀要（1941年）》（重慶，1941），頁6；《中國國民黨黨務統計紀要（1945年）》（重慶，1945），表1、2，頁1-2。

說明：1941年黨員總人數為1,037,525人；1945年為2,957,687人，包括軍隊中的黨員和海外黨員。

形成鮮明對照的是，四川籍黨員在1929年僅占0.31%，而到1945年已躍至10.13%。在戰時國民黨牢牢控制省份中，只有江西省依然留在國民黨陣營內，其他各省都擺脫了黨的控制。[86] 根據另外一項調查資料，在抗戰前夕，四川、雲南、貴州三個省份黨員總共不到3萬人，[87] 而這些省份廣大土地卻成為抗戰根據地的核心地帶。其原本黨員對比總人口的覆蓋面之小可以想像。換言之，當政府和軍隊撤退到這個新根據地之時，它們完全得不到本地黨組織和黨員的協助。基本上，戰前的國民黨在大後方根本無法建設立足點，不但在基層不曾生根，即便是縣以上單位也是虛有其表。廣大人民對於國民黨更是高度陌生。如前文所述，戰前南京時代的國民黨員大量在戰火中喪失，撤退至後方者選擇不歸隊，而歸隊者又選擇遠離政黨活動，而全心只附著于重慶的中央機關，因此大後方一切黨務發展都是撤退後的重起爐灶。以最籠統方式計算，1944年國民黨黨員數目已經比1938年增加了4倍，而其中3倍是大後方籍貫入黨的新黨員。如果僅從表象觀之，國民黨在抗戰八年中的組織似乎大幅增加，因此其**覆蓋面**也理應在擴張。[88]

但是這些數據並不反映現實。因為儘管國民黨保持南京時代的旗號不變，戰時引進新血品質卻嚴重地改變了黨的體質和運作，包括新黨員入黨的動機，對三民主義的認知，對於重慶政府的效忠程度，和舊黨員（江南族群）相互間的溝通合作能力，與地方實力派千絲萬縷的關係。如果我們以更細緻的解剖方法去檢視戰時國民黨員的社會特徵，則可以發現它們也隨著地理重心的轉移而產生變化。表12羅列了1942-1944年入黨的新黨員的一些特點，顯露出幾個有趣現象。

---

86 國民黨中央調查統計局，《中國國民黨黨務統計紀要（1945年）》（重慶，1945），表1、2，頁1-2。

87 黨員統計數字，見：王奇生，《黨員，黨權與黨爭》，頁294-298。四川19,144人，雲南7,725人，貴州，4915人，三省共26,869人。

88 比如說，1945年全國29個省在名義上都建立了省黨部，而縣級黨部也達到1,992個，幾乎等於全國縣的數目。再就縣以下的基層社會而言，區黨部在1939年只有546個，到了1945年達到9,397個。區分部在1939年只有13,188個，但是1945年達到78,681個。從這些數字看來，國民黨組織涵蓋面擴張的成績可觀。王奇生，《黨員，黨權與黨爭》，頁341-345。

表12　吸收黨員情況（1942-1944）

年齡	1942年	1943年	1944年
20以下	6.6%	5.2%	5.7%
20-29	48.5%	49.2%	42.9%
30-39	30.4%	30.9%	31.3%
40-49	11.4%	11.3%	14.7%
50-59	2.4%	2.7%	4.3%
60-69	0.3%	0.4%	0.6%
70以上	0.02%	0.02%	0.04%
不詳			0.5%
教育程度	1942年	1943年	1944年
大學	2.7%	4.3%	3.3%
軍校	0.8%	1.0%	0.9%
特種訓練	7.0%	7.9%	3.3%
中學	26.8%	33.3%	24.4%
小學	30.0%	28.4%	30.2%
家庭教育	21.6%	16.3%	24.2%
文盲	0.7%	0.5%	1.6%
其他	10.4%	8.3%	12.0%
職業情況	1942年	1943年	1944年
農民	29.1%	22.2%	39.3%
工人	6.4%	8.7%	7.6%
商人	10.9%	9.7%	9.8%
黨務	0.3%	0.4%	0.2%
政府職員	29.0%	30.8%	20.5%
自由職業	11.5%	14.9%	10.9%
社會服務	1.1%	1.6%	0.8%
無職業（學生）	9.5%	8.7%	7.2%
失業	0.5%	0.5%	0.9%
不詳	1.7%	1.5%	2.6%
總計	257622	268639	633825

資料來源：有關教育程度，參見國民黨中央統計局：《中國國民黨黨務統計紀要（1944年）》(重

慶，1944），表7、8，頁7-8；《中國國民黨黨務統計紀要（1945年）》（重慶，1945），表7-9，頁7-9頁。有關職業情況，參見：《中國國民黨黨務統計紀要（1944年）》（重慶，1944），表9，頁9；《中國國民黨黨務統計紀要（1945年）》（重慶，1945），表7-9，頁7-9。

說明：「自由職業者」在中國特指律師、記者、醫生、研究人員和藝術家等。

第一，政府公務員占每年入黨人數的25% -30%。[89] 在所有可以列入考慮的因素當中，黨要吸收大多數政府公務員入黨的決策，最能夠說明何以戰時大後方黨員大幅增加的理由。特別是從1939年開始，有些單位規定公務員一律入黨。換言之，黨不是努力去培養吸收優質黨員進入政府工作，而是採用保守省事辦法，在不加甄別或減省甄別程序的前提下，把全國省地級政府中在職公務員一律網羅入黨。這種粗糙做法和南京時代允許軍隊士兵集體入黨非常相似，因此它只注重數量增加並沒有提升黨的能力，成為「虛胖」。公務員入黨為的是取得護身符，而其後果則是黨並沒有在政府機關中成為領導核心或提高政府工作品質，反而是幫助老派官僚們保持了他們對地方官僚政治的控制，甚至進一步披上了黨的外衣，堂而皇之地占據和腐蝕黨的肌體。這一新政策實施時機的不恰當（抗戰爆發前夕才實施），伴隨著開戰後黨組織和政府結構的大幅摧殘，使得國民黨在一夜之間，讓一大批內地和西南諸省傳統權力結構內的官僚，不費吹灰之力就突然登堂入室地成為國民黨組織內的一大勢力，甚至是領導人。

第二，黨員中農民黨員比例占第二位，這個現象非比尋常，因為黨從來不曾發動過爭取農民入黨的努力。黨員教育程度的統計資料顯示，登記為務農的新黨員的教育程度遠遠高於一般農民。這使人確信，那些被指稱為農民黨員者，其實是鄉村當權派（地主和鄉紳），而不是真正農業勞動者。特別是當時中國大後方農民的文盲率極高，而國民黨黨員的文盲卻只有0.5-1.6%，足證號稱農民背景的黨員們並不是貨真價實的農民群眾。

---

89 如果把政府各部門職員都包括在內，則他們占黨員人數的45%以上。參見朱家驊，《黨的組織與領導》（重慶，1942），頁31-32。

第三，雖然「工人」和「商人」所占的黨員比例和戰前大致相同，但我們仍要考慮到大後方省份截然不同的經濟結構特性。戰前沿海省份的工人，多半在現代化和規模較大的工廠中做工（許多工廠的資金來自外國，並且從事國際貿易），而大後方工人，則多半在傳統模式的鄉鎮企業手工業裡做工（當地唯一存在的形式）。同樣地，沿海商人在戰前多半從事銀行業、金融業，保險業，國際貿易業或工業（同樣也經常與外國資本發生聯繫），而大後方商人則多半是小零售商和與當地小本經營發生聯繫，銷售本地土特產，和農礦產品或初級加工產品。因此，這兩個不同時代的經濟生活狀況提醒我們必須小心地從數字中解讀出不同的社會學意義。

第四，從事黨務專業工作的人數急劇縮減，只占全部黨員人數約1%。這反映出戰時黨務工作品質下降和範圍縮小，因為1944年在土地遼闊的大後方從事黨務工作者只有25,000人，而1936年在局促狹小的江南土地上，卻有36,000人。

第五，雖然戰時黨員在年齡上的變化甚微，但是在教育程度上卻發生了顯著變化。奇怪的是，同1933年相比，1940年代反而有更多黨員受過傳統式家庭教育。這意味著1940年代大後方黨員同他們南京時代的前輩相比，更趨向于傳統，與舊秩序有著更密切聯繫。雖然兩個時代的中學文化程度比例基本相同（約為30％），但是小學文化程度比例則在1940年代明顯增加，而文盲比例又顯著下降。此外，受過大學教育的人數也顯著下降，而有留學深造學歷者則更少。總的來說，1940年代國民黨黨員接近80%只有中等學校或低於中等學校的學歷，而其中小學和家庭教育（私塾）卻占了50%上下。[90]換言之，國民黨戰前是由城市市民和知識分子、工商界人士所組成，其教育水準高於當時一般國民平均數甚多。到了抗戰八年中，黨員變成是鄉鎮權勢階級，教育水準較低的人群。一個明顯的問題是：鑒於戰時黨所面臨的挑戰

90　依據另外一項統計，戰前（1929年）受過高等教育者（留學，大學，專科，相等程度）共占全體普通黨員的27.1%，到了1945年減少至占14.7%；相對而言，中學程度從19.4%升到30.7%，小學程度從20.9%升到27.6%。見：王奇生，《黨員，黨權與黨爭》，頁346-348。

更為嚴峻，黨員們如何可以應付戰爭的高科技要求，如何去和日本高科技軍隊對抗？

更進一步說，國民黨在戰時以大規模，而且是「來者不拒」方式招納新黨員的結果是，許多來自內地省份的新黨員，其實早在國民黨尚未踏進他們家鄉土壤之前，就已經長期受雇于軍閥時代的地方政權，或甚至是地方實力派長期栽培，去維護傳統社會經濟與政治秩序的骨幹分子。總的說來，大後方地區和東南沿海地區有一個顯著的對比值得注意，那就是大後方並沒有受到那些曾經使華東省份振奮騷動的社會、經濟、政治和思想等各方面浪潮的衝擊。相反地，戰時新增黨員主要來自長年閉塞的小型城鎮，依然生活在強大的傳統體制陰影之下。既然他們早已參與和維護舊有的社會政治秩序，因此他們入黨的主要動機並不是受到黨的意識形態或行動綱領的感召而立志革面洗心，只是為了保住他們的職業和既得利益。鑒於大後方現代化教育機構的嚴重落後，使這些新黨員群中，很少有人會像華東地區人們那般關心學識或意識形態之類的問題。

雪上加霜的是，抗戰時期入黨手續幾乎失控，只要上級定出吸收入黨名額指標或分配額，下級就想盡各種辦法威迫利誘引人民入黨，甚至在還沒有經過本人同意就被虛報列入名冊成為黨員。由於高層次的黨部忙於內鬥，因此他們不可能花費精力去建設和經營地方黨部，但是他們又願意在編制上擴充地方黨部和黨員，作為他們在中央討價還價的資本。因此地方黨部趁機也招納了許多對黨務工作本身並無興趣的人們，但是卻可以參加地方統治工作，作威作福地魚肉鄉民，也可以面對地方政府和軍隊時，把黨招牌拿出作為保護。難怪陶百川1941年批評，許多新黨員沒有讀過三民主義、孫中山理論，而且行為腐化，為鄉里所不齒。[91] 而在抗戰後期，因為三青團急速崛起，團員數字到1944年已經達到60萬人，和國民黨國內文職黨員數字不相上下（排除軍隊和海外黨員），而且被上級鼓勵黨團分家。因此給地方原本存在的幫派一個更寬鬆的活動空間。如果一派加入國民黨挾勢自重，則另外

91　王奇生，《黨員，黨權與黨爭》，頁350-352。

一派就加入青年團與之抗衡。其最終結果等於把黨和團都玩弄在地方勢力股掌之上。[92]

前文所舉的資料還顯示一個隱性的嚴重狀況，那就是1940年代新增黨員的品質與當時黨領導層的品質差距逐漸拉大。雖然戰前普通黨員隊伍受到日本人嚴重摧毀，但是黨領導層則多半成功地撤退到內地，並繼續把持黨中央各個功能部門職務。有一個歷史對比非常重要，那就是在1934年，南京中央黨部領導人（特指職位高於總幹事或職能部門的主要官員）有75%來自6個省，其中江蘇和浙江兩個省共占42%。開戰四年之後（1941年），來自同樣這6個省籍的黨官仍然控制了中央黨部幾乎70%的職能部門，其中34%仍然來自江蘇和浙江兩省。與此同時，這些省籍的黨員已經縮減到僅占全國黨員總數的35%。[93] 換言之，這些舊領導曾經有南京10年光景培養許多基層黨幹部，彼此在人事關係和政策推行層面都達到相當熟悉順暢地步。而黨退到西南地區之後，舊領導卻面臨大批新黨員，如何挑選幹部？如何理順工作關係？幾乎成為不可跨越的鴻溝。在抗戰時期大後方，黨所面臨的挑戰不是療傷恢復舊黨，而是在陌生異鄉建立新黨。這個工作難度遠遠超過北伐成功後在南京的工作。

除了黨員籍貫分布不平衡之外，1941年在中央黨部工作的黨員幹部個人教育程度也顯示，他們64%擁有大學文化程度，25.3%受過中等教育，4.5%在軍事院校學習過，3.6%受過其他教育，2.5%教育背景不詳。[94] 在南京時期，來自這些省份的黨領袖與一般黨員之間，至少存在一定程度的同情和認同，因為他們是同鄉，有著相同地域文化背景和心理傾向，且大都生活在相似的社會經濟大環境之下。但是到了戰時就情況大變。因為正如表10教育程度一欄所顯示，戰爭爆發後新增黨員教育程度顯著下降。在1930年代，國民

92　王子壯日記，1944年4月7日。

93　國民黨中央秘書處，《中央黨部職員錄（1934年）》（南京，1934）；《中央黨部職員錄（1943年）》（重慶，1943）。

94　國民黨中央調查統計局，《中國國民黨黨務統計紀要（1941年）》，表68，頁68。

黨黨員教育情況呈現一個紡錐形：中間部分是受過中學教育的成員；兩頭形成很重要的少數派，他們或者受過高等教育，或者是文盲。但是到1940年代，紡錐的兩頭都平緩下來，變成了橢圓形，絕大多數黨員只受過小學到中學教育（或是同等學歷），其餘學歷則很少。[95] 隨著戰時大部分黨員教育程度下降，因此黨上層領袖和基層廣大黨員群體之間的省籍距離、思想學識和文化心理隔閡，只會益趨嚴重。根據以上資料，就「傳送帶」功能而言，戰時國民黨除了外力干預還有內部不足，那就是人員材質和組織結構的缺陷，不僅是無法拉近政府和民眾距離，就連在黨內也無法拉近黨領袖和一般黨員之間的距離。換言之，傳送帶內部本身的素材就產生問題，無法發揮功能，其不能傳送到人民群眾，就更不意外。

以上狀況提醒我們在評論抗戰時期國民黨時，必須牢記黨內存在著兩個截然不同的群體，無論在社會階層、地理背景、教育程度、思想導向以及個人性向和文化氣質等方面，都存在著尖銳差異。事實上，我們大可以把國民黨看成是由兩個各具特性的部分所湊成：一部分是具有世界觀和受過良好教育的領導層；另一部分則是土生土長，拘泥於世俗而思想狹隘的普通黨員隊伍，後者最在意的，是如何維護他們所熟悉的社區政治現狀，而對外界事務基本上漠不關心。戰爭逆境只會加劇兩者之間格格不入，從而在黨內引起了嚴重組織問題。當一個外來領導層凌駕于一個對「外地人」深懷疑懼的「本地人」群體之中，當它又不時遭到因日本入侵而帶來的困難情況下，它就很容易在思想感情上以及期待上，和黨內的基層組織黨員漸行漸遠，更不可能同黨外的下層人民群眾產生親密關係。隨著黨內這兩類人員之間溝通變得日趨困難，領導層由於與基層組織的長期疏離，不僅在領導圈內容易產生「圍城」心態（siege mentality），而且也使得廣大黨員群中漫延心灰意冷的情緒。[96]

95　國民黨中央調查統計局，《中國國民黨黨務統計紀要（1944年）》，頁7-8。

96　這個問題在1943年曾經被徐復觀指出，認為國民黨他主義，領袖意旨，政府政策和法令等方面均有正確方向，但是在施行過程中落入地方土劣之手。因此國民黨必須致力於培養基

三、基層黨務工作

根據國民黨統計資料，絕大多數黨員在形式上都參加了基層組織和工作團體（一般是縣級或更低一級的組織），因此這些層級的黨組織活動最能說明黨的弱點。

1938年，蔣介石曾經把三項重要任務交付給黨：第一，組織和訓練黨員，培養黨員紀律性；第二，監督和幫助政府實施國家政策；第三，通過宣傳和動員去領導和幫助民眾。[97] 蔣介石特別訓示黨必須把工作重點放在縣一級，縣黨部應該負起責任，為整個縣提供政治領導和促進社會團結，綜理一切縣內事務。[98]

毫無疑問地，黨政關係是這些任務中最基礎的工作，而黨政溝通不良卻正是基層最普遍的現象。重慶市黨部主任委員陳訪先在1940年就曾經明白指出，黨面臨的最大危機便是黨根本無權領導政府。其中部分原因固然出自縣市級或以下黨組織人員的誤解和自我設限，認為他們無權監督政府去履行後者的職責。但是更根本原因，則是政府官員明目張膽地抵制黨領導。縣政府不論是在處理人事或執行政策等事務上，經常不屑徵求縣黨部意見。正如陳訪先所觀察到的：倘黨部對政府稍有指摘，則必被認為無端干涉。或有建議，亦必被漠然視之。即便黨部將案情呈報中央，也往往被中央視為是基層黨政糾紛，或認為黨部惹是生非，一概置之不理。因此陳訪先認為，中央黨部的

層黨員和充實基層幹部，摧毀土劣包圍，直達平民大眾，才能發揮社會潛力。此說深得蔣介石讚許，並把徐復觀招攬進入侍從室。但是對黨務改進仍然無法做出根治。見：徐復觀，「中共最近動態」，黎漢超，李明輝編，《徐復觀雜文補編》，第5冊，頁24-38。蔣介石日記，1944年1月20日。詳細討論，請參閱：張瑞德，《無聲的要角》，頁81-82。有關徐復觀進入侍從室之後得到陳布雷的讚揚，見：陳布雷從政日記，1943年11月26、27日。他寫道，「再閱徐復觀君之報告，詳瞻警闢，目光四矚，軍人能有如此政治識解，我輩真應愧煞。」

97　國民黨中央執行委員會，《如何做好縣的黨務工作》（出版地不詳，1938），頁3。

98　國民黨中央執行委員會，《如何做好縣的黨務工作》，頁24。

不理不睬和敷衍了事態度，才是導致基層黨員意志消沉，和黨務工作廣泛空虛的最根本原因。[99] 國民黨內其他一些知名領袖對黨在縣政治中的軟弱無能，也提出過同樣的批評和抱怨。[100]

黨中央領導層無法派遣忠貞幹練黨員到大後方去領導數量龐大的基層政府機構，就必然產生了兩種後果：一種情況是，黨中央派往地方工作的黨員會被排斥在地方政治架構之外。在另外一種情況是，黨中央以門戶大開方式吸納大批地方當權派入黨的策略，最終導致黨的旗號被地方當權派領導人所劫持，因而喪失了它自身的特色和組織。不論上述何種情況發生，基層黨在實際上都成了一個空架子。地方領袖們或目中無黨，或把它變成為傳統利益服務的傀儡。[101] 在這方面最為突出的事例，是地方黨部在徵兵政策中所扮演的角色。照理說，地方黨部在徵兵事務上可以扮演正面角色，協助和監督地方政府以公平有效方式推行徵兵，但是它反而增加弊端。比如說，地方黨部和黨員濫用職權幫助黨員逃避兵役，甚至包庇親朋好友或是富家子弟逃避兵役，也因此成為民眾憤恨的特權對象。[102]

黨部地位低微的現象，還可以從省縣級黨部的規模和經費看出一些梗概。在1941年，一個省政府編制大約有職員5,000-6,000人，而省政府委員月薪大約560元。相比之下，省黨部職員則只有數十人，而省黨部委員月薪則只有170元。在縣級單位，縣政府編制有六、七十名職員，而縣黨部則可能不到10人。許多縣長是大學畢業生，月薪220-250元（1939年），而縣黨部書記則不過中學畢業，月薪只有40-50元。毫不意外地，黨務工作人員如果沒有兼職就生活無著，但若兼職就無法專心黨務。而黨部運作經費短缺，也使黨務作業及活動難以推行。再者，雖然依照法令規定，縣黨部主任委員可

---

99 陳訪先，《改進黨務工作議程》（重慶，1940），頁1-8。

100 張繼，《改革黨政建議書》（重慶，1941），頁1-2。該建議書是在1941年由張繼領導下的一群國民黨中央執行委員會委員共同提交的。

101 張繼，《改革黨政建議書》，頁1-2。

102 蔣介石1942年9月6日演說，見：侯坤宏編，《役政史料》，下冊，頁544。引自呂芳上主編，《中國抗日戰爭史新編：軍事作戰》，頁134。

以參加縣政府會議，但是事實上缺乏實權，一切聽由縣長決定。縣黨部唯一可以自主的工作，是發展黨員，但是因為黨在人民中形象低落，因此發展黨員也非常困難。在很多情況下，地方黨部人員只好投靠當地土豪劣紳，替後者跑腿辦事賺外快。換言之，地方黨部雖然擁有黨招牌，但是既無權監督政府和推行上級政策，又不能依靠官俸潔身自保，只能投靠地方權力結構，聽任傳統權貴們使喚。難怪1941年中央組織部部長朱家驊曾經感嘆說，黨務工作到了縣級就「不行了」，因為縣黨部形同虛設，發揮不了作用，處境可憐。[103] 但是從另外一個角度來看，一個政黨不能自力更生也是一個不尋常現象。就常理而言，黨活動應該有自己的經費來源，無論是「黨費」或是捐獻方式。但是戰時各級黨部工作人員一如政府機關公務員，完全由國家支付生活費用。這種做法不但增加政府支出，也使黨員腐化。因為黨員極易養成依賴心理，不做事仍然拿錢，等於是政府宥員。[104] 抗戰末期，政府規定可以將田賦征實收入的百分之一撥為地方黨部事業費。雖然數目很小，但是如果善加運用依然不無小補。只是中央卻規定地方的中心事項達十多項，根本無法完成，因此地方黨部只好呈報虛偽數字和成績，成為一場騙局。[105]

毫不奇怪地，國民黨即使有忠貞幹練黨員，也難以直接深入到人民群眾中去領導或參與民眾組織。由於外省籍幹部要想深入到大後方的社會結構底層，必然會遭遇到語言和文化上的層層障礙，因此只有土生土長的幹部才能在國家領導層和民眾之間發揮橋樑作用。當重慶政府社會部在1940年底設立時，雖然當時社會上普遍認為，該部的任務應該是要綜合黨的影響力和組織力，伸展到社會生活的各個層面。[106] 但是它立即成為重慶上層黨務領袖們

---

103 王子壯日記，1944年6月30日，「本月反省錄」；王奇生，《黨員，黨權與黨爭》，頁332-336、355-358。

104 陳克文日記，1943年1月30日。

105 王子壯日記，1945年2月24日，「本星期預定工作課目」。

106 The Ambassador in China, Gauss, to the Secretary of State, no. 712, November 5, 1942, 893.00/14903, *Foreign Relations of the United States, Diplomatic Papers: 1942, China* (Washington, D. C., 1956), pp. 252-253.

角逐的獵物，而被黨內C. C.系領袖之一（谷正綱）控制。同樣情況也發生在地方上。1944年陳誠被派到第一戰區後就抱怨稱，西北和華北地區的黨務非常複雜，儘管實際黨務工作在基層上根本無法開展，其機構和名位卻立即成為陳果夫和朱家驊爭奪的目標。[107] 換言之，社會部本應是致力於處理群眾關係，而藉機把中央勢力伸入地方的工具，到最後依然只是黨中央領袖們彼此之間爭奪權力的對象，而群眾成為不相干因素。

黨自身的統計表明，國民黨試圖操控中國社會上民間組織的努力全盤失敗。因為直到1941年，國民黨建立的基層組織還不到民間社團的6%。[108] 在重要省份，如四川、雲南和貴州，黨甚至連社會結構的表皮層也不曾觸及到。儘管蔣介石本人曾經以手令和大聲疾呼要把黨建設的中心工作放在縣以下黨部，但是毫無效果，多數地方「只見黨部，不見黨員」，換言之，只掛招牌，沒有活動。[109]

以四川為例，當地秘密組織哥老會勢力和影響都遠遠超過國民黨。不僅四川政界、軍界和商界首腦大部分是哥老會成員，而且據報導成都人口半數與該組織都有一定程度聯繫。實際上，黨的秘密警察組織也遭哥老會會員滲透，行動前需要向哥老會「打招呼」，而黨和政府許多政策性活動也只有在取得當地哥老會首領首肯後才能進行。哥老會分子甚至熱心爭取成為地方黨部委員，藉此增進其社會地位。[110] 這種號稱革命的國民黨被地方傳統勢力收編的情形一直持續到戰爭結束。或許最悲觀而坦誠的自白出自陳布雷。他寫道，「今日加強推行地方自治各種基礎條件殊不具備，尤其縣以下之本黨基層組織毫無基礎可言，確無一個配得上'建國大綱'所稱完全自治之縣，亦**確無一個能掌握黨員，收攬地方有力人士之縣黨部**。」而他所說的還是四川

---

107 陳誠先生日記，1944年6月10日。

108 國民黨中央調查統計局，《中國國民黨黨務統計紀要（1941年）》，散見各處。

109 王子壯日記，1945年2月28日，「上月反省錄」。

110 The Charge in China, Vincent, to the Secretary of State, no. 1063, April 8, 1943, 893.00/15003, *Foreign Relations of the United States, Diplomatic Papers: 1943, China* (Washington, D. C., 1957), pp. 221-222. 王子壯日記，1945年2月24日「本星期預定工作課目」。

省的情況，至於邊遠省份情況則更是等而下之了。[111]

當然，戰時國民黨工作還嚴重地受到一個「黨外」因素影響，那就是「軍政大格局」。黨工作必須在這個大格局中推動，因此不斷受到形形色色的軍事單位干擾。即以1937年而論，在陝西省就有：戰地服務團，黨部主辦的戰地軍訓，隸屬於訓練總監部的政訓部，此外還有別動隊、宣傳隊、前敵總部委派民團司令、保安司令、保安處、軍事特派員等眾多單位。它們的工作任務都是民眾組織、訓練和宣傳。然而如此龐雜架構不但使民眾無所適從，而且它們彼此之間的衝突、誤會、和爭奪地盤，也使中央黨部束手無策。[112]戰時軍事單位干擾黨務和它們干涉地方政府工作的程度沒有差別，成為全國常態。而在地方實力派控制地盤之內，國民黨黨務無法展開，更是普遍現象。舉兩個例子。在雲南省，龍雲是國民黨在該省最高領袖，但是對國民黨嚴加抵制。1939年在雲南省107個縣之中，80個沒有縣黨部，少數有縣黨部的縣份也因龍雲阻擾而缺乏經費和無法展開工作。[113] 1943年王子壯曾經為雲南省黨務提供了一個極為生動的描述，「昆明社會，實為意所不及。如省黨部省政府之委員職員，莫不大作生意，不則身兼若干職務。故自滇緬路通後，雲南頓成國際要道，操縱居奇者所在皆是，腰纏萬萬元以上者十餘人，千萬以上者不可以計，大致至少有數百人。物價之高較重慶倍蓰，而社會豪奢者大有人在。煙酒均用外國產，服用尤為奢侈，一席之費將在萬元左右」。而與此同時，西南聯大位居重量級教授卻「衣不蔽體，鞋襪皆破」。[114]

同樣地，在廣西省，桂系人占據國民黨機構，不但重慶政府管不了廣西事務，連第四戰區司令官張發奎也無法插手。1939年戰區為了便於處理廣西省之外的戰區軍隊黨務，只好成立自己的特別黨部（1939年6月），和廣西

---

111 李白虹，《歷史邊沿瑣記》（台北：聖文書局，2002），頁6-7，引自：張瑞德，《無聲的要角》，頁51-52。

112 陳誠先生日記，1937年1月23日，「本周反省錄」。

113 楊維真，《從合作到決裂》，頁211。

114 王子壯日記，1943年8月30日，指化學權威曾昭掄教授。

省黨部組織脫鈎，而直接聽命於重慶中央黨部。但是成立之初由於司令長官部本身軍官只有五分之一是國民黨員，無法展開黨務工作，因此只好勒令從司令官到伙夫兵一律入黨才勉強湊足人數，釀成一場鬧劇。[115] 在戰區司令官之中，張發奎尚且是積極主戰派，黨務組織竟然如此疏鬆可笑，其他在地方實力派控制下的戰區更是等而下之。因此如山西省是全面封鎖國民黨而滴水難透，四川省省黨部則只限於在重慶市內才能運作。

第四節　缺乏自我革新能力的黨

面對此類情形，國民黨如何應對？本節擬就兩個重點予以討論：蔣介石個人的態度究竟如何？國民黨又採取了何種具體措施加以糾正？

一、蔣介石對國民黨的態度

如前文所言，蔣介石在上海撤退時，已經透露對南京時期黨務工作的不滿，之後在武漢時期（1938年初），批評範圍擴大。他指責黨員只做官不做事，重權位而不重責任，有上層而無基層，驕傲自大，不屑探求民間疾苦，有黨章而無紀律與訓練。因為這些缺失多半是黨員個人的，所以他提出的改正方式是鼓勵黨員們進行自我完善，包括勤勞敬愛、為國犧牲、為民服務、為主義奮鬥。[116] 不久之後，又曾經批評黨務工作人員只知爭權奪利而不負

115 張發奎，《蔣介石與我》，頁283-285。入黨者包括共產黨員。也有團長級軍官對於三民主義一無所知。完全形式主義。

116 蔣介石日記，1938年3月16日。1938年中期，蔣介石他批評政府人員和黨員精神頹廢，心理動搖，人才缺乏，各機關互相推脫責任。沒有革命精神。必須改進。見：陳克文日記，1939年8月7日。

責任，已經變成特殊階級，有似滿清時代的旗人。[117] 到了1939年初，蔣介石更具體而公開批評國民黨，「現在全國各地，黨員沒有活動，黨部缺乏工作，甚至只有空的黨部而不見黨員，或只有黨員名冊，而不見黨員活動。」他甚至在國府紀念周上公開痛責黨員們的貪腐懶惰，告誡他們必須努力工作，刻苦自勵。他還說黨部變成是衙門，黨務工作人員變成是官僚，無怪乎國民黨在人民群眾中聲望大降，只有輕視，沒有尊重，為老百姓所不齒。[118] 值得注意的是蔣介石的無奈感和遷就感。他私下抱怨，他對黨務稍作急切認真的處理時，黨內元老人士就會產生誤會，而少壯人士又缺乏朝氣，「事事皆非，無事不壞，誠不可救藥矣。」而他自己認為能夠做的也只限於「安老懷少，徐待其行而已。」雖以總裁之尊，卻是百般無奈。[119] 不久之後，他對國民黨黨員隊伍落伍廢朽程度的失望，竟然使他一時異想天開，認為如果提早實施憲政，或許可以防止國民黨的「誤國誤黨」。[120] 這一切言詞都足以加強我們的設想，蔣介石對國民黨的弱點並非缺乏了解，對它的批評也相當嚴厲，但是他似乎在內心並不把國民黨看成是自己的政治歸宿，反而是一個外在的異化實體。

蔣介石在日記中檢討和反省國民黨狀態時，也顯示他對黨務缺點高度熟悉，並且批評得淋漓盡致。1939年初，他就詳細地列舉了黨在各方面的缺失，包括：

「甲。本黨現狀官僚化，衙門化。

乙。黨在民間聲望衰落，被視為爭權利，包訴訟，不知民間疾苦和不聽民眾呼籲。

---

117 陳克文日記，1938年5月30日。年底，蔣介石又批評年青黨員和年青的中央委員精神不振作，各機關不肯負責，有害於抗戰。見：陳克文日記，1938年12月12日。

118 蔣介石，「喚醒黨魂發揚黨德與鞏固黨基」，1939年1月，《先總統蔣公全集》，第2冊，頁1215-1218；徐永昌日記，1939年1月23、30日；王奇生，《黨員，黨權與黨爭》，頁316。

119 蔣介石日記，1939年1月19日。

120 蔣介石日記，1939年9月12日。

丙。黨員精神墮落散漫，摩擦攻訐，無勇氣無廉恥，自私自利，

丁。黨部組織空虛腐敗，缺乏訓練。

戊。黨委工作虛偽停滯，徇情謊報，陽奉陰違，有名無實。

己。黨工作內容散漫零落，無小組會議，不知主義，不遵命令，有職員無黨員，有薪水無工作。」

蔣介石文字如此銳利無情，即使是國民黨的敵對陣營也很難提出更全面性而權威的指控。這些文字記錄的存在，也幫助學者們對於戰時國民黨的缺失和它的領導人的自我剖析，得到許多可貴的啟示。針對以上缺失，蔣介石也提出若干整黨建議，包括：積極爭取有志人士入黨，健全地方基層黨部，減少兼職弊端，不准兼薪，「以解除人民痛苦，為民服務，為黨員之首務」，戒除內部鬥爭，加強小組會議功能，不得干涉行政和企圖主導行政。並且主張黨的中央委員都應該以黨務作為主要工作。[121]

隔不多久，他又列舉一批新的缺點，包括：黨務消沉疲弱、無法健全振作；二等以上的人才不肯入黨，黨務無法發展；地方上黨政機關和人員不能合作協調，各級黨部之間和同級黨部之內人員不能團結；各級黨部無法掌握教育、保甲和生產合作機關；本黨一切組織、宣傳和訓練都比不上共產黨；黨員不肯深入民間，參加基層工作，黨員幹部辦事不切實際，不肯研究負責，辦事沒有效率，黨委變成是官僚；民眾不信仰本黨和黨員，黨不能掌握青年，而大學教員一般反對國民黨；黨政不能團結合作。[122] 才過了一日，他再度加碼他的不滿，指出黨對人地事物四者都應該定出組織程式；應該建立保甲、清丈土地、興辦合作、開闢交通、實施動員、發展教育；黨應該選賢與能，講信修睦；黨應該定出精神總動員綱要，新生活運動綱要，國民經濟運動綱要，縣以下黨政機關應該運用《建國大綱》、《民權初步》等書，和政治社會心理物質各種建設之關係。[123] 蔣介石本人也認識到，雖然抗戰

121 蔣介石日記，1939年1月22-31日，2月1-10日。

122 蔣介石日記，1939年3月2、3日；陳誠先生日記，1939年3月1日。

123 蔣介石日記，1939年3月3日。

時期國民黨在人數上看來是擴張，但在機能上則是衰退，許多缺點亟需改正，許多工作亟需進行。

陳誠先後是政府政治部和三青團領導人，但是對於國民黨的批評同樣嚴厲。他在1939年春天寫道，「本黨對於一切只知無理的，消極的統制，而不知積極的，理智的去領導。相反地，一般只知黨權高於一切，到處以領導地位自居，而不懂人情世故，不知天高地厚的蠻行，因此引起社會上的厭惡，應設法痛改。」[124]

二、改革對策和成效

至少到了1942年，某些國民黨高層領袖已經對黨務工作產生了危機意識。6月底陳誠提到「本黨致命傷」詳細列出三方面缺失：

「一。組織複雜（小組織）：互相摩擦，互相攻擊，只顧私人關係，不顧國家利害，無正義，無是非。

二。機構複雜：非但架床疊屋，而且各成系統，正式公文辦不通，私人函電最有效，中央命令可不理，私人意見不可違。

三。法令複雜：矛盾衝突，朝令夕改，只為個人方便，不顧實際需要。」[125] 他以通俗直白的文字，把社會民間對黨的不滿說得條理分明。但是他的重點依然是黨中央的弊病，對於黨高層和基層脫節現象並未予以著墨。

蔣介石本人也已認識到問題嚴重性，並設法提高縣級黨務工作人員素質，作為全面性加強黨力量的方法之一。在1942年11月23日召開的國民黨第五屆十中全會上，蔣介石把黨力量衰退的責任，歸咎于各級黨書記能力低落，以及黨活動經費短缺。因此他指示，黨應該把選拔合格黨員以負責縣黨部工作當成是當務之急。為了加強黨對政府的領導，蔣介石提出一條新規

---

124 陳誠先生日記，1939年4月18日。

125 陳誠先生日記，1942年6月，「本月反省錄」。

定，即讓縣黨部書記兼任縣長。[126] 但是，這種解決方法混淆了症狀和病因而淪為不切實際，因為不論是中央黨部還是重慶政府，都沒有能力大量指派縣黨部書記兼任縣長。原因很簡單，那就是縣長任命權在很大程度上，操縱在地方實力派軍政首腦手中，重慶政府鮮能染指。

國民黨自我強化的企圖，在其他許多方面也以失敗告終。比如說，國民黨為了加強黨基層組織，曾經計畫在所有鄉和鎮行政區中建立黨部，在「保」中建立黨小組。[127] 但直到1944年為止，在重慶政府名義上控制的230,000個鄉和鎮中，只有60,953個建立了黨部，涵蓋率不足27%。[128] 更何況，形式上的建立和實質上的運作之間還有說不盡的差距。

國民黨最基層的組織——黨小組——存在問題更嚴重。即使我們毫無保留地信賴國民黨提供的數字（可能大幅誇張），1944年農村超過50萬的「保」中也只有167,314個黨小組。[129] 涵蓋率也低於33%。換言之，廣大基層不見國民黨組織蹤跡。

關心黨務的王子壯在1943年曾經發抒過一份感慨，他寫道，「精幹人員殊少由黨務方面謀出路者。下級縣黨部人員因生活不足，更不免為新土豪劣紳之事實，藉以稱霸地方。工作方面，實難發展。……以我國今日之農業社會，大權則操諸耆紳，不危害鄉里，已屬善者。」國民黨只著力於上層派別的鬥爭分贓，黨領袖對於基層工作既不關心，也一籌莫展。基層即便有黨員人數，但是沒有組織，不能發揮力量，名存實亡，是最大癥結所在。[130]

儘管戰時國民黨吸收新黨員的作風是「來者不拒」，它依然無力擴大組

---

126 蔣介石在國民黨五屆十中全會上的演講（1942年11月23日），《改進黨務成績之途徑與方針》（出版地不詳，1943）。

127 朱家驊，《黨的組織與領導》，頁33-35。

128 國民黨中央調查統計局，《中國國民黨黨務統計紀要（1941年）》，表2，頁2；《中國國民黨黨務統計紀要（1944年）》，各處可見。

129 《各省市路黨部組織科（股）長會議紀要》（出版地、出版時間皆不詳），頁64-65；國民黨中央調查統計局，《中國國民黨黨務統計紀要（1944年）》，頁1。

130 王子壯日記，1943年5月7日，「本星期預定工作課目」，5月11日。

織，其主要原因在於它無法引起廣大民眾反響。即使在1940-1941年為配合「新縣制」實施，黨曾經發起一場大規模群眾性入黨運動，但吸收新黨員人數實際上也不到原定指標的30%。[131] 特別值得提出的，是國民黨幾乎從婦女界完全撤出。國民黨自從1924年改組以來，始終不能開展婦女運動，一個重要原因就是它不能吸收有能力的知識婦女入黨，而這個現象到了抗戰時期尤為顯著。[132] 黨無法激發群眾自發熱情申請入黨的結果是，它往往採取強迫入黨的蠻橫手段，反而激怒更多人轉而反對國民黨，嚴重打擊黨的威望。[133]

人們拒絕參加國民黨，並不僅僅因為它沒有提供對個人事業前途的指望（因為所有的有權勢者都已入黨，而且他們在官僚機構中的職位和地盤已經固若金湯），也因為黨的微薄經費將會導致一事無成。在南京時代，黨的活動經費約占中央政府財政預算的2-5%。[134] 在抗戰時期，經費急劇縮減，[135] 而即便是這些少得可憐的黨務經費，也一律被上級機關壟斷，下級機關自生自滅。其結果是，在鄉鎮及其下級黨務機關所有工作人員都無薪給，一切黨務活動都需靠黨員繳交黨費維持，而1940年黨員每月黨費只有兩角錢，靠這點錢來維持黨的任何活動都是荒謬之極。[136] 經費匱乏常迫使縣和縣以下黨務機關長期處於完全停頓工作狀態。[137] 鑒於戰時中國社會普遍性貧困，黨經費短缺強烈地打擊了人們參加基層黨組織工作的意願，而那些已被分配去

131 《各省市路黨部組織科（股）長會議紀要》，頁55-56。

132 陳克文日記，1938年6月20日。

133 《各省市路黨部組織科（股）長會議紀要》，頁55-56。

134 Tien Hung-mao, *Government and Politics in Kuomintang China*, p. 83.

135 抗戰期間，國民黨儘管黨員人數增加，活動範圍擴大，但其獲得的經費卻減少，甚至不到國家財政預算的1%。參見財政部，《中國財政年鑒，1948年》（南京，1948），第3編，頁98-101。

136 陳訪先，《改進黨務工作議程》，月1-8；「1939年2月18日會議記錄」，《黨政訓練班黨務工作人員談話會議記錄》（出版地不詳，1939）。

137 國民黨中央調查統計局，《黨政情報》（1945-1946），見1945年3月9日條。

做這類工作的人，更是急不可待地想逃脫樊籠。[138]

缺乏幹練勝任的幹部，是國民黨長期面臨的嚴重問題。清黨以後，國民黨停止了在群眾和學校中的黨務工作，造成在此後10年中缺乏新血供應。在南京時期，由於經濟、政府、軍隊和交通等領域的急劇發展，又把黨內許多人才吸引離開黨務工作。[139] 例如，中央政治學校創校的明確目標就是為了培養高品質黨務幹部。然而它事實上轉型成為一所公共行政學校，許多畢業生竭力擠進政府機關而不是黨務工作。[140]

國民黨在戰爭時期，無論在中央、省或是地方階層，都倉促地舉辦了許多訓練計劃。但是黨務幹部培訓工作經常被其它許多更為緊迫的需求所擠壓。因此在1937-1941年間，從事黨務工作的幹部在國家培訓計劃僅占受訓人員的6.5%，而在地方培訓計劃中，則僅占受訓人員的2.1%。[141] 這些微不足道的數字再次反映出一種現象，即和上層黨務工作相比，地方黨務工作沒有受到重視，因此培訓工作無關緊要。這種現象一直持續到戰爭結束。[142]

上述因素的綜合影響，不可避免地使基層組織產生了非常嚴重的道德和紀律方面問題。從歷史上看，國民黨從來不曾是一個以紀律嚴明著稱的政黨，唯一例外是對付共產黨分子。1930年代，國民黨屢次在黨紀問題上進行自殘，因為凡是反蔣介石運動領袖人物都會被「永遠開除黨籍」，然而一旦和蔣介石的矛盾消弭，他們的黨籍又會被恢復。這種情況對黨的紀律政策和執行機構的正義性和公正性，構成極大諷刺。它只是證明所謂紀律者，無非

---

138 陳訪先，《改進黨務工作議程》，頁1-8頁；國民黨中央調查統計局，《黨政情報》，見1945年3月9日條。

139 國民黨中央組織部，《朱部長最近對於黨務工作同志之指示》（重慶，1942），頁2-3。

140 Wang Cheng, *The Kuomintang: A Sociological Study of Demoralization* (Ph.D. Dissertation, Stanford University, 1953), pp. 30-36.

141 國民黨中央調查統計局，《中國國民黨黨務統計紀要（1941年）》，表41，頁41。

142 黨政訓練班，《黨政訓練班第四年訓練實錄》（出版地不詳，1942），頁1-14；《崇陽訓練團團刊》，第115期，1942年2月25日，頁2-3。1944年全國中央及地方兩級接受培訓的黨務工作者占當年接受培訓總人數的比例分別為5.6%和4%，參見國民黨中央調查統計局，《中國國民黨黨務統計紀要（1944年）》，表56、60，頁54、58。

是政治鬥爭的藉口，缺乏道德正義內容。

在抗戰的最初四年裡，紀律持續下滑。1937-1941年間，儘管有大批黨員不稱職、懦弱、腐敗，甚至潛逃變節，但只有1,827起違紀案件被送交中央監察委員會處理，而其中只有不到三分之一案件的判決是永遠開除黨藉，其它案件則僅僅以給予嚴重警告，或輕微的留黨察看處分而結案。[143]

鑒於中央監察委員會完全不起作用，[144] 因此國民黨又另起爐灶地建立「黨員監察網」，藉此表明黨重整綱紀的決心，也反映出黨中央對黨紀日益惡化的擔憂。[145] 監察系統設立於1940年10月，其用意是將黨內中統局長期以來進行的秘密偵查活動予以正規化和加強化。儘管監察系統成立時大張旗鼓，但是實際成效非常值得懷疑。因為這個擁有44,000多名工作人員的龐大監察系統，在1944年度只讓541個違紀黨員受到嚴厲懲罰。[146] 這一記錄充分證明，一個黨員在戰爭年代，只要不公開投降日偽政權或投奔共產黨，就有足夠信心可以逃脫任何貪贓枉法罪責。戰時黨紀律實際上是自欺欺人。

以上敘述讓我們了解到，民眾對國民黨的蔑視其來有自。即使那些仍然堅持黨的政治理想者，也會鄙視黨部在地方上的所作所為。[147] 國民黨秘書長吳鐵城在1944年承認，黨顯然已無力在基層黨員中喚起任何熱情，那怕是鼓勵黨員參加黨小組活動也力不從心。他對這種冷漠憂心忡忡，但卻公開表示無力扭轉局面。[148]

簡言之，南京時期的軍事化趨勢雖然阻礙了黨的肌體成長，但至少還能

143 國民黨中央調查統計局，《中國國民黨黨務統計紀要（1941年）》，表65，頁65。

144 有關對此機構的評鑒，參見：Paul M. Linebarger, *The China of Chiang Kai-shek* (Boston, Mass.,1943), p. 131.

145 國民黨中央組織部，《朱部長最近對於黨務工作同志之指示（1942年）》，頁5。國民黨黨員監察委員會，《黨員監察網》（重慶，1941），頁1-16。

146 國民黨中央調查統計局，《中國國民黨黨務統計紀要（1944年）》，表91，頁89。有關1945年的情況，參見國民黨中央調查統計局，《中國國民黨黨務統計紀要（1945年）》，表61，頁61。

147 國民黨中央組織部，《朱部長最近對於黨務工作同志之指示》，頁10-11。

148 《中央各機關小組會議討論會吳秘書長講話記錄》（重慶，1944），1944年8月18日。

夠履行有限度的統治職責。一旦戰爭爆發後，在前文所述的地理、社會組織和人口文化等劇烈變化的衝擊之下，黨的機構全盤失靈。在1938年3月國民黨臨時代表大會以後，蔣介石本人對國民黨的批評變得更加嚴厲和頻繁。他在有關戰時黨務的演講中，多次把黨的缺點歸結為紀律廢弛、道德敗壞、組織鬆散和機關官僚化，全部都敗壞了黨的聲望。[149] 蔣介石的批評也被中央黨部秘書長和組織部長重複引用。中央組織部部長朱家驊甚至在1942年底坦承，許多縣黨部的風紀和工作作風品質的惡劣程度，讓他簡直沒有顏面造訪他們的辦公室。[150] 該年初，陳誠在湖北恩施與幹部訓練團學員對談中，也發現這些中高級公務員的受訓者普遍蔑視黨團，直指它們的負責人都是青年們所不齒者。[151]

1944年5月，民眾對國民黨的憎厭達到了新高潮，以致歷來以行事溫順著稱的中央執行委員會在一次會議上，也忍不住嚴詞厲色地宣洩他們對黨組織部和黨領袖們的絕望情緒。[152] 儘管這些批評顯示，黨內部分領袖並不是沒有意識到問題的存在，但重要的是他們永遠不可能像中共那樣在黨內發動大規模整風運動。如同前文所論，國民黨最顯著的組織特色是它是由兩部分拼湊而成。一部分是大量的普通黨員，在戰時湧進國民黨，他們的權勢和支持來源來自地方權勢力量，而他們的效忠對象也是這些地方權勢力量。另外一部分則是從東南沿海地區連根拔起，而棲身於大後方的國民黨領袖們。他們在名義上繼續占據領導地位，但實際上卻無法注入引進新的組織手段，去建立對普通黨員的溝通和領導。基本上，戰時國民黨已經淪為水上漂萍，對於廣大社會土壤，完全無法播種插秧而栽培成開花結果。

縱觀國民黨在長達八年戰爭年代的歷史，沒有執行過任何有實質意義的

149 國民黨中央組織部，《朱部長最近對於黨務工作同志之指示》，頁16。

150 國民黨中央組織部，《朱部長最近對於黨務工作同志之指示》，頁10-11。

151 陳誠先生日記，1942年7月19日。

152 黃旭初，《廣西與中央廿餘年來悲歡離合憶述》，《春秋》，第135期，1963年2月16日，頁9-13。

建黨整黨計畫，當然首先能夠歸罪的因素是戰爭破壞，使黨領袖們難以從事長期性整改計劃，但是還有兩個重要原因。最直接的原因是國民黨過於倉促地引進了一大批有名無實的黨員，在形式上成立黨部，而縣鄉級以上黨部工作人員又可以用公款、領薪水，成為一個「在朝黨」。如此之黨，縱然經費不充裕而無法推展黨務，但卻可以支薪勉強糊口，進而運用手中權力去尋覓法外「生存之道」。在這個過程中出現的地方黨務幹部，完全沒有使命感去培養社會深厚基礎和發展黨員。他們心中所想，是如何運用黨的招牌追求自身利益，而不是探訪民隱為民喉舌，從廣大民眾中發展黨員，成為生產力，最後成為得力幹部。這個鍛煉和訓練工作在基層完全沒有得到重視，其結果是黨務在基層虛有其表。有一群行屍走肉的黨員，更有廣大的漠不關心、甚至是心懷怨恨的民眾，以致造成黨的基層組織全面癱瘓，精神萎靡。[153]

然而更深層原因，可能是蔣介石對中國革命的性質和國民黨在革命過程中的作用的認識。有鑒於蔣介石在戰前一向偏重軍事而忽視黨務的歷史背景，即使他在抗戰時期想要加強黨的功能，可能也很難找到合適辦法和幹部。還有另外一個可能性就是，儘管他曾經公開而盡情地鄙視國民黨的無能，他也或許不會因黨的沉淪而過份擔憂。因為儘管戰爭的確帶來巨大壓力，但是蔣介石對中國革命的觀點，似乎依舊沒有修正。他親自審定的《中國之命運》一書就是最好證據。該書於1943年出版，是蔣介石對國民黨革命目標一貫看法的最權威論述。該書充滿了個人情緒化的論述，尤其是針對中國在西方帝國主義壓迫下所受的屈辱，強調要集中民族意志，廢除不平等條約，並將此視為民族革命的終極目標。依他所見，以軍閥為表現形式的中國國內封建主義問題，已經因北伐成功而解決。相對而言，他強調此後國家的革命熱情必須全部投入到廢除不平等條約這一未竟的事業中去，因此號召民眾踐行「聯合」、「團結」、「公德心」和「奉公守法」，以求實現「中國之命運」。[154]

---

153 王子壯日記，1944年6月30日，「本月反省錄」。

154 《中國之命運》第7章尤為重要，見，《蔣總統集》第1冊，頁164-165。

按照蔣介石的這個思路，中國內部的社會經濟結構完全沒有進行革命的迫切性和必要性。只要國民黨領袖們把重慶政府機關和軍隊牢牢控制住，則國民黨本身即使衰退也不致招致大禍。既然國民黨領導層存在著這樣觀點，無怪乎當他們看到普通黨員不僅不積極實施訓政時期各項事業，反而壓迫民眾和貪汙腐敗時，也能對此聽之任之，並不產生危機感。這個認知上的惰性，在抗戰時期持續不斷。

第五節　黨內派系鬥爭白熱化

一、戰前與戰時派系活動質與量的轉變

本節所謂的「派系」，它一個粗淺的定義是：它是一個領袖和追隨者之間，為了參加政治活動而組成的結構。派系的粘合劑是人際關係，而未必是依循組織法規而建立的關係。派系原始成立的動機，可能是領袖為了達到某個目的（意識形態，政策綱領，權術地位，經濟利益），而培植一群人作為他「體制外」的支持者，而後者也為了某種利益願意成為追隨者。但是在某些情況下，可能因為領袖的重大變故（死亡，失勢等等），追隨者的流失而導致派系銷縮，也可能因為追隨者勢力的壯大而成為尾大不掉的局面。[155]

多年來社會上對於戰時國民黨中央領導層和地方基層黨務的了解，遠比不上對於黨內派系鬥爭的了解，而後者也正是最受社會詬病的焦點所在。國民黨內部派系林立，黨幾乎成為一個僅是各個派系的湊合體，而對領袖間的派系紛爭或採取不聞不問態度，或無力約束，甚或蓄意培養，達到互相牽制作用而鞏固自身的地位。

儘管黨內存在著社會大眾津津樂道的派系和它們頻繁的活動，歷年來對

---

155 有關民國初年派系問題的討論，請參閱：Andrew Nathan, *Peking Politics: 1918-1923, Factionalism and the Failure of Constitutionalism* (Berkeley, Calif., 1976), p. 32.

派系活動的研究卻缺乏突破性進展，原因有二：其一是在國民黨內，「派系」這個名詞在意識形態上的涵義屬於貶義。[156] 如眾所周知，陳果夫和陳立夫兄弟從來矢口否認他們是C. C.派首領的說法，也堅稱C. C.系從未存在過。[157] 派系領袖的閃爍態度，更讓追隨者不願坦然承認自己的派系歸屬。相比之下，北洋政府時期的派系分子都泰然自若，甚至引以為傲地承認自己隸屬派系，而國民黨政客們則小心翼翼儘量不暴露自己的派系身分，然而卻勇於指責他人擁有派系背景。

其二是，1930年代的派系趨向複雜化，成員們的籍貫、社會背景、教育程度和職業類別都呈現多元化。而且隨著派系活動滲透到公眾生活各個領域，因此捲入派系活動的人數也急劇增加。從這個意義上說，派系變得更加複雜。反觀在北洋時期，派系活動主要出現在軍隊、中央政府內閣和國會中。但是到了國民政府統治時期，派系活動伸展進入學校、商界、政府基層、社會團體、銀行和工業等部門。這些現象使我們對南京和重慶時期的派系政治活動模式難以作出精確描述。或許等到大量有關國家、省、地方等各級政治活動家的傳記材料出現時，該項研究工作才能比較順利地進行。就目前而論，本章僅能借用派系觀念，對國民黨政治的幾個面相作一些初步而粗糙的勾畫。

在論述國民黨政治活動時，有兩類派系必須加以區別。一類是指以地域為基礎的諸多政治軍事集團，諸如閻錫山或龍雲等。雖然這些人在形式上加入國民黨成為黨領袖，但他們對黨務工作毫不關懷。不論何時，只要他們和蔣介石發生矛盾，他們就會超越黨外去拉幫結派。他們的活動在本書第三章時曾經加以論述，因此本章將不會把這種派系歸納在「國民黨派系」討論

---

156 1920年代，國民黨曾推廣過一句口號：「黨外無黨，黨內無派」，這種堅不可摧的紀律和統一成了一種神話，但阻礙了國民黨領袖們對宗派活動作誠實和客觀的論述。

157 董霖教授曾是國民黨的資深黨員，1968年在他和陳立夫的一次談話中，陳立夫斷然否認C. C.系的存在，參見：William L. Tung, *Revolutionary China: A Personal Account, 1926-1949* (New York, 1973), pp. 130-134.

範疇之內。

本章要討論的是第二類派系，它們主要在黨內進行活動，在黨員中培植力量，也競相控制黨的組織和資源。其中最著名的是C. C.系、力行社、政學系、西山會議派和改組派。這些派系在南京時期扮演著不同的角色。由於本書的主要注意力放在1940年代派系的政治活動上，所以只對1930年代的派系作一粗略介紹，作為與戰時的對比。

（一）戰前派系的追蹤

1. C. C. 系

依照一般社會人士理解，C. C. 系成立于1927年夏，因為當時蔣介石雖然在軍事上完成北伐，但是他在黨內資歷較淺，面對黨內許多享有歷史地位的老同志，和汪精衛的改組派，再加上在黨和政府中占據要職的中共黨員，因此需要培植忠誠追隨者去進行鬥爭，削減對手的勢力。1928年，陳果夫出掌中央組織部，使蔣介石獲得廣泛的黨務干預權，利用黨員重新登記程序，清除了一大批潛伏黨內的共產黨員及其同路人，同時吸引了一批人員成為自己黨羽，而安插到若干省黨部任職。這個過程也促成了黨內秘密警察組織——中統局——的成立。從宏觀時間順序而言，國民黨早已經成立多年，山頭林立，黨歷淺薄的蔣介石只能希望任用陳氏兄弟，去把一個已存在的組織主導權抓在自己親信手中。縱使這個做法未必可以讓蔣介石把黨機器運用裕如，但是可以使之不產生事端，是一種壓制黨內糾紛和保持安定局面的消極組織手段。

C. C.系在很短時間就占據了黨員幹部訓練領域，在壓低汪精衛、胡漢民等勢力之後，又將勢力打進了公立學校、出版、財政金融、商業和工業界。[158] 一個衡量C.C.發展速度的標誌是，它在國民黨中央執行委員會中，成員人數的增加。據估計到1935年為止，在180個中央執行委員中，有50個可能是C. C. 系成員，占總數的27%。根據另外一項估計，戰前C. C.系成員

158 唐人，《十年內戰》（香港，1964），頁60-61。

最高峰達10,000人。以地區而論，C. C.系在江蘇、浙江、安徽、福建和江西等省最為活躍。[159] 而這個新興的C.C.系又表現出強烈的排他性，甚至連衷心追隨蔣介石的黃埔系也成為排擠對象。[160] 於是形成黨內派系各顯神通，互相傾軋的風氣日益尖銳化。

2. 力行社

力行社于1932年4月成立時，正式名稱是三民主義力行社，通常以「藍衣社」著稱。最初多數創建者都是由蔣介石從黃埔軍校畢業生中精選而來。[161] 更是廣為人知的「復興社」則成立於1934年7月。實際上，復興社是一個沒有獨立形式或成員的邊緣組織，上至國家下至地方層次以復興社名義舉辦的活動，實際上幕後都受力行社或革命青年同志會幹部所操縱。相對C.C.派而言，蔣介石賦予力行社的任務，是成為他在黨務活動領域中的「親兵」。陳氏兄弟的作用是抓住黨的機器去壓抑黨內那些無法消滅的派系，抑止他們興風作浪。而力行社的作用則是在舊黨之外成立一股新而又革命的黨組織，配合他此時的建軍工作，希望有一個新黨，從而占據政府要津，清除腐敗分子。特別是蔣介石1931年被迫下野後，國民黨許多領袖們基本上靜觀其變，更讓蔣介石體會到必須要有一個值得信賴的政治組織，支持他的革命綱領，否則革命無法實現。在這種情況下，他挑選了某些值得信賴的黃埔學生，成立一個效忠於他個人的組織。[162]

---

159 有關C. C. 系在戰前的活動的論述，參見Tien Hung-mao,*Government and Politics in Kuomintang China*, pp. 47-52; Eastman, *The Abortive Revolution: China Under Nationalist Rule, 1927-1937* (Cambridge, Mass., 1974), pp. 83-84, 305; Lloyd Eastman, *The Kuomintang in the 1930s*, in Charlotte Furth, ed. *The Limits of Change: Essays on Conservative Alternatives in Republican China* (Cambridge, Mass., 1976), pp. 196-200.

160 王子壯日記，1944年5月20日，「上星期反省錄」。

161 甘國勳，《追思劉健群並釋「藍衣社」》，《傳記文學》，第20卷，第3期，1972年9月，頁17-22。

162 李雲漢編，《中國國民黨黨務發展史料：組織工作》，下冊，頁93。

力行社基本上在三個領域內發揮最大影響力：軍隊政工系統由賀衷寒控制；別動隊歸康澤統領；軍統局則由戴笠掌管。在三者中，就組織複雜性、人員編制和功能分工而言，軍統局規模最小。軍隊政工系統是通過灌輸或者滲透和監督方式，來爭取地方軍事集團的輸誠效忠；別動隊職責則是運用非軍事手段，在共產黨根據地邊區進行煽動和動員民眾。

雖然力行社絕大部分領袖們的軍人背景，照理說應該把他們的活動嚴格地限制在軍事領域內，但他們工作發展的順利程度，不久就鼓勵他們朝新方向擴展。到了1933年底，它已經成功地滲入文藝界，並通過把軍訓課程列入學校正式學程的手法，在某些教育機構中也占據了一席地位。

籠罩著高度隱秘色彩的力行社活動，使我們難以估計它在戰前的勢力，但是日本政府的一份秘密報告指出，力行社的人數在1935年底已達到14,000人。[163]

3. 改組派

雖然在北伐戰爭前及北伐過程中，汪精衛在很多問題上已經與蔣介石產生分歧，但是促使他組織一個屬於自己派系的原動力，卻是清共後蔣介石權勢急速上升所帶來的挑戰。1928年春，「中國國民黨改組同志會」在上海建立，標誌著汪精衛政治集團的正式開始。傳聞成立不久，改組派追隨者就達到10,000人。[164] 只要粗略考察便可發現，改組派領袖成員來自全國各地，不是一個以地域為基礎的集團。嚴格地說，它也不是一個職能集團，因為他們當中雖然許多人在國民黨具有資深地位，但都沒有負責具體工作的領域。改組派迅速擴大的原因在於，它向國民黨內所有持不同政見者，提供一個發洩對蔣介石不滿的途徑，團結在廣受尊敬的汪精衛本人領導之下。

但是改組派內部的重大分歧也削弱了其團結性。[165] 1929年，汪精衛最

163 Tien Hung-mao, *Government and Politics in Kuomintang China*, p. 57.

164 江上清，《政海秘聞》（香港，1966），頁68-84。

165 江上清，《政海秘聞》（香港，1966），頁68-84。

終接受以武裝反抗蔣介石的必要性，並且聯合馮玉祥、閻錫山和李宗仁共同召開所謂「擴大會議」。但是同盟軍軍事失利隨即迫使汪精衛放棄反蔣計畫。九一八事變促使蔣汪尋求緊密合作。然而1935年汪精衛在暗殺事件中受傷後，被迫長期離開政壇，而1936年5月胡漢民又突然逝世，終於使蔣介石失去了繼續與汪精衛合作的最大動因。因此當南京政府在1936-1937年逐步傾向戰爭時，改組派在政壇上隨之喪失活力。1938年底汪精衛出走，他的追隨者從此不敢在政壇上承認自己是改組派。

4. 政學系和西山會議派

早在國民黨掌權前，政學系已經是一個組織缺乏定型的集團。[166] 該集團在1926年就與蔣介石建立聯繫，當時蔣介石正需要有行政經驗的官僚去擔任政府要職，而政學系成員中有知識分子、軍官、銀行家和金融家，特別熟悉經濟事務。因此，他們的活動範圍集中在政治和經濟力量龐大的大城市。在整個南京時期，該集團滿足于在行政部門占據狹小勢力範圍，著名領袖如張群、楊永泰、黃郛，都是以蔣介石私人顧問身分，充當他的謀士。[167] 黃郛甚至不是國民黨黨員。這些領袖無論在政府職能部門還是在地方基層，都缺乏意願去建立正式組織。因此政學系可以視作蔣介石個人權力核心中的一環，或是行政事務智囊團。

西山會議派在國民黨所有派系中規模最小，組織也最單薄。儘管某些領袖如林森、邵元沖、葉楚傖先後都在政府中擔任崇高職位，但他們的權勢只是建立在堅定反共立場、個人聲望以及在黨內資深的基礎上。他們從未發展過正式組織，也沒有在其旗幟鮮明的反共立場之外，提出過任何有特色的政綱。因此，儘管他們繼續被稱為西山會議派，但並沒有給蔣介石造成威脅。

---

166 Tien Hung-mao, *Government and Politics in Kuomintang China*, pp. 65-71.

167 雷嘯岑，《楊永泰龍蛇之路》，《中外雜誌》，第9卷，第3期，1971年3月，頁19-23。Howard L. Boorwman and Richard C. Howard, ed., *Biographical Dictionary of Republican China* (New York, 1970)，「黃郛」、「張群」、「楊永泰」詞條。

這也說明為何他們在1930年代，能夠被授予黨政機關中那些地位崇高而缺乏實權的職位。只要國民黨接受他們的反共路線，他們通常便置身於黨內其他糾紛之外。但是蔣介石對他們外貌恭謹，內心卻甚為反感，私下做過尖銳批評。1935年蔣介石寫道，「老黨員所謂西山會議派自稱元老者，只知爭權奪利。讓與一切權利，猶以為未足，而必阻礙大計，反對國策。窺其意向，以抗日招牌而阻礙抗日，以不抗日罪名逼倒中央，使其為所欲為。」[168] 以時間而論，1934-1935年，正是蔣介石、賽克特和法爾肯豪森將軍暗地裡釐定了此後的建軍方向和規模，目的就是抗日，而來自這些元老派的指手畫腳肯定讓他怒火沖天。

概言之，1930年代黨內最激烈鬥爭，發生在擁蔣派和反蔣派之間，而在這個過程中，反蔣勢力一再顯示出他們組織策略和軍事力量的不足。事實上即使在1930年代，軍人顯然已經是黨內鬥爭的最後仲裁者。隨著蔣介石屢次戰勝對手，擁蔣者自然獲得更多機會擴張對地區和政府功能的活動範圍。一般來說，戰場勝利使以黃埔系為主導的力行社得以向新占領區發展。但是由於力行社缺乏足夠人力去處理勝利者所面臨的諸多問題，因此C. C.系正好趁機開展常規黨務活動，政學系也被賦予部分行政權。蔣介石權力基礎主要是因為他個人的核心小集團由這三種功能不同的成員構成一體。即使三者之間不時存在著磨擦（如C. C.系反對楊永泰），但蔣介石仍能施加控制，並防止其中任何一方超過另一方。雖然黃埔系在剿共區域占有優勢，[169] 但多數情況下，這些派系之間存在著一種均衡狀態，並且只有蔣介石才能掌控全域。

相比之下，蔣介石對手們要麼是一些傳統型軍人，無法擺脫舊軍閥習氣，要麼是在黨內根基薄弱的政治小團體。前者缺乏組織經驗，而後者缺乏軍事力量，只有當這兩類派系力量聯合時，才能對蔣介石構成威脅。然而在

---

168 蔣介石日記，1935年12月5日。

169 蔣介石，《軍事委員會委員長南昌行營處理剿匪省份政治工作報告》（1933年12月27日）（出版地不詳，1934）。

1928-1937年間，這兩類派系要麼是單槍匹馬地向蔣介石發起挑戰，要麼是在少數聯合反蔣事件中爾虞我詐，無法精誠合作，以致從未對擁蔣派系構成威脅。

然而這種鬥爭方式，也對擁蔣派系產生了一定程度的負面影響。基本上，擁蔣派系變得過分依賴一種模式，那就是先由黃埔系軍隊在戰場上擊敗對手，然後國民黨開進業經平定的地區去建立黨部，並把黨務工作引入政府機構、學校和商界。換言之，軍事占領變成了開展黨務活動絕不可少的先決條件。相比之下，孫中山原本設想的革命策略，是把黨當成是革命運動先鋒，動員群眾，進入虎穴奪得虎子。而事實上國民黨卻養成一種惰性，那就是在其軍隊沒有平定一個地區之前，黨就不願意冒險在那個地區進行思想上和組織上的戰鬥。隨著時間推移，國民黨便逐步形成了一種完全依賴軍事優勢來掃除其他障礙的心理。國民黨領袖們不是堅持密切聯繫民眾，或用思想和綱領來喚起民眾的方法，而是習慣於採用高度官僚作風、形式主義和命令手段來統御群眾。

（二）戰時派系鬥爭的新局面

上述這種心理到了抗日戰爭時，就極度地妨礙了黨務工作的開展，因為無論在敵人占領區，還是在政府名義上的管轄地區內，黨都不再享有軍隊保護的舒適環境。同樣值得注意的是，蔣介石營壘內部竟然會有派系存在的現象。擁蔣派並不具有明確的政治主張或社會經濟綱領。它們組成派系的目的是以締結集體安全盟約為手段，去保護和增進領袖的個人利益。蔣介石雖然運用派系去和對手進行權力鬥爭，但是也無法掩蓋一個事實，那就是派系生活在本質上具有腐化作用。對那些興致勃勃地參加這一政治遊戲的領袖而言，他們的心態是把政治看成是權力的增減，而不是政策的取捨。他們對權力變動細微差別的極度敏感，和他們對「勝利」或「失敗」的至高關切，不免會產生一種風險，就是使他們將權力當成是政治過程的終極目標。隨著時間推移，他們逐漸失去了對道德和意識形態的關心，而正是這些問題，才是一個革命政黨之所以能夠不斷獲得其存在的價值和生機的力量源泉。因此，儘管擁蔣派在戰前因為發展空間大，而得以避免自相殘殺，但它們的存在本身就嚴重地侵蝕了黨的道德力量和革命信仰。派系現象對國民黨造成的長期腐蝕危險，只有到了抗日戰爭時期才變得更為清晰。因為一旦抗戰開始，而國民黨不再能依靠地域擴張或政府機構膨脹，作為權力依附基礎時，黨內派系就會迷失方向而墮落癱瘓。

常年來眾多研究國民黨政治的學者都流行一種觀點，即國民黨戰時統治最糟糕的一面是肆無忌憚的派系衝突升級，而西方某些學者和政府領袖又格外醉心於一種看法，那就是將其原因歸咎於1941年珍珠港事變後，蔣介石的狡猾新算盤——讓美國幫助他贏得戰爭而使他坐享其成。如果這個如意算盤得以實現的話，則蔣介石就可以利用國家資源來消滅國內政敵，建立法西斯統治。這個說法引導出更進一步推論，那就是蔣介石為了保持最高權威，不但故意鼓勵派系擴張，而且還玩弄一派反對另一派，達到互相鉗制的作用。最後這個說法還設想，派系是戰時政治無能、腐敗、消極的元兇，而蔣介石玩弄派系於股掌之上，處心積慮地驅使它們去擴張自己的獨裁統治。[170]

恣行無度的派系鬥爭，對戰時政府的士氣和品質的確產生了嚴重殺傷力，這一點無庸進一步論證。但是派系活動飆漲的原因，及其長期後果卻依然值得深究。近年來蔣介石私人檔案和日記，以及其他重要人物個人資料的大量開放，對蔣介石是否故意鼓勵派系活動，可以向學術界提供眾多線索。這些史料可以對以往解釋派系現象的說法提供一個內容不同，但是卻同樣言之成理的修正。本書作者的基本觀點是：把蔣介石形容為高高在上地操縱和玩弄派系均衡遊戲的操盤手，是過分高估他的的政治能耐和宏觀意識，也不符合他的個性。戰時派系活動的飆漲，既不是蔣介石蓄意擴張專制權力的結果，也不是各個派系本身為擴張權力而刻意設計的結果。相反地，從結構層面上著眼可以看出，派系活動飆漲現象的一個重要原因是，黨領袖們在面對

---

170 唐人，《金陵春夢》（香港，1964）；陳伯達，《人民公敵蔣介石》（出版地不詳，1948）；鍾其聲，《大財閥蔣介石》（香港，1948）；Eastman, *The Abortive Revolution*, pp. 83-84.

地方實力派抵制時，體會到自己的軍政權力不斷弱化所激發出來的反應。理由是：他們既無力向社會基層去伸張組織性的擴張，又對黨的正常良性發展難以寄以期望，最後在面對戰時急劇緊縮的政治權益範圍內，只好以赤裸裸的行徑去攫取眼前最大收穫。

幾乎打從抗戰開始，國民黨領袖們就發現，在江南地區慣用的黨務工作技巧無法適應戰時需要，更打不進大後方基層社會。內陸諸省實力派無意容忍外部（國民黨中央）勢力侵入而分霑權力，更不用說接受後者的指導。面對這個抗拒，國民黨中央必須改弦易轍，提出一套新組織和行動策略，才能期望在大後方生根發展，否則就只能把自己局限於一個狹小的政治舞臺，包括重慶市和某些省份省黨部而已。地方實力派領袖們加入國民黨原始動機，就是為了在政治上獲得好處，同時也在其勢力範圍和職權範圍內，建立嚴密防禦工事，阻絕黨中央侵入。事實上，地方實力派等於是把地方政府和社會劃為禁地，國民黨不可以進入，違反者必遭激烈抵制。這個局面對於中央級黨領袖可說是前所未見，因為戰前他們在江南地區總是充滿信心，先由軍隊掃除障礙為之鋪路，然後由黨部安全地接管地方政府和社會。但是在整個抗戰期間，黨中央既不能說服地方實力派自動迎接黨勢力，又無法從下而上地去鼓動群眾顛覆現存社會政治秩序，再加上前線軍事發展又毫無起色。在如此內外交迫情況下，黨中央領袖們不知不覺地陷入更深層保守思想，只圖抓住眼前一切機會去維護自己的小組織。隨著重慶政府實際控制範圍嚴重緊縮，政治舞臺也相形緊縮，派系活動空間就只能局限在中央層次，以及少數尚未被地方實力派霸據的省、地級的功能領域。依同樣道理，正是由於資源減少而競爭者眾多，成為典型的粥少僧多局面，因此政治鬥爭的殘酷程度就會增加。一旦派系領袖們領悟到他們對於戰局前途完全失去控制力時，則他們也會領悟到在現存局促環境裡最佳的策略，就是設法擴大本身當前的優勢位置，以便在抗戰勝利果真來臨時，能夠搶奪最大的勝利果實。這種心態在1943年底開始，發展得特別明顯。一方面同盟國在歐洲和太平洋地區軍事進展順利，擊敗軸心國指日可待。另外一方面，國內戰局日益險惡，尤其是1944年被打得遍體鱗傷。而當各黨派面對如此情況時，它們的反應不是發憤圖強團結一致地幫助國家共渡難關，而是捨命一搏地為自身力爭優勢。

就戰爭晚期觀點來看，這些勝利果實包括控制國民參政會、國民黨第六次全國代表大會、國民大會代表選舉、立法院、行政院和最終的總統大選。王子壯曾經試圖剖析這個現象。他問到何以國民黨有黨主義、組織、和領袖，卻不能團結？他的答案是，「結癥所在，則在黨缺乏中心幹部。中央幹部則為總裁所信賴之若干人，此若干人並不能意志集中，團結一致。**於是以人為中心而有若干之分歧，進而互相衝突，真正努力基層民眾之黨不可復見**。一變而為若干互相抵牾之派別，雖有總裁在上而迄難有一組織嚴密團結鞏固之黨，是為目前最嚴重之問題。」[171] 就是這個思路更使得派系領袖們在爭奪中央層次利益時，不惜露出猙獰面孔，而對於廣大地方層次的黨務則全然不予關切。

很明顯地，戰時派系的區分和互動形式，與戰前相比都產生了重大差別。1938年4月，蔣介石確立了自己在黨內的總裁地位，進一步削弱改組派的政治資本。由於蔣介石成為黨內最高領袖，汪精衛被置于難以容忍的閒散位置。結果是，當汪精衛脫離國民黨而投靠日本時，他的改組派也等於被判政治死刑。從1939年開始，改組派不再是政黨政治一分子。

政學系命運略勝一籌，然而也完全無力發展自己的組織，依然脫離民眾而寄生在政府高層機構之中。到了1943年，已經很難精確估計政學系力量。黃郛和楊永泰去世後，張群成為其首領。[172] 政學系分子的影響在很大程度上是屬於個人，而他們的官職也大多來自蔣介石的布施。由於缺乏群眾基礎和軍權，因此在政治鬥爭舞臺上力圖採取低姿態，也因此而很少被其他派系當成攻擊對手。[173]

171 王子壯日記，1945年1月，「本月大事預定表」。

172 其他享有聲望的成員包括：吳鼎昌（貴州省主席）、王寵惠（最高國防委員會秘書長和前任外交部長）、張嘉璈（交通部長）、翁文灝（經濟部長）、陳儀（行政院秘書長）、蔣廷黻（行政院政務處長）、熊式輝（中國駐美軍事代表團團長、前江西省主席）、吳鐵城（國民黨中央秘書長）。

173 *The Amerasia Papers: A Clue to the Catastrophe of China* (Washington, D. J. 1970), vol. 1, no. 24,

1938年底廣州淪陷，使得以廣東為基地的國民黨資深黨員喪失地盤。在此之後，個別廣東籍領袖儘管仍繼續擔任黨政高官，但是已成為光桿司令。同樣地，西山會議派成員年事日高，被供奉在有名無實的高位上，也加速走向衰落。

這些發展把擁蔣派系推向短兵相接境地。因此，戰時派系政治與南京時代最大的不同處是，它基本上是從蔣介石個人領導核心中，衍生出來的政治鬥爭。

二、蔣介石營壘內的分裂

打從抗戰一開始，有關國民黨內部派系鬥爭的報導，也就隨著廣為流傳而且呈現不可收拾之勢。[174] 1939年被任命為組織部長的朱家驊原本在學術界和政界已經頗具聲望，因此對於陳氏兄弟長達十年的組織部規章措施進行大幅修改。朱家驊在上任之初就曾經悲嘆道，戰爭開始以來「黨內最大的問題」是「人事」，批評中央黨部缺乏人事制度，用人權全憑上級個人愛憎決定，因此升遷降調不合理情形經常發生。[175] 根據國民黨內部高層官員的推測，蔣介石整頓黨組織部可能是擔心陳氏兄弟坐大，因為在黨第五次大會選舉開票時，蔣介石、陳果夫、陳立夫三人居然同獲全票當選。但是蔣介石立即以紅筆將陳氏兄弟名字挪至當選名單下方，而且指示只能發布當選人名單而不許顯示每個人得票數位。再則蔣介石原本勾選的人士多人未得當選中央委員，而陳氏兄弟追隨者卻當選順利，也引起蔣介石重大不滿，不但命令陳氏兄弟將其追隨者多人剔除中委位置，而且隨即決定陳立夫讓出組織部長職

---

pp. 231-243; The Ambassador in China, Gauss, to the Secretary of State, no. 553, Enclosure, July 30, 1942, 893.00/14876, *Foreign Relations of the United States, Diplomatic Papers: 1942, China*, pp. 212-226.

174 陳果夫，《蘇政回憶》（台北，1951），頁2。

175 《黨政訓練班黨務工作人員談話會記錄》（出版地不詳，1939），散見各處。

位，改由朱家驊接任。[176] 在蔣介石成為總裁後，第一次有關改進黨務工作指示中，就明令禁止派系活動。他不但宣告黨內不許「小組織」，而且現有派系也要解散。[177]

然而隨著時間推移，形勢只是變得更糟糕。朱家驊推行的「新政」，在開始時尚似公允，希望融和各方面勢力，但是立即遭到陳果夫極力抨擊，因為大量非C.C.派人員進入中央黨部後，原有的C.C.派人員立即失去在黨部的優勢。最糟糕的是朱家驊不久也形成了自己小集團，他把組織部幹事級別的追隨者外派到省黨部擔任黨部委員，而處長則可以外派擔任省黨部主任委員。再加上他的人選程度不齊，能力參差，難以服眾，因此不但加劇了C.C.派的抗爭，也觸怒了黃埔系將領。比如說，胡宗南對於陝西省黨部改組就拒絕接受組織部安排，而直接向蔣介石推薦人選下令組織部照辦。類似衝突在下級黨部更形暴露，甚至使河南，陝西和山東等地的黨務工作陷於停頓。更由於朱家驊派系和反對派（由C.C.和黃埔系結合）鬥爭的焦點是奪取未來全國代表大會選舉的席位，因此各派系首領們絞盡腦汁謀劃爭奪的策略，而完全忽略了地方基層黨務工作。[178] 但是最重要的是蔣介石在啟用朱家驊時，原本指望他能夠革新黨務，卻在不久之後對他失去信心，對朱氏做出的評語是「此人最不自知，可歎！」[179]

總的來說，戰時C. C.系遇到巨大起伏。由於國民黨中央既不能進行有效的組織，也不能進行有效的宣傳，因此戰前由C. C.系控制的組織部和宣傳部門就不再擁有昔日的影響力。在戰時絕大多數歲月中，甚至國民黨中央

---

176 王子壯日記，1943年11月13日，「本星期預定工作課目」。

177 高蔭祖，《中華民國大事記》（台北，1957），頁444-445；王世杰日記，1938年4月6日。

178 王子壯日記，1943年11月13日，「本星期預定工作課目」，1944年4月1日，「本月大事預定表」，5月20-21日，「上星期反省錄」。

179 蔣介石對朱家驊領導下的黨務工作評價是「而一般老成者，則推諉怯懦，旁觀坐視而已。黨國至此，人心拙劣自私，最足寒心。殊為黨國起無窮之憂也。」蔣介石日記，1939年2月2日。

秘書長職位也不再由C. C.系成員把持。[180] 然而由於陳果夫依然是中央廣播管理局局長，所以對大眾傳播媒介依然握有控制力。他更能發揮影響力的職位則是委員長侍從室第三處主任，使他得以與聞國家機密，還可以對某些中央政府官員的人事運用產生影響力。至於陳立夫則是教育部長，對於大專學校具有控制權。此外在抗戰中任何時期，C. C.系成員中大約都有3-5人會位居重慶政府部長或副部長級職位，也有23-25人擔任國民黨中央執行委員會委員。[181] 朱家驊主持組織部受到猛烈攻擊之後，蔣介石曾經一度打算以對調方式，讓陳立夫重掌組織部而朱家驊接任教育部。但是朱家驊拒絕之後，組織部和教育部似乎都落入C.C.派控制之下，而這又激發了朱家驊和黃埔系（甚至政學系）結合，使黨內糾紛變本加厲。在朱家驊離開組織部（1944年）之後，他的追隨者相繼遭受陳氏兄弟排斥，而朱家驊所主持的中英庚子賠款董事會也被裁撤。在中央秘書處所管轄的文化驛站，原本由朱家驊親信主持，也被納入宣傳部。一時朱家驊舊部都感到走投無路，與C.C.派衝突日烈。[182] 而蔣介石本人在面對黨中央這些紛爭時，也只是把注意力放在擺平人事衝突，沒有借人事改變的契機給黨的政策開拓一個新氣象或新方向。[183]

戰時C. C.系發展最有成果的領域是特務活動。正是因為國民黨無法通過正常公開管道在基層社會和政府中紮根，因此才感到更有必要借助于諸如恫嚇、金錢收買和暴力威迫等不尋常手段，去攫得他們需要的資源。換言之，當正常法定權力不能產生作用時，便只好借助於強制手段。戰時中統局急劇膨脹，負責官方情報和搜集所有公務員的個人檔案材料。絕大多數黨政機關都附設調查室，其職責是針對所有高低層次的公務員私生活、公務活動、思想、交際、忠誠度及工作表現進行調查。這些情報使C. C.系在與其

180 朱家驊從1938年4月起任國民黨中央執行委員會秘書長，至1939年12月調任中央組織部長。1944年吳鐵城出任國民黨中執會秘書長一職。

181 The Ambassador in China, Gauss, to the Secretary of State, no. 553, July 30, 1942, 893.00/14876, *Foreign Relations of the United States, Diplomatic Papers: 1942, China*, pp. 212-216.

182 王子壯日記，1944年8月7日。

183 王子壯日記，1944年5月25-27、30日。

他派系進行爭鬥時掌握很大優勢。與此同時，中統局還對其他政黨和半官方組織，宗教團體、工行、同業公會、商會等的活動進行監視。[184] 當西南省份（昆明）大學成為民主黨派溫床時，C. C.系特務們在這些校園裡的活動也變得分外惹人注目。他們滲透進學校行政部門，刺探學生活動，和恫嚇坦率直言的教授。根據可靠報導，黨的秘密警察至少在9個省份建立了「反省院」，對嫌疑罪犯和持不同政見者進行審訊、拷打，和強制勞動。[185]

隨著時間推進，秘密警察成為維持C. C.系政治權力的中堅力量。雖然這些嚴峻蠻橫手法引起民眾和政治活動分子的強烈不滿，但是它也正暴露了C. C.系權力衰退的勢不可逆，以致惟有依靠高壓手段才能苟且生存。但是即使在這個大幅縮減的活動範圍內，C. C.系也不再擁有絕對的獨占權威。因為儘管依據國民黨分工原則，中統局應該負責政府與社會安定（包括反共和反汪活動），而軍統局應該負責軍事情報（包括友軍和敵軍），但雙方仍經常發生齟齬和搶奪地盤，而C.C.的「文鬥」經常敵不過軍統的「武鬥」。

戰地黨政委員會的建立（1939年4月），再度對C. C.系地位給予一輪沉重打擊。在每個戰區，戰地黨政委員會凌駕於一切黨政常設機構之上，而各戰區最高**軍事長官**則有全權控制，監督，考核和協調戰區內一切黨政軍事務。[186] 他們直接隸屬軍事委員會，由蔣介石兼任主任委員。黨務也在軍人掌控手中。由於幾乎所有軍事指揮官（無論是中央軍或是地方實力派）都對黨務存有戒心和抵制感（特別是針對C. C.系活動），所以他們的新權責讓他們更能夠壓抑和阻撓黨的活動。[187]

---

184 有資料表明，到1941年中統人數達到13,000多名，其中近萬人安插在各省市的政府機構，2,000人安插在中央各部，1,000人安插在民眾團體。參見陳少校，《黑網錄》（香港，1966），頁300-302。

185 The Ambassador in China, Gauss, to the Secretary of State, no. 1957, December 24, 1943, 740.0011, Pacific War/3678, *Foreign Relations of the United States, Diplomatic Papers: 1943, China*, pp. 391-393.

186 軍事委員會，《戰地黨政委員會組織綱要》（出版地不詳，1940）。

187 《戰地（敵後方遊擊區）黨政軍工作指導綱領要目》（出版地不詳，1940）；國民黨中央調

就青年工作領域而言，蔣介石幾乎從開戰起始，就有另立門戶專司青年工作的構思。在1937年11月份，他就曾經初步向汪精衛建議組織三民主義青年團，理由是國民黨黨內青年之自行分裂衝突，而黨又無力網羅黨外活躍分子，因此設想成立新組織，作為國民黨的革新運動。汪精衛和改組派幹部還認真地商量此議。[188] 1938年3月國民黨中央全會通過決議，建立三民主義青年團，其初衷是用它來充當反共先鋒，締造一個包含其他一切政黨的聯合陣線。[189] 成立之初，黨內領袖們對於它的使命仍在摸索。比如說，甘乃光報告青年團組織事務時指出，黨內對於青年團之組織似乎有兩種觀念：一種是國民黨已經老朽喪失生氣，因此需要青年團來代替國民黨；另外一種是國民黨與青年團需要互相聯繫，相當於共產黨與共青團關係。領袖們尚無定論。[190] 此後也爭執不休。

青年團在初創時期，最高領導和組織都游離不定。比如說，陳誠在1939年初就坦承，他自己雖然背負該團書記長之名，但是由於隨軍作戰，有十個月時間沒有到團部辦公，導致一切團務缺乏進展，內心深感愧疚。不期幾個月後，他發覺青年團已經積習太深，工作凌亂而大感不滿，誓言「此後非大加整刷，難期改進。」[191] 以一個理應充滿朝氣的新興組織，居然遭受領導人如此批評，實不尋常。

但是有一點殆無疑問的是，蔣介石希望運用三民主義青年團去鉗制陳氏兄弟所掌握的黨部，加強他自己對於國民黨的控制權。這個打算就必然導致C. C.系和復興社（當時已被當成是力行社的同義詞）之間，產生激烈競爭和深切敵意。毫無疑問，復興社原本就曾經極力鼓動創建三青團，因此中央決議對復興社來說當然是巨大勝利。三青團成立之後，很多重要領導人都是原

查統計局，《中國國民黨黨務統計紀要（1941年）》，表10，頁10。對於戰地黨政委員會分會事在中央領袖間引起的爭執，見：徐永昌日記，1939年5月26日。

188 陳克文日記，1937年11月10日。

189 William Tung, *Revolutionary China*, p. 241.

190 陳克文日記，1938年5月20日。

191 陳誠先生日記，1939年3月17日，9月25日。

力行社的資深成員，而且他們從一開始就採取高度進攻性策略去擴張組織。他們的激進分子，甚至向社會大眾揚言，蔣介石對國民黨的腐敗和無能感到徹底絕望，因此最終指望用三青團將之取代。依據張發奎作為戰區司令官的理解，三青團創立的初意是為了抵消C.C.派勢力，因此它在軍隊中並不活躍，只是樹立旗幟表示關心軍隊而已。它的實際工作重點是學校，竭力拉攏學生入團。[192] 但是隨著時間發展，在很多地區，三青團也積極網羅非青年和土豪劣紳去擴張其組織，並借此去壓制在地方上原已建立的國民黨組織。[193] 即便是在三青團成立之初，領袖們就已聲言，他們的工作將不會限制在青年工作範圍之內。[194]

就組織工作而言，三青團也重疊了正規黨部工作，在學校和縣級建立起自己的分支機構。甚至童子軍組織，原本是陳立夫主持的教育部所主辦的單位，也被三青團納入青年工作範圍。三青團也制定計劃培訓自己的幹部、學校青年和社會青年，在一系列活動中和原來國民黨黨務機關活動展開競爭。[195] 從1941年團員職業背景觀之，學生只占44%，而黨政軍單位工作人員則占總數50%。[196] 鑒於絕大多數黨政軍單位工作人員早已加入國民黨，因此在社會上造成的觀感是，三青團如此積極拉人入團的企圖，是想使他們脫離國民黨。無可避免地，三青團如此肆無忌憚地發展團員，和毫不掩飾地輕蔑黨機構及黨領袖，不久就激怒許多地方黨部書記向中央表達強烈不滿。然而黨中央秘書長除了規勸他們不要計較之外，也無力扭轉局面。[197]

儘管蔣介石初衷是扶植三青團，但是很快發現該團發展並不如其所願。比如說，在青年團成立頭一年間，康澤等人的訓練方式抄襲共產黨和秘密社

192 張發奎，《蔣介石與我》，頁284-285。

193 《黨政訓練班黨務工作人員談話會記錄》，散見各處；王子壯日記，1944年4月1日，「本月大事預定表」。

194 《三民主義青年團中央團部工作報告》（出版地不詳，1941），頁1-5。

195 《三民主義青年團中央團部工作報告》，頁1-5、25-38。

196 《三民主義青年團中央團部工作報告》，頁13-14。

197 黨政訓練班，《黨政訓練班黨務工作人員談話會記錄》，各處可見。

會故技，不但引起社會上反感，連蔣介石也指責團幹部，嚴令改正。[198] 1938年初，陳誠也提出警告，三青團「不可黨部化，應注重戰地服務」。[199] 到了1939年底，陳誠繼續向蔣介石抱怨，過去一年來團務「無辦法，無中心」。[200] 1940年，中常會及蔣介石本人屢次提出警告，禁止各派系彼此指責和互相破壞。[201] 但三青團依舊我行我素。1941年，團部經費已經達一千五百餘萬元，次年還會增加到4千萬元，遠比國民黨黨部經費充裕，令許多人為之側目。[202] 它被批評的另外一個現象是它胡亂增加團員，素質不好，訓練無方。結果是社會閒雜分子一窩蜂混進三青團，領政府薪水，搶飯碗，搶地位，完全自私，也完全缺乏群眾基礎。到了1942年，蔣介石本人也感嘆黨和團之間的鬥爭，大大地削弱了黨的力量。團成為黨的累贅。但是卻找不出解決辦法。[203]

1943年蔣介石在高層會議內對三青團的批評更趨尖銳。他指責團員既非青年也並非優秀分子，反而是四五十歲老年人；指責團的活動與青年無關，只是供主事者植黨營私；指責團一切報告均不切實，全是欺騙領袖。有趣的是，他還指責中統局和軍統局似乎已經停止檢舉貪污事件，因此推想它們必是自己也從事貪污，所以對檢舉他人貪腐行為有所顧忌。[204]

當然這一系列問題有一個重要來源，那就是蔣介石在創立三青團時期望太高和渲染過分，使得團幹部和團員心理膨脹，自許為革命先鋒，而恥笑國民黨員是落伍分子。蔣介石自兼三青團團長，當然更是增加團員們傲氣。三

198 王世杰日記，1939年7月17日。

199 陳誠先生日記，1939年4月18日。

200 陳誠先生日記，1939年12月16日。

201 國民黨中執委，《確定黨與團之關係辦法》，1940年11月25日由國民黨中央執行委員會常委會通過；三民主義青年團，《三民主義青年團中央團部工作報告》（出版地不詳，1943），頁9。

202 王世杰日記，1941年6月26日，10月29日。

203 王奇生，《黨員，黨權與黨爭》，頁329。

204 陳克文日記，1943年11月14日。

青團不屬於國民黨組織體系，不受國民黨指揮，國民黨各地黨部對於三青團的組織，人事，經費完全沒有管轄權。換言之，從中央到地方，黨和團保持兩套互不相屬的平行和獨立系統。儘管C.C.派極力主張把三青團納入國民黨正規組織，但是無法實現。因此導致三青團和C.C.派產生重大衝突，水火不容。首先是在吸收黨員和團員工作上發生激烈競爭。因為三青團目標是吸引年輕人，但是C.C.掌控的國民黨又不甘心把青年群眾拱手讓出，所以雙方產生鬥爭，乃至不顧手段地搶人拉人入黨入團。其次是不管黨組織在地方上如何脆弱，它至少已經先入為主在地方上建立地位。三青團進入地方基層時完全不顧顏面，赤裸裸地和黨組織爭奪地方權力資源。這不但令地方政府左右為難，而且也讓地方野心分子看出有機可乘，製造挑撥離間和借此打彼的機會。其結果並不是在國民黨外成立一個新的革命團體，而是為國民黨黨派鬥爭製造了新的戰場。[205]

無論如何，正如中統局在1945年一份報告中所抱怨的，在某些地區，三青團活動猖獗到導致國民黨陷入癱瘓。[206] 在這個衝突過程中，三青團勢力大幅增強。到了1944年7月，它已在700多個縣份建立分支機搆，團員數目號稱達到647,763名。[207] 幾近凌駕於整個國民黨文職黨員的勢態。本書作者研讀史料的印象是，蔣介石在抗戰期間對於國民黨的基本態度，是以批判和指責代替關切，他唯一堅持的立場是，黨中央機器和大位必須由自己的心腹幹部（陳氏兄弟）抓住，因為國民黨是孫中山遺留下來的法統，既然無法予以取消，就只好設法抓住重要位置，千萬不可落入外人手中。除此之外，他似乎從未以總裁或是委員長身分和資源去協助黨中央在各省或軍隊中推行黨務工作。相對而言，他對於三民主義青年團則是不斷關心和協助。顯然地在

205 王奇生，《黨員，黨權與黨爭》，頁324-328。

206 國民黨中央調查統計局，《黨政情報》，1945年3月8日條目。

207 國民黨中央宣傳部，《青年團成立六周年》（重慶，1944），無頁碼。根據另外一個資料，青年團在1944年團員人數已經達到887,865人。見：王奇生，《黨員，黨權與黨爭》，頁341-342。

他內心中，黨的改造工程和自新努力是「身外之事」可以交由陳氏兄弟打理，但是對於三青團則是最終「取代」黨的指望，另起爐灶成立新組織，吸引年輕人，擺脫黨內派系林立困境、革除貪官污吏、建立革命秩序。換言之，把黃埔模式從軍事領域移植到政治領域，因此他必須細心栽培。如果此項認識具有正確性，則我們對於歷來形容蔣介石政治行為的語言，也需要重新思考。依照市井流行說法，蔣介石是玩弄權力均衡的高手，蓄意在國民黨內製造對立，致力於拉一派打一派，務必不使任何一派取得絕對優勢地位。而在如此眾多派系競相爭寵局面下，蔣介石才得以維持他作為一個無可取代的領袖地位。依照這個分析，蔣介石的政治權謀可謂城府深沉，充滿宏觀操控意識。但是如果蔣介石原本成立三青團的指望，並不是在眾多派系中增加一派，而是希望藉之消滅各個派系而成為唯一獨尊，則最後連派系政治本身都會走向消滅。這個看法也可以促使我們對於派系政治和蔣介石的領導謀略予以重新分析。說到底，蔣介石究竟是玩弄派系的高手？還是痛恨派系而執意要消滅派系的殺手？

如前文提及，戰前力行社職能包括三個領域：政治思想訓練、軍事情報搜集、反共活動和領導別動隊。皖南事變後（1940年底），反共活動已完全納入正規軍事行動而由軍隊長官負責處理。為了保證部隊長官的忠貞程度，軍統局發展出一套龐大系統。上至戰區長官司令部，下至師級司令部都有軍統特務長期派駐。軍統特務也被派駐至各省警備或衛戍司令部、大城鎮警察局和交通要道沿途的檢查哨站。軍統特務也有權檢查民間非法經濟活動，諸如囤積居奇、投機倒把和黑市交易。[208] 由於軍統職責如此廣泛，因此軍統局和戴笠對蔣介石的重要性就遠遠超過陳氏兄弟。軍統局工作經費充裕，特務滲透到戰時生活的各個方面。到1944年中，戴笠在正規軍事秘密員警和別動隊中的人數已超過30萬人，並在所有重要政府單位和民間機構中建立了工作據點。[209]

---

208 陳少校，《黑網錄》（香港，1966），頁127-130；唐人，《十年內戰》，頁163-180。

209 Memorandum for the Chief of the Division of Chinese Affairs, Vincent, April 29, 1944,

至於就力行社本身而言，蔣介石在1938年就曾經明確表達過，他希望有一個團體能夠集中力量，輔助領袖，匡計時艱，而不是事事都需要領袖親自督促指導。既然國民黨傳統組織無法完成此項功能，因此只好建立力行社。豈知力行社幹部也無法達成這項任務。仍然鬆懈廢弛，而且幼稚無能，宣傳乖張，成為它最大的缺點。因此在青年團成立之初，蔣介石表示其目的在革除遺留在國民黨內的消沉散漫，和積重難返的局面，徹底改變黨部成為衙門，和黨員成為官僚的局面。既然前兩者無論如何改造都無法達成目的，所以只好成立青年團去培養新的革命力量，也給國民黨黨員們一個觀摩借鏡和激勵反省的機會。[210] 這個過程再度說明，蔣介石並不是足智多謀地同時成立許多黨內小派系，供他驅使和玩弄平衡戲法，而是他被黨內派系鬥爭弄得焦頭爛額之後，每次培植一個國民黨之外的小團體作為他統治國家的幫手，卻屢屢陷於失望時，只好再度另起爐灶。[211]

1943年冬季，蔣介石把長子蔣經國插入三青團，使得復興社的政治勢力在與C.C.派激烈鬥爭中大幅加強。蔣經國被調離贛南行政區督察專員職位，奉命主持青年軍、幹部訓練學校，最終接管三青團本身。由於他易於接近父親蔣介石，他的參與使得權力鬥爭更為複雜，但是肯定陷C. C.系於極度劣勢之中。但是與此同時，這個新陣營之內也暗潮洶湧。就歷史沿革而言，國

893.20211/15, *Foreign Relations of the United States, Diplomatic Papers: 1944, China*, pp. 64-65；1942年戴笠通過梅樂斯（Milton Miles）海軍少將發展與美國的關係，並最終成立了中美合作所（SACO）。中美合作所幫助戴笠訓練和裝備了數千名間諜。有關中美合作所的詳情，參見：Michael Schaller, *The U.S. Crusade in China, 1938-1945* (New York, 1979), pp. 231-250。

210 蔣介石日記，1931年12月24日；1933年7月17日；1937年5月24日；鄧元忠，《國民黨核心組織真相：力行社，復興社暨所謂「藍衣社」的演變與成長》（新北：聯經出版公司，2000），頁527、529；蔣介石對高級幹部的演講（1938年2月5日），秦孝儀編，《先總統蔣公思想言論總集》，第15冊，頁110；蔣介石演講（1938年9月5日），第15冊，頁474；蔣介石演講（1939年7月19日），第16冊，頁343。

211 陳布雷從政日記，1939年12月23日；1942年1月26日，3月20日。蔣介石數度對青年團工作提出嚴厲責備。

民黨曾經先後辦過三個重要學校——黃埔軍校，中央政治學校，和幹部學校。但是到了1944年，幹部學校已完全由蔣經國負責，因此給青年團內其他非蔣經國嫡系的幹部們帶來危機感，恐懼幹部學校培養出來的幹部遲早會取代青年團其他幹部。[212] 雖然這個裂痕沒有表面化，但是即便是來自青年團高級幹部的擔憂，已經可以看出派系鬥爭的極度微妙性。

三、捨身亡命的衝刺

在抗戰史上，1944年是一個充滿矛盾的年份。就中國本身軍事而言，一方面它在戰場上遭受到1938年以來，最具毀滅性的軍事失敗和大量人民流離失所、通貨膨脹無法控制、軍民生活瀕臨破產。另一方面，遠征軍在緬甸戰場戰績輝煌，摧毀多個日軍最具盛名的師團，打開國際陸空通道，使美國重武器和民生物資終於可以大量湧進內地。更重要的是國際情勢巨變，德國敗象無可挽回，也明顯指出同盟國此後所有軍事力量必將投注在亞洲戰場。美軍在太平洋地區跳島戰略節節勝利，也充分顯示日本帝國主義末日為期不遠。這些外在因素，使大後方政治觸覺敏銳人士的樂觀心態與日俱增。一般人當然急切期待苦難終結，回鄉過太平日子。但是有政治野心的人士則看出前途的大好機會，爭相站位去收割勝利果實。而這些人群中，國民政府掌權的黨政軍派系，正是具有特別能耐可以把期待轉換成實際，借此「大展宏圖」。他們最關心的事務不是如何壯健黨的肌體，迎接勝利後立憲建國的重任，而是如何借用當前形勢壯大本身力量。換言之，他們關注的焦點不是黨國宏觀事業，而是本派如何贏得上風。一切心機謀略都是以此為出發點。[213] 難怪從1944年初開始，派系分子就做出最後衝刺，積極部署他們戰後的優勢。而他們的暖身戰就在黨內幾個重大舞臺上逐一推出。

最早的暖身戰是在一個不甚惹眼的場合中進行。還是1944年夏天，國民

212 王子壯日記，1944年7月31日。

213 王子壯日記，1944年5月12日。

黨重慶市黨部召開第一次代表大會，開幕儀式由蔣介石親臨主持以示隆重，同時進行選舉黨部執行委員。競選成功的人士來自三方面：1.三民主義青年團派；2. 中央調查統計局派；3. 金錢實力人士。值得注意的是，當選者普遍不曾在黨務工作上做過出色表現，甚至鬧過笑話或受過黨紀處罰。但是他們的個人聲譽地位、學識才能、品德風度都顯然與當選無關，因為他們不是勤奮為公，忠於職守的黨員幹部，而是官僚和商界大戶。[214] 一個最重要因素就是，當選者必須政治後臺強硬，所依附的團體必須具有高度組織背景和雄厚金錢力量，因為競選費可能高達一百數十萬元。競選者之所以願意付出如此高昂費用爭取當選，其理由就是當選之後，必然能夠回收投資成本外加利息。這在1944年國民黨首善之區重慶市選出的領袖們之時，已經露出兆頭。

1945年更重要的政治投資是，各個省縣市進行的黨內選舉，迎接國民黨第六屆全國代表大會來臨。陳立夫在此前不久剛剛重掌組織部，他鑒於國民黨已經有10年未辦中央選舉，擔心競爭者必定激烈，因此一度傾向擱置黨代表大會，以免引起黨內分裂，但是蔣介石主張必須舉行大會，以籌備未來的「還政於民」（由訓政進入憲政）工作，因此國民黨中常會在1月8日通過，在該年5月5日召開第六次全國代表大會。[215] 一旦大計決定，黨組織部依往例成為當然籌辦單位，但是因為只有三個月籌辦時間顯然甚為倉促。消息一經傳出，果然黨員們立即展開活動，請客送禮、拉票說項，第一步爭取成為大會代表，繼之參選中央委員。一時間重慶市出現各種聯絡和集會，鑽營奔走，醜態百出。最先是陳氏兄弟（組織部）聯絡黃埔系實力派（康澤等人），希望共同合作避免紛爭，但是對於組織部卸任部長朱家驊派則不予器重，激起朱家驊派反制也去極力聯合黃埔系，希望達到代表二分之一席次。組織部對於省市地方代表的選舉，又頒布了許多前所未有的選舉規定，引起黨內對於陳氏兄弟猛烈指責。[216] 根據王世杰記述，黨政軍重要領導人如吳鐵城、

214 陳克文日記，1944年7月10-14日。

215 王子壯日記，1945年1月2、9日。

216 王子壯日記，1945年1月9-10日，2月16-17日，3月3日；陳克文日記，1945年2月24日。

陳誠、張治中、白崇禧、朱家驊，都決定要聯合力量對抗陳立夫團體，以防後者壟斷六全大會選舉。[217] 在此後幾個月中，派系分配名額顯然成為「六大」的激烈爭端。蔣介石授命組織部籌辦「六大」，明顯把陳氏兄弟作為基本幹部。但是黃埔系、政學系、和朱家驊的小集團，則競相向蔣介石進言要求共同參加籌備工作。再者，國民黨召開全會的主要任務，原本應該是討論政策性的大問題，比如說國民黨在「還政于民」（憲政）實行之後，應該如何生存和發展。但是事實上，黨領袖們從1944年下半年開始，就把全副精神放在如何發展自己派系實力，而幾乎全盤忽略政策性大問題，沒有領袖加以思考或是提出任何宏觀而具有深度的方案。這個派系專注角力現象，在兩個層次上表現得最為突出。首先是總名額如何分配，其次是競選人的資格如何鑒定。

六全大會總名額分配問題，成為第一波爭奪戰。有主張維持第五次代表大會的260人名額不變者，有認為戰時黨員人數增加8倍，因此黨代表也應該增加至1,500名者。當組織部提議增加中央委員名額至400-500人時，外界立即解讀為組織部意圖重操故技，把部內高級職員塞進中央委員行列，以壯大本派聲勢。相對而言，反對派（朱家驊、熊式輝）則主張300-360人。更有人主張取消一切選舉由總裁全權決定。派系間爾虞我詐的鬥爭於焉開展。首先是中常會決定的提名委員會，全由年長而缺乏地方黨務基礎的元老們擔任。朱家驊、張治中、黃埔系、王世杰等人都被隔絕於外，引起大幅騷動。繼之是代表人數分配問題。當時三青團團員號稱60萬人，但是其中50萬人根本不具國民黨黨員資格，照理說無權參加國民黨的六全大會，但是蔣介石卻以手諭指示三青團代表應該有60人，其他軍隊代表應該有100人。如此一來就必須裁減其他部門代表名額，否則原定的535人代表大會可能暴漲到700人以上，因此又引起無盡爭論。派系間不但彼此討價還價、合縱連橫，還各顯神通地直接向蔣介石提出訴求。代表身分之所以重要是因為一旦成為代表，就可以成為熱衷于中央委員候選人拉票的對象、請客吃飯、送錢送

217 王世杰日記，1945年5月1日。

禮，或是升官和更大利益輸送，必將接踵而來，可以藉此「撈一票」。更重要的是，代表們十之八九都有雄心想自己當選為中央委員，則權勢錢財好處就更會源源不斷，所以值得拼命一搏。會期中的競爭激烈也造成醜聞不斷。其間，何思源獲得陳立夫支持而企圖一手包攬山東省全會代表名額的努力，完全忽視其他山東籍有貢獻的人士，導致山東籍貫領袖們直接向蔣介石投訴，要求增加代表和中委名額。同樣地，「海外」代表引起重大抗議，因為海外部秘書處竟然把若干從未到過海外工作的職員企圖蒙混成為代表，而真正在海外辦理黨務工作而潛伏敵後或被驅逐回國的忠貞有功人員，反而由於缺乏派系內線而被排拒于局外。[218]

派系爭奪戰的第二波是在分配名額既定之後，具體候選人的資格和素質問題。即便在1月初，黨內有識之士已經擔心，這種以派系競爭為主軸的代表大會，將會把真才實學和有抱負理想的黨員排除于外，或是他們因不屑為伍而自我退讓，反而幫助幫派之徒能夠夤緣而上。如此就會造就新一代的黨高層幹部，不是努力事功的忠貞黨員，而是以爭取個人地位為目的的投機政客。特別是當蔣介石指示此次產生之代表可由組織部、中央黨部秘書處和海外部分別提名時，這三個部門的高級職員也慾念大發，競相爭取代表名額，蓄意把其他各階層努力黨務工作的幹部排擠於外。[219]

3月間，在重慶市代表選舉過程中，黃埔派和青年團聯手組成一個集團，中統局是一個集團，此外還有無派別的人，競爭非常激烈。選舉結果當選代表都是中統局派和黃埔青年團派兩大集團力量所支持者，明白顯示出今

---

218 王子壯日記，1944年11月11日，「上星期反省錄」和「本星期預定工作課目」，1945年3月12-13、28日，4月2、14、26、30日。何思源人在重慶建立政治關係，月領數百萬元工作津貼沒有去發展山東省的基層黨務，卻希望獨霸省黨部的人事。政府鑒於美軍計畫在山東登陸，何思源乃向蔣介石吹噓他可以號召地下武力（遊擊隊）響應美軍，一如法國的地下武力一般。蔣介石信以為真，就把山東省的黨政軍領導權交付給何思源一人。而何思源是山東曹州人，因此大批重用曹州人進入政府和黨部工作。然而抗戰時期，曹州人政治立場曖昧，和日本、重慶都保持聯繫。

219 王子壯日記，1945年1月18、23-24日，4月14日。

後政治性選舉，集團力量遠比個人的能力才幹更為重要。[220] 相對而言，那些長期默默耕耘黨務工作的人員，因為拒絕投靠派系，或是不屑降低身分拉票拜票，除非他們受到總裁直接關懷，否則就會大量被排除在這個新的黨務當權派行列之外。正是因為六大新領導層當選的怪相百出，因此1945年的六大可以被視為是國民黨黨員品質的一個分水嶺，黨領導層體質產生重大改變。新一代黨領導幾乎全面遠離基層組織和廣大黨員，更和社會平民隔絕於兩個世界。他們不是「為民喉舌，為民前鋒」，而是為了在中央黨政軍層次可以分贓幾塊肥肉，而放下身段去盡情廝殺，廣大的地方基層黨務幹部即便是工作勤奮，也無緣進入領導層，至於更廣大的黨員群體，則只是在看一場他人的政治鬧劇和醜劇，與自己無關痛癢。正是由於當選的成功不在於選賢與能，而決定於拉幫結派。因此新一代國民黨當權派在勝利來臨時刻的所作所為，註定了他們在歷史上為自己黨在棺材上釘滿了釘子。

國民黨在第五次全國代表大會（1935年）召開後十年終於舉行第六次大會，這中間含有幾個意義。首先從大處著眼，鑒於抗戰情形大扭轉，勝利曙光在望，國民黨需要為勝利後的全國政治局面預作安排，選出一個新的國家級領導班子，復甦戰後百孔千瘡的社會和民生經濟。其次是，從國民黨本身的健康發展著想，在以往十年過程中，大量舊人員凋謝和新黨員進入，黨需要重組領導班子去反映這種發展。其三是從黨員們自身的政治前途事業著想，他們希望在黨內能夠晉升地位和發揮能量。當然最後還有一個可做而不可說的因素，就是從派系立場著想，他們希望本派系追隨者在抗戰勝利之後，能夠捷足先登地擴大自己派系和個人的最大利益。基於以上四大因素，六全大會變成是全黨關注的大事，和各個派系與個人黨員施展拳腳的大舞臺，成為意料中之事。但是由於國民黨在十年中應時順勢而產生的青年領袖們心中，個人和派系的願望遠遠凌駕於黨和國家願望之上，因此如果他們的願望不能實現，就會引起離心。

國民黨六全大會於1945年5月5日開幕，22日閉幕，共17天。1935年中

---

220 陳克文日記，1945年3月3、13、14日。

央執行委員只有120人，到了1945年增加到222人。中央監察委員也從50人增加到104人。再加上其他的職位（後補委員），由選舉產生的新幹部（中央執行和監察委員）共460人，對於一個龐大的執政黨而言 ，它已經是一個僧多粥少局面，競爭激烈在所難免。但是導致它局面失控還有兩個原因。一個是選舉過程缺乏公平性，造成糾紛不斷。另外一個是許多人旺盛的權位欲望多年來在軍政機關無法獲得滿足，黨部的職位雖然屬於次等資源，但也是值得一搏的獵物。[221]

一點也不奇怪地，大會競爭激烈淪為失控。由於受到陳立夫排擠，朱家驊、黃埔系、三青團、軍隊和政學系相結合成立反C.C.陣營，形成壁壘分明的局面。而C.C.系在感受威脅時，為了防堵大權旁落，其對策就是向蔣介石建議把黨內紛爭事項一律交由總裁個人裁決，其中包括代表人數，中央委員選舉或圈定辦法，主席團成員等等。[222]

大會召開前夕，各省代表從四方八面湧進重慶市，展開的拉票活動包括請客吃飯、送禮送錢，其惡行惡像到了肆無忌憚地步。陳立夫作為大會主席，在會前就放出風聲，希望代表們集中精力討論政策實務，而把選舉事務交由蔣介石總裁定奪。但是他的話沒有發生作用，競選者仍然大肆活動。在此期間，陳氏兄弟還特意拉攏第五次代表大會產生的舊中委，向他們許願保持他們在六大也全額當選，而交換條件則是他們支持組織部提名的候選人。陳氏兄弟固然對候選名單極力推薦，但是黨內傳聞張治中、陳誠、吳鐵城、陳慶雲等人也握有自己鍾意的候選名單。當陳氏兄弟察覺到無法獨攬全局時，就緊急發動二三百位各地代表簽名宣誓團結行動服從組織部指揮。但是黨內各派協商失敗，摩擦益形公開化。開會第一天蔣介石提出主席團名單時，立即引起打倒主席團呼聲，最後只能勉強通過，由於名單為C.C.系（組織部）所擬，也因此更增加反C.C.力量（黃埔系、三青團、朱家驊、桂系）

221 陳布雷從政日記，1945年5月21日；劉維開編，《中國國民黨職名錄》（台北；中國國民黨黨史委員會，1994），引自王奇生，《黨員，黨權與黨爭》，頁213。

222 王子壯日記，1945年5月31日，「上月反省錄」。

的不滿和團結。所以主席團名單（36人）和議事規則一旦發表後，原先隱晦的幕後鬥爭立即變為公開對仗。[223]

因此在開會的第二天（5月6日夜間），蔣介石就被迫親自出馬呼籲全黨團結合作，但是沒有成果。開會進行到討論議案時，代表們鋪天蓋地式地提出500餘件提案，儘管多數毫無價值，但是提案人借此達到嘩眾取寵和提高知名度的目的。雖然真正重頭戲是選舉，但是早經公布的選舉法卻無法取得各派系認同，以致一直到投票前半小時，才由總裁親自宣布甲乙兩種選舉方案，由代表任選其一。[224] 就是這個簡單的發展，立即充分證明蔣介石已經無法掌控全會大局，連選舉方法如此基本的程序問題都不能定調。

由於事出突然而來不及暗盤交易，以致在會場中有用金錢或其他利益輸送手段公然喊價，做政治買賣者，會場秩序大亂，氣氛和街市攤販沒有差別。其間，甚至有早經定案的候選人到現場，卻發現自己候選資格被取消，立即叫囂怒罵甚至撒野耍賴，迫使全場運作數度停頓。蔣介石本人只好又三番五次被邀請進場「指導」（安撫），才勉強穩住場面。由於選舉過程引起如此普遍不滿，所以毫不奇怪地，選舉結果揭曉造成下一波震盪。由選舉產生的新幹部460人，無論資歷學識和能力都不足以服眾，其中赫然有反黨人士，有黨齡短淺的無名小卒，甚至有曾在偽滿洲國任職者和貪污有案的官員。造成有些候補中央委員和落選者當場揚言退黨。[225] 何成濬對於國民黨六全代表大會的總結，寥寥數語卻字字中的，「年來黨內各派系，日夜圖謀擴張勢力，扶植私人，排斥異己，凡聰明才智之士，在黨雖著有勳勤，倘不能見容於各派系，無一不遭摒棄。」[226] 召開六大的初衷是團結各方，凝聚更大力量以迎接抗戰勝利來臨後更莊嚴的革命任務，但是其結果卻是更徹底

---

223 陳布雷從政日記，1945年5月5日。

224 陳布雷從政日記，1945年5月19日。甲方案是以候選人（包括總裁提薦者）800人，由代表圈定460人；乙方案是由總裁提出480人，代表們自行選擇，刪去20人，成為460人。

225 陳克文日記，1945年5月3-5、7-21、25日；王子壯日記，1945年4月30日，「上月反省錄」，5月5、6、20、22日。

226 何成濬將軍戰時日記，1945年5月21日。

地撕裂了原本就體質虛弱的黨。陳布雷的評價是，「此次選舉中各部分猜疑過甚，互信消失，糾紛怨望，無所不有，真堪浩歎。」過不了幾天，再度寫道，「繫念本黨前途，憂悵不可名狀。」大約一周之後，陳布雷回顧歷史，指出他在此前每次黨的全體會議都能夠做出許多貢獻，但是在此次全會時他完全不知道如何做出貢獻，甚至不敢發表意見。[227] 可見組織失控情形如何嚴重。

C.C.派在六大辛苦爭取到一些短暫優勢，但是同時激起一個龐大的反C.C.陣營，不但包括黨內派系，而且是一個黨政軍的大聯合體。[228] 三個月後勝利果然來臨，國民黨黨政軍各派系鬥爭熔爐裡鍛煉出來的新一代權貴們，終於可以拋棄大後方艱苦日子，回到淪陷區去大顯身手。

第四節　戰時國民政府黨政軍結構之縱觀

縱觀國民政府時期黨政軍關係，可以粗分為三個階段。第一個階段是1924-1926年，基本上遵照孫中山理論，以黨權去支配軍權和政權。第二個階段是1927-1931年，在政治現實中，逐漸走向黨權和軍權政權抗衡局面，難分軒輊。第三個階段是1931-1945年，蔣介石親自培植的軍權逐漸凌駕于政權黨權之上。1938年蔣介石成為國民黨總裁和汪精衛出逃之後，軍事委員會委員長行營和侍從室更是成為處理大後方黨軍政事務的最高單位，但是與其說從此之後蔣介石權力達到巔峰而成為獨裁者，不如說重要軍政大計都是談判妥協的結果。換一個角度看，孫中山理論中的訓政時期，原則上應該是遵循「黨-政-軍」順序建國，而蔣介石時代的實際情況卻變成是依「軍-政-黨」順序處理國家事務。（本書第一章曾經對這個轉變提供了一個背景性概

---

227 陳布雷從政日記，1945年5月20、27、28日。

228 王子壯日記，1945年6月1日。

述。）

除了蔣介石本人不斷感嘆的挫折感之外，或許最好證據就是侍從室，特別是陳布雷的角色。陳布雷從南京時代擔任蔣介石私人秘書時，其最初設想是嚴格限於替蔣介石個人處理文書工作，不計薪酬和名位，純粹是隱性幕僚。想不到在重慶時期，由於行政院的無能，促使侍從室數度擴張編制，而陳布雷作為其核心領導，除了仍然負責蔣介石交下的文書工作（包括私人信函、政府公告、蔣介石和宋美齡著作文稿等等）之外，最占據他時間而又令他感到難以應付的，就是蔣介石交付的頻繁繽紛的「人事」事務。換言之，侍從室等於是承擔了眾多本就應該由行政院處理的政務。可是由於後者無能或蓄意規避，最後把眾多政府事務依然送交蔣介石辦公廳處理。因此侍從室特別是陳布雷個人，每日接觸對象上自封疆大吏，下至地方小官，都可以不請自來，既來之又可以滔滔不絕地訴怨或大發議論，而陳布雷需要花費大量時間的，並不是代表委員長宣達聖旨，而是去傾聽、耐心解說勸導、協調矛盾、平息怒火，甚至委屈地請求對方為了顧全大局而予以同情諒解。難怪他每日會精疲力竭，若非頭痛欲裂，就是嚴重失眠。如此狀況肯定是嚴重缺乏組織能力所致，但是也顯示戰時以「總裁」或委員長名義作出的「決定」，多非英明果斷，而是忍氣吞聲和委曲求全，只有那些在侍從室層次實在無法婉轉折衷的糾紛才只好送請蔣介石定奪。如此情形的行政作業和「獨裁」實質相距十萬八千里。[229] 本書各章也提供大量資料顯示，在抗戰時期政令甚至難以達到四川省鄉下。在地方實力派占據的大環境下，重慶政府號稱「全國統一的中央政府」純屬假像，最好的證據就是戰時基本政策（徵兵徵糧）無法推行。

如果此時有一個問題並沒有受到新格局的決定性限制，那就是「和」與「戰」的選擇。在本書第二、三、四各章中顯示，輿論界、學術界和地方實力派領袖們，對這個問題不但在盧溝橋事變之前就各持立場，即使戰爭爆發

---

229 陳布雷從政日記，遍布1937-1945年，請特別參閱：1943年7月20日，「雜感補記」，9月23日；張瑞德，《無聲的要角》全書。

之後也持續分歧，最後導致抗戰陣營分裂和汪精衛出走。但是史料也顯示蔣介石個人的立場堅定不移，面對不斷的敵軍打擊、內部不穩、和外交逆勢，從未動搖，也從未和地方實力派領袖們進行溝通。

或許1939-1940年是整個抗戰的最低潮時節。重慶政府四面楚歌，中央軍已經打敗，與地方實力派的關係愈形惡化，英法兩國切斷了整個西方外援通道，英美參戰更是遙不可及。可是另外一方面，日本政府雖然表面上強硬，宣布不以重慶政府為談判對手，又極力促成汪精衛政府，但是實際上不遺餘力地透過各種日本人、中國人（張季鸞，錢新之），甚至汪精衛政府要人（王克敏、周佛海）頻頻向重慶釋放和平試探。[230]

蔣介石面對如此逆境而堅持相信，儘管在戰術上中國在節節敗退，但是在戰略上日本無法打敗中國。此種信念促使他在1940年中又重複嚴肅檢討和戰問題，並且在7月25日再度做出明確闡述如下：

「（四）對構（媾）和基本準備：

甲。重慶根據地 ，政府不遷回南京，仍駐重慶。

乙。控置全國兵力之充足。

丙。軍隊不即復員，作積極整訓。

丁。先訂定和平必要之條件：

子。敵宣言放棄不平等條約與特權。

丑。先交還漢口租界。

寅。先撤退平津至山海關駐兵。

卯。限期取消內河航行權。

辰。限期取消津滬租界。

己。尊重海關自主，取消海關洋員。

午。先交還熱河。

未。瓊州青島與撤兵同時交還。

申。如期撤兵，以三個月撤完。

---

230 見：蔣介石日記，1939-1940年。

酉。恢復經常外交。

戌。重訂互惠平等及互不侵犯條約。

亥。解決東北問題。」[231]

以當時重慶政府所處極端劣勢而言，蔣介石如此氣勢凌人地要求日本放棄一切戰勝果實，聽起來何啻癡人說夢。但是他卻自有一番道理。正如蔣介石所言，「此次抗戰目的惟在打破倭寇亡華之傳統政策，及其侮華之自大心理。至於根本取消不平等條約，求得完全獨立，則在戰後之自強自立，而於十年以內倭美，倭俄，或德俄戰爭之時期，我國乃能獲得真正獨立自主之機。然而建國獨立之基礎，則奠定於此次之抗戰耳。」[232] 豈知一年之後日本攻擊珍珠港，掀起世界大戰。自此之後中國向日本提出的和談條件愈趨苛刻，經過開羅會議，最終變成侵略者必須無條件投降。

如前所言，蔣介石在南京撤退過程中，就看出也嚴厲批評黨務無能。1937年底和1938年初，他多次抱怨，在整個全民抗日努力中，幾乎完全看不到黨的蹤影。1938年4月蔣介石成為國民黨總裁，就在當選的臨時全國代表大會上語重心長地說，「我們的黨差不多已成為一個空洞的軀殼而沒有實質了，黨的形式雖然存在，但黨的精神差不多是完全消失了。」[233] 而陳克文在看到此時國民黨的缺乏表現時，也擔心此次戰敗國民黨恐怕再也不能抬頭。[234]

國民黨1939年撤退到西南省份之後，儘管黨員人數顯著增加，但是黨無法滲透中國社會基層。無論是在農村、各行各業、或民間團體，國民黨都不

231 蔣介石日記，1940年7月25日雜錄。

232 蔣介石日記，1940年7月25日雜錄。他在同一文件中也對日本急於求和的動機做出分析：中日戰爭如果不結束，則日本將不受德國義大利重視；美國和蘇聯的擴軍將使日本沒有餘力去對付；日本國內經濟政治將無法改革；軍心和民心厭戰；人民生活缺乏和艱苦；國力被抗戰消耗。歸根結底而言，中國不是第一號敵人，蘇聯才是。因此中國雖敗而仍然處於上風。

233 蔣介石1938年3月29日演講，引自：王奇生，《黨員，黨權與黨爭》，頁323。

234 陳克文日記，1937年12月9日。

能紮根和展開活動，更不能發起群眾運動和激勵民心。重慶政府忽視黨務是因為高階層領導們不知道如何建立一個現代化的動員型態政黨，他們自己的出身背景完全缺乏跟基層社會打成一片的能耐。究其原由並不是國民黨缺乏主義和意識形態，因為它原本就有三民主義和愛國精神的理論。但是它真正缺乏者是組織方法、技巧、手段、和能力。國民黨本質仍然是一個過渡性政黨，既不具有蘇聯共產黨和德國納粹黨那麼組織嚴密和紀律嚴明，又不如英美政黨那般民主開放。它披著西方現代政黨的外衣和形式，看似煞有介事，但是骨子裡具有高度傳統性，是一個改良型的士大夫黨。半中半洋，亦古亦新。它所到之處，儘量避免挑戰現存的權力架構，不會派遣黨的尖兵去打破原有的勢力，不能設立新的政治社會機構和鞏固自己的陣地。而是寧可招納現有勢力分子接受國民黨旗號。只要地方實力派在表面上歸順中央政府，國民黨從不趕盡殺絕。因此即便是地方惡勢力也被容忍或妥協。最好的例子是在抗戰時期重慶政府避免挑戰四川哥老會，也不願意觸犯地方宗教團體。黨只求相安無事，以溫和手腕求進步，而不是以翻天覆地方式去改造社會。在這個意義下，國民黨是一棵經不起風霜的溫室花朵，可以安于南京時代都市循序漸進發展的環境，卻無法在大後方去面對日軍和地方實力派兩者惡風邪雨式的打擊。黨只有軀殼而無肌腱，更缺少一股潑辣的鬥志。

這一切發展既不是蔣介石戰前所能預見，也不是他戰時所能掌控，而是他無能為力。他在戎馬倥傯面對內政外交軍事而忙碌不堪之際，黨務只能因循惰性地交由陳氏兄弟去打理，而因此衍生出來的問題也就不是他能夠處理的。作為國民黨總裁，他的權力看似如日中天，但是他內心的無助感和無奈感，只有在日記中才能夠放心地宣洩。比如說，他成為國民黨總裁還不到半年（1938），就在日記中感嘆，如果孫中山、廖仲愷、陳英士、朱執信等人還在世，則黨務必定可以加強許多，因為他承認自己對黨務從來都感到力不從心。他還特別指出，如果朱執信能夠尚在人世而負責黨務，則「本黨或不致如今日之弱也」。[235] 在1940年孫中山逝世15周年時又觸景生情地寫道，

---

235 蔣介石日記，1938年9月21日。

「如現時總理尚在，則革命或已成功。至少黨務不致如過去之糾紛，而余亦可專心於軍事，**而不致如今之痛苦。**」[236] 到了1940年底，他回顧自1928年以來12年的政治生涯時，就寫得更露骨，**「我一生之苦厄全在於黨務也。」**[237] 特別讓人矚目驚心的一段話出現在1945年8月7日日記中。當天美國第一顆原子彈轟炸日本的信息已經抵達重慶。當這個天外飛來的「橫福」讓中國全社會陷入瘋狂，江南地區逃難後方受苦八年之久的人們，更是興奮地只想到「青春結伴好還鄉」的美麗遠景之際，蔣介石卻寫出極端沉痛的文字，「八月七日星期二 氣候晴 雪恥。（民國）二十二年三、**四月之間日記，猶注重於堅（整）理基本組織、選定基本幹部為急（務），及基本部隊、基本地區、基本組織與核心幹部為革命之基石，而今時逾十二（年），猶依然顧(故)我，空虛如故，安得其不敗亡耶。**」[238]

以上所引如此鬱悶無助的心情和語調，在國家勝利的巔峰時刻掃興地說出「敗亡」的可能性，形容困擾他一生揮之不去的魔障，實在是一種「哀鳴」。這些跡象迫使我們不得不去重新分析蔣介石與國民黨的關係。一般學術論述和坊間評論，經常習慣性地把蔣介石和國民黨劃上等號，認為黨必然受他的操控，派系是他手中玩弄權術的砝碼。但是依照本章列舉的史料，則蔣介石既無法以主義和道德感召黨員，又無法以暴力使他們畏懼屈服。純就黨務工作而言，或許還有一個歷史註腳值得讀者們注意，蔣介石在1938年底有機會讀到中共出版的《黨的建設》一書，深為讚許，乃至反復閱讀。[239] 在他和左近親信幕僚談話中，也曾經多次讚許中共治黨自有其獨到的優點。因此，歷史材料所顯示的是，蔣介石既稱不上是「獨裁者」，更和「法西斯領袖」或是「梟雄」等強豪形象對不上號。把他「抬舉」或「誇大」到那個地步，並不能幫助我們對當時中國政局的了解。

---

236 蔣介石日記，1940年3月12日。

237 蔣介石日記，1940年11月26日。

238 蔣介石日記，1945年8月7日。

239 蔣介石日記，1938年11月18、19日。

本章前文對戰時派系鬥爭的分析表明，在黨內一些戰前派系的衰退和消失，為C. C.系和復興社之間的鬥爭提供了新舞臺。回顧在南京時代，蔣介石曾經一度肯定陳立夫有組織才能，把黨務託付給他。第五次代表大會之後，朱家驊取代陳立夫接任組織部長，遏制陳立夫過度膨脹。也造成陳立夫在抗戰初期不斷抨擊朱家驊的黨務領導。[240] 因此抗戰前期的黨務就陷於陳朱兩個團體在高階層戰場的鬥爭之中，黨務在地方和基層工作遭受忽視而無法展開，則自在意料之中。

黨中央領袖們不僅沒有設法和平共存，反而是把彼此視為死敵。考其緣由，是因為他們認識到，由於國民黨在社會基層脫離群眾，活動空間日益萎縮，所以更必須在社會和政府僅剩下的上層建築裡，去發掘維持生計的資源。各派系既然無法拓展外部資源，就只能把內部資源當成是傾盡全力去爭奪的對象。如此說來，國民黨高層派系鬥爭的劇烈化，和基層組織的癱瘓化，其實是同一事物的兩種表現。黨領袖們不去探索如何在思想上和組織上積極動員群眾的革命方法，反而把全部能量耗費在如何在黨內高層獲取重要職位。各派領袖可能還認識到，儘管大後方地方實力派有能耐在戰爭進行期間內，壓制國民黨無法在他們的勢力範圍內紮根深植，但是如果戰爭結束而富裕的東南沿海省份重歸祖國懷抱時，則這些西南大後方省份的土霸王們，就無法成為競爭對手。戰爭的結束將可能帶來一場嶄新的角力，返回東南沿海收復失地和接收資源，將成為一股不可阻擋的浪潮，但是角逐者必須設法在浪潮來臨之前就占據有利位置，機會到來時才能夠成為收穫最大的弄潮兒。如果從這個角度分析，那麼戰時國民黨各派系把爭鬥看得比平安度過困難的戰爭年代更為必要，就的確自有其道理，那就是：他們實際上不只是爭奪戰爭年代的蠅頭小利，而是在為戰後的大攤牌作暖身運動。

國民黨各派系在奪取資源過程中，不但力圖減少其競爭對手的份額，而且還同心協力地抵制國內其他政黨在國家事務上發揮任何積極作用。1942年，重慶政府迫於社會壓力而改組第三次國民參政會，希望借此聯合國內所

240 王子壯日記，1945年5月31日「上月反省錄」。

有政治團體共同抵抗外侮。儘管參政會只是一個顧問性機構而不具立法權力，國民黨各派系依然費盡努力，爭取囊刮普通成員和重要委員會席位的票數。到了1943年，很多小政黨對於國民黨這種貪多務得的反感，使得它們的領袖拒絕出席參政會。[241]

隨著1944-1945年中國軍事和經濟危機惡化，派系鬥爭變得更加引起社會反感。國民黨不但腐敗和頹廢程度更加明顯，而且越發依靠恫嚇和武力來壓制民眾。這種政策導致反對勢力做出決定，如果他們想要推翻現有的黨政組織，就不得不與各省地方實力派密謀合作。就這個意義而言，民主同盟在1944-1945年急劇升級的反政府活動，其實可以看成是它無法忍受國民黨派系壟斷政治的死裡求生之舉。而這些發展也讓地方實力派除了原有的鬥爭方法之外，進入一個新的鬥爭場地和獲得新的鬥爭夥伴。

面對這個局面，王子壯曾經在六大之後憂慮國民黨前途而做出一個評估和預言。他寫道，「歐戰結束，東亞前途自離勝利不遠。但遍察內在危機，滋蔓日甚。**日寇縱能擊潰，而勝利是否屬我，確為問題**。此次代表大會，開會以後，極見人心之渙散，領袖之尊嚴為之減低不少，黨內之分歧必形成力之分散。國民大會後，黨將成分裂症之局，更如何能克制共黨，挾全黨之力難以制勝者。況復自己之分化，此為黨內最危險之現狀。不知總裁將何挽救此危險局面也。」他甚至擔憂，**「以目前形勢測之，日本失敗，中國亦將失敗。」**[242] 這番說法和蔣介石不謀而合。

其實國民黨全國大會內的鬥爭，是整個抗戰時期國民政府的縮影，因為它向全國黨政軍三方梟雄提供了一個廝殺場，供他們各顯神通、擴張勢力。

---

241 The Ambassador in China, Gauss, to the Secretary of State, no. 888, July 29, 1942, 893.00/14862: Telegram, *Foreign Relations of the United States, Diplomatic Papers: 1942, China*, p. 211: Lawrence Nae-Lih Shyu,*The People's Political Council and China's Wartime Problems, 1937-1945* (Columber University, Ph.D. Dissertation, 1972); The Ambassador in China, Gauss, to the Secretary of State, no. 1747, October 8, 1943, 893.00/15182, *Foreign Relations of the United States, Diplomatic Papers*: *1943, China*, pp. 367-370.

242 王子壯日記，1945年6月8、15日。

他們遭遇的共同之處是在抗戰八年的苦難中，他們的：1. 個人事業軌跡遭受停滯，由大局面變成小局面；2. 除了個別國難財受益者之外，絕大部分軍公教人員生活品質大幅度降低，對子女教育和成長感到愧疚，甚至連家庭基本溫飽都無法保證；3. 在大後方是客居心理，受本地人歧視排擠，心如浮萍，急於逃離當地樊籠。

最後，國民政府黨政軍各個領域內存在的許多團體和派系面對1944-1945年資源急劇萎縮的焦慮心理，也可以幫助我們去解釋，為什麼這些團體和派系在返回淪陷區時，會對備受苦難的同袍進行如此心狠手辣的掠奪？戰爭結束後，整個光復區成了無法無天世界。上述的這幾個因素使得日本戰敗後重慶政府返回舊地的「接收」瞬間變成是「劫收」。能吃就吃，能拿就拿，甚至能搶就搶，乃至亡命為之。在那裡，黨政軍各單位先頭遣派或是搶先趕到的成員完全無視國家法律，政治道德或個人尊嚴，任意強取豪奪。其對象不僅是日本侵華產業，而且包括中國人的民宅、工廠、銀行、倉庫、學校、船隻、車輛、出版社、報社，以及其他數不盡而有價值的資產。紀律徹底廢弛，爭奪衝突經常以槍桿子解決。只有到了這個時節，人們才看清楚國民政府在戰時遭受生機衰敗的全面影響，像長期處於極端飢餓狀態的病患一樣，一旦看到食物時其典型反應就是會不顧一切地吞噬，霸據和囤儲。同樣地，勝利復原的一大群黨政軍官員一旦看到淪陷區的「食物」陳列眼前，就會完全無視自己健康和國家利益，試圖吞噬所能接觸到的一切，甚至噎死也在所不惜。他們自認為是征服者，而不是解放者，他們的行為在很多方面甚至比日本占領人為更兇殘。

這個危機在勝利一個月內即已暴露無遺，以致蔣介石委任的接收大員邵毓麟提出警告，「雖已恢復了國土，但我們將喪失了民心」。而大公報也提出社評稱抗戰勝利後「二十幾天時間，幾乎把京滬一帶的人心丟光了」。[243]

---

243 邵毓麟，《勝利前後》（台北：傳記文學出版社，1967），頁88，又見，《大公報》社評，〈收復失土不要失去人心〉，1945年9月14、27日，均引自：張瑞德，《無聲的要角》，頁168-172。

毫無疑問地，戰時國民政府生存的艱苦局勢已經嚴重地腐蝕了它的體質，而其導致的惡果是，黨政軍各個團體和派系在舒展它們長期受壓抑的絕望心情的過程中，也終結了國民政府的命運。這就是1945-1947年在原來日本占領區發生的悲劇。

回顧抗戰八年，國民政府黨政軍三個組成部分所扮演的角色，軍和政都有具體的敵人和任務目標。它們的敵人是日本侵略者，它們的任務分別是在前線抵抗日軍和在大後方調動一切資源支持作戰。兩者的成果都不理想，但是它們至少具有明確的努力方向。惟有黨是三個組成部分中最虛弱的一環，也是最先在戰爭中瓦解的部門。它既沒有擬定明確的目標，又沒有激發自身的力量。正好相反，它躲在後方安全地帶，卻無法在新進入的內地西南省份中建立新的基礎組織，只能吸引眾多才能單薄，遊手好閒和利慾薰心的人們入黨。它遠離敵人炮火，卻率先腐蝕自己的肌體，最後加速了政權的埋葬。

哪群人最貪婪無度？

這本身就是一個高度重要的政治現實和政治心理學的研究課題。本書在此只能夠做一個初步臆度。在作者由閱覽史料所得到的籠統印象是，最惡劣的貪腐，可能是出自原來南京時代的黨政軍人員。因為他們一方面緬懷當年官場得意的風光，一方面回到老根據地，對於當地的資產分布瞭若指掌，能夠駕輕就熟地據為己有，成為奪取「勝利財」和「接收財」（劫收財）的最大獲益者。大後方西南省份的地方實力派領袖們可能反應較遲鈍，內心尚在慶幸「下江人」終於離去，讓自己可以重回老巢當家做主。即使他們部分人進入光復區，也可能因人地生疏而只搜刮到殘羹剩飯。其中雲南省龍雲則把一門心思放在鄰近越南，而根本無暇參與敵偽產爭奪戰。至於學術界除了接收原屬的校產之外，基本上沒有能耐去分一杯羹。而學生們當然是目睹整個民族沉淪最義憤填膺的一群。最後是淪陷區的廣大人民在苦撐八年翹首仰望王師回朝之際，卻換來了被沒收家產掃地出門的屈辱。這大概是八年抗戰之後最大的醜劇和慘劇。

第十章

對抗戰史的一些反思

本書此前九章試圖在史料基礎上，對抗戰時期國民政府旗幟下的黨政軍狀況提供一個粗線條掃描圖。作為作者的研究報告，它務求言必有據，據必可信，供讀者檢查敘述的精準性，分析的持平性，和結論的公允合理性。

這個研究過程對於作者本人，也無可避免地產生了高度教育性和啟發性。因此在本書結束前，作者希望把自己的感受和學習心得濃縮成為幾個重點向讀者報告。本章是總結了作者個人在三個方面習史的體念，它們分別是：國力的鞏固，國民素質的提升，和國家生存的挑戰。

第一部分
國力的鞏固——殘酷的科技硬體競爭

本書在第一章就曾經指出，盧溝橋事變發生時，南京政府的建軍計劃尚未完成。即便是一切進度依照蔣介石和德國顧問的主觀意願，仍需2-5年始能完成體制建設雛形，至於擴大編制充實裝備和訓練官兵，則更是一個漫長而艱巨的工程。然而形勢終究比人強，1937年7-8月間中日兩國走上全面作戰道路，不予國民政府緩衝空間。

當時雙方國力對比可以從下列一些數據看出端倪。

表13 戰前中日兩國國力比較表

項目	中國	日本	比例
國土面積（平方公里）	11,418,174	369,661	1:0.33
入口總數（人）*	467,100,000	90,900,900	1:0.20
工業總產值（億美元）	13.6	60	1:4.4
鋼鐵年產量（萬噸）	4	580	1:145
煤年產量（萬噸）	2,800	5,070	1:1.8
石油年產量（萬噸）	1.3	169	1:129
飛機年產量（架）	0	1,580	0:1,580
大口徑火炮年產量（門）	0	744	0:744
戰車年產量（輛）	0	330	0:330
汽車年產量（輛）	0	9,500	0:9,500
造機動船能力（年/萬噸）	>1（？）	47.32	0:47.3
造軍艦能力（年/萬噸）	0	5.24	0:5.24

* 中國在八年抗戰中動員1,220萬人，是總人口的2.6%。日本動員2,780萬人，是總人口的30.8%。本表資料來自：呂芳上主編，《中國抗日戰爭史新編：軍事作戰》，頁163-164，167、168表3。

劉庭華編，《中國抗日戰爭與第二次世界大戰繫年要錄。統計薈萃》（北京：海軍出版社，1988），頁475-476。

以上數據透露三個信息。第一，土地人口是最為固定不變因素。中國土地超過日本三倍，人口超過日本五倍，理應占盡優勢。第二，國家擁有的資源儲存量和開發量（如鋼鐵、石油和煤炭）不但可以由本國生產，還可以經由外交關係，國際貿易和土地侵占手段而改變。日本此類優勢一般超過中國百餘倍。第三，戰爭器材工具是交戰國最終能量的表現。交戰國或許可以借進口武器而略有小補，但是基本上需要靠本國軍工產業的生產能力，和動員潛能才能應付戰爭的高消耗額。在這方面則日本要超過中國萬千倍。

更進一步觀察，軍事力量也是一個重要指標。以1937年中日兩國軍隊相比，數據粗估如下：

表14　中日軍力比較

軍力	中國	日本	中日比例
現役常備兵（萬人）	170（182師）	38	5.7:1
有效戰力	80萬人	38	2:1（？）
後備兵（萬人）	50*	440**	1:8.8
空軍飛機（架）	600***	2,700	1:8
海軍艦艇（萬噸）	6	190	1:32
海軍艦艇（艘）	66****	200+	1:3

* 中國兵役制度1936年才在南京政府地區局部開始，但是徵兵和募兵混合使用。抗戰開始後才試圖推行全國，因此所以不管是兵役制度或者是人力動員，都不足以應付抗戰需要。

**日本實行徵兵制度已經數十年。後備軍人多，訓練有素，裝備齊全，徵兵制度17-40歲都有服兵役義務。可以動員的人數是2,780萬人。

*** 其中戰鬥飛機僅305架。

**** 中國艦艇全部只有內河航行能力，日本艦艇是深海遠洋運作。

（呂芳上主編，《中國抗日戰爭史新編：軍事作戰》，頁163-164。）

如果更具體地比較軍事單位的戰鬥裝備，則可以參考下表數據：

表15　日軍陸軍師團和中國師的比較

	中國（師）	日本（師團）	中日比例
人數	10,923	21,945	1:2
馬匹	0	5,849	1:5,849
步馬槍	3,831	9,476	1:2.6
擲彈筒	243	576	1:2.4
輕機槍	274	541	1:2
重機槍	54	104	1:2
野山榴彈砲	16	64	1:4
戰車	0	24	1:24
機動車	0	528	1:528
馬車	0	555	1:555

但是上表中國師裝備是以當時最好的德國訓練裝備的調整師（不足10個）的制式裝備計算，全部依賴進口，其餘國民政府中央軍和大量地方性部隊的裝備，就遠低於上列數據。即便是在淞滬戰役時期，大部分中央軍每個師其實不過8千人，而且具有如此人員配備的部隊，最多不過35個調整師和24個整理師，其他許多部隊遠不足此數，甚至只有二三千人。等到抗戰中期和後期戰力疲敝，外援枯竭時，重慶政府不斷修正中日雙方戰鬥力計算方式，認為中國必須以5個師甚至10個師才能對抗一個日本師團。這種計算方式依照上表武器裝備而言，其實並不為過，但是卻成為駐華美軍將領們在不求甚解情況下，不斷訕笑和羞辱中國軍人自甘墮落和懦怯無能的把柄。

民間社會的科技能量必然也是一個與軍事相關的指標。日本在1937年已經有金屬工業工廠6,600餘所，機械工業工廠9,000餘個，化學工業工廠4,300餘所，軍用器材製造廠34所。所有飛機、船艦、裝甲車、火炮、槍枝、運輸工具、通信器材都由本國生產。而且由於民用工業發達，很容易轉換成為軍用工業。所以日本只要本土不受外力攻擊破壞，其軍工產品供應可保證源源不絕。[1]

反觀中國現代科技尚處萌芽階段，從十九世紀華洋接觸頻繁以來，就不曾有一個政府提出過全國性科技發展布局計劃，最多是少數有遠見的地方官員和民間實業家做出局部性努力，以致中國科技發展缺乏國防部署意識，零落散處平津和京滬等地區，在地方政權掌控下各自為政，既無法互相呼應也不能集中使用，更無法急速轉換成為軍工生產者。因此在盧溝橋事變時，中國依然是一個典型的傳統落伍農業國，冀圖和一個超前現代化工業科技大國的對抗局面。這個對抗的悲劇結果，在開戰之初就被陳寅恪看得極為明白，「勝敗繫於科學技術與器械軍力，而民心士氣所補實微。況中國之人心士氣亦虛驕怯懦而極不可恃耶？」[2]

讀者在重審以上兩國數字懸殊之餘，也可能產生一個強烈感觸，那就是

1　呂芳上主編，《中國抗日戰爭史新編：軍事作戰》，頁163-168。

2　吳宓日記（北京：三聯書店，1998），1937年7月14日。

日本少壯派軍人意氣飛揚的侵略野心並非夜郎自大，而的確是有憑有據。即便是侵略者最初的野心可能並不張狂，但是受害者的無能，只能讓侵略者食髓知味而擴大野心，終致不可收拾。1937年的華北戰場和華南的南京保衛戰正是產生了助長敵人氣焰的作用。

而從中國為出發點，要進入如此實力懸殊的拼搏，也只能以「血肉長城」去對抗日本的「堅船利炮」。而中國的決心最後果然讓日本付出慘痛代價。粗略估算，中日第一戰爭（1894-1895年甲午戰爭）日軍的死亡數字不足14,000人。而第二次中日戰爭（1937-1945年），日軍在中國關內的死亡數字大約40-50萬人。是甲午戰爭的30餘倍，也是它整個「大東亞戰爭」傷亡的70%以上。所以就日本而言，是一場成本高昂的國際冒險行為。

同樣重要的是，中國必須吸取教訓，若有再次被侵略時，切不可陷於同樣不利境地。事實上，如果中國和侵略者之間，國力能夠維持均衡或占據優勢，則或許可以打消他國侵略意圖。即使無法阻嚇侵略，也可能以較小代價達成衛國使命。因此如何維持與時代並進的科技成果，是保衛國家必不可少的硬體，也是今後中國在國際社會安身立命必須牢記的教訓。衛國的能力必須反求諸已，而不是指望他國高抬貴手和心慈手軟。國民政府統治下的中國曾經為此付出慘痛代價，歷史錯誤不可重蹈。

第二部分
國民素質的提升——立國的軟體

然而僅靠堅船利炮並不足以護國，因為一個現代國想立足于激烈競爭的世界，尚需提升全體國民的品質，國家事務需要高瞻遠矚的領導層掌舵，廣大群眾奉行政策，社會結構呈現組織和紀律，才能群策群力地立國和護國。在中國近代史上一個慘痛的前車之鑒，就是甲午戰爭時的北洋艦隊。就硬體而言它擁有當時亞洲乃至全世界先進的武備，但是缺乏訓練有素的海軍戰鬥員，再加上顢頇貪腐的清朝百官，一盤散沙的全國百姓，終於在幾個小時的黃海戰役中就遭遇滅頂厄運。護國硬體必須和立國軟體相互配套才能湊效，缺一不可。道理無需贅語。

我們或許可以對抗戰時期國民素質從三方面加以討論。它們分別是：領導層、群眾層、和知識分子層。

第一節　領導層

國民政府旗幟下抗日陣營裡，領導層的全面性眾多缺失，本書前文已經充分呈現，但是我們仍然可以做進一步處理。正如前文對於抗日地域的粗分法，我們也可以把國民政府統治區的領導層粗分為主戰派和不主戰派。一方面，即便是在占地面積廣大的淪陷區內，仍然有相當數目的敵後抗日團體和秘密工作人員，堅持對日本占領政權進行壯烈鬥爭。他們的英勇事跡必須得到歷史尊敬。另外一方面，在國民政府統治區內，也有相當一部分政權軍權擁有者並不主戰，但是不敢也不願意公然投靠日本，而承擔漢奸叛國罪名，因此只想以被動姿態避開戰鬥鋒芒，信奉「自保」為最高原則，任由局勢演變卻避免自己遭受沒頂之災。即便是在主戰派之中，也還可以更細緻地分為口頭主戰派和行動主戰派。前者的言行不一致在本書第三、四兩章已經詳加介紹。而行動主戰派甚至還可以更細分為低效能主戰派，和高效能主戰派。如此的區分法看似瑣碎，但是比較能夠幫助讀者了解抗日大局，和對那些抗日貢獻最大的人們做出最大的歷史肯定。

如果以全球性比較眼光觀之，則雖然本書曾以大量篇幅解析抗戰期間國民政府黨政軍各方面的重重缺失，但比之西方列強在亞洲耕耘數百十年的殖民政體一夕之間摧枯拉朽地瓦解，而老牌歐洲強霸如法國在開戰不到一年就屈膝乞降，則中國抗戰仍然是一場壯烈的，為民族死裡求生的奮鬥。而創造這個成果的一項重要因素，是一群守身正派力疾從公的領導層，和排除萬難捨身救國的將士們所締造而成的。

早在1937年底，當陳克文在看到軍隊慘敗，政府官員意態消沉，因循苟且風氣初露頭角之際，就曾經預言，「大概今後要靠少數不折不撓的中堅分子，將組織嚴密起來，才能夠於百敗之餘，求得最後之勝利。」[3] 國民政府之所以能夠持續抗戰八年，的確是那群「少數不折不撓的中堅分子」的功勞。即便是在前述各章負面敘述的大環境下，他們在抗戰史上屬於高效能行動主戰派，在各自崗位上成為能夠堅持到最後勝利的重大關鍵。

蔣介石無疑是行動主戰派的代表人物。任何對於國民政府抗戰的敘述，都不可能淡化處理蔣介石民族主義和個性堅強的因素。本書在第一章探討抗日戰爭軌跡時，已經對蔣介石自從濟南慘案後，日益高漲的抗日情緒進行追蹤。即使在全面抗日開始之後，這個民族主義情緒只是不斷地受到突發性事故刺激而更趨堅強。在此只需信手拈來幾個例子予以補充。

比如說蔣介石在聽到南京曾經發生屠殺事件時，雖然無法掌握細節就已經大受震動，在日記中寫道，「見我男女同袍受敵寇慘殺凶淫之照片，而不動羞恥之心，無雪恥復仇之志者，**非人也**。」「敵寇殘暴兇橫古今無例，若不消滅，何以維持人道？」「見寇軍殘殺我平民同袍之照片，**痛憤乃至瞑眩**。」[4] 即使情緒穩定後依然事繫夢魂，寫道，「每念人民受戰禍之烈與婦孺受敵軍蹂躪之酷，不禁腸斷心裂。戰時完結時，應對婦孺與災民定一特別永久法律以愛護之，而對於刻刮人民之貪污尤應嚴密防制也。」「每見民眾之菜色與婦孺之苦痛不堪言狀，所謂動心忍心（性）之實情，非此不得而知也。吾妻昨以收容一個難童，似為其一日工作最大之收穫。可知難童孤獨無依之如何痛苦也。**惟有於戰後報答而已**。」[5]

日本從國民政府剛剛遷都重慶開始大轟炸，試圖徹底摧毀大後方人心。當時這個策略已經成功地軟化了相當一部分將領官員（汪精衛），然而蔣介

3　陳克文日記，1937年12月21日。

4　蔣介石日記，1938年5月12、13日，7月19日。

5　蔣介石日記，1938年9月1、3日。

石和主戰派核心分子的「冥頑不靈」，成為日本計謀無法實現的最大阻力。1939年春天，剛在重慶立足的政府，已經預見武漢時期初露頭角的日機濫炸必會延伸到大後方，因此開始預作準備。此時蔣介石在日記中寫道，「昨夜防空夜間演習，目睹男女老幼恐怖與憂愁之色，心更不忍。惟願上帝護佑中華，使倭寇早日悔禍撤兵，使我軍能從速轉敗為勝，使我同袍解除此無窮之苦痛，**此後如吾黨政人員，若不再努力奮勉為民造福，其必禽獸之不如矣。**」[6]

果不其然，日本飛機到了1939夏天氣候晴朗時，開始加大規模和不分晝夜地密集轟炸，從此開始了一場重慶政府的建設，和日本空軍的破壞之間的競賽。儘管重慶政府動員一切人力和物資去建造防空洞，工程進度仍然遠遠落後於日軍飛機的肆虐。重慶人口在1939年初已猛增至60萬人，而原有的防空洞只能容納6萬人。一般平民百姓尚可以勸導其疏散下鄉，但是政府機關必須持續辦公，公文檔案必須每天查閱，兩者都無法動遷。而政府辦公樓不斷被炸，官員傷亡逐日升高，只好移往地洞或夜間辦公，成為常態。[7] 但是轟炸破壞的速度及範圍，仍然遠遠超過政府領導層的復建能力。在這方面，蔣介石日記也留下了許多有價值的見證。

比如說他從黃山官邸山坡俯瞰重慶市，繁華街市瞬間成為一片火海，成百上千的平民百姓立即家破人亡。而他本人也數度成為日機轟炸和企圖刺殺的特定目標，浙江家鄉又被日軍蓄意搗毀，親人墳墓被挖掘開棺，遺尸被曝置荒郊野外。這些不斷的家仇國恨只是更堅定他的抗日意志[8]

對於日機轟炸重慶，蔣介石多次寫道，「轟炸延燒，實為有生以來第一次所見之慘事，目不忍睹。」「民眾遭此苦痛，仍無一句怨恨抗戰之言，思

---

6 蔣介石日記，1939年3月29日。

7 陳克文日記，1939年1月14-16日；1940年2月26日。

8 1939年12月16日蔣介石接到蔣經國來信，家鄉在12日被日機炸毀。蔣介石原配毛夫人為了逃避空襲躲在墻下被壓死。蔣介石日記，1939年12月16日。陳布雷從政日記，1939年12月14日。

之更難自安。對此無知純潔之同袍，其行動雖多難約束，然而其精神之可愛，使余銘感無涯。遭此慘殘不能忍受之艱難，惟見此更增余樂觀與勇氣矣。」「民眾鵠立防空洞前，浹汗喘息，毫無怨色。而沿街毀焚之慘狀，思之心傷。未知如何得救吾民也。」[9]「被敵轟炸之中，每一人民，無論男女老幼，上下貧富，不惟生活無定，即生命亦不知其所止，已刻不知午刻之生命何在，今日不知明日生活如何，每一防空洞塌倒，死者少則數十，多則數百。以如此之苦痛險惡之環境，而同袍並無怨言懼心，使余不知如何報答而無虧於心矣。但有感激心銘而已。」[10]

自從盧溝橋事變以來，蔣介石和行動主戰派領袖們每日接報前方將士成百上千地被敵人殺戮，與後方民眾在眼前血肉橫飛的慘劇，其精神壓力遠遠超過當時任何其他交戰國領導層。（羅斯福的美京華盛頓從未經歷戰火，丘吉爾在倫敦大轟炸短暫期間有堅固地下指揮所，斯大林個人沒有遭遇德國密集性毀滅企圖，法國領袖更是未見戰火就稍戰即降。）更何況在他們周遭環境裡還有何應欽與孔祥熙嚮往和平、學者專家倡言和平、汪精衛奔走籌備和平。即使曾經一度慷慨激昂誓言抗戰到底者如元老派居正、程潛，到了目睹血流成河景像時，也改口主張和平。如果將來有學者為抗戰時期這群行動主戰派的領導層做一個群體心理學調查時，或許可以找出他們究竟具有何種特質，可以讓他們面對惡劣環境時默默地盡忠職守，成為抗戰持續的磐石。

行動主戰派成員在抗戰中所承受的個人代價，在一般學術著作中很少受到重點處理，最多一筆帶過。但是筆者在研讀大量史料過程中，卻對於這群人的生活得到一個大體性剪影。首先是他們守身如玉生活清苦。相當數目的領導層在生活上只有吃飯睡覺和上辦公廳，幾乎完全喪失個人生活。即使部長級官員也不爭取公家配車代步，只與市民同擠公共汽車上下班，或是走

9　蔣介石日記，1939年5月4、5、26日。

10　蔣介石日記，1940年7月3日。當然其中最淒慘的一次事故是1941年6月5日防空洞的倒塌，造成窒息傷亡人數高達一千人。蔣介石日記，1941年6月6日，昨晚校場口防空洞窒息死1,500人，事後複查約為1,000人。

路。在辦理私事時更不用公車，如果中途適逢下雨或是公共汽車停駛時，寧願在泥濘中走路一兩小時全身濕透才能到家。一大批領導人在重慶嚴冬冰凍季節買不起木炭燒火盆取暖，只好在家中哆嗦，或是在艷陽天日子舉家到戶外曬太陽取暖，視為一大樂事。天氣轉涼時，無力購置市面上最賤價的陰丹士林布料添置冬衣棉被，只能把南京逃難帶出的舊衣被加裝套面，重彈內膽棉花，如此年復一年挨過冬天。逃離南京時所帶的衣服可以從父母轉讓給子女，從大哥大姐修剪到適合小弟小妹。衣服破了打補丁，到了補無可補時再撕裂縫成鞋底。同樣地，溽暑天氣重慶室外溫度經常超過華氏120度，室內溫度也超過100度。以致白日全身衣服汗濕夜間無法睡眠。高階領導人因為通貨膨脹買不起冰鎮飲料，只能奢望以一片西瓜大快朵頤。早飯無法在家中食用正規餐點，而經常性在上班途中向市場攤販胡亂買一套燒餅豆漿油條果腹，下班時如果經過市場買到兩個番茄回家就算是「打牙祭」。既無錢外出吃館子，也無力招待親朋好友到家中共餐，社交生活長年完全停擺。更有甚者是部長級官員無錢進理髮店，只能在家中請妻子權充剃頭匠。行政院特任級高官家中每三个月只分配到麵粉一袋，每個月只分配到油菜72兩，都不夠吃。甚至有官員在無錢買菜時，只能全家以鹽粑拌飯充飢。這就是行動主戰派好公務員（包括高官）的生活點滴。[11]

此種生活形態的描述也適用於蔣介石本人。蔣介石生活儉朴和嚴肅向來屢見於官方文獻，但是難以取信社會大眾，因為歌頌領袖美德的意味過於濃厚。反而是高官間的私人記載完全沒有宣傳意圖，可信度更高。比如說軍令部長徐永昌因為公事經常到蔣介石住宅開會，偶爾必須會留下用餐，但是視之為畏途，也留下幾則饒有趣味的描述。比如說他記載一次在蔣介石處開會

11　以上事例見於：陳克文日記，1937年10月14日；1938年10月2日；1939年7月13日；1940年4月16日，11月7日；1943年1月3日，5月26日，7月25、30日，8月29日，10月10日，11月9日；1944年5月21日，12月3日；徐永昌日記，1938年12月18日；1939年4月22日，8月7日；1940年10月29日，12月28日；1941年4月7日；1942年4月13日，5月14日，8月6日，9月9日，12月1日；1944年4月5-6、27、29日；1945年2月18日，5月9日，6月16日。其他有關生活點滴，請參閱國民政府眾多官員日記。

吃午飯，12個人6道菜甚感不足，「無外賓時，每飯大約如此」。另外一次記載，「晚飯九人四菜，尤見不夠。蔣先生儉德可佩。」又有一次「晚間蔣先生約便飯，主客僅二人。飯廳無火，冷幾不可耐。蔣先生誠能儉矣。」所以徐永昌在經過多次教訓後，每次在蔣介石家中開會留食後返家時，家人都會替他煮兩個雞蛋填腹。[12] 這些生活細節雖不易在正史中出現，但是抗戰時期這群奉公守法，勤儉持家的領導層能夠維繫八年和日軍苦鬥的事跡值得後人追念。

可以想象地，許多行動主戰派領導層長年在如此沉重的工作負擔和清貧生活雙重壓力下，必然會付出代價，而最明顯代價就是他們的健康和壽命。這個現象同樣地在一般抗戰正史中幾乎從未被提及，但是在私人資料（日記親友書信報紙訃聞）中俯拾皆是。

我們一般人略知抗戰時期領導層私人事務者，都容易立刻想到一個突出的健康案例就是陳布雷。他青壯年時期健康情形屬於正常，但是成為為蔣介石文膽後，位高權重和操勞過度，健康情形急速惡化，在整個抗戰時期全身染病痛苦不堪，經常徹夜失眠，白天則是昏厥，頭痛欲裂，甚至吐血，每日在打針吃藥而無暇進醫院過程中參與國家大計，成為著名的「藥罐子」。[13] 另外一個略被廣為人知的例子是蔣百里，他從北洋時期經過南京時期都參與國家大計，為軍事和對日外交做出過重大貢獻，抗戰時期亦然。雖然身為特任官，但是家中清貧如洗，生病無錢進醫院以致死亡，身後子女衣食立即出現危機，他的夫人只能到處求人讓她可以謀取一個小學教員職位以求糊口。

12 徐永昌日記，1943年2月12、20日；1944年1月16日。同樣情形是徐永昌到張群家公畢留餐吃不飽，歸途在飯館買兩個雞蛋回家補吃。徐永昌日記，1944年5月1日。蔣介石不但飲食節儉，一般生活亦然若是。在提倡全國節約使用汽油時，他把自己的用油量一減再減。而且在一次發現官邸消費超過官定基數時，大為震怒，痛責部下。陳克文記載，蔣介石最近脾氣暴躁，軍事和外交不順利，當然是主要原因。但是他也發覺他每個月家用其實是50萬，但是管家卻只報5萬元。所以感到連家中事都可以被蒙蔽，難怪乎政府官員也蒙蔽他。陳克文日記，1944年9月14日。

13 散見：陳布雷從政日記，南京時期和抗戰時期。

殊不知同樣現象在國民政府領導層中普遍存在，只是他們不願張揚而沒有引起社會廣泛注意。依本書作者在閱讀史料過程中所獲得的印象，政府領導層由於前述的薪俸微薄而又潔身自愛，長期性困于基本營養不足、居住環境污濁、衛生條件太差、工作超額辛勞、體力腦力過度透支而引發大量疾病，成為普遍現象。這些疾病包括：體虛無力、嚴重貧血、長期失眠、無預警暈厥、劇烈胃痛、胃出血、吐血、便血、腦充血、肺結核、腹膜炎、腹瀉、胸腔疼痛、高燒不退、肝炎、霍亂、瘧疾、傷寒、中風、半身癱瘓，嚴重到甚至無法執行公務，或是出席會議時或在辦公室內當場失去知覺，或因無錢治病而使小病惡化成為大病，甚至無錢就醫住院而只能在家等死。遍觀學術界在討論抗戰史時，似乎極少注意到一個現象，那就是戰時中壯年公務員（40-50歲，包括高官）在職死亡率高乎尋常，多半因為心力透支猝死而草草埋葬，成為各階層政府官員日常生活中不斷傳來的噩耗。這類資料大量而零散，不勝枚舉。[14] 即便蔣介石和家人也不能避免同樣折磨。他在日記中經常記載宋美齡因為勞軍活動翻車受傷，又高度參與軍人遺孤的賑濟活動，以及在重慶轟炸時屢次親臨火場救災，因此釀成一身是病（神經脆弱、皮膚過敏、筋骨疼痛、嚴重失眠），每晚臥床時輾轉哀號，對蔣介石造成嚴重心理負擔。而蔣介石本人則除了長期因牙病而備受痛苦之外，也透露自己小病時依靠意志力強行壓制，持續辦公而秘不聲張以免擾亂民心，終於在1944年春天釀成大禍，完全無法處理國事。不巧當時正是日軍積極發動「一號作戰」

14　大量史料請讀者參閱陳布雷，王世杰，徐永昌，陳克文，蔣介石，王子壯等人日記或雜記。就以徐永昌一人為例，他出身軍旅，是主持抗戰的重要領導人，早年健康情況正常。與陳布雷不可同日而語。但是他在1937年滬戰時因為精神透支而開始吐血，從此大小病痛纏身，經常不能支持。他妻子多次勸告徐永昌辭職休養，但是蔣介石需要他主持軍令部而拒絕批准，因此迫使他以帶病之身苦撐八年。見：徐永昌日記，1937年8月28日；1939年7月29-30日，8月6、22、23日，9月7日；1940年1月23日，7月27日、22日，9月19、20日；1941年1月5日；1942年1月11、15、20、27日，6月6、20日，7月18日，10月11日，12月16日；1943年9月23日；1945年5月29日；陳克文日記，1940年7月15日。

的關鍵時刻，國民政府在群龍無首狀態下嚴重貽誤戎機。[15]

縱觀在第二次大戰時期交戰各國的領導層，美國領導層生活品質最為穩定，衣食無憂。其他國家領導層或因資源緊迫，而確實遵行嚴格食物配給制度，但是均能維持基本營養和健康標準。惟有國民政府大批領導層人員長期處於半飢餓狀態導致百病纏身，嚴重妨礙他們執行公務的能力，甚至超乎尋常地縮短生命。而諷刺的是，即使在戰時物資極端匱乏情況下，如本書第七，八章所述，仍有大批政府官員和將領們可以另闢蹊徑，維持正常生活甚至發國難財。但是許多行動主戰派成員卻因為堅持操守而付出極高個人代價。戰時國民政府之所以能夠堅持八年鬥爭，正是依賴這些高效率的行動主戰派的獻身。

但是他們畢竟只是國民政府的少數人。令人感慨的是，即便是蔣介石潔身自好，也無法防止孔祥熙和他屬下官員們淪為貪官污吏，讓抗戰時期領導層呈現出兩個極端面貌。[16] 究其原因，蔣介石儘管高度關心公務員生活問題，卻無法提供更多資源去充裕他們的生活，也無法厲行公平原則讓他們同甘共苦。縱然他個人由於日理萬機而無法親自處理複雜政務，但是他所託非人，導致國民政府行政領導能力缺失和政府組織鬆散，依然是難以推卸的過失。然而從更大處著想，國民政府在整個南京時代所形成的領導層過於單薄，無法承擔戰時負荷，不僅是一個政黨或政權的問題，其實是一個國力的表現。至於一個國家何以領導層呈現如此單薄，和如何能夠培養出一大批高素質的領導層，則又和整個國民素質有密切關係。這些問題在下一節將會更進一步討論。

---

15 蔣介石日記，4月份。徐永昌日記，1944年4月9日。

16 政府在新開寺為蔣介石造的新房子，蔣介石認為太奢侈，宋美齡也如此認為。「甚恐有妨於公私生活及抗戰之軍民影響也。」蔣介石日記，1940年4月16日。

第二節　群眾層

一、交戰國人命犧牲的對比

人類戰爭行為在20世紀產生了重大變更。戰爭破壞性當然涉及多方面，包涵經濟發展，物質建設，社會結構，文化道德，健康衛生，甚至長期性環境污染，但是都無法精算。惟有交戰國人員傷亡率，包括軍隊和人民直接或是間接因為戰火或戰禍而造成的傷亡，比較容易用數字表達。不幸的是，即使是傷亡率也只能粗估，而難以精算。對於這個課題此地也不擬進入專題研究。

粗略言之，第二次世界大戰和第一次世界大戰最大不同點，是平民傷亡率。第一次世界大戰大概是傳統式戰爭的最後表現，士兵傷亡超過平民傷亡20倍，仍然是一場雙方在固定陣線上對峙厮殺的場面。第二次世界大戰是歷史上第一次貨真價實的「全民性」戰爭，平民傷亡率至少和士兵傷亡率相等，或是高出許多倍，各國情況也有大幅差別。縱然缺乏精確統計，但是殆無疑問地蘇聯是人口犧牲最大的國家，一般認為大約在2,200-2,600萬人之間。美國是死亡率最少的國家，大約是40-50萬人之間，絕大多數是海外作戰軍人，國內平民死傷幾乎不存在。而本書讀者最關心的自然是中日之間的數字比較。

依照各種研究顯示，日本對華侵略無疑是一場災難，因為它八年時間裡所付出的軍民死亡代價大概是50萬人，占日軍第二次大戰死亡人數的70%。[17] 如果沒有被中國戰場拖進泥淖，則日本很可能可以及早把國防重點移往蘇聯。如果國民政府及早屈服求和，則在日本很可能無需向東南亞尋求戰略資源去填補中國戰場無盡的消耗，因而避免和歐美殖民政權產生直接衝突。即使衝突難免，它也可能把在華作戰的日軍轉移到東南亞和太平洋戰場，從而增加英美軍隊的傷亡率，甚至扭轉日美對峙大局。然而這一切都因

17　呂芳上主編，《中國抗日戰爭史新編：軍事作戰》，頁297。

國民政府的堅韌不屈而化為泡影。反觀中國承受日本侵略的傷亡率則是1,800-2,400萬人之間，或許更多（因為計算的年份和地區差別，有超過3,,000萬的估算），成為第二次世界大戰僅次於蘇聯的第二位重大人口傷亡國家。依此粗略推算，日本軍隊每付出一條人命從事侵略，就奪取了40-50條中國人性命。

縱觀中文有關抗戰史論著，歷來多半把這個懸殊比例拿來歌頌中國人民英勇抵抗暴政的光榮歷史，宣示中國人民不屈不撓的偉大精神。他們艱苦卓絕地抵禦外侮，最終徹底摧毀侵略者的妄想。這種壯烈事跡當然值得用以自我激勵，也可激勵後人，同時向未來的侵略者提出最有力警告：他們的野心無法得逞，千萬不可魯莽覬覦，重蹈覆轍。

但是這個懸殊比例也應該引起中國人極度震驚。同樣重要的歷史教訓是此種情形永遠不許可再度發生。這就需要國人進行嚴肅自省和反求諸己的努力。

表16　戰爭期間日本陸軍師團部署表

年份	本土+朝鮮	滿洲	中國	太平洋+東南亞	總計兵力（人）
1937（7）	13	4	0	0	380,000
（8-12）	3	5	16	0	950,000
1938	2	8	24	0	1,130,000
1939	7	9	25	0	1,240,000
1940	11	11	27	0	1,350,000
1941（11）	11	13	27	0	2,110,500
1941（12）	6	13	22	10	2,130,000
1942	6	1423	15	2,400,000	
1943	9	1523	23	2,900,000	
1944	26	1025	38*	4,079,000	
1945	67	3126	44*	6,400,000	

服部卓四郎；《大東亞戰爭全史》，第一卷，頁314-315；防衛廳防衛研究所戰史部；《戰史叢書：陸軍軍戰備》（東京：朝雲新聞社，1979），頁413、452、507。引自呂芳上主編，《中國抗日戰爭史新編：軍事作戰》，頁295-296。（*指日本陸軍善戰部隊被困在緬甸戰場時節。）

二、犧牲數據的深層原因——國民素質

本書前此各章曾經列舉了眾多國民政府史料，去說明它在黨政軍各方面無法有效對抗日本侵略者的原因，但是還有一個在分析架構外的重要背景因素，就是兩個交戰國之間國民素質的差距。抗戰時期中日兩國差距懸殊的傷亡比例，儘可能用各種內在和外在因素加以解釋，但是歸根結底是兩國人民素質的重大距離，從而影響到它們的社會結構、政府機能、和軍隊戰力。而顯示這個差距最明確的指標，莫過於國民教育水平。既然全世界各色人等的天賦智商大致相等，則後天的教育就成為締造國民素質最重要的手段。教育機會越普及和教育內涵越豐厚，則國民素質越高。在這個前提下，我們可以把中日兩國教育數據作為一個重要分析因素。

從歷史大趨勢著眼，一個令人矚目心驚的演變，就是過去三四百年來中國與世界在心智發展上差距的拉大，而其中最大的差別是，西方社會從禁錮歐洲近五百年思想的黑暗時期崩裂衝出，創造文藝復興時代。因為崇尚知識、普及教育，民智為之大開，科技因之發達，國民素質為之提高，國家認同感為之普及，社會紀律為之鞏固，當然軍事力量也隨著日益茁壯。

面對如此世界巨變，亞洲最早做出積極反應者是日本。回顧日本在19世紀中葉以前，基本上被中國視為「蠻夷之邦」，全盤採用中國傳統教育模式。但是只花不到半個世紀光景，從明治維新開始，就把一個封建落後的蕞爾島國脫胎換骨地，轉換成為亞洲和世界最先進的文明大國，其成就實足令人讚羡不已。具體而言，日本變化氣質最大關鍵是，在明治維新時毅然全盤採用西歐教育體系，把小學教育定為國民義務教育重點，人人必須接受。到了第一次世界大戰時，小學基本入學率達到99%以上。與此同步，日本大力發展中學和大學教育，並推廣職業專科教育。到了盧溝橋事變前夕，日本中等學校（或同等學力）已經達到3,000所，大專學校已經超過200所。以國民教育程度而論，日本人口100% 完成小學教育，60%受過中等教育，4%受過大專教育。

反觀中國自從滿清康熙、雍正、乾隆三朝盛世之後，就漸漸落于世界之後。即便是鴉片戰爭的失敗，也無法喚醒國人的固步自封和愚昧弱智。雖然繼之的甲午戰爭和八國聯軍，也曾經喚起小部分有識之士的振作，但是政治大環境慣性地麻木不仁。因此不但有戊戌政變失敗，而即使在政權上推翻滿清，但是接下來軍閥混戰十多年，落後于世界的距離更形拉大，終於成為普世嘲弄的「東亞病夫」。易言之，儘管在這百餘年中政體改變、政府領袖易人、黨派輪替，最後決定性的因素仍然是國民素質和學養。即便有雄才大略的領導人，如果沒有高素質的國民群眾，則政令無法執行，士兵無法訓練，社會組織無法凝聚，領導人儘可能聲嘶力竭地「呼」，但是群眾百姓無法心領神會地「應」。領導層和群眾層必須同時具備高素質，才能成為名副其實的泱泱大國。在世界強國民智急速提升的環境下，只要中國在原地踏步不動，則世界先進國家進步速度愈快，中國相對的退步速度就愈快。在盧溝橋事件前夕，中國大約只有20%人口受過小學教育，不足1%人口受過中學教育，不足0.05%人口受過大學教育。而且偏重在沿海地區。事實上，當時中國人教育程度不但較之日本望塵莫及，甚至在小學，中學和大學教育的入學率全面性落後於印度，更是令人膽戰心驚。以一個經常自詡為文明大國的國家居然淪落到如此地步，只能以「可恥」自責。[18]

以如此懸殊的人才培養成績，中國人如何能夠奢望與侵略者勢均力敵？

古語說得好，「前人種樹後人納涼，祖宗作孽子孫遭殃」。美軍以受過完整國民教育以上（甚至大學生程度）的士兵善用先進武器，以40-50萬人的傷亡，騁馳全球各大洲作戰，成為勝利最大的締造者和受惠國，在此後世界上稱霸逾一個世紀。反觀中國軍官的專業素養，從清末袁世凱小站練兵以降，除了黃埔軍校和南京時期的德國顧問訓練出來的一小批軍官之外，都無

18　有關中日兩國教育發展的最新研究成果和數據，請參考：Pei Gao, *Risen From Chao: The Development of Modern Education in China, 1905-1948* (Ph.D. Dissertation London School of Economics and Political Science, 2015)。其他數據散見，*The China Year Book* (*1936*)，和*The Japan Year Book (1936)*。

法和世界一流軍事教育接軌。抗戰八年中國人需要以食難果腹衣不蔽體的90%以上文盲士兵，去對抗受過充實國民教育體格壯健訓練扎實的日本士兵時，中國兵就只能依靠「血肉長城」來捍家衛國。說白了，這就是此前百年來不爭氣祖先留下的惡果，無可諱言。這個情況如果不能改變，則在競爭激烈的國際社會裡，國人永遠逃不出人為刀俎我為魚肉的局面。因此如果抗日戰爭的犧牲者給後世留下最珍貴的遺產，應該就是國家必須以教育作為手段，普及教育覆蓋面，充實教育內涵，從而改善全民素質和世界上最先進國家並駕齊驅，則即使在未來或許不能遏止其他國家的侵略野心，至少在人的素質上可以進行公平競爭。

遍觀抗戰時期國民政府行動主戰派最常抒發的感歎，就是缺乏人才，乃至上令不能下行，辦事不能生效，甚至基層幹部完全無法領會政策的內涵，一切困難都和人才缺乏有密切關係。

人才問題大致可以從兩方面加以檢視，一方面是有才不用，另一方面是無才可用。就總體觀之，我們必須記得，蔣介石在北伐底定後，並沒有創建一個嶄新政府，而是接受了一個現有的政府，其中有舊有的體制、北方的官僚、汪精衛的掣肘、國民黨內的紛爭、和革命青年的投奔。許多部門完全超出蔣介石掌握之外，他自己還曾經被迫下野。但是即使是在如此局面下，南京政府仍然營造出一番新氣象和相當可觀的進步，一個重要原因是它統治規模是一個小局面，吸引全國人才到江南承平環境下進行統治，因此無論是政治改革步調的快慢，或項目規模的大小，都可以從容處理。但是抗戰一旦退到大後方，情況丕變，地區更廣闊，人口更眾多，事務更急迫，內外壓力更複雜，日軍的破壞更徹底，立即顯示出內陸省份本身幾代以來不重視人才儲備的惡果，終致心厥力竭，不能抵擋日軍勢如破竹的打擊。

就「有才不用」而言，人們實在很難形成共識，因為「事後諸葛亮」經常成為對他人評頭論足的主觀依據。但是有一點至少可以列入參考的就是，如果領袖本人已經知道該人無才而仍然繼續重用，那就是領袖自身不可推卸的責任。在這方面，在蔣介石身邊，至少在政府和軍政部門若干領導人（如行政院、軍政部）都成為突出例子。蔣介石在日記中對他們不斷地給予極嚴厲批評，但是又讓他們長期總攬全國軍政事務，是蔣介石本人無可推卸的重大過失。僅僅是在戰時國民政府本身的人才庫裡，論才論德超過這些人者大有人在卻未被重用，蔣介石如此作為的動機，是出於私心而只敢運用親信？或是他本人眼光短淺？就需要其他學者進一步挖掘史料去鑒定。

但是戰時國民政府面臨更大的困難是無才可用，其跡象是政府中高度缺乏中下層資優幹部，更是全民性的人才短缺。政府軍政人員缺乏辦事能力本書前文已經以大量事實說明，但是在政府領導層中留下的文字記載更是連篇累牘。領導層心急如焚或怒火沖天要求下級完成任務，就是無法達成效果。或許最簡單的例子是，蔣介石某次囑咐外交部擬定一個對美國一般事務性質的說帖而遲遲得不到答案，最後經再三催促而交出來的稿件卻慘不忍睹，最後被迫只好親自動手擬稿。外交部公務員在當時國民政府中已屬優質人員，其工作成績尚且如此不堪，其他部門（如內政部）就更為低下。正是這類事件不斷發生，讓他忍不住向宋美齡感歎，外界把他委員長身分看得過分崇高和法力無邊，而事實上連最簡單的文書事務都欲托無人，而需要親自處理。其實此類情形在國民知識水平低落的國家中屢見不鮮。領袖層少數精英可以聲嘶力竭，而基層工作者卻可以不知所措，成為呼天不應叫地不靈的局面。只是國民政府此時正處在民族存亡階段，日本侵略者無意放鬆壓力，才會讓中國百年來累積的民智薄弱的缺點暴露無遺。難怪作為深受其痛的一分子，蔣介石曾經預想有朝一日從政壇隱退後的生涯安排時，寫道，「他日甚願辭去一切職務，專致力於文武教育，以植民族復興之基業也。其次則振興工業。」[19] 顯然不是隨意下筆，而是深切地有感而發。這也說明何以當他遇到陳布雷和陳誠等可以信賴而能力卓越的幫手時，就會無限度予以依賴，使他們精力過度支配甚至累垮累死。同樣的抱怨也普遍出現在各個領導層次。[20]

19　蔣介石日記，1938年3月14日。

20　徐永昌認為中國應該做一個十年抗戰和中年教訓的計劃。因為抗戰的失敗並不完全是戰場上百數十萬軍隊的失敗，而是全國上下教育不足。因此應該趁此抗戰時期，人心稍知戒懼，去改革教育，樹立正確救國中心思想，這些努力需要和抗戰同時並進。所以中國需要一面

說白了，行動主戰派並沒有機會先使國人脫胎換骨，然後才開始抵抗敵人，他們只能就當前可以調配和運用的國民人才素質去倉促迎戰敵人。即便是以一個機件的運作做比喻，除了需要設計妥善之外，它的建材必須堅實和所有螺絲釘必須扭緊，才能完成任務。否則徒有雄心壯志，也難以達成任務。同樣地，精英層成員才不稱職，尚可以採取緊急措施略加彌補，但是全面性人才缺乏，則非百十年功夫無法強化填補，而這正是行動主戰派面臨的最大困境。當軍隊士兵因為是文盲，而無法理解使用表尺進行射擊的基本原則時，則最先進的武器也不免成為盲射工具，更遑論結合地形地勢和戰術去充分發揮作用。抗戰時期國軍部隊戰鬥並不活躍，但是彈藥消耗量驚人，如果並非虛報，那就是士兵盲射的結果。再就軍官素養而言，如果20世紀中國培養出來的資質稍優的下層軍官，在淞滬戰役幾乎傷亡殆盡，則自然會造成中國軍隊無謂的犧牲。本書前述雲南軍隊在台兒莊的大量犧牲，儘管英勇過人，但是違反基本戰術，因此日軍無需智慧超人就可以製造中國數以萬計的傷亡率，更何況日軍官兵的專業素養還確實可圈可點？同樣情況存在於生產、運輸、救傷、動員等各個領域之中。沒有優質國民就無法從事現代國家的集體生活，戰爭活動只是最濃縮突出的表現而已。

所以問題核心不僅是國民政府軍隊是否能夠和日本軍隊一爭高下，而是當時的中國人能不能夠和日本人一爭高下？在中國民智和科技兩方面都輸給日本人的局面下，中國苦撐下去的指望，就是那群極少數不折不撓的行動主戰派能夠用中華民族承受得了無盡的苦難，死得起比日本人多幾十倍的生命，去換取日本人的知難而退。這種慘痛經驗告訴我們，在未來千萬不要再重蹈覆轍。要麼國家要強盛到他人不敢貿然欺辱中國，要麼給不知天高地厚的侵略者當頭一棒。在這個意義上，中日戰爭不是一個政黨或一個政權的事

抗戰，一面刻苦自修。所以徐永昌認為，「今日我國最要者三事，『抗戰』、『整頓軍隊』、『改革教育』。」徐永昌日記，1938年10月14日。蔣介石本人也曾經寫道，「教育最大任務為啟發學者之天性，發揮其自動創造之本能，與其固有愛人助人之德性，應以增進其自動之能力，應才施教，應地施教。」蔣介石日記，1937年7月10日。

務，而是全國人民必須深思的歷史教訓。換言之，不是一個政黨或是政府要如何能幹，而是全國國民必須在文化和國民素質上立於人不敢侮我的地位，這才是民族復興的核心目標。

通覽整個第二次世界大戰，中國被逼和世界一流軍隊作戰。唯一依靠的就是不怕死和「血肉長城」。但是這樣的戰爭中國還能打幾次？然後還能指望「險勝」？更何況即使「險勝」，結局也只是「慘勝」，或是雖勝猶敗（pyrrhic victory）。怪不得在全國一片歡騰局面下，蔣介石立即想到亡國危機（1945年8月7日）。事實上，在整個八年抗戰過程中，儘管政府領袖們為了鼓舞士氣而在檯面上說了許多激勵人心的豪言壯語，但是他們私底下經常感歎這個國家缺乏企圖心和生存力，無需日本人侵略就會走上自己滅亡的道路。是他們喪心病狂地污衊善良同袍？還是錐心刺骨地坦言民族重大缺失？

第三節　知識分子（知識青年）的特殊角色

在國民政府全民抗戰旗幟下，有一群人的地位特別突出，那就是知識分子，特別是知識青年。在當年社會環境中，大凡受過中等學校教育者都可能被視為是知識分子，而他們也以此自視。這些人多數群居于中等以上城市，特別是在平津和淞滬地區高等院校集中，學者專家群居，大眾傳播媒體林立，思想開放，受世界潮流衝擊，和廣大內陸省份民眾相比，成為一群最關心國事的群體，也對國家政策產生了遠遠超出其人數比例的影響力。在西方社會，知識分子只是組成社會的一分子，和農工商及其他行業（宗教團體，利益團體）共同組成社會，各持己見和各盡所能地去影響國家政策。但是中國歷史傳統向來把「士」尊為百業之首，是社稷棟樑。也就讓知識分子自認為有以天下為己任的抱負，最後發展成超人一等的當然權利。不但領導其他群體，甚至不屑和後者平等共處。這些人總共數目有多少難以精算，但是如果以中國號稱四億五千萬人口估計，則前文引用的1%的中學程度和0.05%的大專程度總計不會超過五百萬。如果再除去滯留淪陷區人數外，則在國民政府地區者最多不超過三百萬。但是仍然是一個可觀的人群，而且教育水平的確超越廣大人民群眾。

回顧1930年代當日本侵略野心在中國赤裸展露時，平津淞滬地區的學生愛國運動上街遊行，發動請願，要求國民政府積極抗日，動輒數萬人湧上街頭，演講，發送傳單，排演話劇，情緒高昂，是盧溝橋事變前後一股重要輿論力量。可惜的是，這股抗日情緒並沒有轉換成為抗日的實際力量。一個最具諷刺的事例，正是發生在華北中日首度交鋒地區。當時宋哲元第二十九軍身處抗日最前線，它在向平津學生提供軍訓活動時曾經吸引3,400人報名參加。但是當第二十九軍舉行民意測驗，邀請他們填寫志願「上前線」或者「後方服務」時，結果上前線者不及30人，後方服務者也不過130人，其他人拒絕表態。[21] 原本義憤填膺的青年們到此關鍵時刻和地點，卻選擇銷聲匿跡。當盧溝橋事件終於擴大成為全面抗日戰爭後，青年學子們繼續慷慨激昂地鼓吹積極抗日，甚至毫不遲疑地指斥主和派為漢奸國賊，但是卻看不到他們成群結隊地從軍報國。難怪陳布雷心痛地指出，「天下從無如此以國命為兒戲之知識分子，亦無如此欺軟怕硬之國民性也。」[22]

此種情形在此後抗戰八年中鮮見改善，從而導致軍事學校遭遇嚴重招生困難，報考者水平大幅滑落，而投筆從戎者則更是鳳毛麟角。在數百萬官兵中，知識分子只有極少數例外，基本上不見蹤影。[23]

平心而論，抗戰時期大專院校師生們從沿海富庶地區千辛萬苦撤退到後方，又在極艱苦環境下追求學業，本身的確是一個值得嘉許的現象。但是他

21　徐永昌日記1937年8月8日。

22　陳布雷從政日記，1937年10月30日。

23　少數著名的例外如空軍戰鬥員張大飛，和陸軍官校的黃仁宇。前者為國捐軀，但是在齊邦媛教授筆下《巨流河》中成為廣為人知的烈士。後者因為著作等身而為歷史留下許多極有價值的見證。然而和他們一樣投入抗戰行列的年輕知識分子大概不過幾千人，肯定難以上萬。

們生活完全是由全國其他納稅人供養，生活條件遠遠超過數百萬來自農村最底層而成為士兵的同胞。我們從知識分子戰時留下的大量記載中，可以切身體會他們在抗戰中艱苦的物質生活，但是很少看到他們對於自己能夠安居大後方追求學業而感到幸運，更看不到自告奮勇地到戰地服務或是投筆從戎。在這些尷尬問題上，戰時知識分子和知識青年的寫作言論中幾乎是一片空白。反之，在1937-1944年間，絕大多數在校肄業和畢業的學生，都寧可想盡辦法利用人際關係或金錢交易，去爭取成為政府機關宥員以逃避兵役義務，或是多方鑽營擠進金融機關享受高薪舒適生活。他們甚至想方設法延長留校學習時間，也不乏有人陷入紙醉金迷和頹廢腐敗的生活風尚。[24] 至於在前線殺敵則是農民和次等國民的事，知識分子當然可以高談闊論愛國，但是豈可以委屈自己去身體力行？這個歷史現象實在值得國人深思，也必須促使學者們對於知識分子的社會功能和公民道德做出更細緻深刻的評估。當中國抗戰是以文盲士兵和日本普遍受過完整國民教育的士兵進行鬥智鬥力時，何能奢望取勝？

上述情況到1944年底「青年軍」成立時終於略見改善。當時的大環境是同盟國軍隊在歐洲戰場已露勝利曙光，在經過重慶政府大力宣揚，同時夾雜機關學校領導人為了表現工作成績而以半強迫方式推銷，終於成立青年軍。即便是戰爭末期青年軍的成立，當然其中有相當一部分是受到愛國熱情驅使，認同報效國家抵抗外侮是他們和人民大眾共同擔當的基本責任，然而從其成員仍然可以看出，響應從軍者泰半是初中或以下教育程度，而高中生和大學生則出於算計精準而意態闌珊，成為稀有少數。更何況這些青年在成軍之後，無論武器裝備衣被伙食等各方面都享受特殊優待，而其初期表現卻是

24 陳之邁到昆明視察，感歎西南聯大消沉沒有生氣，教授頹廢威頓，學生不肯念書。陳克文日記，1939年2月4日。張群感歎成都大學生毫無戰時氣象，風氣不振，習於宴安享樂，耽於歌舞，好逸惡勞。中央大學學生竟有反對應徵服翻譯勤務者，「學風如此，士習偷窳，人人只知自私，可歎實甚。」張群和陳布雷談話時更指出中學教師程度低落，大學生居然不能列舉中國歷史上著名人物。陳布雷從政日記，1942年7月1日，12月29日；1944年2月8日。

盛氣凌人，不但鄙視其他農村壯丁組成的部隊，甚至蔑視軍事紀律和地方政府官員，處處顯示自己的優越感。

他們的特權思想和違法亂紀事端連蔣介石也無法予以掩蓋，只能提出蒼白無力的辯詞，指責滋事者是少數「非知識分子」。又謂，他們的任務並非赴前線作戰，而是為國儲才，為將來建國復國之用。[25]這種思想等於是間接地姑息了知識青年自命高人一等的歪風。的確，抗戰時期知識分子，特別是青年學生並非完全置身事外。比如說，他們也有人參與街頭演講和義賣工作，貼海報，演話劇，和宣揚愛國主義。但是和其他參戰國（英美德日蘇聯）不同的是，前者的青年無論來自富豪或平民家庭，甚至貴族世家，都以爭先入伍當兵為榮，而且踴躍接受上前線作戰。但是戰時國民政府統治區的知識青年多半是鼓舞他人投入戰鬥，而自己則逃避兵役，不但減少了中國抗戰實力，而且造成極大社會不公平。說白了，「愛國」成為知識青年的莊嚴神聖使命甚至是專有的發言權，但是上陣殺敵則是愚昧無知農村子弟的宿命。

同樣令人感歎的是，面對整個八年抗戰期間如此極度不公平現象，國民政府領導層袞袞諸公之中只有王世杰一人曾經提出批評，倡議高官子弟應該服兵役作為表率。此意雖經蔣介石讚許，但是有趣的是它在大後方知識分子集中的大專院校中師生一片噤聲，而在政府體系中則更是遭遇普遍抵制。這些現象也為後世在謀國大計中，究竟應該賦予知識青年何種期望與何種發言權，敲響一記無情警鐘。

第三部分
國家生存的挑戰

中日戰爭至少在兩方面成為中華民族歷史上重大里程碑。一方面是它終

---

25 徐永昌日記1945年2月21日。

於在心態上和行為上促使中國全方位參加現代國際體系。第二方面是它讓中國從一個次殖民地一躍成為獨立自主的世界大國。但是大國之名必須結合大國之實。富國強兵固然是幾代中國人的宏願，但是富國強兵很可能仍然是「表」，大國之民才是大國之「裏」。「表裏如一」才能完成在國際上抗禦外侮和在國內追求自我完善兩項長期性工作。

一、百年歷史縮影

中國自從鴉片戰爭國門被西方列強粗暴踹破後，最初反應是著重「表」面功夫，以為向洋人購買堅船利炮，本國創辦漢陽兵工廠和江南造船廠，甚至抄襲君主立憲制度條文，就可以躋身國際。屢經挫折後來才逐漸醒悟需要革面洗心，因之有維新思想、新民運動、五四運動，甚至蔣介石的新生活運動，都是嘗試以各種方法提升國民素質。然而到了盧溝橋槍響時，這項工程仍然遠未完成。城市裡已經有部分初步現代化的市民和西化的知識分子，但是數以億萬計的中國國民體質和素質仍然無法與日本人抗衡。所以才會平白葬送許多生命。中日兩國戰爭中的傷亡比例，是在排除一切次要解釋因素後最殘酷露骨的現實，是民族歷史上最容易記得的一個創傷數據。

回顧帝國主義侵略中國戰爭史上最重大關鍵是：1. 中英鴉片戰爭，1840-1842年，26個月，戰場限於沿海幾個城市，戰事時斷時續；2. 中日甲午戰爭，1894-1895年，9個月，戰場在少數東北和華北沿海城市；3. 八國聯軍戰爭，1900-1901年，15個月，戰事時斷時續限於華北地區；4. 抗日戰爭，1937-1945年，96個月，戰場遍及半個國土。

打從20世紀初年以來，中國的國際命運和許多西方和東亞國家產生加速度撞擊。西方國家從歐洲老牌帝國主義到北美洲的美國，在中國侵占土地，搜刮資源，劃分租界和勢力範圍，干涉主權（領事裁判權、內河航行權、駐兵權、抽稅權、開礦造路權、販賣鴉片權）不一而足。在這個漫長歷史過程中，中國和美國的關係超越其他外交關係之上，其中有4-5年甚至成為盟友。但是這個盟友關係隨即因為各種因素，變成競爭和敵對關係。因此值得予以特別關注。

二、中美關係的歷史背景

近代中國在面對西方帝國主義國家時，長期對於美國的好感超過對其他傳統歐洲國家，是出於幾個因素。

首先是美國政府對於中國土地和主權侵占霸凌的貪念強度較低，其次是美國民間在中國興辦的教育機構和醫療事業比較活躍，美國對中國在經濟貿易關係上的欺榨比較輕，美國在中國的宣揚基督教傳教工作比較普及，美國對中國主權被他國侵犯時，仗義執言的音量比較嘹亮。這些行為對那些中國新興中大城市的住民和知識界人士都造成良好印象，使美國成為西方國家最被中國人民視為友善的國家。因此這些歷史文化因素本可以把中美關係導向平等互惠和和平共榮的康莊大道，特別是第二次世界大戰之後，美國國力日隆成為西歐國家龍頭，因此它也可以在重新調整中國與老派列強帝國主義國家的關係上成為重要橋樑。

但是戰後70-80年歷史證明事與願違，因為大多數中國人並不了解的是，美國對華態度是建立在兩個重要前提之下。

第一個前提是美國人對中國的關係必須要符合「惠而不費」的原則，如果想要他們做出實質性幫助時，就會精打細算。這從幾個簡單的歷史實例就可以一目了然。美國20世紀初期高調渲染的「門戶開放」政策，看似伸張國際正義保護中國抵抗帝國主義，其實此後日本帝國主義在中國變本加厲，而美國政府卻毫無作為。「九一八事變」後美國又鄭重宣布「不承認政策」，依舊淪為只施口惠的自欺欺人，甚至在此後多年中向日本輸出大量廢鐵和石油的商業貿易行為中，成為日本侵華的最大支助來源。即便是等到珍珠港事變迫使美國成為中國戰時盟友時，它對中國的「租借法案」支援遠遠落於所有其他盟國之末。至於戰爭末期美國把中國的主權作為籌碼換取蘇聯參戰，進而把一個赤裸裸的出賣盟友的行為用各種言詞加以粉飾，希圖擺脫道德負擔，則又是另外一個故事。

第二個前提是美國和中國關係必須是主從關係，而不可以平等互惠。在軍事領域裡，美國人從開戰起始就當然認為美國人是指揮官而中國人是士兵。在政治領域裡，居里特使在1942年7月22日說的話，最發自肺腑而直截了當，美國人是「爸爸」中國人是「兒子」。美國人發號施令，中國人俯首服從，是兩國關係最基本的原則。連「兄弟之邦」之類的婉轉外交辭令都不屑使用。難怪當羅斯福總統僅僅是為了維持外交禮節的虛像，而訓令他屬下將領們在和中國領袖們相處時務必遵守基本國際禮節時，被後者嗤之以鼻。在民間活動範圍裡，美國人更普遍堅信他們的傳教活動是「解救」愚昧的中國人，開啟他們的靈魂之窗看到上帝的光輝偉大。

或許在抗戰時期國民政府統治區內，突出這種文化和心態衝突最戲劇化的表現，是美國政界、學界和大眾化媒體對蔣介石所著《中國之命運》排山倒海式的口誅筆伐。按該書在1943年出版時，正值抗戰進入第六個年頭，外援斷絕、物價飛漲、勝利渺茫無期、民心士氣急速滑落。唯一亮點是在1942-1943年間，重慶政府成功地從英美盟邦爭取到廢除「不平等條約」的承諾。在如此極端困境下，蔣介石為了激勵民心，喚起民族自尊和自信，把自己鬱結心中數十年的革命信念和民族主義情懷宣之於紙。《中國之命運》正是在這種內憂外患的局面下的嘔心瀝血之作，蔣介石堅持字字必須親自審核，然後交付親信逐字校正後予以公開發行。想不到卻在國際上引起軒然大波，特別是來自美國盟友的火力最為熾烈。

回顧蔣介石在1942年10月底開始動念要寫作此書時，就曾經明確說明他的動機，首先是要肯定中華民族固有文化的優秀品質和光榮傳統，繼之是宣示在國際事務上「為世界被壓迫民族共同負解放之責，而不計其權利」。[26]而他這兩個重點立即觸動了西方盟國的敏感神經。

重點之一是就中國本身而言，該書開宗明義地重新肯定中華文化博大精深，中國歷史光輝燦爛，因此呼籲全國人民在面對西方列強時必須自尊自豪

26　蔣介石日記，1942年10月28日。有關近年來對於《中國之命運》的討論，請參閱：張瑞德，《無聲的要角》，頁308-316。

而不可妄自菲薄。為此他列出一張歷史清單，對鴉片戰爭以來東西方列強加諸于中國的強取豪奪和凌辱殺戮事件詳細說明，而且直白地表達他心目中最高革命目標就是以「廢除不平等條約」來恢復民族尊嚴，最後以獨立自主的國家身分與「一切以平等待我之民族」共同努力進入世界大同。這個民族主義所包涵的自尊心和自我期許，其實和孫中山生前所預測的那般，是一個在亂世求安身立命的不二法門。

重點之二是闡述國民政府的國際觀。其實在太平洋戰爭開戰之初，國民政府就曾經向羅斯福總統倡議同盟國應該仿照歐洲列強楬櫫的「大西洋公約」（The Atlantic Charter,民族解放和平等）內容同樣也簽訂一份「太平洋公約」（The Pacific Charter），把它們對歐洲少數民族所作出的民族自決原則，推廣到在帝國主義和殖民主義下的亞洲人民。

有趣的是，英美兩國對於蔣介石就中國歷史上內政的論述甚少關注，但是對於觸痛它們神經的兩個重點，則必須施以痛擊。首先就是他主張恢復固有文化，而不是俯首全盤接受西化。這個立場直接挑戰了歐美國家在亞洲意識形態領域裡的主宰地位。更何況該書還把鴉片戰爭以來的舊賬逐一清算，就是顯得中國心胸狹小和記仇，犯了「排外主義」（xenophobia）的罪過。

至於國民政府國際秩序觀主張亞洲民族解放，更是動搖了歐美國家在世界上的實質利益。說白了，在整個亞洲的第二次世界大戰過程中，西方國家打仗的目的並不是伸張自由民主，也不是反抗侵略主義和法西斯政體，而只是因為日本威脅到它們帝國主義和殖民主義的既得利益而已。尤其是是丘吉爾首相從不掩飾地承認，他的政治使命就是保護英國「日不落帝國」的光榮傳統，戰後必定要收復印度、緬甸、馬來、香港等殖民地。而美國也從不曾提出異議。如果中國不但要爭取本國的獨立自主，甚至要感染其他殖民地爭取同樣權利，則無疑是妄想顛覆國際秩序而做「大國」的癡夢。如此一來，「大國沙文主義」（big-power chauvinism）也順理成章地成為該書的罪狀。

在經過將近一個世紀中西紛爭之後，我們再去冷靜檢視這個歷史事件就不難發現，《中國之命運》並不僅是一個過眼雲煙的史跡，因為歐美國家當年集中火力地圍剿，也可能正是指出中外長期關係中，今後還存在的一些隱憂。西方國家對該書的兩項撻伐（排外主義、大國沙文主義）今後依然可能成為中外關係長期性的阻礙。換言之，英美兩國人士的怨氣是，中國的立國之道和國際命運當然不能由中國人當家做主，而必須在西方國家安排的國際體系中接受被擺布的命運。這些文化和心理因素如果不能消弭，則中外關係發展恐仍將荊棘滿途。

三、美國外交的基本指標

第二次世界後80年來的國際局勢發展趨勢非常明顯指出，中美關係將是中國未來國際事務必須處理的主軸。當然中美關係出於不斷突發的事故而難以預測其發展方向，但是即便是抗戰時期，兩國互動經驗仍然有其足以引以為鑒的歷史價值。就美國本身歷史而言，它政治領袖的實際作為和美國學術精英所推崇的外交理念遠超過他們指責《中國之命運》內涵何止千百倍，然而卻反而成為美國人振振有詞的立論依據。本章因為篇幅限制，只能就其從19世紀初期以來呈現的幾個歷史性指標性作為簡略說明。

第一個指標是1823年門羅總統（James Monroe）所楬櫫的「門羅主義」（Monroe Doctrine），其表面說詞是排斥歐洲傳統帝國主義國家干預美洲國家事務，是仗義執言地保護美洲人民免於歐洲霸權鬥爭的污染，而享受獨立自主的國格，但實際上是把中南美洲據為美國禁臠，從此只許成立親美的半傀儡政府，絕對不允許美洲以外勢力介入。如果抗拒此項擺布，則美洲國家的政府可能被推翻，領袖可能遭暗殺或拘捕投獄，經濟可能被封鎖而導致蕭條。遲至1962年的古巴飛彈危機，美國還是不認可古巴是一個獨立國家，強勢地干預它的外交和國防政策。即便時至今日，古巴和幾個政治上奉行獨立自主的國家仍然被美國明目張膽地壓迫牽制。總括言之，近代世界秩序核心的國家主權學說，在中南美洲兩百年來從未實質存在。美國視其為自家後院，不容其他國家染指，必須俯從美國安排。

第二個指標是1845年開始定調的「昭顯天命」（Manifest Destiny）理論。它的基本信念其實早在白人入侵美洲時，就已經在社會上發芽生根，最終提升和完善而成為一套有系統的民間信念和政治理論。概略而言，它的中心思想是美國的存在乃是秉承上帝恩寵，天命不可拂逆。「替天行道」的信念打從1492年開始，就成為歐洲殖民者向美洲大陸侵略的道德理論基礎。因此白人殖民者從新英格蘭上岸的彈丸之地向西方推進，逢山開路遇水搭橋，當遭遇到數以百萬計的「野獸」（savages, 原住民）時，當然可以趕盡殺絕，無需心慈手軟。而對於劣質人種（非洲黑人）當然也可以進口作為奴隸，毫不為過，為的就是秉承天命讓「民主政體」和「資本主義」在北美洲這塊聖地上開花結果。也因此而讓廣大美國人採納獨具特色的「感恩節」（Thanksgiving）去歌頌上帝的眷愛。這些基本信念在美國立國時，也被開國元勛們全盤接納，而他們筆下情文並茂傳頌後世的「獨立宣言」，也精準地宣示了這個立場。該宣言最廣受流傳的文字，是它在第二段開宗明義地寫道，「我們信奉這些不辯自明的真理，那就是**人人生而平等**。他們被宇宙的造物者（指基督教上帝）賦予某些不可割讓的權利，其中包括生命，自由，和追求幸福的權利。」[27] 如果有天真讀者指出「**人人生而平等**」應該包括各色人種，從而質疑這段文字犯了邏輯錯誤，則那只能是讀者本身的錯誤。因為在締造美國的國父們心目中，非常明確地從來沒有把原住民和黑人看成是「人類」，因此他們當然沒有「生命，自由，和追求幸福的權利」。就若干世代的美國人而言，其中絲毫沒有矛盾之處。因此時至今日，「獨立宣言」依然被推崇為美國歷史的瑰寶。

第三個指標是海軍軍官馬漢（Alfred Thayer Mahan, 1840-1914）所提出的海權論，率先給美國發展大西洋海洋霸權提供了理論基礎和實施方案，隨之又把理論推廣到太平洋，從西班牙手中奪取了菲律賓成為美國殖民地。最後演變出要把大西洋變成英語國家內湖（lake）的雄心壯志。而第二次世界大戰的結果是把太平洋也變成是由美國獨霸的水域。

---

27 英文原文是，“We hold these truths to be self-evident, that all men are created equal, that they are endowed by their Creator with certain unalienable Rights, that among these are Life, Liberty and the pursuit of Happiness.”

第四個指標是第一和第二次世界大戰和後續冷戰時期，在美國備受推崇的戰略家和政論家Walter Lippman (1889-1974) 所提出的宏偉構想，把20世紀定性為「美國世紀」（The American Century）。他倡議無論在政治，經濟，軍事，科技和文化等各個領域，美國必須致力於獨霸全球（hegemony），而不是與他國分治，更不容許國際平等局面。這個宏圖大略也是因為第二次世界大戰而成為現實。

以上這些美國發展理論的倡導者，在國內被尊為英雄楷模，時至今日依然如此。因此戰時國民政府想協助亞洲民族獲得主權獨立，直接威脅到美國辛辛苦苦在一兩個世紀以來，意圖建立的國際關係體系，當然被視為是國民政府想散布「大國沙文主義」的兆頭。而蔣介石竟然敢喚起民族自尊和清算西方國家侵略中國的劣跡，而不是俯首臣服地接受歷史現實和接受「西化」，則更是狹隘「排外心態」的作祟，兩者都必須給予當頭棒喝，及時阻止國民政府這種歪論在中國人心中漫延。有趣而又令人感歎的是，當年中國某些官員和知識分子也出於憂心不要冒犯英美盟友，而隨著美國輿論指揮棒聞樂起舞。[28]

四、中美關係的長期性挑戰

這些歷史跡象使我們必須增加警惕，如何認識和克服這類種族主義心態和民族文化互動的因素，將會是此後中美兩國外交關係長期發展過程中，不斷浮現的挑戰。因為這些理論和倡導人在美國歷史教科書裡，仍然被視為英雄人物予以肯定。有鑒於美國國內種族問題（Critical Race Theory，CRT）從21世紀初以來，就成為美國國內各階層歷史重新檢討的衝突焦點，因此未來中美關係的發展，可能也無法避免類似的辛苦。

自從辛亥革命以來，中國領袖們對於世界大秩序，除了世界大同的籠統

28　一個例子是王寵惠，見：浦薛鳳，《太虛空裏一遊塵》（台北：臺灣商務印書館，1979），頁193，引自：張瑞德，《無聲的要角》，頁314。

觀念之外，似乎沒有過於著力闡述，考其緣由當然是自己國家尚處在半殖民地位，對於全球性事務還不覺得有發言權，但是對於亞洲事務則已經逐漸發展出一套有系統的看法。從孫中山的革命初期到蔣介石的抗日時期，國民政府對於亞洲鄰近地區的看法，就是在自己取得獨立自主地位之後，也要幫助它們爭取獨立自主，基本上是一個「人溺如己溺，己達則達人」的心態。因此國民政府早在廣州軍政府時代，就贊助朝鮮獨立運動。太平洋戰爭爆發之初，儘管英國是重要盟友，但是重慶政府依然立場鮮明地支持印度解放運動，尼赫魯也成為蔣介石家中貴賓，並且被後者讚譽為智慧超人的領袖。1942年蔣介石訪問印度時，堅持要和宋美齡專程去甘地簡陋軟禁住所拜訪，為此還惹起英國首相丘吉爾怒火萬丈。但是蔣介石並不退讓，最後英國只好特別安排他們見到甘地，並且廣泛與印度獨立運動領袖們會談。其實早在1941年8月30日，蔣介石就在日記中寫道，「中國得到獨立解放後，第一要務為協助印度之解放與獨立，而朝鮮自與中國共同解放與獨立耳。**否則不足談中國之國民革命矣。**」

在1943年底開羅會議時，蔣介石除了申述中國收回香港的立場之外，曾經嚴正拒絕羅斯福拋出讓中國統治琉球的誘餌。相反地，他指出琉球有自己的文化傳統，應該獨立自主。其實，如果「大東亞共榮圈」這個名詞在歷史上沒有遭到日本軍國主義分子的假冒濫用和污染，則它或許頗能貼切說明國民政府的外交立場。只是從歐美國家在亞洲的帝國主義和殖民主義的視野觀之，一旦當中國的外交立場涉及到它們的利益，和對未來國際事物表達自主立場時，立即就需要指責其為「大國沙文主義」而施以當頭棒喝。而當中國坦白揭露西方帝國主義侵華的傷疤時，則又需要趕緊將之指斥為缺乏理性的「排外主義」。兩者的潛台詞，正是西方國家可以循應歷史軌跡霸凌中國，而中國如果進行反思反省或企圖自立自強時，就是出現其排外和企圖改變現狀的病態心理，必須斷然予以撻伐。

總之，在抗日戰爭和第二次世界大戰期間，是中國數百年來第一次有機會參與國際大局。有趣的是，雖然羅斯福單方決定把中國列為世界四強之一，本書作者在整個研讀中方史料過程中，幾乎所有資料都顯示蔣介石自己無論在一切公私場合，包括在日記中和對部屬的訓誡中，不斷地叮囑他們中國絕不夠資格把自己看成是貨真價實的強國，切不可沾沾自喜或是仗勢欺人。後來羅斯福又提出世界「四大警察」的觀念，把世界劃分為四個責任區（美洲，歐洲，中東，和亞洲），分別由中美英蘇四個國家負責統領和督導。同樣地，本書作者所閱讀的國民政府檔案從來不曾見過官員們曾經討論過如何扮演「警察」的角色，但是卻可以找到許多促進亞洲地區民族解放合作共榮的論調。這些戰時歷史資料的確值得學者們仔細檢查，對於中國未來如何在國際社會中，開闢出一條獨立自主而又不恃強凌人的康莊大道，將會大有裨益。

回顧世界發展史，大約從16-17世紀開始，世界各大洲各大國終於開始增加互動，初步形成一個全球性國際關係體系。在這個體系中，少數「列強」間的關係，主宰全球人類命運。歐洲和美國相繼成為政治經濟和軍事中心區。中國則從明清盛世後，由於不能奮發圖強而經過鴉片戰爭、甲午戰爭、八國聯軍、滿洲事件等一連串挫敗中，成為當時國際體制的受害者，甚至產生「亡國滅種」的恐懼。八年抗戰無論如何艱辛，終於讓國家脫離受他人宰割的命運。至於未來中國是否能夠在改革國際關係體系和世界大局做出新貢獻，則有待此後幾代人共同的努力和智慧。但是萬變不離其宗的法寶，是提高本身的國民素質，而教育則是一切努力的源頭。如果一個國家只有少數智慧高超，企圖心熾烈的領導層，但是沒有大量高質量的國民，則一切睿智政策和先進器材都將會是事倍功半，甚至無法推行。純就邏輯層次思考，大國的必要條件（necessary condition），必須是有強烈企圖心和成為大國的自我督促期許，但是大國的充分條件（sufficient conditions），則必須有民智開發的全體國民，這可能是抗日戰爭留給後世最痛切的教訓。

分崩離析的陣營：抗戰中的國民政府1937-1945

2023年5月初版　　定價：新臺幣1100元

著　者	齊錫生
叢書主編	沙淑芬
校　對	陳昕劭
內文排版	菩薩蠻
封面設計	兒日

出版者	聯經出版事業股份有限公司	副總編輯	陳逸華
地址	新北市汐止區大同路一段369號1樓	總編輯	涂豐恩
叢書主編電話	(02)86925588轉5310	總經理	陳芝宇
台北聯經書房	台北市新生南路三段94號	社長	羅國俊
電話	(02)23620308	發行人	林載爵
台中辦事處	(04)22312023		
台中電子信箱	e-mail：linking2@ms42.hinet.net		
郵政劃撥	帳戶第0100559-3號		
郵撥電話	(02)23620308		
印刷者	文聯彩色製版印刷有限公司		
總經銷	聯合發行股份有限公司		
發行所	新北市新店區寶橋路235巷6弄6號2樓		
電話	(02)29178022		

行政院新聞局出版事業登記證局版臺業字第0130號

本書如有缺頁，破損，倒裝請寄回台北聯經書房更換。　　ISBN 978-957-08-6892-0 (精裝)
聯經網址：www.linkingbooks.com.tw
電子信箱：linking@udngroup.com

國家圖書館出版品預行編目資料

分崩離析的陣營：抗戰中的國民政府1937-1945/齊錫生著．
初版．新北市．聯經．2023年5月．836面．17×23公分
ISBN 978-957-08-6892-0（精裝）

1.CST：國民政府　2.CST：中日戰爭　3.CST：民國史

628.5　　112004934